作为普法尔茨选帝侯腓特烈的妻子，英格兰的伊丽莎白做了一个冬天的波希米亚王后。当塔尔蒙特和拉齐维乌于 1642 年在伊丽莎白的宫廷发生争端时，46 岁的她已经穿了 10 年黑色的丧服
（Gerard van Honthorst 绘于 1642 年）

塔尔蒙特亲王（左）和博古斯瓦夫·拉齐维乌亲王（右）。这两幅肖像画绘于 1642 年的决斗之后很久，画中的他们身穿板甲，这是当时军人的日常装扮

（左图：Pieter Philippe 绘于 1664 年，原型为 Jan de Baen 的油画；右图作者不详）

普法尔茨的伊丽莎白，"冬王"王后的女儿，挑起了 1642 年的决斗，后来成了黑尔福德女采邑修道院院长

［Gerard van Honthorst（画室）绘，未注明日期］

奥兰治的路易丝·亨丽埃特不能嫁给塔尔蒙特，成了勃兰登堡"大选帝侯"腓特烈·威廉的妻子（而且比画中呈现的状态更幸福）

（Gerard van Honthorst 绘于 1647 年）

▶ 路易十四和他的大臣柯尔培尔（1666年）。背景中身为佩剑贵族的宫廷侍臣才可以穿得五颜六色，而柯尔培尔作为大法官贵族只能着黑袍

（Henri Testelin 绘于 1667 年）

▼ 德摩纳哥亲王妃凯瑟琳－夏洛特·德格拉蒙（图片上的名字莫名其妙）。即使在法国宫廷，也很少有人像亲王妃这样，为得到整个王室的爱戴而努力不懈

［Beaubrun（工作室）绘于 17 世纪］

◀ 如果"王弟殿下"、德奥尔良公爵、路易十四的弟弟可以自由选择，他的首任妻子、英国的亨丽埃塔就不会像画中这样离他这么近（画中的亨丽埃塔扮作女神密涅瓦，手持丈夫德奥尔良公爵菲利普的圆形画像）

（Antoine Mathieu d. Ä 绘于 17 世纪）

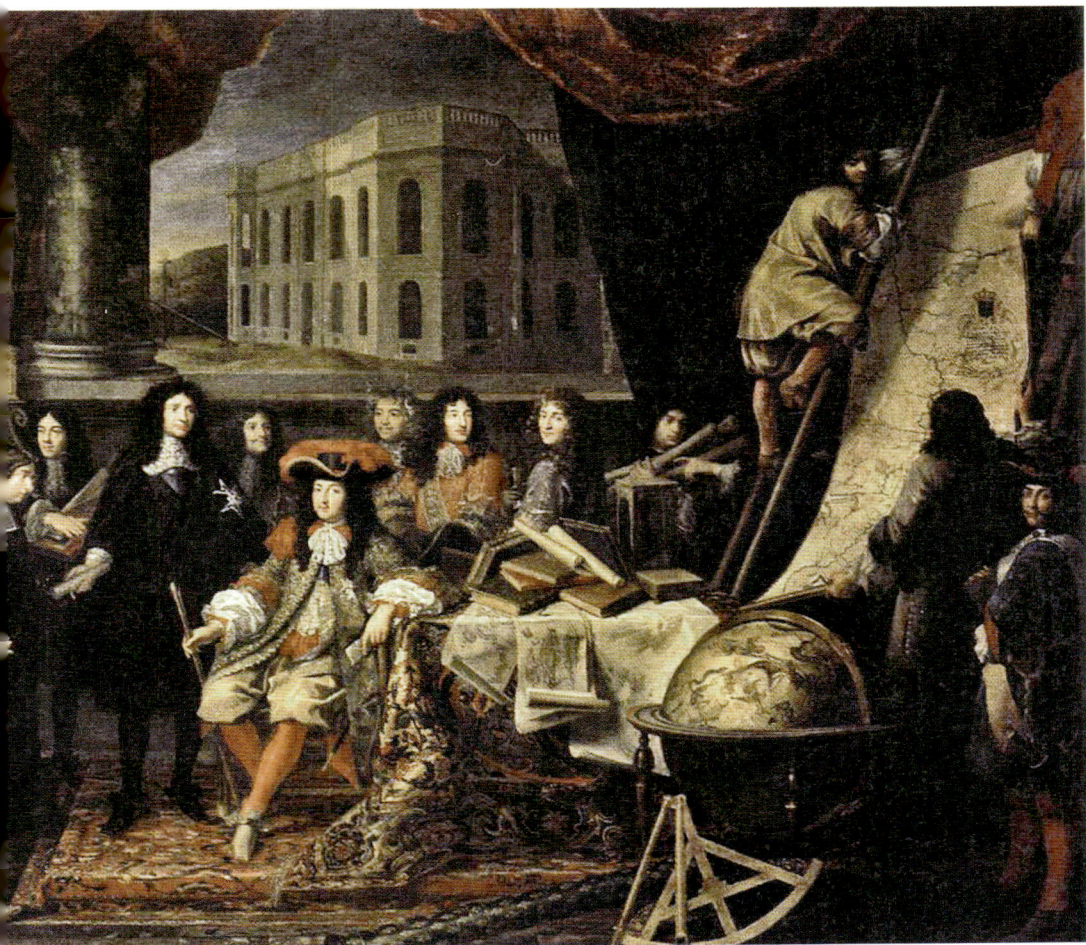

克里斯托夫·伯恩哈德·冯·加仑，明斯特采邑主
教。他的骑士手枪与背景中的围城场景，暗示了这
位好战的教会主教为何得名"炮弹贝恩德"

（Wolfgang Heimbach 绘于约 1674 年）

"冬王"王后的女儿、普法尔茨的索菲（左图，约 20 岁）1658 年嫁给了汉诺威公爵恩斯特·奥古斯特；1684 年，她把自己 16 岁的女儿索菲·夏洛特（右图）嫁给了勃兰登堡选帝侯世子、后来于 1701 年获"普鲁士国王"头衔的腓特烈（下图，任勃兰登堡选帝侯世子时的腓特烈三世）

（左图：Gerard van Honthorst 绘于约 1650 年；右图：Gédéon Romandon 绘于约 1690 年；下图：Adam de Clerck 绘，时间不详）

英国的詹姆斯二世和第二任妻子、比他年轻 25 岁的摩德纳公主玛丽亚·比阿特丽克丝·埃斯特。1688 年，玛丽亚给詹姆斯二世生下了期盼已久的天主教继承人

（上图：Nicolas de Largillière 绘于约 1685 年；下图：Simon Pietersz Verelst 绘于约 1685 年）

可惜没有洛赞伯爵、后来的洛赞公爵年轻时候的画像。在这幅画中，洛赞佩戴着 1688 年由詹姆斯二世授予的嘉德勋章。根据画作名称，此时的洛赞拥有 1692 年才获封的公爵头衔，因此画中的他至少已经 59 岁（Sir Alexis Simon Belle 绘于约 1700 年）

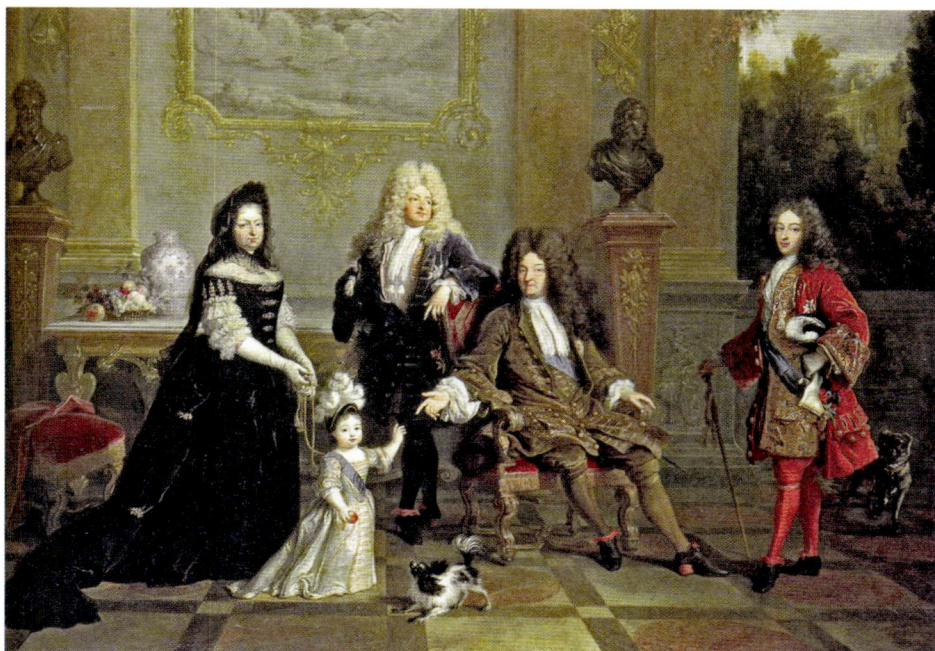

路易十四和长子（王太子）、长孙（勃艮第公爵）、曾长孙（德布列塔尼公爵）与王子的家庭女教师德旺塔杜尔公爵夫人。此前的 850 年间没有哪位法国国王活过 59 岁，四世同堂看起来就像是个奇迹（作者不详，绘于约 1710 年）

利奥波德一世，罗马-日耳曼帝国皇帝、奥地利大公，1667 年结婚。婚礼庆典期间，利奥波德在牧羊人戏剧《加拉底亚》中身穿"阿西斯"一角的戏服。利奥波德与侄女的婚姻意在让哈布斯堡的奥地利一支继承西班牙一支的遗产

（Jan Thomas 绘于 1667 年）

汉诺威继承人夫人索菲·多罗特娅与她的孩子们（后来的英国国王乔治二世和普鲁士王后索菲·多罗特娅）——灾难发生前 3 年

（Jacques Vaillant 绘于 1691 年）

1709 年马尔普拉奎特战役的 3 名参与者：普鲁士王储腓特烈·威廉（左上图：1701 年成画时还只是看似无害的 12 岁少年），萨伏依亲王欧根（右图：1717 年在土耳其战争中还要戴头盔），英国的詹姆斯三世（左下图），父亲的王国只留给他一个序数词

[左上图：Samuel Theodor Gericke 绘于约 1701 年；右图：Jacob van Schuppen 绘于 1718 年；左下图：Alexis Simon Belle（工作室）绘于约 1712 年]

1710年争夺法国王室最重要王孙的3名公主。德奥尔良公爵夫人（左上图）想把自己的女儿德奥尔良小姐（右图）许配给王子。德奥尔良公爵夫人和"女公爵夫人"都是路易十四的女儿，"女公爵夫人"的女儿德波旁小姐（左下图）则是德奥尔良小姐的竞争对手

［左上图：François de Troy绘于1692年；右图：画像来自尼古拉·德拉吉利埃的学校，绘于1719年前；左下图：Pierre Gobert（工作室）绘］

◀ 作为国王情妇德蒙特斯庞的婚生子，德安坦侯爵是路易十四非婚生子女同母异父的哥哥，由此也成了 1710 年诸公主权力之争的关键人物

［Hyacinthe Rigaud（工作室）绘于 1724—1736 年间］

▼ 尽管路易十五（左下图）于 1715 年登基时年仅 5 岁，还要有 2 年的时间被绳子牵引着，但他必须立刻开展交际。权力被摄政王德奥尔良公爵接管，摄政王的情妇、右下图扮作密涅瓦的德帕拉贝雷要求摄政王做大事

（左下图：Hyacinthe Rigaud 绘于 1715 年；右下图：Jean-Baptiste Santerre 绘于 18 世纪早期）

德曼特农夫人（左上图，画中女孩为其侄女）在上位成为路易十四的秘密妻子之后，通过侄女的婚配，与同样拥有权力意识的奥尔西尼亲王妃（右上图）有了姻亲关系，并于 1701 年把亲王妃安插到幼稚的费利佩五世（左下图）身旁，从而使亲王妃可以按照法国的意愿统治西班牙

（左上图：Louis Ferdinand Elle 绘于 1688 年；右上图：可能由 René Antoine Houasse 绘制，未注明日期；左下图：Hyacinthe Rigaud 绘于 1701 年）

西班牙公主玛丽亚·安娜·维多利亚，此画绘于 1724 年，画中公主年仅 6 岁，此时的她从 3 年前开始就有权佩戴放在旁边的王冠了。但是就如预言一般，她无法填满为未婚夫国王肖像预留的空间

（Nicolas de Largillière 绘于 1724 年）

波兰前国王的女儿玛丽亚·莱什琴斯卡原本以为自己至多也就嫁给一位公爵，但 22 岁的她突然成了一位 15 岁国王的妻子，还生下一个儿子，从圣灵勋章的蓝色绶带可以轻松辨认出这是位法国王子

（Alexis Simon Belle 绘于 1730 年）

在 1730 年的国事访问中，波兰-萨克森的"强力王"奥古斯特二世（左）和普鲁士的"士兵国王"腓特烈·威廉一世（右）再次向世界表明，为什么他们成立了"抗击清醒协会"

（Louis de Silvestre 绘于 1730 年）

手持陆军元帅杖、佩戴俄国安德烈勋章的弗里德里希·威廉·冯·格伦布科。隐藏在和蔼容克面具背后的，是柏林宫廷最无所顾忌的阴谋家

（Bescheky 绘于约 1738 年）

1733 年，前国王斯坦尼斯瓦夫一世·莱什琴斯基（右上图）扮作德国商业助手前往波兰，意欲夺回王位。但是法国首相德弗勒里（左上图）向他承诺的军队何在呢？这支军队的行动速度会比与萨克森的奥古斯特三世（左下图）结盟的俄国人快吗

（右上图：Antoine Pesne 绘于约 1731 年；左上图：François-Albert Stiemart 按照 Hyacinthe Rigaud 作品绘制，1728 年；左下图：Pietro Antonio Rotari 绘于 1755 年）

普鲁士王后索菲·多罗特娅（左图）和王储妃伊丽莎白·克里斯蒂娜（右图）都来自韦尔夫家族，但是王后却是一位英国公主，虽然她从未去过英国；而王储妃的父亲只统治着 103 户农民

（左图：Antoine Pesne 绘于 1737 年；右图：Antoine Pesne 绘于约 1739 年）

西班牙的费利佩五世和第 2 任妻子伊莎贝拉·法尔内塞。从上方洒落的阳光只能归为艺术加工，因为躁狂抑郁的国王和妻子从几十年前开始就几乎一直在夜间活动

（Louis Michel van Loo 绘于 1743 年）

英国国王乔治二世（左图）和妻子卡洛琳（右图）

（左图：Thomas Hudson 绘于 1744 年；右图：Jacopo Amigoni 绘于约 1735 年）

威尔士亲王弗雷德里克·路易斯，又名弗里茨（右图）；他的妻子是萨克森－哥达的奥古斯塔（左图）

（左图：William Hogarth 绘于约 1736 年；右图：Jacopo Amigoni 绘于 1735 年）

1724 年 6 月 3 日，路易十五在凡尔赛教堂将圣灵勋章的绶带移交给克莱蒙伯爵

（Jean-Baptiste van Loo 绘于 1731 年）

赫维勋爵作为"掌玺大臣",唯一的职能便是随身带着这个装着小国玺的袋子。但是这有什么关系呢?与这一职务挂钩的是内阁的席位,他用 10 年的宫廷服务换来了这个席位,当之无愧

(Jean-Baptiste van Loo 绘于 1741 年)

▲ 查理·爱德华·斯图亚特王子 1738 年在罗马梦想的不是随便什么虚名，而是要征服本应属于他父亲詹姆斯三世的 3 个王国。7 年后，他将带领一支由高地苏格兰人组成的军队向伦敦进军

（Louis Gabriel Blanchet 绘于 1738 年）

◀ 画中的德贝勒-伊斯勒伯爵倒是很高兴。凡尔赛人赞赏他道："他都可以建立一种新的宗教。"而且没有人再提及他那曾与铁面人关在一间牢房的祖父

（Maurice Quentin de La Tour 绘制）

▶ 没有人曾让 23 岁的奥地利的玛丽亚·特蕾西娅做好统治国家的准备，但她仍然继承了父亲的 3 个王国，并且在 1740 年执政伊始就要对抗德贝勒-伊斯勒的代理人

（Martin von Meytens d. J. 绘于约 1744 年）

萨克森伯爵莫里茨。在奥地利继承权战争结束后,"强力王"奥古斯特二世的这名私生子把德拉普佩里尼埃夫人保护了起来,避免后者遭到丈夫的报复,随即他就退居自己的香波宫殿

(Jean-Étienne Liotard 绘于 1748 年)

波兰国王斯坦尼斯瓦夫二世·波尼亚托夫斯基。回想一下他家乡贵族偏爱的未开化服饰，就可以感受到这位革新国王连 1764 年身着加冕服时也充满进步的现代性，他崛起的另外一个原因就是他的鬈发

（Marcello Bacciarelli 绘于 1764 年）

在注意到斯坦尼斯瓦夫二世·波尼亚托夫斯基魅力的诸多人士中，英国首相之子霍勒斯·沃波尔（左上图）是第一位。波尼亚托夫斯基对表妹伊莎贝拉·卢博米尔斯卡（右上图）的爱虽然无果而终，但幸好她最终没有嫁给卡罗尔·斯坦尼斯瓦夫·拉齐维乌亲王（左下图）

（左上图：Jonathan Richardson 绘于约 1735年；右上图：Marcello Bacciarelli 绘于 18 世纪 70 年代；左下图：作者不详，绘于1767 年后）

女大公安娜·利奥普尔多夫娜（右上图）从 1740 年起统治俄国——当然只是为儿子摄政，时间很短，下场也不好（尽管她本人就是皇位继承人）。但叶卡捷琳娜二世（右下图）在所有方面都相反，尽管她的私生子博布林斯基（左下图）差点在 1762 年阻止她掌权——妊娠妨碍了政变

（右上图：Louis Caravacque 绘于约 1740 年；右下图：Fjodor Stepanowitsch Rokotow 绘于 1763 年；左下图：Carl Ludwig Christinek 绘于 1769 年）

把威廉·汉密尔顿爵士（上图）与威尔士亲王弗里茨联系在一起的不仅是亲王与汉密尔顿母亲的私通关系，还有他们二人都徒劳地尝试娶一位名叫戴安娜·斯宾塞的女士。后来，汉密尔顿爵士另娶他人，去了那不勒斯，在那里遇到了火山国王费迪南多三世和四世（下图，与妻子玛丽亚·卡洛琳及他们17个孩子中的6个在一起）

（上图：David Allen 绘于 1775 年；下图：Angelika Kauffmann 绘于 1783 年）

年少时，德让利斯伯爵夫人（右上图）曾给熟睡中的修女们画过胡子；她作为德奥尔良公爵的情人，把公爵的儿子德沙特尔（右下图）当作王位继承人来培养，但是只有革命才能给德沙特尔带来王位。实际上，借助宫廷关系跻身自由英雄之列的德拉法耶特（左下图）等人正在酝酿革命

（右上图：Adélaïde Labille-Guiard 绘于 1790 年；左下图：Léon Cogniet 绘于 1834 年；右下图：Joseph-Désiré Court 绘于 1834 年）

▶ 当20岁的艾玛·哈特于1785年被画家塑造为搁浅在地中海海岸、被爱人遗弃的阿里阿德涅时,她还无从得知,一年后她在那不勒斯的境况正是如此。看似不幸,但却使这位出身英国北部的普通姑娘在欧洲外交中发挥了关键作用

(George Romney 绘于 1785 年)

▼ 斯塔埃尔男爵夫人(右下图)与主教德塔列朗(左下图)的私通关系未得善终,这从德塔列朗后来对知识女性敬而远之可以看出。男爵夫人与欧洲贵族屡传绯闻,而前主教则落到了一名装傻的女间谍手中

(左下图:Pierre-Paul Prud'hon 绘于 1817 年;右下图:François Gérard 绘于 1817 年后)

普鲁士的腓特烈·威廉二世（上图）和俄国的
保罗一世（下图）都算不上世袭君主制的代表。
作为官方认可的天才的继任者，虽然二人的日
子并不好过，但是这并没有迫使他们倾听来自
彼岸的声音（腓特烈·威廉）；抑或惹怒精英，
使之习惯于政变（保罗）

（上图：Johann Christoph Frisch 绘于 1794 年；下图：
Stepan Semenowitsch Schtschukin 绘于 1796—1797 年）

普拉东·阿列克桑德罗维奇·佐博夫太英俊了，不可能不引起叶卡捷琳娜二世的注意；他太过唯利是图，作为"本国德蓬帕杜尔"，不可能不参与该世纪最大的强盗行径；他也太过愚蠢，他不明白，随着波兰在1795年瓦解，他也毁掉了可以逃离叶卡捷琳娜二世的继任者，从而保全自己的避难所

（Johann Baptist Lampi d. Ä. 绘于 1793 年）

记
号
_{/M/A/R/K/}

真知　卓思　洞见

诸王的欧洲

Das Europa der Könige

17—18 世纪
的宫廷政治
与权力博弈

Macht und
Spiel an den
Höfen des
17. und 18.
Jahrhunderts

［德］**莱昂哈德·霍洛夫斯基** 著
Leonhard Horowski

李晓艳 译

北京科学技术出版社

Original Title: Das Europa der Könige Macht und Spiel an den Höfen des 17. und 18. Jahrhunderts
Copyright © 2017 by Rowohlt Verlag GmbH, Reinbek bei Hamburg
Chinese language edition arranged through HERCULES Business & Culture GmbH, Germany.

著作权合同登记号 图字：01-2022-2341

图书在版编目（CIP）数据

诸王的欧洲：17-18世纪的宫廷政治与权力博弈 /
（德）莱昂哈德·霍洛夫斯基著；李晓艳译 . -- 北京：
北京科学技术出版社，2023.8（2023.10重印）

ISBN 978-7-5714-2794-8

Ⅰ.①诸… Ⅱ.①莱… ②李… Ⅲ.①欧洲—近代史
—17世纪-18世纪 Ⅳ.①K504

中国国家版本馆CIP数据核字（2023）第008026号

选题策划：记　号	邮政编码：	100035
策划编辑：闻　静	电　话：	0086-10-66135495（总编室）
责任编辑：闻　静　马春华		0086-10-66113227（发行部）
责任校对：贾　荣	网　址：	www.bkydw.cn
特约校对：白　雪	印　刷：	北京华联印刷有限公司
封面设计：何　睦	开　本：	710 mm × 1000 mm 1/16
图文制作：刘永坤	字　数：	874 千字
责任印制：张　良	印　张：	65.25
出 版 人：曾庆宇	版　次：	2023 年 8 月第 1 版
出版发行：北京科学技术出版社	印　次：	2023 年 10 月第 2 次印刷
社　　址：北京西直门南大街 16 号	审 图 号：	GS（2023）795 号（本书地图
ISBN 978-7-5714-2794-8		系原书插附地图）

定　价： 268.00 元

推荐语

17—18世纪是欧洲历史,尤其政治史最为精彩的历史时期之一。在这个新旧交替的时代,新旧政治势力之间的博弈极为激烈、惊心动魄,作为传统政治势力最高代表的各国国王更是在其中扮演着关键角色。为争夺王宫最高权力(包括无数的王位继承战争)的一幕幕场景,是近代早期欧洲政治史上颇为精彩的一幅幅画面,不但在很大程度上决定了其时欧洲政治发展和国际关系的总面貌,亦使得各国历史呈现多样化、个性化和不同发展方向的特征。因此,欲了解近代早期欧洲各国的历史,尤其是政治史,必先了解欧洲各国君王在这一时期的叱咤风云史。由中生代史家莱昂哈德·霍洛夫斯基倾情撰著的《诸王的欧洲:17—18世纪的宫廷政治与权力博弈》,正好能满足有兴趣的读者在这方面的阅读需要。该书从真实历史出发,材料厚实,叙论兼具,文笔流畅,描述生动,不失为雅俗共赏的好作品。

——刘景华,天津师范大学欧洲文明研究院教授

《诸王的欧洲》以德国人的独特视角，借助大量史料文献，运用生动的文学笔触，别具一格地讲述了17—18世纪的政治史，以及一场欧洲所有宫廷相互关联的、纵横捭阖的权力游戏。

——朱明，华东师范大学历史系教授

《诸王的欧洲》是你死我活的争权夺利的欧洲旧王朝《纸牌屋》式权力游戏史，是精彩绝伦的尔虞我诈的阴谋间谍史，是争风吃醋的情场如战场的情斗私通的八卦史，是扣人心弦的比小说或者故事还引人入胜的欧洲宫廷家族兴起与衰落的悲喜剧，是百科全书式的欧洲旧王朝巨变前后的特写镜头。

——钟书峰，著名翻译家，译有《旧制度与大革命》

中文版序

向中国读者介绍我这本关于近代早期欧洲宫廷和贵族的书，既是荣幸，也是挑战。这主要是因为本书的体裁有些不同寻常，即从学术问题衍生出的个人冒险故事。

纵观历史长河中的复杂社会，政治权力总是以君主制的形式存在，而君主不可避免地需要一个宫廷。因此，任何研究君主和宫廷贵族的历史学家都要面临一个普遍又特殊的现象，这个现象在世界范围内存在了几千年，但没有完全相同的个案。既然如此，想要理解具体因素和普遍因素之间的关系，还有什么比写一部宫廷比较史更好的方法呢？这就是我在《诸王的欧洲》中做的事。本书囊括的事件涉及 1642—1799 年的 9 个欧洲君主国，它们分别是法国、英国、波兰、西班牙、奥地利君主国[1]、俄国、勃兰登堡－普鲁士、那不勒斯王国和汉诺威选侯国。在更大的范围内，"比较"似乎也是给中国读者提供有益阅读背景的最佳方式。值得一提的是，17—18 世纪的中国宫廷也与欧洲宫廷大相径庭。

诸位读者将在我列出的 9 个君主国中看到，欧洲是一个多中心的体系。当然，中华帝国也总是要与周边国家打交道。但是，中国是一个被不

---

[1] 1700 年左右开始使用的便利术语，指哈布斯堡王朝治下领土。——编注

那么重要的周边地区所包围的中心，这一概念是建立在真切的地理、人口、经济、文化和军事优势之上的。历数欧洲荣膺过最强之称的君主国，国力也没有太大的悬殊，而且没有一个国家有机会征服整个欧洲。即使是早已不存在的罗马帝国也只统治了不到一半的欧洲大陆，而到了 1648 年，其理论上的继承者——德意志民族神圣罗马帝国[1]——已经沦为一个松散的中欧小国联盟。德意志民族神圣罗马帝国的首脑仍然拥有罗马皇帝的头衔，但这个头衔带来的权力很小。若说皇帝仍是重要的政治角色，那也只是因为他在宪法上是奥地利君主国的统治者。1721 年，俄国的统治者也加冕称帝，但这同样没有增强俄罗斯帝国的国力，因为其他欧洲国家仍然认为这个位于欧洲最东边的大国是个暴发户。欧洲诸王与这些皇帝事实上平起平坐，而稍逊一筹的统治者（如选帝侯、大公）只是在级别上有一点从属关系，在其他方面几乎完全独立。

简而言之，9 个君主国和其他 11 个国家（瑞典、丹麦、葡萄牙、萨伏依公国、巴伐利亚选侯国、萨克森选侯国、普法尔茨选侯国、黑森 - 卡塞尔伯国、教皇国、尼德兰联省共和国和威尼斯共和国）构成了欧洲外交和政治体系的最高层，这个体系中相对平等的参与者虽然有天主教徒和新教徒之别，但在其他方面则有着基本相同的文化和价值观，都学习相同的外语，经常在青少年时期游历欧洲。相对而言，国籍不重要，种族或民族更不重要——部分原因是地理环境让欧洲从未像中国那样，建立由少数民族统治的王朝，而后者参与塑造了中国历史。在欧洲，只有征服了东南欧大部分地区的奥斯曼土耳其人，由于宗教原因被认为是完全的异类，并被排除在宫廷的共同文化之外；而在信奉基督教的欧洲内部，并不存在根本上的差异。

欧洲这种"大同小异"的趋向在很大程度上源于另一个重要的特征。与中华帝国不同，宗教要求欧洲信奉基督教的君主只能有一位妻子。虽然

---

[1] 正文中称作"罗马 - 德意志帝国"，理由见"前言"。——编注

这很难阻止婚姻之外的性关系，但它重新定义了合法的王朝——只由唯一的妻子所生的孩子及他们同样合法的男性后代组成。其结果是惊人的。一夫多妻制王朝在几代人的时间里就会出现大量的皇子王孙，而近代早期的欧洲王朝的继承人很少有超过十几人的，这大大降低了王子或其互相竞争的母亲之间发生内斗的风险，因此，绝对长子继承制（长子自动继承）成为常态。不成文的传统法意味着统治者没有选择继承人的权利。相反，如果没有男性继承人，人们允许女性继承王位，从而创造了惊人的连续性。例如，尽管不同的"王朝"有一些误导性的名称，但987—1792年间所有的法国统治者都来自同一个男性家族；由于规则在1688年和1701年发生的小变化，现任英国国王是自1066年以来所有君主的直接继承人，以此类推。从欧洲整体来看，在500—1789年间，外族势力与本国的民间反抗完全没有影响过欧洲王朝的兴衰；国际战争也没有危及王朝本身：欧洲君主之间的婚姻关系太过密切，以至于不可能完全摧毁另一个王朝。

最后，这一切也塑造了为欧洲君主国和许多小国服务的贵族阶层。贵族生而享有法律上的特权，同时也被组织在等级森严的家族中，这种家族结构与王室结构如出一辙。贵族也从世袭继承中受益，他们的头衔和财产几乎与统治者本人的头衔和财产一样神圣。此外，俄罗斯帝国以外的欧洲贵族无人不知，除了战死沙场，几乎没有什么可以让他们付出生命的代价——彼时贵族的典范是战士，而不是学者。即使学术在17—18世纪的欧洲蓬勃发展，但旧贵族仍然对学者心存警惕，在这一点上，欧洲诸国完全无法比拟中国文化对士人学子的尊重。

这就是本书将带您进入的社会。我由衷希望诸位能够享受这趟旅程。

莱昂哈德·霍洛夫斯基

2022年8月10日

前　言

　　　诸王统治的欧洲非常独特。在这里，英格兰一位不说英语的国王，想要让不说波兰语的波兰国王成为西西里的国王，以此来打乱一位不说西班牙语的西班牙国王的计划。在这里，2000 万人的统治者身着女孩儿的衣服，由一位老妇人用丝质的绳子牵引着，因为他才 5 岁；11 岁时，人们给他和一个 3 岁的女娃订了婚；15 岁时，他娶了一名比他大 7 岁的公主为妻。国家权力位于拥挤的宫殿中，居住其中的宫廷侍臣整个冬天都在争斗，只为了在夏天到来、率领身着各色制服的军队奔赴战场之前，能当着王后的面坐在凳子上。在一个官方语言是拉丁语的国家，一名 12 岁时才识字的上层贵族可以成为法院院长，而他识字的方式是用手枪射击挂在宫中花园树上的铅字。在这样的社会中，比起一名 23 岁时才发现自己没有名字的贵族，对妻子以名相称的贵族更引人注目；孩子们称呼家庭女教师为"妈妈"，称呼自己的母亲为"夫人"，称呼兄弟姐妹要用"您"。17—18 世纪的历史堪称一幅丰富多彩、充满令人惊异景色的风景画，然而学校的教科书在呈现这段历史时，却始终将其当作通向今天的"高速公路"，在这些教材看来，唯一重要的就是今天。

　　与考察新近的、更熟悉的历史相比，沉浸在久远一些的年代不仅会有意外发现，有时候也恰恰是那些不明显的信息让我们大开眼界。研究近代早期的君主政体，可以了解很多国家形成、外交、战争、家庭结构或两性关系的历史，也就是说，本书的读者最后会对以上内容有更多认识。但是换种阅读方式也无妨，例如读者可以通过阅读本书得知，为什么一位法国国王只与已婚女性交好会是高明之举，罗马－德意志帝国的皇帝1769年肩上背着哪位国王，首名在法国宫廷接受教育的易洛魁人的横笛吹奏水平到了何种程度，为何骑兵攻击在18世纪只能起到心理上的作用，谁是铁面人，或者1688年的私人医生推荐何物作为比母乳更健康的替代品。由于以上这些内容，本书读来会颇有趣味，但并未因此缺少解释和分析。本书是一场穿越昔日世界的旅行，严格遵守可以追溯的历史，同时又可以当成小说来读。

我们在接下来的20章所讨论的昔日世界，是近代早期行将结束时欧洲君王们的世界，也是宫廷贵族的世界——他们时而作为对手，时而作为助手，而且经常是作为高雅的保姆包围着君王。面对1642年至1799年这一个半世纪，我们特意拐下宽大的进步高速路，驶上当时唯一一条被照亮的主路，而在人们回顾历史时，大多数情况下都把这条主路当作辅路甚至死胡同。实际上，按照今天的标准，我们将要仔细考察的人物，几乎没有取得任何有用或具有前瞻性的成就。本书有意绕开了那个时代伟大的作家、哲学家、艺术家或科学家，尽管以往他们是最可能被人著述的。与此相反，本书既不为那些最有名的人物所作，也不会从头到尾叙述人物的生平。传记是迄今为止唯一一种可以合理处理宫廷社会的文学体裁，而且确实可以做到本书无法做到的很多事情。但是有一样传记做不到，而这正是本书所尝试实现的，那就是通过描述分布在很长时期内的20个"瞬间"，观察隶属于这些"瞬间"的人生历程如何相互交织，来叙述和解释一个几乎被遗忘的世界。

就像长篇小说、电影或传记常做的那样，本书也有意未明确区分主要和次要人物。即便是重构某一个真实的人生时，这种区分在一定程度上也很不自然，而这种不自然在呈现整个社会时尤甚——在围绕国际统治精英

11

展开的本书中尤其容易引起困惑。本书的内容应该是一种邀请，借助看似陈旧的例子来思考权力的行使方式，精英彼此区分、自我辩白的方式，以及他们在毫无选择的自信中不断失败，却并没有因屡屡失败而昏头或者气恼。我们可以对很多个体有一定程度的了解，因为我们掌握了他们的信件、日记和其他很准确的原始资料。但是还有不少人，尽管他们发挥了巨大的作用，却几乎没有留下此类痕迹，还有一些人仅仅短暂地向我们吐露了心声。因此，本书就不能局限于介绍那些我们肯定能看透或必须要看透的人物。认为有权有势之人和社会上层人士与普通市民的社会关系大致相同的想法，可能是对权力精英的最大误解，恐怕也要为阴谋论的产生负最大责任。权力是巨大棋盘上的一盘棋，只能通过网络起作用，执棋者只能是一开始就必须将尽可能多的棋子收入眼底的精英。无论何时、无论何处，这一条都适用，宫廷和贵族的世界尤其适用。这个世界的活动者就出生在权力网络中，他们对个性及私人生活还不太重视，因此只要不在历史描述中抛掉所有次要人物，就能够在某种程度上勾勒出他们的世界。而事实上也是如此：一直在场的朝臣、大家族中世世代代反复出现的名字，都是我们故事的组成部分，他们之间的联系和重大事件的主线一道，将我们的故事统合在了一起。

就是在这种背景下，上演了一幕大戏，这是发生在那个逝去世界的真实的悲喜剧：天生的统治者与其天生的助手之间的共生与合作，有权有势之人逐渐习惯于偶然指派给自己的角色，宫廷社会中上演着所有兴盛与衰落的戏剧。人们经常说宫廷社会像是一个没有意志的钟摆，但实际上，这既是一个战场，也是一个蚂蚁窝。这种权力的特殊结构已经消逝，但这并不要紧；对于有些观察来说，进一步考察这样一个历史时期反而有优势。这一时期，在没有大众媒体、新闻自由甚或民主的情况下，群体小得多、也更容易近亲通婚的权力精英又将所有国家事务当成秘密来保守，因此要实施巨大阴谋就比今天容易得多——而且最后事实证明，此类阴谋几乎都会出问题。

即便没有如此特殊的问题，研究近代早期也是值得的，因为借用古典语言学家乌沃·霍尔舍（Uvo Hölscher）的话来说，这一时期已经成了我们所在社会的"最亲密的陌生者"——足够亲密，并未超出凡尘；同时陌生到足以提醒我们，我们的理所应当是多么得不那么理所应当。如果有人仔细研究过那些独特的理性之人怀着最大信念所做的事情，在仅仅 300 年后的我们看来纯粹就是胡闹，他可能就会在此之后反复思量，是否只因为此时此刻其他人都在做，就能把某件事看作正确的。

※

在构思本书的内容时，我本着读者可以立刻领会的原则——至少在描述光怪陆离的社会时尽可能地容易领会。每一章内容的原始资料，以及偶尔（真的只是偶尔）给有据可查的事实补充可以合理推导出的内容，都收录在书末的附录中。而下文的解释，只是为了方便读者可以更精确地查证本书用到的姓名和日期背后的逻辑。

正确对待人名是检验历史书籍的重要依据之一，因为姓名习惯最能表现一个社会——不清楚历史人物彼此如何称呼，就没有足够透彻地了解他们。在研究那些有足够的理由因其花哨复杂的名字而臭名昭著的统治者和贵族时，尤其如此；他们的姓名体系中隐藏着完整的世界观，因此现代的历史书写只有对此类姓名加以调整，使其足够适应我们对个体全然不同的理解，才能显得合乎逻辑。事实上，不做一定的适应性变化也几乎行不通。举例来说，如果谈及路易十五宫廷中的西班牙大使，很难每次都把唐费尔南多·德席尔瓦-阿尔瓦雷斯·德托莱多·博蒙·波托卡雷罗·恩里克斯·德里韦拉·曼里克·门德斯·德阿罗·古斯曼·恩里克斯·德拉塞尔达·阿塞韦多-苏尼加·丰塞卡-阿亚拉、德韦斯卡尔公爵、德加尔韦伯爵等说上一遍，特别是这种对家族继承的列举原本更多地用于土地登记册的记录，而非名字。

　　很多剧作家和小说家会改动人名，他们笔下的人物总是像模像样地被"以法国国王路易十五的名义"任命或拘捕。对于熟悉这方面资料的人来说，这听起来就像我们现在在对话中说"德意志联邦共和国前总理安格拉·多罗特娅·默克尔博士，娘家姓卡斯纳（德国基督教民主联盟）"。因此，除了出于实际操作的原因，在名字的改动上，本书要比这些影视或文学作品更大刀阔斧一些。

　　在任何时代，日常使用姓名时都不会列出完整的版本。因此，熟悉姓名的日常用法就绝不仅仅对于那些想要在当代作品中再次与这些人物相遇的人有用。最重要的是，这种日常用法会告诉我们一个人的某种特征在哪一时期被认为有多么重要或不重要——因此要提及还是省掉。相应地，近代早期的贵族如何将封建封号和职能头衔看得比名字重要得多（以及可能会采用何种夸张的形式），将在第 12 章更详细地解释。

　　在本书中，我有意地坚持让不可避免的简化名与当时的日常用法协调一致，而不是像很多作者那样，使名字与现代的形式相符。再以安格拉·多罗特娅·默克尔为例，请想象一下，100 年后的历史书可能会怎样称呼她。可能是安格拉·卡斯纳，因为温和的女权主义者获胜，那时已经完全废除了随夫姓的习俗；也可能是安格拉·赫林德的女儿，因为激进一些的女权主义者掌了权；或者完全相反，称呼变成了约阿希姆·绍尔博士教授夫人——父权制回归！幸好对于我们要讨论的问题而言，这些称呼都不重要，因为尽管我们对 3 个版本称呼的喜爱程度可能有差异，但它们有一个共同点，即错误描述了这位时任联邦女总理生活的社会。

　　为了避免此类错误，我们在称呼本书中的历史人物时，最迟从第 2 次提及时就使用其名字或头衔的最短形式，而这个名字或头衔也是人们在其在世时使用的简称。对于很多贵族，特别是西欧带有领地头衔的贵族，我们这样称呼——例如德塔兰托亲王亨利－夏尔·德拉特雷穆瓦耶就被简单地称为"塔尔蒙特"，格拉夫顿公爵查尔斯·菲茨罗伊被称为"格拉夫顿"，德让利斯伯爵夫人斯特凡妮－费利西泰·迪克雷·德圣奥班被称为

"德让利斯夫人"。我们也会将姓氏用作简称，但仅限于当时的人也这样做的情况下，因为像在德国，领地封号与姓氏是一致的。因此，所有这些人物的完整姓名只在特殊情况下才会出现在文中，但是都可以在书末的人名索引中查阅。此外，人名索引还包括所有人物的生卒年份、出场的页码及女性的婚前称谓。（如果某一词条的女士没有单独给出婚前称谓，那么列出的唯一的姓氏便是她的娘家姓，例如法国的女性并不随夫姓。）很多人物在一生中多次变换领地封号，对于这种情况，我通常会使用他们在我所关注的那个时期拥有的封号。我仅对伟大的洛赞破了例，这纯粹是为了方便，我们在第 2 章就这样称呼他，尽管这时还是 1665 年，而他从 1668 年起才成为德洛赞伯爵，此前则被称为德佩吉扬侯爵。

我只在一种情况下对人物以名相称，这些人都是统治者家族成员，他们要么在当时就被这样称呼（海因里希亲王），要么找不到可追溯的可用姓名形式（例如路易十五，他的臣仆简单地称其为"国王"，因为他们知道自己说的是当前的那位国王；再或者像勃兰登堡选帝侯腓特烈·威廉，我们只能按照他同时代和同阶层人的方式，不确切地称其为"勃兰登堡侯"）。我按照历史学家的合理惯例，在不显得荒谬的情况下，用德语形式给出统治者及其妻子的名字。因此，我按照德语的形式书写乔治三世（z. B. Georg Ⅲ）和路易十五（Ludwig XV）的名字，但是保留了伊凡六世（Ivan Ⅵ）和斯坦尼斯瓦夫一世（Stanisław Ⅰ）的源语言书写习惯，没有做德语化的修改。与此相对的是，王室其他成员的名字及所有其他人物的名字都可以在各自国家的语言中找到。原本的头衔，像英语的伯爵（Earl）、法语的公爵（Duc）或意大利语的亲王（Principe），如果可行且文体上恰当，我就翻译成对应的德语；附录中的"封建封号与官衔"也把德语的说法翻译成了其他语言。英国的贵族，除了公爵，我大多数情况下简称为勋爵，而这也是官方许可的；所有名字和头衔的写法遵照的都不是当时完全随意的正字法，而是今天后人和历史学家使用的标准形式。对于俄语名字，我们尽可能地将西里尔文按发音转写，使这一写法的德语发音可以产生正确的姓名形式（例如 Subow 中的 s 发音和在"sanft"中相同，而 z 始终代表 tz）。俄语中的 ж 在德语中没有对应的字母，其发音同"Journalist"一词中的 J，本书用 ž 代表。

17　　地理名称处理起来要比人名简单很多。原则上，书中所有国家、地区和城市都使用它们今天的名称（如果它们还存在的话），但是那些由于种族或语言的巨大变化，如今的名称与当时彻底不同的除外。在这种情况下，我有意用奥得河畔的克罗森和柯尼斯堡代替了奥得河畔的克罗斯诺和加里宁格勒的写法，因为这两座城市在相关的时间点使用的是德语，而且是德语国家的一部分。我将皮内罗洛按照法语写成 Pignerol，而没有按照意大利语写成 Pinerolo，因为这座位于意大利北部的城市当年属于法国，并且在相应的事件中只有法国人出场；安斯巴赫（Ansbach）当然也没有采用直到 18 世纪还占主导的叫法奥诺尔兹巴赫（Onolzbach）。今天的比利时我就用比利时来称呼，因为当时的名称西班牙属尼德兰（到 1714 年）和后来的奥地利属尼德兰（1714—1793 年）既不便于使用，也容易产生混乱。第 7 章在提到普鲁士时，按照 1690 年的语言惯用法，指的都是普鲁士公国，人们从 1772 年起才开始称该地为东普鲁士。相反，当时的条顿骑士团国的西部、1454 年至 1772 年属于波兰的那部分，我们称为西普鲁士，因为该地当时的名称"王室普鲁士"容易误导读者。但是，在所有后续的章节中，"普鲁士"指的是从普鲁士王国建立（1701 年），直到 1815 年自称为"普鲁士王室国家"的霍亨索伦家族统治下的国家综合体。与此相似，我使用奥地利这一名称时，指的也不只是奥地利大公国，而是对应当时的现实情况，指代整个哈布斯堡王朝，其中也包括众所周知的波希米亚和匈牙利。今天的捷克，我则使用当时广泛使用的称呼波希米亚。

18　　德语区的联邦国家组织，在今天的教科书中被深情地冠以"德意志民族神圣罗马帝国"的名称，但当时罕以全名来指称，就像今天也很少使用大不列颠及北爱尔兰联合王国、俄罗斯联邦或美利坚合众国一样。因此，与时人及历史学家一致，大多数情况下，我将其称为"罗马–德意志帝国"

和"罗马－德意志皇帝",或者(遵照这两组范例)简单地称为帝国,这不应该被误解成对后世与此完全无关的帝国组织的怀古。和当时的人一样,我说起德国,指的不是政治组织,而是德国的语言和文化区域。如果没有额外的或明显的俄国语境,那么提到皇帝或皇后时,指的都是罗马－德意志帝国的皇帝或皇后。为了避免混淆,对于1804年前仅有的另一位皇帝,即1721年被封为"大帝"的俄国统治者,我始终使用在当时依然占主导的"沙皇"之称。最后,我使用的"英国人"的概念,即便在17世纪也指代的是英格兰人、苏格兰人和威尔士人的整体,尽管由苏格兰王国和英格兰王国联合而成的大不列颠王国1707年才诞生;此前的英格兰－苏格兰国王我称为英格兰国王。

最后再说说日期。唯一的麻烦就在于,1582年由教皇推行的"格列高利历"一开始未被新教国家接受。这些国家沿用了之前的"儒略历",使得这些国家整个17世纪的日期都比天主教国家晚了10天。所以,本书开头讲述的决斗,从新教占统治地位的尼德兰来看,发生在1642年7月17日;而从天主教徒占多数的法国来看,则发生在同年7月27日。到1700年,两种历法的差别增加到11天,这时,除了英国,所有的新教国家都采用了"格列高利历"。颇为讽刺的是,与此同时,在此前按照拜占庭模式标注日期的俄国,彼得大帝引入了"儒略历",而他并没有及时知晓"儒略历"的广泛废止,该历法在俄国一直使用到1918年。因此,18世纪俄国的日期就比使用"格列高利历"的欧洲晚11天。

英国于1752年采用"格列高利历",在此之前,英国的日期不仅有上述的10天及1700年起11天的延后,而且(同样作为欧洲最后一个国家)按照古老的罗马历法,将3月25日作为一年的开端。所以,欧洲大陆的1733年2月,在英国被记录为1732年2月。英国的1733年开始于3月25日,因此被英国人称为1733年2月的那个月份,就是被所有其他国家称为1734年2月的月份。这种差异在当时就造成了各种各样的麻烦,因此英国人习惯于把这一时期1月1日至3月25日的所有日期都写为 1732—33 年 2 月 11 日，这在今天经常被误解为有两个矛盾的日期。鉴于本书主要围绕欧洲内部的国际关系，不该增加同时发生的事件的辨认难度，因此所有日期都换算成了最早被广泛使用，并且在今天唯一通行的"格列高利历"。所以，如果哪位读者将本书引用的日期与其他作品或当时的史料中的日期做比较，请不要惊慌，二者可能视地点和时间相差 10 天或 11 天，英国的日期甚至看似相差 1 年。

目　录

CONTENTS

王后卡洛琳只是想纠正丈夫以有限的艺术理解力所做的事情，撤掉了几百年来因沾满灰尘而黯淡的所有"黑色的大师之作"，换上色彩斑斓的肖像画，以前那幅描绘体积庞大的赤裸维纳斯伸懒腰的16世纪绘画，换成了英国国王查理一世前3个孩子的画像，要不是这3个孩子后来无意间的合作，乔治二世就不会成为这个大家族的主人。

选帝侯兼国王中途出其不意地拜访了萨克森-波兰的奥古斯特三世。选帝侯假装成宫廷官员，对奥古斯特三世做了一番老练的恭维，后者并没有认出他。直到这位所谓的宫廷官员突然拥抱波兰国王时，国王才明白过来此人是谁，他虽然显然从来没有见过自己这位连襟的脸，但礼节已经融入他的血肉，成了他的自然习惯：拥抱我的人，肯定是执政的王侯。

1732年1月17日，当波尼亚托夫斯基在沃乌琴见到世界的第一缕阳光时，任何人做梦也不会想到，有朝一日他能到达何等高位。没有迹象表明，波尼亚托夫斯基会成为18世纪欧洲的第2位，同时又是最后一位仅仅来自贵族家庭而非以统治国土为唯一使命的执政家族的国王。

皇帝约瑟夫二世最终发现妹夫费迪南多正在修道院的厨房里试着做菜肉蛋卷，同时忙着和随从们进行某种蛋糕大战，顺带发现了奥地利大使怕痒这件好玩的事，而且还远远没有在周围所有的帽子里涂抹上果酱。见此情景，皇帝赶紧把厨房门关上了。皇帝决定安静一会儿，到旁边斋堂里听自己17岁的妹妹玛丽亚·卡洛琳讲讲，对于与一个小时后才从厨房出来的费迪南多三世和四世结婚做何感想。

近一个半世纪以来，国王情妇在法国宫廷中承担着一个无意为之的重任，即充当国王的避雷器或者替罪羊。如果统治者让某个大的宫廷宗族失望，出局者的怒火和仇恨不会针对国王，反而会集中于恶毒的参谋或者统治者怀中狡诈阴险的女人，因为肯定有人是所有坏事的幕后黑手。

诸王治下的欧洲绝不像后世呈现的那样反应激烈。按照小说和电影偏爱的想象，整个大陆的统治者和贵族很可能在1789年7月14日放下了一切，全力投入到应对威胁他们体系的斗争中。事实上，身在其中便很少可以辨别出大的历史转折点，因为它们很容易淹没于看似同等级别的众多其他事件中。

第 1 章

"一位波兰王子，他的名字我已忘记……"

———— ❖ ————

莱茵贝格，1642 年 7 月 27 日

塔尔蒙特第一个看到了骑兵。这里的土地和他的家乡一样平坦，前方一有风吹草动，老远就能发现。不过就算离得远，时间也不多了。按照这个速度，他们很快就能追上自己和拉齐维乌。塔尔蒙特此刻更加清晰地意识到自己的当务之急。事不过三，这一次他不会再听凭别人把剑从他手中拿走。一年前，一位表亲像打发小男孩一样对他，仿佛不知道他当时已经20岁了，而且还为那场决斗找了一个完美的借口；半年前，他和拉齐维乌差点儿就能像家族荣誉要求的那样，成为对方的刀下鬼，偏偏这时一名副手找人把他和拉齐维乌拘捕起来。如果他们俩今天又决斗不成，天知道何时能找到下一次机会。四支敌对的军队正穿过这片被上帝遗弃的土地，向对方行进。3周前，拉齐维乌的人发现了西班牙的队伍，他的坐骑在战斗中中枪而亡；塔尔蒙特也差点儿被一个拿棍子的土老帽儿要了命，那个傲慢的波兰人欠他的荣誉之战几乎就这样与他擦肩而过。所以，不能再等了。

当塔尔蒙特冲着拉齐维乌大叫并指向那些骑兵，当他扔掉外套、身穿

白衬衣跃上战马时，他清楚地意识到了另一件事情，那就是自己今天学到的东西有多么宝贵：挑选合适的副手太有必要了。塔尔蒙特本来打算选德埃斯皮奈，但是副手们通常最后也要参战，而拉齐维乌的副手德雷蒙德因为太喜欢德埃斯皮奈，就求塔尔蒙特另选他人。最终塔尔蒙特选了德奥库尔。此刻，德奥库尔正与德雷蒙德商议决斗的方式、地点和使用的武器。来到这里德奥库尔才注意到，塔尔蒙特的军刀比对手的剑短半尺，而且刀柄上没有任何防护。那个波兰人的反应堪称正派，这一点必须承认；但他提出的双方交换武器的建议，却是一个高尚之人不能接受的。于是双方

抓阄，运气不佳的自然是塔尔蒙特，因此他只得右手握着那把短军刀。接着，决斗双方骑马向对方冲去。当两匹马并排而立，塔尔蒙特挥刀砍去，将拉齐维乌的衬衣削得粉碎；抽刀回身时，他才察觉，自己的整个右臂已被对方的剑砍得皮开肉绽。很快，塔尔蒙特就来到了拉齐维乌身后，并记起了课上所学：攻击的完美姿势。但奇怪的是，军刀根本就不在他的手中了；与此同时，拉齐维乌坐在受惊奔逃的马上已跑出去百步之遥。拉齐维乌的副手跑向塔尔蒙特，助他下马，给他包扎撕裂的动脉。这时，塔尔蒙特感到一阵异样的轻松：这就是荣誉吗？

塔尔蒙特和拉齐维乌从欧洲的两端赶到这里。他，亨利－夏尔·德拉特雷穆瓦耶、塔尔蒙特亲王，是效忠于尼德兰联省共和国的一个骑兵团的上校，也是普瓦图和布列塔尼之间大片地产的继承人，来自法国的大西洋海岸；他的对手拉齐维乌亲王博古斯瓦夫是比尔森和杜宾斯基两地的公爵、斯卢茨克和科佩尔两地的亲王、立陶宛的掌旗者、波斯日尔温蒂（Poszyrwinty）一地的领主。拉齐维乌的大部分领地位于白俄罗斯，当时属于立陶宛，但立陶宛早就与波兰统一，立陶宛的贵族也变成波兰人了——并且西方没有人知道白俄罗斯，更不知道它在哪儿——所以所有人都称拉齐维乌为波兰人，连他自己也这样称呼自己。然而，拉齐维乌与95%的波兰人、立陶宛人或者白俄罗斯人都不相干，就像塔尔蒙特与95%的法国人也不相干一样。

不相干，并非仅仅因为二人是贵族：彼时贵族已经不是一个准确的概念了，当然，今天更不准确，因为大多数人误以为贵族就是王室。国王和他的家族才不是贵族，至多在逻辑上算是贵族的向上延伸，是贵族的雇主、裁判员和统治者，有时还是他们的偶像、对手甚至死敌。当然，双方彼此需要，相互之间也比和别人更亲近——但要是哪个贵族忘了身份差别，那就等着倒霉吧。在我们的两名决斗者生活的时代，天平彻底倒向统治者一方，无论他的头衔是皇帝、国王、选帝侯，还是拥有主权的大公和亲王。几百年来，统治者和上层贵族的差别可能就像大地主和中等地主的

23

差别。但是逐渐地，前者的国家机器和军事机器快速发展，使得上层贵族再也无法望其项背；当双方发生冲突时，国王不再仅仅利用自己额头上的圣油、身上的紫色王袍或是人格魅力来对付反叛的贵族，而是在必要时（这种情况越来越多）动用 5 万职业军人和那批尖刻的法官，后者带给国王的优势更大。欧洲之外经常会出现天赋异禀的将军或叛军首领，推翻统治者，建立一个全新的王朝，罗马人和拜占庭人也是如此。欧洲的中世纪则不同。兄弟、叔侄可能会决一死战，但王冠几百年来都在同一个家族的头顶；有时候继承人是女性，虽然她会把王位带给夫家，但也只是改个姓氏。几百年不变的王朝，使得一个最强大的基本原则深入人心，那就是所有古老的就是正确的，凡是太新的就可疑。即便在选举国王的地区，由于对传统的尊重大于一切，最后选出的都是上一任国王的自然继承人。当然，选举国王这种事越来越稀罕，因为波希米亚地区、丹麦和匈牙利分别在 1627 年、1660 年和 1687 年借助武力开始实行世袭君主制。这就难怪，即使面对臣仆中的贵族，统治者家族也觉得自己是另一个物种。

　　即使将贵族理解成享受特权的臣仆阶层，这个概念仍不够统一。虽然司法上的定义在欧洲大陆相当清晰，一个人是贵族还是平民很容易判断，但是贵族理念本身就充斥着不平等，因此没有人会对贵族内部的不平等感到惊讶——只有波兰 - 立陶宛联邦还假装所有贵族都平等。封建社会的鄙视链一直存在，公爵俯视伯爵，伯爵怜悯男爵，男爵感觉自己高那些未被授衔的贵族一等。拥有大量领地的贵族完胜那些只剩一座较大的农庄、一匹老马和一把锈剑的贵族，身处首都的优雅的宫廷大臣会取笑乡间的容克地主，而他们作为旧贵族又共同辱骂新晋贵族。尽管如此，新晋贵族仍不断增多，因为虽然贵族不能再选举国王了，但国王可以晋封新的贵族。一个又一个法学家封侯晋爵、购置地产，通过结亲向上攀爬。尽管老牌贵族或许会对此嗤之以鼻——吞下叙爵文书的老鼠就能摇身变成贵族吗？——但他们不得不有所应对。幸好这个难题本身也包含着解决方案，因为这套强化了君主权力的国家和军事机构，也为贵族提供了意想不到的新的晋升机会。老牌骑士贵族的后人如若做好了进入新机构的准备，就可以在一定程度上作为王室"项目"的高级职员分享此前料想不到的权力和超乎想象的税收财富，由此既可以从原有的古老贵族阶层脱颖而出，也能比大多数的暴发户高一头。不久之前，这些下层贵族的大多数成员还只是占有土地，仅在国王召唤时单枪匹马开赴战场，战争结束后再返回自己的地盘。如今他们变成了军官，为统治者统领着日益壮大的军队，同时还成了宫廷显要、外交官、地方长官或首席法官。当然，每个人的仕途前景不一，也有风险。战争中可以获得最大收益，但也可能要承受最惨重的损失。一将功成万骨枯，幸运儿平步青云，一跃成为身价不菲的元帅、亲王或总督，他的身后则是大量事业困顿不前和年纪轻轻就命丧沙场之人。路子广的人，会将孩子送到宫廷中谋仕途；钱财足的人，会出资让儿孙接受高等教育、开展访学旅行，以满足成为行政官员和外交官的条件。不过各处的原则都相同，而且因为没有人在这个社会中单独存在，每个人都代表着自己的宗族行事，所以新旧贵族渗透、开拓并承接了王室的国家"工程"，这成了欧洲历史上为精英阶层创造工作岗位的伟大措施。

仅有一个团体面临着不同的情况，让我们借此把话题转回到拉齐维乌和塔尔蒙特。在这一发展过程中，上层贵族，也就是那些几百年前就已跟随或没有跟随国王而飞黄腾达、位列公侯、掌管着几百甚至几千下层贵族封臣的贵族家庭，又发生了什么呢？在欧洲的很多地区，中央权力的缺失成就了他们；这些人由此得以在罗马–德意志帝国内部作为近乎独立的小公国的统治者幸存下来，并修建了我们今天仍在受益的所有大学和宫廷剧院。英国的老牌上层贵族则先后沦为了玫瑰战争和都铎王朝刽子手的牺牲品，几乎悉数被发迹的畜牧业者的后人取代，这些人至今仍位列英国贵族的顶端。在波希米亚，三十年战争使哈布斯堡家族得以将原有的捷克统治阶层几乎全部驱逐，并把剥夺来的土地廉价出售给德国、比利时和意大利的雇佣兵指挥官，这些人的继承者构成了波希米亚 1945 年之前的上层贵族。其余大多数国家都处于这两个极端之间。但无论在哪儿，像塔尔蒙特

26

和拉齐维乌这样的风流倜傥之士都必须决定，是愿意屈从于上升的王室权威还是对其发起猛烈攻击。亲属关系和财富使他们与君主相似，而且和君主一样，他们更习惯于发号施令，而非俯首帖耳。可想而知，他们并不适宜做乖巧的臣仆——不管是像在法国那样听从于国王及其枢机主教，还是像在波兰－立陶宛联邦那样服从平等主义的贵族民主制，后者的国王仅被奉为终身总统。这些人生活在金银织就的、无法看清全貌且摇摇晃晃的国家大厦中，就像半驯化的野兽，只要一挥手就能发动一场内战。

　　上层贵族的世界是国际性的。这是必然的，因为在每个国家内部，上层贵族的人数都很有限，而且通常是对手关系，因此结亲时目光便会越过国境。这些婚姻形成了整个欧洲的亲属关系、继承关系和敌对关系。拉齐维乌和塔尔蒙特还有一个额外的共同点，更加强化了这种国际性。二人在当时尤为重要的一个问题上与自己国家的大多数同胞背道而驰，那就是宗教；毫不夸张地说，像他们这样的家族完全是由于执拗和反抗精神而成了抗议宗 [1] 教徒。鉴于无论在法国还是波兰－立陶宛联邦，虽然形式上的宗教自由占统治地位，但天主教因为人数居多而愈发占有优势，单凭这一点，拉齐维乌和塔尔蒙特就显得特别突出且引人不快。并且由于二人信奉加尔文宗，属于新教中最极端的那部分，于是会与几乎所有其他新教徒有分歧。但二人并不需要特别操心这一点，因为他们在各自领地保护着自己臣民的信仰，而这些臣民当然和他们一样，也是加尔文宗教徒。而在国外，与信仰相比，他们的地位和权势更为重要，因此没人敢因为前者而纠缠他们。虽然身为人数最少的一派教徒，但二人同样且必然地从属于全欧洲由战士和神职人员构成的网络，因此宏伟的访学之旅势必不会将他们带到随便什么地方——他们必然会相遇。

　　加尔文宗的文化中心是日内瓦，但这与塔尔蒙特和拉齐维乌又有何

---

[1] 即新教。作者玩了一个文字游戏，Protestanten 是由 Protest（抗议、反对）派生而来，新教正是由反对天主教的某些教义而生，所以又名"抗罗宗"。——译注

干？上层贵族虽然并不粗鄙，但于他们而言，学术教育肯定可疑。毕竟，我们的两位亲王还是获准读完了中学——那时更普遍的是家庭教师。为了能够正确计算炮弹的飞行轨迹，并且在被围困时可以向正确的方向挖隧道，拉齐维乌此后还在尼德兰的两所大学里待了几个月，学习必要的几何知识。与他相反，塔尔蒙特则和法国所有的军事贵族一样，避开所有大学，因为大学教育太容易令人联想到法学家新贵了。塔尔蒙特的访学之旅始于 17 岁。那时他擅自逃离学校，在一个忠实仆人的陪同下逃往英格兰，投奔姑母斯特兰奇夫人，再从那里前往尼德兰，从而最终可以学习"我这种人的手艺"：作战。事实上，塔尔蒙特获得了母亲的祝福，而父亲则命人追捕他，一直追到了英吉利海峡边。双亲态度的不同与他们尚武程度的差异关系甚少，更多是因为与健康状况欠佳一样，让塔尔蒙特终其一生深受其扰的那个不利因素。或许，塔尔蒙特生来就是要号令千人的，但只要他的父亲还活着，还是德拉特雷穆瓦耶公爵，塔尔蒙特就只能是他的儿子，有义务绝对服从。这个问题确实足够棘手，但非常普遍，一家之主早早娶妻生子，儿子就不得不等很长时间才能继任。此外，塔尔蒙特还要面临一个问题，那就是他 7 岁的时候，枢机主教黎塞留占领了胡格诺派最后一个大要塞拉罗歇尔，这时塔尔蒙特的父亲紧随时代信号，改宗天主教，并把自己的两个儿子送到了耶稣会学校，以便他们可以在新的宗教信仰中接受教育。然而，公爵的妻子还是新教徒，她靠着地位、财富及强大亲属的庇护鼓励儿子逃跑；她知道，在尼德兰等着儿子的，不光有当时最强大的军队，还有那些正统、高贵的亲戚。只有在那里，塔尔蒙特才能摆脱窘境：在家庭内部，作为天主教父亲的加尔文宗继承人，他的处境就和以前身处枢机主教黎塞留治下的法国新教上层贵族一样尴尬。

28

那时的尼德兰是富人的国度，他们在伦勃朗的画里看着我们，但吸引塔尔蒙特的并不是他们。约 80 年以来，这个共和国就在与信仰天主教的西班牙人作战；后者从今天的比利时出发，一次次试图重新占领这块不忠的殖民地。抗争的领导者是德意志人的后裔奥兰治亲王，随着欧洲历史的迈进，他成为使用新式火器作战方式和防御工事方面的最高专家；因此，这个战火连绵的国家就成了很多贵族子弟壮游的重要一站。由于祖母和外祖母都是奥兰治亲王弗里德里希·海因里希的姐妹，塔尔蒙特把这位舅公视作真正的父亲一般，很快就入职他的军队。按照上层贵族的惯例，这份工作也是一个奇特的混合体，包含危及生命的严肃和荒诞的裙带关系。塔尔蒙特在首次作战时拿了一柄长枪，这是最危险的作战方式，因为在近距离搏战时，手持这种 5 米的长枪，事实上毫无还手之力；而在将最初空出来的 3 个职位彬彬有礼地让给下层贵族的朋友之后，他直接就被任命为上校，统领几百名骑士。舅公奥兰治以塔尔蒙特为荣，而对塔尔蒙特来说，没有比用爱上奥兰治的长女路易丝·亨丽埃特来完善这种志气相投的亲属关系更自然的事情了。有一点一直以来都很明确，那就是塔尔蒙特某一天会娶一位堂表亲，这里的这位中了他的意，算是一份始料未及的红利。路易丝是一名相当亲密的亲属，确切地说，是塔尔蒙特的堂姑兼表姨，这在当时的所有人看来都是个优势：两人至少认识，而且以后在继承问题上就不必考虑其他人了。还有无法改变的一点是，路易丝才 15 岁，而且还很可爱。那时候谁又能想到，塔尔蒙特在此后不久会为了另一位公主而冒生命危险呢？

奥兰治亲王的宫廷和军队是尼德兰贵族的权力中心。但是，与其相邻的海牙有一座借着三十年战争的东风而建的王宫，看上去就像是从莎士比亚的戏剧中跑出来的。自 13 年前起，英国国王的女儿、寡居的波希米亚伊丽莎白王后就住在这里，与她的子女和仆从一道，耐心等待着自己的儿子夺回他世袭的国家，而这在一个基本有法可依的世界中是必然有一天会发生的。伊丽莎白的丈夫腓特烈曾是普法尔茨的选帝侯，1619 年，波希米亚的造反者将他推选为国王，但他仅统治了一个冬天的时间，就被皇帝的人马从波希米亚赶了出去，不仅如此，连选举皇帝的荣誉和普法尔茨也被剥夺了。约翰·多恩当时或许就是因此赋出"没有人是一座孤岛，每个人都是大陆的一片"一诗的，他是想鼓励英国国王帮"冬王"（也是他的女婿）一把，当然，成效全无。但英国王室还是省出了足够的钱，供陷入困境的王后和她的 13 个孩子维持体面的宫廷生活。由于"冬王"的母亲是奥兰治亲王的姐姐（也即塔尔蒙特的祖母、外祖母），因此奥兰治与波希米亚－普法尔茨的宫廷联系紧密，这种联系不久又通过英国和奥兰治的一桩童婚得到进一步巩固；所以塔尔蒙特也是此处很受欢迎的客人和亲属。在王后的冬季舞会上，跳舞的正是那些夏季奔赴战场的年轻男子；塔尔蒙特自认为舞跳得最好，因此在很短的一段时间里，一切似乎都很好。

拉齐维乌亲王博古斯瓦夫可能不像塔尔蒙特这样直接属于加尔文宗上层贵族家庭，然而他也是由类似的"材料"打造而成。他的父亲和叔伯虽然是立陶宛上层贵族中仅有的加尔文宗信徒，但鉴于他们掌控着大半个国家，这一点对他们并无妨碍。拉齐维乌的母亲伊丽莎白·索菲是勃兰登堡选帝侯的女儿，她的家族被后世称为霍亨索伦王朝。索菲的侄子因为一笔遗产而于 1613 年皈依加尔文宗，并让一个儿子娶了"冬王"的一个姐妹，因此作为伊丽莎白·索菲的儿子，拉齐维乌与加尔文宗世界上层贵族的核心有着足够亲密的姻亲关系，要不然他也不会成为"冬王"的教子。在拉齐维乌几个月大的时候，父亲就把他放到骑士的马上，来暗示他以后应该从事的职业。不久父亲撒手人寰，留给儿子的人生境况完全异于塔尔蒙特：半岁的时候，拉齐维乌就成了数十万农奴名义上的主子和立陶宛"正确"信仰的保护者。来自勃兰登堡的母亲很快就为他找了个德国的继父，接着迁居上普法尔茨，后来又让拉齐维乌在使用德语的但泽读书，因此很自然，拉齐维乌也算得上是名德国化的波兰人——他说话带着柏林腔，因此会把 auch 写成 och，据说他死前还亲眼见过白衣女鬼，而这个家族和王朝的幽灵通常仅向真正的霍亨索伦人宣告其命不久矣。就这样，拉齐维乌也来到了尼德兰，想在这里学习战争技艺。只不过他没有像塔尔蒙特那样，进入尼德兰联省共和国的正规军队，而是像大多数旅行中的贵族那样，以所谓志愿者的身份非正式地参战。但正如我们所见，生命危险并不会因此减少，只不过至少不用为了指挥权和那些穷光蛋小贵族竞争，还可

31

以在冬季停战时到敌对国的首都游历一番。因为从表面上看，他们与游客并无二致。拉齐维乌就以这种方式与身在布鲁塞尔的天主教徒情人德贡扎加夫人共度美妙时光，因此其实他并没有为了另一位公主而与塔尔蒙特决斗的必要性，二人的第一次冲突也与女性无关。

如往常那样，还是等级惹的祸。就像今天容易把贵族和王室混为一谈一样，我们在使用"等级"这个概念时，大多数情况下都不准确，常将其用作威望、地位甚或受欢迎程度的同义词。这些都是些模糊的、没有人能明确衡量的特征，最重要的是，没有什么零和博弈。与此相反，在真正的等级秩序中，原则上，人物 A 要么明白无误地高于人物 B，要么明白无误地低于人物 B，当然，要实现这一点，就必须事先做出有约束力的规定，确定何种标准对此起决定作用。在群王并起的欧洲，人们一致认为，位于最高层面的是高贵的家世，即所谓的出身，这是最重要的，在其遥远的下方，官职或许才能起到一点儿作用：统治者 4 岁的侄孙要比首相的等级高。财产只有与封建统治权联系在一起时才会发挥作用——地产有时可能会影响等级，金钱却从来不会。但这一结论不等于说金钱在当时不重要，因为这一广为流传的说法是错误的，而与此相反，认为资本主义在近代早期主宰一切的假设同样也是错误的。对于 17 世纪的贵族和国家来说，金钱一直是对实现目标极其重要的手段，这一时期的一位亲王兼元帅曾宣称，战争只需要 3 样东西：金钱、金钱、金钱。只有拿金钱来购置实质性的东西，也就是地产时，金钱才能带来威望；相反，"仅仅"拥有金钱的人，就会被社会视为潜在的可疑分子，就有被讥讽为毫无格调的暴发户或是被当成剥削者而遭人痛恨的风险。

难在细节，因此在每个国家内部都很难真正贯彻清晰明了的等级制度。举例来说，国务大臣与公爵、元帅夫人与特使、执政的伯爵与非执政的伯爵，到处都在为谁第一个进门、谁在葬礼队伍中走在棺材后面或者谁列于某份名单之首等权利而争执。从很多方面来看，这个世界混合了秩序和无序的所有缺点：所有人都认为等级极其重要，但却没有无可非议的规则可以遵从。人们解决这一难题的权宜之计，是拿尽可能多的实例和先例做依据，而这导致了真正的等级地狱——每一个乏味的个体情况就这样成了日后等级之争的"弹药"，每一次小小的妥协都成了对人们所属集体的权利的背叛。一个人的等级越高，实际的象征意义越是重要，等级问题就越具有爆发性。因此可以想见，一位王后举办的晚宴，场面绝不会轻松。在位于雷嫩的狩猎行宫举办的一次宴会上，当拉齐维乌和塔尔蒙特被邀请落座"冬王"王后的餐桌时，相遇的并非仅仅是两个感情热烈、接受过暴力的荣誉守则训练的 20 岁青年；他们背后站着拉齐维乌和德拉特雷穆瓦耶所有先人的灵魂、挂名的帝国侯爵、法国和外邦的亲王们，以及法国和波兰－立陶宛联邦的所有上层贵族，这些人在无形中激励着他们。

令人惋惜的是，在被塔尔蒙特夺走了紧挨王室子弟的座位后，拉齐维乌在用餐时表现得很克制，情绪只在内心翻腾。如果他能直接与对方攀谈，两个人肯定就聊起来了，不管聊得如何，这种交谈肯定比我长篇大论的解释更能使整个系统的本质清晰明了。他们该如何与对方交谈呢？虽然身在尼德兰，但奥兰治及普法尔茨－波希米亚宫廷的日常用语却是法语，在后者的宫廷中还有一些人掌握了异域风情的东西，比如英语。再不济，我们的两名敌对者也可以用拉丁语争吵，二人的拉丁语说得都很流利，因为这既是耶稣会学校授课的语言，也是波兰－立陶宛联邦的官方语言。无论如何，拉齐维乌原本可以质问塔尔蒙特，自编了个亲王头衔的他是否当真不知，对面是罗马－德意志帝国的一位侯爵。

——据我所知，您没有罗马－德意志帝国的一名臣仆或是哪怕一块土地。

——我的代理人一直在寻找可以接受的待售地块，目前我统治着白俄罗斯几十万的农奴。

——我就不问它在哪儿了。

——我们是被法国宫廷认可的外藩亲王。

——哎哟，有书面认可吗？

——从来没有书面认可，先生。每个消息稍微灵通点的人都该知道，我的姐妹和姑妈从小就可以当着王后的面坐在凳子上。众所周知，这是一项测试。另外，有据可查的是，家父 30 年前在会见西班牙大使时就不必脱帽。

——不错啊。

——我们这样的人只会令人铸造刻有我们名字的金币。您倒是说说，为什么您是外藩的亲王啊？您的所有领地不都在法国王权之下吗？

——请您原谅，家父毕竟是那不勒斯合法的国王。

——您看嘛，先生，我原以为那不勒斯是西班牙国王的地盘。除了您还有人知道这一点吗？

——我们那儿有一位专家，正在以详尽的文献为证撰写论文，很快就可以在所有像样的书店找到。到时候找人给您读一读吧，要是贵国有这种能人的话。

——或许我们换个人少点的地方继续我们的对话会更好。

——再好不过了。让您的副手来找我，我们安排安排，一起溜达溜达。

为了实现最佳的展示效果，两人的对话大概如上。遗憾的是，拉齐维乌此后考虑不周，未加交流就立马派副手去找塔尔蒙特，将事情简单化了。之所以说交流不失为一个好主意，是因为要是继续讨论下去，就能弄清楚，拉特雷穆瓦耶家的女儿们坐凳子是否真的足以证明亲王的等级——更普遍的看法是，还需要证明次子的妻子也能坐凳子才行。但是由于拉特雷穆瓦耶家次子的最后一桩婚姻要追溯到 78 年前——毕竟这种事只会造成不必要的花费，而且还不得不进行讨厌的遗产分配。并且拉特雷穆瓦耶家的确在 36 年前才"继承"了那不勒斯，因此后一条没法作为证明。再就是，一名外邦的法国亲王与帝国侯爵相比，真的有优先地位吗？这一点同样很难弄清楚，因为其他那些毫无争议地拥有德拉特雷穆瓦耶所宣称的等级的家族，同时也都是帝国侯爵，所以这些人在严守礼节的餐桌旁获得的凳子、扶手及每一个好位置，用两个等级都解释得通。这些当然都是初步考量，波希米亚的宫廷礼仪对于这个问题做何规定，可惜在场的人没有一个能清楚地记起来——人们在 22 年前的那个冬天正忙着准备三十年战争。因此最终，我们两位主人公等级问题的正确解决方案，很可能就是整个欧洲的典礼官们不得不反复向其老大解释的那样：这样的两个人根本就不该碰到一起。

那次两个人没有像样地决斗一番，只因为塔尔蒙特和副手德埃斯皮奈虽然到了约定的地点，但拉齐维乌却是一个人来的。拉齐维乌怀疑副手朔姆贝格会搅局，为了避免被他告发非法决斗并因此被捕，就在最后一刻甩掉了他。这样一来，该发生的真就发生了。朔姆贝格明白自己被放了鸽子，也知道原因何在，他对这种不公正的揣测大为光火，于是决定报复，检举两位亲王非法决斗，导致二人被捕。波希米亚王后优雅地训斥了塔尔蒙特和拉齐维乌，让他们和解——未能证明自己的勇气不是他们的错——还命令二人相互拥抱。王后或许也记下了这件事的教训，那就是将来只能分开邀请二人。塔尔蒙特回到了奥兰治宫中，拉齐维乌则回归德贡扎加夫人的怀抱，要是最后那位必不可少的、美丽的年轻公主不出现的话，还真是岁月静好。

普法尔茨－波希米亚的公主伊丽莎白是长女，名字取自母亲"冬王"王后，在其妹于这一时期为她画的像中可以看出，尽管打扮得如神话中的仙女，但她看上去却非常忧郁。或许同时代那些性别歧视者会认为，这反映了她无望获得一桩可接受的（也就是等级高的）婚事，因为只要宗室还在流亡，为数众多的公主就没有臣仆，也没有嫁妆。尽管日后收回了遭受

35

36

战争蹂躏的普法尔茨，王室还是贫困了很长时间，以致伊丽莎白的妹妹不得不为至少可以嫁给特兰西瓦尼亚的亲王而高兴（毕竟他还是加尔文宗教徒）。此外，伊丽莎白很聪明，她与笛卡儿通信讨论哲学；她不必顾盼良久，到处都能发现生动的论据来反驳她所处的阶层和时代所实践的婚姻形式。她看向本家表弟塔尔蒙特和远房表弟拉齐维乌的目光不带丝毫浪漫之情，这二人之所以引起了她的兴趣，也只是因为他们差点儿让总掌马官德埃斯皮奈卷入决斗中。这个德埃斯皮奈是伊丽莎白公主的眼中钉。公主认为，他对母亲"冬王"王后施加的影响太多了，而且很多是不良影响，据说他还不顾等级界限引诱了自己的妹妹路易丝·霍兰迪娜。照经验来看，这场对于副手也有生命危险的决斗本来恰逢其时，可以抹除这个耻辱，尤其是只要有一名亲王丧命，也足以迫使德埃斯皮奈离开——他离开先前所在的宫廷就是由一桩错综的爱情故事所致。幸运的是，重新燃起两位参与者的斗志还不算太晚。塔尔蒙特这几年原本就在找机会成就一桩英雄事迹，好向自己的家人证明，那个总是病恹恹的孩子也可以成为了不起的战士。拉齐维乌虽然已经离开，但公主只是找了个人转告他，说整个尼德兰都在嘲笑他的懦弱，竟然接受强加的和解，这肯定也会令德贡扎加夫人难堪云云，拉齐维乌就定了下一趟马车赶赴莱茵贝格的交战地区，尼德兰、法国、西班牙和巴伐利亚的军队都在向这一地区聚集，意欲将尼德兰的独立战争和三十年战争彻底搅到一起。

1642 年 7 月 30 日，当塔尔蒙特从尼德兰军队中做加尔文宗礼拜的帐篷里出来时，拉齐维乌的新任副手德雷蒙德正等着他，给他带来"一位波兰王子，他的名字我已忘记……"的挑战书，好在塔尔蒙特根据前因后果推测出了此人的身份。塔尔蒙特无从得知的是，当德雷蒙德极力劝阻他选择两人共同的朋友德埃斯皮奈做副手时，这场决斗真正的唯一诱因已经消失，因为伊丽莎白公主一心只想毁了德埃斯皮奈。此后发生的一切，即使按照当时的标准来看，一定程度上也是毫无意义的。公主的愿望据说 4 年后才达成，德埃斯皮奈被她 19 岁的弟弟、普法尔茨伯爵菲利普杀死。两人决斗失败后，菲利普让人拦住德埃斯皮奈的马车，眼睁睁看着 10 名英国人殴打他；优势太过明显，据说德埃斯皮奈身中数剑。做出此事，即使像普法尔茨伯爵菲利普这样的贵族也得逃跑，他先是逃到威尼斯，后来在法国服役，又过了 4 年，命丧疆场。他的姐姐伊丽莎白则因为母亲对这一行径大发雷霆，离开了母亲的宫廷，退隐到勃兰登堡的亲戚处。几年间，她辗转于柏林和奥得河畔的克罗森，后者的选帝侯遗孀宫殿是她度过童年的地方，后文我们还会因为不同的事由再次拜访该地。最终，1661 年，42 岁的公主被选为新教的黑尔福德女采邑修道院院长，并获伯爵封号；在此后 19 年的余生中，她可以在自己的地盘上随心所欲，对于终身未婚的上层贵族女子来说，这是现实中可以想到的最好生活。

我们已经看过拉齐维乌与塔尔蒙特的决斗过程了。另外，两名副手也确实向彼此冲去。德雷蒙德挥刀向德奥库尔的鼻子砍去，迫使对方调转马头；接着，德雷蒙德又从背后袭击德奥库尔，要不是拉齐维乌战胜了塔尔蒙特并在最后一刻赶到阻止，德雷蒙德就把德奥库尔干掉了。塔尔蒙特伤势严重，原本生还无望，多亏偶然路过的军医为他做了几次急救手术，只是右臂再也无法正常活动了。但塔尔蒙特没有放弃，而是充满热情地继续自己的军事生涯，并在 25 年后的回忆录中言之凿凿地回忆道，自己在受伤一个月后就投入了一场战争。而实际上，有证据证明，这场战争发生在决斗一周前。

在接下来的冬天，海牙又到了宫廷旺季。在此期间，英国王后也因为一场内战逃到了这里，在为了向其表示敬意而举办的盛大舞会上，拉齐维乌和奥兰治亲王的儿子欣然起舞，而塔尔蒙特则成功地与他最喜欢的堂表亲、15 岁的路易丝·亨丽埃特调起了情。塔尔蒙特的父母本想让他与法国唯一信奉加尔文宗的富有上层贵族之女成婚，但这项规划被对方最喜欢的侍女搅黄了，因为侍女不喜欢塔尔蒙特。塔尔蒙特在继续参战且幸存下来的同时，还要越来越频繁地和路易丝·亨丽埃特商量，如何能让她不着痕迹地拒绝那些求婚者。亨丽埃特成功地摆脱了威尔士亲王，因为其祖国的

38

革命明显降低了他的身价。但是当勃兰登堡选帝侯腓特烈·威廉向她求婚时，亨丽埃特的父母再也不想等下去了。这位新的求婚者与塔尔蒙特、拉齐维乌同龄，还是他们俩及亨丽埃特、"冬王"子女的表亲。一方面，这位选帝侯看上去像是尼德兰的一名菜农，而且尼德兰语显然比法语说得要好。但是另一方面，他不仅头脑敏捷，而且信仰正确，还拥有大片疆土，虽然战争导致这些土地一片荒芜，但潜力仍在。他还刚刚为自己的大使挣来了"阁下"的称呼，由此证明，自己在等级上仅次于国王。

现在，统治者家族和上层贵族臣仆之间原本很抽象的差异，对于塔尔蒙特来说变得具体到令人痛苦。在经历了失窃的情书、背信弃义的表亲及深夜痛哭等悲喜剧后，1646 年，他只能眼睁睁看着路易丝·亨丽埃特嫁给满目疮痍的勃兰登堡那处处镶金的统治者。出乎所有当事人意料的是，这桩婚姻成了那个时代少数幸福的王室婚姻。两年后，塔尔蒙特成婚，娶了与自己的等级更般配的黑森－卡塞尔公主埃米莉：她的兄弟执掌一个权势稍弱的加尔文宗王室，她的母亲是塔尔蒙特双亲的表亲，她的妹妹此后不久成了"冬王"王后的儿媳。由于这桩婚姻，塔尔蒙特和横刀夺爱的情敌选帝侯腓特烈·威廉成了连襟，还成功地请威廉做了他次子的教父。鉴于等级和地位界限迫使第一序列和第二序列的显贵之家只能在极小的范围内择偶，因此最好不要记仇：正所谓人生何处不相逢。

大人物之间的联系也牵动着他们那些下层贵族的封臣和被保护人。就像塔尔蒙特手下来自法国西部的掌马官，其女德奥保斯小姐先是服侍塔尔蒙特的德国妻子，后任职策勒公爵的宫廷。策勒公爵在 1642 年做过塔尔蒙特的战友，也曾与拉齐维乌并肩作战过。这位小姐不仅成了公爵的情妇，后来还和他秘密成婚。我们将在后文看到违反游戏规则带来的灾难性后果。尽管下层贵族在数量上远远多于王室和上层贵族（仅塔尔蒙特的父亲就有 1800 名贵族封臣），但他们的世界很小，不过辐射很广。例如，在第一次决斗时未能当成拉齐维乌副手的朔姆贝格，再婚时娶了塔尔蒙特后来的副手德奥库尔的妹妹。这名普法尔茨人的母亲是英国人，1641 年时他已经是法国中将和葡萄牙大公，然而此时的他还未到达人生的高光时刻，后文我们将会与他再次相遇。

1648 年成婚这一年，塔尔蒙特也经历了很多变化。三十年战争的结束，也意味着尼德兰结束了战争。尼德兰脱离了西班牙和罗马－德意志帝国，获得彻底独立。因为无法在尼德兰军队中继续发展，这就意味着塔尔蒙特事实上失业了。重要的是，明斯特和奥斯纳布吕克的和会为塔尔蒙特的家族提供了一直在寻求的、借以提醒全世界他们亲王等级的舞台，从而使家族中的女儿们尚不稳固的坐凳子的权利得以延续下去。与此同时，关于家族对那不勒斯拥有权利的著作也出版了，稳妥起见，还翻译成了意大利语。那不勒斯人正在闹起义反抗西班牙，尽管人们肯定觉得加尔文宗教徒塔尔蒙特如同恶魔，但译本还是让他的王室计划看起来有一点点现实了。法国国王允许塔尔蒙特父亲的一名公使像一件随身行李一样跟随法国大使前往明斯特，法国大使会将他带到和平调解人面前，使其得以正式宣读对此次未将那不勒斯归还拉特雷穆瓦耶家族的抗议。教皇和威尼斯的使者沉默友好地倾听着，尽管他们刚刚才听完法国大使所做的几乎相同的抗议。法国大使刚刚才要求将那不勒斯归还法国，眼下同样饶有兴味地仔细听着——自 1494 年以来这种场合经常发生此类情况。然后调解人收下了书面抗议，将其放入相关文件夹中存档，送走了来访者，就开始整理行囊。这一切都没多大效果，连坐凳子的权利也还不稳固。但塔尔蒙特也获得了一个新名字，鉴于那不勒斯的王储自中世纪以来就沿用这一头衔，从现在起，塔尔蒙特叫作德塔兰托亲王；他改了名，然后从尼德兰返回法国，那里刚刚爆发了一场很有指望的内战。

塔尔蒙特的道路与老对头拉齐维乌的道路相交了，后者生命中的最后几年主要是在试图与另一名法国亲王决斗中度过的。1645 年，波兰国王卡齐米日·瓦萨通过代表在巴黎与一名法国女亲王成了亲，这位女亲王和拉齐维乌的比利时情妇同属贡扎加家族。我们的亲王当然也在场，在令人非常满意的庆典活动中挨了德里厄亲王一个耳光，这种耻辱当然只能用血来

41

洗刷。遗憾的是，虽然双方约定得很仔细，但总有一些意外发生。有一次拉齐维乌仅带了一名仆从，试图隐瞒身份穿越比利时和法国的边境，却被半合法的边防哨兵逮住，作为走私犯投进监狱，关了很长时间——不知道他们是不愿意相信拉齐维乌的真正身份，还是听不懂他的名字。还有一次大概是计划不够机密，约好了在今天巴黎中央的孚日广场来一场 12 人对 12 人的集体决斗，却因为主要对头的妻子听说了此事，找人把自己的丈夫和拉齐维乌关进了巴士底狱。不过，拉齐维乌只在监狱待了 6 天——法国军队的总司令宣布，如果他的朋友拉齐维乌不能重获自由，他就干脆停止对西班牙作战。法国政府对 1648 年的哥萨克起义表现出了少有的愉悦，他们借此摆脱了拉齐维乌这位到访者，把他遣送回他实际上并不熟悉的家乡。拉齐维乌与哥萨克人战斗了几年，当瑞典、勃兰登堡和俄国人于 1655 年利用这一机会进军波兰时，他又加入其中，因为他感觉自己作为新教徒受到了歧视，害怕被天主教徒清除掉。由于为侵略者效力，拉齐维乌获得了难以磨灭的"本国最受欢迎的无赖"的名声。如果有谁看过波兰那部由显克微支的长篇小说《洪流》改编的传奇电影，不仅会清晰地记住那顶着一头卷曲假发、一点儿都不波兰化，但从历史的角度看非常正确的堕落无赖，也会对他在普洛斯特基战役（1656 年）中的失败印象深刻。只不过那位战胜拉齐维乌的金发英雄是虚构的，事实上是鞑靼人拿着他们惯用的战斧把拉齐维乌打晕，还差点儿把他当成奴隶拖到克里米亚半岛。经历了几天之久的命悬一线（主要因为他的同胞）后，拉齐维乌才得以花钱赎身，退守勃兰登堡，担任东普鲁士总督，在其表亲腓特烈·威廉的保护下度过余生。1657 年，腓特烈·威廉改变立场，与波兰结盟，拉齐维乌以在波兰国王面前尴尬一跪为代价，拿回了自己广袤的土地。有一阵，他大有与塔尔蒙特的旧爱路易丝·亨丽埃特的妹妹成婚的架势，但最终还是在 1665 年选择了堂妹安娜·玛丽亚，她是整个波兰唯一与拉齐维乌地位相当的加尔文宗女教徒，也是整个国家最富有的继承人。1669 年，拉齐维乌亲王博古斯瓦夫死于柯尼斯堡，终年 49 岁。临终前，他将 2 岁的女儿路易丝·夏洛特托付给了腓特烈·威廉，并请求他，将来只能让夏洛特嫁给加尔文宗教徒，这关系着立陶宛正确信仰的存亡。不过，这一愿望最终没有实现，因为路易丝·夏洛特唯一的孩子来自她的第二段婚姻，丈夫是一名天主教徒。虽然拉齐维乌的后人很快就失去了那些巨额遗产，但至少他们留下了一样，那就是由安娜·玛丽亚·拉齐维乌带到婚姻中的瓦拉几亚侯爵僧侣弗拉德的血统，其兄便是名气更大的弗拉德·采佩什，又名德古拉。这一血统已成功地在天主教上层贵族中广泛传播，连茜茜皇后也拥有双份——她是路易丝·夏洛特的双重后代。

43

　　使拉齐维乌差点儿丧命或失去自由的那场大战，也差点儿将贵族民主制的波兰－立陶宛联邦撕裂。这场战争使俄国几百年来首次登上整个欧洲的舞台，除了使原有的王室消亡，还彻底阻止了波兰成为欧洲大多数国家王室"工程"对立面的一切可能性。贵族民主制转向了相反的方向，而法国在 1648 年至 1652 年间实验性地发现了日益强大的王权还有哪些替代方案。作为新晋贵族的法官们发起了以投石党而闻名的起义，他们是第一批经历残酷觉醒的人。在将国王驱逐出巴黎之后，不停地有新的马车载着新的上层贵族军阀到来，企图叛乱。所有人对抗所有人的斗争很快让国家陷入混乱，连老牌贵族也没用多久就明白了，这并非真正的进步；拉特雷穆瓦耶家族损失尤其惨重，因为德塔兰托（从前的塔尔蒙特）与他的父亲不停地转换阵脚。连被冷落的年幼国王路易十四、他的母亲安妮太后及枢机主教马萨林首相也认识到了，如果想避免大好江山灰飞烟灭，显然不能再像他们从前及再之前的黎塞留那样，将权力的螺栓粗暴地拧紧。1652 年至 1653 年，当这个受尽毫无意义的英雄事迹折腾的国家逐渐恢复和平时，所有人都清楚地看到了这种不言而喻的妥协。一方面，大人物们作为合伙人加入了被有些人称为君主专制政体的王室"项目"，还带来了自己的下层

44

贵族帮手作为从属盟友；他们像行星一样围绕着国王这个太阳旋转，行事再也不像以前那样无礼。另一方面，国王也保证了老牌贵族和法学家有权在事实上或法律上将其军职和官职传承下去，这样就能在王室"项目"中

长久得利，而由此造成的花销则会在将来由无望反抗的小乡绅、市民和农民来承担。太后不愿也不能放弃首相马萨林，因为这位迷人的那不勒斯无赖经年累月积攒的财富占法国经济总量的 10%，对于太后来说，其中的每分每厘都体现了他的价值。但是马萨林已然老矣，即使让他去参选教皇也不能摆脱他，然而，一个新的时代会在不久的将来开启。国王将会独自掌权，一切最终都会好起来。情况将是怎样的呢？会见分晓的。

第 2 章

希望德摩纳哥夫人至少赌场得意

———— ❖ ————

圣日耳曼 – 昂莱，1665 年 6 月 28 日

　　宫殿过于狭小，宫殿过于阴暗。由于缺乏空间，不知哪位天才在两层的柱式房屋之上又加了两层，还在楼层的中间加了天花板，把各楼层一分为二，从此人们再也无法确切地知道自己身处哪层；走廊也不够，结果要么就得不停地穿过宫廷侍臣的起居室，要么就得麻烦地绕路。路易十四就在麻烦地绕路。他半夜在这里所走的道路已经够弯弯绕绕了，没兴趣再去爬过高级宫廷侍从官的贴身男仆的应急床。如果在没有光的通道中与自己卫星的卫星相撞，太阳将威严扫地。路易十四很少这样独自走动，狩猎时自然可以遁入广阔的森林中，然而大多时候都有人陪伴；孩童时人们还常常留他一个人待着，尽管那时他已经是国王了，但是吸引着内廷大臣的权力磁石在他的母亲和马萨林那里，而他身边只有二三十人，有一回他还差点儿在一个池塘中溺水而亡，因为当时没人注意到他。当然，这样的时代已经结束了。

　　路易十四来到了陡峭的楼梯前。德摩纳哥夫人究竟知不知道他为她

做了什么？这正是问题所在。这些人根本无法真正地想象出，将所有的提拔机会和恩宠平衡地分配给四五个主要的宫廷派别意味着什么，他们总是觉得自己吃了亏，身份越高贵，情况就越糟糕。就像这里的这位夫人，她现在已经是一位富有的公侯之妻，而她本身是国王弟媳的高级宫廷女管家（尽管这个薪水丰厚的职位原本只有王后才能配备）；她的父亲德格拉蒙是公爵、元帅、地方总督和近卫步兵的头领，哥哥拥有这些职位的法定继承权，嫂子是王后的侍女。如此等等的家世，难免会让一个天真之人觉得，她肯定很满足。但是像德摩纳哥夫人这样的人则会如此回答：恰恰正是因此，她才仅仅恳求能获得高一点的费用补贴、叔父能得到圣灵勋章、

弟弟可以掌管一个更好的军团、堂妹的小叔子能分配到一个更富有的主教教区、姨妈能获得王储家庭女教师的职位，以及她最喜欢的表兄洛赞能被提拔为中将。她的丈夫希望最终能让热那亚、托斯卡纳和萨伏依瞧瞧，摩纳哥是个主权国家，不容轻视，但要为她丈夫达成这个心愿提供军事支持，则很难称为举手之劳，因为这关系到国王陛下自身的政治利益，国王正是通过在整个欧洲锄强扶弱获取声名和权势的……好吧，有机会还是考虑费用补贴一事吧。

　　洛赞至少很英勇，而且已经 32 岁了。但是从另一个角度来讲，来自法国西南部加斯科涅的身材矮小、长着尖鼻子的小儿子能够指挥配备鸦嘴战斧的近卫军第一连和由意大利籍士兵组成的外籍龙骑兵的一个团，大概也该满足了。尤其是他还敢吃国王的醋，仅仅因为这个小个子的加斯科涅人最喜爱的表妹有幸获得国王的垂青——以及秘密来访。很难想象的是，一切原本就十分复杂，路易的祖父亨利四世与德摩纳哥夫人的曾祖母、美丽的科丽桑德有过私情，格拉蒙家族在宫廷地图上的位置就归功于她，洛赞能有今天也多亏了她。此外，国王也以其令人印象深刻的强大魅力表明，当朱庇特决定宠幸哪位水泽仙女时，最好不要阻拦他——这一点祖父做的也不如他。

　　这些螺旋楼梯看起来都一个样。这里是往左去的吗？光线不足，看不清壁毯，着实恼人。糟糕的是，德摩纳哥亲王妃的套房理所当然地在德奥尔良公爵夫人的隔壁，也就是说，紧邻着她所服侍的国王的弟媳、她的亲密朋友。表面看来，德奥尔良公爵（宫廷官职是"王弟殿下"，因此他的妻子、英格兰的亨丽埃塔就是"殿下夫人"）在婚姻上要比国王更幸运。国王的表妹，也就是他的妻子，西班牙的玛丽亚·特蕾莎虽然有着宝贵的继承权，但一点都不风趣。如果闲聊时有人善意地问她，婚前有没有谈过恋爱（这个问题够难了，因为她的法语依然很糟糕），她就会答道："怎么可能呢，西班牙除了我的父亲没有别的国王了。"德奥尔良公爵夫人就从来没有这种问题，但绝不仅仅是因为在她很小的时候父亲就丢了英国的

47

王位。没了王位，在巴黎流亡中长大，某种程度上肯定使她的头脑更加敏锐；但她的良好外表来自母亲，也是由于母亲，她才和自己的丈夫及国王成了表兄妹——三人外表都不错，但是王弟殿下总是涂着厚厚的脂粉，妻子浪费在他身上的魅力，他只能以休戚与共的鉴赏家的身份来赞赏，因为女人不是他的菜。

48　　　因此就难怪，4 年前，殿下和夫人婚后不久，夫人就和国王走得很近，近到连对方那遇事波澜不惊的母亲都提出了抗议——那时马萨林刚死，所有的目光都落在宣称要亲政的国王身上，因此这时实在不适合把与 17 岁的弟媳公然偷情作为当务之急。夫人想出了一个绝妙的主意，让国王假装爱上她的未婚侍女德拉瓦利埃小姐，这样他来自己这儿就说得过去了。然而，不难想象接下来发生了什么，此后弟媳就对国王有些恼火，但德拉瓦利埃是国王的意外收获。宫廷侍臣们称德拉瓦利埃为“娇嫩的紫罗兰”不是没有理由的，她头脑中根本没有宗族政治，也没有要求。夫人气恼的眼神对幽会可没什么好处，为了避开夫人单独与德拉瓦利埃相会，国王只能请德拉瓦利埃来自己这里。为国王干这事的是高级宫廷侍从官德圣艾尼昂，他有权在白天和夜间进入国王私密的房间。在最近的深夜，德圣艾尼昂则越来越频繁地在一名穿着风帽大衣装作陌生人的女人的陪伴下进入国王的房间，很快他就因此获封公爵。

　　　这是与未婚女性过夜而又不引起他人注意的唯一可行办法。路易当初试图与德拉莫特小姐独处时积累了这份经验。问题在于，首先，除了国王的孩子，宫廷中的未婚女性就只有他母亲、妻子和其他公主、女亲王、亲王妃的贵族未婚侍女；其次，这些侍女一半是为了保护自己道德上的纯洁，一半是因为等级相对较低，因此她们在古老宫殿的最上层有一个共用的卧室。这间卧室夜里会被锁上，运气好的话可以从屋顶的大窗进去。国王开始到访后不久的某一天，就听到了 45 个瑞士守卫将沉重的铁窗栅栏拖向顶楼。当他夜里再次经过时，看到这些栅栏就立在上了锁的睡房入

49　口，次日就会安到屋顶大窗上。国王设法在第二天早上又把栅栏弄回了宫

殿最下层的庭院中，然后花了半天的时间跟高级宫廷女管家德纳韦莱逗乐，告诉她这肯定是幽灵的杰作——给屋顶大窗装上栅栏的主意很快就让德纳韦莱葬送了自己在宫廷的前程。不过此后不久，德拉莫特小姐便拒绝接受一对前两天德拉瓦利埃小姐刚刚戴过的那种钻石耳环，她客观且准确地断定，国王根本没有与德拉瓦利埃了断。这让路易对未婚姑娘的兴趣一下子减退了，刚一产生这种想法，他就感谢起了德摩纳哥亲王，不仅由于他可靠的缺席，也因为他娶了凯瑟琳－夏洛特·德格拉蒙，由此赋予德格拉蒙作为一名成年女性应有的权利——拥有自己的套间。

　　国王总算是到了套间。早先他原本是去隔壁弟媳德奥尔良夫人那里的，发展成如今这样之所以说得过去，因为正是德奥尔良夫人出的这个主意：让朋友德摩纳哥夫人吸引国王，以报复德拉瓦利埃。当然，这么做也可能是出于一种高度发展的对称感，因为德奥尔良夫人此间悄悄与德摩纳哥夫人的哥哥，也就是德拉瓦利埃失望的前男友德吉什勾搭上了。在这座宫殿的氛围中，人们很容易患上幽闭恐惧症，而要对此负责的并非只有建筑物。这里的这扇门，德摩纳哥夫人明明让人在凌晨两点时准时插上了钥匙，可如今钥匙呢？路易小心地敲着门，接着就不那么小心了，还差点儿骂出声来。如果声响惊动了附近房间里的人，他自认为机密的到访就会在半天内人尽皆知，《法兰西公报》马上就会刊印一篇 5 页长的报道。原本国王也可以派胖胖的德维沃内来，将德摩纳哥夫人请到自己那里，但德维沃内的姐姐是德蒙特斯庞夫人，最虔诚的宫廷贵妇，而且还是可怜的王后的朋友；或者派德苏瓦耶库尔，但他不用别人问，就会自顾自地讲述他床上功夫如何持久的故事；要么就派德克雷基公爵，但是他的妻子什么都跟国防部长讲，而且愚不可及，大家都说，她的丈夫得每天早上给她上上发条，要不然她就跟停了的钟表一样；再不然派德布永，但是这个人的妻子是路易的初恋玛丽亚·曼奇尼的妹妹，而且很可能还在怪国王将玛丽亚嫁了给教皇那善妒的侄子科隆纳……现在门的另一侧传来一个声音，德摩纳哥夫人解释道，她确实不知道发生了什么，她非常伤心，只有这一把钥匙，可它竟然踪影全无了，不仅如此，门还从外面锁上了，她也弄不明白，明明刚刚才把钥匙插在上面的。要从另一边进入她的房间就要穿过迪普莱西公爵元帅夫人的套间，鉴于这位老妇人的睡眠质量很差，她觉得还是不要这样做了，眼下大概只能拿这个非自愿的滑稽场景来安慰自己了，要不然明天这个时间再来？没有，她当然没有向任何人讲过他们的计划……陛下？您还在那里吗？

伤心的德摩纳哥亲王妃旁边站着的年轻婢女，在女主人与国王谈话、接着倾听国王远去的脚步声的时候，似乎不难保持安静并考虑一些别的事情。她甚至有理由希望，亲王妃真的什么也没跟她说过，而是自己把钥匙插到了外面的锁上，尤其当她想到事情一旦败露会发生什么的时候。但接下来她或许又想到，她和未婚夫用洛赞给的巨款能买来多少良田，说不定捐一个盐税警官的职位也绰绰有余。她几乎要变成一位尊贵的小姐了，她将有自己的女仆，到时候她一定会好好盯着，不让她们把只点了半截的蜡烛倒卖出去，宫里常有这种事。没有人会料到，她得到这一切只是由于按照洛赞说的，提前一个小时把钥匙插在了门上。当听到洛赞的脚步声和他锁门的声音，婢女自然非常不安，她有可能被人当作同谋逮住。但这个尖鼻子男人作风独特。就算这名婢女没能见识到洛赞在沙丘战役中如何带领龙骑兵向西班牙人发起进攻，她也至少能够回忆起，3 年前德摩纳哥夫人第一次，也是唯一一次前往丈夫的亲王领地时，洛赞是如何日日夜夜跟着夫人的马车的——他一会儿扮作男仆，一会儿又扮成僧侣或旅行商人。婢女无疑也会很乐意看到，此前洛赞离开时是怎样用一个优雅的姿势将钥匙从就近的窗户扔出去的。

没有比仅仅看到这种种纠葛中欢乐美好的一面更简单的事情了，即使在今天，这些戏剧性的场面仍在全世界的操场或青年旅社中上演，出场人物应该都比十几岁的少年大一些（除了洛赞，上述主要人物的年龄都在 21~27 岁）。此外，无论是不停变换并带有明显竞争性的恋爱关系，装腔作势与反讽和早熟并存的对话，还是疯癫的发型及习惯把特有的服饰作为自己集团成员的符号等方面，他们显然都与我们这个时代被惯坏的 20 多岁的年轻人很像。表面看来，所有这些似乎都不会引起严肃的历史学家的兴趣，但如此一来，仍打算就路易十四的宫廷和国家撰写文章的人就只有两种选择了。从古至今，人们都可以热情而又不动声色地投入到日常琐事中，就像眼下书写当今社会名流的日常生活那样来书写世界，即以一种通常会被追随者用"愉快""有趣""刺激""欢快地揶揄"等形容词来赞美的方式书写。这种方式使作者和读者都不用特别辛苦，这样做当然是可以的，但是 300 年来一直这样做也太无趣了。

　　然而，更大的风险恰恰存在于严肃的历史学家曾经很长时间持有，并且现在仍部分持有的挑剔立场。从这种立场来看，宫廷生活不仅无关紧要，甚至还是对当时真正历史的干扰。宏大叙事会这样写：在圣日耳曼－昂莱、在卢浮宫，以及后来在凡尔赛宫，追逐等级、礼仪和国王宠爱的毫无意义的弹球游戏分散了贵族的注意力，使他们堕落。而在这个国家的其他地方，柯尔培尔和德卢瓦等来自勤奋的市民阶层，至多也就是新晋贵族的官僚则发明了高效的国家机器及理性经济，这套体系的建立最终使国王和贵族变得多余。1789 年的革命用断头台一劳永逸地清除了早已不合时宜、虚有其表的东西。历史学家在过去的很长时间内都持上述这种观点，今天学校的教材中也是如此，因为教材总是比学者的认识落后大约一代人的时间。这种关于"重要的和不重要的历史"的观点有很大问题，不仅是空洞，还因为这种观点很容易产生无聊的结论。这种历史书写方式很快就会变得自以为是及冠冕堂皇——只有那些通向当下、符合我们理想的才是重要的，其他的一切基本上都是人们凭空想象出来的，因为那时候的人要比我们幼稚得多。一个简单的思想实验就可以表明，这种基于目的论的思维是多么荒唐。主宰 300 年后世界的思想和权力，其根基就存在于此处和当下，只不过我们不知道它们是什么。相反，因为观察历史就可以证明，所以我们可以确切地知道，我们今天认为理所当然及重要的，在 300 年后不仅会发生改变，而且肯定看起来也不像对历史进程产生过影响。难道只因为未来的

52

53

历史学家会使这些东西渐渐隐去，它们在当下就不重要了吗？300 年后，纯粹的说教和只联系"现在"的历史书写将会以"X 的崛起"为标题来记载我们这个时代，因为 300 年后定调子的是 X。至于 X 是极端主义、非法教派、智能机器、会说话的猴子还是更能令人高兴点的东西，结果都不会有所改变，这种历史书写方式总是最先忽视昔日的陌生之物，由此恰恰放弃了历史中最容易激发世人开展自我反思的那部分。

要反驳宫廷不占主要地位的观点，比前文这种宽泛的论证更有力的，当然就是这种观点在具体情况中是完全错误的事实。凡尔赛宫肯定关系到什么——它关系到权力。

路易十四的宫廷事关权力，不仅因为他是 2000 万人民名义上的统治者，事实上，在法国任何反对他的政策都不会成功。然而，这样的认识并不够，因为仅凭这一点，只是使得宫廷世界具备了一定的重要性，但其程度也只是和当今有权势的个人和家庭生活相当——有时候是消遣性的，但不会获得任何可以解释很多重要事情的东西。像太阳王这样的宫廷在历史研究中非常有吸引力，不只是因为人们可以像拿着放大镜一样，在其中观察整个时代的思想感情和文化史，尽管事实上这一点就足以构成进一步考察它的理由；其实更多是因为，那个时代的政策都是在太阳王的宫廷制定的。之所以会这样，是因为国王的大臣们即使并非出身宫廷贵族，但从入职那天起就自动属于宫廷了；他们的任命和垮台掌握在国王手中，这位国王被如高墙一般的宫廷贵族层层围绕，与国家的其他部分隔开。事实上，几乎每个法国人都可以见到国王，而且还能经常不可思议地靠近他。除了"最低等级民众"和僧侣等特例，每个人都可以进入国王的宫殿，只要这个人愿意付给特定的仆从一些小费，并且必要时在入口处借把剑——没有符合身份的兵器，来访者当然不能获准接近国家元首。因此，那时候游客可以进入镜厅，或者在国王公开用膳时，从离他几米远的地方经过，如果他正好在说话，就可以听到他的声音——真正的权力更愿意沉默——还可以看他做观赏性运动。例如，来访者后来普遍称赞，路易十五敲开早餐的煮鸡蛋时是多么优雅。但是要想尽可能不受干扰，并且在一个有利的时机和国王讲话，除了少数大臣和军事统帅，只有那些整天围着他的宫廷官员才能做到，只有他们能近距离地观察国王，这是其他人无法做到的。这就使得这些人变得非常重要，只要把他们和今天当权者的跟班比一比，就会发现他们当时的表现要好得多。

宫廷中围绕着路易十四的，不是普通的仆役（当然了，仆役不仅存在，而且数量还不少，但这里说的不是他们），而是社会精英和拥有大量财富的精英分子，是古老的佩剑贵族，是那些几百年来直接统治着上万臣仆、在几十年前还经常成功抢得王冠、主张自己比其他人更有价值却在国内基本不会被质疑的家族。这个时候实际上还没有工业，因此这些家族凭借自己的地产成了国家最富有的人。连那些几乎只靠国家财政部门、偶尔才凭其他活动挣钱的银行家和金融家，其大部分资本都是向上层贵族借来的，要依赖上层贵族的庇护；如果生意好，这些暴发户也会首选卖掉企业，代之以土地，继而买官，一步步升为贵族，这是每个人的梦想。在外省，虽然贵族领导叛乱的日子已成过去，但是在少得可笑的"现代官僚"中，每人手下都有几百个国王无法实际控制的官员，这些官员从属于几百年间成长起来的大贵族家庭的代理人网络。太阳王的国家可能在某些地方逐渐变得更有效率了，但是连国王的权力范畴也极为局限，实际上只限于司法、保护真正的信仰及保卫国家抵御内外敌人。判决权完全在法官贵族（穿袍贵族）手中，他们买来法官的职位并传给后代；宗教的监督权及很大一部分管理权在主教手中，主教的任命权不归罗马，而是在凡尔赛手中，因此几乎清一色都是佩剑贵族或最高等的法官贵族的次子。

国防是唯一增长的行业。最近的三十年战争向欧洲的所有强国表明，仅在需要时招募雇佣兵已经不够了，也不能再像中世纪那样，指望贵族领主征来的兵员：路易十四在 1674 年最后一次招募令征召来的，几乎都是来自外省的堂吉诃德式人物，这些人佩着生了锈的剑、骑着老弱的马，是"世界上最糟的部队"。所有有偿付能力的贵族早就付钱进入了国王现

55

代化的常备军中，他们不再单打独斗，而是成了日益壮大的部队里的军官。这样一来，宫廷贵族就垄断了指挥官的职位，而国王认为，自己最重要的任务仍然是以这支部队领袖的身份扩大自己王朝的声名和权势，超越欧洲的其他竞争国家。因此，无怪乎这支部队的战时费用会上升到占国家财政的 90%。"政治"一词要么是指外政（只有外政才值得国王花时间），要么就是指私人在争取物质和地位优势上的技巧。法国是欧洲最富有的国家，但是由于贵族和神职人员一直免税，而且征税机制的腐败与低效无处不在，所以基本上这个相当现代的国家机器的唯一任务，就是掏钱资助军队和宫廷。从投石党运动起，精英阶层的所有成员都接受了国王形式上的统治，因为他们明白，比起与王室作对，合作才能从国家捞到更多。虽然古老的佩剑贵族并不像波兰贵族那样，也不像不久以后英国贵族试图达成的那样单独统治国家，但是在管理国家时也不能逆着他们。在这个没有左翼、右翼，不再为了宗教而战，也还没有为了意识形态而战的地方，政治仅仅意味着财富和权力在几十个大家族及其追随者之中的移动，无论是通过富有的婚配、等级（使富有的婚配成为可能），还是国王赏赐的钱物或高级的官职。为此，国王的宫廷成了决定一切的市场；贵族内廷大臣既是经纪人，又是大投资商；国王是用来摆布的仲裁人，而没有人能像"首席情妇"们那样接近他。那些看起来像是私生活（一个对当时的人来说毫无用处的概念）的东西，通常只是政治。

　　1665 年 7 月，当太阳王在成千上万的政府事务、庆典和娱乐中抽空思考自己和德摩纳哥夫人及洛赞该如何继续时，同样不堪重负的财政大臣柯尔培尔也在趁机动这些人的脑筋。他很有可能蔑视这些人，就像每个有才华的平步青云者都会蔑视那些享有特权、毫无计划的人。这位严肃、强硬的 45 岁男子在其独特的环境中没有什么朋友，不过正如他的别名"北方人"所暗示的那样，他有一副热心肠。他或许也曾真挚地认为，只有努力工作和获取经济上的成功才是稳固的，虽然作为财政大臣，这也是他应该说的台词。即使柯尔培尔真的像传言中那样有非常现代的理想，他的发迹也仍像内廷大臣或者他最重要的对手、国防大臣德卢瓦一样，完全建立在机会主义的宗族政治上。为了使自己掌握的那部分国家机器更有效率，柯尔培尔肃清了布满前任代理人、堂表亲和各种裙带关系的行政机构，并代之以自己人。唯一的问题是这还不够，因为尽管他的家族早就建立了一个巨大的关系网，但是由于他不那么高贵的出身，这一关系网迄今只由大资产者和法官组成，他们在宫廷中都没有地位。为了使自己得到保障，为了使国王始终处于被监督之下并尽可能受到多方影响，柯尔培尔需要来自宫廷贵族阶层的盟友。在这个家族利益始终高于个人利益的宗族世界中，盟友必然就是亲属。柯尔培尔无法把他现有的亲属变成内廷大臣：所有人都知道，他只是一个羊毛商人的儿子，因此至少还有三四代姓柯尔培尔的人无法进入宫廷贵族之列。但这位大臣仍要从家谱上"证明"，他的出身可以经过数不清的苏格兰骑士回溯到神圣的卡斯伯特家族，而且保险起见，后来他还让人在家乡的教堂里伪造中世纪的墓地。柯尔培尔就这样遵从着那个社会的游戏规则，就像同时代那些只会对此加以嘲笑的人（也就是所有人）那样。因此，柯尔培尔想要保障自己和继任的儿子的权力，只能靠把女儿嫁给宫廷贵族的一家之主了。大女儿此时已经 15 岁，是时候找个合适的候选人了。

  柯尔培尔迄今的职业生涯不仅已经证明了这种结盟的必要性，而且应该也让他辨别出了理想的女婿人选。柯尔培尔曾经是枢机主教马萨林的得力助手，为其施展财政手腕、处理肮脏交易。马萨林本人不仅是枢机主教黎塞留的继任者，还曾是他的学生，亲眼见过这位出身老牌贵族、似乎无所不能的首席大臣差点儿就丢了职位和性命，起因是某个没脑子的亲王或者年轻的内廷大臣挑起了国王对他的反感。马萨林因为与忠诚且有点爱慕他的太后合作，日子过得要好一些，但他死后不久，人们就发现，首席大臣的仕途与万丈深渊近得离谱。柯尔培尔很自豪，是他首先促使年轻的国王产生了要向臣仆证明新的专制统治的重要性的想法，而且国王还要为了自己不朽的声名让人们明白，将来肯定不会再有什么首席大臣了。有什么比示威性地消灭这一职位最合理的候选人能更好地证明这一点呢？于是，

58

1661 年，马萨林死后几个月，财政大臣富凯突然被捕并交由特别法庭审理，法庭指控他非法操纵——如果没有这些操纵，破碎的国家财政系统连两个星期都运转不了。在 3 年的审讯之后，这个受到各方影响的法庭也只是判处富凯终身流放。由于国王听从劝告，罕见地使用了他的减刑权，将富凯"减刑"为终身监禁，就这样，半年前，柯尔培尔的老对头就在步兵指挥官达塔尼昂的陪同下，由巴士底狱到了位于阿尔卑斯山脉的监狱堡垒皮内罗洛。恰在此时，人们获悉，那里的一座火药库爆炸，富凯居住的那座塔几乎完全被毁，他和仆人能活下来简直是奇迹。总体来看，继任的柯尔培尔一切顺利，现在他与德卢瓦及德卢瓦的父亲共同行使以前由马萨林独掌的行政大权。但是柯尔培尔太清楚了，有了出身高贵的宫里人暗中授意，他才得以扳倒富凯。这些男男女女，这些宗族，他们的子女现在正为了向路易十四争宠而互相倾轧。争宠是为了获得影响力，有了这种影响力，他们也可能对柯尔培尔造成威胁。没有稳固的联盟，柯尔培尔的位子坐不长。

　　柯尔培尔的榜样马萨林建立起了庞大的代理人体系，其核心自然是他的家族。马萨林有 7 个侄女或外甥女嫁给了王室要人，其中有路易十四的初恋玛丽亚·曼奇尼；王后的高级宫廷女管家德苏瓦松夫人；掌礼大臣德布永的妻子，德布永就是决斗者塔尔蒙特的表弟。为了使世代相传的毕生事业能够圆满，马萨林打算将自己一族与黎塞留的后人联合起来，其中也包括外围的德摩纳哥夫人及其父兄德格拉蒙和德吉什。因此，1661 年，垂危之际的马萨林还把自己的主要继承人、外甥女奥尔唐斯·曼奇尼嫁给了黎塞留的一名侄孙，后者因此成了马萨林公爵、阿尔萨斯总督、炮兵团首领及法国的大地产者之一。由于马萨林不久就去世了，他迄今为止的得力助手柯尔培尔便自然而然发挥起了主管联合起来的黎塞留和马萨林宗族的作用，这样一来，他的女儿应该尽快嫁入谁家就相当明了了。然而，遗憾的是，马萨林的继承者们几乎立刻就行动起来，仿佛他们唯一的抱负就是作为宗族政治的失败范例扬名后世。据说在不受爱戴的舅舅弥留之际，14 岁的奥尔唐斯·曼奇尼和姐妹们在如释重负地喊出"他总算死了"之前，为了打发时间，将大把的金币从其巴黎宅邸的窗户扔出去，看着下面的贱民为此打斗而取乐。虽然这应该是恶意的捏造，但令人不快的是，接下来发生的事情与此并不违和。新出炉的马萨林公爵不仅恶劣地对待自己的妻子，使她几年后就离家逃走、作为英国国王的情妇成功开启了第二春。此外，这位公爵还是名宗教狂，马萨林搜集来的所有雕像全被他命人凿去了生殖器；为了避免自己封地上的农妇产生淫乱的想法，他禁止农妇给奶牛挤奶；为了防止女儿谈恋爱，他想要拔掉自己女儿的所有牙齿，后来费了很大的劲儿才被阻止。1664年年底，公爵得以觐见国王，并向国王骄傲地宣称，他从大天使加百列处得知，是路易与德拉瓦利埃小姐的私通导致了国家的所有问题。国王非常得体地（大概只有一生深受其扰的人才能练就这一本领）向他解释，自己早就知道，马萨林公爵那里（指向他的额头）受过伤，因此不想再多留他。

　　然而，马萨林继承者们的自我破坏活动才刚刚开始。1665年3月底，德苏瓦松夫人、德摩纳哥夫人的哥哥德吉什，以及德摩纳哥夫人宫中的朋友德瓦尔德于3年前策划的阴谋曝光，彼时他们试图扳倒国王的情妇德拉瓦利埃小姐，此举十分冒险又毫无作用。结果，德瓦尔德进了巴士底狱；德苏瓦松夫人被放逐回自己的封地；德吉什获得了到尼德兰服兵役的"许可"，即时生效。虽然官职保证了他们迟早可以回来，但他们的名声已经败坏了。与此同时，马萨林唯一一个还没结婚的侄子德内韦尔不是同性恋就是双性恋，而且更糟的是，尽管柯尔培尔苦苦哀求他屈尊降贵，他还是根本没兴趣行使自己对近卫步兵的总指挥权——步兵是国王最心爱的玩具，一名明智的内廷大臣可以从这个职位中捞到非常多的油水。与之相比，现在只有德布永一家还算不错，但他的长子才5个月大，刚刚受洗，柯尔培尔总不能等他长到适婚年龄。或许这样也好，因为长远来看，这个家族不会有更好的发展了。他们事实上的首领并非那位娶了马萨林外甥女的公爵，而是他的弟弟（多亏强大的叔父最终改宗了天主教），并且此后不久国王就将其提拔为宫廷教士的领袖，公爵的弟

61

弟在 26 岁时就成了枢机主教，人送绰号"红孩儿"。在他身上，高超的才智混合着近乎自大狂的骄傲，这种骄傲即使在当时的宫廷贵族身上也非常少见，而且使他与路易十四的关系越来越紧张。与此同时，1680 年，马萨林的侄女德布永公爵夫人卷入了臭名昭著的下毒丑闻。在相关的特别法庭上，她一只胳膊挽着丈夫，另一只胳膊则挽着情夫（同时也是她的外甥），承认为了除掉身边的丈夫召唤了魔鬼，对于魔鬼长什么样子的问题，她回答道："黑，矮，丑——像法院的院长。"经历过这一切之后，德布永那 1665 年出生的继承人、德蒂雷纳亲王极其懈怠地行使掌礼大臣之职，还有一次在路易十四穿衣服时用皮手套打到了国王的鼻子，这些都算不上什么了。有经验的内廷大臣最佩服德布永一家的，是他们道歉及信誓旦旦地承诺要惩罚犯错的家庭成员的能力，按照一位宫中同人的观点，"这种经常出现的必然之举使他们获得了大量的经验"。最发人深省的当然是，连后来战时犯下的叛国罪都不足以剥夺这个家族美妙的掌礼大臣一职，直到 1792 年推翻君主制之前，他们都顺利地保有这个职位。这样的家族一旦在宫廷中坐稳，很快就会"大而不倒"。

　　因此，柯尔培尔现在彻底不再考虑昔日老师的那些无用亲属，而是开启了与高级宫廷侍从官德圣艾尼昂的结亲谈判。德圣艾尼昂那还没成亲的儿子已经被任命为父亲未来的接班人，这位父亲本身是"娇嫩的紫罗兰"、国王情妇德拉瓦利埃的亲信，因此有潜力成为拿下权力优势地位的一方。此外，这桩与未来公爵的婚姻还将保障柯尔培尔的女儿拥有王室之下的最高等级：如果她第一次在王后面前坐在凳子上时，大部分贵族却只能站着，那么全世界都会看到，这位羊毛商人的儿子为自己的家人争取了多少，他的对手也会再掂量掂量。

　　鉴于如此美好的前景，可以想象，当柯尔培尔从宫廷中的朋友处得知，国王明显疏远了德拉瓦利埃、投向了德摩纳哥夫人时，他得多么烦躁。如果真是这样，那柯尔培尔整个的宫廷代理人政治又得从零开始，而且还得祈祷上苍，让他的众多对头不要拿国王的新情妇来对付他。宫廷里的年轻人可能穿得很轻佻，而且花哨得可笑（柯尔培尔作为法官贵族的成员只能一直穿黑色长袍），但他们无一例外，身后都站着冷静算计的祖母、叔舅或姑姨，这些人把宗族政治的大型游戏玩得炉火纯青。幸运的是，在每天送达柯尔培尔并最终导致他过劳死的几十封信中，今天有一封来自比利牛斯山，信里的内容正是他需要的。不久前，那里爆发了一起反对盐税的叛乱，发生地恰恰是在德摩纳哥夫人的父亲德格拉蒙的地产上。即使德格拉蒙不是叛乱头领，但作为该省常驻宫廷的总督，他确实很长时间内都拒绝用兵。在城市之外，法国的旧政权几乎没有任何警力，如果地方发生骚乱，王室只能通过地方精英劝服叛乱分子、施以残暴的军事镇压或者悄悄地视而不见（经常如此）。当地郡长，也就是全省唯一受巴黎控制的官员，经常向柯尔培尔汇报，说贵族保护叛乱分子；直到最近，他们总算派遣波德维尔斯上校指挥的波美拉尼亚龙骑兵和洛赞的意大利籍兵团前往，他们视贝阿恩省如敌国，将其洗劫一空。现在柯尔培尔得知，叛乱首领恰恰是在格拉蒙庄园行政中心旁的一片森林里被发现的，后来因为德格拉蒙的外甥洛赞没有及时追捕才逃脱。难道不该把这些转告国王吗？而且对于一个像德摩纳哥夫人这样忠诚、理应感恩王室的家族来说，在前段时间竟然没有利用机会来证明一下自己的忠诚，难道他们不该运用丰富的词汇惋惜一番吗？

63

  路易十四虽然并不完全信任柯尔培尔和其他大臣，并且经常不假思索地拒绝他们的提议，以免这些人因手中的权力而过于自负；但这一信息来的却是恰到好处，因为与实际发生的事情相比，这个信息为国王刚刚打定的主意提供了一个更好的正式理由。国王原本就打算把洛赞派到遥远的山里去找他的龙骑兵，但是当路易十四下达这一命令时，出现了很难堪的场面。洛赞抽出了自己的剑，并在路易面前将其折断，因为他此生再也不愿为这个为了一点琐事就让他离开宫廷的君主效力了。就算路易十四只是稍微有点这种想法，就像史料所说，但此刻在盛怒之下，他反而轻松了：洛赞的放肆之举使国王占了理，使他有机会实现那经过深思熟虑的"高尚行为"。对于当时的人来说，正是一桩桩这样的行为，成就了路易十四伟大

64

国王的名声，就像柯尔培尔实用的"基础设施工程"一样。无论如何，路易拿起他散步用的象牙大手杖扔出窗外，对洛赞和周围的人说，如果不得不对一位高贵的人动手，他会非常遗憾，说完就转身离开了。在隔壁的房间里，按照这种情况下的普遍做法，国王口授了一封信给步兵卫队的达塔尼昂，并让人转告巴士底狱的司令官，关押囚犯洛赞，不许他带哪怕一个仆人，以示特别的羞辱。

巴士底狱是一座很特别的监狱。这座嵌入巴黎城墙的中世纪塔形建筑，一方面充当了阴暗压抑的监禁地；另一方面对于犯了事的贵族来说，一定程度上又是坐牢的首选。与为数不多的正规监狱不同，在这里待过并不丢脸，而且对于等级高的贵族来说，"关进巴士底狱"恰恰就像一种鸣枪示警——大多数情况下，他们可以携带仆人、厨师、家具和壁毯，而平民的境况一般要差很多。洛赞虽然只在这里待几个月，但很快也配备了仆人和其他便利设施。早点来的话，他还能赶上和倒台的财政大臣富凯做邻居。眼下洛赞遇到的则是宫廷阴谋家德瓦尔德和高等骑兵军官德比西伯爵德拉比坦，后者写了一本不道德的揭露宫廷生活的小说，也是十足的乐观主义者，希望自己的过失很快能借助洛赞这起引起轰动的失宠事件获得原谅。尽管如此，慎重起见，德拉比坦还是作了一首九十六行诗，讲述了 3 名囚犯明显更爱国王，而不是自己的情人，因为他们加起来为国王出生入死了百余次。

遗憾的是，在那个夏天和秋天落空的，不只是德拉比坦对词语力量的信任。败兴的表兄前脚刚走，德摩纳哥夫人的野心也凋零了。或许难堪的钥匙一幕足以吓退看重自己尊严的国王。洛赞被捕不久，另一名忌妒的宫廷侍臣获悉了德摩纳哥夫人与国王私通一事（确切地说，德维勒鲁瓦是按照下列原则自行推测出的：她对我的示好都不领情，那只能是和国王有一腿），他与刚把德拉比坦送进巴士底狱的堂妹一道，用伪装得并不在行的笔迹给德拉瓦利埃小姐写了一封信，警告她注意这位新的情敌。值得庆幸的是，德拉瓦利埃小姐始终没有学会宫廷的游戏规则，她没有构思出一条复杂的应对之计，而是径直找到国王，将这封奇怪的信拿给他看。路易显然立即辨认出了信中的笔迹，德维勒鲁瓦只是受了点虚惊——他是路易的家庭教师之子，两人从小一起长大，后来也是路易偏爱的芭蕾舞伴，因此两个人经常原谅对方的过错。但德摩纳哥夫人又因此事丢了一次脸，此后不久，她把自己流亡尼德兰的哥哥德吉什的违禁书信转交给国王弟媳的行为也大白于世，不过这时她该高兴才是，因为人们没有立即建议她去荒凉偏僻的摩纳哥找她丈夫。德摩纳哥夫人此生再也做不成国王的情妇了。路易希望洛赞在巴士底狱待了5个月后举止可以谨慎一些，偏偏这个打算也落空了，空留德摩纳哥夫人被人嘲笑，而且损失重大：宫廷因为她引诱国王不成而讥笑她，洛赞还发誓要报复她。

值得这位失意的国王情妇庆幸的是，就像温和的德拉瓦利埃一样，洛赞自然也搞不了正经的宫廷阴谋，只不过原因相反。洛赞热爱戏剧性的高姿态及摇摆于勇气和发狂之间的挑衅姿态，这与日渐清晰的时代精神背道而驰——鲁莽的冒险一定程度上"太1630年了"。随着内战的结束和统治者的妥协，洛赞这样的人，那些冲动的决斗者及冒犯当权者的放肆之徒，看起来越来越像捣乱分子。具有导演意识的内廷大臣在其参演的大戏中可以学习到，"我的荣誉受到了致命伤害"在路易十四身上的效果并不如"我个人无所谓，但是陛下您的声名因为我对手的行为已经受到了严重伤害"或者"是哪些卑劣之徒，竟然胆敢无耻宣称，陛下您无权将我11岁的儿子任命为禁卫军司令"。

这个新的宫廷世界教育它的居民要观察他人的心理、设身处地地体会他人的感受及艺术地操控，谁表现得好像不需要这样，就会引人侧目。但洛赞踌躇满志，因为国王友好地接待了他，还和他一起嘲笑他在巴士底狱留起来的长胡子（在监狱和修道院之外，没人留胡子）。1666年5月17日，宫廷在狩猎行宫凡尔赛宫逗留，前一段时间，人们多次从圣日耳曼-昂莱郊游至此——柯尔培尔觉得太过频繁了，因为如果不注意的话，国王恐怕还会突发奇想，扩建他父亲的这个小型狩猎行宫，就好像没有刚刚为卢浮宫投入巨款一样。女士们输掉了一位境况良好的贵族一年的收入，她们散坐在地板上，国王想看清谁摸到了头奖，就后退了几步。国王身后的内廷大臣们同样也得退后几步，就在这时，洛赞红色的高鞋跟——借助这样的标志，在哪儿都能把贵族内廷大臣辨认出来——恰巧踩在了德摩纳哥夫人的手上。

　　再也没有比这更蠢的了。洛赞的道歉听起来假惺惺的，惹得整个宫廷大笑。哭泣叫喊的亲王妃自然立即指控洛赞是故意为之，迫使自己家族的男性不得不采取不受欢迎的行动：如果家族的荣誉受到如此公开的侮辱，那么复仇也必须是公开、有力的。这种状况对于路易十四来说甚至更加令人不快。因为自从投石党运动以来，他作为权威统治者的名声和整个政治体系都建立在他令人信服的超越宫廷的各个党派的基础上，而不像黎塞留或马萨林时期，某个极其强大的宠臣可以肆意践踏上层贵族的正当权益——或者像眼下这样，践踏其玉手。国王总的来说很喜欢洛赞，也不愿意在其刚刚从巴士底狱返回之时再次态度明确地处罚他，因此只能安抚德摩纳哥夫人的家人。虽然国王成功说通了她的父亲德格拉蒙，但是太晚了，因为德格拉蒙已经委托女婿德摩纳哥（很不幸，他其时恰巧身在巴黎），让他去尼德兰与自己的儿子德吉什和德卢维尼会合，商讨和洛赞决斗的事宜。再扼要重述一遍：可怜的德摩纳哥亲王要冒着生命危险，去惩罚妻子的表兄，原因是这位表兄因为自己妻子与国王似真似假的绯闻而惩罚了她。通过决斗及讨论决斗原因是对国王可怕的公开羞辱，这种羞辱也一举占据了欧洲传媒行业的中心。

　　因此，国王给驻尼德兰大使写了封信，盼望信能在德摩纳哥先生之前到达，整封信可以概括为"不，这里没人不把我放在眼里"，十分值得玩味。大使要向德摩纳哥、德吉什、德卢维尼及全世界解释，一切只是不走运，洛赞的道歉深入人心、非常诚恳，国王命人对这起事件做了广泛调查，并证实所有当事人的名誉都得到了保全：如果连国王都不再追究，谁还能再指责洛赞呢？

　　几年前，大使先生代表路易，在伦敦与几百名打手将一场外交盛会变成了一场巷战，只为了让自己的马车可以跑在西班牙大使的马车之前，从那时候起，他就习惯了这种烦恼。其实人们有足够多别的事情可忙，因为法国和尼德兰是盟友，而尼德兰正与英国国王查理二世交战（他抢走了新阿姆斯特丹，还按照其弟约克公爵之名将其改名为纽约），所以法国和英国也打了 3 个月的仗。但是，人们还没怎么注意到，刚刚建立的法国海军谨慎地避开了所有英国船只。宫廷贵族不愿加入海军，他们和国王一样，觉得公海上的战斗无法像在陆地上那样展现骑士风度，因为陆战时可以逃跑，因此留在战场上就成了勇气的象征；而在海上却无法选择是否和战舰一同沉没，而且导航和炮击导致人们更像是工程师，而不是骑士。此外，英国由于经费问题一直没有陆军，因此法英之战对于太阳王的军事贵族没什么影响。虽然如此，德吉什、德卢维尼及德塔兰托亲王（从前的塔尔蒙特）仍然找到了机会，带着国王的祝福前往尼德兰作战，这完全要感谢一位非常奇特的侵略者，他为了英国的钱财而从陆路进攻尼德兰。此人是明斯特采邑主教克里斯托夫·伯恩哈德·冯·加仑，他因 11 次出征而闻名，人称"炮弹贝恩德"。但派驻尼德兰的法国援助军教训了他，他以后还是找东弗里斯兰或本特海姆－特克伦堡这种弱势敌手较量比较好。 69

就这样，大使先生心情沉重地放下其他事务，找到德摩纳哥亲王及其两名内弟，向他们解释了国王的打算。瞧吧，不管是兵役暂时耗光了两位内弟的冒险精神，还是他们与德摩纳哥都本能地明白，配合路易十四的表演有多值，无论如何，三人很合作，并公开宣称，他们非常高兴得知一切只是一场误会。宫廷贵族越来越多地加入新的游戏规则中来，只有洛赞凭着自信的风险意识得出"事实上自己可以为所欲为"的结论。国王好像证实了他的想法。两个月后，德摩纳哥夫人的一位朋友在洛赞梳头时碰了他一下，洛赞就把梳子砸向这人的鼻子。路易十四将这位"进攻者"赶出了宫，理由是他先起的头，此外出身也比洛赞低得多。

不过不久之后，这些年轻的骑士就有了更重要且更危险的任务。1660年，为了终结法国与西班牙之间持续了 25 年的战争，路易十四娶了西班牙国王的一个女儿。1665 年，他的岳父去世，留下的儿子只有 4 岁，是在第二段婚姻中与其侄女所生；就这样，这个病恹恹的小孩还没学会说话，就成了西班牙的国王卡洛斯二世。路易十四的法官们花了一年半的时间，终于找到了一个比利时的有关继承权的可疑条款，以此证明路易有权以其妻子的名义要求享有西班牙的部分遗产。1667 年 5 月，法国国王带领欧洲最大的军队出征，企图从妻子同父异母的幼弟手中夺走半个比利时。这不是第一次一桩为和平而缔结的王室婚姻带来了战争，也不会是最后一次一名被战士簇拥的年轻国王为了在战场上建功立业而踏上征程。

　　与此同时，德摩纳哥夫人也学到了什么可行，什么不可行。她不会再冒险受到之前那种羞辱了，但是因此就得完全放弃接近王室吗？她始终是国王弟媳德奥尔良公爵夫人的高级宫廷女管家，同时也是德奥尔良公爵殿下在其有限范围内感到最有吸引力的女性。当然，她得不停地与流水一般的俊秀贵族少年争夺公爵的宠爱，因此，在投向公爵妻子的怀抱之前，她只引诱了公爵一次。德摩纳哥夫人和公爵夫人之间的性关系有据可查，虽然我们可能觉得这不可思议。毕竟对于当时的人来说，即使男同性恋也绝非一种可以清晰定义的事物（或者说一种认同），尽管被模糊地描述为"鸡奸"的行为仍然要判火刑。但是公爵殿下作为国王的弟弟，他的存在使这项法律至少在巴黎不可能得以贯彻——每一次对同性恋的追捕肯定会涉及他，因此在这个等级社会中也就无法实施。从这个角度讲，即使公爵殿下一生没干过其他什么好事，单凭这一点也得向他表示敬意。后来普鲁士的腓特烈二世废除了"鸡奸"的死刑，他的理由是：青少年喜欢观看公开处决，他们自然会问处决原因，这样就会使他们产生不正派的想法。当时甚至没有一个词来形容女同性恋，因为在父权体制中，这种关系对社会的威胁比不上与男人通奸，因此至少在贵族和统治者阶层中，她们大多数情况下只是被人讥讽地笑笑，而不是遭受迫害。

　　就这样，德摩纳哥夫人和公爵夫人共度了几年幸福的时光。在这几年间，她们携手旁观周围那些国王的情妇、大臣、将军和红人们起起落落。

但是 1668 年秋，德摩纳哥夫人的丈夫从战场返回，将她带回了亲王领地。1670 年，年仅 26 岁的第一位夫人、来自英格兰的亨丽埃塔去世，她丈夫的两名宠儿有重大嫌疑，被认为在她喝的菊苣水中下了毒，国王为此将二人流放多年。据说，其中一人于 49 年后在巨富和备受尊敬中死去时，人们发现他的头被扭了 180 度，就像所有被魔鬼亲自带走的人一样。另外一名嫌疑人是公爵殿下最重要的情人，不久前此人还爱上了德摩纳哥夫人，或者说装作爱上，此后二人在宫廷政治中合作，他的侄女最后嫁给了德摩纳哥夫人的长子。今天有人猜测，公爵夫人死于紫质症，这是一种由基因决定的血液疾病，这种病以前就在她的家族、英国王室中出现过，后来也再次出现了。

因为王弟殿下"只有"两个女儿，国王也仅有一名婚生子，因此这位同性恋公爵必须立即再婚，就这样，1671 年，第二位夫人、普法尔茨的伊丽莎白·夏洛特（"冬王"的孙女、德塔兰托亲王的外甥女）进入法国宫廷，她虽然是第一位夫人的表妹，却几乎在任何方面都与之相反。尽管年轻貌美，她看起来却同时拥有一股男性气概，以致人们传言，第一次见到殿下和夫人，难免会颠倒两人的身份。在荒诞的"试验"规定允许的范围内，夫妻二人倒是情投意合，在生下两个儿子和一个女儿、完成王室任务之前，他们甚至一直同床共枕。我们从伊丽莎白·夏洛特大胆直白的家书中可以得知，本身没有一丝信仰，只是为了这桩婚姻才改宗天主教的她，只对虔诚丈夫的一个不良习惯感到恼怒，那就是他在睡前祈祷时，会把一个嵌有圣母像的护身符挂在她"眼下绝对不能触碰的身体部位"。在可能是这对前现代时期王室夫妇流传下来的唯一一场床上的对话中，殿下一开始的回答非常严肃，"您，曾经身为胡格诺派教徒的您，对这些东西根本一窍不通"，然后他就禁不住大笑起来。这是很罕见的一刻，我们可以透过史料缺口、礼仪和无数的反例推测，即使在王室和上层贵族的强制婚姻体系中，在不问个人意见就被捆绑在一起的两个人之间，有时也会产生休戚相关的感觉或者缓慢增长的好感。

　　不过，对于 1672 年最终返回宫廷的德摩纳哥夫人而言，这里已经没有什么可以争取的了。人们注意到，她虽然以对待第一位夫人一样温柔的姿态来接近第二位夫人，但除了在巴黎有过几次刺激的微服散步外，再无任何进展。第二位夫人年老后，这样向一个感兴趣的侄女描述："德摩纳哥夫人喜欢女人，这是真的。她原本希望我能突然转变，但却一无所获，这令她闷闷不乐，甚至为此哭泣。"

73　　　　除了这一愿望没有达成，德摩纳哥夫人还是很受这位公主宠幸的。公主经常为了保护她而与自己的姨妈德塔兰托亲王妃展开小小的对抗，因为她们二人可以坦诚相对。但德摩纳哥夫人早在 1672 年就因为放血失败而受伤，自 1675 年起健康状况更是每况愈下。8 年中，她为丈夫生了 6 个孩子，现在二人完全分开生活。德摩纳哥亲王如果不在热那亚或摩纳哥，就是在伦敦，作为英国国王（查理二世）的情敌享受马萨林公爵夫人（就是逃离了自己宗教狂丈夫的那位）的爱。1678 年，德摩纳哥夫人神秘的病情越来越糟，还伴随着毁容的症状（她的面容干瘪，最后几乎无法辨认），让人联想到中毒。冷酷的内廷大臣们都在讨论这意味着什么：他们的看法从"她被下了毒，但不是她丈夫干的，尽管他是意大利人"到"她被自己的丈夫下了毒。因为她咎由自取，而且她的丈夫是意大利人"，不一而足。1678 年 6 月 4 日，德摩纳哥夫人在王弟殿下夫妇位于巴黎的住处去世，也就是传言她丈夫现在的情妇于 1661 年为了观看贱民争斗而往窗外扔金币的那座府邸。（马萨林的巨额财富当然留下了很多，多到足够使德摩纳哥夫人的玄孙于 1777 年娶了最后一位马萨林公爵的女继承人，也就是德摩纳哥夫人情敌的五世孙。）一位宫廷中人写道，德摩纳哥亲王妃死时要比活着时风光得多——这种说法是不言而喻的，因为那时候死亡是公众性的，人们几乎认为"善终"是人生最重要的部分。人们将德摩纳哥夫人的遗体在一张展示床上摆了 3 天以后，运到了圣奥诺雷街的嘉布遣会教堂，把她葬在了娘家的墓室中。她的心脏被送往摩纳哥，保存在一家她建立的女修道院中。德摩纳哥夫人终年 39 岁。

第 3 章

丹克尔曼感觉不到子弹

韦尔苏瓦附近的日内瓦湖上，1674 年 4 月 26 日

在尼古劳斯·巴托洛梅乌斯·丹克尔曼的眼中，这天的郊游堪称完美。德国游客需要的一切都在船上：坚忍的日内瓦船工、来自尚贝里的小提琴乐队、年轻的教习、上层人士的仆从及所有人的霰弹枪。很稀奇的是，他们这次美妙的乘船游览要感谢战争。众人正把日内瓦的索尔姆斯伯爵越湖带往科佩，这样伯爵就可以从科佩前往尼德兰，并受表兄奥兰治之命抗击法国侵略者。取道科佩不仅因为顺路，而且也是老伯爵多纳的所在地，因此这里也是加尔文宗网络的众多枢纽站之一。丹克尔曼也属于这一网络，而且他此后的命运也受制于此。除了索尔姆斯和奥兰治，多纳伯爵弗里德里希还与勃兰登堡选帝侯夫人路易丝·亨丽埃特关系密切，1642年，他在尼德兰近距离参与了路易丝的仰慕者塔尔蒙特与自己的朋友拉齐维乌的决斗。后来多纳伯爵在法国南部、表兄奥兰治的奥兰治公国担任了很长时间的总督，统治着这个路易十四国家内的胡格诺派小岛，奥兰治的名字即来源于此——虽然他们并未去过那里。14年前，多纳放弃了总督

之职，在日内瓦湖畔安顿下来，购置了科佩和普朗然的庄园；但他仍然不时担任勃兰登堡或者奥兰治的外交官，要不是深受痛风之苦，他现在肯定又被卷入战争了。

年轻市民尼古劳斯·巴托洛梅乌斯·丹克尔曼的社会地位远低于多纳，要是不说法语，丹克尔曼就必须称呼多纳为"尊敬的伯爵阁下"——法语仅用"先生"就够了。作为伯爵领地林根大法官的儿子，丹克尔曼同样也是网络的一部分，因为该领地属于奥兰治亲王。此外，由于丹克尔曼的兄长们早就在奥兰治或者勃兰登堡服务了，多纳今天很快就认出了这个小伙子的名字——丹克尔曼的一位兄长在1662年与多纳的侄子决斗过，

不过此类事情稀松平常。事实上，丹克尔曼正处于骑士之旅的最后一站，作为一名中产阶级地方法官的第 7 个儿子，他结束旅行的方式只可能是成为教员或家庭教师。这位 24 岁的青年已经大学毕业，现在是弗里斯兰一位名叫范艾尔瓦的 15 岁城市贵族少年的教习，由后者的父亲出资踏上了美妙的旅程，首站是日内瓦。就像这两艘船中的其他王公子弟和贵族一样，二人也不是为了求学（他们中没人登记入学），而是为了来这里好好地学习法语并且出丑，在这里可不怕出洋相：宁可让日内瓦的正派市民拿年轻人犯的低级错误取乐，也不能被宫廷里的贵族取笑，这关系到他们接下来的仕途。丹克尔曼本人当然早就会法语，但他对于自己迅速且出色地掌握了意大利语和西班牙语也是不无自豪，这两种语言都是接下来的旅程所需要的。丹克尔曼也很乐于参加自己学生的舞蹈、骑术和剑术课程，因为一名好法官总会用得上这些本事。

恰恰是在今天，在科佩，一幅难以置信的前景展现在丹克尔曼面前。老伯爵多纳向他建议，帮他"稳定下来"，也就是动用自己的关系，为他在奥兰治公国谋一个法庭文书的职位。这位年轻的威斯特法伦人明白，自己的命运必须在这里定下来，当他望向倒映着春日风景的湖面时，或许在试着想象法国南部的生活，或许他会娶一位法国妻子，就像多纳从法国带来的那位一样。这应该难不倒他。

如果是在和平时期，这一切可能都会发生。然而，如果在和平时期，我们的游客就不会坐船，而是骑马陪同自己的朋友前往科佩，之所以骑马，是因为没有女士在场，而马车除了用于重大庆典，几乎是老年人专用的。也就是说，想从日内瓦到位于伯尔尼州的科佩，唯一一条陆路是穿过法国领土热克斯，如果在和平时期这并无大碍。然而，战争提醒了他们，为什么法国在 70 多年前一定要占领这块土地。这里是所谓的"西班牙之路"的最后一个节点，通过它，西班牙就可以从米兰为其处于弗朗什－孔泰的前哨及比利时提供给养。法国将热克斯据为己有，就可以封锁这条通道，迫使西班牙人要么另选危险的北海，要么绕道蒂罗尔和德国南部。法

77

国军队已经两次占领了缺乏士兵和武器的弗朗什－孔泰，又都在最后被赶走；眼下法国开始了第 3 次尝试，路易十四决心要赢得这次胜利。与此同时，在与西班牙和尼德兰的战争中，法国刚被最后的盟友离弃。英国国王无耻倒戈，罗马－德意志帝国在两年的谈判之后于一个月前事实上向法国宣了战，连一开始狂热的明斯特采邑主教"炮弹贝恩德"也不再支持路易。欧洲各地的君主和参事都醒悟过来，抛弃了法国保护他们免遭奥地利王族强权伤害的信念。现如今，法国"证明"自己才是新的威胁，所以人们结成同盟，而这在不久之前还是无法想象的事。瑞士信奉新教的州在历史上首次允许坚决信奉天主教的西班牙人从他们那里招募雇佣兵，还允许米兰和奥地利的部队借道瑞士，加强弗朗什－孔泰的防御。各方能够达成这些合作，多纳伯爵做出了重大贡献，因为由于他与尼德兰的工作关系，法国此前擅自没收了其法国夫人的富饶地产——这是令人愤慨的非法行径，毕竟恰恰在战争刚爆发时，他就与妻子达成了合法的财产分割协议。当然，面对此时正毫无顾忌地翻越汝拉山间森林的法国巨型战争机器，这些援助只能算是杯水车薪。此时的日内瓦湖畔或许还是一片祥和，但就在山的另一面、丹克尔曼的右侧，弗朗什－孔泰已是一片焦土。昨天早上，1.1 万名法国骑兵出现在首府贝桑松的城门前，到了晚上，整座城市就完全与外界隔绝了；今天，国王亲率最大的远征部队前往此处，宫中寻求功名之人全部随行。再过几天，正式围攻的残酷战局就将开始，这是一场比任何野战更有计划、更长久、更艰苦的战斗，是一次用一连串的炮击和阵地战、地道和反地道、火球和猛攻开展的几何级数的大屠杀。这些场面特别适合对国王带来的女士们解释一番，就像在歌剧院包厢里那样，此后众人就会在一个以卢浮宫为名的大帐篷里边吃午饭边听 27 名小提琴手演奏王室音乐。

　　暴力在群山的另一侧上演，但是要不了多久就会蔓延到这一侧来。从科佩返回日内瓦的途中必须经过韦尔苏瓦，一座设置了法国关卡和士兵的港口小城，在这样的时期，士兵们蓄势待发。作为至少 9 位不同国君的臣仆，几乎所有乘船游览的成员此时都以各种方式成了法国的敌人，只有库尔兰亲王卡尔例外——其位于波罗的海的祖国在形式上中立。卡尔的兄长指挥着尼德兰的一个骑兵团，但多数是文盲的边防哨兵恐怕很难知道这事，不过反过来也有可能：在信奉胡格诺-加尔文宗的日内瓦，即便和平时期也鲜有太阳王的朋友，此时去那里的人自然很可疑。因此，旅客们都随身带着霰弹枪，一旦驶经法国疆域，立即神经质地端起枪来。现在在归途中，他们又一次拿起了枪。4 名亲王和各自的随从坐在同一艘船中，而其他普通贵族坐在另一艘船中，这是一种偶然；但在一个等级森严的社会中，大多数情况下又不是偶然，接下来的事情，也可能正是因此而发生。一开始当然风平浪静。关卡哨兵要么有更好的事情要做，要么有对待成熟青年的相关经验，总之归途中没见半个人影。两艘船就这样驶出了危险地带，紧张的气氛缓解下来，每个人都开着玩笑，立马变得比刚才英勇得多。与当时的所有武器一样，霰弹枪必须从前端将火药和子弹塞入枪管，而且只能通过射击才可以退出子弹，而射击又会巧妙地消解紧张。我们不得而知，是否所有亲王都让仆从开火了，反正卡尔把他的枪递给了一个不是很年轻的名叫保罗的仆人——对于仆人，这是名是姓我们通常只能猜测。

80

　　事后，人们一致认为，最能让人接受的事实是：据说，保罗具有仆人的典型特征，那就是头脑简单，忘记了船随着波浪摇摆，几十支枪同时开火也不会减少这种晃动。保罗和所有人一样，把枪对着水面，仅仅是由于没有预料到的摇晃，导致子弹击中的不是水面，而是相邻的那艘船。但是丹克尔曼知道，这并非一场意外。丹克尔曼看见 3 发子弹在湖面上紧贴着自己的船飞过，但没有伤到任何人，时间仿佛变慢了，在漫长的几秒钟里，他可能问过自己，为什么刚刚造成了这种意外的人，会立即拿起第二把霰弹枪向同一个方向射击。这次 8 发子弹中有 4 发也打空了，但第 5 发子弹在打落丹克尔曼长马夹的 3 颗纽扣后，击中了他的大腿。第 6 发子弹很不幸地落在了费迪南德·冯·卡尼茨－达维兹的胳膊上，他差点儿因失血过多而死；第 7 发子弹穿过了格奥尔格·弗里德里希·冯·乌费尔的假发；第 8 发子弹正中他哥哥拉邦·海因里希·冯·乌费尔的胸口。

9 天后，日内瓦圣彼得大教堂内的钟声依旧，此时符腾堡－诺伊施塔特公国的宗子顾问格奥尔格·弗里德里希·施托费尔正沿着木质楼梯登上布道坛，打算致悼词。施托费尔的紧张并非毫无缘由。他本无意于此，他什么都没看到，他的两位宗子都是正派的青年，其中年长的那位一生也只不过统治几个村子。而现在他要在此发表演讲，而且讲稿要和其他此类演讲稿一样大量印发，但与其他此类演讲不同的是，施托费尔只要稍微暗示一下这起丧事多么令人生疑，就会引起两个好战军事强国的怒火。为什么是他呢？就因为他作为宗子在日内瓦的唯一一名德国顾问，会说足够流利的法语，由他致悼词，日内瓦共和国小议会的那些卓越高贵的先生也能听懂。施托费尔的父亲是弗朗什－孔泰的埃里库尔的行政官，由于继承关系，此地几百年来一直属于符腾堡，要不是符腾堡公爵对父亲的任命，他就不会去法国的学校上学，而是会在本普夫林根或施特林普菲尔巴赫等德国城市长大。那样的话，他的法语就会隐匿在浓厚的施瓦本腔之下，他也就可以像坐在加尔文宗教堂长椅上那样，惬意地向后倚着，看着一名德国神学家操劳这项吃力不讨好的任务：总有能干这活儿的人。施托费尔最后一次与神学的类似相遇要回溯到 25 年前，那时他还是斯特拉斯堡的大学生，在一名贵族同学的鼓动下，试图用棍棒教会一位负责青少年道德培养的神学教授保密，但没有成功；有趣的是，这起常规的不法行径仅使他被罚了 5 天禁闭，并未终结他的学医生涯。但是，三十年战争害得他父母破了产，他 21 岁就掉入了家庭教师的坑中，从此再也没能跳出来。

为了更好地理解施托费尔的两难困境，我必须先简短地叙述一下一名宗子顾问的境况。在统治者家族的层面上，家庭教师属于贵族，负责教授与老爷身份相符的行为，这样一来，负责市民阶层教育的人就不能被称为家庭教师，而是被称为教习或顾问。施托费尔就是教习，但是他仍然拥有家庭教师的头衔，唯一的原因是他的雇主没钱另外雇一名贵族教师。这位

雇主，符腾堡－诺伊施塔特公爵，本身只是一名非执政的亲王，也就是
说，只是家族新近出现的旁支的成员，没有独立的领土统治权。因此，公
爵只得找一个人来同时行使贵族家庭教师和平民教习两个职能，不仅如
此，还只能找施托费尔这种来自卑微的市民家庭、医学专业的肄业学生。
实际上，施托费尔连这两个职位中要求更低的那个都不能胜任。与此同
时，符腾堡现任的执政公爵则安排了一名出身梅克伦堡老牌贵族的家庭教
师陪同儿子们踏上旅程；此外，他还为儿子们配备了一名拥有硕士学位的
年轻人做顾问，此人来自奥格斯堡的城市新贵之家，是教区牧师之子，属
于中产阶层的精英。相应地，当亲王们与教师在为期 3 年的旅行结束后返
回斯图加特时，会获得与各自身份相符的奖励：家庭教师作为秘密行政专
员立即升入最高层的管理委员会；而落到顾问头上的，是图宾根大学的伦
理学教席——他曾希望讲授神学，但此时没有教席教授适时去世。

　　然而，与这样一个理想样板相比，无论是施托费尔还是他的两个学生
都差远了。只有一点令施托费尔引以为豪，那就是他和比自己收入高的同
行取得了同样的成就。到目前为止，他成功地应对着长期困扰符腾堡宗子
的等级问题。符腾堡公国属于 6 个所谓的轮值公侯家族之一。这 6 个德国
的王侯家族都声称拥有相同的等级，因此成员之间基本上冲突不断。但事
情从来没有发展到塔尔蒙特和拉齐维乌那样恶劣的程度，因为这些轮值家
族于 1653 年就一个理论上天才般的体系达成了一致，该体系规定各家族
轮流享有优先地位。按照所谓的条款，等级次序被确立下来，这一次序每
天变更，但整体上并不规则，从而避免使人产生 6 个家族势均力敌的可怕
印象。遗憾的是，实际实施这一体系困难重重。首先，必须一开始就抽签
选出有效的等级条款；其次，基本上每次都需要符腾堡、波美拉尼亚、黑
森、梅克伦堡、巴登和荷尔斯泰因的亲王或宗子们到场且发言（一项自波
美拉尼亚家族绝嗣之后不太容易实现的前提）；最后，他们相遇的次数必
须能被 6 整除，否则的话必然会有人吃亏，就会产生不好的先例。或许这
样就很好理解，为什么符腾堡宗子的老师在 1669 年就得到命令，原则上

不要带学生去任何可能会遇上其他轮值家族成员的地方。但是这一点实施起来也不容易，因此几乎所有出行的公侯之子都会使用另外一个花招，那就是在旅行时隐匿姓名身份，但是不要把这一行为想象成戴上假胡子或者深色太阳镜。匿名旅行的亲王或宗子们仍然带着大批随从，为了证明自己的地位，仍然要展示性地花费大笔钱财，而他们往往没有这么多钱；他们的假名也不是真的为了让人相信——通常他们自称男爵，最多伯爵，再按照父亲的某座狩猎行宫或领土虚构一个姓氏。这种匿名的唯一用途，便是必要时其他人可以先于这些公侯之子穿门而过，甚至可以当着他们的面坐在有靠背的椅子上，而不会在未来被用作先例和减分项，来对亲王或宗子或其家族的等级提出异议。由于欧洲的旧秩序现在完全专注于等级问题，人们也并不完全信任该地的和平，因此即便是匿名旅行的假男爵们也都回避模棱两可的情况。所以，此前跟在拉邦·海因里希·冯·乌费尔棺材后面的送葬行列中，4 位公侯之子尽管匿名，也被安排在了所有德国贵族和日内瓦平民之前，而且还是准确地按照他们家族通行的等级次序安排的（幸运的是，除了 2 名符腾堡的宗子，只有一位来自萨克森－哥达的亲王和一位库尔兰的亲王在场，几人等级明晰）。对于那些事后对此仍不甚了了的人来说，印刷的说明井井有条地补充了这些"男爵"是哪些公侯之子，由此证明，人们在这个世界上一刻也无法摆脱自己与生俱来的地位。

　　家庭教师施托费尔在致辞中已经为这次的顺利安葬感谢了日内瓦这座城市，赞扬了该城无与伦比的体育老师，将整座城市誉为全德文艺爱好者的培育所。他缓慢地、非常缓慢地，就像在一个迷恋细节的时代应该做的那样，通过一句句的拉丁引语，接近今天的下葬之人。施托费尔已经开始介绍年轻的拉邦·海因里希·冯·乌费尔的基本资料，例如，他母亲的闺名施皮格尔·冯·佩克尔斯海姆。这时施托费尔注意到，自己几乎还没说过任何宗教性的东西，于是他很快插入了一段希伯来圣经诗行，谨慎起见，又用德国人路德的引语、意大利语的反证和西班牙语的综合法做了解释，然后才回到死者的生平上。乌费尔这样的下层贵族家庭对于他们为数不多的臣仆来说当然是主子，但是在权势和野心的大型游戏中，他们只是为更大的家族服务的小卒。因此，如果不想沉沦，那就只能在能力上远超上层贵族，以便让自己更有用。24 岁的拉邦·海因里希在 13 个孩子中排行第六，有 4 个兄弟姐妹已经去世，他成了长子，也就是整个家庭的希望，而他的家庭只在黑森拥有一座破旧的城堡、在图宾根有一座租来的庄园。拉邦·海因里希的父亲没有任何官职，这就足够尴尬了，施托费尔还得为了致辞从其租赁关系中即兴编造出一个好听点的官衔。接下来，施托费尔描述了拉邦·海因里希在耶拿和乌得勒支求学的情况。（与法国不同，在德国，即使古老的骑士贵族也不惮于读大学；只要注意别接受学位，免得让人把自己错认为是丹克尔曼这样的市民，大学的学习就是有益的，因此也就算不上是耻辱。）此后乌费尔在帝国皇家最高法院旁听，必然在此见证过不少诉讼的开始，它们历时久远，百年后又劳动了实习生歌德。年轻的乌费尔就是从这里去往日内瓦，并中枪而亡的。致辞的艰难部分由此开始了。

85

丹克尔曼所幸伤势不重，他今天感觉不错，于是得以坐在教堂里，但他并不喜欢自己听到的。当施托费尔解释，了解仆人保罗所犯的不可原谅的致命错误是多么重要，从而避免对无辜之人妄加怀疑；当施托费尔赞叹地叙述，库尔兰亲王卡尔是如何宽宏大量地立即免除这个可怜人的职务（这样他才能在日内瓦的老爷们审讯他之前逃跑，当然，这一点致辞人没讲），当这一切发言入耳的时候，丹克尔曼又回顾了前几天发生的一切。彼时他已经收拾好行李，准备与年轻的范艾尔瓦前往法国，因为此前卡尔亲王的家庭教师建议他离开这座城市，并说自己什么也不能保证。对此丹克尔曼不难相信。一开始并没什么，唯一的问题是大多数的德国小伙子与 20 岁的亲王找的不是同一位舞蹈老师，而亲王迷上了自己老师那里的几位年轻姑娘。为了给姑娘们留下深刻印象，亲王承诺将自己的同胞带来，可其他人没兴趣同来，他就开始了报复性运动，而且很快失控。在一次马术课上，亲王用剑刺伤了丹克尔曼的胳膊，还有一次直接动手攻击他，这

86

位平民用到位的踢脚作为反击。即使这样也未能令局势缓和，紧接着丹克尔曼发现自己因亲王而卷入与法国游客的危险争吵中。当然，他并没有让事态发展成决斗，毕竟大家都有理性。但是城市里的警长竟敢不加询问便打算取走他的剑，这自然迫使丹克尔曼"给了他一个响亮的耳光，在湖畔的整条林荫道上都能清楚地听到"。为这个耳光支付的罚金着实让人气恼，而丹克尔曼此后还得向哨兵说道说道，他对他们因为这种事就想逮捕他的荒诞想法多么不屑一顾。因为在推搡中挨了步枪枪托几下，为了恢复过来，丹克尔曼还耽误了一节舞蹈课和一节马术课。这可不愧是：全德文艺爱好者的培育所。

　　库尔兰亲王卡尔有一个艰难的童年——在这种情况下人们都乐意这样说。库尔兰公国及其首都米陶（叶尔加瓦）现今属于拉脱维亚，当时和其他波罗的海国家一样，由一名德国贵族统治。这名德国贵族的祖先是十字军骑士，来到这里后，将自己的臣仆简单地称为"非德国人"。从 1561 年起，这块土地迎来了来自威斯特法伦的克特勒家族，克特勒公爵夹在波兰的宗主权及其反叛的贵族之间，只有很少的活动空间。1655 年，波兰、瑞典、勃兰登堡、俄国、哥萨克人和鞑靼人之间爆发的战争将这里夷为平地。1658 年，瑞典人甚至俘虏了公爵一家：全家人被掳到一艘战船上时，卡尔还不到 4 岁，在船上，母亲和 6 个孩子只能一起睡在一张熊皮上。被俘 9 天后，卡尔的母亲、勃兰登堡的路易丝·夏洛特生下了她最后一个儿子亚历山大，他出生时只有一只胳膊。在给表弟博古斯瓦夫·拉齐维乌的信中，夏洛特描述了孩子们是如何饿得脸色惨白，以及人们如何把他们拉到俄国边境的伊万哥罗德，不得不生活在那里的一座低矮木屋里。虽然 1660 年的和平带来了自由，但是库尔兰已被榨干，公爵只好在 1662 年将孩子们送到柏林的舅舅、勃兰登堡选帝侯腓特烈·威廉那里，被当作穷亲戚供养起来。同年，丹克尔曼的哥哥埃伯哈德成了那里的老师，手头的钱很有可能比卡尔还多，勃兰登堡的统治者肯定也认识他。库尔兰的女儿们因高贵的加尔文宗出身，仍心存嫁人的希望（一人在柏林嫁给了黑森-洪堡亲王，另一人嫁给了表兄黑森－卡塞尔伯爵）。卡尔的哥哥虽然有一天可能会幸运地统治库尔兰，但非长子的亲王们在欧洲毫无市场，因此父亲只得送卡尔去旅行，让他从中获得人脉和技能，为他在部队中取得与地位相符的发展打下基础。但是这条路似乎也遥不可及，因为公爵不想与任何参战的大国搞僵，因此只允许长子参军。年轻的卡尔常常感觉羞愧，他穿得比同阶层的人要窘迫得多，钱从来不够用，无用的劝告倒是听不完。卡尔早就不听家庭教师的话了，还在日内瓦召集了一帮年轻人。这些年轻人都来自当地最好的家庭，幼时接受了严格的道德规训，现在只想学着这些前来进修法语的上层贵族的样，放纵起来。

丹克尔曼一开始很喜欢和他的学生一起住在特龙金教授的房子里——这也是加尔文的故居。但是令丹克尔曼恼火的是，他发现，特龙金 18 岁的内弟弗朗索瓦·勒福尔就是这帮年轻人的头目。卡尔亲王定期来访，终于说服特龙金一家，允许勒福尔弃商从军。勒福尔也收拾好了行囊，要带着亲王的推荐信投奔亲王的哥哥，参加尼德兰战争。

88

施托费尔此时已到了致辞的末尾，但离结束还有一段时间；因为正是这位医学专业的肄业生陪着一天后才死去的年轻的乌费尔度过了生命最后的时刻，听乌费尔详细地描述了他心脏中的血如何及为什么一滴滴流尽。和在场的很多人不同，他的听众中有些人对枪伤没有职业兴趣，所幸这些人由于痛苦的经历已经对人生中无所不在的死亡习以为常。施托费尔一次也没有提到卡尔亲王的名字，有一次间接地用一位"高品质的先生"（在当时就是"出身高贵"的意思，因此此处比别处更真实）提到了他，也是为了赞扬他。不然还能怎样呢？丹克尔曼、日内瓦的先生们、死者的家人们又该怎么做呢？亲王本人没有权势，但是他无目的的攻击却是致命的，因为他知道，所有其他人也知道：如果谁敢真的对勃兰登堡选帝侯的外甥、黑森－卡塞尔伯爵的内弟做点什么，那么这两位大人（二人的雇佣兵部队从不缺席任何一场欧洲战争）仅是出于颜面考虑也要大动干戈，无论他们本人对卡尔持何种看法。这并非猜测，因为我们知道 3 年后发生了什么。1675 年，卡尔被日内瓦政府非常光荣地——无疑也长舒了一口气——送走了，但是很快，他的弟弟费迪南德就接替了他的位置。这位亲王明显更容易相处，但他还是很快与一位（真正的）男爵弗里森发生了危险的争端，这表明，这些问题超出了个人的性格缺陷，是结构性决定的。这起争端始于 1677 年跑马场上的棍击，后来升级为大规模的巷战。这场巷战差点儿要了弗里森的命，多亏他平时一向如小姑娘般羞涩的朋友、16 岁的多纳伯爵亚历山大在最后一刻"像个疯子一样"，在 20 把剑的叮当声中纵身一跃，把他拉了出来。这一次是库尔兰的亲王与多纳和弗里森作对，多纳与勃兰登堡选帝侯同样关系密切，而弗里森的父亲是萨克森选帝侯国的首相。尽管如此，多纳还是要为此次干预道歉。库尔兰和弗里森的争端在几个月后才经由荣誉法庭调停，大批德国的高贵人物为此来到日内瓦，而且弗里森（为了表示感谢，他后来娶了多纳的姐姐）在数年后的骑士之旅中，仍要刻意回避可能会遇到亲王的地方。连有权势的大人物都是此种处境，乌费尔的父母又怎么有机会为儿子伸张正义呢？连他们的主要领主在权力政治中都是个小角色，而他们只是效力于领主的小人物；此外，他们的另一位领主恰恰就是杀人亲王的表兄和连襟。因此乌费尔的父母只能做做样子，而这已经够难的了。就在日内瓦政府大张旗鼓地悬赏通缉逃跑的保罗时，幸存的弟弟格奥尔格·弗里德里希·冯·乌费尔却声称，他的哥哥在临终前说一切都只是场意外，所以大家应该原谅那名仆人。但是不久后，拉邦·海因里希的父亲克里斯蒂安·赫尔曼·冯·乌费尔又从图宾根发来一封书信，坚称绝不宽恕。1674 年 7 月 14 日，日内瓦议会判处保罗绞刑。我们无法确定，人们是否在此期间已经将保罗抓获；如果他成功逃脱，在这种情况下一般会绞死一张他的肖像。

1674 年年底，克里斯蒂安·赫尔曼·冯·乌费尔失去了最小的儿子。这个孩子在寄宿学校中患麻疹死去，死时年仅 13 岁，在瑙姆堡下葬时，他的父亲没有到场：或许他已经埋葬太多自己的孩子了。唯一在世的儿子格奥尔格·弗里德里希期间在日内瓦结识了萨克森－哥达的亲王克里斯蒂安，也就是自己领主的儿子。后来，克里斯蒂安世袭成为艾森贝格公爵，格奥尔格·弗里德里希就成了公爵的贴身侍从。再后来，格奥尔格·弗里德里希升任公爵夫人的高级宫廷管家，被迫见证了公爵试图利用越来越疯狂的炼金术消除其弹丸小国结构上的亏空，并最终白白浪费了最后一分钱的过程，发生这一切只因为巫师向公爵许诺了一口巨型的黄金棺材和一磅重的宝石。最终，公爵只剩下了每年 8 帝国塔勒的可支配收入，这样就可以理解，为什么格奥尔格·弗里德里希·冯·乌费尔在这个职位上干了 30 年，经济状况也没有改善。卡尔从日内瓦返回了舅舅腓特烈·威廉位于柏林的宫廷，他的家庭教师在途中死去（难免心怀成见的丹克尔曼认为，是卡尔下的毒）。在卡尔打算谋求一份与其地位相当的军职时，一种罕见的斑疹伤寒夺去了他的性命——只有他一人患病，其他人都没事。正如丹克尔曼评论的，加尔文宗的命运前定说并没有不留痕迹地绕过他。受选帝侯之命，与卡尔一起留在柏林的宫廷侍臣在日记中提到了卡尔亲王之死，主要是因为，由于传染的风险，他不能立即驶往波茨坦选帝侯处，遗憾地错过了一位很在行的炼金术士的一次有趣演示。

丹克尔曼在后来的乘船旅行上也运气不佳。在法国接下来的旅行中，丹克尔曼和范艾尔瓦未受干扰，尽管他们的领主正在与路易十四交战。但在卢瓦尔河上，他们遭遇了内河船只的船员哗变。陆路状况不佳时，少了这些船员便难以前行；现如今，丹克尔曼觉得，得收拾收拾他们。此后不久，在被迫给一艘商船让路时，丹克尔曼的船不幸驶进了巨大的磨坊水轮中，被搅得粉碎，所幸丹克尔曼和范艾尔瓦及时跳了出来。巴黎也令丹克尔曼失望，他们的第一家旅店是个窑子；第二家旅店满是德国游客——为了练习外语自然必须离他们远点。当二人再次搬家时，第二家旅店的店主使用了极其可恶的炼金术士的魔法，使丹克尔曼得了一种类似"眼风湿"的视力障碍，历时 5 个月之久，不得不通过长期禁食菌类才好转。在此期间，两位旅人拜访了宫廷，并在那里与伊丽莎白·夏洛特·德奥尔良公爵夫人（国王同胞弟弟的妻子，被称为"第二位夫人"）交谈了几分钟，她

91

始终对德国来客抱有兴趣。为了谢绝众多法国女人的上床邀请，丹克尔曼决定从现在起表现得特别庄重成熟，但是却令事情变得更糟。他拒绝了所有邀请（令他如此的除了道德，还有他对梅毒的真实恐惧），而且让他不无自豪的是，有一次连王室一位等级较低的公主都提议与他共度良宵——只不过公主比他年长 27 岁。与此同时，路易十四的部队占领了奥兰治公国，由此也打破了丹克尔曼的梦想，他本想在骑士之旅结束后在那里落脚，成为一名法庭文书。不过，他的命运还是在 1674 年得到了明确，当然，与预想的完全不同。

　　1674 年 12 月 7 日，勃兰登堡选帝侯世子卡尔在斯特拉斯堡死于一种在战争中患上的疾病。（阿姆斯特丹的一名市政官员收到消息，并在卷宗中附注，该城自 1655 年起承担的对该世子的监护责任至此结束，此前每年在其生日时赠予他的中型青铜大炮现在可以重新分配。）由于世子没有子嗣，他那至今没有被任何人当回事的弟弟、边境伯爵腓特烈自动升为选帝侯父亲的必然继承人。腓特烈最信任的顾问埃伯哈德·丹克尔曼以前一直认为，他的小主人某一天最多会成为哈尔伯施塔特或明登的统治者，而现在，权力就在他的面前。无论在市民阶层还是统治者中，权力都是家族事务，就这样，丹克尔曼六兄弟最终都升至勃兰登堡－普鲁士的高位。借着兄弟受宠的东风，尼古劳斯·巴托洛梅乌斯迅速升至越来越高的外交职位，1690 年，他代表主人选帝侯大人选出了罗马－德意志帝国的下一任皇帝；在接下来的庆典中，他认识了一名法兰克帝国骑士的富有女儿，并且很快和她成了婚。尼古劳斯受封为贵族，在结婚五周年时获得男爵封号，1697 年被任命为国务大臣，1704 年被任命为马格德堡的行政专区主席。然而，他于 1719 年丢掉了这一职位，因为此前特兰西瓦尼亚半疯的统治者一度让时任普鲁士国王腓特烈·威廉一世确信，萨伏依亲王欧根正在酝酿一个巨大的阴谋，以谋划他的垮台，并且这个阴谋已经腐蚀了整个国家机器。国王对此一直有所怀疑，解除了大批人员的职务，其中就有 69 岁的丹克尔曼男爵。但这实际上并不打紧，因为丹克尔曼的财富和地位仍在，"尊敬的男爵阁下"这一称呼及这个世界上最重要的东西——人脉——仍在。丹克尔曼的女儿于 1716 年嫁给了国务大臣格伦布科的兄弟；儿子卡尔·卢多尔夫于 1730 年娶了表妹，并在父亲仍在世时成了黑森－卡塞尔的大臣，效力于杀人凶手卡尔亲王的侄子。

步入晚年后，尼古劳斯·巴托洛梅乌斯男爵在洛德斯莱本城堡写起了回忆录——当然是用法语。回首一生，他大可以心满意足。他买下了这座城堡，因为在倒霉地被免职后，他一方面不愿意再留在普鲁士，另一方面也不愿意搬到很远的地方。所幸普鲁士四分五裂，他只需从早前的办公地点哈雷扔出一块石头，就到了奎尔富特公国，也就出了国——他便在这里出资购地。1674 年，当丹克尔曼为了将索尔姆斯伯爵带到多纳处而与其他游客驶往科佩时，这些大老爷们对他而言肯定就像另一个世界的人物；而眼下，他最小的女儿与一位索尔姆斯伯爵结了婚，在 40 多年前，他还买下了多纳昔日位于日内瓦湖畔的普朗然城堡。子弹再也没能从丹克尔曼的腿中取出，但他即使在从事竞技运动时也没有再感觉到它的存在。1739 年，丹克尔曼以 89 岁高龄在洛德斯莱本城堡去世，是普鲁士 200 年间最长寿的国务大臣。

93

第 4 章

铁面人受到了惊扰

———◇———

皮内罗洛，1676 年 2 月 24 日

城堡主楼的高墙乖张地耸立在漫漫长夜中。皮内罗洛这一壁垒的四角形主建筑矗立于科蒂安阿尔卑斯山脉的最后一支余脉上，被 5 座尖顶圆塔紧紧围住，俯瞰着皮埃蒙特这片土地。然而，几名哨兵只能凭借仅有的几处灯光勉强看清下方城市的城门和防御设施。连城市本身都是一座要塞，在这座由堡垒环绕的网状系统内部，还有斯卡尔普河、壕沟外的护墙、半月堡、角状工事，以及有人驻守的通道和前沿地带，所有这些迫使每一名进犯者都要经过数周细致琐碎的准备工作才能靠近防御者，而防御者可以同时从三个方向瞄准来犯之敌。敌人一旦攻入这座城市，就会暴露于城市上方有着独立防御工事的壁垒之下；位于这座壁垒的中心，被两堵墙保护着的就是城堡主楼。城堡主楼是 350 年以前由亚细亚和摩里亚侯爵菲利普·冯·萨伏依建造的，在丢失了通过婚姻获得的十字军侯国领地之后，他退守治下的皮埃蒙特。但是从 1630 年起，皮内罗洛就成了法国在意大利境内的桥头堡、萨伏依 – 皮埃蒙特公国的肉中刺，如果公爵有再次更换

同盟的迹象，人们随时可以从此地出兵，直指其首府都灵。

这当然并非皮内罗洛的唯一用途。由于法国和所有近代早期的国家一样，还没有正规监狱，因此孤寂的山间要塞就不仅仅用于战争，哨兵要注意的不光是入侵者，还有越狱犯。然而，在目前的黑暗中，两件事同样不切实际，因此眼下主楼东塔 2 层正在发生的事情，至多只有住在楼上的铁面人会有所察觉，不过他的窗户已经被装上了栅栏。

就像之前的很多夜晚一样，2 楼的住户小心地取下被锯断的窗户栅栏和从窗框里卸下的玻璃，然后放下利用脏衣服和 3 顶编到一起的假发制成的绳梯。（很幸运，他没有被安排住在更高的楼层，因为主楼的司令官在

他请求第 3 顶假发时已经起了一点疑心。我们的主人公对此的解释是他得给自己的脑袋保暖，还要抵御通过烟道吹到每个房间的穿堂风——司令官太理解他了。）他回了一次头，想看看自己给国王的信在桌子上是不是很显眼，然后鼓励地拍了拍仆人的肩膀。仆人将留在这里，而且有充分的理由不必期待明天的到来。最后，他沿着绳梯下到了城堡的壕沟里，借着夜色掩护匆忙跑向将主楼与面向进城方向的堡垒隔开的围墙。他迅速拉开掩盖用的木板，快速顺着前几周挖的洞到了围墙的另一侧；他没法通过挖地道穿越接下来的几道防御工事，因为它们始终有人看管，并且设计初衷就是让围城部队忙上几个月。但是这也意味着，此处经常有工匠和工人进进出出。如果能压价买进其中某人那脏兮兮、灰不溜丢的长罩衫，就可以轻松进城，剩下的事情就不费吹灰之力了。无论如何，此处的木板棚正是静候良机的好去处。

97

天渐渐亮了。日光唤醒了铁面人，我们最好称其为厄斯塔什·当热，因为面具还在遥远的将来。没人知道他是否真的姓当热，还是"德昂热"，纯粹从当时的语音正字法来说，这两个词没有区别，只是用昂热城来标明他的籍贯。这种模糊的叫法是当时仆从的职业风险之一：没有人把他们的名字特别当回事。在这一点上，大多数历史学家并不比那时的人强多少，很长一段时间把他的名字误读成多热。厄斯塔什先唤醒了同是仆人的拉里维埃，然后唤醒了主人、由路易十四在 11 年前"减刑"为终身监禁的前财政大臣富凯，服侍他穿上晨衣。然后，富凯就开始和二人读《圣经》，拉里维埃的读写都是他教的。撇开不久后离了放大镜就无法读书不说，对富凯而言，一个仆人能识字总归更好一些。厄斯塔什大概没有把自己的疑问说出口：如果他也是文盲，就像拉里维埃刚到皮内罗洛时那样，那他是不是永远不会到这儿来。厄斯塔什·当热从 1 年前才开始为富凯服务，因为富凯的两名仆人之一去世了，而在所有的囚犯中，只有厄斯塔什在被关押前做过家仆。我们从此处可以看到最纯粹的等级社会。这一体系中的掌权者肆无忌惮地把不受欢迎或知道太多的人终身监禁在恶劣的条件下，但是如果把一个出身或职业都受到一定尊重的人降为贴身仆从，他们就觉得像是专制政体中最糟的暴政。在一定程度上，当热非常适合这份工作，而且大可以为此感到高兴。在该塔最底层待了 6 年之后，能进入前大臣相当大的房间内，并且有另外两人陪伴，对他来说肯定如同一种解脱。此时此刻，3 楼的住户其中一人是名人，另一人将成为名人。他们已经适应了自己的处境，但他们没有预料到，马上会发生奇特的转变。

主楼的一名厨娘来到木板棚，往外抽木柴时发现了那名逃犯。来人是一名年轻姑娘，逃犯在试着和蔼地朝她微笑的时候，肯定在想：太棒了，我差不多稳操胜券了。"别害怕，小可爱，今天是你的幸运日。"姑娘悄悄往后退了退：对方虽然矮小，而且看上去很疲惫，但众所周知，一脸胡子的只能是疯子或僧侣，因此必须小心。

"你看，我是一名大人物，我的侯国离这儿不远，而且法国最富有的女人将会赏赐任何帮助我的人。给我弄件工作服、一辆手推车和一顶宽檐帽，很快你就会获得一大块良田。如果你愿意，我还可以为你的兄弟在盐税警局捐个职位。"

"我的未婚夫，"厨娘说，"他是这里的驻防士兵。"

（他妈的。不过也在意料中，皮内罗洛并不以多样化的劳动力市场而闻名。）

"太好了。那你现在……就走，去问问他，我该做什么。告诉他，我给他在瑞典的近卫军弄个中士的位子，或者在曼图亚公爵那里谋个职位，那里近一些，而且信仰天主教。"

"请您在此等候，不要与其他任何人有任何约定，这座城里的任何人都不能相信。"

大声咒骂打断了东塔 3 楼的《圣经》课，逃犯被厨娘那喜形于色的未婚夫带来的卫兵拖回了主楼里富凯的窗下。正当前大臣和两个仆人猜测

此人的身份时（或许是他们楼下 3 年前点着了地板的那个家伙？），他们   99
就听到了相反方向传来的一阵相似的吼叫。司令官德圣马斯的起居室和工
作室紧挨着富凯 100 平方米套间的第一间接待室，由于 1665 年火药库爆
炸之后重建得非常匆忙，随便砌起来的内墙一点儿不隔音，现在可以听到
德圣马斯正在严厉训诫身边的所有下属。然后门开了，司令官冲进来，跑
向仍然站在窗户旁的 3 个人，就好像他们刚刚也要顺绳而下一样。即使在
看到三人手中的《圣经》之后，司令官也只是慢慢地才平静下来；他转向
随他而来，已经开始扯下壁毯、敲掉烟囱的军官和士兵，指着窗户大喊：
"都得钉死！"然后就赶回自己的书房，留下副手盯着，不让任何士兵与
囚犯交谈。德圣马斯本来就没有多少时间给国防大臣德卢瓦写报告，他必
须极为审慎地向国防大臣描述这起越狱未遂事件。幸亏他及时与国防大臣
情妇的姐妹结了婚，但是事关一起越狱的罪责，出了名残忍的德卢瓦还是
很可怕的。

　　这一切太不公平了。只因为富凯是一名高等囚犯，就得由近卫步兵的
副司令将他逮捕并送到这里来；只因为达塔尼昂觉得自己的下属德圣马斯
合适，后者就得同来，并且当达塔尼昂返回宫廷时，德圣马斯还得留在皮
内罗洛。德圣马斯已经在位于阿尔卑斯山脉错误一侧的这个倒霉地方待了
11 年了，他刚刚才获得调回灰衣近卫军的希望，就发生了这样的事情，现
在这事只要不害他在萨尔路易当一名监工终老，他还得谢天谢地。

　　监禁条件的恶化及彻底失去窗外风景令三人大为恼火，尤其是他们与   100
这起越狱企图毫无关联。61 岁的富凯早就接受了自己的囚徒生活，平时以
宗教读物、为仆人授课及偶尔获准给家人写信度日。这次越狱使得监狱司
令官德圣马斯的日子也不好过了。为了防止再有人编造绳梯，按照国防大
臣的命令，德圣马斯现在必须亲自回收政治犯的每一件脏衣服。早上，在
他确认囚犯都在之后，城门才准打开。由于关闭城门会使城市的经济活动
停顿，查看犯人就得尽早，而在没钱买人造光源的情况下，太阳升起之际
即工作开始之时，可以想见，德圣马斯从现在起半夜就得起床。

　　2 月的倒霉事发生之后，平静了几个月，直到一天深夜，厄斯塔什听到烟囱里传来了可怕的呻吟声。当他来到封闭烟道的栅栏旁时，他看见一个满面煤烟的大胡子男人，这个人在下方紧抓着栅栏，在含混不清的恳求声中递给他一把小小的指甲锉。从现在起，厄斯塔什和拉里维埃有了一项任务。所幸国防大臣提出的在墙上和天花板上凿窥视孔的建议没被采纳——可能德圣马斯太了解主楼糟糕的建筑结构了，就没在上面打孔。反正最终两名仆人成功地把 3 楼的烟囱栅栏锯掉了，就像他们 2 楼的邻居此前做的那样。接着楼下的邻居就在一天夜里被他自己的仆从推了上来，事实上这名仆从是受国防大臣德卢瓦之命前来监视犯人的，可也被我们这名陌生人争取了过来。就这样，大胡子男人终于顺着烟囱爬了上来。富凯向这位奇特的访客走来，做了自我介绍，并友好地询问对方的姓名。

　　　　“我是德洛赞伯爵。”大胡子满怀期待地答道。

　　　　富凯还是充满疑问地看着他，大胡子补充道：“对了。当您还在官中时，我还是德佩吉扬侯爵……”

　　　　“佩吉扬，对呀！您当时刚刚继承了配备鸦嘴战斧的近卫军第一连？”

　　　　“是的，这是开端。”

　　　　“那您怎会沦落至此呢？”

　　　　“一言难尽。”

　　　　“您知道，我们在这里其实有很多时间。”

　　于是洛赞就讲了起来。富凯被捕后最初几年的事他还能比较简短地概括，与德摩纳哥夫人的事直接略过不表——确实也翻篇了。1668 年，国王特意为他设置了一个新的龙骑兵将军的军衔；1669 年，他差点儿成为炮兵骑士团首领，因为马萨林公爵当时必须彻底放弃该职位。“您或许还记得，”他对富凯说，“就是那个疯子。”炮兵本身不是上等兵种，但是骑士团首领的妻子有权在王后面前坐在凳子上，首领本人也拥有在巴黎军械库的居住权、在自己的盾徽后画上两门交叉大炮的特权，以及将纹章及其名字压印在每门新铸造的法国大炮上的权利。最重要的是，炮兵骑士团首领有权征收国王军队占领的每座城市的所有金属，这就使得国库的钱更容易外流。令洛赞非常气恼的是，他的死敌德卢瓦帮助另一个人得到了这个职位——不愧是官场老手，毕竟分配所有军官职务的不是国防大臣，而是国王，只是在分配时国王会听取所有人的意见。洛赞大闹了一场，使始终相当宽容的国王最终推动了一次复杂的官职交换，从而让洛赞得以领导四支禁卫军中的一支。这一身份使他能够常伴国王左右，因此能够通过一句话、一个玩笑或是一个在恰当时刻传递的信息，提升或中断某人的仕途。大臣们和国王的情妇自然想拉拢洛赞为盟友。一如既往地以特有方式保持虔诚的德蒙特斯庞侯爵夫人此时获得了后一种身份，而国王为了掩饰这种双重通奸的关系，几年间走到哪里都带着未婚的德拉瓦利埃。德蒙特斯庞夫人和洛赞原本可以联手统治宫廷，但两人不仅在尖刻的讽刺人方面相似，连暴脾气都出奇地相似。

102

    鉴于以上种种，洛赞的生活一直无忧无虑，直到一位尊贵得多的女士出现在他的生命中。此人就是德蒙庞西耶小姐，路易十四的亲堂姐；作为上一辈的一对王弟殿下夫妇的女儿，她在宫里持有"小姐"的头衔；作为"法兰西的孙女"（即国王的孙女），是国内第四等级的女性。"小姐"从母亲那里继承了国内最大一笔遗产，也因此变得举足轻重。但她之所以出名，是因为她可能是投石党运动中众多女英雄里最值得注意的一位，她为自己无能的父亲参战，就好像她从来没干过别的事情。1652 年，巴黎暴动，城门前就是与所有人为敌的革命亲王德孔蒂的大军。在郊区圣安托万持续 10 小时的战斗中，德孔蒂麾下的西班牙、德国和法国联军走投无路，被马萨林和太后的军队逼到了城墙边，似乎已经败北——据说王军得令，不抓俘虏。德孔蒂的军官中就包括德塔兰托（从前的塔尔蒙特），先是有两枪击中了他的帽子和腰带，然后一枚炮弹击毙了他的马，马的尸体把他压住了。还在马的身下时，德塔兰托就朝着绝望的德孔蒂大喊，说他没有受伤，并让一名马弁给他再牵一匹马来。这时城门开了："小姐"劝说巴黎的革命者拯救她的对头德孔蒂，在德孔蒂的部队缓缓撤回城里时，她生平第一次，也是最后一次奔向巴士底狱。

　　这座古老监狱堡垒的大炮始终朝着进城的方向，国王和臣仆之间的信任程度由此可见一斑；但是现在这位 25 岁的金发姑娘让它们转了个向，而她正在沙隆的高处用望远镜搜寻着矮小的国王及其跟班。当国王的军队胜券在握地向逃兵挺进时，却猝不及防地被巴士底的炮弹击中了，骑兵的第一道防线被打得溃不成军，这一打击的影响是灾难性的，导致士兵们惊慌后退。然而在沙隆的山丘上，马萨林、太后和 14 岁的路易十四也在透过望远镜观察着。马萨林刚刚获悉，他疼爱的侄子在战斗中阵亡了，而现在他知道了是谁救了敌人一命。此前人们一直在考虑，让"小姐"与年轻的国王成亲，但是在这一刻，带着意大利南部口音的枢机主教彻底宣告了这项计划的死刑："她刚刚杀死了她的丈夫。"

　　不久之后，王室重新夺回了对巴黎和整个国家的控制权，"小姐"则明智地退守到自己众多宫殿中的一座，一待就是多年。不只她的财富，更重要的是她的出身，使她很快又返回了宫廷社会。求婚者一直络绎不绝。当然，无论怎样放宽条件，以"小姐"的等级及其天主教信仰，整个欧洲最多有 30 来位与其等级相符的男性可以考虑作为结婚对象；再扣除其中的驼背侏儒，比她年长 30 岁、孩子又难缠的鳏夫，身无分文的内战流亡者及尽人皆知的精神病人，剩下的就更少了——对于一位习惯了独立，不愿意生活在野蛮的非法国人中的聪慧女性来说少得可怜。因此她没有结婚，并且似乎会一直单身下去：她已经 42 岁，早过了适婚年龄。

　　然后洛赞出现了。"小姐"的回忆录令人动容，其中记录了那时候（在谨慎考证历史资料的情况下）一位受过良好教育、善于思考的女性如何缓慢地、心理上微妙地摸索着认识到，她对洛赞的这种著名感情肯定就是所谓的爱情。毋庸赘言，17 世纪的上层贵族和宫廷世界在种种功能之外，也是一个放荡不羁、性欲反常的陈列馆，但是我们一定要记得，当时能够与如今区别开来，是因为存在一个重要的差别。那时候无数的男男女女，要么不结婚，要么在冷静安排的婚姻中毫无爱情，最重要的是，他们在可靠的自白中言之凿凿，说自己从未渴望过这类东西。之所以如此，并非出于自然而然且严格的虔敬，尽管那时这种品质肯定比今天更常见。宗教发挥的巨大作用可能产生了间接影响，它让人们不会产生"完全缺少情爱的生活是可鄙空虚的"这一现代观念。也就是说，只要尽了自己的职责（例如为了家族利益而结婚），生活中可以没有爱情，这在当时根本不是耻辱。此外，无论是婚姻还是婚姻之外的关系，对于男人，并且对于女人更甚，都有着极大的风险。从德奥尔良公爵夫人伊丽莎白·夏洛特（第二位夫人）给同父异母的姐妹们写的信中，就可以看出这会有什么后果，她的这些姐妹由于出身问题几乎全都未婚。她同父异母的妹妹阿梅丽泽暴露了自己从来没听说过同性恋，公爵夫人觉得既好笑又震惊——当然，如我们所见，对于她本人来说，想对这方面的情况有个大概的了解，要比一般人容易得多。与此同时，无论丈夫在世与否，她写到他时，尽管困难重重，但还是可以发现一丝亲密。这位通透的女性在向自己的妹妹解释何为情爱时，完全像是如今不抽烟的人谈论抽烟：她不理解整件事情的魅力，但是更懂行的人向她保证，只要习惯了，就再也停不下来了。有时候人们还可以（或者恰恰）在最遥远的、最不公道的，以及最破败不堪的过去发现我们没有必要接受的思想和立场，从而有所长进、获得警示。我们当下的自然而然绝非理所应当：有时候没了它们，我们或许会过得更好。

105

　　"小姐"在42岁时爱上了比她小5岁的洛赞。对洛赞来说，要是没有将这看成此生的机会，那就不是洛赞了。同时他还要挑战可以想象的最大的危险，这一点就足以吓退某些人——诸君请回想一下，德埃斯皮奈仅仅因为被猜测与冬王王后的一个女儿有关系就付出了怎样的代价。1670年，洛赞醉心于国王的宠幸，很认真地以为，自己不仅可以私下里引诱国王的堂姐，而且还能在世人的注视下迎娶她。逐渐地，这项计划在投身爱河的

"小姐"和让自己被爱上的洛赞之间成形了。事实上，路易十四在某个软弱的时刻同意了宠臣的这桩婚事，而这桩婚事将公然逾越臣仆和统治者家族之间的神圣界限。洛赞通知了 4 名高等级的宫廷大臣，让他们"作为法国贵族的代表"请求国王正式同意这桩婚事。也就是说，整个近代早期社会其实一致认为，婚姻是社会认可的最高和最可靠的形式（顺便说一句，直到今天，这也是一个现实的想法：考察社会团体之间关系最好的办法，仍然是看一个团体是否"允许"另一个团体娶自己成员的女儿）。按照当时的逻辑，洛赞与"法兰西的孙女"结婚将会变成一个先例，证明法国的贵族大臣和外藩亲王与王室有着同等价值：工会要乐坏了。

　　但这正是问题所在。在法国，即便按照最宽泛的定义，最后一桩由真正的公主与普通贵族缔结的婚姻，即卡塔琳娜·冯·勃艮第嫁给了斯马斯曼·冯·拉波尔特施泰因，要回溯到 1416 年是有理由的。自那以后，世界有了不容忽视的改变，使得贵族和王室都很难相信此事的发生。这项婚姻计划和国王的赞同在 1670 年 12 月 15 日公布于众时，卢浮宫乱作一团。王后自结婚以来首次愤怒地责备了国王——她早就打算让不能成为国王的次子继承"小姐"的遗产。王弟殿下怒冲冲地表示，有必要把那个厚颜无耻的暴发户扔出窗外，他脸上搽的粉都要在震怒中掉下来了——他把"小姐"的遗产牢牢地纳入了为自己女儿做的规划，这样女儿就可以嫁给王储。最年轻的亲王德昂吉安告诉国王，尽管尊重国王陛下的意愿，他还是打算以最恭顺的态度让人记录下来，他想在婚礼结束后立马把厚颜无耻的新郎脑袋打开花——他似乎纯粹本着亲王们休戚与共的原则，连"小姐"曾于 1652 年救了他父亲德孔蒂一命也无法动摇他。洛赞的敌人们（上帝知道，够多的）巧妙地散布消息，称一切都是国王的主意，他想证明自己像土耳其的苏丹一样，可以抬高和贬低任何人；对国王来说，自然法则甚至在等级问题上都不适用。德蒙特斯庞夫人很高兴自己 14 岁的侄女与很可能是同性恋但非常富有的马萨林继承人德内韦尔刚于昨日完婚，这桩婚事正是由洛赞促成的——简单地讲，旧秩序的理想婚姻与洛赞和"小姐"

不合常规的恋爱婚姻迥然不同。德蒙特斯庞夫人终于可以毫无风险地向国王指出，整个计划是多么荒诞，而她的理由我在后文还会讲到。只有富凯的女婿德沙罗斯对洛赞和"小姐"的恋爱感到高兴，作为洛赞的同事和禁卫军统领，他现在认为，禁卫军统领的等级之高有了证明——我们中甚至有人娶了国王的堂姐！——自己职位的转售价值至少增加了300%。然而，国王已经被人提醒，虽然一切都策划得很美好，但在伤害到阶级社会不言而喻的游戏规则时，也就到达了国王权力的边界：这让国王感到不安。

随从建议这对不再年轻的新人当天夜里就举行结婚仪式，"小姐"也这样认为。但洛赞有他的自尊心。如此草率成婚，仿佛是趁现在还来得及抓住意料之外的猎物，是暴发户的行径。为了避免此类嫌疑，洛赞坚持举办一场"从王冠到花冠"的盛大婚礼，结婚仪式就只能定在12月18日晚上。"小姐"要借着无穷无尽的赠予证书使未来的夫君成为德蒙庞西耶公爵和拥有栋布主权的亲王，但是连撰写赠予证书誊清稿的公证人助手都熟谙宫廷宗族政治，写得出奇的慢，迫使婚礼再次延期。18日晚上7点，"小姐"出人意料地被邀请到卢浮宫。国王接待了她，向她宣布无法同意这桩不匹配的婚姻。国王在"小姐"身边跪下，拥抱了她约三刻钟之久，陪着她一起掉眼泪。国王轻声问小姐，当初她为什么没有立马成婚，随后抬高声音说"国王必须给公众一个交代"，这样就能让获准躲在门后偷听的德孔蒂亲王听到。然后国王与绝望的堂姐告辞，来到隔壁房间给驻外大使写信，从而向全世界证明，局势无时无刻不在他的掌控之下。"小姐"则坐上马车，在盛怒之下打碎了马车的窗户，返回了巴黎的卢森堡宫。本来邀请宾客次日前来庆贺的安排没法取消，所以庆贺变成了慰问。"小姐"按照婚礼之后的习俗，在床上接待了来客，她一边用手敲打着床的另一侧，一边喊着："他本来该在这儿！在这儿！"王后什么都没说，王弟殿下兴奋地向"小姐"讲述一种了不起的新香水，德蒙特斯庞夫人带来了动听的安慰话。在前一天晚上，洛赞已经遵照国王的命令拜访了"小姐"，在4名傻了吧唧往里看的"法国贵族代表"的陪同下，对公主差一点就要赐予

108

他的巨大荣耀表示感谢；整个过程中洛赞面无表情。

　　"这么说，您是因为差点儿娶了国王的堂姐而失宠的？"富凯问洛赞。（他为什么这么奇怪地看着我？为什么他不停地看向仆人？）

　　"当然不是，"洛赞解释道，"怎么可能呢。"

　　做出这种牺牲后，洛赞确实从国王那里得到了一些好处。不久他就收到了 50 万里弗尔，偿付了较为紧急的债务；还获得了没有任何责任负担的贝里省省长一职和"随便出入"的宝贵权利——在国王晨起接见中可以第一批进入卧室，晚上最后一批离开。一切都很美好，但是真正的头奖在 1671 年秋向洛赞招手。洛赞的舅舅德格拉蒙、表弟德吉什，也就是德摩纳哥夫人的父兄，必须彻底交出近卫步兵的指挥权，全世界都在问，谁会得到这支宫廷军队的珍宝。洛赞的禁卫军（不知谁一拍脑门设立的在宫殿内部负责保卫国王的那部分骑兵）首领一职已经是顶级宫廷军职之一。近卫步兵则是统治巴黎的一支小型部队，人们为了与瑞士卫队区分开来，大多数情况下称其为法国近卫军。此外，这支部队的首领还可以独立于国防大臣，有权分配最佳的军官职位，而且在战争中始终紧随国王左右，这些使得近卫步兵的统领成为国内最受人艳羡的职位。于是洛赞与德蒙特斯庞夫人商定，由后者帮忙为其向国王请求近卫军的指挥权。洛赞还藏在床下，偷听德蒙特斯庞夫人是不是真的这样做了，因为他可不是轻信别人的傻瓜。请读者理解这里的描述，坦率地讲，连蹩脚的电影都不会这么演。但是旧秩序有时候就是这样，和本书中的其他情节一样，这起事件也有各色人等佐证，完全可信。必然发生的事情当然就发生了。德蒙特斯庞夫人以其独有的讽刺语调告诉国王洛赞是个多么轻信的傻瓜，并且祝贺国王，出于原则没有把近卫军的指挥权交给这种人。第 2 天，洛赞拜访了侯爵夫人，甜言蜜语地询问计划的进展，听她兴奋地讲述她是如何热情地为自己说好话。然后洛赞向她复述了实际对话中最精彩的几处，相当严厉地叱骂了她，随后告辞。"或许，"洛赞考虑到自己眼下的处境，若有所思，"我当时该略去'臭婊子'。"

确实太过分了。就像 10 年前路易十四要铲除富凯来证明不会再有大臣拥有无限权力一样，如今国王也必须拿洛赞来警示宫廷上层贵族，宫廷宠臣妄自尊大也会导致毁灭。相应地，又是达塔尼昂，此时他已经升任近卫步兵首领，把洛赞带到了皮内罗洛，那时富凯已经身在此处，甚至连两人现在能够交谈这一众所周知的计划外状况，从根本上讲也是这一逻辑的最后结果。当然，在洛赞叙述时，富凯不太会考虑逻辑，因为对这个显然已经疯了的人，他心里充满了纯粹的基督徒的同情，间或掺杂着恐惧，害怕这个无疑因关押而陷入幻想的人可能会变得危险。因此，富凯特别小心，从不单独和洛赞待在一起，并且有意将他们的常规谈话不露痕迹地引向其他主题。那人显然可以理性叙述 1671 年之前泛泛的时代史，结束了这个话题后，二人肯定就会在某个时刻谈到厄斯塔什·当热究竟为何在此。

可以查证，厄斯塔什在皮内罗洛向富凯和洛赞讲述过自己的故事。这个故事的戏剧性一点不亚于洛赞的故事，但富凯显然不把自己的这名仆人当成疯子，原因可能在于一个根本的差别上。洛赞是自己故事的真正主角，他不仅为自己的宫廷仕途挖好了通道，而且也亲自挖好了坟墓。与洛赞相反，厄斯塔什作为一名几乎隐形的仆人，仅有一次，而且很可能并非自愿地接触到了一项计划，这项计划令洛赞所做的一切都黯然失色。这次接触足以导致厄斯塔什的不幸，毁了他的一生。人们在讲述发生在厄斯塔什身上的事情时，几乎可以略过他本人，而且可惜的是，由于人们对他近乎一无所知，也只能如此。

1667 年，路易十四入侵西班牙统治下的比利时，已经占领了佛兰德大部和弗朗什-孔泰，这时却有人出其不意地挡了他的道。尽管尼德兰人是路易十四的盟友，但是一想到他可能占有比利时并取代早就疲乏的西班牙人成为自己的邻居，他们还是吓坏了。因此，尼德兰人火速与英国和解，并且伙同英国、瑞典向路易提出和平调解的建议。这听起来很友善，事实上却是一种威胁。因此，路易不得不于 1668 年提前中止了这场旨在扬名树威的战争，不光如此，还归还了一半已经占领的土地。这种伤害和背叛在路易看来不可原谅。尼德兰把先知约书亚命令太阳静止的故事铸刻在硬币上，凡尔赛对此的回应是把几尊铜像嵌进拉托娜喷泉，表现了几个愚蠢的海滨农民神奇地变成了可笑地嘎嘎叫的青蛙。这招当然很妙，但是实施更实质性报复的想法始终盘旋在路易的脑海中，恰好他在 1669 年收到了英国国王的一个奇怪建议。1660 年，查理二世结束了英国革命，夺回了父亲的王位，但代价是轰动一时的妥协，以致现在所有的税收都必须经由议会批准，而且在没有替补的情况下，国王不能解散议会。查理二世利用了一切可以想到的漏洞，例如他不仅收买了 1660 年当选的所有议员，而且令他们在职 18 年之久，因为那时还根本谈不上定期选举。尽管如此，查理二世还是难以压抑全部的怒火，以表弟路易为榜样的专制君主制对他而言必然很有吸引力，更何况他也很乐意改宗天主教。逃亡和内战的经历使这个聪明人几乎丢掉了道德标准，观察一下他的私人生活，就会发现他与德蒙特斯庞夫人有很多相似之处——恰恰由于不停地违犯教规，他愈发觉得有必要极其认真地对待真正信仰的外在形式。但是由于大部分臣仆将天主教视作撒旦教不讨人喜欢的小妹，因此很显然，查理的计划只能借助粗暴的武力才能实施。但是在国内，除了不怎么能用的海军和几支近卫军之外，英国国王没有别的军队。因为即使议会腐败透顶，却仍有足够的理由不批准成立部队所需的资金。

　　查理认为解决这一困境的唯一方法就在表弟路易身上，因此他于 1669 年向其建议缔结战争同盟，对抗敌国，希望以此获得发起必要政变的支持及定期援款。但查理同时与所有欧洲强国结盟，因此完全没什么立场；他还像摆上诱饵一样允诺改宗天主教，帮助路易传播真正的信仰。对这一建议不需要思考很久，就可以发现其中谷仓门大小的逻辑漏洞，即使是 17 世纪富有创造力的外交家们通常也会对此绕道而行。但路易十四本就渴望战争，因此乐于忽视很多东西。谈判自然要对英国的臣仆们保密，严格程度更甚于这个为秘密着魔的时代本来的普遍程度，因此路易使谈判大部分经由弟媳，也就是第一位夫人开展，她是英国国王的妹妹。此外，慎重起见，路易还给查理当时主要的情妇赏赐了法国公爵夫人才有的坐凳子的权利，为了加倍保险，还将夫人的一名宫廷侍女送入查理的怀抱，她有着一个好听的名字：路易丝－勒妮·德皮纳寇特·德凯鲁阿尔。凡此种种，双方最终于 1670 年缔结《多佛尔密约》，商定英法联合进攻尼德兰；明斯特采邑主教"炮弹贝恩德"当然也参与其中。此前不久，路易召回了少年时就在尼德兰服役的德塔兰托亲王，那时他还是塔尔蒙特亲王。在最有权势的舅舅德蒂雷纳改宗天主教后，德塔兰托如今又变成了法国胡格诺派教徒等级最高的首领，而他对召回的反应表明，他在过去的几十年间学习了很多政治方面的东西——仅在几个月后，他同样改宗了占统治地位的宗教。这次改宗也意味着新教在德塔兰托治下小领地内的终结，尽管他的父亲还活着，但是命人摧毁境内的加尔文宗"寺庙"并将儿子们送到耶稣会会士那里的，正是德塔兰托本人。德塔兰托心爱的女儿逃去了丹麦，她的表姐是那里的王后。连路易十四似乎都被德塔兰托突然的恭顺弄糊涂了。尽管如此，德塔兰托终于还是有了一切都做对了的感觉。新的神父告诉他，他早先的所有坎坷都是上帝的预兆，最终把他引上了正确的道路。德塔兰托即将到达职业生涯的顶峰，获得一支庞大的军事部队，来进攻那个他保卫了几十年的国家。然而，在出征前，德塔兰托糟糕的健康状况最后一次表现为一种疾病，这场病使他未能奔赴战场，并于 1672 年 9 月 14 日去世，享年 51 岁。他在临终之际获悉，绝望的尼德兰人宁可挖开堤坝，也不投降。太阳王高傲的部队确确实实被冲走了，而德塔兰托的舅舅曾向国王允诺 6 个月内就会有一场胜利。1668 年，人们逼迫路易尽快实现和平，结果 6 个月的复仇之旅变成了席卷整个欧洲、持续 7 年的战争。

　　此时厄斯塔什·当热被关押在皮内罗洛 3 年了。1669 年夏，遵照国防大臣德卢瓦的命令，他被从加来带到了这里。从德卢瓦的往来信件中可以得知，厄斯塔什曾是名仆人，他看到了一些不能公开的事情，而他既识字也会写字。此外，由于厄斯塔什被捕之前，夫人与其兄查理二世之间经由加来的一系列信件丢失，几乎可以肯定他被卷入了英法的谈判。厄斯塔什很有可能受不为人知的主子委托，偷窃或抄写了一些书信，这些书信的内容如果公开，就会在英国引发革命。若是在更晚近的专制社会中，这样的知情人或许干脆就被除掉了，厄斯塔什·当热之所以活了下来，很大程度上说明了旧秩序混合了极端无情和坚持原则的特点。法国国王虽然拥有个人所谓的保留司法权，按照当时的理解，就是允许国王在必要时不经法庭判决便可处死危险和强大的政治犯，正如 1617 年最后一次发生的那样。[1] 由法庭判处的常规死刑同样也会毫不留情地执行，因为当时的社会体系成员很清楚缺乏人手全面采取有力措施，因此示范性地处罚少量被抓罪犯或革命分子就显得尤其重要。但相反，直接将一名相对无辜的手无寸铁之人处死，在当时属于无耻的暴行，因此有很多人长久地消失在了要塞监狱中，厄斯塔什·当热就是其中一员，只因为他们的人生轨迹与真正的或臆想的国家秘密相交了。厄斯塔什命运的特别之处在于，当他知晓的秘密变得彻底无关紧要的时候，他也没有被释放。为了理解这一点，我们必须回顾一下 1677 年，再回到皮内罗洛。

　　洛赞开始夜访富凯几个月后，越来越多的迹象表明，囚徒们有了希望。先是 1677 年，洛赞的家人获准前来探望。此后不久，洛赞和富凯获得了一起在堡垒中散步的权利。当然，二人散步时由德圣马斯陪伴，德圣马斯必须监视他们不向彼此泄露危害国家的任何事情，二人肯定向德圣马斯表演了当时惊扰一幕的轻喜剧。继而越来越放松，到了 1679 年，富凯的家人甚至可以长时间在皮内罗洛居留。可以想见，与妻子、儿子沃与德贝勒－伊斯勒、23 岁的女儿玛丽－玛德莱娜的重逢最为触动这位已患心脏病有段时间的前大臣。此外，富凯通过家人得知，洛赞那荒谬的故事竟

---

[1] 应指路易十三授意暗杀母亲的宠臣、首席大臣孔奇诺·孔奇尼。——编注

然真的发生过，这令他大为难堪。洛赞 40 年后向连襟谈及此事时，还大
笑不止。

　　为什么局势缓和了呢？因为富凯已经倒台很久，构不成威胁了，他的
追随者也早就转投其他宫廷派别，他掌握的秘密也过时了。在富凯向德卢
瓦承诺不谈论任何在皮内罗洛了解到的事情（也就是厄斯塔什的秘密）之
后，人们允许他更自由地与外界交流。富凯知道，国王不可能释放他，因
此他也会遵守承诺。从这方面来看，洛赞的情况要难处理得多，因为和富
凯不同，这位国王昔日的宠臣手中有一张王牌。让洛赞这些年被拘押在皮
内罗洛的因素，同时保证了他有朝一日会重获自由——那就是"小姐"对
他的赠予即使在结婚计划告吹之后，也并未追回。国王声称由于洛赞粗暴
失礼才将其囚禁在要塞中——借助国王签字盖章的信件，也就是不需要法
庭审判的臭名昭著的逮捕令，上面没有标注期限，理由始终是："由于我
有理由，对某某的行为不满……"——但这也不足以将他囚禁这么长时间；
德蒙特斯庞夫人也没有尊贵到因为几句侮辱就延长对洛赞的拘禁。但是德
蒙特斯庞夫人除了几个女儿，还有一个国王的儿子幸存下来，那就是迪迈
纳公爵路易－奥古斯特。1670 年 3 月 31 日这个孩子出生时，正是洛赞抱
着他穿过圣日耳曼－昂莱的宫殿，将其藏到了一名家庭教师处，因为如果
不这样做，德蒙特斯庞夫人的丈夫就可以将其索为自己的孩子。国王宣布
这个孩子是自己的合法儿子，但只是承认了自己的父亲身份，并不意味着
这个孩子与其他婚生子平等。迪迈纳仍然既没有继承权也没有母亲（因为
她已婚，所以合法证明书上不能提到她），也不能像真正的国王之子那样
以"德法兰西"为姓，而只能冠以"德波旁"。最关键的是，他没有任何
财产，可以让他像合法的王子那样过上符合身份的生活。当然，国王决定
给他一点儿财产，但是很遗憾，持续 7 年的战争在第一年就把所有的国家
储备金耗光了，因此要给迪迈纳的财产就必须从他人那里夺来。每每与国
王聊到此处，德蒙特斯庞夫人那意味深长的目光就会习惯性地落到洛赞以
前的未婚妻"小姐"身上。

116

　　一场近 10 年的拉锯就此开启。"小姐"虽然一如既往地爱着洛赞，但她不明白，仅仅是为了促成一些原本可以更简单的事情，为什么她就要把自己巨额财产的大部分赠予堂弟的私生子。这件事也必须征得洛赞同意并且需要他放弃赠予才行，而身在狱中的洛赞并不打算放弃——这张王牌得小心使用。国王没有将政治犯的财产直接没收了事，表明在法国的旧秩序中，与自由权相比，财产权是多么神圣：对于宗族社会而言，财产不受干扰地代代相传始终比个人的自由重要，连贵族也倾向于将个人自由视作王朝事务中的干扰因素。"小姐"的地位保证了她可以经常接近国王，因此她就成了统治者良心有愧的代表，国王当着"小姐"的面甚至不敢说出洛赞的名字。不久，"小姐"从国王的话语中判断出，自己的恋人没有被判处终身监禁。此外，德蒙特斯庞夫人作为国王"首席情妇"的身份并不稳固，这是由这种非正式身份的本质决定的。一大批宫廷贵妇与她竞争国王并获得成功，而国王对谁都不忠诚，即使没有人能长期压倒德蒙特斯庞夫人，她的地位仍然岌岌可危。与此同时，德蒙特斯庞夫人还被教士攻击，不得不聆听明显是针对她的布道，有时候她会屈从于这种压力，心平气和地与国王分手，但是自然维持不了多长时间（两人最后一个儿子的出生，也向因二人分手而一时间非常感动的教士证明了这一点）。后来德卢瓦与德蒙特斯庞夫人产生纠纷，决定另找一名情妇来反击。美丽的德丰唐热小姐虽然头脑空空，但脑袋上顶着的高发髻立马成了风尚。为了将她弄上国王的床，德卢瓦将自己 14 岁的女儿嫁给了非常适合这一任务的服饰总管 16 岁的儿子。柯尔培尔也不含糊，让德蒙特斯庞 15 岁的外甥娶了自己 13 岁的女儿，还把王室战船的总指挥权给了他，从此和德蒙特斯庞联手参加到这场激烈的阴谋大战中。

　　接下来双方忙着比拼，竟然根本没注意到，第 3 位女士超越了德蒙特斯庞夫人和德丰唐热。此人恰恰就是国王私生子迪迈纳的家庭教师，她出身下层贵族，现在已经赢取了国王的心，被擢升为德曼特农侯爵夫人。因此，德卢瓦在 1680 年通过将德蒙特斯庞夫人拖入轰动一时的巴黎毒杀丑闻而使她彻底身败名裂时，自己最终也没有从中获得多少好处。国王此时得知，德蒙特斯庞夫人不仅以当时神学上的正确方式同时信仰着魔鬼和上帝，而且在破坏了一方的很多戒律之后，不停地寻求另一方的帮助。迷魂酒令人恶心的配料解释了路易那不可思议的头痛病从何而来，德蒙特斯庞夫人为了自己的爱情在黑弥撒中祈祷半个宫廷的人死去的细节，使国王对她的喜爱永远消失了。为了维持假象，且德蒙特斯庞夫人毕竟还是王后的高级宫廷女管家，因此国王允许她在宫中再待几年。然而，令"小姐"和洛赞遗憾的是，德蒙特斯庞夫人的倒台完全没有动摇国王想把公主的财产给自己儿子的决心。国王的新情妇德曼特农虽然不是孩子的母亲，但比起母亲，这个不幸的男孩更爱这位家庭教师——他的大部分时间都是和医生们一起度过的，医生们试图将他过短的左腿拉长一些——因此德曼特农比德蒙特斯庞夫人更强烈地维护迪迈纳的利益。

在皮内罗洛，这段时间的进展也不太令人高兴。富凯的女儿玛丽－玛德莱娜现在自愿搬进了东塔的 4 楼，洛赞晕头转向地爱上了她，这或许是人之常情——除去姐妹来访及在木板棚那次不怎么令人满意的相遇，洛赞已经 8 年没有见过女人了。然而，按照"小姐"的提议将洛赞保释，也不能改善他与富凯的关系。就像是为了让不幸更加完整，德卢瓦此时从未知的渠道了解到囚犯们可以毫无阻碍地交谈，于是德圣马斯在 1680 年 3 月 23 日收到了国防大臣的一封信，这令他大为恐慌。司令官立即命令彻查富凯的各个房间，迄今被巧妙隐藏的烟道联系被发现，患有心脏病的前大臣也因致命的中风而结束了 18 年的监禁生活。

令人奇怪的是，虽然洛赞违背禁令拜访富凯被发现，但这并没有阻碍他逐渐重获自由。尽管国防大臣明白，洛赞在被囚禁期间很可能已经知道了厄斯塔什的秘密，但国王对于自己儿子获得丰厚赠予的兴趣显然压过任何事情。因此，德卢瓦只能把厄斯塔什·当热和拉里维埃迁到东塔的底层，然后让人告诉洛赞，这两人已经被释放了，从而使洛赞相信，厄斯塔什的秘密已经不再重要或者根本就是捏造的。在德圣马斯执行这些命令的

118

119

时候，他意识到自己的地位已经改善，因此（成功地）请求洛赞做自己次子的教父。在经过长期艰苦的谈判之后，"小姐"终于在 1681 年 2 月 2 日，经过洛赞同意，将公国栋布和伯爵领地厄镇赠予小迪迈纳；4 月 22 日，洛赞被新任的步兵指挥官接走（达塔尼昂于 1673 年在尼德兰阵亡），总算彻底离开了可恨的皮内罗洛。然而和所有的被放逐者一样，洛赞必须慢慢地、一步一步地返回宫廷，因此他利用这段不得不待在外省的时间，与"小姐"展开了下一轮谈判。为了使洛赞维持与地位相符的生活，"小姐"咬牙切齿地同意给他几块土地，并且每年从朗格多克省的盐税中拿出 1 万里弗尔给他。最后洛赞终于再次见到了国王，但国王示威性地对他很冷淡——路易放纵的青春已经彻底终结了，他希望尽可能地不要想起这个曾经藏在他床下的男人。公主此时已经 54 岁，洛赞与她的重逢一开始也不算多开心。由于路上与富凯小姐及其他女士度过了很多时间，保险起见，洛赞隔着宫殿的庭院就对自己的女恩人跪拜了起来。"小姐"又重新爱上了他。国王已经永远禁止二人公开成亲，虽然最终允许他们秘密结婚，但似乎也一直未能实现。这对独特的伴侣一起度过了闹哄哄的两年后，洛赞就不得不从这段同居关系中逃离，因为他再也无法忍受家庭暴力："小姐"比他高大强壮得多，而且两人知道，任何人都不能殴打公主。结果 1684 年的洛赞又回到了 1660 年的状态。配备鸦嘴战斧的近卫军第一连完全派不上用场，因此在洛赞被囚期间，从来没有人想起要夺走它：第一连还是洛赞的。

　　洛赞被囚的结局在可期待范围内还是幸运的，但遗憾的是，这同时也注定了厄斯塔什·当热的命运。我们已然知晓，为了让洛赞不把厄斯塔什的秘密当回事，后者只能消失。但是，1685 年，英国的查理二世在病榻上改宗天主教后死去，最晚到 1688 年，厄斯塔什掌握的有关英国天主教化的宏伟计划已经失去了最后的意义。如果事情仅仅是按照国家利益至上的原则发展，那么现在终于可以彻底释放这个安静、柔和、平时明显以阅读为主的人了。然而，与此相反，发生了一件奇怪的事。1681 年，监狱司令官德圣马斯从皮内罗洛调到了相邻的要塞埃西莱斯，并将厄斯塔什·当热和拉里维埃也带了去，后来拉里维埃在此处死于水肿。厄斯塔什·当热命运的当口就在于，日益不满的德圣马斯从洛赞离开后再也没有一个像样的犯人。德圣马斯知道，自己不会重返近卫步兵的行列了，他的余生很有可能作为一名监狱看守员在王国的最边缘度过——而现在也不能再看守当时那些位高权重的人物了。1687 年，被任命为普罗旺斯圣玛格丽特岛监狱的司令官时，德圣马斯有了一个既容易理解又违反常情的主意。最后一批来自皮内罗洛、知道厄斯塔什·当热多么无关紧要的士兵和军官也都撤离了，因此他可以在新的环境中信口开河。德圣马斯以德卢瓦的保密指示为依据，而实际上这项指示仅在 1680 年至 1681 年有意义，因为当时洛赞仍在；不仅如此，德圣马斯还故意夸张地执行这一指示。在旧秩序特有的微观管理体系中，最小的决定都要大臣批准，而德卢瓦早就有了其他烦心事，便任由这个开始形成的悲喜交加的哑谜发展下去。

到 1687 年春天，德圣马斯穿过法国半个南部去往新的就职地时，和一小支卫兵部队毕恭毕敬地跟在一个封得严严实实的轿子后面，厄斯塔什·当热就这样被抬着穿过了滨海阿尔卑斯山脉，仿佛一名王子。德圣马斯和他古怪的队伍经过了很多城市，那里好奇的居民一有机会就会听到司令官讲，他不能谈论这名神秘的囚犯，真的什么都不可以说。没过多久，最早的一批人证就宣称，他们看见轿子停下时，德圣马斯扶着一个戴钢质面具的人从里面出来。就算这根本不是小道消息营造的效果，但无论如何，这显然都是（幸运的是）唯一的一次，厄斯塔什被戴上了一副金属面具。他从此时起，余生一直佩戴的黑色面具，确切地说是丝绒材质的，就像当年巴黎的女士们戴过的已经过时的那种一样。人们当时戴这种面具是为了保持皮肤高贵白皙，德奥尔良公爵夫人的侍女之一路易丝·弗朗索瓦丝在 1722 年去世之前，在宫中从来都以面具示人。

到达圣玛格丽特岛后，为了能配得上新囚犯，司令官立即命人把半座监狱都重建了。不久，工作人员和周围人等结合各种迹象猜出了事情的原

121

委，请求德圣马斯允许他们拜见这位神秘的大人物，后者甚至在普罗旺斯的夏季都像王子一样戴着手套。以前德圣马斯不让任何人接近他的囚犯，现在他表现得就好像自己管理着一处景点。1691 年，德卢瓦去世，接替他的国防大臣自然是他 23 岁的儿子德巴伯齐厄侯爵，显然没有人向后继者讲过有关厄斯塔什·当热的陈年旧事。1698 年，德圣马斯意外登上了仕途的巅峰，出任巴黎巴士底狱的新司令官，来自国防部的命令只字未提一直陪伴他至今的那名囚犯：高层的人干脆忘了他的存在。想必愤怒的德圣马斯不得不自己提出，带此人同行是非常必要的，并收到了一份淡定的许可。1698 年 9 月 18 日下午大约 3 点，载着这名囚徒的车驶过巴士底狱的吊桥，守卫巴士底狱城门的士兵像平时那样转过身去，把帽子挡在脸前，以免认出任何人来。在德圣马斯的照顾下，厄斯塔什·当热在此处度过了人生的最后 5 年。德圣马斯当着其他人的面称呼他为"我的王子"。1703 年 11 月 19 日，厄斯塔什去世，次日用假名被安葬于圣保罗公墓。神父估计他的年龄为 45 岁左右，但至少少算了 5 年。巴士底狱的司令官贝尼涅·多韦涅·德圣马斯先生比厄斯塔什多活了 5 年，死后也被安葬在这个公墓。如今，巴士底狱已经不复存在。

　　1693 年，皮内罗洛要塞成功抵御了萨伏依公爵维克托·阿马多伊斯二世的围攻。1696 年，这位大人与法国结盟，在战争中再次转换立场，并且通过让自己 11 岁的女儿与路易十四的孙子订婚，确认了双方的结盟关系。路易十四的这个孙辈拥有"勃艮第公爵"头衔且享有王位继承权。作为回礼，已经老去的太阳王把阿尔卑斯山脉另一侧的所有法国飞地归还给了萨伏依。然而，为了不让皮内罗洛这座重要的要塞落入会随时倒戈的盟友手中，法国人撤退时将堡垒、城墙、壁垒和主楼拆得一块石头也没留下。只有一个大型喷泉和几条地下通道还提醒着人们，皮内罗洛教区公墓现在所处的位置曾经矗立着怎样一座建筑物。

第 5 章

格伦布科跳舞

———⋆❖⋆———

柏林，1684 年 11 月 15 日

123 芭蕾舞剧的最妙之处，无疑在于用不到重型大炮。一个多月以来，人们都在庆祝勃兰登堡选帝侯世子腓特烈与汉诺威公主索菲·夏洛特的婚礼，参加了结婚典礼的人，肯定会开始担心自己的听力。当这对新人在索菲·夏洛特 16 岁生日之际互相说出那句"我愿意"时，海恩豪森宫焰火腾空，在附近待命的汉诺威的波德维尔斯将军就知道幸福时刻来临了，命人在壁垒上发射了 3 响大炮。这对新人隆重进入汉诺威时，半个小时内大炮发射了 300 多响，此刻，有人或许会回想起早些时候 1500 名骑兵的开枪声，这一天正是由骑兵们的慢正步和模拟进攻开启的。接下来在汉诺威城市宫殿举办的宴会中，每当王公贵族们举起酒杯，12 名小号手就会向站立在宫殿前的炮兵发出信号，炮兵们的任务就是利用身旁的 50 尊小型炮让城里的其他人通过炮响实时追踪宫殿里的祝酒碰杯。《文雅信使》[1] 无畏的宫廷通讯员肯定在炮声的偶尔停歇中仔细聆听过，他后来盛赞公爵们小

124 提琴和双簧管的"轻柔和弦"。接下来的火炬舞及随后几天的芭蕾和喜剧演出是焰火开始前的安静间歇——焰火自然喧嚣无比。次日捕猎野猪时，人们则只能听习以为常的枪声，以及在抛掷狐狸和獾时动物落到弹跳布并重新弹向空中的声响。[2] 在一系列的喜剧、宴会、歌剧和化装舞会之后，

---

[1] *Mercure Galant*，世界最早的文娱性期刊，1672 年创刊，1825 年停刊，内容包括宫廷逸事、民间趣闻等。——编注
[2] 流行于 17—18 世纪欧洲宫廷的一种残忍的竞技运动。两人一组拉起一块六七米长的弹跳布，放出动物，待动物跑过弹跳布时将布拉起，把动物抛到空中，抛得越高得分越高。这种运动会杀死大量动物。同时参与者也很危险，可能会被下落的动物砸伤，或者遭到受惊动物的攻击。——编注

是时候暂时送别要返回柏林的新郎了，其间自然也少不了炮声和对饮。这也是庆祝活动的结束，人们此前一致同意在这部分省掉真正的庆典，从而避免不必要的浪费——选帝侯世子甚至为此在外交和技术层面上匿名来参加自己的婚礼，尽管懂行的人可能通过那 200 匹马的随从队伍就知道是他。

　　然而，不久后，索菲·夏洛特就和母亲动身前往柏林，在那里，世子的父亲、选帝侯腓特烈·威廉集合了 1.1 万名士兵和 600 门大炮迎接她们。当时有很多人猜测，既然选帝侯已经召集了自己的大部分人马，他会利用这次机会，在婚礼之后立即进驻瑞典治下的波美拉尼亚——这太符合逻辑了，因为他的继承人与汉诺威的婚约正是在明确考虑到这一计划的情况下缔结的。但士兵们一开始只是充当国家级接见的临时演员，他们与各鸣放 3 响的 42 门大炮一道，装点着选帝侯与儿媳在施潘道和柏林之间一片草地上的首次会面。贵宾专用马车穿过格奥尔格门时，壁垒与集市广场上的所有大炮轰然齐鸣；继而是焰火（见上文），接着是追逐猎物的热闹场面。最后，伴随着喧嚣的音乐，芭蕾舞剧开始了。所幸人们身处宫殿旁边的宫廷马厩里，因此对噪声更敏感的客人可以安慰自己，幸亏这位好战的选帝侯不会在封闭的建筑里使用他的大炮。新人的父亲们能在最后一刻取消针对彼此的作战计划，代之以子女的结合，自然是好事一桩；只是人们很难摆脱这样的印象，那就是现在的计划和最初的打算听起来并没有根本的差异。

　　虽然芭蕾舞剧在这个关键点上大放光彩，但在其他方面必须对它宽容点——很显然，这是有史以来在勃兰登堡宫廷上演的第一部芭蕾舞剧。即便在法国，这也是种相当新的艺术形式，汉诺威宫廷 1681 年才引入这种法国风格的芭蕾，尽管宫廷中一半是法国人和意大利人，并且他们服侍的选帝侯夫妇也特别开明。这部芭蕾舞剧名义上的作者不是别人，正是后来的新娘索菲·夏洛特。1681 年，13 岁的索菲从巴黎返回勃兰登堡，她在巴黎见识了令人惊异的革新，也结识了专业的舞者（在此之前，宫廷芭

125

蕾一直是统治者家族和宫廷贵族的舞蹈），只可惜她巴黎之行的主要目的进展并不顺利。当然，能在那里遇见年长 16 岁的表姐、德奥尔良公爵夫人伊丽莎白·夏洛特固然很好。公爵夫人不仅是索菲·夏洛特的教母，还像姐姐一般，因为作为父母不和的牺牲品，公爵夫人是在汉诺威被抚养长大的。这位德奥尔良公爵夫人，我们已经简单地了解到她是王弟殿下的第二任妻子并鄙弃了德摩纳哥夫人的爱情，而早在德国，她是以普法尔茨的莉泽洛特而闻名的。她是一名内心信仰新教的德国人，在从凡尔赛发来的书信中，她诙谐而又毫不掩饰地描述了法国人欠缺卫生保健、道德上不检点、宗教上粗俗及普遍堕落，因此她在普法尔茨必然大受欢迎，莉泽洛特这个名字也很快就流行起来。但是国王的弟媳伊丽莎白·夏洛特很为自己的等级自豪，儿时的这个名字在她在世时至多只被十来个人使用过，因此不是十分适合在 300 多年后用来描述那个等级特别分明的世界，就像如今的人们也不愿意用"莉莉贝特"来称呼英国的前女王伊丽莎白二世，或是直呼"查尔斯"和"卡米拉"其名。笔者建议，那些与我一样，没有和这些人合租同住过的人，出于文体风格方面的考虑不要这样称呼他们。

126

　　1679 年至 1680 年，索菲·夏洛特绝非单纯地来看望她的这位表姐兼教母德奥尔良公爵夫人。她来巴黎，是想借助表姐与法国的王位继承人成亲。索菲是路德宗信徒的女儿，并且本人是加尔文宗教徒，而王太子作为路易十四的儿子，自然是信奉天主教。虽然信仰不同，但是表姐与王弟殿下的婚姻表明，改宗天主教完全可行——反之却无法想象，因为只有天主教徒坚信，他们的对手会下地狱；新教徒会咬牙切齿地向天主教徒承认，他们并非自动受到诅咒，只是所有事情都做错了。索菲·夏洛特在婚礼前才举行新教的坚信礼也并非偶然：在丈夫人选水落石出之前，人们不愿意将她的信仰固定下来。但是最终王太子娶了他巴伐利亚的表姐，在个人层面上，这对索菲·夏洛特算不上什么大损失，这位博学风趣的姑娘要是和王太子在一起，准得无聊死。这位王太子经历了残酷教育方式的教育，成年后除了讣告，再也没读过任何东西，而且表现得"好像每个人一生只分配到了有限的词汇"。他连娶巴伐利亚的表姐的主要原因，都是作为已婚人士可以不用再上地理课。因此王太子没有理会柯尔培尔的弟弟从慕尼黑发来的警告，说这位公主的鼻子要比寄到巴黎的画像上的大得多。话虽如此，但错过了法国的王后之位终归还是可惜，因此索菲·夏洛特的父母接下来就致力于将她嫁与恰好鳏居的路易十四本人——两人有 30 岁的年龄差距！使索菲·夏洛特成为法国王太子的妻子和成为他继母的尝试都失败了，而在两次尝试期间，她一度有望成为王太子内弟的妻子，因为巴伐利亚选帝侯正儿八经地看上了她，不过最后他还是倾向于等待皇帝唯一的女儿，因此索菲·夏洛特现在才成为一名未来选帝侯的新婚妻子。好在世子本人很喜欢她，如果只关注世子那讨喜的胖脸颊，倒是可以逐渐忘掉他的矮小，还有那点驼背（据说一名乳母任他摔到了地上）。但是索菲 5 岁时在一部由父亲的情妇撰写（自然是法语）的牧羊人戏剧中所唱的"今天我是牧羊女，有朝一日会成为王后"似乎彻底无望了。

与此同时，柏林的第一场芭蕾舞剧在艰难的条件下开始了。100 多年前，这门艺术在法国渐渐形成的时候，勃兰登堡选帝侯约阿希姆二世有关"娱乐性舞台剧"的想法还限于 1567 年把 800 名来自施潘道及更多来自柏林的人用棍棒和头盔武装起来，欣赏他们的海战和群殴。这项消遣与后辈们更细腻的娱乐仅有炮击这一共同点——当然，那时候用的是真正的炮弹，一下子轰倒了施潘道的尼古拉教堂塔楼。历史学家们后来论证，这座塔楼的高度超过了选帝侯的主楼，从建筑技术上说，塔楼无法负担这个高度，因此才导演了这场闹剧，目的就是不引人注意地把它轰倒。但是人们不禁会问，这种闹剧又怎么会促进芭蕾的发展？直到 1684 年，芭蕾舞剧的作者们还是喜欢用以下的理由来为自己的作品辩解：选帝侯腓特烈·威廉通常冬天也在打仗，罗马 - 德意志帝国与法国刚刚缔结的停战协定才使人们有机会享受这样的消遣。事实上，停战是选帝侯本人强行促成的——以宣战威胁新娘的父亲（当然，现在没必要再提了），而且是受路易十四的委托，要是没有法国的资助，选帝侯根本无法为勃兰登堡的部队筹措资

127

128

金。腓特烈·威廉还得追讨在自己转换立场之前法国的对手向他允诺的款项，真是十分操劳。比如说，眼下勃兰登堡的小船队就在追击西班牙的大帆船，因为西班牙就是不愿意付钱。腓特烈·威廉甚至没有坚持要求支付现金，而是非常通融地宣布，他也可以接受奎尔富特公国或是加勒比海的特立尼达岛。他的新盟友法国于 1679 年结束了大规模战争，从此心心念念想着保卫自己的新边境。实际上这就意味着，法国的特别法庭以中世纪的证明文书为基础，裁定莱茵河畔的统治权及萨尔的一座修道院实际上、不管怎样或者说从来都属于法国新近刚吞并的区域，因此必须即刻加以军事占领，诸如此类。这种所谓的重新联合不仅激怒了罗马 – 德意志帝国，也激怒了法国的老盟友瑞典，因为德国裔的瑞典国王在 1681 年继承了一个法国边境很不实用的公国。在暂且避开帝国的反对且汉诺威通过结亲与勃兰登堡和解之后，下一步，这两个已经全副武装的家族即将联合丹麦对抗瑞典，发起一场由法国赞助的战争，驻柏林的法国公使（德摩纳哥夫人的表亲德雷贝纳）对此满心期待，他已经请求过选帝侯，希望可以亲自指挥勃兰登堡的一个军团。

　　这种状况妨碍了很多重要的事情，也给柏林和汉诺威的芭蕾舞剧作曲家制造了困难，因为在这种情况下，他们无论如何也不能在自己的作品中给出任何清晰的政治信息。在汉诺威，创作者最终让纯洁的、相对平和的狩猎女神狄安娜战胜了战神马尔斯，借此给出了一个更为和平的信号，接下来的焰火与此也很相称，当然，人们只需忽略同时伴随的炮击声即可。与此相反，在柏林昨天的焰火中，恰恰是神使墨丘利唤醒了沉睡的马尔斯，提醒他背负的战争任务，这一点尤其让中学校长博迪克神父不快，心想要是在为芭蕾舞剧的歌曲填词时就知道这些该多好。好在由他设计的芭蕾剧情足够纷乱，必要时可以同时从多个方向阐释。更加令神父宽慰的是，来自巴黎和汉诺威的专业人士告诉他，这种艺术形式本来注重的就是特殊的效果，剧情本身反而是种干扰：博迪克的主业是撰写葬礼布道文，因此他并未觉得这些话有什么不妥。

　　事实上，舞台布景非常棒，每一幕开头都会模拟一座神话中的新魔法宫殿，借由纸板背景可以辨认出每座宫殿都是选帝侯的偏殿。来自巴黎的迪富尔先生让人仿造了法国著名的舞台升降机，考虑到他一句德语都不会，而舞台管理人员一句法语也不讲，一切可算出乎意料地顺利。就在刚刚，以金碧辉煌的波茨坦为背景的前方，人们成功地使一片云朵从空中降落，云上坐着宫廷侍从官、胡格诺派教徒老德布里翁，他扮演神使墨丘利，不幸与昨天的焰火很不符的是，他用歌声通知战神马尔斯，在这和平时期没有必要来拜访自己的偶像、战争英雄选帝侯世子大人。然而，这部分的歌声又被战斗小号的声音盖过了，接着墨丘利的扮演者、明显仅有歌唱天赋的侍从官就悄悄换成了宫廷领舞迪布吕伊，此人带来了芭蕾舞剧第一个加演节目。很快云朵就带着他升到空中，而他必须在高空迅速爬下，换成马尔斯随升降机降到舞台上。

130

　　满身战利品的战神由科佩宫殿主人的侄子、新郎的表弟迪特里希·多纳伯爵扮演，他拿出真正的战神做派，根本还没唱就跳起舞来——先是在 12 名贵族军官围成的圈子里独舞，接着以"战斗的形式"和他们共舞。我们只能猜测这种种场面。虽然我们可以假设这个时代的年轻人通常都凭借骑术课和舞蹈课接受了良好的训练，但是也要考虑到，他们只有 2 天的时间来排练，而且芭蕾在本地还相当新颖，因此在招募合适的人选时显然会有问题——节目单印刷出来时，所需的 12 名舞者只确定了 8 名，全都是勃兰登堡的下层贵族。这些舞者在出场时可能的感受，更加只能靠猜了。唯一的线索是波美拉尼亚的龙骑兵上尉、宫廷侍从杜比斯拉夫·格诺伊玛·冯·纳茨默留下的，因为这名 30 岁的男子虽然也参演了，但在他多年后的回忆录中，不仅对此闭口不提，而且还写道，他真的从来都对宫廷生活没什么好感。当然，这首先是一个惯用语句，在所有的宫廷回忆录中都可以读到，而且此处能证明的东西尤其少，因为纳茨默是在普鲁士的宫廷暂时失势之后才写下这句话的。趁着花神佛罗拉上场，把士兵们赶下舞台、为爱神和维纳斯腾出地方来的时候，我可以利用创作自由，让他稍

131

事休息。

多纳伯爵重新迅速爬上云头，从而可以"以令人难以置信的速度"升入空中，而此时其他的战士都在退场，花神佛罗拉唱着一首关于和平与爱的小曲儿。这首小曲儿和其他所有台词一样，都在节目单边上空白处配备了解释性的说明：要不然有人很容易就忽略，"一位能满足热恋中的王子所有欲望的可爱公主"指的正是"尊敬的选帝侯世子妃殿下"。让一位专业女歌手演唱歌曲的主要作用，当然在于争取时间，直到一架不同于云彩、可以容纳 3 位神的机器把维纳斯、佛罗拉和爱神从未知的方向放到舞台上。两位将军的女儿是如何获得维纳斯和佛罗拉的角色的，我们无从得知，但富有的宫廷侍从兼公使馆参赞汉斯·海因里希·冯·奥彭可是完全配得上爱神这个角色。他与选帝侯夫人的贴身侍女私订终身一事，一年半前才偶然为人所知，侍女名叫阿梅莉 - 西比勒·德热内斯·德富林，是胡格诺派教徒。这位 29 岁的小姐最多只能继承一座小城堡的很小一部分，而且这座城堡还位于刚刚被路易十四的政策掘地三尺的地区，可能正是由于这个原因，她才不符合奥彭家族对儿媳的期望。但是，最终奥彭和德富林小姐克服了重重阻碍，当然，他们恰恰在今天成婚也并非偶然——宫廷工作人员的婚礼以小见大地映射了重大事件，也属于王侯公卿婚礼庆典的组成部分。

当舞台上的众神起舞之时，台下众多的观众则悠闲地思索着这桩婚姻的意义和后果。前文已经对此做过部分描述，现在我们有必要扭转很可能失真的印象。索菲·夏洛特与选帝侯世子的婚礼当然不仅仅关系到中欧最重要的军事集团下一次会让自己的部队在穿过北德低地后向哪个方向进军；这桩婚姻第二个同样重要的意义，由勃兰登堡的宫廷布道师乌尔西努斯在庄严的婚礼布道中解释过。乌尔西努斯在这次布道中没有拘泥于虚礼，而是一开始就把王侯的和非王侯的听众统称为"最尊贵的、最最尊敬的基督徒们"，并称赞了公主"崇高的谦卑"。他自然也意识到了外交政策方面的压力，勃兰登堡的一位大臣在公开向新娘下聘时将其解释为"至高的主将王侯和世界的众神（！）与其他人在许多事情上区分开来，……却赋予了同样的负担和克制"。宫廷布道师甚至公开提到这可能会引发的问题："王侯们经常婚配，却极少体会到此中的乐趣！他们的选择有时仅仅基于国民的感受！很难去爱，而爱是他们不曾知晓也未曾见过的。"在这方面，不仅眼下的这对新人，全德国的统治者家族都要轻松一些，因为他们在罗马－德意志帝国境内的距离相对较近，可以经常旅行，因此腓特烈和索菲·夏洛特在婚礼前见过面。相反，由于花销和礼节问题，欧洲的其他王室通常要留在国内，因此几乎都是在婚礼上才首次见到自己的配偶。然而这次布道的重点却不在于此，为了一开始就能巧妙地引出观点，乌尔西努斯选择引用《圣经》中的一段话作为自己文章的基础："愿你做千万人的母，愿你的后裔得着仇敌的城门。"这位教育学家在接下来论述多子婚姻的好处时，重复了 17 次这段引文。

尽管在王朝社会中这些想法基本上是理所当然的，但在具体情况下会有不同，柏林这场婚礼的参加者就并非全都持有乌尔西努斯的观点。世子腓特烈的母亲是塔尔蒙特追求失败的奥兰治的路易丝·亨丽埃特，她在世子 10 岁时就去世了，由于选帝侯父亲一年以后（1668 年）就娶了荷尔斯泰因－格吕克斯堡公主多罗特娅，所以现在坐在世子身旁的选帝侯夫人就是这位继母——她就有自己的看法。就她而言，世子大可以无嗣，或者随便生多少女儿都行，反正在这里，生女儿和无嗣并没有差别。世子的第一任妻子是来自黑森－卡塞尔家族的表妹，一年前英年早逝，世子极尽哀悼，但这并没有影响他尽快再婚以尽义务，因为二人唯一的孩子是个女孩，而这里和大多数王国一样，女孩是不在王位继承人之列的。就这样，年方十六的新任世子妃索菲·夏洛特立马有了一个 4 岁的继女，因此索菲·夏洛特的母亲、索菲公爵夫人在巴黎定制了一个务必和 4 岁的小公主一般大小、一般穿戴的木偶。当这个木偶到达汉诺威时，索菲公爵夫人很高兴，因为它看起来和柏林那位严肃的小姑娘非常相像。

选帝侯夫人多罗特娅的问题在于，她与选帝侯除了有 2 个女儿，还有

133

4 个儿子，他们的继承顺序都排在 2 个继子之后，只有这 2 个继子全部膝下无子，他们才会有继承权。因此，多罗特娅对世子再婚并不真正地欢欣鼓舞，尤其是年少一些的继子、边境伯爵路德维希 3 年前也结婚了，娶的是路易丝·夏洛特·拉齐维乌宗女——她的父亲临终时将她托付给了选帝侯。为了获得选帝侯的军事支持，法国每年会支付给选帝侯一笔钱，而路易丝·夏洛特·拉齐维乌宗女的年收入即便保守估计，都是这笔钱的 10 倍：难怪选帝侯认为对立陶宛真正宗教的最好保护，就是将当时年仅 13 岁的宗女嫁给自己的次子。因此，选帝侯与多罗特娅再婚后所生的儿子几乎没有继承选帝侯荣耀的可能，他们唯一的希望只能落在有资格参与的遗产分配上。从正在形成的勃兰登堡－普鲁士国家的角度来看，分割莱茵河与尼曼河之间本就四分五裂的国土无疑是灾难性的，但选帝侯不这么认为。就算腓特烈·威廉曾提及国家，指的也是一种状态。他统治下的十几块疆土，全凭他的一己之力才统一在一起，有必要将其称为"勃兰登堡选帝侯的国土"，因为并无统一的名称存在。仅在外交中人们才简单地将这些土地称为勃兰登堡，但这指的是统治者本人；大臣和官员也不是对国家宣誓，而是宣誓服务于统治者、统治者的家族和统治者的卓越，也就是服务于王朝的等级和显赫。将各个小国统一在一起的是祖先模糊的指令，这一指令之所以被上几辈人遵从，仅仅是因为长子之外再没有儿子存活下来。现在选帝侯在为国土分割做着一切准备，以确保第二次婚姻中所生的儿子们能得到有自治权的独立领地，而他的妻子的确也没有劝阻过他。

　　德意志这种将统治权传给所有公侯子弟、由此把罗马－德意志帝国的领土分割成越来越小的公国的传统，此刻令新娘的母亲非常头痛。汉诺威的公爵夫人索菲对这个问题的了解是双方面的，因为在她丈夫的家族内总是有太多的儿子。她丈夫的上一辈、不伦瑞克的七兄弟决定，不惜任何代价也要保证自己家族唯一的公国不被分割。因此，他们规定，只有长兄才能执政，幼弟才准许结婚：这样就可以一个个地登上"王位"，下一代就能一目了然。当然，他们已经不再遵循放弃婚姻的规定，尽管通过继承能另外得到一块公国领地，因此现在的选帝侯夫人多罗特娅在第一段婚姻中做过一段时间的汉诺威公爵夫人，和公爵夫人索菲是妯娌——当然无所出，谢天谢地。索菲本人曾与不伦瑞克－策勒的公爵格奥尔格·威廉订婚，但公爵在婚前的最后一次旅行中爱上了一名威尼斯姑娘。1658 年，格奥尔格·威廉请求索菲改嫁自己没有领土的幼弟恩斯特·奥古斯特；他还正式承诺，绝不结婚（那名威尼斯姑娘和 99.9% 的女性一样，出身不够高贵），从而使得恩斯特·奥古斯特有朝一日可以继承他的公国。索菲完全有理由对这个提议表示愤怒：她难道不是国王的女儿吗？只可惜她的父母正是被从波希米亚驱逐的"冬王"腓特烈及他的英国妻子伊丽莎白，索菲出生于 1630 年流亡尼德兰期间，是"冬王"最小的孩子，没有嫁妆，她的婚姻前景比我们在第 1 章中提到的那个挑起决斗的姐姐伊丽莎白的情况还要糟糕。但被"改签"的公主不愧是不屈不挠的"冬王"王后之女。索菲在回忆录中写道，她太骄傲了，不会让自己受到此事的伤害，她很高兴，认为替补新郎恩斯特·奥古斯特非常可爱，"因为我下定决心去爱他"。索菲显然不记得之前就见过对方，并一起弹过吉他，因为当时她根本没有从这个角度观察过这位由于没有领地而让人无法接受的亲王。令人称奇的是，这次替换随着时间的推移居然几乎变成了一桩爱情婚姻。尽管如此，这既没有耽误恩斯特·奥古斯特经常前往意大利与路易十四的第一任女友（回想一下：德科隆纳夫人、马萨林的外甥女，在此期间有理由忌妒的教皇侄子之妻）调笑，也没有妨碍他找了一个德国的"首席情妇"。夫妻二人共有 7 个子女：6 个儿子和一个女儿，女儿就是今天的新娘索菲·夏洛特。只要恩斯特·奥古斯特的兄长还在世，他就仅有权要求获得采邑主教管区奥斯纳布吕克，在三十年战争结束时，人们本着显而易见的平衡原则，决定该地由一名天主教和一名新教的主教轮流掌管。因此，从 1661 年起，非同寻常的主教夫妇恩斯特·奥古斯特和索菲就在奥斯纳布吕克享受着被同为主教的邻居"炮弹贝恩德"时不时偷袭的可疑乐趣，直到 1679 年一位没有子嗣的兄长去世，汉诺威及一支部队才终于落到这对夫妻头

136

上。此时，通晓六门语言的公主索菲也已经勉强接受了在这样一个面包是黑色的国家生活，有勇气开口的贵族妇女们也仅限于淡然地谈论家中猪和牛的数量。如果能够引进足够数量的胡格诺派、英国、普法尔茨和意大利的宫廷大臣，即便此地也可以生存下去。

遗憾的是，恩斯特·奥古斯特的兄长、策勒公爵格奥尔格·威廉在此期间离开了威尼斯，迷途知返，回到了美德的正道上。公爵曾是塔尔蒙特的战友，通过后者结识了名为德奥保斯的胡格诺派侍女，并爱上了她。1666 年，两人的女儿出生。1676 年，公爵获得皇帝的特别许可，合法地娶了德奥保斯。虽然这桩婚姻中没有儿子出生，但唯一的女儿索菲·多罗特娅作为女性，仅被排除在政府权力的继承权之外；她很可能继承父亲通过数十年雇佣兵业务积攒的巨额私有财产，并且在婚后将其带出家族。对于这一困境，仅有一个解决方案，那就是进一步奖赏高攀他们家族的法国小贵族。尽管这种想法令汉诺威公爵夫妇非常抗拒，但他们别无他法。1682 年，索菲的长子、汉诺威的继承人格奥尔格·路德维希娶了富有的堂妹，而堂妹母亲的出身永远都不会被人们原谅。两年之后，这桩婚姻眼看着远不如索菲和恩斯特·奥古斯特的婚姻幸福，而且埋下的后果将在第 8 章出现。偏偏此时，索菲的 5 个幼子也要面对遗产分割问题，而且比以往任何时候都要尖锐。或许恩斯特·奥古斯特公爵在很多方面过着混乱的生活，但他的王朝政策却无情地向着目标努力：汉诺威和策勒永远不可以再分离，即使搭上他所有儿子的人生幸福也在所不惜。只有当两边的军队和国家都统一，罗马 - 德意志帝国的皇帝才会把恩斯特·奥古斯特成为选帝侯的愿望当回事；如果公爵想上升到自己勃兰登堡女婿的等级，就必须剥夺所有幼子的继承权。他也是这样做的，不久就会开始一场旷日持久的斗争，目的是争取幼子们的"自愿"同意，没有他们的认可，长子继承权在法律上就不会有效力。这一切索菲都知情，她还知道，5 个幼子仍被蒙在鼓里。

此刻，继承人格奥尔格·路德维希坐在索菲的身边，刚以严肃专业的眼光观看了勃兰登堡军队的阅兵式，而他的弟弟们正跟着皇帝的军队在土耳其打仗。这位母亲与她的公使通信，询问婚礼所需的一张带华盖的御床在巴黎是否真的要花费 2.8 万里弗尔，同时她得到消息，在外征战的儿子们已经遣返了所有随从，因为匈牙利基督徒和土耳其人之间的真空地带根本没有足够的食物。索菲可能会想：真不知道他们是如何忍受的，现在他们身边只有科庞斯坦、温青格尔罗德和几个宫廷侍从。然后索菲决定，把不受欢迎的儿媳索菲·多罗特娅从未用过的婚床再次用到这场在简朴的德国举办的婚礼。

　　此时，舞台上起舞的众神已经被一群乌合之众赶了下去，这群人旨在展现凡人的欢乐，因此某种程度上是在乱舞胡唱。这些人都是大臣和外国使臣的孩子，其中很多人不久就会登上欧洲宫廷和权力政治更广阔的舞台。例如德雷贝纳小姐凯瑟琳－夏洛特·德帕斯·德弗基埃，她是法国公使 11 岁的女儿、姨母德摩纳哥夫人的同名教女。不久她会嫁给国防大臣德卢瓦的一个儿子，由于这位德苏夫雷侯爵在凡尔赛拥有世袭的服饰总管一职，因此两人的儿子会在 1740 年给路易十五拉开龙床的床幔时，要求国王参加一次大型战役，而这次战役就是由 1684 年跳芭蕾舞的另一个孩子的女婿组织的。跳舞的人中还包括未来国防大臣年轻的儿子舍宁和唯一让腓特烈大帝献过殷勤的女士的父亲。此外，还有舍宁的表妹小珀尔尼茨，她的祖父在 1665 年作为勃兰登堡的总掌马官去了法国，在洛赞被捕的次日赠给路易十四 8 匹黄褐色的马。不久后，珀尔尼茨会成为思乡成疾的世子妃索菲·夏洛特最亲密的朋友，或许还不只是朋友。但是要论对王侯公卿子孙们的影响，谁都比不上那位"演员"，他在此处完成了自己的首次公开亮相，他的名字是弗里德里希·威廉·冯·格伦布科，时年 6 岁。

　　当格伦布科和一名老师离开父亲的城中宫殿，兴奋地穿过米伦布吕克去往宫廷马厩时，他或许想到了父亲作为提亲公使在汉诺威收到的礼物，这些礼物的价值比父亲一年的收入还要高。父亲是选帝侯的枢密顾问和最高军事专员，曾是波美拉尼亚的一名下层贵族士兵，也是国内为数不多的

138

139

加尔文宗教徒之一；他作为多纳家族的代理人步步高升，慢慢地，如今人
们不得不记住他的大名。汉诺威驻巴黎公使是名意大利人，在他听来，所
有这些可怕的黑面包的名字都一个样，他仍然认为此人名叫布伦科，但公
爵夫人索菲（偏偏是她，她自己德语的正字法都完全法语化了，她会将
"Kurfürstin"和"Schulenburg"写成"Courfürstin"和"Choulenbourg"）
纠正了他：此人名叫科伦姆克。不久，外交官们就会在几个字母间摸索，
在信中有时写成克鲁姆高，有时又写成格鲁姆高。之所以要写这些信，是
因为格伦布科的父亲手中握有的可不是什么随便的权力道具，他借助主人
的军事财政管理机关、最高军事专员署这个临时想出来但却令人生畏的机
构，从国内搜刮了意想不到的巨额税收，从而把自己的主人变成罗马－德
意志帝国内少数"武装起来的"统治者之一，并让主人进入了欧洲强国集
团。国内太多人仍然怀念昔日的自由，难免痛恨最高军事专员，因此他必
要时会以武力征收未被批准的税收。但他的儿子对此一无所知，格伦布科
只知道，汉诺威的人们非常钦佩自己 11 岁的哥哥，因为哥哥代表父亲将
正式提亲的信件在隆重的仪式中递给汉诺威公爵时，没有表现出紧张。弗
里德里希·威廉·冯·格伦布科想到了人们赠予父亲的银质枝状吊灯，他
眼花缭乱地看着一盏盏贵重的蜡灯、仆从和贴身护卫蓝色制服上的精美银
线；他听着音乐，试着回忆自己的舞步，与其他孩子共唱法语歌："来吧，
爱情，来吧，欢乐，来这里吧，哦，值得崇敬的女神，幸福地生活吧，她
英雄般的孩子们，在最深的宁静中生活。"（节目单边上写着：这里说的
是尊贵的选帝侯世子殿下及世子妃殿下。）格伦布科不知道这是什么意思
（那又如何，没人知道他不知道），但他知道，这里的一切既荒唐又精彩，
而且永远不会停止。

　　但是我们必须继续，让我们拨快时间，芭蕾舞剧的剩余部分就此与我
们擦肩而过。在超越了感官与理智的情节中，波尔宁（由想象构建的葡萄
藤蔓）、卡珀斯（有游艇码头的贝壳洞穴）和格利尼克（可惜没有宫殿教
堂的圣坛画像，在这幅画中，选帝侯腓特烈·威廉在最后的晚餐中坐在了

耶稣和门徒之间，不过在眼下这出芭蕾舞剧中，基督教不再重要）等宫殿
出现又消失。与我们擦肩而过的有载歌载舞的牧羊人和牧羊女、奥罗拉、
阿波罗、刻瑞斯和弥涅耳瓦、收割的农民、印度人、瑞士人和黑人、狄安
娜的林泽女神们和酒神随从萨堤洛斯、猎人和小丑、胆小鬼、波吕斐摩斯
（这个巨人通过徒劳地向嘲弄自己的小矮人们靠近，展示一种"令人赏心
悦目的新舞蹈方式"）、海神尼普顿和酒神巴克斯，莱茵河、易北河、威
悉河、施普雷河、萨勒河和哈弗尔河等河的河神都是白发苍苍的老者，还
有一位老妇和她的仆人、水手们，终场由朱庇特领导众神合唱，负责婚礼
之夜的女专家也参与其中。现在，时间流逝得越来越快，随着时间消逝
的还有法国和勃兰登堡的结盟关系，它的目标随着被迫停火已经得以实
现；针对瑞典人的大战也因为缺少法国的资助而取消。随着路易十四废除
针对南特的宽容敕令，法国最后的宗教自由也消失了。现在，路易十四认
为，由于各省的总督都在汇报大批的胡格诺派教徒改宗天主教，而且改宗
的数字越来越大，最终算起来已经连一个胡格诺派都不会有了，所以现在
没有人再需要宗教宽容了，而这个宽容敕令长期以来都是这位虔诚信奉天
主教的国王纹章上的一块污点。因此，胡格诺派教徒也就消失了，伴随着
法律虚拟的一笔勾销，带着全部家当非法逃出边境。他们带着大镰刀和干   141
草叉前往人迹罕至的塞文山脉，而国王的龙骑兵紧随其后，只为了用暴力
让现实与地方长官不现实的成果统计相符。数以万计的人离开法国，加尔
文宗的国际性组织接收了他们；勃兰登堡的选帝侯也这样做了，这次他确
实是按照自己的信仰和感情行事的，但这与后来人们所称颂的宽容毫不相
干：胡格诺派教徒与选帝侯一样，都信奉加尔文宗，并与其固执地信奉路
德宗的臣民们公然对立，因此选帝侯乐于看到这些不受臣民欢迎的援军迁
入。勃兰登堡家族如果当年足够强大，早就使用武力迫使路德宗教徒改信
加尔文宗了，早前这样做还是可行的，但从 1648 年起，帝国的法律很好
地保护了现状，致使选帝侯别无选择，只能咬牙切齿地施行宽容政策，因
为他的家族几乎整个 17 世纪都没有摆脱衰弱的状况。教友们的命运令腓

特烈·威廉转而反对法国，由此也消解了一些东西，那就是与奥地利统治家族的敌对关系。迄今为止，这种敌对关系一直妨碍着选帝侯有效地帮助来自这个家族的罗马－德意志皇帝对抗土耳其人。

　　1686 年 4 月 27 日，年迈的选帝侯忍受着胆囊结石带来的巨大痛苦，最后一次上马，号令自己的军队。他在克罗森，即自己的国土与皇帝治下西里西亚的交界之地，送别了自己即将挥师匈牙利的部队。这是他第一次没有亲征，在向部队宣布时，他流下了眼泪。代他统领军队的是舍宁将军，一个严厉、机智的暴脾气，他所有的孩子都曾站在婚礼芭蕾舞剧的舞台上，与他同行的很多军官的孩子当时也上台了。格伦布科的父亲此时已被任命为高级内廷总监，由于之前他就退出了现役，把自己的龙骑兵交给了迪特里希·多纳伯爵，因此现在是后者带领龙骑兵前往匈牙利。多纳伯爵的身旁是杜比斯拉夫·格诺伊玛·冯·纳茨默上尉，此人曾是多纳家族的一名侍从。在勃兰登堡，军队各部虽然不像法国那样，由所有人直接卖给下一个所有者，但是此地招募的军官也理所当然地遵循王朝庇护制度的逻辑。军队指挥官同样也会把军官的职位分配给亲戚、朋友和属下，就像法院院长或政府首脑在各自的机构中所做的那样。统治者通常对此持放任态度，因为通过出身或教育达标的人实在是太少了，代理人的行为也太过正常，对此没有多少对策可用，尤其是财政常年不足。那些常常数年不发工资、所有工作人员都必须自掏腰包的职位，只能由富人来担任，而且这些人几乎不存在对国家的忠心——选帝侯的大部分臣下认为自己是德国人，就像今天的德国人感觉自己是欧洲人一样，但是勃兰登堡"国"从中得不到任何好处——从长远来看，人际关系就成了唯一能维系部队或政府统一的东西。

　　勃兰登堡的军队与皇帝和巴伐利亚的部队会合，包围了土耳其的山中堡垒、多瑙河畔的布达，当时此地多称为奥芬，今天是布达佩斯的一部分。巴伐利亚选帝侯与洛林公爵在指挥权分配上的麻烦，就像一开始经验丰富的"土耳其战士"对仪表堂堂的勃兰登堡士兵的嘲讽一样，而这正中舍宁将军的下怀，因为法国公使德雷贝纳向他支付了不错的报酬，让他向柏林汇报时强调所有因为与皇帝合作而产生的问题（法国不愿意看到双方合作），这对他来说简直轻而易举。食物极度匮乏导致围城士兵挨的饿并不比被围困的士兵少；另外还有一支由土耳其最高官员大维齐尔指挥的军队在逼近，他们不得不在自己的营地和被围的城市周边再建造防御工 143 事。尽管如此，1686 年 7 月 13 日，围城军还是首次尝试发起冲锋；在两年前的婚礼芭蕾舞剧中扮演海神尼普顿的多纳伯爵卡尔·埃米尔上校中枪而亡，他的弟弟、当时扮演战神马尔斯的迪特里希伯爵伤心欲绝。为了阻止迪特里希对堡垒的大炮发起自杀式进攻，舍宁只能命人将他暂时囚禁起来；此后迪特里希便以吹笛和写信度日。7 月 27 日，围城军用地雷和大炮在城墙上炸开了一道很大的缺口后，一轮新的总攻开始了。皇帝的军队很快就被击退，但是勃兰登堡的士兵继续冲锋——令人难以置信的是，指挥这次冲锋的是库尔兰亲王亚历山大，选帝侯的这个外甥天生只有一只手臂，他凶残的哥哥我们已经在日内瓦见识过了。当这位亲王中枪身亡时，迪特里希伯爵与另一位上校为了抢夺进攻的指挥权起了等级之争，迪特里希推开试图阻止他的纳茨默，登上了破损城墙的一块玄武岩，暴露在敌人眼前，当即被击中头部。纳茨默命人用长矛做成担架，把这名受了致命伤的伤员抬到营地里，并一直在他身边唱歌、祈祷，直到他次日早晨死去。与此同时，绝望的防守方也击退了这次猛攻。5 天后，腓特烈·威廉接到了埃米尔去世的消息，立即就给舍宁写信，让他把迪特里希送回来。但太迟了。两兄弟的父亲原本有 7 个儿子，如今已经一个不剩：一个幼年夭折，一个在班师途中死于"高热"，一个死于决斗，4 个阵亡；7 人都没有活过 27 岁。你不需要对当时贵族精英极具攻击性的权力政治有一丁点理解，但仍要承认，他们有一点，也许是唯一的一点，比后来挑起战争的那 144 些人强——他们身先士卒，而且如果不考虑君主，他们的幸存率可能并不比一般士兵高。

第 3 次冲锋成功了。1686 年 9 月 2 日，围城军攻下了布达。然而，长期围城的痛苦中掺杂着宗教仇恨，导致了一场灾难，其严重程度超出了基督徒之间作战时常见的劫掠。整座城市被付之一炬，穆斯林和犹太人遭到屠杀，很多幸存者被拖去做了奴隶。来自萨勒河畔哈勒的理发师兼军医约翰·迪茨描述了这些可怕的场景，接着真诚而又幼稚地抱怨，他只洗劫了半个小时，城市就烧起来了：多么遗憾，整个国家的财富都保存在这里！迪茨救了两名年轻漂亮的姑娘，把她们带到了营地里，正在考虑该拿她们怎么办，舍宁将军就把她们带走了。后来，迪茨在柏林又遇到了其中一人，这个姑娘在那里受洗并缔结了一场"气派的"婚姻。连纳茨默也"购买了"一名土耳其仆人，时值土耳其战争，这类仆人成了宫廷时尚。世子妃索菲·夏洛特除了享有特权的各种"下房黑人"，还把两名"土耳其侍从"一同带去了柏林，后者显然是世子妃的兄弟们在匈牙利俘虏的。两名侍从也接受了洗礼，而且从新名字弗里德里希·威廉·阿利和弗里德里希·威廉·哈桑可以看出，他们还有来自统治者家族的教父。在伪科学的现代生物学种族主义产生之前，洗礼比后来的岁月更有助于融合，因此弗里德里希·威廉·阿利才得以建立一个延续至今且受过良好教育的市民阶层家庭。重要的是，奴隶制在当时的基督徒之间被有效禁止。选帝侯夫人的土耳其侍从报酬丰厚，在社会地位和物质上远远超过"世代依附"于贵族地主的勃兰登堡农民。另外，当时的人虽然称他们为"土耳其人"，但我们不能将此与现代概念混为一谈，因为当时信奉基督教的欧洲就是这样称呼奥斯曼帝国的所有穆斯林的。他们中只有一小部分是今天意义上的土耳其人，奥斯曼帝国的权力精英还由大量的阿尔巴尼亚人、波斯尼亚人、车臣人、阿拉伯人或沦为奴隶的前基督徒组成，此外还有大量自愿倒戈的基督徒，其中就包括冲锋时阵亡的、统帅土耳其近卫步兵的布达司令官阿卜杜勒－拉赫曼·帕沙，他出生在老多纳属地附近，原是一名说法语的瑞士人。我们无法进一步了解"土耳其妇女"法蒂玛的出身，她的亡夫是一名伊玛目，在围城时被杀；法蒂玛落到了一名苏格兰－瑞典的战争游客手中，又被他转手给了战友柯尼希斯马克伯爵菲利普·克里斯托夫，最终成为此人姐姐柯尼希斯马克女伯爵奥罗拉的仆人并受洗。法蒂玛的后代我们在后文还会遇到。

远征匈牙利的幸存者返回柏林时——很多人在归途中死于瘟疫，或者行到同盟国境内因寻找食物时离主力部队太远被农民击毙——发现选帝侯世子腓特烈身染重病。继母多罗特娅想毒死他，自从 1686 年 1 月和索菲·夏洛特的第一个儿子夭折，世子本人就这么认为了。世子还没痊愈，弟弟边境伯爵路德维希，即路易丝·夏洛特·拉齐维乌的丈夫就在 1687 年 4 月 7 日无子而终。下毒的嫌疑又起，但事实上下毒暗杀的证据很少，然而世子和他的追随者们现在非常偏执，世子更是差点儿就因服用预防性的解药而断送了自己。由于眼下只有世子一人妨碍了继母的儿子们，而他又没有活下来的儿子，因此当索菲·夏洛特认为自己又怀孕了时，就变得尤为关键。正因如此，老选帝侯对孩子父亲身份的不当评论也就尤其令人不快，这很可能只是这个聪明人朴素幽默感的表现，或者是来自结石给他造成的慢性痛苦。现实地看，这种怀疑非常荒谬，不只因为索菲·夏洛特作风正派。纯粹从社会结构上看，一名统治者或王位继承人的妻子也不可能把一个来历不明的孩子放到自己丈夫的金摇篮里。恰恰由于王储们的父亲身份有着极其重要的政治意义，因此王后和王储妃们整天都被宫廷侍女们簇拥着，这些人主要就是行监视之责：要想避开所有的宫廷贵妇及侍女搞绯闻，这个女人肯定非常勇敢，她要么极端轻率，要么特别自信，能够一直牵着自己的丈夫和所有宫廷侍臣的鼻子走。统治者或王位继承人反而是私生子不断，这在当时的世界倒是完全符合逻辑，但这并非仅仅因为父权制在近代早期的欧洲仍占统治地位。当时世界上其他地区同样是父权制，但是只有在欧洲，只有婚生子并且是与唯一的妻子在婚姻中的孩子才有权继承王位。从 1458 年开始，欧洲的王位就不再由非婚生子一系继承。因此，统治者与其他女性所生的非婚生子就不会成为障碍，至多只会破坏不太重要的家庭中的继承顺序。

世子夫妇腓特烈和索菲·夏洛特不能容忍选帝侯的言论：1687 年在

卡尔斯巴德疗养后，二人没有返回柏林，而是去了汉诺威，而索菲·夏洛特的父亲恰恰在选帝侯腓特烈·威廉与路易十四不再来往的时候与法国结了盟。要不是难得缓和的国际局势，汉诺威与勃兰登堡于 1684 年勉强避免的战争一度险些再次爆发。后来父亲、儿子和儿媳又和解了，世子返回了柏林，世子妃的这次妊娠提前终止了。1688 年 5 月 9 日，老腓特烈·威廉去世，儿子成了新的选帝侯，称为腓特烈三世，这时索菲·夏洛特又一次怀了孕。1688 年 8 月 14 日，她终于在柏林生下了继承人，当然也是以其祖父腓特烈·威廉的名字受洗，这也是她的最后一个孩子。

　　1684 年的所有庆祝活动最终还是有意义的，宫廷布道师乌尔西努斯微妙的感应作用到底还是显现出了影响。不知乌尔西努斯是否能想到，1713 年，这个由他布道召唤而来的腓特烈·威廉刚刚登基便大举削减国家开支，令乌尔西努斯损失了一半的收入，他的 3 个儿子、女婿和连襟立马失了业。无论如何，乌尔西努斯给这位曾经万众期盼的孩子写了一封这种情况下很普遍、很恭顺的请求信，但是只收到了饱含讥讽的回复，据说这封回信的开头使用了乌尔西努斯几乎所有布道的开场白："从前，当……。"这位新君主甚至对芭蕾舞剧，这一引发了后来一切事件的艺术形式都没有好话：他在 1722 年为其子撰写的指令中宣布，决不允许自己的国家内有喜剧、歌剧、芭蕾舞剧和假面舞会，"并且对此极其厌恶，因为这是对神的背弃，犹如恶魔，因为撒旦的庙宇和国度就会增多……因此我请求我的继任者，不要找这样的情妇，也不要有上述哗众取宠的娱乐，憎恨它们，不允许它们出现在你们的国家和管辖区域内"。但是不要担心，事情并没有这样发展。对此起到重要作用的人，是腓特烈·威廉在同一篇文章中向儿子推荐的一个人，此人特别自私自利，但也非常机灵：1684 年的那个小演员，已经长大成人并且仍然相当哗众取宠的弗里德里希·威廉·冯·格伦布科。

第 6 章

至少当时我还能把大国玺扔进河里

伦敦，1688 年 12 月 20 日

　　雨理所当然地下着。这个季节哪儿都冷得够呛，泰晤士河上的风或许一直都这么大。一片漆黑，确实碍事，甚至连小得不像话的筏子上的其他乘客都看不见，不过考虑到现在是凌晨 2 点，也没法抱怨。但是雨作为这个国家的典型"配置"，洛赞倒是情愿不要。洛赞不是想抱怨，他又不是来此享乐的。他无法通过正常的途径再次赢得国王的恩宠，因为人们不给他机会，因此他只能做别人有很好的理由不愿意做的事。洛赞的直觉是对的，他期待这个国家发生的有趣灾难来到了，眼下他正身处其中。洛赞更愿意带着骑兵来场正儿八经的袭击，但是拜托，眼下他们只要平安渡过这条臭烘烘的肮脏河流，在陆地走上几千米，保证不被红脸庞的沼泽居民逮住，就能到达海边；而只要顺利过了海，那他洛赞就成了风云人物，往日的不快全都会被人遗忘。他将在凡尔赛讲述这个稀奇的国度，所有人都会祝贺他终于不用再待在那里了；他的保留剧目里将会再多一个闻所未闻的故事。只要那孩子不哭就行。

　　洛赞听到弗朗切斯科·里瓦正在轻声地劝说船主——用英语，这种对于有教养的人来说多余的语言。当然了，里瓦的妻子就是当地人，他可能不得不学。但是在这个岛上生活 14 年，怎么受得了呢？更何况这个人还来自博洛尼亚，并且见识过巴黎。但是，作为画家家庭的成员，弗朗切斯科在意大利称不上上等人，因此对他来说，能做王后的服饰总管自然是一次晋升，即便为此需要待在这个被上帝遗弃的雾蒙蒙的岛上。只是一旦发生危险，出身就表现出来了，这时候如果自己的祖先往上数二十代都在指挥战争并且统治着农奴，那就有帮助了。洛赞可以真切地听出里瓦有多紧张，要是船主的智商足够数到 3 的话，他们就有麻烦了，或者说：能够数到 5。里瓦约了船主到大型渡轮的码头，让对方载自己去参加一个大清早举办的狩猎活动。里瓦经常参加这种活动，所以他奇思妙想地在船上点缀了霰弹枪和一个野餐篮。但是以前狩猎时，码头那里并没有托斯卡纳公使的专用马车为里瓦开道，他也不穿水手服，腰里也不会有两把手枪；最重要的是，他也不会像这次这样带着一名陌生男子和三名女士同行。

只有老天才知道，里瓦向船主讲了什么来解释这些；接下来里瓦马上还要委婉地告诉船主，他只要把这支奇怪的狩猎队伍放到泰晤士河对岸、几乎紧挨着坎特伯雷大主教官邸的宫殿旁边就行。在一个符合逻辑的世界里，根本不需要婴儿啼哭就能知道有什么东西不对劲。所幸这些北方人不像我们，天气令他们的血液流动缓慢，使一切都变慢了，包括语言和思想，只要看看他们的国王就知道了。而这位国王还有位法国母亲，他重要的性格形成期也是在法国度过的，因此才有了现在这桩麻烦事。岸边！终于到了！

当洛赞帮助三位夫人下船并用手势费劲地向船主解释，他可以把野餐篮藏在哪里时，里瓦正在黑暗中四处奔跑，大声喊着低级侍从（不是侮辱，只是一个宫廷官职）迪富尔的名字。暗夜里的某处传来了回答："马车夫在客栈里，马车在内院。"于是里瓦走进客栈，这可能得耽误一会儿，于是洛赞和夫人们在夜色中悄悄向教堂靠近，在教堂的墙角将就着藏身。风还在全力刮着，寒冷也没有减轻，但是好在雨已经停了，对已经暗下决心的人来说，可以认为这是个好兆头。过了一会儿，两名马车夫驾着马车从灯光照耀下的客栈驶出。他们摇摇摆摆，看得出充分利用了等候时间。里瓦跟在他们身后，离着 200 步远就能从他的体态看出来，他有多么害怕。马车缓慢地向教堂挪动，侍从迪富尔从侧面悄悄地走了过来。但是那个人又是谁？洛赞看到有个人提着灯从客栈出来，好奇地跟在里瓦身后。很快这人就超过了里瓦，坚定地向着马车行进的那个点走去；再有几步，他就要撞到朴素的大衣下藏着小孩的那名夫人了。洛赞该把他击毙吗？客栈里满是革命者模样的醉汉，不能冒险引起人群的注意。就在此时，洛赞的耳朵派上了比眼睛更大的用场，他听到里瓦跑起来撞倒了提灯的人。灯摔碎了，提灯人躺在泥泞中咒骂着，里瓦喋喋不休地道着歉，就好像他和对方一样，也喝醉了。里瓦试着扶对方起来，在这个过程中再次把他拉到泥里："太倒霉了，对不起，伙计，这该死的黑暗，等会儿，说不定能把这个擦干净点，啊呀，这么好的料子……"摔在泥里的那个人已经转身，随着咒骂声渐渐平息，那人返回了客栈，打算换身衣服。洛赞松了口气，把枪又塞了回去，示意女士们赶紧登上马车，或许他在想：对于一名市民来说，还真是不赖。

　　接下来的旅程也没有变得更舒适。众人现在坐在马车里，侍从迪富尔自然认出了身穿朴素大衣的夫人，因此必须同行，6 个人很不舒服地挤在一起，洛赞只能费劲地把手枪举在迪富尔和里瓦的假发里。把枪塞回腰间可不是个好选择，他们现在处于伦敦南部上班早高峰时段，心情恶劣的手工业者、乞丐和士兵不时地从旁跑过，马车不得不经常停下来。马车上的乘客除了一名衣着优雅的英国铺瓷砖工人的妻子，其余都是意大利人和法国人，要在往日这会令他们生出一丝自豪。但是在这些日子里，在这座城市里，长着南方国家的样貌更为危险。不久后，乘客们就不再数有多少人在他们后面喊着"该死的教皇无赖"或是"他们肯定拐跑了我们的国宝"了。这种缺少想象力的指责或许让马车里的乘客觉得很有趣，因为他们实际上做的事情要善良得多。

　　有一次，一辆运货马车放肆地挡住了一行人的去路，为了不惹人注目地继续前行，众人只得费劲地从公路上下来，在泥泞中往回走。在城外遇到受托陪同的掌马官圣维克托和利伯恩时，大家如释重负。当里瓦得知，善良的国王除了给他派了一匹马，还想着给他多捎来了一双马靴时，他几乎流出了眼泪。但是，从洛赞的角度来看，这只是詹姆斯二世在如今的处境中没什么更重要的事情可做而已。詹姆斯的表弟路易十四就是另一种类型。路易十四会在雨中漫步，由于等级原因，他是唯一一个可以戴帽子的人，有一次他问随从，不戴帽子走在雨中是不是也挺惬意。正是因此，法国现在成了欧洲最大的强国。

终于要到格雷夫森德了，3 名爱尔兰军官在此等候，把一行人带到了泰晤士河畔，此处的泰晤士河已经汇入了北海。岸边停着游艇，洛赞赶紧上船，向船长走去。幸好船长会法语，洛赞开始紧张地说服对方：您知道最新的消息吗？尼德兰人继续挺进，畅行无阻，海军现在也不再听从王命，因此我必须帮助几个朋友出境，当然不会有不正当的事情，您可以获得 200 多布隆的报酬。

船长不是不感兴趣，但他也不是傻瓜，他一直观察着一起在这里等了几个小时的其他几名乘客都在干什么。奇怪，他们对另外两名女士根本不感兴趣，反而看着身着朴素大衣的夫人，就好像他们从没见过有人蹚过泥浆。要是船长知道他船上的两名女乘客——正从那位夫人手里异常不招眼地取过一捆脏衣服的两位女士——分别是高级王室家庭教师波伊斯夫人和下级王室家庭教师斯特里克兰夫人，或者船长要是能认出环绕在四周的几位男士波伊斯侯爵、御医威廉·沃尔格雷夫爵士、忏悔神父朱迪西及蒙特库科利侯爵，那他就能更快地明白自己已经预感到的事情。

当掌马官谢尔登、低级侍从迪富尔和侍女图里尼还在迟钝地考虑着要不要帮助那两位更优雅但是完全无关紧要的女士从马车里出来登船时（她们只是两个累极了的王室乳母），宫廷贵妇维特多利亚·蒙特库科利·达维亚伯爵夫人态度明确地将衣着朴素的夫人称为自己的妹妹，还用法语大声指责她迟到了。站在周围的人都住了嘴，尽管情势紧张，玛丽亚·比阿特丽克丝·埃斯特应该还是会对这种胆敢批评她的表演天分微微一笑，因为自从她 15 年前嫁给了英国国王，人们跟她说话的方式就不一样了。沃尔格雷夫在跟洛赞窃窃私语，让他不要担心，他们共有 23 人，对付船上的大约 5 名船员绰绰有余，如果船长想出卖他们，就直接把他扔下船。洛赞没有时间再多想"门外汉"或是"我恰恰需要你们这些平民来干这个"，因为利伯恩过来了，向他翻译海员们收到了怎样的指令。随后，众人迅速离港出海，在让人晕船的半天过去之后，众人已经能看到法国的港口

154

了。直到这时船长才向洛赞说明，自己不是傻瓜，而是一名忠于国王的仆人——直到这时，人们才第一次听到被波伊斯夫人骄傲地抱在怀中的 6 个月大的小王子的啼哭。这位小威尔士亲王虽然无意间搅起了让众人逃亡的革命，但是如果他搞起阴谋来能一直像逃亡期间这么专业，那么英国王室的命运还未可知。

英国王室前一阵的子嗣运一直不佳。查理二世 1685 年去世时没有留下合法的继承人，而他身后的至少 14 名非婚生子不顶一点用。这些孩子的后人中我们今天可以说得出的就有伊丽莎白二世的 3 个儿媳，前首相的妻子萨曼莎·卡梅伦，演员鲁伯特·艾弗雷特、简·柏金、夏洛特·甘斯布，以及图恩和塔克西斯侯爵夫人。非婚生子在欧洲的任何地方都没有继承权，涉及王位继承更是如此。查理二世的下一位继承人无疑是约克公爵。不幸的是，约克公爵在身为王子时就已经改宗天主教，并于 1673 年为世人所知，由于严格的反天主教的法令，他被迫引退，成为英国的海军元帅。我们已经提到，基于历史经验和思想灌输，17 世纪的大多数英国人看待罗马和教皇制度的感觉，就如同霍比特人看待魔多一样。由于人们把严苛的天主教与专制君主联想到一起，而路易十四的国家是二者地地道道的代表，因此路易十四与英国王室的紧密联系就势必引起人们的担心。英国人不只看到查理二世对天主教有好感，还有他那信奉天主教的法国情妇马萨林公爵夫人及被晋升为朴次茅斯女公爵的路易丝－勒妮·德皮纳寇特·德凯鲁阿尔。人们现在也部分了解到了查理二世在 1670 年与其表弟路易十四制定的秘密计划——可怜的厄斯塔什·当热的的确确是被白白关押了一生。1678 年，半疯的狂热分子提图斯·奥茨告发了一起以"天主教阴谋"闻名的阴谋，这起阴谋虽然完全是他捏造的，却不幸被一名法官记录了下来，而这名法官记录完毕后很快就由于其他原因被谋杀了。一场 3 年之久的政治癔症就此发作，在此期间，议会试图将国王的弟弟约克排除在王位继承人之外。这场纷争的顶点是一群暴民向国王的情妇、女演员内尔·格温的马车扔石头，因为人们误以为车内坐的是法国女人朴次茅斯；

155

大字不识的内尔机智过人，朝着进攻者大喊："礼貌点，先生们，我是那个新教的婊子。"当即神奇地化解了紧张的局势。由此可以看出，这种仇恨更多的是关于宗教或政治，而非道德。

　　尽管遭到种种反对，狡猾的查理二世最终还是保住了弟弟约克的王位继承权，后者在 1685 年登基，成为詹姆斯二世。查理二世非婚生长子悲剧性的颠覆企图也因为扩建的王室军队而落败，虚假的国王之子的追随者数量少，而且几乎仅以棍棒武装，遭到了王室军队的无情屠杀——很典型的是，屠杀是由一名叫作费弗沙姆伯爵（原路易·德迪尔福－迪拉斯）的新教胡格诺派教徒下令的。此人是塔尔蒙特的表弟，属于加尔文宗上层贵族的核心，因路易十四而不得不逃出法国；尽管如此，他在帮助据说异常专横的天主教徒詹姆斯二世保住王位时却没有半点顾虑。

156

　　为什么会这样呢？因为詹姆斯年轻时作为流亡的王子，曾长期在法国军队中服役，并在那里把塔尔蒙特和费弗沙姆的舅舅德蒂雷纳当成父亲来钦佩，因此几乎把后者的整个宗族都视为家人。虽然在此期间他们在宗教上站到了对立面，但是远比不上这段历史在所有当局者心目中的重要性。只可惜多数英国人拒绝这一逻辑，他们先入为主地认为，天主教徒詹姆斯是诡计多端的阴谋家、法国的傀儡、自以为是的专制君主，以致忽略了具有讽刺意味的真相——临死前不久还是新教徒的查理二世事实上正是这类人，而他的弟弟兼继任者对于此类计划既不够虚伪，也缺乏想象力。詹姆斯的不灵光自然是一种弥补，路易十四也勤勉地做出了自己的贡献，他在 1685 年彻底禁止了法国新教。3 天后，在路易的王宫祈祷室中，查理二世和朴次茅斯女公爵的儿子、13 岁的里士满公爵为了成为天主教徒，庄重发誓放弃英国国教，象征性地为英国自王室开始的改宗天主教发出了行动信号。事实上，从所有迹象来看，就算詹姆斯二世所有信仰天主教的朋友和公职人员没有因为各项反天主教的法令而沦为二等公民，他也早就被烦死了——从 1673 年至 1829 年，只允许英国国教教徒任职议会或者取得国家公职，更不要说还要为信奉的宗教支付罚款并被排除在大学之外。在任

何一种主要宗教都不会自愿宽容的时代，詹姆斯二世关于宽容法令的努力
只能证实他的新教臣属们最坏的猜测。由于信奉天主教的国王仍然是英国
国教（新教的教派之一）的首领，因此国王可以命令牧师们在教会的布道
坛上宣读宽容法令。这是当时整个欧洲唯一可以向所有民众传达信息的途
径，因为只有教会拥有直达每一个村子的基础设施——也正因为如此，控
制宗教对统治者来说就显得尤为重要。然而，有 7 名主教拒绝将此命令转
达给部下，并在一份印刷的请愿书中解释了自己的动机，几人因此被以
煽动性诽谤为由告上法庭。法律形式事实上足够清晰，因为直到 1792 年，
对英国政府的批评只要被告上法庭，无论真相如何，都要受到处罚。然而
群情激奋，反对国王的呼声很高，以至于评审团释放了 7 名主教，由此给
了政府一记象征性的耳光。

　　让我们再回到斯图亚特王朝的子嗣困境上，这一次尤甚，而且更加
不可告人。乍一看一切都好，因为詹姆斯二世的第一段婚姻中虽然没有儿
子，但有两个女儿玛丽和安妮，两人都是新教徒。按照英国的传统，如果
没有兄弟，玛丽和安妮可以继承王位。更准确地讲，是没有婚生兄弟，因
为詹姆斯有很多非婚生子。不同于哥哥查理，詹姆斯很严肃也很虔诚，照
讽刺者的说法，仅表现在他自觉挑选丑陋的情妇上，由此可以在犯罪的同
时赎罪。但只要看一眼阿拉贝拉·丘吉尔的肖像，就足以让人怀疑这种说
法。再看一眼阿拉贝拉的家庭，就会发现，即使在"议会制的"英国，仕
途上的最大飞升仍然产生于承继而来的宫廷恩宠，而且这种恩宠经常是以
女性为媒介的亲戚关系的结果。

　　太多的历史学家直到今天仍然忽视这种联系，因为在他们的想象中，
亲戚只可能是同姓之人。在诸王的欧洲，虽然人们确实受传承姓氏的父系
祖先影响很大，但恰恰由于这种从属关系不够灵活（一朝为丘吉尔，终生
为丘吉尔），才必须以数量更为广泛的、通过母系祖先或婚姻及姻亲重新
获得的亲戚关系作为补充，对付宫廷政治中必然更为灵活的日常事务。不
同于现在的我们，彼时无论宫廷贵族还是非宫廷贵族，都与受过教育的市

民一样，能记住自己和他人复杂的亲戚关系，这些亲戚关系一定程度上构成了他们公文夹中潜在的有用关系。当时的活动家的大量关系和合作在事后看来是偶然，但明显都以此种关联为基础。

詹姆斯后来的情妇阿拉贝拉·丘吉尔在 13 岁时获得了他第一任妻子身边的未婚侍女职位，看似是白手起家。阿拉贝拉出身于一个很小的贵族家庭，但她通过外祖母与强大的维利尔斯家族搭上了亲戚关系。这一宫廷侍臣的王朝要追溯到阿拉贝拉的曾舅公乔治·维利尔斯，他凭借炉火纯青的宫廷侍臣技艺，在短短的几年内从一个没有头衔的绅士成为白金汉公爵：他不仅是詹姆斯一世最爱的宠臣，而且还能在其子，也是其继任者那里继续保有这种恩宠（通常的情况是，新任国王在身为王储时就记恨前任眼前的红人，因此这些人在新王登基时就会失宠，特别是像白金汉这种与老国王如此亲近的臣子——两人的通信中，国王自称"父亲"，昵称白金汉为"斯泰尼"）。由于斯图亚特宫廷从这一时期开始便完全由维利尔斯的亲戚占据，因此不只阿拉贝拉·丘吉尔很早就在宫廷中落脚，连她的弟弟约翰也在 17 岁时成为后来的詹姆斯二世家中的跟班，而后又当上了贴身侍从，这一过程尤其得益于他与表姐芭芭拉·维利尔斯的绯闻，而后者同时也是查理二世的情妇之一。在查理二世的手下，约翰被擢升为丘吉尔勋爵。和很多宫廷侍臣一样，约翰同时也开辟着军旅生涯，他先是在路易十四的军队中学到了打仗的本领，然后在詹姆斯二世手下升任皇家骑兵卫队的司令官。3 件事情成就了丘吉尔理想的宫廷侍臣生涯：首先是与聪明的宫廷贵妇莎拉·詹宁斯秘密恋爱结婚；其次是他的姐姐与詹姆斯有一个儿子，现已升为贝里克公爵（原名詹姆斯·菲茨詹姆斯，用诺曼语来说，就是"詹姆斯，詹姆斯之子"）；再就是他享有詹姆斯的绝对信任，因为他在詹姆斯作为王子最不受欢迎的困难时期忠诚地陪着他流亡。因此，作为国王的詹姆斯明白，只要有像丘吉尔这样忠诚、机智且信仰新教的侍从支持，自己就可以无虞。

自从成为天主教徒，詹姆斯二世就面临另一种形式的子嗣困境。如

159

果詹姆斯那些误入歧途的臣下不得不假定，他的统治只是一段短暂的幕间插曲，那他又怎么能期待他们会自愿认识到天主教是真正的信仰，或者至少对此持宽容态度呢？毕竟他已经 52 岁，按照当时的标准来看，已经没有几年活头了。如果没有婚生子，他的继承人将会是信仰新教的长女玛丽，而玛丽已于 1677 年与奥兰治亲王威廉结婚，也就是反抗路易十四的防御战中的那位大英雄。詹姆斯不明白的是，恰恰是由于缺乏天主教的继承人，他的臣下才能够容忍他：一旦知道天主教的统治不久就会结束，他们就可以咬牙切齿地忍受着。詹姆斯自然不愿如此，因此在第一任妻子死后，他于 1673 年娶了一名路易十四为他找来的、比他年轻 25 岁的天主教徒——摩德纳的公主玛丽亚·比阿特丽克丝·埃斯特，一位意大利统治者和马萨林众多外甥女之一所生的女儿。[1] 她和詹姆斯有 4 个孩子早夭，最后一胎是 1682 年所生，因此在詹姆斯上台时，新教徒觉得没有什么可担心的。1688 年，王后还不到 30 岁，而她的夫君与英国国教教会和贵族的矛盾越来越深，这时她又有了身孕。大概是出于迷信的谨慎，她很晚才告知医生，虽然并非不可理喻，但后果是灾难性的，因为这导致孩子的出生比预期提前了很多（1688 年 6 月 20 日）：这是一个男孩，自然受洗为詹姆斯，根据父权制的继承原则自动把他同父异母的姐姐从王位继承人的第一位上挤掉了。这一令人震惊的消息非常不幸地卷进了政治危机中，使得王室生产时普遍的防备措施都起不到任何作用。尽管王后在最后一刻命人请了众多见证人来到自己的卧室，但收效甚微，连一向头脑清醒的英国人都在最短的时间内坚信，这个孩子既不是国王的，也不是王后的，而是被无耻的耶稣会士用汤壶私运进宫的：人们认为这些人无所不能。当时有个玩世不恭的人写道：只有这个孩子死掉，人民才会相信他的真实性。在

---

[1] 玛丽亚·比阿特丽克丝·埃斯特的父亲是摩德纳公爵阿方索四世·埃斯特（Alfonso IV d'Este，1634—1662 年），统治着意大利的独立公国摩德纳和雷焦；母亲劳拉·马丁诺齐（Laura Martinozzi，1639—1687 年）是马萨林的外甥女。——编注

可怕的几周里，人们似乎可以立马验证这个假设。因为国王的御医此时发现，母乳对婴儿特别危险，一定要替换为面包汤和甜白葡萄酒的混合物，并且还要在里面加上"戈达德医生的滴液"——一种由氯化铵、晒干的蛇和绞刑犯的颅骨制成的产品。在教皇、路易十四和王后干预之后，一批善意且无知的医生才终于愿意给半月大的王子开了一位出身高贵的夫人的奶水（没有人意识到，王后本人也可以哺乳），后来他们又不得不允许一名铺瓷砖工人的妻子来替换这位夫人，因为这位工人之妻显然更加胜任。在非常短的时间内，这个此前一直病恹恹的婴儿便长势喜人，7名贵族阴谋家见状给国王的女婿奥兰治亲王威廉写了一封加密信，请求他出兵英国：真正的信仰危在旦夕。

    威廉该接受这一邀请吗？一方面，他早就希望妻子玛丽作为詹姆斯的长女很快就能继承王位，因此小王子的出生对他是个不小的震动。出兵英国对他必然很有吸引力，这样他就很容易有机会让议会宣布，这个王子来路可疑，由此将其排除在王位继承人之外。另一方面，这种入侵不仅是军事上的冒险，因为英国人（以及有多少人）真正想要他做什么仍不甚明了。英国和欧洲各国一样，王朝的继承权对绝大多数人来说是符合上帝意愿的，并且是社会秩序唯一可信的基础。如果国王通过上帝的意志且不假人力而继承的王位都可以被夺走，那所有的私有财产及不同臣仆集团世袭的所有特权都将不再稳固，特别是在近代早期的条件下，现实地看，可以预见，合法世袭君主的人不会被和平选举出的民主人士（该从哪儿弄来这些人呢？）所取代，而只会被那些最无所顾忌和最残暴的人取代——这一推测的依据不仅有三十年战争或者法国投石党运动的经验，而且也是被第一次、也就是上一次英格兰共和国（1649—1660年）的失败证实了的。因此，1688年的大多数英国人并不希望自己的国王倒台，只是想看到他被迫遵守不成文的宪法，即尊重议会的权力及英国国教的不宽容。为了实现这些愿望，威廉一方面必须登陆英伦三岛并在军事上战胜自己的岳父，逼他低声下气地妥协，直至永久否认自己的亲生儿子；另一方面，在这个

161

162

过程中，威廉不能引发令人不安的印象，让人觉得他是个残暴的违法者。因此，上述工作完成后他必须退回尼德兰，盼望詹姆斯去世前（也就是自己的妻子玛丽登基之前）不会再发生什么始料未及的事情。这可不是特别容易。

然而真正令威廉难以决定的是，他在自己国内的发言权非常少，比英国最极端的自由分子期待他们国王拥有的发言权还要少。尼德兰是一个共和国，虽然威廉顶着最高总督的头衔，但形式上差不多相当于一个联邦共和国的最高司令，上级是一个强大的七省代表大会——联省议会（尼德兰的七省即国家），人们将其看作尼德兰国家形象的化身，甚至官方说法也不是"尼德兰"，而是"七省"军队和"七省"领土。由于七省代表大会与奥兰治的最高总督之间始终存在权力对抗，因此正常情况下，威廉如果只是为了扩大他的个人权力而发动一场大型战争，大概不可能获得联省议会的批准和征收来的税金。在这种情况下，唯一能帮助威廉的，恰恰是他的死敌路易十四。

早在 1672 年，正是为了抵御法国的一次进攻，威廉才爬上了此前已经被废除的执政之位。他在 7 年的战争岁月中一次次获胜，不仅成了同胞的英雄，也成了整个欧洲的英雄。逐渐地，越来越多的强国开始反抗法国，后者此时的经历很像很久之后的德国：成为欧洲大陆上最强的大国并没有什么用处，如果该国因为强大而傲慢，那么最终其他强国就会联合起来抵制它。当时法国有 2000 万人口，比包括俄国在内的其他任何一个欧洲国家人口都多（在当时的条件下，这使法国同时成为最富有、军事力量最强大的大陆国家，因为人口优势还不能利用工业或军事技术来补偿），即使是大型的联盟也无法完全战胜法国。但是反过来讲，路易十四的财源也几近耗光，自 1678 年起，他转而施行前文所述的重新联合政策。在历经上百次小小的刁难之后，这项政策旨在为他带来"仅仅只是"他认为必要的领土和堡垒，用以长久维护那些掠夺来的土地。

遗憾的是，一向受成功眷顾的强国统治者认为的克制的新政策，在相关邻国看来，却与前几年的扩张侵略如出一辙。1684 年，在用武力攫取斯特拉斯堡和卢森堡之后，尽管动用了勃兰登堡同盟，除了停战，路易从罗马－德意志帝国别无所获；1686 年，中欧大多数强国结成了奥格斯堡同盟，明显是在针对法国。为了阻止对方可以预见的进攻，路易决定，只要皇帝（也就是奥地利）的部队还在忙着匈牙利境内的土耳其战争，他就发动一场先发制人的战争。1688 年，一场丧事促使人们重新选举科隆和列日地区直属帝国的修道院院长和主教，一名亲法的候选人被以可指摘的方式踢出了程序，法国对所有邻国的进攻显然一触即发。尼德兰不仅与这些地区接壤，而且还是反法同盟最重要的前哨，可以预见，尼德兰尤其要 164
做好应对法国进攻的准备。知道这一危险的存在，也是威廉·冯·奥兰治进攻英国的一个重要理由，至少与他妻子继承王位的要求同样重要。只要岛上掌权的是路易的天主教盟友詹姆斯，尼德兰就要担心两面受敌。如果威廉成功颠覆詹姆斯，自己成为英国首脑，那英国必然会陷入与法国的战争中，也就必然要支持尼德兰。因此威廉决定，接受 7 名阴谋家的邀请，为入侵做好一切准备。威廉面临着巨大的风险，这不仅是因为他的计划想要成功，就必须违背英国盟友的意愿，永久罢黜詹姆斯；最重要的是，他必然要受到行事荒唐的指责——恰恰在法国眼看就要进攻尼德兰之际，却将几乎所有的尼德兰军队派往英国，那谁来保卫尼德兰呢？威廉十分重视这些反对理由，这从他情愿干脆向联省议会隐瞒自己出兵的决定就可以看出。1688 年的整个夏季，威廉都在大举加强军备，除了几名顾问，没人知道军备的进攻路线。换句话说，威廉游走在深渊之上，他自己肯定也清楚这一点。如果在法国人进攻的时候被证实，威廉为了一己私利，把“七省”的军队调到了别处，那么他可能将面临与昔日政敌同样的命运——他们由于保护国家不力，1672 年在海牙暴民的手中落了个粉身碎骨的下场。因此，这位奥兰治亲王一定分外感激，恰恰是他的头号敌人路易为他解了围：1688 年 9 月 24 日，路易十四命令部队进攻普法尔茨的边境堡垒菲利 165
普斯堡，尼德兰和大不列颠的命运由此尘埃落定。

　　路易在长时间的权衡后决定，进攻尼德兰不如进攻菲利普斯堡重要，因为只差这唯一的一座堡垒，就可以完全封锁起他在阿尔萨斯占领的土地。路易十四出兵的借口是弟媳伊丽莎白·夏洛特，也就是德奥尔良公爵夫人的继承权，因为同性恋王弟殿下的第二任妻子生来就是普法尔茨公主，从 1685 年起就是其家族一支的直接继承人。眼下她不得不忍受着凡尔赛的人们定期拿着从普法尔茨新掠夺来的东西向她献殷勤，而与此同时，她度过童年的地方被一种组织良好的新型暴行夷为平地——国防大臣德卢瓦打算在新国境之外创造一片被烧光的不毛之地，令敌军无法在此获得任何食物与支持。著名的海德堡宫殿废墟正是该政策的结果，相反的例证则是德国西南部的大量巴洛克风格内城：这些都是 18 世纪早期的新建筑，用来代替战争中被摧毁的建筑。从凡尔赛的角度来看，这一切都算不上攻击，只不过是预防性的自卫。但出乎意料的是，路易恰恰由此引发了将会破坏法国以往优势地位的发展势头。

　　路易十四在德国南部拉开了大型战争的帷幕，发动了针对这一地区所有邦国的战斗，他通过这种方式表明，今年法国不会再进攻尼德兰了；同时这就意味着，他解除了对盟友詹姆斯二世的保护，让其任人宰割。菲利普斯堡遇袭 5 天后，威廉·冯·奥兰治向联省议会坦白了出兵计划，联省议会马上予以批准。虽然尼德兰的舰队由于秋季的风暴仍耽搁在北海上未能出港，但是原本可以将它们击沉的法国战舰此时已驻扎在地中海，鞭长莫及。由于詹姆斯一开始草率地拒绝了法国的帮助，路易现在整顿好战舰，为讨伐教皇做好了准备，起因是教皇竟敢取消法国大使在罗马不受限制地开展黑市贸易的权利。

　　风向终于变了，眼下迫使英国舰队退回泰晤士河的同一股"抗罗之风"，也推动着威廉入侵的战舰，吹得他差点儿与英国擦肩而过。1688 年 11 月 15 日，威廉于远在岛上西南部的托贝登陆。正是接下来发生的事情，才迫使到目前为止在国际上一直无足轻重、仅有 500 万人口的英国，开始向着日后那个强大的权力机器转化，并在接下来的 200 年间屡次挑战法国

的地位，最终彻底把法国从统治地位的宝座上拉下来：世界上很大一部分
地区今天都自然而然地把英语作为第二语言，而不是法语，这种局面根本
上要追溯到 1688 年年末发生的事件。

在托贝，奥兰治亲王的 1.4 万名士兵走下了战船和登陆艇，其中包括
尼德兰人、勃兰登堡人、胡格诺派教徒、瑞士人、瑞典人，甚至还有几个
英国人。在登陆的前两周，他们几乎寸未移，因为他们漂洋过海艰难带
过来的 3600 匹马应激地扭伤了腿；同时，他们还得为部队搞来食物，这
在路况恶劣、农业效率低下且没有跨区域粮食交易的时代非常困难——因
此，近代早期的大部分战争，都是在不交战的情况下将敌人引入只能在饿
死和撤退中二选一的区域。就这样，威廉有几天一直在紧张地等待着阴谋
家们向他承诺的众多振奋的追随者。这些人一开始完全没露面，最后确
实来了第一批绅士及他们武装起来的下属。尽管这批人在对抗国王的职业
军人时派不上什么用场，但是他们的到来表明，威廉是受欢迎的。反过来
说，詹姆斯现在难免会感觉到惹恼自己的人民意味着什么。大多数英国人
虽然直到现在仍然遵循英国国教的理论，按照该理论，人们不能主动反抗
上帝选定的统治者、涂了主的圣油的君主；但是詹姆斯已经因其宽容政策
失去了国教教会的忠心，现在实验式地证实，不做积极抵抗可以引发多大
的效果。当国王要求主教们在布道坛上呼吁反抗进攻者，他们向国王报以
恭顺和无疑费了很大力气才压抑下的笑声。幸亏刚刚结束的针对 7 名主教
的诽谤案提醒了他们自己的职责所在，那便是严格脱离政治，如此一来，
很遗憾，他们什么都不能做。当詹姆斯率领近 4 万人的强大部队迎击来犯
的女婿时，田园般的英国西部立马变成了国王的噩梦：当地人藏起了自己
的储备；国王的侦察兵要么投敌，要么带来信口捏造的可怕消息，而来自
本国其他地方的确凿消息却常常丢失；因流鼻血分散了精力的国王还得调
解宫廷人员普遍的礼仪之争。国王的总司令费弗沙姆及其军事顾问、法国
人德罗伊不仅是胡格诺派教徒和表亲，而且二人还都是奥兰治亲王的近
亲，这令他们在这种处境下着实尴尬。二人在 12 月 3 日劝服国王退守伦

敦，就在当天夜里，詹姆斯那个从一无所有中崛起的宠臣丘吉尔勋爵投敌，早在数月前他就承诺同敌方合作。国王部队的撤退变成了一场笑话，军队因为士气低落，人数逐渐变少，越来越多的军官开始逃跑。詹姆斯甚至不得不真真切切地逼迫次女安妮的丈夫与自己同车而行，但最终连他也弃国王而去。12 月 13 日，费弗沙姆向身在伦敦的沮丧君主宣布，国王的军队已经不复存在。

　　当奥兰治亲王带领逐步壮大的军队从容地向伦敦挺进时，连詹姆斯最忠诚的追随者都不再镇静，逼他派特使与侵略者谈判。要是再坚毅一点，或许詹姆斯直到此时都能拯救自己的王冠，因为再过不久，真相大白的时刻就会到来。那时候威廉就必须撤回尼德兰，或者承认他绝不是此地国王和臣仆之间无私的调解人，而是想把王位据为己有，然后把这个国家卷进与欧洲最强国的战争中。詹姆斯不想任由事态发展到严重地步，宗教的宿命论和意志消沉并非唯一的原因。他还记得，自己的父亲查理一世是如何在类似的策略后，于 1649 年被克伦威尔的革命党人砍头的，以及君主制度是如何因为王室其他成员及时逃亡自保而在 1660 年重建的。最重要的是，詹姆斯对于"谁该最怕威廉"这个问题并不抱有幻想，因为长期来看，只有一人挡在威廉和王位继承权之间："那就是我的儿子，他们为他而来。"

　　威廉向英国人所做的宣言中，包括要求调查小威尔士亲王据说可疑的出生情况，没有人怀疑此类调查得出的结论会不符合预期。这样一来，小亲王就会被宣布为来路不明的孩子，由于所有人都记得 1660 年发生的事情，所以最好的情况就是把他在英国的某个地方关押一辈子；最糟的情况大概就是发现一种传统的婴儿疾病或者找来新的庸医，就像那些没有恶意也差点儿把他害死的医生一样。王后也面临着巨大的危险，因为她才 30 岁，还有大把的时间再为丈夫生一个儿子。如果她在英国被捕并且与丈夫分离，詹姆斯就无法再次将合法的继承人带到世间，这样一来，威廉就能非法接管政权，然后伴随着詹姆斯可以预见的死亡而合法化，因为那时候威廉的妻子玛丽就能以合法的方式继承王位了。

    詹姆斯对这种残酷而清晰透彻的王朝逻辑了然于胸，在白厅的最后几天，他几乎完全是在准备妻儿的逃亡中度过的。由于詹姆斯不信任身边的英国人，因此随从中只剩意大利人和法国人可以做他的帮手，而他们自然全是平民。恰在此时，著名的洛赞伯爵提出愿意效劳，这在詹姆斯看来不就像是命运的暗示吗？于是就有了后来的这一幕，12 月 20 日凌晨，洛赞和里瓦从白厅接走了平民打扮的王后玛丽亚·比阿特丽克丝和 6 个月大的亲王，穿过白厅沉寂的游廊和"私人花园"，坐上托斯卡纳使臣的马车，把他们带到霍斯菲利的码头。当玛丽亚·比阿特丽克丝还在伤心地与自己的丈夫告别并拒绝带走自己的首饰之时，务实的洛赞早就公事公办地把众多首饰盒里的东西倒进了他自己的衣服口袋里。

    一夜之后——王后的游艇横渡了英吉利海峡——在白厅中终于只剩詹姆斯自己了。詹姆斯二世仔细地、一封接一封地把已经签字盖章的命令信投入火中，这些信要求各伯爵领地和城市选举新的议会成员，眼下不可以落入敌手。詹姆斯已在 1687 年按照宪法解散了上一届议会，之所以公布新一届的选举，就是为了向臣下表明他的良好意愿。但选举一直未举行，如果他现在把命令信烧掉，并停止使用大国玺，那么这个国家就没有人可以合法地召集议会，因为只有加盖玺印的国王命令才能召集议会。虽然国王觉得这个主意不错，但他此刻仍然心不在焉；晚上最后一场交谈的对象是艾尔斯伯里伯爵，此人充分利用自己内廷侍臣的宫廷官职，不受干扰地在国王的寝宫拜见了他。伯爵哀求国王，率领最后一支忠诚的军队进军北部，当詹姆斯拒绝时，艾尔斯伯里伯爵向他详细描述了自己所知的秘密逃亡计划："国王陛下将会与爱德华·黑尔斯爵士、低级侍从拉巴迪、掌马官谢尔登及马车夫迪克·史密斯一道驶往霍斯菲利，从那里乘船渡过泰晤士河，在兰贝斯上岸，岸上会有马匹等候，国王陛下将骑上栗色那匹以我父亲命名的艾尔斯伯里……"幸亏伯爵不是叛徒，他悲伤而充满敬意地与国王告别。可以理解的是，国王仍然紧张起来，没把所有的命令信都烧光

170

就立马启程了。

　　篇幅所限，我无法像描述他妻儿的逃亡过程那样来描写詹姆斯二世的逃亡，但是一定程度上也很容易总结：实际上洛赞和同伴们做到的事情，国王也做成了，只有最重要的事情失败了。在横渡泰晤士河前往兰贝斯时，国王几乎算是亢奋地把大国玺扔到了泰晤士河里；但出海不久，逃亡游艇的船长就断定，船太轻了，无法平安渡过英吉利海峡，他必须返回希尔内斯港，在那里装载压舱物，除此之外别无他事。当晚上 11 点终于装好压舱物、正打算启航时，3 艘渔船停泊在游艇旁，约 50 名武装人员从船里出来登上了游艇。这些人都是这些天里在全国到处搜查可疑外国人和天主教徒的武装分子，他们自然立马认出了这一带最大的地主爱德华·黑尔斯爵士。当然，他们没有认出国王，怎么可能认得出呢？在这些人大概会不时见到的硬币或廉价木刻版画上，戴假发的高贵人士都长一个样。在伦敦，人们如果足够幸运并且在长久等候后有可能见上詹姆斯几分钟，但是伦敦远得离谱，在 60 千米开外……就这样，满怀爱国心的渔夫看着他们的国王，立马明白：这个看上去来自南欧、戴着廉价黑色假发、涂脂抹粉的家伙，肯定是一名凶暴的意大利耶稣会士，因此要抓起来。这伙人从国王身上夺走的耶稣受难像只是一个根本没有必要的证明，他们不知道的是，受难像里藏有一片花大价钱买来的真正的基督受难十字架碎片。此外，至少国王及时把他的权戒和妻子的巨大宝石发夹藏到了贴身衣服中。爱国的渔夫们骄傲地把他们捕获的大宗"猎物"带到另一座城市，在那里才有人认出了国王。詹姆斯在一个脏兮兮的乡村客栈中胡子拉碴地被关押了 3 天之久，肯定也听到了渔夫们如何与当地的绅士争论，谁可以把他交给奥兰治亲王处置。直到艾尔斯伯里伯爵到来，受聚集在伦敦的勋爵们的委托，将詹姆斯带回伦敦。

　　民众和很多贵族热情地接待了詹姆斯，6 天的无政府状态让他们想起了没有国王会造成哪些混乱。无论是本来的造反者还是温和一些的政客，都震惊地领悟到，国王的失踪将使他们完全受制于奥兰治亲王，因为到那

时候，只有亲王才能用军事力量重建秩序，而只有人们大体上无条件地把
王冠拱手于他，他才会这样做。这一次詹姆斯还可以保住自己的权力，只
要他表现得坚定果敢就行。但是在经历了前几日的劳累和屈辱之后，这位
55 岁的老人已经做不到这些了。在白厅宫殿的英国御林军被替换为索尔
姆斯伯爵领导下的尼德兰近卫兵之后，精心安排的几句有关阴谋暗杀计划
的暗示就足以说服詹姆斯，他只有在首都之外才安全。因此，12 月 28 日，
一支护航队开船带着执政的国王沿泰晤士河顺流而下，前往罗切斯特。在
那里，遵照威廉的命令为国王分配了一栋房子，房子的后面直通梅德韦
河，尼德兰卫兵仅需在其他三面值守。1689 年 1 月 1 日晚间，国王拿到了
为他本人及其随从准备的空白护照，带来护照的不是别人，正是 18 岁的
贝里克公爵——国王与阿拉贝拉·丘吉尔的非婚生子，同时也是叛徒丘吉
尔的外甥。在守卫和用人秘密撤退后，詹姆斯、贝里克和其他 4 人从房子
的后面登上了一艘船，启程试图第二次逃亡。威廉·冯·奥兰治有几天不
得不祈祷自己无能的岳父成功，后来终于传来了打破僵局的消息：1 月 4
日，按照当时英国的历法还是圣诞节假日的第一天，逃亡者们平安到达了
法国海岸，受到了宫廷显贵的接待，此前迎接洛赞和王后的也是这批人。
伴随着国事访问的所有仪式，詹姆斯先是被带到自己痛苦的妻子身旁，接
着来到路易十四的宫廷。路易十四因为与表兄重逢而深受触动，其程度几
乎不亚于他将为这个与自己身份相当的人做出的一系列特别崇高、正派和
慷慨的姿态，而这一点没有人比他更擅长。詹姆斯的逃亡，也正好在圣诞
节时把英格兰和苏格兰王国放在银质托盘上献给了自己的外甥兼女婿威
廉·冯·奥兰治。

　　与此同时的另一场漂洋过海之旅却没有那么幸运。已经作为舞者为我
们所熟知的勃兰登堡上尉杜比斯拉夫·格诺伊玛·冯·纳茨默通过自己的
连襟、高级内廷总监格伦布科，在派往英国的部队中谋得了一个职位，眼
下 1689 年新年刚过，又不得不作为重要信件的信使返程。他的船在渡海
时遭到法国海盗劫掠，这些海盗受自己国家的委托支持詹姆斯，把纳茨默

172

173

当成俘虏带往敦刻尔克，并定了一个高得离谱的赎金，因为他们根据纳茨默副司令（其实只是"司令的得力助手"的意思）的头衔，误以为他是一名将军。要不是借助仆人约亨实现了精心制定的逃亡计划，纳茨默大概就得长年留在法国了——欲知这一计划，只能参阅他有趣的回忆录。这次逃亡中最值得注意的角色是仆人，他为主人逃亡缝制了新的衣服，为了掩护主人而留在看守那里，然而又从那里逃脱，并于途中再次被捕，然后又一次逃脱，最终在比利时再次找到了自己的主人，尽管他会说的法语词极有可能连 3 个都不到。鉴于此，所有研究过自己家族且第十代祖先中有一个后波美拉尼亚的名叫约亨或约阿希姆的裁缝师傅的读者，当然可能会想，这位裁缝师傅肯定过着一种被束缚且平淡无奇的生活。但是，我要提醒这些读者，永远不要对事情太过肯定：值得反复查阅的是，有没有一个像杜比斯拉夫·格诺伊玛·冯·纳茨默这样的人出面做孩子的教父……

勋爵们由于缺少合法的政府或议会而聚集在伦敦市政厅，他们听说无福的国王最终逃亡，便只好与胜利的亲王商定显而易见的事情。由于罢黜国王并使他的儿子合法消失明显与迄今为止的整个宪法不符——这事只能由一个完整的议会来宣布。然而，在既没有国王也没有大国玺的情况下无法召集议会，因此人们把遵照勋爵们和各个前议员的命令选出的组织称为"协约"，然后在举行会议之后以一种高雅但自然不是很令人信服的循环论证来宣布自己为议会。毫不妥协的合法性爱好者由此可以坚持认为，1689 年 2 月 1 日起的整个英国宪法的发展，很遗憾，在法律上都是无效的。因此，英格兰、苏格兰和爱尔兰王位当今的合法继承人是巴伐利亚的弗朗茨公爵，他之后的继承人是他的弟弟马克斯，然后是列支敦士登的王储妃、公爵的侄女索菲公主。

为了在选举时 23% 的选区能有多名候选人到场，这段时间真是喧嚣得可以——在和平一些的时期，很少有竞争的候选人，因为选举并不保密，选民清楚地知道，各自的选区中谁有权力惩罚或奖赏他们。但最终结果仍然是可以预测的。2 月 23 日，下议院和上议院宣布，国王通过逃跑放弃了

王位，因此现在由其女及女婿作为玛丽二世和威廉三世共同继任：只字未
提詹姆斯所谓的冒牌儿子。4 月 21 日，这对获胜的夫妇在威斯敏斯特修
道院加冕，加冕宴会上，斯克利威尔斯的查尔斯·迪莫克先生一如既往地
行使着世袭的国王护卫一职，他把一只铁手套扔到地板上，以此向所有不
把威廉和玛丽视作国内合法统治者的人发起挑战。按照法定情形，在证明
这一次同样也没有人接受挑战之前，他可能比以前加冕礼中的先人更为紧   175
张——很多很想接受挑战的人要么已经在大洋彼岸，要么一动不动。在接
下来的 9 年中，英国从一个国家机器不健全的边缘国家发展成为能与法国
抗衡的两个重要国家之一。它习惯了国际性的结盟、欧洲的均衡政策、常
备军及相应的税收，因为这个国家的政治精英知道，在驱逐了合法的国王
之后，他们只有胜利或毁灭两条路。由于战争需要不断地批准新的税收，
议会召开得越来越有规律，最终从定期事件发展成为常设机构。这样一
来，英国人不仅阻止了专制君主制的建立，而且还在接下来的一个世纪中
无意间证明了当时没有人能预料到的事情：自由可以使一个国家更强大。
太阳王的臣下们可能会为他的攻城略地和辉煌宫殿而自豪，但是他们只是
为了很高的利息才把钱借给国王，因为他们清楚，国王随时可以不受阻碍
地宣布国家破产。此外，由于路易十四及其继任者们均不敢持续向贵族或
牧师征税，因此法国政府只能有限地从本国的巨大财富中获益，几乎始终
处于破产的边缘。相反，英国人知道，他们的国债有保障，因为议会由大
地主、富有的城市市民或者他们的傀儡组成，无一例外，即使出于自身利
益，这些人也永远不会批准国家破产。贵族甚至愿意为自己的地产支付一
笔按照当时的标准来说很高的税金，因为他们清楚，由他们主导的议会会
控制这笔钱的使用，这样就使得"自由的"英国人几乎乐意支付比"不自
由的"法国人更高的税金。这里产生的体系，绝非理所当然地比法国的体
系更人道或者更公正，但是可能要有效率得多，以至于英国人不仅从国力   176
4 倍于己的法国手中夺取制海权，在这之后还有足够的余钱可以在陆战中
雇用勃兰登堡、汉诺威和黑森的雇佣军。18 世纪将会变得引人入胜。

在所有这些改变当中，大国玺的丢失及前文描绘的法律后果似乎没有使任何人特别痛心。在威廉和玛丽取得王位之后，他们命令上一块国玺的制作人用幸运保存下来的蜡模迅速重制了一枚。名字很容易更换，詹姆斯二世的头像也是。国王的骑行形象不变，头像被换成了几乎难以区分的威廉头像。只不过破例拥有同等权力的女王给雕刻工人带来了一定的麻烦，因为工人必须将她呈现得与她的丈夫一样，而詹姆斯二世的国玺上只有一匹马的位置。因此在不太令人愉快的最终版本中，骑马的威廉身旁飘着一个有胸的鬼影，威廉的坐骑头顶是一个没有身体的马头，这匹马的鼻子在国玺边缘悲惨地与威廉的序数 Ⅲ 撞到了一起——所幸重要的只是姿态。由于新君主们以这种方式迅速解决了国玺问题，当几周之后一名惊诧的渔夫从泰晤士河中捞起了国玺原件时，詹姆斯二世彻底的霉运基本上象征性地圆满了——连扔国玺也没有成功。

与此同时，倒霉的国王与妻儿及宫廷随从在法国舒适地流亡。法国的宫廷侍臣对詹姆斯二世很有好感，并且写道，听他倾诉的人都会很快理解，他为什么会在这里。当事态渐渐清晰，詹姆斯二世的到来大概不会是一次访问时，路易十四就慷慨地把圣日耳曼－昂莱的宫殿给了表兄使用，他本人已经于 1682 年彻底从这里搬进了越来越大的凡尔赛宫。因此，小威尔士亲王现在成长的房间，正是 25 年前太阳王潜往德摩纳哥夫人那里时经过的那些房间。还要过很多年，小亲王才会长大到可以明白，他是真正信仰和几十万忠诚的英国人的巨大希望。

小威尔士亲王同父异母的哥哥、非婚生的贝里克加入了法国军队，并在凡尔赛再次遇到了几乎同龄的堂弟里士满，就是那个 1685 年 13 岁时当着路易十四的面改宗天主教的英国国王的私生子，而他现在知道，改宗是误判了形势。很长时间以来，甜蜜的回忆一直困扰着里士满，由于革命，他丧失了从纽卡斯尔运出的每一箱煤中获得一先令费用的特权，不久，这一收入就会牵引着他最终回到寒冷的北方及英国国教教会的怀抱。

因此，海峡这一侧的洛赞是唯一一个可以将英国人的光荣革命作为净利润记录下来的人，这不仅是因为詹姆斯二世当即向他授予了嘉德勋章。作为英国王位继承人和王后的拯救者，洛赞在路易十四那里也翻了身。路易十四不再惧怕洛赞前女友"小姐"的暴怒，在凡尔赛张开双臂欢迎洛赞。昔日的宠臣重新获得了"随便出入"的权利，又可以在国王每天晨起接见时第一个进入他的卧室，此外还获得了在宫里特别难得到的套间作为嘉奖。"现在我只需要拿回禁卫军首领的位子，"洛赞想，"一切又好起来了。"所幸他已经为此有了计划。

第 7 章

卢博米尔斯基们宁愿不要勋章

柯尼斯堡，1690 年 5 月 24 日

选帝侯国勃兰登堡的宫廷布道师本雅明·乌尔西努斯如若设想过现代国家，那么他最迟眼下就会盼望着它到来：那样岂不是免去了他的一切麻烦！他在意的不是布道本身，因为在他和当时所有的人看来，选帝侯的就任庆典自然会包括一场布道。对于选帝侯、公爵和其他统治者来说足够糟糕的是，只有皇帝和国王才有真正的加冕，并且只有皇帝和国王才能享受让人肃然起敬的宗教仪式，这些仪式把他们变成了半个教士和半个救世主。法国国王不仅被加冕赋予了礼拜仪式中的圣歌所祈祷的"犀牛的力量"，还获得了通过触摸治愈淋巴结核的能力。淋巴结核是一种无法明确定义的皮肤病，成千上万的感染者会在加冕时出现，从而获得国王的触碰。1825 年还实践过这种治疗，尽管当时路易十五已经不做这事了——他从 1738 年起的 36 年间完全公开地生活在罪孽中。在英国，这一传统于 1689 年首次被打破，1714 年彻底终止，因为从光荣革命中崛起的君主势

必有所畏惧，害怕治愈失败会被人当作不合法的证明。国王之外的统治者无权举行这一神圣的仪式，他们只能满足于所谓的臣服礼——臣属们在臣服礼上宣誓服从。由于宣誓是一种宗教行为，而在近代早期，像统治者更迭这么重要的官方策划，不可能在宗教的框架之外举行，因此在真正的臣服礼之前必然举办一场布道，从而再次向臣属们解释，为何上帝命令他们服从。

尽管如此，一贯对国家虔诚的乌尔西努斯在这天却没法真正提起兴趣，原因就在于四分五裂的政治结构。勃兰登堡选帝侯腓特烈三世统治的也不是一个国家，而是 12 个世袭而来的地区，它们不成系统，分散在尼德兰和立陶宛之间的广大地区，其中有 4 种不同的宗教、至少 3 种语

言，但没有一个共同的名称。统治者个人维系着这种结构，因此臣服礼必须在各个地区分别举行。所幸早就在欧洲贯彻执行的是，世袭统治者的政府始于前任去世的那一刻，也就是说，臣属们在臣服礼或加冕礼之前就必须顺从。腓特烈三世在 1688 年甚至立即让枢密院宣布父亲的遗嘱及遗产分配的命令无效，因为时代精神无法再认同这种规划。这样一来，首日只需要让士兵向腓特烈宣誓效忠，不然他们就可以合法地脱离部队。尽管如此，庆典仍然重要，只不过是作为一种补充的象征性的表演，因此选帝侯腓特烈随意地将其与出征、狩猎和拜访富有叔父（他有望继承这位叔父的遗产）联系起来，他的宫廷两年以来已经来来回回地游遍了中欧各地。单这一点就够令人厌烦了，而宫廷布道师真正的问题在于，即便是最机智的神学家也有用光合适的《圣经》段落的时候。乌尔西努斯曾在柏林做过关于"你的神是应当称颂的，他喜悦你，使你坐以色列的国位"的布道；在哈勒则是关于"我们从前在一切事上怎样听从摩西，现在也必照样听从你"；在克莱沃以"大卫啊，我们是归于你的，我们是帮助你的"为出发点；在比勒费尔德找出了"在上有权柄的，人人当顺服他，因为没有权柄不是出于神的"；然后在明登就"敬畏神，尊敬君王"说得少了些，而现在在柯尼斯堡，他想把这段话与"邦国啊，你的王若是贵胄之子，你就有福了！"联系起来。当然，始终有必要提前计划一下：乌尔西努斯为哈尔伯施塔特想出了"帝王借我坐国位"，在马格德堡无疑可以用"耶和华已经寻着一个合他心意的人，立他作百姓的君"来做做文章。这样他就只需要为施塔加德和屈斯特林寻找新的章节，幸亏后者将要举行的臣服礼与非常复杂的国家法问题纠缠在一起，他还有几年之久的思考时间。

181

　　1690 年的 5 月 24 日，柯尼斯堡的主角自然不是乌尔西努斯，而是典礼官约翰·贝瑟。就这一职位的本质而言，典礼官必然会紧张。当一项重大的国家活动临近，他们就会更加紧张，而这次的臣服礼是最艰难的一次（因其政治内涵，后文还会讲到），因此贝瑟完全有理由特别紧张。不仅如此，具体来讲，这也是他履新首日，在他之前，勃兰登堡宫廷还从未有过典礼官，迄今为止，重要的典礼问题都是宫廷侍臣和外交官们角力的结果，因此这位新上任的典礼官很难宽心，毕竟他能获得今天的角色，仅仅归功于神学专业和竞技体育的不幸结合。

约翰·贝瑟 1654 年出生于库尔兰，像乌尔西努斯及很多市民阶层出身的第二等级的发迹者一样，他是牧师的儿子，而真正成功的几乎都是法官之子。因此，约翰·贝瑟在此地，也就是东普鲁士的柯尼斯堡完成了预定的神学专业。后来为了能够跟着四处旅行，他于 1675 年接受了一个家庭教师的职位。于是，时年 21 岁的约翰·贝瑟与 17 岁的库尔兰贵族雅各布·弗里德里希·冯·迈德尔一同前往莱比锡大学。通常来讲，贝瑟的命运已经确定，因为年轻的迈德尔作为家族财产的唯一继承人，"富得有一吨金子"。迈德尔非常器重贝瑟，共同的学业结束之后，他肯定会为贝瑟在布里克腾或东丹根弄一个牧师的职位，这样一来，库尔兰之外就不会有人听说他的名字。

情势之所以有变，只能怪贝瑟的运动天赋，特别是他在击剑课上表现出的天赋。一名擅长击剑的神学家对于很多贵族来说是一种挑衅，他的贵族学生虔诚拘谨的举止更是加强了这种挑衅：这些人以为他们在干什么，互换角色吗？在一个不幸的日子里，迈德尔的贵族同学本尼希森带了朋友洛胡夫少尉来共进午餐。洛胡夫是莱比锡普莱森堡所谓的"蓝衫军"的一名军官，他先是找贝瑟的碴儿，接着挑迈德尔的刺儿，而且还真的很快被他找到了：他现在必须立即和他们其中一人打上一架。"那好吧，"迈德尔答道，"如果你无法保持平静，那我就给你一个理由。"他将一只锡壶狠狠地砸向洛胡夫的脑袋，令所有在场的人都意识到，迈德尔到目前为止的"庄重的冷淡"绝非源于"傻里傻气"。尽管接下来以壶和碟为武器的战斗结束了，但是迈德尔和贝瑟与洛胡夫和本尼希森之间最终发展成了正式的决斗，而本尼希森最近也加入了"蓝衫军"。1677 年 2 月 25 日，4 人在林登塔尔的枞树林再次碰头。在迈德尔和洛胡夫徒步用军刀较量了 4 轮仍然不分胜负之后，贝瑟在第一回合便刺中了本尼希森的胳膊，后者惊慌地

跑向自己的马，并从鞍囊中抽出手枪向贝瑟射击。其时，本尼希森的家庭
教师正坐在马上，他没有制止自己的学生，而是也开了一枪，给 3 名武装
好的仆人（根据一份大概中立的报道）或者 12 名"蓝衫军"（在贝瑟自己
的描述中）发信号，让他们从树丛中出来冲向对手。这场不公平的战斗以
迈德尔背部中枪并当场死在贝瑟的怀中告终，而他们的对手则逃跑了。洛
胡夫和本尼希森的行为明显违反规则，因此要负全责。二人作为逃兵永远
地消失了。本尼希森于 1689 年死于土耳其战争中的希腊摩里亚半岛战场，
他曾在该地效力于一名被剥夺了继承权的汉诺威亲王；洛胡夫在结婚 6 天
后死去，年仅 24 岁。但是随着迈德尔死去，贝瑟也失去了看似稳妥的任
职家乡牧师的机会。粗野的 17 世纪或许有时会出现像明斯特的"炮弹贝
恩德"那样好战的采邑主教，但是一名积极参与了一场致人死亡的决斗的
市民，在当时就可以永远告别牧师职业了。

　　贝瑟该怎么做呢？由于只有 3 门专业可选，而且贝瑟不喜欢医学，所
以他开始在莱比锡攻读法律。首先，贝瑟当然必须为自己的主人写一篇
悼词，同时也是为自己的行为辩解——或者更确切地说，是将辩解隐藏
在 134 页的篇幅中。这一旁征博引的长篇大论几乎没有可读性，但贝瑟却
因之声名大噪（他明显带有安慰意味地举了 24 个例子，来说明除了死于
决斗，人们还可能死于没熟的瓜果，死于高速飞来的网球，死于大笑、爱
情、愤怒、瘟疫或者野牛的攻击，我们这里只引用了其中的几个）。幸运
的是，迈德尔属于加尔文宗教徒网络，他的一位婶娘的妹妹是"乌费尔的
侍女"，汉诺威宫廷中的伊丽莎白·夏洛特·德奥尔良及其勃兰登堡的表
妹索菲·夏洛特相继受过她的教育，因此她总是带贝瑟到附近的德绍做加
尔文宗的礼拜。而现在，被谋杀之人躺在了这里的灵床上，安哈尔特 - 德
绍侯爵夫人亨丽埃特·卡塔琳娜亲自将一顶镀金的冠冕戴在了受害人的头
上。这位侯爵夫人出阁前是奥兰治家族的公主，也是勃兰登堡选帝侯的弟
媳，她帮助贝瑟在 1680 年进入勃兰登堡的外交界。微薄的薪水令贝瑟娶
了一位深夜在莱比锡街头遇到且再也不能忘怀的年轻姑娘；她的眼睛和贝

184

瑟的一样，也是天蓝色的。这个姑娘住在继父的父亲、总工程师巴西利厄斯·蒂特尔的房子里，而蒂特尔作为普莱森堡的司令，偏偏正是残暴的"蓝衫军"的指挥员。

结婚两年后，贝瑟于 1684 年作为勃兰登堡代办来到英国宫廷，因与查理二世打网球而令人瞩目。遗憾的是他在其他方面均力不从心：父辈的牧师之家或许没有为他与大人物打交道做好准备。不管怎样，选帝侯很快就将贝瑟替换下来，而且不打算再任用他为外交官，但也没有辞退他——统治者和"佣工"之间的关系是终生的。因此，贝瑟有数年之久被敷衍塞责地在其他职位之间推来推去，直到 1688 年，继任的选帝侯腓特烈三世终于授予他一个职位，而这要归功于贝瑟在伦敦的唯一一次成功。

1685 年，在首次谒见新国王詹姆斯二世时，贝瑟的"积分"高于来自威尼斯的同行，后者由于等级原因是勃兰登堡公使的天然敌人。威尼斯共和国曾经辖有塞浦路斯王国，从而要求自己的代表享有"王室待遇"，也就是与国王的外交官平等，以此与选帝侯的使臣相比具有优先权，而选帝侯的使臣们自然不接受。令人困惑的是，萨伏依公爵同样以理论上占有塞浦路斯为依据，此外他还不知怎么成了耶路撒冷的国王，就此与威尼斯人一道，到处与选帝侯的人争夺先例。伦敦的局势特别严重，威尼斯公使已经在这里赢了科隆选帝侯的人一局——在某次庆典时先穿过了一扇门。如果再发生这种事，其他强国的外交官就必须向本国宫廷报告此事。到那时，选帝侯的分量肯定会在各地下降：各地的主人将不会在宫殿的台阶脚下迎接选帝侯们的公使，而是站在 20 级台阶之上；人们只会让侍从官用四驾马车去接公使，而不会再让高级内廷总监带着六驾马车前去；而公使的妻子将来即便是在低等的小国也得忧心忡忡，唯恐那里的统治者不愿意顺便在她们脸颊上来一个礼节性的亲吻。由于外交官纯粹是各自君主的代表人，等级受损也会殃及君主，举例来说，甚至会将一名选帝侯夫人降级，令其他统治者在信中不再称呼她为"亲切挚爱的姊妹"，而是可能仅仅把她称为"亲切可爱的嬷嬷"。简而言之：天下将会大乱，不会再有人

知道自己地位为何。当贝瑟谒见詹姆斯二世以示祝贺时，阻止此类不祥之
事的担子势必沉重地压在了他的身上，如果那名威尼斯人在接待室挤到了
他的前头，真不知道他会是什么下场。因此，两人在冲向国王的时候就开
始用法语做祝贺演讲，以此来表明自己是第一个。此时此刻，贝瑟在莱比
锡上过的竞技体育课程最后一次发挥了重要的作用。所有外交官都能即兴
做此类演讲，但只有贝瑟能够一边以坚定的眼神看着国王不停地演讲，一   186
边抓住已经与他擦肩而过的竞争对手的裤子，尽可能优雅地一脚将其踢到
房间后面，而且没有因此中断自己对新王登基的美妙歌颂。当他结束讲
话，自然收获了自发的掌声，也难怪他此后打算以庆典为主业。

    此时，贝瑟在柯尼斯堡担任典礼官，并且就职首日就不得不组织最
为艰难的一次臣服礼。之所以艰难，是因为在普鲁士公国举办的这次臣服
礼不同于以往任何一次，并非只有选帝侯和臣下在场；第三方参加者也在
场，这就是问题所在。2 天之前，这批棘手的客人进入柯尼斯堡，阵仗令
2 个月前选帝侯到来时的排场都相形见绌。据贝瑟记录，在进城时金光闪
闪、令人不安的队列中，有"133 人"和"222 名仆人"及总共 419 匹黄
褐色、浅棕色马或土耳其马，连同 2 辆全部镀金的大使马车。第一辆大使
马车前的 6 只"老虎"虽然只是披着类似老虎的黑白斑纹毛毯的马，但是
马上盖的"老虎皮"及外国军官和雇佣兵的大衣上覆盖的却的的确确是豹
子皮。皮帽子上是真正的孔雀羽毛，宽大的皮带上是银质饰物。这些把头
发几乎剃光、留着髭须的人手中都持有带装饰的斧子和镶金的钉头锤，所
有这些都诉说着同样的内容：这些人来自东方的草原，并且以此为荣。波
兰是个多么奇特的双面帝国啊，现在代表波兰、以"特派使节"前来行臣
服礼的是王室内廷总监希耶罗宁·奥古斯丁·卢博米尔斯基领主和王室候
补官员长斯坦尼斯瓦夫·安东尼·什丘卡！波兰－立陶宛联邦太乐意向西   187
方展示一副东方面孔了，虽然明显地处边缘，但他们化不利为有利，从古
代游牧民族祖先斯基泰人和萨尔马提亚人那里发展出了一种深奥的异域优
势，当罗马还是个村落时，他们就战胜了波斯王居鲁士。然而，波兰－立

陶宛联邦国会的工作语言偏偏是拉丁语，虽然有着众多"蛮族"的民俗，但他们的天主教信仰却是欧洲面对东方最强硬的堡垒。作为欧洲大陆上最大的信奉基督教的平原国家，波兰－立陶宛联邦的国土几乎从波美拉尼亚边境一直延伸到黑海，从北部的里加湾一直到匈牙利与摩尔多瓦的边境。克里米亚鞑靼人和奥斯曼土耳其人直接与其毗邻，也是波兰－立陶宛联邦经常的战争对手，后者的干预刚刚帮维也纳解了土耳其之围。但波兰－立陶宛联邦的国王约翰三世·索别斯基是一名普通的贵族，他能登基要归功于对奥斯曼土耳其人取得的一系列胜利，因为波兰的国王实际上是选举产生的终身制总统。这一君主共和国的阻隔功能绝非仅限于抵御穆斯林。他们还向信奉东正教的俄国龇着獠牙，这颇有效果，以致欧洲其他地区仍然对俄国一无所知。就算法国和俄国偶尔有外交交流，但直到不久前，在俄国的国书中仍可以找到对一位几十年前就已死去的法国国王的问候，反之亦然，完全是常态。波兰－立陶宛联邦治下的臣民数量堪比路易十四的臣民数量，他们骄傲又强大，该国的使臣是选帝侯腓特烈三世在普鲁士的臣服礼上最不愿意看到的。那么，他们为什么会来这儿呢？

　　直到 1660 年，勃兰登堡选帝侯在普鲁士公国（很久之后才得名东普鲁士）的法律地位与在其他疆域内并没有多大不同，这些疆域全都位于"帝国境内"。在勃兰登堡和其余十个公国内，选帝侯虽然是所谓的国家主权的所有者，但不是最高统治者，因为只要把这个新式的概念运用到帝国层面，最高统治权就属于皇帝和帝国议会。这一点在实践中的影响可能越来越小，因为帝国作为一个国家既没有行政体制，也没有真正的军队。但是这一点却意味着，举例来说，选帝侯必须接受帝国法庭的判决、无权授予贵族头衔、不允许对其他的帝国政治体发动战争，并且在理论上的极端情况下甚至可以被皇帝和帝国议会罢免。最大的侮辱是象征性的，因为一方面选帝侯在领土层面（也就是在勃兰登堡、后波美拉尼亚、马格德堡、克莱沃等）作为君主接受等级代表会议的臣服礼；但另一方面，面对帝国，选帝侯本身就是一个"帝国政治体"，也就是一名臣下，在每次政府更迭时都必须跪着接过统治权的象征物，以此向维也纳的罗马－德意志皇帝表示臣服。虽然勃兰登堡选帝侯向皇帝屈膝由来已久，但是连他为此而派往维也纳的代表们也在令人痛心地提醒着他与非德意志君主的明显差别，那些人不承认他是更高一级的统治者，因此拒绝给予勃兰登堡礼节上的平等权利。

　　面对这种情况，加之罗马－德意志帝国的解体仍然遥遥无期，勃兰登堡的历任选帝侯自然就愈发要谋求至少成为在帝国外部拥有主权的统治者。在 1660 年之前，他们在普鲁士这块唯一的"帝国之外"的疆土内，自然要从属于波兰国王，就像在帝国内要从属于皇帝和帝国议会一样；华沙政府每次更迭时，勃兰登堡的公使都要向波兰国王屈膝。1657 年及最终在 1660 年，选帝侯腓特烈·威廉通过在第一次北方战争中使用武力并巧妙地变换盟友，成功以条约的形式摆脱了波兰的宗主权：现在他是拥有独立主权的普鲁士公爵了。可以想见，这一让步对于波兰贵族共和国及其贵族有多么痛苦。但是真正被震惊的是普鲁士的臣属，或者更确切地说，是贵族和一些城市平民——那些在此地及他处唯一有价值的臣属。几百年间，他们拥有的公爵和选帝侯们，按照出场顺序可以将特征描述为：老态龙钟、太过年轻、精神病患、心不在焉、体弱多病加破产且心不在焉。一直以来，臣属们面对的都是几乎未受干扰的波兰模式的贵族统治：他们得傻到什么份上才会不照搬这个模式？

　　如此这般，普鲁士公国早在 16 世纪就于封闭状态中产生了一种很好的体系，统治者在该体系中实际上只起到干扰作用。等级代表会议由骑士阶层，也就是较低等的贵族主导，他们把少数的上层贵族家庭完全排挤到了一边。比如多纳伯爵正是由于改宗天主教而在严格信奉路德宗的普鲁士被看作异类，一家人才情愿生活在日内瓦湖畔。政府在 4 名所谓的最高议员（国家总管、城堡军事总长、宰相和大元帅）手中，其下首先是 4 名所谓的专职长官（勃兰登堡的高级长官、沙肯的总督、菲施豪森的总督和塔皮奥的长官），然后是其余 36 名长官，也就是那些由贵族充当的多功能半吊子行政长官，这些人各自管理一个地区。在极短的时间内，一种不成文的习惯法得以确立，人们不仅照此获得终身任命（这原本就是理所当然的），而且还在这一等级制度内自动晋升。也就是说，当普鲁士的国家总管去世，其余 3 名最高议员就依次上升一个等级；紧接着勃兰登堡的高级长官就获得了空缺的第 4 个最高议员的职位，其余 3 名专职长官同样依次得到提升；最高议员再把其中一名普通长官擢升为塔皮奥的长官，而空出的普通长官的职位再授予另外一位贵族，这名贵族无疑是其他人的侄子、堂兄弟或女婿——一般情况下会同时具备所有这些身份。你必须将这种机构的细节描述一番，才能将其想象出来，因为就像近代早期的几乎所有权力体系一样，这一机构没有太抽象的逻辑。但是人们不必记住这种机构，就可以认识到，对于机构成员来说这是多么神奇的体制——没有一丁点民主，并且几乎完全没有君主什么事，是纯粹的寡头政治的永动机，不停地自我更新。普鲁士公国的高位永远由泰陶、克莱岑、瓦伦罗特、施利本、奥斯陶和劳施科几个姓氏把持，就像在旋转木马上一样转圈，选帝侯需要做的只是在他们的任命书上签字，如果选帝侯确实冥顽不灵（通常选帝侯无支付能力或者遥远的距离会避免此事发生），他们可以向波兰的宗主提交诉状，申诉自己 50~70 年之久的，也可以说是"永恒且自古以来的神圣"特权受到了侵犯——华沙要是能向着选帝侯，那得地狱先结冰。最高议员自然也不惧怕普鲁士的等级代表会议，因为等级代表会议虽然是该体系的议会，但是位居首位的正是 4 名专职长官，也就是那几位预定要晋升为最高议员的人。也就是说，政府和议会实际在人员上并无差别，由此也就有效地排除了一方控制另一方的可能，就像今天这样，占议会大多数的领导们自动组阁。

　　1660 年，大选帝侯腓特烈·威廉不合时宜地突然闯入了这个贵族统治的天堂，并且宣布：首先，他即刻成为拥有主权的唯一统治者并脱离波兰；其次，尽管缔结了和约，他的军队仍保持勤务（首次有了一支常备军！）；第三，和平期间也必须继续征收新税（怪诞的革新！）；而第三可以由第四（好消息来了），即他的新型军事管理机构极其高效地解决——这不是很伟大吗？难怪普鲁士的最高议员和贵族阶层的反应就像是腓特烈·威廉刚刚询问他们，他们最愿意在哪种酱料中被烹炸。仅仅是等他们表示做好了行新的臣服礼的准备，来承认选帝侯公爵是拥有主权的唯一统治者，就整整用了 3 年时间；而偶尔伴随着拘捕的宪法之争拖延的时间更长。或许克莱岑、泰陶、瓦伦罗特和施利本家族的适应性不比法国或勃兰登堡同阶层的人差，或许他们不久就会作为合伙人进入选帝侯的国家组织。没有他们，这一国家组织必然会由于缺乏完整的替补精英而难以实现。或许当 1690 年腓特烈·威廉的儿子腓特烈三世为了臣服礼而进入这个国家时，他们已经相当好地融入了选帝侯的军队和宫廷中。但是对美好旧时光的回忆仍然鲜活，特别是人们在家门口就能看到，库尔兰、爱沙尼亚、立窝尼亚和西普鲁士仍一如既往地由日耳曼出身的贵族按照波兰治下老普鲁士的模式实行单独治理。或许有人会想到石勒苏益格，该地同样在 1660 年被荷尔斯泰因－戈托尔夫公爵独立占有，但是 1676 年再次归属丹麦人，对此人们只能若有所思地长叹一声。但最重要的是，人们仍然可以说出 1660 年特别有效地浇灭了大选帝侯最初热情的那番话："非得这样吗？情况不是很清楚吗，选帝侯阁下的男性后代随时可能断绝，到那时，按照 1660 年的和平协议，普鲁士公国不是又要接受波兰的宗主权，所有这些不愉快不就白费了吗？"选帝侯对胜利渴盼已久，这可不是他想从臣属那里听到的评论。但是马脚就露在那里，波兰的要求写在协议上，而且意义重大。这恰恰正是君主制原则的魅力，人们提前很长时间就知道继承人的继承顺序，因此所有的继承人都必须在臣服礼上宣誓服从。而且由于波兰贵族共和国自 1660 年起也是普鲁士公国可能的继承人，因此他们眼下也可以派代表出席臣服礼。这就仿佛波兰的最后一根手指紧紧按在一块土地上，而这块土地的领袖已经不想再屈从于任何人；臣服礼正是向后者展示这根手指的机会，而且可以让全世界都看到。

192

然而，1690 年 5 月 24 日这天的上午，贝瑟应该满意——迄今为止，一切进展得还算顺利。两个月以来，宫廷一直停留在柯尼斯堡，这段时间出奇顺利，除了选帝侯夫人房间里起的火，或者除了选帝侯在科尔贝布德的种马饲养场被一匹马踩了。对起火的记录是较为积极的，人们说选帝侯的到来带来了好运，避免了火势进一步蔓延。由于被马踩伤，选帝侯在所有典礼中都必须坐在椅子上被人抬着，严格地说，这增加了他的威严，而且鉴于他平时的形象，现在完全可以好好利用这点。甚至连地方和宫廷显贵之间的等级之争也出奇地克制，而这在平时一向是大型典礼的主要麻烦。由于臣服礼、加冕、王侯婚礼和葬礼才能清楚地展现排场和等级，这些场合就成了最受欢迎的舞台，用来上演以后可以援引的先例事件，也由此成了无休止争议的常见诱因。在这个问题上，贵族、官员和城市平民没有什么差别，因此贝瑟尽可以为勃兰登堡枢密院的大度（他们这次给予了波兰最高议员优先权）而高兴；也对选帝侯进城时，林木测量员博克领导下的柯尼斯堡制桶匠同业公会的骑马卫队接受了屠户德雷舍尔领导的披盔戴甲的肉食加工工人拥有典礼优先权感到高兴。

　　对于典礼官来说，前天波兰使者到达时，事情才真正变得棘手起来。卢博米尔斯基和什丘卡在隆重的进城仪式时由于迟钝输了一局，因为他们空空的备用马车在行进队伍中的位置并不像之前向他们承诺的那样讲究。他们晚来了一天，这在当时的标准看来并不显眼，然而臣服礼因此不得不推迟，特别为此铸造在金币和银币上的日期就变成了一个错误，而这些钱币在这场国家庆典落幕时会由一名骑马的机要秘书抛撒给民众。此外，波兰把选帝侯同父异母的弟弟们随意地赶出了柯尼斯堡，就像一枚不可战胜的棋子对累赘的兵卒所做的那样，波兰真正大使的地位也由此得以加强。事情很棘手。外交代表分为三个等级——干巴巴的"代办"，就像贝瑟曾经的身份一样；然后是处理大多数日常事务的真正"公使"（官方头衔为"特别大使及全权公使"）；最后是真正的"大使"，由于仪式和经济原因，他们在行业内部几乎扮演着一种丧失了运动能力的雷龙的角色。与其余外交官不同，这类大使因其所谓的代表特性，始终有权享有与其君主同样的等级待遇。也就是说，一位国王的大使必须获得和一位国王同等的对待，这在近代早期就引发了一个问题：当大使遇见一位真正的国王时，一名出身低很多的代表真的应该和一名活生生的国王本尊待遇相同吗？答案是不可能。也就是说，代表的身份必须打个折扣。但是折扣是多少呢——使一位选帝侯的等级高于波兰国王大使的等级够吗？对于臣服礼及其庆典来说或许刚刚好。相反，选帝侯的小儿子们和弟弟们在等级之争中明显不再有与国王大使一较高下的机会。由于在臣服礼当天将腓特烈三世的弟弟们置于明显比大使更低的地位是对王朝的侮辱，因此只有两个办法——要么弟弟们必须离开，要么选帝侯就不能承认，在国书中含糊地称为"特派使节"的外交官实际上也是大使。勃兰登堡人在此处遇到了最后一个麻烦。

接待和派遣大使的权利，不仅本身就是一种等级特权，而且是一种大多数欧洲强国不愿意给予选帝侯们的特权。按照大多数人的意见，大使只能在国王及与国王平等的统治者之间交换，因此腓特烈三世承认波兰代表为大使，就同时证实了自己颇有争议的与国王同等权利的主张。了解了选帝侯及特定时代独有的优先权后，可以推测，基于这种认识，边境伯爵菲利普、卡尔、阿尔布雷希特和克里斯蒂安的仆从们"由于一定的事由"收到打包命令只是早晚的事。这一切绝非只是针对外交官们的职业疗法，卢博米尔斯基和什丘卡接下来的举动就证明了这一点，他们在与选帝侯的枢密院商定宣誓文字时，非常固执地坚持将选帝侯的 4 个弟弟排除在外。这一主张唯一的特有论据，就是在上一场（1663 年）臣服礼上也没提及什么弟弟——事实上，当时的选帝侯就没有弟弟——他们称，此类久经考验的形式不允许有丝毫更改。这是艰难漫长的一天，最终勃兰登堡人让了步，接受了"合法继承人"的表达形式。就这样，腓特烈三世的 4 个弟弟尽管有着明确的继承权，却不仅不能在典礼上现身，而且还被从臣属誓言的段落中拿掉了。如果选帝侯和他唯一的儿子哪天没有男性继承人了，那么波兰 - 立陶宛联邦就得感谢他们的两名大使，正是两位大使握住了重新占领普鲁士的借口。这个借口虽然不符合逻辑，但是比不上路易十四第一次

194

195

自主发动战争找的借口更离谱，而法国和比利时延续至今的边界就要追溯到这场战争。从政治上看，目前波兰领先一分，在这天即将结束之际，勃兰登堡才勉强追平，方式便是强迫大使们参加一次晚宴，通过座次让他们不得不承认主人的等级更高。正是因此，卢博米尔斯基和什丘卡本来宁愿在自己的房间里用餐，直到枢密院议员埃伯哈德·丹克尔曼告诉他们，这样太不像话了，要是他们不去参加晚宴，那明天的臣服礼也可以离得远远的，然后自己去向他们的国王和议会解释，为什么这次根本没有人对波兰的继承权宣誓。

真正的关键时刻在 5 月 24 日上午才到来。柯尼斯堡宫殿前的广场上站立着选帝侯的士兵——普鲁士的骑士们。庆典现场的栅栏之外则是柯尼斯堡的市民们，异乎寻常的是，人们竟敢抱怨这种隔离——毕竟在柏林，贵族们完全单独地在宫殿白厅里受敬，然后统治者才会走到阳台上，接受等候在外的市民们的致敬。贝瑟还在摇着头的时候，特鲁克泽斯团部的步兵就以武力相威胁，把领主法庭及死刑法庭的平民文书们赶到了栅栏外。方便起见，人们拆除了很大一堵宫殿墙，以这个缺口为起点，向着广场方向搭了一个巨大的木头架子，作为国家庆典主要人物的观礼台。本地人务实地将观礼台称为断头台，考虑到上面覆盖的昂贵鲜红色布料及御座和华盖上覆的朱红色丝绒，倒也非常贴切。观礼台上自然还没有人，因为选帝侯、随从人员和骑士一开始要在宫殿教堂中倾听宫廷布道师乌尔西努斯讲道。乌尔西努斯本来无须担忧，他对《旧约》箴言的第 6 次模仿可能缺乏神学上的独创性，只因独创性在此处并不受人欢迎——普鲁士的骑士们对不久前刚刚去世的宫廷布道师德赖尔博士仍然记忆犹新，人们因他养成了一种不一样的习惯。在几十年间，对于德赖尔的咒骂，骑士们采取了越来越幽默的抱怨形式，比如申请将他派往印度，"去使那里的黑人皈依"，因为他的机敏在本地派不上用场。但是并未成功。年复一年，放肆的德赖尔始终在位，每年的报酬为一头牛、一只猪和 20 条鲤鱼。贵族仅有一次迫使德赖尔道了个歉，因为他在一次布道中将骑士阶层称为"疯子和骗子，哼叫的猪、夜猫子、蝙蝠、圣灵的敌人及圣灵杰作的破坏者、滤掉蚊子却吞掉骆驼的家伙，放荡、没脑子、眼瞎的法官，时间都用在了……闲逛和淫欲上……就算这样，对于不懂的东西，他们还横插一脚，妄加评判……"。尽管如此，德赖尔的道歉还是以这样的句子结束："但愿为这个国家效力的宫廷布道师不像沉默的狗一样。"不难想象，对于习惯了这种粗野宣言的骑士们来说，如今倾听严守礼节的乌尔西努斯的布道该是多么放松。乌尔西努斯在提及这个国家的首脑和民众团体时，称伯爵"出身高贵"、骑士"高贵"、修士"令人崇敬"、学者"卓越"、市民"有利可获"、农民"勤勤恳恳"。确实令人放松吧？本该如此。

　　布道结束。选帝侯、他最高等的随从和大使们现在隆重地走向观礼台，直到全部约 35 人都紧握栏杆，旁边挤满了身着驼鹿皮、手持镀金长柄斧的贴身护卫。贝瑟身为典礼官，虽然功能上不可缺少，但却是所有人中等级最低的，因此他远远地站在后面，仅能看到 4 名最高议员如何将权力的象征物送到选帝侯面前。然而，贝瑟在此处可以很清楚地看到选帝侯夫人索菲·夏洛特，她和所有的公侯女眷一起，从宫殿阳台上往外看。她的形象很奇特，戴着镶嵌鸵鸟羽毛和珠宝的头饰，熠熠生辉，但同时穿着一身丧服——是为她那被剥夺了继承权的弟弟、汉诺威亲王卡尔守丧，他在元旦于科索沃被克里米亚鞑靼人杀害。贝瑟是否获悉，与这位亲王一同赴死的还有那个本尼希森上尉，也就是因其暴行而令贝瑟干上今天这份工作的那个人呢？他应该很乐于知道这个消息。当然，在此刻，观礼台对贝瑟来说更为重要，因为他亲自将勃兰登堡家族新式的庆典秘密武器放到了那里。这一秘密武器马上就会表明，选帝侯就是要比国王的大使尊贵一点，而且是有决定意义的一点——与国王几乎平等。在华盖之下自然只有一把御椅，是选帝侯的座位。与这把御椅并排的还有两把为波兰大使准备的扶手椅，它们和御椅极为相像，卢博米尔斯基和什丘卡要么看不出端倪，就算看出，也得是最后一刻才能发现。一旦二人发现了问题所在，那就是每个近代早期的外交官都会害怕的那个时刻，贝瑟在 1685 年的伦敦

198
通过战斗技巧才躲过这样的时刻。在这种时刻，人们要么取消整个活动，要么以目瞪口呆的表情接受失误。或许二人没有发现椅子的陷阱，不管怎样，他们坐下了，中计了！贝瑟的目光骄傲地掠过达官显贵们，望向他今天创新性地用来升级礼仪"军备竞赛"的工具，那就是两位大使所坐扶手椅的扶手和靠背，它们——太低了！

现在，当然了，我们不想撒谎：即使在繁复礼仪体系的疯狂世界中，使用这种花招也不会消解一位国王面对选帝侯所拥有的优先权。之所以不能消解，是因为在这种情况下既没有中立的裁判，也没有不可置疑的可靠记录。如果别处或后世有人想了解当时会面的情况，就必须依托刊印的报道或者未发表的记录。在这方面，除了贝瑟对选帝侯和大使椅子的差别做的可爱描述，还有一篇亲波兰的报道，声称椅子毫无差别（"两把美丽的扶手椅"），以及柯尼斯堡市民格鲁贝的日记，这位市民干脆就没有发现任何差别，因此只是笼统地称其为"三把昂贵的椅子"。和很多情况一样，此处的关键点更多地在于，人们一定程度上建造了论据阶梯的第一阶。不动声色地使全世界习惯一个表面看来似乎无害的差别，只是为了以后能利用这个阶梯在前所未料之处登上对方论据的城墙。这其中讲究的就是出人意料的效果，很简单，贝瑟采取的措施极其典型：干脆发明一项迄今不存在的差别。以前外交官和宫廷大臣只区分凳子、靠背椅和扶手椅（也就是有靠背和扶手的椅子），现在悄悄地再将最后一类细分为低扶手椅和高扶手椅，不声不响地让选定的牺牲品坐上几次前一种椅子，再向对方解释，

199
这是他地位低下的证明——但是拜托，我们一直都这样做，你们从来也没有抗议过。与此同时，发明者自然已经将总共两次或三次的测验尽可能完美地记录了下来；相反，对于更早一些、更简单的状况，则大多没什么证明，因为这项差别是全新的，以前没有人会想到特意记录下来，所有的扶手椅也都有一样高的靠背。就这样，事实上的革新就可以变为传统及长期既得权利出售，就此把近代早期决定生死的最强大论据握在手中，并且一般都会取胜。被作弄的失败者只有几种选择：一是仪式性地抗议这类别有

用心的创新（一句很糟糕的骂人话）；二是立马接受（被迫紧紧相随，说不定至少还能作弄一个反应更慢的）；三是此类花招的定期重复，使得所有的外交官、公职人员和贵族在礼节问题上变得越来越偏执，只有这样才能在他们自己的体系内完全理性地行事。在有了这样的经验之后，节日布道时谁还敢相信，自己脚凳下地毯的缨子比旁边马耳他大十字勋章骑士脚下地毯的缨子少很多纯粹只是偶然？鉴于这一切，贝瑟的行为符合逻辑，此时距离下一章中他的伎俩令人不快地适得其反，还有 10 年的时间。这一次，贝瑟实现了可以实现的，大可以对自己就职首日的表现感到满意。

在正式的臣服礼开始之前，围绕选帝侯等级的秘密战争已经打响：眼下还会出什么岔子呢？普鲁士的首相和最高议员格奥尔格·弗里德里希·冯·克莱岑已经开始代表统治者向召集起来的臣下们宣布他们的服从义务。选帝侯本人在整个仪式中一言不发，这样做是对的，近代早期的权力就是骄傲地保持着不言而喻的缄默。对于当今见惯了国家元首仅仅只负责演讲的人来说，这很难理解，对于所有那些如今亲眼见过欧洲君主立宪制的国王演讲的人来说也很难理解，但那时候就是如此。只有当代那些落入持久选举战的政要们才必须不停地说服别人，或者至少给人一种可信的印象；只有当代的政客才是那种从 15 岁左右就要开始定期参加演讲的人：这些人如果不能发表赢得人心的演讲，那就是一事无成。要是近代早期的一名君主很有演讲口才，那也是天生的统治者中一项被浪费掉了的幸运。腓特烈大帝多么想演讲啊！但是没有任何契机，因此随从们独自承受着他的独白之重。对君主论辩术的训练旨在明智的自我约束，目标是庄严的简短回答，不能损害权力的荣光。

这在实践中听起来会是什么样呢？以下是几个按照当时日常生活编造的例子："我亲爱的哈尔伯施塔特公国的臣仆们会发现我一直是位仁慈的君主。""啊，我有几名最好的士兵也是来自奥弗涅。""他变得相当胖了，这点令我很高兴。""我的首相还有一点要同你们讲。""我同乳姐妹的孙子任何时候都有权要求我侧耳倾听。""认识他的弟弟。近卫军的芬里希，大红鼻子。克莱斯特家的人，规矩人。""今年养猪业不错，什么？什么？确实是养猪业的好年头。""第二个纽扣眼高了一毫米。"

　　统治者们当然也必须经常谈判，他们的国家几乎仍然仅由人际关系组成，但是这一点任何时候都不能表现出来。国王和公侯们几乎在任何情况下都利用宫廷的喉舌传话，如果存在异议，也可以不丢颜面地随时放弃。因此，权力的核心恰恰在于令人敬畏，因为它深不可测。宫廷大臣们则充当了这位神祇的大祭司，只有他们获准经常接近这位最神圣者，接近宫殿中壮观的室内布置；只有他们可以不受干扰地与朱庇特·凯撒·法老讲话；只有他们知道，谁此时可以左右他。相反，对于只能在外面看着君主宫殿的人，正确的做法就是把宫殿中所有等级高的居住者都当成统治者的左膀右臂来对待，在旧秩序下，更应该多服从这类人。

　　再回到观礼台上，臣服礼正教科书般继续着。勃兰登堡的大总督和高级长官奥托·威廉·冯·佩兰特正在代表等级代表大会，也就是所有臣属讲话。他过分热情地感谢了受选帝侯统治的特权，比起在前文描述的体系下向着政府中的下一个空缺职位前进一步，这肯定轻松得多。然后由一名机要秘书宣读了臣服誓言，所有在场的人大声跟读，从此他们便有了永远服从最尊贵的亲王和主人——拥有勃兰登堡的边境伯爵、罗马-德意志帝国的大司闱和选帝侯、普鲁士拥有主权的公爵等头衔的腓特烈先生及其合法继承人的义务。这一切当然都是用德语宣布的，因为普鲁士公国不同于毗邻的波罗的海东岸三国，几百年来不光贵族和市镇自由民，连绝大多数居民都说德语。现在到了大使们的时间，也才让这个迄今近似于国家内部的庆典变成了国际性的庆典：由此同样也过渡到国际关系中的通用语言才对。自此地向西的地区说法语，但在东欧占统治地位的始终是拉丁语。由于拉丁语在当时完全被当作鲜活的口语来讲授，所以不妨将接下来的内容想象成在当今德国做的一次英语演讲：受过教育的人都能听懂，其余很多人至少能听懂很大一部分。

　　当然，总的来说，那时候受过教育的人要比现在少，但是这少数人对拉丁语的专注程度要高于今天人们之于英语。那时的高级中学教育几乎全是拉丁语课程，而且必须如此，因为德国的大学只用拉丁语授课。1687年，克里斯蒂安·托马修斯竟然擅自在莱比锡大学用德语授课，这在当时被视作对教育的极大亵渎。只是当人们想要国际化地使用这种国际语言时，事情才会变得更为棘手。由于彼时已经不存在真正的拉丁语使用者了，于是就缺少一种标准的发音，而且在没有电影、电视和广播的情况下，自然也不能像今天的英式和美式英语那样广泛传播。相应地，各国的口音也格外重要，对此，1722年作为法国大使前往西班牙的圣西蒙公爵肯定深有体会。圣西蒙的一名谈话对象仔细倾听了他的拉丁语演讲后，客气地解释道，他情愿同圣西蒙说拉丁语，因为很遗憾，他听不懂法语。

对于首席大使希耶罗宁·奥古斯丁·卢博米尔斯基侯爵来说，他对普鲁士人的讲话自然是典型的照章办事，相应地也很简短——这位善于交际的高雅人士及他的兄弟们是仅有的在穿着和发型上改波兰"未开化"的萨尔马提亚式为西方法国式的人。同样地，在接下来的舞会上，他们也是唯一不跳波兰舞蹈而跳法式舞蹈的波兰人，并且他们紧接着就前往威尼斯了，这些都不是偶然。那时候可能还没有"酷"这种说法，尽管文艺复兴"处心积虑地漫不经心"思想最终的结果无他，法语的形容词"leste"（漫不经心的）在使用上也已经与今天的"酷"完全同义。然而，共同的基本理念是众所周知的，并且在当时整个欧洲用于区分大学中天生的主子们和所有法学或神学的书虫，后者极为迫切地需要接受教育。面面俱到、博学的拉丁语知识对于古老的上层贵族来说，始终有学究之嫌，因此   203
在相对而言属于小贵族的王室候补官员长兼次席大使什丘卡身上更好地保存了下来：一个以坎迪杜斯·维罗纳西斯之名撰写过颇具学术水平的学术论文，甚至曾经为怪异的事物，比如免费的公众教育体系而辩护的人，自然不会任人夺走自己在大批观众面前讲话的机会。此外，什丘卡的讲话主题简直浑然天成，即勃兰登堡家族一旦绝嗣，波兰的统治权就会生效。就这样，什丘卡迅速沉浸在一个衰落和覆灭的巨型全景中不能自拔：任何事物有朝一日都会退却，没有哪个家族哪个门楣可以永存，今天看起来仍然金光闪闪的事务，也终将成为尘土，因此像波兰这样可以将任何人选为国王的共和国，和有着灭亡危险的王朝相比，就具有决定性的幸存优势。什丘卡的这个结尾太美了，简直不能更直白了。很清楚的是，他重点讲的是"总有一天我们会取代你们"，而当他沉浸在越来越阴暗的倒台和废墟的景象中时，他那些有教养的听众们脸都绿了。所有的旁观者都觉得，此时观礼台开始通过呻吟、咔嚓声和颤抖来宣告它即将面临的倒塌，真是再合适不过了。还别说，眼看着华盖就要埋葬那些国家要员，慌乱的贴身侍卫尽量威严地向宫殿中撤退，从阳台上传来了刚毅的选帝侯夫人的喊声——"背叛！"。什丘卡在经历了一瞬间的犹豫不决（这时候有个手机录像就好了）之后，最终遗憾地中断了自己的演讲，和其他人一起逃向宫殿安全的地方。

　　对于贝瑟来说，事情显而易见。在贝瑟的报告中，背景建筑出人意料但仿佛感同身受的反应，简直就是自然法则对什丘卡"高谈阔论的期限"的回应。尽管贝瑟曾盼望天降惊雷，好让事情更加清晰，但是对他来说，这场晃动就足以表明上苍站在哪一方。与此相反，波兰的报道则理所当然地根本没有提及这场晃动。因此，我们要感谢本土的解释，也就是柯尼斯堡人格鲁贝的记录。原来，围在观礼台周围的士兵们饶有兴趣地听着拉丁文的演讲，只可惜由于没受过中学教育，还以为现在一切重要的流程大概都结束了。这些士兵知道，庆典一结束，观礼台上珍贵的猩红色毯子就会被赠予在场的民众，这一过程通常伴随着骚乱般的向下撕扯，因此他们开始了堪称范本的理性行动。士兵们想要确保能拿到自己的那一份，因此提前开始撕扯那块红毯，由于毯子编织得很巧妙，他们差点儿就把整个台子一起扯走了。

　　士兵们并不知道他们的贪婪其实是整个欧洲的一种光荣传统，这种传统至少延续到了 1792 年最后一任罗马 - 德意志皇帝加冕（当时弗朗茨二世不得不身着令人不适的加冕礼服快速地跑过红毯，而他身后的人们已经撕下了第一块红毯）；遗憾的是，他们仍然要因此被拘禁。无论如何，这些士兵给我们创造了片刻的反思时间，而在费力地解释了原委后，出席典礼的人员才壮着胆子重新缓缓登上观礼台，并且在观礼台上做出一副什么也没发生过的样子。如果将王室候补官员长什丘卡的虚无论据解读为历史性的预言，那么它非常好地说明了这种预言的魅力及毫无意义。首先来说，什丘卡说的自然有道理：没有哪个王朝的生命比共和国持久。就算到了 1769 年，普鲁士统治者家族也仅仅立于"六只眼睛"之上，也就是说，这个家族能否幸存仅仅取决于 3 名年轻的王子。家族里的其他男性由于年龄、性取向、对妻子无法克服的仇恨或者这些因素的有趣结合，而将王朝置于险境。即便是这 3 名承载着希望的王子，也不像是有很大前景：其中一人不幸地离了婚，第二个是个病弱的孩子，第三个与妻子的情夫共享妻子。也就是说，在什丘卡发表演说之后的 80 年间，波兰贵族共和国还可以正儿八经地对普鲁士的继承权寄予希望，但是又过了仅仅 25 年，共和国就灭亡了。3 名世袭君主瓜分了波兰的领土，此后的 100 多年，人们可以把什丘卡的演说当作他是个傻瓜的证明来解读。直到 1900 年，整个欧洲还是仅仅只有两个共和制的领土国家，根本不再有波兰存在。但是 18 年后，波兰作为一个国家再次诞生，而与此同时，勃兰登堡的霍亨索伦王朝却覆灭了，恰恰是在威廉二世有 6 个儿子、比以往任何时候都能更好地保障王朝不会绝嗣的情况下覆灭了。又过了 27 年，波兰共和国于 1945 年接管了原普鲁士公国的大部分领土。1989 年，第三共和国成立；2010 年，布罗尼斯瓦夫·科莫罗夫斯基伯爵，比利时王后玛蒂尔德的表兄、一位贵族登上了新共和国的顶峰，就任波兰总统，而旧的共和国原本也可以毫不迟疑地将此人推到王位上。究竟谁是对的呢？是 1690 年做出预言的什丘卡，还是 1800 年、1900 年或者 1950 年可以凭借相反的理由来嘲笑他的人？所有人都有道理，没有人说的对。只要等待得足够长久，每个人都在某个时刻是对的，但没有人永远有道理。

在此期间，观礼台上又站上了人，秩序也恢复了。王室候补官员

205

长继续他的演讲，当然，很难再真正激情澎湃起来了。接着西吉斯蒙德·冯·瓦伦罗特代表等级代表大会，同样以拉丁语回答了什丘卡，并证明自己准确地提前猜出了波兰人演讲的内容（或者这些人多多少少用的是同一本修辞学手册）。瓦伦罗特提醒人们，普鲁士公国就如同一位正派的妻子：就像她在现任丈夫在世之时不会心猿意马一样，只要勃兰登堡王朝还存在，这里的人就不会想着波兰。人们接下来为波兰可能的继任而宣誓，只是防备这个家族出现绝嗣这一可怕而又意外的情况，因为那时候一切都无所谓了。好了，开始宣誓，这一环节重新用回德语，这样可以让所有在场的人都能听懂他们宣誓的内容。

　　波兰大使们为了最后的这次出场，也是唯一用德语的环节，带来了年轻的主教座堂修士扬·卡齐米日·冯·阿尔滕波库姆，让他朗读誓言，以便跟读。光此人的名字就表明，波兰共和国作为地区性强国，对德国裔的贵族也有着强大的政治和文化吸引力。波美拉尼亚、西普鲁士和来自波罗的海东岸三国的德意志人，如翁鲁、戈尔茨、魏尔、蒂森豪森、普拉特尔－西贝格等家族，在几百年间一次次效力于波兰，获得波兰的土地，并在不干扰任何人的情况下，通过联姻与波兰的家族彼此关联。波兰不仅是独立贵族的天堂，还能提供上升机会，这在接壤的德国那长期微乎其微的国家机关中想都不要想。与西欧相比，波兰更没有什么只能为本国君主效力的思想。即便是在组织相对完善的勃兰登堡－普鲁士，这种思想也是在 18 世纪才得以贯彻，并且仅仅是因为此间扩充的普鲁士军队在非常大的程度上也是为当地贵族创造就业的一个项目。但是眼下离这一切还很远。举例来说，臣服礼当天直接站在选帝侯的御座之后、勃兰登堡等级最高的宫廷显贵，就是高级内廷总监格伦布科，他的父亲曾为波兰和其他 4 个国家效力。还有高级宫廷侍从官弗里德里希·格拉夫·登霍夫，他的同名堂兄弟们在波兰身居要职；不受待见的大使卢博米尔斯基的嫂子、波兰的内廷大臣卢博米尔斯卡侯爵夫人，娘家同样也是波兰一系的登霍夫；贝瑟那库尔兰的学生迈德尔的母亲也是。年轻的阿尔滕波库姆的父系同样来自库尔兰，选他来宣读普鲁士一旦垮台、波兰就要上位的誓言，无疑也是基于其出身。

可惜这一出身没有帮到阿尔滕波库姆。在宫殿广场上，他觉得几乎没有人跟着他宣读誓言，连那少数几个声音，听起来也很犹疑。对于典礼官来说，柯尼斯堡人的沉默来得太是时候了，因为他可以将此作为人们忠于选帝侯的又一个标志。一旦这次的誓言派上用场，这种沉默当然就会有它的用处，正是因此，亲波兰的报道才会对这一沉默闭口不提。但是沉默的真正原因我们只能从格鲁贝的日记中获悉。阿尔滕波库姆先生或许是一位受过高等教育、奋发有为的教士，也是波兰王后高效的秘书——王后是法国人，在一个官方语言为拉丁语的国家要求肯定不低。在阿尔滕波库姆加入的这个帝国中，很多为其效力的人都成了大人物。显然阿尔滕波库姆的德语确实已经不再流利，而且事实上，德语也不再是他的母语，因为他是出身高贵的康斯坦奇娅·特克拉·布兰妮卡的儿子。所以他朗读起誓言来既含混难懂又没什么把握，致使正直的普鲁士人干脆就听不懂要跟读的东西，因此抗拒宣誓与其说是出于爱国，不如说是出于困惑。波兰贵族共和国凭借强大的同化作用破例给自己使了个绊子。

民众很高兴，左一个誓言，右一个誓言。对于柯尼斯堡的市民来说，一天的庆典部分已经结束，在前文提及的机要秘书骑马把硬币抛向民众的时候，民众可以选择马上用黑色的普鲁士之鹰造型的葡萄酒喷泉把自己灌醉，或者选择参加振奋人心的抢夺观礼台毯子的"战斗"。此时，高官显贵们已经动身赴臣服宴，除了几扇过于狭窄的门，没什么能挡他们的路——大使们因为等级关系坚持与选帝侯并排穿过所有的门，而且选帝侯还是坐在椅子上被抬着走。接下来的舞会、焰火、打牌和做礼拜，凡此种种，我们已经见识过了，只有倒数第 2 天的庆祝活动又一次呈现出了普鲁士特有风格。选帝侯在公开的斗兽中，让一种除了他只有波兰－立陶宛人才能提供的动物上场——一头约 626 千克重的欧洲野牛，来对阵一匹马、无数的大型猛犬、两头公牛和两只熊，而且几乎把所有这些动物都"撞死了"。直到纤细、驼背的选帝侯在"保持足够长时间的兴趣之后",从座位上开枪击中了它的心脏:"它就这样完了。"

最终,离别的时刻到来了。1690 年 5 月 27 日,大使们启程,2 天后选帝侯动身。这是奖励和赏赐的时刻。腓特烈三世在臣服礼当天就把他的典礼官约翰·贝瑟晋升到贵族阶层,而且为此授予了他一枚新的徽章。由此可以看出,选帝侯本人对于这次庆典多么满意。和德语区高等市民阶层的大多数家庭一样,贝瑟家族已经有了一枚徽章,因为牧师在公务上需要一枚印章戒指和徽章。但是此前的贝瑟徽章非常独特,看上去不够专业,像是自己做的,而且以心为主题,看上去就很像牧师家族。因此人们非常理解,为什么现在贝瑟要听从大臣埃伯哈德·冯·丹克尔曼的建议,请求选帝侯授予一枚新的徽章。大概是命运的垂青,贝瑟的母亲娘家姓是艾因霍恩,意为独角兽,因此做儿子的不需要思考太久,就选定了自己徽章上的动物:对于一位巴洛克时期的典礼官(追寻遥不可及的完美的猎人),还有什么比这更适合的吗?

更重要的自然是选帝侯赏赐给即将启程的外交官及其随从们的礼物。这些人本质上是干扰者,而且是为了限制选帝侯的权力而来,但这完全不打紧,因为外交礼物与好感无关,相反,完全是施赠者的自我表现。因此,两名大使各获赠一幅镶嵌了宝石的选帝侯小画像及一枚贵重的戒指。这份价值 3000 塔勒的礼物,大约相当于勃兰登堡一名大臣一年的收入。随从们同样也收到了礼物,价值在 300 塔勒到(对于"卑贱的下人")1 个塔勒之间,或者不太体面的等额现金。卢博米尔斯基和什丘卡也送出了一些宝石戒指,还分发了马匹和马具。约翰·冯·贝瑟(现在他的大名如此)从中获得了 100 塔勒和一套钉上了银皮的辔头。到目前为止,还算高雅。

前现代宫廷社会的美好时光确实就是时人看待自己的样子,也正如人们回顾时所乐于艳羡的那样:金光闪闪,不负责任地慷慨,威严且优雅。但是也不必由于道德原因而贬低当时,要记得,在这两个完全不公平的统治体系中，腐败的权力精英基本上是靠着剥削本国的农奴来相互赠予——虽然的确如此，但是这既无助于理解那个时代，也不利于改善我们当前的状况。众所周知，当下罕有重建繁复君主政体和贵族统治的要求。更有意思的是当时贵族对高贵理想的反驳，因为这种理想是他们日常生活的一部分，并不断地与庸俗的现实发生冲突——没有竞争的世袭统治精英已经很大程度上失去了难堪的感觉。因此，1690 年，我们的两位大使退回选帝侯的礼物时，一点也不觉得难堪，他们还让人转告选帝侯，上一次（1663年）臣服礼时的赏赐多得多。即便对于腓特烈三世来说，这也太过分了，他指出，礼物多少要听送礼人的。但真正令选帝侯气恼的是，不光物质上的，连象征性的礼物也不算成功，而这次最重要的就是这象征性的礼物。

当腓特烈三世是个 10 岁的王子，还不是王位继承人的时候，就设立了一枚宫廷骑士勋章，并将其命名为"Ordre de la générosité"——这个德语名的字面意思是"慷慨勋章"，但人们从来没有用这个名称来称呼这枚勋章，只是称其为"仁慈十字架"。这是小孩子的游戏，是孩童对于国王们拥有的那些大勋章的模仿，比如西班牙国王的金羊毛勋章、英国国王的嘉德勋章和法国国王的圣灵勋章；也是对骑士和十字军东征者勋章的模仿，还是现代勋章的前身。这类勋章追求的是那些事实上已经与宗教完全无关，而且与伟大的功绩也几乎无关的荣誉，但也恰恰因此才受到了难以置信的追捧。如果谁戴着这么一根蓝色的勋章绶带，膝盖上是有题词的长袜固定带或者扣眼上是一只镀金的骟羊，人们就可以看出，统治者的恩宠在此人的身上闪耀——他是个大人物。选帝侯模仿起国王来不亚于孩子模仿成人，因此随着腓特烈登基，他儿时的游戏也就变成了选帝侯的第一枚宫廷勋章，如果能将其确立为一种品牌，将会是一个很有潜在价值的先例。为此，自然就需要本地贵族之外的（并且是地位更高的）卓越领受者，如此看来，在其他方面只有干扰作用的波兰使者们正合适。虽然选帝侯没胆量立马给两位大使挂上他那金质的天蓝色仁慈十字架，但是所谓的使馆骑士们却更为合适，尤其考虑到其中两人是大使卢博米尔斯基的弟

210

211

弟，而且同大使一样，两人也是罗马 – 德意志帝国的侯爵，因此理论上是非德意志的变体，就像博古斯瓦夫·拉齐维乌。耶日·多米尼克和弗朗西斯切克·塞巴斯蒂安·卢博米尔斯基领主已经被人戴上了勋章十字架，但是二人看到，还有第 3 名使馆骑士也获得了同一枚勋章。致命的错误。因为这名叫扬·什丘卡的第 3 人，是维兹纳的总掌酒宫官、第二位大使的堂弟。和堂兄一样，扬·什丘卡只是一名普通的贵族，像卢博米尔斯基家族这样的统治者绝对不愿意与其混为一谈。恰恰因为波兰贵族共和国公开的意识形态强调所有贵族平等，大人物们就不得不注意，在日常生活中与所有穷如乞丐的容克地主们更加清晰地区分开来，因此两名侯爵立马摘下了这枚勃兰登堡的勋章：他们不可能和如此"有失身份的人"接受同一枚勋章，也就不得不退回仁慈十字架，毕竟一涉及等级问题，仁慈就消失了。选帝侯当然不会收回自己的勋章和礼物，并且宣称，这怪不得他，是波兰国王派遣了这么不成器的家伙做大使，而且自己就和倒霉的总掌酒宫官什丘卡被授予过同一枚勋章，并没有什么可难堪的。但是这次的耻辱是彻底的，现在整个东中欧都被告诫，勃兰登堡仁慈十字架的颁发毫无章法，并且由半吊子授予，此人连卢博米尔斯基和什丘卡之间的差距都估计不出。因此，这枚勋章是一项可疑的荣誉，慎重起见，还是退避三舍为好。

212　　在经历了这一切之后，虽然有英国使团在柏林等待，并且自己戴着由一位国王授予的被众人垂涎的英国嘉德勋章，但腓特烈三世西行归途中的心情并没有因此而振奋。这枚嘉德勋章来自哪一位国王呢？来自腓特烈三世的表兄、奥兰治亲王威廉，此人 2 年前还远在腓特烈三世之下，现在借光荣革命，已经明显超越了他。这一切多么不公啊！但不管怎样，由此引发的法国针对欧洲其余国家的大型战争也给了勃兰登堡一个机会，把单凭一己之力难以供养的军队重新借给有支付能力的盟国使用。因此，柏林的授勋礼一结束，选帝侯就带着军队和宫廷动身前往莱茵河畔的战场，他不是唯一一名奔赴 1690 年这场战争的嘉德骑士。同一时间，其他那些嘉德骑士们早就继续向西，奔赴他们最奇特、最能决定命运的会面。

　　洛赞的嘉德勋章自然来自詹姆斯二世，用来感谢他救了国王的家人。比这重要得多的，自然是詹姆斯曾希望由洛赞统领法国军队，从忠诚的爱尔兰出发，帮助被驱逐的国王夺回王位。在 1689 年的战争季，洛赞的敌人阻碍了该心愿的实现。由于没有洛赞什么也没干成，并且詹姆斯再次提出请求，于是洛赞在 1690 年夏天真的获得了心心念念的最高指挥权，现在正率领一支法国军队渡海前往爱尔兰。很少有一支入侵军队的战船能有他们这么贴切的名称，洛赞乘坐"轰动号"离港出海，跟随他的是"法国人号""席卷号""激情燃烧号""光荣号""无与伦比号""坚韧不拔号"和"傲慢号"。在爱尔兰，法国军队与詹姆斯二世的爱尔兰士兵会合，后者的供给惨不忍睹且没有作战经验。1690 年 7 月 11 日，当詹姆斯的这支军队在博因河畔与奥兰治亲王威廉的军队对峙时，人们可以看到一方的詹姆斯二世、他的儿子贝里克及洛赞身上的嘉德勋章；另一方佩戴嘉德勋章的不仅有威廉，还有他 74 岁的总司令，刚被新国王授予英国公爵爵位并任命为嘉德骑士的朔姆贝格公爵弗里德里希·赫尔曼。

213

　　普法尔茨人朔姆贝格的母亲是英国人，妻子是法国人，他就是我们在前文见过的，1642 年拉齐维乌和塔尔蒙特第一场决斗中没当成副手的那个人。这些年间，朔姆贝格曾在尼德兰、法国、葡萄牙和勃兰登堡的战争中服役，现在爬到了英国－奥兰治军队的上层，他不光是加尔文宗教徒，还与新国王威廉是七弯八绕的姻亲，因此在这个位置上再适合不过了。朔姆贝格是欧洲最有经验的士兵，他代表英国统领的这支军队中，除了少数英国人、苏格兰人和爱尔兰人，主要由尼德兰人、勃兰登堡人、丹麦人（受我们于 1674 年在日内瓦遇到过的一名符腾堡宗子指挥）、芬兰人、瑞士人和法国的胡格诺派教徒组成。其中，法国的这批人由德拉卡耶莫特和德马尔东上校指挥（后者既是塔尔蒙特的外甥，也是 1688 年指挥过詹姆斯二世部队的费弗沙姆的外甥），朔姆贝格率部发起决定性的进攻时，就是在向他们讲话。总司令看着河对岸的法国军队，那支军队的统帅是他的战友洛赞，他曾在其中服役 26 年之久，直到人们把信仰新教的他遣散。他回忆起，1676 年他作为法国元帅让一位亲王遭受了非常屈辱的惨败，而今天他正是为了当年的那位亲王与法国作战。或许朔姆贝格又思索了一会儿事情何以发展到这个地步，然后转身面向那些跟他一样被法国驱逐的、和他有着相同信仰的人，喊道："前进，我的先生们！那里就是你们的压迫者！"接着带领自己的军队迎着敌人冲向河里。

国王年轻的儿子贝里克与父亲的军队站在河的另一岸，他现在近距离看着索尔姆斯伯爵的蓝衣卫队、德拉卡耶莫特的胡格诺派教徒、尼德兰的步兵和盎格鲁 – 爱尔兰的民兵从山丘上跑下来，冲向水里，同时用各种可以想象到的语言喊着"杀啊！杀啊！"。贝里克看到，在自己的这一侧，詹姆斯的骑兵用军刀砍了两下、外加一枪，杀死了白发苍苍的朔姆贝格。他们从蓝色绶带认出他是嘉德勋章骑士，因此误以为他是威廉。事实上，威廉正是因此才留在自己军队的后方，因为前一天就有一枚炮弹跟他擦肩而过。威廉看到德拉卡耶莫特受了致命伤，但是他的部队仍然勇往直前，德拉卡耶莫特就在担架上给他们鼓劲。威廉眼睁睁看着数百人死去，最终亲自和骑兵们一起进攻到达此岸的敌军，在听到要求詹姆斯二世心力交瘁的部队有序撤退的命令之前，他一直骑着自己受了重伤的马向前冲。虽然洛赞将战败的部队和摔下马的国王秩序井然地带回了都柏林，但是已经于事无补。所有人都知道，爱尔兰已经丢了，当詹姆斯二世再次流下鼻血（上一次是 1688 年丘吉尔倒戈后），人们已经在打算让他返回法国。詹姆斯和儿子贝里克永远不能再踏上英伦三岛的土地，和他们一起逃跑的有大量爱尔兰和苏格兰的贵族，也就是所谓的"野鹅"。这些人不久就会出现在西班牙或者俄国的军队中，也会出现在 18 世纪欧洲的任何一个战场上。爱尔兰在接下来的 230 年间又落在了盎格鲁 – 爱尔兰的新教徒手中。直到今天，在每年的战争纪念日，所谓的奥兰治人、坚强的新教徒们还在用绶带和雨伞庆祝说法语的尼德兰哮喘病人威廉三世的胜利。人们在军乐声中穿过爱尔兰北部的天主教徒居住区，并且手持橙色旗，这种颜色的旗子与拿骚 – 奥兰治家族的蓝金色徽章毫不相干，就像奥朗日这座城市与同名水果也毫不相干一样。[1]

　　在此期间，法国针对欧洲大陆几乎其他所有强国的大型战争仍在继续。接下来的 7 年（直到 1697 年），莱茵河畔、加泰隆、比利时、意大利北部、英吉利海峡、北美和加勒比海，到处都在焚烧、摧毁和杀戮，从而决定法国是否将统治大陆（它的敌人们害怕如此），或者法国逻辑上完美的防御边境是否能够得以不受干扰地保持不变（太阳王持这种观点）。只有 3 个稍大一点的欧洲基督教国家完全置身事外，也就是威尼斯、波兰贵族共和国及彼得（当时还未称大帝）统治下的俄国。然而，这 3 个国家却在自 1683 年开始的浩大的土耳其战争中越陷越深。在这场战争中，三国站在奥地利一方，在欧洲历史上首次击退了奥斯曼土耳其人，到了 1699年，惨烈的第二战场也从希腊延伸到了黑海。勃兰登堡－普鲁士的部队在西方完善着最现代的作战方法，人们废除了长矛，引进了刺刀，并且用燧发枪取代了毛瑟枪。而与此同时，东方的君主共和国正在奔赴他们将会取胜的最后一场战争。这支部队几乎完全由贵族骑兵组成，这些战士战斗时身披铁甲，而且背上固定着鹅毛做成的巨大双翼。这对羽翼不仅可以抵御克里米亚鞑靼人常用的套索攻击，而且在几千名这种战士冲锋时会发出一种令人恐惧的隆隆声。然而，将此类场景拍成历史电影的专家指出，马匹及身披铁甲的骑手本身已经产生非常大的噪声了，不可能再听到羽毛造成的声音。不管怎样，这种 16 世纪的部队，只要与"德国方向的"现代外国军队并肩作战，在眼下的 17 世纪末就还能够取胜。但是，正如波兰－立陶宛联邦气数已尽，国王约翰三世·索别斯基永葆自己家族王位的努力也失败了。为了被选为父亲的继任者，索别斯基王子雅各布·卢德维克花费了大量金钱贿赂各方，不得不与此间孀居柏林的拉齐维乌的女继承人路易丝·夏洛特结婚才能改善境况。一切都安排好了，但是在最后一刻（1688 年），一位一无所有的普法尔茨王子抢了先，引诱这位巨富的宗女

216

---

[1] 法国城市奥朗日与"甜橙"一词词形相同。——译注

不负责任地为爱嫁给了他，而为爱结婚正是会遭到这个时代所有政治顾问严重警告的行为。就这样，雅各布·卢德维克·索别斯基对波兰王位抱有的希望落空了，但总归没有哪位波兰贵族愿意把王位便宜别人，于是人们早在国王约翰去世（1696 年）前就已经在国外寻找合适的继任者了。

曾任臣服礼大使的希耶罗宁·卢博米尔斯基领主在从普鲁士返回后不久，就让自己的弟弟耶日·多米尼克和阿尔滕波库姆主教座堂修士不到 15 岁的妹妹结了婚，而她的姐姐早就是希耶罗宁本人的妻子了。此后，希耶罗宁重返土耳其战场，并自认为在那里为波兰找到了合适的王位候选人：德孔蒂亲王。此人是路易十四的旁支侄子，也是哪儿都少不了的马萨林的外甥女的儿子。德孔蒂在凡尔赛非常受欢迎，明显抢走了太阳王的婚生子和非婚生子们的风头，因此太阳王毫不掩饰地热烈欢迎希耶罗宁的想法，希望可以借此体面地将德孔蒂永远安置到人类世界的另一端。因此，在 1697 年的波兰国王选举时，德孔蒂就成了法国和卢博米尔斯基的候选人，事实上也被召集而来的大多数贵族选为了新的统治者。而此时德孔蒂正坐在但泽前方的一艘法国战船上，思念着留在凡尔赛的心爱表妹，连被选为国王的消息也没能鼓舞德孔蒂踏上波兰的土地。当然，思乡并非唯一原因。德孔蒂让他的选民失望了，因为他作为一个既没有军队也没有国家货币储备（尽管出身王室）的个体，对于自己可以与一个二者兼有的人抗衡不抱幻想——这样的时代还未结束。这个二者兼有之人就是未来的"强力王"奥古斯特二世，现任萨克森的选帝侯、矿山银矿的拥有者及土耳其战争中一支皇帝部队的统帅，由于指挥不力，皇帝很乐意送他离开前往波兰。奥古斯特二世可以为波兰人提供无数的金钱来弥补亏空的军饷，因此十分干脆地被替代的竞选大会选为了国王——整个波兰贵族选举权的好处在于，没人有他们全部人的名册，因此总能再多争取到几千选民，尽管这些人可能只是为贵族服务的贵族猪倌。奥古斯特在最短的时间内巩固了自己的势力，于是德孔蒂心安理得地扬帆返回法国。在那里，德波旁女公爵夫人非常激动地欢迎他，而国王的喜悦则不那么真诚。奥古斯特二世则以大力扭弯马蹄铁及猎艳高手的名声为人所知，他不光在政治上打败了卢博米尔斯基，还把人家的新婚妻子拐跑了。乌尔苏拉·冯·阿尔滕波库姆与耶日·多米尼克·卢博米尔斯基离了婚，成了奥古斯特二世的情妇，并在奥古斯特二世上表之后晋升为帝国女侯爵。1704 年，乌尔苏拉为奥古斯特二世生下一个儿子，后封为德萨克斯骑士，我们后文还会讲到这个孩子。此后不久，虽然乌尔苏拉作为国王公开情人的身份被无处不在的波兰登霍夫家族成员抢走了，但是为了以示安慰，乌尔苏拉获赠了霍耶斯韦达，因此身家丰厚。1722 年，42 岁的乌尔苏拉嫁给符腾堡一位比她年轻 10 岁的宗子。1690 年时的勃兰登堡可以在象征及礼节上轻松应对古老的波兰贵族共和国的威胁，因为后者显得每况愈下。但是如今看来，萨克森和波兰－立陶宛联邦似乎形成了一个再次焕发生机的横跨东西的帝国，眼看就要在经济上扼杀夹在两者之间的勃兰登堡。与此同时，西方的战争于 1697 年结束；1699 年，东方的战争也宣告结束，大家全都精疲力竭。一个新的世纪即将到来。这个世纪会属于谁呢？

第 8 章

格伦布科成亲

<hr>

奥拉宁堡，1700 年 6 月 4 日

格伦布科情愿走得慢一些，但是如果勃兰登堡的选帝侯世子和黑森－卡塞尔的继承人跟在后面疾走，那就别想了，没人拦得住这些没耐心的大人物。镶金桶中栽种的橙树分列在这条窄道的两侧，因此在深夜这个漆黑一片的宫殿花园里，这伙散步之人的目光完全被吸引到他们面前唯一能看见的东西上。格伦布科有点眼花地望向照亮了一座敞篷八角大厅的几千盏灯，这座大厅由石膏花饰、混凝纸、假的树叶和真的木材建成，今天下午才完工，是爱欧桑德上尉的杰作。彼时勃兰登堡选帝侯腓特烈三世刚刚将爱欧桑德从瑞典延请而来，便派他去法国进修，并在他归来后将他任命为"选帝侯亭榭楼台的圣职者"。种种铺张大概是值得的，因为尽管交给爱欧桑德的任务近乎无法完成，但他还是找到了一个办法，把理想中的礼堂同时建造成一座约 12 米高的凯旋门，并且包含可以正常运转的喷水池。只不过为了不被无数蜡烛的烟雾呛死，不得不放弃了天花板。现在入口处

端坐着一尊胖胖的小爱神丘比特石膏像，再加上"爱的胜利"的题词，反应最迟钝的客人也能明白，这场伴随着音乐喷泉和轻歌剧的晚宴是为了庆祝一桩婚事。这是几小时前刚在柏林举行了结婚仪式的 21 岁的弗里德里希·威廉·冯·格伦布科的婚礼，现在他挽着 19 岁的妻子索菲·夏洛特·冯·格伦布科，而今天上午这位年轻的姑娘还被称作德拉切瓦勒里小姐。这无疑是格伦布科家族史上最为豪华的一场婚礼，但这对新婚夫妇只是这出戏里的配角。

由选帝侯和选帝侯夫人率领的廷臣进入大厅并有序地按照等级就座时，典礼官约翰·冯·贝瑟正不无骄傲地向周围人解释着自己的策划理念。在向听众们介绍自己为整个晚宴独创的简单构思原则之前，贝瑟提醒

人们注意角落里的 4 幅主要画作，注意那 4 个绘有上帝权力象征物的镶金牌匾，以及同样写在镶金的花纹边框中的法语诗行和拉丁语箴言。轻歌剧歌颂了爱之于动物、人和诸神的力量，因此为这 3 个群体创作了范例。在人们四周，宫殿花园里的动物们在如此美妙的仲夏夜必然地恋爱了（为了类比，就让我们先忘掉昨天在柏林追猎场上熊和欧洲野牛的搏斗吧），而新婚的格伦布科夫妇则是同样极具魅力的人类爱情的典范。就这样，所有这些生灵完美地反射了最高贵的爱的余晖，即众神之爱，正是为了众神之爱，人们才组织了 5 天以来的所有这些庆典。在说这些话时，贝瑟转过身来，从而可以将自己的目光施恩一般，同时又敬畏地落到这一时期最尊贵的一对新人身上——24 岁的黑森 - 卡塞尔封地伯爵继承人弗里德里希和他 5 天前刚刚娶的 19 岁新娘、勃兰登堡的路易丝·多罗特娅，二人温和而神圣地端坐在长桌上首端。所幸上菜及同时奏响的歌剧音乐打断了贝瑟的发言，让我们有机会为这位前神学家插一句话：根据他以上所言，表面看来，他似乎已经把基督教搁置了。即使在当时，将王侯与众神相提并论也存在争议（只需要看一看，每当宫廷布道师乌尔西努斯努力巴结勃兰登堡选帝侯 11 岁的世子腓特烈·威廉时，世子那令人作呕的数钱动作）。但令情况有所缓和的是神的复数形式，因为在一个理所当然的基督教时代，说到"众神"，一定程度上就自动意味着"那些我们不再信仰的神"，也就是古代的那些超级英雄，他们荒诞且不道德的私生活是一种没有危险的消遣，因此他们比《圣经》更加适合于讲故事、芭蕾舞剧或假面舞会。

这个夏季的这对高贵新人主要有一点与众神相同：黑森的继承人弗里德里希和继承人夫人路易丝·多罗特娅都是来自统治者家族的稀有品种，此外还属于欧洲统治者家族中极少数的加尔文宗，因此二人几乎没有别的结婚对象。鉴于前几代的情况并无二致，因此新人夫妇不仅是直系的表兄妹（女方的母亲和男方的父亲是兄妹），还是三代内的远房表兄妹（家族幽闭恐惧症患者现在可以堵上耳朵了：女方的祖父、男方的祖母兼女方的外祖母，以及男方的外祖母，3 人是手足）。如果要描述两人三代以外的

221

亲戚关系，那么礼堂 12 米高的墙也不太够用。

值得一提的是，我们列举这些亲戚关系，并不是为了论证人们通常与此息息相关的那个观点。我们不是为了"证明"，"他们"所有人都"退化"了。这种简单的远程诊断很幼稚，因为近亲结婚只是强化了已有的特征，这些特征虽然可能是负面的（想想在丢勒、提香或委拉斯开兹等人创作的众多画像中朝我们微笑的哈布斯堡家族成员的凸下巴），但绝非必然。考察一下近代早期欧洲及其他的统治者家族便可得知，特别多来自极其亲密的近亲婚姻中的孩子要么没有障碍，要么没有严重的障碍。比如腓特烈大帝父母之间的亲戚关系几乎与前文描述的这一对一样亲密，尽管如此，腓特烈大帝无论智力上还是体能上都堪称最佳。克利奥帕特拉女王虽然出身于连续几代兄妹结合的婚姻中，但这并没有妨碍她先后迷倒古罗马时期最有权势的两个男人。尽管如今人们不会向任何人推荐近亲结婚，但是根据时下很多人的观点，第一代表兄妹就已经被禁止结婚的这种错误信念，表现出了一种生物学上的偏见，归根结底，这种偏见只是对前现代的相反错误的一种扭曲反映。只要看看主角们繁复的婚姻风俗就可以得出一个迷人的结论，即欧洲今天对近亲结婚所持的理所当然的反感，在近代早期完全不存在。又或许一如既往地存在相应的宗教禁令，但是这种禁令到了贵族层面，尤其是统治者层面，的确在每一种情况下都通过"特别许可"而丧失了效力，并且在有据可查的相关人员的讨论中，找不到一丝怀疑或担忧。在整个 18 世纪的相关资料中，我不仅找不到当时存在有关近亲结婚有害或者生物学上有害想法的任何证明，而且相反，总是找到人们持相反观点的迹象。人们一定程度上认为血统相同的夫妇已经彼此熟悉，进而假定他们更容易相爱，而在当时婚姻的理想模式中，相爱就应该发生在婚后。在奥拉宁堡轻歌剧庆典的前一晚，用来庆祝勃兰登堡与黑森婚约的焰火展现了"两棵树冠向彼此倾斜的棕榈树"，这场焰火的拉丁语名字是"Conjungit cognatus Amor"，意为"植入我们之中的爱使我们结合"。对我们而言，新郎和新娘之间紧密的亲戚关系之所以值得一提，不仅是因为这种关系告诉了我们很多有关婚姻和家庭立场的改变，同时也意味着，这对最高贵的年轻人也不算是首次登场。

黑森继承人弗里德里希的母亲也一同来到了勃兰登堡，她是我们在日内瓦及奥芬遇见过的库尔兰亲王的姐姐，继承人的父亲是塔尔蒙特妻子的侄子，也是伊丽莎白·夏洛特·德奥尔良的表弟。新娘路易丝·多罗特娅出自选帝侯腓特烈三世的第一段婚姻，也就是现任选帝侯夫人索菲·夏洛特的继女，索菲·夏洛特的母亲曾在1684年细心地让人买了一个与继孙女相像的玩偶。将这两个年轻人联系在一起的，不仅仅是生物学，也不单纯是世袭统治权力的政策，而至少是一个由记忆、地域和历史编织的综合网络。

这种网络不仅适用于最高贵的这对新人，同样适用于出身仅算不错的那对。格伦布科和今天娶的德拉切瓦勒里小姐一点都不沾亲带故：男方来自波美拉尼亚的祖先与女方来自法国西部下层贵族的家族之间迄今没有任何关系。把二人联系到一起的是别的东西：他们是加尔文宗教徒，都是纯粹的宫廷赘生物——男方是勃兰登堡的贴身侍从、大臣和高级内廷总监之子；女方是勃兰登堡的未婚侍女，其父是汉诺威的宫廷总管，母亲曾是汉诺威的未婚侍女。综上所述，格伦布科夫妇都属于围在统治者身边的人，就像卫星围绕着一颗行星（当时很受欢迎的一幅图像，另外这也解释了为什么17世纪喜欢用卫星的同义词"Trabant"代指近卫军），而且这些人会跟随行星运动。同理，派生而出的变量也应如此，格伦布科和妻子恰恰就是这种人，人们甚至不需要看上文提到的二人职务，只消看一眼他们的名字就可以确定。格伦布科本人在1678年受洗，教名为弗里德里希·威廉，因为他的教父、勃兰登堡的大选帝侯就叫这个名字，[1] 刚刚结婚的公主就是此人的孙女。（还有一位教母是大选帝侯腓特烈·威廉的妹妹黑德维希·索菲，也是刚成婚的这对高贵夫妇的祖母和外祖母。格伦布科很走

224

---

[1] 原文写作 Friedrich，普鲁士国王家族按通译译作腓特烈。——编注

运，因为权势更大的教父的名字优先：如果教父教母中最高等级的是一位女性，那么他很容易变成一位"索弗斯"，后文会多次出现这种状况。在当时的世界中，一个有权势的教父或教母的名字要比自己家族内的传统名字更重要，但如果男性宫廷贵族按照重要的教母取名为"安妮""多罗西斯"或者"阿德莱德"，则几乎不会引起别人的注意。）1681 年，索菲·夏洛特·德拉切瓦勒里在汉诺威作为汉诺威一位公主的教女而得名。这位公主于 1684 年嫁到柏林，后来把教女也带了过来，并给了她未婚侍女的职位。也就是说，德拉切瓦勒里先是在共同的工作场所认识了年轻的格伦布科，现在又为了庆祝和完善主子的婚礼而成亲。但无论如何，宫廷世界也没有扭曲到非要把两个没有想法的人凑成一对，格伦布科和德拉切瓦勒里小姐虽然年轻，但是早就订婚了。格伦布科娶了这位相对贫穷的姑娘（新娘是法国宗教流亡者的女儿，还有 3 个在继承顺序上优先的兄弟），表明他更看重女方在勃兰登堡较为罕见的加尔文宗信仰及其宝贵的宫廷关系而非金钱，而且他也不缺钱。格伦布科的父亲给他和两个弟弟留下了 8 处骑士封地，其中一处是柏林附近的舍恩豪森，被孀居的母亲于 1691 年以 1.6 万帝国塔勒的价格卖给了选帝侯。与选帝侯的财富相比，这笔钱简直是九牛一毛，在选帝侯女儿刚刚举行的婚礼上，他为女儿戴上的首饰的价值是这个数字的 250 倍（当然只是为了庆祝婚礼，并非作为礼物）。话虽如此，但在并不富裕的勃兰登堡，这些钱也足以令格伦布科夫妇过上与其阶级相符的生活。本来格伦布科真正主要的经济收益也并非来自地产，而是高官显位，官职通常会带给他更多，而且只要灵活，就有晋升的可能。格伦布科也的确灵活，索菲·夏洛特·德拉切瓦勒里也有足够的时间认识到这一点。或许结婚时德拉切瓦勒里已经爱上了格伦布科，或许后来才爱上他，或许从未爱过，我们无从得知，因为没有这方面的资料留下来。只能说，那时候真正关系破裂的夫妇一旦生下两个男性继承人（"继承人和后备继承人"）、完成了自己的家族义务，就可以秘密地分居。就这桩婚姻的幸福程度而言，格伦布科的 17 个孩子让我们有理由持有谨慎的乐观。

除了种种物质上的优势，格伦布科年轻的妻子（我们对她的个性所知甚少）还可以从丈夫身上发现别的闪光点。格伦布科在 12 岁失去父亲后，由于母亲迅速改嫁，他成了一名新贵大臣的继子。继父承担了格伦布科的教育，并在 1693 年命他前往尼德兰的莱顿大学开展骑士之旅。这次旅行表明 15 岁的格伦布科是个体弱多病但聪明的孩子，他喜欢弹维奥尔琴，喜欢吹笛子，法语说得很好，会跳一点舞，会击剑、骑马，夏天时 3 点或者最晚 6 点就要起床（冬天推迟到 7 点）。谨慎的继父不仅告诫格伦布科不能犯平常的道德错误，还告诫他不要饮用或食用过多牛奶、奶酪（值得强调的是：这可是在尼德兰！）、糖和海鱼。鉴于将会发生的事情，最有意思的是继父对于饮酒的告诫，这一方面听起来像是小男孩本来也不适合这种东西，另一方面又让人觉得，他实验性很强地发现了这一点。不管怎样，格伦布科在莱顿读起了大学，一开始可能是为外交或民政管理方面的职业生涯做准备；但是 1695 年继父（事实上，此人是勃兰登堡的外交大臣）去世时，他立即转到了军事专业，并在 16 岁时第一次随军出征。格伦布科一直保留了廷臣的身份，不管是作为贴身侍从还是作为步兵团的上尉，他都属于宫廷，因为步兵团属于 11 岁的选帝侯世子腓特烈·威廉。格伦布科的教育和人际关系，以及他的幽默、机智和显而易见的才智，都是他飞黄腾达的保证。如果德拉切瓦勒里只了解丈夫一点，那就是：宫廷卫星既要尽可能地接近统治者，但太近又会有被烧毁的风险，而在这种种艰难的事务中，丈夫不会陨落。

在使用有限的发言权并且同意与格伦布科成亲之前，德拉切瓦勒里有足够的理由注意这些。其他来访者可能大多会觉得奥拉宁堡礼堂的一幅布景画很有趣，画上是肥胖的爱神骑在一头黑森的狮子上，配着一句"我驯服一切"，以此向黑森的继承人表明，由于等级较低，他作为勃兰登堡选帝侯的女婿所需要扮演的角色。格伦布科的妻子则有理由怀疑地审视另一幅画，画上还是丘比特，爱神宣称："我使一切平等。"根据经验，她太清楚这种平均主义在宫廷世界中有多么虚幻和危险。德拉切瓦勒里可能只是

226

227

粗略知道远房姨母德摩纳哥夫人的命运及其与法国王室错综复杂的关系，因为作为胡格诺派流亡者的女儿，她人生的前 15 年是在汉诺威宫廷度过的——这也是后来拒绝了德摩纳哥夫人追求的伊丽莎白·夏洛特·德奥尔良长大的宫廷。正是在这里，对于同样的问题还有更糟糕的要去学习，而几乎没有人比小德拉切瓦勒里离这些更近了。

　　德拉切瓦勒里的先人曾为塔尔蒙特效力，而且恰恰也是通过塔尔蒙特来到了策勒和汉诺威的宫廷，正如德奥保斯小姐一样。后来德奥保斯小姐违反游戏规则，嫁给了策勒公爵格奥尔格·威廉。在这场涉及耻辱与公侯等级的走钢丝式的冒险中，德奥保斯最亲密的盟友就是同为未婚侍女的梅尔维尔夫人，后者好听又荒谬的闺名为宁斐·德拉切瓦勒里，由此可知，她就是后来的格伦布科夫人的姑母。这桩公侯之"神"与下层贵族"肉体凡胎"的最初结合，看似结局美好。策勒公爵夫妇只有一个女儿，名为索菲·多罗特娅。纯粹出于继承权方面的考虑，索菲·多罗特娅（从 1682 年起）嫁给了下萨克森性格冷静的汉诺威选帝侯世子格奥尔格·路德维希，这桩婚姻在渐渐长大的索菲·夏洛特·德拉切瓦勒里看来，并不特别令人振奋。然而这只是一出悲剧无关紧要的开端。

　　1692 年，也就是索菲·夏洛特·德拉切瓦勒里于奥拉宁堡成亲的 8 年前，一名自信得令人不安的小伙子搬到了索菲父母家的隔壁，彼时年方 11 岁的索菲很快就能常常见到此人。这个小伙子是柯尼希斯马克伯爵菲利普·克里斯托夫，时年 27 岁，外貌英俊，情感奔放，是汉诺威一个步兵团的上校，据说有钱到全世界都在期待着他很快会与普拉滕小姐订婚。普拉滕小姐名义上是汉诺威首相的女儿，实际上是其妻与汉诺威公爵恩斯特·奥古斯特的女儿，两人的关系完全公开，而皇帝已经在 1692 年擢升恩斯特为帝国第 9 位选帝侯。普拉滕小姐芳名索菲·夏洛特，鉴于本章的索菲·夏洛特实在太多了，所以她这个名字对我们用处不大。换句话讲，她是迄今的公爵继承人、通过父亲升职而成为选帝侯世子，并且会继承一个选帝侯国的格奥尔格·路德维希同父异母的妹妹，因此无疑是德国北部非执政贵族中的优选结婚对象之一。但是，柯尼希斯马克条件也很好。他的祖父是德国裔的瑞典陆军元帅，在三十年战争中发了大财，地产收入一度抵得上汉诺威选帝侯收入的一半，相当于我们今天的亿万富翁。于是，菲利普·克里斯托夫伯爵就在王侯般的奢华中长大，习惯了铺张的生活，即便后来被瑞典国王查抄了几乎所有地产，也没有丝毫改变。他表现得仿佛自己仍然那般富有，在一个晚上就能把宫廷高官一年的收入输光，四处举债，因为没有人愿意相信这样一个人会破产。搬进汉诺威新城的豪宅时，伯爵不仅带来了花里胡哨的壁毯、7 面镜子和颜色夸张且昂贵的枕套，还带来了 29 名仆人和 52 匹马及驴骡。豪宅的整整一层仅被用来储藏贵重的家用器具。在共同的宫廷事务中，伯爵自然认识了德拉切瓦勒里的父亲、汉诺威当时的总掌酒宫官。作为邻居，当伯爵在要塞壁垒上散步或者从莱内河中游泳归来时，会不时地拜访这家人。索菲·夏洛特·德拉切瓦勒里肯定也听说过，伯爵如何从窗户往外射燕子。史料未记录这个姑娘是否受到触动，但是如果她真的对柯尼希斯马克没有什么浪漫的兴趣，那她在 1692 年的汉诺威还真是独一份。

    我们知道汉诺威的一场宫廷舞会，时间是 1693 年 7 月 9 日，柯尼希斯马克表态性地避开了宫廷中所有可能有点意思的姑娘，尽管他是这个晚上少数几个可以做舞伴的人之一。这些廷臣的主业是战争，在这个夏天的战争季，宫廷中几乎所有年轻点的小伙子都在佛兰德、匈牙利、希腊或意大利北部，也正因此，柯尼希斯马克整个夏天都远离战场的借口才格外引人注目。在这个夜晚，伯爵和一位老妇人及两个孩子坐在一张桌子旁，其中一个孩子就是他的小邻居德拉切瓦勒里。德拉切瓦勒里的身旁是婚姻不幸的选帝侯世子夫妇格奥尔格·路德维希和索菲·多罗特娅 6 岁的女儿，后者与自己的母亲同名，有朝一日会成为腓特烈大帝的母亲。此时当然还毫无迹象，世子夫妇的女儿只是张着嘴看着主角扮演者柯尼希斯马克，看他如何用纸牌给自己和那个大一点的小姑娘搭了一个又一个的房子——如此恰当、明显得可笑的预言，我之所以要写出来，是因为资料中确实是这样记载的。但是连老妇人也在观看，由于她是王室家庭教师哈林，昔日的"乌费尔的侍女"，在漫长的宫廷生活中先后教育过伊丽莎白·夏洛特·德奥尔良和勃兰登堡的索菲·夏洛特，因此她明白自己看到的一切。即使考虑到家族和年龄所造成的尽人皆知的无礼，这个年轻人还是以明显得可笑的方式无视了毕生习得的社会义务，因此他的行为只能是一种表态。如果柯尼希斯马克想让某个人忌妒，那他理当随便找个宫廷贵妇调情。但与此相反，柯尼希斯马克更多的是表示了自己的冷淡，也就是他对某个人的忠诚，这个人不在场，但是会听说他在这里的表现。这个人会是谁呢？遗憾的是，哈林女士太会猜了。

　　安娜·卡塔琳娜·冯·哈林回到家时已是深夜，但她还是立即坐到书桌旁，开始给选帝侯世子妃索菲·多罗特娅写信，这段时间世子妃正在策勒的父母家中。哈林女士更忠诚于选帝侯世子格奥尔格·路德维希，而非他的夫人，尤其是因为这位夫人是下层贵族德奥保斯的女儿，本来就不该成为选帝侯世子妃。借用伊丽莎白·夏洛特·德奥尔良常说的一句话，"只是一粒老鼠屎"。哈林女士预感到即将发生的灾难会玷污选帝侯世子的名声，但是世子与埃伦加德·梅留辛·冯·德舒伦堡理所应当的绯闻却永远不会造成这种后果，因此这位王室家庭女教师现在所写的正是出于为世子利益的考虑。她向选帝侯世子妃报告了自己对于备受青睐的柯尼希斯马克与一名神秘女性存在明显关系的推测，并在信封上用她那由鸡头和"被截断的树枝"组合而成的婚姻徽章封了印，希望世子妃可以看出这是一种警告：她不能多写，免得表现得像是有罪的同谋。

　　选帝侯世子妃索菲·多罗特娅同时收到了哈林女士的这封信及柯尼希斯马克的两封信，并因为后者两封信的延误感到不安。柯尼希斯马克在信里描述了与房东的一次争吵，因为在一小块建筑损伤上意见不一，自己差点儿对房东拔刀相向；还描述了他乐观地尝试从一位萨克森王子那里索回赌债，以及选帝侯"首席情妇"普拉滕女伯爵的黄色大衣多么可笑。柯尼希斯马克表示，为了与世子妃私奔的远大计划，自己将会出售地产，让她不必烦忧——他很乐意失去几个村子来赢得一位女神。然后柯尼希斯马克与哈林女士一样描述了那个夜晚，并且赞叹，当时有多少高贵又美丽的女士在场，但是他只关注了与选帝侯世子妃如此相像的那位（世子妃回信道，在从哈林女士的来信中判断出他指的只是自己的小女儿之前，他的话令她多么忌妒）。柯尼希斯马克表示自己将永远是"小狮子"的情人，并且无法停止怀念在 301 的那个美妙夜晚。

在此前通信的 3 年间，柯尼希斯马克和索菲·多罗特娅逐步掌握了各种密码技术，尽管并不完善——历史学家大概要插一句：幸亏并不完善。因为二人的通信不光提供了很多美好的认识，最重要的是，可以提供一个独特的视角，由此可以看到 17 世纪一对上层贵族恋人如何明确地谈论性。一开始他们和当时的爱情小说一样，干脆使用假名，这些名字和信件的其他内容一样，都是来自相应的法语发音。二人称选帝侯为"唐迭戈"，恰如其分地称选帝侯的情妇普拉滕为"胖东栋"；索菲·多罗特娅的父亲是"不高兴"，母亲则是"教育家"；世子妃本人则不时地被称为"小斜眼儿""左心房"，或者像上文那样，大概是按照她所在的韦尔夫家族的狮子纹章，被称为"小狮子"；柯尼希斯马克自然是"骑士"。不知道从什么时候起，这一套假名就不够用了，于是这对恋人又幼稚地尝试用同一个前置或后置的音节来掩饰真名（伊丽－汉诺威的伊丽），并最终发展出了一套直到今天也只有部分破译了的数字系统，其中 301 代表林斯堡的狩猎行宫。10 天前柯尼希斯马克才在那里秘密拜访过世子妃，而且差点儿被逮个正着。那天夜里他被两个男人追了很久，凌晨 4 点前一直在附近的格林德森林浓密的"荒野"中乱窜，最后终于找到了自己的马。回到汉诺威后，柯尼希斯马克喝了整整一桶水，才从"神的拥抱"中回过劲来——不得不承认，也从长途跋涉中恢复过来。2 天后，他才从世子妃用隐形墨水写的信中惊恐地得知，自己离被发现只有一步之遥，两人就在毁灭的边缘：这一切就像一部小说。

这对恋人还有整整一年的时间。二人把小姑子索菲·夏洛特或者陆军元帅波德维尔斯越来越急切的警告都当作了耳旁风，和之前对待哈林女士警告的态度如出一辙。索菲·多罗特娅在向她的夫君、选帝侯世子格奥尔格·路德维希请求夏天换个地方度假时，拿来当借口的理由是：为了自己的名声，她不能离一个不道德的年轻王子的宫殿太近。世子妃得到的回答中饱含的讽刺足以将施泰因胡德湖的水抽干，但她仍然不明白，她离深渊已经近在咫尺。相反，天空似乎突然放晴了，因为在德累斯顿，萨克森的选帝侯约翰·格奥尔格四世在情人的病房中感染天花后去世了。就这样，原本一无是处、一文不名、欠了柯尼希斯马克巨额赌债的萨克森选帝侯世子腓特烈·奥古斯特一下子成了一个银矿之国的选帝侯，不久人们将开始称呼他为"强力王"。虽然目前已经到期、不得不支付的丧葬费用让这位新任统治者一时之间分文不剩，但是当柯尼希斯马克在德累斯顿的一场作战演习中证明了自己的勇气之后（一个生鸡蛋差点儿击中他的眼睛），奥古斯特就允诺了他一张带薪少将的委任状，就这样，多年以来，柯尼希斯马克首次海市蜃楼般地看到了有支付能力的开端。就在汉诺威宫廷以为摆脱了这个胡作非为之人时，柯尼希斯马克又回来了，来解散家中雇员，并请求解除汉诺威的职务。与此同时，选帝侯世子妃也从策勒返回了汉诺威——绝望、非常丢脸，因为她的父母拒绝了她离婚的请求。这对恋人目前的选择只有私奔或者见彼此最后一面。当这位英俊的伯爵于 1694 年 7 月 11 日最后一次离家时，没有人知道二人做出了何种抉择。很多目击者看见伯爵身穿白衬衣、灰裤子、简单的褐色外套，而且可能没有佩剑（对于一位贵族来说很不寻常），向声称发着烧的选帝侯世子妃所在的古堡走去。与此同时，世子妃的丈夫恰好及时地启程去了柏林，从而避免明显参与到接下来的所有事情中。没有人知道，当柯尼希斯马克在城堡的走廊中突然看到克伦克、埃尔茨、施图本福尔和蒙塔班对他拔剑相向时，他做何感想。

　　在一个统治者与臣仆都对秘密着魔的社会中，很多无关紧要的事件都被人按照"一切皆有可能，没有任何真事"的座右铭来解读，因此英俊的伯爵消失得无影无踪必然会引发一场谣言风暴。汉诺威宫廷刻薄地解释：
众所周知，这个人喜欢夜间四处游荡。此外，对伯爵的下落不明表示遗
憾。（次日早晨就已经彻查整栋房子了？——我们都是这样做的，嗯……
如果高官显贵死去的话。）这些解释当然也是在竭尽全力地为谣言做贡献，
没过多久，所有可以想到的恐怖故事就流传开来。故事的主角几乎都是选
帝侯的"首席情妇"普拉滕女伯爵，她既希望柯尼希斯马克成为自己的女
婿，据说又想让他成为自己的情人（尽管她本人和选帝侯是情人关系）。
要么是两者都泡了汤，要么就是柯尼希斯马克结束了与女伯爵的短暂关
系，转而引诱选帝侯世子妃，反正失望的女伯爵自荐成为选帝侯家庭践
行国家利益至上原则的冰冷工具，组织了这次谋杀。为什么要谋杀呢？其
他人认为，人们只是把柯尼希斯马克拖到了一个秘密的地方，慢慢地给他
投毒。

　　——不，他已经死了，普拉滕夫人在最后一刻还用脚后跟踩
了他的脸。
　　——无稽之谈，只要他宣布乐意娶她的女儿，她马上就会让他
重获自由。
　　——怎么让一个在前一天夜里就被活生生扔到燃烧着的炉子里
的人重获自由呢？
　　——他们说：其实是砌在墙里……
　　——但是选帝侯世子确实亲眼看着刽子手将他秘密斩首了吧？

　　如此等等。连路易十四在这个夏天也突然以双倍的频率和双倍的好　　234
奇与弟媳伊丽莎白·夏洛特·德奥尔良聊天，因为她肯定可以从自己的教
母、汉诺威选帝侯夫人索菲（"冬王"王后会说 6 种语言的女儿、通奸的
选帝侯世子妃威严的婆婆）那里得知到底发生了什么。但是伊丽莎白·夏
洛特那几个月的信件当她还在世时就在汉诺威被销毁了。索菲寄往凡尔赛

的信也全部失踪，她在寄给另一名侄女的信中仅将汉诺威的种种事件称为
"我在报纸上都没见过的事情"。直到 1952 年，历史学家格奥尔格·施纳
特才合理还原了事件的过程。多亏了他，我们才得知了凶手的名字，以及
他们在城堡的庭院中杀害了柯尼希斯马克，并且显然将他的尸体绑上石头
沉入了莱内河中。

　　选帝侯世子妃索菲·多罗特娅则被汉诺威的宗教法庭判处与世子离
婚，未提及通奸，并且终生被流放于阿尔登的偏远庄园，因此人们后来只
把她称作"阿尔登女领主"。这座庄园简陋建筑四周的水渠都已经变成了
臭烘烘的沼泽地，索菲只有坐着马车、由一支骑兵护送队陪同才准许离
开，她就在这里度过了余下的 32 年光阴。如果没有离婚，1714 年她将会
站在格奥尔格·路德维希的身侧，成为英国的王后；而当她于 1726 年死
去时，她的两个孩子已经分别是英国的亲王和普鲁士的王后——但是 1694
年之后，她既没有获准见过孩子的父亲，也没有再见过这两个孩子。只有
她的母亲，策勒公爵夫人埃莱奥诺蕾，曾经的德奥保斯小姐，会不时地来
探望她。这其中有一种残忍的对称：下层贵族出身的母亲通过被禁止的爱
晋升为执政的帝国侯爵夫人，她来到吕讷堡荒野边缘这个被上帝遗弃的
污浊之地探望自己公侯出身的女儿；女儿原本可以成为英国的王后，反而
由于与一名下层贵族被禁止的爱而一下子失去了自由、孩子和后冠。

　　在柯尼希斯马克家族中，"众神"和"凡人"的越界关系当然没有随
着这出悲剧完全终结。自从任威尼斯陆军元帅的叔父奥托于 1688 年死去
（此前不久他的炮兵在扫射土耳其人的火药库时还炸毁了雅典卫城），菲利
普·克里斯托夫就成了本家的最后一位伯爵，随着他的消失，伯爵家族的
男性支脉也消亡了。因此，对于菲利普 32 岁的姐姐奥罗拉来说，弄清楚
失踪弟弟的命运就显得格外重要。这位美丽绝伦且很有艺术天赋的德裔瑞
典姑娘一直未婚，因为她一开始和一个贵族的坏小子纠缠了太长时间，后
来撑在她头顶的家族债务穹顶又垮塌了。但是现在奥罗拉有了一项任务。
菲利普·克里斯托夫最后的身份是萨克森选帝侯国的少将，因此萨克森选

帝侯、"强力王"奥古斯特二世就有义务查清他的命运。但选帝侯本人可能缺乏这份热情（如果柯尼希斯马克再次出现，奥古斯特二世就必须返还他3万帝国塔勒的赌债），于是奥罗拉前往德累斯顿，试图说服选帝侯。接下来的都是陈词滥调，但是有史料佐证。奥古斯特邀请这位女伯爵来到自己在莫里茨堡的狩猎行宫，并为此次会面组织了一出神话角色扮演的戏剧。剧中都是仙女、萨堤洛斯和森林之神，奥古斯特扮演潘神，而女伯爵自然是曙光女神奥罗拉。这一切的结局从未遭到过认真的质疑：柯尼希斯马克女伯爵奥罗拉当了一年多有着一双浓眉、熊一般强壮的选帝侯的"首席情妇"。但是就连奥古斯特也没能从汉诺威选帝侯那里（终归是他的叔祖）打探到任何有关柯尼希斯马克的蛛丝马迹。因此，当反复无常的奥古斯特在1696年投身土耳其战争和新的冒险，并在短短一年之内以前文描述过的方式将波兰王位收入囊中时，奥罗拉的愿望始终未能达成。当奥古斯特离开德累斯顿时，他的妻子和奥罗拉都怀了他的孩子；1696年10月，二人各生下一个儿子，时间仅相差3周。合法的继承人自然在德累斯顿出生，并按照其父命名为腓特烈·奥古斯特，而奥罗拉只能按照古老的习俗悄悄地踏上旅途。然而，当奥罗拉给自己在戈斯拉尔出生的儿子找了半个市政厅的人做教父时，这种悄无声息自然受到了一些损害。但是奥罗拉定然没有为此十分烦忧，她并不幻想自己与"强力王"奥古斯特二世的关系能够持久，早就着手准备，好在离开他后得以出任奎德林堡女采邑修道院院长。大概是为了纪念那场神话戏剧演出的地点，奥罗拉为儿子取名莫里茨。由于教区记事录神秘地将莫里茨的母亲称为"高贵的夫人"，因此这也成了他目前唯一可知的名字。莫里茨出生不到一周，奥罗拉就给自己的姐妹写信道，她终于得知弟弟在汉诺威被杀，任何方法都不可能把他找回来了。柯尼希斯马克的大戏结束了，但是就如同悲剧之后的诙谐插曲，奥罗拉的女仆直接效仿了女主人。1686年在奥芬成为奴仆的伊玛目遗孀法蒂玛，早就按照女主人的名字受洗，同样也短时间地做过"强力王"奥古斯特二世的情妇。尽管底层出身断绝了她成为"首席情妇"的可能，但是足以让她嫁给一名因为这层情人关系而被封为贵族的男仆，并生了两个孩子。长子于 1702 年出生，同样获名腓特烈·奥古斯特，后来获封鲁托夫斯基伯爵头衔——得名自萨克森菱形花环的纹章。女主人和女仆各自有了儿子，他们是同父异母的兄弟。我们还会遇到他们。

让我们回到勃兰登堡。小德拉切瓦勒里在汉诺威恰好经历了自己那引人注目的邻居永远消失，并且某一天突然就不允许再提起他了；约 15 岁时，她被征召到柏林的宫廷做未婚侍女，在那里服侍自己的同名教母、勃兰登堡的索菲·夏洛特。德拉切瓦勒里来得正当其时，正好在 1697 年亲历了典礼官贝瑟迄今为止面临的最大挑战，也就是俄国沙皇到访。虽然彼得匿名出行（当时人们依然未能预料到，此人有朝一日会被冠以"大帝"之名），为所有东道主免去了"老天爷，沙皇是什么等级"的问题，不经意间也消除了最糟糕的礼节麻烦；但遗憾的是，他一则出于罕见的羞怯，二则由于反感所有的礼节，匿名过了头。沙皇自称彼得·米哈伊沃夫，混迹于使团最下层的军士中，扮作正式大使的随从。以这种方式保持不受干扰、不被认出的想法，本身相当感人，但这样一个身高近 2 米的人，即便在今天也相当引人注目，按照当时的标准更是高得可怕——始终有 4 名宫廷侏儒陪伴在彼得的左右，而且在整个东中欧都找不到一副尺寸适合的手套。此外，在童年经历了一次血腥的政变之后，他的脸部和肩膀经常神经质地抽搐，因此匿名与否几乎没什么差别。最重要的是，彼得形式上的匿名没有改变他是使团实际领导人的事实。彼得最先访问的是瑞典，那里的人错误地把他的话当了真，结果他在启程时勃然大怒，认为人们粗鲁地无视他，3 年后将此作为对瑞典开战的理由之一。在这种情势下，紧张的柏林东道主自然根本没有把名义上的首席大使当回事，后者的名字一时之间也确实没能提供任何信息。经过几次询问，为了欢迎这位陌生的君主而聚集起来的多纳和丹克尔曼家族才明白，这位不同寻常的首席大使阁下、诺夫哥罗德的总督、整个俄国的海军大将弗朗茨·雅科夫依耶维奇·勒夫特不是旁人，正是日内瓦一名药剂师的儿子弗朗索瓦·勒福尔。众人曾于 17

世纪 70 年代，与其领导的资产阶级暴徒在日内瓦发生了激烈的冲突，而此人在这段时间已经借由凶残的库尔兰亲王的介绍，在俄国取得了明显的成功。如果我们猜测这些信息可能在勃兰登堡人心中激发了"用某种方式把事情做圆满"的怪诞情绪，应该不过分。无论如何，相较于这些陈年纠葛，这次访问出人意料地和谐。年岁已高但好奇心依旧的汉诺威选帝侯夫人索菲不久就非常热情地接待了这位沙皇，"他是一位非常好的先生，总是一副很恼怒的样子，但这在他们国家很普遍；如果他受过良好的教育，那他一定会相当完美，因为他有很多好的品质，很有头脑"。

如果沙皇晚几个月来到勃兰登堡宫廷，勒福尔会少遇到一半的宿敌，因为 1697 年年末，首相埃伯哈德·丹克尔曼倒台，按照观察方式的不同，原因可能在于他的外交政策、一次礼节问题，或者是他的宿敌、那些老牌贵族的阴谋得逞了——眼下多纳家族就是丹克尔曼的头号敌人。对于这一更迭，没有人比选帝侯夫人索菲·夏洛特更高兴了，因为她觉得丹克尔曼的权力是对自己丈夫的一种挑衅。毕竟，早在这名宠臣倒台之前，她就成功避免了汉诺威的嫂子索菲·多罗特娅的致命失误。索菲·夏洛特不仅在勃兰登堡宫廷颇能忍耐，而且在与魅力平平的腓特烈三世的婚姻中都相当有忍耐力。看一眼二人的后代情况，就会颇有启发：继 1688 年出生的儿子（选帝侯世子腓特烈·威廉）之后，就没有任何孩子出生了，更不必说在那个儿童夭折率很高的年代，只有一个儿子对于王位继承来说是一种特别脆弱的保障。当时任何一篇文章在提到这个孩子时，都要加一句，他"对这个国家多么珍贵"。这对世子并没有什么好处，因为几乎从一开始，他的教育就是宫廷政治的主要舞台。

1695 年，选帝侯世子腓特烈·威廉 7 岁，和所有的王子一样"来到那些男人身边"。按照当时的理论，孩子在这个年龄开始有了理性，老师就由胡格诺派的家庭女教师换为一位上层贵族的家庭教师和一名市民阶层的顾问（也就是老师）。其中，贵族的家庭教师就是亚历山大·多纳伯爵，前文讲述过他 16 岁时勇救朋友一事，此时他在勃兰登堡已经飞黄腾

239

达；他与统治者家族的亲戚关系助益颇多，不过由于伯爵和选帝侯之间的阶层差异，这种亲戚关系不能公开提及。尽管首相丹克尔曼是多纳的对头，但他当时未能阻止多纳被任命，因此对丹克尔曼来说，占据其他位置就显得尤为重要。接下来，丹克尔曼让自己的儿子成了世子的高级贴身男仆，让自己的门徒克拉默当了世子的顾问。只可惜忠诚于丹克尔曼似乎是克拉默唯一的正面技能，但这不足以弥补其嗜酒和开始精神错乱的缺陷。按照当时的标准来看，受过良好教育的选帝侯夫人对自己的孩子有着极其强烈的兴趣，虽然给儿子定期安排了几次口试，但她并没发现，克拉默已经事先教世子背了正确答案。直到 1697 年，丹克尔曼的垮台也扫除了他的走狗克拉默，这时索菲·夏洛特才震惊地发现，自己 9 岁的儿子虽然会背诵，但是显然连 10 都数不到。多纳雇用了一位名叫勒伯夫的胡格诺派教徒做新的顾问（此人曾"教化"了一名大臣野性的侄子克里斯托夫·威廉·冯·布兰德），并在一定程度上将 13 岁的布兰德作为榜样（或者因为他是索菲·夏洛特最喜欢的宫女珀尔尼茨同父异母的弟弟）任命为宫廷侍从，以顶替同样被辞退的丹克尔曼之子。可惜的是，从很多方面来看，这两人来得都太晚了。

选帝侯世子已经习惯于不被理解，也不理解任何东西。他有着深深的挫败感，与他天使般的外表形成对比的是更加令人震惊的攻击性。勒伯夫在开展自己的艰难工作时充分认识到，在不远的将来，200 万人是否要接受一位没有教养和自控力的暴躁小伙子的统治，主要取决于自己，但可惜他并未完全成功。虽然勒伯夫尽可能地弥补了必要的教育缺陷（在聪明的母亲看来弥补得还不够，而她的态度似乎促使世子终生憎恨女人），但是世子的性情仍然危险。当宫廷布道师乌尔西努斯一次次讲究繁文缛节时，世子告诉老师勒伯夫，他会把这样的人扔到位于施潘道的普鲁士版巴士底狱中。勒伯夫觉得这有些过分，但腓特烈·威廉宣称，勒伯夫干不好活自然也会被送去那里——这个预言虽然由于勒伯夫早早去世没有实现，但是却奇怪地应验在了勒伯夫的侄孙身上。这位侄孙作为柏林高等法院院长，

在做出一项不受欢迎的判决之后，于 1779 年被腓特烈·威廉的儿子腓特
烈大帝投入狱中。

　　如果给选帝侯世子一把小一点的剑以示惩罚，他会相当愤怒；如果取
走他的笛子，他会让自己的仆人约亨再雕刻一把新的，并用它突袭被"教
化"的贴身侍从布兰德的鼻子。这种事在勃兰登堡－黑森的婚礼之前就发
生了。紧接着，在为嫁往黑森－卡塞尔的同父异母的姐姐挑选未婚侍女
时，这位 11 岁的少年世子首次被卷入了宫廷政治，并立即引起了母亲和
贵族家庭教师多纳之间的争端。多纳是个十足的廷臣，他给受宠信的宫女
珀尔尼茨写了一封澄清信，并与她建立了足够紧密的联系，在信中称她为
"最美丽迷人的夜晚女神"及"非凡的您"。尽管如此，这位疯狂世子的跟
班们在格伦布科婚礼前夜看到自己的学生遵照"对所有类似战争之物的火
热渴望"，获准燃放施伦德上校准备的"活动的焰火"，并且在作为柏林防
御设施的水渠中点燃了一艘烟花船，制造的焰火使得大量被波及的天鹅、
小爱神、家族徽章和爆竹四处乱飞——终于有一次可以让小家伙释放天性
的宫廷庆典了，看到这些场景时，跟班们肯定放松地叹了口气。

　　有趣的是，在这一点上，选帝侯夫人索菲·夏洛特能够理解自己的
儿子。选帝侯夫人也觉得宫廷礼节无聊，可是王朝命运弄人，偏偏让她
成了崇尚礼节的腓特烈三世的妻子。所幸腓特烈三世也足够温和，只要妻
子在最重要的活动中坐在自己旁边，并且把她的歌剧或戏剧演出融入自己
统治者排场的展示中，就允许她退到几乎完全独立的生活中。索菲·夏洛
特不仅大部分时间都在自己的房间中度过（统治者的夫人本来也有单独的
房间），而且谨慎地安排作息：她的丈夫追随当时早起的风尚，她则把深
夜过成了白天，起床时刚刚赶得上丰盛的午餐。大部分宫廷人员都让索
菲·夏洛特觉得无趣，因为宫廷女管家没有一点幽默感，大部分的未婚侍
女都"只是孩子"，其中就包括小德拉切瓦勒里。因此，有亨丽埃特·夏
洛特·冯·珀尔尼茨分享自己的幽默和对知识的好奇，让索菲·夏洛特格
外高兴。二人会在今天的夏洛滕堡的宫殿花园中一起散步很长时间，这也

241

242

引起了一定的轰动——这位侍女能够阅读女主人的所有信件，被认为"嘴巴很危险"。1702 年，在两人一起到访汉诺威时，珀尔尼茨为女主人再次组织了一出宫廷角色扮演戏剧。在女主人夫君不在的情况下，恰恰挑选了佩特罗尼乌斯的《萨蒂里孔》，这是古罗马一部对狂欢的戏仿之作，后来由费里尼再次搬上银幕并非毫无理由。索菲·夏洛特的汉诺威家人为此很是振奋，但是她的丈夫，那位本身很大度的人却无法忍受了。腓特烈三世给岳母写了一封明显是在抱怨的信。选帝侯认为，珀尔尼茨小姐很有扮演不道德的罗马女人的天分，毕竟她日日夜夜只读这个，对这些东西的熟悉程度"要好于《圣经》。我只希望，她能把心思放到正经事上"。

　　腓特烈三世很长时间以来都在遵循着一个很正经的计划，并强烈要求实现这一计划，1700 年夏天为女儿及格伦布科同时庆祝婚礼的那个晚上肯定也在考虑此事。在那个夏天，欧洲第一次享受到了久违的和平——1697 年，为期 9 年的对法战争结束；1699 年，土耳其战争结束。腓特烈的国家建立在雇佣兵基础上，尽管持久的和平会严重损害这个国家的经营模式，但对于选帝侯来说，和平来得正当其时。人们终归还可以指望强国与王朝之间的竞争，这种竞争恰好在勃兰登堡的家门口又一次苏醒了。几个月前，萨克森－波兰的"强力王"与俄国和丹麦结盟，共同对抗瑞典。但是最刺激选帝侯的不是此事。在他看来，更要命的是，他在 1697 年的和平谈判中失去了自己的大使与国王大使在礼节上的平等权利，等于降级了，而与此同时，他周围的世界都在走上坡路。萨克森的奥古斯特原本也是选帝侯，但他不是成为波兰国王了吗？他的表兄奥兰治成了英国国王；而他的岳父，汉诺威的恩斯特·奥古斯特由区区一个侯爵升为了选帝侯。巴伐利亚的选帝侯不也差点儿登上西班牙的王位吗？在等级到处膨胀的情况下，难道不就意味着不升则降吗？自己为什么就不能成为国王呢，就像他新任命的高级宫廷侍从官和首相瓦滕贝格伯爵悄声怂恿的那样？自己不是也有义务将家族提升为王室之尊吗？通过灵活的外交和自己的军事力量，难道没有可能获得欧洲的首肯，允许他宣布自己独立的普鲁士公国为王国吗？他将成为国王，他势必要成为国王，一种需要他出面的王朝外交的局面将会出现，只是时间问题。在选帝侯生活的世界中，相互竞争的并非宗教、国家甚至意识形态，而是各个王朝，因此国际政治中最重要的转折点是继承权，但这就意味着死亡事件。当然，不是任何一起死亡事件都会造成国际政治的转折。只要像大多数情况那样，有明确的继承人，王朝体系的优势就会长期存在，所有的统治更迭就可以预见和计算，也就不会造成很多改变。统治奥地利的是哈布斯堡家族的这个人还是那个人，坐镇法国的又是波旁家族中的哪位，对于核心人员之间的权力划分其实完全无所谓。恰恰由于诸王的欧洲已经习惯了这种秩序，并且将其理想化为符合上帝意愿的和谐，因此一旦这种秩序因为继承情况不明朗而有失败的危险，后果也就格外严重。

244

本年度的第一起王室死亡事件对普鲁士的野心并无帮助，而是恰恰相反。柏林的庆祝活动举办两个月后，在西部的一座王室城堡中，一名刚满11岁的少年死于猩红热。医生们在他的大脑中发现了积液，这也马后炮地解释了这个男孩为什么一直发育滞后。如果格洛斯特公爵威廉活着，那么他有朝一日会成为英国的国王。1688年的贵族“革命者”的所有希望都在他身上，要是他在世，即使智力上迟钝些，在经历了前几任智力没有障碍的国王之后，这个国家的大人物们恐怕也会觉得是种休整。但是英国王室的子嗣运一直不佳，讽刺的是，到最后偏偏是小威尔士亲王，就是1688年被洛赞救出、不得不逃亡法国的那位，成了年轻一代中唯一幸存下来的孩子。这一情况的细节，本书另有交代（第15章）。我们在这里只需要知道，格洛斯特死后，1689年革命者的直系后代眼看着就要灭绝，因此为了革命就必须指定新的继承人，而且自然得是新教徒。但是由于此前英国公主们的后人此时几乎全部成了天主教徒，血脉最近的信奉新教的继承人只剩下年老的汉诺威选帝侯夫人索菲，她是“冬王”王后的女儿，也就是詹姆斯一世的外孙女。虽然要等到1701年，才会有议会文件指定她为威廉三世及其无嗣的小姨子之后的继承人，但是在不幸的小威廉夭折之后，人们就可以预见，事情必然会如此发展。勃兰登堡的腓特烈三世与岳母索菲的关系特别好，因此他对岳母不久就要高升表达了近乎真诚的祝福。但是腓特烈肯定也感觉自己受到了命运的嘲弄。就在 9 年前，汉诺威家族还远远不如勃兰登堡家族。1692 年，汉诺威人通过获得选帝权利赶了上来，就已经够具挑衅性了，现在这个暴发户还要在不远的将来获得王室的等级并超越自己？腓特烈三世不理解，愈发觉得自己不惜一切代价取得一顶王冠的计划是正确的。

英国王子死后 3 天，选帝侯腓特烈在柏林附近、多纳和格伦布科昔日的宫殿舍恩豪森同大臣们商议。维也纳方面的条件已经抵达，满足了这些苛刻的条件，罗马-德意志皇帝就会承认腓特烈为独立统治的普鲁士国王。皇帝是国王计划成功的关键，因为皇帝不光是这位选帝侯其余全部领土名义上的最高统治者，而且依然自称是整个罗马帝国的继承人。因此，早先的皇帝才能在中世纪时多次升任其他统治者为国王。尽管腓特烈很看重自行加冕，但是皇帝的首肯无疑是最重要的。大臣们仍然犹疑不决，但是腓特烈决定与维也纳展开谈判，即使这意味着皇帝可以借助结盟在接下来的大型王室争端中差遣勃兰登堡的大部分军队。

那时候罗马－德意志帝国的皇帝，帝国所有时代的增进者及日耳曼地区、匈牙利、波希米亚、达尔马提亚、克罗地亚和斯拉沃尼亚的国王利奥波德一世矮小、忸怩，即便是驼背的勃兰登堡选帝侯站在他身旁，肯定也会让人产生大力士赫拉克勒斯和美少年阿多尼斯于一身的印象。［就连超级正派的贵族档案管理员（我有一门辅助学科课程就是在他那里完成的）在展示一枚带有这位皇帝肖像的纪念章时也忍不住近乎愤怒地大喊："这人看起来就像只猴子！"而实际上他原本是想让人注意这位君主那惊人的哈布斯堡凸下巴。］一位法国大使曾经和这位身着黑衣的不起眼的皇帝单独在接见室坐了半个小时，都没反应过来眼前这位正是皇帝陛下本人，而不是随便哪个可以和家具划为一类的秘书。反过来讲，那些低估秘书的人等着倒霉吧！帝国总理府的秘书卡斯帕·弗洛伦廷·冯·康斯布鲁赫是维也纳政府的关键人物之一，因为只有他——而且连他也只是在晴朗的日子里——才能辨认出他那位腼腆帝王的笔迹。所幸这位秘书已经很合作地向勃兰登堡暗示了自己乐意受贿，因此选帝侯刚刚下达命令，允许康斯布鲁赫那比勒菲尔德的内弟无限期地享受税收优惠。

曾有人开玩笑说，如果让路易十四和利奥波德一世决斗，巨人般的太阳王恐怕会直接把他的对手从中间一掰为二。然而在这具不显眼的身体内，隐藏的不只是一名意大利文化爱好者和对艺术的理解——利奥波德一世留下了 234 部音乐作品和 17 卷芭蕾舞曲。这位年老的皇帝同时也是奥地利王朝的代表，这个当时还没有人敢用来历太过普通的哈布斯堡称呼的帝王之家，几百年间统治着一个没有名字、简单地称为"世袭国"或"君主国"的国际联合体。这份遗产的担子沉重地压在利奥波德一世的身上，因为 35 年以来，几乎每一天他都在想着为自己的家族完成取得西班牙王冠这一伟大任务。奥地利王朝的西班牙一支早就面临着消亡，作为其代表的卡洛斯二世不仅是利奥波德的几重表弟、直系侄子和双重连襟，还身体羸弱、智力迟钝，而且明显没有生育能力——这才是问题所在。35 年来，人们一直在等着他死去，并揣测该由谁来接任。要是在德国就简单多了。但是西班牙和英国一样，允许女儿继承王位，可倒霉的是，西班牙前任国王的两个女儿已经在各自失效的婚姻合约中放弃了继承权，因此现在有 3 个可以想到的继承人，他们的继承权都有完善的理由：冷淡的王太子，即路易十四的长子（路易和西班牙长公主所生的儿子）；年幼的巴伐利亚选帝侯世子约瑟夫·费迪南德（西班牙二公主的外孙，委拉斯开兹的《宫娥》画的就是这位公主）；以及利奥波德一世（西班牙前任国王一位姑母的儿子，如果没有前面说的两姐妹，这位姑母就是下一位继承人）。西班牙帝国虽然已经破产，但仍然体量巨大，除了凡尔赛和维也纳，没有人觉得西班牙与法国或奥地利这两个强国合而为一是个好主意，所以其余国家促使西班牙于 1698 年把不构成威胁的折中候选人、6 岁的巴伐利亚确定为王储。这样一来，在一段时间内，看起来人们似乎为了更

247

迭巧妙地拆除了一枚王室的定时炸弹。但是这名被定为未来国王的孩子也活不到登基的那天。这位年幼的王子患有胆囊炎和脑膜炎，手足无措的医生们尝试用止痛药、强心剂、安眠药、泻药、滋补剂和一种由烧鸡、烤鸽子与甜牛奶构成的食谱对疾病发动总攻，但王子还是在 1699 年 2 月 6 日、没到 7 岁生日的那天就夭折了。大型战争的达摩克利斯之剑再一次悬在欧洲上空。

外交官们再一次陷入复杂的斡旋之中。英国人和尼德兰人成功地与法国就划分西班牙王朝达成了一致，利奥波德的次子将获得大部分的继承权，也就是说，西班牙既不与法国统一，也不与奥地利统一。1667 年，年轻的路易十四由于西班牙属比利时边境的几处要塞而挑起了一系列长达数十年的战争；现在，上了年纪的太阳王从中吸取了教训，甘愿获得相对较少的继承份额。但是米兰公国也在路易十四的继承范围之内，由于法国可以从那里直接进犯奥地利，导致现在温和、不好战的皇帝对此横加阻挠。在经历了法国 30 多年的扩张和侵略之后，皇帝相信路易什么都做得出来。皇帝情愿让欧洲再次沦为废墟，情愿让被孤立、被毁灭的奥地利与法国、英国和尼德兰大战一场，也好过让这个至高无上的贵胄之家被剥夺如此重要的一部分遗产。勃兰登堡为了获得王位，是唯一同意这一计划的盟友，即使按照当时的标准来看，这种做法也处于疯狂的边缘。眼下只有奇迹才能拯救这两个失去理智的强国，使它们免于咎由自取的毁灭。

这个奇迹的第一部分来自西班牙。这个昔日的世界强国已经憔悴不堪，在所有这些谈判中竟然没有人考虑过它的意见。但是，当分割计划的消息传到马德里时，西班牙的宫廷贵族和国家贵族掀起了一股爱国的呼声，连迟钝的卡洛斯二世都明白了是什么危在旦夕。这个由舅舅和外甥女结合生出的不幸之人当时才 38 岁，但是已经濒临死亡，卡洛斯二世起草的遗嘱，都是由谨慎的内廷大臣们扶着他的手完成的。这份遗嘱显然不久就会生效，尽管没有人准确地知道其中的内容，但仅仅是这份遗嘱的存在就足以像炸弹一样震惊各方人士。

在维也纳，人们考虑到这个西班牙人死后就会发生的动荡，十分恐慌，于是匆忙向勃兰登堡的外交官们做了巨大让步。1700 年 11 月 16 日，利奥波德一世与腓特烈三世缔结攻守同盟，条件包括皇帝同意腓特烈三世获得国王的头衔，由此改变了柏林老实的典礼官贝瑟（包括但不限于他）。10 年以来，贝瑟受选帝侯委托，将全部的精力用于向世界证明，选帝侯的等级与国王一样高，现在一夜之间他的任务就变了，将来得证明伟大的国王要远胜于微不足道的选帝侯。贝瑟可以就此开始拟定全新的宫廷礼节，顺带着尽可能地把 10 年来所有的学术论文都买下来销毁。勃兰登堡的选帝侯腓特烈三世将成为普鲁士的国王腓特烈一世，但是是有条件的，这些条件免去了他人的反对，也不怎么迎合腓特烈好排场的秉性：诸王并存的欧洲将在结构上发生改变，与此同时，腓特烈将自行加冕，也就是说，勃兰登堡－普鲁士之外将不会有任何人对这次加冕感兴趣。腓特烈等级的提高仅仅给黑森－卡塞尔带来了直接影响，因为腓特烈那个和格伦布科一天成亲的女儿路易丝·多罗特娅在那里收到了来自柏林的命令，从现在起她就是王室的公主，她的婆婆不再具备礼节上先行的权利。此后，这位年轻姑娘差不多在自己的房间里待了半年之久，直到一项复杂的让步允许各统治者家族的成员重新一起待在同一间屋子中。

1700 年 11 月 16 日，维也纳刚刚制成了普鲁士的王冠。就在这天早晨，路易十四在凡尔赛将西班牙大使请进了自己的工作室，向对方宣布西班牙帝国的命运。维也纳的人们 3 天后才会收到西班牙的卡洛斯二世薨逝的消息，而凡尔赛一周前就收到了，因为按照惯例，所有来自西班牙的信件早就被拆封看过了。因此年老的太阳王就有一周的时间来考虑逝者的遗嘱，以及这份遗嘱使他陷入的近乎悲惨的困境。卡洛斯二世指定路易长子的第二个儿子德安茹公爵为继承人，但德安茹只能在保持西班牙完整的前提下才能继承这份遗产，而这样做就要冒着重新和半个欧洲作战的危险违反分割协议。相反，如果德安茹打算尊重分割协议，那么将由利奥波德一世的次子取代他成为未被分割的西班牙的国王。在 33 年的时间中，以几

249

250

十万人的性命为代价，路易十四终于认识到，即使对于欧洲最强国来说，战争也是一种诅咒。眼下，他无比渴望和平的时刻，而西班牙国王的遗嘱使他面临的抉择简直要把这位沉浸在自己世界中的近代早期君主撕裂。路易十四可以选择为了自己的王朝放弃所有世袭而来的神圣权力，将一个仍旧辉煌的帝国拱手交给自己最糟糕的敌人，而对方偏偏是法国从 1477 年起就与之纷争不断的那个家族。将西班牙让予这个家族后，后者将又一次从四面八方包围法国。另一个选择就是为了孙子接受这份遗产，违反分割协议，为奥地利必然的进攻做好准备，并且盼望法国年轻的王孙德安茹对西班牙的继承权（也就是说波旁一支分别在法国和西班牙巩固下来）可以足够平息英国和尼德兰的恐惧。事实上，确实设想不出其他局面，可以令路易甘冒战争的风险。但是这次路易愿意冒险，他向西班牙大使介绍自己的孙子德安茹，并且告诉大使：“您现在可以问候您的国王了。”世袭统治的原则再一次战胜了其他任何论据。

凡尔赛一时之间像是着了魔。当国王命人打开通向镜厅的门，向等待的宫廷侍臣宣布他的决定时，人们热泪盈眶，相互拥抱。从来没有哪位重要人物对 16 岁的德安茹公爵真正感兴趣过，他只是第二个出生的替补继承人王孙。现在，德安茹的兄弟们纷纷拥抱他；而王太子，他那向来缄默的父亲也表达了极大的喜悦。王太子是欧洲历史上第一个可以这样说的王子：“我的父亲是国王，我的儿子也是国王。”请注意，这种话在任何合理的剧本中都意味着王太子前途黑暗，让我们等着看吧，现实中会是怎样的结局。所有人都陶醉其中，只有奥地利的大使大概会觉得自己特别不合时宜。他原本在镜厅等待接见，想要扬扬得意地通知路易十四，维也纳诞下了期盼已久的第一位皇孙，但是现在却发现，这对于凡尔赛宫廷来说完全无关紧要。我们再顺便记录一下奥地利疯狂的程度：维也纳至高无上的帝王之家愿意为西班牙的继承权发动一场战争，但这个家族迄今仅仅由一名皇帝和两个儿子组成。他们想要继承遗产，但实际上他们可能在下一代就会绝嗣，因此现在挑起的继承权战争只是在扩大对破产者财产的威胁，不久必然会导致另一场战争。1700 年 10 月 29 日出生的大公爵利奥波德·约瑟夫是整个皇室的希望，但只存活了 9 个月。事实上，当今没有哪本历史书还会记录他的名字。

西班牙大使此时更加兴奋地宣布，在这快乐的日子里，比利牛斯山上的积雪都要融化了。在隆重的晚宴上，当差的贵族们碰杯时轮流喊着"为了国王干杯""为了西班牙国王干杯"，这时路易十四向大使坦言，这一切感觉就像一场梦。我们先让路易十四在梦中沉醉一会儿，以祝酒时的欢呼语为例，看看法国国王对于他的臣属来说是多么不折不扣的国王的化身，加上"法国"二字对他们来说都像是对国王等级的一种侮辱性贬低。这绝非轻率的断言，而是由一位洛林的图书管理员亲身经历证明了的，他在几十年后竟敢在巴黎的一家酒馆说什么"法国国王"，当场就被揍了一顿。只有一种讲话方式会令当时的人觉得更古怪，那就是在说"国王"的同时提到统治者的名字。但是英国人在 1688 年后只能这样做，否则人们在这个政治分裂的国家用"上帝保佑国王"来祝酒时，会搞不懂是否确实是敬祝在位的威廉或者乔治，而不是被驱逐的詹姆斯及其继承者。

接下来发生的事情中最糟糕的恐怕在于，如果稍微克制一下，即将爆发的这场战争原本至少可以受到一定的限制，甚至可以完全避免，因为路易十四最危险的潜在敌人们已经被之前的战争消耗得筋疲力尽。但是这最糟糕的部分也正是第二个使奥地利和勃兰登堡－普鲁士免于失败的辛酸奇迹：太阳王被梦一般的西班牙遗产冲昏了头脑，以致忘记了自己所有的良好打算。1701 年 1 月 18 日，勃兰登堡选帝侯在柯尼斯堡加冕为普鲁士国王；年轻的格伦布科被任命为普鲁士王国的总掌酒宫官，由此迈出了作为政治酒徒的戏剧性仕途生涯的第一步；英国的政治满足于将王位委以一个近乎陌生的德国王朝；现在被称为西班牙的费利佩五世的德安茹（他仍然一句西班牙语都听不懂）前往西班牙和法国边境的巴约讷，到德摩纳哥夫人的哥哥德格拉蒙处做客，在斗牛场的观众台上听德奥苏纳公爵解释西班牙哪个等级以上的贵族才被允许亲吻国王陛下的手——当这一切发生

252

的时候，路易十四将摇摇欲坠的西班牙帝国的缰绳过分明显地直接抓到手中，就好像要向全世界证明，他忧郁虔诚的孙子确实只是法国的傀儡。路易十四的一系列措施极大地刺激了尼德兰和英国，令两个国家重新失去了一开始的所有好意，并最终加入皇帝阵营，而皇帝的大军已经进入西班牙和意大利北部。1701 年 9 月 7 日，"海上强国"英国、尼德兰与皇帝（同时也就与普鲁士）结盟，目的就是要将法国人赶出西班牙，以利奥波德的次子、大公查理取而代之。这次的结盟在严重分化的英国政坛自然争议很大，一旦垂死的威廉三世撒手人寰，就有可能作废。但是在威廉去世之前、结盟仅 9 天之后，也就是 1701 年 9 月 16 日，英格兰、苏格兰和爱尔兰的另一位国王詹姆斯二世在圣日耳曼 - 昂莱辞世。想想吧，这位心灰意冷的逃亡者在政治上早就几乎无足轻重了，但是他偏偏用自己的死亡再次引发了令人难以置信的政治影响，这只能让人感觉是命运的讽刺。这位不幸表兄的离世不仅触动了路易十四，而且促使他慷慨地向濒死之人做了一些允诺，这将成为他所有美好姿态中最致命的那个。9 月 20 日，路易离开凡尔赛前往圣日耳曼，慰问 1688 年被洛赞救回的威尔士亲王，并且对后者完全像对待国王一样尊敬。在外国看来，承认这名 13 岁的亲王为国王詹姆斯三世，违反了 1697 年的和平协议，并且最终使得英国贵族坚信，只有一场针对法国的战争才能保护自己，避免斯图亚特或者"詹姆斯二世党人"的回归。如果这些人回归，会令很多人失去自由、财产，或许还有生命。因此，无条件继承王位的原则立马更加轻易地引发了一场新的战争，一场没有人真正盼望，但是结构上又势在必行的战争。

在近代早期，一条普遍认可的原则是，人们只能在自己的阶层和宗教内部结婚，应用到王室就意味着，比如说一位西班牙国王的女儿最多只有 12 个家庭可选——值得注意的是，这是理论上的最高数值，不可能达到，因为在 1517 年至 1931 年间结婚的 27 位西班牙公主总共只嫁入了 7 个家庭。只要一个国家缺少直接的男性继承人，女性支脉的继承权必然就会落入另一个统治者家族手中，这两个国家很可能会合而为一。如此这般，几百年

下来必然产生一个个越来越膨胀的共同体，直到在逻辑的终点，所有的国
家都统一在一个王朝的统治之下。但是在这个过程中，王朝林立，围绕它
们形成的国家始终处于激烈的竞争中，因此一个国家力量的增长势必被另
一个国家当成威胁。军事上打击这种不受欢迎的势力增长，对于敌对的强
国来说不是难事，原因有二：一方面，在一个没有成文法律的时代，一旦
"直接的男性继承人"这一理想情况没有出现，又由于王位世袭的原则几
乎在所有地方都没有彻底清晰地固定下来，因此继承人大多只能通过创造
先例来实验性地寻得——这就要求所有参与者为了遗产去斗争，在取得军
事上的胜利之后再递交法律上的理由。另一方面，人们通常也不能特别玩
世不恭地捏造这些法律上的理由，因为基于紧密的婚姻圈子，女性支脉参
与竞争的统治者中几乎总是至少有一位出身于当前要被继承的王朝。如果
谁支持这位竞争对手，以此来压制敌对方权力的增长，就可以不断地以符
合上帝意愿这一高于所有人的继承原则为依据。在一个从最卑微的农民到
最上层的贵族都在不停地为了财产和遗产而提出诉讼的社会，这是一种重
要的合法性，这种合法性是一场简单的掠夺战争所不具备的。然而真正的
悲剧，并且几乎令人悲喜交加的是，由此引发的战争不能仅靠妥协及和平
协定来终结。比如法国和西班牙在为了自 1477 年就存在争议的继承问题
又打了 24 年仗之后，发生在 1659 年的事情。为了让和平更有保障，路易
十四和西班牙长公主玛丽亚·特蕾莎结了婚。为了避免西班牙有一天因这
桩婚姻落入法国手中，人们让特蕾莎签了一份放弃继承权的协议作为嫁妆
的交换条件。但是一般看来，这种协议本身就很成问题，因为王室血统的
神圣权力不是简简单单就能一笔勾销的。然后，为了照顾空荡荡的西班牙
国库，人们没有全额支付这份嫁妆——由此给了法国人一个完美的借口，
在后来视这份放弃声明无效。为了保持盟国的平衡，让继承权落到奥地利
的表弟而非法国人手中，人们把西班牙的第二个公主嫁给了维也纳的皇帝
（上一代也是这样做的），由此保证法国在继承问题上有一个强有力的对
手。换句话讲，一方面，这单独的每一步都很有逻辑，但是另一方面，也

255

正是这不得不做的每一步想要引发下一次继承权战争。眼下，1701 年秋，就到了这种地步。

　　我们已经看到，为什么普鲁士从一开始就参与了西班牙王位的继承战争。就像在所有作战中的君主制国家一样，宫廷生活还在继续。新鲜出炉的国王，现在被称为腓特烈一世，在贝瑟的帮助下，将柏林扩建为大型的王国首都。首相瓦滕贝格通过谈判拿回了国王的头衔，因此被国王赠予了一枚心形琥珀，以示永久的感谢。索菲·夏洛特童年时歌曲里唱的内容延期实现了，她成了王后，并且冷静地承受着更加繁复的礼节，直到 1705 年访问汉诺威时去世，年仅 36 岁。据说王后最后的几句话是对两名土耳其侍从说的：“再见，哈桑。再见，阿利。”全世界都认为，王后在遗嘱中把大量财富赠予了她最喜欢的侍女珀尔尼茨，如果属实，那就是她的国王丈夫成功地避免了执行这一遗嘱。不管怎样，珀尔尼茨小姐仍然十分贫穷，在汉诺威宫廷度过了余生——在那里可以安慰逝者的母亲。珀尔尼茨同父异母的弟弟、被“教化”了的布兰德先生，于 1702 年被 14 岁的王储从王后宫殿夏洛滕堡的一扇窗户扔了出去，走运的只摔断了一只胳膊。即便如此，这个无心的“玩笑”也太过分了，连王储都觉得难堪，真诚地（而且也成功了）请求自己的老师不要把这件事告诉他的父母。布兰德这次经历的贡献可能在于，接下来的几年中，至少王储的自制力有了一定的长进。1706 年，年仅 18 岁的王储成了亲，因为其独子的身份令这个国家很紧张，人们期待着很快可以后继有人。作为国王的父亲利用这次婚礼，包括此前妻子的葬礼，以实实在在无法估价的排场展现了自己家族的王室等级。儿子对这种奢华的反感几乎难以克制，连结婚礼物中的夜壶都是由最值钱的材料制成的。（甚至在凡尔赛习惯了奢华的姨母伊丽莎白·夏洛特·德奥尔良都啧啧称奇：“我原以为，清漆和陶瓷只用于干净的东西，现在用在粪桶上，排泄也成了表演。”）幸好王储至少很喜欢从全世界 4 个地位相符的候选人中为他选出的那位新娘。此人正是王储那骄傲的汉诺威表姐索菲·多罗特娅，被监禁在阿尔登的选帝侯世子妃的女儿。13 年前，柯尼希斯马克伯爵为她搭过好看的纸牌房子，那时候她就坐在格伦布科未来的妻子旁边。当年的两个小姑娘现在在柏林再次相遇，总掌酒宫官格伦布科每个冬天都会加入她们。而每个夏天都要打仗。

第 9 章

"我当时确实以为根本不会开战"

马尔普拉奎特，1709 年 9 月 10 日

　　格伦布科情愿走得慢一些，但是如果普鲁士的王储和黑森－卡塞尔的继承人跟在你后面疾走，那就算了吧，没人拦得住这些没耐心的大人物。阳光普照，萨尔斯森林中的树木彼此相隔很远，分立左右两侧，没有遮挡住秋日下午的一点光线。只不过在这片小森林的上端，众人眼下马上就到达的地方，上升的地势恰好挡住了格伦布科最想拥有的视野。卡多根将军似乎对此并不关心，他和勤勉的副官们赶到众人旁边，用糟糕的法语下着命令（对于一个英裔爱尔兰人的律师之子，还能要求什么呢？他的外祖父据说总归是个贵族，而且是1649年谋杀国王的凶手之一）。将军刚刚宣称，自己现在的举动与征服非洲的大西庇阿在乌提卡做的事情如出一辙。整片森林由于布满了奇特的彩色斑点而显得不同寻常，同时这些斑点也装点着左侧相邻的布满庄稼茬儿的田地。彩色斑点是深蓝、白金和猩红的外套，以及雨天保证会松散的巨大毡帽下的金色、白色和深褐色的假发。一言以蔽之，人们通过此类所能设想出的最不适合作战的衣着打扮，很容易辨别出穿戴者正是军官。这些危险的"蝴蝶"一行几十人，向着森

林地势高的一端移动，用法语、德语、尼德兰语、英语聊着天，相互指点着森林边缘难以逾越的沼泽地或者农民砌的小型石墙，好奇又紧张。然后"蝴蝶"们到达了目的地，站立在由木头和泥土匆匆搭建而成的防御工事前，阿尔伯格蒂伯爵弗朗西斯科·泽诺比奥从里面走出来，迎向他们，目光冷峻。

　　阿尔伯格蒂作为高等级的中将，在法国的佛兰德军队中位列第五，统领着法国王室的意大利籍近卫团，曾是路易十四近卫军的军官。哪位内廷大臣得势，阿尔伯格蒂就是哪位的可靠朋友，因为他的叔叔是枢机主教马

萨林最爱戴的教皇的弟媳的侄子，此人在法国凭借雇佣兵的买卖青云直上，后来把阿尔伯格蒂弄到了自己身边。阿尔伯格蒂是和卡多根对话的最差人选，或者更准确地讲，他恐怕不适合任何谈话，因为他正是以时常数天不发一语而闻名。据说有一次在从巴黎到里尔的整个行程中，阿尔伯格蒂在拥挤的马车中对着交好的旅伴一声不吭。幸运的是，第一批同盟国的军官出现在伯爵的防御工事面前之后，是他想要见卡多根和诸王子，更幸运的是，必要的话，卡多根还可以把两个人的话都说了。

人们乐于将职业军人想象成寡言的勇士，但是这在近代早期尤其具有误导性。正是因为在近代早期社会中，几乎没有人可以自由选择自己的职业，所以很多生活在这个社会中的教士、学者和军官，他们的秉性、兴趣与其职业理想全不相干，而且情愿从事其他任何职业。这个时代的人觉得庇护制度完全合法并且理所应当，这使得通过其他途径进入有吸引力的职业领域就特别困难。有鉴于此，年轻小伙子只好充分利用父母的关系资本，但是大多数情况下，这仅能让他们成为和父母一样的人，以牧师为例，他认识的牧师自然要比军官多。贵族由于地位较高，此类关系资本也更多，他们可以在所有的职业领域发挥影响，比如提升（或者破坏）一位牧师或军官的仕途。但是这于贵族的孩子无益，由于地位高，只有大约 5 个职业与贵族的身份相符，贵族的儿子有时也要被迫从事自己反感的职业。但是，毕竟贵族的职业领域间的界限非常不固定，38 岁的小贵族卡多根就是个不错的例子，没人知道他是在都柏林三一学院短期学习时发现了自己的演说才能，还是在从事军事生涯的同时成了英国驻尼德兰大使时才发现。或许卡多根要感谢自己下议院议员的身份唤醒了演说才能，但是与其说唤醒他的是竞选，不如说是威斯敏斯特的议会辩论：就算是件家具，只要和卡多根一样获得了马尔伯勒公爵赐福，也会被新伍德斯托克的 200 名选民选上。

无论如何，卡多根现在正滔滔不绝。诸君沉默不语，这是他们的威严使然。格伦布科也在倾听着，他肯定很高兴，将军开头的恭维话就让人感

259

觉扯了 10 分钟。卡多根用模糊的（当然是法语）言辞向阿尔伯格蒂解释，虽然很遗憾自己对和平谈判一无所知，但是只要有和平谈判的可能性，就应该耐心等待，除非是疯了。1678 年，在离此地不远处，一支法国军队和一支同盟国的军队于和平协议缔结 4 天后打了一仗，尽管事后证明，双方至少有一方知道和平已经到来。彼时有 4000 人战死或受伤，现在的确没有人希望再次发生这种事。至少在场的人不希望如此，他们就站在这里，都只是些规矩的贵族、正直的骑士、爽直的战士，对此类外交手腕一窍不通：仅仅是因为从事外交的笔杆子、那些孱弱的平民过于懒惰，不能及时就第 37 条条款达成一致，他们就该相互残杀吗？

当卡多根为无关政治的骑士间的团结而辩护时，周围的人各有想法，尽管他们没有人把自己的想法记录下来，但我一定程度上还是可以很好地即兴发挥一下。我们不仅知道他们当时听到了什么，而且知道这对所有人来说都生死攸关。此外，我们还可以重构，这些人中的哪个人熟悉拼图的隐藏部分，可以有意识地从每一位听者切入，尽管当时的他们作为个体还相当懵懂无知。

　　"棒极了，"两个月前才参军的普鲁士王储腓特烈·威廉心想，"他说的有道理。如果我是国王，一个个的 5 分钟内就能团结起来。"

　　"棒极了，"站在阿尔伯格蒂左侧的德戈埃斯布赖德心想，"爽直的战士，就像 3 个月前在凡尔赛扳倒了国防大臣沙米亚尔的内廷大臣将领们，国王多么眷恋沙米亚尔啊（曾是他最好的台球搭档）。现在我的岳父是权势最大的大臣，世界又进入了正轨。"

　　"棒极了，"站在阿尔伯格蒂右侧的德沙罗斯心想，"正直的骑士，就像阿尔伯格蒂那样，当年为了攀上了不起的德维勒鲁瓦，把自己一辈子的提拔人像甩垃圾一样甩掉。"

　　"棒极了，"格伦布科心想，"能干的战场老手卡多根在身侧的军官中混入了他最好的工程师和制图员，就是为了尽可能精确地画下法国防御工事的设计图，而此时他故意用这些谈话来拖延时间。运气好一点的话，进攻所需的增援部队马上就到了。而我本人正是高贵的骑士、准将格伦布科，刚刚获得来自柏林的命令，背着我们的盟友与法国协商一份单独的和平协定。人们真的需要自问，不知羞耻的平民怎么能比得上我们这些英雄。"

阿尔伯格蒂一直听着，这时，从法国的阵地中出来一名通信军官，向德沙罗斯一阵耳语，德沙罗斯又告诉了意大利人阿尔伯格蒂。卡多根注意到了，于是带着询问的眼神中断了对阿尔伯格蒂先前问话的冗长回答。在卡多根看来，面前这个人的脸上可能是近一个小时以来第一次有了点类似表情的东西。阿尔伯格蒂用比卡多根好得多的法语说，这一切当然很好，连他衷心期盼的也无非就是和平，与其余那些可疑之人炙诈的阴谋诡计相比，诚实的士兵精神无疑可以更好地成就和平。说这些话时，阿尔伯格蒂的脸上抽动出的只可能是一丝讥诮的微笑——只可惜他刚刚得到公爵元帅的命令，解散整个会晤，尽管它是如此温暖人心。（他用胳膊指向数百名法国和盟国的军官士兵们共同站立的那个方向，部分人甚至在相互拥抱。"和平"一词的欧洲各种语言变体回响着，一些盟国的士兵还给法国人带来了面包，因为已经 3 天没有补给，被法国人击毙取食的马肉也渐渐被吃光了。）然后，阿尔伯格蒂取下帽子，向王子们鞠躬表示敬意。如果他能活着离开这里，他将会向侄孙讲述，遇到侯爵殿下的喜悦简直无以言表（格伦布科老练地记载了阿尔伯格蒂是如何拒绝称呼王储为"王子殿下"的，因为法国仍未承认普鲁士的王室之尊）。阿尔伯格蒂接着说，很荣幸，著名的卡多根将军证明了自己确实就是人们曾经向他描述的那种人（再鞠一躬，这次弯腰幅度明显没有那么大）。但是如果他们及其十分合群的随从没有在一刻钟内离开炮兵的火力范围，那么他，爽直的战士阿尔伯格蒂，很遗憾将无法再阻止德沙罗斯下达开火命令，这本就是德沙罗斯此前的计划。阿尔伯格蒂说，不能怪罪年轻的热血男儿德沙罗斯，他出身古老的宗族，他的家族在十字军东征时就发挥了主要作用。另外，德沙罗斯还是个纯粹的宫廷赘生物（说这话时阿尔伯格蒂是否特意看了看格伦布科呢？这名年轻的普鲁士人也可以被看作这类人），这类人最糟糕，因为他们 21 岁就成了团长，没人可以非难他们。卡多根一言不发地点点头，他已经拖延了足足一个小时，肯定足够了。当人们在风中挥舞着帽子作别时，卡多根让他嗓门最大的副官嘶吼着下了一道命令，所有身着花里胡哨制服的人便尽可能威严地缓缓穿过树丛、沼泽和草地撤回到自己的行列中。很快，法国战壕下方的萨尔斯森林就又空荡荡了。只有法国人的锤打声、拉锯声和挖土声仍在继续，伴随着歌声和笑声，天也渐渐更黑了。在萨尔斯、马尔普拉奎特和布拉尔尼之间所有的小山丘和布满庄稼茬儿的田地上，在一块儿大约只有柏林动物园 5 倍大的区域中，服务于 13 个国家的 17 万名士兵正在期待着黎明，而对于数以万计的人来说，这将是他们的最后一个黎明。

围绕西班牙继承权的战争已经进入第 9 个夏天了。法国和费利佩五世勉强控制的西班牙事实上孤零零地面对着由英国、奥地利、尼德兰、普鲁士、丹麦、萨克森、罗马 - 德意志帝国组成的同盟军，此外还有几年前改变阵营的萨伏依 - 皮埃蒙特。只有公海及主要由英国对阵法国的殖民地上，战争尚未决出胜负。在西班牙，同盟军从费利佩五世手中夺走了直布罗陀、梅诺卡岛和巴塞罗那，这些地方现在由奥地利大公查理统治，此人被称为西班牙的卡洛斯三世。在意大利，围绕西班牙领土米兰、那不勒斯和西西里的战争结局有利于盟军，自 1707 年起，这些地区已不再有法国军队的踪影。在德国战场上，自从把法国的最后盟友赶出这片土地，盟军的防御工事就凛然不可侵犯地矗立在莱茵河畔，维特尔斯巴赫家族的两兄弟驻守于此，他们是巴伐利亚选帝侯马克西米利安二世·埃马努埃尔和科隆选帝侯兼大主教约瑟夫·克莱门斯。约瑟夫·克莱门斯目前流亡法国，一位教职人员向他建议，虽然他已经任职主教 23 年，但还是可以通过圣职仪式成为天主教神父，换一种方式发挥影响。迄今已有 4 项主教荣誉的约瑟夫·克莱门斯，虽说在还是个 11 岁的倔小子时就首次获得了这类荣誉，但是一直没有接受过圣职仪式，因此只能行使这一职务的世俗统治功能。他接受了规劝，在逃亡中发展出一种姗姗来迟的、看来很真挚的虔诚。现在约瑟夫·克莱门斯接受了圣职仪式，2 年内做了 3 次弥撒，共为 41 个孩子施洗，为 6065 个孩子举行了坚信礼。不过他自己也生了两个，在这一点上他完全还是老样子。

反法同盟最大规模的兵员自 3 年前起就集结于今天比利时的区域。之所以在这块土地上交战，不仅由于它作为古老的勃艮第－哈布斯堡的遗产，迄今一直属于西班牙；200 多年来，这里一开始是法国和西班牙之间的主战场，接着是西班牙和尼德兰的主战场，最后成了尼德兰和法国之间战争的主战场。此外，这里平坦的地势、众多的河流，特别是富有的城市，早就无一例外地被巨大的防御工事包围，使其成为除意大利北部外欧洲首选的战场。尤其是这个"西班牙属尼德兰"处于法国易受攻击的首都、（今天意义上的真正的）尼德兰和英国海岸之间，同盟军必然要从这里对路易十四的霸权计划发动最后一击。

264

法国当然仍旧拥有欧洲大陆最大的军队。反常的是，吃了 8 年的败仗，虽然疲惫不堪，但也令最有资格的指挥官最终站在了这支军队的顶端。凡尔赛的贵族军人为长久的家族政治计，肯定把宝押在宫廷职位上，因为只有一直出现在宫廷中，才能确保宗族首领们获得国王分配的官职和红利税。由于这些古老的贵族跟班对所有官职的授予都有着巨大影响，同时所有的宫廷大臣都带过兵，并且对于军事贵族的成员来说，拥有战场上某支军队的指挥权意味着名誉的顶峰，因此 1701 年战争伊始，所有重要的指挥岗位都首先落到了主要的内廷大臣身上也就不足为奇了，有经验的将军们则位于第二序列。接下来的 7 年中，这些宫廷将领们一个接一个地证明自己的无能，由于种种事情的发生方式涉及诸多宫廷世界的情况，因此我们不得不暂时把战争仅仅当作是贵族主要活动家们的一场象棋游戏。如果身处鲜血横流的棋盘之上，战争事实上又该如何命名及到底意味着什么，后文我将竭尽所能，从书房的有限条件出发展开描述。

　　当然，没有人仅仅因为出身高贵或者属于宫廷贵族就没有军事上的才能。就像英国国王的私生子贝里克，他在 1688 年随父亲詹姆斯二世逃到了法国，接受了法国军职。由于是路易十四的亲戚，贝里克被提拔得非常快，但尽管受到优待，他作为驻西班牙的法国指挥官也是军功赫赫。与此相反，明显更经常出现的情况是，一个人虽然非常勇敢，但是受到的提拔却超出了自身能力，此类宫廷贵族以路易上了年纪的台球搭档兼近卫军司令员德维勒鲁瓦公爵元帅为代表。德维勒鲁瓦在 1701 年战争伊始获得了驻西班牙和意大利北部的法国军队的指挥权，此后不久，他在克雷莫纳遭到奥地利人突袭，对方在一名倒戈的神父带领下，穿过下水道，于午夜时分从所有的污水窨井中钻出来发动袭击。事实表明，在短时间的混乱过后，法军的爱尔兰旅（1690 年随詹姆斯二世逃亡的"野鹅"）恢复了镇静，并且从容地击退了这次袭击。但这片刻混乱却给了敌军足够的时间，俘获了惊慌中穿着睡衣跑到街上的司令员德维勒鲁瓦。凡尔赛的讥讽者在收到这则消息后，理所当然地向战争女神写下了以下这首感恩之歌："法国人，感谢战争女神贝罗纳吧，因为我们的胜利是彻底的。我们不仅保住了克雷莫纳，还丢了司令。"

　　自己公开承认的宠臣遭到了俘虏和讥讽，令路易十四极为难堪，他将愈发多的恩宠倾注到德维勒鲁瓦提携的外甥德塔拉尔身上。德塔拉尔在 1704 年获得了在德国的法军的指挥权，并迅速在赫西斯塔战役中落败，巴伐利亚的命运也就此板上钉钉。同时，德塔拉尔被俘。由于同盟军之前凭借准确的洞察力，为了自身利益用德维勒鲁瓦交换了其他俘虏，使路易十四得以在 1704 年重新授予老朋友指挥权，这次是在日益重要的比利时与佛兰德前线。一开始德维勒鲁瓦违背国王的意愿，一直在该地处于守势，并因此遭到了洛赞的嘲讽。洛赞自从在博因河（1690 年）吃了败仗，国王就没有再给他任何指挥权，因此眼下已经 72 岁的洛赞必须自己找个事情忙一忙。

洛赞原本计划在亚琛疗养时尽可能地摸清敌方众多关键人物的底细，
但是他在那里只遇到了一名孤独的尼德兰少将，只得作罢。此后，洛赞返
回凡尔赛时取道佛兰德，只为了顺道视察一下德维勒鲁瓦的军队。自从德
维勒鲁瓦于 1695 年获得了 1671 年以前一直归洛赞所有的那支近卫军的指
挥权，两人之间就没有多少感情了。直到几十年后，洛赞仍为这个永久失
去的理想职位患有真正的幻肢痛，他很喜欢穿一套自己设计的服装，看
上去就像从前制服的翻版。尽管如此，德维勒鲁瓦在接待这位不幸的竞争
者时仍礼数周到，至于这位疲劳的客人在视察前线阵列时多次被调来保护
他的军官们领入敌军火力射程，大概只是他们的自发行为。无论如何，人
们可以理解，洛赞很不满意地返回了凡尔赛，而且对于德维勒鲁瓦为何放
弃进攻的提问十分明显地避而不答，使得王太子最终逼着他解释。洛赞表
示，他明白为什么德维勒鲁瓦没有战斗，虽然部队确实处于最好的状态，
甚至可以说是迫不及待地想要建功立业，而且双方军队之间的确也没有什
么沟壑、峡谷、山峰或者河流等物理障碍，但是其中的确有些阻碍，不过
他不想就此多言。人们只得再次花费时间和洛赞纠缠，而他只是为难地把
玩着自己那镶金的烟丝盒。人们不得不又听了一遍所有那些不存在的干扰
因素，洛赞才终于明确地说道，仅仅只是一根灌木刺挡在了路上，不得不
承认，虽然它既不茂密也不扎人，但是却有这么这么高，高得就像……洛
赞求助的目光扫过房间，露出一个开心的微笑……对了，准确地说是这么
高，您请看，就像这个烟丝盒这么高——四下里哄堂大笑，德维勒鲁瓦在
宫里的行情随之一落千丈。

经过了如此种种，德维勒鲁瓦接下来在 1706 年拉米伊的战役中参加
了一场战斗且战绩不佳，可能大家都不会感到奇怪。他迅速落败，几乎将
整个比利时拱手交给了同盟军，而且若无其事地返回了凡尔赛。国防大臣
沙米亚尔费了很大的劲才使德维勒鲁瓦离开了宫廷（近卫军指挥权自然传
给了德维勒鲁瓦的儿子，因为家庭财产是神圣的），自然招致了那些与德
维勒鲁瓦有亲戚或结盟关系的内廷大臣与将领的愤恨。与此同时，沙米亚

尔的女婿、佩剑贵族德拉弗亚德获得了驻意大利军队的指挥权，并在1706年成功地输掉了都灵战役，使得"为法国人在意大利派一名新指挥官"的问题再也没有登上过台面，这些对沙米亚尔当然也只能是帮倒忙。

与此相反，德维勒鲁瓦在佛兰德名义上的继任者是国王的嫡长孙勃艮第公爵，但是人们为他配备了德旺多姆公爵做监督人。由此，佛兰德在宫廷阴谋上的地位自然再上新台阶。德维勒鲁瓦还只是出于内部考虑才不配位地被提拔成了将军，勃艮第和德旺多姆则带来了各自的宫廷阴谋战。54 岁的勇士德旺多姆，脸上有治疗梅毒普遍使用的水银疗法留下的明显痕迹，身为亨利四世一个非婚生子后代的他是一名归宗亲王，与路易十四心爱的非婚生儿子们属于一类人。国王之所以提拔德旺多姆，正是想利用确实具备军事才能的他来作为那些有愧于提拔的儿子们的先例。同时德旺多姆也是王太子（国王唯一的婚生子）的密友之一，眼看路易十四年事已高，不久王太子就会成为国王，因此人们最好不要批评未来国王的朋友。此外，26 岁的勃艮第虽然是王太子的长子，可以预期的再下任国王，但是他很可能还得再等上几十年。在此期间，父亲出于优良的王朝竞争传统而唾弃他，德旺多姆也蔑视他，因为勃艮第是一名宗教上谦卑的和平主义者。这种类型的王子现在要在战场上成为德旺多姆的上司，并不会让事情有所改善，因此德旺多姆决定继续把勃艮第当作傻瓜对待。在德旺多姆眼里，勃艮第就是傻瓜，只要一有机会他就差勃艮第去打网球。由于德旺多姆本人已经上了年纪，而且没有子嗣，所以可能并不在乎他的对手多年后会成为国王。

有这样的二人组做将领，奥德纳尔德战役（1708 年）不出所料地再次以法国的惨败而告终。德旺多姆很英勇又很不负责任地冲到了战线前方，自然立马就失去了对全局的掌控。他派去向勃艮第请求支援的唯一的信使也在途中被击毙，所以已经被成功训练得十分被动的王孙就率领一半部队和世界上最出色的骑兵，不为所动地矗立在一块高地上数小时之久，眼睁睁地看着德旺多姆的部队被数量上占优势的同盟军屠杀。在打败仗的第 2

天，德旺多姆当着所有军官的面责骂勃艮第是别有用心的懦夫。这一点可能不能怪德旺多姆，但这还只是一场心理和诋毁大战的序幕，两人在战争季结束后又将其带回了凡尔赛。勃艮第有几天在军中颜面全失，由于所有的军官都无法容忍半点真正的或传言的懦弱，他们全都一言不发地对王孙绕道而行。军官们知道，战争中一名不负责任的将领不仅会断送上万名新招募的农民，而且也很容易让自己和亲属搭上性命。虽然后来勃艮第更为灵活的妻子（萨伏依公主玛丽－阿德莱德，她那 1696 年的娃娃婚提供了摧毁皮内罗洛的契机）成功地使德旺多姆被放逐，并且让自己的丈夫能够公开辩解，但是太阳王没法再派自己名誉尽失的孙子上战场。因此，最终于 1709 年得到佛兰德指挥权的，是按照今天的标准来看大概属于最享有特权的精英阶层的两名男子。

但是，从凡尔赛的角度来看，这两人只属于第二等级。德维拉尔公爵元帅的父亲曾短暂地任职宫中，母亲有很好的人脉；他虽然被升为公爵，但只是五代的贵族，因此堪称暴发户。而德布夫莱尔公爵元帅虽然出身于古老的贵族，但是在 1692 年为了表彰他的战功而将近卫步兵，也就是宫廷军事力量中最重要的机构授予他之前（1671 年，洛赞为了这支部队躲在御床之下），他并无紧密的宫廷关系。由于这支近卫军之前归格拉蒙家族所有，而格拉蒙家族已经在 1693 年把一个女儿（德摩纳哥夫人的同名侄女凯瑟琳－夏洛特·德格拉蒙）嫁给了发迹的德布夫莱尔，哄骗着把他拉入了已经衰弱的宗族。1704 年，格拉蒙家族通过一个完美的阴谋，逼迫德布夫莱尔将近卫军交给了那时的家族继承人德吉什。尽管国王为了安慰受骗的德布夫莱尔，把 4 支近卫骑兵中一支的指挥权给了他，但是他已经领教够了宫廷政治，情愿此后专注于身为将领的工作。德维拉尔和德布夫莱尔都是毫无顾忌但是称职的统帅，因此佛兰德的军队终于真真正正在最后一刻获得了他们急需的指挥官。法国 5 年来的失败不仅使得同盟军拿下比利时与佛兰德的一个又一个要塞，还极大地削弱了法国，导致 1709 年年初只剩佛兰德军横亘在巴黎和敌方之间。德维拉尔和德布夫莱尔没有任

269

270

何退路，必须阻止敌军，而指挥敌人这支部队的是整个时代最著名的两名统帅。

同盟军的这两名统帅为我们提供了"彼此关联的宫廷和军事生涯"这一主题的有趣变体，因为尽管在军营中人们用称呼公侯的方式称呼二人，但是格伦布科喋喋不休地称呼他们为"殿下"。尽管二人密不可分，但他们到达自己现在位置所走的道路和弯路却出奇地不同。

马尔伯勒公爵出身于低等贵族，他能有机会证明自己的才能，几乎完全要归功于宫廷的提携。我们在 1688 年就遇到过马尔伯勒，那时他还是丘吉尔勋爵，把自己的庇护者詹姆斯二世出卖给了革命者，他的伯爵头衔正是这次出卖得来的第一个奖赏。1702 年，马尔伯勒的头衔变成了公爵；1706 年，罗马－德意志帝国的皇帝甚至封他为明德尔海姆侯爵，将他擢升为罗马－德意志帝国的侯爵，自此以后"公爵大人"在欧洲大陆的第三人称就不再是"公爵"，而是"殿下"。威廉三世有理由不信任马尔伯勒，但是后者作为詹姆斯二世的宠臣，在英国还没有陆军的时候就已经在法军中积累了经验，因此他太过珍贵并且经验丰富，不能完全无视他。尽管如此，1701 年至 1702 年战争爆发时，英国军队的统帅还是可以考虑其他人选的，是宫廷将天平偏向了马尔伯勒，让他由此攫取了野心勃勃的妻子莎拉为他所采取的所有宫廷手段中最为冒险的那种手段的红利。莎拉所做的就是始终无条件地忠诚于王室中一个有可能永远多余的人，因为这人远离王位。

271　　　这个人就是安妮公主，詹姆斯二世的次女、玛丽二世的妹妹、威廉三世的小姨子。最终，安妮在 1702 年继承了威廉的王位。从青年时期开始，莎拉·马尔伯勒就与体弱多病、总共小产 13 次而抑郁的安妮交好，她甚至可以在给安妮写信时用亲密到近乎不堪的匿名形式称呼对方为"莫利太太"（完全私人一般！）。岁月流转，强势的侍女将比自己年轻 5 岁的公主卷进了一种幽闭恐惧症般的至交关系中。因此，在不对等的好友登基后，莎拉立马升任宫廷女管家（女王的服饰管理人、造型顾问及私用金掌管者）；而且没有片刻迟疑，她的丈夫也被任命为整个英国部队的总司令和首领。马尔伯勒与德维拉尔、德塔拉尔或者德拉弗亚德的唯一区别在于，他从一开始就利用自己的战略才能担负起了在宫廷中获得的角色。特别是马尔伯勒在赫西斯塔的胜利至今仍令人难以忘怀，之所以这样说的一个重要原因，是议会为了表彰以吝啬闻名的马尔伯勒，无偿为他提供了所有物资，用来建造英国唯一的一座巴洛克宫殿。马尔伯勒的同胞谨慎起见，没有把这场战役按照其发生地赫西斯塔命名（他们发不出这个音），而是按照附近的布伦海姆命名，因此布伦海姆宫也就成了这座直到今天仍然震撼人心的大型建筑的名称，马尔伯勒的七世孙、后来的传记作者温斯顿·丘吉尔 1874 年就出生在这里。如果将这位 20 世纪的后人和他 18 世纪早期的先祖做比较，会发现两人的活动中有很多罕见且真实的历史平行之处，其中最诡异的就是，两人几乎都是凭一己之力将内部互相矛盾的战争联盟团结在一起，这些联盟国家的唯一共同基础是打击一个自大的侵略者。有 10 年之久，每年夏天的战争结束，马尔伯勒就会在冬天游历各同盟国家，调解盟国各自的要求。这种外交十分必要，因为不知道什么时候，自己阵营中就会有人出卖盟友，缔结利己的单独和平协议，这在近代早期并非个案，而是常态。此类出卖大多数情况下既不涉及无法调解的意识形态，也不涉及 20 世纪的技术和狂热才会造成的毁灭。因此，马尔伯勒这样的人就不光要始终身兼统帅、廷臣和国内政客数职（这也适用于法国和所有其他国家的将领），而且作为联盟的领队还得充当无比灵活的国际政治家和外交家。马尔伯勒的妻子几乎凭一己之力确保丈夫一直受到不幸的病弱女王的青睐，没有妻子，马尔伯勒不可能有多少建树。对于马尔伯勒而言，同样不可或缺的还有他那位完全另类的朋友萨伏依亲王欧根，虽然此人属于统治者家族，但是他的平步青云靠的全是自己的奋斗。

　　萨伏依亲王欧根比马尔伯勒年轻 13 岁，1663 年出生在一个执政家族，并且出生在法国宫廷之中。如果人们只知道这一点，或许有理由将他视作那个时代的特权人物之一。欧根亲王的远房堂兄不正是强大的勇士萨伏依公爵吗？他的祖母不是出自波旁－孔蒂一脉吗？他的曾祖母不是甚至还是西班牙的公主吗？他的父亲德苏瓦松是法国王后、奥地利的安娜（别看名字如此，这可是位西班牙公主）生活在法国的亲戚中最亲的一位。但是安娜为了表达对枢机主教马萨林的宠爱，于 1657 年让自己的外甥德苏瓦松与马萨林的外甥女奥兰普·曼奇尼成了亲，并且把瑞士所有雇佣兵团的指挥权赠予了德苏瓦松，以示对他缔结这桩不匹配婚事的安慰。新鲜出炉的德苏瓦松伯爵夫人很快就成了路易十四妻子的高级宫廷女管家，并借此及自己的风趣成了路易宫中极为重要的女士之一，大概还差一点步她姐姐的后尘做了国王的情妇。这样一对伯爵夫妇的孩子能出什么差错呢？但是，所有这些荣耀的基础并不稳固。1665 年，德苏瓦松夫人第一次失宠，因为她卷入了前文所述的针对国王情妇德拉瓦利埃的阴谋中。1673 年，丈夫作为法国的占领军军官在乌纳死于热病时，伯爵夫人仍然很不得宠，以致国王破坏了凡尔赛逐渐形成的游戏规则，没有将瑞士的指挥权授予死者的儿子，而是给了自己心爱的私生子、时年 3 岁的迪迈纳，也就是数年后通过从皮内罗洛赎回洛赞获得国王堂姐巨额财富的那位王子。丰厚的职务收入旁落，德苏瓦松寡母孤儿差不多一下子变得一无所有，因为她的丈夫就是一名次子的次子，实际上什么都没继承到。马萨林给她的财富早就为了匹配身价挥霍掉了，她的婆婆虽然富有，但是一直不怎么喜欢这个门不当户不对的儿媳。现在欧根的长兄还要跟一个普通的侍女结婚，导致震惊的祖母立即插手，让已故德苏瓦松的聋哑哥哥在一把年纪时成了亲，并让他取代德苏瓦松的孩子成了自己的继承人。几乎与此同时，德苏瓦松夫人于 1680 年卷入投毒谋杀的丑闻曝光，不得不永远逃离法国，开始了辗转于各个宫廷的永无宁日的颠沛生活，而她的孩子们则搁浅一般留在了法国。

　　作为这个家庭的第 5 个儿子，欧根亲王即使在顺境中也几乎继承不到什么。眼下他顶着德苏瓦松修道院院长的空衔，被迫从事神职，但是国王作为法国教会的统治者，连一般而言最起码与该职位捆绑的薪俸都没给他。之所以如此，不仅是因为整个家庭都不得宠，也不仅是宫廷对这个

发育不良、长着朝天鼻的亲王（由于"上唇"高得出奇，亲王的嘴始终合
不上）有所保留。除此之外，亲王和他那一代的很多廷臣一样，性取向不
明，甚至按照伊丽莎白·夏洛特·德奥尔良的说法，亲王有"西蒙娜夫
人"的绰号，所以他并不十分适合神职。尽管要在一个陌生的宫廷中出人
头地，成亲十分必要，但欧根亲王终生未婚。这一点他也与马尔伯勒恰好
相反，后者和自己的妻子沆瀣一气。回归世俗身份后，国王就像之前拒绝
给欧根神职俸禄一样，拒绝了他开启军事生涯的请求。最终，欧根于1683
年和表兄德孔蒂亲王一起逃亡奥地利，意欲在土耳其战争中一展身手。由
于德孔蒂是血统亲王，也就是说，至少是潜在的王位继承人，另外还是太
阳王一个私生女的丈夫，因此国王立即派人追捕他，在美茵河畔法兰克福
的一家旅店里拦下了他，并把他拖了回去。而对 20 岁的萨伏依王子，众
人都懒得看上一眼，路易在凡尔赛只是嘲讽他的出走真是损失良多——国
王将有四分之一个世纪的时间来追悔自己的话。

　　尽管欧根在奥地利没有当权的亲戚，也没有入赘，但他迅速凭借自己
的军事和政治才能成长为这个无名王朝的重要统帅之一。可想而知，这在
盘根错节的庇护制度当道的宫廷世界中会有多么严重的阻碍。在围绕西班
牙继承权的战争中，欧根是皇帝最优秀的士兵（连通过克雷莫纳的下水道
发动袭击都是他的主意）。他把马尔伯勒当作旗鼓相当的伙伴，两人几乎
从一开始就近乎亲密无间地行使对所有同盟军的指挥权。讽刺的是，这是
我们在整场战争中发现的唯一一个几乎和谐如家人般合作的例子，而合作
双方偏偏是这样两个完全不同的人，一个是出身于单一文化和低等贵族的
英国人，他的伙伴则拥有意法奥血统，单看后者平时的签名"Eugenio von
Savoy"，3 个单词就分别对应 3 种语言。相反，将我们很多主要人物联系
起来的真正的家庭纽带并没能避免战争，而且波及范围绝非仅限国王的层
面。仅在 1708 年的佛兰德战争中，统帅不仅有欧根亲王和敌方的他的直
系表兄德旺多姆（马萨林另一个外甥女的儿子），还有马尔伯勒对阵他身
处敌营的直系外甥贝里克（阿拉贝拉·丘吉尔的儿子），也难怪会在这些

战争中形成一种举止得体的问候近亲战俘的游戏规则。

就这样，当德布夫莱尔和德维拉尔获得法国最后一支军队的指挥权时，已经过去了几乎 8 年之久。二人在 1709 年的冬天制定了来年夏天的作战计划，这是这个世纪最冷的一个冬天，冷到甚至让太阳王桌子上的饮品都结了冰；冷到令数千人丧生，差点儿连仗都打不起来，就此带来和平。无休无止的严寒造成庄稼歉收，极有可能爆发了饥荒。绝望的法国人已经开始打劫面包店、袭击运粮车，而且当王太子从歌剧院出来的时候，数百人在他后边一声声地吼着"面包"这个词。王太子也是王室成员中唯一有胆量从凡尔赛前往巴黎的人。虽然一场能够推翻王室甚至废除君主制的革命对于路易十四及当时的人来说都是不可想象的，他们将英国人 1688 年彻底且微妙的王朝修正看成是对其世界天然法则难以置信的违背。但是路易十四恰恰知道，也可以在保留王位的情况下丧失一切权力。他在 1648 年投石党运动爆发时就已经是国王了，因此他知道，鉴于眼下这种灾难性的情况，只需要几个不满的亲王、贵族和法官，就足以让整个国家同当年一样，再次陷入水深火热中。此时可以说警察队伍仍然不存在，在紧急情况下只能通过近卫军来控制巴黎，一旦发生起义，看似无比强大的太阳王王朝仍然只能屈辱地让步或者让士兵屠杀起义者。但是近卫军将在夏天与法国招募的最后一支部队返回佛兰德边境，那时候该怎么办呢？在这种处境下，曾经不可一世的国王和他的大臣们决定接受和平谈判。1709 年 5 月 4 日，三驾马车载着一位神秘的大人物穿过佛兰德边境，此人于 5 月 12 日到达海牙，在那里人们才得知他就是法国外交大臣德托尔西。

请允许我做个不恰当的比喻，法国想要和平的意愿就像一枚炸弹在同盟军爆炸一样，尽管同盟军已经意识到敌人的凄凉处境。马尔伯勒急匆匆地穿越风雨交加的英吉利海峡，会同欧根及尼德兰联省共和国的最高长官们开启谈判，在现有条件下，这场谈判只能以盟国的胜利告终。因此，这名英国人登陆后立即给妻子写信，让她派人为可以预期的和平协定签署仪式送来一把符合大使身份的"国椅"和华盖，而且为了节省，要把

华盖制作成以后可以用作四柱床的天盖的式样。虽然和法国的谈判仅由英　277
国、奥地利和尼德兰参与，其他小的同盟国只能充当观众，但是这些天
里海牙又成了整个欧洲宫廷精英的集会处，现年 30 岁的弗里德里希·威
廉·冯·格伦布科也是其中显眼的一员。格伦布科利用自己宫廷人士和军
官的双重身份，于 1705 年作为普鲁士的联系人跻身马尔伯勒一侧，不久
就变成了公爵的随从和仰慕者，二人在战场上和阴谋诡计方面非常相近。
格伦布科相当于在作战的军队中做了一次宫廷大臣的国际进修，因为这支
同盟军同时也是一种宫廷，而且也是无数外交家、间谍和野心家会合、追
逐他们千差万别的目标的场所。虽然盟军中的普鲁士军队形式上托付给了
一位等级高得多的将军，普鲁士驻尼德兰的外交工作交给了一位年长得多
的公使，但是格伦布科并不关心这些，他拥有的是青春和无所顾忌。当 4
个强国就普鲁士的战争利益和要求谈判时，格伦布科不仅向恼怒的公使解
释该怎么对待尼德兰人、什么时候必须向他们示威，还完善了一种操纵共
和国大资产阶级绅士们的方法，他将这种方法称为"为友谊干杯"：格伦
布科是每个人的朋友，是一位坦率、开粗俗玩笑的士兵，他和所有人畅
饮，当别人开始磕磕绊绊地咕哝着国家秘密时，他是唯一一个保持清醒的
人。格伦布科优雅地扮演着谈判东道主的角色，因为他的国王从奥兰治的
遗产中获得了各种各样的尼德兰宫殿，而他实现了马尔伯勒那"免费住进
其中一座"的愿望，并和欧根亲王一起嘲笑这位大人物小市民一般的吝
啬。格伦布科写信给柏林，说普鲁士驻尼德兰公使肯定是个粗暴残忍的家　278
伙，这些话明显指的就是他自己。而他银质徽章中的蓝色箭头却固执地指
向上方，仿佛想给我们的主人公预设一个目标。格伦布科在与敌对上司的
通信中完善了自己的撒谎才能，雇最贵的厨子、读所有新出的小说，并准
确地观察到，没有人相信他只是一名友好粗鲁的波美拉尼亚容克。格伦布
科把法国外交大臣德托尔西描述成一个面部表情特别令人赏心悦目、温柔
且风度优雅的人，尽管此人是粗鲁的柯尔培尔的侄子，也就是说，只不过
是一名羊毛商人的孙子。伊丽莎白·夏洛特·德奥尔良则不太体贴地称德

托尔西是"笑个不停的小部长",而且在信中写上了有关他的不利信息。因为她知道,德托尔西作为审查信件的长官,肯定会读到自己所有信件。最重要的是,在格伦布科看来,德托尔西是他所见过的最谨慎的人。

　　德托尔西有理由谨慎。几十年来,法国外交官多多少少可以强迫对手接受自己的条件,他们变得跟任何世界大国的代表一样傲慢,甚至有过之而无不及。因为和古罗马或者后来的美国不同,与其他国家相比,他们不仅在军事上或经济上有优越感,而且毫不夸张地说,在文化上和智识上都可以有优越感。而今,他们的国家第一次比其他国家失败了具有决定性的那么一点点,他们各处的部队接二连三地吃败仗,民众就在公开叛乱的边缘。此外,法国的对手费了九牛二虎之力才挺过了 1672 年的战争,而1688 年的战争事实上胜负未决,因此让他们在前所未有的胜利时刻克制一些或许是一种奢求。不管怎样,同盟国的和平条件即使客观看来也很苛刻,对于 50 年来已经习惯胜利的太阳王来说将很难理解。尽管如此,德托尔西仍然几乎全盘接受,这是他不知所措的一种表现。整个西班牙王朝连同其所有的殖民地,"包括每一个村子"都要归奥地利大公查理——好吧。法国和比利时边境必须向后推,边境防御工事由尼德兰永久占据——好吧。斯特拉斯堡重新"归皇帝和帝国所有"——好吧,还有这一条。然后德托尔西在总共 40 条条款的第 4 条和第 37 条读到,路易的孙子费利佩五世不仅要在两个月内把整个西班牙王朝(包括智利和菲律宾)彻底拱手相让,而且一旦他不执行,路易本人就必须强迫他这样做,否则战争就会继续。同盟国只是为了在形式上保证交接而加入了这个条款,没有多想,如今却要自食其果。这一刻,德托尔西知道,不可能再有和平了。曾经无往不胜的法国要在如此短的时间内放弃边境几乎所有的防御工事,而且换来的只是一个脆弱不堪的停火协定,这已经够糟糕了——尽管这正是法国在 1678 年强加于尼德兰的。如果费利佩五世的西班牙追随者没有在短时间内放弃,那么这次的停火很快会在更不利的条件下再次转变为战争,这种前景实在让人震惊。并且德托尔西知道一件同盟国意料之外的事情——

279

感谢一位非常老的妇人和一位非常年轻的女士（第 11 章），路易十四早就
失去了对孙子的控制。在这种情况下，祖父还得亲自发动对孙子的战争，
即使不出于人道考虑，就算出于王朝的逻辑也不可想象。因此，德托尔西
只能在同盟军大为惊异之下辞行，他向同盟军保证，他们会在 6 日内得到   280
凡尔赛的答复，他们确实也得到了答复。德托尔西在信中向欧根亲王表
示，他并不后悔自己的海牙之旅，由于这次旅行，他才有幸结识了亲王。
然而，协议草案无法令他的国王接受，因此只能期盼，人们很快可以找到
欧洲迫切需要的、更幸运的和平时机。

　　一半是被国王的铁腕所迫，一半是被一种介于民族自豪感和之前无法
想象的对这位老人的同情之间的情绪所触动，法国最后一次振作起来。宫
廷的大人物们熔掉自己的金银餐具，或多或少自愿地资助了最后一次征
兵。路易十四在此期间做了一件更加闻所未闻的事情：他写了一封信给自
己的臣属，让地方长官和主教们四处传播。宫廷中的贵族军人们在一场真
正的政变中逼迫年迈的国王将国防大臣沙米亚尔撤职，与此同时，布道坛
上都要宣读路易的信。在信中，国王第一次向自己的臣民解释，或者说为
自己辩解，就好像事情在某种方式上由臣民的意见来决定。路易十四在信
中写道，自己曾经真诚地渴望和平，可是敌人让他别无选择；如果势必一
战，那他情愿和这些敌人作战，而不是和自己的亲孙子开战。他对自己人
民的深情并不比对自己的家庭少，但是敌人对他的要求既不公正，也不符
合身为法国人的荣耀，因此他只好要求臣民做最后一次努力。民众听着，
至于他们怎么想，我们只能猜测。巴黎发生了暴力骚乱，而凡尔赛还在传
唱着流行的讽刺歌曲，在这首歌中，倒台的沙米亚尔的名字被拿来和他唯
一的才能（台球）押韵。尽管德吉什的近卫军手持上了膛的枪械在巴黎巡
逻，但德布夫莱尔公爵元帅和他这位内弟全靠勇气和爱国演说才从一伙愤
怒的民众手中逃脱，而此前这伙人已经两次把最高警局将军的专用马车砸
了个粉碎。此后不久，便出现了当一匹精疲力竭的马倒毙街头，很快就有   281
50 名乞丐来争夺马肉的情景。另一边，当德维拉尔公爵元帅像拉辛悲剧

中装腔作势的英雄那样向佛兰德军中的士兵宣读国王的信时，士兵们都在欢呼。当时很多人之所以投奔军队，是因为他们预计从战争中生还的概率要比挨过饥馑的概率大。战争再次爆发，现在横亘在同盟军士兵和巴黎之间的只有他们了。战争再次来临。

但那时候的战争什么样呢？巴洛克时期的战争常被描述为相对有限的战争，被称为"国家元首不顾人民意愿而发动的战争"。因为与后世民族主义动机的全民战争或全面战争不同，这些战争是不带仇恨的在会议桌上达成的，并且"仅仅"算是为贯彻理性的王朝利己主义而服务。事实上，那时候交战大国的统治者和精英十分相似，相互勾连，而且意识形态在宗教战争结束后也能相容，因此 20 世纪的那种歼灭战在他们的世界简直无法设想。这些统治者永远也不会遭遇元首地堡之类的场景，因为即使惨败，他们也能确保自己的王位，也就不可能存在必要时缔结和平协定的障碍。其中唯一的例外就是七年战争中的腓特烈大帝，而造成这种局面的原因是复杂的，因此元首地堡直到最后仍悬挂着他的画像自然有其逻辑。

在与 20 世纪的战争做直接比较时，特别是与 20 世纪意欲清理整个民族或阶级的企图相比，近代早期的战争确实有限。当然，如果将其与不那么极端的例子做比较，这幅画面就会有多处变得模糊不清，在遥远的过去和我们的当下之间，一个半是陌生、半是可以重新辨认的历史时期显现出来。相较于中世纪甚至 16 世纪的战争，人们完全可以认为巴洛克时期的战争更加糟糕，因为战士的人数显著增加，但并未因此更快决出胜负：近代早期，几乎所有的欧洲战争持续时间都很长，直到耗光所有参与者才会结束。巴洛克时期的战争机器虽然更有效率，像三十年战争这样的巨大灾难不会再发生，但是进步之处也仅限于平民不再被饥饿的士兵屠杀或者饿死，而只是遭受经济上的毁灭。征战部队传播的瘟疫仍是一个大问题，而且导致了一个后果：即便在士兵之中，大多数的牺牲者也不是死于战争，而是死于疾病或者疲劳。

在进一步考察近代早期战争的其他特征时会发现，它们绝不像人们常说的那样，明显适合缓解暴力。巨大的社会相似性及所有国家的统治者、统帅和军官之间货真价实的姻亲关系，虽然确实导致彼此打交道时有一种特别显著的文雅。例如，1667 年比利时、西班牙和意大利边境的防御工事司令德布鲁艾伯爵，文雅到天天派人给围攻自己的路易十四送新鲜的、放入汽水中的方形小冰块。但是，即便是如此高层面上的体贴周到，仍然连上层贵族和军官的死亡率都改变不了，不算王室，这两个群体的死亡率至少与普通士兵持平。与此同时，欧洲精英成员间的共同点也绝非只有优点，其中最重要的一个共同点恰恰就是国王和贵族自然而然地就是骑士和战士，这决定性地使这些精英具有极大的战争意愿。

在紧随其后的低一些的层面，也就是在战士与平民的关系中，只有把 20 世纪真正恐怖的战争视作常态，近代早期的战争才可以称得上有所顾忌。由于缺乏强烈的意识形态，近代早期的大多数平民没什么理由对统治者纯粹王朝式的战争目标产生特别的认同，因此他们很少自愿参加到战事中，这就降低了近现代的全民战争中区分战斗人员和非战斗人员的巨大困难，造成平民伤亡的可能性也较小。在罕见的情况下，如果近代早期的平民受宗教或爱国思想驱使，作为游击队员参加抗击正规军的战争，那么战争对于这些人毫无仁慈可言，这一点和后世完全一样——对此，仅在西班牙继承权战争中，下面这些人的命运便以血腥的方式做了例证：在"森德林谋杀夜"被杀害的忠诚的巴伐利亚农民、以"卡米扎尔"的身份反抗路易十四的法国南部残存的胡格诺派教徒、亲法的匈牙利库鲁赞革命者，以及与奥地利结盟的加泰罗尼亚人等。如果生活在被围攻的城市，即使是不参战的平民，通常也会被卷入战争机器的车轮下，饥饿、燃烧弹和炮弹可不管这个人是不是士兵。堪称异乎寻常并且骇人听闻的是，路易十四的部队在完全没有军事动机的情况下，自 1688 年起将德国西南部的城市和狭长地区夷为平地，通过制造一片不毛之地来遏制敌人。

和后世相比，尽管旧秩序下的战争较少直接殃及平民，但是这并非由于军官们有意识的体恤，而是几乎由于当时的种种作战方式所幸并不高效。也不只是作战方式，由于当时还没有基本食品的国际贸易，也就没有国家会因为军事上的贸易封锁而陷入饥荒。当然，体系上几乎始终不公的肆意税收，以及由战争造成的重税又几乎抵消了这一点。在战场上，这首先表现在军队不像后来那样规模巨大。虽然义务兵役制仍未实施，但是部队仍然可以由社会最底层的志愿者组成，他们部分是出于对冒险的兴趣，部分是为了逃脱法律制裁或者干脆逃离做佃农的悲惨人生。这种体系的短处当然不只是降低了发动战争的心理障碍，因为这些人在残酷的功利主义时代中，通常被视作可有可无。

这种成本和收益的逻辑也导致，所有国家很大程度上都在招募外国人，从而保留本国臣民用于更有建设性的目的。因此，军队绝非只有军官一级来自多个国家，就连基于高得离谱的军事化比例，于 1733 年实施了一种基本仅限于农业人口、类似于普遍兵役制前身体制的普鲁士，也一直在全欧洲招募士兵。以今天的德国为例，为了提高士兵在全民中的比例，使其达到 1786 年普鲁士的极端水平，士兵数就不能只有 18 万，而必须是260 万。此外，近代早期还没有后来那些可以远距离取人性命，由此消解前线和后方、战斗人员和非战斗人员之间差别的武器。人们可能会想，即使彼时的国家已经具备了空军、无人机和导弹，或者仅仅只是机械化的部队，绝非一直肤浅的基督教信仰也会阻止旧秩序的精英对平民发动恐怖袭击。令人高兴的是，这个问题从未出现，因为旧秩序下的军队如果真的要作战，的的确确必须彼此相距不足百米才行。

这些相对抽象的因素中最后一个要被提及的，是大多数情况下，人们不愿意开战。部队的实力无法建立"一战"那种连贯的前线，尤其是原始的供给组织无法为过于庞大的军队持续地补充食物、马匹饲料和战争物资。另外，由于缺乏可以使用的道路或者交通工具，各个部队只能远离彼此，几乎时时处处都必须费劲地沿着可以通航的河流行进，在这些河上运输供给。由于那时候步兵的作战方式实际上仍然只能在平坦的地形上才能实施，因此即使是河流和道路密布的区域，也只有少数才真正适合作战。

彼时的战役中，至少有一半是在广义上的比利时、莱茵河畔或意大利北部交战的，这在很大程度上是因为这些地区的地理位置使它们成了西欧最好的军队集结地。在这些备受偏爱的战争区域，河流的每一个转弯处及道路的每一个交叉处自然都有一座设防的城市，可以封锁敌军前进的道路。人们也不能干脆绕行，因为那样的话，要塞中的守军就会立马切断薄弱的供给线。每年春天，士兵离开冬季的营地、贵族们离开宫廷投身新的战役时，大多数情况下很快就能消散在一系列的攻城战中。但是也有可能发生以下情况：法国人由于军事管理上的优势，比尼德兰人或者奥地利人提前数月到达战场。然后，在行军或围攻的部队之间，一定程度上就会发生小规模的日常战争，利用骑兵夺走对方的补给车队。但是所有参战人员一致认为，最伟大的统帅艺术恰恰在于，真真切切地把作战当作纯粹的下棋。也就是说，统帅要通过己方的行动持续灵活地迫使敌军避让，直到对方在只有少数道路可选的逼仄窘境中尽可能无望地陷入混乱，而且完全被切断了供给。一旦陷入这种境地，要么只能完全撤出战场，那样敌方就可以毫无阻碍地占领剩下的要塞；要么就得通过战斗开辟道路，通常这被视作一个明显更糟的解决方案，因为没有人可以预见战场上会发生什么，遭逢的也几乎总是多多少少同样强大、同样装备及受过同样训练的军队。因此，如果还有任何别的选择，没有哪位统帅会冒险投入一场战斗。即使很多将军把自己的部队看成是"人类的渣滓"（拿威灵顿公爵的话来讲），但这些部队仍是经过长时间艰苦训练的专业人才，掌握了完全违反直觉的作战技巧，无法在短期内被取代。也正是因此，勃兰登堡－普鲁士、萨伏依或者黑森－卡塞尔等武装过剩的中欧列强的士兵租赁业务才会如此繁荣：购入有经验的外国人，要比费劲训练自己的士兵容易得多。

286

　　因此，那时的会战相对较少。一般只有当一方必须阻止自己最重要的要塞被占领、一支陷入绝境和饥饿的军队必须通过战争来获得唯一的退路，或者两支军队经常因为缺乏能用的地图和能干的侦察员而狭路相逢时才会交战。当时没有飞机、没有现代的通信手段和机动车辆，又如何作战呢？正是因为缺少这种种手段，才要在久经考验的区域作战，凭借几十年的征战，那里的每一座山丘和山隘都深深地印在了将军们的身体记忆中。

没有任何一个地方比佛兰德的边境更符合以上描述。现在是 1709 年的夏季，雨下个不停，德维拉尔要在这里阻击同盟军。这一次，在这片了如指掌的地带，德维拉尔一开始也没有选择战斗，而是让人修建了一条超过 50 千米的大型木质防御工事线，来阻挡数量上占优势的同盟军的进攻。但是饥馑和歉收并没有放过法国东北部，德维拉尔知道，他无法坚守阵地太长时间，尤其是战马已经要把周围的草彻底吃光，一旦没有食物，它们就会全部死去。一支没有骑兵的部队是不能在普通的地势上冒险作战的，也就是说，德维拉尔的部队到时就必须待在木质的防御工事中，只能眼看着敌人绕过这些障碍。如果敌人不从未设防的一侧发动进攻或者干脆等他们断粮而被迫投降，那就算是幸运了。法国的指挥官将这一切清楚地看在眼里。

德维拉尔天生是那种很稀有的人，一个真正可以成大事的狂妄自大之人，在欧根和马尔伯勒围攻图尔奈要塞的那段日子里，没有比被迫克制更违背他天性的事情了。在别的年份，战事很可能在图尔奈陷落后就结束了，但是这次占优势的同盟军似乎决定，下一步将会进攻蒙斯，这样在下一年远征时，他们就可以从蒙斯要塞出发，彻底攻入法国。同盟军一边向蒙斯挺进，一边又做着迂回运动，这正是德维拉尔担心的，现在他没法再耐心等下去了。德维拉尔发往凡尔赛的请战信在最后一刻获得了年迈的太阳王的批准——太阳王仍然认为，在自己秘密妻子的套房里就可以指挥战事。就这样，德维拉尔带着全部人马离开了防御工事，寻找作战时机。欧根和马尔伯勒原本已经放弃了发动一场大决战的不太可靠的希望，现在获悉这一消息，立即组织一切有生力量，从蒙斯出发，打算一劳永逸地结束这场战争。因此，在最短的时间内，那片被海因（意为"仇恨"）和特鲁耶（意为"恐惧"）两条河流包围的一览无余的区域中，就有接近 20 万大军向彼此进发。那时的作战方法非常奇特，双方反常的策略"舞步"已经预先勾勒了出来，双方差不多在出发时就已经清楚会在何处相遇。

近代早期的部队由经常自称骑士的公侯和军官指挥，但是自从部队主要由骑士组成开始，发生了很多事情。人们早在中世纪晚期就发现，训练有素的步兵只要保持镇静，行进中保持协调，那么只要手持 6 米的长枪，也就是所谓的长矛，就可以将一支令人印象深刻的骑士团队消灭殆尽。鉴于中世纪的作战方式，有必要将全是农奴的村落的世袭统治权交予享受特权的骑兵战士，这样他不仅可以负担得起极其昂贵的金属装备和强壮的战马，还能终生投入到艰苦的健身项目中，因为不健身就会输掉舞刀弄枪的战斗。这些战士一定程度上是他们时代的铠甲，但是相应地，他们花费巨大，因此中世纪的部队整体上规模一直很小。

相反，从 15 世纪开始，可以从普通民众中训练出一支完备的长矛军，他们现在在数量上已经超过了任何一支骑兵部队。因此，现在也首次系统化地对士兵和军官做了区分。不久后，骑士贵族作为士兵变得多余，他们转换到了第二种角色。16 世纪的军事属于持长矛的雇佣兵，也就是瑞士人的"四方阵"、雇佣步兵的"刺猬阵"或西班牙人的"大方阵"：上万长矛兵组成一个巨大的矩形，在接受过复杂的训练后如同一个整体，整齐划一地在战场上推进。火器也日益增多，当然，在相当长的时间内只是作为补充，因为钩铳和滑膛枪射击太慢，大炮太难移动，还无法主宰战役。此外，骑兵也成功地适应了新的形势，他们在东欧之外放下了所有的装备和长矛，用军刀代替了沉甸甸的剑，尤其是接受了簧轮枪和卡宾枪，这两种武器明显比步兵速度快。经过这些简化，很快骑兵也可以通过征召训练农民而得以扩充。现在，骑兵成了战争中更灵活的元素，而相对更为静态、数量也更为庞大的步兵则用来最终决定性地占领疆域。

因此，在 17 世纪的战役中，继开场的炮火之后，主要就是双方呈巨大四边形的步兵方阵向对方挺进。与此同时，骑兵先是努力击散敌方的骑兵，然后向脆弱的步兵发动进攻，使他们在恐慌中溃散。而在很长的时期内，最脆弱的反而是配备了火器的步兵，因为他们的滑膛枪只能靠一个

289

打进地里的金属三脚架和燃烧的导火线才能击发。另外，由于步兵的武器只能从前端装填弹药，非常迟缓，因此他们从来无法单独应对迅捷的骑兵进攻；每一个装备滑膛枪的步兵连都需要配备人数更多的手持长矛的雇佣兵，必要时步兵可以在阵列中间获得保护，但由于空间狭小，他们也无法在阵列中发射自己笨重的武器。

然而，随着刺刀和燧发枪的同时引入，这种情况在 17 世纪 90 年代发生了改变，军制有了革命性的进展，而且这个过程在 1709 年已经完成。虽然刺刀在 1641 年围攻巴约讷时就已经被发明出来，但是很长时间内仍然只是由一把直接插在枪管里的刀构成。直到侧面固定在武器上的刺刀出现，才算得上是真正的革命，这种刺刀既可以防御骑兵的袭击，也可以保持射击状态。一时之间，持长矛的雇佣兵变得多余，和他们的长矛一起很快就从所有的部队中消失了。相反，留下来的步兵现在不仅全部配备了武器，而且装备的燧发枪（实际上是"火石发射枪"，由火石的同义词"火枪"派生而来）既不需要导火线也不需要三脚架，可以在更短的时间内发射更多子弹。从这时候起，一马当先冲击步兵的骑兵就要应对刺刀组成的致命"丛林"，这座"丛林"迫使每一匹战马自动停下脚步，致使进攻一方的第二列步兵可以在"丛林"中毫无困难地继续射击。

至此，骑兵在正面攻击敌方步兵时成了纯粹心理武器，敌人客观上已经不会再受到伤害，只有当遭遇袭击的步兵军心涣散，或者因缺乏训练极不熟练，才会在毫无目标胡乱攻击的骑兵冲过来时陷入恐慌并四散而逃，只有这时骑兵才可能获胜。一旦溃散，步兵便难挽败局，因为面对速度快得多的骑兵从高处挥下来的军刀，一个逃跑的步兵根本没有胜算。但骑兵并非只在追击已经溃散的部队时才能起到重要的作用，只要可以从侧面或后方发动进攻，骑兵对全体站立的步兵仍然是致命的威胁。因为以往用 6 米长矛作战的步兵的理想阵型是巨大的四边形，而现在所有的步兵都配备了武器，这个四边形就变得越来越松散、越来越长，进而在排列成巨大的矩形时，大多数步兵只能向前方射击。而眼下，一支由 600 人组成的部队的典型战斗队形是一条长而细的线，这条"线"只有 4 人并排站立那么宽［很多词汇与表达方式就来自近代早期的军务，例如"4 人高"（vier Mann hoch）］。这样排成长线的士兵只有在操练过非常复杂、包含上百个微小操作技巧和步骤后，才能发射出他们觉得有必要发射的子弹量，其中稍有偏差，就会产生灾难性的后果。举例来讲，如果一名位于第二列的射手所持的武器仅仅向左或者向右偏了几厘米，那他射击时就有可能震破前面那个人的耳膜。由于燧发枪也只能从前端装填弹药，而且极为繁复，步兵们即使受过训练，射击起来也太慢，无法阻止发动突然袭击的骑兵，因为骑兵可以在很短的时间跨越极大的距离（燧发枪实际的射程为 90 米，这个距离骑兵快马加鞭只需 8 秒）。步兵如果不接受训练，则几乎毫无胜算，而且这种阵型无法立刻转身，因此实际上对于侧面或后方的进攻没有什么抵抗力。

从这一无可争辩的事实（由此也回到了阐释的起点）来看，在 18 世纪剩余时间里，所有战役的基本原则都是以一种近乎疯狂的后果得出的。历史学家回溯时一般称该原则为"线式战术"，但是比这一分类概念更重要的另有他物。线式战术是很多历史实例中的样板，证明理性的人在既定条件和绝对符合逻辑的前提下构建的行为方式，在后世的理性观察者看来仅像是纯粹的疯狂。而线式战术之所以是样板，是因为对当时的人而言，这不像其他时候"仅仅"涉及荣誉、财产或者权利，而是和所有的军事实践一样，生死攸关。

用头脑推进的军事历史一直是对极端情况下人类心理的研究。但 18 世纪这段历史使我们眼睁睁看着将领和理论家们整整一个世纪都把以下论证视作理所当然：步兵只有大规模地同时向敌人射击，才能利用使人毛骨悚然的并不精确的火器击中某个人。除了后备部队，为了尽量减少无所事事杵在周围的士兵数量，必须让士兵们排成稀疏的行列，这样几乎每个成员都可以同时射击。但是，由于这种线列对于从后方或侧面发动突袭的骑兵毫无抵抗力，就不能让人从后方或侧面接触到他们。因此线列不能有

292

任何可以让骑兵通过的缺口，而且必须足够长，从而可以包含尽可能多的士兵（在我们关注的这场战役中，9.5 万名盟军士兵一开始前后站成两列，每列长约 6000 米）。这些线列的两端格外依赖天然屏障，例如村落、河流、山川或森林，如此一来，想要避开此类战线只能绕很远的路——所有可以想象到的战场中一下子就有 90% 不适合作战，因为这种屏障要么太多，要么太少，要不然就是距离不对。如果有人发动进攻，按照逻辑来讲，整个线列必须完美地协调运动，才不至于在任何一处溃散（首先，所有士兵都要接受一种芭蕾舞式的训练；其次，战场必须绝对平坦，这才有可能做到）。因为毕竟经验告诉我们，如果受到攻击的步兵第一次齐射没有击中目标，而进攻的敌人仍然没有开过枪，因此可以随时向他们射击（最能导致仔细编排过的行军动作出错的就是射击）时，步兵最容易陷入恐慌。所以，理想的状况就是进攻者可以迎着枪弹前进，而自己一枪不发。这一切都非常合乎逻辑，然而同时却像是一个疯子设计出来的。既符合逻辑又疯狂，并且在一个世纪之久的时间中，年年都在欧洲某处实践着，或者更确切地说：在欧洲适合此类战役的少数地区之一实践着。

蒙斯和德维拉尔的军营之间只有两个这样的地方，其他地势都被一片森林覆盖。在 21 世纪，任何旅人都可以穿越这片森林，但在 18 世纪，任何一支军队都无法做到。只有北部布叙和南部奥努瓦的林间通道打破了这片森林的完整性，欧根和马尔伯勒所要做的就是在这两处部署强大的兵马来抵御德维拉尔。但这是二人最坏的打算，因此他们并没有占领这两处通道，而是想将德维拉尔引到另一侧的平地上，在那里以数量上的优势迎战他的部队。

1709 年 9 月 9 日一大早，德维拉尔从返回的骑兵巡逻队处获悉，这两处林间通道空空荡荡，很是诱人，但是在通道后方到处都是敌方的骑兵和营地。德维拉尔决定进攻，他选择了南部的路线。在短短的几个小时之内，德维拉尔带领 7.5 万兵士进军奥努瓦的林间通道，行动之迅速，甚至在法国人已经占领了这条通道之时，马尔伯勒在不足 2000 米之外的营地

中还对此一无所知。原本平坦的地势在此处升高，成为一个较为缓和的山 294
脊，林间通道及其中的小路微微隆起；左右两侧都是树木茂密的较高山
丘。在这些山丘之间，大约上午 10 点，法军步兵上尉德坎西骑士从行进
的士兵身旁疾驰而过，想要第一个到达林间通道的最高点，他在那里看到
了令人印象深刻的景象。映入上尉眼帘的是马尔伯勒巨大的野战营地，在
平原上一直延伸到远方，奥努瓦和萨尔斯的村落间矗立着成千上万顶帐
篷，里面似乎什么动静也没有，因为他们错误地以为敌人离得还很远。"我
没有看到一丝动静，他们异常平静。"在右边，山丘和营地之间就是小村
子马尔普拉奎特，村里顶多有 50 名住户，大概已经离去。

当德维拉尔还在林间通道的这一侧研究地图时，马尔伯勒已经从外
出寻找马食却惊恐而归的士兵处得知，一支庞大的法国军队正在他的营地
边上聚集。马尔伯勒立即派信使前往欧根亲王的部队，后者正在北线等待
德维拉尔。为了能到达正确的地点帮助马尔伯勒，欧根亲王一部必须渡过
因雨水而上涨的哈瑟河，而且最快能在半天内到达。在此之前，马尔伯勒
毫无防备的军队只能处于明显的劣势。如果法军马上进攻，他们很有可能
获胜。但是德维拉尔知道，和敌人不同，他只有这一次机会，因此他任凭
自己惊叹于马尔伯勒立即将少得多的人马摆好阵势，仿佛这是整支军队一
般。尤其是这个英国人还把他的 100 门大炮架在前方，开始重炮轰击法国
人。法国人虽然也有还击，但是他们坚信，对手就是做好战争准备的同盟
军全部军队。因此，德维拉尔反对进攻，相反，他决定故意让对方进攻： 295
地势于己有利，而且随着时间的推移会愈发有利，他的人可以充分利用每
一秒来扩大自己的守势。德维拉尔把自己的士兵排成一条线。这条线从左
侧森林山丘（也就是萨尔斯森林）最前面的支脉经过林间通道稍微凸起的
高地，一直延伸到右侧的森林山丘（拉尼尔森林）和坐落于此的农庄。德
维拉尔的士兵必须在这条线上用木头和泥土建造防御工事和临时路障，而
落在他们四周的则是发射了数小时之久的炮弹。一枚炮弹轰掉了一名法国
近卫军骑兵的脑袋，但是他身体的剩余部分恰好把马鞍挪了挪，使得马刺

一直驱使战马跑动；他的战友们一直不敢从阵营中出列，只能眼睁睁地看着这名丢了脑袋的骑兵沿着他们的前线上上下下"骑行"，过了一个半小时才最终把他拉回来。但是德维拉尔期待的进攻一直没有发动，而且随着夜幕降临，连续炮击也结束了。虽然欧根亲王已经带着大量增援部队在夜间到达，理论上同盟军可以发起进攻了，但是来自图尔奈的部队仍未抵达，他们的路程更远；等他们到达了，同盟军才会真正占优势。就这样，双方于 9 月 10 日继续对阵，并没有实际的进攻，只有 5 个小时的炮击。与此同时，法国人的防御阵地也扩建得更为完善。

在双方的很多人看来，这又是一场并不少见的差点儿打起来的战役。在这种战役中，双方军队都觉得对方过于强大。在同盟军一方，苏格兰将军奥克尼伯爵就有这样的想法，他在 3 天后写道："我当时确实以为根本不会开战。"法国人的这种想法当然更容易理解，他们无从得知，为什么马尔伯勒 9 日没有立即发动进攻，而且还眼看着他们的堡垒随时间推移逐渐完善。和平谈判不就在 3 个月之前功败垂成吗？因此他们更易于接受下午 3 点随着盟军连续炮击结束而开始的停火，并且很快地，先是少数几个、然后越来越多的同盟军军官跑过去与敌方谈话。在经过了一些误会和所幸没有射中任何人的射击之后，对话很快升级，不久，阿尔伯格蒂将军便邀请对面的前线指挥官共商局势。马尔伯勒的得力助手卡多根清楚地知道，马尔伯勒无论如何都会奋力一击，现在需要的只是时间。卡多根觉得自己的机会来了，他带上了黑森的继承人和刚刚到达的普鲁士王储，因为二人的装饰性很强，人们自然就能更加严肃地对待他的使命；还带上了格伦布科，因为他作为普鲁士那位狂暴王储的监管人及马尔伯勒危险的朋友，本来就有同去的权利。于是众人就有了本章一开始的那场对话，并且在夜晚降临时返回自己的阵营，来规划这最后一战。

10 日夜里，马尔伯勒向格伦布科宣布，他现在必须开战：如果率领一支伟大如斯的军队却无所作为，白白浪费可以彻底结束战争的时机，那么英国和尼德兰将永远不会原谅他。格伦布科自然没有向马尔伯勒解释，对于"伟大的"同盟军起草的和平协定竟然如此不顾及普鲁士的要求，柏林是多么震惊，因此他接到了命令，尽快向法国人打探，如果普鲁士与同盟军分道扬镳能得到什么好处。我们知道，格伦布科堪称那个时代最好学的阴谋家，但是连他都不喜欢这项使命（或许正是因此，他才在回信中写道：这种背叛太不专业、太冒险了）。但是格伦布科是不是也知道，他真心敬佩的马尔伯勒为什么突然如此害怕来自家乡的批评呢？明明从 7 年前开始，马尔伯勒的地位就无法撼动了啊。格伦布科大概不知道。相反，我们知道马尔伯勒刚刚收到妻子的来信，我们熟悉这对完美合作的廷臣夫妇的所有信件，因此可以从中勾勒出，作为安妮女王至交的马尔伯勒公爵夫人，对安妮越来越专制的控制是如何开始瓦解的。一开始公爵夫人为表妹阿比盖尔·马沙姆在女王那里谋求了一个微不足道的宫廷职位，因为这个表妹也是重要政客罗伯特·哈利的表妹，按照宫廷政治的多边原则，是一个有用的工具。但是马沙姆夫人在任职期间越来越受女王宠信，而且此前的大红人对于这未曾料到的竞争越是气愤，这位夫人越是能赢得女王更多的好感。眼下，女王已经几乎不怎么与公爵夫人说话了。公爵夫人认为，传播安妮与马沙姆夫人有同性恋关系的可怕谣言是一个好主意。马沙姆的表兄哈利背地里只等着借助公爵夫人的帮助升为首相，并且扳倒马尔伯勒一族。而想扳倒马尔伯勒，没有比指责他谋反、放弃决战、人为延长战争（从而也就延长了他最高指挥官的任期）更容易的了。家乡的这封来信让马尔伯勒更加清楚，一场巨大的宫廷风暴正在逼近，而对他的生存至关重要的妻子刚刚指责他，对不忠诚的女王责备得不够。但是该怎么做呢？只有一场伟大的胜利才能解除马尔伯勒的这种压力，只有一场战果累累、能够一下子结束战争的战役才行。由于战争的性质及法国的状况，不可能再有第二次机会，因此只能是德维拉尔眼下向他提供的这场代价高昂的战役。10 日夜里，同盟军在营地中举杯痛饮额外配给的烧酒，有经验的士兵看到这种酒就知道明天要面临什么。

　　那个秋天的清晨雾蒙蒙的，1709 年 9 月 11 日 7 时左右，战鼓低沉的隆隆声响起。早在破晓之前很久，同盟军的军官们已经和往常一样，在总共 6000 米长的进攻线上将各自的人马安置到了规定好的确切地点，光这项调动就花费了数小时——正确的列队是战争艺术的一个复杂侧面，在 18 世纪，信心不足的那方更多的是利用这段时间从容地逃离战场。毕竟同盟军有大约 7 万名步兵和至少 2.5 万名骑手组成的兵营和骑兵连，在雾中等待着进攻信号。其中身着花花绿绿制服的，是至少自十字军东征以来欧洲最为国际化的一支队伍，而且在接下来的几百年中仍是最为国际化的一支。即使仅考虑这些军团的主要国籍，此处矗立的就有普鲁士人和萨克森人、苏格兰人和尼德兰人、英格兰人和胡格诺派教徒、丹麦人和奥地利人、匈牙利人、特兰西瓦尼亚人和西西里人，以及符腾堡人、黑森人和那不勒斯人、米兰人、佛兰德人和捷克人、斯洛伐克人、卢森堡人和瑞士人、西里西亚人、瓦龙人和爱尔兰人。讽刺的是，其中就是没有西班牙人，尽管这场战争因西班牙王位而起。每个军官和士兵又可能来自世界各地，爱尔兰军团半数由比利时人组成，一个丹麦军团自然由荷尔斯泰因人或挪威人组成，一个普鲁士军团中既包括波斯尼亚人、瑞士人和波兰人，也包括东普鲁士的鞑靼人。军官和士兵囊括了几乎所有的年龄层，例如来自平民阶层的 12 岁鼓手、出身古老贵族的 13 岁旗手、众多来自宫廷显赫家族的 25 岁准将，以及所有下辖一个兵团并得体地对自己 19 岁的上司开展职业指导的 50 岁上校。这种一方面严格按照服役年龄晋升，另一方面存在不可思议地享受特权的年轻人的矛盾贯穿至所有部队的最高等级。例如尼德兰部队此处的统帅虽然是一名 61 岁的陆军元帅和一名 54 岁的将军，但是直接听命于他们并指挥骑兵的却是一名 33 岁的王子，指挥步兵的甚至是这名王子年仅 22 岁的王侯表弟（会自食恶果的）。甚至连 12 岁的莫里茨，也就是"强力王"奥古斯特二世和柯尼希斯马克女伯爵奥罗拉的儿子，现在也站在这个战场上，作为旗手效力于一个属于他父亲的妻子的军团，听命于一位将军，这位将军的妹妹是汉诺威选帝侯格奥尔格·路德维希（也就是命人杀死了莫里茨舅舅柯尼希斯马克的那个人）的情妇。这个战场上有一位现任国王和两位未来的国王，还有来自欧洲各国的众多亲王、公爵和伯爵，即便在那个政治形态世界主义的时代，也不曾有任何其他一场战役网罗到如此多的大人物。

马尔伯勒和欧根亲王的作战计划原则上很简单。法军阵列分为三个部分，我们在此处和后文都会从同盟军的视角加以描述。左侧，除了相当茂密的拉尼尔森林的几块林中空地外，坐落着地势稍高的奥努瓦山丘，法军已经在这座山丘上充分利用现存的农舍建造起了木质的堡垒。右侧延伸的同样是丘陵状的萨尔斯森林，然而这里更易穿越；在森林的最前端，法军尤其集中于阿尔伯格蒂指挥的土质和木质堡垒中。在这两片地势稍高的森林之间，那条从蒙斯通往法国的真正的林间通道就在中央延伸。（巧合的是，矗立于此的法军阵列的中间部分恰恰就在当时及今天的法国和比利时接壤处，但是在那样的时刻里，没有人关心这个。）一方面，盟军要取胜，最终必然要通过以这块开放的林间通道为中央的部分。击退了驻扎在那里的法国部队，就能将高地上的两翼法军彼此隔离，由此迫使他们撤退或者投降。另一方面，只要法军左右两侧的阵营完好无损，就可以从两侧远距离射击进攻中央的部队，因此同盟军也就不可能直接进军中央部位。所以马尔伯勒和欧根亲王决定，首先进攻拉尼尔（左侧）和萨尔斯（右侧）森林中的阵列。但这绝非仅仅是要击退法军，阻止他们向最终挺进中央部位的同盟军开火。最主要的是，要进逼法军至少其中一翼，迫使德维拉尔从法军唯一未受到攻击的中央阵列抽调兵力增援。中央一旦受到削弱，就会遭受同盟军致命一击。

当然，除去原则上的种种难以估测，这一计划还包括两个严重问题。首先，大部分的同盟军步兵不仅要在上升的地势上作战，而且还要穿越木质路障阻击法军，并且要把法军追击到森林地带，而他们没受过这种训练。其次，虽然同盟军在人数上占优势，但是并没有强大到可以以压倒性的实力进攻法军两翼。为了能够突破其中一翼，并且迫使德维拉尔削弱中央力量，必须投入足够多的同盟军，这样一来，能余下发动其他进攻的人

300

301 数就少得多。地势特征、部队从位于北部（也就是右侧）的蒙斯抵达的顺
序和方向，以及甚至是政治上的考量大概都促使两位统帅决定，在他们的
右侧（也就是朝着萨尔斯的森林），由普鲁士人、英格兰人、萨克森人和
奥地利人来执行这一极其艰难的进攻任务。大量的尼德兰和苏格兰士兵在
左侧的拉尼尔森林中进攻远比他们占优势的法国阵地，对于这些士兵而
言，这项初步决定已经是死亡判决。

　　太阳逐渐冲出薄雾，等待的士兵至少可以利用这段时间在地势允许的
范围内准确地观察敌人。7 时 30 分起，双方开始用大炮对轰，一开始并
未造成巨大损失。终于，在 9 时，身处中部、已经为最后一击做好准备的
马尔伯勒下令，让炮兵连续射击，同时发出进攻敌方右翼的信号。这是马
尔伯勒在这场战役中所能发出的第一个、同时也是最后一个明确的信号，
因为从此刻开始，整个战场在隆隆炮击中不停地震颤。上万支步枪同时开
火，这一地带一时间布满了呛人的弹药烟雾，其中掺杂着军团尖锐的口哨
声和嗡嗡的鼓声，还有我们只能大概猜测的成千上万匹战马由小跑到奔腾
的声音。我们已经习惯于在地球另一端的屏幕上实时展现现代军队的战
斗。然而身处近代早期的这种恐怖景象中，连发号施令的将军充其量也只
能猜测眼前发生的事情。最小作战单位的军官们统帅着 150 名士兵宽度的
战线，他们嘶吼的命令如果真的传到了全营所有 600 名士兵耳中，那这些
军官肯定很高兴。一名指挥着几千人的上将，必须让副官骑着马不停地在
302 线列中传递命令，如果副官没有在命令送达之前被击毙，那就算幸运了。
在这种处境下，最高统帅只有两种可能的希望：一个是他本人必须一直骑
马活动，始终准备着前往最前线发布命令，发出威胁和鼓励。另一个是他
只能希望所有的军官都知道自己在做什么，同时希望所有的士兵在执行那
套经过漫长训练的操作技巧、步骤和行军动作时，可以自动做到像操练手
册上无比精确的插图所描绘的一样。两种希望都非常冒失。

　　马尔伯勒正与格伦布科等人位于中央，在他的眼前，右侧由欧根亲王
指挥的 3.7 万名步兵对萨尔斯森林中阿尔伯格蒂的阵营发动的攻击就像疯

狂的钟表发条。这支部队分 3 条战线向前挺进，直到德舒伦堡指挥的 40
个营抵达森林边缘的小沼泽。阿尔伯格蒂认为没人能通过这个沼泽，但是
卡多根的人很好地利用了前一天彬彬有礼的对话间歇，于是眼下萨克森
人、奥地利人、英格兰人和帝国军队得以穿越这片沼泽地带，从森林几乎
未设防的部分攻入。（他们在那里首先遇到的是一支瑞典雇佣兵军团，这
个军团以前为尼德兰服役，现在为法国而战。）阿尔伯格蒂虽然面对 3 倍
于己的敌兵，但是仍然有优势，他们可以从堡垒中向外射击，而且几乎不
受骑兵的伤害。众人浴血奋战，击退了德舒伦堡的首轮进攻，甚至更加猛
烈地回击了洛图姆领导的普鲁士军队同时发动的进攻。向阿尔伯格蒂的防
御工事开火的唯一有效方向便是正面，为此同盟军必须调转方向，承受来
自法军中部的侧面炮击。众人感觉时间仿佛停滞了一般。法军骑兵已经开
始对同盟军暴露在外、毫无招架之力的侧翼发动攻击，就在这紧要关头，
大量的普鲁士骑兵在昔日不情不愿的芭蕾舞者纳茨默的率领下声势浩大地
挡在了中间。

303

　　在此期间，同盟军右翼的步兵营一次次固执地以线形阵列向敌人进
军。年轻的旗手策马奔腾做前导，他们手中沉甸甸的旗子不仅象征着军队
的荣誉，更是让线列完美对齐的必要且理想的辅助手段。下级军官们直接
跑在第一排射击手的前头，从而能在准确的时间间歇嘶吼，熟练地传达指
挥官们的命令。这些下级军官配备象征性的短矛（短标枪）、军刀和手枪，
但是从来不带步枪。他们知道，自己身后是上千名饥渴、沉醉、被肾上腺
素刺激而且经常心怀很多不满的士兵，任何人都随时可能对自己的少尉或
上尉放暗枪且不会败露。

　　对于军官来说，被自己人故意击毙的危险大概明显要大于被敌人击
毙。很愚蠢的是，军官的制服和装备更为花哨，很容易跟普通士兵区别开
来，因此军官几乎总是处于毫无防护的暴露状态。尽管如此，他们似乎从
来不会遭到敌方有针对性的射击。原因首先当然在于命中率普遍很低，其
次是贵族精英在一定程度上的休戚与共。相当令人惊异的是，有时在史料

中也会呈现出在屠杀背景下对故意射杀某个人的反感。实际上，对于旧秩序下的士兵来说，比起他们接受的训练，即无目标且不针对个人的向密集人群扫射的行为，故意射杀行为或许更应受到谴责。

军士们跟在最后一列（大多是第四列）射击队形之后，他们配备的标枪更长，用来阻止士兵后退逃出战斗区域。跟在军士身后的是由其他下级军官陪同的军营指挥官（少校或者中校），他们在步兵行列中也必须始终骑着马，这样才能将手下 600 名左右的士兵一览无余。同时，这种高度自然也使指挥官更多地暴露于敌人火力之下，尤其是大部分炮手都会本能地射击得过高，因此可以越过士兵们的脑袋直达马背上的军官。军营指挥官再往后就是同样骑着马的上校或准将；最后是少将和中将，他们必须和自己的副官不停地穿梭在各个阵列中，这样才能在充斥烟雾和噪声的嘈杂混乱中掌控全局。我不想不恰当地赞颂这个由世袭老爷们组成的阶层，他们在很多方面都无所畏惧并且热爱战争，但是当我们今天读到懦弱地按一下无人机或者导弹的发射按钮就可以把世界另一端的婚礼现场炸个粉碎，再想到这个阶层连自己的生命都在所不惜时，难免就会带着不情愿的敬意。

步兵们会在发起进攻之前，首次给自己的燧发枪装上弹药。士兵们必须用一个木质或铁质的推弹杆从上方把弹药塞到长枪的枪管中，所以欧洲的所有军队都在寻找尽可能高大的士兵，他们的先天条件可以更容易完成这个动作。士兵们只有在第一次装弹药时相当有把握，可以带着必要的细致从容完成装填。也是因此，他们的军官才试图一枪不发就把他们引领到敌人的射程之内。"第一次开火"不仅适合事先震慑敌军、令他们奔逃，而且射击效果也明显好于接下来的所有进攻。因为在第一次开火之后，步兵们实际上就是在敌人的炮火之下续装弹药，也就几乎不能指责他们的一些错误：例如向枪管中倒入了太多的弹药，导致自己的武器在射击时爆炸。此外，也很容易发生武器失灵、哑火的情况，而步兵可能因为身旁有几百发子弹同时发射而完全没注意到，进而往根本没有发射的枪管中一而再再而三地塞入弹药，直到已经变成了炸弹的步枪在第 3 次或第 4 次尝试时爆炸。即使没犯这些错误，通常最迟在射击几分钟后，如专业手册般出色的整体纪律就会涣散。一切精心细致编排的操作，例如军营各个部分伴着隆隆的炮火前后相继地开火，也就是整个队列的上上下下都在连续射击，最终似乎只对列队场有影响。在战场上，每个士兵都能很快进入状态，尽可能快地在四列中续填弹药并射击。一位曾参加过马尔普拉奎特战役的苏格兰将军后来宣称，他在任何战役中都未见过其他射击方式。由于射击显然对很多人起到了安抚作用，因此士兵们经常在很短的时间内就射光所有的弹药或者不得不扔下武器，因为铁质的枪管已经炽热得烫手。此外，值得注意的是，就算是一定程度上按照操练规则发射的子弹，也很少命中，尽管敌人通常就黑压压地直接站在射手面前。

虽然对命中率最早的实验性统计调查在 18 世纪末受到启蒙运动的影响才产生，方法是让士兵朝着木头人射击，但是鉴于武器类似，这些研究也可以逆向投射到马尔普拉奎特时期。虽然变化巨大，仍然可以解释，一种放到今天会导致所有参加者在最短的时间内丧命的战斗方式，在当时为何会有人幸存：根据处境不同（就整场战斗而言），显然在"最好的"情况下，命中率也只有 0.5%；"最糟的"情况下，1 万发子弹才能击中一个敌人。当然，如果部队紧凑到彼此确实只间隔 50~100 米的话，命中率必然会上升，伤亡人数也会大幅增加，致使其中一方短时间后就要撤退。由于大多数情况下彼此遭遇的都是射击技术和装备水平相当的部队，因此经常是纯粹的心理学在发挥着重要作用。就同盟军对阿尔伯格蒂阵营发动的进攻而言，躲在防卫性堡垒中的防御者无论在心理上还是技术上都拥有极大的优势，以至于在很长时间内，一支又一支的进攻部队不得不溃不成军地撤退。

306

同盟军右翼的这场战斗就这样胜负未决地延宕着，而在大约 9 时 30 分，左翼也开始了对驻扎在拉尼尔森林上方法军的进攻。左翼主要是尼德兰军队及其众多的苏格兰高地、瑞士和德国的雇佣兵，此时他们明显处于劣势，但却不得不进攻由强大很多的敌人占领的阵地。此外，这种本就冒

险的出击还非常不幸地与一个政治和王朝因素相联系。在威廉三世于 1702
年无子而终时，尼德兰的政治领导层就意识到，对于他们而言，威廉三世
的势力至迟到当上英国国王之后就已经太过强大了。因此，他们罢黜了死
者的总督之职，他的军事总司令一职也被一名下层贵族的将军取代，纯粹
的共和国由此得以重建，而威廉年轻的甥孙约翰·威廉·弗里索几乎只
剩了一个奥兰治亲王的虚衔。重建家族的权力地位自然就成了约翰·威
廉·弗里索的家族使命，一直鼓励他的除了家族的大量追随者，还有所有
对政府不满的人士。要说追随者最多的地方，当属一直听命于奥兰治家族
的军队，因此新任奥兰治亲王年仅 17 岁就拥有了位列共和国第二的将军
等级。由于必须要等到 1708 年才能真正行使这一职能，马尔普拉奎特一
战便给了这位时年 22 岁的亲王展现自己军事才能的机会。或许，不管怎
样弗里索都会建功立业，但是这场战争天天提醒着他，他的舅公于 1672
年重新获得了一度被废除的总督之职，靠的就是成功抵御了法国。马尔普
拉奎特很有可能就是整场战事的最后一役，因此弗里索未与共和国的顶头
上司商议，就主动承担起了进攻的指挥权。他带领约 1.5 万名士兵穿过拉
尼尔森林中的空地，向着法军阵营挺进——冒着 20 门隐蔽放置的火炮那
杀气腾腾的炮火。这一时期的大炮虽然在战场上几乎无法移动（负责运输
的民间转包商谢绝在战场上移动它们），并且仅适合发射不包含爆炸性内
核的石质或金属炮弹，但是却能在进逼的线形步兵中轰出巨大的坑来。与
炮弹一起降临的，还有在数量上占优势的法军发射的枪林弹雨，倒毙的除
了所有士兵，还有将军、副官和苏格兰的宗族首领，几乎只有奥兰治一人
毫发无损，只不过他胯下的坐骑已经被击毙。尽管如此，进攻者依然在进
军，直到抵达法军的防线。位于前线的德坎西骑士为了向近视的达塔尼昂
中将解释眼下发生的事情，把从尼德兰人的枪炮中发出并落到己方人马身
上的东西描述为"地狱之火"。当士兵勒鲁热企图从法军阵列中逃走时，
德坎西手持出鞘利剑喊他回队。假如勒鲁热没有立即返回，这位军官就会
杀了他，因为在这场灾难中，一个人逃跑就能引发集体恐慌。现在有两支

"尼德兰的"瑞士部队真正攻克了法军的防御工事，迫使敌人逃跑。当尼德兰七省代表大会的伯尔尼城市贵族与旅长加布里尔·冯·迈麾下的士兵们看到从法军阵营深处又有一列身着茜红制服的进攻者向自己走来时，他们已经在钉敌军炮弹的点火孔了（这样就不能再发射炮弹了）。穿越地狱而来的幸存者们再也经受不住这种冲击，尤其是迈旅长现在也受了重伤。当逃跑的士兵抬着他离开时，他们听到胜利者在接受用瑞士德语发布的命令。一名身着茜红制服的军官正往夺回的大炮上插自己团的旗子，旗上是一个扔掷闪电的拳头。如果不是已经失去意识，迈旅长一定能凭借这面旗帜认出，以法军名义战胜他的正是堂兄约翰·鲁道夫·冯·迈旅长。

奥兰治亲王在半个小时内损兵折将5000人。另外，缓慢撤回的幸存者还被一支占优势的法军追击。关键时刻，奥兰治的内弟黑森－卡塞尔命自己的骑兵向追击者暴露的一侧疾驰而去，迫使追击者很快躲回到了他们木质的防御工事中，被追击的幸存者这才躲过了眼看就要降临的灾难。不幸的是，这最后关头的拯救已经足以赋予约翰·威廉·弗里索新的勇气，就好像他手下三分之一的士兵没有被屠杀一样。弗里索几乎是立即下令发动第二次进攻，自己跨上另一匹战马。当这匹马也被击毙时，弗里索摔了下来，在死去的牲畜下匍匐前进，将迈（尼德兰方的那位）军团的旗帜取来拿在手中，重新步行冲到自杀式袭击的最前端。这次袭击当然也在法军的枪林弹雨下再一次溃败。眼下法军在拉尼尔森林中全面胜利，负伤的德坎西只需要布置岗哨阻止洗劫死者（那个年代没有银行账户，士兵们把自己所有的钱都带在身上），然后和其他军官一起回到自己的阵列后方，想用自己鲜血直流的伤手拿根羊腿来吃。统帅这一侧法军的德布夫莱尔公爵元帅此时也考虑着追击溃败的尼德兰人，一旦反击，很可能就决定战役向着有利于法军的方向发展。但是德布夫莱尔此前郑重地接受了德维拉尔的领导（尽管他等级更高，也得如此行事，为的就是像一位超人一样被颂扬。众所周知，若非如此，旧秩序下的活动家们绝不会放弃自己的等级），害怕人们事后会在凡尔赛把他单独做决定的行为指责为僭越。德布夫莱尔当然也不能去询问总司令，因为总司令此刻正指挥着另一侧法军。德维拉尔可能在 2000 米之外，但是在前现代的战争条件下，这个距离就等于远在天边，因此这个反击机会并未得以利用。

德维拉尔无法从战场的另一侧脱身，因为同盟军的数量优势开始在那里显现。一拨又一拨同盟军部队发起冲锋，逐渐迫使法军放弃最前方的防线，撤回森林中。一场艰苦卓绝的战斗在森林的树荫下展开，线式战术的操练手册没有为这种情况规定任何规则，并且这场战斗越是迟迟不决，就越是激烈。阿尔伯格蒂的人曾用近 3 天时间做好了将森林用于防御的准备。他们把树伐倒做成栅栏，挖战壕、设路障，直到森林南部看起来障碍重重，从而可以为逐渐撤退的法军不断提供新的机会，为继续战斗提供防护。理论上来看像是个好主意，但实践起来却有着可怕的后果。在开阔地带交锋的规范步兵战本身就够古怪了，但它至少允许处于劣势的一方快速撤退，这是两军对阵时一个正常的结局。这种情况下，获胜者会很高兴自己活了下来，即使他们破例尝试追击失败者，也会速度极慢，因为和逃跑的人不一样，他们得严格保持线列。因此战败逃跑的步兵只需要提防敌人的骑兵，幸运的话，己方的骑兵或者身后最近的步兵阵列会保护他们。相反，阿尔伯格蒂在萨尔斯南部森林中设立了众多小的驻防区，大部队被打散成了小的团队，地势及不断涌来的大量同盟军使得他们不可能快速转移。就像无法转移的战士在任何狭窄的地区都会被迫彼此推搡一样，这里显然也发生了关系到生存的激烈"领土"之争，步兵之间甚至拔刀相向，而这是以往完全无法想象的。在当时，刺刀的用途一般就在于前文所述的吓退骑兵袭击。相反，如果真有一支部队用刺刀而非射击的方式发动袭击，那么对阵无一例外地会以其中一方的逃跑而告终。整体上看，这个时代要残酷得多，而对于身处其中的士兵来说，多数人毫无目标地向着 100 米外的人群射击是一回事，将一柄长长的刀刃插进近在眼前的敌人身躯中又是另一回事。不管怎样，萨尔斯整座森林在将近 2 小时的时间内成了残酷拼杀之地，直到由欧根亲王率领的同盟军最终逼迫法军离开森林。在这

个大约和有着 5.8 万名居民、位于奥德河畔的法兰克福一般大的地方，最
终聚集了 4.2 万名士兵，其中大约 7000 人或死或伤。旅长德沙罗斯侯爵也
与自己军团的士兵一起阵亡于此，这个庞大宫廷家族的 28 岁继承人、前
财政大臣富凯的曾孙，前一天还站在格伦布科的对面。与此同时，一位年
轻的女士正在凡尔赛等待着他，这位女士比他多活了 54 年。

311

最终，同盟军右翼的第一支部队到达了萨尔斯森林的西端。这支部
队是英国王家爱尔兰步兵团，他们在森林的偏僻区域迷了路，被洛图姆领
导的普鲁士军队夹在中间，眼下正不辨方向地向着平原前的最后一个林间
空地行进。当理查德·凯恩中校在空地的另一端看到充斥身着茜红制服士
兵的军营时，便让自己的士兵摆出线形阵势，向敌人缓慢推进。双方在近
处互射了 3 次，身着茜红制服的士兵按照法军的操练规则一次次射击，而
凯恩的爱尔兰士兵则是一气呵成。法国军队看到自己损失更为严重，于是
四散逃往平原方向。王家爱尔兰步兵团团长松了一口气，照料过自己和敌
方的伤员后，就向着平原方向追击敌军。当战败的敌人用他们的语言和王
军交谈时，王军才明白，他们打的是同胞：着茜红制服的道灵顿军团正是
昔日詹姆斯二世的爱尔兰卫队，他们于 1689 年忠诚地追随詹姆斯二世到
了法国，从此效力于路易十四。王家爱尔兰步兵团不曾知晓的是，他们在
这里看见了将会决定战争胜负的东西。起决定性效果的并非一系列眼下展
现在步兵团和其他同盟军面前、正离开森林前往广阔平原并做好了战斗准
备的法国部队；也不是德维拉尔，他在此处骑着高头大马，正要领导一场
大规模反击战。敌方的连续射击几乎立刻就射中了他的马，接着射中了他
本人。德维拉尔拖着被打裂的膝盖，让人给他取出子弹、包扎伤口，又命
人把他放到一辆空着的马车上，打算继续指挥进攻，然后便由于疼痛而昏
迷。德维拉尔的校级军官用缴获的敌军旗帜填满了马车，连同昏迷的公爵
元帅一起送到了后方，然后派出骑兵去请左翼的德布夫莱尔接替指挥。骑
兵用了一段时间才找到德布夫莱尔。此后，法军的反击还是开始了，只是
很快就沉寂了，而且除了让敌人停留在森林边缘，别无他效。尽管如此，

312

这场反击仍然决定了整场战争的走向。在发起反击之前，德维拉尔不得不把 3 支身着茜红制服、为法方效力的爱尔兰军团从阵营中央调离。阵营中央同时还有多支（同样身着茜红制服）瑞士部队在撤离，他们在拉尼尔森林中与瑞士军队兄弟相残之后不愿再打下去。与法国签的雇佣兵劳动合同保障了这项权利，于是导致现在恰恰在法国阵营的中央出现了一个很大的缺口。马尔普拉奎特的林中通道大开，马尔伯勒的计谋得逞。

总是看到法军炮弹从自己的阵地呼啸而过，一个猝不及防就把人的腿打断——只要愿意把这样的一天描述为还可以，那么弗里德里希·威廉·冯·格伦布科到目前为止这一天过得就还算可以。与同时发生在森林两边的可怕战事相比，中央的阵地简直就是天堂。听命于奥克尼伯爵和芬肯施泰因将军而集结于此的 15 个营，或者说 9000 名英国、汉诺威和普鲁士步兵，迄今为止一直没有移动，而且与敌方没有更进一步的接触，因为欧根和马尔伯勒特意将他们留下来用于最后的突破。虽然格伦布科自己的军队正忙着将围攻用的沉甸甸的大炮弄回布鲁塞尔，但是作为准将，他有一项更高的指挥权，因此在此处指挥着由普鲁士长期出租给尼德兰的两个营，即安哈尔特－采尔布斯特营和杜特罗塞尔营。人们把格伦布科安排在这个位置，部分是因为，有意识地把各个国家分布在整条战线上可以避免某个民族伤亡过大；另外是由于部队各部分之间的等级秩序；最后一个原因可能是马尔伯勒的好感，马尔伯勒同样也主要在中央逗留。眼下时至中午，这种相对的安全自然也结束了。先是格伦布科那苏格兰－汉诺威的胡格诺派表兄梅尔维尔必须带着人马向萨尔斯森林进军，格伦布科昨天还在这座森林中散步，差一点就卷入奥兰治亲王的第 2 次自杀式袭击中。然后一直密切观察的卡多根和受伤的德舒伦堡同时发现，法军路障后面的林间通道上几乎空无一人。虽然没有人知道马尔伯勒是否下达了前进的命令——这十分符合他最初的计划（欧根亲王仍在萨尔斯森林中，一颗子弹擦过了他的耳朵，并未造成更大伤害），但是要么是根据他的命令，要么是根据下属将军的命令，现在军队向前推进着。此外，也到了为格伦布科揭开真相的时间。后来一直有人声称，在一切结束之前，格伦布科一直懦弱地躲在一条壕沟里，但是除了实际操作上的不可能，还有太多的反面证据。将这一指责流传后世的那位公主[1]，在这些事情发生时才两个月大。事实上，这位公主有很好的理由将格伦布科无数敌人向她讲述的一切照单全收，因为格伦布科的阴谋诡计毁了她的一生。但是即便玩弄花招，格伦布科也随时准备着极其漫不经心或者冒着掉脑袋的危险对待特别暴虐的统治者，就好像他想要证明，人们可以在恶毒的同时仍然英勇。

　　格伦布科很幸运，又一次很幸运。当奥克尼、芬肯施泰因和洛图姆的步兵们接近法军位于中央的木质路障时，格伦布科的部队唯一需要面对的只有巴伐利亚选帝侯和科隆大主教麾下两个为法国战斗的军团。由于这两支队伍在交火之前悄悄地撤离了（他们叩问自己究竟为何在此有点过晚了），同盟军几乎未经战斗就拿下了法军的路障线，仅在林间通道的左侧边缘发生了交战。汉诺威的军队遇上了著名的法国近卫步兵，这支步兵由德吉什公爵统帅，他是德布夫莱尔的内弟、德摩纳哥夫人的侄子及格伦布科夫人的表兄。但是德吉什很快负伤，一部分近卫步兵随即陷入恐慌。恐慌又很快蔓延，导致法军战线出现巨大的缺口，连德布夫莱尔稍后派来的增援部队也失控了。驻扎在左侧拉尼尔山丘上的军队原本或许还能挽救局势，但是此前不久，将生死置之度外的奥兰治亲王在此处不屈不挠地发动了第 3 次进攻。直到今天仍无人知晓，这次进攻究竟是马尔伯勒策划的天才般的牵制行动，抑或只是一名一直被教育要追逐名誉的 22 岁青年擅自做出的疯狂之举。这一次奥兰治亲王也毫发无伤地幸免于难，而他周围则有成百上千人阵亡。尽管如此，奥兰治亲王依旧未能取得尼德兰总督之职，因为他 2 年后在尼德兰一条运河上泛舟时溺亡。但无论如何，这第 3 次进攻的效果具有决定意义。法国位于左侧和中央的步兵大规模撤退，导致滞留在萨尔斯森林中的部队也由于害怕被包抄而不得不撤离。这些部队

314

---

[1] 指普鲁士国王腓特烈二世的姐姐威廉明妮，详见第 14 章。——编注

大多千差万别，不可能再令他们形成必要的战线。至此，步兵的战役实际上结束了。剩下的只有最后一战了，在这场战斗中将不得不决出后退的部队可以安全撤离还是被无情屠杀：骑兵之战由此开始。

在战斗开始以来的 5 个小时中，双方几乎没有动用骑兵，但是双方的骑兵在这段时间的遭遇相当迥异。同盟军骑兵待命的大部分阵地得到了有利地形的保护，而法军骑兵位于林间通道地势凸起的背面，正好处于同盟军的炮火中。在长达 5 个小时的时间里，法国的军官和士兵一直盼望着能够穿过路障之间的缺口，法军中部阵地也正是为此才特意留下这个缺口。可是相反，他们现在看到己方的步兵被打得四散，而同盟军的骑兵恰恰正在攻入这个缺口。正当格伦布科的部队和其他部队驻扎到敌人先前为了防护而建的路障后方时，3 万之众的同盟军骑兵逐渐从他们身边涌过，打算在林间通道上布阵进攻。这次进攻的目的很简单：这些士兵配备了手枪和军刀、身穿皮衣、头戴宽边软呢帽。除了金属胸甲，一切都与那种阴郁的意大利式西部片非常相称，他们的任务就是猛扑遭受重创撤离的法军步兵，直到一支完整的军队也不剩。如果法国不予抵抗，通向巴黎的道路畅通，那么战争就结束了。但是在林间通道的另一侧，数量少得可怜的法国骑兵摆成 7 条战线，65 岁的德布夫莱尔公爵元帅再一次在战线前骑着马来回奔驰，给骑兵们鼓劲。紧接着，整个林间通道就在千军万马的隆隆声中震颤起来。

透过不可靠的回忆迷雾，一场这样的战役能向我们展现很多富有启发性的极端情境，而接下来的最后一战或许可以完美地将宫廷世界和战争恐怖的密不可分呈现在我们眼前。齐聚马尔普拉奎特的大批军官和将领来自整个欧洲，他们根本就是全副武装的宫廷社会。我们可以从很多主人公身上看到这点，无论是马尔伯勒还是格伦布科，无论是德吉什抑或欧根亲王。对于很多久远一些的历史记录来说，其中的愚蠢之处极少能像记录马尔普拉奎特这段历史这样清晰地暴露出来，这些历史书清清楚楚地编录了每一个制服纽扣，但是在提及参战的贵族时，就好像他们所有人都没有母亲、妻子或姐妹。这些贵族当然是战士，而且他们中的大多数当然经历了千辛万苦，遭受了千难万险，才能在这里作为主角和我们相遇。但是这并不意味着，人们就不能把以下内容记录下来，并且认为它对于这些贵族的人生历程至关重要：马尔伯勒是一名国王情妇的哥哥，是另一名国王情妇的表弟；奥克尼伯爵的妻子是马尔伯勒的又一名表妹，也曾是英国国王威廉三世的情妇；而统帅尼德兰一方瑞士士兵的阿尔比马尔伯爵，一般被视作同一位威廉三世的最后一名情人；德吉什能统率近卫军团，唯一要感谢的就是他与路易十四情妇的血缘关系；德吉什的连襟德贡德兰是路易十四的近臣，而德贡德兰本人则是国王前任情妇德蒙特斯庞夫人的孙子；于大规模进攻中驰骋的德内勒，5 个女儿中有 3 个将先后成为路易十五的情妇；萨克森的将军约翰·马蒂亚斯·冯·德舒伦堡的妹妹是那名会成为英国国王的汉诺威选帝侯的情妇，而他的副官布罗克多夫和符腾堡宗子弗里德里希分别是"强力王"奥古斯特二世现任情妇的哥哥及昔日一名情妇的未来夫君。在这个战场上，如此多的家庭纽带相当自然地重叠，很多人站在了这一方，但是他们原本也可以凭着相同的逻辑站在另一方。我们马上还会在法国一方遇到一位不速之客，此人是欧根亲王的表亲，而且他同父异母的兄弟必须称呼马尔伯勒为"我的舅舅"，因此他是两人之间唯一的家庭联系人，但他却向二人发动了最为猛烈的进攻。即使在统治者家族之下的上层贵族的灰色区域，情况也一般无二。

317

　　还有最后一个例子，这个例子也是法军骑兵进攻的一部分。他们的英勇指挥官之一就是年轻的德拉特雷穆瓦耶公爵，本书第 1 章讲述的塔尔蒙特就是他的祖父。年轻的公爵刚刚才接替父亲获得了凡尔赛最棒的宫廷官职，而唯一的原因就是他的祖母作为路易十四的"同乳姐妹"，和后来的太阳王吃着同一位奶妈的奶长大。眼下公爵率领自己的骑兵参加的这场战斗，敌方军队中几乎处处是自己的亲戚。指挥尼德兰骑兵的是投敌的法国表亲德奥韦涅，指挥尼德兰步兵的是他的表亲奥兰治。奥克尼的外甥塔利巴丁侯爵本着高地苏格兰人毫无顾忌的牺牲精神，原本打算在战后和奥兰治决斗，但他却和自己宗族的所有战士倒毙在拉尼尔森林中，此人与黑森－卡塞尔的继承人同样都是德拉特雷穆瓦耶的表亲，而德拉特雷穆瓦耶现在要进攻的正是黑森－卡塞尔继承人的骑兵。尤其有一点，德拉特雷穆瓦耶还与普鲁士王储腓特烈·威廉是亲戚，而王储始终站在马尔伯勒和欧根一方，而且通过这场战役发展成了一种最为奇特的造物：一个和平主义的军国主义者，一个狂热的制服信仰者和军事演练迷。腓特烈·威廉和格伦布科及其他人年年庆祝马尔普拉奎特的纪念日，但是与此同时，他再也没有让从各个国家拐来的宝贵士兵承受过他在此处见到过的恐怖景象。所有人是一个大家庭，一直都清楚相互的亲戚关系，必要时可以为彼此披麻戴孝，但这并未阻止他们此刻兵戎相向。

　　法军骑兵的大举进攻还展现了一样东西。德布夫莱尔公爵元帅的骑兵发起了唯一可行的前后相继的波浪式袭击，但是出击的顺序既和军事逻辑相关，也与所有参与者的社会等级相关。首先是部队的等级决定了进攻的次序，等级最低的必须最先发动进攻，因此必须面对最为艰难的战斗。但是这种形式上的等级仅仅是所有部队成员社会地位的一种反映：等级和社会地位越高，军官就越高贵、越富有，马匹也就越高大强壮——统帅保留他们的时间也就越长。在这里冲向同盟军的骑兵已经相当高贵，即所谓的"gendarmerie d'ordonnance"（精骑兵团），这是一个小型独立兵团的集合，其中的军官来自第三等级的宫廷贵族，他们在这里可以获得上校的军衔，而在任何其他地方都得买下一个他们根本无力支付的军团才能拿到相同的军衔。（"gendarmes"一词在当时指的不是警察，而是特别高贵的骑兵。包括在普鲁士，当时由我们的老相识杜比斯拉夫·格诺伊玛·冯·纳茨默指挥的国王的近卫步兵就是最高贵的骑兵部队，直到今天，柏林的宪兵广场仍能让人们回想起他们的马厩。）这次进攻如此迅捷，第一排的同盟军骑兵还没来得及奔驰起来就真真切切地被推翻在地。但是，法国人的厄运已经显现——他们自己的木质路障。矗立在路障之后的是格伦布科及很多其他的步兵。通常而言，遭到武力碾压的骑兵都可以且必须向后逃离，这样一来进攻者就胜利了。但是路障不仅迫使同盟军的骑兵留在原地，而且就在挡住他们、让他们有遭受屠杀潜在可能的同时，也为他们提供了保护——路障后面毫发无损的步兵杀气腾腾地开了火，逼退遭受了巨大伤亡的精骑兵团。地上满是死伤的人马，最早那批与死神擦肩而过的同盟军骑兵显然陷入了一种常见的嗜血狂热中，这可能与进攻引发的肾上腺素冲击有关。这种狂热让他们连只想着投降的敌人也没放过。这一天中少数几个人道行动之一，就是一些同盟军的将军救助失去反抗能力的敌人。人们看到，格伦布科也迎向六七个失控的匈牙利或特兰西瓦尼亚的胸甲骑兵，只为了在千钧一发之际拯救一名身着浅紫色制服的精骑兵上校，使他免受致命的枪击或者被军刀劈开脑壳。格伦布科成功了。他这样做是出于人道吗？为什么人道不会至少是其中一个原因呢？格伦布科在次日写给自己国王的报告中，说自己找到了长期以来一直在寻觅的与凡尔赛秘密谈判的联系人，但这份报告并不适合承认自己心生同情的动机。

被打败的精骑兵团余部退回自己的阵列中后，德布夫莱尔派出了因制服颜色而得名的"红衣军"，他们属于"Maison du Roi"，也就是宫廷军队；他们中最后一批剩余力量至今在英国还保留着含义相同的"王家骑兵团"的名称。这支骑兵近卫军和骑兵卫队在残酷的冲撞中击溃了敌方多列骑兵，但是却扛不住步枪的连续射击。在过于狭窄的平面上，马匹数量多得令人难以置信，因此就连"红衣军"也被卷入了单打独斗中，最终因损失惨重而不得不掉头折返。由于空间狭小，他们只能沿着路障逃跑，正好暴露在近距离火力之下。与此同时，同盟军开始反击，他们的反击也一次次地被击退，直到几乎没有挪动的空间。格伦布科的表亲、骑兵上尉伊尔滕后来可以说是一口气描述了他是如何被迫从一片泥泞的草地疾驰而过；第3次进攻时双方的战马看到尸横遍野是如何大受创伤、绷直前腿拒绝前进；以及尽管如此，他是怎样在看到4200名完美排列的骑兵线列时还是感到"无尽的满足"的。然后伊尔滕再次进攻，差点儿被一架用马运来的巨大定音鼓撞翻，又被一把军刀砍中了脑袋，之所以能活下来，唯一的原

319

320

因就是他此前听从了一名老将的建议，将 3 张湿漉漉的纸巾折叠后放在帽子底下。专家们当时仍无定论，骑兵到底是该利用仅借助军刀发动攻击的十足冲击力，还是更应该指望手枪和短步枪的火力。这也是为什么直到此刻，仍有骑兵一动不动地等着敌人，想要模仿步兵，在马鞍上用枪迎敌。然而大多数的进攻还是优先选择"震慑"，法军的最后一击就是这种方式。继"红衣军"之后，德布夫莱尔只能将最后一支更强的部队投入战斗，那就是"保镖"，即国王的骑兵御林军。这种军队的马匹都是精心挑选的，连普通士兵都是贵族，而所有的少尉还另外拥有将军衔。非常不负责任又理应非常明显的是，德布夫莱尔将作为整支部队的总指挥亲自指挥这场进攻——还能有谁的等级足够高呢？但是当这位公爵元帅让人给他穿上新的胸甲时（他在战役开始时就把自己那件扔了，表示这东西碍事），他的身旁出现了一位骑手，此人是这支队中唯一一位可以且必然比公爵元帅更有权利获得这项有性命之虞的荣耀的人。就这样，65 岁的陆军元帅屈从于这位 21 岁青年的愿望，仅仅作为他的副手上了战场。如果一位国王向你提出了这样的请求，还能怎么做呢？

由于 1688 年革命，英国的"詹姆斯三世"在任何地方都不被承认是英国的国王，除了在法国——还有此处，离法国和比利时边境几米远的这个地方。在这里，詹姆斯是国王，尽管他可能上百次匿名为德圣乔治骑士，这是英国国家保护分子给他派生的匿名头衔。这位年轻人的出生点燃了革命，后来洛赞艰难地助他逃亡，此刻他在这里为欧洲唯一一位还承认他国王权力的统治者而战，坚定地要证明自己是真正的国王，连发着高烧都坚持参战。打了大剂量的奎宁后，詹姆斯骑上战马，统帅太阳王御林军中那些万夫莫敌的骑手，发动最后一击，试图战胜他名义上的祖国的部队。他们遇到了敌方的第一战列，并将其击溃；他们打败了第二战列；他们又将第三战列驱散得无影无踪。然后他们的战马拒绝继续前行，一切都卷入了无法控制的击打和砍刺中。在硝烟、嘶吼和定音鼓的噪声中，即便是同盟军的长官也都丢掉了那种矜持，那种认为让对军队负有责任的统帅或者对于追随者来说无法取代、无子嗣、无继承人的冒牌国王陷入这场灾难简直是胡闹的想法。眼下，连欧根亲王、马尔伯勒和黑森－卡塞尔的继承人都像普通的骑兵一般，手握军刀出战，仿佛骑士时代还没有终结。所有人都活了下来，其中受伤最重的就是匿名国王，他的手被军刀刺中。幸存和他们的等级无关，他们很幸运，但这是一种他们的千万臣属不曾享受到的幸运。最后一批臣属在"红衣军"最终撤退之前死在这场战争中。骑兵的战斗持续了两个小时，整场战争也随之结束。当路易十四遭受重创的骑兵缓慢地撤离战场时，几乎没有人跟在后面。胜利者和失败者都筋疲力尽，无从区分，这两个概念成了空话，与此地发生之事毫无关系。   322

这场 18 世纪的恐怖战争结束了。同盟军没有获胜，尽管他们重创了德维拉尔和德布夫莱尔的军队，但这支军队仍然横亘在他们和巴黎之间。两个小时的骑兵之战，使得法国溃败的步兵得以以尽可能好的秩序撤离，避免了更大的损失，当幸存的骑手追随他们而去时，把筋疲力尽的敌人远远抛在了身后。只有少数同盟军的骑兵在追击，朝着他们大喊："滚回巴黎，臭流氓！滚回巴黎，无赖！"直到"被追捕的人"发现，己方的人数是追捕者的上千倍——这些人的下场不妙。德维拉尔和德布夫莱尔当然也算不上取胜，但是如果考虑到敌人具备怎样的优势，以及自己率领的士兵是如何疲惫不堪，人们或许可以把部队未被彻底消灭视作二人的胜利。只有两点很清楚：一方面，法国并没有被削弱到要服从敌人的苛刻条件的地步；另一方面，这些敌人也遭遇了可怕的损失，不光今年，接下来也没办法很快再进逼法国。就这样，1709 年的战争结束了，西班牙继承权之战——是的，因为一切还是围绕着西班牙——进入了第 10 个年头。

没有人能知道，在这一天里有多少人被杀。秉承冷酷实用主义的军队唯一感兴趣的就是有多少士兵无法再战斗，因此在他们漏洞百出的统计中只记录了"损失"，未区分死者和伤员。不管怎样，一般来说，估计三分之一的伤员将会在战后很快死去，因为撇开近代早期医疗条件的普遍落后不谈，事实上当时也没有野战医院。但也有一些断胳膊少腿的幸存者很长寿，   323

因此这一时期，尤其是在各个宫廷中总能看到一些独眼、独臂或独腿之人。最为熟悉史料的专家推测，约有 2.1 万名同盟军及 1.1 万名法军或死或伤，留在了战场上，这是欧洲 18 世纪最高的伤亡数字。名义上的胜利者在战后数日也没忙别的，尽是在照料伤员、安葬死者，以及写信——给幸运的亲属一个活着的信号，把儿子、丈夫和父亲的死讯通知另外的亲属。当第一批写信人开始辩论，这场战役是该按照马尔普拉奎特这个小村落、奥努瓦这个山丘还是按照同盟军的主要驻扎地布拉尔尼或阿尔伯格蒂的阵地塔耶涅尔来命名时，奥克尼伯爵在夜色中跑进战场，寻找外甥塔利巴丁的尸体。在拉尼尔的森林中，奥克尼发现死者密密麻麻地挤在一起，令他想起了家乡的羊群，他在给自己兄弟的信中写道：愿上帝保佑，不要让他再经历一次战争。与此同时，汉诺威的骑兵们把受了重伤的骑兵上尉伊尔滕从马上抬下来放到地上，靠近他朋友们的营火，并把大衣盖在他的身上。"我在这里，躺在星空下的稻草堆上，脑袋倚着一尊大炮。我的制服沾满了血，只有悬挂绶带的地方能看出原本的颜色。我的剑弯了，破烂得像一把锯。"

　　马尔伯勒公爵在与欧根亲王共同下达了照料伤员的命令之后，返回了自己的营地，给在战役之前就写了开头的信书写附言，这封信是写给妻子莎拉的。附言的最后一句是："此刻我无法掩饰，尽管欧洲的命运取决于几支军队一旦交战的胜负，但是您的不快更令我坐立不安。"尽管马尔伯勒此时非常疲惫；尽管他此时还不知道，这场战役不能带来和平，因此还怀揣着结束所有杀戮的希望，但他肯定想起了妻子尖锐的指责：自己没有充分地支持妻子对抗忘恩负义的女王。如今马尔伯勒没有另起一段，就结束了这封信，一丝几乎难以察觉的轻松使最后两个句子的笔迹与之前的笔迹如此清晰地区分开来。"我太累了，我剩下的力气只够告诉您，我们今天打了一场极其血腥的战役，在前半天我们先后战胜了对方的步兵和骑兵。赞美万能的主，现在我们可以按照我们的愿望来缔结和平协议，而且我相当肯定，我不会再参加战争，但是无论此事还是世界上的其他任何事情，如果您对我不满意，都不会让我开心。"

第 10 章

圣西蒙迁居

马尔利，1710 年 5 月 5 日

　　圣西蒙情愿走得更快一些，但是如果德奥尔良公爵像一位不情不愿的大老爷那样，在你后面啪嗒啪嗒地拖着脚走，那就算了吧。左右两侧各有6座依次而立的配殿，框起一幅绝佳的风景，初夏傍晚逐渐消失的阳光洒在左侧，但无论圣西蒙还是德奥尔良，都对此不屑一顾。当圣西蒙在整整15年前首次被挑选出来，陪同路易十四前往马尔利时，他曾站在这里的露台上，背对王宫和巨大的人工瀑布，俯视下面的水池、喷泉和草地——它们以完美的几何结构从宫殿一直向下延伸到花园，直到观察者的目光消失在略有起伏的森林中。那时候的圣西蒙以为，所有的大门都向他敞开着。然而，接下来鲜有成功，纷至沓来的多是不如意之事，这尤其反映在圣西蒙获准重返马尔利的频率上。有很多年他都没有向国王请求允许自己随行的恩准，因为不想通过被拒来让自己的失宠更加显眼。直到前不久圣西蒙才实现夙愿，重返这个内廷大臣的天堂，但是由于依然没有职位，他随时

可能被赶出去。如果可以阻止预期的灾难，圣西蒙今天将会很高兴，因此我不想指责他大步流星地右拐，看都没看一眼那华丽壮观的鲤鱼池——这么做太冒险了，又有这么多人看到他和德奥尔良一起前往后者的配殿。

　　德奥尔良公爵反而更愿意留下来散散心，等着晚饭把他从这种尴尬中解救出来。只可惜在这座中了魔法般的花园中，最不适合驻足的美景就是鲤鱼池，因为人们在观察池中那些金色、杂色或者红色的"居民"时，无法不想到它们的国王主人，即德奥尔良公爵十分畏惧的伯父。太阳王爱他的鲤鱼：他命人用糕点喂鱼，为稀有品种一掷千金，会在向客人展示它们时做详尽的解释，此外客人们最好也能时不时地送他一些鲤鱼。尽管35岁的德奥尔良比他青年时代的同龄朋友圣西蒙拥有更多的宫廷经验，但

是这一刻，他的所有回忆都集中于几十年来自己是如何被迫听任无所不能的伯父路易解释，为什么白黄红相间的鲤鱼明显不如更为稀少的肉蓝色品种。只要一想到要谈论严肃一点的事情，德奥尔良公爵就很紧张，因此他现在加快了脚步，想要快点往前走。或许公爵的妻子说得对，一封信是最不可怕的解决方案。

宫廷每次前往马尔利"旅行"时，德奥尔良都会住在一座配殿里，他的妻子作为国王之女则可以住在正殿。圣西蒙和德奥尔良踏入这座配殿时，得先费劲地寻找书写工具，最后仆人们总算拿来了劣质的纸张和削得很拙劣的羽毛笔，由此可见，这种东西很少在这里派上用场。"太典型了。"圣西蒙心想，同时更多地感到自己的世界观得到了证实。这种世界观可以媲美此处那质量不高的黑色墨水。德奥尔良公爵那玩具般的写字台立在一扇窗户旁，如果有兴致，从这扇窗户可以看到一座优雅的、沿着斜坡向下而建的几何图形花园，同时还可以聆听窗户正下方涌出的"乡村人工瀑布"那极具安抚作用的潺潺之声。在夜幕即将降下的朦胧天色中，可以辨别出墨丘利露天剧场旁边的雕像，暴君提比略及其继承人日耳曼尼库斯，还有酒神巴克斯。当然，德奥尔良可以自发地选择和酒神共度良宵，不需要仿古的雕像来撑腰，尤其考虑到今天的另一项议程还是出于对当今的日耳曼尼库斯的恐惧而不得不给相当于提比略的人写信。但是德奥尔良公爵的妻子专门请求了圣西蒙来帮助他，也正是因此，眼下他们才坐在过小的书桌旁。德奥尔良觉得不幸中的万幸是，圣西蒙差不多就是个小矮人。但是写完对国王的强制称呼"陛下"之后，二人就发现，一起写信的计划是为和他们迥然相异的人设计的。圣西蒙解释道，最好两人能各自起草一封，最后德奥尔良可以选择全盘借用圣西蒙的稿子，也可以选择稍做修改，或者将其中最好的部分嵌入自己的草稿中。接着圣西蒙就把玩具写字台留给了德奥尔良，自己拿着纸笔坐到另一张桌子旁，立马开始写起来。

圣西蒙笔下的这封信，和旧秩序下所有写给上级的信一样，其实包含了两封信。其中更为明显的自然就是白纸黑字写在纸上的那封。在这封信

327

328 　中，德奥尔良作为名义上的起草人，称出于对国王昔日恩典及父亲般慈爱的信赖，自己不敢再拖延，要坦陈内心充斥的沉重想法。信里讲到，国王的另一个孙子婚期在望，国王的恩赐使侄子我产生了喜悦的希冀；讲到了国王习惯于给其他家人令人赞叹的赏赐；讲到了德奥尔良参与过的所有事情，例如国王最爱的私生子迪迈纳刚刚获封等级，尤其是德奥尔良当年还同意了国王让自己娶迪迈纳的妹妹的要求。信里接着讲了德奥尔良完全理解不久前刚刚颁布的等级条例并未给予所有公主和王妃好处；但是，陛下啊，他也有如此多的担忧。德奥尔良担忧自己孩子的将来，自己既没有省长职位也没有其他高位让后代继承；还担忧国王没有认识到自己是一个无私深爱着他的侄子；担忧国王不得不对自己有巨大的保留，因为在宫闱深处，充满敌意的阴谋分子早就开始在国王面前诋毁他，但这并不会使一位强大且头脑冷静的君主反感自己的骨肉至亲；最后德奥尔良还担忧，如果连自己这点微小的愿望都不能满足，而是让他做这一神秘力量的牺牲品，将会产生何种影响，帝王之家将出现危险的纷争，在可以预见的困难时期给整个家族带来致命后果。这一切占据着德奥尔良的心神和情感，使他不吐不快，如果面谈肯定会词不达意；因此，他愈发觉得自己有义不容辞的责任，将内心的想法用书信……呃，墨水用光了。

　　为了将羽毛笔浸到墨水瓶中，矮个子的圣西蒙得踮起脚尖，这时他看到，德奥尔良一行字也没写。德奥尔良公爵非常舒适地靠在自己的沙发椅上，泰然自若地看着圣西蒙奋笔疾书，就好像圣西蒙虽然是个老相识，但

329 　仍然是一个并非完全无趣的自然奇观。圣西蒙有着易怒的名声，他今天也保住了这个名声。虽然我们不知道圣西蒙具体说了什么，但是由于他对这一场景的描述很详尽，而且在我看来足够可信，此外关于两个当事人的个性也有极好的记载，因此我不妨在此即兴创作一下二人的对话，至少与他们当时的谈话会很相似。

　　"我明白了，殿下您属于那种等待着最后一刻出现神明启示的写

信人，是吗？殿下是否可以讲一下，这种方法在您迄今为止的人生中生过效吗？"

"我跟您讲过，我害怕和国王谈话，写信也一样。此外您肯定写得更好。您听着，您如此虔诚真是件憾事，没有人，真的没有人可以像您这样写出这么棒的情书。论证、讨好、有趣，我也能做到，但是只有您有种令人不安的严肃，这种严肃总是会让人预感到背后那即将爆发的火山，您不知道这样的效果有多好。最妙的是，即便是最挑剔的女士也不会觉得您的信太短。您知道，为什么最后我轻轻松松和德塞里分了手吗？"

"因为殿下很清楚地知道，这种私通会扼杀多少对我们的规划有价值的帮助……"

"当然，是啊，那美妙的规划。不，圣西蒙，因为德塞里希望我能像小说中的主人公一样向她献殷勤。您等等，她怎么说来着：像牧羊人小说[1]中的牧羊人。让我，让我这个殿下这样做，您愿意设想一下吗？您读过这种东西吗？可怕！"

"啊，我要是您，我就不会操这个心。如果我们今天再写不完这封信，殿下您余生一直失宠的话，那您某一天将会完成所有化学实验，或许还会作曲或表演戏剧，直到听说还有牧羊人小说这种东西。而您还会很感恩，因为您觉得打猎无聊、宗教无聊，甚至宗谱和典礼都引不起您的兴趣。"

330

"好了好了。太可惜了。但是如果您一定要逃避成为诱拐者的真正使命，那您现在好歹帮我写完这封给国王的信。实际上，最好的一点就在于：两者几乎没有差别。"

---

[1] 一种巴洛克风格的小说形式，秉承了维吉尔古代田园主义的传统及其乌托邦理想主义的内涵。内容通常遵循类似的标准化模式：牧羊人出现，二人坠入爱河，展开冒险；盲目的青春爱情最终被理性驯服，年轻人重新获得了情绪上的平衡；结局通常是友好的分离。——编注

　　圣西蒙不置一词地继续写信，不无违拗地开始离题书写宫殿祈祷室晚餐时糟糕的等级问题，他早就想以其他名义向国王讲述一下自己对此的看法。让我们趁着这段时间，把这白纸黑字写就的第一封信的相关部分，转换成我们当下更直接的语言，也就是开始翻译隐藏在第一封令人起敬的花体字之下的第二封信。这封信眼睛看不见，不会受到任何指摘，但是任何受过宫廷训练的读者都不会误解。在这封信中，德奥尔良写了以下内容。亲爱的伯父，你从来没给我的父亲（9 年前故去的王弟）、也没给过我省长的职位，尽管他是第一等级的王子，而我作为法王之孙是第二等级的王子，比所有那些得到这个职位的王子高贵多了。在我 17 岁的时候，尽管我可以娶一位真正的国王之女，但是你让我娶了你通奸生下的私生女，这让我在镜厅正中央挨了我母亲伊丽莎白·夏洛特一巴掌——是的，她仍然称你的女儿为"老鼠屎"。但是已经过去了 18 年，在愉快的日子里，我母亲已经有点同情她了。当时许诺的嫁妆和等级全都没有兑现——你太忙了，忙着赏赐和宠溺第三和第四等级的亲王们。我的孩子们，尽管他们的血统离王位要近得多，你却拒绝给他们完全合乎情理的第二点五的等级，以致他们现在的等级与第三等级的亲王一样，尽管他们是法王的曾孙，而众所周知，其他人得往上数十三代才是法国国王。简直是讽刺，你最后甚至把你的私生子变成了血统亲王（也就是第三等级），使他们和我的孩子平起平坐，尽管这些杂种在法律面前连母亲都没有。但是好吧，好吧，我不想抱怨。我也根本不想提，你傻里傻气的继承人（王太子）那些诡计多端的跟班老是在你面前诋毁我——我在西班牙任将军时，绝对没有试图偷走你孙子费利佩五世的王位。千真万确，我没有。只是有一点我想请你考虑一下：如果现在王太子最爱的儿子德贝里不娶我的女儿，而是和我的大姨子、女公爵夫人的女儿结婚，那这就不只是在向全世界宣告你有多么轻视我；也绝不仅仅是宣告，所有人是多么盼望着你很快死去，因此才支持女公爵夫人，因为她牵住了下一任国王的牛鼻环——或者不如这么说，在此期间她可以牵着你的鼻子走，尽管只有你才是被主涂了圣油的国王，是众星环绕的太阳，你还记得吗？你不记得。最主要的是，这将会意味着，如果你不在了（让我们坦诚点吧：法国国王在过去 850 年间的长寿纪录已经被你在 12 年前打破了，那时候你 60 岁），我和我的妻子对新国王施加不了任何影响，那时候你的女儿女公爵夫人将会无所不能，而她从去年的继承权之争开始就已经是她的哥哥迪迈纳的死敌。迪迈纳现在只与他另一个妹妹交好——也就是我的妻子，如果新王登基，她会和我一样无权无势。那时候你心爱的儿子迪迈纳的一切，你赐予他的等级、官职和财富，又会被夺走，整个宫廷将会拍手称快。你真的想要这样吗？而另一个选项如此简单。王太子像这里的这张写字台一样迟钝，但是他爱他的第三个儿子德贝里，这个儿子至少和他一样单纯。一个聪明的妻子将会在 2 周后把德贝里治得服服帖帖，制服公公只需要 3 周。而我的女儿聪慧过人，她是你最爱的迪迈纳的外甥女。迪迈纳迫切地需要保护。向世界宣告一切仍在你的掌控中吧。告诉王太子，他的儿子德贝里得娶我的女儿。保护你唯一真正爱的儿子吧，顺便也对我发发慈悲，我一向都是两手空空。为了你的名誉，你是不是应该如此呢？

圣西蒙满意地把羽毛笔放到一边，将他写的草稿读给德奥尔良听。德奥尔良明显也很满意，但圣西蒙询问他的修改意见时，他只是漫不经心地挥了挥手。人们当然永远不会知道得很清楚，圣西蒙心想。这位王侄，如果他的人生有一项任务的话，就是把巨大的聪明才智和这种懒散联系起来。德奥尔良那特别高深的学识修养不能助他对抗无聊，他的反讽不能对抗背叛，因此他的母亲伊丽莎白·夏洛特·德奥尔良（第二位夫人）才会说，她大概是在洗礼时忘了邀请第十三位仙女，而这位漏请的仙女肯定是祝德奥尔良所有的才能全无用处来着。因此圣西蒙在把拟好的草稿递出去时带着一丝怀疑，他的怀疑在德奥尔良根本没有继续看信时得到了增强，尽管德奥尔良现在得亲手把信抄下来。"我忘了说，我的字迹太小，自己凑合着看还行，殿下是不是最好能看一下，是否能辨认出来？"和所有其他军事贵族一样，近视的王子也不许戴眼镜，他把信纸拿到眼前盯了一会

332

333　儿，最后嘟哝着承认了："比如说这个可能是个 m，等会儿，不！是个 u 和……n？"圣西蒙叹了口气，那就用工整的字体再誊一遍吧，和那个好奇心奇重的海军大臣吃完晚饭就干，然后再去宫殿中央德奥尔良公爵夫人的套房一趟——大半夜，当着她敌人们的面，因为别的时间也不见得能做到悄无声息。

圣西蒙第二天早上再次见到德奥尔良夫妇，并接受了他们对那封出色信件表达的谢意，他们只是把信里提到的晚餐时的等级问题删掉了（老是这样，圣西蒙心想）。接下来，规划中最难的部分开始了。由德奥尔良誊写的信必须送到国王的手上，而且需要一段时间，好让这封信不受干扰地对国王发挥影响。如果德贝里真的要娶德奥尔良的女儿，那么王太子、女公爵夫人和她的党羽在木已成舟之前就不能听到一点风声，免得他们从中作梗。但是出色的宫廷党派就像章鱼，爪牙无处不在，一不留神就会被大大小小的触手抓牢——与海军大臣（恰逢其时地）共进晚餐时圣西蒙勉强逃过了这种命运。不幸中的万幸，宫里人现在都在马尔利，这里的礼仪没有那么严格，见国王比在 1682 年成为他首要宫殿的凡尔赛更容易。当然，在凡尔赛每个人也都能看到国王：他是吸引游客的精彩节目，只要满足简单的最低标准，谁都可以参观（还记得吗，必要时在入口处租一把剑也是义务之一）。但是与国王交谈难度就大多了，即便在付给宫廷官员一大笔钱后，被对方引见给了国王，对于普通市民来说，也就是在镜厅里和国王说上一分钟，而且半个凡尔赛都在支着耳朵听。就算是像德奥尔良这样的王子，也只是相对容易些，因为他虽然可以进到宫廷内部，但是那里仍然环绕着宫廷中的权力人物。正式谒见毕竟是一件天大的事，相当于在脖子

334　上挂了牌子，上书"是的，我有一个秘密心愿"。只有最核心的宫廷官员才可以几乎随时且隐蔽地与国王交谈，而圣西蒙并无此类职务，这也是他的一个很大的烦恼。也难怪所有人都盼着能追随国王到马尔利，从 1686 年起，国王每年都要去马尔利多次，这样可以有几周的时间逃离已经无法掌控的巨型机器般的凡尔赛。这个愿望和现代游客渴望到未被商业开发的

度假地一样，虽然可以理解，但是很虚幻。国王定期隐退到偏僻、较小的
避暑行宫中，那里必然只能容纳相当少的随行人员，这个事实立即合乎逻
辑（这很罕见）地导致每个理智的内廷大臣都想跟着去，这样不仅比在凡
尔赛更容易接近国王，而且也明显成了少数被拣选出来的人。当然，当路
易十四高兴地在镜厅看到候选人边询问着"马尔利，陛下？"边接近他
时，他也可以在一定程度上把这种情况用作纪律工具。但是和在凡尔赛一
样，在马尔利，水滴也终能石穿。内廷大臣们绵绵不绝地涌来，众人的劝
说本领或者仅仅是日复一日被悲伤得要死的臣属们直愣愣盯着的不适，这
一切综合起来，使得国王在 1710 年时就已经至少带着 140 人一同前往马
尔利，这还不算他们各自的信使。我们没有必要详述这种逻辑是如何在整
个 18 世纪持续将新的"集体迁徙"带往新的避暑行宫，最终使庞大的巴
黎区域被粉饰为王室的偏殿。这种逻辑的另一个副作用与我们的联系更为
直接。前往马尔利的旅行尤其强化了重要宫廷职位的作用，身居这些职位
之人始终有其用途（国王连在避暑行宫中玩牌都需要高级宫廷侍从官给他   335
递牌），他们自然也要被带往马尔利。这就使得圣西蒙暗下决心，一定要
通过诸如奥尔良家的婚事等诡计搞到一个这样的职位。另外，这种情况还
导致人们即使在马尔利，如果不与德安坦碰面也接近不了国王。

　　德安坦侯爵路易－安托万·德帕尔达朗·德贡德兰进入宫廷的经历
比较罕见。虽然他的大部分同事都出生在婚姻不幸的家庭中，但德安坦的
母亲可是德蒙特斯庞夫人，她不仅公开离开了自己气恼的丈夫，而且这么
做是为了国王本人，后来还为国王生下了 6 个私生子。德蒙特斯庞夫人非
常努力照顾这几个国王的私生子，这点我们已经在她把洛赞送往皮内罗洛
时见识过，她正是为了自己的儿子迪迈纳而压榨洛赞女朋友"小姐"的财
产。在这种情势下，德安坦因为会让母亲想起自己的丈夫，所以向来是多
余的那个。而在一个父权制社会中，德安坦的抚养权会自动地落在父亲身
上，因此父亲就在夫妻分手时带着当时才 2 岁的德安坦到了外省。接下来
的 12 年间，德安坦只听仆人和保姆讲起过母亲，他们兴奋地向他述说所

有的黄金、所有的权势，这些东西据说都在宫廷中等待着他。就这样，德安坦开始了长达一生的期待，他在自己那本心理描写很巧妙的回忆录中对此有过抱怨。再次见到母亲时，德安坦已经 14 岁了，而且基本上算是第一次相见。一年以后（1680 年），德蒙特斯庞夫人就因为投毒丑闻彻底失宠。因此德安坦还算幸运了，1685 年至少能在比他年长 4 岁的王太子宫中找到一个普通的侍从官的职位。但是这有什么关系呢？他年轻、有才智，受过良好的教育，甚至惹得同龄人不待见；长相"以男人的方式"而出众，尽管一辈子口吃，还是被整个宫廷视作模范侍臣，大家都预言他很快就会平步青云。"当我进入宫廷时，以为可以青云直上了。我不知道其中的辛酸。"然后是几十年的一无所获。没有宫廷军衔，没有省长之职，没有公爵的等级，没有圣灵勋章绶带，没有影响力。一桩很有好处的婚姻虽然使得年轻时期的国防大臣成了德安坦的内弟，再加上军事贵族的出身，通常可以保证他在部队里飞黄腾达。但遗憾的是，尽管德安坦克制了自己的恐惧，总共在军队中服役 24 年之久，而且作为有天赋的参谋部军官获得了第二高的军衔，但他在战争中十分明显地表现了自己的恐惧，使得冷酷的同僚长期把他当作懦夫，对他不抱任何指望。（当儿子德贡德兰 15 岁时，他就把自己的步兵团交给了他，在马尔普拉奎特指挥作战的正是这名当时已经 21 岁的德贡德兰。）德安坦人生的中心自然始终是宫廷，正是在那里，他痛苦地意识到了自己仕途的停滞。他的母亲不再关心他，却仍在妨害他。德蒙特斯庞夫人的过分行为让国王受到了持续的惊吓，使得国王对她无辜的儿子也持一种礼貌的拒绝态度。不过德安坦得以很快获得王太子的欢心，或许将二人联系在一起的是他们命运无法言说的相似性：他们都是昔日的梦幻情侣路易和德蒙特斯庞各自不得宠的婚生子。作为这个宫廷中的一员，为了能在暂时退职期间真正变得强大，德安坦必然要把迟钝的王位继承人单独控制在自己手中，但他无法凭一己之力做到。于是，德安坦想到了自己仅剩的宫廷资本：他那些同母异父的王家手足，他母亲和国王所生的孩子们。

仅凭德安坦能与自己的王家手足交好，就已经证明了他的侍臣天分，
因为双方的亲戚关系实际上连暗示都不允许——否则就相当于当着整个宫									337
廷的面说，这几个正式经法律认可的没有母亲的亲王和女亲王是双重通奸
的产物，有一个业余崇拜撒旦的母亲，还有一个没有等级的兄弟。尽管
如此，德安坦还是设法取得了两名没有夭折的私生亲王及两名私生女亲王
的好感。女亲王中的妹妹因为嫁给了有才华的王侄而成了德奥尔良公爵夫
人；姐姐嫁给了一名相当歹毒的矮个子亲王，成了德波旁公爵夫人，并获
得"女公爵夫人"的宫廷封号。1695 年在马尔利，两姐妹一个 22 岁，一
个 18 岁，她们跟一名瑞士近卫军学抽烟时被逮个正着，德安坦肯定就是
在这个时候向她们吐露了自己的长期计划。这个计划的基础在于，德奥尔
良公爵夫人和女公爵夫人不仅（作为德蒙特斯庞的孩子）是德安坦的妹
妹，而且（作为路易十四的孩子）也是王太子的妹妹。因此二人的出身、
通过婚姻获得的等级和才智就决定了，她们要在王太子的周围发挥巨大的
作用。自从妻子死后，王太子身边没有高贵的夫人，没有主事的女人，没
有女主人——情妇虽然令他很快乐，但是因为出身于小贵族，扮演不了这
个角色；此外作为名声不好的未婚女人，她不得不远离凡尔赛，深居简出
地住在王太子位于默东的地产上。德安坦先是请求德奥尔良公爵夫人不时
地邀请王太子到她凡尔赛的房间中去，但是这个行动不久就因为公爵夫人
传奇般的习惯失败了——她只在不得已的情况下才会离开床（除了 9 个孩
子，这种冷漠是她与丈夫德奥尔良唯一的共同点）。不难理解，务实的德
安坦因此也就更愿意和女公爵夫人结盟，而女公爵夫人也很想取代妹妹在
王位继承人身边的位置，因为妹妹的等级比她高很多，这一点一直让她大
为恼火。作为法兰西王孙，也就是第二等级的王子之妻，德奥尔良公爵夫									338
人的地位远在女公爵夫人之上，后者的丈夫是血统亲王，仅属于第三等
级。更遗憾的是，这种等级的差异体现在上百件大大小小的宫廷日常中，
例如可以坐扶手椅还是凳子，再比如各个门扇只会为等级最高的人全部打
开。最让女公爵夫人恼火的是称呼。遵照国王的命令，她必须始终充满敬

意地尊称等级更高的妹妹为"夫人"，而妹妹同样遵循王命，只称她一声"姐姐"（法语为 ma sœur）。一开始女公爵夫人还尝试优雅地解决这个问题，她不再以"夫人"相称，而是改用"宝贝"（法语为 mignonne）来称呼妹妹，但是遭到父王严厉训诫，此后姐妹之间的关系终于彻底破裂。德安坦此时提出和女公爵夫人共同控制王太子，正中她的下怀，很快这两个人就成了未来国王身边最重要的人物。

眼下德安坦自然还没有从合作中捞到多少好处，因此他一直不满意也是可以理解的，但他并没有让人觉察出来，也从来没有说过别人的坏话。只是在 1707 年迫不得已退出现役军职时，他真是受够了。当德安坦想从宫廷中隐退时，他的母亲德蒙特斯庞夫人去世了，后者此前早就非常虔诚地生活在一座修道院中。德安坦好像一下子从母亲带来的厄运中解脱了。国王不久就宣布要到访德安坦的小宫殿珀蒂堡。德安坦知道，这是十分罕见的优待，于是立即怀着阴暗的决心着手改建事宜和园艺工作。例如在珀蒂堡为路易的情妇德曼特农夫人完美复制了她在凡尔赛的套房，甚至连书桌上的书打开的页数也一模一样。讨得国王欢心的不仅有宫殿花园，更可能是这桩事情：被国王批评的栗树大街在他到访次日的早晨就已经被伐倒并清理掉。紧接着德安坦就向国王吐露衷肠，仅在两周后，德安坦就获得了第一个空出来的省长之职。很快德安坦又成了王室建筑的总经理，这是个美差，原因不仅是与此相关的数百万专款及必然的贪污进项；最重要的是，他由此成了路易的谈话对象，谈话内容就是所有国王喜欢的业余爱好。他可以与国王定期约定工作日期，在凡尔赛宫有一个宽敞的套房和"从后门进入"的特权。最后一点对德安坦的敌人构成了巨大的威胁，因为这项特权允许他在任何时间通过后门进入所有王室宫殿的内间。德安坦也因此成了眼下少数几个享有崇高荣誉的大人物之一，他们不仅可以在最有利的时刻悄悄地和国王谈话，还可以完美地监视谁试图这样做。对于奥尔良家族和圣西蒙来说，没有比这更糟的了。

德安坦通过令人难以置信的平衡动作同时成了储君和国王跟前的

红人，与此同时，奥尔良家族尽管等级高很多，却没有可与之媲美的好牌——或许恰恰是因等级之故，恰恰因为德奥尔良公爵与国王的亲属关系太近，恰恰因为德奥尔良公爵青年时期距离王位只隔了 3 位王子，作为潜在的对手，他始终令路易十四存有戒心。德奥尔良明显的才能使王太子黯然失色，但这只会令情况更糟，此外公爵完全公开的放荡生活作风虽然是他的妻子乐于见到的，但是却让妻子那随着年岁增加愈发虔诚的父王极为不满。德奥尔良在西班牙任一支法国军队的将军时，似乎曾试图取代路易的孙子费利佩五世成为西班牙国王，这不仅差点儿害他被国王取了性命，340
也导致他与王太子不睦。儿子的西班牙王位是王太子两大癖好之一，另一个是每年冬天都井井有条地全身心投入的捕狼行动——当王太子去世时，法兰西岛巴黎大区已经几乎没有狼了。当 1710 年国王宣布，他的第 3 个孙子德贝里现在必须得成亲，不然这个 24 岁的青年必然很快就会沉沦于罪恶中时，难怪德奥尔良夫妇认为最后的机会来了。德贝里是王太子最爱的儿子（王太子受不了自己的长子，嫌他过于虔诚），所以对于德奥尔良夫妇来说，这便成了重新得宠的一条路子。二人的长女德奥尔良小姐已经快 15 岁了，年龄正好与德贝里相配，这岂不是刚刚好？还有一件事也刚刚好（尽管不能公开说出来），对于这个生母是私生女的女孩来说，出了法国就无处安置了，如此一来，这位法国王孙岂非理想的对象？要是考虑到在长女之后还有 3 个妹妹要操心，那么为德奥尔良小姐谋求德贝里是不是奢求呢？当然不是。遗憾的是，女公爵夫人恰好也有一个名为德波旁小姐的女儿，已经快 17 岁了。德波旁小姐的生母也是私生女，在法国之外同样觅不到夫婿，她后面甚至跟了 4 个妹妹，最后一点最为重要：女公爵夫人之所以一定要让自己的女儿拥有德贝里，就是为了证明给自己的妹妹看。因此在这个初夏，奥尔良家族和波旁－孔蒂家族势必要一决胜负。

稀奇的是，仍在继续的西班牙继承权之战反而帮助了王室的这两个旁支。新的和平谈判再一次无果而终。在尼德兰展开的正式谈判失败，因341
为同盟军依然要求法国在必要时把费利佩五世赶出西班牙。与此同时，格伦布科按照从柏林获得的命令，密谋在布鲁塞尔的一家旅店中与一名法国间谍会面，向法国提供一个秘密建议。当然，即使按照当时的标准，这个建议听起来也有些怪诞：格伦布科提议，将来只有一半普鲁士军队参与对抗法国，而另一半军队因为不作战，因此要从太阳王处获得军饷。另外格伦布科在会面中也显得不是很专心，他的法国伙伴在报告中非常失望地把他描述为未获授权的妄自尊大之人，使得一位后来的法国历史学家将这个"无法识别身份的克洛姆克夫（Kromkaw）"错误地看作当时众多吹牛皮的次要人物之一。不仅如此，外交大臣德托尔西也认为，一切大概只是普鲁士国王的花招，想要迷惑法国。然而更有可能的是，格伦布科本人有意识地破坏了这次被柏林方面严肃对待的谈判，因为他觉得对同盟军的背叛计划太浅薄了。不管怎样，此后不久，格伦布科就把自己受命背叛同盟军与法国接洽的事情泄露给了马尔伯勒和欧根亲王。也就是说，格伦布科以非常冒险的方式牺牲了自己反复无常的君主那无法执行的计划，来收买两位政治家军人的信任，这两人可是当时欧洲最有权势的人物。马尔伯勒和欧根亲王知道如何感谢格伦布科，但是可能也是在这个时候，欧根亲王向格伦布科说道：像他这样的人只可能死于宫殿抑或监狱中。格伦布科回答亲王：自己会倾尽所能达成两个结局之一。但是众人却全都奔赴了战场，就在圣西蒙和德奥尔良开始起草信件的同一天夜里，同盟军开始在阿尔伯格蒂守卫的杜埃要塞前方开挖第一批壕沟。3 天后，自 5 月 2 日起就在马尔利的德维拉尔将会在国王脱靴时向君主辞行，重返战场——虽然腿脚极不灵便。德维拉尔的膝盖在马尔普拉奎特之战后并未痊愈，但是他仍然有足够的战斗热情，立即率领一支完备的军队与欧根亲王和马尔伯勒统领的同盟军对阵。就在同一周，双方军队在彼此的射程内对峙了半日之久，直到法军再次撤离，因为这一次敌人似乎太强大了。

　　这种状况还会持续多年。由于法国现在事实上已经破产，人们可能会推测，一桩并不紧迫的王室婚礼会被推迟。婚礼庆祝活动太过昂贵，但是真正的灾难是成婚后王子的宫廷侍从每年不断累积的花费。不过对于国王爷爷来说，王孙德贝里由于单身而遭受的道德威胁重要得多。就这样，很快，提上议程的问题就不是他是否成婚，而是与谁成婚。战事帮了奥尔良和波旁－孔蒂的忙，因为战争消除了外部的竞争——差不多整个欧洲都与法国为敌。如果德贝里是王太子的长子，人们会把他留到缔结和平协定，然后将他的婚事待价而沽，价高者得，或许还能因此挽救斯特拉斯堡或者法属佛兰德。但是因为下下任王位继承人是德贝里早已成家的哥哥勃艮第及其两个幼子，所以即便是和平时期也没有欧洲的君主对他这样的女婿特别上心，他就像他当年的叔祖殿下一样，注定永远是个次要角色。眼下处于战时，德贝里更是没得选。只有悲剧性地在国际政治中失利的沃尔芬比特尔公爵出于满怀希望的外交考量，给自己 14 岁的孙女安托瓦内特·阿马莉提亲，如果两人结合，德贝里将会与沙皇的儿子及哥哥费利佩五世的战争敌人、西班牙－奥地利的对手成为连襟。但两人命中注定无缘无分，我们还会在别处再遇到这位女士。垂垂老矣的路易十四不愿意再见到陌生的面孔，于是决定找个法国孙媳。这样一来，合适的结亲家庭一下子从 8 个锐减到 2 个：未来的德贝里公爵夫人要么是玛丽－路易丝－伊丽莎白·德奥尔良，要么是路易丝－伊丽莎白·德波旁。后者也来到了马尔利，当那封决定命运之信在德奥尔良的配殿中写就时，她正遵照母亲的命令与那位笨拙的理想王子打着台球，想要使他尽快爱上自己。当圣西蒙与德奥尔良夫妇讨论，是否应该把德奥尔良小姐也带到马尔利来时，他简直要被这种幼稚打动了。让圣西蒙觉得好笑的并非德贝里可以很快恋爱的想法，因为人们相信，这个可爱的傻瓜还是能做到这一点的，特别是德波旁小姐显然熟知所有诡计；异想天开的是认为眼下的婚事一定程度上取决于新郎的想法，尤其是在这种连新郎父亲都不被允许参与意见的情况下。

德奥尔良小姐根本用不着为这种瞎折腾纡尊降贵，相反，她美美地留在了父母的乡间地产上。为了自己的身材考虑，她从一年前就开始天天在那里的楼梯上上下下。那时候女性美的典范与今天这种恐怖的苗条相去甚远，鉴于那个时代可怕的营养失调、永恒的堂表结亲和不完善的医疗，整

343

体上对身材的要求也势必要随意得多。在旧秩序下享受优待的美人们，即便牙齿齐全、腰背挺直、双腿笔直，放在今天通常也会因为圆圆的身材和脸型而丧失一切魅力，而在当时，这些都是颇为讨喜的。公爵夫人伊丽莎白·夏洛特 10 年前就愉快地写道，自己现在"四四方方像个色子"。德奥尔良小姐不愧是她的孙女，在这条路上，年近 15 岁的孙女可以说是先人一步，直到一个美妙的婚姻愿景第一次将她钢铁般的意志力表现出来。德奥尔良小姐自从在 2 岁和 6 岁各生过一场重病后，就被惯坏了。当时医生们已经放弃了，人们在一个小时之久的时间里都认为她已经死了，可是后来她绝望的父亲发现，女儿还活着。此后父亲就亲自照料她，不让任何医生靠近她，直到女儿恢复健康。从那时候开始，德奥尔良小姐就成了父亲最爱的孩子，而这位父亲冲破了自己等级的所有习俗。在当时，连充满爱心的王公贵胄之家也大多只是远远地看着自己的孩子长大，不光父母，连对待兄弟姐妹都要以您相称，妈妈不是用来称呼母亲的，而是用来称呼在日常生活中更有存在感的家庭女教师的——在这样一个时代，德奥尔良公爵表现得就好像他不是孩子的父亲，而是孩子的"帮凶"。虽然德奥尔良公爵不知道该怎么和孩子玩耍，但是很快他就能向一学就会的女儿展示自己最爱的实验，和女儿一起谱写恶毒的讽刺歌曲，少了这些歌，凡尔赛的所有热闹都将不复存在。这对父女的表现令周围的宫廷世界很长时间摸不着头脑。眼下，圣西蒙与德奥尔良公爵夫妇正在权衡，是否该让女儿在马尔利露面。公爵夫妇主要是出于对女儿娇生惯养而一致同意让她留在家里，而且她太容易受敌人引诱而在国王面前做出失礼的行为，这将会急剧缩小她本来就不大的机会。但是至少圣西蒙在那一刻也意识到了一件他没敢告诉这对父母的事情，他意识到，如果想要在讨厌的谣言满天飞之前采取行动，就必须迅速将公主嫁出去。德安坦本人可能以不说别人坏话著称，但是他党派里的某个人似乎有着更为松弛的标准，此人眼下正到处传播，德奥尔良公爵之所以要离开德塞里，是因为他与自己的女儿有一腿——完美地表现了一种认为乱伦也比父女关系融洽更容易想象的世界观。

　　德奥尔良阵营对致国王书信的内容达成了一致，圣西蒙就开始计算递交书信的理想日期。要在以前，这个日期可以请教占星术士或者圣洁禽类的内脏，如今则依靠怀表、日历及军事贵族那些在宫廷中成长起来的孩子才有的、书本上找不到的经验来解决。得趁着国王心情好；德曼特农夫人也在，而且得是刚从她心爱的修道院回来，人很放松；勃艮第夫人恰巧也在有效距离内；女公爵夫人在忙别的事情；国王那阴险的告解神父刚从巴黎过来，缺了他哪个阴谋也不完整；朋友德布夫莱尔作为近卫军指挥正在执勤，任高级宫廷侍从官的朋友德布维里尔也当值；相反，德安坦要因公离开——满足所有这些就可以了。再迅速地看一下熟谙于心、一成不变的宫廷日程表，看吧：周五，1710 年 5 月 9 日，晚上 9 点半，马尔利的宫殿中。这一天几乎一切都和计划相符。按照约定，国王年迈的妻子德曼特农和孙媳勃艮第夫人在国王脑袋边你一言我一语，非常惊讶地向国王指出，独独女公爵夫人对王太子有多大的权力——一个合理的观察，但是从后者嘴里说出来却很难没有滑稽的效果，要知道这位公主还是个小姑娘的时候，就成功地把整个部队的总司令部搞得一团糟，只为博自己的总掌马官一乐。他们是个协调一致的团队，之前已经撬开过其他的硬核桃，很快国王也处在了理想的情绪中。但是德奥尔良公爵，这个王室最聪明、最有学识的人，这个率领王室骑兵在 4 场战役中冲向敌人几千名胸甲骑兵、受过一次轻伤一次重伤的王子，现在却站在那里，不时摸摸上衣口袋，口袋里装着他亲手誊写的圣西蒙拟的信，不敢和伯父搭话。大为恼怒但无可奈何的圣西蒙只能远远地看着，心说是谁教育的这些人，如果他们最终都无法拥有自己的意愿，那教育又有什么用呢？接着圣西蒙想起来，同性恋王弟殿下家中是按照何种标准挑选儿子的教育者的，他叹了口气，向不幸的王子那眉头紧锁、同样在座的妻子投去了知情的目光，如果不是太过迟钝，她肯定会对这一瞥有所回应。

346

　　尽管二人在次日狠狠地训斥了悔恨的公爵，但转天晚上，这出苦涩的戏剧再次上演。然后德安坦从巴黎回来了，德曼特农夫人发起了烧，圣西蒙开始恐慌。宫廷还会在简单的马尔利待上一周，然后就会返回凡尔赛，而凡尔赛连墙都长着眼睛，只有在特别幸运的情况下才会再次出现有利的局面。但是周六，也就是 5 月 17 日，德安坦再次短暂前往巴黎，这次圣西蒙下定决心，不能再让任何借口得逞。国王刚一离开宫殿的大厅，圣西蒙就开始小声地劝说"他的"王子——因为他们四周仍有内廷大臣。圣西蒙责备了饱受折磨、眼神发直的德奥尔良三刻钟之久，告诉他，他口袋里的是一封信，不是一块会随着时间推移变得更好的奶酪，他现在必须跟着国王。王子不知道，圣西蒙花了怎样的力气来拥护他，而且基本上只有圣西蒙一人拥护他。现在圣西蒙也不得不自问一句，花这么大的力气到底有什么意义。幸运的是，德奥尔良没比矮小的圣西蒙高太多，不过就算二人的身高让他们可以更小声地交谈，也足够喧闹了。最终国王再次从旁经过，想要在去花园散步之前去一趟更衣室。德奥尔良也终于和平常一样拖着脚走起来，他缓慢地走向那扇将大厅和国王的房间隔开的玻璃门，已经站在门前了，又在最后一刻转身。虽然眼下距离圣西蒙第一次，也是唯一一次以骑兵身份发起进攻已经过去了 17 年，但他依然以同样的干劲抄近路截住王子（当然要很隐秘，因为在慢慢空下来的大厅中仍有足够多的大臣），和他肩并着肩，并且最终以一种并不比约翰·冯·贝瑟 1685 年在伦敦使用的武术手法优雅多少的方式，将王子推向了玻璃门的方向。甚至到了玻璃门后的长廊中，王子也差点儿摆脱圣西蒙。最终，圣西蒙还是成功地拖着王子穿过了国王卧室敞开的门。到了这里，正在等候的高官显贵们纷纷注视着德奥尔良，没办法，他只得不情不愿地一个人走进更衣室。圣西蒙尽量悄无声息地接近这扇门（他该庆幸这是在马尔利，要是在凡尔赛，必须得拥有更重要的官职才能进入这个房间），然后开始计算时间。当然，那时候即使是高等级的贵族，拥有一块怀表也并非一件自然而然的事情，因此除非恰好在视线内有一台座钟，否则就只能估测时间。那时候，在小时之下的时间计量单位还不是分钟，而是基督教的标准祷告。举例来说，几乎就在同一时期，一位皇帝的公使从柏林向维也纳的上司抱怨说王储在"一个什么格鲁卜高福（Krumbgau）[1]"的煽动下，让他在前厅足足等了 10 到 11 个主祷文的时间（"10 到 11"这一相对不精确的陈述，表明公使没有持续地祈祷，而只是和我们现在使用分钟一样，做了个估计）。与此相比，圣西蒙的情况要好得多，他只需要等三四个主祷文，他的王子就从房间里出来了：信总算是送了出去。

　　圣西蒙觉得无比轻松，他是对的。第二天国王就应德奥尔良的请求和他谈话，答应了他期盼的婚事，但是国王需要点时间来说服王太子。德安坦和女公爵夫人还没等知道这个与他们作对的计谋，就已经算是输掉了比赛；当他们几天后获悉此事，也只能尽最大可能煽动王太子反对，不过自然只是困兽之斗。德安坦等人的煽动计划也因为专制王权的主要悖论而失败，这个悖论在这位王储身上体现得分外强烈。就像所有王子的家庭教师一样，王太子的教师也面临着基础性的问题：一方面要教育这个孩子遵循多如牛毛的规则，另一方面这个孩子同时还会从各个方面了解到，自己比其他人尊贵得多。如果这个孩子后来明白了，至高无上的权力将会通过符合上帝意愿并且不可更改的法律在某一天自动地落到他的身上，那么艰难的时日就开始了。对此，一种极为有效的解决方案是教会这个孩子，这种权力绝非一种馈赠，相反，是一种极其沉重的责任，因为要为臣属负责的君主随时都可能受到地狱般的惩罚——之所以如此，是因为专制王权赋予了他十分巨大的杠杆效应，统治者一个微不足道的错误就会将成千上万人推向不幸。这种通行于巴洛克时期及后来启蒙时期的黑暗教育方式，极为擅长给继承人灌输对于其所负责任的巨大恐惧，但同时又允许他们统治自己的弟弟妹妹们。人们用极端的反向操纵来应对妄自尊大的危险，为继承人注入对父王的盲目顺从，再为苦涩的药片包上一层未来的糖衣，即将来他们自己也可以扮演这个角色——君主甚至可以把兄弟姐妹当成小孩子来对待。但是遗憾的是，这些原则造就的往往是没有个性的人，他们仅仅把

348

349

----

[1] 指弗里德里希·威廉·冯·格伦布科。——编注

教育规划中顺从或恐惧的部分内化了，并且最晚在当上君主后，就会迅速成为手段熟练的宠臣或情妇的猎物。王太子不仅获得了这种教育的极端版本，而且在迄今为止 49 年的人生中，一直生活在一种即使在当时看来也把父王当作偶像来神化的迷信中，因此以反抗父亲意志为基础的计划，从一开始就不可能实现。最终，路易十四半是作为父亲，半是作为统治者，只和儿子说了几句话，儿子一句反驳的话也没有。国王和善地应允儿子用一段时间来接受这个板上钉钉的决定——国王已经承诺，这项决定不可更改。德安坦知道自己是何时被击败的，他做了优秀的内廷大臣唯一还能做的事。如果已经无法阻止德贝里与德奥尔良小姐的婚事，那么他至少要确保自己"无私"落实这桩婚事的功绩。从后门进入的权利使他可以在合适的时机面见国王，他让国王吐露秘密，"说服"国王催促王太子公布婚事，而且当王位继承人"恰巧"在那一刻进来时，他表现得很开心。你一言我一语，很快父子俩就动身前往老公爵夫人（伊丽莎白·夏洛特）那里——得先得到德奥尔良公爵母亲的许可才行；真不错，他们把新郎也带过去了，而新郎全程只是惊奇地望着众人。1710 年 6 月 2 日，宫廷在凡尔赛停留了很短的时间又返回马尔利之后，被拣选出来的内廷大臣从各方涌来，想要仔细看看所有当事人的面孔，就像人们今天看股票行情一样。

　　只要能让他躲到女公爵夫人套房的壁毯后面，圣西蒙愿意一掷千金，不过他仍有足够多的机会见到她气急败坏。最高兴的可能是德奥尔良小姐，不久之前，新的等级条例很不公平地把她挤到了女公爵夫人的后面，而现在作为德贝里公爵夫人，她余生在等级秩序上都将远远居于姨母之上。女公爵夫人刚刚上门咬牙切齿地向外甥女道喜，这不仅是第一次，也是最后一次，姨母的等级要高于外甥女。很少有人会像德奥尔良 14 岁的女儿眼下这般，高高兴兴地把更高的等级示威性地让给另外一个人——在奥尔良家圣克卢宫殿的那扇门前，德奥尔良小姐带着饱含讽刺的敬意让姨母先行，任姨母行走在自己右侧，用一种对方将来要向她表示的尊敬来击倒对方。然后德奥尔良小姐就被父母接到了马尔利，好认识一下新郎。当

然不是单独见面，太多的自发性在这种事情中只会有百害而无一利。这对
未婚夫妇的国王爷爷向二人介绍了彼此，他们自己一句话都不用说。对于
德奥尔良小姐来说，不说话当然不是什么难事，但是德贝里3年后在首次
出席大型国家典礼时仍然蹦不出一个词来，那时候他已经27岁了。一名
得到错误信息的宫廷贵妇事后向德贝里祝贺他的"伟大演讲"时，他抽搐
着发出了一声号叫。因此，由路易十四来向小德奥尔良解释，他的孙子德
贝里对于和她成亲很满意（他问过他吗？），可能也算是好事。然后路易
十四告诉德贝里，德奥尔良小姐也非常清楚这桩婚事的优势，会尽其所能
来讨他的欢心。1710年7月6日，德贝里与德奥尔良小姐在凡尔赛宫的教
堂中成婚。圣西蒙站在视野绝佳的高处廊台上，以无限的满足看着下面的
热闹场面。三个等级的所有王子和亲王都跪在鲜红的祈祷凳及与等级挂钩
的地毯上，但他们并没有遵守典礼官准确描绘出来的座次表。圣西蒙对等
级秩序很敏感，通常这种事会严重伤害他，但是今天特别称他的心。国王
在形式上使合法的王子和亲王们与私生子迪迈纳父子平起平坐，但前者对
后者持排斥姿态。圣西蒙心想：这样也好，他还可以命令太阳以后从西边
升起，真是堕落，等着瞧吧，如此败坏世界的秩序会有什么后果。然后圣
西蒙数了数跪在更小一些的祈祷凳上的普通公爵，也是他的同侪，他们在
那里抵抗着外藩亲王阴险的等级"袭击"。令圣西蒙高兴的是，公爵夫人
并没有把优先权让给外藩亲王的妻子们。有那么一会儿，他觉得自己和世
界难得的达成了一致，因为他忘记了，在看似胜利的这几日里是什么给他
带来了烦忧，但很快他就想了起来。圣西蒙看到了下面的妻子，看到她为
新娘摘下手套，因为戴婚戒属于连公主都必须赤手完成的少数动作之一，
他轻轻一叹。

截至目前，我们主要把奥尔良家族的婚姻诡计当作王室家庭内部复杂
的权力斗争来叙述。但这个故事同时也有其他的意味。这里绝非只有奥尔
良和波旁－孔蒂为了尽可能地靠近下一届政府的"饲料槽"而斗争，也绝
非只有圣西蒙或德安坦将自己的王子推了出来。在奥尔良家族取得最终胜

利的背后，隐藏着来自两个不同党派的宫廷官员网络，圣西蒙不得不耗费心力地把他们拉向自己一方，从而可以借他们让自己的王子行动起来。圣西蒙的信之所以会对国王产生影响，是因为德曼特农夫人和被她像女儿一样养育成人的勃艮第夫人日日夜夜在国王耳边吹同样的风；而她们会这样做，是因为德奥尔良公爵夫人的朋友们与勃艮第的宫廷贵妇们勠力同心，想让各自的女主人结成同盟。在此期间，圣西蒙亲自在勃艮第公爵的侍臣身上下了功夫。我们必须简单了解一下这些侍臣，不仅是因为以后的问题都由此而来，也因为这些人表明了凡尔赛的整个体系此时发生了怎样的改变。

勃艮第是不受王太子待见的儿子，他宫里的全体成员都属于一个非常虔诚的宗族党派，即所谓的"小羊群"，因此原本作为宗派也可以畅通无阻。这一派的领头人是德布维里尔公爵和德谢弗勒斯公爵，二人是大臣柯尔培尔的女婿，都是上层贵族，他们同受尊敬的大主教德费奈隆一起，于 1689 年夺得了小勃艮第的教育权。那时候德曼特农夫人还像"小羊群"那样醉心于宗教虔诚，直到 1698 年与其分道扬镳，因为德费奈隆的敌人成功地使他的神学被宣判为异端。德曼特农夫人继而转向另一个宫廷派别，而德费奈隆被礼貌地"请回"他偏远的边境大主教管区康布雷（他几乎就没去过那里）。德布维里尔和德谢弗勒斯却顶风留在了凡尔赛，此时二人已经使 16 岁的勃艮第王子习惯了他们，因此国王既不打算将他们放逐，也不打算将他们开除。尽管半是失宠，但二人仍然是个有效运转并接受来自康布雷远程控制的宫廷党派，也由此表现出一种决定性的转变。在上一代人中，宫廷政治主要由大臣柯尔培尔和德卢瓦等人主导，这确保了他们的儿子继任大臣，而出身上层贵族的女婿只能是副手。情况在下一代发生变化，因为两位大臣之子太过年轻且没有经验，无法对出身更高贵的宫廷贵族姐夫们发号施令。很快，给这两家定调子的就不再是司法贵族的大臣，而是出身古老的佩剑贵族的公爵女婿。结果就是，以前的柯尔培尔党派变成了现在的布维里尔－谢弗勒斯党派，以前的德卢瓦变为现在的维勒鲁瓦－拉罗什富科一族。虽然司法贵族仍主宰着政府，但是王朝结构对于这些相对而言的暴发户来说越来越艰难了，因为一个在政府部门任职的无能儿子自然比一个没天赋的高级宫廷侍从官、服饰总管或者总掌马官为害更多。这些宫廷官职的绝妙之处恰恰在于，行使这些职位所需的条件，是任何佩剑贵族都拥有的：健康的腿脚；说得过去的记忆力，能记住等级和礼仪问题；视情况不同有点骑马或狩猎的知识；有一名平民秘书负责细节；另外不成问题的是，让自己的儿子或其他继承人在 10 岁或者 12 岁的时候就被任命为继任者，此后数十年与其一同履行这个职务，对其加以"在职培训"——鉴于没有教科书，这是一个局外人永远学不会的。这有两方面的影响。首先，宫廷贵族越来越与外界隔绝，如果最迟没有在 1685 年左右进入这个精英层，那么此后即使出身高贵也很难再有进入的机会。其次，与政府大臣相比，纯粹的宫廷官员势力越来越大，因为裙带政治的参与者们注意到，政府官员的时代已经终结，宫廷显贵的时代仍在继续，因此根植于后者就更有价值。因为按照经验，当结盟的大臣再次消失得无影无踪，宫廷显贵们仍能进行惩处和奖赏。例如圣西蒙曾是大臣沙米亚尔的朋友，而沙米亚尔曾享尽路易十四的恩宠，但仍未能给自己的公爵女婿们谋到重要的宫廷职位，因为所有的职位都有人任职了。圣西蒙更是什么也没捞到，当 1709 年沙米亚尔被上层宫廷贵族扳倒时，圣西蒙也由于连锁反应失去了他此前在凡尔赛宫居住的套房，他和妻子花了很大力气才在宫殿的政府侧翼的一位朋友那里落下脚来。当然，虽说如此，圣西蒙仍然是百万富翁，拥有位于法兰西岛巴黎大区的一座宫殿及位于巴黎市的一所城市宫殿，不过他很少光临这两处住所；他在法国北部拥有地产，但他从未踏足；他还是南部一座小城的总督，后来他曾平生唯一一次路过那里。但是从现实的宫廷大臣的角度来看，圣西蒙从 1709 年的夏天开始已经不再仅仅是失业了：他现在还睡在朋友家的沙发上。

圣西蒙问题的解决方案显而易见，他终归需要一个宫廷官职，毕竟这也是他整个成亲计谋的最终目的。现在不是一切看起来都很好吗？与德贝

354

里公爵结亲不仅对于新娘的父母来说很划算，同时这也是一项真正的就业规划。德贝里尽管已经成年，但由于未婚，就只能仅仅是一个儿子，也因此仍然没有另立门户，大部分的事务由兄长勃艮第的宫廷官员为其打理，其中居于首位、任职高级宫廷侍从官和服饰总管的是宗派主义者德布维里尔。德贝里的人手仅包括两名宫廷侍从、一名高级贴身男仆和三名普通男仆、两名宫廷守门人、一名大衣携带者和一名武器携带者（顺便说一句，这两个职位均授予世袭贵族）、一名理发师、一名室内装饰师、两名侍童、一名家具搬运人、一名高级服饰仆人和三名普通服饰仆人、两名服饰侍童、一名熨衣女工、一名洗衣妇、一名宫廷军需侍童、一名普通掌马人、八名随从，当然还包括一支小型的近卫分遣队。现在该结束朴素的单身汉生活了！一位已婚的王子不仅本人需要一整套完整的人员，他的妻子也需要。由此一下子就在导致破产的战争期间创造了 811 个宫廷规划职位，568 个在德贝里公爵的府上，243 个属于公爵夫人，雇用的人员明显比巴黎所有政府部门职员加起来还要多。所有这些职位都会被出售，由于涉及新立门户，因此所有以出售价格支付的款项都归王室。乍看之下，这对于国王是笔绝好的买卖，但是再一思量却会有不同的发现。从现在开始，家臣们会从德贝里公爵那里收到年俸（出自因独立而转给公爵的王室的金钱和领地，所谓的封禄），这些年俸事实上与他们购买官职所花资本的利息相符。从经济上看，购得这种宫廷官职与购买公债并无二致，尤其是人们还可以把这种职位当成贷款一样转售。与贷款不同的是，人们无论购买还是转售，都得获得国王的许可，这样一来就不是任谁感兴趣都可以买入：没有裙带关系，就会和在社会其他地方一样难有所成。人们除了获得事实上的公债，还有一个头衔，以及各种法律和税收上的特权，特别是进入宫廷的许可，那里可是决定所有荣耀和官职授予的地方。王国最大的财富同样也在凡尔赛分配，因为能在这里获取的，绝非仅仅是王室薪俸、金钱赏赐或者富有的婚姻。在这个时代，微弱的个体经济仍完全依赖国家，每个手工工厂主或者海外商人（也就是"真正的"甚或是"生产性的"资本

家）都要应对一打税务承租人和国家金融巨头。在这样一个时代，表面上 356
的经济成功经常是由于某位大资产者被获得丰厚回扣的宫廷大臣推荐给了
国王，而另一位却被人说了坏话。所有这些大资产者都是拿着大的宫廷家
族的匿名投资来运作。

因此，凡尔赛值得每个有钱人投资，尤其是这里还供应事实上适合所
有社会阶层的职位。最低的职位，即真正的男仆、仆人或者厨房的职务，
要么归此前在其他王子府中从事相应职能的人，要么归上级上层贵族的私
人仆从或者来自底层及中下层社会网络发达的人。这些人可能会成为炉子
的点火人、重要的男仆（至今英语还称侍从为 footman）、"厨童"或者给
印蜡加热的人，而且不必马上符合所有技能要求。德奥尔良公爵夫人伊
丽莎白·夏洛特之所以在难走的路段多次翻车，就是因为专门为应付这种
情况安排在后座上的男仆没能跳下去，按照自己的任务要求撑住歪倒的马
车——他们都是来自巴黎的上了点年纪的富有先生，为了税务上的好处才
做这份工作。此外，当然还有不少需要专门手工技术的职位，有了这些技
术就可以成为御用制表匠、瑞士卫兵的马刺制作人或者裁缝。后来在路易
十六治下，两名王室便桶搬运工之一就是个很相称的瓷器商（另一人是用
中彩的钱买了这个职位，以提高自己的社会地位）。投入的资本再多一些，
可能会成为剧场伶人的头目或者马厩侍从的领舞。还有一些很有面子的职
位是预留给平时在宫里不怎么受待见的司法贵族的，更多的是留给重要的
国家金融巨头的。最后，王子府上还有约 45 个、他妻子宫中有约 13 个最 357
上层的职位，这些职位连地位尊贵的古老佩剑贵族也可以接受——现在宫
廷中的德布维里尔和德谢弗勒斯一党正扑向这些职位，他们已经控制了德
贝里的哥哥勃艮第的家中事务。这是二人大力支持德奥尔良夫妇婚姻规划
的唯一原因；而他们的报酬，就是从现在开始要主导这位王子的家政，就
像他们主导其兄的家政那样。

连圣西蒙最想要的也不过是一个宫廷职位，他知道这个系统是如何运
行的，而且他从孩提时接受的训练就是要恢复自己家族昔日的宫廷地位。

圣西蒙的父亲作为不怎么重要的乡村贵族，一开始只是宫廷侍从，但很快就因路易十三的喜爱而获益。在教会了统治者怎样脚不触地地从一匹疲惫的狩猎马换到另一匹精力充沛的马上之后，他达到了受宠的顶峰。这种天赋自然要获得适当的奖励，路易十三接二连三地把老圣西蒙擢升为第一马厩主管、圣日耳曼－昂莱的总督、猎狼骑士团首领、高级宫廷侍从官、圣灵勋章骑士，最后甚至升为了法国的公爵及政治上享有特权的贵族。遗憾的是，这位宠臣的政治才能并没有与他的骑术齐头并进。1643 年，随着路易十三去世而开始的内战，使老圣西蒙一下子失去了所有美妙的宫廷差事。路易十四的新体系给了高官显贵们法律上的保障，令他们本人及其继承人几乎不可能被免职，但圣西蒙老爹对此只能抽象地高兴一番；这实际上就意味着，已经没有空余职位可以供他重返宫廷体系了。所以在此后很长的人生中，老圣西蒙和第二任妻子及 68 岁（1675 年）才生下的唯一一个儿子过着相对隐居的生活。由于"我们的"圣西蒙的童年就是和这位奔八十的老父亲一起度过的，父亲自然会向他解释，一切是怎么从 17 世纪 30 年代开始打了水漂的，因此几乎没有人会奇怪，后来圣西蒙在几千页的回忆录中以各种形式重复这个口头禅。如果圣西蒙知道后世的历史学家完全把他的回忆录当了真，肯定会很高兴。历史学家们很快就从圣西蒙的回忆录和众所周知思乡成疾的伊丽莎白·夏洛特·德奥尔良的信里编织出了一幅凡尔赛的图景：国王阴险地操纵旧贵族，想把所有的权力交给市民阶层的发迹者。（特别是方法很具创新性的诺贝特·埃利亚斯[1]，但很遗憾，除了以上两位作者，诺贝特再没读过来自凡尔赛的其他原始资料。）

　　这样一幅画面当然会令平民时代的历史学家高兴得不轻，所以他们长期都在传播，贵族在虚幻的凡尔赛宫中被巧妙地分散了注意力，而在宫外的现实中，不可避免的现代化如火如荼，这个利箭一样笔直的怪兽，它

---

[1] 诺贝特·埃利亚斯（Norbert Elias，1897—1990 年），德国著名社会学家。著有《文明的进程》《宫廷社会》《个体的社会》等。——编注

唯一的目的就是将我们日新月异的完美当下召唤来。这种想法有多么荒
谬，希望我在此已经阐释得足够了。圣西蒙的回忆录尽管很美好，而且有
时候非常有趣，但在这一点上，我们阅读时应该像对待某些美国富翁的言
论一样，这些人只因某处还有公共交通工具存在，就坚信人们生活在专制
之下。这些回忆录的作者并非平白无故成了公爵等级的维护者，而是因为
只有这个等级留给了他的父亲和他。值得一提的是，圣西蒙甚至在这个普
遍为等级着魔的时代被讥讽为礼节狂热分子，并且路易十四恰恰也这样认
为，这对接下来的事态发展颇为重要。谁还能有甚于国王？他已经无法将
礼节不断地用于奴役贵族，他本人早就已经是黄金牢笼中比任何宫廷大臣
都高贵的囚徒。在太阳王与等级问题的关系中，人们必须把他想象成一名
网球运动员，球不停地从各个方向飞来。宫廷贵族在永不止息的地位竞争
中始终需要一名裁判，路易十四能清静一分钟都会高兴，因此他不喜欢圣
西蒙这种半专业的捣乱分子也就毫不奇怪了。虽然君臣在 1709 年有过一
次长谈，路易相当亲切地倾听了圣西蒙讲话。但是即使那时，国王最后也
半是慈爱、半是警告地提醒圣西蒙，他对礼节问题的教条主义态度已经给
自己树立了太多敌人，然后让圣西蒙承诺改善，这是一个在一年后的现在
让圣西蒙觉得难办的承诺。

　　这就是圣西蒙悲剧性的两难处境。作为奥尔良家族婚姻计谋的主要组
织者，他同样有权利在新组建的两个宫室中获得一个好的宫廷职位，他作
为权势很大的德布维里尔的密友，也非常有望被其举荐给国王。德贝里公
爵宫中的领头一职（也就是高级宫廷侍从官的职位）已经给了德布维里尔
同父异母的弟弟德圣艾尼昂，因为德布维里尔把自己担任的国王高级宫廷
侍从官的职位给了女婿德莫特马尔公爵（一想到自己曾经离这个女婿的身
份近在咫尺，圣西蒙至今还气得脸色发绿），所以必须给弟弟一个补偿。
但没关系，反正以后在这桩婚姻中主事的是德贝里公爵夫人，她还需要一
位宫廷女管家，而她的父亲德奥尔良已经推荐了圣西蒙的夫人。不管是一
时兴起还是再三思量，这都满足了圣西蒙的所有愿望。在这个社会中，最

理想的情况便是夫妇二人始终共同行使权力，尤其是幸福得分不开的圣西蒙夫妇。而且不管是圣西蒙老爷还是夫人接受这样一个职位，都会有公务住房和职务上的特权。但是吧，如果再深入思考一番……圣西蒙的父亲伺候的可是国王本人，因此在德贝里府上任职并非对等的补偿。因为只有国王的家庭才会永远存在，因为只有国王必然长存。与欧洲其他国家不同，法国甚至逐渐形成了一种惯例，那就是每任新国王虽然都会把大臣们换掉，但是宫廷官职却全部使用原班人马。自从路易十四心照不宣地向宫廷贵族承认了他们的职务在事实上的可继承性，国王宫中的职位几乎就可以保证拥有者永远留在权力中心。

　　相反，像德贝里这样的公爵却未必长存，他可能明天就会死去，他的妻子也是。在最理想的状况下，夫妇二人可能会留下一个儿子和男性后代，他们可以将新的旁支延续下去（以德贝里为姓，就像姓德奥尔良或德波旁的其他旁支；只有国王的主脉才会姓"德法兰西"，如果为他们缀上波旁的名字，那就是一种侮辱）。但是如果这些旁支后代不仅一代代离王位越来越远，而且等级也在下降，那么宫廷官员还有什么好处呢？德贝里的孩子将只是法兰西王孙（也就是第二等级的王子），他的男性孙辈甚至将只是普通的血统亲王（第三等级），每往下传一代，他们宫中所允许拥有的侍从数量就会缩减一些。因此，进到德贝里宫中做事，就是上了一条旁轨，就算不通向绝路，最好的情况也是下坡路。宫廷大臣的等级越高，就会越快到达这条路的终点。等级秩序的游戏规则不仅为每个职位预定了拥有者与生俱来的社会地位，也意味着在凡尔赛宫中几乎没有实际的仕途。因足够高贵获得某个重要职位的人，就会高贵到无法预先接受一个低一些的职位，因此要么只能等着一步到位，获得等级合适的职位，要么只能完全没有职位。此外，为谁服务一直都很关键。同样一个职位，如果是在国王宫中，那就高贵一些；相反，如果这个职务只是效力于法王的一个孙子，那就低等得多。而现在圣西蒙恰恰由于公爵的等级（这是父亲留给他的唯一东西），属于王室之外最高的等级阶层，因此他像任何处在同样情况下的人一样，想参照先例，知道自己可以接受哪一种安排，而这些先例的答案是：哪一种都不行。还从来没有一位享受政治特权的贵族或是贵族的妻子接受过像德贝里这样的法兰西王孙宫室中的职位，因此如果不想让整个公爵阶层蒙羞，圣西蒙的妻子就不能接受这个美差。就这样，圣西蒙一定程度上就只能眼睁睁看着自己最大的心愿和自己最重要的信条在荣誉的战场上拿着打开保险栓的枪冲向彼此。

这位过分推崇礼节的公爵已经因为很多小事生过气。眼下，当圣西蒙明白，在这一无法避免的两难处境之外还有一件更糟的无法避免之事时，他简直是大为光火。太蠢了，偏偏在如此容易就能获得一个宫廷职位的时候却不能接受。无论如何，这就是游戏规则，是人们对世界理所应当的秩序所负的责任。接下来就是盼望为圣西蒙夫人在勃艮第公爵夫人那里弄到一个侍女的职位——这位公主有朝一日会成为王后，连圣西蒙一家都可以心安理得地服侍她。但是他的朋友德奥尔良做了什么？这个肯定会终生感激他的男人做了什么呢？德奥尔良表态性地将圣西蒙夫人举荐到了错误的宫室中，使得现在所有的眼睛都盯在圣西蒙身上。所有愚昧无知的宫廷群众已经在祝贺他了，国王也扬扬自得，认为已经治愈了圣西蒙的等级妄想症。如果现在回绝，就必须做出解释，如果不得不解释，那圣西蒙必然就要言明，这个职位配不上他妻子高贵的身份。如果他这样说，那么就得做好心理准备，接下来的几十年要靠阅读牧羊人小说度过的就不是德奥尔良公爵，而是他了。最要命的是，德奥尔良这次的所作所为并非像往常那样，是由于没有计划性，而是显然故意将圣西蒙逼上绝路。简直不可理喻！众所周知王子闲得无聊，好歹颇有策略了一次，谁中了招？他！对于德奥尔良及其女儿德贝里公爵夫人来说，能让一位公爵夫人为他们这样的旁支效力，自然有着社会地位上的巨大收益，而且他们当然也立即提醒圣西蒙，很可能有过先例。德旺塔杜尔公爵夫人早在 1684 年不就已经是伊丽莎白·夏洛特·德奥尔良（第二位夫人，通过婚姻成为法国的"次女"）的宫廷女管家，而且一直任职到 1703 年，继其母成为国王子嗣的家庭女

362

教师了？伊丽莎白·夏洛特曾称她为"我美丽的杜杜"，现在勃艮第公爵年幼的儿子们正学着喊她"杜尔妈妈"，因为王家子嗣正是将家庭女教师称为妈妈。圣西蒙当然不为所动。首先，如果其他人不可理喻地自贬身份，那不是他的问题；其次，这件事当时甚至连国王都震惊了；再次，"美丽的杜杜"曾经穷得一塌糊涂；而且最后一点，自从她的丈夫不无理由地因忌妒而持枪射击她的卧房起，他们就分开了。请问这一切与他堪称模范、聪明、善良而且忠诚的妻子，或者甚至与圣西蒙家族的荣誉有什么相干？"那么您会拒绝吗？"德奥尔良在圣西蒙的耳边轻声问道。二人刚刚在国王之前赶到镜厅，如果好奇心重的勃艮第公爵往前挤一挤，就能听到两人的谈话，因此勃艮第公爵便无意间听到了圣西蒙的愤怒回应，同时众人仍在跟着国王继续前行。圣西蒙的回应很应景地始于战争厅，在阿波罗厅加快了速度，真真正正地从墨丘利厅和玛尔斯厅呼啸而过，在狄安娜厅和维纳斯厅也没有减速，又从小小的丰收厅涌向海格立斯厅，直到王宫祈祷室才迫不得已、不情不愿地停止。但勃艮第公爵一直微笑着。圣西蒙当然不会拒绝。

　　圣西蒙当然没有拒绝。国王很客气地问他，他的妻子是否愿意接受这个职位，他同样礼貌地感谢了国王的好意，但并没有提到这个职位。作为德贝里公爵夫人的宫廷女管家，圣西蒙夫人不仅会有几百年前就确定的、现在已经因通胀而缩水的 1200 法郎薪俸，而且还能获得 15 358 法郎的服装、地毯和木柴补贴，以及必要时随时将"她的"王妃每天的更衣事宜布置给服饰总管的权限。而王室表达谢意的最好证明就是那美妙绝伦的套房，国王已命人在凡尔赛宫北翼最好的楼层为圣西蒙布置完毕。人们将不那么重要的宫廷官员逐个从他们的窝里赶出去，来给新的大型套房（或者其在一楼的豪华厨房）腾地方。此前的住户就像人工瀑布一样被推动着沿着宫殿继续向前，令圣西蒙特别高兴的是，其中也包括德安坦的儿子和儿媳，最终还将德摩纳哥亲王赶出了宫殿。而圣西蒙夫妇现在不仅可以很优雅地应邀进膳，或者眺望一座几乎从来未用于清洗衣物的大型水池（那时视野尚未被隔断），最重要的是，新住所允许他们进入国王最私密的房间，完全不必穿过冰冷多雨的内院，也不需要爬楼梯。只要稍微向右拐一拐，来到宽敞的大厅，穿厅而过，很快就能来到王宫祈祷室的廊台，然后是海格立斯厅，从那里穿过国王套房 7 个闲置的大厅，一直到镜厅，紧接着就是圆窗前厅，人们可以在那里等待国王起床或就寝时召唤。德贝里公爵夫妇的套房还要近得多，因此，1710 年 7 月 6 日，圣西蒙从这对年轻夫妇的卧室返回自己家时，没走多少路。王室家庭成员和宫里一众人等陪着新婚夫妇进了卧室，看着他们就寝。这不是什么窥阴癖，只是对婚姻的一种法律保护，只有身体上结合，婚姻才具备完全的法律效力；这个时候大家就不会再看下去了，因为从旧秩序务实、玩世不恭的角度来看，经过认证的双方躺在一张床上的事实已经足够。当圣西蒙夫人在闪烁的烛光中帮公主穿上睡衣时，圣西蒙获准手持烛台，虽然仍对等级问题耿耿于怀，但他还是禁不住祝贺自己。圣西蒙夫妇终于又成了人物，他们住得美妙绝伦，差不多就是未来国王这位大有前途的 14 岁爱媳的老师，因此没有理由再去害怕那个肥胖的王太子即将成为国王的时刻。

当所有人都把计划订好，一件时时都在发生的事情发生了。1711 年 4 月 9 日，王太子醒来，觉得自己整个嘴巴都肿了，2 天以后确诊感染了天花；又过了 2 天，他似乎幸运地扛过了这种 18 世纪最危险的疾病。默东宫里的医生发往附近的凡尔赛的报告，让国王感到宽慰，同时也促使圣西蒙和德奥尔良公爵夫人展开了一场 2 小时的讨论。二人系统化且沮丧地讨论了现在仍有哪些致命的疾病，会让这位能力不足且不受他们控制的王子登不了基；二人同样系统化地得出结论，"没有一丁点中风的希望"，也没有其他别的毛病。他们不停地打断彼此，说不可以这么想，但马上又不由自主地回到这个话题上来——圣西蒙用阴沉的语调，德奥尔良夫人用她从母亲德蒙特斯庞那里继承的嘲讽的语调，而圣西蒙夫人则怀着极大的顾虑。然后众人坐到桌前共进晚餐，他们没有料到，此时身在默东的王储的情况急转直下。人们立即禀告了国王，国王马上启程前往默东。由于这种

364

365

病极具传染性，国王只带了几个得过并因此有了抗体的人前往，其余几乎整个宫廷都留了下来，很多没有听说这一变故的人早就上床睡觉了。当混入德贝里宫室中的昔日侍从敲门时，圣西蒙夫妇已经在宽衣解带。这名昔日的侍从告诉圣西蒙，德贝里公爵哭得眼睛红肿，被叫到了兄长勃艮第那里，宫里有什么事不对劲。圣西蒙立即跑到走廊上，他拐进长厅，跑过德贝里空无一人的套房——套房的门都是开着的——又经过空荡荡的祈祷室廊台。当圣西蒙匆匆走过时，9 间照明不佳的大厅带着冰冷的华丽沉默地俯视着他，他一个人都没遇到。从战争厅拐向镜厅时，圣西蒙才察觉到另一头有动静。从和平厅开始就是勃艮第公爵夫人的套房，这里不断地有从睡梦中惊醒的宫中侍臣涌来，他们身着晨衣、头戴卷发夹、脚蹬拖鞋，讨论着谜底的不同阶段：国王启程前往默东，刚刚送达的王太子暴毙的消息，或者是人们有几周之久不能见到国王的事实——因为他在儿子死去的"被污染了的"房间待过，为了不传染其他家人，必须在马尔利隔离几周。圣西蒙很快就明白了这一切，但是仍然不堪重负。为了理解他，我们必须设想一下今天身处电视直播间的政客们。当决定未来 4 年权力关系的选举结果揭晓时，除了在直播间里可以明显看出的情绪，我们还要想象此外的多种情绪。凡尔赛的内廷大臣们既不了解选举日程，也没有民意调查来向他们示警，他们一方面完全不清楚权力会在何时更迭，但是另一方面却可以坚信，他们已经熟知的不是未来 4 年，而是未来三代的当权者。这些内廷大臣身处的权力体系有着单一的继承原则，本应可以抵抗任何意外，但是却又比任何其他体系感受到了更为冷酷突然的意外。当惊魂未定的手艺人把王太子有传染性的遗体放到一副廉价的锌质棺材中时，德安坦和女公爵夫人已经驶离默东，他们勤勤恳恳地为这位王子成为国王的那一刻辛劳了 20 多年，可是现在却落得两手空空。围绕德贝里婚姻和家政的整个斗争在一夜之间变得用处全无，因为现在德贝里的哥哥勃艮第将会直接继承祖父的王位，成为路易十五。圣西蒙在德贝里家中的地位也一下子失去了价值，但作为勃艮第的朋友，他仍是这一夜的赢家之一，不过他并没有真

366

正沉浸在这种情感中。圣西蒙深受其他事情的烦扰。

如果有人带着当代的眼光来阅读圣西蒙回忆录中关于这一夜的著名章节，很容易将其视作一位突然置身于一出纷繁复杂的王室戏剧中的作家在心醉神迷地观察。但是这位骄傲的公爵从来不认为自己是作家，他之所以在回忆录中提到了伏尔泰，只是因为这个年轻人是他的公证人的儿子，而且后来在特定的圈子里几乎有点重要。圣西蒙自然也希望作品被人阅读，在他死后很久，作为无所不知的时代见证人被世人阅读。但是彼时使圣西蒙心醉神迷的，却是另外的东西。凡尔赛这样的宫廷是几百年来首批没有暴力也能应付过去的贵族权力体系。尽管宫殿里住满了年轻的职业士兵，他们几乎每年都要经历一场马尔普拉奎特那样的恶战，但是在这里，即使是最傲慢的统治者家族的权力斗争也不会诉诸暴力。甚至连在宫殿之外才会出现的决斗也是自找麻烦，因此一般而言，如果路易十四借题发挥，用他的花梨木手杖打了偷吃饼干被抓现行的男仆，就是可以预期的宫廷暴力的顶峰了。现在，一切更重要的事情都通过心理学和阴谋、通过对每个情绪波动最细微的观察及那种被无情工具化了的移情能力来控制，最后一种能力是聪明的内廷大臣进入当权者内心的一把钥匙。像古老的欧洲宫廷这样，全部精英一以贯之地被教育操纵一切值得操纵的人，大概前所未有。

如果本书讲述的这些人生悲喜剧因此而生，那么原因就在于，这些精英同时身怀投胎的野蛮巧合，因此每个宫廷天才至少要对应一头终生被监禁在陶瓷商店里的笨手笨脚的大象。谁如果像圣西蒙这样，具备机智、坚持和观察力这些最优秀的内廷大臣的条件，就可以全方位经历这样一个决定命运的夜晚。一个知情人可以从每一张脸、每一个手势上读出所有情绪，根据宫廷政治的所属关系可能是绝望，也可能是努力压制的兴奋。什么都靠不住。德奥尔良公爵夫人虽然经常酗酒而且冷漠，但她仍具备这些才能，她的目光首先与圣西蒙的目光相遇；他们最大的愿望就是可以尽快悄无声息地商量一番。人们也看不出勃艮第公爵对父亲去世的悲伤，因为他此时有万千思绪要整理，同样并不令人惊讶的是他妻子表现出了更加突

367

368

出的外交表演才能，以及弟弟德贝里孩子般的哭泣。但是身为死者宿敌的德奥尔良公爵居然也哭得死去活来，圣西蒙只能不知所措地看着他哭。指责德奥尔良公爵这样做会被人讥讽为难以置信的拙劣表演并没有什么帮助，问问他现在是不是彻底疯了也没什么帮助——这种话也只有一位公爵才敢问。德奥尔良仍在继续哀号，同时解释道，过几天他会回想自己收获了什么，但在这一刻，堂兄的死对他是种说不出的折磨。圣西蒙对此很理解，自怨自艾不是也一再粉碎他巨大的喜悦吗？发现自己害怕王太子或许能挺过去，他不是也很羞愧吗？但是见证与理解的乐趣使圣西蒙陶醉，他被这个场面吸引，对于此情此景，没有人能比他理解得更透彻。德布维里尔四处奔走，带着未来当权者的友好面具指挥着仆人们，就好像这是世界上最正常的一天。那边厢，透过敞开的窗户可以听到从默东而来的王太子的仆人们的大声哀叹，划破了花园里寒冷的春夜。这边厢，在悲剧中场开演了一出怪诞的喜剧，身形庞大、像色子一样四四方方的公爵母亲伊丽莎白·夏洛特·德奥尔良大声哭泣着从自己的房间里出来，她是唯一一个在屋里穿上了华服的人。现任的德奥尔良公爵夫人和她最重要的两个侍女坐到镜厅一个黑暗的角落里，想要悄悄地商量商量，然后被旁边突然活动的家具吓了一跳。这是一名宫殿主管的行军床，这个瑞士人睡眼惺忪地呆望着这些高贵的夫人，他永远不会知道，自己差点儿就可以告发她们骇人听闻、违反禁令的悄悄话。大约凌晨 3 点，在德布维里尔让王室连同随从回去休息之后，圣西蒙又过了两个小时才去睡觉，他陶醉地同妻子聊着已经发生和将会发生的事情；他觉得如此充满活力，此后的人生中大概再也没有过这种感受。

　　宫廷和国家逐渐习惯了这场预料之外的巨变的后果。国王开始像对待共同执政者那样对待自己直接升为继承人的孙子勃艮第（他现在是王储了，但我们仍这样称他）。德布夫莱尔死去时，只留下一个 5 岁的儿子，这个孩子或许会做其他的事情，但就是无法胜任最重要的禁卫军首领职务，国王让 29 岁的勃艮第决定这个显要职位的新人选。圣西蒙自然前去应聘，但是空手而回，因为德布维里尔和德谢弗勒斯坚持让他们最好的朋友德沙罗斯担任此职——德沙罗斯的儿子在马尔普拉奎特阵亡。二人安慰矮小的公爵，说他有更重要的事要做，因为不久勃艮第的长子德布列塔尼就到了年纪（7 岁），可以拥有一名家庭教师：自从 1630 年以来一切都乱了套，谁又能比圣西蒙更好地教导下一任国王呢？就这样，圣西蒙已经在憧憬着未来的显赫，而德布维里尔、德谢弗勒斯和他们已经逃亡的领头人德费奈隆大主教正在为王位继承人制定一项规划，这项规划是这个宫廷社会产生的少数几个真正对社会产生影响的政治规划之一。但是请各位不要抱有不切实际的希望。要是世界仍然按部就班，"小羊群"的规划早就把法国直接抛回了幸福的 15 世纪，相反，恰在此时，王朝冷酷的旋转木马意外地开始越转越快。1712 年 2 月 5 日，才 26 岁的勃艮第公爵夫人病倒，她是整个宫廷最得宠的孩子，国王爷爷路易将她视若己出。公爵夫人一直发烧，对于宫廷医生来说，这就和其他所有那些没有从 2 世纪起就写在教科书上的疾病一样神秘。勃艮第公爵夫人于 2 月 12 日去世，死于风疹、过量放血或者催吐剂，谁知道呢。她的丈夫伤透了心。她 12 岁、他 15 岁时，二人为了冰冷的国家至上原则成婚，但他完全无条件地爱她，甚至让她觉得尴尬。二人在 17 岁和 14 岁时正式"结合"，与二人的卧室紧挨着的国王卧房不得不在最短的时间内挪走，要不然国王会持续听到他们爱的身体表达。（正是因此，并且仅仅因此，太阳王的卧房才搬到了宫殿的几何中点。）她每写一封信，勃艮第就从战场上给她回 3 封信，而且用自己的血签名，直到她叹息着命令自己写回信的侍女同样也用鲜血来署名。失去了妻子，勃艮第也不想苟活了。在陪同祖父前往马尔利的时候，勃艮第的皮肤上就出现了紫色的斑点，是他在妻子临终的房间感染上的。勃艮第的父亲在 1711 年突然辞世，在我们生活的今日，很多人也希望自己的生命能这样一下子结束，但在当时，暴毙是人们所担心的最糟糕的事情，因为死者没有时间接受灵魂的救赎。勃艮第得以善终：他忏悔，接受赦罪和临终圣礼，原谅了所有仇敌；他宣称自己可以追随妻子而去有多么高兴，

370

并在 1712 年 2 月 18 日心愿得偿。国王无比绝望。现在，死者 5 岁的儿子成了王位继承人，但是还没等人们习惯称这个小德布列塔尼公爵为王储，他也得了一种奇怪的传染病。面对医生们毫无创意的治疗方法，一个这么小的孩子更没什么生还机会。1712 年 3 月 8 日，第 3 位本应成为路易十五的王子夭折了，濒死之时他还救了自己 2 岁的弟弟德安茹公爵一命，因为医生们自然只对长子感兴趣。当医生把哥哥往死里治疗时，王室子嗣的家庭女教师德旺塔杜尔公爵夫人，也就是"杜尔妈妈"，将小德安茹和手下的其他家庭教师隔离在自己的房间中，人们在那里喂小德安茹吃饼干、喝葡萄酒，直到确认小王子是他们家中唯一一个未被传染的，才放医生们进来。人们给小德安茹举行了紧急洗礼，因为他的哥哥路易已经死去，人们现在把这个神圣的国王的名字给了他，这样他有朝一日就可以成为路易十五。王国的命运现在系于这个 2 岁的孩童身上。

在一系列无法解释的命运打击下，昔日的太阳王最终变成了一个绝望的老人，他的秘密妻子德曼特农夫人费了很大的劲才让他克制住巨大的感伤，办法便是召回失宠的老朋友德维勒鲁瓦。但最关键的是，众多的苦难需要一个替罪羊，这也是为什么德奥尔良公爵颇具才能的名声是一个不幸——他从这些死亡事件中的获益显然比其他人更多。有迹象表明，勃艮第最年长的弟弟费利佩五世虽然会保住西班牙王位，但是必须放弃所有的法国继承权。在这个所有人都认为非常脆弱的 2 岁孩子之后的继承人，就是德贝里。德贝里如今完全在德奥尔良女儿的掌控中，正如她的父母 1710 年与圣西蒙计划的那样。由于王储没了母亲，德贝里将会代他摄政，直到他成年，在这种情况下，德奥尔良有望成为王位背后真正的掌权人。如果小王太子死掉，德贝里要么在他之后，要么在路易十四之后成为国王查理十世，德奥尔良作为德贝里的岳父就能暗中掌权。如果德贝里也死掉，德奥尔良甚至可以自己登基成为腓力七世。宫廷中人的偏执尽人皆知，他们无法视而不见，已经有人因为更小的好处被毒害，因此很多人现在肯定又不寒而栗地记起了德奥尔良对化学实验的喜好。宫廷医生对此反而大为欢迎，作为医生他们可能很没用，但作为内廷大臣，他们毫不逊色。就这样，太阳王的宫殿中很快就有一种可怕的嫌疑传播开来，它像有毒的瘴气一样，先是穿过走廊和宫殿的各个大厅，然后穿过巴黎的条条街道。当德奥尔良走向被安放在灵床上的勃艮第公爵夫人，想要根据礼节用圣水沾湿她的身体时，人们已经可以听到围观人群中发出的怀有敌意的嘟哝声。次日，德奥尔良向国王提议，要证明自己的清白，他那印度尼西亚裔萨克森的御用炼丹术士差一点就不得不"自愿"前往巴士底展开调查，但最终并未成行，只因为国王不愿意将自家的丑事公之于众。

现下路易十四已经 73 岁了，在他所剩不多的时日里，侄子无法再赢回他的信任。而一系列的灾难仍未停止。1714 年 4 月 26 日，德贝里在狩猎中发生了一次严重的骑马事故，很可能只有他一人生还（他的胃部猛地撞上了马鞍上的把手）。而真正让德贝里丧命的反而是他最终也未能克服的羞怯，他命令仆人不要向祖父讲述这件蠢事。仆人们听从了，然后事情一发不可收拾，德贝里于 5 月 4 日死于内出血，在王位继承顺序上横亘于德奥尔良和小王储之间的最后一位王子也消失了。最迟从这个时候开始，德奥尔良成了被宫廷遗弃的人，除了圣西蒙几乎再没有人和他讲话。在经过了无尽的转折之后，二人好像又回到了 1709 年的起点，只有一件事有了不同。德奥尔良虽然对所有这些亲人的死亡没有责任，但这些死亡事件的后果向他异常清晰地展现了一个不吉利的海市蜃楼，这个海市蜃楼将会在 200 多年里毒害他后代的命运。德奥尔良平生第一次不得不自问：当个国王怎么样。

公主和亲王妃仍然在世，她们 1710 年曾为了如今这位已经痕迹全无、没有子嗣的德贝里展开过一场计谋竞赛。1713 年，德波旁小姐被自己的母亲女公爵夫人许配给了多重堂表弟德孔蒂亲王。亲王的父亲是她母亲爱了一生的男人，此人 1697 年从波兰考察回来时，女公爵夫人非常兴奋地接待了他。老亲王于 1709 年去世，留下了这个儿子，但儿子似乎没有继承父亲的任何好品质。不过，新任的德孔蒂亲王妃和自己的母亲性格相同。

373

母亲的丈夫更加糟糕，但她一直隐忍，比丈夫活得长久，亲王妃决定效仿这个榜样。事实上，亲王妃在 1775 年以 81 岁高龄去世（由此也成了嫡出的王室成员中有史以来最长寿的人），我们也还会与她相遇。相反，亲王妃的对头、获胜的德贝里夫人在丈夫在世时就已经开始系统地证实了关于被惯坏的孩子的所有偏见。圣西蒙和他的夫人利用 1710 年精心设计的计谋获取了这个叛逆少女的教育权，在可以预期的未来，她将成为王室最重要的女人，因此管教起来并不轻松。随着 1714 年德贝里死去，4 年前描摹的关于德贝里夫人手握大权的所有愿景一下子灰飞烟灭，圣西蒙夫妇也受够了。圣西蒙夫人现在越来越大方地利用自己的特权，来疏远这位虽然遗传了所有聪明才智，然而早已走上无法遏止的自我毁灭道路的公主。德贝里夫人在卢森堡宫和默东的宫殿中过着骄奢淫逸的生活，最晚从路易十四驾崩之后，就再没有人能管得了她。作为父亲的德奥尔良尽管辅佐着真的成了路易十五的小国王，但是却狠不下心给女儿下禁令，虽然他肯定清楚女儿会走向何方。德贝里夫人曾靠节制饮食来吸引梦中王子，如今王子早就被抛到脑后，节制饮食的日子也一去不复返。多年来她饕餮豪饮，胖到连肥胖却非常健康的祖母伊丽莎白·夏洛特站在她身边都显瘦。

　　历史在另一点上也像滑稽插曲一样在重复。通过歪门邪道（之后我还会讲述），圣西蒙成了此时已经一大把年纪的多功能捣蛋鬼洛赞的连襟，如果对这种状况不加利用，那洛赞就不是洛赞了。多亏了圣西蒙，他把洛赞的甥孙德里翁塞进了德贝里公爵夫人的宫室中任职。这个甥孙和他的舅祖相当像，他不仅从禁卫军少尉升为了公主的"二等首席掌马官"（从名称就可以看出，这个官职是在序列之外另设的），还成了她的情人。没有人确切地知道，二人是否结成了洛赞和公主的姑奶曾经向往过的那种秘密婚姻，但公主的确怀孕了，并于 1719 年春天生下了一个体质虚弱的女婴。和公主此前的两个婚生子一样，这个孩子也几乎马上就夭折了。公主本人再也没能真正地恢复过来。有一段时间她尝试着陷入宗教虔诚的癫狂中，但很快就因发烧和其他无法诊断的疾病而卧倒在床。公主受到的最后一击似乎一如既往地来自没有节制的贪食症，当她于 1719 年 7 月 21 日、年仅 24 岁便去世之时，人们在她的床下发现了她储藏起来的浓汁肉丁、酥皮点心、甜瓜和冰啤酒。整个巴黎没有教士愿意为她做葬礼演说，连她的家人也毫不顾忌地在她去世仅仅 2 年之后就把她的名字路易丝－伊丽莎白重新分配，因为人们要给她现年 12 岁的妹妹德蒙庞西耶小姐施洗。就这样，仅仅 9 年，圣西蒙和德奥尔良于 1710 年在马尔利打造的壮观的理想楼宇就消失得踪影全无。但是也确实留下了些东西。圣西蒙公爵和公爵夫人不仅在 1743 年之前都保有凡尔赛宫最好的内廷大臣套房，而且摄政王德奥尔良在女儿德贝里夫人死后，于 1719 年把无人居住的默东宫殿也给了他们。不久前，默东还是老王太子、德安坦和女公爵夫人的地盘，圣西蒙的整个前途都受到他们的威胁，不久前他还说，好像"默东所有的大炮都对着我"；而现在这里归他了，很难想象还会有什么地方比这里更适合一个渺小的公爵思考。把圣西蒙带到此处的只不过是成功的宫廷过山车，接下来这趟宫廷列车又会带他去向何方呢？

375

第 11 章

老妃启程

---◆◇◆---

哈德拉克与阿蒂恩萨之间的群山之中，1714 年 12 月 24 日

夜一片漆黑，只有借助白雪反射的月光才能看见点东西。风在只覆盖着散乱灌木丛的高原上大声呼啸着，甚至盖过了 200 只马蹄在结冰的道路上奔跑的声响。在马车里，马蹄声听来自然十分分明。就好像从哈德拉克出发还不够突然一样，笨手笨脚的巴拿马总督竟然又压碎了一块窗玻璃，现在奥尔西尼亲王妃不仅可以看着雪花飞进来，还能清楚地听到信奉天主教的陛下的 50 名禁卫军仍跟在后面。这位年老的女士有理由仅为这单调的声响而心存感激，在接下来的很长时间里，唯有这声响可以把她的注意力从所有钻心的想法上转移开。随机选出的侍女坐在旁边，亲王妃勉为其难地与之共用一张毯子。这个侍女即使在正常的情况下也不是有益的聊天对象，现在只见她不知因为害怕还是寒冷，和坐在对面的两名手足无措的西班牙禁卫军下层军官一样呆滞，仿佛除了呼出在冬天清晰可见的哈气，她的嘴巴再也吐不出别的什么。但是就算不呆滞，亲王妃又能和他们说什

么呢？镀金的偶像突然跌落到下等人之中，她会说什么？一个自嘲还算聪明的女士，有很好的理由假设不会再遭遇意外的女士却突然遇到了"恶灵"——一个比她年轻 50 岁的扭曲影像和一个被权力蒙蔽了心智的无所畏惧的孩子——她该说什么？在她的世界中，现在的当权者偏爱沉默，曾经的当权者华章不在，因此这个有着意大利头衔的法国妇人也只能沉默，而在 4 小时前她还是西班牙最有权势的女人。亲王妃沉默着，沉浸在越来越混乱的思绪中，与此同时，马车载着她驶过无尽的冬夜。

没有人知道亲王妃的确切年龄，她自己很有可能也只是知道自己大概的出生年份；在她死后才有一份出了名不准确的年龄估测报告把她的出生年份估计为 1642 年，而推测出生地的教区记事录已经丢失。和兄弟们不

同，像亲王妃这样的贵族女儿从来不需要提交洗礼或者出生证明，因为她们不仅在继承权上不怎么重要，而且也不会有正式的职业仕途；她们只有出生在执政的统治者家族中才算大事，但作用也只是间接地证明了父母的生育能力。女儿是否成人，不取决于年龄，而是取决于作为妻子的社会地位，一个 12 岁的女儿就可以合法取得这种地位。对于王朝的婚姻政治来说，放任女孩年龄不明反而有益，因为潜在的社会搭档考虑到母亲身份的风险，既不想要太年轻的儿媳也不想要太老的儿媳。只有相对的出生次序始终为人所知，因为只要可能，人们就会按照这个顺序来嫁女儿。相反，如果谁允许理想的女婿挑选最有魅力的女儿，那就算是自动承认了自己相对的弱势，就像身材矮小的波旁－孔蒂家族那样，他们于 1692 年允许国王最爱的儿子迪迈纳弃其长女，选了比长女高几厘米的次女。通常而言，最年长的未婚女儿会自动成为下一个待嫁之人，有时候人们甚至会通过一个特别的称呼来加以强调，用来在一定程度上把她作为当下唯一可以追求的女儿来介绍。比如在英国简·奥斯汀生活的社会环境中，人们直到 20 世纪还只用"姓氏＋小姐"来称呼这个女儿，而在所有的姐姐都通过结婚"升级"之前，妹妹们只能用"教名＋姓氏＋小姐"称呼。在旧秩序下更为复杂的法国称呼体系中，只有最年长的待嫁女儿的姓氏才和父亲一样，由同一个领地而来：谁要想成为德布维里尔的女婿，就只能追求唯一的一位德布维里尔小姐。

　　奥尔西尼亲王妃 1642 年左右出生在巴黎或者法国的大西洋海岸时，也曾是家里最年长的女儿，她的父亲是德努瓦尔穆捷公爵，所以她一开始叫作德努瓦尔穆捷小姐，而隐藏在这个头衔之下的名字安妮－玛丽·德拉特雷穆瓦耶表明，她和当时正在莱茵贝格沉迷决斗的塔尔蒙特同属拉特雷穆瓦耶一族。相较于塔尔蒙特这一家族主脉，德努瓦尔穆捷当然只是穷亲戚，而且并没有因为公爵参加投石党运动而有所改善。但贵族的贫困只是相对的，父亲德努瓦尔穆捷尽管不得国王恩宠，仍然富有到在王室广场（今天的孚日广场）旁拥有一座城市宫殿。直到今天，借助这座 1612 年修建的广场及其几乎未变的宫殿，我们仍能想象出 17 世纪早期法国宫廷精英在此生活时的贵族文化。德努瓦尔穆捷小姐年少时，这一住宅区最辉煌的时代虽然已经结束，但是从父母于 1659 年为她安排的婚姻可以看出，她所生活的这个地区始终离贵族社会的中心很近。和他 17 岁的新娘一样，
₃₈₀ 德沙莱伯爵阿德里安－布莱兹·德塔列朗虽然也不属于太阳王刚刚发展起来的宫廷体系的最内层，但他来自一个非常古老且知名的佩剑贵族家庭，有着最好的社会联系。很快，21 岁的伯爵和新鲜出炉的德沙莱伯爵夫人就加入了围绕着与其年龄相仿的王弟殿下及其第一任妻子、英格兰的亨丽埃塔（第一位夫人）而产生的新圈子。特别是德沙莱夫人，她在所有的高门大户和首都风趣的社交圈子中很受欢迎。就算德沙莱夫人鼻子长、眼睛近视，但是又有什么关系呢？严厉的观察者们仍然证明她具备周围环境中的所有美德。尽管在此种情形下，人们必须首先经受同时代人的种种陈词滥调，但是从各色观察者众口一词的称赞中，仍然可以描摹出一位年轻女士的肖像。她的眼睛仿佛会说话，她兼具魅力、分寸、幽默感及友善和优雅，而且具有讨人喜欢的才能。那时候人们只能隐约意识到德沙莱夫人有多聪明，而后来发生的事情才让这个事实愈发清晰。谁如果有德沙莱夫人这样的品质，还拥有高贵的出身和重要的家庭联系，那就注定会在新的宫廷体系中崛起。德摩纳哥夫人那令人难以抗拒的哥哥德吉什就接近过德沙莱夫人，据说她以混合了拒绝与鼓励的态度非常巧妙地回应了德吉什的第一次调情。德沙莱的叔叔不就曾是路易十三的服饰总管吗？想要再次为家族谋得这样一个职位，做侄子的不需要什么特别的运气，只要不走霉运就够了。

　　遗憾的是，德沙莱伯爵抽象意义上的短视程度远甚于妻子真正意义上的近视。只要回忆一下伯爵那做过服饰总管的叔叔的命运就足矣，这位叔叔在 1626 年一次决斗后不久就作为告密者被斩首。或者在搬进岳父母的
₃₈₁ 城市宫殿时，多向窗外张望一会儿，想一想王室广场是如何在 1627 年成为轰动整整一代人的决斗场所的，那也足矣。1627 年，3 名颇有声望的贵

族与另外 3 名贵族决斗，直到一人死亡。枢机主教黎塞留非常想证明新的反决斗法的严肃性，于是主要的决斗者德布特维尔事实上被判了死刑。这种前所未闻的处罚是旧秩序迫切需要的一种象征性的姿态，因为这项法令由于人手不足一直无法彻底地执行——尤其是它也不称精英们的意。没有人比年轻的路易十四更理解这项原则，他在马萨林 1661 年 3 月死后才真正掌权。为了证明自己没有首相也能行使大权，路易十四在当年 9 月就彻底地消灭了富凯，后者被很多人视为马萨林最有可能的接班人。后来洛赞的被捕也与此类似，用以表明国王对宠臣还有哪些地方可以容忍，哪些行为就彻底不再纵容，因此富凯和洛赞最终在皮内罗洛的监狱里成了邻居也就并非偶然。即使不是天才，至此也该预料到，国王对下一次公然违反游戏规则的行为会做何反应，尤其他还是首位在登基时宣誓禁止决斗的法国国王。1662 年 1 月，王弟殿下在杜伊勒里宫举办舞会，当年轻气盛的军事贵族在短时间内像沙丁鱼一样挤进狭窄的空间内时，便意味着定时炸弹已经在嘀嗒作响。德拉弗雷特侯爵用胳膊肘在拥挤的人群中开辟空间，就相当于打开了引爆装置的保险栓；德沙莱给了德拉弗雷特一个耳光，更是直接将炸弹引爆。由于双方都有兄弟、连襟和朋友在场，本就很容易发生群殴，当争吵双方被愤怒的宫廷官员扔到一辆马车上时，他们约定次日来一场四对四的决斗。晨曦中，众人在圣日耳曼堡一座加尔都西会隐修院的后面会合，并以其中一方的完败而告终。德拉弗雷特和他的同伙毫发无伤，而德沙莱和他的内弟德努瓦尔穆捷及另一个朋友都挂了彩。这场 8 人决斗本来就大张旗鼓，受伤后就更难掩人耳目了；再加上德沙莱一方的第 4 名成员德安坦（我们已经遇到过的后来的同名宫廷大臣的叔叔）死在现场，彻底毁掉了所有保密的希望。当局启动了最严格的决斗法，决斗的所有参与者都要被当作杀人犯来对待。国王通过撤销众人的官职，表明自己鼓励司法部门加以追捕。司法部门太乐意接受这种鼓励了，因为该部门不是由好战的佩剑贵族组成的，而是由博学的大法官贵族组成，几乎每个人都能讲出一个自己被出身更高贵的爱打架的家伙嘲讽的故事。因此，很快就下达了死刑判决，之所以没有执行，是因为 7 名幸存者早就逃到了国外。德沙莱和内弟再也无法返回法国，不仅是由于太阳王对象征性政策的理解，还因为他们犯的一个严重错误。二人的队友是被德拉弗雷特的表亲德圣艾尼昂骑士刺死的，其父德圣艾尼昂公爵作为国王的情妇德拉瓦利埃的盟友而升为宫廷权贵（很快他的权势还会通过三子德布维里尔与柯尔培尔女儿的联姻进一步壮大）。父亲德圣艾尼昂公爵只能眼睁睁看着儿子永远流亡异乡，在他国服兵役，这已经够糟了。更糟的是，1664 年，这位骑士在匈牙利的土耳其战争中阵亡，此时他的父亲和弟弟想必彻底明白过来了——决斗的对手应对至亲的死亡负责。德圣艾尼昂和德布维里尔先后出任高级宫廷侍从官，日日夜夜陪伴君侧长达 50 余年，没有人能像他们这样和国王聊得来。谁有这样的敌人，就应该永远习惯国外的生活。

　　确实不能指责德沙莱伯爵没有把逃出法国当作机会来利用。德沙莱伯爵一开始虽然只是躲在国王权威的爪牙触及不到的家族庄园中，但是后来又逃往了西班牙，当时基本算是全欧洲唯一一个处于战争中的大国。德沙莱刚刚受雇于针对葡萄牙的战争，就接受了德沙莱亲王的头衔，只为了从现在起能混淆视听，享受公侯或亲王的等级。西班牙人对法国的等级体系相对无知，但德沙莱并没有觉得不适，这从西班牙人长期把他当作拉特雷穆瓦耶家的儿子而非女婿就可见一斑，不过考虑到他一句西班牙语也不会讲，倒也情有可原。在此期间，德沙莱的战略才能主要体现在与法国大使的小型社交交锋上，而在真正的战争事务中，他一直运气不佳。1665 年6 月 17 日，在比利亚维西奥萨发生了一场战斗，一支大部分由法英雇佣兵组成的葡萄牙军队遇到了一支由德意法瑞士等国士兵组成的供给不足的西班牙军队，并给了这支军队致命一击。葡萄牙人的总司令是我们的老相识，拥有普法尔茨与英荷法血统的朔姆贝格伯爵弗里德里希·赫尔曼，而此次站在他身旁的副手不是别人，正是逃往葡萄牙并从军的德沙莱的内弟、参加了决斗的德努瓦尔穆捷。受了轻伤的朔姆贝格和德努瓦尔穆捷一道，看着敌方大量的步兵和骑兵登上山丘。将军若有所思地询问德努瓦尔穆捷：这一切看上去真的像那些他一直以为是画家虚构的战争画面，是不是很奇特？然而德沙莱就在这登上山丘的大队人马中，他们把朔姆贝格的葡萄牙骑兵驱赶得四散而逃，直到德沙莱身中两刀倒在地上，脑袋开花，并被俘虏。德沙莱在西班牙的军事生涯就此结束。 384

德沙莱夫人没有立即跟随丈夫逃亡。她想必是在巴黎苦恼的父母家中度过了几年，然后在大约 1667 年某个不确定的时刻启程，去追随差不多已经痊愈的丈夫。德沙莱伯爵应该是在 1668 年和平协定签署时才重新返回西班牙。两人自 1667 年起的 3 年时间就和伯爵夫人的整个青少年时期一样，只留下了很少的记录，因此对于这段时间我们只知道，伯爵夫人大概是学了西班牙语。后来夫妇二人于 1670 年在威尼斯附近再次现身，但不清楚到底是在重归和平的西班牙失业的丈夫想在威尼斯任职，还是只是在前往维也纳皇宫的路上经过此地。不过也无所谓，因为这是我们最后一次见到不幸的战士德沙莱。1670 年的这个夏天，先是妻子、然后是德沙莱发起了严重的高烧，据说小城梅斯特雷糟糕的天气使其病情恶化。当险些丧命的德沙莱夫人最终从高烧的梦魇中醒来时，28 岁的她已经是一名被困在外国的一无所有的寡妇。德沙莱夫人不仅以这种方式获得了那时候一名贵族女性所能获得的最大自由，而且由于死刑只针对她的丈夫，所以现在她可以自由地返回故乡了。但当德沙莱夫人不再是一个男人的附属品后，她做出的第一个决定是：留在意大利。我们不知道是什么推动她做出了这个决定，而且我们将永远不会知道，因为这位迷人的女士虽然有着很高的交流天赋，但她几乎很少书写或讲述自己的事情，更不要提她深陷不幸时的生活了。不过根据后来发生的事情可以推测，德沙莱夫人这样做，很有可能是因为丈夫在西班牙成功实施令人难以置信的等级"诈骗"后，已经习惯了非常罕见的"Su Alteza"（殿下）的称呼，不想作为失意者返回法 385
国，那里根本不承认这个虚构的等级。德沙莱夫人当然清楚，仅凭丈夫留给自己的那未完全支付的遗产，不能长久维持一名高贵女士的生活方式；同时她也明白，她唯一真正的资本便在于自己是一位出身高贵、富有魅力和外交才能的法国女士。这些在法国价值不大，因为那里有数百名这样的女士。但在意大利，她就是一个很有吸引力的另类，尤其是她在那里与所有此时已经嫁给外国统治者的年少至交重逢，她们也都在巴洛克时期的意大利渴盼着能用法语对话，就像同时期身处德国北部低地的汉诺威选帝侯夫人索菲那样。如此一来，德沙莱夫人就可以更为轻松地带着少量行李辗转于各个宫廷之间。但是对于像她这样的人来说，最大的舞台是罗马，因此她恰恰就重新出现在罗马外交往来的聚光灯下，立志再也不从灯光下消失。

在群王并起的欧洲，罗马是最严酷的计谋战场，因为在那时，这里没有国王统治。近代早期的教皇国远非我们今天提及梵蒂冈时想到的那个超越国家的教会组织，那时候的教皇国要比梵蒂冈大得多，而又仅仅是意大利中部的一个中型国家，与其他君主制小国的唯一区别在于，不同寻常的继承人规则使其成了庇护制度的"高压锅"。在正常的国家内，处于统治地位的始终是众所周知的那个家族，因此统治者大多数情况下很年轻就登基，执政一生，而且会竭尽全力留给后人一个像样的国家。这就是传承，这就有了规划的可靠性，被证实是有效的。与此相反，那时候教皇由选举决定，这就够糟了，更别说人们还总是选出一些老先生来，他们与前任连远亲都不是，因此等于平均每 8~9 年就把一个新的家族送上王位。近代早期的教皇自然也有家人，尽管他们在宗教改革的竞争压力下已经不情不愿地戒除了私生子。现在，每一位新教皇都限于一上任就任命第一批枢机主教，人们非常正式地称之为"门生晋升"，因此被提拔的都是自称新任主子门生的受庇护者。在这次晋升中，至少会有一名教皇的侄甥被提升为枢机主教，此人自动作为所谓的"侄甥枢机"成为教皇国事实上的首相。因此裙带关系在当时不是骂人的话，只是一种政府体系的名称，其中侄甥枢机的主要功能在于为教皇处理微观政治中的脏活。叔父作为所有天主教堂的精神领袖超脱于所有党派之上，而侄甥则负责出售教会官职和其他福利。从接受的教育来讲，所有这些人自然都是法学家，一个人的思维得特别清奇才会推荐自己的侄甥学习神学，因为具备这种稀有的才能就可以占领真正的市场空缺。无论如何，侄甥枢机的责任就是在可以预期的短时间内为整个教皇家族在"饲料槽"中填满物质和地位上的好处，只有这样，这个家族在教皇叔父死后也能作为罗马一个大的王朝继续存在。为此就得购买土地，让罗马－德意志皇帝任命为帝国侯爵或者被西班牙国王任命为一等大公，建立一座雄伟的宫殿，以不能拒绝的价格购买前一任教皇已经降级的亲戚的财产，同时使尽可能多的门生担任枢机主教。但是最好将不适合走教会仕途的教皇侄甥任命为事实上不存在的罗马教廷部队的将军，然后让此人为了王朝永继和一个富有的上层贵族的女儿成婚，最理想的自然是前一个教皇家族的女继承人。掌权家族会将国家盘剥一空，因为反正国家很快就归竞争对手所有了（这是更迭带来的问题，连现代民主也没有真正解决这个问题）。因此，一方面，从一个教皇任期再到下一个教皇任期，不停地有新的家族像沉淀物一样积聚在纯粹由教皇残余组成的罗马上层社会中；另一方面，发迹者一再地吸收几代人之前同样玩儿过这种把戏的家族的财产，由此构成了像基吉－阿尔瓦尼、兰特·蒙泰费尔特罗·德拉罗韦雷、巴尔贝里尼－科隆纳·迪夏拉或者邦孔帕尼－卢多维西等王朝，从名字就可以看出教皇财富的积聚。非常符合逻辑的是，人们在这样一个贵族社会中向新认识的人提的第一个问题，就是我们在费里尼执导的电影《甜蜜生活》里关于贵族的长镜头中遇到的那个问题："你们有过多少教皇？"同时，即使按照当时的标准，这种机制也使罗马成了计谋的旋涡，欧洲所有的天主教大国都要满含热情地来搅上一搅。

在对宗教持怀疑态度的当下，人们很乐意把近代早期的天主教会想象成类似于几乎刚刚过去的那段历史中接近独裁的各色势力。但是这种联想会导致人们不仅高估了教会机构的厚颜无耻、残暴和中央集权，而且也高估了教会势力的影响范围——它们总是受到基础设施的边界所限。以臭名昭著的宗教裁判所为例，罗马之外仅西班牙和葡萄牙存在，当然数量确实不少。最重要的是，那时候教皇作为这些教会名义上的首脑，远没有如

387

今强大，因为意大利之外的所有国家教会实际上都掌握在贵族或君主的手中。例如，法国国王从 1438 年起就自行任命主教和修道院院长，仅把教皇当作高级的公证人；而德国的大主教都是由其古老贵族出身的大教堂牧师选举产生。德国和法国教会的权力都是在几百年后的 19 世纪早期，凭着革命带来的世俗化，才再次返还到教皇手中。尽管近代早期的天主教会整体上不怎么服从教皇，但是教会仍然在方方面面支撑着政治权力，因此对于政治权力来说，控制教会内部的争端就很重要，因为争端威胁到了世俗和宗教权力彼此纠缠的权力机构的统一。特别是法国的统治者，基于宗教战争的灾难性经验非常重视宗教统一，因此不仅镇压胡格诺派，也越来越严厉地排挤天主教会内部的异端，如詹森主义信徒或者寂静主义者等。教皇的命令在这些争端中仍然管用，因此，对于太阳王来说，在罗马展现强大的外交实力就非常值得。此外，教皇有时仍然可能起到决定性作用。例如，在权力政治中非常重要的科隆选侯国大主教区，当两名候选人都以非法的方式宣布自己当选（这至少是 1688 年战争的一个原因）；再比如未来的西班牙继承权，这个从 1665 年起就悬而未决的问题也希望教皇干预，因为西班牙的教士有着非同一般的权势，而且对教皇的忠诚也非同寻常。尤其是人们在罗马，而且只能在罗马，才能获得一件在各处都非常有用的权力工具——一顶鲜红的枢机主教的帽子。戴上了这顶帽子，就不仅获得了选举教皇的权利，而且理论上也具备了被选举的可能（但是实际上，1523 年至 1978 年，没有出现过一位意大利之外的教皇）。更重要的是，在所有的天主教国家里，枢机主教不仅具有司法上的豁免权，还享有仅次于统治者家族的等级。由此，枢机主教的职位不仅成了未婚或鳏居的政客所能设想的最高奖赏，而且在不破坏广为接受的世界秩序的前提下，几乎也成了把非贵族出身的大臣擢升到国家之巅的唯一手段。换句话讲，红帽子就是一种伪装，例如可疑贵族出身的外国人马萨林就曾用它来以法国首相的身份和大贵族平起平坐。红帽子也是国王们的工具，用来谨慎地扩大选择最高级别国家工作人员的范畴，同时对于贵族世家从事神职的儿孙来说也是一种很有吸引力的奖赏。鉴于以上种种，就难怪罗马的游戏规则规定，每一次晋升门生之后都必须伴随着一次所谓的王室晋升，也就是第二轮任命，教皇会向每位天主教君主的理想候选人授予枢机主教之职。诚然，教皇是由于权力过于削弱而不得不满足各国君主这一愿望，但是他们足够聪明，和在别的事上一样，会让所有大国在这件事上彼此争夺。因此，罗马－德意志帝国、西班牙和法国始终在争夺罗马教廷的统治权。这是一场混乱的小型战争，间谍和特务投身其中，武器则包括行贿、巷战、强夺、司法制度，有时甚至还有神学；意大利的各个小国及不同国家的枢机主教、博学之士和大使们同样参与其中。在这场棋局中被推来挪去的最重要的棋子当属罗马贵族中的大家族，而在这些大家族构成的这部分棋局中，还缺少一位王后。

　　德沙莱夫人还在巴黎的时候就认识了法国驻罗马的大使，这位大使早在 1673 年就为她揽到了一项使命，这项使命也奇特地反映了她以后会做更大的事。德沙莱夫人的任务是把 15 岁的摩德纳公主玛丽亚·比阿特丽克丝·埃斯特带到伦敦，交给已经皈依天主教的约克公爵，而公爵将在 1685 年成为詹姆斯二世，而且后来发生的事情我们已经知道了。只要有一点点偏差，我们的女主人公就会在 1688 年和洛赞一起坐在那条船中，将王后和王储从导致了国王不幸的革命中拯救出来。相反，过快结束的婚姻谈判免去了德沙莱夫人这次行程，她返回了罗马；接着就有西班牙和法国的外交官来拜访她。德沙莱夫人的命运在 1674 年 4 月敲定，这也是我们曾和尼古劳斯·巴托洛梅乌斯·丹克尔曼在日内瓦湖边度过的那些日子，彼时在山的那一侧，路易十四已经占领了迄今为止归西班牙所有的弗朗什－孔泰大区。此前不久，德沙莱夫人还站在西班牙和奥地利一方；现在，当贝桑松被占领的消息传到罗马时，德沙莱夫人明白，西班牙作为超级大国的时代结束了。欧洲新的霸主非法国莫属，而她将为法国效劳，这并非因为她是法国人，而是因为她愿意。但是该如何效劳？第 2 条消息立即给了她答案。1674 年 4 月 29 日，迪布拉恰诺公爵夫人唐娜·伊波利

390

塔·卢多维西去世，她是教皇的侄女，首任丈夫也是一位教皇的侄子，她的两个女婿及孙女婿也都是教皇的侄子。公爵夫人的死使罗马社会中最有吸引力的公职空了出来。公爵夫人的第 2 任丈夫、眼下无子的鳏夫是 54 岁的迪布拉恰诺公爵唐弗拉维奥·奥尔西尼，他是一个家族的家长，这个家族 600 年内出了 2 位教皇和 22 位枢机主教。作为西班牙一等大公，公爵获准在西班牙国王面前无须脱帽；他是无数土地的主人，并通过属于美第奇家族的祖母成了路易十四的近亲。最重要的是，公爵作为罗马教廷的助理侯爵，是在重大典礼时交替站在教皇宝座右侧的 2 名罗马侯爵之一；另一个助理侯爵的等级归科隆纳家族所有。这两个家族都因此有获得罗马贵族中最高等级的同等权利，自然也就结了仇：如果一方（通常是奥尔西尼）站在法国一边，另一方（因此一般是科隆纳）就自动与西班牙和奥地利结盟。所以濒死的枢机主教马萨林最后一次出人意料的大动作，就是在 1661 年把自己的外甥女玛丽亚·曼奇尼嫁给了科隆纳亲王洛伦佐·奥诺弗里奥，由此把他拉到了法国的阵营里。但遗憾的是，长期来看，把路易十四失望的前女友嫁给一个虚荣得让人沮丧、永远不忠且忌妒心极强的男人并不是个好主意。科隆纳倾向于把自己的全部生活都装腔作势地当作演戏，甚至在罗马都引人侧目，但是这又与大家族和党派的持续竞争非常契合。在无尽的赶超竞赛中，这对夫妇会借助庆祝活动、节日灯彩、化装舞会、歌剧演出、骑术表演和庆典游行来发泄。就这样，在 17 世纪 60 年代的罗马，人们目瞪口呆但饶有兴致地观看着科隆纳夫妇看似公开的婚姻生活，看着二人尽管常年争吵，但仍然肩并肩地和情夫或情妇们一同坐在镀金的狂欢节马车中，穿着神话中的服装驶过城市，向观众们抛撒五彩纸屑。饶是如此，当 1672 年科隆纳亲王妃由于害怕被毒害而逃亡时，人们也并没有感到特别惊奇。亲王妃和妹妹，即为了逃离明显更加癫狂的丈夫的马萨林公爵夫人一起，穿过瘟疫横行的地区，坐着小船渡过地中海，及时逃到了摩纳哥，暴怒的科隆纳亲王用私人橹舰也没能把她追回来。这不仅是新兴的欧洲小报的素材，还使罗马的社交生活一下子也变得无聊了很多，连科隆纳夫人以前的暧昧对象、汉诺威的恩斯特·奥古斯特都不得不自问，以后是否还值得每年从他下萨克森的主教府邸奥斯纳布吕克启程来罗马。最主要的是，从现在起，科隆纳亲王也自然而然地与给他拴上这样一位夫人的太阳王分道扬镳，并且无条件地与西班牙结盟，因此法国同档次的代理人只剩下了也在危险地向西班牙一方摇摆的助理侯爵迪布拉恰诺。而迪布拉恰诺那年龄稍长的夫人在科隆纳夫人逃跑后成了教皇国毫无争议的第一夫人，她的死在 1674 年为所有想把这位鳏夫拉到自己棋盘上的人开启了一场物超所值的竞技。

    一旦德沙莱夫人与法国大使就合作达成一致，剩下的就简单了。第一步只需要让丧偶的迪布拉恰诺公爵看到这位机智的 32 岁的夫人；第二步是公爵要受到足够的吸引（这得是自发产生的）；从而可以到达第三步，被充满魅力的拒绝真正激发出兴趣来；第四步，人们当然同时要向教皇官方办事机构正确职位上正确的人行贿正确的数额，从而可以驳回公爵主动提出的为他的结婚计划颁发教会特殊许可的请求——结婚对象是首任妻子一个非常富有的孙女。一旦枢机主教奥尔西尼可以向大使宣称，他的哥哥迪布拉恰诺对德沙莱夫人爱得深沉，他需要的就只是几份关于德沙莱夫人财产状况的有法律约束力的说明。第五步就是信誓旦旦地一直撒谎，直到凡尔赛向公爵允诺终生的法国补贴及圣灵勋章，剩下的事就能水到渠成了。而且也确实这样发生了：1675 年 2 月 17 日，德沙莱夫人在法尔内塞宫与迪布拉恰诺公爵成婚，仪式由枢机主教德埃斯特雷主持——事实上，无论是地点还是教士，都是讽刺性的选择，这会在未来得到证明。原来的德沙莱夫人现在成了纳沃纳广场旁一座宫殿的女主人，在罗马节日的夜晚，可以透过宫殿的窗户看到里面有几千支昂贵的蜡烛在闪烁；而花园里，城市里最好的音乐家在演奏她那爱好音乐的丈夫谱的曲子。和所有宫殿一样，门上悬挂着一面王室的纹章，作为不可忽视的所属派别的标志，这里挂的自然是法国纹章。实际上，对于法国来说，没有人比迪布拉恰诺更为珍贵。例如，如果教皇再次拒绝了太阳王任命枢机主教的提议（这原

392

393

本是太阳王的权利），路易十四的大使就会告诉迪布拉恰诺公爵，希望他能鼓励教皇改变做法（也就是说，一开始只是示威性地让使馆窗户前一片漆黑，如果还不够，再对教皇国实施军事打击）；然后为了支持大使正式招募的 500 名强盗，公爵又自发提供了三四百名自己的属下，就好像人们仅仅计划在拉齐奥大区来次野餐。难怪公爵很快就获得了圣灵勋章，他的妻子、这位鼓动天才同时也被授予了梦寐以求的在凡尔赛宫坐小板凳的权利，夫妇二人现在只缺一个同样受追捧的"Altezza"（殿下）的称呼，肯定很快也会得到。这段时间一切安好。

　　只可惜迪布拉恰诺夫人配偶运不佳。这一任丈夫是一个没有军队的国家臣仆，而且年纪已长，不是前任德沙莱伯爵那种冲动的战士类型，这无疑正称她的心。但是迪布拉恰诺不仅和前任相反，而且也和主动务实的妻子相反，这就被证明没多大用处了。公爵主要的人生态度似乎是"这对我来说有点太多了"，而且由于他把这项原则主要用于管理他那巨额财富上，很快，这位多愁善感的音乐发烧友就不仅受到法警的追捕，而且患上了头痛。虽然风景如画的布拉恰诺城堡位于海边，拥有高塔及武装起来的农民，没那么容易被查封，这实属不幸中的万幸；但是早在 1676 年，公爵就不怎么敢去罗马了，他的妻子此时已经没有钱可以在罗马维持与其地位相符的生活了。受战事影响，法国的支付也逐渐停止，而且公爵此时也认识到，人们向他描述的妻子在家乡的财富情况太过乐观，并不准确，这些都促使二人婚姻内部的气氛冷却。因此，这对夫妇与法国大使（始终存在于这桩婚姻中的第三者）达成一致，由于迪布拉恰诺夫人还得一起决定选举事宜，她会在教皇选举结束之后的某个时刻返回巴黎，恳请国王提供更好的支持。迪布拉恰诺夫人在巴黎一待就是 7 年，这在一开始应该不是计划的一部分。但是爱旅行的这位比留在家里的那位更有政治天赋，而且上层贵族的理性婚姻不包含"签到"义务，因此公爵夫人完全可以悠闲地再次出现在阔别已久的祖国的宫廷社会中：作为注意力集中的观察者，她有朝一日将从这一时期的每一分钟获益。最终公爵夫人于 1683 年返回罗马，又与暂时恢复了偿付能力的丈夫生活了几年，直到 1687 年再次决裂。这一次导致路易十四和教皇发生纠纷的是使馆人员的关税特权之争。由于上层贵族的大使们实际上大多数情况下必须自己支付高额的公务应酬费用，因此对他们而言，关税豁免一直是至关重要的补偿，所以他们迄今出行时不仅有大批武装人员随行，还有正规的商队随行。教皇的改革企图很快就导致形势升级，最终教皇国的海岸受到了法国战船的威胁，而这些战船原本是要保护英国的詹姆斯二世免受他的奥兰治女婿的威胁。迪布拉恰诺公爵也逃脱不了这样一种处境：当教皇以不再阻拦法警相威胁时，公爵从他的宫殿上取下了法国国王的纹章，心怀感激地退回了法国的圣灵勋章，并让西班牙用同样很有威望的金羊毛勋章来补偿自己。天蓝色的勋章绶带和银质的星星自然没有独自前往法国，因为迪布拉恰诺夫人知道，法国国王支付给她的生活费不能白拿。因此公爵夫人与圣灵勋章一同启程，而且这次甚至在巴黎度过了很有意思的 8 年时间，最终路易与新任教皇和解，她才得以在 1695 年返回罗马。此后不久，公爵夫人那位已经彻底破产的丈夫不得不把自己的公爵领地布拉恰诺出售给了教皇的侄子唐利维奥·奥代斯卡尔基，他的后人直到今天仍拥有这座城堡，并将其出租用于举行婚礼，汤姆·克鲁斯和凯蒂·霍尔姆斯的婚礼就是在这里举办的（每一个觉得 17 世纪比当下更荒谬的人都该记住这种类似的关联）。卖家夫妇需要一个新的名字，从现在开始，他们按照家族姓氏自称奥尔西尼亲王和亲王妃。我们的女主人公就是以这个名字的法语版本存在于后世记忆中的，她的丈夫使用这个名称的时日反而不多了。当奥尔西尼亲王于 1698 年去世时，仍有大量的债务要偿还，因此几乎没给血亲留下什么。那时候配偶之间本来也几乎不会继承对方的遗产，即使像奥尔西尼亲王夫妇这样没有子嗣，在世的一方也继承不到什么，因为相比而言，原先主人的后代才能继承土地和统治权的原则要神圣得多。一名寡妇在世时仅有强制婚约中确定的遗孀田庄，如果像亲王妃这样只有一座巨大的宫殿，而没有维护宫殿必需的金钱来源，那就太倒霉了。虽然亲王妃在形式上有遍布意大利的大量

395

遗孀田庄，但实际上每一块土地都背负着大量的官司。因此，奥尔西尼亲王妃仅剩的稳妥之物，只有西班牙女大公这一看似无形的等级。但用不了多久，亲王妃便会看到，这个等级的价值之大是多么出乎意料。

五十五六岁的时候，奥尔西尼亲王妃已经经历了够多的二人世界，而且那时候的社会并未对一位没有孩子、不怎么富有，也没有亲密的家庭联系的女士预设什么有趣的角色，因此如果像其他贵族女性在相似的处境中那样，悄悄退隐到巴黎或罗马无数修道院中的一座，倒是不会有什么不妥。但奥尔西尼亲王妃意不在此。作为罗马高等级的名媛，作为有经验的权力掮客，她于法国外交而言仍然如金子般宝贵。最主要的是，亲王妃出身于宫廷贵族，拥有多种多样的亲戚关系，可以高超地发挥其作用。1698年时，她的飞黄腾达就将她引向了另一个未曾料想的方向。德诺瓦耶公爵元帅夫人是奥尔西尼亲王妃相当近的表亲，而且一直对她很有帮助，因为这位表亲的丈夫是凡尔赛禁卫军指挥官之一，属于路易十四的近臣。德诺瓦耶夫人也曾加入过"小羊群"，就是那个由大主教德费奈隆领导、教育国王孙子勃艮第的虔诚的宫廷派系。这可谓正中奥尔西尼亲王妃下怀，因为这就把她们同时与其老相识德曼特农夫人联系了起来。

奥尔西尼夫人40年前认识德曼特农夫人时，后者年轻漂亮，是严重残疾的市民讽刺诗诗人的妻子，当时被称为斯卡龙夫人。德曼特农夫人的父亲是谋杀妻子的犯人，母亲是监狱长的女儿，她本人在监狱中长大，而且出身小贵族，对于这些条件来说，当时她也只能接受这样的婚姻。但是斯卡龙寡妇在经历了不可思议的晋升之后，此时已经贵为德曼特农侯爵夫人，公开地与路易十四贵贱通婚，是宫廷人眼中可以攀附的权力人物。真正的宗教虔诚使德曼特农夫人与老谋深算、诡计多端的德费奈隆及其信徒走到了一起，也使她最终又与他们保持了距离。因为在德曼特农夫人看来，这个紧密团体施加的影响与他们那关于上帝纯净之爱的狂喜神学一样险恶，这也让其他一切变得多余。德诺瓦耶夫人作为天生的阴谋家也立即察觉到了风向的改变，同样毫不犹豫地与德费奈隆分道扬镳。作为回报，德曼特农把享有自己继承权的极为富有的侄女嫁给了德诺瓦耶的儿子，大量的诺瓦耶家族子孙由此一跃成为没有子嗣的德曼特农的替代宗族。但是，现在两位夫人必须获得教皇对德费奈隆学说的绝罚，从而让这位危险的教士永远无法翻身。由于当时的法国枢机主教大使试图在罗马帮助德费奈隆，因此德诺瓦耶夫人能有奥尔西尼亲王妃这样一位表亲也实在是太方便了。这是亲王妃一直在等待的巨大机会，因此她不遗余力，使得教皇在 1699 年 3 月就宣布了众人期盼的绝罚。德费奈隆被冷藏到了王国边缘，虽然高贵的出身使他免于更糟糕的处境，但是太阳王不会再让这个人插手自己孙子的教育，德曼特农与德诺瓦耶一派也因此给表亲奥尔西尼记了大功。接下来亲王妃将会从中获得什么角色和任务呢？王朝起决定作用的色子已经滚动了起来。

我们已经看到，1700 年 11 月 20 日，西班牙卡洛斯二世的去世导致了一系列事件，最终路易十四的一个孙子作为费利佩五世登上了西班牙王位。这位王子从凡尔赛出发时还十分年轻，鉴于他作为次子并无执政的准备，所以他的祖父有理由担心西班牙在他的治下将会如何发展。此外，伟大的西班牙继承权之战也已开始。谁该给这个沉默寡言的年轻人以精神上的支撑呢？单靠祖父的指示及一整支法国顾问部队显然不够，而且这些顾问已经火速招致了西班牙人的仇恨。答案很明显：得给费利佩五世找一个聪明的妻子。由于统治者家族的婚姻圈子本就很小，受战争影响，这次比以往还要小，因此这个想法被提出的时候人们已经清楚谁是不二人选。与此相关的有一个好消息和一个坏消息。可以称作好消息的是，唯一可选的萨伏依公主玛丽·路易丝不仅是反复无常的公爵之女，人们可以利用这桩婚事延长公爵天生的结盟半衰期，使他与法国结盟的时间更长一些；同时公主也是勃艮第公爵夫人的妹妹，她与勃艮第的弟弟结婚，会使西班牙统治者与未来的法国国王更加紧密地联系起来，更能保证王朝的统一。这就是所有的好消息。然而坏消息也不能低估：当凡尔赛首次把外交目光投向玛丽·路易丝时，她才 12 岁。

398

　　无论如何，就算这个由偶然的出身支配的阴谋社会没什么别的好处，但本书的主人公总归是学会了灵活处事。被选来做 17 岁国王精神支撑的公主本身就是个孩子，那么至少可以拿她来做点文章。公主所需的仅是一位称职的教育者，这位教育者在已经成婚、因此形式上已经被认可的女性宫室中也叫作王室家庭女教师，在西班牙称为 "camarera mayor"。这时候更重要的自然是选出合适的人来，因为正式的应聘过程和非正式的方针同样复杂。王室家庭女教师必须是一位不能被其他任何责任分心的寡妇，当然还要掌握西班牙语；而且最重要的是，得作为一等女大公属于西班牙最上层的贵族，如若不然，上层的权力精英永远不会接受此人担任这一职务。非正式的方针则不仅要求此人年龄足够大，可以谨慎地教育自己的女主人，而且要求这位女士已经很好地内化了与其地位相符的女性统治技巧，以及自己世界中的政治与王朝地理，从而可以把这些教给女学生。然而，鉴于人们将会把惊人的权力交到这位女士手上，她对法国国王无条件的忠诚同样重要——考量至此，这项工作的方针拐进了无解的方向。虽然西班牙有足够多的女大公，但因为奥地利王室已经统治这样一个跨国帝国很长时间，这些女大公绝非全都是西班牙人。遗憾的是，只有比利时－瓦隆、那不勒斯－西西里或者伦巴第的大公家族与西班牙有着共同的历史，而法国 200 多年来几乎一直都是其敌人。这些人如何能与法国的顾问和将领们和谐共处？没了他们，身处异国的费利佩五世只是一个不知所措、沉默无语的孩子。把一个法国人升为大公，从而使其妻子可以符合这个职位的要求，对已经稳固下来的既有家族将会是一种挑衅。但是，鉴于此前的历史，在现存的大公家族中自然没有来自法国的妻子，或者更确切地说：几乎没有。

　　正当信使艰难地穿越白雪皑皑的比利牛斯山，为德曼特农夫人向西班牙传递婚姻计划的首条消息时，在 1700 年 12 月的罗马，奥尔西尼亲王妃坐到了书桌旁。亲王妃已经和枢机主教及大使们讨论了足够长的时间，来促成与萨伏依的婚姻，现在该给德诺瓦耶夫人写信了。幸运的是，这位夫人刚刚让她的小叔子当上了枢机主教和巴黎的大主教——对于像德诺瓦耶夫人这样的人来说，教皇仅仅是家族企业的一个合作伙伴，因此她也需要新当选的克莱门特十一世的信息。身在罗马的表亲奥尔西尼太喜欢以这些信息来开始她的信了，在此之后（在不必用政治来让彼此觉得无聊的句子之后），她才开始描述自己的愿望。亲王妃陈述了为什么只有萨伏依的公主适合费利佩五世，坚持认为必须由一位高贵的夫人将公主带往西班牙（国王们几乎仅会因战争而离开自己的国土，他们让新娘自己前来），而且还用我们已经知道的理由来解释为什么没有人比她本人更适合。当然，她在把新娘送到马德里之后，会遵照那里的遗产继承程序的要求待上一段时间，然后就返回凡尔赛，向国王汇报西班牙的情况。无论如何，亲王妃将有机会和所有交好的西班牙权贵重逢，她在罗马结识、现任马德里临时政府首脑的波托卡雷罗枢机主教不是刚刚又寄来了昂贵的礼物吗？"请您自己判断，我是否可以在这个国家呼风唤雨。"为诺瓦耶家十几个女儿寻找地位相符的夫婿只是举手之劳，但亲王妃还是想提一提，因为得让表亲再次请求德曼特农夫人干预，她觉得良心不安：夫人是不是早就烦透了这些事？

或许吧。但是德诺瓦耶夫人并非仅仅是个在 23 年的婚姻生活中生了 21 个孩子的妇人（只有三子九女活了下来），在将近 93 岁去世之前，她一直都是凡尔赛极为成功的宗族女政客之一，无论是男人的仕途还是女人的仕途，她都可以成就或者终结。这样一位女士不可能看不到，她获得报价的是多么了不起的一桩买卖，因此她理所当然地接受了。包括不可避免的反计谋在内的谈判细节又延宕了几个月，直到 1701 年 5 月，亲王妃才从外交大臣德托尔西处获悉自己最终被任命为行程陪伴人。1701 年 6 月，德托尔西收到了亲王妃的回信，由于太过兴奋，以往信中层次分明的恭维，现在就像爆竹一样四处乱飞。最终在 1701 年 12 月，官方宣布，奥尔西尼亲王妃将作为年幼王后的王室家庭女教师长期留在西班牙。事情的发展方向在这个冬天就已经确定下来了。奥尔西尼亲王妃将作为法国最重要的代

400

401

表人物进入诸国争夺的西班牙，她无疑是一名有经验的权力掮客、聪明的宫廷心理学家，而且还是西班牙女大公。但是她的重大角色同样要归功于一个现代观察者认为无关或者大多数情况下隐而不显的事实，那就是她是国王秘密妻子的侄女的婆婆的表亲，现在她要与国王的秘密妻子通过王位继承战联手操纵法国和西班牙。

　　数千条这种脉络像蜘蛛网一样在群王并起的欧洲上空延伸，由血统和信件组成的忠诚几乎还与民族概念毫不相关，并且作为统治的工具让每一部重要的法典黯然失色。在这些脉络的终点端坐着一些老妇人，她们在作战的夫君要维护脸面的地方参与调解。这些老妇人可能是像德诺瓦耶夫人这样具有至高地位的宗族母亲；像德曼特农夫人这种先是塑造了国王的私生子们，然后塑造了勃艮第公爵夫人的无嗣教育者；或者是像同样无子的奥尔西尼亲王妃这种可以倚傍的有权势的姑姨，现在她的身后有一大批血亲和姻亲组成的联合大家庭开始染指西班牙王朝。像这样的 3 位女士才可以冷静务实地讨论，谁可以成为大臣，谁可以成为将军。她们彼此详细地分享军事事件、外交手腕，以及教会阴谋；她们不动感情地将年轻的男男女女放到结盟政策的棋盘上，给难以驾驭的廷臣书写世界上最有礼貌的恐吓信。然而，当亲近的人在战场或者产褥期丢了性命时（这种事情经常发生），她们也可以反复做出特别温暖和得体的反应。最重要的是，她们时时处处维护着自己周围父权制美丽邪恶的表象。确定无疑的是，这个社会的男性和女性都受到了等级森严的礼貌教育，服从权力或者等级。所有人给上级写信时的落款都必须是"谦卑且非常顺从的仆人"，而他们自己的行为或言语则始终伴随着"最恭顺的"和"服从"；而所谓"服从"，还要求对"有幸"接受命令表示感谢，并且自动认为等级更高一方的一切行为都"仁慈"。对于男性来说，这一切就足够了。相反，女性在开口说出任何请求、推荐，甚至威胁之后，都要反思地加上一句，她作为柔弱的女性自然期待对方能够宽容，因为她本人对这种事情一窍不通。甚至（或者说恰恰？）当她们像奥尔西尼亲王妃或者德曼特农夫人那样，在最辉煌的日子里属于整个王国权势巅峰的两三个人物之一，她们的口头禅也始终是她们不想插手政治，她们反正也没什么权力。这些女性有很好的理由这样说，因为她们的确是完美的替罪羊。举例来讲，如果一个很好的骑兵团出现职位空缺，轻轻松松就会有 20 个家族前来应聘，这些家族 18 岁的儿子们最终都需要一个上校的等级，而其中必然有 19 家要失望。一名有能力的国防大臣通常会这样来缓和这个问题：他会悄悄地向这 19 家表示，自己为他们不遗余力，但遗憾的是，无所不能的"首席情妇"再次技高一筹，大家也知道，最近这段时间是什么情况……就这样，又多了一个人坚信这些情妇无所不能。与其他所有因害怕公开冲突而将所有利益竞争藏在幕后的体系一样，这个社会也很偏执。在这样的体系中，和谐与英明领导的官方套话自然非常可笑，消息灵通点的人士都不相信。相反，阴谋论更受欢迎，鉴于完全不透明的宫廷体系，这自然并不意外。统治者们连在无法辨别的细微之处都彼此相连，由于缺乏政治意识形态，他们可以结成任意一种同盟，周围的廷臣则以向外部人高价出售权贵们不可言说的秘密为生。这样就产生了一种对于自己所处的社会半是现实、半是嘲弄的想象，而"女性拥有本身就不合法的权力"的想法实在是与此太相符了。与此同时，人们在日常生活中无可奈何地接受了这种权力，就像今天人们把议会外游说议员之人的影响视作不可避免的弊病一样。只要对自己的宗族有利，就会无拘无束地利用这种权力。像奥尔西尼或者德曼特农这样的女士一再郑重声明，她们的确毫无影响力，根据情况不同，这要么是对确实夸张的想象的反应，要么是用来掩饰其真实影响力的礼节性谎言，从而可以使当时的人相信或者不信她们。后世的历史学家对这些声明尤感高兴，因为在 19 世纪和 20 世纪，他们要捍卫自己喜欢的君主和国家，使其免遭受女性影响的可怕指控。这些历史学家知道，政治是意识形态健全的男人们在议会、刊物和政党内解决的事情，而众所周知，女性只对她们的家庭、社交生活（包括所有幼稚的等级虚荣），以及婚嫁感兴趣。因此，历史学家自会极大地误解一个大大小小的政治行为恰恰主要是由家庭、社交和婚嫁组成的世界。

奥尔西尼亲王妃刚被确定为迎接公主的人选，就开始了细致入微的准备。备好镶金马车和黑色马车；为仆从、宫廷侍童准备镶有金线的冬季制服和黑丝绸的夏天号衣，这些人出身良好，随时可能成为马耳他骑士；侍女，拜托，不能是意大利人，因为她不喜欢。亲王妃宣称所有这些都要安排且需要花钱，这令简朴得多的德曼特农夫人大为不安。亲王妃安慰德曼特农夫人，虽然她实际上穷得跟乞丐一般，但是却更有自尊；尽管她财产微薄，置办这些也足够了，尤其是她还成功地让全世界都误以为她很富有。

然后，障碍赛开跑。1701 年 9 月 11 日，人们让刚满 13 岁的公主在都灵举行了首次婚礼，这样她就可以以王后的身份启程了。夫君的缺席不是问题，因为在这种情况下可以采用普遍的代理人婚礼，由于等级的缘故，一般由新娘的兄弟来替代。但公主的弟弟才 2 岁，不得已只能让一名堂兄来顶替。西班牙大使德卡斯特尔·罗德里戈侯爵理应在此期间陪同王后和亲王妃，但是他本想让自己的妻子成为王室家庭女教师，因此没等奥尔西尼夫人就直接向着尼斯方向出了海。当亲王妃乘坐一艘租来的橹舰到达当时还属于萨伏依的尼斯时，陷入了一片庆祝的拥堵中。就好像年轻王后的萨伏依随从、她那坚持同行的萨伏依王室家庭女教师、倔强的西班牙使团、尼斯惊奇的市民、邻近的法国人，以及烦人地堵在路上的德摩纳哥亲王还不够似的，罗马还在没有任何人要求的情况下派了一名枢机主教来表示祝贺。主教那乌泱泱的随从占据了珍贵的典礼空间，但是又不可能干脆打发他们回去。说不定所有参与人可以在主船上会面？不可能，亲王妃写道，让一位穿着主教袍（更别提那顶得抬着跟他到处跑的华盖了）的枢机主教沿着绳梯从船载小艇中爬上来，与我们这项活动的荣耀不符。简而言之，最后总算站上要启程的豪华橹舰实在是福气，或者说，要是没有选在秋季风暴期出海就更好了。奥尔西尼亲王妃自然是高贵的女士们当中唯一一个不晕船的，就这样，她开始小心翼翼地接近小王后，当船的颠簸几乎要让她摔倒时，她还得手托一个王后呕吐用的碗。慢慢地，非常缓慢地，这位年老的女士赢得了年轻女主人的心；女主人证实她有着非比寻常的意志力、不好看的嘴巴和良好的身材。不同于夫君，王后已经学会了西班牙语，因为她聪明的母亲（王弟殿下德奥尔良公爵和第一任妻子、英国的亨丽埃塔的女儿）知道，在女儿过早地永远从自己身边离开之前，必须给她这种为王冠而生的孩子未雨绸缪。行旅之人上岸之后，从马赛穿过法国，然后坐在朱红丝绒的轿子中被人抬过比利牛斯山。在边境，奥尔西尼夫人将所有的萨伏依随从遣送了回去：从现在起，王后归她一人所有。1701 年 11 月 3日，突然有一个可疑的信使站在王后马车门前，年轻的王后在马车里认识了肖像画上的丈夫；很快她就违反礼节亲了信使，目送他骑马离去，明显很满意。然后是第 2 场教堂婚礼和一场国宴，席间西班牙宫廷贵妇们故意把所有的法式菜肴倒掉，不习惯西班牙风味的王后最后饿着肚子上了床。17 岁新郎与 13 岁新娘的新婚之夜同样令人失望。不满的玛丽·路易丝带着青春的所有热情回忆起父亲的政治指示，认为是时候给不知所措的丈夫来上一个小时的策略讲座。这简直是突发的国家危机。亲王妃充满忧虑地写信给凡尔赛，说这种事情根本不应该发生，因为特别虔诚的国王一方面绝对不会触碰其他的女性，另一方面他还只是个耐不住性子的青少年，想象不出他还能做出何种妥协。该等着在婚姻咨询方面资质平平的太阳王从法国发来的警告信吗？亲王妃和侍从官德卢维尔情愿自己立刻和费利佩五世谈一谈，他们明显成功教会了他夫妻关系中那些蠢事的基本原则。不管怎样，在两人共度的第 2 个夜晚，变成了国王轻蔑地转过身去；第 3 天，玛丽·路易丝又愉快地微笑起来；第 4 天早上，内廷大臣们可以舒一口气，断定他们显然促成了王室少有的幸福婚姻。这两名王室后人是因为知道自己很可能再也见不到父母或兄弟姐妹，所以才将彼此视为精神支柱吗？不管怎样，二人是远房表兄妹，把他们联系起来的包括众多的家族记忆、至高等级隔绝性的荒诞及彼此交谈所使用的混杂了意大利语、西班牙语和法语的难懂语言。而亲王妃作为国王夫妇的教师、替代性的祖母和最重要的顾问，深受二人的喜爱——没有人比她更亲近国王夫妇。

　　亲近。有时候亲王妃也会承认，即使再少一些亲近也够让她厌烦的。亲王妃的日程安排必须服从于国王夫妇的安排，期间能吃上点东西她都觉得开心，而这在有经验的宫廷官员中几乎不值一提。亲王妃认为更需要习惯的是西班牙宫廷的人员结构造成的后果，因为像费利佩五世这样的国王不仅夜夜要在妻子的床上度过，而且他本身也没兴趣起床。奥尔西尼亲王妃不久就给表亲德诺瓦耶写道："我的上帝，夫人，您给我安排的是个什么职位啊！"然后她解释道，不幸的是，国王的晨衣和拖鞋只是她必须夜晚取走、早上又要带来的一部分物品。由于除了国王和王室家庭女教师，绝对不允许任何其他人进入王后神圣的卧室，大主管德贝纳旺特伯爵每天还要把国王的剑、夜壶和一盏燃着的灯交给亲王妃拿进去。由于灯油过满，她总是会洒出一些。因此当亲王妃早上再过来时，灯经常已经灭了，而这盏灯是在被厚厚的窗帘遮挡的卧室里唯一的光源。奥尔西尼亲王妃就不得不摸黑寻找窗帘，即便是在她熟悉的宫殿里，由于房间过大，这也不是个美差。由于宫廷经常在国内四处辗转，最近她就和国王在黑暗中跌跌撞撞找了整整一刻钟的窗帘，被墙撞破鼻子似乎是早晚的事。此外，对他们 3 人来说，在这些西班牙宫殿中的生活就是一场持久战，他们要对抗这个国家时而让人感觉是阿拉伯式的、时而又让人觉得是基督教中世纪的习惯。上一任国王还在世时，每当太阳落山，王后都要被关到一座宫殿中，里面只允许有女士和宫廷侏儒。按照法国外交大臣的要求，宫廷侏儒很快被请出去了，因为他们太适合做间谍了。宫廷贵妇也一直是个问题，但是她们每个人背后都有一个很有影响力的家族，不可冒犯。现在法国宫廷服饰的每一个小细节都在女大公们的反对下艰难地推进着，她们宁死也不愿意让外人看到自己的鞋子。宫廷菜肴自然也不会因为王后的意愿这种小事而背离西班牙传统的烹饪方式，因此人们会发现，玛丽·路易丝婚后第 6 年还在自己的卧室忙着煮洋葱汤。天性寡言少语的国王开始在此时显露抑郁的最初迹象，他的抑郁明显与西班牙国王一贯拘泥于礼节的行事方式及相对压抑的宫殿有关。简而言之，年轻夫妇及他们信任的亲王妃的困境使得情况非比寻常——并非只有来自异乡的王后，而是他们 3 人都来到了一个陌生的国度。（连奥尔西尼亲王妃的西班牙人脉也主要是在罗马获得的，西班牙语是她在短暂停留之后很久才学习的。）与凡尔赛、罗马或者都灵相比，西班牙在 3 人看来想必既贫穷、粗野，又顽固不化，而且在亲王妃到达后不久就爆发了一场战争，更是让他们对西班牙的看法雪上加霜。

在西班牙王位继承战争爆发后的 2 年，战争都发生在西班牙之外，因为法国和同盟军首先争夺的是位于意大利和比利时境内的西班牙领土（因为更容易到达）。然而 1703 年，费利佩五世的对手、奥地利的查理大公进入加泰隆，并宣布自己为西班牙国王，称卡洛斯三世。接下来的战争并非全然是内战，因为绝大多数西班牙人对费利佩五世相当忠诚，而卡洛斯三世的部队主要由德国人、葡萄牙人和英国人组成。尽管如此，持续 11 年的战争自然也粉碎了这个国家，尤其是费利佩五世和他的法国顾问很快就开始以法国为榜样，打破了阿拉贡和巴伦西亚王国迄今为止的自治权；此外他们还在竭尽所能地重组国家、宫廷和军队。从效率的角度来看，这些措施大多非常有意义，反正有助于在战争伊始帮助既没有反抗能力又贫穷的国家提升战斗力。（我不论述同期开始的海战，但为了说明，只提一点，保卫美洲境内整个西班牙"帝国"的战船，只有不到 20 艘。）然而这样一来就要冒犯大部分贵族精英，没有人比奥尔西尼亲王妃能更强烈地感受到他们的反感。毕竟作为女性和法国人的亲王妃，完美代表了被很多人觉得无法忍受的外来控制，因此除了对国王夫妇无限的忠诚，自身的利益也使亲王妃越来越陷入与法国其他代表的矛盾中。不仅法国大使在马德里待不长要怪罪于她，连 1675 年为她和第 2 任丈夫主持婚礼的枢机主教德埃斯特雷也作为她的敌人来到西班牙。虽然亲王妃很快促成将德埃斯特雷调离大使一职，但是因为他的侄子娶了德诺瓦耶众多女儿中的一个，也就不能太让他们家族下不了台。本着旧秩序最好的逻辑，人们将枢机主教另一名侄子、"修道院院长"德埃斯特雷任命为大使的继任者——此人现在一

408

409

心想摆脱这位年老的女士其实不足为奇。亲王妃真心想努力开展友好的合作，而新大使却天天往凡尔赛写信告状，不幸的是，这些信被费利佩五世截获并拿给了亲王妃。在其中一封信中，德埃斯特雷断定奥尔西尼夫人那英俊得可疑的掌马官兼秘书德奥比尼通过她掌控了这个国家，此人不仅几十年来一直是她的情夫，而且已经秘密与她成婚（之所以秘密，当然是因为如若不然她就会丢掉至关重要的女大公的荣誉）。是可忍孰不可忍。亲王妃亲手在这封紧急公函上做了修正，最精彩的是还在主要指控旁加了一句"没结婚"，然后一并寄到巴黎自己的兄弟那里，让他呈递外交大臣德托尔西。结果表明，这做得确实太过分了。

德托尔西一听说这封紧急公函被改变了用途，从巴黎滚滚而来的太阳王国度的雷雨便以巴洛克式的排场全部倾泻在亲王妃的身上，而她曾以为，自己一个人就可以在西班牙呼风唤雨。费利佩五世接到祖父命令，立即将王室家庭女教师遣返罗马，这一次他服从了。因此，奥尔西尼亲王妃于 1704 年带领 3 辆马车和 25 名随从首次从西班牙启程，貌似被打败了。但是亲王妃的敌人没有料到老妇人的人脉如蛛网一般，她一直通过德诺瓦耶夫人与德曼特农夫人保持着间接联系，而且她从法国南部寄出的信极为恳切，返回罗马的行程很快被允许暂缓。（现在，1714 年，她在飘进雪花的马车中是否会想起，她当时曾在信中表示，由于暑热立即前往会有生命危险？）后来英国人拿下了直布罗陀，仿佛要向凡尔赛表明，西班牙一事状况有多么糟糕。在这种情况下，法国不是需要所有有能力的人吗？亲王妃确实很快就被允许前往巴黎，而且最终被允许前往凡尔赛。可以说，亲王妃已经赢了。宫廷阴谋家有很好的理由让对手始终远离统治者，直到统治者做出一项只有丢脸才能更改的决定。廷臣最为训练有素的本事就是在面对面交谈时表现出友好的说服力，同时闪电般地分析对方的每一个用词。如果对手不在场，而且除了本人没有更好的支持者，那么在正常情况下，仅仅与国王、国王情妇或者其他当权者谈一次话，几乎就足以保证成功。而奥尔西尼亲王妃正是这种职业的天才选手，甚至在她与德曼特农夫人谈上半个小时以前，"修道院院长"德埃斯特雷的仕途就已经葬送了。
在回程之前，亲王妃成功解决掉了诺瓦耶家族另一名被任命为继任者的亲
戚。人们带亲王妃一同前往神奇的马尔利。在那里，国王的秘密妻子担心
阳光会让亲王妃的眼睛不适，命人将自己套房的所有窗帘都拉上；然后两
人开始滔滔不绝，数日不停，很快国王也参与进来。亲王妃虽然高傲，但
同时也具备赤裸裸的自嘲式的幽默感，讲起话来流畅轻松，连路易十四和
亲王妃年轻的表亲圣西蒙都为之着迷，而且圣西蒙还久久地回味着她的叙
述。最终，亲王妃在宫中待了 5 个月，要不是德曼特农夫人情有可原地对
此表示担忧，她无疑会留更长时间。亲王妃此时大约 62 岁，国王 66 岁，   411
而德曼特农夫人不仅已经 69 岁，且持有一种非常悲观并现实的看法——
奥尔西尼夫人还是继续掌控西班牙国王吧，总好过控制法国国王。1705 年
6 月 22 日，再次被任命为王室家庭女教师的亲王妃从巴黎出发，胜利返回
马德里。

　　奥尔西尼亲王妃回来得一点都不早。由于西班牙已经几百年不起战
事，因此到处都缺乏现代的防御工事和战争物资。战争刚一开始，一支入
侵的葡萄牙军队就占领了马德里，连敌人自己都吃了一惊。尽管这场胜利
并不持久，但它的确开启了一场始终不能停歇的战争，国王夫妇连同西班
牙和法国的军队，以及卡洛斯三世和同盟军都卷入其中。费利佩五世聪明
且英勇，但是当时反复出现抑郁的症状，王后及王室家庭女教师就得反复
地激励他，让他高高地坐在马上，以光辉的英雄形象出现在惊魂未定的民
众面前。仅仅这样自然还不够。1707 年春，有迹象表明，王后做了维护
王位第二重要的事：她怀孕了。1707 年 8 月 25 日，王后（还不满 19 岁）
生下了一位王子，小王子除了获得阿斯图里亚斯亲王的王位继承人头衔，
也得到了来源于法语的路易斯之名。比较难办的是姓氏，按照西班牙的风
俗，姓氏在统治者家族中要相对清晰，但不能叫"西班牙"，因为它仍是
卡斯蒂利亚、里昂、阿拉贡和巴伦西亚等王国的共主联邦较为随意的暂定
名。这个王朝本身要按照他们此前最重要的财产来命名，就像哈布斯堡家

族的国王称为"德奥地利"（这也解释了为何路易十四的西班牙母亲以"奥地利的安娜"而为人所知）。但是费利佩五世作为西班牙迄今为止最大敌人的后代，已经遭受了足够多的反面意见，不愿意让自己的孩子叫"德法兰西"。因此，人们挖出了自 1589 年就不再使用的"波旁"这个名字，这一无心之举发展到最后，人们不仅把法国和西班牙称为"波旁宫廷"，后来还把这个原本不完全合适的名字回顾性地用于路易十四的整个家族。当然，这些在 1707 年时还没人能预料到。一个王储的诞生反倒向摇摆不定的衮衮诸公发出信号：这个统治者家族有前途，为费利佩五世效力的人不会成为陷入王朝绝境的失败者。

　　单靠继承人的降生自然不足以巩固费利佩五世的王位。走运的是，此前不久，事态已经向着有利于国王的决定性方向发展。卡洛斯三世的军队顶着滚滚热浪穿过西班牙中部，打算拦住费利佩五世的法国援军，他们以为援军在数量上处于劣势。可事实上援军有 3.2 万人，几乎是拦截方的 2 倍，他们之所以撤退，只是因为指挥官直到最后都不敢在上司德奥尔良公爵不在场的情况下开战——此时公爵人在边境。这种恐惧的唯一根源自然是等级，因为二把手同样很有作战经验，此人就是英国国王的私生子贝里克，他此时领导着一支法国军队对抗英国军队，而这支英国军队则由一名法国人率领。在转投威廉三世麾下之前，将军戈尔韦伯爵一直叫作德吕维尼侯爵，他的弟弟是德拉卡耶莫特，1690 年阵亡于博因河的战役，而那时的贝里克则在敌方阵营中观望。现在戈尔韦正在追捕贝里克，但他没有料到，贝里克正在引他入瓮。1707 年复活节的星期一，两支军队在卡斯蒂利亚城堡下方的阿尔曼萨相遇。西班牙的骑兵袭击为这一天一锤定音，他们遇到了老侯爵达斯米纳斯的葡萄牙骑兵，由于等级原因，人们将右翼分配给了他。这位 65 岁的侯爵打起仗来视死如归，而站在他身旁女扮男装的情人是真的丧了命，大部分葡萄牙骑兵恐慌逃跑。在混乱之初，61 岁的戈尔韦的脑袋也挨了两刀，同盟军的阵列完全乱了套。正当尼德兰、英国和胡格诺派的大部分步兵纪律严明地排成线列和长方形缓慢离开战场时，尼德兰的少将约翰·弗里德里希·楚·多纳－弗尔拉西埃将 15 个营和 5 尊大炮挽救到被森林覆盖的山上。少将成长于日内瓦湖畔，是在战争中被收缴的法国庄园的继承人，也是普鲁士王储老师的兄弟与尼德兰军队的名将之一。但是，面对西班牙无情的太阳、饥饿和干渴，少将也无能为力。一天以后，他光荣投降，同盟军占领卡斯蒂利亚的计划也随之彻底告吹。贝里克保住了费利佩五世的王冠。

贝里克获得的封赏也配得上王家身份，这位迄今无家可归者的后代由此得以在欧洲的贵族世界中长久占据重要的席位；他那同父异母的弟弟虽然是名义上的国王，但却因此注定一生颠沛流离，无法赚取金钱，也没有财产。贝里克眼下反而同时开创了两个贵族王朝。路易十四于 1710 年在马尔利的日子里，也就是圣西蒙和德奥尔良巧使伎俩的那些时日，贝里克为他的幼子弄到了菲茨詹姆斯的法国公爵头衔，这位王子的后人一直保有这一封号，直到 1967 年绝嗣。绝大部分遗产由贝里克的长子继承，他继父亲之后成为一等大公，并获得了西班牙的公爵领地利里亚和赫里卡，后来因为在 1716 年与克里斯托弗·哥伦布的女继承人结婚而获得了诸如印度海军元帅、牙买加侯爵等美妙的头衔。1802 年缔结的另一桩富有的亲事，最终为这个家族带来了公爵领地阿尔巴，贝里克的西班牙后人从此就以这个名头最为著称。他们拥有阿尔巴、利里亚、赫里卡及超过 20 个头衔，最终，世世代代通过娶妻获得的财物，在 1953 年从国王子孙的男性一支悉数落入一位名叫唐娜·卡耶塔娜·菲茨詹姆斯－斯图亚特·y.席尔瓦的女继承人囊中。这位 2014 年去世的阿尔巴女公爵的第 1 任丈夫是一名公爵之子；第 2 任丈夫早先是神父，后来是阿多诺 [1] 的出版人；最终，在被《名利场》杂志评为年度最佳着装女性之后，女公爵以 85 岁高龄嫁

414

---

[1] 西奥多·阿多诺（Theodor Adorno，1903—1969 年），德国哲学家、社会学家、音乐理论家，法兰克福学派第一代的主要代表人物，社会批判理论的理论奠基者。著有《黑格尔三论》《美学理论》等作品。——编注

给了一个相对年轻的小职员。很难说贝里克是否设想过自己的王朝计划会以这种方式结束，但对国王封赏的影响如何绵延几百年，这是一个很好的例子。

通过在阿尔曼萨取得的胜利，王室本身似乎得到了前所未有的巩固。伪国王已经被逼入守势，眼看整个西班牙就要重新统一在费利佩五世的治下，这时法国却在其他战场上开始了一系列的倒退。1708 年具有灾难性后果的出征摧毁了法国，接着 1709 年冬季的严寒使地中海的温度下降到接近零下 20 摄氏度。饥馑和财政困难迫使曾经不可一世的太阳王与同盟军展开和平谈判。同盟军坚持让路易十四在必要时亲自把孙子驱逐出西班牙，却以这种方式无意中保住了费利佩五世的王冠，因为只有这一点对于一位祖父来说是不能接受的。谈判失败，战事又起，而且绵延不断，因为马尔普拉奎特一战又造成了新的相持局面。但是当奥尔西尼亲王妃和她的王室孩子（国王及王后）得知，法国差点儿就任由他们倒台，在 1709 年的夏日，3 人不得不在这个历史性的时刻屏住呼吸。致命的猜疑缓慢但是无法遏止地在连接马德里和凡尔赛的精致脉络上滋生蔓延。确实，和平谈判已经失败，但是财政困难不是迫使大部分法国军队从西班牙撤离了吗？剩下的军队难道不是必须由费利佩五世来支付军饷，他不是还得眼睁睁看着，饶是如此，军队也不愿作战吗？奥尔西尼亲王妃早就坚信，法国是想通过让继续战斗变得不可能的隐蔽方式来牺牲掉国王夫妇，理由便是同盟军眼下自然又在向前挺进，而法国年初又重新开启了和平谈判。奥尔西尼和德曼特农的信也越来越像战场，一方几乎狂怒的上层贵族的战斗精神遭遇了另一方谨慎无奈的现实主义。马尔普拉奎特不是证明法国仍然可以战斗下去吗？不，德曼特农夫人回复，马尔普拉奎特表明就算再杀死数万人，也不会离胜利或者和平更近一步。这样的事还要发生多少次？两位夫人早就抛弃了以往小心翼翼遵守的习俗，按照习俗，她们只是两位可怜的老妇人，在寂静的小屋里思考着世界的艰难进程及男人们不受影响的伟大行为。二人的信件早就表明，她们从未对自己的权力抱有过幻想，权力同时也是无法承受的责任。没有人可以肯定地说，如果同盟军在这一刻表现出迟到的理智，并向路易十四提议干脆撤离战场，到底会发生什么。在妻子、妻子的王室家庭女教师及西班牙的追随者们的鼓舞下，费利佩五世无疑会独自坚持下去，但很有可能会被打败，尽管他勇敢的王后曾经宣称，如果出现这种情况，必要时她会亲自从秘鲁出发继续战斗。奥地利王室将会重新取得西班牙王位，费利佩五世可能会和贝里克同父异母的弟弟一样，成为祖父庇护下的流亡国王，而奥尔西尼亲王妃很可能不得不作为失败的法国利益背叛者而四处逃亡。但几乎可以肯定，如果这样，那么欧洲不仅可以幸免于西班牙继承权战争的最后几年，而且也不会发生接下来的两场大战。但注定不该如此。同盟国已经太习惯于他们对贪得无厌的帝国主义者路易的想象，只有彻底羞辱这个敌人才会让他们安心。同盟国没有意识到，正是这一点使他们在战争期间所受的蒙蔽不少于敌人长久以来受到的蒙蔽，因此 1710 年的和平谈判再次告吹，根源依然是令路易把矛头指向孙子的灾难性的第 37 条。

显然，奥尔西尼亲王妃的学生们最后一次赢得了喘息的机会。但是他们马上要面临幸福的转折，而且这次转折会让老夫人最终失去现实主义态度。当 1710 年法国再次向西班牙派遣援军时，看起来似乎依然起不到什么作用。费利佩五世已经又吃了两次败仗，眼看着要第 2 次放弃马德里，所幸在最后一刻，德旺多姆公爵扭转了局势，他曾于 1708 年在佛兰德惨败，眼下则在布里韦加和比利亚维西奥萨的两场战役中（1710 年 12 月 9—10 日）战胜了英国人和奥地利人。西班牙波旁家族获得了真正的、前所未料的拯救，然而这也触发了另外两起宫廷事件。

英国宫廷中，为了暗中与表姐马尔伯勒公爵夫人争夺独掌大权的安妮女王的宠爱，马沙姆夫人运作多年的颠覆活动于 1711 年 1 月胜利告终。安妮曾把莎拉·马尔伯勒提拔为王室家庭女教师，让她的丈夫领导同盟军，但是二人 30 年的友情却葬送在公爵夫人忌妒的怒火中，最终安妮只得将她解职。3 月开始，马沙姆夫人的表弟罗伯特·哈利就成了事实上的

417　首相，他作为整场战争的反对者开始排挤总司令马尔伯勒。1711 年 4 月，仅在法国王太子死后 3 天，罗马－德意志皇帝约瑟夫一世无子而终。因此，奥地利、波希米亚和匈牙利的世袭土地及实际上板上钉钉的皇帝候选资格就落到他唯一的弟弟查理头上，也就是从 8 年前开始争夺西班牙王位的卡洛斯三世。整个欧洲王室的平衡一下子发生了偏移。几乎从 10 年前开始，欧洲就在与法国作战，因为对于欧洲来说，法国国王的孙子坐在西班牙王位上似乎是一种难以接受的权力集中。现在，转瞬之间，种种迹象表明，这场战争的胜利意味着权力将更加集中于某一个人。甚至连日不落帝国的查理五世统治过的臣子，也不如现在卡洛斯三世（不久他将成为皇帝查理六世）或许会拥有的臣子多。换句话说，由于死去的皇帝只有两个女儿，没有留下一个幸存的婚生子，使得整个西班牙继承权之争在经历了 10 年的残酷战争之后沦为一件荒唐事。因此，第一批同盟国很快就脱离了旧的联盟。1711 年年底，总司令马尔伯勒也倒了台，在他不得不因面临叛国审判而逃离的同时，他的继任者接到命令，只能作为旁观者参与接下来的所有战争。明眼人自然早就明白，不仅这场战争已经接近尾声，奥地利对西班牙的主权要求也因为缺乏支持而作废。人们将会用已经占领的地区来敷衍新皇帝，把迄今为止归西班牙所有的尼德兰（今天的比利时和卢森堡）、伦巴第和那不勒斯或者西西里留给他。相反，费利佩五世会得到西班牙和

418　"印度"。当然，这需要长期的谈判。然而，除了划定边界的细节，也没有什么可谈的了。

　　恰在此时，所有敌人中最为狡诈的那个出其不意地战胜了奥尔西尼亲王妃，这个敌人就是她的成功。从父亲的内战冒险到现在，亲王妃近 70 年的人生就像坐过山车，一直被迫与逆境做斗争，已经习惯了失败之后重新振作，笑对伤痕的同时仍然能以高贵女性的尊严面对将要发生的事情。她一再遇到不可预料的绊脚石，一次次站在深渊旁，而且从没指望过自己会继续走运。但是眼下，似乎一切皆有可能，由于亲王妃是两位国王手下最有权势的臣子，她被一种逐渐形成的、可以理解的极大欲望淹没了。独

立、自由、自主——听起来难道不够解放吗？如果这样理解，是多么现代啊。但是在1711年的这个秋季，野心像窸窸窣窣的虫子一样向奥尔西尼亲王妃低语的，是这种愿望的前现代上层贵族版本，表达的是拉特雷穆瓦耶家族的全部骄傲和傲慢。亲王妃所在阶层根深蒂固的理所应当是如此强烈，连这样一位没有孩子、被迫终生高度自律的女性的最后虚荣也摆脱不了建朝立代的想法，因此她决定，把自己的家族变成一个统治者家族。总能从西班牙破产者的财产中找到某处可以让亲王妃自治的公侯国，总能有一小块没有人君临她之上的土地可以让她统治，并且等西班牙不再需要她时她可以退守此处。最重要的是，这种主权终于可以赋予亲王妃向往的高于其他一切臣仆的等级，而这是她和两任丈夫一起追求未果的。那时候她就终于可以成为"殿下"，费利佩五世向她允诺的公侯国可以赋予她这一称呼。在细节上，亲王妃可以更灵活些。公侯国每年至少得有9万法郎的收益，这是肯定的。地处何方亲王妃完全不在意，她乐意接受意大利的公侯国、林堡公侯国，或者阿登高地的伯国希尼也可以，反正她只会在不得已时才生活在那里——等级才是唯一算数的。为了这个等级，她什么都愿意做。

419

怀揣着这些考虑，一向务实理智的亲王妃从绝对的明白人变成了自大狂。非常富有教益的是，这种事恰恰发生在亲王妃这样头脑清晰的人身上，表明了即使最清醒的头脑也会在某种情况下做出完全不理智的决定或者为这种决定辩护，即当这些决定完美契合了占统治地位的精英有意识或无意识的世界观时。亲王妃的错误也并不在于建朝立代的想法，所有人都这样想，在这方面，贵族并不逊于统治者或者农民；她致命的错误大概在别的地方。拉特雷穆瓦耶家族更有权势的主脉虽然最晚从1648年开始就在每一处街角宣称自己有权君临那不勒斯，但是他们从一开始就知道，这充其量也就是一张宫廷等级的汇划支票。相反，闺名为安妮－玛丽·德拉特雷穆瓦耶的奥尔西尼亲王妃现在使得相对而言已经降级的旁系的防守型骄傲大行其道，她甚至乐于忘掉过去的百年间发生了什么。统治者家族通过建立巨大的军事和国家机器，不仅使贵族臣属和真正的君主之间的鸿沟变得不可逾越，而且任何试图仅仅通过婚姻来跨越这条鸿沟的人，都会落得与洛赞被拘禁在皮内罗洛一样的下场。最重要的是，在过去的 10 年间，这些大型机器用它们无情的车轮碾碎了成千上万人的性命，从而迫使各方力量达到完美的平衡。亲王妃真的会相信这些机器会为一个法国的女臣子让路？于是立马就有传言说亲王妃之所以想要在法国边境弄到一块侯爵领地，是想将其献给路易十四，以此为自己在法国换来一个安稳的晚年。但是亲王妃就是相信，因为她愿意相信，而且她对西班牙国王夫妇的影响力如此之大，还能继续阻挡这些大轮子差不多 2 年的时间。亲王妃的计划中最糟糕的部分在于：只要她愿意以西班牙的名义阻挠 1712 年重新开始的和平谈判，直到作为比利时和意大利南部新主人的皇帝最终承认她的独立公侯国，这项计划就能成功。就这样，为了和平谈判而聚集在乌得勒支的欧洲大国的大使们，就好像别无他事一般，好几个月都在为了奥尔西尼亲王妃的事情忙碌。而最后几支队伍艰难地来到前线，只因为所有参加者都疲惫不堪，才避免了又一场大型战役的爆发。

　　1713 年春季和夏季，最重要的和平协定陆续签署，而且看起来亲王妃似乎仍然可以获得她的主权。但是随着这一年的继续推进，越来越多的大国宣布各自在压力下做出的承诺无效，直到 1714 年 3 月最后一项正式的和平协议签署，亲王妃的愿望也未达成。尽管如此，奥尔西尼夫人似乎并未一败涂地，因为费利佩五世考虑到自己的承诺，应允给予她适当的补偿。但实际上，这位王室家庭女教师已经走向毁灭。和谈延宕，必然使得对现任法国大使的攻击再次变得常规化，导致路易十四和德曼特农夫人不仅最终成了亲王妃隐秘且十分坚决的反对者，甚至有历史学家还在 19 世纪很不公正地假设，亲王妃的垮台是由路易十四一方组织的。今天我们知道，亲王妃的命运一锤定音的那一刻，是她的主权规划使得意大利中部一位名叫朱利奥·阿尔贝罗尼的花匠之子彻底坚信，这样一位女士永远不会跟任何人分享她的权力。如果人们把这话告诉亲王妃，她会笑成什么样啊。但是王朝世界就是如此建造的，蝴蝶在正确的位置扇动一下翅膀，确实可以引发一场风暴。只需要一起死亡事件，就可以让最骄傲的权力结构坍塌。

西班牙王后玛丽·路易丝多年以来反复发烧，后来不停地怀孕使她更加虚弱，然而逐渐将这位 25 岁女性杀死的是在当时还几乎不为人所知的肺结核。最终，西班牙在 1714 年 2 月 14 日上午失去了王后。费利佩五世不顾医生警告，几乎直到最后都一直待在妻子临终的房间中，伤心欲绝。国王有两个儿子，因此从王朝的角度来看，再婚似乎不是非常必要。随着王后去世，奥尔西尼亲王妃也失去了王室家庭女教师一职，随即被任命为这两位王子的教师。然而，在死者灵柩尚安放在马德里宫殿的 3 天里，西班牙的大使们就收到了紧急公函，要求就国王的下一段婚姻展开谈判。国王已经非常习惯于只和一位女性共度夜晚，肯定也怀念一位真正没有私心的忠诚之人的陪伴。而德布维里尔和德费奈隆循循善诱，向国王灌输的极度虔诚也使他难以设想与一位在上帝面前嫁给他的女性之外的人分享这种亲密。从哪里找这位女性呢？德国不行，因为身居维也纳的头号敌人将会横加阻挠；葡萄牙几乎是自然法则下的敌人；法国至多推荐德奥尔良公爵的一个女儿，但是自从公爵和费利佩五世作对、打西班牙的主意起，他就是奥尔西尼夫人的死敌；唯一可以设想的波兰公主离维也纳宫廷太近了点。最后一个拥有必备等级的天主教宗室女的国家只剩意大利。为什么不呢？一度拒绝意大利仆人的亲王妃心想。和法国的关系已经完了，她不能只信任西班牙人，现在意大利人恰恰向她这位长年的罗马人伸出了援手。而在意大利的宗室女中，没有哪位比 22 岁的伊丽莎白·法尔内塞更受宠爱，她是帕尔马公爵的侄女，很快就会在西班牙被称作伊莎贝拉。她拥有双重身份，既是父系一支即将消亡的帕尔马家族的女继承人，也是母系一支托斯卡纳大亲王国逻辑上的继承人，而那里的美第奇家族同样也在走向必然的消亡。这就对了！最终可以利用这些遗产重建西班牙在意大利的势力，实现了这一步，接着就可以重新占领那不勒斯和西西里。亲王妃对自

422

已的选择很满意。

　　奉命转达路易十四违心赞美的将军阿尔伯格蒂伯爵泽诺比奥于 1714 年 8 月 15 日及时到达帕尔马参加代理婚礼，此前巴黎的大臣们已经警告过他。众人早就知道亲王妃不知道或不愿意承认的事情。伊莎贝拉·法尔内塞 22 岁，脾气秉性也不像 12 岁的前任那样，可以任由一名极其强大的宫廷女教师摆布。使伊莎贝拉不同于玛丽·路易丝的与其说是年龄，不如说是两个非常基本的因素。这两个因素分别是阿斯图里亚斯亲王和费尔南多王子，他们是新王后的继子。单是两位王子的存在，就阻止了伊莎贝拉的任何一个儿子继承西班牙王位，而她注定以后会成为寡妇，隐居在某座荒凉的修道院中。但伊莎贝拉又手握诱人的继承权，西班牙可以利用这些继承权重建在意大利的势力；一旦完成了这一步，谁还能阻止她夺回那不勒斯和西西里，再将其作为王国送给自己的儿子呢？当然，西班牙从中得不到什么好处，就像法国也没有从费利佩五世坐上马德里的王位中捞到什么好处一样。但是如果统治西班牙的是伊莎贝拉本人，这一切又有什么关系呢？在那里，任何人都不能挡她的路。这些前提与奥尔西尼亲王妃的地位是何关系，伊莎贝拉不必时考虑，因为她有朱利奥·阿尔贝罗尼。这位 50 岁的小个子神父虽然只是一名花匠的儿子，但他找到了自己这种人晋升的唯一阶梯并加以利用。的确，单靠神父的研讨课还不够，但是当战争向意大利北部蔓延时，阿尔贝罗尼立即向德旺多姆公爵献计。据说阿尔贝罗尼之所以能成为这位有权有势的统帅的总管，只是因为不介意对方坐在马桶上接待自己，但现在谁还会在意呢？1710 年，德旺多姆把阿尔贝罗尼带到了西班牙。由于阿尔贝罗尼在西班牙升任帕尔马领主的公使，因此向奥尔西尼亲王妃兴奋地讲述法尔内塞的性格据说十分温和的正是他，直到计谋得逞。作为公使，阿尔贝罗尼可以每天参加亲王妃公开的午宴，而且每晚都给家乡写一封信，警告人们提防她。一开始，阿尔贝罗尼还建议试着和亲王妃相处一年，但是由于亲王妃对主权的顽固坚持，阿尔贝罗尼明白了，对这名 "la Vecchia"（老妇人），要么只能出其不意将其扳倒，要么根本扳不倒。由于奥尔西尼夫人对自己的权力过于自信而心生倦怠，由于她过分忙于庆祝自己的侄子德沙莱亲王和兰特亲王升为一等大公，这次王后旅程的女伴不再是她，而是她已经嫁人的外甥女迪皮翁比诺亲王妃。这次的行程表面看起来与 1701 年的那次非常相像，甚至有点太过相像，因为很久之前阿尔贝罗尼就写信寄往帕尔马，说伊莎贝拉应该假装晕船，从而可以走陆路，并且在与亲王妃碰面之前先见一下自己。因此，这次旅程也十分漫长，一年中白天最短的日子此时已经开始了。1714 年 12 月 15 日，伊莎贝拉到达潘普洛纳时，不得不用火炬点亮黑夜，来观看第 3 场她要求的斗牛比赛。这就是巧妙地收买人心，是向西班牙人发出的信号，表明这里终于有人喜爱他们的传统了。在城市的主广场上，男扮女装的教士们用真公牛表演趣味斗牛时，王后第一次亲自与阿尔贝罗尼冷静商谈。从现在起，这位来自底层的天生阴谋家将伴随在国王和皇帝们的后裔左右。自从所有来自帕尔马的随从按照协议在潘普洛纳被遣返，阿尔贝罗尼成了王后最后一个，也是唯一一个亲信。两个人每天夜里都会商谈数小时之久，而王后从来不在中午前起床。阿尔贝罗尼向王后描述要注意什么、担心什么，并最终在第 4 天夜里含泪向她承认，只有一种方式可以摆脱“老妇人”的暴政。在阿尔贝罗尼讲述完毕之后，王后说：“很好，但是我的丈夫会怎么说呢？”阿尔贝罗尼微笑着解释，给了王后一晚上的思考时间。这一晚，王后没有入眠。然后，伊莎贝拉在最后几日独自与迪皮翁比诺亲王妃启程前往哈德拉克，奥尔西尼亲王妃正在那里等她。在几千米之外的瓜达拉哈拉，国王焦急地期待着与妻子的第一次见面；他不知道，她对此了如指掌；他更不知道，这会有多么重要。

12 月 23 日，王后到达哈德拉克，此时已是将近晚上 8 点，寒冷难耐。看到新女主人的马车向着由市长府邸勉强改造而成的下塌处驶来，亲王妃或许记起了前一天才收到的伊莎贝拉写来的第一封信。在信中，伊莎贝拉用意大利语称呼亲王妃为“我非常珍贵而亲爱的表亲”，并向她解释，虽然一直没有时间回信，但正因如此，自己现在更想认识和拥抱她——信尾落款按照西班牙的风俗仅仅署名为"我，王后"。但是也许亲王妃也想起了另外一份完全不同的文件，这份文件在同一天被签发，而且只有她知道它的存在。这是费利佩五世的一封委任状，他借此从刚刚才重新占领的殖民地中划出一块来，将其作为"独立的罗萨斯和卡尔多纳公国"永久交予奥尔西尼夫人。国王将会在第 2 天的婚礼日签署这份委任状。"我还是做到了。"亲王妃可能在想。亲王妃看着新王后在雪花纷飞中下了马车，却没有走出屏障般的拱门去迎接她——天太冷了。然后这两位女士第一次也是最后一次相向而立，没有她们，欧洲的两个王室就不会诞生。二人沉默地给了对方一个礼节性的吻，之后退到一间只有她们两人的房间。亲王妃递给王后一封费利佩五世的信，信中国王申明自己急不可待地要见伊莎贝拉。如果伊莎贝拉足够实诚，她现在就可以向亲王妃解释，正是这种焦急允许她接下来可以做任何事情。但相反，伊莎贝拉说，亲王妃敦促她加快行程的那些信件是多么侮辱人，她有正当的理由不回复。王室家庭女教师开始辩解，她仍擅此道，尽管她不再确切地知道如何与这个直率得令人困惑的孩子讲话，是该像当年和那个 12 岁的女孩那样讲话，还是该像和德曼特农夫人那样讲话。但是马尔利黑屋子的时光早就一去不复返。在这个冬日，亲王妃无论在哪儿，无论说什么都无关紧要了。王后已经喊来禁卫军的上尉，让他将这个冒失之人带走，她竟敢如此和王后殿下讲话。刚刚还无所不能的奥尔西尼夫人转眼间被带到一间偏房中，而禁卫军则逮捕了她打算逃跑的仆从们。老夫人足够处变不惊，让一名仆人将每位王室家庭女教师上任之初必须送给女主人的贵重首饰转交给了王后。当然，还没等这位仆人把"殿下，您的礼物"这句话说完，越来越愤怒的王后就打断了他："殿下？在这个国家只有一位殿下，那就是我的继子。"她将首饰塞到了迪皮翁比诺亲王妃的手中，继续说道，"把这个当礼物送给您的侍女很不错。"然后王后喊来了阿梅萨加，此人曾在阿尔曼萨领导过具有决定意义的骑兵袭击，并因此被任命为巴拿马的总督（当然不必真的去那里上任，否则就是一种惩罚）；眼下他率领着给王后伴驾的禁卫军。伊莎贝拉

命令阿梅萨加带来侍女和男仆各一，让他们与亲王妃坐同一辆马车，由 50
名禁卫军将亲王妃送出边境——即刻启程。阿梅萨加目瞪口呆，仿佛看见
日月星辰从苍穹坠落，然后听到王后问他，他是不是没有接到必须一切服
从自己的命令。如果当初指派给王后的不是西班牙的近卫军，而是瓦隆人
的近卫军团，那么现在随奥尔西尼夫人登上马车的就是其另一个侄子麾下
的忠诚卫兵。谁知道亲王妃会不会重复 1704 年的胜利？只要让人把她带
到瓜达拉哈拉，跪倒在国王脚下，国王从来没办法面对面打发她离开……
但眼下近卫军是西班牙人，他们更害怕那位钢铁般强硬的年轻女士，而
不是这个老巫婆——民间几个月前还相信，她有可能会自己嫁给国王。巴
拿马总督大概深感羞愧和迷惑，但除了在拥挤中打碎了一块玻璃，什么也
没给亲王妃争取到。亲王妃非常庄重地说出了她在西班牙宫廷的最后一句
话："让王后烦恼，我很遗憾。"然后马车就启程了，在结冰的路上缓慢行
驶，而且必须穿过山脉，这样亲王妃就不能转向前往瓜达拉哈拉了。马车
一直前行，缓慢得如同一种折磨，经过一夜高烧梦魇，亲王妃最终在早上
7 点疲惫不堪地到达阿蒂恩萨。马车夫被严重冻伤，不得不截掉了一只手，
而且他们在暗夜中走错了好几次路，8 个小时只驶出了 30 千米。

平安夜和圣诞节第一天，亲王妃依然在冰雪中艰难前行。几个鸡蛋就
是全部食物，几个草褥子就是途经农舍中最像床的物件。直到 12 月 26 日，
亲王妃震惊的侄子兰特和德沙莱才在杜罗河畔阿兰达追上她，向她汇报这
几天发生的事情。当二人讲述，国王 24 日是如何不情不愿地听取阿尔贝
罗尼的解释时，天际再次出现了一线光明。国王没有直接驳回仍未谋面的
妻子的命令，而是给家庭女教师写了一封安慰信，让她停下来等待，状况
会很快改善，她有权对国外抱有希望。国王甚至当天还在亲王妃的罗萨斯
侯国的委任状上签了字，很快就会让人给她送来。快要饿死的亲王妃贪婪
地吮吸着这个消息，又获得了新的希望，她待了一天多才得以脱下荒唐的
盛装——侄子们带来了应急的行李。此时的亲王妃在内廷大臣的天堂和地
狱之间飘摇，然后她收到了国王的第 2 封信。

427

　　王后伊莎贝拉 24 日一反常规，早上 7 点就起了床，从而可以及时到达瓜达拉哈拉；下午 3 点左右第一次站在要跟她共度余生的夫君面前时，她非常紧张。阿尔贝罗尼几天前以一种很快就会出任枢机主教和首相的人才有能力做出的嘲讽口吻，将国王称为"一个圣人"，他这么说是相当有道理的，只不过是以一种完全反常的方式。只需要对 7 岁的继子看上几眼、象征性地说上几句亲切话，再屈膝一跪，费利佩五世就爱上了这个上帝的法令现在唯一允许他爱的女人。国王立即抓起了伊莎贝拉的手，走向最终举行婚礼的因凡塔多的宫殿。然后国王夫妇移步御床，在那里度过了接下来的 6 个小时，一直到午夜弥撒。两名骑手先后携两封信疾驰而去，一封下令将主权委任状收回存档，另一封于 12 月 28 日送达奥尔西尼亲王妃手中。结束了。国王祝愿她旅途愉快，她一无所有了。

　　但亲王妃确实还留了点东西。她将返回意大利，途中匿名而行，从而不必正式放弃已然化为乌有的尊严。她将在热那亚落脚，直到在 1719 年得知，差一点就成了费利佩五世王后的波兰公主那患有厌食症的妹妹即将作为王后前往罗马，只要受雇陪同她的爱尔兰强盗能带她躲过罗马－德意志皇帝的差役。因为 1713 年的和平协定不仅迫使路易十四彻底承认英国革命性的王位继承，还责成他将不久前还在马尔普拉奎特拼命的逃亡国王詹姆斯三世赶出法国。但是英国人觉得这还不够，他们有正当理由恐惧那位王位索取者。以往君主之间的暗杀袭击并不普遍，因此针对詹姆斯三世的暗杀大概是临时起意。但是英国逼迫詹姆斯三世从一个国家辗转到另一个国家的政策却非常系统化，最终只有罗马准许他避难，而英国人一开始就想把他弄过去——罗马教皇权位的畸形产物就该坠向罪恶的深渊，直到没有英国的爱国分子再对其心存幻想。与此相反，对于奥尔西尼亲王妃来说，罗马代表着美好的回忆，詹姆斯党阴谋策划者的世界则是她迄今职场的一个有趣变体。詹姆斯三世的妻子克莱门蒂娜·索别斯卡成功偷偷越过阿尔卑斯山脉，与丈夫一起在罗马建立了如幻影般的严格天主教宫廷。这是亲王妃期盼已久的挑战，可以让自己的手艺不至于荒废，她将在最短的时间内成为这两人的亲信，而且最后一次在棕榈树下呼风唤雨，直到 1722 年厌倦人世、以 80 岁高龄去世。但是她把一位王后留在了西班牙，这位王后的宏伟计划将会使欧洲从现在开始紧张不安。

第 12 章

马尔东取名

巴黎，1719 年 3 月 25 日

德马尔东伯爵有可能自发地察觉到自己没有名字吗？23 年来他都没注意到有什么不妥，父母称呼他为"我的儿子"；兄弟姐妹、朋友和军官同僚称呼他为"马尔东"；凡尔赛的其余贵族称呼他为"先生"；国王不能直接称呼任何人为"我的先生"，于是称他为"德马尔东先生"或者"德马尔东伯爵"；社会地位远低于他的 2000 万法国人只能称呼他为"伯爵先生"。只要是个人物，就都知道（而且必须知道）马尔东属于德鲁瓦耶·德拉罗什富科·德鲁西家族——也就是和每天为国王更衣的服饰总管属于同一宗族。无论何时有新教的君主去世，人们都会看到正派的天主教徒马尔东穿上丧服，因为他的曾祖母和外曾祖母都来自德布永家族，而且她们共同的母亲是拿骚－奥兰治人，正是这位高祖使马尔东与上帝和世界结缘。马尔东的父亲是德布朗扎克伯爵，同父异母的哥哥是俊俏的德昂尼斯，勃艮第公爵夫人在镜厅里总是长时间地偷偷凝望着这个俊俏的人。马尔东的远房表姨是圣西蒙夫人，其夫非常有等级意识，对这门亲戚不无自豪。马尔东本人

是一个擅长交际的宫廷侍臣，他从一开始就在父母的仕途走上穷途末路的地方表现得很灵巧。他要改变父亲作为幼子只继承了很少财产的不利处境，事实上，在漫长的一生中，他确实让自己家族的这支重获了辉煌。尽管马尔东有足够的能耐耍花招，避免在不同时期站错队，但是王朝仕途于他似乎并非高于一切，因为当他第一次有机会通过与一位极其富有的表妹结婚来获得对方家族几乎全部财产时，他还是拒绝了。从很多年前开始，马尔东就与另一位姓德永河畔德拉罗什的表妹生活在一起，他不能娶她，因为她是来自波旁－孔蒂家族的公主，等级远高于他——上一次尝试缔结这种婚姻的是马尔东的表姨父洛赞，那是 1670 年，而且我们都看到了后果。也是因此，全世界都知道马尔东是谁。另外，甚至连马尔东的外表都富有足

够的启发性，当他在从破产的母亲那儿借来的郊区小宫殿前走下马车时，花里胡哨的衣服和红色的鞋跟泄露了他宫廷侍臣的身份。如果坐马车驶过王宫最外层的大门，训练有素的守门侍卫就会通过绘在马车上的纹章认出他来，这个纹章有着红色人字形图记、蓝色狮子及梳着头发的女水怪。守门侍卫还知道，他们不能允许马尔东进入宫廷的最内层，因为他不是公爵。在一年中少数几个被挑出来的日子里，人们或许可以看到马尔东身穿一件制服，这件制服无声地表明，他从 19 岁开始就是 600 名士兵理论上的指挥官。一切都好，这样一个人最不需要的一样东西，就是一个名字。

然而，1719 年的这个春天，刚刚到来的现代第一次将冰冷的手指伸向了马尔东。战争一触即发。就战争本身而言，自然算不上现代，但是事关西班牙王后伊莎贝拉·法尔内塞纯粹的王朝计划。伊莎贝拉和升任枢机主教兼首相的阿尔贝罗尼一道，说服丈夫费利佩五世，以登陆西西里开启了西班牙王权重新占领意大利的战争。显而易见，奥地利王朝，也就是罗马－德意志皇帝会予以反对，因为大多数原属西班牙省的区域在 1713 年的和平协定中落到了皇帝的手中。同样不出意料的是，自 1688 年起与奥地利结盟的英国和尼德兰将会支持盟国。但是乍看起来更令人惊异的是，刚刚在长达 13 年的战争中以巨大的牺牲争得西班牙王位的法国，现在站在了 3 个强国一方反对费利佩五世。然而，法国仍算是始终如一。因为在那时候的政治中，既没有意识形态的动机，也没有真正国家主义的动机，只有王朝的团结才能避免两个国家交战，而西班牙国王费利佩五世和法国国王路易十五毕竟是叔侄。但是恰恰由于王朝动机，这层关系才落得毫无用处。一方面，费利佩五世这位法国王室新支的创建者，相较于与侄子和平相处，必然对留给自己后代尽可能多的领土更感兴趣。对于在国王夫妇关系中占主导地位的妻子伊莎贝拉来说，真正重要的只有她 1716 年出生的儿子唐卡洛斯，作为王储同父异母的弟弟，他在西班牙什么也继承不到。如果伊莎贝拉不得不践踏丈夫那离她很远的亲戚，才能给自己的大儿子弄一顶王冠，她会做的。另一方面，在法国，年仅 9 岁的路易十五当然还只是名义上的统治者，他的叔祖德奥尔良公爵代替他正式处理政府事务。而德奥尔良在摄政伊始便与英国结了盟，如果英国要对西班牙开战，他不会多么在意。这不仅因为与小国王相比，德奥尔良公爵和费利佩五世的亲戚关系要远得多；最主要的是，他曾试图在 1709 年夺走费利佩五世的王冠，而费利佩五世眼下已经成了与他争夺法国王位继承权的对手。为什么会这样，我将在下一章更清晰地讲述，此处只需要指出，费利佩五世对这一点也是心知肚明，甚至策划了一场在法国内部针对摄政王德奥尔良的阴谋。由于阴谋败露，德奥尔良自然彻底倒向西班牙堂侄的敌对方。最迟从这时开始，德奥尔良不再有一点顾忌，他在西班牙入侵西西里后立即与其他 3 个大国结盟，美其名曰"四国同盟"，应对西班牙的扩张。换句话说，所有行为者都仅追随自己逻辑上的利益，陷入了完全荒谬的敌对姿态，因为整个王朝的权力政治体系不仅玩世不恭，而且出奇地不稳固。顽固贯彻的统治权的承继在内部巩固着新兴国家，但在对外政策层面却不断导致无法预料的冲突。

正如国王们的战争动机绝不现代，马尔东这样的佩剑贵族对这种战争理所当然的盼望，也是从未完全消亡的骑士制度中一种非常古老的遗产——战斗对他们来说是唯一真正合法的职业，像上一个 6 年这样的和平时期，他们几乎就是失业状态。马尔东只统领着一个步兵团（骑兵更有骑士风度，所以更高贵），23 岁了还只是一个准将，这就够糟了：这两个问题很现实地只能在战争中解决，因此战争大概正合这位伯爵的意。这个步兵团理论上由马尔东指挥，而实际上是由一位经验丰富、更年长、没有亲戚关系的外省贵族指挥；再理论一点讲，该步兵团是马尔东一位来自王室的远房表兄的财产，这位远房表兄就是德孔蒂亲王，亲王的妹妹就是马尔东实际上的人生伴侣。德孔蒂本人是 1710 年以德波旁小姐的身份竞争德贝里公爵失利的那位公主的丈夫。在当年那种情况下，公主大概只把等级低得多的德孔蒂看作安慰奖。遗憾的是，德孔蒂还矮小、丑陋，并且十分笨拙，据说人们在宫中听到背后有人被自己的手杖绊倒，就会条件反射地说道："没事，只是德孔蒂又摔倒了。"因此，这桩婚姻的内部气氛从一开始就不怎么令人欢欣鼓舞，1719 年时干脆升级成了巨大的敌意和公开的愤怒争吵。这位公主曾在一次争吵中提醒丈夫，要是没有自己，他成不了血统亲王，但自己没有他很可能没有问题。因此，几乎毫无悬念的是，战争恰恰也合德孔蒂的意；与和他同龄的宠臣、副指挥、表弟兼准妹夫的马尔东同车共赴战场，也就顺理成章了。与等级相称的战场生活自然也很昂贵，特别是当人们与一位亲王同行时，因此德孔蒂现在为马尔东搞来了每年 3000 法郎的额外补贴，从而可以让这位不是很富有的指挥官买得起出征必备的马匹、制服、帐篷、仆人和厨师。亲王本人则一次性获得 15 万法郎的准备金，以及用来款待其他军官的价值 10 500 法郎的银器。

为了这份额外补贴，我们总算是回到了马尔东问题的现代出发点上：国防部某处的一位市民官员必须出具一份证明文书。这位官员大概名声不好，连几千页的国家手册中都没有记录他的大名——他做簿记时觉得指挥官的名字不够完整，因此礼貌地请求马尔东告知名字用于必要的委任状，而马尔东在 6 年前被任命为上校时并没有人要求他提供名字。人们很乐意知道，收到这封信时，马尔东脑子里闪过的是"天哪"或者"我怎么会知道"的哪些近义表达。无论如何，马尔东询问亲戚和保姆无果，最后发现，说得客气些，就是他父母那凌乱的家庭忘了给他施洗。但毕竟也弄明白了如何解决名字的问题，因此马尔东在 1719 年 3 月 25 日以 23 岁半的年龄接受洗礼，名为路易－弗朗索瓦－阿尔芒；人们还友善地允许他免去施洗时普遍要穿的白色洗礼服。对于这个独一无二的自由选择名字的机会，这位受洗者和当时盛行的做法一样，根本未加利用。明明有清晰的游戏规则，个人主义还有什么用呢？因此，马尔东依照教父表亲德孔蒂的名字取了路易，依照自己宗族首领、服饰总管的名字取了弗朗索瓦，最后按照他继承的叔父和一位教母的名字取了阿尔芒，从中甚至可以辨别出他的祖先与枢机主教黎塞留的古老亲戚关系。

从 21 世纪的视角来看，就算马尔东的故事只是个例，也已经够稀奇了。事实上，这至多是近代早期法国贵族一种习以为常的行事方法有点夸

434

张的结果，他们在中世纪晚期发展出了一套头衔体系，每个头衔描述了对某个特定封地的统治权，因此是独一无二的。这些统治权的头衔就像装饰性的套子，套在最初的姓氏和名字的组合上，比如马尔东的父亲夏尔·德鲁瓦耶·德拉罗什富科·德鲁西之名就完全消失在他的伯爵封地头衔"德布朗扎克伯爵"之下。由两部分组成的完整名字仅用在非常正式的文件中，而其余时候人们都是称呼布朗扎克、德布朗扎克先生或者德布朗扎克伯爵。这一体系当然不是特别实用，因为人们一如既往地必须把同一个家族中的多个成员区分开。为此，在最简便的情况下，人们可以用不同的头衔来对同一个封地或者家族姓氏做变格，然后家族中的男性就可以叫作德诺瓦耶公爵元帅、公爵、侯爵、伯爵和子爵。然而家族越有名（或者姓氏听起来越可笑），就越倾向于将所有的土地用作名字，并且盲目期待重要人物可以揣摩出正确的姓氏。布朗扎克的兄弟分别叫作德鲁西伯爵、主教代理官德拉翁、德马尔东伯爵、德鲁瓦耶侯爵和德拉罗什富科侯爵，如果不想在宫廷阴谋的灌木丛中不幸失足，最好能辨认出这 6 人是兄弟，是拉罗什富科家族的成员。法国贵族完全乐意实施如此繁复的体系，这表明，对于他们而言，名字最重要的目的是确定每个人在王朝中确切的等级地位。比如特定的封号始终只能给长子和主要的继承人，而对应的女性封号则分别标记下一个要出嫁的最年长的女儿。此外，骑士的封号指的始终是幼子，由于长兄的存在，幼子会被排除在遗产之外，而且作为马耳他勋章骑士，只能在未婚时领取一定的收入。因此，单单名字就已经警告每一位理性的贵族女儿，不要和这种人调情，因为结局必然会像 1988 年电影《危险关系》中乌玛·瑟曼（饰演塞西尔·德沃朗热）和基努·里维斯（饰演唐斯尼骑士）的结局[1]。

　　理解这种封地头衔的体系或者至少知道其存在非常重要，虽然这一

435

---

[1] 塞西尔被安排与伯爵成婚，并与唐斯尼分别成为巴黎社交圈红人瓦尔蒙子爵和德梅尔特伊侯爵夫人的情人，两人最终也只能以情人关系相会。——编注

体系仅在母语为法语的地区被绝对统一地贯彻执行，也就是所有贵族都要使用（直到 1780 年左右，大概受英国的影响，此后法国贵族也习惯于名字与头衔连用，要命的是，连我们主人公的直系后代也因此很快忘记了古老体系的逻辑），但它绝非仅被法国贵族使用。这种体系在英格兰、苏格兰、爱尔兰、意大利、西班牙和葡萄牙都曾存在，并且现在也能发现这种体系，但是形式不那么绝对。在这些国家，该体系虽然只限于家族首领和等级较高的贵族的继承人使用，但是却被他们遵循同样的原则加以实践。大多数情况下，就连这些家族首领和等级较高的贵族的继承人的姓氏也与领地封号不一致，姓氏和名字同样消失在领地封号之后。西班牙人在日常生活中也总是说梅迪纳塞利公爵，将他的长子称为德科戈柳多侯爵，而不会称呼他们本来在西班牙就如传奇般复杂的名和姓。罗马亲王迪皮翁比诺在父亲在世时就使用父亲的第二个封号迪索拉公爵，就像马尔伯勒公爵的长子也是使用父亲第二高的封号，被称作布兰福德侯爵。而名字在这些国家中仅用作等级较低的贵族的封号，例如骑士和从男爵的封号"爵士"只允许和教名连用；以及用于封地封号持有者的幼子。这些幼子的全名由礼称、教名和姓氏组成，因此上述 3 个家族中的幼子就可能被叫作唐安东尼奥·费尔南德斯·德科尔多瓦·德拉塞尔达·y. 皮芒泰尔、唐朱塞佩·邦孔帕尼－卢多维西亲王和伦道夫·丘吉尔勋爵。最后，进入德语区的仅仅是这一体系最弱的支脉。一般而言，德语区的封地封号和家族姓氏始终一致，而长子继承权引入较晚，这就使得所有儿子在很长的时间内平等地使用同一个封号，例如他们可以被叫作不伦瑞克公爵格奥尔格·威廉、不伦瑞克公爵约翰·弗里德里希和不伦瑞克公爵恩斯特·奥古斯塔。正是因此，他们的名字才必须清晰可辨，因为只有这样才能将他们区分开。然而在 17 世纪，长子继承权的日益贯彻及法国的榜样作用，导致越来越多的德国上层贵族仅从其头衔就可以辨别出是家族首领和继承人。此时的人们在证明文书之外，也越来越多地不仅称呼"那位"（也就是唯一的）勃兰登堡、萨克森或者巴伐利亚选帝侯或选帝侯世子，还会称呼"那位"萨克

436

437

森－哥达公爵和"那位"继承人（而且越来越经常仅使用哥达），而从前人们说的是萨克森公爵弗里德里希和萨克森公爵恩斯特。只有幼子们仍然在头衔中保留了名字，因为幼子的数量始终不少。但与此同时，也为他们创造了一种新的低一些的头衔，从法语的"王子"（prince）一词派生了德语的"亲王、王子、宗室成员"（Prinz）头衔，专门用于至少是统治者之家的非执政成员。因此，一定程度上，独一无二的哥达继承人的弟弟现在就被叫作哥达亲王奥古斯特；普鲁士储君的弟弟被叫作普鲁士王子海因里希，为了更好地归类，他的妻子就是海因里希王子夫人，类似伦道夫·丘吉尔的妻子被称作伦道夫·丘吉尔夫人。只有在斯堪的纳维亚、中欧和东欧的贵族体系中，直到最后且直到今天，所有的贵族都乐意展示名字和姓氏，或者至少不会让姓名隐没在区分社会地位的领地封号中。然而，这些地方并没有因此实现真正的平均主义。毕竟人们可以利用官职名称代替封建头衔来制造不平等，而这恰恰在名义上平等的波兰制造了花样繁多的混乱，举例来说，那里的人在口语中更愿意将马尔桑·米科拉伊·拉齐维乌称作"立陶宛大总管亲王"。德国较下层的贵族也与此类似，比如我们那不正派的主角格伦布科对于同时代的人来说先后是"最高军事专员的次子""贴身侍从格伦布科""总掌酒宫官格伦布科""格伦布科上校""格伦布科将军""国务大臣格伦布科"和"陆军元帅格伦布科"。相反，他的名字弗里德里希·威廉在当时的文章中很少出现，导致后来一位以纵览格伦布科原始资料著称的 19 世纪历史学家信心十足地称他为奥托（Otto），因为 1712 年的柏林地址手册中就错写了他的名字。

　　也就是说，即使友善地来看，贵族的头衔体系也足够复杂，因此有必要在此做一个说明，但愿能安慰到各位：任何读了前文的人，并非一定要记住细节或者整体的基本原则，才能读懂本书的其余部分。但是我在此处再次简单勾勒这个体系，至少有两个很好的原因。第一个原因是，这些头衔的习俗于我们而言显得陌生，正是由于它们特别富有启发性：它们在一个特别基本的领域与现代最为根深蒂固的几种理所当然相抵牾。我们习惯

了将名字视作我们个性最重要的象征，而且我们认为个性是神圣的，因此
我们不再能够理解，近代早期的贵族如何能在不知道对方名字的情况下，
彼此相伴一生。但奇怪的是，与此同时，我们对待名字越来越不灵活。近
代早期的贵族就是因为名字和头衔繁多，不得不灵活地加以应用。由于婚
姻或者继承，人一生中经常要多次更换封地封号，就像马尔东，1721 年
被称为德鲁西伯爵，到了 1737 年成了德埃斯蒂萨克公爵。人们完全可以
感情饱满或者充满爱意地使用这些封号，母亲可以用一块地产的名字深情
地称呼自己的孩子；或者一名优雅的宫廷侍臣为一位 16 岁的姑娘赋诗一
首表达爱慕，诗的开头只能是"可爱的德罗梅尼勒"，因为人们根本不知
道德罗梅尼勒小姐的名字（在此为个性之友补充一点：她的名字是阿德莱
德－伊丽莎白－夏洛特）。人们一会儿是"阁下"，一会儿是"亲爱的朋
友"，一会儿是"马尔东"，一会儿又是"我的将军"。彼时的人们不会对 439
名字吹毛求疵，经常在语言转换时将其自然而然地翻译成法语，就像对待
封号中的地名说明语一样［一位茨魏布吕肯（Zweibrücken，意译为"双
桥"）公主在用法语写信时落款为"Deux-Ponts"（双桥）］。大家很不在乎
名字的准确顺序，教区记事录是少数几个会将名字记录下来的地方之一，
而同一个人在洗礼和婚礼时以完全不同的称呼组合记录在册是常有的事。
即使添加新的或者删除旧的名字，人们也不会生气，特别是人们自己也经
常只能模糊地记得细节。法国王子或德国统治者在日常生活中从来不会被
人称呼名字，但是写信时的落款必须是名字，这在统治者众多的德国可能
导致大混乱（例如，1684 年一封落款仅为夏洛特的信让汉诺威宫廷举棋
不定了很长时间，直到一位旅行经过的波兰雇佣兵将军从笔迹认出了寄信
人）。人们用绰号来弥补封号的死板，绰号有时候由名字而来，但更多是
由其他称呼派生而来，通常是封号［温斯顿·丘吉尔的堂亲马尔伯勒公爵
之所以被称为"阳光"（Sunny），不是因为他如阳光般活泼快乐，而是因
为他小时候叫作桑德兰伯爵（Sunderland）］。即使彼此以"您"相称，人
们也使用封地封号。应该强调的是，尽管那时候同等级的人彼此很少以

"您"相称，但这个称呼和今天相比要亲密得多。在上层贵族，特别是统治者家族中，即使兄弟姐妹之间，终其一生彼此以"您"相称。在其他人通常都说"殿下"或者"最仁慈的女主人"的情况下，就算是以"您"相称也足够亲密。例如，腓特烈大帝和他的姐姐威廉明妮尽管亲密，却也保持了这种称呼方式，因此翻译者不得不在 20 世纪 20 年代不加说明地对法语书信做了大刀阔斧的修饰：他们毕竟是规矩的霍亨索伦宣传员，不想放任他们的主人公背离社会习俗。90 年代，几乎所有的命名原则都转向了反面。没有德国报纸，也几乎没有英国报纸会容忍以不加名字的正确形式来称呼一位上议院议员；并且把名字到处塞，比如人们会写"拉尔夫·达伦多夫勋爵"[1]，这标志着他是一位侯爵或者公爵的幼子，而他实际上不是。总之，一个没有清晰名字的人对我们来说越来越不可想象。近代早期等级制度下的儿童即使取了名字，也是给他们成年后用的；如果名字因此对于儿童来说太过复杂，那也没关系，因为有缩略形式。例如，腓特烈大帝的一个弟弟奥古斯特·威廉，孩童时在兄弟姐妹中叫作吉耶（Guille），其中的 u 不发音，这个名字不是来源于很少被使用的德语，而是来自法语的名字形式奥古斯特 - 纪尧姆（Auguste-Guillaume）。当今，显然越来越多的人坚信，只能有唯一的一种名字形式存在，而且要准确地写在个人证件中。但是由于所有的名字拥有者必然是在孩童时就有了自己的名字，因此越来越多的父母也相当正式地为自己的孩子取名本或者米娅，这在从前只是将成人名字儿童化的日常改写。即使名字变体表面上看来呈多样化，但是灵活性已不复存在，例如菲利普在今天的写法，不再像近代早期那样，表达了随机正字法的愉悦语音，而似乎像是在石头上精确雕琢出来的钢铁一般的本源性意志的产品。好了，抱怨得够多了。事物在变，所以这些东西也在变。但是当我们觉得过去的命名习惯越来越难以理解的时候，这种难以理解也就告诉了我们同样多的关于现在和过去的事情。

---

[1] 德裔英国社会学家、哲学家、政治学家、自由派政治家，"冲突理论"的代表之一。——编注

441

如此详细地讲述旧秩序体系下的封号的第二个原因要简单得多：由于后世很少有人理解封号的陌生性，本书的主人公也在越来越多的现代文本中彻底无法辨认。越来越多心怀善意的历史学家用这些贵族的名字去适应我们现代"名字＋姓氏"的命名方式，但是他们没有意识到，这样做不仅否定了过去那个时代的独特性，不仅将前现代人伪装成了现代人，而且顺带着直接切断了现代文献和原始资料的关联。也就是说，如果某人习惯于现代文学对这类人的叫法，比如说，习惯了将 17 世纪一位重要的英国女作家称作玛格丽特·卡文迪什，那他在这位作家所处时期的任何文本中都找不到此人，因为她从没叫过这个名字，而是先后叫作玛格丽特·卢卡斯、纽卡斯尔侯爵夫人及纽卡斯尔公爵夫人，显然有时候也非正式地叫作疯子玛奇。另外，还会很容易把这位女作家与她的儿媳或孙媳弄混，她们直到婚礼前实际上一直叫作玛格丽特·卡文迪什女勋爵。当然，得承认，要是与女作家的另一个孙媳伊丽莎白弄混才要命呢，后者是个富有的公爵遗孀，醉心于等级地位，她之所以屈尊再嫁 1669 年英法秘密协定的组织者，是因为此人令她相信，他是中国的皇帝。[1] 幸运的是，公爵遗孀早就不习惯离开自己伦敦的城市宫殿，而那里的人在 42 年之久的时间里，直到她于 1734 年去世，都把她当作皇后跪着服侍。

除了文学作品，甚至连论文都抱残守缺地将"真实的身份"与封号割裂开，封号被误解成职业或者邪恶等级制度的鸡毛蒜皮。对广泛普及的文章和媒介自然更加不能要求更多。让我们随便看个例子，比如维基百科中关于德塔尔蒙特亲王的条目，本书一开始讲的就是他不幸的决斗。这一条

---

[1] 此处的伊丽莎白指蒙塔古公爵夫人伊丽莎白·卡文迪什（Elizabeth Cavendish，1654—1734 年），她的第一任丈夫是阿尔比马尔公爵克里斯托弗·蒙克（Christopher Monck，1653—1688 年），第二任丈夫是蒙塔古公爵拉尔夫·蒙塔古（Ralph Montagu，1638—1709 年）。伊丽莎白被称为"疯狂的阿尔比马尔公爵夫人"，因为第一任丈夫去世后，她宣称只愿意嫁给皇室成员，并确信清朝的康熙皇帝希望娶她。最后蒙塔古公爵假扮成中国皇帝向伊丽莎白求婚，二人于 1692 年 9 月举行了婚礼。蒙塔古公爵曾积极参与始于 1669 年的英法谈判，最终英法于 1670 年签订《多佛尔密约》，关于此秘密协定，可参本书第 77~78 页。——编注

442 目有 5 种不同的语言，但是这些版本没有实质的区别，而且内容较其他类似人物的条目相比更为丰富。条目本身对于基本的问题并没有责任（在维基百科上，几乎没有任何一个生活于遥远过去的人，能像今天的职业足球运动员或者吸血鬼影片配角那样被细致呈现），或许维基百科整体也没有责任。但是在 5 种语言中，条目的名字都是亨利-夏尔·德拉特雷穆瓦耶，而封地封号却在很下边才提到，之所以被提及，只是因为它们似乎和行动或者职业名称差不多。最重要的是，7 个封号同时被列举，但是任何地方都没有加以解释，为什么其中 2 个封号（也就是德塔尔蒙特亲王和德塔兰托亲王）先后是主人公实际上的日常用名，而其他 5 个封号只在经过公证的财产清单中出现，但是其中 3 个又在塔尔蒙特在世期间被不同的亲戚作为实际的名字使用过。只有法语的条目提到了名字的使用，但是宣称我们的主人公使用过"拉特雷穆瓦耶公爵的别名［！］"，实际上这个名字只有他的父亲及他的儿子使用过——一下子让情况变得更糟。就这样，德塔尔蒙特亲王的封号仅被提到了一次，然后这个条目的 5 种语言全都把主人公称作亨利-夏尔，就好像他是一位国王或者一个老朋友。确实不应该小题大做。然而，令人遗憾的是，作为当今最为普及的工具书，在大量类似情况下都以这种形式来介绍历史上的贵族，哪怕是最聪明的读者也会将这些贵族与他们的半打亲属弄混。25 年前，由于网络尚未广泛普及，这一问题还不算突出；但是当下，由于本书使用的一切原始资料不仅绝大多数可以在网上找到，而且还可以搜索。这些叙述线索彼此交织，如同一份巨大的宝藏，如果仅仅因为时代性错误的现代名字惯例令历史学家和业余爱好者对此视而不见，实在是倍加可惜。

443 　　另外，特别讽刺的是，维基百科条目中的这种错误恰恰不是因为它由外行撰写而成，而是因为它遵循了严肃科学的准则和趋势。这些年来，这些准则和趋势已经使所有德国图书馆的目录面目全非。连人名规范文件（PND）的发明者都怀着神圣的单纯，决定视原本的贵族封号和职业描述差不多，其中只应保留毫无变化的"冯"。相应地，德国的报纸一方面系统地省掉了男爵、伯爵或侯爵等封号，另一方面又把孤零零的"冯"或者"楚"看得如此重要，不惜违反所有语言逻辑或语言美学将其直接与姓氏连用，造出来的句子既有着无意中的从属，又在句法上非常糟糕。例如"zu zu Guttenbergs Zeiten"意为"在楚·古腾堡的时代"，zu 既是介词又表示贵族称号；"nach Ansicht von von Beust"意为"按照冯·博伊斯特的观点"，von 既是介词又表示贵族称号。这些还只是令语言错误特别明显的冰山一角。因此，在这段题外话及告诫的末尾，我还有最后一个请求：不要太受那些信誓旦旦认为对贵族名字加以特殊处理必然会导致贵族统治（21 世纪的巨大风险）回归的人的影响，尤其是这一立场的拥护者在使用伯爵、男爵等封号时也几乎总是自相矛盾。相反，请您相信一个与此打了很长时间交道的人，仅从语言学来说，德国贵族的"冯"或者"楚"与法语的"德"一样，确确实实只能在与教名、封号与封地或姓氏连用时才能使用。因此，如果这些名字或头衔的附属物在您看来很有意义，请您将来这样说和写：海因里希·冯·克莱斯特，魏玛共和国总统冯·兴登堡，楚·古腾堡男爵。如果没有这些附属物，请您这样说和写：克莱斯特，兴登堡和古腾堡。至少会有一位读者对您十分感激。

　　好了，让我们回到 18 世纪。我们就古老的法国封号体系得出的结论，仅仅只能解释，为什么马尔东的名字不管对于周围人还是他本人来说都几乎隐而不显。而和其他同阶级的人不同的是，因为忘了施洗礼，马尔东根本没名字，这就抛出了第二个问题：在一个完完全全基督教的社会中，怎么可能偏偏把决定一切的圣事忘掉？这肯定是马尔东的处境中最令人难堪的地方，而且相当肯定也是他的表姨夫圣西蒙将这起事件描述为"可笑或者更糟糕"的主要原因。此外，这也是一个几乎正常的模式。17—18 世纪法国的贵族儿童几乎没有一出生就受洗的；相反，几乎所有人都接受一种应急洗礼，这足以避免受洗者死后下地狱，但是不代表会起名。真正的施洗礼通常要等到小孩 12~15 岁——奇怪的是，即使是贵族儿童，也有很多在这个年龄之前就夭折了。这些在正式洗礼之前死去的孩子根本就没有名字，因此即使王室的家谱中也经常出现类似"无名·德波旁，德永河畔德拉罗什宗子"（马尔东生活伴侣的兄弟）这样的孩子。在这种情况下，仅仅需要一个混乱的家庭，就会有人作为无名氏长大，而且很久之后才会发现自己没有名字。

实际上，并非只有马尔东一人面对这个问题。1734 年，德拉沃古伊永伯爵不得不在 28 岁时受洗，只为了在结婚合约中可以提到自己的名字（签字不需要名字）；1718 年马尔东的表亲德阿让奈以 35 岁的年龄经历了相同的事情。马尔东和德阿让奈来自上层贵族，而且属于不讲条理的家庭，忘掉洗礼在这种家庭似乎很快就成了最微不足道的问题。1692 年，仅在父母婚礼几个小时之后，马尔东的姐姐就来到世间。官方的说辞是，二人在一年前已经秘密成婚，只是等待教会许可表兄妹成婚的常规过程特别漫长。对马尔东施洗太晚一事非常恼怒的圣西蒙公爵，曾一口气将马尔东的母亲描述为"施魔法的塞壬"（很好地契合了她丈夫的徽章）、整个凡尔赛最有趣和最有天赋的撒谎精，以及他本人回忆录的最佳资料来源之一。没有名字的德阿让奈伯爵出生于 1683 年，他的出生环境更加戏剧化，后来他成了前文提及的德孔蒂亲王妃的恋人（可怜的德孔蒂由此被置于一种独一无二的处境中，即经常出入他家中的妹妹的情人及妻子的情人都没有名字）。德阿让奈的父母也是表兄妹，但因为新郎的父亲不同意这门婚事，两人在德阿让奈出生一年前便私奔了。这在今天至多被批评为并非良配，在那时候却事关生死，而且也顺带表明宗教在旧秩序下是如何自然而然地隶属于宗族观念的。

这个问题之所以产生，是因为在基督教的定义中，婚姻十分明确地仅取决于新娘和新郎的自由意志，即使在父权制和封建王朝 1600 年的发展中也不足以使基督教的这个原则解体。因此，法国从 1639 年起便勉强用一种法律体系来应对这个原则，该体系被一名跨越时代的"幽默法学家"的典型代表总结为："没有哪桩婚姻可以好到无法被绞刑架的套索破坏。"谁如果在没有新人父母同意的情况下促成了 25 岁以下男女的婚姻，理论上就面临着死刑的威胁，而且按照情况不同，死刑对象也可能包括新郎。

年龄界限之所以定在 25 岁，是因为这个时期一致认为，超过这个年龄的
女性算是嫁不出去了。

鉴于这种法律状况，令德阿让奈的父母非常不安的是，新娘的父亲偏
偏是宗教狂热的马萨林公爵，而恰恰是马萨林公爵这种明显疯狂的倾向最
终使女儿和女婿摆脱了绞刑困境。鉴于公爵此前称受大天使加百列委托，
建议国王和情妇分手，因此没有法庭会做出有利于他的判决。只是在种种
情形之下，没有时间再为孩子施洗。当然，从圣西蒙的视角来看，这还不
是马萨林继承人家族中最令人吃惊的有关名字的决定。没有名字或许很可
笑，但是如果一个人像马萨林的连襟德内韦尔那样，认认真真地当着其他
人的面称呼自己妻子的名字（迪亚娜），那才是耸人听闻。圣西蒙坚定地
认为，谁这样做，就是个糟糕的暴发户、意大利人，或者干脆就是疯了。

像这种随意表达出来的理所当然，才是古老的原始资料的真正价值所
在，而非作者看重的或者必要时乐于操纵我们的那些东西。渺小的公爵和
伟大的回忆录作者圣西蒙或许就是悖论的最好代表。近代早期的法国贵族
可以理所当然地设想无名之人的存在，这也深刻影响了圣西蒙的家族。当
圣西蒙列举自己家族的故事和家谱时，明显毫无困难地靠记忆写下了女婿
无数的封号和官职；但是在必须说明自己女儿的名字时，他只是写下了
"……德鲁弗鲁瓦，德圣西蒙小姐"，为名字留了一个空（反正出生年份和   447
日子他知道！），后来也没有再填上。这可能也与这个 1696 年出生的女儿夏
洛特明显从小就有身体上的残疾有关。我们不知道更准确的信息，因为夏
洛特没有留下画像，在父亲留下的几千页文字中，提到她不足 6 次；或许
她也只是异常矮小，毕竟她的父亲就曾被讥讽为"小公爵"。不管怎样，圣
西蒙将女儿藏起来，不让她在公众前露面，声称有些人一生不婚更加幸福，
而且在经历了一个相当阴森恐怖的场景之后才在 1722 年同意了女儿与德希
迈亲王的婚事。说阴森恐怖，不只是因为圣西蒙"言辞极端坚决"，一开始
详细且大概夸张地向德希迈描述了女儿的身体缺陷——和旧秩序下的很多
女婿一样，德希迈提亲时，还从未见过新娘。说阴森恐怖，甚至也不是因

为圣西蒙向未来的女婿声称，他知道德希迈想娶自己的女儿，只是因为想从她父亲的权力中获益——这原也正常。真正值得一提的反而是，在这一场景中，圣西蒙肯定记起了自己曾在 1694 年向他仰慕的德布维里尔公爵提出过一模一样的请求。时年 19 岁的圣西蒙打算直接从教会学校里娶一个自己完全不认识的布维里尔家的女儿，这样就可以入赘这个大家族，而这是人们在这个世上急需的，而且也是他这个没有父亲的独生子欠缺的。尽管如此，当时的场景与其说悲伤，不如说滑稽，因为德布维里尔共有 8 个未出嫁的女儿，她们的名字由封地派生而来，而且遵循前文描述的原则，从她们的名字几乎可以得出父亲的土地登记册。这些女儿不仅叫作德布维里尔小姐、德塞里小姐、德蒙蒂涅小姐、德谢梅里小姐、德拉费尔泰小姐、德布赞科伊斯小姐、德蒙特雷索小姐和德阿尔吉小姐，而且还被父亲用这些封号来称呼，比如"我的女儿谢梅里"等；后来她们一个接一个地几乎全进了修道院，并且接受了"玛丽 – 安妮耶稣修女"之类的修会名。父亲刚一宣称最年长的女儿大概想成为修女，圣西蒙就向第 2 个女儿求婚，但是她的父亲解释说这个女儿长得太不像样；圣西蒙又向第 3 个女儿求婚，德布维里尔公爵就称，说到底圣西蒙只想巩固与自己的交情，因此是哪个女儿并不重要。德布维里尔就这样尽可能得体地摆脱了这起不愉快的试图入赘事件，挽救了与圣西蒙的友情。后来德莫特马尔公爵娶了德布维里尔公爵的第 3 个女儿，她父亲美妙的宫廷官职也归了德莫特马尔公爵，但他对妻子仍然很糟。此人也就不可避免地出现在圣西蒙原本就长的仇恨名单上。

幸运的是，在这个按照地位安排婚事的社会中，一个拥有公爵等级的人不必担心落单，因此圣西蒙很快也得到了行动起来的机会。他通过不同的中间人展开了很长时间的秘密谈判，因为一桩失败的婚姻计划一旦曝光，丢脸的主要是未能如愿以偿的新娘。也是由于这个原因，人们喜欢在亲戚中寻找结婚对象，因为只有在亲戚中才能不引人注意地遇见且顺带观察适婚年龄（非常年轻）的未婚姑娘。如果不具备这种可能性，双方就会动用大量的中间人，其中除了无法避免的三姑六婆，还有大家族的律师，以及没有教职的世俗教士——很多上层女性出资供养这种教士，多多少少将他们当作精神顾问。这些中间人最终也为当时已经 20 岁的圣西蒙找到了约 17 岁的德落热小姐做新娘。很多方面可以证明这是一件大巧事。女方母亲来自富有的大资产者家庭，嫁妆丰厚，自然令人欣喜。对于没有在世的兄弟姐妹且几乎没什么亲戚的圣西蒙来说，最可贵的是这位公爵兼禁卫军指挥官的女儿带到这桩婚姻里的无数亲戚和宫廷关系，因此以旧秩序的标准来看，这桩婚姻已经算是美满，更别说两人之后还发展成了真正的搭档。

从我们的角度来看，最有价值的是德落热小姐的一门亲戚关系。当然，圣西蒙在做决定时并未考虑这一点，因为当时还不存在这层关系。即使在 1695 年 4 月 8 日，圣西蒙也没见到这门亲戚关系真正产生，但是在这天，这个关系确实作为一个想法在他眼前诞生了。那是在圣西蒙与德落热小姐婚礼后的上午，德落热小姐在父亲位于巴黎近郊圣奥诺雷的城市宫殿中最好的卧室里，坐在一张华丽的床上，接受"整个法国"到访祝贺。第一位拜访者是新郎的表亲奥尔西尼亲王妃，她正在准备自己最终返回罗马的行程，来这里匆匆介绍了两个待嫁的侄女。从此，道贺的人潮便连绵不绝，最后把洛赞公爵也"冲"了过来。从根本上讲，把洛赞引领到这里的是上层宫廷贵族不成文的法律，这些法律责成这个圈子里至多上百个家族的所有成员，通过信件或到访来表示对其他所有人家中大事的关心。现在洛赞来了，在去往祝贺室的途中要经过一个很大的房间。没有哪里比此处可以让人更好地理解，为什么德落热的府邸被视作首都极美的贵族宫殿之一。高高的窗户对着一座优美的花园，可以望见城墙另一侧几乎处于原始状态的风光，巴黎的触角刚刚才向那里延伸。正前方看过去是一系列可以相互媲美的后花园，左侧的葡萄种植园和蒙马特的修道院也清晰可辨。

洛赞或许在此处就动了心思，或许到了接下来的卧室中才有了想法。床上坐着的除了新晋圣西蒙公爵夫人，还有几个更年轻的亲戚，也是接下来就该婚嫁的年轻姑娘，她们通常还未曾在社交场合露面，因此可以利用这种机会不那么敏感地受到众人瞩目。紧挨着金发新娘的是她拥有一头棕发的妹妹德坎坦小姐，比新娘小差不多 2 岁，也就是 15 岁。单是德坎坦的样子让已经 62 岁的洛赞有了结婚的想法吗？说不定。但是，她的父亲德落热公爵元帅站在床后。如果历史可以让笔者草率而为娱乐一下的话，那么公爵元帅现在就得穿着他那禁卫军司令的制服。他当然没有穿，法国的宫廷贵族几乎从来不穿军装，在凡尔赛，除了禁卫军，军装甚至被完全禁止，即使禁卫军的 4 名首领也仅在特定场合才会穿上制服，尽管他们拥有的是整个宫廷武装中最有吸引力的职位。当然，真正滑稽的是，洛赞根本不需要看到实实在在的禁卫军首领德落热，去回忆起他 23 年前失去的这份美差，因为只消照照镜子就够了。洛赞仍然承受着幻觉之痛，所穿的便装是几乎和禁卫军首领的蓝银色制服一模一样的复制品，目的就是至少在外表上可以和自己辉煌的过去建立起联系。洛赞这个样子看起来更像是个林务主任，但谨慎起见，这种话宫廷侍臣们只背着他说。洛赞在英格兰和爱尔兰的壮举给他带来了一枚嘉德勋章、凡尔赛的一个套房、随便出入国王身边的权利，最终甚至还带给了他一个公爵封号，但这有什么用呢？他既没有重新获得国王的真正恩宠，也没有再弄回所有职位中最好的这个，而仅凭这个职位就可以恢复他作为君王有权势的亲信的名誉。对此，

451

洛赞是朝思暮想，而现在他就站在这个职位所有人的对面，此人比他年长 3 岁，有严重的中风倾向，并且有一个刚刚 12 岁的儿子。这就是这项美差的唯一麻烦，考虑到这个职位如此重要，而且和军队有关，因此和其他所有职位相比，更难以委托给一个孩子（只有德诺瓦耶毫不费力地做到了）。德落热死时，一个经验丰富的女婿的伟大时刻岂不就来临了？尤其是这个人从 1670 年起就是中将。还有不到两个月，德落热就将作为莱茵河畔的总司令奔赴夏季战场。如果洛赞成为德落热的女婿，人们就几乎无法拒绝他随同岳父参战，那时候他就是仅次于岳父的等级最高的军官，而且还是岳父的亲信，因此会获得最理想的安排，来取得新的功绩，从而使他在岳父指日可待的终结之时承担他的职务。现在，这一切都清晰地展现在洛赞的眼前，可能、大概而且必然如此。于是，当圣西蒙夫妇前往凡尔赛，让

新的公爵夫人在那里领取她的板凳时，洛赞伸出了触角。当新婚夫妇首次前往马尔利时，洛赞已经开启了与德落热家的谈判。

即使按照那个时代和社会的标准，一个 62 岁的老人与一个 15 岁姑娘成婚的计划也有点异乎寻常。王朝逻辑会"规劝"像老洛赞这样没有男性继承人来继承等级和财产的家族首领成婚，就像它反过来会试图"劝说"一无所有的次子不要结婚一样。洛赞大概曾经被不公正地激发了与前女友"小姐"秘密成婚的想法，但自从 1693 年愤恨结仇的"小姐"去世之后，洛赞有了晚婚的希望。当然，一般而言，这个年龄有结婚意愿的人都足够现实，找的新娘至少年龄上有望生下继承人即可。因此，这个年龄段的男性通常会寻找二十好几或者三十来岁的女性，一方面她们由于年龄可以自行决定接受或者拒绝提亲，另一方面她们也知道，残酷的婚姻市场已经多多少少将她们拒之门外。而洛赞现在打算越过女儿辈，直接入赘到孙女辈中，这恰恰是一种可以完善他名声的个人特色——作为一个特别古怪之人他正好还缺这一条。无论如何，洛赞还是成功了。德坎坦小姐的父母自然不愿意，但洛赞用"不要嫁妆"的魔咒搞定了对方——他的财富不仅使他不受任何平常收益的限制，也使他可以应允未来的妻子一份丰厚的遗孀田产。此外，德落热家几乎不需要考虑太久就会明白，长女圣西蒙夫人丰厚的嫁妆使得家中的余钱不够再给妹妹买来一位公爵。因此，德坎坦小姐想要有朝一日坐到那决定一切的板凳上，洛赞是唯一的机会。仿佛为了强调这一认识，另一名提亲的候选人仅仅是个新贵大臣，有着滑稽可笑的两栖纹章，虽然才 23 岁，但是由于出身，已经被永远排除在了公爵等级之外。即使我们承认，圣西蒙对此人的恶意描述或许只是基于经常出现的不公平的恼怒，但仅仅是此生在宫廷中都不得不一直站在这位新贵大臣身边的前景，对于德坎坦小姐来说就已经是充分的阻碍了。现在可以证实，这位 15 岁的姑娘也选择了洛赞，但是原因不止是站着还是坐板凳这一个。具有决定性的是，正如德坎坦后来经常向亲戚们坦率承认的那样，近代早期人口统计学的所有概率计算都站在她这边。按照这些概率计算结果，一

452

个 62 岁的人如果还有 10 年光景，就很不得了了。德坎坦小姐有很实际的理由可以假设，她最晚二十五六岁就可以实现旧秩序下女性自由的理想状态。这是电影《危险关系》中的虚构人物德梅尔特伊侯爵夫人还是个年轻姑娘时想都不敢想的——她将是一名高等级的富有寡妇。

453　　　由于双方当事人现在都发现，这桩不平等婚姻的缺点可以通过一桩可以预见的死亡来弥补，剩下的事进展起来就很快了。1695 年 5 月 17 日，洛赞和德落热一起见了国王，请求他的许可，这个许可在理论上是必要的，但其实是自动授予的。国王祝贺德落热有勇气接受洛赞进入自己的家庭（国王本人有一定的相关经验），然后就同意了，并且按照游戏规则，于次日作为第一见证人签署了婚姻协议。国王高兴地讥讽了洛赞，洛赞则骄傲地声称，总算能再博君王一笑——就凭这点，这桩婚事也值了。当然，路易十四单独与德落热在一起时（禁卫军首领职位之所以值得的上千个场景之一）所说的话，肯定不会让洛赞那么开心："您要向我保证，他不会通过您了解到任何关于我的事情。"洛赞不会如愿成为德落热在战争中的得力助手。此外，洛赞和所有有能力的宫廷侍臣一样，把宝押在时间上。很清楚的是，他将无法陪同几乎与自己同龄的岳父奔赴近在眼前的远征，因为远征 6 月 1 日就将开始，所以眼下最关键的是在新娘的父亲启程前飞速成婚。5 月 21 日聚集在德落热府上参加婚礼的人，必然一定程度上都像是临时准备的，因为要利用 4 天的预先通知来置办所有手工制作的服装和配饰自然远远不够，而这种庆典的魅力通常就是由这些手工制品构成的。但新郎对此并不介怀，相反，他介意的是自己另一个偏离常规的请求。当婚礼的所有来宾都已经离开卧室（这个细节值得一提，告诉我们很多有关那个时代的理所当然），洛赞才来到床上找新娘。第 2 天洛赞自然要吹牛。当然了，新任的洛赞公爵夫人怎么想，我们不知道。同样理所当然的是，这两人现在一起生活在女方父母的宫殿里。尽管洛赞在整个法国454　拥有众多的宫殿、乡村别墅和城市宫殿，但游戏规则就是游戏规则。如果是童婚，新郎就要搬到岳父母处，这样长辈不仅可以完成对女儿的教育，也可以在一定程度上教育女儿的丈夫。尽管已经没有多大的希望来教育洛赞了，但仍然没有必要使这项通行的程序丧失效力。现在轮到洛赞一边透过德落热府邸的窗户观察蒙马特的葡萄种植园，一边憧憬着不久的将来，岳父将不能在没有他的情况下自行火烧普法尔茨的葡萄种植园。

　　遗憾的是，所有的一切进展得太快了。1695 年 6 月 20 日，德落热公爵元帅在启程后不到 3 周，就在内卡河畔的营地中染上重疾，连 75 滴英国滴液都无法使他恢复。早在 1688 年，这种滴液就被开给小威尔士亲王做母乳的替代品，配料除了晒干的蛇和绞刑犯的颅骨，这次恐怕还加了鸦片。因此，公爵元帅不得不放弃刚刚履行的指挥权，启程前往维希疗养，直到 12 月才得以离开。虽然公爵元帅立刻前往王宫，但是在那里从事自己的禁卫军日常工作只不过更加表明他仍然虚弱；不过公爵元帅本人仍然期望来年可以重新获得莱茵前线的指挥权。1696 年 1 月 2 日，公爵元帅怀着这种希望晋见国王，得到的却是完全不想要的"许可"，他要在将来永远放弃这一艰巨的职责。德落热公爵元帅把这件事告诉了等候在前厅的其他大人物，就跟现在的新闻发布会一样，同时也埋葬了洛赞所有的军事希望。4 个月后，差不多就在婚礼一周年的那天，洛赞出人意料地搬出了岳父母的房子，落脚到附近的一座城市宫殿中，他的妻子不得不在第 2 天随他而去。又过了 4 个月，洛赞妻子的祖父、一位极为富有的大资产者去世，遗产中有一部分给孙女补作了嫁妆。很遗憾没有更多了，父母解释道，或许他们更该顾虑的是无业女婿那轻率的战斗精神。不管怎样，女婿不需要别人话说两遍，他立即行动起来。洛赞在最短的时间内找到了妻子死去的祖父的助手，此人信誓旦旦地做证，说是当初一座诺曼人宫殿的地下室里藏了价值 4000 万法郎的黄金和白银。我们对此持些许怀疑，因为这个数额不仅是和平时期国家年均支出的 20%，而且也从来没有被找到。但是富有诗意的旧秩序愿意自己的钱包尽可能圆鼓鼓的，而且没有人比洛赞更富有诗意，因此他很快就晕头转向地卷进漫长而艰难的诉讼中：正当法国为了西班牙的继承权而战斗时，洛赞在以相似的强度争夺妻子家族通

455

过做盐税承租人得来的百万家产，但是成效更小。

　　我不想将这幅画面描绘得过于灰暗。尽管德洛赞夫人心怀不悦地惊讶于丈夫良好的健康状况（他 90 岁时还能骑刚刚驯服的马），但是按照当时的标准，这桩婚姻并非不幸。洛赞鼓励妻子在宫廷中和姐妹及与她年龄相仿的勃艮第公爵夫人度过了大量时光；他那臭名昭著的脾气也与日俱减，只是在特殊情况下将持枪的男仆安排在共用的前厅中，目的是向一个据说对德洛赞夫人特别感兴趣的大臣之子发出毫不含糊的信号。洛赞只发过一次很大的火，那时他的妻子想陪同一位表亲参加禁卫军的检阅，即使已经过去了 45 年，对于这位 83 岁的老人来说，失去这个职位的痛苦尤甚其他。洛赞粗鲁地咒骂着离开家庭晚餐时，连襟圣西蒙想就这场争吵说点什么，但是德洛赞夫人立即命人分牌，态度明朗地岔开话题，并在第 2 天就接受了丈夫的道歉——丈夫饱受自责之苦，道歉时痛哭流涕。相反，对于其他宫廷侍臣来说，洛赞一直到最后都很危险。就在眼下，当 1719 年春天，法国军队及德孔蒂和马尔东开赴西班牙时，洛赞摧毁了好几个老将军借此机会被任命为陆军元帅的希望。洛赞向摄政王德奥尔良宣称，如果要任命无用的元帅，那得考虑到，自己已经当了 49 年的中将，因此是最高等级的非元帅。德奥尔良笑了，他立即明白了这个提议的深意：并非严肃的应征，而是拒绝其他一切候选人的必要借口。洛赞最后一次"战功"是 29 年前输掉的博因河之役，所以如果任命他的话就太荒诞了。但是洛赞又是所有候选人中等级最高的一个，越过他必然使他颜面扫地。取代洛赞被任命的人，不管是谁，将来都得承受这个仍然不可捉摸的老人的怒火——即使职业士兵中也没谁有这般勇气。

　　主要出于洛赞的原因，陆军部队中唯一可以接受对战西班牙的总指挥权的，就只剩贝里克公爵元帅了。他不是最了解西班牙吗？1707 年，这个逃亡的英国人在阿尔曼萨挽救了费利佩五世的王冠，现在他又不得不将其打败，这就是游戏规则，大家不会觉得这是针对对方本人。洛赞留在了宫中，一直到他在 1723 年感觉到了死亡的来临，此时他已经 90 岁了。他退隐到一座修道院中，用各种恶作剧捉弄各色继承人和图谋骗取遗产的人，而且利用最后一个计谋，保证了自己的妻子将不受干扰地保留她的遗孀田产。1723 年 11 月 18 日至 19 日夜间，德洛赞公爵安托南－诺玛帕·德科蒙、王军中将、嘉德勋章骑士和配备鸦嘴战斧的近卫军第一连连长，永远地闭上了双眼。他那 44 岁的遗孀还有 16 年多的好年华，来享受这来之不易的无拘无束。配备鸦嘴战斧的近卫军被解散。按照洛赞的遗愿，人们把他埋葬在了巴黎一座修道院的一块石头之下，这块石头既没有装饰也没有名字。后来这座修道院在革命中损毁殆尽。洛赞真正的墓志铭在其去世的 30 年前已经被作家德拉布吕耶尔写就："人们做梦也想不到，他曾怎样生活过。"

　　尽管洛赞的婚姻没有如期带来宫廷和军事上的杠杆效应，但是绝非全无用处。它使得这位出了名懒得动笔的反英雄成了书写狂圣西蒙的连襟，而且给了后者 28 年的时间，兴奋地汲取这个比自己年长 42 岁的人的故事，为后世保存下了洛赞对于自己动荡一生的讲述。人们可能觉得合乎逻辑的一件事是，仅在洛赞死后两周，对洛赞的记述及另一起重大事件就促使圣西蒙永远离开了宫廷。除了负债过多的田庄、巴黎的官邸和回忆录，圣西蒙还剩下与妻子的关系，对此我们所知相对较少。他们似乎是那个时代为数不多的爱情婚姻之一。直到今天，在圣西蒙 1743 年接到妻子去世的消息时撰写的几页回忆录手稿中，仍然可以辨别出泪痕。尽管如此，有一点很难不被视作补偿性正义，那就是几乎被圣西蒙当作宗教崇拜的公爵等级，在他还在世时就朝着确凿无疑的消亡驶去，因为他的儿子们都没有留下子嗣就死去了。1763 年，圣西蒙最后一个孩子死去，是他不知其名的女儿；一直到最后她都住在父亲的城市宫殿中，她的丈夫德希迈有几年还会不时地去看望她。1774 年，圣西蒙唯一的孙女也去世了，而且在其与德摩纳哥亲王的婚姻中无所出，剩余的财产全落到家族一个偏远的旁系手中。此后不久，也就是 1760 年诞生的克洛德·亨利成了另外唯一一位出名的圣西蒙。这位好斗且贵族崇拜的主教是否乐意知道，他那濒临消亡的名字偏偏通过一位社会主义的奠基者再次声名大噪？

457

458

第 13 章

少后启程

凡尔赛，1725 年 4 月 5 日

众人站在宫殿的庭院中，等待着自己的王后。瑞士和法国禁卫军的士兵尽可以淡然处之，因为他们只需要在启程时行个军礼。在禁卫军的周围，男仆和宫廷军需侍从在往随行的 9 辆车上装实际上要同行的 226 个人的行李。50 名厨房工作人员的配置，透露了这次旅行不会很短。在镶金的八驾马车旁，德沙罗斯军团的 50 名禁卫军正试图让他们紧张的马排列在严格规定好的线内。少尉德塞威恩侯爵最后一次检查了蓝银制服们的整洁程度。跟所有禁卫军军官一样，德塞威恩侯爵也有一个令人误以为低等的职位名称：部队虽然小，但是享受的特权超乎想象。在这里，连普通的骑手都是贵族的下级军官，少尉拥有第二高的将军等级，尽管他麾下通常只有 43 名士兵。当德沙罗斯军团仍属于德布夫莱尔公爵元帅时，德塞威恩就听从他的指挥，在马尔普拉奎特最后一场宫廷骑兵的进攻中冲锋陷阵，直到今天，德塞威恩身上仍有当年所受重伤留下的伤痕。但那至少是战争，完全就是德塞威恩从年轻时起就接触的那种公开作战。相反，现在这里正在

发生的这些事情，之所以引起他的反感，就是因为既不光彩也没危险。此刻，德塞威恩的目光落在刚刚上马的典礼官德格朗热身上。德格朗热尽管一开始只是个市镇自由民书记员的儿子，但现在是和德塞威恩一样的军官：这一刻他的感受会与德塞威恩的感受相似吗？不过就算典礼官也是这种感受，他也没有表露出分毫，并且或许仅凭自己的存在提醒着德塞威恩即将发生的事情中唯一令人高兴的状况。特别之处在于，即将发生的事情是礼仪性的，也就是说，至少宪兵卫队、骑兵卫队和火枪手卫队不会同来，否则德塞威恩又得像往常那样与军官们抢夺王室马车巨大后轮旁边的位置。尽管如此，行程仍然令人疲惫，绝不仅仅因为他全天都要让马精确

地与马车后轮齐头并进，而这并非易事；马车门在途中也不能遮盖，以免
夺走民众"看见陛下的满足感"。倒霉的是，尽管采取了种种措施，这次
驶过时民众还是什么都看不到，因为王后太矮小了，够不到窗户。德格朗
热也会给少尉制造足够多的不愉快，虽然典礼官本人十分和气。自从典礼
官争取来了在重大国家活动时与典礼总长走同一条路线的权利起，他就成
了典礼总长的天敌。但是如果事关对抗禁卫军，那么二人就会从自身的利
益出发，勠力同心，因此这次行程中必然会发生习以为常的争吵，主题是
王后用膳时非常抢手的"观众票"究竟该由少尉还是典礼官出售。众人将
用一个半月的时间横跨半个王国。每天晚上都会有穷乡僻壤的乡绅在他们
面前纠缠个没完，只为了有生之年至少可以见到国王的妻子一面。他们将
不得不在一个半月的时间内向这些人解释，如何适当地对王后说谎。

461

　　正当德塞威恩沉浸于这些想法时，鼓声响起。礼炮的声响将所有人
的目光引到宫殿左侧的大门上，王后正从那里走出来。俊美的德昂尼斯挽
着王后的右手前行，尽管这是他身为内廷大臣的职责所在，但是由于身高
差异，看上去难免有些滑稽。跟在两人身后的是德塔拉尔公爵夫人、德迪
拉斯公爵和两名表情呆滞的西班牙女士，仆从们则走在最后。随后一切进
展迅速。德迪拉斯与王后和女士们登上了专用的八驾马车。在车门关上之
前，德昂尼斯如释重负地鞠了最后一躬。宫廷侍童和男仆们跳上了马车侧
面和后端属于自己的座位。当马车开始前行时，禁卫军军官们发令，50 名
禁卫军就像一条蓝银色的河流一般跟在马车后流淌，其他的车辆和骑手也
逐渐追随其后加入进来。还没等最后一批人离开视野，瑞士和法国禁卫军
的分遣队已经撤回到他们的营房。大门守卫者又回到了入口处大门旁的警
卫室中，少数几个置身事外的观众四散而去，宫殿的庭院归于平静。国王
从 3 周前开始就待在马尔利，有点分量的人都陪他去了那里，留在凡尔赛
的人现在有了清净日子。宫殿 2 楼，就在王后走出来的那扇门的正上方，
有一扇窗户，德旺塔杜尔公爵夫人可能曾在这里长久地凝望过人群的背
影。这位年老的女士住在此处的一个套房中，但很快她就要搬出来，搬进

亲王们所住的侧翼中。她之所以没有一同下楼，是因为她从几天前就开始
装病；要是让她陪同王后，她可受不了，但她又是王后的家庭女教师。德
旺塔杜尔公爵夫人不能以年龄为托词，因为 74 岁的她健康状况甚佳——
她还有几乎 20 个年头要活。幸运的是，除了王后，没人有心情来一问究
竟。由于德旺塔杜尔几个月来都在讲述自己状况糟糕的各种故事，眼下她
才可以让孙女德塔拉尔顶替陪行。曾经被德旺塔杜尔救过性命的国王本来
也可以满足"杜尔妈妈"的各种愿望，因此一般而言，她有充足的理由愿
意想起国王。但是今天不是个一般的日子。德旺塔杜尔公爵夫人坐到写字
台旁，给王后的母亲写信："夫人，我亲孙儿的死亡带给我的痛苦不及与
我的王后分别的千分之一。她在我的心中永远是我的王后，上帝做证，夫
人！自从路易十四薨逝以来，我们已经见证了多少骤变，还有多少可能发
生啊！上帝之手越来越沉重地压在我们身上。"

　　这封信的收件人是西班牙王后伊莎贝拉·法尔内塞，刚刚坐着专用的
八驾马车，被从"杜尔妈妈"迄今为止的生活中拉走的正是这位王后的女
儿玛丽亚·安娜·维多利亚公主。从 3 年前开始，公主就在德旺塔杜尔夫
人的照料下生活在法国宫廷，由于她与时年 11 岁的路易十五早就签署了
婚约，大部分的宫廷侍臣称呼她为"公主王后"，或者干脆就称呼为王后。
玛丽亚作为国王女儿的等级已经足以使她在推迟的婚礼之前就成为法国等
级最高的女性，她搬进凡尔赛宫的王后套房，按王后的规格配了宫廷侍
从；但是现在，她踏上了没有返程的旅行。两个月前，整个凡尔赛和巴黎
就已经知晓发生了什么，只是人们由于怯懦或者无可奈何的顾忌只瞒着公
主王后一个人：政治的风向标已经扭转。曾经把公主王后刮来的那股政治
和王朝之风，现在又要把她送回西班牙。人们早就在热烈地为路易十五寻
找新的新娘。现任的王子首相早就为国王演算过，理论上可以娶的 100 个
公主中，44 个太老、29 个太小、10 个由于其他原因不合适，剩下的 17 个
中有 2 名英国人和自己的 2 名姐妹可以推荐，现在已经到了尽可能恰当周
全地把不再受欢迎的公主送走的最后时刻。于是，人们看似很不经意地告

诉公主王后，她的父王母后计划到西北边境的一个省旅行，二人将会经过法国的巴约讷附近，如果能在那里与女儿重逢，他们会不胜欣喜。这岂不是很妙？还没等公主王后说出这也正合她的心意，人们已经开始准备这次行程了，只有德旺塔杜尔夫人从那天起闷闷不乐，连公主都注意到了。"妈妈，您这是怎么了？"她曾问道。德旺塔杜尔夫人一会儿答曰因为偏头痛，一会儿又是因为赌债，公主王后对不断变换的解释并不十分满意，但是并未意识到全部真相，尽管最清晰的信号明明白白地摆在她的眼前。这信号不是进入青春期的国王的冷漠（他为了避开辞行，特意很早就去了马尔利），虽然在过去的几年中他对公主王后兴味索然。更为可疑的是这次旅行本身。在和平时期，无论国王还是王后，都不会离开国土，即使在国内也几乎不会做远距离的旅行，这自有其道理。君主必须靠四处游走行使权力的时代已经过去，人们渐渐习惯于服从于一位看不到的统治者。一方面，随着宫廷的不断壮大，这种旅行的理论花费急剧增加；另一方面，国际的礼节不断精细化，也大大增加了每一次与其他君主会面时无法忍受的面子风险，当年贝瑟在柯尼斯堡设计的扶手椅就是代表。除了这些缺点，与近亲碰面的个人幸福感实在不高，特别是费用的分配并不均等。对于执政家族的女儿来说，结婚理所当然就要离开祖国，与自己的父母永不相见。而一直留在国内的统治者本人既不会和自己的父母兄弟分离，也不会和自己的儿子分离；相反，与其他所有亲戚则几乎只保持书信联系，这在这个爱好写信的时代原本也不是什么难事。这些游戏规则还会持续很长时间，统治者直到 18 世纪末才会再次频繁出游。当人们好端端地突然向公主王后建议到国家的另一端会见家人时，她原本应该立即生疑才对：难道她在娘家及在凡尔赛的 3 年都没有学会，天生的"职业"使她面临怎样的约束吗？但是我们也不要对公主太严苛，当她在 1725 年的那个 4 月永远离开凡尔赛时，离她庆祝完 7 岁生日才刚刚过去一周。

464

　　即使按照巴洛克时代的标准，这也是一个充满了荒诞转折的故事。先是让路易十五与一个 3 岁的小女孩签署婚约，后来又促使他与一个更加始料未及的候选人成婚。但是和很多奇闻逸事一样，这个故事产生在完全符合逻辑的前提下，其中第一个前提我们在第 10 章已经了解过了——法国王室由于疾病和庸医几乎全军覆没，只有未来的路易十五在 1712 年扛了过来。老迈太阳王的直接继承人只剩下这个当时年仅 2 岁的曾孙，于是后者顺理成章地获得了王储的头衔；而太阳王的婚生孙子只有西班牙的费利佩五世及其弟弟德贝里仍然在世，但德贝里也在 1714 年无子而终。就算是直接继承人，很多人也担心小王储活不长。当时的儿童死亡率极高，王室也不见得好于农民之家。就小王储路易的情况而言，他的整个家庭消亡之迅速，甚至也给老于世故的宫廷侍臣造成了打击；因此，也就难怪在很多年里，小国王即使患上轻微感冒也能引发巨大的忧虑。但如果单纯是这种局面，仍然可以处理，问题是同时又有一种新型麻烦使法国乃至欧洲陷入几乎绵延 20 年的紧张局势中。在这里，严格的世袭君主制的力量正在发挥作用，它清晰的规则不允许权力真空，也不允许不确定性的存在。虽然如果棕色卷发的小国王夭折无论如何都是件伤心事，但是一般而言，他也明白无误地可以被替代：如果无子而终，由于小国王再无兄弟，那么王位必然首先由血缘关系最近的叔父费利佩五世继承，在叔父之后，1715 年时还有 12 个出生顺序没有争议的王子。

　　然而恰在此时，路易十四看似最大的成就却以残忍的方式掉头反对自己的家族。为了确保孙子费利佩五世的西班牙王位，老国王使法国最后一次陷入 12 年毁灭性的战争中，直到 1713 年《乌得勒支和约》确认了费利佩五世对西班牙的统治权。表面看来，这似乎是最大的胜利，然而与此相随的是一个非常符合逻辑的条件，这个条件不仅引发了短期的紧张局势，而且从长期来看，也将对法国王室造成致命的损害——法国差不多就是因此才成了今天的共和国。仅仅为了阻止法国这个强国与西班牙间接的统一，几乎整个欧洲联合在一起，与法国打了十多年，然而 1713 年，同盟国仍然不得不承认法国的候选人，这对他们来说已经足够令人失望了。因此，在乌得勒支的和平谈判中，同盟国就愈发强硬地坚持，至少要永远杜绝两顶王冠直接统一于一人，而这种情况在 1712 年的多起死亡事件后恰恰变得更有可能出现。所以，同盟国首先强迫费利佩五世本人及其所有后代郑重放弃对法国王位的继承权，然后责成路易十四在法国以所有法律形式批准这份放弃书。双方都打不起了，于是放弃书尘埃落定，这几乎立即带来了无法预料的后果。

　　费利佩五世放弃继承权是个好主意，但是来早了几百年。和很多事情一样，近代早期在继承问题上也介于前现代和现代之间。1713 年的统治者、外交官和贵族或许足够现代，至少可以区分国家与王朝；同样足够现代的是，为了欧洲和平，众人愿意将纯粹按照王朝逻辑本应该统一的两个国家分离。但是与此同时，人们又如此强烈地深陷于旧的思想中，这种分离在他们看来必然显得极不自然，甚至可怕。他们所有人不都是因为继承法才成其所是吗？继承法难道不是维系符合上帝意愿的社会秩序的唯一法宝吗？抽象来讲，继承法对当时的大部分人来说，难道不正如当今民主之于我们一样神圣吗？如果不再按照这个神圣的原则来确定最高统治者，那一切岂不是必然要瓦解？因此，最终甚至连要求费利佩五世放弃继承权并以和约确定此事的那些人都不相信它在紧急情况下有效。所有人即使在签署的那一刻也清楚，一旦法国的小国王无子而终，放弃书对于西班牙国王来说就是废纸一张，到时费利佩五世绝不会放弃自己与生俱来的权利。然而，这一文件又绝非毫无效力。它必然会削弱费利佩五世可能提出的任何主张，在一定程度上夺走了他成功的一半机会，并将其赠予了下一位王子。这下一位王子一度是不幸的德贝里，但他已于 1714 年死去。眼下，路易十四再无孙子在世，他的幼子们就紧随其后来到了继承权的第一序列，然而幼子也只剩下了非婚生子迪迈纳和德图卢兹。令所有臣属震惊的是，绝望而且近乎年老昏聩的太阳王真的给了二人王子继承权，而这是中欧国王的私生子自 800 年前起就不再享有的权利。当然，路易十四将迪迈纳和德图卢兹立为继承人，也只是为了应对其他所有合法继承人全部死亡的情况，因此一定程度上会强迫二人到后面排队。这是一个值得一提的事

466

467

实，因为令人奇怪的是，很多历史学家描述这点时犯了错误，而这个错误会导致下文内容无法被理解。如果把费利佩五世的放弃书当真，就必须继续往上捋来寻找下一个继承人，也就拐到了路易十四的弟弟（已故的王弟殿下）身上，然后发现了他唯一的儿子德奥尔良公爵。前不久德奥尔良还是家族中被排挤的人，人们甚至揣测他毒害了直接的王位继承人。现在，仅仅过了 2 年（1714 年），德奥尔良公爵在德贝里死后成了法国的下一任继承人、未来国王的摄政王，而且是费利佩五世在继承顺序上符合逻辑的竞争者。乌得勒支的外交官们逼迫费利佩五世放弃继承，就等于送给了德奥尔良一个强有力的论据，并且夺走了继承原则的唯一优势——明确性。在欧洲以外的君主政体中，平等的王子们通过政变、谋杀或者内战来决定继承顺序，这与其说是例外，不如说仍然是规则。相反，在欧洲，多亏长子继承权和（艰难的）一夫一妻制，人们已经尽可能地抛弃了这些做法。因此，当人们发现 1713 年签署的初衷良好的放弃书偏偏眼看着就要把这块大陆上最大的国家抛回暴力夺权时，大家也就愈发惊恐。

最初的后果体现在内政上。路易十四不需要思考抽象的国家法规，就可以感受到不远将来的冲击，但他又无法改变。他的父亲 9 岁登上王位，他本人 4 岁半登上王位，必不可少的摄政权是由二人的母亲行使的。但是自己曾孙的母亲、祖母和曾祖母早已死去。因此，能为小王储摄政的只剩下国内下一位合法的男性亲属，德贝里死后，这个人偏偏就是人们在背后数落的德奥尔良，那个小国王死后就有权登基的德奥尔良，有动机扮演法国版理查三世[1] 的德奥尔良。尽管如此，路易十四并不能干脆取消德奥尔良未来的摄政权，这也表明，君主制的传统作为不成文的法律有着极大的效应，连看似专制的君主也受其约束。因此，太阳王自然就要更多地利用人生的最后几年，竭尽所能为可疑的侄子设置障碍。他似乎打算在娃娃继

---

[1] 英格兰金雀花王朝最后一位国王，作为护国公摄政，辅佐爱德华五世，传闻他杀害了侄子爱德华五世，但无定论。——编注

承人周围建造一堵由保护人组成的铜墙铁壁：首先任命了芭蕾舞老搭档德维勒鲁瓦做曾孙的"内廷大臣"；德维勒鲁瓦的上司、出任"教育总监"的是最受路易十四疼爱的非婚生子迪迈纳，他同时获得了整个宫廷武装的指挥权，必要时可以随时占领巴黎并发动政变赶走德奥尔良；最后，国王还创立了一个摄政委员会，德奥尔良必须服从委员会的决议，出任议员的是迪迈纳、德图卢兹、德维勒鲁瓦及其众门生，他们随时可以以多数票否决摄政王的提议。因此，看起来路易十四似乎很好地整理了门户，德奥尔良只会得到一个摄政权的空壳，而且必须眼睁睁看着路易十四的亲信如何可靠地将新国王培养成曾祖父完美的复制品。然后，死亡降临。几周以来，痛苦的坏疽在年迈的太阳王身上不断蔓延，而他仍然极为有尊严地呈现了一出国王之死的公开戏。1715 年 9 月 1 日，随着路易十四生命的终结，历时 72 年之久、欧洲历史上最长的国王任期也结束了。这段任期的开端站立着一个孩童，就跟眼下一样，又有一个孩童登上了王位。迄今为止的王太子仍然穿着 7 岁以下儿童普遍不分男女的裙子，而且仍然由"杜尔妈妈"用金丝带牵着，但他现在成了路易十五，法国和纳瓦拉的国王。

　　宫廷政治顾不上对死者的崇敬。9 月 2 日早上，巴黎司法宫召开了巴黎议会。尽管名字如此，但它并非现代意义的议会，而是由大约 200 名司法贵族法官组成的国家最高法庭，其中除了司法贵族，每一位公爵、王子和亲王都有投票权，如果放在其他国家，这些人组成的就是等级代表会议中的上议院。人们将在会议上宣布路易十四的遗嘱，以确定新的权力分配。为了议事不受打扰，800 名瑞士禁卫军受迪迈纳之命包围了宫殿；与他们对峙的是 1400 名法国近卫步兵，而且理由相同。法国近卫步兵的上校德吉什公爵是诺瓦耶家族的女婿，他连同整个宗族都被德奥尔良及时收买了，从而可以达成一种绝不仅是口头上的武力均等。但是，坚持自己优先权的小个子公爵圣西蒙一开始差点儿因为抗议一个礼仪错误而驱散集会，这个错误自然也让其他公爵极其愤怒。多年来，首席议会主席已经悄悄养成习惯，在询问表决意见时，如果对象是王子、亲王及其他议会主

席，他才会摘下官帽；相反，他在要求公爵们投票时并不摘帽，由此贬低
了众公爵。当然不能再这样了。但是众公爵抗议良久，得到的结果也只是
这一问题以后再议（顺便说一句，拖延得非常成功，直到 1789 年革命时
仍悬而未决）。这令圣西蒙十分生气，20 年后他在描写这次会议时，写到
这里仍不停地拐到痴心妄想的白日梦超车道上。我们就让他不受打扰地端
坐于事情进展的理想版本中吧，在那里他不仅是受人钦羡的礼仪起义的矮
子英雄，还解决了谁可以横穿会议室木地板、谁只能在木地板之外行走的
复杂难题。幸好关于这次决定命运的会议还有其他 13 份记录。会议的下
一项是德奥尔良公爵令人印象深刻的演讲，他滔滔不绝地向议会描述，伯
父路易十四是如何在弥留之际向他保证，他作为理所当然的摄政王和第二
顺位继承人自然会获得无可争辩的王储权威。德奥尔良充满感情地说起了
小国王，赞扬了法官们，并且最终表示，要温和、合作地施行统治。然
后，由路易十四指定的 3 名显贵就动身前往隔壁的房间（那里有他们锁在
嵌入墙中藏匿处的遗嘱，他们称"这是我们的法律"），将太阳王最后的
意愿带到了大会议室中。3 人在会议室中打开了被潮湿墙壁严重污染的卷
宗，立即让法庭委员会以最有力的声音宣读，并且聚精会神地听着，一条
又一条的附加条款是如何一步步地限制摄政王的权力的，到最后只留给了
他权威的影子。尽管德奥尔良或许几天前就听说了遗嘱的内容，但是在宣
读的过程中，他的脸扭曲得越来越明显。遗嘱刚被合上，德奥尔良就跳了
起来，再一次向逝者表达他深深的敬意；但遗憾的是，现在各种细节既与
他世袭的权利冲突，也与君主制（实际上未成文的）基本法冲突。然而，
幸好弥留之际的伯父也告诉德奥尔良，仅应把这份遗嘱当作初稿对待，因
此他要求议会阐明他理所当然的权利。议会主席们郑重其事地看向大厅，
开始详细地讨论，而且不遗余力地掩盖他们几天前与德奥尔良达成的交
易。大多数的亲王和公爵原本就反对一朝升天的私生子迪迈纳，后来法庭
委员会又装模作样地讨论了几次，最终以"大帽子"或者"大假发"著称
的主席们完成表决，表决结果自然是他们预先确定的。可以说，迪迈纳很

幸运，只是丢掉了对宫廷武装的指挥权；同时德奥尔良被置于摄政委员会之上，有权改组摄政委员会。当然，最重要的事情完全未被提及。一方面，没有人提起费利佩五世，他是小王储的直系叔叔，原本应该成为下一任继承人和摄政王——他甚至还未获悉祖父的死讯，因为谨慎起见，德奥尔良命人拘捕了所有信使。另一方面，德奥尔良有次随口一提，要把对国王法令的否决权重新交给议会，这项否决权实际上已被路易十四撤销，但形式上仍未被废除。因此，这项所谓的"抗议权"的重新引入也是悄悄执行的，但是却很重要，由此再次制造了一个政治上的阻碍因素，国王的权力在未来的 74 年中将越来越频繁地因其停顿。虽然一开始议员们还相当克制，主要在宗教争议上使用这项权利，但随着时间的推移，他们越来越醉心于自己的角色。议员们任由同行孟德斯鸠发明了三权分立的思想；怀着越来越大的兴趣观察着构造完全不同的英国议会；以有趣的方式误解卢梭；并且逐渐明确无误地指出，在早就消失的三级会议缺席的情况下，只有他们才可以合理地延续古老的法兰克人民议会。在其他情况下，这些或许可以成为一些历史学家的素材。但是实际上，受教育程度越来越高、越来越相信进步的 18 世纪的法国人很快就把议员们视作自己自由的高贵捍卫者，尽管这些人的职位全是世袭或是买来的，而且在没有丝毫证据的情况下就冒充 5 世纪神秘等级代表大会的化身。这是延续至今的数千例子之一，即使聪明人也难免会对自己最为熟悉的不公感到愤怒，并被情绪完全盲目地推到对立面，而对立面通常也好不到哪儿去。就这样，王室议会最终在 1787—1788 年成为灾难，就因为议员们的异议极富成效，为了与之对抗，只能召集早就被遗忘的三级会议。也就是说，后来爆炸的炸弹，那长长的引线早在 1715 年就已被德奥尔良点燃。但是德奥尔良有理由这样回应指责，即他的位置让他别无选择。为了可以真正统治法国，德奥尔良必须清除路易十四设置的障碍，因此必须利用他权限内的唯一一项妥协来收买议会。就这样，最终使得太阳王基业被毁的不是旁人，正是他本人，因为他相信必须保护自己的曾孙不被侄子伤害。

472

　　这些长期效应在 1715 年自然没有人关心。暂时看来似乎一切都好。从现在起，拥有无限统治权力的摄政王把宫廷从凡尔赛迁回了巴黎，给出的官方理由是不能再让柔弱的小国王承受沼气的恶臭。事实上，德奥尔良代表的是一代人，在愈发虔诚又深受战争之苦的路易十四统治晚期，这一代人所经历的凡尔赛仅仅只是程序僵化的木偶戏，现在想要弥补自己该有的放肆岁月。国王的宫廷设立在了杜伊勒里宫，而摄政王就下榻在紧邻的皇家宫，每个工作日，德奥尔良在做了一天的理性决定后，晚上都会和朋友们关在里面悄悄喝得酩酊大醉。从皇家宫出发到王室歌剧院去找那些歌女和舞女仅需要几分钟，不像在凡尔赛那样需要两个小时，这太合摄政王的意了。宽容又嘲讽、从容且好奇，德奥尔良更富吸引力的性格特征也代表着新时代的新风格，而晚年的太阳王最终已经教条僵化。摄政王最终通过耐心的关注逐渐赢得了沉默寡言的小国王的喜爱，这或许并非偶然。老内廷大臣德维勒鲁瓦用他那舞蹈老师的做派，试图将路易十五培养成路易十四的完美克隆体，但是仅仅引起了这名学生对芭蕾舞长达一生的反感。在他们周围，假发越来越小，女士们的发型也摆脱了最糟的形象。华托画过一幅画，在画中，画商格森特将已经没有用处的路易十四的肖像清理掉；[1] 然后华托便开始用身穿意大利喜剧服装的贵族儿童填满他画中田园乡村的景色。

　　连上层政治也是这种画风。摄政王几乎立马让法国与英国结盟，优雅地瓦解了维系了 30 年的反法同盟。现在向德奥尔良一股脑解释国家银行、纸币、股票交易和殖民政策秘密的是一名叫作劳 [2] 的苏格兰人，他把这四

---

[1] 安托万·华托（Antoine Watteau，1684—1721 年），法国洛可可时代代表画家。文中提及的画作为华托在 1720—1721 年创作的《格森特的招牌》（*L'Enseigne de Gersaint*）。——编注
[2] 约翰·劳（John Law，1671—1729 年），苏格兰经济学家。约翰·劳是有名的赌徒，他与德奥尔良公爵便是在赌桌上认识的。劳认为货币纯属交换媒介，不能构成财富本身，国家的财富取决于贸易。路易十四去世后，劳被任命为法国的财政大臣，任职期间推行的一系列经济金融政策导致了后来的密西西比泡沫事件，使法国经济全面崩溃。——编注

项事物统一成所谓的体系。这样做并非毫无缘由，超出预料的财富很快就
从中汩汩流出。当然，还有一些细节仍有问题，法国整体对这些有益的革
新所做的准备还不理想，这自然有些可惜。这个专制君主制的国家虽然一
方面狂妄到要在极短时间内完全禁止持有现金，但是另一方面，这个国家
的结构又导致没人能够阻止血统亲王。这些亲王在仍然没有人完全弄懂的
投机泡沫的高点上坐着宽敞的马车行驶到国家银行前，通过说出以下含义
的话语拉开了终结的开端：“我们来，是要取出我们存的黄金。现在。全
部。”就这样，劳在其飞黄腾达的最后阶段教会了摄政王什么是破产，然
后就理智地逃到了经济更为开放的地区。1720 年年底，臣属们又得到许
可，可以持有现金，但这现在对大多数人来说只是一个非常抽象的权利，
或者用德奥尔良那一直持怀疑态度的母亲伊丽莎白·夏洛特的话来说：
“现在在法国，没有人有赫勒或者芬尼，但是……用地道的普法尔茨语来
说，擦屁股纸倒是够多。”当然也有赢家，例如来自坎康普瓦大街（类似
华尔街）的那个驼背，他将自己的驼背出租给随性的股票交易商做签署购
买合同的垫板；还有国家，在证券破产的净化之火中，近一半的巨额债务
被烧成灰烬。

474

　　就本书的目的而言，比起旧秩序这次很快就愤然终止的通向金融现
代化的经历，其他措施自然更重要。跟所有国王代理人一样，德奥尔良也
不得不时时维护自己带有失效日期的不稳定权威——国王在其 13 岁生日
时就正式成年了。当然，没有人真正期待，国王到时就可以单独执政。但
法定年龄在几百年前特意定得这么低，为的就是尽量缩短摄政者代为执政
的危险局面，因此摄政王的敌人很清楚，他们只需要蛰伏到 1723 年，到
时候就可以实验性地发现，谁可以最好地控制这个小国王。国外的此类敌
人自然是费利佩五世；在法国，与摄政王对立的主要是围绕在迪迈纳和德
维勒鲁瓦周围的所谓旧宫廷党，鉴于这些人在路易十五的教育中扮演的角
色，他们有可能构成特别的威胁。因此，德奥尔良与在重要性上仅次于他
的亲王德波旁公爵结盟；此人作为女公爵夫人的儿子，不仅是孔蒂家族的

首领，还是迪迈纳的死敌。（一场关于遗产的纷争分裂了这两个直系亲属家庭。波旁似乎更有理由仇恨另一位王子：自从 1712 年在一次冬季狩猎时被一直厄运缠身的德贝里公爵射瞎一只眼睛后，他就成了独眼。）摄政王扮演超越党派的国父，德波旁负责压制，二人的第一个动作便是在 1717 年剥夺了由太阳王授予迪迈纳及其弟弟的王位继承权。政治看客拍手称快，因为他们发现，这种非婚生子的继承权颠倒了世界的自然秩序。这是一个满是没有爱情的指派婚姻的世界，其中每两个家族首脑中就有一人有非婚生的同父异母或同母异父的兄弟姐妹，而且都倾向于使之远离遗产。但是，非婚生子为什么要止步于此呢？父亲逐渐把他们升到了极高的亲王等级，这难道不正是对婚生上层贵族的一种侮辱吗？很多人这样认为。当然没有人比圣西蒙更为愤慨，他作为摄政王忠诚的宠臣，此时也成了政权中的关键人物之一。1718 年，当德奥尔良为了结束宗教争端，不得不暂时羞辱叛逆的巴黎议会时，圣西蒙和德波旁决定按照自己的意图利用这次机会。二人现在与摄政王共同谋划的，并非真正的政变，而是权力的展示，这种展示会一直延伸到这个国家不成文法律的顶端。为了将议会颁布的反对摄政王宗教政策的规定宣布无效，德奥尔良必须在不废除 1715 年恢复的议员否决权的同时，使其失去效力。所幸在旧秩序程序稀有的存货清单中确实有一样适用的东西，即很难翻译的"御前会议"（原文为法语"lit de justice"，字面意思是"正义之床"，因为国王在会议过程中会坐到议会中央的丝质垫子上）的礼仪。几人的逻辑非常简单。因为只要当着国王的面就不允许有异议，国王在御前会议时亲自来到议会，使不顺从变为缄默，并且通过御驾亲临强迫议员通过他的命令，使其具有法律效力。当然，这种机制过于美好，以至于人们在执政的日常实践中不得不谨慎地使用。御前会议的召开也表明政府的要求令人无法接受，甚至综合运用良好的论据、奖赏和威胁也无法让其获得批准。对于很多措施来说，御前会议都有致命的后果，因为就像国债一样，如果没有精英的合作，这些措施根本不可能实施。但是这一次，对于摄政王来说，关键是要明确地展示权力，因此连御前会议都不够具有挑衅性，也不够突然。

1718 年 8 月 26 日一大早，事情就发展到了这一步。此外，这次活动也表明，宫廷贵族的生物节律与司法贵族的是多么不同。当典礼官德格朗热早上 6 点将国王要求议员们启程前往杜伊勒里宫的命令带到时，议员们的工作日早已开始了——这一次他们得去国王那里，而不是像以往那样国王前来。相反，迪迈纳公爵早上 4 点的时候已经在床上躺了一个小时了，因为他早早从自己活跃的妻子组织的一次庆祝活动上回到了家；现在他被人叫醒，以瑞士禁卫军大将的身份为一场对他而言完全陌生的国家典礼派驻军队。虽然这次典礼主要针对的就是他，但德奥尔良一派不想弃用"他的"瑞士人：首先，他们很忠诚；其次，就算生变也可以被庞大的近卫步兵轻松镇压。摄政王在这个清晨用宫廷士兵将巴黎围了个水泄不通，这绝非杞人忧天——1648 年规模浩大的投石党运动就是由受到挑衅的议会引发的，而将于 1789 年以革命名义冲进巴士底的也正是倒戈的近卫步兵。但是在这一天，德奥尔良完全打了敌人一个措手不及。整座城市从早上 5 点开始鼓声大作，隆隆鼓声中，近卫骑兵和步兵，以及典礼必备的公爵、元帅和勋章骑士们从四面八方涌向杜伊勒里宫。新桥因为 153 名议会法官的长袍而一片猩红，他们如同黏稠的司法阻力之河，在巨大假发的保护下挪向同一座宫殿。现在，在杜伊勒里宫内部，摄政王把摄政委员会的一次常规会议变成了御前会议；圣西蒙和其他委员会成员"跟孩子一样"将头探出窗外，饶有兴致地看着赶过来受辱的法官们。当议会主席们在备好的屏风后换上与 8 月的天气不怎么相称的皮大衣礼服时，一大批随从把 8 岁的国王带到了准备妥当的大厅。国王的角色仅限于让掌玺大臣发言，自己在铺着垫子的座位上忍受几个小时的无聊，而且在此过程中不能晕过去——鉴于早餐时间推迟，人们是真的害怕这个脆弱的孩子会晕倒。但是路易十五在这 3 个方面都出色完成了计划，御前会议也大获全胜。在收到周全的提示后，私生子迪迈纳和德图卢兹在会议开始前就回避了。议员们无法脱身，于是现在不得不跪下聆听掌玺大臣德阿尔让松宣布他们近期所有的

477

规定无效。接下来，掌玺大臣宣布国王私生子们的亲王等级被取消，他们由此被抛回了普通公爵的地位。圣西蒙欣喜若狂，直到 25 年后，他还在津津有味地描述自己对于这次恢复唯一公正的等级秩序是多么激动，很难不想到生理上的心醉神迷："我高兴得要死……我那极度膨胀的心脏已经填满胸膛。我得使很大的力气才能不表现出（我的幸福），然而这种痛苦妙不可言……我胜利了，我报了仇，我沉浸在复仇中。我人生中最强烈且最持久的欲望得到完全满足，我享受着这种感觉。"最好的部分自然在最后，德奥尔良简短地发言，宣读外甥德波旁的一项提议，这项提议在他看来完全合理。独眼的亲王表现得出乎意料地周全。由于迪迈纳从现在起只是一个于 1694 年获得爵位的公爵，而国王的教育者德维勒鲁瓦的公爵等级要追溯到 1663 年，因此迪迈纳的等级就不再高于后者。在这种条件下，就不能再苛求善良的德维勒鲁瓦做迪迈纳的下级。前亲王对国王教育的最高监管权被立即撤销，赋予了等级最高的真正的成年血统亲王，多巧啊，此人正是德波旁本人。这项决定自然也被议会批准，当掌玺大臣警告红袍子们"国王要求服从，要求立即服从"时，愤怒的德维勒鲁瓦（他是迪迈纳最亲密的盟友）只能艰难地抓着自己的权杖。摄政王或许不像圣西蒙那样强烈地享受自己的胜利，但是他赢了。从此，摄政王大权独揽。

现在，法国的内政与欧洲列强的大型游戏相遇了。当德奥尔良筹划御前会议时，一艘西班牙战舰扬帆驶向西西里，想要重新占领西班牙属意大利。伊莎贝拉·法尔内塞和枢机主教阿尔贝罗尼的伟大计划眼看就要实现，这项计划将推翻 1713 年的和平成果，必然招致整个欧洲反对西班牙。最先做出反应的是英国，他们的舰船在墨西拿[1]接近西班牙的入侵部队，至今仍没有任何一方宣战。但是 1718 年 8 月 11 日，英国海军上将乔治·宾在帕萨罗角要求一艘西班牙战舰投降，得到的回答是一阵炮击，于是爆发了海战，并以西班牙整个地中海舰队的沉没而告终。西班牙彻底失

---

[1] 意大利港口城市。——编注

败，所有的幸存者都被俘虏，马德里几周后才了解到发生了什么。在此期
间，海军上将宾在问候驻守西西里、已经没有战舰的西班牙军队总司令
时，表示希望这次的不愉快不要影响英国和西班牙的友谊。这个希望自然
没有实现。虽然正式宣战还要再等上几个月，但是现在来看，战争已经势
在必行。西班牙迅速扩充了继续入侵意大利的措施，利用逃亡的国王詹姆
斯三世反抗英国。而法国不但从 1716 年起就与英国结盟，而且还通过刚
刚缔结的四国同盟与其他所有打算抗击西班牙扩张的大国结盟：法国能够
避免与西班牙一战吗？德奥尔良对欧洲均势怀有的真切兴趣把他推到了英
国一方，而使西班牙完全降服是对均势的背离，尤其是这必然使他在国内
背负王朝利己分子的罪名，就如同是对西班牙王位继承权战争所付出的努
力的嘲讽——作为一名法国人，竟然对抗同样出身法国的堂弟。当然，费
利佩五世的法国血统恰恰就是问题所在。费利佩五世的法国人身份不足以
使他的权力政策顾忌到祖国，但同时他又觊觎着法国王位继承权。尽管费
利佩五世和迪迈纳不同程度地与国王有着更近的亲戚关系，但人们还是把
摄政权交给了他的老对手德奥尔良，这就够糟了。如果这个罪恶的篡权者
现在还想阻止他重新占领自己在意大利应得的土地，那他就不得不迅速给
这个家伙一个教训。因此，身在巴黎的西班牙大使迪切拉马雷亲王眼下接
到寻找阴谋策划者的任务，必要时可以让他们用武力贯彻费利佩五世对摄
政权的要求。由于西班牙国内的意大利人随着伊莎贝拉和阿尔贝罗尼得了
势，因此这位大使也是名高贵的那不勒斯人，他非常喜欢巴黎，不愿意因
外交关系的破裂而逃回马德里。但命令就是命令，1718 年秋，西班牙王室
与迪迈纳公爵密谋联手，圣西蒙的复仇欲及时地逼迫迪迈纳公爵加入了暴
怒的反对方。

　　这个世纪充满了浅薄的自大计划，如果我们不得不毫无遗憾地把迪
切拉马雷阴谋的活动家们鉴定为这个世纪中大概最不称职的阴谋家，那也
并非因为他们缺乏潜力。迪切拉马雷本人痛苦地意识到了盟友的弱点，竭
尽所能训练更有利用价值的备用反叛者。迪迈纳尽管失去了对国王教育的

最高监管权，但他仍是所有瑞士雇佣兵的首领、朗格多克的总督、炮兵首领。此外，凭借当年通过洛赞压榨而来的德蒙庞西耶的财产，迪迈纳还很可能是法国首富，因此他的附庸和门徒遍布法国。但与此同时，从某种角度来看，迪迈纳又有点过于冷漠或是现实，不愿意为了些许等级上的特权使国家陷入内战，所以此次阴谋的主要角色就自动落到他那没有因类似保留意见而烦恼的妻子身上。路易丝－贝内迪克特·德波旁于 1692 年成为迪迈纳公爵夫人，因为她比她的姐姐高 4 厘米，因此在字面意义上从矮得要命的孔蒂家族脱颖而出。在与这位半个王子的婚姻中，路易丝获得了证明自己更为重要的天赋的机会，证明的结果则是她的索镇宫殿很快就成了巴黎沙龙文化令人着迷的聚会地。诗人、宫廷侍臣和学者就像逐光的蛾子一样围着这位活跃的矮小夫人，给她吟唱的赞美诗连今天最有耐心的文学学者也不堪卒读。这些人只等着夫人有需要时为她撰写政治性的小册子，但事实证明，这也是致命的缺点，特别是现在要开始着手编辑至关重要的声明时。

481　　　　这些文章必须立竿见影，煽动法国心怀不满的贵族反叛（只需要把圣西蒙作为公爵傲慢的例子详细引用即可）、将议会拉到迪迈纳一方、揭露摄政王对抗无助国王的邪恶计划（此处必须即兴发挥一下）、向法国人阐明费利佩五世的摄政权和继承权符合上帝意志，最后说明为何迪迈纳必须出任助理摄政王。这样你就能理解，为什么起草人需要很长时间来构思最佳文章了。但是，超级活跃的公爵夫人如果能更放松一些，或许人们会更好地为她效力；但她把文章转交给文友们修改，引发了一系列很快就陷入失控的连锁反应。举例来说，还没等大修道院院长布里戈把一篇由德蓬帕杜尔侯爵起草的声明书中错误的过去完成时的虚拟式形式清除干净，枢机主教德波利尼亚克就得审查其中的不雅措辞；而谦虚的德马莱齐厄先生在递交他那两份论证完美的备选版本时，提出的条件就是请不要使用两者中的任何一份。焦急而又追求完美的公爵夫人接着干脆自己改写了所有 3 篇稿子（当然都是用看不见的醋墨），迪切拉马雷又把它们拿给布里戈，布里戈觉得最终版本混乱不堪，又把它审校成了最初的状态。要不是有两件相对可预见的事情发生，这些讲究的阴谋家们可能直到今天还在快乐地自顾自编辑呢。一件事是随着编辑圈子的不断扩大，很快就有不应外泄的文本泄露到了昔日的王子老师迪布瓦手中，他已经在摄政王手下官至外交大臣，同时仍为摄政王处理棘手之事。由于迪迈纳夫人对这篇文章很重视，便让王室图书馆最好的书法家誊写了她的小册子文稿，迪布瓦认出了那人的笔迹，并且拜访了那个可怜的家伙，在拜访结束之际，誊写人承诺将所有文章的附本直接转交给迪布瓦。另一件事是马德里也逐渐想看到行动。因此，阴谋家们将当前所有小册子打包，作为他们行动的证明，然后把包裹藏到了一辆马车的底部，两名西班牙贵族青年将乘坐这辆马车从巴黎返回家乡（顺便说一句，其中一人就是画家委拉斯开兹的玄孙，最后一位德国皇后及最后一位奥地利皇后均是此人后裔）。不幸的是，撰写随附信件的使馆书记员是个非常"认真"的人，不愿意因为手头的多项工作取消常规的妓院之行。但是这家妓院的老鸨和那名书法家一样，也在迪布瓦的工资表上，因此这位外交大臣立即从这两个渠道了解到这件败坏名声的马车货物的启程时间。1718 年 12 月 5 日，旅人在普瓦捷被路上的哨兵逮捕；12 月 9 日，迪切拉马雷在巴黎被拘禁，并且伴随着所有外交礼节上的敬意，以囚犯的身份被带到了布洛瓦。耸人听闻地逮捕一名代表国王的大使，事实上就相当于宣战。此前不久，法国大使德圣艾尼昂已经被驱逐出马德里，现在西班牙人耿耿于怀地试图捉住他。而德圣艾尼昂之所以能够逃脱纳瓦拉总督的官方圈套，仅仅是因为他与一名仆从换了衣服，骑着一头骡子逃跑了——一群乡下暴徒后来虽然还是捉住了他，但好在他们不关心政治，只是抢走了他所有的钱。随着迪迈纳公爵和公爵夫人被捕，这一年也走向了尾声。最终，法国也在 1719 年 1 月 9 日正式向西班牙宣战。西班牙继承权战争结束不到 6 年，两个均由法国家族统治的王室成了战争对手。

所幸双方都缺少使西班牙继承权战争延宕了 13 年的那种走投无路的

482

483　坚决。人们非常强烈地感觉到这场战争有多么不自然。一方面费利佩五世仍然觉得自己是法国人。另一方面，法国的总司令贝里克不仅记得他是如何与现在的敌人一起为费利佩五世占领了一个王国，而且他也知道，在敌方战斗的还有自己的亲生儿子德利里亚，是他明确允许他可以这样做。双方只是迟疑地向对方挺进，法国军队在巴斯克和加泰罗尼亚保持优势，原因主要是缺少反抗。让这次远征变得彻底超现实的自然是由于西班牙国王的参与，他的抑郁倾向在 2 年前已经彻底达到了疾病的程度。1717 年的绝大部分时间里，费利佩五世因为对死亡的恐惧及暴饮暴食而失去活动能力，既说不了话也没有力气换衣服，全靠王后伊莎贝拉热切地照料才使他一定程度上缓慢恢复过来。但是这位国王在此期间似乎进入了躁狂阶段，不管怎样，他怀着极大的热情想要奔赴前线，这让阿尔贝罗尼非常害怕——他不知道，贝里克已经严令禁止俘虏费利佩五世，只需要逮住招人恨的阿尔贝罗尼。当国王和王后最终真的要开赴战场时，熟悉当地路况的仆人们按照枢机主教兼首相的命令，成功地使他们偏离了正路，长时间徘徊在荒无人烟的丛林中，寻找自己的部队。同时，法国的进攻分解为惯用的围攻，当然，这也向着不利于西班牙的方向发展，就像法国入侵佛罗里达的战斗或者西西里岛上的战斗一样——在西西里，孤立无援的西班牙军队在战舰沉没后被皇帝的部队击败。

　　在第 4 个战场上，阿尔贝罗尼的宏伟计划也落空了，他原指望詹姆斯的支持者会反击来牵制英国人。事实上，西班牙船只成功地把觊觎王位者詹姆斯三世从罗马带到了西班牙，他在那里受到了热烈欢迎。而与此同

484　时，人们正在与一支由他同父异母的兄弟贝里克指挥的军队作战。3 周前，一支大型舰队从加的斯港出航入海，打算把一支由流亡的苏格兰人和西班牙人组成的入侵军队赶出苏格兰，为"海外之王"抢回这个国家，但是谨慎起见，人们没带这位国王同行。这是人们第 3 次尝试为洛赞当年救下的詹姆斯夺回他 1688 年度过了人生前 6 个月的那个国家的王位，而这次的结局与前两次（1708 年和 1715 年）相比更是灾难性的。还在西班牙的比

斯开湾时，这支大型舰队就遭遇了最可怕的大西洋风暴，12 天里有无数船只沉没；其余船只上的人员不得不先后把食物、大炮扔下海，最后把马匹也扔下了海。最终，所有战舰要么沉没，要么退回到西班牙海岸。

1719 年 4 月 16 日，只有两艘分头出发的船只抵达苏格兰西部高地的艾琳多南堡，忠诚的勋爵和宗族在那里翘首以盼，著名的罗布·罗伊·麦格雷戈[1]也在其中。领头的是塔利巴丁侯爵，他的哥哥在 10 年前的马尔普拉奎特为英国王室捐躯。现在，勋爵怀着"西班牙主要战舰随后就到"的信念竖起反叛的大旗，派船返回，直到一天后才获悉主力战舰已经不复存在。西班牙人和詹姆斯的支持者不仅搁浅在欧洲最偏远的地区，毫无得到增援的希望，而且也指望不上苏格兰高地的其他宗族提供什么支持——他们怀有基本的同情，但并不厌世。尽管如此，塔利巴丁的小部队仍然以决绝的勇气向着苏格兰北部的因弗内斯进军。1719 年 6 月 10 日，塔利巴丁的部队在格伦希尔遭遇了苏格兰－英格兰－尼德兰王军，这支军队距离之近、规模之大都出乎他们的意料。这大概是西班牙军事史上最北端的一场战役，虽然塔利巴丁和盟友们英勇奋战，他们位于狭窄山谷上方悬崖峭壁上的阵营也易守难攻，但是最终惨败，整个起义也随之瓦解。当 300 名（至少）西班牙人作为俘虏被带到南方时，宗族们逃进了高地一如既往无法控制的浓雾中。用詹姆斯·基思上校的话来说，"每个人……走上了自己最喜欢的道路"——他先后效力于西班牙和俄国的军队，最终转投腓特烈大帝的麾下，并在 1758 年的霍基尔希战役中为其捐躯，如今柏林的基思大街就是以他的名字命名的。

斯图亚特家族再一次为追随者们带来了不幸，不无讽刺的是，人们恰在此时庆祝了一起将会让下一代更加糟糕地重复这一悲剧的事件。原来，1719 年 6 月 15 日，在罗马元老院所在的朱庇特神殿中，伴随着古罗马的大号声及有着 2000 年历史的礼仪，一位名叫查尔斯·沃根的 21 岁爱尔兰

485

---

[1] 出生于苏格兰，著名的苏格兰高地歹徒，也被誉为苏格兰的罗宾汉。——编注

冒险家和另外 3 名爱尔兰雇佣军军官被擢升为罗马的元老。这份荣耀即使按照巴洛克时代的标准来看也很不寻常，是教皇为了奖赏这 4 人避过皇帝的差役和英国的间谍，把一位名叫克莱门蒂娜·索别斯卡的 16 岁波兰公主偷送过阿尔卑斯山脉。这位公主是西班牙王后的表妹，也是厄运不断的伪国王詹姆斯三世的新娘。英国人想通过婚姻封锁覆灭詹姆斯的王朝，因此几乎整个欧洲都密谋反对他的婚事。但是现在，公主来了。罗马为了詹姆斯的新王后而庆祝，而在西班牙入侵失败后失去用武之地的新郎正越过充满争议的地中海匆匆向她赶来。1719 年 9 月 2 日，两人在蒙特菲亚斯科内 [1] 第一次相见。这个地名虽然被证明精确预言了这桩指派婚姻不久后的结局，但是眼下按照当时的标准足够幸福。在年仅 31 岁的詹姆斯三世被"斯图亚特家族难以置信的、几乎超自然的不幸"迫害了迄今为止的整个人生之后，他现在干脆放弃了有朝一日重新夺回王位的希望，转而专注于为自己的王朝唯一还能做的事情。事实上，这一次詹姆斯三世似乎很走运。在 1720 年的最后几个小时中，詹姆斯三世的妻子生下一个儿子，家族的延续有了保障。流亡国王昏暗的宫殿周围，斯图亚特家族欢乐的焰火装点着新年的庆祝活动，人们给新出生的威尔士亲王取名为查理·爱德华·路易·约翰·卡齐米尔·西尔韦斯特·塞韦里诺·马里亚，慈爱的父亲很快又在日常生活中创造出了卡卢乔这个名字（洗礼全程自然是用拉丁语，而且这也是唯一一种可以把这个身怀苏格兰、意大利、波兰、德国和法国血统的孩子的名字和国籍总结个差不多的语言）。用不了 25 年，这个詹姆斯党运动所谓的救星便会证明自己是他们最有效的掘墓人。

　　与西班牙的北大西洋战舰一同沉没的不只是詹姆斯党的希望，也包括枢机主教阿尔贝罗尼的最后希望。当参战国的军队于 1719 年秋退回各自的冬季营地时，西班牙在所有前线都受到强烈的压制，以致王后伊莎贝拉只得以此时再次陷入抑郁的夫君的名义踩下了急刹车。找个替罪羊还不

---

[1] Montefiascone，意为"惨败山"。——编注

简单嘛。1719 年 12 月 5 日，阿尔贝罗尼接到国王夫妇命他立即启程离开西班牙的命令，严令禁止他再次面见国王。当阿尔贝罗尼在寒冬腊月向着法国边境行进时，他很难不想起整整 5 年前，奥尔西尼亲王妃就是被他赶往了这个方向。当然，与阿尔贝罗尼的这次旅程相比，亲王妃的那次简直就是野餐。阿尔贝罗尼先是被国王的军队拿走了身上最重要的文件，然后又在列伊达与赫罗纳之间遭遇 250 名加泰隆游击队员的袭击，至今仍不清楚，这些人的行动到底是自发所为还是受政府秘密委托。这次袭击导致阿尔贝罗尼的多个仆从丧命，他本人也是费了九牛二虎之力才逃脱——在最后几名仆人的陪同下骑着马，手持一把骑兵军刀。在终于穿越了与之敌对的法国边境后，阿尔贝罗尼由衷感谢上苍，发誓宁可进监狱，也不再踏入这个他当了 5 年首相的国家。备选项现实得令人不悦。鉴于枢机主教只接受教皇的审判，因此这一职务也被视作冒险政客最爱的保障，但是具体到阿尔贝罗尼，几乎所有的欧洲大国都一定程度上联合起来，迫使这种罗马审判得以实施。这个失势之人现在被指控了一长串的政治犯罪和不道德行为，因此不得不在热那亚蛰伏一段时间，最后用仍然得心应手的谈判技巧使自己得以无罪释放。然后阿尔贝罗尼在新任教皇手下、在罗马的等级秩序中向上稍微爬了爬，就彻底从壮阔的欧洲政治中消失了。当时一些用心的报纸读者可能会留意到，1739 年，已经 75 岁的阿尔贝罗尼曾试图为教皇国占领圣马力诺共和国，但失败了。1752 年去世时，阿尔贝罗尼把自己可观的财富留给了他在家乡皮亚琴察为年轻的神职人员建立的一所学校。直到 19 世纪早期的帕尔马公国内，肯定仍有这样的乡村牧师，在他们儿时的记忆中有一位老人的故事。这位老人和他们一样，都是普通人，但是让熊熊战火在欧洲燃烧了一年之久。

阿尔贝罗尼的垮台不仅终结了西班牙的费利佩五世针对德奥尔良公爵菲利普二世的短暂战争，也促使费利佩五世擢升了另一位新贵来取代阿尔贝罗尼，并由此引发了一系列事件，导致此时刚刚出生的公主玛丽亚·安娜·维多利亚后来前往凡尔赛。德奥尔良能战胜敌人，最要感谢的是自己

487

488

昔日懒散的老师、现任外交大臣纪尧姆·迪布瓦。但是为了让一名外省药剂师的平民儿子能够长期担任这一职务，就必须赋予他唯一能让没有高贵出身的人必要时也能成为大人物的地位。因此，枢机主教德拉特雷穆瓦耶的死真是恰逢其时，此人是奥尔西尼亲王妃的弟弟、康布雷的大主教和一位公爵。迪布瓦大概在所有事情上都是这名上层贵族的反面，但是自从 13 岁接受剪发礼，他就是有"修道院院长"头衔的世俗教士了，不过这已经是 51 年前的事了。在这些年里，迪布瓦的神职生涯理直气壮地没有前进一分一毫，他的对手们揣测他在外省某处藏着一个妻子，尤其还推测德布勒特伊侯爵之所以升为大臣，就是因为受迪布瓦委托将教区记录相应的页面撕了去。这个猜测虽然有些夸张，但是不管怎样，这位迪布瓦确实和大主教差别巨大，因此他在组织以下事件时也几乎带着密谋的谨慎。1720 年 2 月 24 日，在一个隐蔽之地，迪布瓦先是由一名主教同谋授予低等的圣职，然后是副执事，次日被授予执事一职，2 月 26 日被国王任命为康布雷的大主教，3 月 3 日接受神父职衔。鉴于他如此迅速地跳过规定的任职期限，有人恶言恶语地建议，该趁这个机会给他施洗。迪布瓦则试图赶在 6 月 9 日的主教授职仪式前及时记下最重要的礼拜仪式文章，但成效甚微（或者在他忘记弥撒的某个部分时，至少不要总是马上咒骂"该死！"），在宗教受众中的反响不太好。但迪布瓦现在是摄政王手下最有权势的谋士，因此足够排场的大主教授职仪式对他来说就成了真正的加冕弥撒，而与此同时，围绕着他的政府，苏格兰人劳独创的交易体系开始坍塌。

　　善后工作使德奥尔良和迪布瓦忙碌了整整一年，同时人们与西班牙缔结了形式上的和平，并开启了一系列的外交会议，处理伊莎贝拉·法尔内塞仍然存在的对意大利遗产的要求权。迪迈纳公爵和妻子信誓旦旦地保证不再继续实施阴谋活动后被释放，迪迈纳甚至利用自己和妻子从不同监狱返回的机会立马彻底与过分辛勤的妻子分道扬镳。但是与德奥尔良竞争继承权和摄政权的费利佩五世的根本问题，以及意大利的问题并没有因此得到多大程度的解决。与不再那么具有攻击性的邻居重修旧好似乎仍然符合法国的利益，然而西班牙国王在 1721 年夏天让人向迪布瓦转达的一项提议，却是这位大臣做再好的美梦也没有料到的。迪布瓦自然立即接受了，而且自然要求严格保密，因为只有这样才能欺骗摄政王，让摄政王觉得这项天上掉馅饼般的提议是精心谈判的成果。让我们先不要打扰他。提议涉及的婚姻计划也确实非常有创造性。

费利佩五世与妻子一起立了一个严格保密且不时书面更新的誓言，由此暂时控制住了再次发作的抑郁。国王发誓的内容，正是今天每一个心理学家都会向他推荐的，但是在其他近代早期的君主看来就像是彻底漂移进了疯癫：他想退位。费利佩五世能肯定上帝真的是想让他坐在西班牙王位上，而不是查理大公吗？他灵魂的痛苦不正是可能为此受到的惩罚吗？如果一位无辜的孩童取代他坐在王位上，上帝显然不会原谅他，但必然会谅解这个孩童，这样岂不是一切都会好转？费利佩五世的思绪夜夜这样盘旋，在他的生命节律中，黑夜早就变成了白日，而王后伊莎贝拉则再将他引至黑夜。人们没有必要对这个女人的王朝议程怀有好感，却不得不钦佩她的顽强，她几乎凭一己之力就能安慰生病且与世隔绝的丈夫。退位将迫使伊莎贝拉远离权力，把她 13 岁的继子路易斯送上王位。因此，她肯定是从自己的利益出发，建议以 3 年为期，在此期间不能有任何人获悉国王的打算。同时现在有一点很清楚，费利佩五世想留给长子一个稳定的国家，其中就包括与法国结盟，这样就能把王朝内部的兄弟相争束之高阁。而众所周知，结盟真真正正只能通过联姻来巩固，因为只有血缘可以信赖。正如前文所述，如果迄今为止的亲戚关系恰恰导致了战争，好吧，那就得通过新的亲戚关系来恢复，而新的亲戚关系只能通过联姻来实现。

也就是说，路易十五将会迎娶费利佩五世唯一的女儿，而且摄政王德奥尔良将会同意，因为他的女儿德蒙庞西耶小姐可以相应地获准与未来的西班牙国王成婚。如此一来，新的西班牙国王就是法国国王的大舅子，并且也是法国摄政王的女婿，所有人将再次组成一个快乐的大家庭，有机会时仍然可以一起把意大利夺过来，还能有比这更好的情况吗？事实上，这

490

个主意不仅很妙，而且阴险得非常有创造性。虽然我们恰恰不能肯定，费利佩五世本人是否也理解了这项计划的含义，因为他眼下正承受着经常性的精神错乱的痛苦。但是王后伊莎贝拉一眼就看出了这个解决方案隐藏的魅力，德奥尔良和迪布瓦也看出来了，而且接下来当时的所有人很快就领会了，其确凿性不亚于很多现代历史学家对这些因素令人惊讶的选择性失明。西班牙的和解计划下隐藏着一个基于生物学事实的近乎邪恶的副作用。在同时代的人看来，路易十五的健康状况十分脆弱（未来会证明，此时是恐惧歪曲了对现实的看法）；尤其重要的是，现年 11 岁（1721 年）的小国王不仅已经接近 12 岁的法定结婚年龄，而且已经相当接近可以事实上生育一个众人盼望的王位继承人的年龄。与此相反，西班牙国王唯一的女儿所拥有的头衔"Infanta"类似于"Enfants de France"（法兰西的子女），虽然字面意思确实只是"孩子"，而且字面意思在这里实在是非常合理——她只有 3 岁。1730 年之前，小国王不可能与这位公主举行真正的婚礼，1733 年前几乎不可能与她生下王位继承人。然而，现在人们仍然在这两个王家子女的年龄许可范围内通过订立婚约将二人捆绑在一起，由此就可以争取至少 12 年的时间，期间路易十五仍将维持没有子嗣的状况。如果路易十五在这段时间内死去，法国的王位要么就得按照旧的继承法落到费利佩五世头上，要么按照 1713 年确定的规则归摄政王德奥尔良所有。王位继承的不明确将会让法国分崩离析：一方面德奥尔良拥有权力；但是另一方面，即使是像圣西蒙这样忠诚的追随者也向德奥尔良声明，在这种情况下，自己只能含泪投奔符合法律的血缘上的继承人。几乎可以肯定的是，到时候会爆发一场内战，更加可以肯定的是，内战会发展成一场大规模的欧洲战争，因为对于其他强国来说，不可能对大陆最强大、最富有、人口最密集的国家的王位继承漠不关心。难怪整个法国都绝望地期盼着这种情况永远不要出现，并且祈祷着路易十五可以尽快生下一个儿子。相反，整个欧洲只有两个人会从路易十五的无子而终里获益，那就是费利佩五世和德奥尔良，他们虽然是对手，但是两人都自认为只要机会来临，就可以战胜对方。虽然两个人都不会亲自对路易十五下手，但是一旦他自然死亡，二人都会保留所有选择，并且不认为这有什么可被指摘的。对于所有其他当事人来说不幸的是，现在恰恰是费利佩五世和德奥尔良可以决定婚姻问题，因此二人让路易十五与他 3 岁的堂妹订了婚，以此换来 12 年的希望。

1721 年 9 月 14 日下午，在巴黎的杜伊勒里宫，摄政委员会的会议一拖再拖，等候的委员会成员们最后一个个地溜进相邻的房间里。众人发现那里除了国王和摄政王，还有独眼的德波旁公爵、内廷大臣德维勒鲁瓦、迪布瓦和国王家庭教师（也就是负责教育的老师）德弗勒里先生、前主教弗雷瑞斯，这 5 个人轮流用几不可闻的声音劝说着路易十五。摄政委员中只有圣西蒙知道是怎么回事，即使是他也在紧张地努力保持分寸，只是很惭愧地试图看一眼那个背对着他站立的孩子的脸庞：眼泪的痕迹相当明显。德弗勒里向国王耳语了什么，摄政王接着说道："勇敢点！"所有人又来到会议厅，11 岁的统治者红着眼圈简单地声明道，他愿意与 3 岁的堂妹订婚。被一枚炸弹击中的效果也不会比这更具戏剧性了。当德奥尔良宣布其他事宜时，圣西蒙饶有兴致地观察着德奥尔良完全垮掉的敌人，这种快乐甚至可以弥补暴发户迪布瓦令人愤慨的胜利带给他的伤害。德维勒鲁瓦和他的支持者在潜意识的反对立场中对西班牙寄予了 6 年的期望，现在就被一句话抹杀了。仅仅一周之后，枢机主教的帽子就从罗马送到了迪布瓦手中，这是经过了无穷无尽的秘密煽动后，最终由一次操作巧妙的教皇选举带给他的。尽管这位药剂师之子如今的等级几乎等同于一名血统亲王，但他足够聪明，仍然遵守游戏规则。当他因就职访问而准备拜访摄政王的母亲（也就是伊丽莎白·夏洛特·德奥尔良）时，夫人已经开始给姐妹写信，信中描述了她多么反感这个策划了她儿子和"老鼠屎"结婚的人。然后迪布瓦就来拜访了，他有力地声明自己多么配不上这么崇高的荣誉，成功地用谦卑让夫人不再以他当着自己的面坐在扶手椅上为忤（至少人们仍然只给他开偏门，以此与真正的亲王相区别）。当夫

493

人为这封信收尾时，开始兴奋地谈论迪布瓦的理智：要是他不这么恶毒就好了……

又过了一周，迪布瓦的政策迎来了彻底胜利。9 月 28 日公布了第二桩婚事，德奥尔良通过这桩婚事将自己的女儿变成了未来的西班牙王后。对于新任枢机主教来说，双重联姻计划一个令人愉快的副作用，是必须为此派一位特别大使前往马德里。这是一个完美的机会，可以设计把他的对手圣西蒙弄到国外去；如果运气好的话，圣西蒙甚至可能在西班牙犯一个丢脸的礼节错误。事实上，圣西蒙也接受了这个提议。这一使命有可能毁掉他，因为在公务上展示自己形象所需的排场花费巨大，而拿着账单去报销在他看来自然显得太市侩，不能接受；这一使命还将使他远离宫廷，听任习以为常的诽谤流散，而他只能在步履维艰的西班牙奔波——众所周知，那里除了巧克力没有法国人能下咽的东西（后来他得出结论，用蛇喂起来的猪肉做成的火腿也非常美味）。但是与期盼已久的只在西班牙才有的大奖，也就是西班牙的元勋荣耀相比，这些困难又算得了什么。这一荣耀的精髓在于，元勋在其天主教的君主面前可以不摘下帽子。这乍一看是一项非西班牙人在有限范围内使用的特权，但是自从费利佩五世登基以来，凡尔赛和马德里的宫廷有了如此多的联系，为了避免最糟糕的等级纷争，人们很快就将西班牙的元勋和法国的公爵并列起来。法国的公爵等级一如既往地难以企及，而西班牙就慷慨多了——费利佩五世任命法国人为元勋，而元勋在西班牙并没有泛滥，因此没有干扰到那里的任何一个人。追求公爵等级的法国人很快就明白了这一点，因此马德里的外交职位早就成了香饽饽，因为法国大使在那里几乎可以自动获得元勋等级。圣西蒙自然早就是公爵了，而且如果观察一下他有据可查的人生优先级，会发现他的公爵身份要排在其他所有头衔前面。但他不是有两个儿子吗？只有一人能够继承他的法国等级和财产。一个元勋的头衔会立马给小儿子赢得一名最高理想是公爵夫人的板凳的富有姑娘，这不是很明显吗？由于缺乏财产，次子永远不可能娶到这种姑娘，因此为次子创造成亲的机会，难道不就意味着增加自己家族的幸存机会吗？就这样，圣西蒙踏上了招致破产的旅程，只因为他知道，次子要想成婚，先得能在西班牙国王面前戴着帽子。因为这顶帽子意味着次子未来的妻子享有在未来的法国王后面前坐凳子的权利：1721年，没有比这更符合逻辑的了。

　　这是圣西蒙的责任。在履行职责的同时，圣西蒙也享受到了他所不熟悉的游客身份。和大多数法国上层贵族一样，圣西蒙也没有完成欧洲骑士之旅：在国外能学到什么？什么不都是法国更好吗？既然其他国家都愿意说法语，为什么还要学习外语呢？这种思考方式自然使得到访法国其他地区也变得多余，因此在圣西蒙46年的人生中，除了迫不得已到过莱茵河畔的战场外，他几乎没见识过巴黎、凡尔赛和附近几十座宫殿外的世界其他地方。这样更好，现在圣西蒙可以带着王室的荣耀旅行：就这样，他把豪华的摆排场和观光游览结合起来，得以第一次也是最后一次到访他在法国西南的各处田庄及他担任了28年总督的那座小城。圣西蒙在巴约讷会见了城市的司令官，他认为这是个好人。曾有个骗子找到这个司令官，自称是圣西蒙的次子；司令官充满敬畏地邀请那个年轻人用餐，但是很快就命人逮捕了他，因为他看到那人用叉子吃橄榄（这个被逮捕的人是宫廷中一名守门人的儿子，爱好冒险，听自己的父亲讲了很多大人物的事情，几乎可以完美地模仿他们）。圣西蒙对司令官表示了感谢，然后越过边境，开始好奇地吸收关于西班牙贵族和礼节经验的一切东西。但遗憾的是，人们向他隐瞒了最激动人心的事情。圣西蒙很有礼貌地询问，这个半阿拉伯国家的所有大公家族的祖先是否真的是中世纪的私生子，但人们始终用沉默的微微一笑来回答他。圣西蒙的法国式宗教观完全是另一种类型，也正是因此，他觉得西班牙天主教的外在形式有一种未开化的魅力。到处都是无用的僧侣，他们让圣西蒙花数小时参观奇特的圣人遗骨，以报复他冷嘲热讽的提问。然而，参观马德里附近的埃斯科里亚尔最让圣西蒙高兴。这座建于16世纪的昏暗、禁欲的修道院宫殿中还有王室的墓穴，令圣西蒙极为烦恼的是，其中也安葬了他的宿敌德旺多姆，这名法国的非婚生国王

495

496

后代在 1712 年为费利佩五世取得一次巨大胜利后不久便死去了。但让这位大使感到惊喜的是，他听说本地的僧侣也觉得这份毫无道理的荣耀简直耸人听闻，因此他们甚至没把可怜的德旺多姆的棺材放进不那么体面的为无子而终的王后设立的墓室中，而是长期放置于等候室，而其他石棺只在这里放到遗体化为白骨——圣西蒙觉得这样再合适不过了。当然，一旦最终接触到了西班牙宫廷，圣西蒙大部分时间还是与王室的活人一起度过的。他在这里怀着最大的好奇，尽可能地了解可以了解到的人与阴谋组成的"大厦"，交新友、会故人。真正的谈判就是场儿戏，一切重要的事情早就尘埃落定。在签署两份婚约之后，圣西蒙就可以从容地期待下一个任务了。首先，两位公主要以完全对称的行程步骤向边境、向着对方行进，并在那里实现交换。

　　1722 年 1 月 9 日，西班牙的随从在比达索亚河中的费桑岛上将 3 岁的公主玛丽亚·安娜·维多利亚交给法国人，法国人则带来了 12 岁的德蒙庞西耶小姐路易丝－伊丽莎白·德奥尔良。这两位素不相识的堂姑侄第一次、也是最后一次对视了一瞬，而她们的随从正在为移交文件中谁该称谁为"侯爵大人"或者"阁下"而争吵；然后两位公主按照规定互相亲吻对方的脸颊，接着就在不熟悉的人员的陪同下观察她们认为永远也不会再离开的陌生国度。1722 年 1 月 20 日，德蒙庞西耶小姐到达布尔戈斯附近莱尔马的西班牙宫廷，当天便在此处与阿斯图里亚斯亲王完婚。按照父亲的秘密誓约，亲王很快就会成为国王路易斯一世。在庆典当天，圣西蒙为儿子赢得了元勋的荣耀，并且为自己挣来了金羊毛勋章，人们不得不毫不忌妒地承认，圣西蒙无愧于外交官的花费。圣西蒙一直在寻找程序上的错误，必要时可以让这桩重要婚事无效的那种，并在最后一刻发现了一个非常关键的错误。尽管信仰天主教的欧洲拒绝离婚的思想，但是人们也一致认为，如果没有肉体上的结合，婚姻就可以被宣布为无效。现年 12 岁的德蒙庞西耶小姐在年龄上是她刚刚被送到法国的西班牙堂侄的 4 倍，因此形式上已经到了结婚的年龄。这种童婚带来的心理后果似乎并没有让当时

的人感到不安，但是人们认为，无论男孩还是女孩，过早的性行为都有损
健康，因此在双方年龄很小的情况下就要推迟婚姻的真正完成，直到新娘
和新郎分别长到 13.5 岁和 16 岁。距离那时还有不确定的 17 个月，圣西蒙
已经经历了太多王朝巨变，他十分清楚，这段时间什么都可能发生。德贝
里公爵夫人的经历也令圣西蒙不安，这位放纵无度的公主是现在这位新娘
的姐姐。一旦父亲德奥尔良无比自由的教育在小女儿身上产生了和大女儿
相同的效果，那么西班牙宫廷将面临暴风骤雨。在这种情况下，大使不可
以冒一点风险，他不得不在没有来自巴黎指示的情况下富有创造性地随机
应变，提出一个西班牙无人知晓，但是其他文明化的欧洲国家很早以前就
在施行的建议：人们应该让这对年轻的夫妇当着整个宫廷的面一起躺到婚   498
床上，以此在形式上宣告，一切法律上的相关事宜已经完成。圣西蒙当然
会设法保证不发生不道德的事情，而对于总是做好最坏打算的教会法律来
说，同床共枕的事实已经足以让这桩婚姻无法解除。就这样，所有人都会
是赢家。费利佩五世和伊莎贝拉王后先是疑惑地对视了一会儿，然后就
同意了，于是新婚之夜一切都照计划进行。国王和王后帮助孩子们换好睡
衣，让他们躺到床上，然后通往舞会大厅的门全部打开，整个宫廷来到卧
房。惊讶的西班牙人在房间里待了有一刻钟之久，在众人眼前，带有天篷
的宽大婚床的四面帷幔被相继拉上，直到最终完全看不见新婚夫妇。只有
少数几个人看到，在最后一面帷幔落下时，71 岁的内廷大臣迪波波利公
爵和 62 岁的王室家庭女教师德蒙特利亚诺也悄悄爬到了床上；二人分别
躺在亲王和公主的左右两侧，阻止他们趁人不备有过早的接触。就这样，
一切都得到了妥善的解决。圣西蒙好好享受了梦幻般的授爵仪式，他的次
子德吕费克于 2 月 1 日在马德里获得元勋等级。父亲感动地看着年轻的儿
子向国王鞠躬，并通过国王对他说"无须脱帽"获得了不摘帽子的许可。
然后圣西蒙启程离开，终于可以回到自己的宫廷了，返程排场和来时一样
盛大。

　　在西班牙，阿斯图里亚斯亲王妃情有可原地迷失了方向，她的前青

少年生活大戏开始了，而且她立马发现了自己的公婆多么善于让周围人沉默。与此同时，她那小不点的小姑子玛丽亚·安娜·维多利亚花了近两个月的时间穿行法国，其间极尽礼仪上的奢华。尽管除了西班牙的保姆再无亲信在旁，但这个 3 岁半的小姑娘只是在费桑岛上哭了一小会儿，就出奇好地适应了自己荒诞的角色。从一开始，德旺塔杜尔夫人和她的宗族就大费心思确保未来的王后完全掌控在自己的手中。虽然他们明显是出于王朝利己主义而这样做，但是不得不承认，他们毕竟太善于和王室子弟打交道了，其中当然也包括一些罕见的本领。德旺塔杜尔夫人的孙女德塔拉尔夫人之所以能赢得无可比拟的优秀家庭女教师的声誉，就是因为她的专业性。德塔拉尔夫人可以将王室的小婴儿托在胳膊上，就像腹语表演者的玩偶那样，以婴儿的名义发表一次简短的礼仪上的讲话，比如感谢某个强国的大使来做就职访问（为此，在教育期满后，王室孩童的所有家当，甚至包括每一个糖果盒都会赠予她，成为她的财产，似乎这是她理所应当的回报，尤其是考虑到她还会把有些东西再回赠回去）。知道了这一点，人们就不会对路易十五眼下收到即将到达的公主王后的信而感到奇怪。"被您所爱的欢乐，将在我的一生中远远大于您的臣下的顺从"这样的句子，就算是 18 世纪的公主也得明显大于 3 岁才写得出来。如果说这个孩子确实天赋异禀，鉴于她的年龄，这种天赋也只能主要表现在至少落款确实出自她的手笔。公主也开始学法语了，然而非常特别的是，学习对象是一名碰巧会西班牙语的近卫兵——没有人想到找一位老师，因为大家明显以为，她在西班牙一直都说法语。这无关紧要。不管怎样，所有的时代见证人无一例外地不仅倾心于公主美丽的外表，也折服于这个孩子的魅力和理智，当她错配的 12 岁新郎逐渐进入难缠的年龄时，这些优点就更为引人注目。1722 年 3 月 2 日，国王与公主王后在巴黎附近的王后镇见面，用礼节上的亲吻面颊来问候彼此，鉴于身高差异，这次亲吻落实得相当不容易。接着二人隆重地穿过巴黎的凯旋门，之后为期一周的庆祝活动接踵而至。与其他人相比，玛丽亚·安娜·维多利亚在这些活动中获得的乐趣可能大不相同，尤其是她经常得很早就上床睡觉，以致根本参加不了。对于各种矛盾的信号，路易十五应该也没少抱怨过，在3次舞会上，与他订婚的3岁堂妹只能看着他和另外一名26岁的堂姐共舞。国王向了不起的德布夫莱尔的儿子（此人在15岁的"正常"年龄娶了德维勒鲁瓦13岁的孙女）解释这两桩婚姻处境的实际差别时，用了他这个年龄和环境所特有的冷静的粗鲁："……但是我和我那位还有很长时间不能一起睡。"人们同样以细腻不了多少的态度向还不到4岁的国王未婚妻赠送了一个王储娃娃的蜡制模型，期待着她有朝一日能生下这样一个王储来。但是小公主不以任何事情为忤，她把这个小娃娃当作自己最爱的玩偶，并且用时而幼稚、时而早慧的魅力打动了最持怀疑态度的访客。由于现在公主住在卢浮宫，而她的夫君住在邻近的杜伊勒里宫，人们可以相对容易地在二人各自的用餐时间观察他们，很多好事者就可以借此直接比较个人魅力，落败的通常都是害羞、沉默的国王。在没有社会福利工作规范为失去重要看护人的情况发明一种更好的范例时，谁又会为此而感到奇怪呢？路易十五反正肯定早就明白，周围几乎没有人在对待他时不掺杂个人利益。此外，路易还不到2岁时父母和兄弟就都死去了，4岁时他失去了原本可以替代父亲的叔叔德贝里，5岁失去了曾祖父太阳王，最终在7岁时失去了"杜尔妈妈"——按照游戏规则，7岁之后要把他"托付给男人"。因此，路易十五能否在其他人身上找到支持就愈发关键。国王们的不幸在于被诸多人环绕，但是又很难信任这些人。路易十五特别的不幸在于，对他来说一系列的失去才刚刚开始。

501

圣西蒙从西班牙返回，正赶上旁观迪布瓦彻底掌权。枢机主教在2月时就差不多将摄政委员会中的所有对手清洗一空，他非常优雅地把他那令人愤慨的新头衔用作对付公爵们的武器，连圣西蒙回国后也不得不远离所有会议。此后不久，摄政王德奥尔良在这位大臣的劝说下将宫廷所在地从巴黎迁回凡尔赛，这也带来了很多实际的用处。摄政王的很多老朋友现在不得不从他的身边离开，因为没有给他们在宫殿里安排住处。圣西蒙夫妇至少仍然保留了豪华大套房，从这点可以看出，他们一如既往地受到摄政王的恩宠。很快，这位矮小的公爵打听到了搬迁的主要原因。德奥尔良和迪布瓦坚信，比起始终无法捉摸的大城市巴黎，在隔绝的凡尔赛能更轻易地摆脱老内廷大臣德维勒鲁瓦，因此当重新启用的都城很快带给二人首次大捷时，他们必然觉得这是命运的安排。宫殿的哨兵如果在某个晚上发现几个上层贵族的青年子弟在公园中尝试实验性的性行为，通常来讲不会引起任何人太大的兴趣。但是这些人中有一个是德维勒鲁瓦的孙子，还有一个是德维勒鲁瓦来自布夫莱尔家族的孙女婿，于是他们当即被流放到各自位于外省的军团中（和这个环境中的所有青少年一样，他们自然都是上千名士兵的指挥官），以儆效尤，而德奥尔良一党开始对内廷大臣一族展开口头上的抹黑运动。听任这些人留在成长中的国王身边，这叫负责任吗？人们可是费了很大的劲才瞒住了国王，没让他知道这些年轻人究竟在干什么勾当。（由于师父们一时之间没有想起比“在公园里把篱笆弄坏”更聪明的说法，那些很快就被赦免的当事人十几年后在宫廷中还被叫作“篱笆破坏者”。）在人们如此编排理由的同时，迪布瓦、圣西蒙和贝里克正在精心策划一场不流血的小规模政变，伴随着这场政变，德维勒鲁瓦作为内廷大臣的任期也将在 1722 年 8 月 11 日结束。在镜厅一场策划好的对话之后，德奥尔良声称受到羞辱，以此为由让自己的禁卫军首领逮捕了这位震惊的 78 岁老人，并将他送上马车，流放到里昂。这令我们不禁回忆起奥尔西尼亲王妃与王后伊莎贝拉的第一次也是最后一次谈话。这位冷淡的舞蹈老师、这位威严的灾难将军把小国王当成一个机械的木偶来对待，因此路易十五也不怎么怀念他。但是德维勒鲁瓦的下场验证了国王的经验，那就是他最亲近的人都有快速永远消失的趋势，而且这种不幸的趋势无法预料。

逐渐地，连德奥尔良公爵也有了这种感觉，他身边的人同样开始变少。正当国王因为其最高贵的出身而无法信赖任何人时，迪布瓦的情况则正好相反。尽管这位枢机主教在德维勒鲁瓦倒台的同一天就获得了自 1661 年起一直空缺的首相一职，但他很清楚自己的平步青云会招致多少忌恨。要是旁人在这种处境中，肯定就会遵守旧秩序的游戏规则，谨慎地守在第二等级，那里才是像迪布瓦这样的人可以被容忍的地方。但迪布瓦处理事情就像黑手党一样，一贯与众不同，很快他就表现得好像要把所有高高在上的权势者清除似的。逐渐地，迪布瓦只允许情妇接近摄政王，基于摄政王极不浪漫的天性，这些女人不会形成任何威胁。迪布瓦还发起相对无害的酗酒运动，长期如此，自然也逐渐损害了德奥尔良的健康。也正是因此，摄政王青年时代的老朋友圣西蒙才带着真诚的悲伤逐渐远离，在他看来，摄政王已经落入了恶灵之手。在迪布瓦被任命为首相之后，这位矮小的公爵觉得，只有约翰的《启示录》才能恰当的比喻目前的情况，因为末日审判的一个前兆就是野兽的统治。路易十五在1722年10月加冕，在1723年2月被正式宣告成年，但是这又有什么用呢？加冕虽然很美妙，但几百年来加冕都与事实上的行使权力无关；成年更是什么都改变不了，因为毕竟君王只有13岁，亲政之后也只是做他信赖的堂叔祖建议他做的事情，听任堂叔祖的总管迪布瓦统治整个国家。而迪布瓦已经开始清除棋盘上的同谋，就像此前清除公爵和元帅们一样。不久后，人们在塞纳河中发现了迪布瓦手下一名重要司库的尸体，迪布瓦很快将罪行安到了国防大臣身上，这位国防大臣及其最重要的助手立即就被送进了巴士底。美丽的德普里侯爵夫人的复仇欲也在其中发挥了作用，她作为独眼的德波旁公爵最主要的情妇，势力越来越大，由此掌控了第二重要的王室子弟，也就是少数几个棋子之一，即使迪布瓦也不能让此人离开棋盘。但是其他人现在都有害怕的理由，而且人们发现了一种奇特的对称性，即最后恰恰是迪布瓦没有边界的权力欲使他的敌人摆脱了他。路易十四那些了不起的大臣英年早逝并非偶然，他们的职责确实累得要命。从那时候开始，整个国家机器都在增长，最终没有人可以将所有的权力之线握在手中。但是迪布瓦妄图如此，并且偏执地拒绝将自己的任何一项职能委手他人，因此几乎没有时间睡觉；对于一名67岁且有着巴洛克时期普遍的饮食失调问题的老人来说，这可不是个好势头。于是人们观察到，在1723年的整个夏天，枢

503

504

机主教的健康每况愈下。最终，迪布瓦患了一种难以确定的疾病，当时的人自然将其看作性病，认为有必要手术治疗，但迪布瓦出于恐惧推迟了手术。由于无法再忍受大臣特有的在宫廷和首都之间来回奔波的生活，迪布瓦忍着剧痛坐在一辆堆满床垫的车上让人把他送往凡尔赛，这辆车与灵车相像得令人害怕。迪布瓦在凡尔赛开始长坏疽，由于推迟了手术，现在已无法再清除。1723 年 8 月 10 日，在除掉德维勒鲁瓦登顶最高权力的威胁整整一年后，枢机主教迪布瓦去世，去世时他身兼首相、大主教、神父和 7 个从没去过的修道院的院长之职。他的套房中到处都是没打开的装有国务文件或报告的信封，其中很多已经放了几个月。宫廷社会没有原谅迪布瓦的作为，更没有原谅他的出身，但现在松了口气。当迪布瓦被安葬在巴黎的一座教堂中时，他的送葬队伍遭到小人物咒骂。或许这些人也说不清楚，他们恨迪布瓦是因为他的权力，还是因为他几乎曾是他们中的一员。迪布瓦一度是官方统治者的知心朋友和替罪羊，但是和所有太过放肆的平步青云者一样，他没有留下声名和可追溯的家谱，也没有像古老贵族的所有家庭那样，留下会再次与我们相遇的宗族：他过于迅速地登上了高位，家族中还没有人来得及跟上他。

505　　　　今天已经完全被忘却的迪布瓦在那个时代是丑闻的化身，因此他的死是一件大事。然而，这件事在极短的时间内被一起更大的事件盖了过去，此事也将把本章的主线引向符合逻辑的结局。遭人忌恨的枢机主教死后，路易十五任命堂叔祖德奥尔良为新的首相，以此保证政府的连续性。但是圣西蒙仅仅出于礼貌拜访了昔日的朋友几次，就惊恐地意识到，和解为时已晚。曾经的摄政王已经显露出纵情酒色的痕迹，没有人相信他才 49 岁。德奥尔良脸庞红肿，坐在便桶上，直到仆人跟他说话，他才注意到圣西蒙，而且十分缓慢地将脑袋转向他，以致让这位矮小的公爵感觉，无法避免的中风此刻就要把他击倒。圣西蒙沮丧地离开德奥尔良公爵的房间，很长时间没有再见他。1723 年 12 月 1 日，国王的首席掌马官去世，留下一个丰厚的宫廷官职，这个职位曾经为圣西蒙的父亲所有。这是德奥尔良的一个机会，而且鉴于不可忽视的信号，几乎肯定也是最后一次机会来满足圣西蒙被宫廷终身雇佣的毕生心愿。这位已经疏远的朋友次日还来到了前摄政王的套房，离自己的套房很近，步行只需要一刻钟。德奥尔良着凉了，在不停地咳嗽，最为多余的是，俊俏的德昂尼斯也在，也想获得这个职位。德昂尼斯和圣西蒙很快就发生了争执，弄得生病的首相看上去很疲乏；随后两人离开，这样德奥尔良就可以接待其他访客了。德奥尔良这一天的最后一位访客是位和蔼的女冒险家，她出身冒牌贵族家庭，但她在法国毫无价值的教会女公爵头衔却是真的。这不是幽会，而是一名说客的例行拜访，女公爵足够熟悉自己面对的人，因此不会对他坐在沙发上听人讲话感到奇怪，后来对方还打着响亮的呼噜睡着了，这也没吓着她。女公爵刚打算轻轻地离开，突然惊恐地发现，这位王子嘴巴变形、眼睛圆睁地躺在那里。因为德奥尔良接下来的安排是每日例行的觐见国王，仆人们便按规定留他一人在屋里。宫殿底层巨大的套房空无一人，德法拉里小姐感觉时间都停滞了，好不容易才终于找到一名顺道路过的旺塔杜尔宗族的男仆。就像经常发生的那样，又过了一刻钟，死者的房间里才出现第一批医生，他们已经发挥不了什么作用了。晚上 7 点半，一个既可以称之为富足和幸福，也可以称之为无奈和虚耗的生命终结了。

　　但是宫廷就如同一个蚁群，永远不会睡去。这么说吧，众多仆人中的一个早就理应获得盐税警局中一个小小的美差，只见他带着这个意料之中又令人震惊的消息穿过冬天孤寂的内院，向着大臣们的一翼跑去，并在那里向国务秘书德拉维利埃尔汇报。正当秘书们在高压下认真书写新任首相的委任状时，德拉维利埃尔本人则在赶往北翼 2 层，德波旁公爵就住在昔日德贝里夫妇住过的这个套房里。此刻，德拉维利埃尔距离圣西蒙只有几步远和一扇门的距离，后者正浑然无知地坐在他理想的住所中，描绘着前摄政王在明天的工作会议上会怎样向国王建议新一任首席掌马官的人选。然而，圣西蒙将在次日拜会一位新首相，而且还得向首相解释，自己被任命为首席掌马官已是板上钉钉，只是出于道德上的义务还需要签字。但是

506

只消看一眼新的当权者，圣西蒙就会明白，他的时代已经结束，就在那一刻，他将永远退出宫廷。相反，德拉维利埃尔比圣西蒙了解得更清楚，他很快就可以向德波旁解释眼下该做什么。二人一起向楼下的大厅跑去，经过宫殿祈祷室的廊台，穿过海格立斯厅、国王套房 7 个不住人的大厅及镜厅，最终穿过所谓的假发间来到国王最内部的房间。单单一个国务秘书，守门人可能不会让他进入工作间，路易十五从 2 小时前就在里面学习今天最后的课程。但德波旁是血统亲王，几乎可以在任何时间去任何地方，因此门开了，门后的国王和老师惊讶地望向不速之客。由于德奥尔良的套房离得太远，从这里什么也看不见听不到，因此德波旁实际上是第一个向国王报告他堂叔祖死讯的人。路易十五伤心哭泣，为这个他真正敬爱的替代性父亲流泪。但是人们并没有给国王多少时间，因为身材高大的独眼人已经开始用他标志性的口吃发表一场还算得体的演说，请求接替死者担任首相一职。德波旁非常聪明，再加上他请求的职位及出色的谋士就足以使他具有政治影响力。德拉维利埃尔更加精明，而且也必须精明，因为他虽然继承了国务秘书处，但并没有多少职能。尽管如此，德拉维利埃尔仍然不是这个房间中最好的廷臣，这从始终红着眼睛哭泣的国王对德波旁请求的无言反应就可以看出。国王将头扭向自己的老师德弗勒里主教，德弗勒里几乎不露痕迹地点了点头。然后国王也点了头，德波旁表示感谢，将从儿时就被灌输的恭维话倾数倒出。德拉维利埃尔看似不经意地从口袋里掏出一张纸来，上面是首相就职宣誓的文字："我们或许可以马上……？"于是德波旁在他 13 岁的统治者面前跪下，将自己的右手放到这个孩子的右手上，一如既往地磕磕绊绊重复德拉维利埃尔庄严朗读的内容。然后众人面面相觑，似乎所有人都拿不准现在该说什么。法国有了一届新政府。

　　1723 年年末，公主王后玛丽亚·安娜·维多利亚 5 岁半，她早就学会了很多人在这个年龄不必费心思考的事情。公主王后明白了，与自己特别俊秀且沉默的堂兄成亲是一件充满坎坷并且可能很滑稽的事情，连"杜尔妈妈"的说辞也越来越难以抚慰她。人们告诉公主，国王与她真正成婚之后，就会开始爱她，但是且不说这还在很遥远的未来，遥远到比她迄今为止的人生还要长，单是通过理性的推论她就注意到了荒谬之处。为了加强西班牙和法国的同盟关系，人们让她的哥哥、寄托了母亲伊莎贝拉对意大利全部希望的唐卡洛斯与德奥尔良另一个名叫德博若莱的女儿订了婚。这个 7 岁的男孩在来信中热烈地谈论自己刚刚到达的新娘，新娘当然已经 9 岁了。公主王后责备地把信拿给德旺塔杜尔夫人："这两人还没结婚，但仍然彼此相爱！"当公主王后说出像"唉，妈妈，他永远不会爱我们"这样的句子时，除了其他含义，还表明她已经很好地将尊严复数 [1] 内化了。当她与宫廷侍臣们谈话时，众人都像第一次相见时那样被这个小人儿吸引。但是即使是最有天赋的 5 岁孩童也很难理解，这个友善的中年酗酒者的暴毙会给她的人生造成怎样的影响，她的人生有着种种怪异，此时已经轮廓初现。实际上，1723 年 12 月 2 日，王朝的重心发生了天翻地覆的变化，连这位小公主也不得不很快从她的王后梦中醒来。

德波旁公爵只承继了德奥尔良的权力，因为他下手迅速。但是同样非常有价值的王位继承权落到了死者的儿子身上，也就是之前的德沙特尔公爵，现在他获得了所有财产及德奥尔良的头衔。连德沙特尔从父亲那里继承来的追随者们也几乎无法发自内心地宣称，这个国家错失了一位有用的首相（此前的关键时刻德沙特尔在巴黎听歌剧），而且原因也不在于 21 岁的德沙特尔比德波旁年轻 10 岁。在德沙特尔身上，父亲承受的巫女魔咒似乎更加强烈地再现，由此导致父亲那玩世不恭的博学到了很有教养、郁郁寡欢地寻求意义的儿子这里，让他在仅仅不到 10 年的时间里就濒临宗教疯狂。恰恰因为德沙特尔作为当权者将成为可以预期的灾难，而路易十五又没有子嗣，只需要一起死亡事件就可以把这位问题王子送上王位

509

---

[1] 拉丁语为 *pluralis majestatis*，英语为 majestic plural 或 royal we，又译"权能性的复数"，是一种语言用法。一个拥有社会高位阶的人（例如拥有政权的政治领导者或者宗教领袖）在说话时，以复数代词（例如英语的 we）来借指自己。这种用法常见于传统的欧洲及中东地区。——译注

（那样一来，西班牙人的入侵同样指日可待，但是人们根本不愿提这个），因此法国必然非常不安。德波旁本人还有更多要担心的。恰恰因为新任德奥尔良公爵毫无政治经验，他那巨大的宫廷党派的领导权现在自然就落到了孀居的母亲手中。

　　这位德奥尔良公爵夫人与德波旁的母亲女公爵夫人为敌几十年（见第 10 章），尽管二人是亲姐妹，都是路易十四的非婚生女——或者这正是原因。和姐姐不同，德奥尔良公爵夫人还一直站在她们共同的哥哥迪迈纳一方。当丈夫德奥尔良手持迪切拉马雷阴谋的所有证据时，她仍然在丈夫面前维护自己的哥哥，而且永远没有原谅丈夫逮捕迪迈纳。现在摄政王死了，再没有什么能够阻止他的遗孀与迪迈纳通力合作。如果德奥尔良公爵夫人掌权，第一个要打击的就是在 1718 年的御前会议上极具进攻性地针对迪迈纳的德波旁。一名身体孱弱、由这个女人所生的国王登基乃新任首相心中大患，而且他知道，至少在 1733 年前，现任国王没有希望诞下儿子来阻止德奥尔良继承王位。

　　因此，从现在开始，时代潮流开始针对小王后了，但她对此茫然无知。只不过令人惊讶的是，1721 年构造的美妙的理想大厦是从西班牙开始倾塌的，而不是从法国。在西班牙，1724 年年初，费利佩五世稍微延迟了点儿兑现自己退位的诺言。1724 年 2 月 9 日，阿斯图里亚斯亲王和亲王妃登上马德里王家城堡的阳台，最高传令官命令广场上的民众安静下来，然后内廷大臣高呼："卡斯蒂利亚！卡斯蒂利亚！卡斯蒂利亚！为了我们的国王路易斯一世，上帝保佑他！"广场上的民众则回喊道："阿门，万岁，万岁，万岁！"如是重复 3 次之后，路易斯一世终于成为西班牙新的统治者。父亲费利佩五世和继母伊莎贝拉退居圣伊尔德丰索的避暑行宫，几周后有传言说，所有重要的指令依然都是从老国王那里发出的。或许新老国王夫妇之间的权力问题很快就可以澄清，但是新王后路易丝-伊丽莎白在举行婚礼以来的 2 年时间里，与公婆陷入了越来越激烈的矛盾中，而且也因此几乎与整个西班牙产生了矛盾。新国王很快由于妻子着装过于暴露及

其他耸人听闻的不够西班牙的行为而将她禁闭一周。之后她被放了出来，
正好感染上了丈夫的天花。路易丝－伊丽莎白又一次挺了过来。但是路易
斯一世却在 1724 年 8 月 31 日、过完 17 岁生日 6 天后死去了，这个国家
再次陷入混乱。现在该他的弟弟费尔南多登基吗？可是他才 11 岁，因此
一切情势都支持请回费利佩五世，他的退位原本也是让人难以理解的对规
则的触犯。此外，如果人们记得，前国王之所以要把王冠戴在一个无辜的
孩子头上，就是想逃脱这受之有愧的王冠带来的致命诅咒，就会很容易理
解儿子的死对他有怎样的影响。在费利佩五世看来，自己就是杀害儿子的
凶手，而且人们不需要有什么根深蒂固的抑郁症就可以理解他的绝望。当
人们请求费利佩五世重返王位时，他叫喊着不想去地狱；他现在要走了，
大家愿意做什么就做什么好了。西班牙有一周之久根本没有国王，最终疲
惫的费利佩五世在 9 月 6 日被说服再次接受王位。或许最无望的就是现在
起开始守寡的王后路易丝－伊丽莎白，她还不满 15 岁，困在没有人能接
受她轻浮的法国做派或者青春的反抗精神的国家。由于婚约，她一辈子都
要配备异常昂贵的宫廷侍从，而恰恰因为对西班牙来说昂贵得毫无用处，
于是国王公公决定，几乎不声不响地将她送还给法国人。费利佩五世命人
给法国写信，要求谈判，而且做梦也没想到接下来要发生的事情。

　　德波旁公爵的 1724 年也颇为坎坷。即使少了死去的摄政王，即使在
一个对宫廷政治一窍不通的年轻人的名义领导下，德奥尔良一党的势力还
是非常强大，可以在国家和宫廷的任何角落制造麻烦。虽然宫廷和以往一
样，秋天的狩猎季在枫丹白露度过。但是和以往不同的是，今年在那里重
要的不是马鹿（尽管一个重要的廷臣被鹿角刺死了），而是年轻漂亮的宫
廷贵妇，她们都试图第一个接近 14 岁的国王。幸亏国王还对此不感兴趣，
只把狩猎当成正事，就像波旁家族所有人一样——仅在下一年，他就在马
上骑行 12 688 千米，射杀了 136 头马鹿和 97 头野猪。如果不能尽快给国
王找一名同龄妻子，他被某个宫廷大宗族之女玩弄于股掌之上显然只是时
间问题；如果敌对方下手更快，那就只能求上帝保佑了。更不要提 16 岁

511

512

的高级宫廷侍从官德拉特雷穆瓦耶公爵了，他总是利用职务之便单独与国王在一起，显然向国王传递了一些很成问题的色情实践信息，因此谨慎起见，人们只能让公爵与来自布永家族的一名表妹成了亲。这一切都够糟糕了，但还是不能与德波旁感到的恐惧相比。那是 1725 年 2 月 20 日，路易十五因为发烧在床上躺了一天半。回溯往事的历史学家们可以轻巧地说，这名 15 岁的少年只是吃得太多，狩猎时又过于劳累而已。但是当时的人由于 1712 年的事件受到了巨大的创伤，人们始终担心这些事件再次发生。由于德波旁就住在路易卧室正上方的房间，能听见路易在夜里咳嗽，导致后来自己也睡不着了。在这些无眠之夜，德奥尔良登基的恐怖前景一次次展现在德波旁的眼前；当这些夜晚结束，结束西班牙的婚姻项目也就成了定局。在这种情况下，费利佩五世询问法国是否愿意接回不受欢迎的孀居王后，简直是大快人心。几个月以来就在秘密讨论的信件以惊人的速度撰写完毕，人们在信中向西班牙人承认，路易十五不会等到 1733 年成婚，因此不得不把他的堂妹送还给她的父母。

围绕着未来王后宫室中高级职位的阴谋早就开始了，而且主要让凡尔赛的女人们活动了起来，因为任何地方的女性职位也不如王后宫中的职位有吸引力。现在这些阴谋的速度之所以加快，不仅因为结婚的计划提前很长时间就已经公开，而且混合着究竟谁该成为这个王后的阴谋。在某些情况下，这两个问题是重叠的。特别是最高宫廷女管家的官职报酬如此丰厚，权力如此之大，连血统女亲王都想获得。由于德波旁本人也是位亲王，可想而知，他会考虑自己的姐妹。其中一个候选人是德孔蒂亲王妃，她曾试图嫁给国王之孙德贝里未果；她与总是跌倒的德孔蒂早就在法律上分了手，但是现在又回到了德孔蒂身边，只因为正式分居的妻子会自然而然被怀疑道德上有问题，人们永远不可能把王后宫中的最高职位托付给这样一个人。遗憾的是，即使重回德孔蒂身边她也没有成功，两人这次极其短暂的和解孕育了一个女儿，这个女儿还会以重要的角色与我们相遇。这个被人欣羡的职位在此期间被德波旁的另一名妹妹获得了，之所以值得一提，是因为这表明这些妹妹中没人会成为王后（因为如果有这种可能，没人会让另一名姐妹接受这个低一等的职位）。波旁一开始也尽力过，拿着一份矫枉过正的候选人名单，尝试把自己的妹妹送到路易十五怀中。但是这个计划没有成功，一方面是保留意见声浪太大，认为会把这个亲王支系"不纯净的血统"带到统治者家族嫡系中（亲王的母亲女公爵夫人来自路易十四与"仅仅"是贵族的德蒙特斯庞夫人的双重通奸）；又恰恰因为德波旁是候选人的哥哥，人们可能会指控他自私地损害了国王的尊严。另一方面，更为重要的是，不仅德波旁本人，而且他的情妇德普里夫人也下定决心，首先要控制新王后的家政，其次要控制王后本人，最后要通过王后永远控制国王。至少对于德普里夫人来说，如果新王后是位关系网发达的法国女亲王，尤其如果是德波旁的妹妹，就会绕过她亲自统治，她的如意算盘肯定就会落空，毕竟她只是通过嫁给了德旺塔杜尔夫人的侄子才变得有点高贵起来。相反，如果王后是名外国人，就会感激她的撮合，而且嫁入王室越不那么理所当然，就会越感激她。如果从这个角度再过一遍已经制作好的上百名欧洲宗室女的名单，那么所有的箭头突然就指向了那位在第一遍审阅名单时恰恰出于同样的原因差点儿没被列入名单的候选人。

514

　　于是，1725 年 5 月 27 日，路易十五需要在常规的晨起接见中再次宣告自己未来妻子的人选。当国王这次宣布自己打算迎娶玛丽亚·莱什琴斯卡公主时，既没有流眼泪也没有红眼圈，这位公主的父亲斯坦尼斯瓦夫一世曾在 20 年前被选为波兰的国王。这个曾戴过王冠的昙花一现的家族名不见经传。谨慎起见，德波旁和德普里夫人又马上命人宣读了一些家谱上的基本信息，但是用处不大，因为这个国家的人既没怎么听说过奥巴林斯基，也没太听说过莱什琴斯基或者姓登霍夫的曾祖母。新娘也有瓦拉几亚统治者家族的血统，是通过波托茨基家族弗拉德·德古拉的弟弟、僧侣弗拉德继承而来。就算这些人物赫赫有名，人们对新娘娘家的印象也没有改观。此外，玛丽亚的伯父雅布隆诺夫斯基娶了法国宫廷服饰总管德贝蒂纳夫人的女儿，这听起来也不禁有点滑稽，要在往常，王后们的先祖无一例

515　外从几百年前起就来自执政家族。这就是王朝政治：一项上层阶级和中层阶级的观赏性运动。现在这两个阶级的成员文雅且诧异地询问，是不是真的需要一位"名字以斯卡结尾的"王后。

　　老实的前国王斯坦尼斯瓦夫更是完全没有料到，他在 1704 年作为瑞典的傀儡登上华沙的王位；1709 年，只被驱逐了很短时间的"强力王"奥古斯特二世就又把他赶下了台。此后，斯坦尼斯瓦夫就开始了艰险的长途跋涉，穿过土耳其和瑞典的茨魏布吕肯，最终流亡阿尔萨斯。所有希望也随着流亡全部破灭，在斯坦尼斯瓦夫看来，或许有朝一日可以将女儿嫁给德布永公爵的前景都如同无法实现的梦一样。当德波旁暗中送来一名宫廷画师，希望能把玛丽亚公主尽可能真实地画下来时，斯坦尼斯瓦夫乐翻了天，因为他以为德波旁本人要成为自己的女婿。当信件最终以国王的名义到达时，他读完直接晕了过去。人们可以看到，德普里夫人在"心怀感激的外人"方面极尽所能，但是尽管如此，她和德波旁仅在 13 个月后就被宫廷政治抛弃了，因此原因并不在外人身上：他们该多注意一点谦虚的主教德弗勒里。但这一切谋划仍然有两个赢家。只不过赢家不只是这两个个体，而是未来的这对夫妇，这简直千载难逢。玛丽亚·莱什琴斯卡有理由对这桩婚姻同样存在的年龄差距感到惊奇，后来又先后因为不停地怀孕和丈夫那些始终在眼前晃的情妇而感到厌烦，特别是出于众所周知的便利原因，这些情妇几乎都是王后自己宫中的宫廷贵妇。但是这些烦心事都在遥远的将来。眼下德普里夫人任性的决定对于玛丽亚来说，是欧洲报酬最好

516　的妻子编制和一无所有的逃亡者之间的人生差别。这位由于不得已和求知欲而会说 6 门语言的波兰女性得出结论，自己的丈夫尽管有种种怪癖，但是就算不考虑等级和权力，也是很有吸引力的；虽然仍然存在着一种显而易见的不平衡，但是路易立即对妻子表示出的最大爱慕弥补了这种不平衡。这位 15 岁的国王在老师的首肯下可耻地逃避了与 7 岁的前新娘告别；现在，当人们让他与一名 22 岁的姑娘成亲，以此作为替代和"对症药"时，他着了迷。在指派婚姻的历史上，很少有人能像路易十五这样，怀着

如此大的热情履行王朝义务。1729 年，在生了 3 个女儿之后，盼望已久的王太子出生了，此后的 12 年里还会有超过 10 个孩子出生。与这个古怪的王侯世界的大多数婚姻相比，路易十五的婚姻史更富有异于寻常的转折，人们或许可以把路易十五在 1741 年创造的一项君王纪录看作其恰当的结局，这项纪录无疑比前任国王 72 年的执政时间更难超越：路易十五在 31 岁时就成了祖父。

但是小公主王后经历了什么呢？正当凡尔赛早就为不知名的继任者做着一切准备时，她隆重地来到了西班牙边境，甚至到了巴约讷都还不曾料到，不会再有返程。最终来看，或许这是一种福气，德波旁作为奥尔良家族的坚定敌人，拒绝给带着妹妹德博若莱小姐一起从西班牙被送回的国王遗孀派遣符合规定的随从。由此导致路易丝－伊丽莎白行程拖延，同时也阻止了两支旅队像 1722 年那样在边境再次相遇，也就省去了为 3 位公主再举行一场仪式——只会为失败添加一个滑稽插曲。1725 年 5 月 17 日，玛丽亚·安娜·维多利亚返回她 3 年前离开的西班牙，这次迎接特意没安排在启程时的那个地方。迎接她的西班牙宫廷大臣们怒不可遏，令德塔拉尔公爵夫人震惊的是，他们带走了公主的所有物品，而不是得体地赠予家庭女教师。由于宫廷大臣们"甚至把玩偶们"也带走了，因此公主王后有可能也留下了她的王太子小玩偶。1729 年出生的、最初本该是公主王后孩子的真人王太子，将于 1745 年迎娶她的妹妹，当然，下场相当悲惨。在很长时间内，人们在法国听说的关于公主王后的最后一件事情，据说是她请求将来可以嫁给一个不让她等待的人。然后公主王后就从报纸和外交官的报道中消失了，因此对于她如何重新习惯已经几乎回想不起来的父母，我们所知甚少。1727 年，只有 9 岁的玛丽亚·安娜·维多利亚通过代理人婚礼与巴西亲王成了婚，这位亲王以后会成为葡萄牙的国王；1729 年，两人亲自成婚；1732 年，这桩婚姻得以圆房，两人共生育有 4 个孩子。玛丽亚·安娜·维多利亚的丈夫于 1750 年登基成为若泽一世，她也因此成了王后。此后的很长时间里，法国外交官得到的指示中都有一条警告：葡萄牙王后与法国有私人且复杂的关系。玛丽亚·安娜·维多利亚死于1781年，没有名留青史，但是却通过一条特殊的纽带与法国最后一位公认的王后联系在一起。1755年，在里斯本灾难性的大地震发生后一天，帝国皇后玛丽亚·特蕾西娅在维也纳生下了第15个孩子。要么是皇室想与难得一遇的葡萄牙团结起来，要么是现在终于轮到了与玛丽亚·特蕾西娅是近亲的若泽一世家族（或者是在14个孩子之后，所有有趣的教父教母都用光了），无论如何，人们为皇后的这个女儿选择了葡萄牙的王后做教母。这位教女玛丽·安托瓦内特成了革命前法国最后一任王后，她后来的命运肯定没怎么受到这位教母的影响，因为她们从来没有碰过面。然而这段教母与教女的关系可以使我们更好地回想起，不成为法国的王后，完全也可以是一种幸运。

德旺塔杜尔夫人遵守了在写给西班牙的伊莎贝拉的信中所做的承诺，被送回的公主一直到最后都是她心目中真正的王后，在她漫长一生余下的19年中，她每周都会给公主写一封长信。1890年，当历史学家阿尔弗雷德·博德里亚进入西曼卡斯的王室档案馆时，他得出结论，公主显然很快就不再打开这些信了，以致几百封信在160年后仍塞在没拆开的信封中。"我们打开了其中数封，根本没什么有意思的内容。"

第 14 章

格伦布科饮酒

———— ❖ ————

奥得河畔克罗森，1733 年 1 月 11 日

啊，香槟。难道啤酒或者葡萄酒突然之间不够好了吗？偏偏还是在克罗森。这个被人遗忘的偏远小国横亘于勃兰登堡和西里西亚之间，同名首都有 2500 名居民，都城中有一座长盒子形状的矮小宫殿，普鲁士国王任命的"克罗森公国及苏莱胡夫机关的代理官员和首领"便下榻于此。之所以下榻该地，绝不仅仅因为这里是都城；更重要的是，拥有古老特权的克罗森还是周围公认的酒都——这是一项方便生活的重要功能。乡村的客栈不准从克罗森以外的地方购买啤酒，这一点直到 1724 年还可以从大臣格伦布科签署的一项法令中找到依据。但是实践的结果自然不是规规矩矩的垄断，而是市民与农民之间无休止的争斗。为了从黑酿酒商那里弄到便宜的啤酒，那些毫无大局观的农民简直无所不用其极。城市法庭定期对这种行为加以审判，当然，如果这个平坦的国家能有任何一种警察来执行这些判决，那就会更有意义——骑士封地的领主是唯一能填补这个漏洞的人，但他们自己就很爱酿酒，因此于事无补。尽管如此，生意还是很好，因此

克罗森有不少于 156 户家庭可以酿酒——人们不禁扪心自问，由主业是纺织工人制造的、售卖对象是非自愿买主的一种饮料能有多大的吸引力。此外，还有适合高雅口味的葡萄酒，同样地，几乎每一位城市居民都种葡萄，而且如果收成好，那么克罗森的居民一年到头就不喝别的了。只不过此处水质显然不佳，一座不久前建成的矿泉疗养地由于无人问津很快就停业了。综上所述，对于友好的旁观者而言，这座城市必然非常适合用来安排需要保密的重逢。此刻，有两名等级很高的"抗击清醒协会"的创始成员正是为了这个目的而来。偏偏不吉利的香槟也来凑热闹，鉴于相关史料极为有限，因此对于本章的主角们是从哪里弄来香槟的，我们只能猜测。

　　此时香槟在德国仍然是异域的奢侈品，倒不是因为它是个相对新鲜的事物，而是因为人们有一个关键问题没有解决。香槟当然不能用圆桶运输，玻璃瓶倒是可以，但是人们直到 19 世纪才解决了玻璃瓶轻轻一晃就爆炸的不幸倾向。因此，欧洲范围内逐渐增加的香槟需求只是生产者和商人理论上的福气，在实际物流中却是个噩梦，这也为近代早期更为人熟知的旅行痛苦添上了有趣的最后一笔。相应地，这种饮品价格也奇高，因此我们有理由怀疑，连舍奈希男爵（顶着"代理官员"头衔被打败的克罗森总督）也不可能轻易负担得起这样的香槟存货。要说他是特意为这次重逢添置的就更不可能，因为鉴于路途遥远，原本就紧张的时间根本不够用。在那个有可能决定东欧和中欧命运的夜晚，香槟可是格伦布科最重要的外交辅助手段。此时的格伦布科一点纰漏都不能出，因此只能亲自把这东西从柏林随身带过去，所幸香槟在柏林多得是。在所谓的士兵国王腓特烈·威廉一世治下，宫廷生活实际上已经颇为简朴。但是格伦布科靠着本国和外国统治者的优厚报酬成了柏林的大富大贵之一，他的生活极为奢侈，连烹调用的火腿都要用香槟煮过。国王嘴上说自己怎么可能负担不起这样的东西，行动上却更愿意拜访自己的这位宠臣。所以格伦布科不缺必要的储备，麻烦的是运输。尽管可以让这种易碎品从法兰克福沿着奥得河逆流而上，但是到达奥得河之前，这种易爆的随身物品必须在勃兰登堡东部的简陋马路上走上很长的一段距离。而这一计划之所以有成功的希望，靠的就是格伦布科这些人使用的一种非常特别的旅行方法。在普鲁士，国王陛下的上等国家公仆和战士在这种旅行中只需要带上马车和单据，也就是所谓的"征用通牒"。大约每 15 千米就有等待旅人的农民，他们会用自己的马来替换此前拉车的马。旅人会给这些农民微薄的报酬，自己再去王室报销，但是农民为了这点收入，却要在必要时等上长达 24 小时才能见到迟来的车辆。等候的农民至少要为每辆马车配备 6 匹至 8 匹马，这主要是由于路况太差。（上等国务人员的体重也是一个原因。1722 年，腓特烈·威廉一世和他享受特权的军官随从称重时，11 名贵族的平均体重是

521

522　107 千克，和国王本人的体重一样——把像他们这样的人移过边境的沙丘的确是不小的后勤挑战。）即使在理想的条件下，一辆八驾马车也是一种非常不灵活的交通工具。坐着由 8 匹没有经过训练、力量完全不同的马拉着的马车，穿过几乎不存在的道路，而且被不情不愿的马主人拙劣且错误地牵引着，车中乘客是何种感受，我们只能努力揣测，但是格伦布科这样的人不幸知道得很清楚。难怪国王平均 2 年就得颁布一项新的政令，严厉禁止他的国务人员鞭打马匹或者马匹主人，然而收效甚微。身为大臣的格伦布科也签署过这种规定，但恰恰因此，没有人会觉得提醒他回想起这一点是个好主意（此外，1793 年还有相应的规定，明确将国家大臣和将军列为例外，"他们的时间对于我们的利益来说非常宝贵"，因为国王相信他们只在真正必要的情况下才会殴打挽马仆）。因此，我们不得不把格伦布科前往克罗森的旅程想象成一项坎坷颠簸的活动，所有参与者在这一过程中都不太开心；尤其还要考虑到香槟软木塞冷不丁发出的爆裂声，这种伴奏很可能正符合将军当时的心境。

　　原则上格伦布科不能抱怨。在欧根亲王和马尔伯勒的司令部担任学徒时，格伦布科曾挑唆很多政治家彼此相争，以致他本人最后似乎都失去了对全局的统揽，在失宠的阴影下返回柏林。在柏林，格伦布科最危险的敌人不是无名之辈，而是首相瓦滕贝格伯爵，当然，现在（1711 年）此人已经因为无法再掩盖国家的破产而倒了台。格伦布科从这位不久前仍权倾朝野的宫廷大臣的离职中吸取了很多教训。瓦滕贝格垮台的另一个原因

523　是，他的妻子不但是英国大使的情妇，还是平民出身，特别让人讨厌，而她在一定程度上妄自尊大的等级要求更是让情况雪上加霜。在这方面，婚姻门当户对的格伦布科没什么可怕的，所以他在 1733 年的香槟之旅期间如果想起了瓦滕贝格伯爵夫人，那顶多因为她是一个葡萄酒商人的女儿（人们还记得，她的丈夫在法兰克福流亡期间死去，她是用圆桶把丈夫的遗体运回柏林举行国葬的）。更有价值的教训是"不要过于满足于国王恩宠"。在瓦滕贝格流亡期间，连腓特烈一世曾经为了表彰他的辅佐之功而

赏赐他的心形琥珀也派不上用场。尽管如此，瓦滕贝格还是把这块琥珀附在一封请求信中，失望的君主干脆将其存档，直到 1841 年才被人们重新发现，而且只能记录道："大概是卷宗将心形琥珀压碎了。"兔死狐悲，格伦布科决定，在宫廷大臣和军官的能力之外拓展财政管理的知识，以保无虞。格伦布科在 1712 年就成功地通过精心挑选或者编造的预算数字坐稳了税务机关中最好的位子，就这样，他及时地从纯粹的宫廷仕途中抽身而出，没有受到 1713 年政府更迭的波及。腓特烈一世在这一年去世，他到最后都是乐观主义者，临终时还躺在床上警告格伦布科要在道德上向善。实际上，父亲和儿子在这一点上少见的意见一致，当着见证人的面称格伦布科为"流氓"几乎是新任国王腓特烈·威廉一世的首项政府行为。新国王还把格伦布科请求的一座小宅邸示威性地给了另一个人，因为那个人诚实。但是 35 岁的格伦布科到底比这位 25 岁的新任统治者老到，早就料到了这一手；很快他就明白，这位在前几周缩减了所有薪水、打破所有常规的国王，其无情至少有一半只是一种姿态。腓特烈一世曾试图以不足的财力模仿太阳王的宫廷和排场，而现在腓特烈·威廉一世则代表着一种强烈的反弹，在瑞典的卡尔十二世或者沙皇彼得大帝身上也可以观察到这种现象。作为粗鲁的士兵国王，腓特烈·威廉一世用野蛮的直率、对被嘲讽为娘娘腔的奢华的拒绝、对女性示威性的蔑视、程式化的大吃大喝、对所有学识的嘲笑，特别是相对较短的假发，着意展现出一种崭新类型的男子气概，看上去疑似一种自卑情结。与这种刻意交替出现的是不受控制地突然发怒，医学史学家在可靠的史料基础上将其归结为代谢疾病紫质症。当然，后世也无法确凿地证明这一点，但若真是这样的话却妙得很：专制君主腓特烈·威廉一世因其活力而被 19 世纪的普鲁士人盛赞，但他的英国远房甥孙乔治三世却因为同样的症状于 1788 年在议会制的英国被穿上了给狂暴疯子穿的拘束衣。

宫廷大臣的职业更加艰难，但是并未因此消失，因为宫廷还在，只不过现在的军官比以前更多。格伦布科也是这样一位军官，他的将军等级

524

甚至不是分量最重的。但对格伦布科而言更有百倍价值的经历，是他曾与新国王一起在马尔普拉奎特战斗过，那场战役不仅是腓特烈·威廉的第一战，也是他唯一的一场战斗。这就是这位士兵国王最大的悖论：他越是专注于扩充自己的军队，就越是不愿意拿这件心爱的玩具到战争中冒险。很快，所有的将军就开始互相排挤，由于缺乏战事，他们只能不停地操练或者强制招募高大的士兵。就跟其他某些怪癖一样，国王对高大步兵的热情基本上只是对实用主义的夸大。这种热情的后果是，1.85 米以上的男性最好绕行普鲁士，而且还得担心在国外被普鲁士的招募者劫持——招募者会把受害者灌醉，必要时甚至用棺材运走。没有什么比一名巨人般的禁卫军更能让这位士兵国王变化无常的心情开朗起来，因此，普鲁士和外国的外交官很快就跟将军们一样，开始在欧洲范围内追捕"巨人"。但是同时，腓特烈·威廉一世的理智也清楚，一个小国要想负担一支各方面都很庞大的军队，就要有有效的经济和财政管理。国王为此埋头苦干，想要到处"盈利"，因此也就需要他可以信赖的有能力的行政官员。但遗憾的是，只有那些较富有贵族中的非军人或者上层市民才具备相应的能力。这些人数量太少，以致大多数人彼此的姻亲关系不清不楚，人们不愿意真正信任他们。几乎只有格伦布科既是军人又是行政专家，因此腓特烈·威廉在掌权 2 周后就任命他为枢密国务大臣。单是这一点自然还不能说明很多问题，因为要进入权力的核心圈，人们所需的向来不只是一个官职。但格伦布科也立即明白了，权力的核心圈恰恰就是他的用武之地，只要他能在新主面前成功地扮演直截了当的战士、正直的骑士、地地道道的波美拉尼亚容克即可。他没能做到完全可信，又怎么能做到呢？但即使是不完美的扮演，也足以使格伦布科事实上升任柏林宫廷最有权势的人物。和很多自以为高人一等、以最大的恶意来揣测全世界的玩世不恭之人一样，腓特烈·威廉一世显然对人性只有一种很幼稚的理解。而恰恰因为格伦布科是个明显的阴谋家，国王在面对他时有一种亲切的优越感，这种感觉太舒服了，以至于国王一时半会儿少不了这位大臣兼将军的陪伴。就这样，格伦布科成了

1723 年成立的"财政、战争和领地总理事会"的一号人物。他在所谓的烟草委员会 [1] 也是风头无两。说是烟草委员会，但其实更多的还是喝酒而非抽烟；在这个粗笨的男人圈子里，国王夜夜谈论上帝、世界和政治。鉴于主人的火暴脾气，对于大多数人来说，这种聚会充其量算是个混杂了其他情绪的娱乐。但是格伦布科的神经犹如钢铁，举例来讲，当国王大发雷霆地讲起某个国家，而格伦布科恰恰收了这个国家的钱来应对这种情形，且看他如何安抚国王：这位将军有一次在桌子上快速旋转一个铁陀螺，直到瓶子和杯子都被打落在地，而国王也半是生气、半是好笑地平静下来。这种时候就要庆幸，国王的"革除滥饮上谕"幸亏不是格伦布科签署的；签署人是格伦布科女儿的公公，这人是贵族，同时也是名受过教育的法学家，这么土气，自然进不了烟草委员会。

正因为格伦布科中将是普鲁士宫廷的多面手，所以，在 1733 年 1 月这个寒冷的日子里，当他被步调不统一的耕马拉着赶路时，所有主题中最为重要的那个又一次压在了他的心头，那就是他不再正式负责的外交政策。虽然不久前建立了一个专门的外交部门，但是格伦布科不受其扰——恰恰因为外交政策和战争在当时被视作政治的最高形式，这两者太过重要，因此不会交给同一个机构。谨慎起见，格伦布科在其中安插了自己胖圆脸的女婿波德维尔斯及阿谀奉承的密探图勒迈耶任第二和第三外交大臣，但是重大决定都由国王本人做出，而他做决定时最容易受到格伦布科的影响。这种影响确确实实贵如黄金，因此格伦布科在很多年前就把它卖给了维也纳的皇帝——或者更准确地说，卖给了他曾经在马尔普拉奎特的上司、主导着奥地利王朝外交的萨伏依亲王欧根。自 1725 年送回公主王后事件使西班牙和法国分道扬镳起，欧洲结盟的旋转木马越转越快，多次险些战火重燃。1729 年起，对立的集团变为奥地利、普鲁士和俄国的联

527

---

[1] 腓特烈·威廉一世举办的非正式聚会，与会者无须拘泥于礼数，例如国王进入房间时，大家不必起立。——编注

盟与法国、英国和西班牙的联盟。双方主要有两个分歧，当然都涉及继承问题。一个是自从法国王位继承人的降生终结了费利佩五世迄今为止抱有的希望，西班牙对意大利的野心就变得比以往更为活跃。西班牙王后伊莎贝拉·法尔内塞也就愈发寄希望于为自己的儿子唐卡洛斯搞到帕尔马和托斯卡纳。唐卡洛斯虽然只是西班牙国王的次子，但却是他母亲的长子，是法尔内塞和美第奇一脉的长子，也因此成了这两个意大利国家的合法继承人。另一个爆炸性的野心涉及"至高无上的大家族"奥地利，它的首领是罗马－德意志帝国的皇帝查理六世。此人曾自封卡洛斯三世，争夺西班牙的继承权未果，并眼看着哈布斯堡奥地利一支（当时还不称为哈布斯堡家族）的男性一脉即将在他这里绝嗣，那时候这一支不仅拥有奥地利，还拥有波希米亚、匈牙利、西里西亚、比利时、卢森堡、克罗地亚、米兰、那不勒斯－西西里。鉴于两个女儿的继承权过于脆弱，因此很久以来，查理六世就在努力让尽可能多的强国承认一项以"国事诏书"为名颁布的王位继承权规定。

　　如此庞大财产的不稳定继承必然会引起奥地利众多竞争者的注意。真正富有戏剧性的场面之所以出现，是因为享有继承权的长女玛丽亚·特蕾西娅必然要嫁人，而且出于等级原因只会考虑名门。这桩婚姻将会使广阔的奥地利与另一片疆土统一，也令欧洲的统治者们觉得非常不公，他们开始直截了当地展开违背现行制度的再分配的想象。这一点搅黄了另一个几乎对称的解决方案：干脆让玛丽亚·特蕾西娅女大公与唐卡洛斯王子结婚，从而彻底搞定这两个问题。事实上，令所有其他大国十分恐慌的是，在 1725—1729 年间，这一直是双方父母的正式计划，后来这对王朝世界的噩梦夫妇还没见过面，就被勤勉的外交官们的颠覆活动拆散了。皇帝于1729 年回到了相反的原则，也就是要给女儿挑一个最无足轻重的王子，只要地位相符就行（就像他最心爱的表侄）。但事情并没有因此改观。洛林公爵弗朗茨·斯特凡或许在几乎所有方面都是最好的候选人，他和女继承人几乎一起长大，只要欧洲全部大国同意，他就会用法语和意大利语给女大公写一封特别讨人喜欢的订婚信（这是遗传了他的外祖母伊丽莎白·夏洛特·德奥尔良的才能吗？）。可弗朗茨的公国洛林恰恰位于最后一个开放的门户上，一支并非全然假设的敌方军队可以通过这个门户向法国进军，因此法国首相德弗勒里枢机主教眼看着奥地利与洛林家族即将统一的感觉，就和后来约翰·菲茨杰拉德·肯尼迪得知苏联在古巴部署核弹的情绪无二。而皇帝查理六世太清楚德弗勒里的感受了：他只消想一想上一个差点儿成为他女婿的唐卡洛斯将会像讨厌的西班牙痈一样盘踞在帕尔马和托斯卡纳就可以了。在那里，唐卡洛斯治下的领土不仅将与隶属奥地利的米兰公国接壤，而且还将切断皇帝去往被西班牙垂涎的那不勒斯－西西里王国的道路。在像这样的时刻里，维也纳霍夫堡皇宫中的人喜欢粗略计算一下作为主要盟国的俄国军队进军意大利南部或者法国需要的时间，然后就会一声叹息，继续寻找还没有站在西方强国一边的军事强大的同盟。就这样，他们再一次把目光落到普鲁士上。

529

　　格伦布科通常都能从维也纳轻松赚到定期的秘密报酬。在罗马－德意志帝国内的强大统治者中，几乎只有腓特烈·威廉一世还真正相信，自己对皇帝负有忠诚的义务。他拒绝自己时代的外交，认为那是一种不体面的阴谋行当，这一点不无道理，但是也注定了让他一次次像跳舞的熊一样被牵着鼻子走。因此，通常来说，想要维系维也纳的这个同盟，皇帝只需要时不时地向普鲁士国王确认，只要于利希和贝格公国老不死的现任所有者辞世，就由他来继承这两个公国。事实上，恰恰是格伦布科的夫人在汉诺威做侍女时共坐一桌的那位夫人挡了奥地利的道，此人就是王后。普鲁士王后索菲·多罗特娅是一位汉诺威公主，但是从 1714 年起也是一位英国公主，因为她的父亲继承了英国王位，现在的英国国王是她的兄长乔治二世。因此，在索菲·多罗特娅看来，她来自一个比丈夫高贵得多的家族，而且一旦她忘了这一点，她的丈夫就会用自己对啤酒汤的热爱及类似的农民做派日复一日地提醒她。在柏林的蒙比欧宫中，王后的身边聚集了一个亲汉诺威的宫廷党派，其成员将王后和王储看作未来的唯一希望，而鉴于

530　　腓特烈·威廉一世糟糕的健康状况，未来或许并不十分遥远。王后本身恰恰有一种使命，诚实来讲，也不是特别有意义的使命，而且只要看看她迫使孩子们与父亲陷入了多么可怕的矛盾中，就能知道她很难从中获益。如果您看过她的儿子、那位将成为"大帝"的腓特烈的传记，就会更清楚此处只能概略叙述的内容。话说回来，既然嫁给了这样一个时而多愁善感、时而极端易怒残暴的男人，人们总得给这位女士一定的纯粹正当防卫的活动余地。不管怎样，为了一举拯救普鲁士宫廷文明和自己的孩子，王后索菲·多罗特娅计划让两个年纪大的孩子与英国的汉诺威王朝结亲：让王储腓特烈与他的英国表姐阿马莉结婚；王储的姐姐威廉明妮与阿马莉的哥哥威尔士亲王弗雷德里克婚配。这两桩婚事最主要的障碍自然是国王本人。腓特烈·威廉一世小时候曾与年长 5 岁的表兄乔治二世一起在汉诺威亲密生活过，从此对他怀着私人的仇恨。此外，双重联姻必然带来与英国的结盟；而在伦敦，人们在地图上看到的和皇帝在维也纳看到的一样，因此明白，把普鲁士从皇帝的盟友中排除意义重大。

　　就这样，英国人和奥地利人从 1726 年起就在柏林的宫廷中悄无声息地进行着一场争夺勃兰登堡家族指导者的战役，这场战役的牺牲品就是普鲁士国王最年长的两个孩子。母亲早已使二人信服，他们人生的幸福就在于与英国的婚事，借助婚事，威廉明妮可以作为新娘、腓特烈可以作为汉诺威的总督逃离父亲。但不幸的是，他们要面临格伦布科的反对。谈判以格伦布科的胜利告终，但这场谈判从各方面来看都很拙劣，符合"沾满血

531　污的门外汉"这一糟糕的字面含义。1730 年夏天，一个没有任何外交经验的贴身侍从和禁卫军军官查尔斯·霍瑟姆以英国公使的身份来到柏林，煽动王储和王后鼓起了灾难性的勇气。双重婚约一度看起来有望成真，霍瑟姆已经掌握了格伦布科的 26 封信件，这些信清晰地证明，将军在故意破坏谈判。只是遗憾的是，显然没有人向查尔斯勋爵解释过，腓特烈·威廉一世对自己可以居高临下地看穿格伦布科的幻觉有多骄傲。因此，当这名英国人高兴地把格伦布科背叛的证据拿到腓特烈·威廉一世的鼻子前时，

后者在可能的范围内做了礼貌地回应，这不仅是个奇迹，同时也是一出悲剧的序曲。因为当霍瑟姆看似胜利地从宫殿中离开时，格伦布科做了点事情，这件事要么（如他后来宣称的）是一个世界级阴谋家完美策划的杰作，要么（更有可能）是一个愚蠢的错误。尽管将军现在知道，自己写给一名驻伦敦的普鲁士外交官同谋的信泄露了，但他还是又写了一封，真真切切地要求敌人拿出证据。这封信自然被英国人截获了，霍瑟姆自然也认为现在把这个超级证据交给普鲁士国王是个绝妙的主意。1730 年 7 月 9 日晚，尽管没有任何授权，霍瑟姆还是向腓特烈·威廉一世提供了双重联姻的最佳条件；这对他来说很重要，提振了他第 2 天就要扳倒格伦布科的情绪。霍瑟姆在 7 月 10 日带着格伦布科的信晋谒，把信递给国王，并且大谈特谈这种不忠对两国国王造成的侮辱。这次没有发生奇迹。国王在摔门离开房间之前，把信扔到公使脚下时具体说了什么，事后虽然有着不同的说法，但不管怎样，腓特烈·威廉一世的回答是以"多到记不全的激烈言辞"结束的。因此人们可以理解，为什么难得稍有不安的国王会询问他的大臣们，接下去会发生什么。格伦布科当然很克制；代替他讲话的外交大臣博尔克回了句"啥都不会发生"，这首先证明他和格伦布科一样，是个柏林化了的波美拉尼亚人，其次证明他是个相当糟糕的预测者。

　　自然是发生了一些事情。最明显的是霍瑟姆立刻启程了，慎重起见，人们再也没有任用他为外交官。霍瑟姆还从地上捡起了格伦布科的信，并带走留念，而且他的继承人直到 1918 年还拥有这件倒霉的东西。留在柏林的公使们被告知，如果将来他们有具体问题，不能再与国王会谈，只能与外交大臣讨论，"陛下喜欢坦率自由地直抒胸臆，但有必要按照世界通行的方式……经常地将内心的想法隐瞒起来"。两桩婚事暂时被搁置了，国王虽然认为这是一种厚颜无耻的侮辱，但是拜托，这样他就可以利用即将开始的前往各个德意志宫廷的旅程来挑选更合适的儿媳和女婿。腓特烈·威廉一世没有料到，王储对这次行程恰恰抱有相反的期待。人们一次次地让 18 岁的腓特烈对婚姻和在汉诺威自由的生活怀有希望，现在他绝望了。多年来这位继承人一直在反抗父亲的训练、节俭和功利主义，方式便是读禁书、写蹩脚的法语诗或者身穿赊购来的丝质晨衣吹笛子。也正是因此，父亲多年来一直对他非常严厉。不到 3 周以前，父子二人在萨克森进行国事访问，观看"强力王"奥古斯特二世的军队开展节日演习。庆祝活动以摆上一个 8 米 × 10 米的巨大蛋糕结束，并伴随着对普鲁士王储极为中规中矩的尊重，这点我们还会再讲到。但是腓特烈·威廉一世在众目睽睽之下打了王储，还扯着他的头发说，要是自己被父亲这样对待，早就饮弹自尽了。此前腓特烈至少还可以寄希望于与英国的婚事，现在他绝望透顶，只把逃亡当作解救自己的方式，而这次前往各个德意志宫廷的行程为他提供了唯一的机会。王储和密友汉斯·赫尔曼·冯·卡特制定了一个轻率到幼稚的计划，不出意料地失败了。还没等腓特烈骑上马，就于 1730 年 8 月 5 日在曼海姆附近被抓。国王父亲还有为期一周的旅行，只得先把愤怒压在心中；但他根本没有过这方面的练习，因此一返回普鲁士，这种愤怒就变本加厉地从他心中倾泻而出。

王储从童年起就是军官，作为宪兵团少尉的卡特事实上属于国王的禁卫军，因此二人被送上了军事法庭。军事法庭的成员宣布他们对王储无管辖权，因为统治者家族高于法律，同时判处卡特终身监禁。但是腓特烈·威廉一世认为，卡特的意图虽然未能得逞，却犯了两条最可怕的罪行。少尉不仅帮助了不听话的王储，而且他策划的开小差恰恰被国王视作自己的军队面临的最大威胁。尽管卡特的父亲和祖父是普鲁士高等级的军人，但是他位于马格德堡的其他家族成员更倾向于汉诺威而非柏林；他的姨母梅留辛·冯·德舒伦堡甚至还是英国国王的情妇，权势倾天，也正是因此，早年被迫入伍的少尉才成了王储逃跑的得力助手。综前所述，这个不幸之人太能体现士兵国王的恐惧了，让国王觉得自己那千疮百孔的人造国家组织处处受到背叛的威胁。腓特烈·威廉一世甚至不能剥夺受国家法律保护的王储的继承权，尽管他坚信，这个不够军人的文艺爱好者会毁掉这个辛辛苦苦建立起来的国家。大概正是因为父亲想给儿子一个能想到的最严厉的教训，所以卡特必须得死。不管怎样，腓特烈·威廉一世仅用一封命令函就把判决变成了死刑，并且让人把卡特带到位于奥得河畔屈斯特林的堡垒，王储也被关押在此。当 26 岁的少尉于 1730 年 11 月 6 日被押赴刑场时，王储被迫从自己牢房的窗户观看行刑——莱佩尔将军的士兵不许他移开目光。王储只有很短的时间可以向被判死刑的人呼喊，请求对方的原谅，即将赴死之人也只有很短的时间回答王储，说不是他的错。然后卡特就跪倒在刽子手面前，双眼被蒙。当刽子手举起刀时，王储腓特烈晕倒在地。

处决一名来自上流社会的青年，让玩世不恭的宫廷社会大为震惊，连格伦布科都没有试图为此辩护。但是这起王室的轰动事件在格伦布科手中派上了巨大的用场，他借此诋毁王后一党。格伦布科现在成了国王无可争议的宠臣，他领导着一个调查委员会，旨在让王储自愿放弃王位。但是事实很快证明，作为受过心理创伤的政治犯，敏感的王储本人不愿意放弃这份可以保护自己的权力。就这样，双方被迫妥协。这也表明，古老欧洲的王朝基本规则甚至对腓特烈·威廉一世这样暴躁残酷的君主都有相当大的威力。罗马或者中国的皇帝、沙皇、莫卧儿帝国的统治者和苏丹即便不会处死一名反叛的儿子，也会剥夺他的继承权，他们将此视作自己理所应当的权利。而在近代早期的欧洲，腓特烈·威廉一世却不得不容忍自己的继承人，盼望自己讨厌的长子经过改造能变成符合自己理想的样子。就这样，将腓特烈改造成大帝并最终不幸成功的项目开始了，我们仅对其中一个方面感兴趣。王储结束监禁后，必须在奥得河畔的屈斯特林和鲁平学习民事和军事管理的细节，于是父亲与儿子在空间上被隔开了。鉴于二人之间的情感和政治领域已经成为雷区，因此双方能否和解取决于他们如何通过信件及第三方彼此沟通。没有中间人是万万不行的，但是谁能起到这个作用呢？王储就够难缠了，心灵受创的同时又十分狡猾——在自己不正常的家庭被彼此竞争的强国用作阴谋战场的情况下，一个聪明的 18 岁青年只得如此。谁能赢得王储的信任并且保有国王的信任呢？要知道，一般的

535

臣仆单单是在路上遇到这位国王就会心生畏惧。堪当此任的人物当然只有一位。现在偏偏是格伦布科成了腓特烈最后的希望。就是那个如今开始与王储定期通信的格伦布科，吁请国王对严格的生活规定进行小小松动的格伦布科，从奥地利搞来钱却被腓特烈送给姐妹或者失宠仆从的格伦布科。始终在阅读所有新出版物，并且把伏尔泰关于战士国王楷模卡尔十二世[1]的著作送给腓特烈的就是格伦布科，而他的妻子还时不时地给王储送来烤鸡。给王储撰写指南、教他如何面对国王的也是格伦布科，因此或许连格伦布科自己也不再分辨得清，他这样做到底是在帮助国王实行再教育，还是帮助王储造成一种洗心革面的假象——很有可能将军在做了 50 年的宫廷侍臣后已经看不出两者有何差别。最重要的是，格伦布科成了王储离不了的人物，可以在关键时刻向王储提出一个维也纳付过钱的要求：一桩政治婚姻。

　　奥地利在阻止了英国和普鲁士的双重联姻之后，显然要巩固这种胜利。最简单的是从普鲁士公主威廉明妮下手。为了保释自己亲爱的弟弟，公主在 1731 年嫁给了一个无足轻重的表亲。无法再成为威尔士王妃的威廉明妮屈尊下嫁拜罗伊特的边境伯爵，这也使她有足够的时间撰写回忆录，这些回忆录自然充满苦涩。而为了使普鲁士远离英国，并且永远与奥地利绑在一起，更要让王位继承人实现相应的婚配。这并不容易，因为皇帝的女儿自然都是天主教徒。这些公主从未改宗，而极为虔诚的新教徒腓特烈·威廉一世也永远不会同意自己的继承人与一个天主教徒结婚。怎么办？别担心，在王朝时代的欧洲，万事皆有解决办法，无论方法多么稀奇。此刻，欧洲拿着放大镜在地图上移动，越过强大的国家；再越过辉煌的宫殿、令人崇敬的大教堂、难以攻克的堡垒；继续移动，越过黑乎乎的

[1] 瑞典在大北方战争时期的国王，终生未婚。卡尔十二世在位期间大肆军事远征，先胜后败，输给俄国的彼得大帝，导致瑞典由北欧霸主衰退为二流国家。伏尔泰赞扬卡尔十二世为军事天才与伟大英雄，也有人认为他是嗜血的好战者，有的学者称其为"18 世纪初的小拿破仑"。——编注

森林和荒凉的农田，一直到德国北部一个偏僻之地才停了下来。我们看到的是一个小小的都城沃尔芬比特尔，城市中央是一座被护城河环绕的宫殿，前不久才做了巴洛克式的美化。但是现在目光瞄准的不是这座宫殿，而是一座桁架建筑，它就像个穷亲戚一样倚靠着都城，艰难地背负着"小宫殿"的大名。

这里从 20 年前开始住着安托瓦内特·阿马莉，她的娘家及夫家都是不伦瑞克的公爵家庭。1710 年，安托瓦内特·阿马莉 14 岁时，她那来自沃尔芬比特尔的祖父向太阳王提议，让她做太阳王孙子的新娘，要不是路易十四更偏向于找一个法国姑娘，她那时候就成为德贝里公爵夫人了。1712 年，16 岁的安托瓦内特·阿马莉嫁给了年龄两倍于己的远房表叔，这位不伦瑞克的费迪南德·阿尔布雷希特二世的封号是贝沃恩公爵。乍一看，阿马莉实际上的命运似乎与擦肩而过的那个只有几个字母的差别，但几个字母之差决定了很多事情。贝里（Berry）是法国的一个省，按照传统，人们以此来命名法国的王子，而那位逃脱的新郎在其短短的一生中从未涉足该地：作为封禄从这里得到的大量钱财，在巴黎和凡尔赛花起来更为惬意。而贝沃恩（Bevern）是霍尔茨明登县的一座白红相间的砂岩宫殿，彼时不仅拥有 160 公顷农田，还包括一个同名的村子，村子的社会结构与近代早期其他地方不同，其中住着 9 位有庭院的人、7 位拥有少量土地的农民、20 名拥有大茅屋的农民、13 名拥有中等茅屋的农民、24 名拥有小茅屋的农民和 46 名雇农。宫殿的墙上挂着 82 幅肖像画，画中人不是侯爵也是有身份的人；仅仅起居室中就有 36 只表在嘀嗒作响。珍品陈列室中有一样纪念品，是一块被虫蛀过的熊皮，1658 年，库尔兰公爵夫人和她的 7 个孩子曾在上面睡过觉，当时一艘瑞典船只载着他们沿多瑙河向上进入里加，把他们送到俄国做战俘。（我们在 1674 年的日内瓦湖上遇到过库尔兰的其中一个孩子，遇到另一个孩子是在 1686 年向布达佩斯冲锋时。但我们并非仅仅因此才提及这个稀罕的物件，事实证明，对于 18 世纪 30 年代贝沃恩家族的金枝玉叶来说，它也将是不祥的征兆。）在这座宫殿的

537

每一扇门及每一堵墙上都用 8 种语言写着已故公爵富有教益的箴言，他的确不负自己"奇人"的别名。不过，事实上此地并没有什么可以治理的，连贝沃恩村都受沃尔芬比特尔的公爵管辖。好在费迪南德·阿尔布雷希特二世是那个时代个子最高的帝国内执政统治者，也算是一种弥补性的公平吧。除了砂岩宫殿和箴言，高大的现任贝沃恩公爵只继承到了希望：有朝一日他会从安托瓦内特·阿马莉的父亲那里继承位于哈茨山脉、占地面积约 18 平方千米的封邑布兰肯堡；甚至在某一天，可以从另一位堂兄那里继承沃尔芬比特尔公爵领地。然而，在到达这个权力的顶峰之前，贝沃恩公爵只能通过作战从皇帝那里谋求功名。但从 1719 年起的漫长和平时期里，贝沃恩公爵解甲归乡，因此贝沃恩夫妇很快就有了大把的时间。他们一改公侯做派，在沃尔芬比特尔的小宫殿中悉心照料自己的 14 个孩子。我们已经见识过，统治者家族的后代通常是如何在很小的时候便被训练成小大人，跟着老师学外语，跟着廷臣学阴谋。但慈爱的父母让贝沃恩的亲王和公主保留了公侯们能想到的足够多的童真。当然，即使是这些孩子，在信中自然也要对兄弟姐妹以"您"相称，不过他们用的是德语——这些小野人。现在的人们或许会想，为什么不能这样呢？毕竟除了沃尔芬比特尔的公爵之位，连长子卡尔都没有更加令人心潮澎湃的指望。这是一种危险的误解。因为安托瓦内特·阿马莉有两个姐姐，她们的命运不仅揭示了王朝婚姻"彩票"的全部特征，而且很快会把贝沃恩的孩子们卷入大政治的旋涡。安托瓦内特·阿马莉的二姐、不伦瑞克－沃尔芬比特尔公主夏洛特·克里斯蒂娜 1711 年嫁给了彼得大帝的儿子，要不是在缔结无爱婚姻 4 年后，也就是 1715 年死于产褥期，她早就成为俄国的皇太后了。1715 年，就在夏洛特死后一周，她的妹妹安托瓦内特·阿马莉在沃尔芬比特尔的小宫殿中诞下了第一个女儿。然而，小公主的名字并非得自刚刚去世的姨母，而是取自母亲的另一位姐姐——伊丽莎白·克里斯蒂娜，她于 1708 年嫁给了奥地利大公与西班牙伪国王查理，此时作为皇后幸福地居住在维也纳的霍夫堡皇宫中，伴君左右。因此，高个子的贝沃恩及其妻子就是罗

马－德意志皇帝的连襟和小姨子，他们的孩子就是至高无上的大家族最亲
密的新教亲戚。现年 16 岁的贝沃恩的伊丽莎白·克里斯蒂娜似乎对这些
事仍然孩童般懵懂无知，但是没关系：她是把普鲁士家族与奥地利连接起
来的唯一纽带。

　　正当王储在屈斯特林学习靠排干沼泽及射中国王所有的野猪来给自
己加分时，奥地利的外交官们设计出了这个无解难题的解决方案。腓特烈
既要与贝沃恩的公主成婚，又不能像被人夺走理想女婿的英国国王那样下
不来台。也就是说，一切必须看起来和维也纳毫不相关，也和格伦布科不
相关，因为后者愿意且应该一直在王储面前扮红脸。无论如何不能草率行
事，同时也不能再浪费时间，因为对西班牙开战已是指日可待，届时帝国
需要普鲁士做战争盟友。格伦布科很容易说服普鲁士国王接受与贝沃恩的
联姻，腓特烈·威廉一世是贝沃恩公爵的至交，而且 1730 年就让公爵的
长子卡尔与自己的女儿夏洛特订了婚。麻烦的是怎么说服腓特烈·威廉一
世采用谨慎、周全的方式完成此事，也就是要让他采取和他整个气质完全
相反的行为方式。腓特烈·威廉一世刚刚向儿子允诺，至少可以在 3 位公
主间做选择，紧接着王储又迅速设想出了第 4 位候选人。梅克伦堡公主难
道不是女沙皇的外甥女和继承人吗？而且她还会获得 200 万或者 300 万的
嫁妆。强迫王储与贝沃恩公主成婚也行，但是一旦他当了国王，自然马上
就会将她驱逐出去。王储将这一切都愉快地写在信中告诉了格伦布科，他
仍然把格伦布科当作善解人意的同谋。然而，仅在几天之后，1732 年 2 月
4 日，王储半夜被叫醒收取父亲的一封急件，从此刻起一切都乱了套。

　　按照腓特烈·威廉一世的标准，这是一封亲切友好的书信，因为"如
果我的孩子们听话，我就很爱他们"。但是从一个易怒暴君嘴里说出的这
些话并非必然让人安心，此外在这封信里也可以找到以下论断：父亲已经
为儿子挑选了"贝沃恩最年长的公主"（无论是现在还是后来，她的名字
似乎都没有人关心）。因为她既不丑陋也不美丽，反而"朴素谦虚，并且
深居简出"，也就是说，完全像女性该有的样子，很低调。儿子没了选择

的余地，必须尽快给父亲回信表达自己的"情绪"，王储也立即起草了一封顺从的回信。然而，腓特烈在接下来写给格伦布科的信中已经将新娘称为"令人讨厌的家伙"，然后以一首 130 行的法语语音诗结束全文，诗中罗列了马车穿过诺伊马克的沙地和沼泽时的种种劣势（他认为最糟的是同行之人在从翻倒的马车窗户向外爬时踩到他的脑袋这一标准场景）。但这仅仅是一个遭逢突变的 20 岁年轻人在震惊之下的短暂呆滞，风趣早就成了他对抗父亲的世界的武装及救命的解药。对王储来说，父亲对新娘的描述简直恐怖到无以复加。难怪腓特烈·威廉一世会喜爱这位害羞的公主，她似乎是国王母亲索菲·夏洛特的反面，后者的学识和优雅让不爱学习或者说有学习障碍的儿子很难接近她；而且也就难怪恰恰与父亲相反的腓特烈给格伦布科写了一大堆绝望的信。2 月 9 日，腓特烈信中的新娘还被叫作"我的杜尔西内娅"[1]，同时王储称，任何一个农夫都比他幸福；11 日，伊丽莎白·克里斯蒂娜对他来说已经成了"罪证"，他宁愿娶一个"柏林最高级的娼妓"。如果贝沃恩公主的父母前往柏林，"就算我像憎恨瘟疫一样憎恨他们和他们的畸形产物"，他也会遵从最严格的礼节问候他们。就这样，王储的信一封比一封过头，直到连格伦布科钢铁一般的神经也几乎承受不了。王储有一定的反感虽然正合这位大臣兼将军的心意，这样格伦布科就可以向维也纳的付款人展示，父子二人是多么依赖中间人。但是王储超额完成了计划的这个部分，以至于安抚工作看起来突然不再那么简单。

于是，1732 年 2 月 20 日，在波茨坦城市宫殿中，国王将王储的一封新的信件出示给格伦布科时，格伦布科紧张到要崩溃，而读完信交还国王时，他就极其放松了。腓特烈·威廉一世癖好众多，与儿子用德语通信就是其中之一，因此王储的信听起来总是有点像逐字翻译过来的法语（举例来讲，就像今天英语化的人会说"in 2017"[2]，腓特烈总是说"被"而不是

---

[1] 堂吉诃德想象中的理想爱人。——译注
[2] 标准德语中表示年份只有 2017 和 im Jahre 2017 两种形式。——译注

"对"什么满意）。但是其他的内容都恰到好处。2次自称"最最恭顺的"儿子在4个句子里7次称呼父亲为"最最仁慈的"，3次乞求他的"恩赐"，2次发誓"顺从"，1次宣誓"尊敬"。而且最重要的是，王储在信中信誓旦旦地保证在婚事上"盲目服从"——公主"随她怎么样都行"。当国王询问格伦布科的意见时，眼睛里已经噙着感动的泪水。格伦布科的感动虽说有着极不诚实的动机，但是却和片刻前的恐惧一样，都是诚实的感受。相应地，格伦布科盛赞了王储，而腓特烈·威廉一世则将这一天称为他一生中最快乐的日子。国王当即进入隔壁房间，给了贝沃恩公爵一个拥抱，这个重达120千克、像球一样圆滚滚的男人热烈拥抱帝国内个子最高的执政统治者时，该是一幅多么滑稽的画面。在共同进餐之后，人们前往宫殿花园的尼德兰之家喝咖啡。在这里，格伦布科终于亲眼见到了被父母带来供人观看的16岁的伊丽莎白·克里斯蒂娜。他晚上写信告诉王储，未来的王储妃早就不再像自己女儿曾经描述的那样毫无吸引力——胸部已经清晰可辨，而且也越来越像她富有魅力的祖母，现在只需要再长点肉，就能"引人垂涎"。然后格伦布科就满意地睡下了。我们这次就让他好好睡上一觉，因为和他不同，我们清楚地知道那封信此时正在路上，起床后他立马就会收到。

542

　　格伦布科只能猜测，为什么腓特烈会在回信中对父亲如此夸张地顺从，但是无论是什么激发了这种顺从，总归不能长久。在自称"最最恭顺的儿子"的信件写完之后，王储立马又写信给格伦布科，表示他毫不期待"自己欲望的令人作呕的对象"，接着充满激情且姗姗来迟地建议更改结婚计划。国王不是向我允诺在3个宗女中选择吗？反正这一个我永远不会接受，如果我注定"永远不幸"，来上一枪不就可以结束这种不幸了吗？我此时收到了一封父王的信，父王明显彻底地"爱上了"理想中的儿媳。还能怎么向父王解释呢？这个家中的不幸婚姻还不够多吗？想拯救我，能做的就是让我执艾泽纳赫公主克里斯蒂娜之手，共度一生。所幸国王足够理智，只要人们向他解释，他肯定会明白：行动起来吧，"这样我们以后就没有理由为我们的漫不经心后悔"！这封信就以这种痴心妄想的自杀式精巧附注结束了——总算结束了。但格伦布科的噩梦才刚刚开始。或许在格伦布科看来，随附的王储内廷总监的信在雪上加霜的同时，也告诉他，王储虽然此刻真心想得到那位他完全不认识的艾泽纳赫公主，但是也不能太当真："因为大人物的爱恨都很随意，毫无因由。"

　　读到这里时，格伦布科爆炸了。在过去的一年半里，他一直在努力使易怒的国王摆脱自己的儿子纯粹只是做样子的想法。腓特烈太过恭顺的信就是这场平反的顶峰，因此可以想象，如果父亲发现儿子的感受恰恰与信中所写完全相反，会发生什么。不管怎样，现在格伦布科受够了，他在"一时冲动之下"写了封回信，摧毁了王储的所有希望。回信写道：他那出王家大戏尽可以独自上演，就让一直以来都好心好意为他出力的将军做局外人吧。自己还没疯到要在父子之间周旋，这不是他的工作（他愤怒到没有想起"工作"的法语，只好写了德语单词）。自己如何能把自身的命运和"我可怜的孩子们"的命运系于一位因为这种小事就想到自杀的王储？因此，将军现在充满敬意地向王储告别。后天在柏林将会有一个舞会，人们想让王储在那里见见公主。格伦布科祝王储玩得高兴并且获得神助，因为他将会发现，单凭狡猾不能阻止毁灭。从这个意义来说，格伦布科至死都是国王陛下谦卑恭顺的奴仆，充满敬意且严肃真挚。紧接着，大概是在波茨坦城市宫殿的卧室中，格伦布科给一个信赖的人写信道：他越琢磨自己未来的统治者，越觉得他危险（当然不是因为他的伪装，像格伦布科这样的人认为伪装是理所当然的，而是因为他没有能力一以贯之地伪装）。最后格伦布科用尖刻的笔触告诉内廷总监，王储是娶艾泽纳赫公主克里斯蒂娜还是完美的维纳斯，自己完全无所谓。拜托屈斯特林高明的外交官们，请忘记曾和他通过信吧，免得因为他们的缘故，国王到头来误把格伦布科当成阴谋家和背叛者。然后格伦布科叫来一名秘书，抄写这 3 封信同时寄送奥地利公使，一切该做的就都做完了。腓特烈希望的纸牌屋坍塌了，所有的纸牌各归其位，这个单人纸牌游戏似乎已经完全瓦解。王储来到柏林的舞会，向贝沃恩的伊丽莎白·克里斯蒂娜抛出了一连串精心准备的机智言辞。这位来自乡村的 16 岁姑娘的羞涩反应向年长 3 岁的腓特烈证明，他在智力上胜于她，一如既往。唉……但是这绝对不是最糟的。伊丽莎白·克里斯蒂娜不愧是高个子贝沃恩的女儿，虽然我们不知道她准确的身高，但有一点很清楚：18 世纪的女性也不需要太高，就可以让 1.62 米的腓特烈显得矮小。王储清楚地知道，他不喜欢这个姑娘，他也知道，自己现在别无选择。于是 1732 年 3 月 10 日正式订婚时，王储一语不发，而腓特烈·威廉一世高兴得就好像是他本人订婚一样。奥地利和普鲁士的关系比以往任何时候都要亲密，而不伦瑞克－贝沃恩不仅作为连接人大放光彩，而且成功为他的次子安东·乌尔里希求得俄国公主——正是由于腓特烈订了婚，这位公主才又空了出来。这在不伦瑞克和沃尔芬比特尔引发了巨大的狂热。长久以来，汉诺威和伦敦的远亲们总是摆出一副强国的架势，尽管他们只是出自韦尔夫家族幼子的一支，而不伦瑞克才是存在时间更久的一支。如今终于扳回一局，如果现在一切差不多照计划推进，那么长子一支的帝国很快就可以从沃尔芬比特尔延伸到符拉迪沃斯托克。连维也纳皇宫中的人们也欣喜若狂，并且知道该归功于谁。就这样，格伦布科这一年拿到了往年报酬的 10 倍，也就是他在普鲁士的年俸的 2.5 倍：王储的强制婚姻令他的财富增长了整整 26 666 个帝国塔勒和 16 枚格罗申银币。这是好消息，人们经常先看到好消息。

545

　　另一种完全不同类型的消息，人们却没有立即看到。在天才般的计划中隐藏着一个漏洞，啊不，是一个炸药包，一个可以造成悲剧的时机选择错误。这个漏洞令格伦布科在接下来的 16 个月中不得安宁。原来，恰好就在婚约已定、婚礼仍未举行之时，维也纳的外交官们后知后觉地发现了两个让人胆战心惊的麻烦。一方面，荒唐的是，皇城里的人们直到现在才明白，强迫普鲁士的王储与他不喜欢的皇后外甥女成婚会在他心中激起何种仇恨，这本身就已经不妙了。腓特烈·威廉一世在婚礼前给了儿子一年的时间，乍看起来这似乎很好。但实际上，希望腓特烈爱上伊丽莎白·克里斯蒂娜不仅幼稚，还让一切变得更糟。因为另一方面，恰恰在这段时间里，发生了 20 年以来最大的外交力量转移。1731 年，英国与皇帝缔结协议，确认了皇帝有争议的继承法规，作为回报，皇帝同意西班牙军队进驻意大利。但是恰恰因为这个协议，奥地利现在认为自己的南部面临威胁。唐卡洛斯王子前脚才宣布成为世袭"托斯卡纳大亲王"，后脚就要踏入西西里和那不勒斯，而自 1719 年起就只有英国战船能抵御西班牙人了。因此，维也纳越来越希望，将与英国的协议转变成一个真正的盟约，而英国人则不无惊异地意识到，他们或许出现了误判。英国真的想眼看着西班牙变强大吗？此外，1731 年的协议约定，英国要同意一桩可能会使洛林和奥地利统一的婚姻，这让作为英国盟友的法国感受到了背叛——一个令人不快的意外。所以英国的乔治二世在 1732 年夏越来越向奥地利靠拢，这令奥地利人高兴得简直不能自己。相应地，奥地利人也很不情愿地想到，本国是如何毁了这位英国国王想让自己的女儿阿马莉成为王后的心愿（由于英国之外只有 3 个新教的王室家族，瑞典或者丹麦的王子都已婚或者太小，普鲁士曾是他们最后的机会）。难道就不能重新安排棋子，拉英国加入普鲁士和奥地利的联盟吗？

　　霍夫堡皇宫思索着，直到 1732 年 10 月，奥地利人想到了一个解决办法，想出这个办法的人真是昏了头。惊愕的格伦布科接到了一项微妙的公主易位的任务，与此相比，王储腓特烈 2 月的交换计划看起来反而更可行。格伦布科的任务是要解除普鲁士公主夏洛特与贝沃恩继承人的婚约，让夏洛特可以嫁给威尔士亲王，再用一位英国公主来弥补继承人（毕竟是皇后的外甥），由此使三大强国巧妙地联系在一起。多疑的格伦布科自然能猜到，维也纳希望获得的不止这些。正式计划要求破坏普鲁士的夏洛特和贝沃恩公爵长子卡尔的婚约，这必然引起普鲁士国王又一次愤怒的爆发，他最痛恨的就是被阴谋诡计逼迫着做出不正派的行为。暴怒中的国王几乎肯定会取消儿子腓特烈与贝沃恩的伊丽莎白·克里斯蒂娜的婚约。如此一来，腓特烈又可以为英国的阿马莉空出来，阿马莉的父亲就得同时忠

诚于普鲁士和奥地利。要是在一个奇怪的博弈论者的平行世界中，这么做 547
或许聪明得很。但是生活在地球上的格伦布科不得不自问，主君要是爆
发，他所受的恩宠还能剩多少呢？而且他从维也纳那里得到的也并非答
复，而是一个反问："您大概没什么可反对英国的吧？"这可无法令格伦
布科心安，那里的人已经开始怀疑，他是否还是这种任务的合适人选。一
方面，格伦布科眼看着要失去兼职；另一方面，他未来的国王又因为贝沃
恩的婚约而鄙视他。现在，现任国王也将因为试图解除婚约而鄙视他。英
国和普鲁士的婚姻同盟完全就是最坏的结果，那样一来，王后和她的宫廷
党派将会得势，有着反英历史的格伦布科也就别想再担任国王的外交顾
问了。

　　甚至连合乎逻辑的顾问继任者都有了，那就是德根费尔德伯爵。作
为普鲁士驻伦敦公使，他有着胜任这种角色的理想跳板，而且在格伦布科
看来，他还是这一切的始作俑者。事实上，此人是个非常平庸的政客，如
今连专业人士中也几乎没有人记得他。尽管如此，他一度还是有成为格伦
布科克星的危险，这也证明了这些主人公在等级社会中的预设运行轨道是
多么重要。一方面，普鲁士国王几乎没有善于交际、富有、适合外交的臣
仆；另一方面，来自普法尔茨施瓦本的德根费尔德虽然恰恰是这种人，但
是作为效力于 3 名不同统治者的加尔文派教徒，他饱受歧视，最终只得无
奈为普鲁士出力。由于近亲结婚非常正常，德根费尔德在 1717 年娶了表
妹朔姆贝格女伯爵玛丽亚，这位女士是 1690 年在博因河阵亡的朔姆贝格
公爵的孙女及继承人，最重要的是，她还是一位缔结了门户不相当婚姻的
普法尔茨选帝侯后代的女儿。因此，没有费什么周折，德根费尔德就通过
婚姻与普鲁士国王和王后及英国国王有了一种无法言说，但是所有人都心 548
知肚明的亲戚关系，这就使他自然而然具备了成为两位国王中间人的资
格。格伦布科必须尝试着弄清楚，宫廷技巧针对这种出身可以做些什么，
并且他只能希望，自己与奥地利的联系不会成为累赘。

　　在一个半月的时间里，格伦布科一直徒劳地反对这个疯狂的交换计

划，毫无成效地指出，他的国王"不像人们认为的那样蠢"。1732 年 12 月
5 日，奥地利驻柏林公使最终不得不提出这个计划，格伦布科则故意置身
事外，但效果甚微。在次日举行的烟草委员会会议中，国王勃然大怒，据
格伦布科描述，连他都没经历过类似的场面。费了九牛二虎之力，将军才
让气不打一处来的统治者平复下来，其间他只能不停地打断国王，免得 4
个不可靠的烟友和酒友获悉维也纳提议的内容。格伦布科确实具备表演才
能，他甚至脸都没红一下，以安慰的语调说道："陛下周围都是正直的人，
受雇做这种您如此反感之事的肯定是个叛徒。"但是他很清楚，只要稍不
留神，他就是这个背叛者的事实便会被揭穿。在这种时候，维也纳为格伦
布科逃出普鲁士备下的皇家陆军元帅副官的委任状也没什么分量，因此这
次使他在给奥地利人的报告中以"再见，我头痛"之句结束的原因，大概
不只是由职业决定的醉酒。接下来国王与维也纳的和解也没有改变什么，
维也纳只是把这个挑衅性的计划延期了。在皇帝和欧根亲王看来，这个计
划甚至比以往任何时候都更有必要，因为在 1732 年和 1733 年之交，西班
牙和法国与皇帝开战在即，而皇帝只有借助普鲁士和英国才能取胜。但是
腓特烈·威廉一世没有忘记，帝国对他有过什么样的苛求，而且现在他对
格伦布科也表现得很疏远。国王因为一次重感冒没能前往波美拉尼亚游
猎，而游猎正是这位宠臣早就害怕的：他对这些事一窍不通，要是他破天
荒地在武斯特豪森的松鸡狩猎中打中一只鸟，国王都会称之为"奇迹"。

　　但是这次国王原本也不会带格伦布科同去，因为他打算与自己的表
亲、陆军元帅兼友人安哈尔特－德绍侯爵利奥波德一同前往。利奥波德身
兼多个一般来说并无关联的身份：一名虔诚的加尔文宗教徒、铁质猎枪推
弹杆的发明人、暴躁的上层贵族、为爱而娶的药剂师之女的丈夫，以及欧
洲宫廷世界中最后一个留髭须的人，他还因此获得了"老胡子"的绰号。
69 岁时，这位无情的战士还喊着"以耶稣的名义冲啊"，身先士卒，带领
普鲁士的军队攀爬一个结了冰的山坡，直接冲到敌军的炮火中。利奥波德
非常憎恨风头无两的对手格伦布科，而已经两次逃脱了决斗的格伦布科也

再次约好了与利奥波德一决雌雄。想当初，1725 年 8 月 19 日，格伦布科站在跨过易北河前往沃利茨森林的渡轮旁时，感到死神正在前方等着自己。那里是弹丸公国安哈尔特－德绍，在那里，利奥波德不仅可以在决斗中半合法地杀死他，还可以作为领主几乎完全合法地杀死他。利奥波德完全可以命人将格伦布科及其副手杀死，事后再死无对证地宣称，一切是在"公平的"决斗中发生的。于是格伦布科让渡轮空着返航，只身回了柏林，而且这次费了很大力气才又一次不失体面地全身而退。腓特烈·威廉一世应该很高兴，他最爱的两个军官最终违心地承诺，不打算杀死对方。此外再无他事。就算不是宫廷政治的天才，一样可以预料到，那名德绍人现在正满心欢喜地试图为焦头烂额的格伦布科至少挖一个政治坟墓。格伦布科此时已经发现，他那被提升为大臣的门生图勒迈耶不仅背叛了他，而且还为此自鸣得意，就好像将军会不会发现根本不重要。

550

当弗里德里希·威廉·冯·格伦布科于 1733 年 1 月 8 日登上载有易炸香槟的豪华马车前往克罗森时，情况就是如此凶险。在这种处境下，离开宫廷是危险的，而将军之所以这样做，只能是因为他会在克罗森有很多收获。在中欧的权力博弈中，除了英国和奥地利的两难处境，还有一个重要的变量——在普鲁士大开的门户前还有另一位统治者，一旦法国释放信号，他就会首先出击。此人就是"强力王"奥古斯特二世，波兰国王兼萨克森选帝侯，眼下他正准备越过普鲁士的疆域，从自己治下的一个国家到自己的另一个国家：此时的萨克森和波兰仍然没有接壤，奥地利的西里西亚、勃兰登堡的诺伊马克连同克罗森一起横亘在两地之间。奥古斯特二世此行是为了一个荒唐的秘密计划，这位在罪恶中老去、能掰弯马蹄铁的德累斯顿人很愿意悄悄地和普鲁士的代表谈谈这项计划。地理环境可以保障将公众隔绝开来（报纸虽然报道了格伦布科启程，但是永远不会知道他此行的目的地）。格伦布科作为普鲁士的代表，获得了证明自己政治价值的机会，而且派他前来也是理所当然，因为再没有哪个普鲁士人能像我们的将军这般，可以如此巧妙地摆弄这位波兰与萨克森的君主。这一点非常珍

贵，因为和其他的统治者不同，德国的领主们住得相对较近，养成了不时
彼此拜访的恶习。要想知道为什么外交官们憎恨这种统治者个人的彼此碰
撞，只要把腓特烈·威廉一世和奥古斯特二世做一下比较就明白了。普鲁
士人反感排场和礼节，除非是要展示自己国家的实力（例如通过欧洲最大
的银器藏品来展示，战争情况下则完全可以干脆将其熔成钱币）。阴谋之
所以使腓特烈·威廉一世作呕，是因为他没有这种天分，而他对皇帝的愚
忠与他对妻子和新教的忠诚如出一辙。相反，"强力王"奥古斯特二世会
组织他那个时代最昂贵的宫廷庆典，为了王冠毫不犹豫地改宗天主教，并
且以定期更换情妇及盟友为荣。甚至连二人的名字也表明，他们对世界的
看法是多么格格不入。当萨克森的选帝侯腓特烈·奥古斯特一世在 1697
年被选为波兰国王时，他顺应国王只能有一个名字的传统，成了奥古斯特
二世。而他的表亲腓特烈·威廉在 1713 年登基时则完全相反，虽然典礼
官贝瑟向他解释过这一点（这也是典礼官贝瑟的最后一项公务，他自然转
投到了奥古斯特治下），但腓特烈·威廉由于纯粹反对传统的执拗而保留
了两个名字。这在事实上造成了很多困惑，甚至在普鲁士都有很多人把他
当成腓特烈二世·威廉，并因此称他的继任者、我们所称的二世为腓特烈
三世。但是当时可怜的人们永远无法确切地弄清楚这个问题，因为当时欧
洲的国王，包括很多普鲁士国王本人根本不用序数词。

　　所幸奥古斯特二世和腓特烈·威廉一世还有唯一的共同之处——都
对男子气概着魔到令人难以忍受的地步。这个共同点本身毫无用处，因为
在典型的男性活动中，比如徒手掰弯马蹄铁，总有一个人必然会输，而且
就算是更强壮的那一个也未必就是真的赢家。例如，奥古斯特二世曾在骑
士之旅中举起了威尼斯的一块数百斤重的大理石板，然后砸到了自己的脚
（我们提及此事，主要是因为他左脚大拇指的伤口再也没有痊愈，而这个
脚趾将会发挥惊人的重要作用）。众所周知，连二人都热衷的狩猎也充满
竞争性，因此腓特烈·威廉一世才会给表亲寄去一份书面的成果汇总，在
"国王陛下猎杀的野猪明细"标题下列举了 3582 头由普鲁士国王击毙的野

猪，其中 447 头是"逃窜的猪"。于是格伦布科的天赋又发挥了作用，在
1728 年的两国访问中将饮酒作为男人间的比赛，这也是唯一一个通常会
在友好气氛中结束的活动。因此，人们建立了抗击清醒协会，领导是"出
资人"奥古斯特二世、"共同出资人"腓特烈·威廉一世及普鲁士分会主
席格伦布科。这一机构大获成功，远超所有人的预期。访问和回访也非常
愉快，就如奥古斯特二世和腓特烈·威廉一世在接下来几年中保持的关系
一样。双方不断地互寄小礼物。奥古斯特二世从腓特烈·威廉一世那里收
到了一个琥珀柜子、一头原牛、马格德堡要塞的图纸、250 匹马和两头体
形巨大的熊，他回报以德累斯顿新的易北河大桥的图片、两尊大炮、一
个步兵团、新的猎枪和军刀模型，并送给格伦布科一瓶 87 年的陈酿（用
来补偿将军坐马车穿过诺伊马克时打碎的一瓶）。最重要的是，协会的普
鲁士和萨克森分部经常聚会，依照章程举杯互祝安好，一醉方休。"强力
王"奥古斯特二世下令把格伦布科的这种狂欢详细地报告给柏林，特别要
报告"已经找不到底的夜壶"（和夜壶的底不一样，这篇报告直到今天还
能找到）。人们顺带完成了必要的程序，例如借着奥古斯特二世一次轻微
的不适，便特批他违反章程，每餐只饮不到一瓶葡萄酒（那时候人们还不
知道，这种不适是有生命危险的糖尿病）。柏林分部为此在格伦布科的城
市宫殿中齐聚一堂，然后格伦布科在那里撰写了一份记录，最后以庄严的
字眼结尾："出资人及共同出资人万岁，我也是。"为了圆满完成角色扮
演，人们签的是特意为该协会设计的名字，自然都是平常难懂的语言，可
能会叫作"炮弹中的小汉斯"或者"香水"。格伦布科的拉丁语名字比比
利乌斯·卡苏比安西斯（大意为"卡舒布族的饮者"）暗示了他来自波美
拉尼亚东部、近乎波兰的出身——还算相对比较谨慎。毕竟还有如亚历山
大·登霍夫伯爵那般，因为有着德国和波兰的家族纽带，便被人拿几乎完
全正确的波兰邻省总督头衔称呼为"污垢史塔罗斯塔"。但最为美妙的却
是，格伦布科和他的朋友们模范地秉承着普鲁士的节俭精神，将他们这些
酒友的代号二次利用于阴谋通信中。因此，从现在起，格伦布科在写给维

553

也纳的泄密信中就自称比比利乌斯，而国王们则是出资人和共同出资人。将军和维也纳人以类似的创意将王储称为"儿子"（Junior）、称罗马 – 德意志皇帝为"奥古斯蒂西穆斯"[1]，将皇帝的驻柏林公使称为"日耳曼尼库斯"，就好像害怕绰号不够直白会使局外人读不懂他们的秘密通信一样。

　　遗憾的是，就算是抗击清醒协会这么好的发明也未能长远地阻止结盟的旋转木马继续转动。普鲁士和萨克森从一开始就不是天然的盟友。双方的疆域紧密交织，一方权力的增长势必威胁到另一方。此外，与其他强国的复杂关系也是一个因素，因此这段友情至迟到 1732 年就已经消失殆尽。奥古斯特二世越来越向法国人靠拢，而法国人通过他可以从最近处威胁到普鲁士及由奥地利控制的波希米亚。奥古斯特二世的波兰王国此时陷入了越来越严重的混乱状态，而这正合普鲁士的意。1732 年，围绕博古斯瓦夫·拉齐维乌孙女的遗产，立陶宛爆发了一场像模像样的私人战争，腓特烈·威廉一世甚至打算趁机出兵。对于奥古斯特二世来说，更具威胁性的是俄国、奥地利和普鲁士之间的盟约，他按照三者的徽章称之为"三只黑鹰"，尽管它们看向波兰的目光早就更像贪婪的秃鹫。俄国、奥地利和普鲁士秘密约定，波兰的下一任国王不允许再是萨克森人；三国打算让葡萄牙的埃马努埃尔王子当选，或者必要时甚至让一名波兰人当选。1732 年秋天，柏林的相关人士收到了一则消息，内容是关于萨克森的一项重大计划。普鲁士驻德累斯顿公使欣喜若狂，这一杰作将消解紧张、令波兰人顺从、令所有统治者高兴。格伦布科不以为然，装腔作势的公使就像海里的沙子一样多，即使眼下的这个是他的连襟。而普鲁士所担的风险很小。不管在维也纳还是柏林，都没人信任波兰国王，因此关键只在于尽可能有效地欺骗他。人们决定，假装同意奥古斯特二世的计划，并让他以放弃与法国结盟作为回报。这项自大的计划存在大量不可控因素，如果失败，根本无法弄清是败在了哪个环节，所以普鲁士尽可以在最后一刻全身而退。但

[1] *Augustissimus*，拉丁语，意为"最庄严的"。——编注

是奥古斯特自然也预料到了此类花招。鉴于种种情况，需要一位受到老国王信任的完美阴谋家来参与这些谈判。而这个问题一旦提出，格伦布科基本上就可以打包香槟准备出发了。

1733 年 1 月 10 日上午，格伦布科的马车穿过克罗森宫殿狭窄的入口。当他驶入内院，徒劳地试图辨认代理官员是否正在走廊上迎接他时（这一点我们不清楚），普鲁士的公主威廉明妮正在 13 倍大的柏林城市宫殿中，提起笔来要给弟弟腓特烈写信。威廉明妮几乎愉快地告知弟弟，国王对她的敌人格伦布科已经没有好印象了，当然她很谨慎（不得不如此谨慎，格伦布科的侄女就是她的宫女，而弟弟又不明白她为什么要建议用柠檬汁秘密墨水写信）。威廉明妮在信里附上了与母亲的对话。原来王后索菲·多罗特娅也听说了最新的公主交换计划，并将其视作与英国联姻的最后机会。索菲·多罗特娅为了联姻已经牺牲了孩子们的青春，因此现在破罐破摔的腓特烈让她倍觉屈辱。在这个晚上，王后流着泪向女儿宣称，她不想再麻烦自己的儿子了，只要国王一死，她就打算永远离开柏林，隐居在结婚协议中预先约定的遗孀庄园中。而索菲·多罗特娅的遗孀庄园正是克罗森宫殿，这自然十分苦涩，因此当格伦布科进入这座已经一个世纪没有修葺过的宫殿时，很可能想到了自己的头号女敌，他真心希望她能来这里。但是索菲·多罗特娅的话自然还有效果，威廉明妮于是给弟弟写了这封信，让他对母亲更友善一些。然后公主就歇息了，为宫廷的嘉年华庆典养精蓄锐；她的确需要好好休息，因为次日父亲将会责骂她，原因是他强迫女儿嫁的那个男人是个弱智。也难怪国王如此暴躁，谁让王储在同一天的鲁平嘉年华庆典上扮作寡妇，以此来表达对婚姻的看法呢。但没有人会为此而怪罪腓特烈·威廉一世的孩子们。

柏林的人们可以过节放松，但是对于格伦布科来说，1733 年 1 月 11 日是一个工作日。1733 年的柏林宫廷日历显示这个主显节的礼拜天非常适宜使用泻药；而萨克森-波兰的宫廷和国家日历则建议杯吸法和放血，次日才能去伐木或者给孩子断奶。格伦布科或许睡足了，因为他的夜晚将会

555

556

非常漫长。此外，波兰国王早上才从德累斯顿启程，他一直在耐心等待着一个用黄金铸成的所罗门圣殿模型到来，这可比格伦布科在柏林的城市宫殿还要昂贵。波兰国王陛下的随行队伍有 4 辆六驾马车及 13 名骑手，几乎匿名出行，也就是说，在下午之前不会抵达，这就让将军有足够的时间向当地的厨师解释他煮水的花招。在二人准备了足够多有着"香槟泡"的水之后，格伦布科开始等候他的第一个谈话伙伴。原来在国王奥古斯特二世抵达前两个小时，他的宠臣海因里希·冯·布吕尔就已经到了克罗森，他的到场使得这次会面变得独一无二。即使是外交史料也无法为我们提供一份如此言简意赅的报告。借助格伦布科对克罗森昏暗宫殿中那一夜的描述，我们破例得以直接一窥近代早期这个充斥战士和统治者的男性世界。格伦布科用法语描述了这次会面，我们能从中感受到将军开心的、捎带着点奉承的声音，此时的格伦布科比以往大多数时候都更加可以信任，因为此时的他没有撒谎的理由：国王、皇帝和格伦布科破天荒地从一开始就是同一种打算。最重要的是我们可以听到、看到这 3 人在我们的面前，短暂地离开政治中心，在一个无望的荒凉之地决定数百万人的命运。当然，3 人之间绝非平等。等级上理所当然的不平等将他们分开，正如能力上的不均等又迫使他们再次相连：一个生来就是统治者的国王离不开天生要出力的宫廷大臣，反之亦然。

格伦布科和布吕尔都是纯粹的宫廷产物，二人的才能不分伯仲，但是权势晋升的难易程度却完全不同。格伦布科的父亲作为高级内廷总监位于一个重要国家最有势力的人之列，而布吕尔的父亲则在一个长期处于破产状态的萨克森旁支任职高级内廷总监，因此 13 岁的布吕尔是以宫廷侍童的身份进入宫廷的。换作格伦布科，他根本不会接受这个对贵族来说尚可的最低宫廷职位，因为宫廷侍童的培训只对贫穷的贵族家庭有吸引力。格伦布科的教育始于家庭教师和自家的图书馆，继之以环欧洲旅行、大学和军队。而布吕尔在漏洞百出的课程之间，还要负责将银盘子端到一个小国领主的小姨子的桌上，这名领主唯一出名的就是他会叫的狗。布吕尔那宫廷侍童的口袋照例是用皮革做衬的，这样他就可以找机会把剩下的烧鸡塞进去。除了在莱比锡旁听过几节课，布吕尔既没上过大学，也没怎么旅行过，姨母赖博尔特夫人或许曾劝慰地向他讲述过旅行的危险。（姨母的理由很充分，她的哥哥拉邦·海因里希·冯·乌费尔 1674 年不就是因为游学才在日内瓦湖上被枪击身亡的吗？）直到 19 岁时，布吕尔才开始为国王奥古斯特二世效力，27 岁才成为贴身侍从，而格伦布科 7 岁时就是贴身侍从了。后来国王奥古斯特二世开始注意到布吕尔，交给他一些书写的小任务，继而将他提拔为"做报告的贴身侍从"——据说因为布吕尔是唯一一个可以将一篇官方报道压缩成 8 行的人。单凭这种反官僚主义的才能大概只能给"强力王"奥古斯特二世留下一半的深刻印象；布吕尔还组织了 1730 年的演习庆典，并且因此成为 8 米×10 米巨型国事访问蛋糕的创作者之一，连普鲁士国王都被吸引，迅速授予了这个年轻人黑鹰勋章。（就这样，现在在克罗森，萨克森人布吕尔也佩戴着普鲁士的最高勋章，而普鲁士人格伦布科则佩戴着由奥古斯特二世授予的波兰白鹰勋章。）32 岁的布吕尔现在已经是枢密院顾问、首席服饰总管，而且逐渐成了国王的得力助手，国王 3 天前才把自己地产的管理权委托给他。布吕尔之上当然还有一些必须让路的大臣。布吕尔效力于一位和腓特烈·威廉一世一样重视独立，但不像那位那么幼稚的国王。此时的布吕尔举止得体，并没有表现出冷酷的一面，现代的传记作者借此认为，那个时代对布吕尔所做之事的评判或许过于严苛了。但是很快就令布吕尔一个又一个对头倒台的绝不仅仅是重力，这些人要是能落个在自己的地产上愉快流亡的下场就算幸运了。几个月后，布吕尔在大臣中的主要敌人将会被带到萨克森的监狱堡垒索能斯坦，顺便说一句，那里的司令官正是格伦布科的兄弟；这位倒台之人 3 年后将会在那里自缢，而他周围的贵族政治犯则会死于坏血病。像布吕尔和格伦布科这样的人，就如同在高空中走钢丝。二人有权有势、不容置疑，前提是他们懂得如何精妙绝伦地操纵君王。他们必须尽其所能满足君王的愿望，在不可行时将责任推给别人，并且始终维护君主专制的幻象。

558

一位新的宠臣、情妇或是统帅随时可能出现，或许就能引起统治者对他们的反感。如果人们发现他们地位不稳，很快便会从各个角落里冒出来向君主进谗言，说他的宠臣是寄生虫。统治者或许像腓特烈·威廉一世一样残酷暴躁，或者像路易十五一样害羞到病态的程度。但是无论是什么样的统治者，都随时可以用一个漫不经心的手势、心不在焉地大笔一挥、一个几不可闻的口头命令，让格伦布科或布吕尔这样的人粉身碎骨，这一点他们永远不会忘记。现在，这 3 人在此处相会。君主将会大谈特谈他心心念念的大变革，从而增加自己家族的荣耀和权势，而这正是他承袭下来的理所当然的权利；两位宫廷侍臣将会看到，这枚做好射击准备的王家炮弹大概会转向哪个有利于他们的方向，他们将会密切关注彼此，利用这项计划彼此对抗。

　　"强力王"奥古斯特二世的伟大计划是他近 40 年与权力打交道的结果。尽管 62 岁的奥古斯特二世从 2 年前开始就是欧洲在世国王中最年长的一位，而且自从因为糖尿病把大脚趾截去之后就行动不便，但他一如既往地洋溢着青春的活力。不久前，这位有趣的鳏夫还向单独执政的俄国女沙皇安娜求婚，如果成功了，波兰和俄国的关系就会变得极为复杂（幸亏安娜与她的内廷大臣关系稳定，做梦也没想过结婚）。无论如何，奥古斯特二世对波兰的热情早就冷却了。他不是为了成为波兰国王才换了宗教吗？他不是为此使得萨克森对自己大为恼火，以致这个选帝侯国的贵族议会很乐于反对奥古斯特二世实施专制统治的尝试吗？于是萨克森的税收也就继续由贵族批准，这也是为什么哪怕专制统治的普鲁士更贫穷，但萨克森却连普鲁士士兵的半数都供养不了——或者更准确地说，除了贵族把持税收，还因为人们不能限制德累斯顿和华沙宫廷事务的双份排场……要不然当国王干什么？不过奥古斯特二世对波兰有点恼怒，因为得常去那儿；但是当他因为对瑞典的卡尔十二世草率发动进攻导致被驱逐出波兰 5 年之久时，他的确也不是滋味。1704 年，卡尔十二世将斯坦尼斯瓦夫一世·莱什琴斯基（后来的法国王后玛丽亚的父亲）扶植为波兰新任国王并最终失

败，只因为对于瑞典军队来说，波兰和乌克兰太过辽阔而且没有道路。奥 560
古斯特二世于 1709 年借俄国之力拿回王冠之后，花了 10 年才平息纷乱。
在近 20 年的时间里，波兰被萨克森、俄国、瑞典、鞑靼人的士兵轮番劫
掠，尤其是还被自己的士兵劫掠。与此同时，瘟疫从摩尔多瓦传入了国
内。在这场大北方战争的终点，是难以为继的民众、暴富的雇佣兵首领及
1717 年色姆（也就是波兰的议会）在俄国的压力下决定将波兰－立陶宛联
邦军队缩减到 2.4 万人。这是波兰自 1569 年以来首次正式修改宪法，同时
也是奥古斯特此次旅行的恼人原因，他的秘密计划也正系于此行。原来，
军事预算占到了波兰财政的 95%，导致这一局面的原因是这个贵族共和国
根本不向它的国家民事工作人员支付任何报酬。相反，4 位总司令〔他们
的头衔"盖特曼"[1] 由德语的"Hauptmann"（首领、头目）而来〕却能领
取薪水，他们是波兰庇护政治的最大赢家，因此也是奥古斯特二世试图让
自己儿子当选继任者的主要工具。1726 年，王室大盖特曼谢涅夫斯基去
世，此人把一半的士兵军饷及自己士兵征来的税金全部塞进自己的腰包，
由此聚敛了国内最大的财富；几十万农奴现在属于他唯一的女儿、丧偶的
玛丽亚·索菲亚·登霍夫伯爵夫人。伯爵夫人的母亲来自卢博米尔斯卡家
族，她的祖母来自拉齐维乌家族。维也纳的人们立马就盘算着让她嫁给王
位候选人、葡萄牙的埃马努埃尔，但是奥古斯特·亚历山大·恰尔托雷斯
基通过一场与第 3 位提亲者的决斗证明了自己的兴趣，由此捷足先登成了
新郎。奥古斯特二世也做出了决定。为了制造一个权力联盟，从而保证自
己的儿子当选国王，他会把刚刚空缺出来的盖特曼职位交与恰尔托雷斯基
家族与恰尔托雷斯基的姐夫波尼亚托夫斯基。听起来如此简单的事情却有
一个麻烦。因为色姆规定，只有满足两个条件，国王才可以授予盖特曼的 561
职务。首先，国王本人要在波兰的国土上；其次，由程序正确的色姆召开

---

[1] 波兰－立陶宛联邦军队指挥官的头衔，地位仅次于君主。有些权势较大的盖特曼甚至兼
任大元帅、波兰首相等职务。——编注

会议（和几乎所有的等级代表会议一样，波兰的国会也很少召集会议）。
这个看上去无害的规定包含着一个恶魔似的麻烦。色姆的组建民主得没有
边际，就算仅有一个议员，凭着程式化的一句"我不允许"表示异议，就
可以立马让整个色姆解散（或者按照当时的语言惯用法是"把它撕裂"）。
虽然专家指出，要真正行使这种所谓的 liberum veto（自由否决权），实际
上需要不止一个议员，因为至少要 40 名同僚才能保护他不被立即施以私
刑。即便如此，这种否决权仍然是每一个破坏分子的绝妙工具，就像眼下
法国大使证明的那样。此人是意大利人，受路易十五委托，破坏一切有利
于萨克森，也就是不利于路易十五的岳父斯坦尼斯瓦夫一世·莱什琴斯基
继承王位的行为。在大使的煽动下，已经有两届色姆在集会时被解散，因
此暴怒的国王奥古斯特二世现在以极大的决心启程前往参加一次新的会
议，而难以预料的贿赂金则打算阻止此会议的召开。这就是国王众所周知的
计划，而他的秘密计划则是要确保很快可以永远终结所有此类无理要求。

这就是"强力王"奥古斯特二世的宏伟计划。只要色姆组建完毕，国
王就会将 4 个总司令职位全部授予恰尔托雷斯基家族的成员。此后色姆将
会在军事压力下确定萨克森选帝侯世子腓特烈·奥古斯特为王位继承人、
引入世袭君主制并批准一项法律，以所有文明国家为榜样，授予君主绝对
的权力。那些能够理解理想的未来模式和一艘下沉之船之间的区别的上议
院议员和参议院议员，将会自愿站到国王一边，并获得与彼时法国、丹麦
或者匈牙利等国相似的家庭一样丰厚的回报。当总司令们同波兰-立陶宛
联邦的军队、恰尔托雷斯基的私人部队及萨克森的部队启程征讨所有残存
的造反者时，其他人将不得不保持缄默。负责永久压制波兰的战争计划的
不是旁人，正是萨克森伯爵莫里茨，也就是奥古斯特二世和柯尼希斯马克
女伯爵奥罗拉的私生子，他 12 岁时就旁观过马尔普拉奎特战役，此时任
法国少将。同时，"三只黑鹰"的部队也将从各个方向侵入波兰境内。奥
地利、俄国和普鲁士将会挫败波兰最后的抵抗，作为回报，三国会瓜分
贵族共和国的边缘区域，而留给奥古斯特二世后人的是一个缩小的世袭

王国。还有什么更适合于加强东部 4 位君主的友好一致呢……反正不管怎样，君主们之间友谊存在的前提（但这自然不是奥古斯特二世向"黑鹰们"转达的），是这友谊不能阻碍萨克森家族的规模。1254 年，霍亨斯陶芬皇帝的女继承人玛格丽特嫁给了"无良者"阿尔布雷希特，并和他生下了"大胆者"腓特烈，"强力王"奥古斯特二世正是出自此人的一支直系男性后裔。鉴于如此明显的权利，奥古斯特二世仅仅是要求得到他在 1730 年失之交臂、曾经属于施陶芬的西西里，还不够谦逊吗？最重要的是，他的选帝侯世子娶了皇帝约瑟夫一世的长女，后者比玛丽亚·特蕾西娅更有权获得波希米亚、匈牙利和奥地利。正是因此，才值得把波兰变成世袭王国。一旦成功，萨克森就可以摆脱贵族的联合执政，扩大军队，做好一切准备，以应对查理六世死后，他的女儿玛丽亚·特蕾西娅想接管世袭土地和皇位的情况。环顾四周，这位年迈的战士国王的人生处处都是巨大的考验。豪华六驾马车已经驶入克罗森的宫殿庭院。他简直迫不及待。

    格伦布科和布吕尔热烈地交谈了两个小时之久，最后纯粹为了讲话站在通向内院的台阶上。格伦布科听布吕尔解释波兰的计划，并告诉布吕尔，普鲁士可没这种想法，最后因为法国的结盟责备了几句，而布吕尔灵活地将责备"踢"了回去。但是由于这只是一次热身，二人现在愈发匆忙地跑向那个能决定很多事情的男人。奥古斯特二世谦和得恰如其分，透过马车的窗户把手放到格伦布科头上，同时说着"非常高兴见到阁下"（用德语说的，而且带着萨克森口音）。将军立马伺候车马劳顿的君主进了他的房间，而这位君主则同情地询问自己那普鲁士表亲的痛风和酒量情况，建议对方做好足部保暖，并且对欧根亲王是否还上得了台阶表示怀疑。然后，他跌倒了，猛地摔向格伦布科，多亏有个柜子拦着，两人才没一起滚到地上。（按照当时的标准，格伦布科足够高了，还被抗击清醒的"战士"们赠予了"瘦长笨拙的大高个儿"这一代号。但是 1.76 米的"强力王"奥古斯特二世也很高，而且 102 千克的体重让他绝对算不上瘦长。）格伦布科连这种状况也能无可指摘地掩盖过去，真是当之无愧的宫廷侍臣。将军问国王，是否想马上谈工作，但奥古斯特二世先与布吕尔离开了一会儿，不久又随格伦布科进了后者的房间。

在房间中，充满鼓励和挑战的大型博弈开始了，两人相互试探对方的底线，彼此撒谎并试图说服对方。就像下棋一样，二人先观察，接着把人物和事件铺陈开来。格伦布科为这个不受欢迎的计划设立障碍，奥古斯特二世则一再地冲破这道障碍。幸亏有格伦布科的报告，我们几乎可以逐字地追述他们的对话。将军挑起话头，说一切情况都倾向将打击波兰推迟一年，只要奥古斯特二世保证皇帝的继承权法令，他就能拥有皇帝的友谊。这不是也保护了他的儿媳、皇帝女儿的权利吗？啊，奥古斯特二世可从来没往这方面想过，人们永远不会让萨克森世袭这些权利的，而且这种保证对他来说就像正派的姑娘一样，最终什么也不会无偿献上。

　　　　"但是请您看这里。这里是女沙皇，她身旁是内廷大臣比龙，此人可以影响女沙皇的一切。而他一直强烈渴望独自统治家乡库尔兰，在安娜·伊凡诺芙娜至为尊贵的目光落到他身上之前，他只是那里一名可鄙的容克地主。"

　　　　"拜托。如果我有朝一日能够专制，那我就把整个国家送给他。我怎么接近比龙？"

　　　　"我有勒福尔夫人，她是我在华沙的公使，也是欧洲最诡计多端的女人（额外补充一句，她还是 1674 年的日内瓦暴徒的侄女）。我的敌人们以为他们控制了她，因为她是波托茨基总督的情妇。但是大错特错，她为我们工作。这位将军夫人同时也是比龙夫人最好的朋友，此刻谨慎地向她传达这一提议简直太容易了。"

格伦布科带着一丝微笑想到了才缔结的秘密协议，普鲁士、俄国和奥地利明确排除了萨克森在波兰的继承权。

格伦布科大声说道："但是如果皇帝不参与，有什么用呢？如果他随时要准备着应对西班牙人和法国人的进攻，他又怎么可能参与进来？"

"拜托，西班牙还在摩洛哥忙着打仗。要不是皇帝让人把他理想中的女婿选为帝国的继承人，可怜的老懦夫德弗勒里会一直保持和平。但皇帝只能借助我的帮助。此外，我已经劝说他支持我的计划。"

"欧根亲王永远也不会赞成，而且没有方法可以绕开他面见皇帝。"

"什么，您这样认为？（奥古斯特满怀同情和优越感地看着将军，布吕尔在后方模仿着这个眼神。）那么，请问德瓦尔帕莱索侯爵是怎样得到统治权的？请您相信我，很可能有这样一条途径。亲王什么都不需要知道，维也纳宫廷已经亲自向我开了价。"

565

"是的，是的……但是此事，我们彼此很了解，也怀着最大的信任，否则我可以马上泄露给欧根亲王。"

"您带来的所有香槟都在这里了吗？没有？好比比利乌斯，只管拿酒来吧。"

说话间，原来3人早已坐到了桌子旁，格伦布科做起了东道主。在一个半小时的时间里，3人只是吃东西、适量地喝点葡萄酒，直到国王最终提出了那个格伦布科期待的问题："有香槟吗？"格伦布科有香槟，数量多到能保证他们将要在这张桌子旁度过的6个小时都有酒喝。最重要的是，格伦布科也有煮过的水，其中的小气泡使它看起来和香槟一样，他现在一杯接一杯斟满的正是这种水，而他对面的二人则一心一意地做着世袭君主制的美梦。国王已经铺开了地图："您请看，进攻伦贝格5000人就够了，因为土耳其人正忙着对付波斯人。你们得到托恩、瓦尔米亚和东波美拉尼亚，我只留着但泽，这里过桥税可观……英国人把自己所有的森林砍伐殆尽，现在只能用我的木材造船，是不是很妙？我儿子的境况会比我好，我很高兴。但是比比利乌斯，我关于欧根亲王的话，您不会泄露一个字吧？您干脆忘了我刚才说过的一切吧。"谈话就这样蜿蜒流淌，而布吕尔则向格伦布科耳语："您瞧瞧，我使他多么决绝地背离了法国啊，您看见了吧？"格伦布科也想知道自己究竟看到了什么。布吕尔是在自己面前表演他和国王约定好的什么东西？还是表演他是一个有用的朋友，是德累斯顿宫廷中唯一值得托付的人？要不然就像他试图做出的一个令人尴尬的正确举止所暗示的那样，他真的已经酩酊大醉了？国王历练更多，更有分寸，吃得自然也不少。尽管如此，香槟在波兰国王陛下身上绝非了无痕迹。在清醒的状态下，他大概不会再次请求格伦布科，让他干脆忘记对维也纳的迂回策略，也就省得被特别详细地收录到将军的报告中了。布吕尔在后面早就停止了带有优越感的注视，很快他就会醉醺醺地对格伦布科坦诚道："如果您处在我的位置，您现在肯定得 bassa la testa（低调做人）。"与之相反，不败兴的国王早就又进入了完全的战士模式。"您再看一下我儿子将要建造的堡垒。不，不是要继承我选帝侯之位的那个儿子。看在老天的分上，我说的是莫里茨伯爵，他曾和您在马尔普拉奎特待过。这是他的图纸，一座土木结构的八角堡垒，全都计算得清清楚楚。为了建造这座堡垒，需要 4800 人工作整整 111.75 小时，但是只要定好调子、统筹得当，只需要 3 个小时。等等，这里写着：'以这种方式，斯巴达的三千勇士，在来山得 [1] 的命令下，在短短 6 个小时内、笛声响起之时，就完全拆除了比雷埃夫斯港。如果统筹得法，连马赛港那些被罚在橹舰上划桨的囚犯都会运输大量的碎料。'莫里茨是个好孩子，他会给我长脸的。""令郎现在在撒丁岛服役，我说的对吧？""啊，让我们为马尔普拉奎特干杯。你也来，布吕尔！你是平民，还有很多要向比比利乌斯学习……"这一夜十分漫长。

　　第 2 日清晨还不到 6 点，布吕尔就唤醒了格伦布科，国王派他来再次强调，蒙骗欧根亲王的计划一定要保密。我们只能猜想，当时格伦布科处

---

[1] Lysander（？—公元前 395 年），斯巴达军事和政治领袖，指挥斯巴达舰队于公元前 405 年在埃果斯河战役中击溃了比自己强大的雅典海军，结束了伯罗奔尼撒战争。——编注

于何种状况，因为有迹象表明，他并不像在报告中写的那样，一口真正的香槟酒都没喝。不管怎样，此后不久，一名法国外交官记录道，他从布吕尔那儿得到消息，虽然布吕尔感觉很糟，想卧床，但是格伦布科醉得更厉害，甚至很不幸地从马车里摔了出来，断了两根肋骨。这看来自然有点夸张，特别是这个法国人在其他细节上有可以证实的谬误。不过，人们还是可以假设，格伦布科可能既没有醉到布吕尔事后宣称的那种程度，也没有像他给柏林写的报告中那样大获全胜地清醒。为什么这么说呢？如果说有谁在醉酒的状况下仍可以实施阴谋活动，这个人一定是格伦布科。因此，如果我们现在看到格伦布科非常客气地与布吕尔思考职业困境，那也算不上与刚才所说的矛盾。这个普鲁士人用不着花太多时间询问，萨克森的同僚就承认，绕开欧根亲王与维也纳斡旋仅仅是表面上完美无缺，实际上迄今为止，奥古斯特二世几乎所有的重要计划都没能实现。但是能怎么办呢？布吕尔说，只能顺着主子的性子来啊——主子就喜欢这些小伎俩。布吕尔本人不得不到处参与他根本不喜欢的事情，特别是选帝侯世子坚决拒绝父亲的政策。布吕尔是既要与统治者维持良好的关系，还得为将来做打算。不管格伦布科对此有何看法，以及可能说了什么，都没有写进给腓特烈·威廉一世的任何一份报告中。对于谁不得不首先面对一个想法完全不同的继承人登基，格伦布科和布吕尔都只能猜测，因此二人不需要花时间向对方解释，为什么这是他们职业中的一个困境。然后，国王让人喊格伦布科到他的卧房。

"强力王"奥古斯特二世还穿着睡衣、光着腿坐在炉火旁。当格伦布科进来时，国王开玩笑地责备着问候了格伦布科，说他昨晚把自己"蒙得真好啊"。"醒酒了吗？我的脑子乱哄哄的。您是怎么做到的？看起来很精神啊。"将军会意地解释说："人不一定赶上哪天酒量好。"然后国王恳请"亲爱的格伦布科"快点返回他国王所在的柏林，而且在那里要时刻提防，不能让任何人把他的计划泄露给波兰人。"否则他们会扭断我的脖子，明白吗？您不了解波兰人。"格伦布科一边回想昨天这位波兰国王是如何

轻蔑地叙述他的臣民将会做出的反抗，一边非常谨慎地指出，他本人虽然
会像以往一样守口如瓶，但自己的国王可能已经向很多人讲过了，这就令
事情没那么简单了。但是奥古斯特二世各种敦促格伦布科，最终后者不得
不全部应承下来，以求安宁。这反过来又令国王大为心安，立马放格伦布
科回去睡了一个小时。尽管做国王十分劳累，但是相应地，君主也可以规
定随从的睡眠和清醒时间，也算是理所应当的平衡。（相比较而言，跟着
"强力王"奥古斯特二世还算好的。在路易十五手下，起床礼可能推迟到
下午 4 点。而完全日夜颠倒的费利佩五世则习惯在每天夜里 2 点到早上 6
点与首相闲谈，可以说极大地加速了首相的英年早逝。）最终，在以 3 次
拥抱作为辞行礼之后，国王启程了。格伦布科看着豪华马车驶离，开始用
半醉半醒的脑袋构思要写给自己国王的报告。但是不着急，他还有两天半
要行驶在诺伊马克的道路上，而且返程时连能分散他注意力的香槟炸裂声
都没有了，因此他会对每一项可以消磨时间的活动心怀感恩。格伦布科或
许知道自己没有大获全胜，但又怎么能做到大获全胜呢？抗击清醒协会的
赞助人奥古斯特显然更醉心于自己的政变梦想，这些梦想的效果远甚于东
德低地的所有香槟库存。如果说能有什么把奥古斯特二世推回到皇帝的阵
营中，那只能是时间，是由格伦布科准确植入的怀疑带来的副作用，当然
了，还有在这种情况下人们聊以信赖的灾难性的失败经验。在此期间，柏
林的相关人士了解到了更多的情况，这在一个政治家们只能偶尔碰面的时
代具有双倍的价值。格伦布科这样表述了他对奥古斯特二世的最后印象：
"我觉得他气色欠佳，更甚者，如果允许我这么说的话，我认为他还会更
糟。不过，鉴于他出名的伪装术，人们自然不能相信这种印象。"

　　格伦布科驶回柏林的同时，"强力王"的马车用了 6 个小时到达波兰
的边陲小城，这座城市被拥有它的贵族称为"骚乱之城"，被当地人称为
"猪圈卡尔戈瓦"。就是在这里，身体一直不适的奥古斯特二世挪着受糖尿
病折磨的脚不幸出场了，同样是在这里，他写信给普鲁士的王储，让他提
防格伦布科；然后向着华沙方向继续行进了 50 千米。在格伦布科写报告

那天，没有人注意到国王陷入了深度睡眠，因为等级原因，他独自一人坐在马车中。到达利萨时，仆人们才发现，他们的主人必须得用毛巾热敷才能说话和下车。次日，奥古斯特二世出现一次昏厥。当 1733 年 1 月 16 日到达华沙时，他问道："我的上帝，我在哪儿，我这是怎么了？"人们费力地把他抬到王宫，没有弄出很大动静——城市里到处都是有权势的波兰人，看到这种情景，他们很可能会重新权衡自己站在国王一方的危险的承诺。偏偏此时，决定一切的色姆真的召开了会议，而且没有被受了贿的否决权立即瓦解。就这样，突然之间，实施世袭君主制一下子变得迫在眉睫，奥古斯特二世的那些萨克森随从现在得倒数着正式实施的时日。但他们没有预料到，恰尔托雷斯基家族已经决定，不能再让这个国家受萨克森王朝的狂妄症支配了。恰尔托雷斯基家族与奥古斯特二世的联盟只会持续到国王授予他们那 4 个总司令的职位，此后奥古斯特二世就尽可以去死了，波兰的下一任国王绝对要由他们来当，不能是萨克森人。就这样，伴随着 1 月 27 日色姆元帅的选举，一切职位授予的准备全部就绪，两个觊觎王位但完全对立的团体业已形成。然而，国王本人始终未在议会现身，并且当受伤的脚开始出现致命的坏疽时，布吕尔明白，他永远也不会现身了。大臣和显贵们满是恐慌地哀求他们的主子，请他宣布那 4 项任命，或者至少将他的儿子推荐给色姆。但是"强力王"奥古斯特二世不想这样做了。终其一生，奥古斯特二世都在不懈地追逐享乐和名誉，对宗教不以为意，当宗教与王权不相符时，就像换衣服一样换掉；现在的他则在试图跪下祈祷时晕倒了多次，也不再接受国事烦扰。1733 年 2 月 1 日清晨 4 点，奥古斯特在床上坐了起来，为周围的人赐福；然后倒了下来，还用一只手合上了自己的眼睛，随即离世。几天后，瑞典 56 岁的弗雷德里克一世获悉，从现在起他是欧洲最年长的在世国王了。

当华沙的消息传到萨克森的首府时，一片悲伤的乌云笼罩在庄严的德累斯顿上空。这不是比喻的说法，当关闭所有城门来阻止向奥古斯特二世宣过誓的士兵逃跑时，从高级内廷总监沮丧的书面指示中钻出的，绝非

570

仅仅是种修辞手段。高级内廷总监现在命令国家公仆们要身穿丧服一年之久，而为父母或配偶服丧只需穿 9 个月（1 岁以下夭折的孩子众多，根本不必为他们穿丧服）。决定这种安排的不仅是死者的等级，还包括公仆们的等级，等级越高，就越要大费周章地哀悼。这当然绝不涉及情感表象，而是一种非常实际的礼仪化的外在，同时也是一种身份的象征。身为枢密院顾问官的布吕尔就是最高等级的人，人们对他的羡慕可能是真心实意的。举个例子，在一年的时间里（希望雨水不是太多），布吕尔都可以将自己的马车整个覆上黑色的呢绒和黑色的流苏；马背上的黑色垫子同样能把他与次他一等的枢密院顾问官及宫廷官员区分开；并且他的家中会有两个房间挂上黑布，彩色的家具也要替换成黑色的，而别人家中只有一个房间会这样。但在着装上，布吕尔与所有贵族一样，起初是穿配袖章、肩带和帽摆的全黑制服，它们会不断掉色，一定程度上到达装饰的最低限度。然后在一年的时间中，人们会按照一个精确规定的时间表，将包上一层黑色或是染黑的纽扣、手套、剑鞘、鞋扣、鞋后跟及手杖逐渐还原到它们金色、银色或白色的原始状态；与此同时，天鹅绒、丝绸和花边也以越来越大胆的色彩浸入主要服装的黑色部分。这个过程十分复杂，甚至连针对妻子的类似规定都无法出其右——在近代早期的宫廷社会，男性才是打扮更加光鲜的性别。市民官员是没有这种特权的，他们只争取到了袖子上戴白色亚麻袖标的权利；而按照贵族榜样给他们自然也穿黑衣的男仆们挂上家族徽章颜色的肩章的强烈愿望，这次也没有得到满足。

布吕尔当然还在华沙，在那里能及时拿到黑色的封蜡和镶黑边的纸张，他该感到高兴——想要弥补与新任选帝侯距离过远的劣势，就得写很多信。布吕尔终究很快让自己变得有用了起来。在安排已故主人的临时葬礼之前，布吕尔将奥古斯特二世去世的消息保密了足够长的时间，以确保金钱、贵重物品，尤其是有关那项重要计划的书面证据处理妥当。接下来，布吕尔让波兰重要的政治家书面确认，是自己将他们拉到了新的萨克森选帝侯一方，然后不无得意地启程前往德累斯顿，因为他很清楚备用

计划是什么，而且要想实施这个计划，人们用得上他。新任选帝侯腓特
烈·奥古斯特二世最紧迫的愿望，在他继续让人称其为"殿下"上可见端
倪，这个称呼并非国王的称号，而是国王非执政后代的称号，腓特烈·奥
古斯特二世能得到这个称号，要归功于他波兰国王之子的身份。尽管对萨
克森的自动继承权使腓特烈·奥古斯特二世成了"选帝侯阁下"，但他还
是保留了这一头衔，表明连他也非常渴慕当选波兰国王。腓特烈·奥古斯
特二世欠这个王朝超过 400 万帝国塔勒的国债，再加上眼看要举行的国王
选举开销巨大，这个数额很快就会翻番。大概有点令人感动的是，此时德
累斯顿的财政委员会做出了迄今波兰花费的总结算，并且发现，这顶王冠
在 35 年间总共给"强力王"奥古斯特二世造成了 9900 万帝国塔勒的净损
失。但是布吕尔太清楚了，这并不能让他的新主子放弃备用计划——新主
子只是需要一位超级精明的财政大臣。

　　正当人们在黑色大流行的德累斯顿就谁的丧服最合身一争高下时，欧
洲其他国家也开始感受到了格伦布科的香槟诡计出乎意料的杠杆效应。将
军通过把"强力王"奥古斯特二世喝死，无意中推倒了那张"外交－王
朝"的多米诺骨牌，导致其他多米诺骨牌随之倒下。因为奥古斯特二世一
死，波兰王位不仅仅是单纯地空缺。这是自萨克森人 1709 年把斯坦尼斯
瓦夫一世·莱什琴斯基驱逐出去，以及自 1725 年此人的独女玛丽亚·莱
什琴斯卡嫁给法国的路易十五以来，波兰王位第一次出现空缺。由此一
来，斯坦尼斯瓦夫一世从可笑的逃亡者一跃成为不容忽视的大人物。古老
的欧洲太习惯于授予终身制的地位，因此面对前国王的概念不知所措：一
日为王，至死为王。1689 年斯图亚特被废黜的例子虽然表明，国王不仅
很可能丧失统治权，而且恰恰由于终身制的国王等级还会丧失行动自由，
詹姆斯三世此时仅在罗马享有国王等级的权利（其他任何地方都没有人能
保证他这种等级，否则就意味着向英国宣战，所以他就干脆什么地方也不
去了）。但斯坦尼斯瓦夫一世可是欧洲最有权势的统治者的岳父，是路易
十五依然爱着的妻子的父亲，这个女人此时处于 7 年中的第 7 个孕期，她

573

的丈夫则表现得急不可待地要给岳父拿回王位。而把国王岳父送上王位将导致战事，路易十五谨慎的首相、枢机主教德弗勒里对此心知肚明，因为奥地利不能接受相邻的波兰有一位亲法的国王。与此同时，德弗勒里还要面对宫廷贵族，20 年来，这些人除了在 1719 年短暂远征西班牙，一直生活在和平中——对于不假思索地把战争视作职业的精英来说，和平年代太长了。德弗勒里知道，即便是他也无法应对这些人，因此他开始不情愿地支持斯坦尼斯瓦夫一世的波兰追随者们。这些人一直存在。连选举前领导波兰各地的"临时国王"格涅兹诺大主教波托茨基也是斯坦尼斯瓦夫一世的表亲，二人都有德古拉的兄弟、"僧侣"弗拉德的血统，因此现在也正是波托茨基两眼放光地给法国大使计算在一个讲究民主的体系中竞选将会花费百万之巨。遗憾的是，连路易十五都没有这么多可支配的现金，因此他派驻华沙的大使一开始只能在感兴趣的波兰贵族中分发大量金表、袖珍瓶和化妆盒。但就算这样也足以表明，如果没有一个坚定的大国在背后撑腰，没有人能压倒斯坦尼斯瓦夫一世。

"强力王"奥古斯特二世之死让凡尔赛的居民处于高度警戒状态，而凡尔赛并非唯一一个有此反应的首府。这则消息也如一枚炸弹一样击中了塞维利亚。西班牙王后伊莎贝拉当即向波兰推荐自己 12 岁的儿子唐费利佩任国王，这或许可以算是一种快速反应。但是她的丈夫费利佩五世也被这消息吸引，尽管 49 岁的他已经有半年没出过卧室了。法国王子的诞生不仅让他失去了法国王位直接继承人的位置，还把他推回到了抑郁中，对摩洛哥战争的胜利只短暂地中断了这种抑郁。这位国王躺在床上数月之久，把一根手指放在张开的嘴巴中，既不允许别人给他剃须，也不让更换衣服，而且拒绝说话——因为众所周知，他觉得自己已经死去。虽然最终费了很大劲才又使国王开口讲话，但是收效甚微，他现在不愿意和侍从之外的任何人说话，但（一如既往地仅穿着一件睡衣）可以和这个人滔滔不绝地解释上几个小时他的法国王位继承权。然而，费利佩五世一得到来自波兰的消息，就从床上跳了起来，让人刮掉长长的胡子，好像什么也没发生过一样。他迅速恢复了超级活跃的模式，在朝夕之间就把宫廷移到了遥   575
远的阿兰胡埃斯，而且还下令，要求这支不同寻常的搬家队伍必须绕开所
有城市。我们就让国王高高兴兴地越过荒无人烟的田野搬往卡斯蒂利亚
吧，他的外交官们此时有了更多的时间充分利用这难以置信的有利局势。
迄今为止，一直是费利佩五世和伊莎贝拉因为他们的意大利计划而需要犹
豫不决的法国的帮助，然而现在，法国单方面确定了波兰国王的人选，这
意味着与皇帝开战。即使是法国人也无法抵达波兰，因此他们只能正面攻
击西部和南部。但是自奥古斯特二世去世，他的儿子成了法国候选人的竞
争者之后，法国在帝国内再无盟友。要是直接进攻，奥地利位于中欧的世
袭国土离法国边境太远，而进攻归属奥地利的比利时则是对英国人和尼德
兰人的挑衅。因此可攻击的目标只剩下奥地利在意大利的米兰、那不勒
斯－西西里的占领区——恰恰正是 1714 年前属于西班牙的那些疆域。无
怪乎西班牙国王夫妇高兴得几乎难以言表。为了让路易十五的岳父高兴，
法国现在不得不支持费利佩五世和伊莎贝拉·法尔内塞占领二人为儿子唐
卡洛斯要求的所有这些地区。

　　维也纳宫廷会做何反应，几乎毫无悬念。皇帝和他的大臣们恐惧地发
现，他们会被卷入一场波兰王位继承权的战争中，而波兰的战争还只是最
微不足道的麻烦。在波兰，维也纳只需要两只黑鹰的帮助。但是保卫那不
勒斯－西西里免遭两个地中海强国黑手，对俄国和普鲁士又有什么好处
呢？要保卫那不勒斯－西西里，只能像从前一样，让英国人救阵，到目
前为止，英国也一直值得信赖。然而，英国在 1731 年与皇帝缔结的盟约
只适用于当时可以预期的战事。如果法国人由于反对奥地利女继承人的婚   576
事发动进攻，或者西班牙人为了唐卡洛斯发动进攻，那么皇帝确确实实可
以获得英国的帮助。但是多亏了格伦布科，现在奥地利家族的敌人们自然
只会对波兰国王选举被操纵感到义愤并发动进攻，而且还不会触发盟约生
效。因此，维也纳的相关人士愈发绝望地自问：怎样操作才能使英国的乔
治二世出手干预？当这个问题有了解答时，最后一块多米诺骨牌倒下了，

正中格伦布科的双脚。皇帝的大臣会议决定，将 6 个月前令皇帝大为恼火的公主交换计划升级重启。格伦布科这次不仅要说服腓特烈·威廉一世，让他的王储还是得娶英国的阿马莉，而且与普鲁士的腓特烈解除婚约的皇后外甥女伊丽莎白·克里斯蒂娜得立马嫁给威尔士亲王，也就是把亲王从腓特烈·威廉一世的女儿身边夺走——上次人们还试图让两人结合。这个新的交换计划和旧的一样不体面，而且还没有任何补偿。可以想象，这已经令格伦布科的任务足够棘手了，事实上这还不是最糟的。

　　交换公主的指示于 1733 年 6 月 11 日送到奥地利公使泽肯多夫手中后，他穿过一座宫殿的走廊惊慌地赶向格伦布科。这不是普鲁士的宫殿，而是不伦瑞克的避暑行宫扎尔茨达鲁姆，归伊丽莎白·克里斯蒂娜的祖父所有。普鲁士王室、格伦布科和泽肯多夫在这里做客，以庆祝次日举行的普鲁士和贝沃恩的双重婚礼，也就是普鲁士的夏洛特嫁与贝沃恩的卡尔，贝沃恩的伊丽莎白·克里斯蒂娜嫁与普鲁士的腓特烈。婚礼将在第 2 天举办，这天是个星期五，此刻普鲁士所有的牧师都为接下来的礼拜日写了祝贺布道文，让从克莱弗到尼曼河的臣民能共享统治者家族这欢乐的日子。挑选这个时间点建议出了名易怒的普鲁士国王断绝这两桩婚姻中更重要的那桩，可以说极富创意，也是在这一刻，格伦布科已经在内心放弃了整个行动。格伦布科向泽肯多夫解释道，没有人比他对皇帝所怀的感激之心更甚。他此前所做的一切，不正是为了维也纳而阻挠这桩现在又突然要提议的婚事吗？简直岂有此理！泽肯多夫尽可以独自去向国王建议这个愚蠢无比的计划，而他，格伦布科，纯粹出于善良，将会放弃劝阻他的主君：每年 2666 塔勒只能做到这份儿上了。就这样，泽肯多夫颤抖着独自走进腓特烈·威廉一世的卧室，向他提出被格伦布科称为"明显的强奸"的建议。公使很幸运，普鲁士国王的情绪不好不坏。这是个好日子，一开始难以置信的腓特烈·威廉一世只是拒绝了这个提议，没有爆发。过了一会儿，他才相信妻子索菲·多罗特娅和儿子腓特烈与这最后一刻的疯狂毫不相干，众人也得以在晚间相当和谐地观赏一出法国喜剧，剧中两对贵族情侣历经

种种纠缠之后终于走到了一起。第 2 天，两对新人在适度的排场下、怀着
同样适度的热情成婚；4 天后，众人返回柏林。就这样，普鲁士与皇帝的
联盟未遭受公开的破坏。但维也纳荒谬的规划并非毫无影响。这个计划非
常清楚地向腓特烈·威廉一世表明，皇帝的宫廷怎么看待他。这也警告了
格伦布科，为维也纳工作或许早就不是个好主意了。他想要的只不过是安
宁、权势和金钱，这难道很过分吗？

　　但是柏林安宁不在。和 1684 年一样，为了庆祝新的王储妃伊丽莎
白·克里斯蒂娜进城，礼炮轰鸣不断，这还不算什么，更糟的是，勉强避
免了一场丑闻后不久，下一个维也纳的灾难性消息很快就要来了。"三只
黑鹰"最初预定的葡萄牙王子埃马努埃尔被证明不堪大用，人们一直在
想，到底该帮谁得到波兰王位。还没等埃马努埃尔听说自己将卷入奥地
利、法国、俄国、普鲁士、萨克森、西班牙和意大利的一场大混战中，他
就退出了候选人之列。维也纳和彼得堡很快就明白了，现在只能通过萨克
森的腓特烈·奥古斯特二世来阻止法国人的朋友斯坦尼斯瓦夫一世，因此
在 1733 年 5 月就确定前者为波兰国王候选人，但没有告知腓特烈·威廉
一世。直到现在，腓特烈·威廉一世才得知，人们再次像对待一个白痴一
样对待他，因为恰恰是普鲁士打算无论如何也要使对手萨克森远离波兰，
如果萨克森占有波兰，将严重阻碍普鲁士的扩张。如此短时间内的第 2 次
挑衅对于局势的转变起了决定性的作用，其长期的后果将会震颤欧洲。腓
特烈·威廉一世站到了斯坦尼斯瓦夫一世一方，我们不知道格伦布科有据
可查的支持对此有多么重要的影响；但至少我们知道有一封信，将军在信
中巧舌如簧地向他的国王保证，没有拿斯坦尼斯瓦夫一世的钱，而读过这
封信的人很难不去想象格伦布科的书桌上会有法国人在华沙分发的金表、
袖珍瓶或者粉盒。不管怎样，格伦布科摆脱了他对欧根亲王怀有的背叛者
的忠诚；但他还是又拿了一年奥地利的钱，这不仅是贪婪，也是一种必要
的稳妥。连格伦布科的主子也还没有直接与奥地利反目：他只是不再做皇
帝的傀儡。

578

579 波兰在此期间进展也不小。在法国大使收买了恰尔托雷斯基、波尼亚托夫斯基和波托茨基家族及华沙全部的印刷机后，预选会议决定，只允许出生在波兰的人做候选人。当贵族们从庞大的双重国家的各个角落前往华沙时，斯坦尼斯瓦夫一世·莱什琴斯基也从法国出发了；他原以为，人们会让他带着一支军队，但事实证明这个想法有点幼稚。1733 年 8 月 26 日日落后到次日日出前，由 8 艘战船组成的中型舰队离港出海，驶向哥本哈根，大西洋沿岸的布雷斯特响起了礼炮声。整个海港都看见了那个佩戴着勋章绶带、身着宫廷服饰的平易近人的胖子，他在上船时徒劳地试图不引起注意，但是有些曾在廉价的木版画上见过斯坦尼斯瓦夫一世的人认出了他。于是，很快欧洲的所有报纸都报道了国王岳父启程，随行的还有"征服者号""阿耳戈号"和"美杜莎号"上的几千名士兵。但是有十几个人知道，国王斯坦尼斯瓦夫一世和这支护送队伍并无干系。原来，那个平易近人的胖子是德蒂昂热司令、马耳他勋章骑士，他与逃亡国王长得惊人的相像，现在正舒适惬意地驶往哥本哈根，而真正的斯坦尼斯瓦夫一世则乘坐一辆廉价的马车向罗马－德意志帝国境内驶去。斯坦尼斯瓦夫一世身着廉价布料，假通行证上的名字是恩斯特·布兰巴赫，身份是一位名叫格奥尔格·鲍尔的商人的商业助手。商人的真名好听多了，叫弗朗索瓦－莱昂诺尔·冯·安德洛，年仅 23 岁，却已是通晓 8 国语言的阿尔萨斯骑兵军官。他们俩只带了两个仆从，按照他们的地位标准来看就是裸行。二人穿越韦塞尔的乡村道路，畅通无阻地一直向东，直到 9 月 8 日晚上抵达华沙的法国使馆。到达时间恰到好处，选举议会已经做好了表决准备。斯坦尼

580 斯瓦夫一世穿上了他萨尔玛提亚的"野蛮人"服装，摘下假发，显露出他那波兰贵族的发型，然后在圣十字教堂礼拜日时突然出现在民众面前。这一出色的姿态大获成功——也是因为俄国的干预部队来得太晚（他们的爱尔兰指挥官对进军命令的深意冥思苦想了太长时间）。9 月 11 日，乌拉平原上聚集了排成大型队列的选民。为了统计选票，大主教波托茨基做过弥撒之后在倾盆大雨中奔驰了一天半，直到有了最终结果。1.3 万名贵族第

2 次将斯坦尼斯瓦夫一世选举为国王。

　　遗憾的是，斯坦尼斯瓦夫一世再次执掌王国的开局也是符合计划的最后一幕。早在选举期间，立陶宛的贵族就在拉齐维乌和卢博米尔斯基两位领主的带领下生气地离开了表决地点，而且由于这两位大老爷手下又各有几百名有选举权的贵族仆从，最终有数千人在维斯瓦河另一岸的布拉加构成了具有威胁性的反对阵营。雪上加霜的是，俄国军队进驻，贵族共和国的小小军队根本无法组织真正的抵抗。1733 年 9 月 22 日，斯坦尼斯瓦夫一世不得不向波罗的海方向逃跑，迎向法国的船舰，那也是他最后的希望。29 日，俄国军队出现在布拉加，在俄军的"保护"下，4000 名贵族选民于 10 月 5 日将萨克森的腓特烈·奥古斯特二世选举为他们的新国王奥古斯特三世。选帝侯知道，如果找到正确的人，根本不需要亲自在选举中现身；他派人给女沙皇送了全套迈森陶瓷餐具，然后就从容不迫地向波兰出发了。而与此同时，约翰·塞巴斯蒂安·巴赫不得不想出一首很应景的曲子。多亏巴赫几年前为一位莱比锡的教授写过一首康塔塔，在适度的讽刺性谦恭之后主要描述了狂野的秋季暴风。由于这位教授实际上叫作奥古斯特·弗里德里希·米勒，巴赫现在连副歌"奥古斯特图斯万岁"都不用修改。就这样，1734 年 1 月 17 日，当奥古斯特三世在克拉科夫大教堂中加冕为王时，莱比锡唱诗班男童口中唱出的正是成功改编的康塔塔歌词：

581

> 你们这些敌人，吹响噪音吧！增强力量，
>
> 我英雄的勇气不为所动。
>
> 打闪吧，打雷吧，争吵吧，
>
> 摧毁城墙，焚烧森林。
>
> 因复仇之心蹂躏田野。
>
> 战斗到人死马亡。
>
> （巴赫作品目录 205a）

　　整个欧洲都面临着战火威胁。加冕之日，一支女沙皇的军队在奥尔登堡的堤坝长之子的指挥下出发搜捕逃往但泽的斯坦尼斯瓦夫一世。不过波兰已经降格为这场波兰继承权大战的次要舞台，第 2 次国王选举的直接后果就是法国向皇帝查理六世宣战，紧接着与西班牙和萨伏依－撒丁岛结盟。这些盟友在 2 个月内从皇帝手中夺走了米兰和伦巴第。同时，法国占领了洛林和莱茵堡垒凯尔，这又促使罗马－德意志帝国的等级代表会议向法国宣战。帝国宣战自然涉及腓特烈·威廉一世，作为忠诚的帝国侯爵，他立马提出派兵 5 万。但是普鲁士国王的外交霉运一直萦绕不去，而且皇帝和帝国也并不十分愚蠢。皇帝和帝国知道，这些应急部队在去往莱茵前线的途中将会碰巧穿过腓特烈·威廉一世觊觎的公国于利希和贝格，他们预感到，普鲁士的军队一旦到达，将永远不会再离开。因此，皇帝对普鲁士表示了谢意，说 1 万人就足够了；腓特烈·威廉一世祝愿维也纳的大臣们"便秘 4 个星期"——人们此时对此已经习惯了。同时，这一拒绝也使得临时由各国出兵组建的帝国军队从一开始就规模太小，无法在莱茵河畔击退法国人。眼下在莱茵河畔开启了 1734 年的第二主战场，而南部围绕意大利的战斗仍在继续。这是这个不幸地区一年之中遭遇的第 4 次战争，眼看就要变成一片焦土，而且这次的进攻目标和总司令都让人感觉似曾相识。

　　法国军队再一次进军普法尔茨的堡垒菲利普斯堡，再一次坐镇指挥的是已然年迈的公爵元帅贝里克。不是他还能是谁呢？菲利普斯堡是控制莱茵河的关键，这在 1688 年决定了这位英国王子的命运——路易十四要是没有弃尼德兰而进攻菲利普斯堡，贝里克的父亲詹姆斯二世就永远不会成为奥兰治亲王威廉的牺牲品，贝里克和他的后人也永远不用作为法国人或者西班牙人重新塑造自我。贝里克参加了 1686 年对奥芬的残酷占领；1690 年在洛赞的爱尔兰远征时首次负伤；1707 年在阿尔曼萨保住了费利佩五世的西班牙王冠，还在 1714 年为他攻下了巴塞罗那；1719 年率领法国军队转而征讨费利佩五世。而在凡尔赛，贝里克总能站在阴谋游戏的正确一方，而且不招人恨。贝里克本人是法国的公爵，是在政治上享受特权的贵族和元帅，也是西班牙的大公、圣灵勋章骑士、外省总督和大地产家，并且每年有 109 312 法郎的薪俸，要不是没有大的宫廷官职空缺，他的家族早就进宫当差了。但是还有时间：63 岁的贝里克启程参加他第 22 次夏季远征，并不出所料成了这个战争季最年轻的指挥官。莱茵河对岸皇帝一方与贝里克对阵的是 71 岁的萨伏依亲王欧根，后者曾在 2 年前向被惹怒的格伦布科问起过那些早已过世之人的安好。此时在意大利指挥皇家军队的是克洛德－弗洛里蒙·德梅西，68 岁的他虽然还和小伙子一样冲动，但是听力和视力都非常差了，而且由于痛风几乎没有了行动能力。好嘛，现在在意大利与德梅西对阵的法国指挥官是 81 岁的公爵元帅德维拉尔，此人自从在马尔普拉奎特受了腿伤就已无法再正常行走。德维拉尔几个月来仅仅靠着定时服用鸦片丸来忍受长途的骑行，就在刚刚他还向路易十五写信道，由于睡眠障碍，他不得不终止这次戒除尝试。在这个四人组中，贝里克的活力远超其他统帅。比起帝国军队，贝里克的部队优势巨大，若在现代条件下，他本可以轻松左右整场战争。但是在当时的条件下，绕过敌军堡垒进军是不被允许的，因此他的任务毫无活力可言，只是监管着 1 万名士兵排空引发疟疾传染的莱茵河沼泽，正是这一沼泽使得菲利普斯堡固若金汤。一周复一周，围城者的战壕一步步靠近防御工事。1734 年 6 月 12 日清晨，贝里克照例早上 5 点起身，视察工作。被围城市用火炮与法国人展开了一场对决，贝里克在法国和英国亲属的陪同下，绕着被围的城市行走。大约 7 点半，众人到达了一个非常危险的区域，哨兵把所有路过的人都拦了下来。不耐烦的公爵元帅用一句屡试不爽的"你不知道我是谁吗"训斥了惊愕的士兵，从士兵身边走过，然后被一枚炮弹炸掉了脑袋。这一夜无人入睡，因为在尸体运走之前，在法国公爵元帅死去的地方必须每半个小时鸣炮致敬一次。次日，人们将贝里克运往斯特拉斯堡，葬在那里的一座墓中。按照他的心愿，这座墓尽可能地朴实无华（这一愿望实现得异常完美，如今没有人知道他到底埋在哪里）。直到欧洲各

583

584

地的吊唁信到达很长时间后，人们才发现，如此残忍地结束了这位被驱逐的王子生命的是一尊法国的大炮。但是这并未改变人们的反应，贝里克之死依然被视作理想的战士之死。老德维拉尔才从他鸦片的迷梦中醒转过来，说上一句"这个人一直很幸运"，然后也于 1734 年 6 月 17 日在他都灵的床上安详死去。12 天后，在意大利北部的帕尔马发生了一场战斗，以奥地利人获胜告终。在这场战斗中，奥地利人半盲的陆军司令德梅西对其他军官明显的懦弱大为光火，于是亲自上马指挥了一次本应针对前哨的进攻，但实际上却直接冲进了整个西班牙、法国和萨伏依的军队中；就在他刚刚明白自己犯的错误，打算费劲地掉转马头时，致命的炮弹击中了他。

　　这次夏季远征达到了高潮。在意大利南部，18 岁的唐卡洛斯王子的军队攻破了那不勒斯王国的堡垒；而他 15 岁的表叔查理·爱德华·斯图亚特王子则钦羡地在一旁观战，想象着有朝一日为父亲詹姆斯三世夺回王冠。1734 年 7 月 7 日，普鲁士王储腓特烈出现在欧根亲王的营地，这里如同位置完美的包厢一样，可以望见菲利普斯堡的包围圈。在没有谨慎的老亲王前来支援的情况下，堡垒支撑了 12 天。即使在菲利普斯堡投降之后，法国人和帝国军队之间仍然维持几乎没有交锋的战争状态。普鲁士王储腓特烈可以十分从容地与岳父贝沃恩用餐，了解无法行军的奥地利军队的情况，并且最重要的是，他和一名富有魅力的法国人成了朋友，此人在决斗中击毙了自己军团首长的表亲之后倒戈普鲁士。（该军团首长德布夫莱尔是马尔普拉奎特战役法方司令的儿子，还是 1722 年在凡尔赛花园中纵欲被抓的"篱笆破坏者"，他遵从旧秩序的礼节，随后派人把这名逃兵的 3 匹私人备用马送了过来。）其他人就没这么幸运了。王储腓特烈动身前往莱茵河战场的那个夜里，已经是波兰曾经的及新上任的前国王斯坦尼斯瓦夫一世迷路的第 3 夜了，他一身农民装扮，在充斥沼泽地的但泽周围瞎跑。斯坦尼斯瓦夫一世早已失去了所有随从，当他再一次穿着借来的靴子陷进泥里时，也许他怀念过启程时作为商业助手的那段时光。我们当然不打算对斯坦尼斯瓦夫一世有过多的同情，他逃亡但泽给这座城市带来了太多不幸。当法国的后备舰队到达时，人们才明白，首相德弗勒里作为冷酷的现实主义者，根本没打算在波兰有所成就：对首相来说，国王的波兰岳父的送命差使只是在别处发动真正重要战争的有用借口。法国驻哥本哈根大使自发组织起人数过少的士兵，从而至少可以保住颜面。但是除了明显让法俄首次交战，大使在但泽城前的自杀式进攻别无他效，很快瓦解于俄军的枪林弹雨中。相反，国王斯坦尼斯瓦夫一世本人并不怎么顾及颜面，他悄悄地从但泽溜了出去，而但泽的市民却因为他的缘故遭受了俄国的重炮轰击。1734 年 7 月 3 日，一名衣衫褴褛的农夫赶着一辆牛车越过边境，并介绍自己是波兰国王。面对此人的普鲁士边防哨兵当时是怎么想的没能流传下来，真是太可惜了。然而，这次被彻底剥夺了王位的倒霉蛋还有将近 32 年的时间，可以在洛可可风格的优美室内布置中愉快地讲述自己的逃亡经历，直到晨衣着火最终结束了他漫长的生命。上万人因为斯坦尼斯瓦夫一世的这次远行过早地失去了性命，死者家属也没有从很快就要分发的主要收益中获得任何好处。

战争已经接近尾声，所有人中，只有格伦布科摇了摇头，表示没有人真正知道究竟是什么引发了这场战争。1734 年 9 月，奥地利人在意大利北部战败，而西班牙人最终将南部彻底据为己有。虽然萨伏依此时按照其统治者新的国王封号改称撒丁王国，但始终拥有那只可以改变盟友关系的内部时钟。与此同时，鉴于西班牙势力的增长，到目前为止一直中立的英国开始向法国施压。在波兰，萨克森和俄国在此期间取得了如此明显的胜利，女沙皇的大军在 1735 年的战争季就应该抵达莱茵河畔，只是由于路途遥远，俄军在通常的战争季结束后才抵达——也就没派上用场。1735 年 10 月 3 日，所有相关方在维也纳初步缔结了和平协议，结束了战争。因此，在凡尔赛展开的阴谋对决成了眼下最后一场仍未尘埃落定的"战争"，对决双方分别是 82 岁的枢机主教德弗勒里和他热衷战争的外交大臣，老狐狸轻松获胜。而在维也纳的谈判逐渐做出了带有惊人早期现代性的巨大妥协。1738 年的《维也纳和约》升级了这个时期按照发展趋

586

势提出的所有外交解决方式中固有的东西，可以合理地将它称为理性的杰作，也可以同样合理地认为它是三月兔、疯帽匠和红心王后的杰作[1]。如果把有争议的领土短暂地想象成坐具，那么波兰的继承权之争就是一次抢椅子游戏，后果如下。

587　　　　人们向萨克森的选帝侯证实，现在他是合法的波兰国王，而斯坦尼斯瓦夫一世虽保有空头衔，但是永远放弃了所有统治权力。由于必须对路易十五的岳父做出补偿，而且法国一直在抗议奥地利把女继承人玛丽亚·特蕾西娅嫁与洛林公爵弗朗茨·斯特凡的计划，于是人们一举解决了这两个问题。婚事获准，但是具有重要战略地位的洛林不能与奥地利统一，弗朗茨·斯特凡要将他的祖国让给斯坦尼斯瓦夫一世。众所周知，斯坦尼斯瓦夫一世唯一的孩子是路易十五的妻子，因此这个十分宝贵的边境省份很快就会自动落入法国囊中，这种对法国"天然"边境的彻底保障要归功于德弗勒里一手策划的斯坦尼斯瓦夫一世在波兰的败北。平易近人的斯坦尼斯瓦夫一世将如同傀儡一般统治洛林，但是他却赢得了当地人的支持，因为他给自己找了一个出身老牌贵族的情妇，此人的母亲是弗朗茨·斯特凡的父亲的情妇，由此保证了宫廷仕途的连贯性。当法国官员"侵入"洛林时，洛林的贵族则向着相反的方向游走，拿着斯坦尼斯瓦夫一世写给女儿的热情洋溢的推荐信"占领"凡尔赛。同时，人们只把次子们介绍给即将卸任的弗朗茨·斯特凡公爵，从而可以稳妥地在各方都有代表。鉴于弗朗茨·斯特凡作为未来奥地利女皇的丈夫却没有国土这一糟糕的情况，现在他也必须得到补偿。恰好弗朗茨有一个来自美第奇家族的五世祖母，他也因此成为托斯卡纳统治者家族的2号继承人，而不久前人们刚刚承认唐卡洛斯王子是该家族的直接继承人。由于最后一名美第奇恰逢其时地死掉了，弗朗茨·斯特凡被宣布成为新任的托斯卡纳大亲王。唐卡洛斯则获得了那不勒斯－西西里王国作为补偿，这两个地方本来在1713年前也属于

---

[1] 典出《爱丽丝梦游仙境》，均为疯狂的代表。——译注

西班牙，现在查理六世将它们交了出来，以此收买法国同意洛林公爵的婚事及他女儿的继承权。

现在，只剩下一人会对那不勒斯－西西里的易主感到气恼，那就是波兰和萨克森的奥古斯特三世。他作为"大胆者"腓特烈的后人，同时也是施陶芬的继承人。不过，幸亏那不勒斯的新国王唐卡洛斯起初也垂涎波兰王位，于是人们干脆让唐卡洛斯娶了奥古斯特三世的女儿，借此一并清算了所有的权利要求。1738 年 1 月，13 岁的萨克森公主玛丽亚·阿马莉在德累斯顿与升为国王的卡洛斯五世[1] 订了婚，巧的是，在这个过程中，布吕尔的最后一个对头也失了宠，而永远的幸运儿布吕尔与此并不相干。然后迪索拉公爵到来，把新娘带往那不勒斯。这个迪索拉公爵是 1714 年将王后伊莎贝拉·法尔内塞带往西班牙，并从王后那里获赠奥尔西尼夫人见面礼的那位迪皮翁比诺亲王妃的一个孙子。伊莎贝拉本人对于长子加冕满心欢喜，现在自然开始考虑下一个儿子唐费利佩了。她还对帕尔马和皮亚琴察享有权利，难道还需要再来一场战争，她这个好母亲才能安享天年吗？但是至少已经又与法国结了盟，因此唐费利佩就该尽快与路易十五的长女成亲。就这样，法兰西的路易丝－伊丽莎白于 1739 年 8 月 26 日、12 岁生日刚过 12 天时，嫁给了她（自然不在场的）堂叔唐费利佩，就此既保证了和平，同时也半是无意地为下一场战争做了准备。但是这些悲观的想法都是未来的乐章，而凡尔赛眼下已经沉浸在婚礼小步舞曲的乐声中。暂时看来，整个欧洲的王朝野心似乎已经彼此和解。

整个欧洲？不是的！最后，疯帽匠那几乎天才般的和平之作的确制造出了一名失败者，毫无意外，这次又是普鲁士的腓特烈·威廉一世。维也纳宫廷渴盼彻底终止原来的承诺久矣，而腓特烈·威廉一世对斯坦尼斯瓦夫一世的支持为此提供了借口。皇帝没有答应腓特烈·威廉一世接手于

---

[1] 即唐卡洛斯，其作为不同国家的国王称呼不同，分别为西班牙国王"卡洛斯三世"、那不勒斯国王"卡洛斯七世"、西西里国王"卡洛斯五世"。——编注

利希和贝格，而是在 1735 年的和平协定中将两地给了他的对手。普鲁士和皇帝的联盟就此终结，而且由于此后一段时期情况不明，格伦布科没了贿赂金，破天荒地只能忠于主君。当然，这种忠诚并没有持续太久。早在 1734 年夏天，当国王和王储启程奔赴莱茵河的部队时，格伦布科已经在柏林与英国人展开谈判，内容是可否把他的国王的第 3 个女儿嫁给威尔士亲王。但这个计划没有成功，格伦布科反而与法国驻柏林公使达成了协议。从现在起，格伦布科为法国工作，因此接下来普鲁士与法国的报复性结盟也出自他的手笔。然而，就在两国签署盟约前不久，也就是 1739 年春天，格伦布科久已有之的疾病恶化。几个月来，这位 60 岁的老人一直在吐血，有条不紊且平静地准备自己的后事，就像之前规划自己的人生一样。从 1737 年起，格伦布科就作为陆军元帅位于普鲁士等级的最高层，他也是国务大臣、库尔马克的世袭猎区管理长官；此外，作为勃兰登堡的大教堂教长，他还是无限延期的等级议会的主席。随着格伦布科曾经为了以防万一让维也纳皇室出具的将军委任状开始腐朽，皇帝那些生气的外交官们也计算出，这个人这些年花了他们 166 666 帝国塔勒。但格伦布科并没有因此腰缠万贯，他有 11 个活下来的孩子要照顾，每年正式收入的三分之一都要花在线人身上。在"抗击清醒协会"时期常和格伦布科一起痛饮的萨克森公使一边报告着这位大臣日渐虚弱，一边接收了这些线人。但公使也写道，格伦布科去世那天，民众站在他的市区宅邸前哀悼，因为人们视他为国王怒火的控制阀。人们又一次成了精心操控的牺牲者吗？据说格伦布科给腓特烈·威廉一世留下一封信，信中要求国王像一度希望受到上帝对待那样对待正派人士，这是真的吗？我们不知道，尽管有证据表明，职业叛徒格伦布科常常主张温和路线。我们无法知道，因为当格伦布科在鲁赫施塔特宫给王储写成箱的文件时，他说人们有朝一日可以从中推断出他真正有趣的人生故事，但这似乎是个虚伪的承诺。给自己已经彻底背叛了的未来国王写这样的信，难道这是来自心里暗笑的阴谋家的讽刺吗？对于自己的故事，这位陆军元帅是想留下修订过的版本吗？去世前一晚，他在柏林烧毁了一些文件，这也是人们没有找到鲁赫施塔特宫文件修订版本的原因。抹去了对格伦布科的记忆的很有可能是他胖圆脸的女婿、外交大臣波德维尔斯。腓特烈·威廉一世把没收死者文件这一例行公事的任务交给了波德维尔斯，而恰恰是他可以让我们非常容易地设想，他是如何平静而有条理地将箱子里的东西付之一炬的。为什么要冒险让生者承担所有这些破烂儿的危害？只要所有的财产文书都正儿八经流传了下来，继承人们哪还关心那些陈年的阴谋诡计。只有格伦布科与王储往来的信件留了下来，后来在王储成为腓特烈二世之后，波德维尔斯把这些信件交给了他，因此这些信件和几份零零散散的文件及维也纳的档案，便是留下来的有关格伦布科思想的所有东西。但是即使拥有更多资料，我们也难以破解这个人身上的悖论。很多历史人物有时会让我们觉得近在咫尺、可以理解、充满好感，有时又让我们觉得他们是冷酷、恶毒、无情的掌权者，格伦布科就是这种人的代表。像格伦布科这种没有被完美记录下来的第二序列的人物，恰恰会提醒我们一些重要的事情：如果我们对自己和历史诚实，我们就必须接受，对于所有这些来自陌生世界、有着陌生思维方式的人，我们无法完全理解其中的任何一人——但是即使注定要失败，对理解他们所做的努力仍然非常有价值。

591

我们所知道的就是结局。在 1739 年 3 月 17 日和 18 日之交的夜里，格伦布科平静地睡着了，直到凌晨 2 点顽疾再次"发作"把他惊醒。不到 2 个小时，格伦布科就撒手人寰，医生都还没赶来。特急信使立马把消息送给了难过的国王。什么留下了？自然是家人。经常有人说，格伦布科的家族衰落得令人震惊，但这只是一种普遍的误解，因为这些人认为，格伦布科的后人必须全部姓这个姓，以及所有后来的格伦布科都是这位格伦布科的后代。儿子们仕途平平，拥有像样的地产，但是没有再留下男嗣。因此，格伦布科的血脉从第 2 代起就通过女儿和孙女的后人传了下去，整个 19 世纪，这些后代与格伦布科兄弟的女性后代同属普鲁士宫廷、国家和军事贵族的精英。相反，后来的格伦布科们仅仅是陆军元帅的远房亲戚，人们不能把他们那波美拉尼亚容克的低调归咎于元帅。格伦布科名下的各处宅邸逐渐被出售，连那座离王宫很近的美妙绝伦的城市宫殿也卖了。19世纪，人们将这座城市宫殿改造成了邮政总局；如今在它原址处还留有一个基坑。如果你想找个典范，看看 18 世纪的宫廷柏林还剩下什么，只需要跑到亚历山大广场的最外端，在市政厅大街 21 号"霍佩妈妈"饭馆与一家棒球帽经销商铺之间停下脚步，最后直行穿过马路，保证你不会再发现格伦布科宅邸的任何痕迹。

592　　让我们把最后一句话交给普鲁士王后索菲·多罗特娅吧，她与格伦布科的夫人一起长大，忍耐了格伦布科这个与她所有希望作对的顽固敌人足够长的时间。在给儿子的第一封信中，王后仅仅是不加评论地提到了国王的悲伤。然后，她补充道：格伦布科是多么幸运啊，不会再经历未来的王储登基。无论如何，索菲·多罗特娅在 1739 年 4 月 16 日对这个主题做出的最后评论是带有和解意味的："国王聘用了格伦布科的厨师，从此我们吃得更好了。"

第 15 章

乔治二世对他的胖维纳斯情有独钟

<figure>※ ◄◊► ※</figure>

肯辛顿宫，1735 年 11 月 6 日

国王回来了，好哇！英吉利海峡上空的浓雾迫使国王在海上过了两夜，现在英国真的又迎回了自己的君主。星期日早上5点，"皇家卡洛琳号"驶入哈里奇港，乔治二世随即坐上一辆马车回宫。下午2点，这辆敞篷车驶过伦敦市区，背景音乐是伦敦塔和圣詹姆斯公园传出的礼炮声。欢呼的民众站在街道两旁，人们欢笑、叫喊，把帽子抛向空中。空气中弥漫着一种盲目的欢快，在一座没有警察机构的城市中，正是这种欢快给了这些冲动的底层人民"暴民"〔mob, 源自"流动人口"（mobile people）〕的称号。幸亏乔治二世在做了51年统治者家族成员后足够专业，即使心情不佳也能参与进来。他一次次谦和地脱帽致意，镀金的单驾轻便马车则穿过齐普赛街和舰队街向着皮卡迪利缓缓驶去，直到在半月街后的城市边缘拐进海德公园，驶入连夜间也有照明的通向肯辛顿宫的王室专用道路，国王的帽子才被果断地放回了头上。但是，伦敦街上的民众满足了。人们不只获准津津有味地享受了国王通行的热闹场面，还可以期待这个季节早早

就会来临的夜晚，到时为了庆祝这种快乐的回归，整座城市将灯火通明。在所有贵族的城市府邸中，仆人已经将蜡烛放到窗户旁边，这样天一黑就可以点起来。行动必须要迅速，因为有一部分暴民已经上路寻找未被照亮的房屋，政府会借着这种机会通过小费鼓励人们这样做。此类约定的性质决定了，没有人会向小费的接受者明说，要用石头砸这些差劲爱国者的窗户。但是在当时的社会中，大多数人的理想周末都是由观看动物搏斗、喝廉价的杜松子酒和来一场像样的打架斗殴组成的，这几乎用不着明说。因此，大概不像一个闷闷不乐的反对派勋爵后来所抱怨的，还需要让玻璃装配师傅和蜡烛商额外煽动。对于像勋爵这样的人来说，如今仅存的安慰，

就是这帮内心深处奇妙地不偏不倚的乌合之众，最晚到下次开始征收酒精税时，就会再次向执政党中的勋爵家的窗户扔石头了。在此期间，明智之举是在屋中度过夜晚，听着家庭音乐，翻一翻斯多葛派的作品。

国王回来了，棒啊！在肯辛顿宫的钟楼庭院等候国王马车驶入的宫廷官员们，对待他们那并不怎么符合上帝意愿的统治者时，带着仿如夫妻之间那种已经不抱幻想的冷却的热情，双方仅通过共同的抵押债务联系在一起，但是并没有放弃希望，因为这就是他们的困境——没了国王也不会好过。如果是在一个理性的世界中，宫廷官员们倒可以祝福彼此，接受王后卡洛琳的长期统治；在夫君缺席的过去 5 个月里，就是她代而执政。如果是在一个理性的世界中，单纯的妻子和执政的君主两个身份自然也没有地位差别，而这位君主在溜到家乡汉诺威的数月间，自尊心也就不会受到伤害。只不过更糟的是，国王并没有因此减少对英国的统治。就在眼下，波兰的王位继承战进入了第 2 个年头，所有的目光都注视着这座中立的岛屿，人们大概很高兴，国王没有仅仅出于事业心就把他的不列颠臣民卷入这场战争。国王的汉诺威祖先凭借战争崛起，单凭这一点，就足以使英国贵族觉得这个王朝可疑，毕竟与法国贵族相比，英国贵族的军事倾向要小很多。这些贵族的核心人物是文职人员，常备军对他们而言，往好了说充其量是个必要的祸端，往坏了说就是国王手中的镇压工具。这些大人物本身的重要性不以士兵的数量衡量，而是以支持他们的议会议员数量来衡量。和法国不同的是，英国的权力不依赖于世袭的宫廷官职，而是依赖于上议院的世袭职位及用来控制下议院选举所需的外省地产。这个运作顺畅的体系内有数百个家族，他们之所以还需要国王的权力，是因为只有一个超级强大的统治者才能平衡各个宗族。王权仍然非常强大，尽管勋爵们和下议院可以制定法律、决定税务，但是自从 1688 年革命搁置了主要宗教和意识形态问题，国王仍然可以自由分配政客们抢破头的那些职位。国王或许要依赖把汉诺威王朝送上王位的辉格党，但是反过来也一样，辉格党承担不了再次彻底颠覆一位统治者的代价，因为他们还要提防死对头詹姆

595

斯三世的回归。此外，几乎所有的政治贵族早就已经成了辉格党人，因此国王在分配高层职位时又有了一定的选择空间。于是，即便是议会统治最骄傲的追随者，如果不想落个无权无势的刺儿头下场，就只能仍然兼任宫廷侍臣。在等候国王的人中就有这么两位，接下来我们要在他们身上花点时间。

假如世界历史有一位导演的话，那我们就要冒昧地揣测，他把罗伯特·沃波尔爵士和赫维勋爵设置成了滑稽二人组。两人中，59 岁的沃波尔年纪较长、个头稍高，自从 125 千克的身形被精英生活方式塑造成接近球状，他就成了显然更胖一些的那个——像脖子这种东西，从来就没有过。不管怎样，超重、双下巴和泛红的脸颊与沃波尔绝非不相称，相反，这些特征与他故作高雅的形象完美地契合。看哪，他的身材在表达着什么，正如他那从浓密乌黑的眉毛下射出的目光。看哪，我是一个多么健壮且干脆利落的乡村贵族；我的酒量最好，吃得多，热爱猎狐而不是读小说，不受欧陆风雅之风的影响，只在谈正事不得已时才说拉丁语（比如和不会说英语的乔治一世谈话时），对自己讲的粗俗玩笑笑得最大声。总而言之，我是个不拘小节的老家伙，其他"乡村绅士"喜欢的就是我这种人；如果没有他们的选票，议会就无法获得多数票。这一切完全真实，只是在很多方面不够完整。首先，从几年前起，人们就开始不无理由地用一个本地新词"首相"来称呼此人，尽管表面上他只作为"第一财政大臣"调度国家财政。连这一职能也只是沃波尔权力的一部分，凭借权力，他成了王室代理人政治体系最重要的管理者。违背情理的是，除此之外对沃波尔有所帮助的恰恰是这样一个事实，即尽管极受国王恩宠，但他没有让自己成为勋爵，因此在上议院并无席位。按照他家乡荒谬的形式主义贵族定义，他一直是一介平民，是"普通人"；他也将这点当成脚踏实地的清廉标志兜售给乡村绅士。在欧洲的其他地方，人们自然而然地把沃波尔这种佩戴纹章、有几百年历史、与上层贵族联姻的地主家族，也就是所谓的绅士阶级归为贵族。相反，在英国的法律中，确确实实只有上议院成员才是贵族，而他们的继承人或妻子在法律上都算是普通人。这一点之所以值得一提，是因为它产生了3个有趣的后果。第一个后果是它无意中导致精英们要比欧洲大陆上的精英更开放。实际上，绅士阶级发挥着和大陆低等贵族一样的作用，但是与后者不同的是，绅士阶级没有正式的法律界限。一名德国人只能通过君主的恩宠才能成为贵族，而一名英国人不需要国王也可以到达绅士阶级。但事实上这没有多大用处，因为人们要进入绅士阶级，必须购买极少进入市场的大片土地；必须放弃所有银行或者批发业务，努力争取绅士阶级邻居的承认，并且最终要与更古老的家族联姻，一切算下来至少需要两代人的时间。严格地说，英国贵族所谓的很大的开放性，并不比别处大多少。虽然如此，由于没有明显的界限，大部分市民阶层可以错误而有效地以绅士的身份与占有地产的精英产生认同，不用像上升遇挫的德国受教育阶层那样，迫不得已只能发展出反贵族的自我形象。过于狭隘的贵族定义导致的第二个后果要简单得多，那就是在为普通人预留的下议院中，多数议员按照任何现实标准来看，都明显是贵族。这些人逻辑上的晋升目标一直都是上议院，由此产生了第三个后果，也是对沃波尔来说最重要的后果。自从议会控制了财政，每届英国政府都需要一个高效的下议院代表，从而可以在那里贯彻必要的决议，因此必须用大臣一职至少拴住一名有才能的议员。这个在当时被称为"管理者"的人极为重要，也正是因此，几年后此人就会中大奖，从更为重要的下议院被擢升到上议院。直到沃波尔出现，才想到解决这一两难处境的天才方案，他以超人的意志力放弃了申请晋升勋爵（至少是对他自己而言，他的儿子很快就得以晋爵），因此在一个纯粹由上层贵族的家族首脑组成的政府中，他始终是唯一的"市民"，由此成了不可取代的权力掮客，同时仍能以谦虚的爱国者之姿向公众宣传自己。（我差点儿就要加上"清廉"二字，不过那样的话就比旧秩序下最幼稚的公众还要幼稚了。沃波尔命人在家乡诺福克建造的巨大的霍顿堂或许可以传递很多信息，但"是由罗伯特爵士明晰的私有财产支付建造的"并非其中之一。）

598

到目前为止还相当现代。但是不是还缺点什么？对了，正是宫廷。罗伯特爵士必须确保，国王分配的所有行政、宗教、宫廷和军事职位都能有利于自己的庇护机器，因此他必须与国王协调一致。但是说到容易做到难，特别是涉及易怒迂腐的乔治二世。此时只能借助女性的微妙干预，1727 年乔治二世继位时，很多人正是抱着这个希望。当时所有人都想通过乔治二世的情妇实现目标，沃波尔则寄希望于正妻（或者，就像他带着乡村魅力描述的那样，只有他一个人"揪住了对的那只母猪的耳朵"）。只有沃波尔明白，国王主要是拿情妇来证明自己没有受到妻子的控制，而且只有他明白，这个证明的力度微乎其微。即使在结婚几十年后，乔治二世依然重视同龄妻子、勃兰登堡－安斯巴赫的卡洛琳，不仅（不情不愿地）把她当作顾问，而且一如既往地仍然在肉体上渴望她——当乔治二世于 1729 年和 1732 年从汉诺威返回时，便立即迫不及待地和她回房。似乎连时间都没有和卡洛琳作对，她的身材在大幅发胖之后只是越来越接近时代的丰满典范。从很多女访客的信中可以读到，她们原本满怀期待地打算来一饱眼福，最后却失望而归，认为王后的胸不过如此。最重要的是，卡洛琳不仅聪明、有求知欲，而且也有足够的权力意识，她立即意识到沃波尔是理想的盟友。两人习惯于一起把固执、爱忌恨的夫君不着痕迹地拉到正确的方向上。卡洛琳不仅和首相一般聪明，而且和首相不同的是，她还有分寸。因此，两人之间唯一缺乏的，就是一个联系人，此人要能在一定程度上做到在宫中把消息传给王后，这是工作过于繁重的首相不可能做到的。很快就出现了这样一个人，这个人此刻也在肯辛顿宫钟楼庭院中，就站在沃波尔身旁，就好像历史的导演想让他这号人物作为最大的反差。

赫维勋爵约翰不仅比沃波尔年轻 20 岁（也就是说现在 39 岁），还是宫里最英俊的年轻男子，一副超凡脱俗的样子，身材瘦削、双手纤细；他就是活的瓷娃娃，脂粉在他的脸上与慢性胃病患者显著的苍白脸色争夺着主导权。当时唯一一个对赫维勋爵友善的女作家曾简短地写道：上帝创造了男人、女人和赫维。而勋爵数量更为可观的敌人也有同样的表述，例如把他描述为"两栖物"、蝴蝶、粉扑、"涂了色的玩具"或者"可疑的生物",并借此尤其针对他复杂的私生活。在贵族看来,赫维勋爵外形上的优雅也显得很可疑——不像现当代的名流,那时候的贵族没有受过外表方面的良好训练。比如现在站在赫维勋爵正前方的就是他的表亲、所有宫廷官员中等级最高的宫廷侍从官格拉夫顿公爵。此人也是非婚生的国王之孙,站在他旁边,连沃波尔都显得很瘦。格拉夫顿公爵曾在 25 年前与首都第二胖的人举行了一场 200 米赛跑,当时吸引了大量兴高采烈的群众来到大街上(获胜的当然是另外那人)。彼时,只有一位医生敢于在毫无希望的情况下将减肥作为走投无路的最终手段,而且他也是在自己的体重突破 200 千克大关时才想到了这个主意;讽刺的是,他的病人偏偏是苗条的赫维,神经衰弱、消化不良迫使赫维动用了减肥这一极端的措施。此外,表亲格拉夫顿不仅超重,而且身份对于宫廷日常事务来说过于高贵,因此国王的日常安排最终大多成了赫维的任务。人们从 5 年前开始就在艳羡赫维上衣口袋里金灿灿的副宫廷侍从官的钥匙了。于是,在过去的 5 年里,赫维实际上几乎从未离开过王宫,几乎再没有闲情逸致写他的讽刺诗,也就有了更多的时间盼着自己能拥有和盟友沃波尔一样的更质朴的爱好。沃波尔和他的国王一样,喜欢每周去骑马狩猎,而赫维勋爵在这种时候则一般会策马来到同行的王后的马车旁边,不受打扰地与她谈论神学、世界政治或者性。讽刺的是,尽管(或者说因为?)赫维对某个人之外的所有人都很冷漠,但他很快成了王后卡洛琳最喜欢的宫廷侍臣,于是,执政必需的三人组全部到位,而且简直是最佳组合。或者更准确地说:要不是像沃波尔、赫维和全体英国贵族那样,视自己为共和制的古罗马贵族的延续,就简直不能有更好的组合了。古罗马贵族生来是在元老院施行统治的,就像他们为议会而生。伊顿和剑桥将与此相称的古希腊和罗马时期文本置于教育的中心并未白费:对于刚刚重新开始以罗马古典主义风格重建宫殿的精英来说,这些文本是理想的认同典范。只有一个问题:国王不是预定的理想化身,一个易怒的德国人更不可能是。就连王后也只会在重要的政治

600

601

问题上招人烦，尽管她至少还宣称，自己知道没有英国人的相对自由也就没有高额的税收："那样的话谁还想要你们啊？"不久之前，赫维才和沃波尔就汉诺威王朝谈过心，并且自顾自地大声说道："听清楚，如果连我们，连出于自身利益希望这个王朝一切都好的我们听到他们谈论英国或者他们的意愿时都会吓一跳，那么如果广大民众知道我们的统治者真正的样子，又会做什么呢？"这种成就了新国王却仍受外国人支配的委屈，直到今天仍能在英国反君主制人士及贵族们的闲聊中听到，这种委屈在 1735 年甚至影响了像沃波尔和赫维这样的忠臣对自己君主回归的特别期待。不管怎样，偶尔还是会有惊喜。当乔治二世上一次，也就是 3 年前从汉诺威返回时，赫维不得不到海边迎接他，尽管赫维不可原谅地迟到了一刻钟，但国王还是非常高兴地对待他，使得赫维最终在惊讶之余甚至对那次回归高兴起来。谁能说这种事不会重现呢？

　　回来了，国王一点也不高兴。国王的汉诺威内廷大臣德拉福雷侯爵坐在他的旁边，敞篷马车一定程度上就是围绕着他的最后一块汉诺威，就好像他想尽可能晚地让英国接近自己一样。乔治二世在路上发起了烧，这让他把心思都放在了消极的事物上，但是几乎用不着这个外力也能认识到如此显而易见的事情。一切都颠倒了。半年之久，乔治二世在自己的选帝侯国做着几乎没有限制的统治者，现在却回到了这个议会争执不断的国家。这里所有人都不信任他，居然不信任他！他可是如父亲一般只为他们好啊。现在自己只不过每 3 年去一次汉诺威，就这他们还嫌多；多留一天他都得奋力争取，直到最终过于匆忙地启程，难怪痔疮又发作了。与女儿安妮在海牙的重逢尤其不适合改善乔治二世的心情。都怪格伦布科，与普鲁士的联姻计划才没有成功，因此一年前不得不把公主另嫁他处。欧洲范围内有 3 个可考虑的对象，没有一个是国王，其中两人作为有继承人的鳏夫实际上也没有讨论的余地。安妮公主嫁给了第 3 位候选人，又是一位奥兰治亲王威廉，此人是 1711 年溺毙的马尔普拉奎特屠杀者之子，此外还是个有口臭的矮驼背，对他大有意见的岳母卡洛琳称他是"怪物"。安妮公主则将事情看得更为淡泊。她宣称，即使对方是只猴子也愿意嫁给他，她也这样做了，嫁到了尼德兰，返程的父亲正是在这里看望她的——女儿比以前胖了。她的丈夫为了德拉福雷侯爵的一个德国侄女而冷落她，两人仍然未能生下一名继承人，离尼德兰总督之位一步也没近；而她的丈夫原本打算借助她的帮助获得这个宝座，就像当年他的父亲在马尔普拉奎特打算的那样。因此，这桩婚姻唯一真实的效果，是给了不得宠的威尔士亲王一个新的抱怨理由：为什么人们还不让他婚配，他可是国王的长子，都28岁了！当然，对弗里茨来说，重要的不是妻子，只不过结了婚就肯定会另立门户，也就是说，会有自己的收入、府邸，最重要的是有自己的宫廷侍臣。反对派也会渗透到亲王的府中，转瞬间把弗里茨变成他们的傀儡，让他和国王对着干。乔治二世太知道其中的门道了，毕竟他本人也做了足够长时间的威尔士亲王，曾传奇般地用所有礼节上的武器对抗父亲，但那完全是另一回事，因为他当年占理。相反，弗里茨不仅一点不知道感恩，而且如此茫然无知，他会落到谁的手中只能靠猜测。光是想到这些，乔治二世就后悔过无数次：当初就不该把亲王从汉诺威带过来！就是那个德拉福雷，现在坐在国王身旁的人，7年前把这个胆怯笨拙的男孩从汉诺威接了过来。乔治二世还为此提拔了他，而这又使得这一整体印象更加完整了。一切都颠倒了。煞风景的儿子不该待在英吉利海峡的这一边，就像温柔的瓦尔莫登夫人不该在那一边一样。乔治二世在汉诺威时让瓦尔莫登夫人怀上了自己的孩子，而且把她留在了那里，承诺会在她分娩前回去。天知道他该怎么向他的英国臣民委婉地透露这件事，他们可是认为他会在英国待上3年。众人眼下将要从钟楼往肯辛顿宫驶去，不是太过合乎逻辑了吗？自从患哮喘病的前国王威廉三世因为伦敦的雾霾而逃往乡下的肯辛顿宫起，人们就彻底改造了这座曾经的乡间小别墅，以至于现在只能从后面驶进去——连这里的一切也都可憎地颠倒了。

在钟楼庭院，现在该行吻手礼了。在亲吻国王之手前，各种宫廷显要、大臣和军官、勋爵和侍从官都要屈膝跪下，就像国王授予他们官职或

603

604

者头衔时做的那样。［直到今天，英国首相的任职期都不是开始于递交一份（不存在的）委任状，而是开始于亲吻国王的手。］国王慷慨地赐予夫人们礼节之吻，但是由于所有的夫人都会得到，这个吻的价值自然也就打了折扣。夫人们在典礼中的头奖是王后的礼节性亲吻，只有伯爵女儿以上的身份才有资格获得。卡洛琳耳背的女儿阿马莉某次心不在焉，眼看着要吻一名只不过是骑士妻子之人时，一名守门人不得不出面救场，大吼："不要吻她，她不是位真正的贵族夫人！"只有王后卡洛琳能获得国王落在嘴上的亲吻，但是沃波尔和赫维特别期待的那个更亲密的小信号这次看起来落空了。连国王和随从们也向着钟楼庭院东南角走去，那里有一个相对"不惊人的"入口，通向"国王的大楼梯"。直到今天，来访的人们在登上这座豪华的楼梯时似乎仍能感受到从真真假假的画廊中投来的仆人们的目光，他们是威廉·肯特[1]在1725年画到墙上的：例如汉诺威的"土耳其侍从"穆罕默德和穆斯塔法；可能是波兰人，也可能是丹麦－北德人的宫廷侏儒克里斯蒂安·乌尔里克·若里；以及"野孩子"皮特——一个据说在哈默尔恩附近的森林中和狼一起长大的男孩，作为稀罕物生活在宫廷中，而且从10年前就开始在宫中与"穿衣服"这一敌对原则做着无望的斗争。而在当年的那个晚上，有血有肉的仆人数量自然远超画中的数量，尽管在场的只是950名文职宫廷雇员或者4800名禁卫军中的一小部分，但已经足以让楼梯满满当当。挤得离国王最近的自然是身材肥胖的宫廷侍从官格拉夫顿、他的副手赫维、任行政长官的沃波尔和一名禁卫军军官，最后这名军官的指挥棒由镀金的象牙制成，由此带给他一个"金杖官"的美妙头衔。国王牵着王后的手走上楼梯，一直走到接见厅；然后向左拐进会客室，自此打开了王后的豪华套房。那是一长串房间，既体现了女主人的等级，最重要的是也表现了客人的等级——越往前走，就越接近最私密

605

---

[1] 18世纪英格兰著名建筑师、景观和家具设计师、画家，创造了现代意义上的英格兰风景园林。——编注

的内层房间，来访者也就越重要。欧洲几乎所有的宫殿都遵循这一逻辑，只有在凡尔赛宫，考虑到自己青年时期的狩猎宫殿，路易十四才不得不让各个房间彼此相嵌，以致通常的程序无法再起作用。因此，法国宫廷侍臣们的重要性不再以与王室卧室之间的距离来衡量，而是以多早可以被召进卧室来衡量。而在其他各处，礼仪的逻辑迫使大人物们的住所呈管状（纵向）分布，因为只有这种形状可以使房间有清晰的等级序列；同时把所有房间都变成了互通的房间，只有我们这些推崇私人生活的当代人才会觉得不舒服。与此同时，仆人通过大量的小走廊、低矮的夹层和后楼梯穿梭在这些巨大的豪华房间周围。没有哪里的房间比肯辛顿宫更像迷宫了，这里和凡尔赛宫一样，基本上只是一座扩建得毫无章法的乡间别墅。几年前王后卡洛琳还和她迟钝的宫廷侍从官格兰瑟姆伯爵打赌，能不能不走大楼梯到达某个房间，然后就派这个可怜人去找，结果他无功而返，最后王后手握烛台扬扬得意地把正确的道路指给他看。

　　今天自然不用绕路，也没有什么乐趣。以往的好时候里，只要一到达最里面的房间，乔治二世就会留下和妻子独处，但是这一次他又领她往前走了一个门，接着立即从她的套房退了出来，就这样，两人来到了巨大的走廊中。赫维是少数几个可以追随国王夫妇到达此处的人之一。一般而言，现在陪在王后身边的应该是宫廷女管家，但是自从一年前萨福克夫人离职，这个职位就空缺着。萨福克夫人没有兴趣以国王情妇的身份夜夜倾听他数小时之久的独白，哪怕她一只耳朵失聪，也越来越不堪忍受。王后一直很高兴晚上的这几个小时丈夫不在身边，她使出浑身解数，试图让萨福克夫人改变主意。最后，王后指责萨福克夫人的行为明显是受了幼稚小说的不良影响："45 岁的人不是应该早就知道，一段关系不可能甜如蜜糖的吗？"但萨福克夫人不为所动，她疯疯癫癫的酒鬼丈夫不久前去世了，因此她不再需要这份做了 15 年的宫廷工作让她在必要时可以躲开丈夫。有一次，萨福克伯爵在寻找妻子时闯入了王后的房间，当时房间中意外地只有王后一个人在，王后礼貌地和他闲谈起来，直到移动到离门足够近，

606

不会被他从敞开的窗户推下去。"这时我换上作为王后的大嗓门，告诉他，他有胆量就试试看，敢不敢把他妻子从我这儿接走——尽管我知道，只要他愿意，他就能做到。"现在不用再怕这个人了，于是萨福克夫人自作主张离开了国王；她嫁给了一名和善的 43 岁的反对派议员，在绿意盎然的伦敦郊区落了脚，直到 30 年后还在向她的客人讲述宫廷生活中的趣事。王后卡洛琳勉强地理解了萨福克夫人，她本人永远都不能如此任性，因此对萨福克夫人就更为恼火。眼下，当国王让宫里所有人来到走廊时，王后倒是更愿意不受打扰地倾听一次他的独白。但是乔治二世偏偏在接下来的半个小时里没有同王后讲一句话，反而在发烧和痔疮的影响下，以天生的坏脾气所能给出的最大限度的友好与其他在场的人交谈。然后他向着相反的方向，带领随从穿过王后的房间，返回自己的房间，其间卡洛琳、沃波尔和赫维一直试图不要出现忧心忡忡的眼神交流。

　　此处我们或许必须得花点时间为乔治二世辩护一下。按照经典分析方法，当然要说一下当事人艰难的童年。各位只要想想第 8 章中乔治的母亲索菲·多罗特娅一开始先是与当场毙命的情夫柯尼希斯马克被逮了个正着，然后又被监禁在发出腐烂淤泥臭气的破败庄园中度过余生，或许就会理解，为什么这里必须要提起这段往事。当这些事情发生时，乔治二世只有 10 岁。只有成为国王后，乔治二世才能够解救母亲，但母亲却在他继位之前去世了，所以他再也没有见过母亲。显然，乔治二世再也没有提起过母亲的名字，尽管他平时特别喜欢讲述无穷无尽的家族故事。不需要非得是优秀的心理学家，也能预料到，这对乔治二世大概会有什么样的影响，因为就连冷眼旁观的赫维也注意到了一些事情，而赫维也大概是唯一一个了解所有相关视角的旁观者。一方面，赫维本人在一桩少有的爱情婚姻中长大，备受宠爱，后来也遇到了伟大的爱情，同时作为王后身边的善解人意之人而成为她真正的朋友；另一方面，赫维也不得不经历母亲与父亲关系破裂。母亲几乎带着仇恨纠缠着赫维，而赫维也开始鄙视自己那曾经为爱而娶的妻子，对 8 个孩子的忽视程度甚至超出了彼时世界的普遍状况。对于更大的问题，我们不得不引用赫维的话。也就是说，我们不得不把他的国王陛下想象成一个非正常家庭的产物，最主要的是，还要把他想象成比状况普遍糟糕的原始资料还要成问题的历史记录的牺牲品。毕竟每一个宫廷和每一个时期至少都有一个愤世嫉俗或者义愤填膺的编年史作者。这个人通常在太老、与世隔绝或者因被流放无法再积极发挥作用时，才会开始撰写宫廷回忆录，相应地，视角也就是负面消极的。另外，如果此人置身其中且事实上日复一日记录着，那他就会很喜欢借此发泄情绪，特别是像赫维这样，与需要经常忍受自己丈夫的王后交好的人。但是，使得 1714 年后的英国宫廷图景极其扭曲的因素还有很多。

　　前文已经描述过，英国的贵族如何在政治压力下产生了被贱卖给外国王朝的委屈感。从现实考量，如果把属于韦尔夫家族的汉诺威与此前的斯图亚特甚或都铎王朝做比较，尤其是如果与英国贵族做比较，就会发现贱卖纯属无稽之谈。即使最古老的英国伯爵家族，其不间断的历史也只能回溯到 1442 年，最古老的公爵头衔甚至只能回溯到 1660 年，大多数无头衔家族的贵族很少有绵延超过四五百年的。而当时的韦尔夫家族有近 1000 年的历史，而且 9 世纪就已经与加洛林王朝联姻了。最重要的是，英国贵族从来不像帝国诸侯那样是独立的领主，他们的封号纯粹是门牌号，并不会赋予诺福克公爵或者德文郡公爵一丁点这些同名区域的统治权，因此欧洲的统治者家族从来也不承认自己是与英国贵族平等的联姻对象。只有当出现玫瑰战争这类情况，迫使统治者与强大的臣子结盟时，贵族才可以与英国公主结亲。但是从 16 世纪起，连这个可能性也彻底终结了，直到 1871 年才又有一位英国公主嫁进英国贵族家中（王子与英国贵族之女的首桩合法婚姻甚至要等到 1923 年，也就是受世界大战影响与德国关系破裂之后）。有鉴于此，汉诺威家族拒绝了本地联姻这种最有效的融入方式。这些统治者没有通过与英国人联姻逐渐被同化，而是每一代都娶一位新的德国新娘进来，所以乔治六世（1895—1952 年）为了在家谱中找到一个"老英国"家庭出身的人，不得不回溯到了"冬王"王后伊丽莎白

608

609

（1596—1662 年，所幸祖先们各种各样的堂表亲联姻使得两人有七重血缘关系）。这些联姻不仅巩固了自 1714 年持续至今的所有执政者都是"德国人"的普遍看法，而且最重要的是，使英国贵族对于那些德国"太子党"的怒火一直存在，因为受偏爱的一直是那些人的女儿，而不是他们的女儿。这些观点广泛传播，直到今天，除了少数优秀的专家，没有哪位英国作者能够在写到德国统治者时不饱含讥讽。一直被英国作家自豪地强调的是，很多英国贵族在 18 世纪时就比有些德国统治者有钱了，而且从来没有人解释过为什么会这样——只有勋爵可以作为无义务的个人从农业、矿藏或者加勒比的奴隶劳动中获益，而一位收益并不一定更好的统治者则不得不在财政上负担一个包括行政、大学和歌剧院在内的国家，也就是说，他最终占有的不多，只是因为他更有用。如果从英国人的视角来看（或者出于自尊不得不如此看待），德国的统治者们基本上很可笑，那么汉诺威王朝同样不是一个值得严肃对待的家族——因此回顾历史时盲目地相信任何一位出于其他原因经常嘲讽该家族的编年史作者也就情有可原。此外，具体到乔治二世这一特例，辉格党的勋爵们后来与他的孙子乔治三世常年争执不休，认为他打算逐项废除英国的自由。然而，严格来看，这位国王阴暗的意图仅限于打算真正实施自己形式上的权利，因此他的敌人们不得不捏造一段历史，声称他的前任已经放弃了这些权利。由于连最有才能的辉格党历史学家也无法把乔治二世描绘成英国自由的知己，人们很快就一致做出了另一个更有趣的选择，按照这种看法，乔治二世只是由于愚蠢才交出了实权。但是英国宪法的发展妙就妙在，它从 1689 年起纯粹是靠逐渐演化而成，在没有文书的情况下成了习惯法，所以乔治二世的孙子也不能简单地索回这份权力。正如我们看到如今的英国国王几乎完全没有权力那样，辉格党人是这场争端最终的胜利者，宪法无声无息地演进，后来连贵族的权力也消解了。随着辉格党的胜利，一种美化他们的历史书写占了上风，乔治二世只能被当成傻瓜。

　　在这一点上，如果至少来自乔治二世所在时代的原始资料足够丰富和复杂，足以驳斥这种偏颇阐释，不幸的国王或许还有机会对抗历史学家。但是他在这方面的霉运也足足的。乔治二世本人几乎没有留下信件，因为他和许多统治者一样，主要是口头执政，也就是与大臣们单独会谈，通过这种方式，可以更容易地让大臣们彼此相争。国王通过旁注回复书面报告，因此评论过的原始信件又回到收信人手中，通常不会在王室档案中留下回复草稿。尽管还是积累了一些档案资料，但是其中一大部分于1837年回到了重新独立的汉诺威，这一大部分中的绝大多数又在一个世纪后的英国空袭中灰飞烟灭，残存下来的资料多数是用德语或者乔治二世货真价实的母语法语撰写而成。乔治二世 4 岁时（不情不愿地）学的德语，而且他一般用法语与王后卡洛琳交谈；两人只会在不想让英国随从们听懂的时候才说德语，其他时候会视情况与随从说法语或者有点口音的英语。赫维的回忆录证明，王后在和他谈话时经常从英语转换成法语。很明显，王后与那个时期的很多统治者和贵族一样，只会用法语词汇表达特定的事物，在这种情况下，比起 2 种语言，3 种语言的切换自然使事情变得更为复杂。连王后那 1771 年出生、1837 年继承了汉诺威王国的曾孙恩斯特·奥古斯特也十分自然地生活在这 3 种语言中。举例来说，如果他想表达"我不知道他们的理由"，他会写成英、法、德语的大杂烩"I do not know leur daher"。因此，英国的历史著作最喜欢而且几乎全部都从同时代说英语的人那里获得乔治二世及其家人的信息，也就不那么令人奇怪了。唯一可以一定程度上从近处了解乔治二世，还能就他做点记录的政客和宫廷侍臣们，不仅全都有自己的目的，而且所有人都至少被他辞退过一次，因为他们的平均任期自然要比国王 33 年的执政期短得多。最重要的是，当时这种人极少，因此这四五个主要见证人中的每一个都有同等吓人的分量。这听起来很抽象，但是一旦你知道，这些作者中至少有 3 人是真正的讥讽大师，而在乔治二世统治的英国，没有这些讥讽，政治讨论就无法继续时，或许就能明白，为什么我们不能期待从他们那里获得关于国王的十分公允的形象。举一个例子可以说明这一点。切斯特菲尔德伯爵在 33 年里先后

611

612

担任国王的侍从官、伦敦塔守卫上尉、内阁大臣、大使、宫务大臣、爱尔兰总督和外交大臣，他从这些视角描写了乔治二世。在最后一次被辞退后，长寿的切斯特菲尔德还有 25 年的时间，他选择远离出于策略而娶的国王同父异母的非婚生妹妹来度过这段时间。切斯特菲尔德在写给私生子的那些富有教育意义的信件中，讲述了与地位相符的行为举止，其中自豪地记录道，他一生从未大声笑过。这些信今天仍被人铭记，主要是因为一位著名作家后来将切斯特菲尔德的绅士理想判断为"一个妓女的道德观和一个舞蹈教师的做派"。或许这大概就足以构成不能盲目相信切斯特菲尔德说乔治二世的一切都"渺小而低劣"的理由。"他有一个小人物的所有弱点，但是连大人物的阴暗面都没有。他爱扮演国王，但他总是错误地对待这个角色。在所有的激情中，控制他的是最卑劣的那一种，也就是吝啬，我从来没有见过他偏离于此的慷慨行为……他的死并不可惜，尽管也有赞扬，毕竟死者为大。"至此，一切非常清楚。切斯特菲尔德与赫维勋爵对国王的评价完全一致，但是如果考察一下两人的关系，会发现什么呢？事实上，二人彼此交好，好到切斯特菲尔德成了赫维儿子的教父，在赫维死前不久，他们还在合谋对付其他的宫廷政客——尽管按照第 3 位非常重要的编年史作者的观点，二人实际上彼此憎恨。确实，在相识之初，切斯特菲尔德曾让人出版了一本关于赫维的妻子和乔治一世的所谓关系的讽刺作品，甚至在女方富有魅力的抱怨之后变本加厉。而赫维在自己的回忆录中把切斯特菲尔德描绘成一个习惯性的撒谎精，即使根本没必要，也要撒谎；额外附加的信息还有切斯特菲尔德看上去就像个被压缩成小不点的巨人，一口黑牙（赫维的牙据说是做工精良的玛瑙制品），虽然没有畸形和残缺，整体上却丑到了一个人所能达到的极限，因此他吹嘘的所有女性故事，事实上都发生在那些"陪阿多尼斯（美少年）和陪'丑陋的火神'没什么两样的女人身上，因为她们算钱时，这两人一个价"。或许人们在阅读回忆录时会不小心陷进一个有趣的泥潭。但泥潭归泥潭，其中的"导航"也令人疲惫不堪，甚至当人们读到，乔治二世以相对简单的方式干脆将自己的前宫务大臣描述成"那个矮子狒狒"时，几乎要欣慰起来。

关于乔治二世性格的证人如此之少、如此不公，而且基本上都怀有恶意，以致根本不能指望 19—20 世纪受辉格党影响的历史著作。难怪几十年前，对这一时期极为了解的专家之一在刻画这位国王时用"乔治二世和他的父亲一样，愚笨但是复杂"开场，接下来却完全感同身受地描述了一个看起来既非特别愚蠢也并不出奇聪明的人。在现代历史学家更友善的图景中，乔治二世以有能力的政治家的面貌出现，他对欧洲全局的观察力经常好于他那些坐井观天的大臣；他能在危机中保持镇静，安于一部自然不能让他真正高兴的宪法。这位国王完全清楚自己执政才能的界限；同时他也明白，每一个原本可以替他完成这份工作的人，都遵循着他那成问题的目的。乔治二世的自尊心让他不愿再如此受妻子和首相的影响，但是他又一次次地允许这样的事情发生，因为他并不是自大狂。不过怨恨总要有个去向，于是国王天天自顾自地咒骂着，这一点并没有因为他与卡洛琳共有的直白而有所改善（请参见上文的"矮子狒狒"和"怪物"）。对乔治二世而言，即使是突出的才能也并非纯粹的好事。举例来说，乔治二世超强的记忆力不仅存储了所有制服的细节，还记下了欧洲上层贵族的所有家族联系。所有阅读到这里的读者朋友肯定都会理解，为什么我会忍不住对这种能力心存好感。只不过可惜的是，按照当时所有人的一致说法，乔治二世一半的发言主题都是这些家族联系；由于另一半的发言内容似乎主要围绕着军功，而且主要是他自己的军功，所以很容易理解，为什么国王的情妇萨福克夫人不知从什么时候起，一只耳朵听不见已经不够了。此外，在过去的 16 年间，国王夜夜拜访萨福克夫人，也体现了他强迫症般的一丝不苟，这使他一方面憎恨迟到（所以每晚都提前 10 分钟到达），另一方面也使他不能接受在通常约好的 9 点钟之前敲门。因此，宫廷人员每夜都会有 10 分钟看着自己的国王一边在萨福克夫人的门前徘徊，一边心情恶劣地盯着怀表。光是看到一把放错地方的椅子就能让乔治二世发怒，所幸他的怒气持续时间不长——最近有些人甚至试图从中推导出乔治二世患有亚斯伯格症候群[1]。综上所述，这是个难伺候的主儿，而当他像 1735 年秋天这样同时面临过多的烦心事时，就会格外难伺候。

国王返回英国后的第 2 天，并没有什么消遣可以让他高兴一点，情况也因此并无转机。乔治二世的伤寒十分严重，而且还将伴随他 4 个月之久。他无法去狩猎，但是大概足以承担更紧急的国家责任，因此即使健康状况不佳，乔治也顽强地坚持着。首先，枢密院召开了会议，虽然它作为政府委员会早就被形式上根本不存在的内阁取代了，但是却继续为形形色色形式上的东西所用。这一次王后将摄政委任状交还给了丈夫，凭借这份委任状，昨晚不是国王，而是王后亲自向宫廷侍从们下达了命令。随后，返程祝贺吻手礼又开始了，为此，新一批外交官、勋爵、官员和贵族游客来到了肯辛顿宫，但这并没有让国王开朗起来。表面上最重要的客人是摩德纳公国继承人，他为自己父亲的意大利中部小国来请求支持。由于继承人前天参加了王后的晚间音乐会，赫维勋爵眼下已经丧失了对此人谈话价值的所有幻想。很可惜，与此人的身高、良好的长相和同样良好的风度配套的，是每个句子最多两个音节的偏好。然而国王的标准不同于他这位风趣的侍从官，继承人热衷于自己高贵的出身，这点对赫维来说特别好笑，但足以让国王产生好感。继承人的沉默寡言，以及乔治二世想用他实践一下自己相当好的意大利语的情况，都使其具备了成为完美谈话对象的资格。连国王十分热爱的家谱也提供了有趣的话题，因为汉诺威的韦尔夫家族和摩德纳的埃斯特家族源出一支，也就是直到 1070 年才分开的同一家族的两个分支。意大利的那一支有 4 次必须通过非婚生子才能延续，虽然有点违背游戏规则，但也在谱，因为他们设法在松松垮垮的意大利延续了统治。乔治二世大概会发现女性一支更加亲近的亲戚关系更有趣。因为无论继承人还是他的妻子，都不只出身于斯图亚特王朝那么简单，而且由

---

[1] 属于自闭症谱系障碍（ASD），重要特征是社交困难与非语言交际困难，同时伴随兴趣狭隘及重复特定行为，相较于其他自闭症谱系，仍相对保有语言及认知发展。——编注

此基本上也比乔治二世本人对英国王位更有继承权——在 55 人名单上分列第 13 位和第 46 位。在英国女王安妮 1714 年驾崩时，人们之所以不允许二人成为继承人，是因为他们信仰天主教，按照王位继承法，他们已经"在法律上死亡"（这份 55 人的继承人名单要是算上路易丝·楚·扎尔姆宗女，那就是 56 人，但她在南锡做修女，也有效地实现了法律上的死亡，而且没有人知道，1714 年时她是否至少肉体上还活着）。在这些前提下，这场在独白的赢家和双音节的失败者间展开的对话原本可以十分精彩，实际上却未能如此。不幸的是，对于乔治二世来说，这次会晤只是再一次让他回忆起整个外部世界及他自己世界的根本性颠覆。国王在汉诺威就明确指示过王后，一定要把继承人的妻子接到伦敦。他是迫切地想和她打情骂俏吗？毕竟她不仅是摄政王德奥尔良的女儿、我们已经认识的因暴饮暴食而亡的德贝里公爵夫人的妹妹；最重要的是，她"为人特别自由"，也就是特别容易有风流奇遇。这不仅使她从摩德纳返回法国的夙愿得偿，还有望给对自己勾引技巧莫名自豪的国王"一种乐趣，我可以肯定，我亲爱的卡洛琳，您会乐意为我促成，如果我告诉您我对此多么期盼的话"。但是"亲爱的卡洛琳"对自己可怜丈夫的境况并不上心，连这点事都没办妥。法律上已经死亡的继承人没有偕显然更有活力的妻子驶过海峡，只有特别有勇气的煞风景之人才会指出，对此负有责任的不是王后卡洛琳，而是被拘禁在修道院的继承人夫人的家人，也就是奥尔良家族，他们不想再有其他丑闻了。胆敢做此提醒的人自然会收到乔治二世可怕的眼神，他原本浮肿的眼睛会变得通红、瞪得更大，难怪没有人敢指出此事。而且国王在从汉诺威发出的那几封信里，过于详细地向王后描述了瓦尔莫登夫人的魅力，以至于人们很难把他别的打算当真。详细到什么程度呢？通常是每天 60 页纸，直到神经衰弱的卡洛琳最后向赫维说道，必要时她可以通过这些描述亲手画出一幅这位夫人的肖像。王后自然不必亲自动手，汉诺威那边正画着呢，而且很快就会挂到国王的床头。虽然乔治最爱的艺术形式无疑是音乐，但不代表他不能在个别情况下陶醉于绘画。但对艺术更感兴

617

趣的王后对此一点也不开心，这点星期一就会揭晓。

在丈夫不在时，王后卡洛琳聊以自慰的摄政小乐趣包括扮演各个宫殿中女主人的角色。作为女主人，她让人更换了肯辛顿宫大会客室中的油画，原本那里所有的墙壁几乎挂得满满当当。宗教母题不无乐趣地与屋顶的一幅湿壁画冲突，画中是众神之父宙斯引诱肉体凡身的塞墨勒，关于后者的命运，几年后乔治二世最爱的作曲家亨德尔将会创作一部美妙的清唱剧——当时以受宠臣子与神一般的统治者之间的危险关系为主题的众多艺术作品之一。王后卡洛琳自然也不在乎宫廷典型的神圣与低俗之间的冲突，她只是想纠正丈夫以有限的艺术理解力所做的事情。所以，撤掉几百年来因沾满灰尘而黯淡的所有"黑色的大师之作"吧，挂上由范戴克[1]在16世纪创作的色彩斑斓的肖像画，这些画是王后在温莎城堡的储藏室中发现的。以前那幅描绘体积庞大的赤裸维纳斯伸懒腰的16世纪绘画，换成了两组盛装的孩子，如今宫殿里的住户要感谢这些孩子的地方出奇得多。我们无从得知，赫维勋爵在看到其中一幅画中的维利尔斯家的两个孩子时是否会回忆起，国王宠臣白金汉的这些儿子是他姓维利尔斯的曾外祖母的直系堂兄弟。我们之所以不知道，是因为赫维自然属于那种更酷的宫廷贵族，他特意弱化自己高贵的出身，以此让人钦羡他们游戏般的文化成就、天生的优雅和随性的洒脱。但是我们也知道，赫维能作为重要的宫廷侍臣站在国王的画像前，而不是以乡村的绅士游客身份来瞻仰，唯一要感谢的就是他母系的维利尔斯血统。正是这一出身，使得赫维家族成为伟大的马尔伯勒的亲戚。马尔伯勒公爵夫人在安妮女王手下的权倾一时，为赫维家族带来了一个上议院的席位；保护人失宠后，他们也受到了牵连，但作为补偿，在马尔伯勒于1714年重新上台后获得了伯爵头衔，直到今天，赫维的父亲仍顶着布里斯托尔伯爵的封号。赫维的母亲如今仍然是已经守

---

[1] 英国国王查理一世时期的首席宫廷画家。查理一世及王室的许多著名画像都是由范戴克创作的。——编注

寡，但依然有权有势的马尔伯勒夫人的密友，二人一道在首都半合法的赌博中让一些勋爵破了产。因此，赫维至少有很好的理由喜欢看到维利尔斯家的孩子们，就像他的国王本应乐意看到范戴克的另一幅画一样。

第二幅肖像画画的是英国国王查理一世未夭折的前 3 个孩子，他们身着不分性别的滑稽娃娃裙。要不是这 3 个孩子后来无意间的合作，乔治二世就不会成为这个大家族的主人，而只能是个穷亲戚。众所周知，3 人中最年长的查理二世由于王朝计划上的失误，只有 14 个私生子，没有一个婚生子，虽然今天宫廷中一半人有他的血统（例如胖胖的格拉夫顿是查理二世和他姓维利尔斯的情人的孙子），但没有一个合法的继承人。因此，继查理二世之位的是一起被画上去的弟弟詹姆斯二世，此人在漫长的一生中几乎把可以引发罢黜的事情做了个遍，直到最终由他的一个尼德兰外甥实施了罢黜，这个外甥的母亲就是和查理二世、詹姆斯二世一同入画的玛丽。在这场光荣革命中，赫维的亲戚马尔伯勒也帮了很大的忙，尽管他的姐姐阿拉贝拉作为维利尔斯的后裔几乎必然地成了詹姆斯二世的情妇及其儿子贝里克的母亲。这两个家族圈子有一点融合，但并未削弱重点——乔治二世有全世界最好的理由，对自己亲祖母那些姓斯图亚特的表亲的各色无能心怀感激。

遗憾的是，1735 年 11 月 7 日明显不是个感恩的好日子。国王来到大会客厅之前，刚刚才向随从们解释过（已经不是第一次）汉诺威有哪些产品、哪些人和其他的世界现象具备最优的品质，而英国则完全是劣等品（尽管这份清单已经高度浓缩了，但还是填满了赫维回忆录的好几页）。热身完毕的国王乍看到这些新画，浮肿的眼睛瞪得更大了，他命令赫维立刻撤掉所有新画，换回旧画。然而，赫维早就想向王后表现自己与她休戚与共，现在机会来了。是不是应该至少保留范戴克的两幅画？以前这里挂的只是两幅黑乎乎的"街道牌子"，甚至连画家是谁都不知道。很难说，究竟是赫维极为谦恭的讽刺语调有意识地强化了他向王后发出的信号，还是他仅仅又一次没能忍住在 5 分钟内不说出辛辣的反讽。反正起作用了。矮

619

620

小的国王站到了同样矮小的副宫廷侍从官面前，瞪着浮肿的眼睛大讲特讲
艺术理解力和绘画。在国王了解的所有事情中，他都对赫维勋爵的品位怀
有最大的敬意，但是在绘画上，他要求追随自己的感受。王后遵从了赫维
您良好的建议，决定"拆掉我的房子，毁掉我的家具。谢天谢地她至少还
让墙立在这儿"，到此为止了。范戴克对国王来说无所谓，但是画框脏兮
兮的这幅画，还有那里那幅画着 3 个讨厌小孩的画无论如何都要撤掉，而
且马上就得办；另外，这些更换必须在明天宫廷搬迁之前完成，因为国王
也知道，如若不然就永远也不会撤掉了。赫维勋爵最晚到这个时候已经完
全得心应手，于是发问："那么是否可以从刚才所说的推断，陛下想把巨
人般肥胖的维纳斯也换回来呢？""是的，我的勋爵。我在这方面不像勋
爵阁下这么挑剔。与您塞给我的其他任何替代物相比，我还是更喜欢我胖
胖的维纳斯。"对于赫维勋爵来说，这样的时刻是最艰难的。可以想到的
最美回答显而易见，真真正正就在嘴边，但是作为国王情绪晴雨表的专
家，他不得不把回答保存起来用在回忆录中。这位侍从官在回忆录中自然
而然用皇帝般的第三人称描述自己："赫维勋爵心想，尽管他不敢这样说，
如果陛下真的还像以前那样对他胖胖的维纳斯情有独钟，那么所有这些
（与王后的）纷争就不会出现。由于他不得不得出结论，他的玩笑话此时
和他的论据一样不会受到多少重视，而且为了安慰或者转移国王注意力而
说的一切，都只会像平时一样，让国王更加激动和强词夺理，勋爵大人只
得严肃地鞠了一躬，并且……承诺（尽管他知道，这在后勤管理上是不可
能的）：'陛下，次日清晨克服所有困难完成您命令的一切事情。'"

621

　　第 2 天清晨，王后在长长的游廊中吃早餐时，赫维及时向她讲述了挂
画的问题，以期在国王到来之前获得较为独到的建议（请您想个借口）。
通常乔治二世会在这个游廊中度过早晨和上午，一直待到 11 点整。在这
里，国王可以透过百叶窗看着他的贴身侍卫们换岗，却不会被人发现。但
是今天令赫维大为轻松，国王只待了不到 5 分钟，在这 5 分钟里也没有问
及那些画，因为他要忙着对付自己的家人。最仁慈的国王陛下先是提醒正

在喝巧克力的王后（这都被盯着，真是恼人），说她狼吞虎咽是个坏习惯。
国王详细地告诉卡洛琳她现在有多胖，然后责备阿马莉公主不听父亲的
话，继而接着询问他心爱的儿子、14 岁的坎伯兰公爵是如何做到如此笨
拙懒散地站在那里；接着，国王因为号称博学的副宫廷侍从官连普法尔茨
伯爵祖尔茨巴赫与普法尔茨选帝侯准确的亲戚关系都不清楚，顺带发了通
火，然后就消失在宫殿的花园中了。国王自然带上了因为严重痛风连走两
步路都很痛苦的王后，这样二人就能一起散步，顺便还能让他再骂上一会
儿。游廊里其他所有人都清晰可辨地舒了口气，大家都很高兴，搬运部门
的工人很快就会来为下一次的搬迁准备宫廷的行李。赫维勋爵打算利用自
己的时间，为胖胖的维纳斯为什么仍然在储藏室沉睡想个借口，很快他就
想到了"不情愿的宫廷官员"这张万能王牌——遗憾的是，唯一拥有职务
特权摘掉这些画的那个人到目前为止仍未找到。

622

　　然后马车和装家具的车辆启程了，载着整个"蚁巢"返回伦敦度过剩
下的秋天和接下来的冬天——更准确地说，是在圣詹姆士宫，一座位于海
德公园东边、少有的紫色砖砌建筑，此处并无突出的优势，却直到今天仍
是英国王室主要的正式宫殿。这恐怕主要得怪那个倒霉的尼德兰宫女，她
在 1698 年的一个冬夜把洗好的湿衣服挂得离火太近，由此引发的大火不
仅烧死了肇事者和其他 29 名宫廷人员，还彻底摧毁了基督教欧洲最大的
宫殿——白厅巨大的宫殿迷宫，我们在前文看到过 1688 年詹姆斯二世从
这里逃跑。恰恰是宫殿的规模使得它最终未能重建，取而代之的是泰晤士
河西岸的建筑物，行政机关在这里缓慢形成，白厅在英国人眼中很快成了
官僚机构的象征。而患有哮喘的威廉三世和他的宫廷则舒舒服服地搬到了
没有雾霾的肯辛顿，虽然这里也起过火，但是被贴身侍卫在紧要关头用王
室地窖里的啤酒浇灭了。要想知道这次搬迁对于英国君主政体到底意味着
什么，可以把海德公园设想成柏林的蒂尔加滕公园。在这两个国家，18 世
纪的城市都从公园的东端开始兴起。最重要的是，首先都有一座古老的、
位于老城中心的临河城市宫殿（伦敦的白厅、柏林的城市宫殿）；其次，

在公园的西端有一座更现代的偏殿（肯辛顿宫及夏洛滕堡宫）；最后是西南部一个偏远点的建筑群（英国的汉普顿、里士满和邱园，普鲁士的波茨坦、无忧宫和格林尼克宫）。然而，英国宫廷从1698年起就面临的一个问题是，最初的中央宫殿已不复存在。由于人们很难用早已变成国家监狱的伦敦塔来取代中央宫殿，统治者又必须定期在议会、行政机构和社交机构附近露面，因此威廉三世的继任者们在将近百年的时间里只得习惯于又小又过时的圣詹姆士宫。乔治四世在19世纪早期将白金汉宫扩建为中央城市宫殿，但太迟了，已经无法改变对外使臣"在圣詹姆士宫"被任命的传统，这项传统一直延续到了今天。但在整个18世纪人们都能看到，以王室标准而言，节俭的汉诺威王朝是如何毫无怨言地将就于临时的建筑物，并通过经常搬家让这种情况变得更容易忍受一些。

1735年和1736年之交的整个冬天，乔治二世和卡洛琳都在圣詹姆士宫度过。这不仅符合二人本身的节奏，而且他们还意识到某种东西正在形成，也就是不久后人们所称的"伦敦季"——这是一个社交消遣的时节，夏天和秋天散落在全国的精英都会为此返回首都。1689年之前，议会都是各省向统治者派遣的一种使节，间隔很长时间才召开一次，而且会在几个月后解散。但是，与路易十四无休止的战争迫使议会定期召开，就这样，现在上议院和下议院的成员不得不习惯于越来越长久地待在伦敦。当然，出席义务一如既往地仍不存在。上议院的贵族和下议院的议员可以随时离开，如果他们能将自己的投票权临时委托给某位同僚，就算是建设性之举了。比如赫维勋爵，当时他还和很多贵族的继承人一样，是下议院议员，因为贝里圣埃德蒙兹选区的所有27名选民都把选票投给了他。1728年，由于健康原因，赫维勋爵去那不勒斯待了一年半，但是并没有引起任何人的注意，他甚至还带走了另一位议员、他的情人斯蒂芬·福克斯，而福克斯的204名选民显然也不怎么想念他。不过整体而言，一种节律渐趋平常，精英们从11月起有大约8个月的时间负有参加议会会议的义务，然后正好赶得上解散后重新回到乡下参加狩猎季。既然有头有脸的人物都

在伦敦，那正好可以利用这段时间组织一系列的舞会、音乐会和体育比
赛，特别是可以展示适婚的姑娘。在乔治二世继任者的治下，人们开始按
照法国的样子，把这些所谓的初入社交界的贵族女子正式介绍给王后，然
后拖着她们从一个舞会到另一个舞会，寻觅地位相当的结婚对象——程式
化地进入成人社会。因为 16~18 岁的年轻女子会伴随着自己的首个伦敦季
而离开"父母家"这座学校，进入广阔的世界，由此产生了"出柜"这一
概念最原始的含义：初入社交界。伦敦季最鼎盛的时代自然是 19 世纪和
20 世纪早期，读过简·奥斯汀、萨克雷[1]或者伊夫林·沃[2]作品的读者就
会知道，很多社会小说都是拜这个社交季所赐，而社会小说之所以成为法
国和英国的一种文学体裁，并未成为德国的文学体裁，并非毫无理由。只
有在精英们几百年来相聚的那个唯一的宫廷大都市，英国和法国作家们
才会假定读者已经十分熟悉那种不言而喻的代码、那种"优雅的上流社
会"、那种"合乎礼仪之事"和那种清晰的等级结构，而托马斯·曼[3]笔
下的吕贝克对于冯塔纳[4]笔下的柏林居民来说（更不要提南德人了）就相
当陌生，反之亦然。德国作家得用半本书的篇幅解释游戏规则，简·奥斯
汀却可以怀着对读者的盲目信任敲打一个 150 年后在安东尼·鲍威尔[5]那

---

[1] 威廉·梅克比斯·萨克雷（William Makepeace Thackeray，1811—1863 年），英国作家，
与狄更斯齐名，著有世界名著《名利场》。——编注
[2] 亚瑟·伊夫林·圣约翰·沃（Arthur Evelyn St. John Waugh，1903—1966 年），笔名伊夫
林·沃（Evelyn Waugh），英国小说家、传记及旅行书写作家，被誉为"英语文学史上最具
摧毁力和最有成果的讽刺小说家之一"，著有《衰落与瓦解》《一抔土》《旧地重游》《荣誉
之剑》等。——编注
[3] 托马斯·曼（Thomas Mann，1875—1955 年），德国小说家和散文家，代表作是被誉为
德国资产阶级"一部灵魂史"的长篇小说《布登勃洛克一家》，描写了吕贝克望族布登勃
洛克家族四代人从 1835 年到 1877 年间的兴衰史；1924 年发表长篇小说《魔山》，1929 年
获得诺贝尔文学奖。——编注
[4] 特奥多尔·冯塔纳（Theodor Fontane，1819—1898 年），德国 19 世纪杰出的诗意现实
主义作家，《艾菲·布里斯特》是其代表作。该作品通过艾菲在婚姻和爱情上的不幸遭遇，
揭露和批判了普鲁士贵族在道德习俗上的虚伪和残酷。——编注
[5] 安东尼·鲍威尔（Anthony Powell，1905—2000 年），英国小说家，以其在 1951—1975
年间出版的 12 卷作品《随着时间的音乐起舞》而闻名。——编注

625　　里看上去并无二致的键盘：嫁给一名伯爵好过仅嫁给一名准男爵；一名中
士不可能是绅士；带教名的勋爵都是没钱的幼子；得一直住在梅费尔，永
远不要住在白教堂；"阁下"的头衔只写在信封上；Fetherstonhaugh 的发
音和 Fanshawe 相同，Cholmondeley 的发音同 Chumley……当然了，人们
知道这些。只有每一个社交季的长度随时间发生着变化，直到 20 世纪末
完全消亡。年轻女子们在宫廷露面（顺便说一句，也是在圣詹姆士宫）的
传统在 1958 年就被废除了，官方的理由是要建立一个无等级的君主政体
（！）的典范，而非官方的理由则是玛格丽特公主所说的在此期间"什么
伦敦荡妇"都进得来。乔治二世和卡洛琳似乎还没有这个困扰，但他们宫
廷中不道德的事情几乎毫无例外地都因宫廷侍女或者"未婚侍女"而起，
她们虽然因未婚而可以肆意而为，但同时也有高贵的祖先。因此，让国王
心情更糟的 1735 年至 1736 年伦敦季另有原因。

　　　　原本一切都可以很美好。宫廷搬迁之后，11 月 10 日要庆祝乔治二世
52 岁的生日，但不算成功。这一天以宫廷贵族城市别墅中的庆祝活动开
始，但是最终证明这些活动事与愿违，因为已经大吃大喝过了，几乎没有
参加者还能在圣詹姆士宫的晚间招待上吃吃喝喝（一名大使写道，他"一
生中从未如此疲惫"）。因此，宫廷中这一晚甚至连跳舞的男子都不够，这
种情况惹人不悦的程度，与几乎没人身穿昂贵崭新的华服出现相差无几。
一名乐于助人的傻瓜向吹胡子瞪眼的国王解释这一切情有可原，也没能
令事情有所改观：毕竟全世界都知道，国王明年就要让威尔士亲王娶妻
626　了，人们自然打算把最好的衣服留到婚礼庆典穿。（我要在此快速补充的
是，贵族拒绝一件华服穿两次不是因为对时尚的偏执，而是基于要用泰晤
士或者塞纳河的河水手工洗衣的现实。这种清洗的后果是灾难性的：只要
洗过一次，衣服通常就毁了。因此导致一方面人们可以看到乞丐穿着几天
前还在宫廷闪耀的衣服，另一方面服装通常都是贵族之家预算的支出大项
之一。）尽管按照乔治二世的世界观，现在这一切的罪魁祸首又是儿子弗
里茨，但是很快事实就会证明，这个问题根本上的原因要简单得多：城里

（只要把 69.9 万名非贵族的居民排除）近乎空了，而且一天比一天更空。
罗伯特·沃波尔爵士已经告假前往诺福克，从而可以作为土皇帝在那里举
行大规模的狩猎。现在连宫廷侍从官格拉夫顿都想告辞去猎狐，国王忍不
住了。自从英国的赤鹿近乎灭绝，这种荒谬的狩猎形式就流行起来了，这
就够糟了，现在还非得把社交日历打乱吗？乔治不禁发问："狐狸怎么惹
着你们了？"作为善良的欧陆人，他觉得把野兽追得疲于奔命没多大价
值，这种狩猎具体能带来什么，有什么是不能通过更简单的方法得到的？
胖胖的格拉夫顿试探着提到了观看猎狗捕猎的乐趣，但是他的君主不无逻
辑地回答道：他想看看那匹马，那匹驼着像格拉夫顿这样体重 130 千克的
人，还能让一群狂奔的猎犬望尘莫及的马。就这样，两人在一定程度上不
欢而散。晚上，赫维又找到了机会，把国王的注意力从愤怒地劝说妻子上
吸引过来。第 2 天早上，当王后向赫维道谢时，她担心地说，当时赫维看
着她，就好像预料到她马上就要叫出来似的。所幸，只要赫维愿意，他就
拥有沃波尔没有的所有分寸，因此他回答说自己所担心的自然只有一样：
就是王后会大声笑出来，而他自己也会忍俊不禁。但是赫维在内心深处知
道，需要很大的运气，王后和首相脆弱的权力结构才能挺过 1735 年。

　　当然了，谁控制着国王的心和头脑的问题在每一个宫廷都至关重要，
因为不管在哪里，情妇、宠臣和主管大臣都是主要的活动家。但是 1735
年的英国宫廷，即使按照当时的标准来看，也是个极端的例子。维也纳的
皇帝和西班牙国王的宫廷或许更为国际化，俄国的宫廷在社会流动性上更
强。但是如果历史学家可以和自然科学家一样做实验，如果他们想在同一
个宫廷中逐一试验所有可以想到的要素的效果，那么显现出来的正是乔治
二世之前 100 年间英国的宫廷历史。1603 年，苏格兰的斯图亚特继承了英
国王位，还相对不那么引人注意；这次更迭除了使一些新人就位，几乎与
1589 年波旁作为王朝新的分支掌权法国没有什么不同。但是接着就分道扬
镳了。法国的王位从 1589 年至 1792 年始终不间断地通过父系传承，因此
从 1610 年起，每次新王登基时都会接收所有的宫廷人员。子承父业使得

627

这个国家产生了特别长的执政期，例如从 1643 年至 1774 年只有两个国王执政。相反，在英国，仅仅 1660 年至 1760 年间就有 7 名君主执政，除了乔治二世，没有任何一位国王是前任的儿子。这 7 名统治者属于 3 个王朝（斯图亚特、奥兰治、汉诺威），来自 3 个国家（英国、尼德兰、德国），在日常生活中使用 5 种语言（英语、法语、荷兰语、德语、拉丁语），属于 4 种教派（英国国教、天主教、加尔文宗、路德宗）。7 名君主的前两位，也就是查理二世和他的弟弟詹姆斯二世在 1660 年结束流亡归来。尽管二人偏向天主教，却带回了众多法国贵族，这些人几乎全都属于加尔文宗网络，因此在詹姆斯二世的继任者、信奉加尔文宗的威廉三世手下才真正飞黄腾达。直到眼下的 1735 年，这些人仍位列肯辛顿宫的"存货"清单，例如利福德伯爵，他的封号后隐藏着弗雷德里克 - 纪尧姆·德鲁瓦耶·德拉罗什富科的名姓，此前他和没有名字的侄子一样，也叫过德马尔东伯爵。利福德的姐姐夏洛特·德鲁西夫人养育了乔治二世的女儿们，而利福德则是国王最爱的谈话对象，因为比起赫维这样的人，他对大陆的大家族的了解要多得多。（赫维相应地也讽刺了这对姐弟，他本着宫廷侍臣的团结感，嫌给他们的报酬太低，因为"即使是一位君主最乏味的玩具，也该镀层金"。）

但法国人还只是第一批新添人员。在查理二世和詹姆斯二世的努力下，一系列私生子接踵而至，由此平白产生了一些新的宗族，直到乔治二世时仍部分地影响着宫廷。我们只要看看里士满公爵查尔斯·伦诺克斯就知道了。他生于 1672 年，是查理二世和一个法国女天主教徒（被查理二世晋升为朴次茅斯女公爵的路易丝 - 勒妮·德皮纳寇特·德凯鲁阿尔）的儿子。这个俊俏的孩子显然和他的父亲一样，皮肤像西班牙人一般暗淡。在父亲死后，13 岁的查尔斯去了法国，8 个月后就大张旗鼓地在凡尔赛的宫殿教堂中改宗天主教——就在路易十四禁止新教的那一天，这似乎也预示着英国即将发生的事情。但是由于 1688 年至 1689 年事态有了不同的发展，为了父亲给他的海关收入不被没收，里士满返回英国，很快加入了英国国教，而他的家人直到 1800 年还能从纽卡斯尔运过来的每吨煤中获得 4.5 便士的报酬。基本问题一解决，里士满在接下来的人生中就开始到处奔波，尽管战事不断，他还是把自己因煤得来的收入轮流挥霍在了英国、法国和尼德兰的赌桌上，直到他在海牙意外地遭遇了家族命运。命运以卡多根勋爵的形象出现，也就是那位娶了尼德兰人的将军、马尔伯勒的盟友，他不仅在马尔普拉奎特成功侦察到了法国人，而且牌技高超到使里士满公爵欠下了还不清的赌债。但是，精英融合的道路神秘莫测。里士满有一个儿子，父亲在世时被称作马奇伯爵；卡多根有几个女儿。两人都有化巨额债务为嫁妆的想法，里士满的儿子只需要把卡多根的女儿娶进门就行。1719 年 12 月 4 日，人们为 18 岁的马奇伯爵和卡多根 13 岁的女儿举行了婚礼，新娘的名字莎拉自然来自马尔伯勒公爵夫人莎拉。但此时新娘已经与父亲卡多根闹翻，此后不久，她和赫维勋爵的母亲一道在伦敦打牌时又把父亲从里士满那里赢来的钱差不多都赢走了。

629

卡多根还没缅怀完自己的钱，他那被送上骑士之旅的女婿马奇伯爵早就在整个欧洲范围内打情骂俏了。遗憾的是，这次进修之旅无法改变的是，善于交际的马奇依然不是一个神经质、通过体罚背会了拉丁名言的人。鉴于父母不愿意把他送往残忍的寄宿学校，因此马奇伯爵对于当时的人来说就很可疑（只有赫维勋爵终其一生都是他的密友）。相反，这次旅行在其他领域似乎足够富有教益。不管怎样，马奇在维也纳请求身在里士满的父母给他寄最好的英国扇子（"维也纳优雅的女士们全都拿着非常破旧的扇子"），从佛罗伦萨寄回的信中提到了"迷人的苏亚雷斯夫人"，在罗马的宫殿中二话不说地为特里乌尔齐奥亲王妃预订扇子。当马奇伯爵返回海牙，一点儿都不期待见到那个 3 年前婚礼上他一眼也没看的小姑娘。谁又能因此怪罪 21 岁的马奇呢？为了拖延这场尴尬的会面，伯爵进了剧院，在那里发生了该发生的事情。对面的包厢内坐着一位女神，一个勾魂摄魄的尤物，她的样子令伯爵心潮澎湃。最终伯爵鼓起勇气，胆怯地向邻座询问这位不可侵犯的天使的名字。马奇现在正站在贵族社会常见的转弯

630

处，这个岔路口年复一年地把上百个与他同阶层的人引向自我仇恨和无所顾忌的灰色地带。摆在马奇伯爵面前的是一条终生充满谎言的道路，爱情、羞辱和妥协高深莫测地彼此渗透，即使对于伯爵来说也是难以捉摸的。尽管如此，他仍将选择这条道路，就和他之前的很多人一样。如果这是唯一有所不同的一次，那原因也不在于伯爵本人——历史学家很少会如此感谢自己的特权，仅简单地汇报一下命运更高的讽刺即可，而不必像小说家那样要对其可信性负责。那我们就简单汇报一下，马奇的邻座是如何回答他那个关于天使名字的提问的，而这也是伯爵会在未来向自己的孩子们讲述的。邻座表示："要是您连马奇夫人都不认识，那您肯定对这座城市很陌生……"让我们记录下来，马奇夫人在 9 个月零 3 周之后就为丈夫生下了 12 个孩子中的第一个；让我们记录下这唯一的一次，伟大的王朝彩票同时为夫妻双方带来了头奖。马奇伯爵后来成了里士满公爵、国王的贴身侍从，然后是乔治二世的总掌马官、驻法国大使、嘉德勋章骑士和共济会的大分会主席。第 2 代里士满公爵长出了幸福的双下巴，在他的庄园古德伍德建造了一座动物园，还设立了一项重要的赛马会。他一生都与特里乌尔齐奥亲王妃有联系，给她寄手帕、丝绸及信件，在这些信中狂热地向她讲述自己的妻子。萦绕在人们脑海中的还有另一幅画面，那是一场舞会的一个瞬间，里士满公爵和公爵夫人看着女儿们跳舞，他们自己不跳，因为尽管公爵夫人依然是个光彩照人的美人，但他们已经太老了，不能跳舞了——公爵夫人 35 岁，公爵 40 岁，二人已经结婚 22 年了。公爵夫妇只是坐在一起。由于罗伯特·沃波尔爵士的儿子霍勒斯，这个在优雅的一生中从未擅自实践哪怕一次爱情的人一直注意着公爵夫妇，所以我们才能知道，里士满公爵整个晚上不停地亲吻他曾经为了清偿赌债而娶的妻子的手。此时，公爵夫妇还有不到 9 年的光阴。1750 年，第 2 代里士满公爵去世，终年 49 岁，他最小的孩子刚出生 4 个月。遗孀莎拉仅比他多活了整一年，认识莎拉的人不会对她死于心碎有任何怀疑。宫廷王朝游戏的纸牌上都做了和个体幸福作对的记号，幸福的爱情在这个世界里终归很少，持久的幸福爱情更加稀有。但是确实——连这种爱情也存在过。

很快就可以知道，像里士满这种半王室的公爵家族不仅是查理二世，而且也是他的继任者最持久的遗留物。在詹姆斯二世和他意大利妻子的治下，形形色色的意大利人和耶稣会士来到英国，又被光荣革命匆匆赶走，就像来时那样匆忙。反倒是被罢黜的国王的私生子表现出了更大的毅力，而且只有贝里克王子的后代长期留在了外国。贝里克姐妹的儿子又变成了新教徒，而且在 1735 年的 11 月作为英国大使在巴黎谈判，让欧洲重归宝贵的和平。而詹姆斯二世的另一个女儿、孀居的白金汉公爵夫人几乎隐没，她雄伟的白金汉宫表面上似乎与圣詹姆士宫只隔着一片美丽的草坪，事实上这短短的距离包含着一次"时光旅行"，因为 1689 年的光荣革命没有波及此处。老去的公主同心怀敬畏的仆人们一道住在祖先们的"神殿"中，她无视新的王朝，因此在新王朝的追随者看来，她"比疯人院卖菜的婆子还要自大"。更加稀奇的是，这位公主还会再次和我们相遇。

632

但是，毕竟詹姆斯二世的倒台和逃跑真实发生了，所以在 1688 年至 1689 年间，大门再次敞开，迎接另一批新鲜的宫廷活动家，他们从威廉三世的水路驶达。历经考验的情妇主题现在以一种十分新颖的方式再次出现。威廉三世与妻子兼共同执政者玛丽二世十分亲密，两人执政岁月的正式司法称呼"威廉和玛丽"完全也适用于私人层面——值得一提的是，即使最善意的传记作者也把这对夫妇描述为"美女与野兽"。27 岁的威廉在 1677 年举行婚礼时不仅是个少言寡语、穿着很差的职业军人，而且还驼背、短腿，比漂亮然而近乎文盲的 15 岁新娘矮半个头。此外，尽管母亲是英国人，但威廉已经几乎不会说英语了。恰恰是把玛丽二世的父亲和她同父异母的弟弟赶下王位的共同"罪行"，恰恰是诸多敌人的仇恨，使得威廉三世和玛丽二世成了密不可分的忠诚伴侣。二人唯一的不幸似乎就是缺少子嗣，不能给革命留下王位继承人。但是这对夫妻之间发生了什么，我们只能猜测。威廉和妻子的宫廷侍女、来自用之不竭的宠臣家族的伊丽莎白·"贝蒂"·维利尔斯背叛了她吗？或许吧。至少有一段时间在王后玛

丽二世看来是这样的，而且在她早早去世（1695 年）之后，一位主教向
鳏居的国王提议，送走维利尔斯小姐。绝望的威廉三世听从了这一提议，
他把爱尔兰的大片地产送给了贝蒂，安排她与一名出身高贵的苏格兰人成
婚，将后者晋升为奥克尼伯爵。（我们在前文遇到过这名苏格兰人，在马
尔普拉奎特战役后，他在堆积成山的尸体之中寻找自己的外甥。他还活
着，就在眼下的 1736 年 1 月，乔治二世任命他为英国军队第一陆军元帅。）
或者伊丽莎白·"贝蒂"·维利尔斯只是一个对女人根本没有情欲兴趣的男
人的闺蜜？威廉三世年轻时不就在最内层的房间里接待过秘密的男性访客
吗？那时威廉三世最忠诚的宫廷侍臣威廉·本廷克，不是从二人共度的青
年时期起就陪伴威廉三世左右，并且被封为波特兰伯爵吗？威廉·本廷克
获赠的爱尔兰地产比伊丽莎白·"贝蒂"·维利尔斯的还要大很多，为此招
来了人们反感的流言蜚语。但是后来波特兰伯爵逐渐失宠的同时，名叫阿
诺德·约斯特·范凯珀尔的尼德兰人得势——一个如画一般的 25 岁美男
子，很快此人就成了阿尔比马尔伯爵，并且得到丰厚的馈赠。人们也开始
激昂地讲起这名宠臣的坏话，但是和我们一样，当时的人们也并不知道更
准确的信息。

　　一个质疑是：我们究竟是否应该知道这些？确实，性取向只是人的一
部分，特别是在一个同性恋仅仅是种行为、几乎还未被看作身份认同的时
代。但在一本关于政治权力与私人关系交织的书中，偏偏将某种形式的关
系排除在外也会很奇怪。那么为什么不提，阿尔比马尔在肯辛顿宫获得了
波特兰的套房，而且套房的门直接通向威廉三世工作到深夜的房间；为什
么不承认，即使没有性的成分，不受阻碍地通向统治者的房间也是每一位
宫廷侍臣的理想目标；为什么不承认，没有子嗣的威廉或许真的像爱儿子
那样喜欢过年轻的男子；为什么不指出阿尔比马尔与女性的确凿情史（这
些故事自然反驳了那种单一的同性恋，反正当时也没有人相信），为什么
不指出他有参与政府任务，这是有据可查的。当人们在 1966 年仍然听到
一位历史学家拒绝"同性恋的指责"，因为"国王巨大的工作负担使他没

时间做这个"时，为什么不能一笑置之？我们不知道，威廉三世、波特兰和阿尔比马尔之间到底是怎么回事，其中只有一件事是清楚的，那就是不管怎样，这两人仅仅通过与国王亲近而在一个陌生的国家变得强大和富有，而且他们的家族直到今天仍然在英国延续。本廷克家族在 1716 年获得波特兰公爵头衔，通过婚姻获得了伦敦最有价值的地产，今天的马里波恩[1]就矗立在这个家族的地产上。这个家族后来出了一位首相；还有一位轻度癫狂的建造者，建造了欧洲最大的地下舞厅；以及 2002 年去世的伊丽莎白王太后。因此，已故的英国女王伊丽莎白二世及其所有后人都有宠臣本廷克的血统——这在以前不可想象，当英国统治者家族在 1914 年后又屈尊降贵与贵族家的女儿通婚之后，才又变得可能。随着时任威尔士亲王在 2005 年娶了与禁卫军将军帕克－鲍尔斯离婚的卡米拉·尚德，一个少有的圆突然闭合了。据说二人在 1971 年初次相识时，尚德小姐的开场白是：她的曾外祖母凯珀尔夫人曾是查尔斯的高祖父爱德华七世的情妇。确实如此。但是家谱资深爱好者也一定会注意到，国王查尔斯三世既是威廉三世的首位宠臣波特兰伯爵本廷克的后人，也有另一名宠臣阿尔比马尔伯爵范凯珀尔的一名女性后人的血统，而范凯珀尔在本廷克在世时着实为他添了不少烦恼。由于阿尔比马尔的儿子于 1723 年娶了里士满的一个女儿（夫妇双方的名字都是安妮，因为他们的教母是同一位女王），他们的九代孙卡米拉不仅通过里士满和斯图亚特成了她最终要嫁的那位亲王的远房表亲，而且由此与里士满和阿尔比马尔的后人莎拉·弗格森[2]及比她先一步嫁进王室的戴安娜·斯宾塞有了更近的亲戚关系。因此，恰恰是曾生活在肯辛顿宫、有朝一日将作为威廉五世登上王位的威尔士亲王，也就是查尔斯三世和戴安娜·斯宾塞的儿子，有着父系的本廷克和母系的凯珀尔血统，这样一来，他就成了威廉三世两名宠臣的后人，顺便也揭示了英国

635

---

[1] 英国伦敦西敏市的一个豪宅区。——编注
[2] 英国现任约克公爵安德鲁王子的前妻。——编注

王室的婚姻圈子即使在扩大到单纯的贵族之后也非常封闭。当然，威廉王子本人结束了这一切。在旧制度的条件下，一位王子要想娶平民出身的凯特·米德尔顿，那后者只能算是贵贱通婚的妻子，也就是二等妻子，甚至不允许与丈夫共享他的封号。相反，母系一方为贵族的卡米拉·尚德至少在 1914 年后有了平等嫁进王室的更好前景，因为在王室中，显然出身仍起决定作用。在 21 世纪则出现了相反的操作，时任威尔士亲王查尔斯的第 2 任妻子仅能出任康沃尔公爵夫人，这示范性地表明，此时媒体的受欢迎程度已经取代了出身——这两样都是无法深究的神圣品质，可以用来为任何不平等辩解。

　　1702 年，威廉三世无子而终，他的表妹和小姨子安妮作为明确无误的英国人继位，但宫廷命运的齿轮并未因此减速。与威廉三世一同抵达英国的尼德兰人保留了财产和封号（其中一人是本章中的王后卡洛琳的宫廷侍从官格兰瑟姆伯爵，他在赫维这样的人看来之所以显得笨拙，主要是因为他从来没有真正学过英语），而新女王的宠臣们则构成了下一批小集团，猛虎扑食一般冲向国家和宫廷资源。宫廷中，宠臣经济的种种产物层层堆积，就像考古地层一样，而这一次，维利尔斯的后人、国王情妇的弟弟和表兄马尔伯勒及其妻子莎拉夫人作为真正的英国人行动起来了，但并没有带来多大的改变。唯一新来的外国人也就愈发讨人喜欢，我们说的不是安妮的丹麦丈夫从梅克伦堡带来的贴身侍从、又名尼古拉斯·莱克尔的克劳斯－韦迪希·莱佩尔少将，而是他唯一的女儿、又名莫莉的玛丽。莫莉的发迹开端据说非同寻常，父亲为了领取薪俸，把 10 岁的她作为候补军官放到了自己龙骑兵团的军饷名单上，而她则从容地学着拉丁语，只为了日后可以让男人们赞叹她把这种非女性的知识隐藏得多么好。但是很快莫莉就把莱佩尔家族的军事荣誉留给了普鲁士的将军堂兄奥托·古斯塔夫，此人将会在 1730 年作为屈斯特林的司令官逼迫王储腓特烈看着朋友卡特被处决。而莫莉·莱佩尔则在 15 岁（1715 年）时成了未来王后卡洛琳的未婚侍女。

　　说起制造混乱，英国宫廷中无人能出宫廷侍女之右，这是完全合乎逻辑的后果。在法国，这早就导致了该职务的撤销。因为在两国的宫廷中，宫廷侍女几乎是唯一有地位的未婚年轻女性。虽然一方面她们作为绅士或者较低封号的贵族之女有着足够好的出身，可以出现在贵族男性的左右；但是另一方面，她们既没有高贵到也没有富有到期待靠婚姻进入上层社会的程度，而这种婚姻也是宫廷女性唯一的发迹机会。（更有吸引力的宫廷职位，像法国宫廷的"宫娥"或者英国宫廷的"寝室女官"，以及更重要的宫廷女管家职位都只给已婚女性。）因此，尽管某位大人物原本可以拥有一个等级更高、更富有的新娘，宫廷侍女也必须使出浑身解数让他娶自己。再想想，按照定义，这些宫廷侍女要么是十多岁的青少年，要么承受着临门一脚的现实痛苦（最迟从 25 岁起，她们就会被看作老姑娘），人们也就不会对她们凭借一己之力招致比幕后统治集团中的其他人更多的情诗和讽刺诗感到奇怪了。如果运气不好，宫廷侍女的前途就会终止于丑闻、辞退、立即被送走的私生子，以及作为见不得人的穷亲戚在一座名声不好的乡间别墅的客房里间度过余生；如果运气好，她们就能像莫莉的一个同事那样，成为苏格兰最有权势之人的妻子。要是和大多数宫廷侍女一样，好坏运气无法预料地混杂在一起，那她们或许就会像莫莉暂时的儿媳一样，只能在重婚罪官司输掉之前享受公爵夫人的身份。

　　相比之下，莫莉·莱佩尔的命运算得上平稳，尽管一开始看起来并非如此。当莫莉与约翰·赫维在 1720 年的夜间漫步导致了最初的秘密婚姻时，她的丈夫还只是个次子，除了尖刻的思想和被母亲很有先见之明地教会的打牌伎俩，一无所有。然而到了 1723 年，约翰同父异母的哥哥终于喝酒喝死了，由此约翰不仅（作为其父布里斯托尔的继承人）成为赫维勋爵，而且也几乎自动成为贝里圣埃德蒙兹 27 名选民的理想候选人。按照标准走向，他妻子的人生自此应该是梦想达成。但遗憾的是，赫维作为最机智和最英俊的宫廷侍臣占有了最聪明、最优雅的宫廷侍女，但这种胜利显然已经是他对莫莉热情的顶点；很快他就冷漠地与她保持距离了。尽管

637

二人仍然生育了 8 个孩子，但赫维爱的告白现在只针对他的议员同事斯蒂芬·福克斯，他对此人的爱胜过其他所有人。这是一种古希腊男性之间的理想之爱，被蔑视为庸俗的妻子不该在其中有一丁点位置。在赫维的宫廷野心和斯蒂芬退隐乡间的愿望之间的矛盾使得这段关系逐步冷却之前，赫维在短期内充分发展了这段理想感情。这段关系并没有给赫维夫人带来什么，尽管她完全依恋自己的丈夫。例如在漫长的那不勒斯之旅期间，她已经不敢亲自给丈夫写信，于是定期与斯蒂芬·福克斯通信，只为了获得丈夫健康状况的消息。这桩因爱情而缔结的婚姻，最终结果并不比很多包办婚姻好——两种近乎平行的人生。赫维夫人在伦敦的城市别墅安顿下来，会不时地遇到生活在宫廷中的丈夫；她与孩子们及仍然倾慕她的诗人们一起打发时间，给上千名朋友写信，直到很久以后作为年迈的贵妇人定居巴黎——一定程度上自由了，因为此时她早就守寡了。

　　让我们再回到英国宫廷历史上伟大的非自愿实验中来。1714 年女王安妮的死将汉诺威家族带上王位，不列颠的贵族自以为机智地保证了不再出现尼德兰宠臣擅权的情况。1701 年颁布的《王位继承法》明令禁止将英国的官职和财产分配给出生在英国之外的任何人。事实上，连乔治一世带到伦敦的德国大臣们也经历了一段有趣的过渡期，在此期间他们向国王解释哪些是英国人好的，哪些是坏的；这一时期之后，他们也仅限于处理自己祖国的事务，因此几乎没什么妨碍。只有作为外交官之子出生在伦敦的奥古斯特·西诺尔德·冯·许茨获得了一个英国宫廷职位，任服饰总管，为此他的名字自然只能去掉德语特征，被称作奥古斯都·舒茨（当代的英国历史学家给他改名为舒尔茨，这当然一如既往让人很难办）。令英国贵族感到遗憾的是，《王位继承法》有一个至关重要的漏洞，唯一的一种宫廷活动家可以通过这一漏洞直接从汉诺威长驱直入，必要时没有任何官职也能在宫廷中定调。这个漏洞就是女人。对于英国来说，乔治一世似乎不过是王朝避无可避的祸端，他登基时已经 54 岁，英国社会对他来说和语言一样陌生。表妹安妮终生禁止整个汉诺威家族在岛上露面，由此埋下的

隐患现在要由她的臣子面对了，后者要迎接的是完全德国化超过 3 代的统
治者。既然要从心爱的汉诺威住宅搬到伦敦临时建造的宫殿，乔治一世觉
得，那他至少要带一名德国情妇（众所周知，自从他 20 年前命人把前妻
索菲·多罗特娅监禁在阿尔登的庄园中，就已经不存在妻子的问题了）。
最终，与乔治一世一同到达英国的不仅有德国儿媳卡洛琳，还有家庭女教
师绍姆堡－利佩－比克堡伯爵夫人，这位夫人立即向英国的女士们宣布，
她们向前倾着身子到处乱跑是多么不高雅（为了对此表示感谢，英国的女
士们把她的名字写成德匹克堡伯爵夫人，以致几乎没有现代历史学家能辨
认出她来）。更加不容忽视的是，新国王还让两位很显眼的情妇同行，尽
管她们的名字很陌生，但英国人还是很容易就能把她们区分开，就好像当
时乔治一世正是秉着最大反差的原则挑选了她们。瘦高的埃伦加德·梅留
辛·冯·德舒伦堡在被乔治一世封为肯德尔女公爵的同时，被伦敦人送了
"五朔节花柱"的绰号。相反，女男爵索菲·夏洛特·冯·基尔曼斯埃格
的体形与其达灵顿女伯爵的新封号并不相符，而是更符合民众根据伦敦的
交叉路口"大象与城堡"给她起的绰号。首相之子霍勒斯·沃波尔小时候
遇到过女男爵，65 年后还记得那"凶狠的黑眼睛，高挑的眉毛，两公顷的
紫色脸颊，一个'汹涌'的脖子海洋，没有什么能使它与身体的其他部分
分开，而且没有束身衣——无怪乎一个孩子会害怕这样一个吃人的女妖"。

　　但是在直接可见之外，不仅是伦敦的暴民很难弄清楚谁是谁。1714   640
年，埃伦加德·梅留辛·冯·德舒伦堡和 3 名"侄女"的到来并不是无来
由的，"侄女"们实际上是她和国王的女儿（其中特鲁德琴·冯·厄因豪
森尤其讨人喜欢，很快她就不得不用低地德语嘲笑一名苏格兰勋爵的粗鲁
示好，而其他人认为这位勋爵是赫维夫人的情人）。但肥胖的基尔曼斯埃
格女男爵不是以乔治一世情妇的身份享受他的宠爱，而是作为他同父异母
的妹妹——也就是前任选帝侯的情妇普拉滕伯爵夫人的女儿，伯爵夫人曾
一度想把她嫁给不幸的柯尼希斯马克。在乔治一世看来，女男爵也是自己
父亲恩斯特·奥古斯特的孩子。英国的贵族似乎从来不理解这之间的显著

差别，原因在于德国国王与他们之间的"失语"状态。尽管对这一误解有过明确的反驳，但当时的谬误一如既往地存在于最新的英国文献中，这也表明了很多英国人对他们这段历史的理解至今仍存在问题。副宫廷侍从官因为不清楚普法尔茨伯爵祖尔茨巴赫与普法尔茨选帝侯之间准确的亲戚关系而遭到乔治二世的责备，赫维勋爵对此的讽刺描述自然让我们觉得好玩儿。但是第一，普法尔茨伯爵卡尔·特奥多尔·冯·祖尔茨巴赫是年迈的选帝侯的直系男性继承人，也就是整个普法尔茨的直系男性继承人；第二，选帝侯很久以来就试图把普鲁士要求获得的于利希和贝格公国交给卡尔·特奥多尔；第三，正是出于这个原因，选帝侯才特意把自己的女儿嫁到了祖尔茨巴赫家族，以强化他们的正当性；第四，这并未成功，因为祖尔茨巴赫家族的现任继承人卡尔·特奥多尔不是出自这桩婚姻；最后，这场遗产转交的成败显然决定着普鲁士是否会单纯因为对其他大国的空洞承诺感到失望而与法国结盟，再结合奥地利家族眼看就要绝嗣的情况，很容易引发那场席卷整个欧洲的战争，而且 1740 年战争也确实爆发了——只要人们想到这些，再审视乔治二世对自大的赫维的怒火，就会觉得好理解一些了。举个相似的例子来说，我们可以设想一个当代的德国人面对大量的美国进口商品而对美国大选中秘密的提名程序不再有兴趣，但同时他却在谋求德国外交部长的职位。常见的情况是，像赫维这样的政客，对于海峡之外的事情往往不愿意多思考一分一毫，因此人们理解乔治二世的偶尔动怒，也能理解英国精英的沮丧。这位国王本身是名德国人就已经很糟糕了，更糟糕的是，对于这个家族来说，没有哪名英国女性好到可以做妻子。如果现在连国王的情妇都要从德国"进口"，那么在不久的将来，每个一定程度上拥有自尊的宫廷侍臣家族的底线都将被突破。

　　幸运的是，1714 年后不久，救赎就在眼前了。尽管（或者更确切地说是因为）乔治一世对自己的新王国如此不上心，但与他一同渡海而来的儿子威尔士亲王乔治及其妻子卡洛琳反倒愈发直观地英国化，帮了二人的不仅仅是相对好的英语水平。很快，国王和继承人之间就爆发了几乎已经成为传统的争执。继承人把伦敦的亲王府邸变成了反对派的聚集地，可想而知，这第 2 位恨不能早日登基的乔治，在政治上利用了他所谓的亲英派；特别是他几乎同时与霍华德夫人（后来的萨福克夫人）的私通与这幅画面极为相称，这种私通让英国人重新相信起了程式化的通奸在连接民众上的力量。威尔士亲王最大的王牌在那时就已经是他的妻子卡洛琳了，后者在关键时刻毫不费力地提醒霍华德夫人，当时她是怎样作为普通的"寝室女官"屈膝侍奉威尔士王妃的——"可惜啊，我亲爱的霍华德，可惜！"当时要想获得未婚侍女的美差只能寄希望于亲王府，国王宫中没有王后，因此也就没有这一职位。更重要的是，卡洛琳动荡的过往使她从小就被教育得适应情势，而这是无法真正指望一个像她丈夫这样生来就有继承权的王子做到的。1683 年，卡洛琳作为勃兰登堡 - 安斯巴赫的边境女伯爵出生了。可以这么说，她一定程度上出生在了统治者家族和单纯的上层贵族之间的边缘，也就是正好在这两个阶层的分界线上，一边是作为波兰或丹麦王后的堂表姐妹们，另一边是一个同母异父的姐姐——仅仅做到了哈瑙伯爵夫人。卡洛琳的母亲虽然曾经是"美丽的艾泽那赫公主"，在安斯巴赫边境伯爵早早去世之后再婚嫁给了萨克森选帝侯约翰·格奥尔格四世，可以说攀上了高枝。但遗憾的是，这只是名义上看起来很好；9 岁的卡洛琳跟着母亲共同经历的现实是一场噩梦，而 2 年后继父因为在濒死的情人那里感染天花而亡则几乎是种解脱。在德累斯顿，"强力王"奥古斯特二世以一场针对情妇太后的女巫审判开始了执政期，而前任选帝侯的遗孀则与卡洛琳搬到了偏僻的遗孀宫殿中，2 年后就去世了。这个被冷落的孩子不得不自学读书写字，这点可以从卡洛琳一生都按照听觉来写信看出。后来这个 13 岁的姑娘来到远房堂兄腓特烈三世的柏林宫廷，并在那里赢得了受过良好教育的选帝侯夫人索菲·夏洛特的欢心，没有亲生女儿的她把卡洛琳当成普鲁士的公主来教育。凭借这一点，连同卡洛琳淡黄色的头发或者出挑的身材，让她在 1703 年获得了奥地利大公查理出奇体面的求婚；他当时作为指定的西班牙国王从维也纳前往巴塞罗那，单纯为了卡洛琳才

642

643

取道莱比锡。在 5 个小时的会面后，无数信件纷至沓来，这些来信自然是由宫廷总管利希滕施泰因侯爵代替过于羞涩的查理撰写而成，而公主只能在柏林将就着和为了劝她皈依而来的耶稣会牧师待在一起。但是，卡洛琳没有像预期的那样，在经过一段平衡的冷静期后信服天主教的正确性，而是失去了对奥地利家族的耐心。如果卡洛琳能更经常地收到更有趣的信，那她现在（1735 年）很可能正作为皇后端坐于霍夫堡中；但是相反，她让莱布尼茨 [1] 为自己写了一封回绝信（有趣的是，莱布尼茨在信中与耶稣会牧师讨论起了数学），然后努力不去害怕自己闻所未闻的一意孤行所带来的后果。命运确实对卡洛琳有足够的善意，一方面使她免去了一度迫在眉睫的与普鲁士后来的士兵国王腓特烈·威廉一世的婚姻，另一方面仍然使她成了王后。1705 年，命运促使汉诺威的选帝侯世子乔治向她求婚。

　　幸运的是，无论是卡洛琳还是她的新郎，都不知道谈成这桩婚事的宫廷侍臣埃尔茨男爵就是 1694 年因柯尼希斯马克伯爵与乔治母亲的绯闻而惩罚伯爵的 4 个凶手之一。但即使不知道，卡洛琳也明白，作为乔治的妻子，她通过婚姻获得了一个王位的候补资格，但这个王位架在火药桶之上。不过比起汉诺威家族的其他成员，卡洛琳的过往能让她作为威尔士王妃与难缠的英国人相处得更和睦。当然，尤其是作为王后，她不仅是丈夫的支柱，同时也是沃波尔最重要的支柱，是沃波尔最终给了这个国家期盼已久的稳定。但也正是因此，眼下，1735 年 11 月，英国精英担忧的事情变得更加严重。乔治二世对瓦尔莫登夫人的爱不仅像磁铁般吸引他返回汉诺威，也让他远离了王后，这威胁着整个政治体系。更要命的是，这个麻烦的严重性眼看就要加倍。因为无论控制统治者并借此最终主宰整个国家的是妻子还是情妇、是德国人还是英国人、是沃波尔还是他的敌人，都绝

644

---

[1] 戈特弗里德·威廉·莱布尼茨（Gottfried Wilhelm Leibniz，1646—1716 年），德国哲学家、数学家，被誉为 17 世纪的亚里士多德，著有《人类理智新论》《神义论》等。——编注

非仅仅是针对现任国王的问题。在严格的君主政体体系下，人们提前知道谁是下一任君主的确定性，加上统治者无法预测的预期寿命，导致宫廷侍臣们必然总会关注着太阳升起的方向，也就是一定会关注王位继承人。但是英国人在 1735 年 11 月看到的情况，并不能让他们感到宽慰。不过与眼下折磨赫维勋爵的非常具体的情绪混乱相比，这种模糊的担忧似乎害处不大。

此时的王位继承人名叫弗雷德里克·路易斯，家里人喊他弗里茨，差不多从 7 年前开始世人称他威尔士亲王。与德国的"王储"或者法国的"王太子"一样，直到今天，这一头衔不仅仍然是"假定继承人"（最有可能的继承人）的保留称呼，而且更多的是作为"当然继承人"（必然的王位继承人）的保留称呼。作为乔治二世的长子，弗里茨王子是当然继承人；他尽可以高枕无忧，只有提前死去或者一场几乎难以设想的革命才可能阻止他登基。但在一段时间之后，弗里茨王子恰恰认识到了这就是他最大的问题所在。统治者和继承人不睦虽然有着结构上的必然性，几乎被视作正常，但是弗里茨王子自 1707 年出生以来收获的恶魔般的洗礼礼物，大概是王朝世界的邪恶女巫首次馈赠给一名长子的。尽管这个"诅咒"在他 8 岁时才显现，但已经于事无补。1714 年，当祖父乔治一世波澜不惊地搬到泰晤士河畔时，他唯一的儿子乔治（二世）及其妻子卡洛琳自然要随行，这至少可以让英国人看到，国王家族的第二梯队中似乎还是有人喜欢他们的。但是同时，新国王对汉诺威心怀遗憾。在小国林立的德国随手扔出一块石头，几乎就能砸中一名执政的诸侯，因此宫廷几乎处处都是消费的最大"发动机"。如果一个人想看看这些人的消失对于城市和地区会有怎样的致命后果，只需要看看许多仍矗立在时光中的以前的宅邸，它们在视觉效果和规模上毫无变化，但其中的诸侯家族已经灭绝或者迁走——相当于一个保质期刚刚（1705 年）才在相邻的策勒到期。此外，由于汉诺威的宫廷侍臣们甚至无法指望得到英国的替代职位，因此只剩下一个解决方案：汉诺威宫廷必须作为一个单纯提供就业的项目继续存在。而对于生活

645

在如今的德国人来说，除非在遥远的某一天，德国联邦政府的部分部门不再位于波恩[1]，人们才可以取笑这个方案。弗里茨王子的不幸自然不在于祖父的慷慨，而是这慷慨的界限——要是乔治一世出钱资助一座宫廷，那他就想在里面看到一位王族，既然他唯一的儿子只有一个儿子，那就只能是他了。就这样，汉诺威王子弗里茨7岁就不得不告别父母，在接下来的14年中只能在宫殿里的油画中看到他们；在这座宫殿里，他作为一个冗余宫廷的胆怯雇主，只能用金银丝编织的精美战船模型玩耍。

到此时为止，已经处变不惊的读者或许会说，这一命运根本没那么不同寻常。的确，和近代早期的普通人一样，王室子弟也经常在没有父母的情况下长大。然而，弗雷德里克·路易斯的悲剧在于，虽然他后来与父母团聚，但是已经太晚了。14年的分离使他成了一个既幼稚又缺乏自信的年轻人，拼命地寻求认可，尽管上过语言课，但几乎没有为伦敦的广阔世界做好准备。这就够糟了，更致命的是，这次分离对于其他家庭成员也绝非毫无影响。乔治和卡洛琳在1714年只能带走3个对于王朝无关紧要的女儿，此后二人似乎克服了留下儿子的悲伤，方法是努力将他遗忘并寻找替代人。不幸的是，这两个方法都成功了。在又生了两个女儿后，乔治和卡洛琳终于在1721年又有了一个活下来的儿子，名叫威廉·奥古斯特，获封坎伯兰公爵。亲王夫妇无法再向长子展示的所有爱与照料，现在都给了这个晚生子，因此合乎逻辑地，这名晚生子被教育得非常从容，而人们对他的哥哥则灌输了相反的品质。6年来一切安好，如果这种情况也算得上安好的话。1727年，乔治一世去世，威尔士亲王变成了乔治二世，他的儿子、以前一直叫作格洛斯特公爵的弗雷德里克·路易斯成了当然继承人，成了威尔士亲王。问题在一开始就很明显：那个不受喜爱、被排挤的儿子早就长大成人，迫不及待地要去往英国，并且确定有朝一日登上王位的是

---

[1] 德国第二大政治中心，驻有包括国防部在内的6个联邦部门和其他政府部门的办事机构。——编注

他，而不是备受宠爱的坎伯兰。乔治二世和卡洛琳千百次地绞尽脑汁，思索着该如何改变这一状况；他们千百次地探问政客、宫廷侍臣、法学家，想知道是否至少可以划分遗产。都是徒劳。长子继承权在汉诺威通过帝国和家族法律牢固地确定了下来，正如英国相应地通过《王位继承法》来确保类似的规定。因此，每一种为了次子而做的偏离尝试都势必会导致内战、罗马－德意志帝国的干预或者敌人的入侵，其后果会比王室集体从多佛尔港的白垩悬崖跳下去还要严重得多。国王夫妇别无他法，只得命人将第一次表现出了独立征兆的 21 岁长子几乎秘密地（在一场假面舞会中）从汉诺威接回来。1728 年 12 月 15 日，因快马加鞭地赶路而疲惫不堪的王子抵达伦敦，人们不得不雇了一顶类似于出租车的轿子，最终在圣詹姆士宫通过一个后楼梯把他领到了王后的房间。王子的家人正在这里等着他共进晚餐，这是每一部丹麦的问题电影都引以为豪的。环桌坐了 8 名最亲密的家庭成员，其中 5 人弗雷德里克已经 14 年未见，3 人从未见过。他是他们的长子、他们的兄长、他们未来的国王，却不得不有一种迟到养子的荒诞感；他是一个不受欢迎的入侵者，像一个坏良心的化身一样潜入他们的生活。也难怪弗雷德里克被排除在外，他笨拙、幼稚、不招人喜欢、茫然无知，被父母怀疑地打量，被兄弟姐妹嘲笑。无怪乎他要拼命地寻求认同，寻找一位盟友、导师和父亲般的朋友，但同时又必须足够年轻，可以作为自信优雅的榜样。恰巧此后不久，赫维勋爵就返回了宫廷。

　　其实赫维有足够多的其他事情要干。他并非平白无故带斯蒂芬·福克斯游历那不勒斯和广阔的世界，只因为他一如既往地爱着这个比自己年轻 8 岁的人。二人共度的时间很快就减少了，那几乎完全是因为赫维新的宫廷职位，副宫廷侍从官那把金闪闪的钥匙几乎时时刻刻将他拴在肯辛顿宫或者圣詹姆士宫。因此，我们发现这位新上任的副宫廷侍从官在其有限的闲暇时间里也会出现在位于宫殿旁边圣詹姆士广场的自宅中，他和妻子在此和平共处，并在后来的岁月中生育了 4 个孩子。如果斯蒂芬哪天离开自己的庄园，来到伦敦，赫维夫人就去拜访公婆。很过分，但是也很普遍；

647

648　　要不是加上了宫廷诱惑，这幅扭曲的田园景色原本是可以实现的。其中至少有一样赫维本应该已经有了免疫力：他不是已经引诱过一名未婚侍女，却并没有因此而变得幸福吗？但是这个诱惑又来了，25 岁的安妮·文是男爵之女，伦敦的诗人称其为"美丽的香荬兰"；她是一名外交大臣的侄女，另一名外交大臣的情人，一个虚荣的独立美人。人们没有看出她脆弱的健康状况，于是很快就发生了必然要发生的事情：四角恋。要是考虑到赫维除了这段私人生活，不仅从事着整个宫廷最为劳累的工作，还是出色的讽刺作家和议员，人们或许会明白，为什么比他年轻 11 岁的威尔士亲王会如此景仰他。从赫维的角度来看，这自然正是问题所在。为了注意到这个不幸而又幼稚的年轻人，勋爵必须违心地向下牵就很大一截。随着年岁的增长，亲王将成为一名很好的艺术资助者和大提琴演奏家。但是赫维那座在稀薄的空气中书写博学诗篇的古典主义奥林匹斯山，弗里茨很难攀登得上，正如他在宫廷沉着度这一高阶区域也很难望赫维项背一样。1729 年至 1730 年，连大提琴都还是真真正正的未来音乐。亲王当前（和长期）的激情一直是撞柱游戏[1]，为了玩这个游戏，午饭可以推迟到晚上；另外还有网球、园艺，连愤怒的贵族访客都被迫参与这方面的训练；板球，当然还有棒球，王子习惯和男男女女的宫廷臣仆在其城市宫殿装饰昂贵的沙龙中玩这个游戏——这种生活确实不适合赫维。然而，宫廷的诱惑胜利了。作为弗里茨，弗雷德里克·路易斯或许是只可爱的幼犬，他写给赫维的故作机智的信直到今天读来仍不免让人感到莫名的羞耻。但是作为威尔士亲王，他是正在升起的太阳，在这种权力面前，连赫维这样的人也黯然

649　　失色。未来国王的导师将手握整个宫廷侍臣宗族的王牌，在赫维眼中，影响力、头衔和勋章绶带、女儿们富裕的婚姻、长子的宫廷军衔、幼子的主

---

[1] 由 12 根木质分数柱和 1 根木质击打柱组成，分数柱上标有 1~12 的阿拉伯数字。游戏至少需要两个玩家，分成两队，不设人数上限；玩家需用击打柱击倒分数柱，首先得到 40 分的队伍获得胜利。——编注

教管区，不限于能让敌人摇尾乞怜的权力正在远处显现。讽刺的是，最酷的宫廷侍臣愿意为此被贪玩的拉布拉多犬一样的亲王称为"小鸡勋爵"。

就这样，赫维勋爵成了威尔士亲王最好的朋友，这是最起码的。弗雷德里克·路易斯成了赫维第 3 个儿子弗雷德里克的教父，与此同时，二人不停地给对方写着亲密的信件，最后甚至用假名共同创作了一部戏剧——毫不费力地迅速在舞台上夭折。从此，一个经常被问及的问题出现了：他们的关系具体到了哪一步。对于比自己小 11 岁的王子，赫维只是一个父亲般的投机朋友，抑或是他的情人？就像赫维同时也是斯蒂芬·福克斯的情人那样。当赫维有一天在信中向福克斯写道，他担心"不能像爱你那样"爱王子，福克斯的反应充满责备。但是连这些以往非常坦诚的信件，例如证明了赫维与福克斯有肉体关系的未公开部分，也是在担心被他人读到的阴影下写就的，远不像在四角关系或者五角关系中原本该有的那么清晰；而赫维 1730 年至 1732 年的回忆录显然由于更为坦诚而被作者的一个孙子毁掉了。布里斯托尔伯爵读到了什么？如果只涉及赫维与女性的情史，再耸人听闻，这位孙子也会保留，所以被销毁的 3 年大概会使王子蒙羞吧。但是就像我们马上要看到的那样，这什么都证明不了，留给我们的只剩下疯狂的谣言，其中最离谱的偏偏来自弗雷德里克的母亲。王后卡洛琳一厢情愿的认为，她的长子必然没有生育能力，这样她心爱的坎伯兰公爵至少还可以晚点成为国王，因此她时刻都在试图发现儿子性生活的新动向。一旦她意识到，恰恰是赫维导致弗里茨不会走上繁衍后代的方向，那可能正中她的下怀。但是王子似乎也有与母亲相反的担忧，尽管他马上就 25 岁了，但他不仅仍然没有妻子，甚至尽管有意却仍然连个情人都没有。与伟大的马尔伯勒那年长他 25 岁的女儿的优雅调情无疾而终；在海德公园和一位经商的女士散步，结果被抢劫；与一名农妇调情，却突然遭到了其夫的殴打。弗里茨向赫维学习，终于把自己作为初升太阳的职位魅力有效地用在了情欲上，这是幸运还是不幸呢？不管怎样，惊讶的副宫廷侍从官在 1731 年 12 月发现，

650

宫女文仍处于这段稀奇的四角或者五角关系中，她至少从 3 个月前开始就不仅是赫维的情人，同时也是弗里茨的情妇。

　　从此之后，赫维写给斯蒂芬的信件的基本内容发生了天翻地覆的变化。前不久赫维还对王子大献殷勤，如今却觉得王子肮脏无比，他只是出于宫廷侍臣的例行公事才将这种感觉又隐瞒了几个月。但是，1732 年 6 月 15 日，文小姐生下了一个儿子，给他取了个纲领性的名字菲茨弗雷德里克·康沃尔（"菲茨"在盎格鲁－诺曼语中代表儿子，康沃尔来自直到今天仍属于英国国王当然继承人的公侯领地的名称）。王子喜不自胜，只有王后依然坚信，这孩子必然是外交大臣或者赫维勋爵的大作。文小姐获得了圣詹姆士宫附近一座漂亮的房子及足够的年薪，未来得以在自己的轿子后再跟上两顶，里头坐着未被承认的王子之子的奶妈们。但是赫维勋爵决定，在追溯式的回忆录里记录下这个王子捣蛋鬼的一些基本事情，就算布里斯托尔伯爵没有将其销毁我们也不能相信的事情。据我们了解到的王子后来的行为，有力地表明他与赫维不存在肉体关系。因为如果弗里茨哪怕有一点相应的苗头，那他作为一个最尖刻的嘲讽时代中有争议的公众人物根本无法长期隐瞒。最重要的是，如果王子真有这种倾向，那他周围就会出现更明确的男宠，因为即使不涉及情色，这些宠臣本也存在于每一个宫廷。一个同性恋或者双性恋的统治者完全可以在不引起注意的情况下给自己的情人安排上这种角色，而不是像威尔士亲王弗里茨那样，被很多平等的宫廷侍臣围绕着。但是恰恰因为王子对处于优势地位的长者似乎只有幼稚的钦佩，才很容易想象出他被赫维的敌人"启蒙"此人真正意图时的震惊。恰恰因为对性不自信的弗里茨还把赫维当作救星，他现在必然觉得，自己就像梦游一样走向了丑闻的深渊，而能够保全他的只有安妮·文。通过将安妮·文变成自己的情妇，弗里茨不仅证明了自己的正常，同时也惩罚了那个似乎将他置于丑闻危险中的男人。这是怎样的一种惩罚啊！赫维失去了情妇，要承受敌人的讥讽，以及几乎肯定来自王子的恐同侮辱。最重要的是，他还一下子失去了比笨拙的弗里茨更吸引他百倍的东西，也就是以国王的朋友和导师的身份成为王位背后的权力人物的前景。现在，赫维勋爵的美梦突然变成了噩梦，这值得他终生憎恨王子。赫维没有停止机智和开朗，但是他将从现在开始带着尖刻，直播一般撰写回忆录，而且每一个针对王子的用词都仔细地浸染了鄙视。

　　1735 年 11 月，所有这些事情在发生 3 年后，突然又变得重要起来，因为弗里茨身旁的女人问题再次被加倍地重新提了出来。一开始涉及一位妻子，没有妻子，王子就不能动用已经由议会批准的收入。早在 1730 年，普鲁士的联姻计划失败时，弗雷德里克显然立即开始努力追求新的结婚对象，她的名字戴安娜·斯宾塞在我们听来并非完全不恰当。这位芳龄二十、被称作"戴女勋爵"的姑娘不是旁人，正是已经年迈的马尔伯勒公爵夫人莎拉最心爱的外孙女——马尔伯勒公爵夫人的第 2 个女儿嫁给了一名斯宾塞。由于更近的继承人都无子而终，此后不久马尔伯勒的公爵头衔连同布伦海姆宫都落到了斯宾塞的长子头上，他的后人接受了斯宾塞－丘吉尔的名字，直到今天仍然住在牛津附近的巴洛克宫殿布伦海姆。由于公爵遗孀莎拉的激烈性格在年迈时更加暴躁［刚从那不勒斯返回的赫维勋爵不无理由地称她为"老埃特纳（火山）"，称自己那与她非常交好的母亲布里斯托尔夫人为"维苏威"］，她通过一系列剥夺继承权的操作，最终将大部分家族财富转移给了她较小的外孙约翰和外孙女戴安娜·斯宾塞。约翰的后裔中就有后来的斯宾塞伯爵一家，也就是我们更为熟悉的戴安娜的家族。而戴安娜王妃同名的太姑祖母眼下成了求婚的对象，这原本可以使戴女勋爵成为威尔士王妃。人们也许会怀疑这桩婚事是否真的能成，因为在这桩婚姻谈判期间，"老埃特纳"就不得不劝阻外孙女与另一位年轻女士之间"激烈的友情"，她们爱的誓言眼看要对这项美妙的计划形成阻碍。但是就算没有这种名声上的缺陷，面对统治者家族无情的门当户对原则，一位生活在 1730 年的英国伯爵之女也没有任何机会。世界要么还是太幼稚，要么是幼稚得还不够，无法忍受这种社会出身的创造性改写（就像 1981 年同名的八代孙侄女以讨人喜欢的民间幼儿园教师身份所实现的突

破），当时的世界只是认为伯爵的女儿根本不属于王室。因此，戴安娜夫

653
人没能嫁给王子，而是嫁给了贝德福德公爵，并于 1735 年 10 月 8 日作为
此人的妻子死于肺结核，年仅 25 岁。弗里茨王子几乎同时收到消息，称
他的父王在汉诺威不仅澄清了他自己的情妇问题，也澄清了儿媳问题，因
为父王一时冲动，觉得毫不显眼的备选公主、萨克森－哥达的奥古斯塔十
分合适。这立马启动了巨大的阴谋机器。

即将举行的婚礼不仅将给王子带来更高的收入，也会为他的妻子带来
女性的宫廷侍臣。未来的王妃将会需要一个宫廷女管家，这也是王子弗里
茨将会颁发的一个宫廷大奖。谁能比他的情妇更合适呢？他可以借此把情
妇无懈可击地固定在自己附近。文小姐很不幸，宫廷女管家必须已婚；因
此"美丽的香荚兰"就得缔结门当户对的婚姻，但她作为没有嫁妆、带
着私生子四处招摇的母亲结婚无望。另外，这个孩子的王子父亲原本就已
经疏远了文小姐，因此可以更自由地接近一位称作阿奇博尔德·汉密尔顿
夫人的苏格兰女士，她的名字我们还需要慢慢适应。还记得吗：一位可以
直呼其名的勋爵不是上议院成员，而只是一位侯爵或者（像这里这样）一
位公爵的幼子，这是一种优雅的称呼。所以这位女士（套用不久前创造了
"约翰·F. 肯尼迪夫人"这种名字的格式）是阿奇博尔德·汉密尔顿勋爵
的妻子。这位勋爵的哥哥奥克尼伯爵不仅在马尔普拉奎特与我们相遇过，
而且恰巧也娶了一名国王的情妇。当然，阿奇博尔德 35 岁的妻子是不是
受了妯娌的启发才走上了同样的道路，我们自然不得而知。但是不管怎
样，阿奇博尔德·汉密尔顿夫人从现在开始始终跟在威尔士亲王左右，并
且努力井井有条地（就像文小姐的轻浮那样）把作为孩子母亲的危险前任
永远地排除在外。马上就要结婚的王子只能眼看着真真切切住在隔壁房子

654
中的女人无耻地展览他们二人私通的后果，这难道不算耸人听闻吗？他难
道不该出于纯粹的正当防卫把这个孩子夺走，让这位可耻的母亲明白，只
有在国外待上几年才能保住她每年 1600 英镑的进项？王子的侍从官巴尔
的摩男爵很快就拿着一封信出现在了文小姐的会客厅。文小姐读了信，差

点儿把这位不受欢迎的信使扔出去，不过她抑制住了最初的震惊。"美丽的香荬兰"立即明白了一件事。她需要全国文笔最好的阴谋顾问来为她写回信，而她几天之前才跟此人同床共枕过这一点真是再好不过。文小姐立即坐到写字台旁给此人写信，后者居住的套房位于离她只有 1000 米的圣詹姆士宫中。

赫维勋爵带着一丝疑惑打开了文小姐的信，因为二人每周才幽会两次。自从两人一年前开始先是艰难、尔后越来越热情地和解之后，就在努力尽可能多地会面。当然，为了不损害那决定人生的 1600 英镑及赫维与斯蒂芬·福克斯的关系，这一切都得谨慎而为。而自从福克斯与哥哥的一名情妇的 12 岁女儿订了婚，自然也不能再抱怨了。赫维与文小姐一开始总是在太阳落山后在女方家中见面，但是舒适感太差了——仆人们都得放假，因此没有人给他们送水果、茶水或者晚餐。但幸运的是，赫维夫人眼下和幸福得反常的里士满夫妇启程去了法国，因此赫维在圣詹姆士宫的宫殿套房就空了出来，很快文小姐就每周两次步行前去：完美地掩饰，因为一位高贵的女士通常都会乘坐马车或轿子。不过其中有一晚险些以恐怖结束，原因不是故弄玄虚失败，而恰恰是因为成功了。原来文小姐几年以来一直患有痉挛性胃痛，这一晚又犯了，而且比以往发作得更强烈。赫维绝望地给文小姐服用了所有种类的药物，最终还用上了金粉，但是却没能阻止她最后死了一般瘫在他的睡椅上。这一刻无比漫长，赫维似乎失去了一切。没有仆人知情，没有掩饰的可能，这种事件即使在堕落宽容的宫廷世界中也必将带来避无可避的耻辱。勋爵也曾想过，失去这个女人意味着什么，或许甚至想到了那个既有可能是他的也有可能是王子的孩子。人们怀着一点这样的希望，但是证据不多，谨慎加工过的回忆录没有提到这些想法。话说回来，这一次二人仍然走运：文小姐苏醒了，又用更多的金粉凑合着提了提神。赫维没敢在宫殿里声张，最后亲自把她秘密地送到了蓓尔美尔街，在那里给她叫了顶轿子。

经历了这一切的人，几乎不会再被王子的一封恶毒来信吓到。相反，

655

赫维再次成为文小姐的情人几乎是种浪费，因为眼下的这个任务就算是为了一个完全陌生的人，他也愿意承担。是时候给王子回一封信了，既低三下四得无懈可击，又能被用作书面的一记耳光。这封手写信要可以誊抄分发给所有宫廷贵族，必要时就像致命武器一样，或许可以将其置于某个衬页中，加以艺术性修饰后印刷。也就是说，这封信不仅应该记录文小姐对冷酷前男友的回复，还应该把王子逼到绝境，使他要么给文小姐金钱、孩子，让她留在家乡，要么公开承认他是多么卑鄙小气——换句话说，他是个不尊重贵族荣誉、代理人和奖赏政策等基本原则的人。这将是对上议院贵族与下议院议员发出的一个警告，一个他们需要为在野党寻找一个比王子更可靠的庇护人的信号，而王子很快就会急切地需要这些人的支持。因此，在一个大人物也要以同样的价目表为自己收买政客和情妇的世界，赫维勋爵乐滋滋地为"美丽的香荚兰"起草的这封被动又富有攻击性的杰作，以一种公开威胁大获成功，令王子立即屈服。1735 年 11 月，王子同意每年无条件支付给文小姐 1600 英镑，直到她去世，由此确保她过上梦寐以求的自由和奢华的生活。文小姐立即前往奢华的疗养胜地巴斯，那里当时刚刚成为上流社会的天堂，在简·奥斯汀的书中可以读到。我们也几乎是顺带着了解到，真正的搬迁理由是文小姐一如既往的定期胃绞痛，她打算用有治疗作用的矿泉水来对付这一顽疾。文小姐过上这种新生活还不到 4 个月，1736 年 4 月 7 日，强烈的胃绞痛就再次来袭，这一次连金粉也不起作用了。安妮·文动荡的人生结束了，终年还不到 32 岁，除了赫维的回忆录和一部很快就被遗忘的丑闻戏剧，没留下一丝痕迹。文小姐搬家时，把小菲茨弗雷德里克留在了伦敦的兄弟处，后者在那里担任宫廷侍臣，太愿意抚养这个可能是下一任国王儿子的孩子了。但是在母亲死前 5 周，这个 3 岁半的小男孩也发病了，就像当时他的母亲在赫维勋爵的床上那样，最终死于不明原因的疾病。我们不知道，赫维勋爵是否把自己看成过这个孩子的父亲，这个孩子恰好孕育自爱情背叛时期，因此也有可能是王子的后人。但是就算赫维真的把菲茨弗雷德里克当作过自己的儿子，我

们也几乎无从得知，这个孩子对他意味着什么。在赫维勋爵长达 924 页的
回忆录中，完全没提过他 8 个婚生子中的任何一个。我只得查阅家谱参考
书来发现那个残酷的讽刺：这 8 个孩子中最小的一个恰好出生在菲茨弗雷
德里克夭折的前一天。

　　无法理解的疾病彻底抹去威尔士亲王弗雷德里克复杂关系往事的 4 周
后，伦敦少有的春日暖阳照耀着王子迎来其合法家人的开端。1736 年 5 月
8 日中午时分，一辆马车停在了泰晤士河右岸的坎特伯雷大主教官邸，就
是 47 年前洛赞把王后玛丽亚·比阿特丽克丝连同她的儿子和保姆费力地
拖进逃亡马车的地方。一名身穿红金制服的男仆翻下豪华马车的踏板，好
让萨克森－哥达的奥古斯塔下车。宫廷司库特拉华男爵已经向公主伸出手
臂，由于指定给她的侍从官、后来成为波士顿男爵的威廉·厄比爵士很可
能也在场，因此我们不妨在这个"美式"接待委员会中武断地添上侍从官
巴尔的摩男爵，然后再让所有人走下通往泰晤士河的宽大台阶。众人在那
里坐上王子的豪华游艇，摆渡的方向恰恰与 1688 年王后等人的乘船旅行
方向相反，明媚的天气也与当年完全相反。奥古斯塔公主扬扬得意地驶向
自己的婚礼，目标是有朝一日能在弗里茨左右获得后位，而玛丽亚·比阿
特丽克丝当年在奇形怪状的服装下带走的儿子至今仍在罗马称自己对这个
王位拥有权利。正因为对自己参与的事情一无所知，奥古斯塔公主就愈发
信心满满。该让谁向公主解释呢？她唯一的一名德国陪同是枢密院顾问克
里斯蒂安·冯·乌费尔，作为弹丸小国图林根的财政大臣，他自然对英国
一无所知（1674 年的日内瓦枪击事件后，他的父亲成了沉迷炼金的公爵
叔父的宫廷侍从官，因此公爵家族相当于把克里斯蒂安"世袭"了过来）。
至少奥古斯塔过去几日的经历已经表明，这个君主制国家不仅可以通过水
路到达，而且显然也建造得离水特别近。在格林尼治宫殿中的 2 天，奥古
斯塔那精力旺盛得感人的未婚夫不断地乘船前来，前一晚二人还坐在游艇
里逆流而上，而船上的乐团演奏的则是亨德尔为此创作的水上音乐（就算
是吧，因为这种东西是循环的，乐曲是 20 年前为王子的祖父而作；眼下

657

658

亨德尔正闷闷不乐地排练他最新的婚礼颂歌，因为现在排练已经太迟了）。由于此外的 3 座避暑行宫中有 2 座位于泰晤士河以南，这位 17 岁的公主开始明白了，她大概还要渡过这条河很多次。相反，对于人们刚刚决定要在这里建造的那座桥，她几乎一无所知，尽管此时驾驶着他们游艇的那些御用船夫对建桥极力反对。抛开一位公主要做的可不是和船夫聊天不说，她也得会英语啊，在她的母亲看来，学英语就等于浪费时间——毕竟汉诺威家族已经在英国执政颇久，臣下在此期间肯定已经全都学会了德语。但是按照赫维勋爵更为现实的估计，从 1714 年起，会说德语的英国人大概只增加了 3 个，因此现在公主在进入自己的角色上有一点障碍。但是这并没有让公主不安，她的法语很流利，使得她的内廷女官们都在拼命地努力回忆自己上过的课程。所有人都立即喜欢上了这个新来的人儿，但都比不上新郎的兴奋，他的行为大概才真正让奥古斯塔安心。除了奥古斯塔的黑色眼睛更美丽，她看起来和王子的姐姐安妮一模一样。我们不惮于将其称作是一个有点反常的巧合，因为其他统治者家族的夫妇有更加紧密的亲戚关系，原本相像的可能性要更大一些；而奥古斯塔只是她未来夫君的远房表姨，也就是说，是允许的婚姻圈子内最不沾亲带故的候选人。（一个苦涩的讽刺是，偏偏就是这个几乎不沾亲的奥古斯塔把淋巴结核带进了英国王室，也就是那种自革命以来英国国王们不敢再用按手礼来治疗的疾病。）但是让弗里茨在格林尼治的第一晚就诚挚地吻了奥古斯塔 10 次的，既不是这种相像，甚至也不是由婚姻决定的年俸翻番的前景，他纯粹是出于高兴。吻完了未婚妻，他还“极为文雅”地给了当值的内廷女官一个吻。“不，”在游艇向着白厅的台阶前进时，奥古斯塔可能会想，“反正这方面不会有闪失。”

　　婚礼很受公众欢迎。在格林尼治时，奥古斯塔就已经能听到兴奋的民众不停地叫喊欢呼，但是这与现在，当她的船停泊在 1698 年被烧毁的白厅宫殿废墟旁时所听到的相比，简直是小巫见大巫。御用轿子正在台阶的尽头等着奥古斯塔，人们用轿子抬着她经过皇家骑兵的建筑物，向圣詹姆士宫走去，只有败兴的人才会在这一刻向她解释，为什么公婆没有在宽大的胜利大街上接她去首都——就是我们在本章开头看到国王的那条大街。为了避免这位可爱的年轻女士给没用的弗里茨带来不必要的民众好感，谨慎起见，乔治二世安排她走了几乎不被人注意的小路，但是并没能阻止现在蓓尔美尔街的主路上出现热烈喝彩。这着妙棋的作用仅限于让苗条的新娘到达圣詹姆士宫的时间大大延迟，让执着于守时的国王在宫殿草坪上足足站了一个小时。换成任何一个旁的人一定因此终生不得乔治二世的欢心，但是天才的奥古斯塔立即将公婆与自己的关系扳了回来，她匍匐着跪倒在国王夫妇面前，国王公婆费了好大劲才把她拉起来。但是值了。这一天剩下的时间里，身在英国、无比怀念忠诚德国人的卑躬屈膝的乔治二世喜笑颜开，高兴程度几乎不亚于他的儿子，连更冷静的王后也受到了足够的触动，此后立即在宫殿教堂中为新娘同声翻译婚礼仪式。甚至连赫维勋爵都不能否认，这个从小命运不济的孩子勇敢地熬了出来。勋爵的母亲布里斯托尔夫人的兴奋劲儿更能说明问题，因为一个称自己孙子为"小害虫"的女士实在谈不上多愁善感。这种幽默把布里斯托尔夫人与乔治二世联系在了一起，国王称赞她拄着拐杖蹦来蹦去有一种天然的滑稽，然后向她展示了儿媳的珠宝（国王喜欢这些，他曾坐到一名未婚侍女身旁，试图通过一言不发地数金币来勾引她）。夫人和她的儿子自然可以筋疲力尽地在他们宫殿套房的两个沙发上度过下午剩下的时光（谁会坐在文小姐差点儿死在上面的那张睡椅上呢）。相反，王室家庭仍在忙碌，尤其是弗里茨，他现在正努力在用晚膳时给妻子留下好印象，于是为她创造了一个礼节的先例。弗里茨的仆人们突然只能跪着为公主备餐了，并且只有公主获得了一把扶手椅，而弗里茨惊诧的兄弟姐妹们只能坐靠背椅。虽然诸位王室子女让自己的仆人取来了平等的坐具，并且坐上去忍到了饭后甜点时间；但是到喝咖啡时，他们及时逃跑了，因为有人警告他们，在倒咖啡时他们会受到极其明显的歧视。就这样，婚礼的这天立即具有了双重预言的性质。首先，萨克森－哥达的奥古斯塔已经证明了那种似真似幻的自信，这使她

660

在最糟糕的家庭纷争中也能与所有"参战者"和睦相处。其次，这种家庭纷争就在眼前，很快它就会表明，即使奥古斯塔的外交手腕也不能保证威尔士王妃活过 17 年。

如果说婚礼之后仍然有一段相对缓和的时期，那也只能归功于怀孕 8 个月的瓦尔莫登夫人。几个月以来乔治二世一直在抱怨，为什么议会事务和婚礼拖延了这么长时间，现在连首相沃波尔也无法再劝说国王放弃旅行计划，而沃波尔刚刚还向赫维宣称，他能多么好地掌控国王。正当沃波尔还在徒劳地试图让王后卡洛琳相信让国王有一名英国情妇的必要性时（连他不停发出的对王后自嘲言论的大笑声都帮不了他），患相思病的乔治二世已经用画作将妻子的卧室装饰一新，画中是他去年与瓦尔莫登夫人共度节日的情景。乔治二世可以数小时之久的讲解哪个时刻让他特别感动，一言不发听着的卡洛琳向怀有同样情绪的赫维做着鬼脸，并且越来越渴望国王启程日的到来，那时候他们所有人才能松口气。国王走后，1736 年的这个夏天首先传来的是一条让作为摄政者留下的卡洛琳觉得宽慰的消息。虽然瓦尔莫登夫人在乔治二世到达前不久为他生下了一个儿子，后来这个儿子还升为了伯爵和陆军元帅，但是这幅田园生活的画面很快就黯淡了下来。一天夜里，人们在美丽的瓦尔莫登的卧室窗户下发现了一架梯子和 23 岁的德舒伦堡伯爵，对于出现于此的人和梯子没有任何无辜的解释。乔治二世做了他视为理所当然的事——给妻子写了一封长信寻求建议，信的高潮是"请您问问那个胖子"：沃波尔会知道该怎么做。虽然我们不知道首相的回答，但是瓦尔莫登保住了自己的地位，她指出这一切非常可疑，看起来很像是她的对头策划的。作为达灵顿女伯爵的外甥女和普拉滕伯爵夫人的甥孙女，瓦尔莫登毕竟属于一个几代以来已经巩固的情妇家族，而那个年轻人大概不怎么偶然地是当年争宠的另一名情妇埃伦加德·梅留辛·冯·德舒伦堡的一个侄孙。走运的是，国王愿意相信，因此除了德舒伦堡伯爵突然被其在威尼斯任陆军元帅的伯父剥夺了继承权，无人受到波及。短暂的震惊反而明显把国王更加推向了他的情妇，乔治二世以往天天写给妻子的书信洪流日渐枯竭，他曾责备妻子回信只写了 19 页。现在卡洛琳没有国王的一点音信，而她正作为摄政王努力谋求通过一项新的酒精税。几年以来，一股廉价的杜松子酒浪潮在英国国内造成了灾难性的后果。当政府试图通过提高税收把魔鬼塞回瓶子里时，却引发了暴力反应，发展到高潮时暴徒甚至围住了王后的马车，高喊着"没有杜松子酒，就没有国王"。卡洛琳承诺，再等一等，很快他们就会既拥有杜松子酒也拥有国王了，这才好不容易把这些人安抚下来，但无济于事的是，至少第 2 个承诺被证明过于乐观了。

乔治二世的生日快到了，之前他一直都是在英国过生日，但是这次生日都过了，人们还是连他新的返程日期都不清楚。城里早就开始流传一个失踪人口的嘲讽报告，说一个父亲的妻子和 7 个孩子沦为了济贫院的负担。卡洛琳再也忍受不了了，她给丈夫写信说，请他看在上帝的分上，只要他愿意回来，可以把瓦尔莫登带回岛上。沃波尔安慰地向卡洛琳保证，即使是对手再强，她也能短时间内将其搞垮。令王后高兴的是，被这种慷慨打动的乔治感激地拒绝了她的提议，并且终于宣告返程。2 个月的拖延造成的最危险的后果自然就在眼前。当国王 1736 年 12 月 21 日到达尼德兰的港口城市海勒富特斯勒斯时，恰好赶上了最糟糕的冬季风暴。12 月 25 日，663
王后、宫廷和伦敦城才获悉国王将立即出航，然后一场大型风暴爆发的消息就来了，接下来的 5 天没有任何音信。没有一艘船抵达英国的港口，英国的居民听到了英吉利海峡舰队靠炮击发出的呼救信号，伦敦很快谣言四起，连忠诚的宫廷侍臣们表态性的从容所起到的作用也越来越小。在卡洛琳和她的朋友们不得不设想讨厌的威尔士亲王登基这一场景 5 天之久后，解脱的消息来了，原来国王没上船。但是国王于 31 日重新出海，而这只是乔治二世近乎厌世的不耐烦的表现，因为风暴此时更加糟糕地卷土重来了。国王对此毫不在乎。他以那个时代特有的细腻询问了一名劝他慎重的海军将领，是否曾有国王在海上溺毙的先例；他肯定很高兴连这都有先例，因为在 230 年前，一名乘船驶过英吉利海峡的王后也用同样的论证安慰过自己（没必要说出来这位王后是"疯女"胡安娜）。但是风暴更猛烈了，它把掩护的战舰如同玩具般抛回了港口，往海军上将的船里灌进了 2 米深的水，迫使船员为了逃生把行李和大炮都扔到了海中。30 个小时后，国王的游艇重新安然无恙地回到了尼德兰的港口，这近乎一个奇迹。几乎同样不可思议的是，连乔治二世也暂时学会了珍视耐心的价值。1737 年 1 月 24 日，出海的尝试才取得成功，最终把依然还晕船的国王在 25 日下午的早些时候送回了他在这么久的时间中根本不思念的首都。

国王回来了，那又怎样？尽管乔治二世的敞篷四轮单驾轻便马车和一年半前走的是同一条路，但是这一次，同样拥在道路两旁的伦敦民众并非为喝彩而来。国王违背游戏规则，接二连三地前往汉诺威，在过去的 21 个月里待在英国的时间还不到 6 个月，他现在为此收到了账单。不见有人脱帽，没有人欢呼，甚至还有人发出很大的嘘声，以前从来没有过这种事。这天下午驶进圣詹姆士宫内院的，是一位受到多方面猛烈震动的君主，而稀奇的是，正是因此，才带来了出乎意料地向好的转机。沃波尔和赫维最先注意到了乔治二世亲吻王后的方式，然后他亲吻了孩子们，最后甚至亲吻了那不得宠的继承人。由于先前卡洛琳已经向二人展示了丈夫在海勒富特斯勒斯写的情书，他们相当于收到了预先警告。即使在赫维看来，这封信读起来也十分出色，以至于他只能不情愿地赞美国王："罗伯特·沃波尔爵士和赫维勋爵一致认为，在追求一位可以通过写信来追求的女士上，他们情愿和国王以外的任何人做竞争对手。"现在沃波尔和赫维站在这里，看到国王的喜爱如同不曾预料的阳光一样倾泻到卡洛琳身上，换句话说，看到他们已经摇摇欲坠的政治体系一下子重获新生了。他们情不自禁地互相表达着自己的喜悦——自然是用拉丁语的语录，因为首先，如若不然步兵侍卫就全都听懂了；其次，完美的评论在 18 个世纪以前已经被写成了诗行。国王确实像是刚刚恋爱一般。虽然第 2 天沃波尔不得不向副宫廷侍从官宣称，尽管有种种狂喜，但他不认为 Mr. Bis（拉丁语：两次先生）有在夜里拜访过王后。而赫维表示，王后有 Mr. Semel（一次先

生）就很开心。确实也是如此。尽管乔治二世在几周之内又重拾他消极
对抗的自我，但他与王后的关系一直很好，很快就好像瓦尔莫登夫人从
来没存在过。公主们的女教师德洛雷因伯爵夫人继续徒劳地向国王抛媚
眼，反对派继续无望地期待着王后和沃波尔丧失权力，但一切又恢复了
原本该有的样子。

    要是我们的小插曲是虚构的，那它就该在这里结束了，但是它就像不
停前行的历史中几乎所有的终点那样随心所欲。国王和王后刚刚出乎意料
地和好，他们与继承人的矛盾就灾难性地升级了。在乔治二世归来后又能
重新召开议会时，弗里茨的追随者们立即向议会申请，责成国王支付曾经
给王子预留的 10 万英镑年俸。各方在这场议会大战中使用了所有可以想
到的威胁和贿赂，虽然国王一方险胜，但同时彻底开启了父子之战，几乎
完全重复了乔治一世和乔治二世之间的战争。和当年一样，弗里茨表现得
如此英国（幸亏他的妻子奥古斯塔又快又好地学会了英语），而父亲显得
很德国；和当年一样，所有应付这种矛盾的"武器"又都上了战场——弗
里茨在信中拒绝称母亲为"陛下"，并设立了"敌对宫廷"；王子的访客
自动在国王那里失宠；金杖官接到命令，贴身侍卫不允许再向王子行礼。
但是最猛烈的是，这场战斗和 20 年前一样，也波及了王室子嗣的下一代，
也恰恰在这方面，交锋很快就超出了所有已经出现过的情况。威尔士王妃
奥古斯塔教科书一般完成了自己的王室职责，1737 年夏天，她已经要临产
了。王后卡洛琳并不相信奥古斯塔，儿子不育的想法交织着利益，而这种
想法需要比孕肚更强有力的证据——就算真的怀了孩子，那肯定也不是弗
里茨的。赫维勋爵作为出色的宫廷侍臣不是曾向王后解释过，如何在王妃
很可能不知情的情况下偷偷把另一个男人塞上床吗？（赫维明显很高兴地
描述了一个有些疯狂的场景：在没有照明的睡房中大量使用香水和假发。）
卡洛琳的丈夫之所以坐在英国的王位上，不就是因为人们把 1688 年出生
的继承人看作是借助汤壶偷偷运到王宫中的私生子吗？因此王后更加阴暗地
决定，至少在分娩时瞪大眼睛好好盯着，为此她甚至愿意将不受宠的亲王

665

666

夫妇拖回汉普顿宫。宫廷有史以来一直在那里度过最炎热的夏天：到时候还能出什么差错呢？

1737 年 8 月 11 日的晚上原本是一个和往常一样让人昏昏欲睡的夜晚，用怀表就能完美地预测要发生的事情。和以往一样，国王、王后、公主阿马莉和卡洛琳，以及赫维勋爵在汉普顿宫 4 间不同的套房中玩 4 种不同的纸牌游戏，大约 11 点上床睡觉。众人没有预料到，此刻威尔士王妃开始阵痛；人们自然更加没有预料到，孩子般违拗的亲王决心无论如何也不能让孩子在他母亲的眼皮底下出生。于是亲王和一名舞蹈老师及一名掌马官拖着不知所措地叫喊的王妃下了楼梯，来到内院，连惊恐的宫廷女管家阿奇博尔德夫人也没能拦住他们。弗里茨一边抚慰地用法语劝说着 18 岁的奥古斯塔，一边和两名宫廷侍女一道把她拉到整装待发的马车里，他那接受了分娩培训的德国侍从已经坐在了马车的驾驭台上。然后弗里茨也上了车，下令启程前往 24 千米外的圣詹姆士宫。奔驰而去的马车再一次载着奥古斯塔王妃走上了 1688 年洛赞将王后和王子带出伦敦的那条道路，但是是向着相反的方向。奥古斯塔此前的乘船旅行体验比前人更好，因此现在的马车行程就愈发可怕。在炎热的夜里，他们被带往仍然是唯一通路的那座遥远的泰晤士桥。在几乎完全没装减震簧的马车里，宫廷侍女们绝望地试图用手帕帮助饱受剧烈阵痛折磨的年轻王妃擦拭汗水。尽管做出了如此难以理解的冒失之举，弗里茨却似乎是真心爱妻子，他一直"以一种拔牙者或者温柔的刽子手的方式"安抚地跟她说着话，紧紧地抱着大喊大叫的她，以至于事后抱怨腰疼。在小路上颠簸了 75 分钟后，一行人终于到达了几乎完全不见人影的圣詹姆士宫。为了隐瞒王妃的状况，弗里茨在下车前还下令熄灭所有灯光，这自然起不到多大作用，因为人们立即就得向相邻的贵族府邸讨要生产所需的物品。宫殿中连干燥的床单都找不到，因此午夜后不久，半死不活的奥古斯塔在一张铺着桌布的床上生下了"一个小耗子般的女婴，大概像牙签盒那么大"。在一阵短暂的政治家责任感的召唤下，弗里茨亲王召见了两名出生见证人，大主教和枢密院议长勋爵被从床上拉了起来，他们恰好来晚了一刻钟。

两个小时后，在夜阑人静的汉普顿宫，一名宫廷女管家唤醒了王后，告诉她王妃分娩的消息——当她委婉地告知王后殿下，只穿着一件晨衣去儿媳那里监管不够时，王后觉得她疯了。卡洛琳倾听了丈夫不可避免的指责后（这一次乔治二世异常愤怒，甚至说起了德语），迅速组织了一个小型的慰问团，以她为首，大约早上 4 点到达圣詹姆士宫。众人在黑暗中磕磕绊绊地走了很长时间，才终于被人领到了亲王那里。母子俩给了对方正式的礼节性的吻，甚至 5 个月来首次交谈——这简直是王家教育有效性的高光时刻，同时又是其可怕的证明。但是当赫维勋爵在他的套房中命人给王后煮巧克力时，她的感谢泄露了她害怕被亲王下毒的恐惧。接下来王后走进王妃的卧室，委婉地祝贺她还活着。"显然，"卡洛琳用法语说道，"您受了很大的罪。"当人们读到被教育得盲目忠诚的奥古斯塔回答"绝对没有，一点没有"时，即使隔着 280 多年的时光也会想扇这个丈夫耳光，他有这样的妻子算是浪费了。最后，阿奇博尔德·汉密尔顿夫人带来了那个只穿着红色短上衣、很快就以母亲的名字奥古斯塔命名的婴孩。疲惫的祖母问候婴儿时说的话实际上囊括了整个世纪，这不仅仅由于她完全自然而然地对只有 5 小时大的孙女用了尊称"您"："亲爱的上帝祝福您，可怜的小东西！您现在来到了一个并不令人开心的世界。"不管怎样，看到这个"可怜、丑陋的小耗子般的小姑娘，这个可怜的一点点的小东西"，卡洛琳立马消除了孩子被调包的怀疑，因为她知道，就算调包，弗里茨也得买个大个头的健康小男孩。就这样，王后至少消除了这个担忧，然后她和阿奇博尔德夫人聊了几句，而赫维和胖胖的格拉夫顿作为迟到的官方见证人相当无助地围观着这个小姑娘。随后王后和儿子告别，此后再也没有和他说过一句话，由于痛风，她呻吟着登上了回汉普顿宫的马车。

无须进一步详细解释，为何此前就已经灾难性的亲子关系在这次挑衅

668

后彻底退化为一种战争状态。这种状态或许在遥远的某一天会有所改善，但是王后的日子已是屈指可数。1737 年 11 月 20 日，54 岁的卡洛琳伴随着严重的腹痛晕倒在由赫维建造的宫殿图书馆中。医生们在一天之内给王后放了几乎一升的血，光是发现疼痛的原因就用了好几天。自从 1724 年第 9 次也是最后一次怀孕以来，王后肚脐附近就患上了腹股沟疝，13 年以来，她成功地瞒过了所有人，因为她害怕失去对国王至关重要的吸引力。和那个时代的很多女性一样，从来没人看过王后完全赤裸的样子，因此很长时间以来，她的钟式裙里就只穿柔软材料的紧身胸衣。但是同时，痛风也使得王后无法行走，直至她最终胖得只能乘坐一辆小车子出行，这辆小车子之前在宫廷剧院的舞台上载过扮成海洋女神且自以为是的国王情妇德洛雷因夫人。在超重的压力下，腹股沟疝内的一部分肠道堵塞了，继而发生感染，而且由于王后隐瞒了太长时间，医生已经无能为力。王后还有 11 天的光景，去世前的这些日子，她都以令人难以置信的坚强在丈夫的身边度过。乔治二世一如既往地展现了他最好和最糟的一面，以致有时很难将这两者分开。国王伤心至极、关怀备至，却咒骂濒死的王后怎么可以这样对他；他给她喂饭，但是她已经不能消化。国王以所有错误的方法做着所有正确的事情。最后卡洛琳劝告乔治二世，在自己死后再娶，国王抽泣着回答道："不，我只会有情妇。"而王后只是疲倦地微笑着答道："唉，无妨。"1737 年 12 月 1 日，当王后命令女儿阿马莉"请您祈祷"时，她留下了临终之言。还没说上 10 个词，卡洛琳就死去了。

很多东西随王后而逝。乔治二世的哀悼十分真挚，整个国家一度差点儿又心疼起了他。"海洋女神"德洛雷因夫人也荣耀一时，直到 1738 年 6 月，瓦尔莫登夫人从汉诺威前来，作为第 3 代国王情妇轻而易举便将情敌设计出局。因循守旧的乔治二世把肯辛顿宫钟楼庭院里萨福克夫人住过的潮湿套房给了瓦尔莫登夫人。此外，国王还在少有的慷慨下赠送了她新毯子，这就暗示着，这位很快就被升为雅茅斯伯爵夫人的汉诺威女士是知情而来，目的就是要留下。瓦尔莫登夫人没有妨碍任何人，在她的身旁，那个神经质般好发牢骚的国王逐渐变成了一个近乎爱思考的老人，他常说，或许以前他该对孩子们更和善点。

随着王后去世，罗伯特·沃波尔的权力体系也由盛转衰。尽管乔治二世出于习惯和洞察力仍然支持"胖子"，但是他的影响力日渐衰落，特别是围绕在威尔士亲王周围的反对派也从一场新战争的失败中获益。沃波尔和赫维勋爵的关系也开始解体，因为赫维挤进了内阁。但是首相知道一件副宫廷侍从官不想承认的事情——像赫维这样的人作为大臣，会成为反对派最大的攻击对象。因此，当苍白的勋爵在1740年把他宫廷职位的金钥匙换成与内阁席位捆绑、舒服得毫无用处的掌玺大臣（小国玺的保管人）一职时，只是表面上看似变得更好了。赫维在第2年终于得以把斯蒂芬·福克斯也弄到了上议院，但很快就被证明这是个致命的错误。福克斯为了成为伊尔切斯特勋爵，不仅向瓦尔莫登夫人支付了3万英镑，同时还不得不承诺，永远不会在上议院投票反对政府。几个月后，1742年2月，反对派最终成功地扳倒了罗伯特·沃波尔爵士。和所有此类情形一样，此后所有忠诚于沃波尔的政客都放弃了自己的职位，因此赫维留在内阁也就显得愈发可耻。然而，赫维在宫廷中服侍10年换来的这个职位，这个美好的职位，他不能、不愿意、也不会放弃，尽管这个职位甚至会给他带来耻辱。遗憾的是，凭借忠诚走到现在的赫维，没有背叛的天赋。确实，一届新的政府组成了；但是为了保证议会中的多数，乔治二世不得不与儿子和解，从这一刻起，赫维的政治生命就结束了。勋爵又竭尽全力地将自己的职位牢牢抓住了几个月，甚至把小国玺放在自己的庄园，就为了不用把它交回；但最终他还是失去了它——落到了鄙视他的反对派手中。赫维只剩下一个希望，在下一次投票表决时，他必须说服上议院中的唯一盟友投票反对政府。但是这唯一的盟友、他的前情人斯蒂芬·福克斯，现在的伊尔切斯特勋爵曾经发过誓，永远不会这样做。徒劳无功的是，赫维在措辞越来越激烈的信中向伊尔切斯特起誓；尤其徒劳无功的是，他最后断定自己曾经的朋友"最黑心的忘恩负义"。伴随着伊尔切斯特冷静惋惜的回信，1742

671

年 12 月 1 日——就在王后的第 5 个忌日——赫维曾经全身心投入的最伟大的爱情结束了。

　　赫维的希望还剩什么呢？在一个名为阿尔加罗蒂的威尼斯人为了腓特烈二世离赫维而去之后，反正不剩恋爱关系了。相反，这个被神秘疾病折磨的 46 岁男人已经到了嘱托家人后事的时候。赫维把按照益格鲁风俗受洗、以母亲闺名命名的女儿莱佩尔·赫维嫁给了老白金汉公爵夫人（我们前文提过的詹姆斯二世的私生女）的孙子。但是当赫维为了其余的谈判来到公爵夫人正对着圣詹姆士宫的宫殿时，死亡的气息扑面而来——整个家族都在为 94 年前被斩首的国王祖父哀悼。此后不久，公爵夫人也去世了，出乎意料地把她的府邸留给了赫维本人；她丈夫的后代在赫维死后才能获得这座宫殿（1761 年将白金汉屋出售给王室，使其由此变成白金汉宫的是谢菲尔德家族，后来的首相夫人萨曼莎·卡梅伦据说也属于这个家族）。但是原本的继承人用不着等待太久，因为连这件阴森辉煌的礼物也未能再给愤世嫉俗的赫维带来好运。赫维在 1743 年 8 月 5 日去世之前，只来得及起草一份对妻子充满敌意的遗嘱。除了引人入胜的回忆录，赫维还留下了无数的后代，这些子孙不只在本书里容易遇到。举例来说，赫维的女儿莱佩尔的后人中有米特福德姐妹，其中南希是最佳女作家；共产主义者杰西卡是最好的女记者；纳粹分子尤妮蒂在因对希特勒失望的爱情而对着自己的脑袋开枪之前，就已经是最疯狂的那个了。而赫维的儿子弗雷德里克不仅是伊丽莎白·福斯特夫人（她在电影《公爵夫人》中作为凯拉·奈特莉虚伪好友的身份而广为人知）的父亲；还是 VOGUE 杂志的女主编安娜·温图尔的祖先，电影《穿普拉达的女魔头》就是以安娜为原型。弗雷德里克的后人还包括安娜·钱塞勒，她在电影《四个婚礼和一个葬礼》中非常出色地扮演了休·格兰特的前女友，而休·格兰特有赫维弟弟费尔顿的血统。即使我不想过高估计赫维勋爵的幽默感，但是我猜测，他某种程度上会喜欢这些后人和家庭成员。

　　弗里茨亲王永远没能成为国王，他死于（据说是旧的运动损伤）1751

年，比父亲早9年。弗里茨的长子乔治由图林根的遗孀奥古斯塔和一个忠诚的苏格兰人培养长大，这个孩子也是汉诺威王朝第一位出生在不列颠岛上的人，他很快将作为乔治三世开启忠诚到令人惊讶的国王丈夫的时代。或许也到时候了。

第 16 章

"我是你们的大哥，你们这些无赖，永远都是我领头"

布拉格，1741 年 11 月 26 日

做决定本身对于斯特拉霍夫修道院的僧侣们来说并不难。在这种艰难的处境中，僧侣们十分清楚该如何对待诺贝特·冯·克桑滕，因此一开始，他们干脆把他嵌在了美轮美奂的图书馆的两堵顶棚墙之间，然后才开始犹疑起来——当然这已经有点晚了。情况如此复杂，主要是因为本地可以回溯的不少于93年的和平。即使是那些年长的僧侣，也记不起1648年时瑞典人是如何直接在他们的修道院前突破布拉格的城墙的，而且他们对现代围城炮兵的能耐知之甚少。因此，斯特拉霍夫的普雷蒙特雷修会僧侣们只能猜测，他们修会创始人的神圣遗骨接下来是会被大炮击得粉碎，还是会落入敌方占领者手中。尤其想到后一种可能，即使一向镇定的普雷蒙特雷僧侣们也陷入了恐慌。此刻向着波希米亚王国首都进军的5支军队中，只有一支军队既信奉天主教又怀有善意，但它却使得其他4支军队更有可能发动进攻。而在其他4支军队中，只有一支军队对新教特别虔

诚，因此僧侣们情愿不去想这些士兵会对圣人的遗骨做什么。此外，这些士兵的国王不仅是新教徒兼无神论者，而且还偏偏为了消遣担任了马格德堡的大主教。正是从这座城市中，普雷蒙特雷修会僧侣在1626年借助武力，把诺贝特的遗骸——好吧，我们这样说吧：拯救了出来。也就是说，这位可怜的圣人有可能再被救回去。真是完美的讽刺啊，而这恰恰符合普鲁士国王腓特烈二世的幽默感，好在他的军队离布拉格最远。此外，僧侣们对自己的好运气毫不知情：这支军队与敌方签了一份崭新的秘密协议，有义务在圣诞节前佯装战斗。因此，偏偏是唯一一个公开处于战争状态的进攻者在装样子，而它那两个完全被蒙在鼓里的盟友现在正从西侧向布拉格挺进，尽管它们形式上处于和平状态。这两支军队是彻彻底底的天主教

徒，这再一次不是很合僧侣们的心意，因为谁相信圣人遗骸的神奇力量，谁就有动机把它抢走。最后，第四支敌方的军队正从北边逼近，他们所效忠的国王不仅成年时才改宗天主教，而且可以说一半是天主教徒一半是新教徒，这就够糟了。偏偏这位北方进攻者的天主教部分主要由悬挂豹子皮的波兰组成，自从波希米亚入侵者在 700 年前将圣阿德尔伯特的遗骸从波兰的格涅兹诺带到布拉格的圣维特主教座堂，波兰就在圣人遗骸上与布拉格还有一笔旧账未清。（当然，奥古斯特三世的波兰军队并非都是天主教徒，但是由于其余士兵主要是来自立陶宛的穆斯林鞑靼人，所以这一局限也没什么安慰作用。）如果布拉格被萨克森－波兰的军队占领，那就只能寄希望于波兰人是真的相信他们自己的主张：1039 年，格涅兹诺成功地把某个无名氏的遗骸塞给了波希米亚的入侵者，保留了真正的圣阿德尔伯特遗骨。为什么不可以呢？毕竟他们一直在马格德堡发表论文，论述斯特拉霍夫的普雷蒙特雷僧侣当年只是拖走了一个"假诺贝特"。尽管斯特拉霍夫人只是对此报以疲惫的一笑，但是在这种情况下，安全起见，僧侣们还是把保存诺贝特遗骨的箱子清空，装上了几块包装豪华的无名氏遗骸。眼下，在长时间的反思之后，僧侣们把原装的圣人从图书馆的墙壁中取了出来，重新嵌入一个更耐轰炸的地方——"在冬季斋堂第一扇窗户下，修道院院长的桌子旁，房间拐弯的方向"，修道院编年史家如此记录道，以期给未来的修会僧侣留下一个类似情况下的建议，"因为当时那里没有窗户"。简言之，这最后的半句话已经包含着对将要发生之事的展望。修道院和圣人遗骸奇迹般近乎毫无损伤地挺过了对布拉格的第一次围城。但很不幸的是，在不久之后的第二次围城中，5 支军队中的 2 支将他们的重型炮部署在斯特拉霍夫的两边，以致在为期 14 天的炮击结束后，修道院几乎被炸成了废墟。僧侣的应对方法是重建一切，而且修建得更加美轮美奂，还趁机在冬季斋堂中增加了原本没有的窗户，最终在窗户的正下方把这次依然完好无损的诺贝特砌了进去，就好像他们一生都为此而活一样。

　　1741 年 11 月 25 日傍晚，落在斯特拉霍夫修道院上的不只是秋日余晖。在高于布拉格小城的城堡区，两名军官的目光扫过城市的西端，很快就不可避免地将目光停留在修道院及其周围。这里站着的是枢密院顾问兼宫廷战争委员会顾问、侍从官、炮兵司令官、布拉格的城防司令赫尔曼·卡尔·冯·奥格威伯爵及他的副官韦策尔男爵。不管是谁，只要观察二人一会儿，就会看出，他们面临的不是无关紧要的问题。虽然现在这两个人可能和大多数要同时面对火炮和身份认同问题的人一样，会更多地思考迫在眉睫的火炮问题；但是身份认同也是轰炸的根源，所以确实值得先深究一番。我们所说的自然不是从更缺乏想象力的当代视角产生的身份认同问题，也就是说，我们指的不是以下这些事实：奥格威是一位苏格兰新教勋爵的后人，但现在要作为波希米亚的天主教徒保卫布拉格，抵御萨克森－波兰的军队，而这支军队几十年前的总司令还是他刚从俄军退役的亲生父亲。按照旧秩序的标准，这些并没什么特别之处，尤其是我们的城防司令甚至还在波希米亚王国拥有地产，与他的副官相比，在当时立场的归属上完全正面。副官来自美茵河畔法兰克福，用这里的粗话来讲，是一个受封男爵的邮局局长家族的"暴发户"之子。真正令人不快的身份问题更多的是一个职业性问题，涉及共同的雇主。因为自从奥格威 58 年前加入军队开始，他和韦策尔直到今天效力的一直是帝国军队；他 4 岁时（！）成为罗马－德意志皇帝陛下的候补军官，然后在这一名称下逐渐获得所有军衔，直至第三高的官阶，而且直到一年以前，他从来没有机会质疑自己到底是在为哪个政治上或者土地上的国家服役。300 年来，罗马－德意志帝国的皇帝一直是奥地利家族的成员，彼时还没有人称其为"哈布斯堡"。因此，300 年来，这一家族的所有臣仆都不以"奥地利大公国的"相称，而是称"罗马皇帝的"高级宫廷侍从官、中将或者掌灯人。理论上这原本也是个麻烦，因为众人服务的王朝是个叠加起来的国家综合体，完全不同于由皇帝真正统治的德意志民族神圣罗马帝国（奥地利、布赖斯高、伦巴第、比利时和卢森堡显然是帝国的一部分，波希米亚和摩拉维亚只是以更灵活的形式依附于这个帝国，而匈牙利、克罗地亚、特兰西瓦尼亚和不久

前才丢掉的那不勒斯－西西里明确地在帝国之外）。但是实际上帝国本来
就相当于没有管理系统，因此一直以来，这个邦联或者联邦国家的少数官
员干脆被称为"帝国宰相""帝国世袭守门官"或者"帝国钱币官"，这样
就足以避免将其与在皇帝世袭土地上侍奉他本人的那些国家公仆混淆。这
些世袭而来的疆土，自然也没有自己的名称，所以它们的统治者及其大臣
在大多数情况下干脆称其为"君主国"。这一概念尤其实用，因为它就像
一个无形的箱子，可以无限地塞进新占领的地区。相反，外面的人则把这
个棘手的产物称作"奥地利"。无论内外，德意志民族神圣罗马帝国都简
单地被称为"帝国"。同样理所当然的是，这一帝国的德语区几百年来在
德语、法语和英语中分别叫作"Teutschland""Allemagne""Germany"，
它的居民则被称为"Teutsche""Allemands"和"Germans"。因此，今天，
人们普遍认为，被称作"德国"是在俾斯麦时期才出现的概念，这难免非
常滑稽，因为说真的，这会导致在 1871 年 1 月 18 日之前中欧地地道道的
民族国家之间出现一个巨大的鸿沟。不仅如此，最重要的是，这种想法还   678
意味着一种风险，即出于对旧的或新的民族主义的可以理解的反感而把小
孩和洗澡水一起倒掉，即最终人们会误认为，一个民族或者国家无法在没
有完全重合的政体的情况下存在——讽刺的是，这是个极其民族主义的错
误思维，意大利的例子已经将其驳倒。

　　奥格威和韦策尔不必为此伤脑筋，因为民族主义的伟大时代远在至
少半个世纪之后，而且遗憾的是，这对他们并无多大用处。二人的身份
问题一年前就出现了，时值皇帝查理六世去世，而他是古老的奥地利家
族的最后一名男性成员。根据查理六世好不容易才得以实施的继承权规
定（"国事诏书"），他的女儿玛丽亚·特蕾西娅立即接管了父皇辖地的统
治权，由此也成了我们这两位军官的女雇主。但是，众所周知，罗马－德
意志帝国的皇帝之尊不仅不能世袭，而且只能通过选举转交给男性，所
以"Kaiserin"一直以来只能是皇帝妻子的头衔。因此，关键早就不再是
诸位选帝侯就选举新皇的谈判进展缓慢，而是迄今为止的"罗马帝国"军

队一下子变成了"匈牙利王室"军队，因为"匈牙利国王"头衔现在是玛丽亚·特蕾西娅的最高等级，整个国家机构也就相应地立刻拥有了这一名称。即使对于像奥格威和韦策尔这种对民族问题不上心的时人来说，单单这一点大概就需要时间来适应；眼下他们正是以匈牙利指挥官的身份出现在了波希米亚王国。但是很快，更棘手的麻烦就会接踵而至。查理六世去世不到两个月后（1740 年 12 月 16 日），刚刚登上普鲁士王位的腓特烈二世进军迄今归属波希米亚的西里西亚，想第一个从玛丽亚·特蕾西娅的遗产中分一杯羹（与特蕾西娅出身贝沃恩家族的外甥女的婚姻会使他成为奥地利盟友的想法就这点用处）。即使按照当时的标准，腓特烈二世分割西里西亚的要求也是牵强附会的。除了各种功利考虑，腓特烈二世公开承认：作为一支强大军队的继承人，现在是时候参与到"名誉的约会"中了。而他关于巧妙外交的想象过于扭曲，以致要在接下来的 23 年间为此付出痛苦的代价。然而，几年后就会拐着弯儿暗示臣民称自己为"大帝"的腓特烈二世，在一个重要问题上是对的：奥地利继承权战争由他开启，但即使没有他也几乎肯定要爆发。因为在腓特烈二世进军西里西亚的 5 天前，凡尔赛就向着最危险的火药桶来了一发助燃剂。这个助燃剂是谁，以及身为和平之友的路易十五和首相德弗勒里为什么会派遣他，我们很快就会知晓。而火药桶就在慕尼黑，放在选帝侯收纳秘密卷宗的抽屉里——那里保存着古老的结婚合约。

巴伐利亚选帝侯卡尔·阿尔布雷希特是位平和之人，专注于艺术、女人和狩猎，没有理由肯定连苍蝇也不会伤害。但是一旦涉及家族利益，即使平和如他，也开不得玩笑，因此他在查理六世在世时就拒绝承认"国事诏书"。因为卡尔的妻子玛丽亚·阿马莉是皇帝约瑟夫一世的女儿，而约瑟夫一世又是查理六世的长兄和前任皇帝。要是奥地利男性一支绝嗣后，由弟弟的女儿来继承皇位，卡尔岂不是肯定要大为光火？奥地利人自然预见到了这个问题，因此让玛丽亚·阿马莉签署了一份放弃声明，她的丈夫只能遵守这份声明，因为他和帝国的大多数诸侯一样，按照该团体非

暴力的风格，把政治视作纯粹的司法行为。然而，一旦做起了继承皇位的
美梦，就再也不愿醒来。卡尔·阿尔布雷希特干脆从卷宗中取出了近 200
年前他的五世祖安娜的结婚协议，后者同时也是查理六世的高姑祖。[1] 无   680
论是结婚协议还是随附的安娜父亲遗嘱的复本，都规定，一旦父亲的男
性后代不再有"婚生的男性继承人"，安娜的后代就可以拥有奥地利的祖
地。这种状况随着查理六世薨逝真的出现了，所以现在整个无名的君主制
国家就得全归卡尔·阿尔布雷希特所有！但是选帝侯要面临两个难题，所
以他在皇帝死后公开这些文件时，表现得并不那么热切。第一个难题倒不
算棘手，即奥地利人也立即动用了自己的国家卷宗，让毫无争议的遗嘱
原件大白于世：原件没有提"男性"，只是提到了"婚生的继承人"。由
于"婚生的继承人"也包括现在的女统治者玛丽亚·特蕾西娅，所以在我
们的理解中，巴伐利亚的要求也就不攻自破。但在 1741 年更为粗野的环
境下，卡尔·阿尔布雷希特的法学家们干脆开启了一场辩论：既然女性在
帝国内的任何地方都没有继承统治权的权利，那么女人究竟是否还是"婚
生的继承人"？金玺诏书（也就是颁布于 1356 年的最重要的帝国基本法）
不是明确把女性排除在选帝侯继承之外吗——玛丽亚·特蕾西娅不就根本
没资格统治既是王国又是选帝侯国的波希米亚吗？严格来讲，金玺诏书还
规定，所有的选帝侯之子都要接受 7 年的捷克语课程，只是从来没有人当
回事。但是就各条款与一个社会的基本信念的一致程度而言，有些条款的
有效性就是比另一些更高，因此巴伐利亚在法学辩论中并未明显落败。相
比而言，第二个难题就更恼人了，那就是选帝侯破产了。卡尔·阿尔布雷   681
希特完全没有能力负担一支足以占领他"遗产"的军队，因此他在正常条
件下只能做"暴发户"——以一种无望的方式把自己的权利记录下来，就

---

[1] 本句中的安娜即奥地利的安娜（1528—1590 年），是奥地利大公和罗马 - 德意志皇帝斐
迪南一世（1503—1564 年）的次女，嫁给了卡尔·阿尔布雷希特的五世祖、巴伐利亚公爵
阿尔布雷希特五世（1528—1579 年）。查理六世的高祖父为卡尔二世（1540—1590 年），卡
尔二世是斐迪南一世的第三子、安娜的弟弟。——编注

像当年德塔尔蒙特亲王要求对那不勒斯的权利时所做的那样。然而，法国决绝地赶来援助选帝侯，所以奥格威和韦策尔现在从布拉格的要塞围墙上可以清楚地辨认出一支巴伐利亚军队和一支法国军队。通常而言，这对二人只会构成一种职业上的挑战。之所以转变成一个身份问题，是由于按照卡尔·阿尔布雷希特的理解，他不是作为侵略者进入这个国家（他和法国都没有发表战争宣言），也不是要像这个世界中的人们争夺各个省份那样，从玛丽亚·特蕾西娅手中夺走波希米亚——相比较而言，他既没有激情，也没有任何产生自宗教或意识形态仇恨的破坏意愿。卡尔·阿尔布雷希特的宣言是：所有的一切从法律上来讲早就属于他。他是新的奥地利家族，从前的皇家军队现在应该效忠于他，他将会惩罚背叛的失败者，或者没收其财产（波希米亚的大地主奥格威就属此类），就像 120 年前这里发生过的那样。但是由于现在要用武力决出谁是波希米亚的统治者，奥格威和韦策尔此刻也就搞不清自己究竟是真正的奥地利家族正直忠诚的仆人，还是不忠的叛乱分子。毕竟二人有能力影响结果，并且由于他们理所当然地不想放弃这种能力，所以他们现在有了火炮的麻烦。

　　城防司令从城堡区向着日落的方向看去，他的视线今晚不会再落到美妙绝伦的贵族公园上，这些公园从小城一直向下延伸到要塞城墙另一边几乎无人居住的地带。相反，城防司令的视线通过望远镜先是锁定了斯特拉霍夫修道院及修道院两侧突出的堡垒（自然被称作圣诺贝特和圣阿德尔伯特）；然后越过城墙和山坡，望到了一座 1648 年由柯尼希斯马克率领瑞典围城者修建的战壕，并最终在那里看到了几门法国大炮，遵照王太子[1]下级家庭教师德波拉斯特龙伯爵之命，这些大炮正对着斯特拉霍夫城门。通常这也吓不到奥格威，因为他没有发现围城必备的其他阵地，周围也没有人在埋头苦挖蜿蜒曲折、可以让围城者在其中匍匐前进数周甚至上月的

---

[1] 路易十五的长子路易，36 岁去世，未能继位，但其 3 个儿子分别成为法国国王路易十六、路易十八和查理十世。——编注

战壕，而且被伏尔塔瓦河隔开的布拉格城区也没有被严密封锁。奥格威的麻烦仅仅在于，他也发现自己一方没有任何正规防御所需的设施，例如一座装备有现代大炮的现代要塞。事实上，现有的防御工事和大炮充其量只能打退 1648 年瑞典的进攻。而要把一支现代军队拦在外面，就需要更复杂和更大范围的外围工事与战壕，理想的地形是敌人从周围的山丘上望不到、也不在射程里的区域，但最需要的还是奥格威不久前还实实在在拥有的士兵和大炮。后来命令来了，每一名可以调离的士兵和所有重型大炮都归洛布科维茨侯爵调遣，他们迅速向着唯一一个没有敌军的方向挺进，以加强慢吞吞赶来的托斯卡纳大亲王的援军力量。昨天奥格威还在给大亲王的信中绝望地写道，至少该给他派点克罗地亚人和轻骑兵，这样市民们才不会勇气全失。实际上，这些军队已经在路上了，但是如果大亲王本人领着自己的军队晃晃悠悠，这又有多大用处呢？同样没什么用的是大亲王此时收到的一封信。在信中，匈牙利女王恳求他，布拉格最后的希望系于"殿下和阁下的前来与到达"。顺便说一句，女王给所有人都称"殿下"的这个人另外加了个"阁下"的头衔，倒不是出于爱情。作为女王，和世界上的其他人相比，她就是得带着点居高临下的优越感，因此就在较好的"殿下"称呼之外加上了拉低档次的、更弱的称谓"阁下"。但是弗朗茨·斯蒂芬大亲王对此并不反感，因为尽管给他写信的女王是他王朝预定的妻子玛丽亚·特蕾西娅，但奇怪的是，她如此爱他，甚至爱到了把她最后一支可支配军队的指挥权委托给他的地步，尽管他明显毫无军事才能。难怪在这个奇怪的秋季，弗朗茨处理起事情来比其他统帅都要随意，随意到现在离布拉格只有 12 千米的时候，趁着秋高气爽，组织了最后一次狩猎郊游——幸亏奥格威伯爵是在已经无关紧要的时候才听说此事。

但是在布拉格，留给司令官应对 3 万名巴伐利亚－法国联军和 2 万名同时从北部出现的萨克森－波兰联军的，只有不到 2500 名士兵，几乎清一色是未受过训练的新兵、一些武装起来的平民及布拉格的大学生们，但愿在我们深入了解前现代大学生生活后，他们作为准军事部队的才能不会再让任何人感到惊讶。人数太少，连防御工事都配不齐人手，顺便一提，很多防御工事仅由一道陡峭的墙构成，壕沟已经干涸。在洛布科维茨开拔之后，城中曾经引以为傲的大炮也被替换成了周围宫殿的私人火炮。就这样，一座有着 144 尊大炮的火炮"博物馆"矗立在城墙上；其中大多数是三十年战争时期的古老火炮，有 24 种不同的类型，从可发射约 16 千克炮弹的毁灭性大炮，到微型"铁质信号炮"。要想让它们能够使用，那至少需要同样多种类的弹药。因此，奥格威唯一的希望，就是敌人围攻时会遵循游戏规则：守城者虽然没有反抗之力，但需要足够的时间扛到大亲王的援军出现。那时候或许奥地利家族就会再次获得大团圆的结局，就像他们 1620 年在白山附近击败新教反叛分子那样。加尔默罗会的"胜利之后圣母堂"正是为了纪念这场胜利而建，就位于树木茂密的佩特任山山脚、奥格威的视野之内。他凝视过这座教堂吗？我们不得而知。当然，对于站在上司身旁的韦策尔男爵在想什么，我们也只能猜测。但是恰恰因为这位 48 岁、平步青云的韦策尔的往事远不及总司令的辉煌，恰恰因为他的家族迄今唯一获得过的嘉奖是因叔父于 1707 年占领那不勒斯的要塞加埃塔，所以我们很容易猜测，韦策尔眼下正在回想 7 年前的那个夏天——当时他不得不亲自把加埃塔交给敌人。当年要不是韦策尔只有 18 名炮手来操作加埃塔的 100 尊大炮，英国与西班牙的王孙兼贝里克的儿子德利里亚永远不可能占领高踞地中海之上、固若金汤的山崖城堡；就这样，被围困城中的人最终只得召集一次作战会议，会上连韦策尔也同意投降。要是韦策尔能在这里一雪前耻该多好！当年前往加埃塔时，他是中校，那个军团曾经长期归奥格威所有，当时刚刚转交给施梅陶男爵。分外苦涩的是，当韦策尔承受着失败的耻辱时，施梅陶则在遥远的莱茵河畔，气定神闲地看着菲利普斯堡被占领。施梅陶一直走运，这个叛徒……直到目前都是如此。我们还是别想这个家伙了，让人愤怒的事情已经够多了。

　　但是恰在此刻，施梅陶很可能也在想着布拉格，有可能甚至还想起了自己曾经的下属韦策尔。此刻他正在对面的山丘上，站在巴伐利亚选帝侯的身旁，向他解释着防御工事的位置，或许正望向斯特拉霍夫修道院前的法军阵地，好奇程度不亚于另一侧的奥格威。确实，这位男爵一直很走运，但他在这个过程中不是也学到了出奇多的东西吗？只是由于一系列的意外，这位 57 岁的半胡格诺派教徒萨穆埃尔·冯·施梅陶男爵才在不久前当上了普鲁士军队的元帅，为其父当过外交官的那个国家效力。出生于汉堡的萨穆埃尔 15 岁时先是追随叔父效忠丹麦，然后加入尼德兰军队。后来他作为黑森－卡塞尔继承人的将军副官经历了西班牙王位继承战，并以这一身份于马尔普拉奎特、在格伦布科的身旁倾听过卡多根为了拖延时间而做的关于正直战士的动人演讲，与此同时，卡多根的人却在侦察法军阵地。显然施梅陶从中学到了很多，因此他今天才能站在这里。黑森－卡塞尔的继承人早就成为瑞典的国王，施梅陶也在帝国军队中服役多年，直到上一次土耳其战争失利。稀奇的是，几乎所有的替罪羊都是施梅陶这样的新教徒。从那时起，施梅陶就做好了跳槽的准备，甚至在玛丽亚·特蕾西娅于 1741 年年初任命他为陆军元帅之后，他还在谋求威尼斯的职务。这时普鲁士的腓特烈二世突然招雇了他，甚至没等玛丽亚·特蕾西娅将其解职。从 5 个月前开始，施梅陶就是普鲁士的陆军元帅，从 3 个月前开始任腓特烈二世驻巴伐利亚选帝侯处的公使，以期把这位盟友向着腓特烈二世希望的方向调整。如果联合计划成功，腓特烈二世将会授予施梅陶黑鹰勋章，卡尔·阿尔布雷希特会晋升他为伯爵，到时候就可算是能彻彻底底地掩饰施梅陶在《泽德勒通用辞典》[1]中买来的 22 页美化文字都没能抹去的一点——他的祖父只不过是布雷斯劳的一名平民商人。几个月以来，施梅陶一直在催逼卡尔·阿尔布雷希特，带领名义上由后者单独统帅的巴伐利亚－法国军队直接前往维也纳，给玛丽亚·特蕾西娅的势力以致命一

686

---

[1] *Zedlers Universal-Lexicon*，由约翰·海因里希·泽德勒（Johann Heinrich Zedler）撰写于 1731 年至 1754 年的德国百科全书，共 68 卷。这部百科全书是第一部系统地收录在世人物传记的百科全书，也是有史以来体量最大的印刷百科全书之一。——编注

击。事实上，维也纳的防御工事和布拉格一样糟，当卡尔·阿尔布雷希特的部队在最后一刻停住时，帝国政府已经逃往相邻的匈牙利首都普雷斯堡（布拉迪斯拉发）。为什么停住？原因不在施梅陶，他用磕磕巴巴的法语一如既往地以一名军事宫廷侍臣的说服力劝说着卡尔·阿尔布雷希特，但是他没有料到的是，他的主人早就对自己出兵的勇气感到后怕了。因为问题就出在共同的目标上：它不存在。在普鲁士与巴伐利亚的协定中有一个目标，在普鲁士与法国的协议中有一个类似的目标——在腓特烈二世与玛丽亚·特蕾西娅的秘密协定中则是完全相反的内容。普鲁士国王对马基雅维利的作品读得不够仔细，他认为同时欺骗所有人是特别巧妙的事情。很快事实就会证明，即使在这样一个时代，也不能没有意识形态上的紧密联盟。

当腓特烈二世袭击西里西亚时，对他来说，除了荣耀，还关系到普鲁士可以借此超越巴伐利亚和萨克森这样的竞争者。但是由于腓特烈二世发出了分解奥地利君主国的行动信号，恰恰为巴伐利亚和萨克森打开了从这一破产者的财产中分一杯羹的道路。最终不仅卡尔·阿尔布雷希特，连拥有约瑟夫一世大女婿身份的波兰 - 萨克森的奥古斯特三世也可以提出像样的要求。很快腓特烈二世也明白了，如果他的普鲁士只是为了多个西里西亚，却要和强大得多的波希米亚、奥地利和巴伐利亚及萨克森、摩拉维亚和波兰做邻居，那么自己将面临屋漏偏遭连夜雨的威胁。于是腓特烈二世很快踩下刹车，与玛丽亚·特蕾西娅秘密达成一致，如果玛丽亚把最后一座要塞给他，那他只在西里西亚边缘佯装与她的军队作战。作为回报，腓特烈二世会让玛丽亚·特蕾西娅还能支配的唯一一支军队不受阻碍地向波希米亚撤退，眼下这支军队正听命于大亲王，向着被腓特烈二世欺骗的盟友进军。还要过一段时间腓特烈二世才会明白，他这样做犯了一个怎样的错误。一个永久瓜分奥地利君主国的绝佳机会摆在腓特烈二世面前，他非但没有接受，反而拯救了对方；他没有意识到，无往而不利的玛丽亚·特蕾西娅到时候也会攻击他。现在，腓特烈二世为了保密，未向施梅陶这样的外交官透露他的转向，因此这名一无所知的投敌者继续卖力地试图促成他的主子正在积极破坏的事情。波希米亚北部的上万名普鲁士士兵此时无奈地自称后备部队，却没有说他们与谁结了盟。

所幸其他人也留了后手。比如说吧，法国和普鲁士一样，并不盼望巴伐利亚轻易取胜。要是卡尔·阿尔布雷希特真的继承了查理六世的全部遗产，那么宿敌奥地利只是换成了一个新的巴伐利亚－奥地利，除了惊人的开销，法国从中一无所获。因此，在邻近维也纳时拦住选帝侯，正中其法国同伴的下怀。法国人眼含鳄鱼的眼泪向选帝侯解释道，普鲁士国王坚持转而进攻布拉格。或许选帝侯卡尔·阿尔布雷希特会觉得奇怪，因为施梅陶日复一日地向自己说着相反的话。但是由于选帝侯早就获得了腓特烈二世背叛的消息（协议缔结 11 天后，选帝侯那站在玛丽亚·特蕾西娅一方的岳母转告了他秘密协议的细节），他很容易就看出施梅陶是唯一一个被醉心于马基雅维利的主子真正骗了的人。但这一切有什么关系呢？大家当然都在狠狠地欺骗彼此。尽管如此，全能的主的意志把选帝侯引领到了这里，在这座山丘上观察着他未来王国的首都，此时整座城市在落日余晖中闪耀着金光。不也到时候了吗？早在 400 年前就有过一位出身维特尔斯巴赫家族的皇帝，此后很快又出现了另一位德意志国王。选帝侯的家族出过一位丹麦国王，还有 4 位瑞典国王；他自己的哥哥约瑟夫·费迪南德之所以没有继承西班牙王位，只是因为布鲁塞尔的医生们把年仅 7 岁的哥哥治死了。相反，自己会成功的。选帝侯只需向前看去，就看到了对面佩特任山脚下的"胜利之后圣母堂"，令人回想起他的曾祖父马克西米利安一世 1620 年在此处的白山战役中取得的伟大胜利。当年这位巴伐利亚人在为奥地利效力时挣来了选帝侯之尊——或者更准确地说，是从普法尔茨的表亲腓特烈那里夺来的，那位表亲作为波希米亚的"冬王"只执政了一个冬天，我们在前文经常遇到他的后人。在我看来一个并无不当的事实是，普鲁士的腓特烈二世恰恰是"冬王"腓特烈的一个双重玄外孙。奥地利家族被拯救，新教徒的起义被镇压，旧的波希米亚－斯拉夫贵族几乎全部被驱逐；大量田产以荒谬的价格进入市场，使得瓦隆、德国、西班牙和意大利的众多雇佣兵司令官跃升为这个国家新的统治阶层。在后面城堡区下的花园和宫殿，那些金质的屋顶和几千扇窗户都属于他们，属于克拉里和科洛雷多、加拉斯和皮科洛米尼、布奎和迪特里希施泰因家族。这些家族早就与留下来的瓦尔德施泰因、霍泰克、科洛弗拉特或者金斯基组成了一个超越民族的权力精英阶层，他们高高在上，异常醒目地凌驾于占多数的斯拉夫民众之上，以致 19 世纪有关捷克民族的整体概念不仅不包括这些民众，还恰恰是从他们的反面发展起来的。但这是后话，卡尔·阿尔布雷希特不需要关心这些。对选帝侯而言，"胜利之后圣母堂"完全只是对其家族胜利的纪念，他甚至没有自问一下，1620 年真的是巴伐利亚、而非主要是奥地利家族获胜吗？相反，选帝侯做了一个对自己有益的决定：如果今夜一切顺利，明天我就去那里参加第一场弥撒。

　　1741 年 11 月 26 日凌晨 1 点，萨克森伯爵莫里茨听到西边传来轰隆炮响。此刻他才知道，今夜确实会发生 3 支军队的指挥官在前天决定的事情。这是 3 位指挥官最后的机会，因为正如经常发生的那样，在围城期间，围城者的状况几乎已经和被围困者的情况一样不妙。明天，大亲王的军队将到达布拉格，那时候他们该怎么办呢？与之公开野战吗？但是主流的军事学说不仅普遍不建议交战（因为没有人确定会发生什么），而且还特别警告，如果像现在这样，背后有一座未被攻克的敌军要塞和一条河流，那就更不要应战。运气好的情况下，大亲王也会选择把盟军碾杀在城墙边或者溺毙于伏尔塔瓦河中。所以，不要交战。自然也不能撤退，因为除了这里，没有地方有足够的食物供给。如果 3 支军队想逃，他们只能彻底解散。特别依赖围城教科书的法国人表示不要紧：基于路易十四的常年征战，欧洲没有哪支军队像他们这样经验丰富。"我们就包围布拉格，忽略大亲王。""请问怎样围？""正儿八经的围城，原本该在我们自己周围也造一道墙——围以城墙，您明白吗？到时候如果大亲王没有更高明的计策，他可以再围困我们……"此时萨克森的将军们谨慎地提醒：首先，围

绕布拉格建造一道城墙所需要的时间，可能多于随性的大亲王走完最后 12
千米所需要的时间；其次，只要没有重型大炮（他们在这里可是没见到）
就无法用一堵墙来围城。

  "您该把大炮带来。"

  "我们绝对带了，先生。把大炮拖过易北河的砂岩山脉可不是什
么好玩儿的事。但是请看，它们就矗立在布丁，离这儿不到 100 千
米，现在我们缺少的只是 1.4 万匹能把它们运过来的马。"

  "如果您既没有大炮，又不打算正经围城，那么阁下有什么建议
呢？您打算像中世纪那样爬上城墙吗？"

  "正是如此，先生，正是如此，"将军鲁托夫斯基伯爵回答道，
"如果诸位不参加，先生们，那我们就自己占领布拉格。"

  莫里茨伯爵听说了这次作战会议，非常高兴。此前他从伏尔塔瓦河
的对岸写来一封又一封的信，只为了消除法国人异于常情的恐惧——也怪
不得他们，此前还没有哪支法国军队像他们这样深入大陆内部，这对他们
来说已经足够不寻常了；更别提他们还没穿冬装，把法国东部都称为"北
方"，并且还得出了夜越来越冷的结论，因此就更容易倾向于至少在工作
中坚持既定的做法。对于莫里茨伯爵来说，把他和萨克森的总指挥鲁托夫
斯基、等级仅次于总指挥的下属德萨克斯骑士及上校科泽尔伯爵联系起来
的，不仅仅是职业标准——毕竟这 3 人和他一样，都是"强力王"奥古斯
特二世的私生子。莫里茨是奥古斯特二世 1696 年与柯尼希斯马克女伯爵
奥罗拉所生；1702 年，奥古斯特二世又与女伯爵的土耳其女仆法蒂玛生
下了鲁托夫斯基伯爵腓特烈·奥古斯特；1704 年与行臣服礼的使馆骑士
的前妻卢博米尔斯卡侯爵夫人生下德萨克斯骑士约翰·格奥尔格；最后于
1712 年与科泽尔伯爵夫人生下科泽尔伯爵腓特烈·奥古斯特，这位伯爵
夫人原指望自己可以成为奥古斯特二世的合法妻子，没承想后来却成了政

691

治犯，被关在施托尔彭堡中，25 年来一直以阅读犹太神秘哲学度日。因此，即使按照旧秩序的标准来看，这一夜的行动也是一起家庭事件，与此相比无足轻重的是，莫里茨尽管出身萨克森，却不在萨克森军中服役，而是法国军队的中将。在上一次战争中，莫里茨甚至还和法国人一起积极地反对他另一名同父异母兄弟奥古斯特三世登上波兰王位。众所周知，此前莫里茨为二人的父亲精心准备的军事政变一无所成。但是对这些事情心存怨恨是严重违反游戏规则的。刚刚莫里茨伯爵把急需的一部分军队出借给了（也并非特别）法国的将军德希梅内斯侯爵，尽管此人在马尔普拉奎特时曾站在萨克森的敌对方；相反，奥格威伯爵在那场远征中曾是莫里茨一边的人，但在今夜却要遭受莫里茨令人不快的突袭。同父异母兄弟中唯一的婚生子奥古斯特三世不仅允许非婚生兄弟们站在各方参战（因为他是一个很坚定的宽容之人），而且还沾沾自喜地以为，兄弟们占领的每一块疆土最终都将属于他一人。

当萨克森伯爵莫里茨带领着大约 4000 名士兵在惨淡的月光下尽可能悄无声息地包围布拉格东部的城墙时，在伏尔塔瓦河的对岸，法军也在德波拉斯特龙的领导下开始了佯攻。德波拉斯特龙的大炮竖立在斯特拉霍夫大门前，从西侧向小城区的防御工事开火；他的步兵朝着城墙的岗哨射击，尽管他们的步枪和当时所有的击发武器一样，顶多只适合射击离得不远的巨大目标。一切都应该向被围之人传递一种进攻者计划强攻的印象，目的是让对方把为数不多的士兵尽可能多地调集过来。但是奥格威没这么容易上当，他在前一晚看到了德波拉斯特龙的大炮，现在听到了它们的声响，他当然比普雷蒙特雷修会的倒霉蛋更了解这个行当，那些人此刻只会庆幸把修会的创始人嵌在了防震的墙中间。王太子的下级家庭教师在那里排列的火炮又少又小，这只是个陷阱，城防司令没有上当。由于这次佯攻直接从西部发起，真正的进攻必然只能来自一个明显不同的方向——也就是来自小城区的北部或南部，在卡尔门或者小威尼斯岛上……要不然就同时来自这两个方向。只有东部没什么可担心的。小城区东部由宽广的

伏尔塔瓦河保护，只有两条路能过河，一是通过布拉格城内的卡尔桥，二
是逆流而上横渡过河。而布拉格的老城、新城及高堡都位于伏尔塔瓦河的
另一岸，更不会受到来自东部的威胁。敌人的绝大部分力量都在西岸，即
使他们在最后一刻仍有部队过河，也不敢从大亲王部队前来的那个方向发
起进攻，因为那支部队最晚明天就会到达，到时他们会被夹在城墙和无法
渡过的河流之间。一个小时后，城防司令看到萨克森的两路主要进攻的确
就发生在他预计的地方，他很满意。当然，如果卡尔门前的鲁托夫斯基的
军队有攻城大炮的话，他们就能轰出一个缺口，充分利用优势。但是这里
没有大炮，此前辛辛苦苦连夜运来的几百名工人和驮载的马匹全都派不上
用场。城市的守备部队弱归弱，却足以在这几处坚守到底。与此同时，最
后一个适合冲锋的夜晚正在越来越快地流逝。冒险跳到干涸的要塞壕沟中
的第一名萨克森将军立即被守城士兵击毙，但是没关系。鲁托夫斯基此夜
的某次进攻仍有可能成功；小威尼斯岛上的进攻之所以拖延，不是由于守
方的反击，而是因为萨克森人不得不在伏尔塔瓦河的支流上建造浮桥才能
过河，有几处河水深及腋窝。因此，有一点愈发清晰：在不受德波拉斯特
龙一部佯攻的影响下，奥格威把自己最好的部队几乎悉数集中在小城区之
后，莫里茨伯爵从东部发起的第 2 次佯攻变得更加没有意义。

　　莫里茨不可能知道他的同父异母弟弟鲁托夫斯基此刻在想什么，但是
更加肯定的是，他知道一些别的事情。93 年前，三十年战争的最后一战
正是在这里打响，那时指挥瑞典军队进攻的是莫里茨的曾外祖父柯尼希斯
马克伯爵汉斯·克里斯托夫。彼时，柯尼希斯马克冲破斯特拉霍夫城门，
占领了小城区和城堡区，运走了不计其数的珍宝，但却只能把东半城留给
帝国军队，因为大学生们封锁了卡尔桥。如今他的曾外孙获得了一个千载
难逢的机会，对当年未被占领的城区实施相同的策略，这难道是巧合吗？
这当然是巧合，但是人们不能这样评判这位激动的四十五六岁的将军。莫
里茨是"强力王"奥古斯特二世真正的儿子，绝不仅仅因为他同样有着浓
密的眉毛或者感性的面部表情。他之所以位于伏尔塔瓦河的错误一边，实

693

694　际上仅仅是由于他得察看大亲王军队如何逼近，也正是因此，他的部队大部分由骑兵组成，而要夺取一座四面环墙的城市，骑兵全无用处。沿途所到之处，莫里茨都会受托寻找补给，所以此前他对进攻布拉格的贡献差不多仅限于从波希米亚农民那儿抢夺大块的肥猪肉和面粉。到最后一刻莫里茨才收到作战会议的决议，按照这项决议，他要在今夜发起另一次佯攻。已经没多少时间了，至少要派些德米尔普瓦侯爵运送给他的步兵跟在后面。这位侯爵真是惹人爱，这一点已经得到了科学证明。这不是因为他娶了一位公爵的遗孀，而这位公爵以黎塞留公爵仅仅 300 年的贵族身份称他为"臭烘烘的农夫"，被黎塞留一枪取了性命；最主要的是，这位遗孀为了嫁给一个像德米尔普瓦这样的并非公爵的男人而自愿放弃了前夫的公爵板凳，也就是说，为这场爱情做出了这个等级社会所能想到的最大牺牲，130 年间仅出现了 3 名这样的法国女性。但是下级指挥官再怎么惹人爱也取代不了莫里茨急需的大炮，尤其是在奥格威命人筑墙将这一侧的城门几乎完全围了起来的情况下。因此，进攻者所剩的唯一武器，就只有精确地观察。正是凭借精确地观察，莫里茨才在前几天发现了东部的防御设施；而且这也能解释，尽管此时已接近凌晨 4 点半，为什么他的 4000 名士兵仍在路上。由于城防司令不得不留下一座城门不筑围墙，他便理所当然地留下了新城门，因为位于北部的这座城门离敌人最远。萨克森伯爵莫里茨找的正是这座城门，眼下他的队伍终于到了这里。

695　　　　士兵们在昏暗中拿出那个可怜巴巴、由两根大木梁胡乱拼凑而成的攻城锤。众人看了一眼城门，又一言不发地把攻城锤放到一边，然后从车上取下强征鸡蛋和黄油时顺手征用的梯子，与 12 米高的城墙对比了一下长度——鉴于身处干涸的要塞壕沟的另一侧，他们只能猜测而不是目测。只有两把梯子够长，德博斯军团的掷弹兵此时无声地下到要塞壕沟中时就只带了它们。这些士兵最初因投掷榴弹而得名，尽管早就不扔榴弹了，但他们仍是军团中最高大的士兵。在欧洲所有的军队中，只有他们戴着高帽，而非三角形的帽子（这是一份来自投掷榴弹时代的遗产，那时的人们不愿意再依赖拉弓射箭）。掷弹兵们现在必须在没有击发武器的情况下爬上城墙，因为任何大点的声响都可能引来守卫者。向第一个登城的军团下士雅各布·帕斯卡尔解释他要做什么的很可能是莫里茨本人（后来人们把这场对话安在了这支军队中唯一一个平民军官头上，虽然是补偿性正义的美好一幕，但在历史上几乎肯定是错误的）：

> "你要爬上去，兄弟，遇到一名哨兵。"
> "是，我的将军。"
> "他会喊'谁在那儿'，向你射击并且打不中你。"
> "是，我的将军。"
> "你要杀死他。"
> "是，我的将军。"

　　人们兴奋地阅读这些对话的时代已经结束了。当我们了解到，莫里茨几乎是用暴力阻止了凡尔赛几大宫廷家族之一的 24 岁继承人和掷弹兵一起登城时（因为他还有用处），我们听出了太多言不由衷——我们有理由得出这样的结论。但是这些对话是由真实存在过的人说出的，他们展现了人类存在的其他方面。我们该感到幸运的是，由于缺乏亲身经历，我们不能设身处地地理解这些方面，但干脆将它们淡化也不是个好主意。读到这里的读者也知道，本书绝不是要为旧秩序辩解；王朝利己主义的灾难性或许已经足够清楚，没必要在这里再重复。无论如何，对旧秩序有利的说法屈指可数，而这也适用于新城门前的突然袭击。当下士雅各布和他的 8 名战友到达城墙最上层的平台；当不多的几名哨兵向着这些只带了刺刀或者由于缺乏作战训练而佩戴了无用的装饰剑的人射击；当噪声引起了相邻堡垒中更多人的注意；当第二架梯子在太多人高马大的掷弹兵的重压下倒塌，以致帕斯卡尔和战友在增援无望的情况下眼看着就要在城垛后被俘；当和掷弹兵一起带着自己的家伙爬到顶上、可能只有 13 岁的军团鼓手始

696

终没有停止击鼓，在黑夜中发出铿锵的进攻信号——这时，戴着耳环、眉毛浓密、对这一切负责的英勇的国王之子，就如同计划好了一般，在壕沟后一个 10 米高的废料场上挺直身子，大声叫喊着："龙骑兵向我来！"带着短枪并下了马的骑兵来到他身边、进入守卫者的视野和射程，就这样将困惑的大学生和市民的火力引到自己身上几分钟之久。与此同时，第二架梯子也被凑合着修好了。前现代击发武器瞄准的精确性不高，使得这一举止可能不像今天那么英勇，但是仍然可以证明，伯爵让士兵承受的危险，至少他自己也要承受。这一姿态很有效，因为第一批老城市民已经扔掉武器，躲到周围的房子中：这场战斗说到底和他们又有什么相关呢？大学生和新兵已经撤退，城墙上的掷弹兵已经多过了守卫者，进攻者从里面打开了新城门，放下了吊桥，从而可以让德谢弗勒斯公爵那 2000 名太过珍贵且不能爬梯子的骑兵奔驰在老城的街道上。然而，骑兵对于这次战斗来说仍然是最不适合的兵种。萨克森伯爵莫里茨的麾下仍有足够受过训练的士兵可以发动一场屠杀，但是在伏尔塔瓦河东侧，几乎已经没有这样的士兵了。高喊着"国王万岁"的法国人几乎没有遇到任何障碍就到了卡尔桥，震惊的奥格威伯爵最后一刻在此处设置了障碍，目的就是要封锁 1648 年的占领者的曾外孙前进的道路，就像当年人们在另一个方向上封锁那位曾祖的路一样。眼看就要一败涂地——要是莫里茨仅仅控制了城市东部，主要部队的增援就只能绕远路，必然不能及时赶到，在大亲王 9 倍于己的兵力到达前拯救自己的人马，而大亲王的部队破晓时肯定会到达。因此，如果没有奇迹发生，莫里茨必然只能眼睁睁看着敌军的优势兵力在大街上枪杀德谢弗勒斯的龙骑兵及德米尔普瓦的步兵，而奥格威放在桥上的大炮则会向着无处可逃的人群发射铁块碎片。

　　但是奇迹发生了。就在伯爵对着眼前设防的桥梁干瞪眼时，韦策尔男爵出现了，带来了司令愿意投降的消息。原来司令听说，萨克森人最终还是从北面和南面进了城。小城区最后一支仍在战斗的部队早就四散而退，而鲁托夫斯基、德萨克斯和科泽尔的军队同样也在向着城中心移动。尽管

如此，奥格威仍存着最后一丝怀疑，他想用谈判拖延时间。而莫里茨则让
人威胁他，同时与桥上的守卫对话，从而可以在必要时奇袭他们。事情再　　698
一次向着有利于莫里茨的方向发展。莫里茨在奥格威位于小城区的市区宅
邸中接受了他的投降，并和他握手，"因为我们在弗兰德远征时就认识"；
又向他讨了一杯水，"因为我渴死了"；最终打发韦策尔转达，要求高堡
交出堡垒；这时莫里茨的 3 个兄弟也来了，为他们第 5 个、也是唯一的婚
生兄弟索要这座城市。或许莫里茨不得不发泄这一夜令人难以置信的紧张
情绪（现在仍不到 6 点，天还是黑的）；或许他想提醒别人，正是因为他，
现在路易十五和卡尔·阿尔布雷希特才能成为这座波希米亚都城的新主
人；但是或许他只是想幽默一下（与他们的父亲一个德行），于是向兄弟
们说道："我是你们的大哥，你们这些无赖，永远都是我领头。"这话至少
完美地契合这个社会的逻辑，即使用上了"无赖"这个词，但只要想想非
婚生子之间另一个形式上完全合理的问候是什么样的，人们大概也要破例
认为算是礼貌了。

　　至少没有引起任何不满。现在也不是不满的时候，刚刚可是发起了
一次几百年难得一遇的奇袭，只有不到 20 名进攻者阵亡，而在常规的围
城中通常会有数千人丧生。按照当时的标准，这次的行动简直算是兵不血
刃。甚至基本没有发生大规模的抢劫，至少有证据可以证明，布拉格的父
母官后来为了感谢莫里茨伯爵的克制，赠给了他一枚非常珍贵的名为"布
拉格"的宝石戒指。就自愿程度而言，官员们大概比将 2000 达克特金币
分发给莫里茨的士兵们的布拉格犹太人更自愿。当时，强迫犹太人付钱是
一个固定习惯，人们根本不会意识到，这或许也是一种抢劫。法国军队真　　699
正的总指挥——我们有充分的理由至今仍未得见——将会把这座被占领的
城市描绘得极为衰败。而操控一切的这个人，仍未到场享受他的胜利，因
此萨克森伯爵莫里茨接下来要做的第一件事，就是给他写信。一旦一个人
刚刚占领了中欧最大的城市之一，那就别想睡觉了。卡尔·阿尔布雷希特
选帝侯先是莅临了"胜利之后圣母堂"的感恩弥撒，然后进了城。与其说

他是骑着马进去的，不如说是晕晕乎乎飘进去的。为了立即给新臣民一个仁慈宽容的信号，选帝侯准许吓坏了的首都贵族们不必自视为战俘（贵族观看他进城时获准佩剑可以佐证这一点）。选帝侯在圣维特主教座堂前下马，与此同时，外面响起了礼炮声（毕竟铁质的信号炮也能派上这个用场）。教堂里，对时代趋势看得足够清楚的大主教接待了卡尔·阿尔布雷希特，先是称呼他为"陛下"，然后才唱起了通行的胜利感恩歌曲《赞美颂》。当时莫里茨和鲁托夫斯基肯定也站在周围某处，他们获得了向选帝侯兼国王跪交城门钥匙的特权。但是由于莫里茨从母亲那里继承了新教信仰、从父亲那里继承了宗教冷漠，因此我们允许他很快悄悄地从后面的一个出口溜走；他总算要宿营在其中一座美轮美奂的贵族宫殿中了。另一位与莫里茨同阶层的人曾以一种原型的马克思主义（proto-Marxism）精确解释过这些宫殿的富丽堂皇："由于波希米亚的农民是农奴，所以他们的主人非常富有。"写信的时间到了。最高军需长官已经就后勤噩梦口授了一份报告，他每天要弄来 80 头牛屠宰取肉，还要凑出 2.5 万份面包，同时紧邻的两支友军也需要这么多供给。某位正派的高级神职人员在此期间警告罗马教廷，要警惕为期不远的来年濯足节时很可能会爆发的不愉快（教皇通常会在这个节日为 13 名穷苦的神父洗脚，由于波希米亚国王可以提名 13 人中的一名，这一年除了玛丽亚·特蕾西娅的候选人，必然还会有卡尔·阿尔布雷希特的一名候选人）。其他人已经在猜测，占领者会任命谁为这座城市的总督，现在该城一方面属于卡尔·阿尔布雷希特，另一方面主要由法国军队占据。（然而，很快就找到了一个优雅的解决办法，选帝侯让双方似乎都能接受的德巴维埃伯爵当了总督，因为此人既是法军的中将，又是选帝侯同父异母的哥哥，还娶了选帝侯的私生女。）而数小时之前，当莫里茨得以短暂地退回到奥格威伯爵的卧室中，他立刻提笔疾书；他的捷报用一种靠发音判断拼写的法语写成，没有一个逗号，也没有任何一种重音符号。眼下这份简洁骄傲的捷报早就在去往北方的路上了，飞向那位大人物，所有一切都在等着此君来到布拉格。

    阴沉沉的 11 月，一天傍晚，一队陌生的人马蜿蜒行进在把萨克森和波希米亚隔开的陡峭悬崖间。十几个雇工及同等数量的马匹抬着、推着、拖着一辆车。这辆车与其说像顶轿子，不如说更像一张有天盖的床。如果向这个复杂的设计里面看去，就会看到里面那个患有坐骨神经痛、眼睛因为发炎而看起来像是不停在哭的 57 岁男人。此人的模样让人很难相信，他正在看着一只"小松鼠"爬上荣誉的峭壁。这里发生的正是如此。"便携床"上可能有波兰国王的纹章，因为这床正是波兰国王借给我们的旅人的。但是此人的所有行李上都有他本人的纹章，一只红色的松鼠跃然而出，笔直地立于由圣灵勋章链包围的银质盾牌中，而盾牌后是陆军元帅两根交叉的权杖；它们的下面是家族格言"Quo non ascendet"（还有哪里是他登不上的），这曾经是对车中人祖父的尖锐讽刺，现在却愈发与这位已经有点年纪的先生相称。放在以往，除了微翘的小鼻子，车里的这位和松鼠根本没什么共同点。他是夏尔－路易－奥古斯特·富凯，德贝勒－伊斯勒伯爵、法国元帅、特命全权公使、法国国王驻选帝侯及德意志民族神圣罗马帝国的全权代表大臣。他是被柯尔培尔扳倒、余生都被囚禁并与铁面人一起度过的那位财政大臣富凯的孙子，也曾是巴士底的阶下囚，他的眼睛就是在那里感染的。他不久前把自己当时的狱友邻居提拔成了刚刚占领布拉格的军队的最高军需长官，此后还会帮这位狱友当上财政大臣。伯爵所继承的家族姓氏，给它的拥有者带来了路易十四持续半个世纪之久的仇恨和迫害。同样，如今凡尔赛的人也认为伯爵有足够多的追随者，多到"可以建立一个新的宗教"。伯爵母亲一方出身封建领主，在法国南部的势力就如同西哥特人一样古老；但他父系的祖先都是司法人员甚至金融家，他们的姓氏在圣西蒙听来就像一条狗的绰号。伯爵穿过这充满敌意的群山，要把自己的表亲送上皇位。

    德贝勒－伊斯勒 1684 年出生时，他的父母一无所有，生活在罪孽中。只有一位好心的主教叔父为他们提供了庇护。由于这位叔父也像所有姓富凯的人一样，被视作国家的敌人，结果就是，当国王再次将叔父流放别处

701

时，德贝勒－伊斯勒只能跟着他从一个山里的修道院流亡到另一个。在德贝勒－伊斯勒出生前 4 年，身在皮内罗洛的祖父富凯受惊而死，因为看守们发现了他那通往洛赞单人牢房的秘密通道；在德贝勒－伊斯勒出生一年多以前，富凯的次子德贝勒－伊斯勒侯爵引诱了一个古老贵族之家的女儿。在巴黎一个皮革匠的房子中，德贝勒－伊斯勒侯爵每周都与流放中认识的德沙吕伯爵的女儿德莱维小姐相会，与她私订终身，家人直到一个小女婴出生前的 2 周才明白过来发生了什么。两人 3 年后才得以补上正规的结婚程序，所以他们的儿子夏尔－路易－奥古斯特得以正当地拥有富凯这个姓氏时，已经 2 岁了。这是一项可疑的特权。对太阳王的狂热崇拜完全建立在他击败大罪犯富凯之上，以致富凯的后人别指望在其统治下获得一点恩宠，不过富凯家族还是可以隐藏在布列塔尼一座无法攻克的岛屿贝勒－伊斯勒的名称之下，祖父一度打算从这里发动他孤注一掷的政变。但是如果了解这个世界的家庭观，就会知道，即使是在旧秩序下，姓氏也不像人们想象的那样，是一成不变的命运。恰恰因为人们如此严格地通过男丁一支定义家庭，恰恰由于人们在说起富凯和柯尔培尔时，就像说起王室，喜欢把他们看作永远不变的种族——恰恰因此，除了这些一动不动的巨型"油轮"，人们一直还需要一些适合日常活动的灵活"小船"：人们需要女人，需要将她们在男人们的世系中进行交换，从而结成联盟。姓氏像磨盘一样挂在年轻的德贝勒－伊斯勒脖子上，但来自这些联盟的回报不只拯救了他，还让他成了大人物。祖父在被扳倒之前，及时地把一个女儿嫁给了禁卫军司令德沙罗斯公爵路易－阿尔芒·德贝蒂纳，而此人的儿子阿尔芒·德贝蒂纳于 1711 年重新获得了禁卫军指挥权，从此对国王亦步亦趋，时刻准备着为表弟德贝勒－伊斯勒说句好话。虽然单凭这点还不够，但是我们主人公的父亲引诱了德莱维小姐，两人 46 年的余生完全深居简出地生活在与世界为敌的伟大爱情中，由此在与沙罗斯家族的亲戚关系之外，又补充了与古老贵族莱维家的姻亲关系，从而迅速扭转了儿子的命运。原来德贝勒－伊斯勒的表兄德莱维的妻子是国王孙媳最宠爱的宫廷

侍女，而这位孙媳又深得国王爷爷的欢心。不仅如此，这位表嫂还是权臣
德谢弗勒斯的女儿、柯尔培尔的外孙女，而把富凯家族似乎永远推下深渊
的正是柯尔培尔。现在这名女性成了德贝勒－伊斯勒的亲戚，仿佛直接从
童话故事进入这段历史一样，她决定消除自己外祖父为敌人的后代施加的
诅咒。路易十四仍然在位，但是没关系，作为最受宠公主最喜欢的宫廷侍
女，她的话在凡尔赛就是法律，足以让天生的国家之敌德贝勒－伊斯勒先
是在 16 岁进入作为军官学校的步兵卫队，然后买下一个龙骑兵军团，最
后把一个可以买卖的龙骑兵将军的职位收入囊中。这种开端对于很多年轻
人来说就是终点，对于其他人来说直接通向英年早逝。但是谨慎的小伙子
德贝勒－伊斯勒运气很好，原本只是想讨人欢心的他在西班牙王位继承战
中身受重伤并活了下来，不过后遗症直到今天仍伴随着他——当年受损严
重的胸腔使他 33 年后再一次失去了活动能力，只得借波兰国王的"便携
床"出行。慢慢地，德贝勒－伊斯勒变成了一位勇士，井井有条、充满好
奇、无所顾忌，同时作为一个生来就要面对不公正的障碍、完全依赖于有
权势的亲戚的人，他竭尽一切可能，变成了一名完美的宫廷侍臣。他学会
了利用天然的亲切及学到的礼貌，不只急当权者所需，而且还使他们觉得
自己别无它愿。德贝勒－伊斯勒身旁有个弟弟相助，这在按照君主制的类
型建立的家庭中很常见——终生预定了次要角色，身为马耳他骑士，不想   704
变穷就只能终生不婚；完全依赖于家族首领，因此如果足够聪明，他只能
忠诚。德贝勒－伊斯勒骑士很聪明，也比他的哥哥冷酷得多，在很多人看
来，他就是哥哥的恶灵。二人兄友弟恭，比生来就有的不公平判决更令他
们团结一心的，是将这一诅咒反转的巨大野心。

　　一开始，德贝勒－伊斯勒伯爵是小步向着荣誉和权势前进的。伯爵的
军官生涯并无二致，即使凭借宫廷侍臣的天分也不足以使他在众多将军中
脱颖而出。但是此时发生了一件稀罕事。了不起的柯尔培尔建立的宫廷党
派，早就落到了他的两个女婿德布维里尔和德谢弗勒斯手中，二人在宫廷
中建立起耶稣会虔诚分子的"小羊群"。德贝勒－伊斯勒的表兄德沙罗斯

加入了这个党派，贵人表嫂德莱维公爵夫人由于出身也是其中一员，而且由于这两人和宗族中的其他人一样，都有很好的宫廷职位，因此德布维里尔（1714 年）和德谢弗勒斯（1711 年）的死，以及路易十四薨逝或者柯尔培尔党羽真正被从政府部门清除（两者都发生在 1715 年），均未改变他们的权势。现在，这些沾沾自喜、友好、权位显赫的宫廷人士的棋盘上只缺一样：一个领队，一个英雄的扮演者，一位将军。这是德贝勒－伊斯勒千载难逢的机会，虽然他还只是个穷亲戚，但是当孩童登基引发了摄政权的混乱时，沙罗斯和吕内宗族中的第 2 个计划内出现岗位空缺，德贝勒－伊斯勒立即顶了缺：他来做脏活儿。很快，德贝勒－伊斯勒的党派便与摄政王德奥尔良结盟，与贝里克共同策划推翻国王老师德维勒鲁瓦的也正是德贝勒－伊斯勒。至此，德贝勒－伊斯勒成了枢机主教迪布瓦的亲信、国防大臣最好的朋友并与其共享一个情妇。与此同时，他本人的亲信已经开始从战时特别金库中偷钱——进入金库中的是黄金，但德贝勒－伊斯勒的走卒支付的却是纸币。德贝勒－伊斯勒的城市别墅和宫殿从差价中拔地而起，同时他因出售与自己同名的岛屿而获得了国王以金山相赠的承诺。即使是在作为这起大宗交易工具的那名官员被人刺死并被从家中拖出来之后，也没有任何丑闻能撼动德贝勒－伊斯勒。因此，要不是彼时（1723 年）摄政王德奥尔良之死使得独眼的德波旁公爵掌了权，德贝勒－伊斯勒大概还会一直扶摇直上。随着德波旁公爵掌权，公爵的情妇德普里夫人也登上了权力的顶峰，她的母亲就是德贝勒－伊斯勒与国防大臣共享的情妇。在更有利的条件下，这一联系原本可以让我们的主人公与一个政治上的拼凑家族团结起来，但是这次，这一联系被证明是致命的。时年 25 岁的德普里夫人与母亲闹矛盾，而有关德贝勒－伊斯勒贪污的传言正中她的下怀。很快，德贝勒－伊斯勒兄弟就出现在了巴士底狱，没有指甲剪和刮须刀，在那里坐了一年多的牢，同时一个又一个委员会在调查他们的历史。幸运的是，最后连不公正的法官也只能证明他们犯了常见数额的贪污。更幸运的是，德普里夫人在大约一年后觉得，已经向母亲传达了足够清晰的信号。又过了一年，1726 年，德普里夫人和德波旁的统治结束，因为两人低估了国王的老师德弗勒里。现在轮到德贝勒－伊斯勒的表兄、禁卫军的代理首领德沙罗斯给这位独眼的公爵送来两份国王的流放令——只有在德波旁抗命的情况下，他才能拿出更严厉的那份。但是德沙罗斯一想到表弟在暗无天日的巴士底狱单人牢房中坐了一年牢，就决定省略这一程序，直接把更严厉的那份命令给了德波旁。德普里夫人被放逐到其夫的宫殿中，不到一年就死了，大概是服毒自尽，死时还不到 30 岁。此后不久，人们最终只找到了德普里夫人最亲密的宫廷盟友的一只高跟鞋，这是他在从被流放的宫殿底层的落地窗跳向泥泞的城堡壕沟时丢失的。凡尔赛的大宗族惹不得，但现在众所周知，德贝勒－伊斯勒也惹不得。

706

随着德波旁公爵倒台，快速晋升为枢机主教的国王老师德弗勒里掌了权，沙罗斯、莱维和贝勒－伊斯勒一族也彻底跃升为法国宫廷的权势宗族。德弗勒里宗教上的灵魂挚友是庇护德贝勒－伊斯勒的莱维家的姨母。在德弗勒里的安排下，这位德吕内公爵夫人很快就成了王后玛丽亚·莱什琴斯卡的宫廷女管家，她的现任及前任丈夫（即年轻的德沙罗斯侯爵路易－约瑟夫·德贝蒂纳，我们在 1709 年的马尔普拉奎特、他生命终结的前一天见过他）都属于同一宗族。由于德吕内夫人成功拉拢了原本有敌意的王后，这一宗族不仅得以在王后的宫室中扎根，而且还在数十年的时间中渗透进了她孩子们的宫室人员中。如此一来，很快半个王室就被改造成了德贝勒－伊斯勒的说客。在培养与德吕内夫妇的友谊时，德贝勒－伊斯勒非常拎得清，例如他以优惠的价格把自己的龙骑兵职位卖给了德吕内的儿子德谢弗勒斯（就是前文他让莫里茨拦着不许参与登城的那个人），这样这名时年 19 岁的青年就能比其他宫廷同僚更早成为将军。德吕内夫妇这样的人是德贝勒－伊斯勒在凡尔赛的耳目，表面无害的礼仪专家，致力于就如何正确地亲吻王后裙摆展开高深莫测的讨论，但是在关键时刻却可以决定谁能及时从权力核心获得生死攸关的信息。德贝勒－伊斯勒需要这些耳目，不只是因为重要的宫廷职位原本就被牢牢地掌握在古老的宫廷权力家族的铁

707

爪中，根本没他这个富凯后人什么事；还因为在这一领域，德贝勒－伊斯勒没有任何对抗他们的机会，这一点他心知肚明。相反，作为将军，作为英雄，德贝勒－伊斯勒可以向这些人提供他们已经失去的东西，因此他现在利用亲戚的权势，系统化地在宫廷之外打造自己的权力基础。通过成为东部边境省份的军事指挥官，德贝勒－伊斯勒确保了自己可以在下一次与奥地利发生冲突时发挥主要作用。这一角色分外重要，因为在凡尔赛，老掉牙的德弗勒里的那套和平政策早就让整个佩剑贵族的新生代感到厌烦了。1733 年的波兰继承权战争之所以没能成为德贝勒－伊斯勒的伟大时刻，只是因为德弗勒里及时地终止了那场战争。但反常的是，这反而成了这位后起之秀的优势。查理六世之死让德贝勒－伊斯勒的王牌在 1740 年起了作用。现在，连研究这些事件的历史学家也几乎不再知晓这张王牌，尽管它解释了很多事情。将王牌带给他的，又是一位女性。

　　翘鼻子的候补英雄始终清楚，要弥补自己的出身缺陷，必须要定门体面的亲事。如果自己是个无名之辈，那就只能通过婚姻获得高贵的出身，只要自己乐意处处妥协就能办到。德贝勒－伊斯勒的第一位妻子是一名上层佩剑贵族的继承人，比他大 6 岁，在当时的人看来长相丑陋，而且还疯疯癫癫；一直到她于 1723 年没有子嗣、了无痕迹地死去，德贝勒－伊斯勒的信里也从未出现过她的身影。1729 年，伯爵在更有利的条件下再婚。这时人们已经认为伯爵未来可期，即使没有目光深邃的眼睛或者可爱且叛逆的小翘鼻子，他在第 2 位新娘眼中也必然是个富有魅力的结婚对象。因为这名贫困但出身高贵的姑娘在 18 岁时嫁的是名 61 岁的将军，后者显然不满足于前一段婚姻中与自己侄女的年龄差距。我们可以想象，这位年仅 20 岁的寡妇在第 2 次婚姻中遇到德贝勒－伊斯勒该多么如释重负，虽然后来风流韵事不断，但她似乎一直对德贝勒－伊斯勒怀有爱意。这位姑娘名叫玛丽－卡西米尔－泰蕾兹－热纳维耶芙－埃玛努埃尔·德贝蒂纳－波隆，这个名字的含义比她丈夫名字的含义还要丰富，隐藏着其人生所有重要的当口。她姓贝蒂纳，是德贝勒－伊斯勒的姑父德沙罗斯的远房侄女，正是

德沙罗斯让外甥注意到了她。她叫玛丽－卡西米尔，因为她的姨祖母也叫
这个名字，这位姨祖母在1645年4岁时被送给了一位嫁到波兰的法国公主，
人们称这一家族分支为贝蒂纳－波隆[1]，因为姨祖母玛丽·卡西米尔后来嫁
给了约翰三世·索别斯基，成了波兰的王后。这对国王夫妇的孩子中，名
叫特蕾泽·库尼贡德的女儿嫁给了巴伐利亚选帝侯马克西米利安二世·埃
马努埃尔，也就是卡尔·阿尔布雷希特的母亲。由此，卡尔·阿尔布雷希
特也成了德贝勒－伊斯勒伯爵夫人共同曾祖下的直系表兄——这种亲属
关系在这个社会中算是很近了。不过像卡尔·阿尔布雷希特这样的统治者
和德贝勒－伊斯勒这种新晋贵族的法官后人之间的亲戚关系如果经常被提
起，那就几乎算是丑闻了。但就算不提，这层关系的好处也在，如果有人
怀疑德贝勒－伊斯勒并非恰恰因此才娶了那位年轻的寡妇，那这人内心肯
定相信疯狂的偶然。自从如塔楼一般驻守在敌人的边境，德贝勒－伊斯
勒便在宫廷阴谋的棋盘上屹立不倒了；现在他的身旁多了一枚王后，通过
她，他就跟国王一样，直接与那位凭借继承权就能彻底震撼整个棋局的人
相关联。

709

　　1740年，当查理六世去世的消息到达凡尔赛时，德贝勒－伊斯勒已
经在摩拳擦掌。他又听了一堂帝国政治的强化课程，以免被普法尔茨选帝
侯与普法尔茨伯爵祖尔茨巴赫之间的亲戚关系这类问题难倒。然后他请求
晋见德弗勒里，恰如其分地表现出了虚伪的惊喜，接受了对方让自己作为
大使前往选举新一任皇帝的建议。1740年12月11日这天，枢机主教兼首
相还未能预料到，仅仅5天后，普鲁士的腓特烈二世会发动针对奥地利的
战争。即便如此，德弗勒里当然也清楚，中欧现在就是个火药桶，巴伐利
亚的继承权要求眼看就要成为导火索。德弗勒里尤其不能忽略，德贝勒－
伊斯勒及其背后的党派将试图挑起一场战争，并很快就会借此在凡尔赛掌
权。战事一起，统帅们将会受到普遍重视，那时候，一位87岁的教职人

---

[1] Pologne，法语"波兰"之意。——编注

士还能剩下什么影响力？我甚至不想排除，德弗勒里曾真切地担忧过，在一个财政和经济在史无前例的几乎没有战争的 25 年间繁盛起来的国家，这场战争将会产生什么影响。德弗勒里明白，他那患有神经衰弱但很聪明的学生路易十五也明白：他的王国早已经强大到它必然而且能够到达的程度。最迟从掌握洛林起，王国各处的边境都比欧洲大陆其他国家的边境更为安全和清晰；最迟从路易十四时代的一系列战争开始就清楚的是，法国永远不可能占领整个欧洲，但很有可能在每次尝试时都要冒着油尽灯枯的可怕风险；并且最迟从西班牙王位继承战争开始，人们也知道，把法国王室的旁系送上他国的王位，基本没什么好处，像费利佩五世就立即成了祖国的对手。那么，让成千上万人去送死、在一年里烧掉 10 年的积蓄，还剩什么好处呢？是什么让这样做值得呢？对此，如果他们打算说实话，德弗勒里和路易十五肯定会回答"什么都没有"，而且我认为，他们这样说是对的。但是由于路易十五和德弗勒里生活在一个满是腓特烈二世、卡尔·阿尔布雷希特和德贝勒－伊斯勒这种人的世界中，这些人回答的"荣誉"或者"家族"会有千万人回应；由于枢机主教年迈疲惫，而国王尽管大权在握，却仍保持了一个害羞孤儿的本能反应，不敢相信自己的观点；由于在以荣誉为准绳的骑士文化中，每位服饰总管都敢在清晨拉开床帷时以讽刺的话语责备国王的厌战情绪；由于德弗勒里处于宗族的压力之下，而他又依赖于宗族的帮助；由于德弗勒里最终也希望，让德贝勒－伊斯勒任大使至少可以使他离开凡尔赛——由于所有这一切，枢机主教和国王现在眼睁睁地任命了在额头上明明白白写着渴望战争的那个人作为他们的中间人。

　　至迟到现在，德贝勒－伊斯勒成了无名的宫廷宗族的大人物，他从宗族的边缘攀爬到了高位，这已经是一个绝佳的报复——富凯的孙子领导着昔日的柯尔培尔宗族！祖父用富凯家族的松鼠纹章装饰他子爵城堡裱糊的墙壁，现在，松鼠被柯尔培尔纹章上的蛇追逐的时代结束了。同时很清楚的一点是，德弗勒里的如意算盘肯定要落空，巴伐利亚不会满足于毫无实权的皇帝虚名。头奖一直都是玛丽亚·特蕾西娅的领地，只有这些领地才会让欧洲强国参战，就像腓特烈二世刚刚演示的那样。连德弗勒里和国王路易十五都认为事态不会止于对皇位的和平拉锯，这在一系列提拔中的第一次已经体现出来：1741年2月，德贝勒－伊斯勒上路时，国王与首相任命他为陆军元帅。虽然让军官出任外交官不算出格，而且在法国极端军事化的宫廷贵族中很难找到哪位外交官没有平行的军队履历，但是把一名没有外交官经历的将军指定为大使，同时授予他最高的军衔，即使在18世纪，也清晰地指出了这次的旅程会通往何方。唯一一个更加清晰的标志，是随同德贝勒－伊斯勒一起被任命的还有6位元帅的事实，对于准备外部战争来说，这自然没什么必要，但是对于阻止宫廷内部的战争来说却是必需的。因为德贝勒－伊斯勒原本在中将中只位列第65位，这样一来，提拔他就要越过64名比他更有资格的人（由于人们认识到仅仅按照高贵程度来提拔不够灵活，于是逐渐代之以按照服役年限来提拔，这就使得旧模式的灾难性后果常常被更现代的灾难性后果所取代）。从这64人中挑选出的6位自然毫无例外都属于宫廷贵族，他们有强大的潜在破坏力，所以必须提拔。只有俊俏的德昂尼斯，主要不是由于自己宫廷总管和王后玛丽亚·莱什琴斯卡宠臣的身份，而是基于军事上的无能而得以晋升；要是他留任中将中的第31位，再加上王后的庇护，他一定会获得一个重要的指挥官的职位，并在行使这一职权时造成不可逆转的损害。相反，让他跃升到最高的军衔就断绝了这一可能——因为元帅只能对整个军队行使最高指挥权，连王后也不能为他求来这个职位。这次提拔宣判了德昂尼斯的退职，也拯救了那些本来要成为他下属之人的性命。当然，这却要了德昂尼斯的命，因为他于一年半后去世时，当时的人认为是这次"提拔"让他伤了心，要在以往，只有马萨林公爵夫人的死才能有这种效果。而德昂尼斯这位多年的人生伴侣确实先于他3周死去（公爵夫人终年54岁，德昂尼斯终年60岁），朋友们都瞒着他，因为那时他已经病入膏肓。

    纹章上的松鼠后面新添了元帅权杖，带着这个纹章，德贝勒－伊斯

711

712

勒于 1741 年春启程前往德国，去那里展开一次纹章上的动物擅长的活动。
腓特烈二世出人意料地战胜了奥地利（莫尔维茨会战，1741 年 4 月 10 日），
证明普鲁士不是等闲之辈，于是元帅径直来到这位年轻国王位于西里西亚
的营地中。尽管国王有着马基雅维利式的怀疑，元帅最终还是争取到了他
与法国结盟。元帅率性而为，就好像人们一开始就委托他来安排这场大战
一般。萨克森刚与奥地利结盟时，元帅到了德累斯顿，莫尔维茨的消息和
德贝勒－伊斯勒的劝说技巧，已经足以在几天内把奥古斯特三世及其首相
布吕尔拉到法国－巴伐利亚一方。元帅自然也与他的巴伐利亚表亲以最快
速度达成了协议（元帅非常喜欢这位表亲，只是挑剔他"乐意接受所有满
足他虚荣心的建议"）。因此，要不是此时出现了一位西班牙大使，元帅差
点就得献身于比较无聊的选举谈判中。和德贝勒－伊斯勒的情况不同，在
这位德蒙蒂霍伯爵身上，使命背后的虚荣心不是外交官的，而是确确实实
属于统治者的——或者更确切地说，是女统治者的虚荣心。因为费利佩五
世在波兰继承权战争中短暂的状态高涨之后，又回落到他躁狂抑郁的持续
状态中。只有阉人歌手法里内利每日的咏叹调能使国王陛下的心情有所好
转，或者更准确地说，是每夜的咏叹调。结果就是这位已经完全成了夜猫
子的君主在音乐会后，会视心情不同，要么以可怕的吼叫声再唱上两个小
时，要么致力于国家事务——幸亏关怀备至的妻子已经对国事做了预先分
拣。这位关怀备至的妻子仍然还是王后伊莎贝拉·法尔内塞。德贝勒－伊
斯勒的虚荣心现在又间接遇到了如此意气相投的雄心壮志，因此二人的合
作只是时间问题。当然，伊莎贝拉在上一场战争中已经把自己的长子唐卡
洛斯变成了那不勒斯的国王，因此她对于不受待见的继子登上西班牙王位
的恐惧实际上原本应该已经搁置。但是剩下的儿子中只有一个可以被任命
为托莱多的枢机主教（而且得等到他 8 岁）；还有个唐费利佩王子要操心，
上次缔结合约时，她让这个儿子与路易十五的女儿结了婚——把伦巴第打
造成一个美丽的王国送给他岂不美哉？但是得先从玛丽亚·特蕾西娅手里
夺过来。于是，德贝勒－伊斯勒的口袋里很快又有了一份西班牙与巴伐

713

利亚的进攻盟约，和所有此类情形一样，其中也将包括与撒丁国王的结盟（一位意大利北部摇摆不定的候选人，由于等级提高，他不再叫作萨伏依；就算并非偶然地做到偶数次的立场转换，他在每次战争伊始缔结的同盟与战争结束时身处的同盟仍然不同）。现在，德国境内最后一支重要的力量，也就是汉诺威及大不列颠的乔治二世，也被元帅将死。元帅说服卡尔·阿尔布雷希特的维特尔斯巴赫家族的亲戚，向法军开放他们从杜塞尔多夫到奥斯纳布吕克的疆域，法军将很快威胁到汉诺威并立马把受惊的乔治二世吓回到中立状态。然后元帅不声不响地返回了凡尔赛（在他看来并无不妥），目的是向越来越不知所措的德弗勒里和路易十五讲一讲，所有这些导火线的布置都是对他们二人内心最深处意志的忠实贯彻。还能说什么呢？好战的宫廷势力不仅全站在德贝勒－伊斯勒的身后，而且也主宰着公众舆论早期形式的核心。先是好战派的权势发挥了作用，然后骑士和勇敢的意识形态完成了剩下的工作，这种意识形态也被成功地植入到路易十五的心中，以致他最初对于和平的偏爱动摇起来。一劳永逸地肢解那个实际上从 1477 年开始就一直与法国为敌的帝国，此时不正是机会吗？如果路易十五白白放过这个独一无二的机会，他的后代难道不会指责他，他的先人难道不会从坟墓里爬出来诅咒他吗？（在这种情况下，这就是王朝世界一字不差的格言论证。）这名 31 岁的统治者在说起他本人行使权力时经常像在说一个非现实的假设，他决定的天平落了下来，这一次不再是他 88 岁的导师所盼望的那个方向。德贝勒－伊斯勒赢了。法国军队兵分两路，一支可以说是应普法尔茨选帝侯及科隆选帝侯之约，开赴威斯特法伦。元帅亲自接手了另一支更大军队的最高指挥权，这支军队形式上效力于卡尔·阿尔布雷希特，一开始占领了无关紧要的和平边境主教管区帕绍，这样就可以从那里出发夺取林茨。然后，作为大使一直在国家间周旋的德贝勒－伊斯勒病倒在了德累斯顿，而这支军队继续前进，直到我们看到巴伐利亚选帝侯最终到达布拉格的城堡。也就是说，法国在形式上始终未与任何人处于战争状态。因此我们现在看到，在易北河的砂岩山脉间，士兵们

714

站在无法行动的陆军元帅的轿子车旁，举着奥地利军团瓦利斯、泽肯多夫和奥格威的旗子：按照惯例，布拉格的占领者们通过德贝勒－伊斯勒把这些旗子递交给了路易十五；它们随即又被送回，因为国王陛下与这场战斗根本毫无关系。

　　1741 年 11 月 29 日，德贝勒－伊斯勒到达布拉格，此前都是他的弟弟在那里代理。尽管好消息让德贝勒－伊斯勒的健康状况有了极大改善，甚至连翻山越岭也毫发无损，但是很快他就明白了，他不得不把此地的最高指挥权转让给他人。只管让德布罗伊元帅去占领波希米亚的剩余地区，反正真正的主场至少有一段时间不在这里，而是在美茵河畔法兰克福，选帝侯及其代表们已经为了选举皇帝到了那里。元帅当然也得把卡尔·阿尔布雷希特带过去，因此卡尔加冕为波希米亚国王的时间异常仓促——或者更准确地说，只剩下臣服礼的时间，因为有先见之明的奥地利人已经及时把文策尔王冠弄到了维也纳。所有的王权标志物中，人们在布拉格只搞到了帝国宝剑，但这大概不是事后用典礼的合法性来粉饰赤裸裸侵占的理想用具。也就是说，这个从现在开始最为高贵的头颅，在 1741 年 12 月 19 日这一天，只能用一顶黑色的羽毛帽来装点，因此整个典礼在这位新国王的日记中仅占了 4 行半的篇幅，完事后他就动身前往法兰克福参加那场更有吸引力的活动。选帝侯兼国王中途在德累斯顿停留，出其不意地拜访了萨克森－波兰的奥古斯特三世及其众多的家人。选帝侯让驻本地的公使韦策尔男爵（此人的兄弟刚刚在布拉格成为战俘）把他介绍为宫廷官员，并且以宫廷官员的身份对奥古斯特三世做了一番老练的恭维，后者并没有认出他。直到这位所谓的宫廷官员突然拥抱波兰国王时，国王才明白过来此人是谁，因为他虽然显然从来没有见过自己这位连襟的脸，但是就跟所有巴洛克时代的王侯一样，礼节已经融入他的血肉，成了他的自然习惯：拥抱我的人，肯定是执政的王侯。现在奥古斯特三世、他的妻子玛丽亚·约瑟法和 9 个 2~19 岁的孩子几乎是扑向选帝侯兼国王，又是吻手礼又是拥抱，这大概不只是因为奥古斯特三世和卡尔·阿尔布雷希特娶了两姐妹，或者说他们毕竟仍以某种方式结了盟（与此同时，法国－巴伐利亚客气地把萨克森盟友从布拉格请了出去，但他们也祝福萨克森拿下合约中相应份额的战利品，即占领摩拉维亚和匈牙利）；最主要的是，普鲁士的腓特烈二世正到访德累斯顿，此后大概每位来访者都巴不得休整一番。读过腓特烈二世在布拉格被占领之后所写信件的人，永远不会想到，是他本人背弃了那些盟友，而现在他又如此兴致勃勃地要求盟友再做出点什么来。不管怎样，普鲁士国王事实上又亲赴战场，玛丽亚·特蕾西娅的军队至少暂时有的忙了。德贝勒－伊斯勒和他仓促加冕的表亲得以继续前往法兰克福，只要在那里批准早就已经协商好的约定就行。世俗的选帝侯们早就不再亲自前往，因此在那里只能遇见美因茨、科隆和特里尔的宗教选帝侯，与权势更大的同僚们相比，这些人没什么更好的事情要做。但他们自然也精通繁华和排场，连同到场的其他 60 名德国领主，当然还有前来选举的大使们，此刻城中另有 1.8 万名穿着号衣的仆人也就说得通了。1742 年 1 月 24 日，选帝侯们或者选帝侯的公使们隆重地选举卡尔·阿尔布雷希特为罗马帝国皇帝、帝国所有时期的扩大者、日耳曼的国王。6 天后庄严地进入城中时，卡尔已经是查理七世了；进城时他通行了所谓的猴子门[1]，但肯定没引起任何人思考。

现在只缺皇帝的荣耀了。帝国不同于他处，这一荣耀只有通过加冕才能获得，而加冕也在选举之后很快举行，间隔时间比在别处短得多。1742 年 2 月 12 日就到了这一步。查理七世、所有的选帝侯和公使们再次组成浩浩荡荡的队伍，列队进城，队伍中主要是空空的黄金马车。在过去的几个夜晚，各座宫殿中燃起了无数的蜡烛，把这座城市照亮，宛如我们今天已经习以为常的夜晚的市中心：对于近代早期的人来说，如此多的烛光就是个奇迹。别的奇迹也不少，例如查理七世在穿古老的加冕服时，满意地得出结论：自己和查理大帝的鞋码一样大。尽管严格来看，大多数衣服

717

---

[1] 中世纪时法兰克福最南部的城门。——译注

大概只有 600 年的历史。这位君主现在一跃上马，骑马走完全程，尽管对于患有肾结石和痛风的人来说是最纯粹的折磨，但这难道不也是奇迹吗？德贝勒－伊斯勒没有倒下，尽管胸腔的旧伤让他几乎走不了路，现在却还能身穿挂着死沉的圣灵勋章的大衣，这不是奇迹吗？历经 20 年、在已经减轻重量之后，这件衣服还是很沉，即使一个健康的人穿上也会感到背痛——观察一下本书彩图 21 页的下图，不难相信这一点。但是和其他所有加冕日的礼服一样，这顶由橙色、黑色和绿色锦缎做成的"移动帐篷"，远远不只是彩色的布料。衣服背面金色的火焰大有可能是让德贝勒－伊斯勒有了如今成就的旺盛虚荣心；挂在脖子上的刻有圣灵鸽子的星星，正是勋章骑士用银线缝进每件日常服装的那种，目的就是不让任何人忘记他们是被国王挑选出来的人。举例来说，德贝勒－伊斯勒现在的副手德瓦尔丰斯当年在菲利普斯堡前的野战营地中穿上从德诺瓦耶公爵元帅那里借来的大衣时，一下子全世界都带着一种无法名状的敬意来对待他。过了一段时间德瓦尔丰斯才明白，借来的大衣上挂着的这枚勋章星星，寻常人在 35 岁以下根本无法得到。彼时才 24 岁的德瓦尔丰斯于是立马被人当作"王子"，恭顺的军官们蜂拥而至，抢着给他送热巧克力，实在是让他招架不住。因此对于德贝勒－伊斯勒来说，他在最大的胜利日这天该佩戴什么毋庸置疑。法国的元帅们此时还没有制服，这件 16 世纪风格的古老勋章礼服就代表着法国国王迄今为止赐予他的荣耀；更多的荣耀很快就会接踵而至。德贝勒－伊斯勒已经知道，他很快就会成为法国的公爵、罗马－德意志帝国的侯爵和金羊毛勋章骑士；他也知道，此时此地，他已经一雪富凯家族的耻辱。

当年那位被放逐者的孙子站在最前排，他的表亲查理七世在接受科隆选帝侯兼大主教克莱门斯·奥古斯特所施的国王－皇帝的涂油礼——他是新皇帝的弟弟，此刻正用圣油在哥哥头顶涂抹十字形状。"Ungo Te in regem，我以涂圣油的仪式立您为国王。"德贝勒－伊斯勒听到选帝侯兼大主教说道。后者只在这句话的拉丁语版本中对哥哥以"您"相称——古罗马人还没有发展出更高级的说法。然后 3 名教会的选帝侯站在一起，共同举起皇冠。"Accipe Coronam Regni，"他们说道，"请您取过帝国皇冠……"仪式很快就会完成。宣誓、音乐、朗读福音书，又是音乐，然后是教堂募捐，皇帝和很多常去教堂做礼拜的人一样，也忘了带合适的硬币来，一名站在一旁的神职人员帮他投了一枚面值为两达克特的金币。查理七世手持权杖和金球登上皇位，他的弟弟让人唱起仙乐般的颂歌，然后法兰克福人高喊的万岁声和几百尊大炮的炮声盖过了所有的声响。但是啊，这还没完，帝国每一代只有一次机会像今天这般鲜活真切，人们很难立马冷静下来。以往在德国难得一见的骑士晋封仪式上，会以剑轻拍受封者，向民众撒硬币及提供一头烤公牛，后者这次破例没有被蜂拥而来的民众瓜分，因为团结一致武力出场的法兰克福屠夫行会把公牛连同铁扦全都抬走了。加冕餐时，皇帝高居马上，所有高官显贵都来服侍。例如普鲁士的大使作为总司库，必须手持水壶从喷泉骑马到长餐桌旁，在鼓声中把皇帝的洗手盆灌满。最后，终于，整个典礼结束了。是时候返回自己的住处了，皇帝对于获得"世界上最伟大的荣耀"深感满意，但是疲惫不堪，耗光他精力的不只是痛风和肾结石，令人沮丧的消息使他陷入深深的忧虑，痛苦的恐惧让他在成为皇帝的第一夜就睡得很糟，这同时也是他身为巴伐利亚统治者的最后一夜。第 2 天，慕尼黑向玛丽亚·特蕾西娅的军队投降，卡尔·阿尔布雷希特的梦想还没真正开始，就已经结束了。

719

　　法国人在离维也纳不远处改道布拉格不是个好主意；腓特烈二世只因为不想让盟友成功，就给了女敌人一个喘息的机会，也不是一个好主意。德贝勒－伊斯勒偏偏把瞻前顾后的德布罗伊元帅作为继任者留在波希米亚同样不是个好主意，此人任职斯特拉斯堡总督时破坏过腓特烈二世及其好友阿尔加罗蒂（后来跟了赫维勋爵）微服入境法国的计划，从此给腓特烈二世留下了很坏的印象。最主要的是，对于任何人来说，与意志强硬且冷酷无情的玛丽亚·特蕾西娅发生争端都不是个好主意。尽管对于统治者一职根本没有做好充足准备，但是玛丽亚·特蕾西娅在最短的时间内，成功地在被腓特烈二世驱散的常规军外组建了第二支军队,而这要感谢忠诚的匈牙利人。就这样,巴伐利亚和法国现在处处败退,巴伐利亚选帝侯国几乎全被奥地利人和匈牙利人占领,最后查理七世只剩一处位于法兰克福的贵族豪宅,还是租来的。这一切就好像一位疯狂而又强大的历史学家突然变成了自然科学家,想要通过实验查明,一位没有自己的祖先领地进而没有家族势力的罗马 - 德意志皇帝到底有多少权力。结果显而易见:一点权力都没有。尽管慕尼黑连同巴伐利亚在接下来的几年中还会频繁易主,但是查理七世从现在开始成了法国的可悲傀儡,而且很快变得对提线人都不再有什么用处。鉴于到处都是匈牙利和克罗地亚的骑兵和步兵,查理七世的波希米亚王国愈发迅速地萎缩至首都布拉格。在与土耳其人无休止的小型战争中,匈牙利人和克罗地亚人通过设伏和刺探军情,学到了习惯于芭蕾舞般操练的法国骑兵不会的东西。更何况法国骑兵原本就不满员,而且远离家乡,在冬季士气低沉。很快就再没有军需车通过,早就过度延伸至友好疆域的交通线一条接一条地断掉。最终,连腓特烈二世也在几个月后一次保存颜面的战役后结束了战争。匈牙利女王承诺把西里西亚给腓特烈二世,等着吧,看看这个承诺会有多长的有效期。

就这样,布拉格一下子落了单。已经身在布拉格的德贝勒 - 伊斯勒原本只是想来视察一下是否一切正常,现在他反而与坏脾气的德布罗伊一起被困,困在这座 1742 年将被包围两次的城市中。斯特拉霍夫修道院现在才在奥地利人和法国人的火炮对决中被毁,刚刚还有必胜信心的法国人现在才感觉到了在一个完全陌生的国度卷入战争的严酷性。法国军队在夏季和秋季击退了第一次围城,但于事无补,形势还对他们很不利,因为这样一来他们就得在冬天遭受第二次围城。早在夏天,在被围困的城中,一只鸡的价格就已经涨到了原本可以买到一匹好马的价钱;而此时城里早已没有任何马饲料,要是被削弱的骑兵想在城外搞到一些,那就不得不兜更大的圈子,而每次都得有上千名士兵徒步随行。最后这座城市再次完全被围。随着冬季日益临近,帝国内的法国军队前来救援的希望也消失了。此时，德贝勒－伊斯勒做出了一个决定，紧随其后的是他最大的军事功绩。布拉格在没有德贝勒－伊斯勒的情况下被占领，而现在对处心积虑促成这场战争的这个人的考验，偏偏就在于撤出这座他梦寐以求的城市。1742 年12 月 16 日中午时分，第一批骑兵打开卡尔门启程，而一年前萨克森人正是通过这道门侵入了小城区。在接下来的 12 个小时里，不停地有新的部队走出这道门，与此同时，运送食物的手推车正穿过完全结了冰的伏尔塔瓦河。散落在远处的围城者看见了这些小型部队，却没有料到，他们这次并非仅仅是去弄补给，而是要穿越积雪撤出这个国家。即使放在今天，这也绝非易事，在一个没有现代技术的时代更是个自杀式任务，更何况这些部队没有任何地域或者语言方面的知识。德贝勒－伊斯勒必须带领 1.1 万名步兵、3000 名骑兵、300 辆辎重车、600 头驮载牲口和 30 尊火炮穿过一个 50 千米宽的平原，其间没有任何抵御追捕者的天然屏障。穿过平原便是丘陵和群山，那才是真正的寸步难行。洛布科维茨侯爵的军队一回过神来，很快就发现了德贝勒－伊斯勒军队的踪迹，前者的人数几乎是后者的3 倍，物资充足，且习惯了严寒；而后者之所以能躲过前者，是因为每天要在大雪和浓雾中行走 18~20 个小时，然后才能以作战阵列倒地休息，头无片瓦。法国元帅最后一个出城，坐在车里参与了大撤退。布拉格只剩下一小支卫戍部队，大多数的追捕者掉头去围攻他们，直到他们于 12 月 25日投降。尽管如此，不断遭到骑兵攻击的大撤退仍然万分凶险。元帅是否想过，坐在波兰国王的轿子里迎向表面的胜利时，感觉是多么不同？这位衰老的陆军将领曾竭尽全力辨认出莫里茨伯爵领导进攻时那名 13 岁的鼓手并奖赏了他，现在，他是否看到每天有几百名战士倒在雪中，却没有同伴能帮助他们？不管怎样，副手德瓦尔丰斯看到了，尽管他在写给家人的宽慰信中对这些恐怖场景只字未提。但是在下一场战争中，德瓦尔丰斯会奋力把落在路旁的伤员或者疲倦得要命的士兵聚集起来，施以援手，而在他那个时代的军队中，这些人经常被当成不可避免的损失而被舍弃。12 月27 日，部队终于到达了法国的占领区埃格尔城（今天捷克共和国的海布）。

722

撤退成功，但是代价巨大。所有的大炮、大多数的旗帜和作战物资都保住了，但是撤退途中损失了 1500 人。在到达埃格尔城的人中，有很多人出现了冻伤，800 人当即被送往地方的医院。德贝勒－伊斯勒后来估计减员总数为 7000~8000 人，是他带离布拉格的士兵的半数还多。德瓦尔丰斯 3 个月来都没有在床垫上躺过，他疲惫不堪，直到 1743 年 1 月 1 日才写了第一封家书。这封家书的收信人是德瓦尔丰斯身在尼姆的兄弟，那里阳光充足；他写啊写，写啊写，最后抱歉地以一个请求收尾：转告一位朋友他儿子健康的消息并把这封信转给两人的母亲。然后德瓦尔丰斯倒在床上，开始脱衣服——这是 10 周以来的第一次。

723 　　好歹没有在布拉格全军覆没，公爵元帅德贝勒－伊斯勒的仕途也没有结束。一开始公爵元帅自然是作为战败者返回法国，不仅打了败仗，而且在宫廷阴谋中也落了下风。1743 年 1 月，89 岁的德弗勒里终于死了。很快，被战争旋转得越来越快的权力旋转木马又找到了一批新人。德诺瓦耶公爵元帅是第一个从宫廷高官跃升为国王军事宠臣的人，其母作为奥尔西尼亲王妃的盟友而被我们所知。但德诺瓦耶很快又失去了这一身份，这种事并不罕见，毕竟胜负无常。玛丽亚·特蕾西娅取得一系列胜利，腓特烈二世撤退，使得反法同盟产生，领导者不是旁人，正是 1712 年以来一直沉寂的战士乔治二世。乔治二世作为汉诺威的选帝侯再次保持中立，但是作为英国国王率领“务实的军队”加入了这场表面上仍然只针对巴伐利亚的战争，并且很快就在代廷根打败了公爵元帅德诺瓦耶——侄子德格拉蒙统帅的近卫步兵毫无纪律性，致使德诺瓦耶的作战计划失败（1743 年 6 月 27 日）。法国和巴伐利亚节节溃败，直到最终两件意料之中的事情发生。首先是萨克森和萨伏依－撒丁的立场转换，双方都转投玛丽亚·特蕾西娅的阵营；其次是腓特烈二世重新参战，战争向着有利于他头号女敌人的方向转变，使他害怕失去西里西亚。但是由此似乎再次到了德贝勒－伊斯勒元帅发挥作用的时刻，毕竟很少有法国人能像他这样，与这个难缠的人如此交好。尽管在此期间得势的不是自己人，但德贝勒－伊斯勒的宫中盟友

仍然强大到足以唤起人们对他的回忆，于是公爵元帅在 1744 年冬再次启
程；他要和他的弟弟一道，穿越大雪覆盖的群山，与普鲁士国王会合，共
商战争大计。德贝勒－伊斯勒在卡塞尔与黑森封地伯爵谈判之后，于 1744　　724
年 12 月 18 日从那里向着哈茨山脉进发，以期尽快到达普鲁士的哈尔伯施
塔特。一位驻柏林的法国公使向他描述了最佳路线，那人还建议他不要经
过汉诺威的地界。但是说起来容易做起来难，还没开始下雪，就已经分不
清这里的各个山谷到底是在哪国的地界。在这里，驭车夫同时也得是国家
法律专家才行，但是出门在外，统帅仪表堂堂的跟班中没有这种人才。一
开始运气还不赖。两则消息及时送达汉诺威政府：一是韦拉河畔维岑豪森
的邮政局长表示，将有一位大人物到达他处；二是考虑周到的地方官员提
出的，这个危险人物要是离开美因茨选帝侯国的艾希斯费尔德，就在杜德
施塔特附近的鹅塘将其抓住的建议。但是两则消息都淹没在汉诺威混乱的
职权部门中，所以毫不知情的旅人们大摇大摆地越过了危险的鹅塘。公爵
元帅的人马到达埃尔里希，当时此处在洛拉和克勒滕贝格治下，属于伯爵
封地霍恩施泰因，是普鲁士的一部分，因此他们在这里安全无虞。但是道
路很快变得更为狭窄，因为哪里都有别国的领土插进来：先是一小块不会
让任何人肉痛的施瓦茨堡－松德斯豪森的疆域，然后是普鲁士的洛拉和
克勒滕贝格的一部分，很快又是施托尔贝格伯爵封地的治下。在这里，树
敌众多的旅人必须特别注意，不要将选帝侯国汉诺威宗主权下的，也就是
危险的施托尔贝格－施托尔贝格伯爵封地与没有问题的施托尔贝格－韦
尼格罗德伯爵封地弄混，后者此时由盟友普鲁士统治。相反，施托尔贝
格－施托尔贝格在伯爵封地霍恩施泰因中的那部分虽然已经不在汉诺威的
统治下，但是仍要避开，因为同样敌对的选帝侯国萨克森不久前在那里扎
下了根。

　　德贝勒－伊斯勒的驭车夫清楚地知道这一切，而且拉着主人细心地　　725
绕过了一切有问题的疆域，堪称模范。但是驭车夫太过劳累，在转向不伦
瑞克－沃尔芬比特尔亲王国布兰肯堡的西部区域时有点大意，一时间在

格鲁本哈根侯国的埃尔宾格罗德附近迷了路。这太容易理解了。但是这一侯国属于汉诺威，因此在 12 月 20 日的下午，在埃尔宾格罗德的邮局院子里等着公爵元帅的，不是往常的替换马匹，而是几名穿红上衣的士兵，以及约 150 名武装起来的市民和农民。虽然下着可怕的大雪，高级行政官约翰·赫尔曼·迈尔还是把人们召集了起来。可怜的公爵元帅旅途疲惫，心心念念着只有 24 千米之遥的哈尔伯施塔特。虽然劳累异常，但他仍想继续前行，只是现在他却被人问道，不列颠国王陛下是否为他出具了通关文书，他只得否认。高级行政官威胁地表示，很遗憾公爵元帅现在被粗野凶残的贱民包围了（"我看得一清二楚。"只能这样回答）。然后很快，公爵元帅就连同弟弟、骑兵、宫廷侍童、厨子、驭车夫、外科医生、随从和男仆一起被带进官府中。正派的市民们这才想起，德贝勒－伊斯勒可能还有一支武装护卫队，必须先发制人。于是众人赶紧把公爵元帅及其弟弟装进最近的一辆马车中（途中还把他后来索要的带着金把手的手杖弄丢了），趁着月色马不停蹄地穿过挤满普鲁士逃兵的道路，把他运到格鲁本哈根腹地，向着奥斯特罗德前进。完成了这一壮举，广阔世界的聚光灯再次离开了埃尔宾格罗德，接下来的几周都要在平原上痛苦地颠簸。在卷宗中有一张药品收据，这些药品用于治疗一名卫兵，他在押运总数为 23 人的一批人时从车上摔了下来。这张收据融洽地与"尊贵的布兰肯堡政府的不伦瑞克－沃尔芬比特尔委员会"的信件放在一起，信件是写给高级行政官迈尔的，信中写道："我们首先致以亲切的问候，您或许是最值得尊敬的、最博学的、广受喜爱的朋友。"接着立即向他阐明，很不幸地敬请他那支向着奥斯特罗德出发的小型手工业者军队及 23 名俘虏在西布兰肯堡边境等待，直到从遥远的沃尔芬比特尔获得放行许可（顺便说一句，公爵元帅的秘书成功利用了这段等待的时间，把藏在衣服中的文件撕碎泡到了泥潭里）。一方面，伦敦的反应振奋人心，因为这次精彩的恶作剧让乔治二世百听不厌，他立马允诺给这名高级行政官现金奖励，但是似乎把迈尔和米勒两个名字弄混了。另一方面，汉诺威政府给出了不怎么有启发性的命令，因为他们必须就这起事件再次澄清，汉诺威选帝侯国与法国是否交战。最主要的是，在离哈茨山脉相对较近时，人们更清晰地意识到，普鲁士能十分轻松地从韦尼格罗德出发施以报复性的打击，因此埃尔宾格罗德人在日益严重的恐慌中度过了接下来的几周。好在最后什么也没发生。安慰下属还不容易吗？政府对高级行政官的报告回复道：他只需据实向人们解释，普鲁士人虽然不可战胜，但是肯定不会拖走他以外的任何人。最晚到这一刻，这位官员大概会自问，自己当初是不是做错了。

　　哈茨山脉之旅中断，德贝勒－伊斯勒的东山再起也戛然而止。不仅如此，他和弟弟还无奈地在英国逗留了一段时间，期间主要待在温莎城堡。由于看守们不得不讨论是否可以搜查一位帝国侯爵，德贝勒－伊斯勒就利用这段时间有条不紊地毁坏了藏在衣服中的所有文件，然后从容不迫地与英国的大贵族缔结友谊，例如缔结了幸福婚姻的四分之一法国人里士满。英国大贵族著名的敌人没能早点以交换战俘或者凭名誉担保的方式获释，实在太不应该，令他们极为难堪。德贝勒－伊斯勒也越来越不耐烦，最后还是他的老战友莫里茨把他捞了出来。莫里茨伯爵在此期间也被提拔为陆军元帅，并于 1745 年随国王出征奥属比利时时，国王把自己的军队连同自己本人一并委托给了伯爵。这一年的 5 月 10 日，萨克森伯爵莫里茨当着路易十五和王太子的面打败了由乔治二世最宠爱的儿子坎伯兰指挥的一支英国、尼德兰和奥地利联军，赢得了丰特努瓦战役的胜利。期间战事一度不利，指挥官们试图让国王远离战场，但就像腓特烈大帝第一次出征时所做的那样，国王在此时证明了自己的勇敢。解困的河上只有一座桥梁，桥上已经放置了稻草捆，目的就是等国王和护卫队快速过河后将桥烧断，从而使剩余的部队无路可逃。但是国王拒绝逃跑，相反，他授权仅仅因为其宫廷职位而一同前来的黎塞留公爵发起最后一次攻击，从镶金的宫廷骑兵到最普通的马夫，一切能骑的都跑了起来。他们也确实成功地击溃了在此前几小时里消灭了一个又一个法国军团、看似不可战胜的庞大英军。就像英国国王在代廷根的最后一次御驾亲征，现在路易十五也是法国

727

最后一位这样做的国王；战役过后，他和 15 岁的王太子走进战场，将胜利的昂贵代价指给孩童般热衷战争的儿子。黎塞留声名大噪，因为他的老同学伏尔泰立即发表了一首助威诗，销量可观，而且作者应各方要求不断地将新的英雄名字补充进去，直到最后看起来像是法国军队的电话簿，而非一首诗。莫里茨由于难以忍受的痛风而在马车里指挥了这场战役，他毫不迟疑地宣称，这一切都在他的计划中；他获得了国王的赏赐，终生拥有卢瓦尔河畔的香波城堡。鉴于很多英国人被俘，乔治二世现在欢迎每一次交换。德贝勒－伊斯勒终于返回了法国，后来在意大利战场又取得了一些小胜利，这使他的公爵等级有所提升。因此可以说，在我们的主人公中，德贝勒－伊斯勒昔日的副手德瓦尔丰斯几乎是唯一一个对丰特努瓦战役只有失望的人。德瓦尔丰斯确实当过萨克森元帅莫里茨的副手，一次次奔驰在统帅的专用马车和外界之间，传递命令和信息，而统帅对他也非常满意。但不幸的是，莫里茨经常心不在焉，把德瓦尔丰斯的名字记成了他的战友贝利厄。当国防大臣询问德瓦尔丰斯是否也受到了表彰时，莫里茨只是回答他不认识此人："但是关于贝利厄，我怎么向您夸赞都不够，他对我用处最大。"因此下一拨提拔潮再次与德瓦尔丰斯擦肩而过，甚至连贝利厄也没从这次张冠李戴中获得任何好处，因为很遗憾，他前一年已经去世了。

当德贝勒－伊斯勒不情不愿地滞留英吉利海峡时，1745 年 1 月，失势的皇帝查理七世也几乎悄无声息地薨逝了，终年还不到 48 岁。更为稀奇的是，奥地利王位继承战最后一次戏剧性的发展再次因德贝勒－伊斯勒公爵元帅的一位索别斯基表亲而起。这也是丰特努瓦战役的后果之一，要不是这场战役迫使英国人将大量来自苏格兰的尼德兰雇佣兵军队撤退到比利时，那么在 1745 年 7 月 16 日这天，这个留着长胡子的年轻人也不会站在固若金汤的贝勒－伊斯勒岛的海滩上，满怀期待地张望着一艘自己租来的战船。这名为了掩盖身份而不刮胡子、穿着像个贫穷牧师的 25 岁青年，恰恰要从曾经属于德贝勒－伊斯勒，而且给了他至今仍在使用的名字的那座岛出发入海，然而这次启程的的确确是个偶然。查理·爱德华·斯图亚特王子的所有其他计划似乎都更像是命中注定的，就像他合法的威尔士亲王的角色一样。查理出生在罗马，是詹姆斯三世和克莱门蒂娜·索别斯卡的儿子，这位被驱逐的王室继承人终于打算冒险做他那更谨慎的父亲从未做成功的事情，而且显然一开始得到了法国的支持——法国在 1744 年正式向英国宣战。几个月来，查理一直都在盼望着莫里茨指挥入侵军队出海，一次次地以为自己夺回祖宗基业的那天已经到来。但是最终法国失去了兴趣，因为英吉利海峡的天气不配合，而且其他战场似乎更有前途。失望的王子乞求过、威胁过，也等待过，最后他决定，凭一己之力去碰碰运气。查理计划带着少量随从登陆苏格兰，在那里挑起忠诚的詹姆斯党大反叛，而这是他们在罗马早就梦寐以求的。现在查理这样做了。众人离港出海，在海上凭着仅有的一点运气扛过了与英国战船的多次战斗，但是损失了全部 1500 尊火炮和 1800 柄苏格兰高地阔剑，然后在 8 月 3 日登上被上帝遗弃的埃里斯凯岛。这片荒地在夏季也遭受着风雨的无情敲打，对于一年以前还从来没有离开过意大利的王子来说，这种大雨如注的天气肯定就像无意中跑进了一堵墙；但他表现出了日后经常展现的毅力，没有被这片荒凉吓倒，也没有被仍然保持天主教信仰、只说盖尔语的岛上居民可悲的原始生活吓倒。叫花子一样贫穷的茅舍主人安格斯·麦克唐纳对这位胡子拉碴的神学专业的学生自然也没什么好感，后者不停地跑到门口，因为他在没有烟囱的茅舍里过几分钟就喘不上气来。当不言不语的年轻人把提供给他的床留给一位随从时，麦克唐纳将其理解成是对床具清洁度的批评，他充满责备同时又毫无预感地向这位挑剔的客人宣称，这张床即使对于一位王子来说也足够好。

730

总而言之，查理·爱德华那"毁灭性的魅力"只能晚几天，当他和顾问首次遇到说英语的苏格兰人时才能发挥作用。不再有人认为会实现的国王梦似乎要成真了。尽管这些宗族都是吃过亏的孩子，尽管通过一次成功的起义推动法国人派出入侵舰队的计划在王子对话伙伴的耳中听起来仅仅像警钟在鸣响，但是查理·爱德华还是成功地在自己身边聚集了一个不满人士的联盟，而且规模不断壮大，最后成为一支像样的军队。不可思议的是，这些几乎仅配备了阔剑的战士，竟然打败了乔治二世配备有大炮的军队。这当然得益于苏格兰高地人那令人闻风丧胆的形象，此外他们还占尽地利，每次他们冲下山时，奔跑的速度越来越快，而敌人的步兵在数量上不占优势，就算保持镇定，也来不及给大炮续火药。就这样，一个冲动青年发起的近乎荒唐的行为，越来越像一场胜利之战，并将给它的肇始者永远冠以"英俊王子查理"的绰号。查理·爱德华很快就控制了爱丁堡，此后有名望的宗族和低地苏格兰人与他的来往也日益增多。他那临时拼凑的军队很快占领了卡莱尔，而且逐渐向着英格兰挺进。与此同时，伦敦政府就像兔子见了蛇，呆呆地看着这场不可思议的起义。尽管里士满和阿尔比马尔伯爵领导下的政府军与赶着牛、几乎不穿鞋的苏格兰高地人相比，自始至终数量更多、更加训练有素，而且装备更加精良，但是亲汉诺威的幕后统治集团还是陷入了恐慌。近来的历史学家对这点做了完全合理的描述。起义军差点成功击败乔治二世的士兵，挺进伦敦；他们如果到了那里，很容易引起一种类似于 1688 年人们经历过的那种反向的王权崩溃。今朝不同往日，英国人几乎无一例外全是新教徒，虽然没有理由热烈招待信仰天主教的王子，但是他们也不抵抗，而是更多地表现出好奇，一部分人甚至还表现出友好，大多数人则漠不关心。要是法国舰队抵达，而且这支舰队眼下在黎塞留的指挥下正要再次离港出海，那很可能真的会把斯图亚特送回王位，由此不仅会完全改写英国历史，而且也将改写欧洲和美洲的历史。但是英吉利海峡的风这次还是不配合，而起义军由于没收到信息，甚至不知道这支舰队会来。

1745 年 12 月 6 日，斯图亚特军队的指挥官们迫使王子在德比召开了一次战争会议，在会上，他们要求撤退。查理·爱德华王子的成长环境对心理有着令人难以置信的损伤，他虽然不乏英雄魅力，却对如何建设性地处理矛盾一筹莫展，如今自食其果。对于追随者们情有可原的忧虑，王子

的反应仅仅是发怒，年老的保皇分子表情僵硬地听着，没有回答。当事实
上不存在的第三支敌军的报告出现时，指挥官们在没有通报王子的情况下
就决定撤退。起义的命运也由此敲定。如果说迄今为止斯图亚特一方拥有
不停向前的心理优势，那么现在正好反了过来。他们撤离首都，就给了汉
诺威人时间和勇气，加上从佛兰德召回的应急部队，汉诺威人很快收回了
苏格兰。詹姆斯党的军队不久前还是伦敦的梦魇，眼下却成为一个快速消
散的幽灵。王子坎伯兰公爵也被从比利时召回，在全国无情地追捕詹姆斯
党，最终在苏格兰东北端的卡洛登爆发了最后一战（1746 年 4 月 27 日）。
鉴于力量对比，断粮的起义军原本就获胜无望；偏偏查理·爱德华王子还
挑选了一处平坦的地方作战，汉诺威人的炮兵和骑兵得以充分发挥自己的
优势，把这场决战变成了正式的歼灭战，而坎伯兰公爵也因此给后世留下
了"屠夫坎伯兰"之名。宗族古老的高地文化也在这一天和接下来的迫害
中消亡，尽管此前这种文化的没落恰恰是很多高地人加入斯图亚特王子
阵营的重要原因。可悲的是，高地人加入起义的另一个原因是上次（1719
年）的暴动后，仍不稳固的汉诺威－英国政府所做的处罚相对宽松。这
一次，起义引起的震动演变成了尤为严厉的反应，包括禁止传统的高地服
装、将无数的高地人流放到北美洲等，并在伦敦塔中最后一次用剑处决了   733
政治犯。而死里逃生的查理·爱德华不得不在几乎一整年的时间里在极
端的条件下横穿整个苏格兰逃亡；他最后身着女装逃到了外赫布里底群
岛[1]，终于找到了一艘带他返回法国的船。小王子查理又一次站在海滩上，
期待着一艘战船，但是这次这艘船将会把他带往负罪感和酗酒的黑暗国
度，直到 42 年后的死亡才让他解脱。

德贝勒－伊斯勒曾经饱含热切开启的大战终于在 1748 年结束，和平
几乎逆转了所有的占领和颠覆，为统治者们重建了战前状态。除了为西

---

[1] 又称西部群岛，位于苏格兰西部的大西洋中，与内赫布里底群岛共同组成赫布里底群
岛。——编注

班牙的女婿赢得了一小块意大利的土地，法国别无他获；奥地利只丢掉了西里西亚和意大利的一点地方；只有巴伐利亚被永远推出了潜在的大国之列。尽管有着各种荣耀和头衔，但是战争的始作俑者德贝勒－伊斯勒的地位并没有实质地提高；他当然没有变得更富有，单是作为大使的排场花费就能让他破产；他依然没有大的宫廷官职，而这在他的国家意味着不可能有持续的家族权力。但德贝勒－伊斯勒还有很多追随者，他们在此期间与升任国王情妇的德蓬帕杜尔夫人结盟，为她在宫廷中提供了一种替代性的家庭联系，最终使德贝勒－伊斯勒又一次东山再起。德蓬帕杜尔夫人是金融家的女儿，父姓意思为"鱼"（普瓦松），永远不可能在宫廷中拥有这种家庭联系。在德蓬帕杜尔夫人的帮助下，德贝勒－伊斯勒才得以再次崛起。1756 年，战事又起，现在法国当然站在玛丽亚·特蕾西娅一边对抗昔日的盟友腓特烈二世，不过这并没有遏制德贝勒－伊斯勒在 1758 年3 月 3 日接管国防部时的热情。但就在这权力的最高处，这个一直向上爬的人遭受了最为可怕的打击。法国军队驻威斯特法伦的最高指挥权掌握在德波旁公爵的兄弟手中。1726 年，德贝勒－伊斯勒的朋友们为了给他报在巴士底狱坐牢一年之仇推翻了这位公爵；1758 年 6 月 23 日，在公爵兄弟的指挥下，克雷费尔德战役败北。在对汉诺威步兵发动的一次骑兵袭击中，德贝勒－伊斯勒唯一的儿子、最近几年宫廷和军队的宠儿吉索尔突然被切断了与自己骑兵的联系，他正想在疾驰中掉头时，却被一发子弹近距离击中了腹部，受伤后他又活了 3 天。随着独子死去，不可思议地平步青云的富凯家族对于未来的所有希望也破灭了。虽然德贝勒－伊斯勒仍然在职，甚至发起了重要的军事改革，但这种行为在他周围的宫廷人士看来，比他漫长一生中所有其他事情都更为耸人听闻。这些人甚至可以理解最为残忍的虚荣心，只要这份虚荣心除了于己有利，也于宫廷王朝有利，因为他们每个人都有这种虚荣心。但如果自己的家族已经注定绝嗣，还要继续争权夺势，人们就会觉得很古怪，以至于在最后几年中会不解地打量已经耳背的公爵元帅。当公爵元帅于 1761 年 1 月 26 日去世时，他不仅已经熬

死了妻子和弟弟，也熬死了所有其他同辈亲戚，而他们及父亲的兄弟姐妹
也都没有什么后代。德贝勒－伊斯勒把自己积累的巨额财富留给了表嫂德
莱维夫人的孙子，这位夫人曾像善良的仙女一样解除了他身上富凯家族的
诅咒。就这样，连富凯家族的财产最后也落到了一个没有一滴富凯血脉的
人手中。

　　萨克森元帅莫里茨从来没想过要建立一个王朝，他年纪轻轻就去了法
国，把和一个不忠的卢萨蒂亚女继承人的短暂婚姻毫无遗憾地抛在身后。
从那时候起，莫里茨就只有婚外情，在这些关系中，他先是温情脉脉，继
而又比他著名的父亲还要无情无义。虽然深得路易十五欢心，但战争一结
束莫里茨就离开宫廷，回到了国王赏赐的香波城堡。除了不停变换的情
妇，他还把一件更为不同寻常的东西带到了那里。在克罗森讨论如何应对
波兰政变时，从莫里茨所做的计划可以看出，他一直支持军事革新。当年
说到波兰的骑兵时他还带着轻蔑，在占领了布拉格之后，他却越来越重
视布里道斯基上校的骑兵。这些立陶宛－鞑靼人手持长矛，人称"乌兰"
（Ulan），该词显然由土耳其语表示儿子或年轻男子的"oglu"派生而来，
演员查尔斯·布朗森[1]也来自这个令人称奇的种族。其他法国军官对这支
军队的豹子皮和远古骑士外观特别着迷，莫里茨伯爵则信服于披铠甲、持
长矛的骑兵的实用性，最后他决定将其引入法国军队。就这样，莫里茨在
国王的允许下建立了一支名叫"德萨克森志愿军"的乌兰军团，成为未来
军队的样板。1748 年 11 月 28 日，莫里茨在巴黎举行了这支军队的第一次
大型阅兵，之后动身离开。在从大型阅兵场返回的途中，莫里茨还把金融
家极富魅力的妻子德拉普佩里尼埃夫人带回了家，这完全符合他的风格。
这位夫人不敢一个人回到丈夫身边，因为阅兵时她听说，以暴力著称的丈
夫已经发现了伪装成壁炉的门，几个月来，黎塞留公爵每天夜里就是通过

---

[1] 立陶宛裔美国演员，代表作为 20 世纪 70 年代的"猛龙怪客"系列，曾获美国 1976 年
金球奖"全球最受欢迎的艺人"。——编注

这道门来拜访她（整条街的名字叫作吕埃·德黎塞留，这对做丈夫的来说应该是种警告）。因此安全起见，她现在宁可挽着欧洲最伟大统帅的胳膊回家。元帅设法让德拉普佩里尼埃和平接回了自己的妻子，后来知道军事对手黎塞留正设法为她合法分手争取好的条件，他就离开了。莫里茨前往香波，在那里建立了一个不算条理的"小王国"，核心就是他古怪的乌兰军团。军官大多数是德国人或者波兰人，而士兵则从整个欧洲招募而来。这一切都算正常。但是那个直接隶属于莫里茨伯爵的连队，不仅指挥员有个让人过目不忘的名字"咔嚓脚"，最重要的是，几乎由黑人组成。这很可能是欧洲军队中第一支"黑人"部队，成员来自马达加斯加、刚果、几内亚、加勒比，甚至印度的本地治里，有些人则是显然早就定居美洲的葡萄牙人、西班牙人、比利时人和法国人。要不是负责这一连队的部门反对，元帅还会招雇在逃的起义种植园奴隶——可以理解，他认为这是些勇敢的人。没有人知道莫里茨组建这支部队的初衷，它既可能是个巴洛克时代的玩具，也可能是个进一步的军事试验。不管怎样，效果是成功的：连拿破仑时期的骑兵都效仿这个样板部队，主要由穿铠甲、持长矛的骑兵组成。就这样，"黑人"连队提前把多元文化的色彩带入了卢瓦尔河谷的规矩小城中。在我们看来，它完美地契合这位古怪伯爵的人生轨迹，而他的人生也于 1750 年 11 月 30 日在这里结束——几乎和 9 年前他攻克布拉格的城墙是同一天。莫里茨把自己的财富和军团留给了同父异母妹妹的儿子、年轻的弗里森伯爵，他的曾祖父 1677 年在日内瓦险些命丧库尔兰暴徒之手。巧合的是，弗里森在乌兰军队中的副手是少校勒福尔男爵，此人的同名叔祖曾属于那个暴徒团伙。

　　莫里茨仅把非婚生一系的亲戚列为继承人，这项遗嘱倒是匹配了他私生子的角色。不仅如此，他本人也只有一个私生女，在他有生之年几乎没怎么见过这个女儿。这个女儿自然按照莫里茨母亲的名字命名为玛丽－奥罗拉，而她自然又把这个意味深远的名字传给了自己的孙女，此人就是后来著名的女作家乔治·桑。但是这位从来没打算建立王朝的私生子，却奇怪地比非常看重这个的德贝勒－伊斯勒更成功，而且也比生来似乎就预定了要当国王的查理·爱德华·斯图亚特更成功。这么说不只是因为他有个如此有名的后代。1747 年，在声望的高峰期，莫里茨伯爵完成了一个"壮举"，成功地把他的国王兄弟奥古斯特三世的一个婚生女嫁给了法国的王太子，尽管王太子的母亲玛丽亚·莱什琴斯卡是这个家族天生的仇敌——她的父亲、国王斯坦尼斯瓦夫一世曾经两次被萨克森人罢黜。就这样，莫里茨使自己的侄女成为法国相继 3 位国王的母亲，长期来看，他也不知不觉地由此拯救了萨克森王国。在 1815 年的维也纳会议上，萨克森眼看就要被获胜的普鲁士吞并，完全是法国用外交手腕在最后一刻巧妙地阻止了此事的发生，从而保住了路易十八直系表兄的王位，独立的萨克森王国才又存在了 100 年。短期来看，莫里茨可能使自己的兄弟与布拉格失之交臂，因为他比"强力王"奥古斯特二世的其他 3 个私生子早一步攻入城中。但是布拉格反正也守不住，这名有才能的私生子通过把宝押在法国，反而拯救了合法王朝的未来。

第 17 章

波尼亚托夫斯基拯救了他的鬈发

华沙，1764 年 9 月 7 日

和表哥的谈话都要结束了，"蔚蓝的侯爵夫人"突然差点失去自制力。这并不奇怪，因为无论是当天的气氛，还是两人的关系，都要求情绪化的场景。但是这种突然不怎么优雅地大笑带来的强烈诱惑非常奇怪，尤其是友好的女观察者已经证明这位表哥几乎没什么幽默感。友好的女观察者自始至终都是这位贵妇人，尽管年少时与表哥的爱情一定程度上意外地失败了。因此，即使现在，当表哥非常严肃地向她解释自己拒绝罐子头发型的计划时，她也能保持善意的微笑。这位"蔚蓝的侯爵夫人"28 岁的成年自我大概要感谢上苍，吃这顿午饭时只有男仆们在场；但她仍能从表哥的严肃中辨别出当她还是个小女孩时令她心神荡漾的那部分。此外，表哥那巨大影响中有一个同样重要的部分无疑来自他美丽的鬈发，而现在人们要以传统的名义给他剪掉，所以面对他充满激情地反抗，"蔚蓝的侯爵夫人"

不应该发笑，要是他能稍微诚实点的话。表哥原本只需要说：我现在有点太过严肃，尽管举止高雅、表情和善，但我个子矮、近视，有点太沉闷，喜欢冥思苦想，太无趣，没来由地认定自己很聪明，但是单凭智力上的优势，我很难在爱情或政治上游刃有余；要不是我那美丽的鬈发，我永远也不可能在这两个领域取得如此惊人的成就，现在我怎么能仅仅因为一些住在烟雾腾腾的木屋里、喝得烂醉的头脑简单之人觉得发明了半光头发型的草原战士更威严，就让人给我剪掉？他原本该说这些，而且省掉最后一句差点要脱口而出、表妹也看出了他心思的那句话（她不想听到）：而且要是我再见到索菲怎么办呢？我要顶着一半新长出来的头发站在她面前吗？但是当然了，所有这些他都没说。相反，当表妹的眼睛或许已悄悄地移向窗外壮阔的景象时，他无疑正在高谈阔论进步和改革，说什么这个国家被迷信的死亡之手扼住了喉咙，喋喋不休地讲述以前那些无知的乡巴佬为了把自己的粗野提升为美德而想出来的愚蠢神话。必须有人告诉他们，世界还在继续运转着，要是不想让这里的一切沉沦，就得把他们送上去往西方的漫漫长路。在即将举行的典礼上拒绝穿古怪的萨尔玛提亚服装，相反，应该穿白丝绸、镶花边的 16 世纪西班牙宫廷服饰，以释放支持进步的明确信号，这难道不是爱国者的义务吗？是的，这当然也包括发型，他做好了一切准备，他什么都想到了。"您请看，我已经有 6 位医生的诊断，证明突然剪掉头发会让我得一种危险的，这么说吧，潜在致命的伤寒……但是您怎么了，最珍贵的人，您的脸看起来很红，是不舒服吗？""没什么，我肯定是呛着了，亲爱的表哥；让我们去阳台吧，那里的空气更好些，我们也能更清楚地听到远方的炮声。"

741

是时候介绍这对表兄妹的名字了。当然，在这个贵族世界中，这件事经常是说起来容易做起来难。一方面，在形式上，波兰贵族仍然相信所有贵族平等，因此除了几个古老的或者外来的统治者头衔，一直没有引入世袭的等级序列。另一方面，这里的人也渴求着大的头衔，因此，作为妥协，人们干脆把终身官职用作名字，名和姓反倒习惯于完全不提。按照这个原则，这对共进午餐的表兄妹分别是立陶宛的王室陆军指挥官侯爵夫人和膳务总管先生。首都的上层圈子以法语为母语，大多数情况下自然都用相应的法语来称呼他们。但是姑且不论，表哥在职的 9 年间肯定从来没有真的为立陶宛的大公们准备过点心；也姑且不说，表妹的丈夫大概同样也没有守卫过波兰王室假定的战争宿营地；最后再姑且不讲，这些头衔通常会随着升职或者婚嫁改变，并且如果没有官职或者没有从事公职的丈夫，也会按照其父亲同样也在改变的官职来命名——这一切都姑且不论，人们也会承认，这种名字的用法对于复述来说有点不实用。但是我们也不能老是用"蔚蓝的侯爵夫人"来称呼这位夫人，因为时人起的这个绰号只是正确再现了她偏爱的衣服颜色，除此之外，完全不适合来描述一名法国人。在表哥看来，自从表妹 5 年前在巴黎度过了 12 个月起，她确实就是

742　　个法国人了。从此表妹不仅总是说法语，这也正常（爱国的表哥自然也是
用这种语言写的回忆录），而且现在对法国时尚的热爱胜过二人曾经带着
青少年的热情相互朗读过的英国小说。其实两人一样，都在波兰出生和
长大。伊莎贝拉·恰尔托雷斯卡生于 1736 年，出身于一个古老的领主家
族，这类家族产生于立陶宛和俄国中世纪王朝无休止的遗产分割中，就像
金锭上掉落的零钱。1753 年，伊莎贝拉成为帝国侯爵斯坦尼斯瓦夫·卢
博米尔斯基的妻子，凭着等级、财产和权势，新郎远远超越了与新娘两小
无猜的斯坦尼斯瓦夫·波尼亚托夫斯基——与这些相比，不仅青梅竹马算
不得什么，甚至连亲戚关系都算不得什么。对于伊莎贝拉骄傲的父亲奥古
斯特·亚历山大·恰尔托雷斯基侯爵来说，提携穷一点的亲戚并把他们的
才能用于家族政策是一回事；但是只因为 15 岁的女儿看上了这样一个穷
亲戚，就要把女儿嫁给他，这在恰尔托雷斯基侯爵看来，是父亲的重大失
职，因此他让自己的外甥清晰地感受到了这一点。主要得感谢斯坦尼斯瓦
夫·波尼亚托夫斯基漂亮的鬈发，事情如今有了惊人的转变，这也是他与
表妹伊莎贝拉眼下的午餐显得复杂的众多原因之一。

　　二人的处境中有一个不小的悖论。1764 年 9 月 7 日傍晚时，膳务总管
波尼亚托夫斯基大概是整个城区（或许还是整座城市）唯一的一名波兰贵
族。尽管华沙的这一地区恰恰被当作波兰－立陶宛联邦贵族的"大客厅"，
但是眼下贵族都离开了这座城市，连英国公使、波尼亚托夫斯基的老朋友
托马斯·罗顿爵士也出乎意料地接到了自己波兰管家的告假。这位家庭总
743　　管突然佩上一把剑，骄傲地对公使宣称，他虽然穷，但并没有因此而不高
贵，并且由于他幸福的祖国并没有在他和豪绅巨富之间做出显著的区分，
他随时会被选任最高职务，所以在像那天那样的日子里，他自然要去往城
郊的沃拉旷野，与大约 2.5 万 ~3 万名相同地位的人一道，为共和国的福
祉做出必要的决定。（以公使的立场而言，以后还是聘用一名不是贵族的
下级管家吧。）在这个星期五的中午，其他宫殿里的贵族用人和拥有百万
财产的阁下或殿下们也出发了。因此当斯坦尼斯瓦夫·波尼亚托夫斯基稍

后上路去与表妹共进午餐时，单纯地从地位这一技术层面看，他完全是孤身一人。波尼亚托夫斯基的宫殿离卢博米尔斯基雄伟得多的宫殿并不远，而且都在所谓的克拉科夫郊区。名为郊区，事实上却是一条豪华的街道，是从一座宫殿到另一座宫殿的王家大道的一部分。这些宏伟的宅邸鳞次栉比，仿佛线上的珍珠，向知情者讲述了表哥和表妹几乎全部的往事。波尼亚托夫斯基首先要穿过的是一个大型广场，在指向维斯瓦河岸的右侧，他看到了圣母玛利亚往见堂；但在左侧，一座现在空无一人的建筑的雄伟内院敞开着，建筑的新名称萨克森宫还需要慢慢适应，因为不到一年前它还叫作皇家宫殿。100 年前，王室大司库莫尔什藤在这里建造了第一座宫殿，身居其中，为自己私人财富的显著增加而沾沾自喜。与此同时，他的一个女儿伊莎贝拉也慢慢长大，最后在 1693 年嫁给了当时的恰尔托雷斯基侯爵，为侯爵带去了大量财富。在卢博米尔斯基宫殿的阳台上——我们的两位主人公此时也转移到了这里——可以清楚地看到"强力王"奥古斯特二世在奇迹般暴富的大司库去世后命人修建的巴洛克式王宫。更新的是一座小一些的建筑，顶部用突兀的尖头装饰，巧的是，它的斜右侧紧贴着以前的王宫、现在的萨克森宫，而且主人就是我们在克罗森认识的首相布吕尔伯爵，他效力于萨克森－波兰的两位奥古斯特，享尽荣华。主人去世不到一年，布吕尔也撒手人寰，堪堪摆脱了萨克森专门为他设立的腐败特殊法庭，给后代留下了这座宫殿——难怪他们更愿意留在华沙，这里比在德累斯顿更惬意。

744

接着往前走，左手边是一座不大的宫殿，不久前大旗手耶日·伊格纳奇·卢博米尔斯基侯爵曾生活在这里。此人不只是布吕尔伯爵夫人及布拉格占领者鲁托夫斯基之妻的叔父，最主要的是，他还是 1690 年带领公使团前往柯尼斯堡的希耶罗宁·奥古斯丁·卢博米尔斯基侯爵的儿子。我们已经见识过，希耶罗宁·奥古斯丁的随从在柯尼斯堡得到了多么丰厚的馈赠，他的庄园管家弗朗齐歇克·波尼亚托夫斯基也就因此更觉遗憾，后者因装备不够华丽而未能与侯爵同行。职位很低的贵族仆人在这个国家很常见，因为一方面这里几乎没有市民阶级，另一方面贵族民众占 10%，也就是说，比欧洲其他国家的贵族数量多 20 倍。不管怎样，波兰这种所有贵族在法律条文上的平等确实意味着，偶尔真的会有某个贫穷的贵族凭借才能跻身上层，上一代人中就有 1676 年出生的庄园管家之子老斯坦尼斯瓦夫·波尼亚托夫斯基，与他同名的儿子现在正与表妹一道，在阳台上字面意义上的回顾历史。老波尼亚托夫斯基入伍后加入了被瑞典人另立为国王的斯坦尼斯瓦夫一世·莱什琴斯基的阵营，对付"强力王"奥古斯特二世和彼得大帝；1709 年波尔塔瓦战役失败后，他奋力把受伤的瑞典统治者卡尔十二世从乌克兰的沼泽中救了出来，带到奥斯曼帝国边界——国王躺在一副固定于两匹马之间的担架上，老波尼亚托夫斯基的衣服上有 17 处弹孔。接下来奥斯曼土耳其人抗击彼得大帝的战争成了老波尼亚托夫斯基的一桩心事，他甚至一度和御医及后宫策划阴谋，把一名无能的大维齐尔换下了台。虽然彼得大帝最终轻松逃脱，但老波尼亚托夫斯基真的已经尽力了。再后来，老波尼亚托夫斯基做了一段时间瑞典驻茨魏布吕肯总督后，声名卓著地返回波兰，连他的敌人奥古斯特二世都愿意把他招到麾下。老波尼亚托夫斯基很快成了马佐夫舍的总督，最后成了克拉科夫的城堡主，由此获得了在这个贵族共和国所能获得的最高世俗议员等级。这位英勇的平步青云者在 1720 年娶了虔诚的康斯坦奇娅·恰尔托雷斯卡宗女，宗女的母亲就是在对面宫殿中长大的司库之女伊莎贝拉·莫尔什藤，因此后者不仅是由其抚育的"蔚蓝的侯爵夫人"伊莎贝拉的祖母，同时也是小斯坦尼斯瓦夫·波尼亚托夫斯基的外祖母。小斯坦尼斯瓦夫·波尼亚托夫斯基就是在这位共同的女性祖辈当年的房子里认识了迷人的表妹，而这座房子就是恰尔托雷斯基宫殿，远远地俯瞰着左侧的萨克森皇家宫殿。带有花园的恰尔托雷斯基宫殿非常宏大，从它后方的布吕尔宫殿看过来，几乎看不到"宝塔"的尖顶。这座宫殿的历史也非常重要，表哥斯坦尼斯瓦夫·波尼亚托夫斯基今天能满怀憧憬成为留在克拉科夫郊区的唯一一个贵族，除了要感谢自己的鬈发，还要感谢这座宫殿的前尘往事。

恰尔托雷斯基宫殿占地极广，但是较之于连同这座宫殿一道被世袭下来的登霍夫庄园则像个小不点。与司库之女伊莎贝拉·莫尔什藤成婚后，746败落的恰尔托雷斯基家族自然又兴旺起来。但要说煊赫至极，还得等到伊莎贝拉的儿子奥古斯特·亚历山大·恰尔托雷斯基成亲。1731 年，奥古斯特·亚历山大·恰尔托雷斯基在决斗中战胜了最后的竞争者，赢娶了玛丽亚·索菲亚·登霍夫伯爵夫人；他不仅成了妻子的城市宫殿、地产和农奴的主人（妻子单是从父亲那里就继承了 35 座城市、一座要塞和 235 个村庄），还一下子获得了每年 300 万兹罗提的收入，和波兰－立陶宛联邦 800 万的国家年财政收入是同一个数量级。（为了对这些财富的规模有个大致的概念，可以参考一下，2015 年德国的年财政收入是 6200 亿欧元，一个人如果想和奥古斯特·亚历山大·恰尔托雷斯基一样富有，就要有 2320 亿欧元的年收入——也就是比尔·盖茨作为当时世界首富在理想利润率的情况下的预期收益的 40 倍。）于是，此前一直不为人知的恰尔托雷斯基家族转瞬间就跃居豪绅巨富的顶级集团，他们的私有军队和代理人随时可以让国家瘫痪。不到 2 年，奥古斯特侯爵、侯爵同样雄心勃勃的兄弟米哈乌及更老到的姐夫老波尼亚托夫斯基就真的让国家瘫痪了。虽然我们已经看到，这在一开始并不怎么成功：这个很快就干脆以“家族”著称的党派与“强力王”奥古斯特二世商定的政变计划于 1733 年落空，因为国王被格伦布科喝死了，而恰尔托雷斯基家族本来打算背叛萨克森，这下也省了；他们接下来要把斯坦尼斯瓦夫一世·莱什琴斯基扶上王位的企图更加打了水漂。只是从此以后，国内另外两个有权势的家族对恰尔托雷斯基家族的仇恨却长久地保留了下来。波托茨基家族的豪华宫殿就在恰尔托雷斯基宫殿的西北方，他们恨这个邻居，因为当国王候选人即将失败时，这些邻居跑得比自己快。而拉齐维乌家族的巨大宅邸则毗邻“蔚蓝的侯爵夫人”伊莎747贝拉·卢博米尔斯卡的宫殿——就在表兄妹刚刚使用的餐厅的北墙后方，他们一开始就站在了最后获胜的萨克森奥古斯特三世一方，由此成了伊莎贝拉的父亲恰尔托雷斯基侯爵的对手。令拉齐维乌家族恼火的是，接下来他们只能眼睁睁地看着，在最后一刻才投向萨克森一派的恰尔托雷斯基和波尼亚托夫斯基反而更受优待，而且此后几十年的浮浮沉沉也没能改变这一点。要是谁还对和解心存幻想，那么最后一次大型竞选也会让他清醒。在几个月前的竞选中，伊莎贝拉当时的邻居卡罗尔·斯坦尼斯瓦夫·拉齐维乌再一次证明，他不仅在理罐子头发型这一点上，而且在所有其他方面都与"文明化"了的同龄人小斯坦尼斯瓦夫·波尼亚托夫斯基坚定地对立。只要一想起曾经差点嫁给这个畜生，即使 12 年后，伊莎贝拉也仍然心有余悸地感谢命运。

　　人们竟敢在立陶宛为恰尔托雷斯基－波尼亚托夫斯基一派拉票，这一地区多多少少算是拉齐维乌的地盘，不用说，卡罗尔·斯坦尼斯瓦夫·拉齐维乌觉得很过分——一名贵族如果不想被无限制的民主碾轧，他肯定会这么想。拉齐维乌打算禁止维尔纽斯主教给恰尔托雷斯基－波尼亚托夫斯基拉票，而这还算客气的；他还警告教会侯爵，自己已经准备好了几十万达克特金币，来应付杀死一名主教引起的刑事诉讼可能需要的花销。这无疑就太过分了，但却正中恰尔托雷斯基的下怀，后者终于可以借口这一举动饱含争议、违背规则而开启竞选活动的军事部分。在正常条件下，与卡罗尔·斯坦尼斯瓦夫·拉齐维乌发生争端自然很冒险，毕竟他比恰尔托雷斯基还富裕关键性的那么一点点。这位冲动的亲王不仅统治着 2.7 万平方千米的土地——几乎是整个勃兰登堡联邦州的面积——也不仅是 16 座城市、583 个村庄、一支不到 1 万人的私人军队的主人；年收入 500 万兹罗提的他还有波兰王室军队大元帅的支持。幸亏人们在 1717 年恰恰为了预防这种情况而把王室军队的兵力限制在了少得离谱的人数上，所以这支军队根本应付不了俄国的干涉，更何况这支军队的主要成员还是怀旧的 17 世纪骑士骑兵。这一次，俄国人站在"家族"一方，因此没过多久，奥古斯特·亚历山大·恰尔托雷斯基就胜利地领导了色姆（也就是贵族议会），而卡罗尔·斯坦尼斯瓦夫·拉齐维乌则决定来一次漫长的国外旅行。再也不用担心隔壁那个自控力差的酒鬼了，终于又能在伊莎贝拉·卢博米尔斯基的花园里好好享受维斯瓦河优美的风光了。要不是伊莎贝拉的父亲恰在此时得付出请俄国帮忙的代价，那还真是一切如意。奥古斯特·亚历山大·恰尔托雷斯基侯爵自然很乐意在沃拉的旷野上欣赏女婿卢博米尔斯基骑着高头大马率领着他治下的贵族们，手里拿着镶宝石的"王室陆军警长"职务的战锤。这位老先生自然尤其乐意看到，格涅兹诺的大主教坐着一辆猩红色与金黄色相间的轿厢马车驶过旷野，让所有按照省份排列的贵族们一次又一次地喊出他们对恰尔托雷斯基候选人的投票。但遗憾的是，这场胜利有一个决定性的错误。总督弗朗齐歇克·萨莱齐·波托茨基不愿意说出候选人的名字，只是喊道"其他人也选了的那个人"。这是他的正当权利，因为他是波托茨基，是胜利者家族的天然敌人。但是奥古斯特·亚历山大·恰尔托雷斯基侯爵最后在提名他理想的候选人时脸色苍白则是因为，按照俄国的命令，他现在说出的既不是他自己的名字，也不是他儿子亚当的名字。他在 11 年前拒绝了外甥斯坦尼斯瓦夫·波尼亚托夫斯基对女儿伊莎贝拉的求婚，现在历史给出了辛辣的讽刺报复；而外甥此时正若有所思地与伊莎贝拉站在阳台上。波尼亚托夫斯基的仆人已经为那匹黑色的马上好了鞍子，他按照祖先神的颜色选了这匹马。蔚蓝的表妹在长谈结束时对他说，她已经反复思考了很长时间，两人的父亲到底谁能更好地为祖国效力，由于现在命运做出了对波尼亚托夫斯基有利的决定，她坚信，一切都会朝着最好的方向发展，她衷心祝福他，就像她现在想温柔地拥抱他一样。此刻从西南方向传来了炮响，这是宣告胜选者的 100 发炮响的第一响，同时也告诉斯坦尼斯瓦夫·波尼亚托夫斯基，他成了波兰的新任国王。

　　1732 年 1 月 17 日，当波尼亚托夫斯基在沃乌琴见到世界的第一缕阳光时，任何人做梦也不会想到，有朝一日他能到达何等高位。没有迹象表明，波尼亚托夫斯基会成为 18 世纪欧洲的第 2 位，同时又是最后一位仅仅来自贵族家庭而非以统治国土为唯一使命的执政家族的国王。彼时只有一件事更加难以想象，那就是波尼亚托夫斯基的人生轨迹会以何种残忍的

749

方式偏偏与一位真正不同于他人、生来就是要施以统治的君主的轨迹相重合。即使在波兰－立陶宛联邦这种选举制的君主国中，似乎一切也都不利于我们那出生在木屋中的主人公。这样一个人不仅与正常情况下的波兰国王不可同日而语，换言之，这些选举出的君主不仅来自统治者家族，而且通常也是前任国王的儿子或兄弟。就连曾经登上过波兰王位的其他 4 名贵族也都和波尼亚托夫斯基不同，他们中有 3 人来自巨富的贵族之家，第 3 人还是土耳其战争中的英雄。这 4 位非王侯的国王中的最后一位，自然就是我们的老相识斯坦尼斯瓦夫一世·莱什琴斯基，他灾难性的人生轨迹彻底证明了一些重要的事情。要成为波兰国王，显然只能借助于外来干涉军的支持，不管是 1704 年促成斯坦尼斯瓦夫一世·莱什琴斯基第一次选举的瑞典军队，还是他 1733 年做第二次尝试时迫切需要的法国军队，或者是最终帮助他的萨克森对手获胜的俄国军队。随着莱什琴斯基当选，前文所述的那场战争也爆发了，不仅波尼亚托夫斯基夫妇，连他们刚出生的儿子也很快亲身感受到了战争。因为当 1734 年有迹象表明，恰尔托雷斯基和波尼亚托夫斯基家族将转向萨克森的奥古斯特三世时，总督约瑟夫·波托茨基决定惩处倒戈者。约瑟夫的军队不只袭击了这些人的庄园，还劫持了老波尼亚托夫斯基当时才 2 岁的儿子小波尼亚托夫斯基，把他带到了卡缅涅茨－波多利斯基要塞 4 米厚的围墙后。这座要塞是波兰－立陶宛联邦为了对抗土耳其人、鞑靼人和哥萨克人，巩固乌克兰的荒原边境而建的。一整年的时间里，小小的"马佐夫舍总督之子"就在要塞里做波托茨基的人质，但这座"我的监狱"在他 1400 页篇幅的回忆录中所占笔墨还不到半个句子。很多曾就斯坦尼斯瓦夫·波尼亚托夫斯基详细表达过看法的同时代人，似乎也不认为这件事值得一提，于是他们就用沉默略过了这个在我们看来难免造成创伤的阶段。这种沉默泄露了很多时人与儿童的关系。通过宗教，并且始终通过微观政治训练而成的移情能力，通常能使那些宫廷人员成为成年人心灵的敏锐鉴赏家，但是与此同时，他们几乎无一例外地完全漠视儿童的心理。

当然，这个世界的大多数父母也爱他们的孩子，有些甚至经常与其共处。在一个世袭的人生计划和角色天生的社会里，人们自然也知道教育的重要性，而且孩子身边一直有老师、忏悔神父和家庭教师相伴。这些人通过书本或经验得知，如何相对不强迫地把孩子导往人们想要他们去的地方。但得偿所愿是小概率的幸运事件，甚至恰恰在最容易做这方面努力的权力精英中也是如此。而每一个这样的幸运儿都对应着十几个其他的宫廷儿童，由于阴谋政治或者仅仅是巧合，他们的教育落到了蠢货、狂热分子、酒鬼、虐待狂或者缺乏创见的机会主义者手中，因为宫廷教师的职位只是被当成通往真正重要职位的桥梁。在斯坦尼斯瓦夫·波尼亚托夫斯基这一代，每一个在爱中成长起来的孩子都对应着十几个德利涅亲王 [1] 这样的孩子："我的父亲不爱我。我不知道为什么，因为我们彼此不熟悉。那时候做个好父亲或者好丈夫还不是风尚，我的母亲非常惧怕他。"即使有的父母真的给予了孩子爱和关注，也改变不了"儿童只是未完成的成年人"这一基本思想。人们大体上只需要喂养、打扮他们，必要时训练他们，直到在大约 7 岁开启"理性的年龄"——保姆在哪里照顾他们并不重要，可以是在家乡的领地，也可以是在一个遥远的、被戴皮帽子的敌对抢劫者劫持到的、不知多久才能获释的草原要塞。7 岁的时候，出于完全相反的理由，大多数情况下一切玩乐都结束了，不成熟行为的借口消失了。从现在起，每一次对成年人模仿的失败都只能用执拗来解释，因此要受到惩罚；儿童的自我意愿要被摧毁，在生来就预定要成为统治者的地方尤甚。这虽然并非不合逻辑，因为要是一名国王的长子完全没有学会克制而有朝一日登基的话，确实会导致灾难。通行的办法是，通过对王位继承人特别严酷的教育来避免发生这种事情，但这同时也带来了特有的弊端。因为越是摧残这些王子们的意志，或者仅仅向他们灌输王位是沉重的责任，

752

---

[1] 德利涅亲王夏尔－约瑟夫（1735—1814 年），奥地利陆军元帅和作家，后成为罗马－德意志皇帝约瑟夫二世的亲信顾问。——编注

就越有可能导致他们某一天非常乐意把统治的可怕担子随便指派给某个宫廷宠臣。于是，本来是要为稳定世袭的国王权力控制风险的机制，最后反而通常让这种权力落到了肆无忌惮的虚荣贵族格伦布科、沃波尔或者布吕尔之辈的手中。因为相较于统治者对于真正治理的熟练程度，这些生而非王之人对于表面顺从的掌握更加出神入化。因此，人们完全可以试问：如果登上王位的不是这种在违背天性的教育中成长起来的王子，而是没有被看成未来的统治者，从而摆脱了这些扭曲教育而成长起来的女性或者个体，是不是可能会对君主制有好处？如果人们这样问，就该感谢历史向我们提供了斯坦尼斯瓦夫·波尼亚托夫斯基和他的伟大爱人这两个完美的案例来检测这一假设。只是这两个人的臣仆——目前只能透露这么多——这一次也没有多少感恩的理由。

　　如果曾有一位普通的贵族接受过全面的教育，那这个人就是斯坦尼斯瓦夫·波尼亚托夫斯基。家庭构成以完美的形式满足了所有能想到的方面：父亲是名在外交和战争方面颇有经验的白手起家者；比父亲年轻 19 岁的母亲非常虔诚，但对文学和艺术极感兴趣，出身于富有的上层贵族；父母恩爱，在经历了疯狂的战争岁月后，把时间和闲情逸致都给了孩子们。而且父母已经从斯坦尼斯瓦夫·波尼亚托夫斯基的 5 个哥哥姐姐身上积攒了经验。最大的孩子、比斯坦尼斯瓦夫·波尼亚托夫斯基年长近 11 岁的卡齐米日·波尼亚托夫斯基尽管 1741 年在萨克森麾下参加了布拉格的战斗，甚至还与不可取代的德谢弗勒斯公爵（他实际上是波尼亚托夫斯基姨祖母的一个侄孙）参与袭击了立陶宛的鞑靼人，但他很快就辜负了父母的期望，在正确的人中落入了错误的圈子。由于一次舞会上的侮辱，卡齐米日在决斗中杀死了前国王莱什琴斯基的一名重要宠臣，然后又让卢博米尔斯基家族的一位妻子背弃丈夫嫁给了他——希望这位女士至少能和她的名字一样美丽（阿波洛妮娅·乌斯特日奇卡，普热梅希尔的城主），于是卡齐米日只能待在本地王室掌礼大臣这个徒有虚名的职位上，再也出不了头。第 2 个儿子从事教职，和第 3 个从事世俗职业的儿子一样英年早逝——三子 19 岁服役于法国时阵亡。由于晚生子斯坦尼斯瓦夫·波尼亚托夫斯基健康状况不佳，谨慎起见，刚毅的母亲决定让他远离同龄的孩子。玩耍本来不也是浪费时间吗？小家伙可以用这些时间来上课啊。在流亡但泽期间，家人就让一名历史学教授给 5 岁的斯坦尼斯瓦夫·波尼亚托夫斯基上起了课；搬到华沙不久，由俄国大使凯泽林克伯爵教他逻辑和数学。7 岁的时候，波尼亚托夫斯基把波兰－萨尔玛提亚式的长袖长袍连同罐子头发型换成了法国的宫廷服饰和扑了粉的鬈发，从而可以作为一名庄重的欧洲人就读泰阿蒂尼司铎会僧侣的学校。这是波兰唯一一所改良学   754
校，很现代地用波兰语而非拉丁语授课，教学规划自然和学生们的发型一样，都是西式的，因此波尼亚托夫斯基不仅在这里学会了流利的法语、德语和意大利语，还非同寻常地学会了英语，而这很快就会被证明是一项优势。在一位"其住所为华沙歌剧院每一位意大利芭蕾舞女演员熟知的"教士的宽容监督下，僧侣、启蒙主义者、自由思想者、共济会成员、玫瑰十字会成员、不可知论者、怀疑论者、自然神论者、詹森主义的信徒、寂静主义者、皮浪怀疑主义者和秘密的加尔文宗教徒纷纷成功地向这个戴着过大假发的小男孩做了指导，以致他 12 岁时就经历了一次由哲学引发的精神崩溃。

尽管点燃小波尼亚托夫斯基孩童般活跃想象力的直接问题这次被一个好心的忏悔神父安抚了下来（他向小波尼亚托夫斯基保证：现实是真实的），但这一温室教育的后果伴随了这位未来国王一生。斯坦尼斯瓦夫·波尼亚托夫斯基终生相信命运的前定性，这是其中最微小的后果；他尤其被教育得经常自省，以免像很多更强壮的同阶层人那样，怀有轻率、毫无顾忌的虚荣心。我们也无须特别注意波尼亚托夫斯基对替代宗教的神秘主义的好感，这对于他那一代有教养的人来说非常典型——尽管他们很难单纯信仰上帝了，但是他们的生活还不能完全脱离宗教，所以类宗教的思想通常会像走后门一样溜进他们的头脑中。但遗憾的是，教育本身将会对波尼亚托夫斯基起到更致命的影响，这绝非只因为教育剥夺了他的童年，"就好像人们把 4 月从一年中剪除了一般"；最主要的是，教育经历让这个过早充满精神生活的孩子在面对同龄人时非常有优越感，导致他 15 岁时就树立了众多的敌人。而教育并没有给波尼亚托夫斯基提供通常的智力工作会提供的那种支撑。学术生涯对于像波尼亚托夫斯基这种阶层的人来说原本就难以想象，而他后来也很大程度上放弃了连大人物也可以从事的私人文学或科学活动。尽管如此，波尼亚托夫斯基或许仍是那个时代最有教养的君主，但他几乎仅限于在宫廷政治舞台上真正使用自己的才智，而偏偏在这里，最恶劣的罪行或许可免，才智上的傲慢罪无可赦。这一点在波兰尤甚。这里普通的贵族大多贫穷且没有受过教育，却有选举权，没有政客可以冒犯他们，这就够糟了。更糟的是那些豪绅巨富，恰恰由于他们比相对贫困的英国同阶层人士更独立于国王和宫廷，没有人在教育问题上给他们设置界限，而其他地方至少会由贵族的同侪压力产生一些限制。话又说回来，波尼亚托夫斯基的宿敌卡罗尔·斯坦尼斯瓦夫·拉齐维乌即使在豪绅巨富中也是个极端，他 12 岁时已经是胡贝图斯勋章骑士，但仍然不识字（顺便说一句，机智的老师们为了解决这个问题，把用铅浇筑的字母挂在涅斯维日宫殿花园的树上，让卡罗尔用枪把它们射下来）。稀奇的是，这样一个人不仅被选为了立陶宛高等法院的院长，而且非常受欢迎，而这是斯坦尼斯瓦夫·波尼亚托夫斯基这辈子做梦都想拥有的东西。按照波尼亚托夫斯基的说法，卡罗尔的父亲就没什么高远的政治目标，天天恨不能把全国人都请来家中吃饭。儿子在沿袭这一项目的同时，重心明显偏向了饮酒，而且表现出了只有一名亿万富翁才有能力表现出的那种热情。尽管卡罗尔可能非常暴力（杀死一个农民的法庭罚款是 130 兹罗提），但是很快各处就有人称他为"我亲爱的先生"，这个称呼原本是用于最无足轻重的贵族的，可见一名达官贵族如果大多数时间都醉醺醺的，而且拥有一支私人军队来应对所有棘手的问题，他可以多么"亲切"。

相反，当叔父派 17 岁的斯坦尼斯瓦夫·波尼亚托夫斯基第一次参加一个乡村的竞选时，可怜的他自然厌恶与小贵族相遇的每一秒。小贵族的消遣对波尼亚托夫斯基来说太原始了，尽管他们可能是近代早期唯一一批未受过教育，但彼此以背诵下来的拉丁语片段交谈的民众。然而这对波尼亚托夫斯基有什么用呢？在入仕之初他就经历了一次没有结果的高等法院选举，原因是在一个教堂会议厅爆发的群殴没有决出胜负——恰尔托雷斯基只是带来了普通的稍加武装的人员，而波托茨基则带来了真正的军队。波尼亚托夫斯基担任议员的首届色姆在第一次集会时就因有人在被收买后行使了自由否决权而解散，因此我们的英雄不得不重返马佐夫舍的审计委员会；而委员会狂欢的酒宴差点让他吃不消。在下一次竞选中，波尼亚托夫斯基与基层贵族的接触借助一场在走廊的脆木板上举行的四人舞会和12小时之久的舞蹈马拉松达到顶峰，因为他的候选人同僚爱上了衰老的男主人的妻子。最后终于、终于当选，波尼亚托夫斯基松了口气，疾驰返回华沙，途中马车的车轴断裂，一匹昂贵的马死去，父亲训诫了他一番，就好像他还是个愚蠢的小学生。色姆还是老样子，但是这次（1752年）由于地区比例代表制的原因，好歹在当时立陶宛的格罗德诺（今属白俄罗斯）召开了——除了拥有当地总共两座砖砌房屋50%的拉齐维乌家族，没人愿意去那里。这一年的旅行让新任英国公使查尔斯·汉伯里·威廉姆斯爵士尤其长见识。在乏味的柏林待了8个月后，可想而知，华沙对公使来说如同天堂。这里几乎全是宫殿，那些上层贵族的女主人们又是那么迷人；可如今，公使面临着不愉快的梦醒时分。没有人告诉过他，像部落首领一样前往格罗德诺的豪绅巨富们不仅带着大量仆人，也带着全部的家用器具，因此威廉姆斯爵士在那里开会期间，主要任务就是不知所措且徒劳地试图在这座有着17座修道院却没有一家商店的城市里买一个夜壶。再回头看爵士那位于威尔士的家乡小城阿斯克，一下子就如同第二个巴黎一般。幸亏公使没有错过很多政治活动，因为连奥古斯特三世也觉得格罗德诺令人难以忍受，只在这里解决当务之急——授职和在比亚沃维耶扎森林中猎水牛。稀奇的是，查尔斯公使却因此立了一功。水牛在欧洲其他地区灭绝，却在比亚沃维耶扎幸存下来，原因是奥古斯特三世和前任们一样执行严格

757

的垄断，只允许统治者本人在此狩猎。如今欧洲大陆的欧洲野牛都是此处水牛的后裔。仅在这次狩猎中，国王就击毙了 42 头被驱赶到一个区域的动物；他放过了一头鹿，只因为这头鹿一直足够冷静，在场地中央与一头雌鹿"结婚"，并且因此获得了议员们兴奋的喝彩声（王后悄悄地别过脸去）。相比于这些高潮，可想而知，斯坦尼斯瓦夫·波尼亚托夫斯基的首次议会演讲一定程度上湮没无闻是可以理解的。其实这届色姆的所有演讲全都无声无息，因为首相布吕尔与贵族们做了足够多的交易，总算在 2 周后终结了这个讨厌的活动。一名议员得到了国王为这种情况准备的现金赏赐，作为回报，他在表决时大喊"我不同意"，用自由否决权解散了这届色姆，因此色姆成员没有通过任何一项法令便启程离开。在理想主义的宪法爱国主义中长大的斯坦尼斯瓦夫·波尼亚托夫斯基会如何评价这一切，应该不难想象。此后不久，人们还把波尼亚托夫斯基心爱的表妹伊莎贝拉·恰尔托雷斯卡嫁给了卢博米尔斯基侯爵，而不是托付与他，这似乎向 21 岁的他彻底证明，世界虽然是真实的，但主要是在与他作对。幸亏波尼亚托夫斯基的父母很快认识到，儿子眼下能启程开始一次欧洲的骑士之旅是帮了所有当事人一个大忙。

　　这个年轻人不是第一次出国。1748 年，父亲打算让 16 岁的波尼亚托夫斯基熟悉一下战争实践，因此派他随一支俄国军队参加了奥地利王位继承战争。由于进军路线太长，俄国人这一次和 1735 年一样，也是在和平到来之后才到达，导致波尼亚托夫斯基的教育经历可喜地不完整，不过阅兵和庆祝活动他倒是没少看，以致向父母所做的 3 个承诺中只遵守了 2 个（不能赌钱、不能喝酒、不能结婚）。接下来前往柏林和德累斯顿的 2 次旅行也是后来才显现出意义来。波尼亚托夫斯基在柏林认识了查尔斯·汉伯里·威廉姆斯爵士，后者不仅是英国国王陛下杰出的公使，在接下来的几年中，也将是这个社交困难、有着过宽臀部的波兰年轻人命中注定的替代性父亲。如果身在一个家谱学更为正规的世界，这位外交官永远不必离开家乡，因为只要把玫瑰战争时期的几份非婚生声明视作合法，他的妻子弗

朗西丝夫人就是理查三世 [1] 的第 2 位合法继承人。然而由于威廉姆斯爵士
把梅毒传染给了妻子，或许他该庆幸妻子的权利要求最终无效；尤其是他
作为极端自负的嘲讽作家、斯蒂芬·福克斯的朋友和赫维勋爵的对手，本
来就已经树敌够多。这样一个人是否真的适合外交官的职业，威廉姆斯爵 759
士似乎从来没有扪心自问过：虽然没有相关的基础知识，他还是接受了这
个位于德累斯顿的职位——鉴于一次特别有争议的文学创作，能逃离英国
才是最重要的。对这位公使而言，年轻且仍然不够优雅的波尼亚托夫斯基
不仅是一个有政治影响力的家庭的儿子，同时也如同他自己求而未得的
儿子一般。反过来，波尼亚托夫斯基也把年长 24 岁的威廉姆斯爵士当成
了父亲般的朋友，这是比他年长 56 岁的真正的父亲从来没有成为的角色。
就这样，两人很快就密不可分。波尼亚托夫斯基少年时就已阅读了所有的
英语长篇小说，振奋于欧洲另一种伟大的贵族民主制，现在，他借助威廉
姆斯爵士的帮助，在赫维与切斯特菲尔德的"议会制和宫廷文学世界"的
强烈影响下重新塑造了自我。甚至在外表上，这个仍然矮小、近视（没有
哪位真正的贵族会戴眼镜）且腿脚不灵便的年轻人现在也成了他这类人中
的翘楚。波尼亚托夫斯基靠着纯粹的意志力变成了一名优秀的舞者；在威
廉姆斯爵士的帮助下树立了自信心；反复练习无聊的对话，直到贵妇们开
始注意到他高雅的面部特征。现在，波尼亚托夫斯基继续前往巴黎壮游，
也算得上坚定不移了；更加坚定不移的是，这座城市不像不久后的伦敦留
给他的印象那么深刻。波尼亚托夫斯基在巴黎学到了很多，把时间花在了
有教养的沙龙中，听 80 岁的德诺瓦耶公爵元帅讲述路易十四时代的往事；
与一位在瑞典禁卫军中服役的表兄及胖胖的德奥尔良公爵成了朋友；最重
要的是，当"大假发"们以郑重的表情向他解释他早已知晓的社交细节

---

[1] 理查三世（Richard Ⅲ，1452—1485 年），英格兰国王，1483—1485 年在位，约克王朝
的最后一位国王。他在博斯沃思原野战役的败战，同时结束了玫瑰战争与金雀花王朝的统
治。——编注

760　时，还学会了表现出感激。波尼亚托夫斯基最后给家中写信说，只需要大约 4 个月就能理解这座城市，他的理由傲慢而又不失机智，单凭这一点，巴黎就该任命他为荣誉市民：伟大世界中的法国人由于狭小封闭的竞争而变得彼此十分相似，所有人都对应着反复出现的三四个类型中的一个。在这一点上，英国自然不同。在那里，波尼亚托夫斯基花了 4 个月的时间研究政治和文化，聆听上议院辩论；回答乔治二世家谱学上的问题；跟着斯特兰奇男爵去观看斗鸡和莎士比亚戏剧；最主要的是，学到了很多有关现代贵族民主制实际上如何运转的知识。波尼亚托夫斯基这次行程学到的一点是：英国虽然不像波兰－立陶宛联邦那样把自己的选民称为贵族，但是贵族人数并不比波尼亚托夫斯基的家乡多；这里的竞选比家乡只干净一点点，人口数量更少。但是英国国王每年单是征收的印花税就和波兰－立陶宛联邦政府的全部税收一样多。英国是个强国，因为它的立法部门有权做出决议、行政机构能够有效运转，而且即使在上层贵族中也没有类似波兰豪绅巨富的领主——如果波尼亚托夫斯基有朝一日能行使权力，他将不会忘记这 3 个区别。此时的波尼亚托夫斯基还无从预料，这几个月所见的、他还没有真正领会的事情将会对他产生多大的影响。

　　1754 年春天，波尼亚托夫斯基住在威廉姆斯爵士的妻子弗朗西丝·威廉姆斯夫人处。自从 12 年前被传染梅毒，威廉姆斯夫人理所当然地与丈夫只保持书信往来，除此之外，她与丈夫一如既往地相处得惊人融洽。夫人和女儿被波尼亚托夫斯基深深吸引，很快就把他描绘成她们两个"猛烈的最爱"，因为他没有"一点点英式的残忍"，而这正是更强烈的个人主义的阴暗面。这对母女并非个例，这一点不久后就能从霍勒斯·沃波尔那里761　了解到。这位一向关注男性之美的首相之子不仅觉得这个年轻的波兰人非常俊俏，而且还描述了寡居的戈登公爵夫人邀请表亲波尼亚托夫斯基参加的一顿奇特的晚餐。戈登公爵夫人是在马尔普拉奎特阵亡的塔利巴丁侯爵的侄女、陆军元帅奥克尼伯爵的侄孙女及塔尔蒙特的姑母斯特兰奇夫人的玄外孙女，所以晚餐邀请安排得无疑非常符合身份。只是遗憾的是，按照沃波尔的描述，比波尼亚托夫斯基年长 14 岁的公爵夫人看起来"如同一名骨骼粗壮的教形而上学的苏格兰教授"，"喝水喝出了一个红鼻子"，因此人们基本上会欢迎她用一个在当时很典型的庸俗策划来平衡这一障碍。但实际执行时却导致波尼亚托夫斯基到达戈登家的城市别墅时，差点被一支箭射中眼睛，这支箭是公爵夫人扮成爱神的儿子射出的，现在插到了年轻波兰人漂亮的鬈发里。波尼亚托夫斯基很幸运，这绝不仅仅是因为至少第 2 位爱神的箭也没有射中他。（我索性没有任何证据就把第 2 位爱神认定为 10 岁的戈登公爵，因为由他 9 岁的弟弟威廉·戈登勋爵射出击中的那一箭，对我们来说更为恰当。威廉·戈登在下一章还会出场。）幸亏公爵夫人的第 3 个儿子乔治·戈登当时才 2 岁，要是他也到了能射箭的年龄，这一晚估计就是波尼亚托夫斯基的最后一晚了——乔治勋爵将于 1780 年率领 6 万之众的伦敦暴民，对真正的或者所谓的天主教徒展开为期一周的血腥捕杀，这样一个人，大概孩童时就能比他 2 个精神健康的哥哥射得更准。这位未来的恶魔没有在场，表亲波尼亚托夫斯基得以完好无损，接下来看到公爵夫人"像从海洋中诞生的维纳斯一样"躺在沙发上展现在他面前——这是霍勒斯·沃波尔的说法，我们不必完全相信。但如此种种，晚餐的意图变得如此清晰，尤其是除了波尼亚托夫斯基，公爵夫人仅邀请了 2 名只说盖尔语的高地人。只有女主人出于无法推测的理由，在餐后甜品时让一匹小马绕着桌子跑制造了点混乱。"波尼亚托夫斯基把这次过分热情的接待解释为，他的曾外祖母（娘家）姓戈登。"这位曾外祖母自然就是司库莫尔什藤的妻子。在霍勒斯·沃波尔看来，这次招待的理由简单得多，遗憾的是也很不正经，道德上更正派的女抄写员在抄到此处时用了 4 个星号来代替，而原件已经丢失。沃波尔比波尼亚托夫斯基本人更快地认识到，这个在晚餐后很快就启程离去、举止更优雅的新派波兰人最好尽快适应爱神之箭。不必担心守寡的戈登公爵夫人，即使在自己家族的历史中，她也被描述成"无所顾忌的幕后操纵者"。在勾引失败 2 年后，戈登公爵夫人嫁给了一名比她年轻 10 岁的纽约人。此人在公爵夫人的庇护下进入议会，利用

762

她的臣仆建立了戈登高地兵团，任军团上校在印度作战，而且最后还把她带到了美洲——大概她是首个这样做的英国公爵夫人——给她看自己位于奥齐戈县下布特努特支流旁的田庄中的白胡桃。与这个经历相比，要是和模范生波尼亚托夫斯基在一起，公爵夫人说不定 2 周后就无聊死了。

返回波兰的波尼亚托夫斯基发现政治局势无法使他开怀。自从布吕尔和国王与波托茨基家族及法国结盟，恰尔托雷斯基和波尼亚托夫斯基一党在国内政治中的处境就很糟；更难堪的是，他们刚刚才通过威廉姆斯爵士向英国人表示自己是强有力的盟友。也就是说，公使站错了队，现在和波尼亚托夫斯基一样沮丧，而折磨后者的绝不只是政治。尽管与早早结婚的表妹伊莎贝拉重逢并获得了她的关注非常美好，而且除了波尼亚托夫斯基，每个人都立即意识到那是爱情，但是他无法专注于此，因为令他大为诧异的是，18 岁的斯摩棱斯克总督夫人对他也很是有意。整个秋天和冬天，这位华沙最美的女人都以"感化一个 22 岁的厌世者"为乐，波尼亚托夫斯基把她告诉自己的每个字都当真，而且很快就陷在难以捉摸、交织着鼓励和拒绝的网络中。在波兰西部弗劳斯塔德召集的下一届色姆显然至少弄清了这一点，因为斯摩棱斯克省长夫人也到了这里，而且仅仅在 8 天狂热的混乱后终于、终于同意和波尼亚托夫斯基亲密约会。但遗憾的是，偏偏在关键时刻，54 岁的省长丈夫无理地擅闯妻子的卧室，波尼亚托夫斯基及时躲到了一扇屏风之后，并在那里思索到了天亮，尽管他根本不需要这么长的思考时间。就没有什么能使波尼亚托夫斯基摆脱这种糟糕的局面吗？就没有像正派歌剧里的那种友善的解围之人吗？当然有，那当然就是波尼亚托夫斯基的老朋友查尔斯·汉伯里·威廉姆斯爵士。此人向波尼亚托夫斯基书面提议的自然是一次冒险。

威廉姆斯爵士此时为自己的问题和波兰盟友的问题找到了解决方案。既然现在法国在波兰占主导，而英国又要开始在美洲与法国作战，那么家族、威廉姆斯爵士和英国就必须利用唯一可以想到的平衡力量来施加影响，即与俄国结盟。对此，奥古斯特三世有理由恐惧。这一挽救一切的同盟自然只有外交大师威廉姆斯爵士本人出马才能缔结，于是他立即申请调往圣彼得堡。并不是说威廉姆斯爵士拥有那里最需要的德语语言知识，这一语言在彼得大帝治下作为俄国的对外语言稳固下来，只是正非常缓慢地被法语取代（威廉姆斯爵士的法语也非常糟）；而是伦敦没有人自愿就任这一职位。人们无异议地满足了威廉姆斯爵士的愿望，于是他立马就得开始为其圣彼得堡的家务操心了。威廉姆斯爵士需要 2 名装饰性的公使馆秘书，其中一人必须是英国人（威廉姆斯爵士选了斯蒂芬·福克斯的一个侄子，要不是威廉姆斯爵士的帮助，此人的另一个叔父亨利·福克斯永远也不可能与幸福的里士满公爵夫妇的女儿私奔：让双方互欠了对方的情）；第 2 名秘书则应该加强威廉姆斯爵士与恰尔托雷斯基家族的联系，大使自然任命了波尼亚托夫斯基，后者自然也接受了这一提议，并立即飞速驶往圣彼得堡。1755 年 6 月 23 日，威廉姆斯爵士在俄国宫廷首次接受召见，接下来就可以把波尼亚托夫斯基介绍给决定其命运的统治者们了。

　　威廉姆斯爵士与波尼亚托夫斯基搬进了圣彼得堡的坎特米尔宫。虽然位置绝佳，处于照耀着北国阳光的涅瓦河、被拉斯特列利刚刚改造为白绿相间巴洛克式的皇室冬宫及当时还称作德国大街的百万街之间，但是这座宫殿也背负着上千个被残忍辜负的希望。宫殿的首任主人之所以来圣彼得堡，只是因为身为摩尔达维亚领主的他站在了彼得大帝一方。[1] 波尼亚托夫斯基的父亲煽动奥斯曼土耳其人反击后，能在沙皇皇后的马车里作为一名眼盲的乘客逃过苏丹在这种情况下通常会派出的沉默刽子手，算是幸运了。欧洲人可能会说，东方暴政一向如此，在那里，连达官贵人都命如草芥，我们这里可不这样。但是为何宫殿的下一任主人、我们认识的 1734 年但泽的炮击手明尼希伯爵 [2]，不仅于 1741 年在这里被捕，而且还被判处

765

---

[1] 指迪米特里耶·坎特米尔（Dimitrie Cantermir，1673—1723 年），摩尔达维亚政治家、文学家，曾与俄国联手对抗奥斯曼帝国，战败后流亡俄国。——编注
[2] 第 14 章的"堤坝长之子"，见本书第 453 页。——编注

死刑，在绞刑架上才被宽赦为终生流放西伯利亚呢？如今 72 岁的伯爵仍在流放。或许圣彼得堡和华沙一样，也是布满贵族宫殿的城市，但这些达官贵人会不会只是暂时得势的奴隶，在借来的光芒下不得不始终生活在恐惧里？而且更糟的是，如果精英在这里遭受的统治要比欧洲别处血腥得多，那么这种血腥又会在谁面前止步呢？为什么人们不允许长期出入坎特米尔宫的诗人特雷迪亚科夫斯基提及那个跟他学会了俄语的年轻人？为什么波尼亚托夫斯基昔日的逻辑老师、现任俄国驻维也纳大使凯泽林克伯爵在被问及这个他的侄子也教授过的年轻人时，只能畏惧地回避，尽管维也纳的皇后是这位不能提及之人的直系表亲？对这一问题的回答不仅会告诉我们，满怀憧憬的波尼亚托夫斯基来到的宫廷运作着怎样一种类型的君主制，或许也能解释为什么在那里掌权的是他现在遇到的那些人。这一答案也会向我们表明，从满怀憧憬的抵达到可怕的命运，这一路程对于另外那个人和他的家人来说是多么短；他们曾经历的，一开始恰恰就是波尼亚托夫斯基故事的反面，但后来又如同染上了深黑色的镜像并与其相交，尽管他们中没有人得以听说斯坦尼斯瓦夫·波尼亚托夫斯基的名字。

766　　　　1733 年 2 月，"强力王"奥古斯特二世去世的消息如同点燃的导火线一般传遍了整个大陆。这时，一位满怀憧憬的德国亲王坐着马拉雪橇从里加启程前往圣彼得堡。彼时，不伦瑞克 – 贝沃恩的安东·乌尔里希 19 岁，就算他原本不知道自己赴任的是何等高位，那他最迟从看到女沙皇派来迎接他的众多马车也能意识到了。尽管距俄国统治者家族近 250 年来首次同意与其他执政家族联姻以来，才过了不到 22 年，但是罗曼诺夫的后代在如此短的时间里已经缔结了 4 桩这种王朝婚姻。其中 4 名配偶理所当然地全是信仰新教的德国人，这不仅因为德国原本就拥有最多的执政家族，或者从俄国的角度来看是西方首个可以接受的"停车点"。最主要的是，自从土耳其占领巴尔干半岛以来，俄国之外就再没有其他东正教的统治者家族，因此体面的国际婚姻就只能考虑新教徒。首先，俄国人与新教徒在对待教皇制度上态度一致；其次，与天主教徒不同，新教徒允许自己的女儿改宗。于是，1711 年，彼得大帝让自己的继承人阿列克谢与改宗东正教的不伦瑞克－沃尔芬比特尔公主夏洛特·克里斯蒂娜成了亲，下场自然不好。阿列克谢于 1718 年被父亲当作所谓的叛乱分子杀死，而在俄国被封为"皇储妃"的夏洛特早就被绝望地遗弃，并在 1715 年的产褥期死于腹膜炎。对夏洛特的怀念完全可能让此时抵达的安东·乌尔里希不安，毕竟他是夏洛特的妹妹安托瓦内特·阿马莉的儿子。但是我们如今所了解的关于安东·乌尔里希的信息都说明，他无忧无虑、可以说满怀信任地进入了这个广阔的世界，就像他在沃尔芬比特尔的小宫殿所接受的温和教育令我们期待的那样。迄今为止，姨母在维也纳做皇后的贝沃恩公爵家的所有孩子不是一切都好吗？查理六世及伊丽莎白·克里斯蒂娜与普鲁士王室子女的婚姻不是刚刚准备妥当吗？这已经保障了其他兄弟姐妹的大好前途，因此安东·乌尔里希应该不会对接下来发生的事情感到惊讶。弟弟路德维希将会成为尼德兰等级最高的将军和最有权势的人，效力于普鲁士和英国的费迪南德成为七年战争中的重要指挥官之一——这种成就自然只有那些不像另外 2 名弟弟阿尔布雷希特和弗朗茨那样早早战死沙场的人才能取得。姐妹中，路易丝·阿马莉嫁给了普鲁士王子奥古斯特·威廉，后者被王兄腓特烈二世逼着结了婚，就像当年王兄被父亲逼迫成婚一样；尤利娅尼·玛丽亚在此期间成为丹麦王后及未来一个疯狂统治者的继母，最终她通过政变剥夺了继子的权力，将他终身囚禁；索菲·安托瓦内特虽然只嫁给了萨克森－科堡公爵，但毕竟通过她宝贵的血亲纽带给众多后代开辟了一条道路，让他们在 19 世纪同时登上了不下 4 个欧洲王位。只有最后 2 个妹妹克里斯蒂娜·夏洛特和特蕾泽·娜塔莉找不到地位相符的结婚对象，但是她们作为甘德斯海姆女采邑修道院院长和奎德林堡修道院院长过上了教会团体成员的生活，这让她们不仅能体面地待在家乡附近，而且（因为教会团体成员不能与修女混为一谈）在很多事情上可以比结婚的姐妹更自由。这些人生在我们看来混杂着幸福、马马虎虎和悲惨，但如果以王朝的视角来观察，则几乎无一例外都是极为成功的，尤其是这些孩子的

767

父亲只是家中次子，出生时家里只有 160 公顷农田。我们还没提安东·乌尔里希在 1733 年 2 月中的是怎样一个大奖呢。他喜不自胜，感觉在提升家族地位方面做出了比其他所有人都大的贡献。

　　或许安东·乌尔里希确实记起了自己的姨母夏洛特，当然，不是记起她的婚姻不幸，而是她在生产后来作为彼得二世登上王位的唯一一个儿子时死去的事实。1730 年，随着彼得二世早逝，罗曼诺夫家族的男性一支消亡。与西方大的王朝不同，这一家族无法动用很久以前分离出去的旁支，因为它从 1613 年起才占有沙皇之位。现在统治权只能落到一名女性身上，这名女性最终确定是彼得大帝的侄女安娜·伊凡诺芙娜。不同于彼得大帝的 2 个女儿，安娜有一位出身贵族的母亲。但是安娜·伊凡诺芙娜与库尔兰公爵的短暂婚姻没有留下子嗣；考虑到再婚势必限制独自统治，她主动放弃再婚，所以立即又出现了王位继承权的问题。而这次立即有了答案，安娜的姐姐虽然已经去世，但是在与残暴的梅克伦堡公爵的婚姻中留下了一个女儿。这位 14 岁的梅克伦堡姑娘改宗东正教，并取了一个美丽的名字——安娜·利奥普尔多夫娜。整个欧洲为她的婚事谈判已久，最终，这个理想的儿媳被维也纳的皇帝赢得，并将她许配给了外甥安东·乌尔里希。现在迎头向安东·乌尔里希赶来的就是这位他完全陌生的安娜·利奥普尔多夫娜。为了安娜·利奥普尔多夫娜，人们把安东·乌尔里希作为唯一的提亲者带到了俄国，从而让掌权的阴谋家们可以有几年的时间检验他是否无害；为了安娜·利奥普尔多夫娜，安东·乌尔里希师从诗人特雷迪亚科夫斯基，勉为其难地学了俄语；为了安娜·利奥普尔多夫娜，安东·乌尔里希在黑海北部的草原参加了一场俄国对土耳其的战争。在 6 年的求婚期后，安东·乌尔里希最终在 1739 年真正娶了安娜·利奥普尔多夫娜——一点儿也不晚，因为此后不久，安娜·利奥普尔多夫娜的沙皇姨母就开始出现不祥的痉挛；她患有肾结石，但当时没有诊断出来。

　　至此为止，我讲述安东·乌尔里希势不可挡的崛起故事时，容易让人感觉它会在王朝制度下的任何欧洲国家发生。但是万一亲王本人也曾这

样认为，那么在俄国的 7 年时光肯定能改变他的看法。比如，1739 年至
1740 年冬天，女沙皇安娜决定，满足她年龄最大、相貌最丑的宫廷小丑
一个愿望。这个以做鬼脸著称的卡尔梅克女人，因偏爱一道洋葱菜肴而被
女沙皇以菜肴的名称赐名布热尼诺娃。布热尼诺娃向安娜·伊凡诺芙娜承
认，自己想结婚，于是，一时间大发慈悲的君主没有片刻犹豫，命令她嫌
弃的另一名宫廷小丑立即求婚。到此时为止，这个故事或许在西方也可以
想象，尽管凡尔赛已经不流行小丑和侏儒。但是这个强拉来的新郎是货真
价实的伽利津侯爵，出身于古老的立陶宛统治者家族的旁支，这在其他地
方就无法想象了。同样无法想象的是女沙皇令人在涅瓦河彼岸为这对夫妇
建造的荒唐宅邸，15 年后，斯坦尼斯瓦夫·波尼亚托夫斯基也将住在这条
河边。在 2 月刺骨的寒冷中，冬宫和海军部之间一座由冰块建成的 20 米
长、10 米高的宫殿落成了，宫殿中卧室的床、床垫和床上用品，以及摆钟
的外壳、餐厅华丽的长餐桌上的食物也都是由冰制成的；甚至还有一个壁
炉，煤油在里面的冰块上燃烧。婚礼那天，一支由西伯利亚森林民族的特
使组成的队伍带着宫里人和新婚夫妇前往这座冰宫，那里正在用冰炮和冰
球鸣放礼炮，诗人特雷迪亚科夫斯基负责朗诵他写的贺诗。然后整个宫廷
以隆重的仪式把新婚夫妇带到床上，快活地辞别，只留下了配备武装的守
卫，防止两人从冷冻的卧室逃走。侯爵夫妇挺过了这一夜，后来借机逃到
了国外。此后不久，侯爵夫人兼宫廷小丑在分娩时死去。但这个故事的寓
意更为基本：由于俄罗斯帝国内既没有独立的贵族统治的传统，也没有等
级议会，某些在别处被视为理所当然的特定游戏规则没有在这里形成，以
致俄国的统治者仍然能对每个臣仆为所欲为。这看似强大，实则相反。欧
洲其他的统治者必须先把中间主管机关拉拢到自己一边，而这种机构恰恰
在俄国不存在或者只是不完整地存在，因此俄国也就缺少可以把君主和精
英的共同意志贯彻下去的强有力的传送带。俄国的统治者表面上看拥有无
限的权力，但他们的很多命令实际上落了空。贵族反而只是有服务义务的
管理者阶层，也就是说，是统治者派生的变体，而没有像西方那样，能够

770

与君主形成有益的平衡状态；他们至迟在参与宫廷大型权力游戏时，就会陷入可以想到的最危险的处境中。即使最有权势的宗族也只能依靠整个家族的不可替代性，而每一个单独的家族成员都可能面临极为严厉的惩罚，严厉到使其他各处的处罚相形见绌。因此，圣彼得堡的阴谋家们就比其他宫廷中的同僚们更为投入，而且是投入在一个完成了表面的现代化，因此更加难以预测的体系中。

　　彼得大帝利用自己理论上无限的统治权实施了种种改革，竟然使得这个国家在令人难以置信的人力成本下跃升为欧洲强国。在处死亲生儿子之后，他甚至做了别处想都不敢想的事情：1722 年干脆废除了王朝的世袭制，由此招致了无所顾忌的现代化的最极端后果。从此时开始，每位沙皇都可以完全自由地确定继任者，再也不该放任无能的皇储来摧毁父亲的遗产，既然有这么多更有能力的人，就永远不该再有一个软弱的统治者仅仅通过出身获得王位。新的王位继承法规似乎以其出色的效率体现了启蒙最大胆的希望，即理智对迷信的胜利，但这一胜利几乎立即被证明是场无法缓解的灾难。恰恰因为彼得大帝对理想的后继者做了如此之多的思考，以致当他 1725 年突然辞世时，也没能指定一位继承人。就这样，皇位继承权现在完全就像古罗马一样，落到了议员、禁卫军军官和宫廷官员的手中，他们援引死者模糊的言辞，将其身怀勇气但可惜作为农人之女不识一字的遗孀叶卡捷琳娜一世扶上王位，目的就是操纵她，从而更加肆无忌惮地弄权。虽然叶卡捷琳娜一世在位时间不长，但是却开启了很长一段时期的政变、反政变和宠臣统治，这一时期无法简单地用腐朽或者运气欠佳来解释。甚至连缺少男性继承人也算不上问题了（只需看看其他男性统治的国家是怎样一种状况），这导致了 71 年几乎不间断的女性统治——如果女沙皇们不是情有可原地放弃婚姻的话。但是这样一来，每位女沙皇身旁都有一个有权势的情人，他的这份工作没有任何保障，相应地，在一个政变频发的国家很快就变得危险和不忠。这种危险还会扩大，因为自从废除了清晰的继承权，罗曼诺夫家族的所有后代都可以对王位抱有同样的希

望，必要时甚至可以抢夺。在西方的世袭君主制中，数百年的传统已经让
次子们习惯于咬牙切齿地接受自己被排除在继任之列。相反，现在俄国的
皇冠花落谁家纯粹是任意而为，连一名已被任命的继承人也不得不随时担   772
心被剥夺继承权。也就是说，继承人和其他亲戚一样，都有足够的动机与
政变分子结盟。由此一来，统治者自然不能再信任任何人，因此在可疑情
况下，囚禁自己的亲属一定要尽早。彼得一世通过他看似实用的改革，实
际上把国家和家族都置于不稳定的状态中，就和古罗马第一个王朝的境况
一样。朱里亚·克劳狄王朝在相同的条件下发生了持续 54 年的明争暗斗
和铲除异己，最后只剩下了尼禄。尼禄死后，众所周知，这一模式延续到
了古罗马帝国终结，期间尽是些短命王朝。18 世纪的俄国甚至只用了 39
年，就把整个罗曼诺夫家族的后人减少到 4 个不知所终的没落人士和一个
被母亲排挤、不幸患有神经质且或许生物学上根本不再有罗曼诺夫血统的
王子。这位最终成功登上王位的王子，1797 年的首次政府行为就是再次
引入传统的皇位继承权，然后在他短暂的余生中，用一种即使按照尼禄的
标准来看也很疯狂的政府风格驶向了糟糕的结局。但是继承权原则回归得
太晚，没能把俄国的君主制从偏执中解救出来，晚到自然也没有免去安
东·乌尔里希和安娜·利奥普尔多夫娜在 1740 年 10 月遭遇到的惊扰。

　　刚刚 47 岁的女沙皇安娜·伊凡诺芙娜临终之时，她 22 岁的外甥女安
娜·利奥普尔多夫娜正在为继位做准备，可想而知，没有人比濒死者的情
人更为担心前途。和这个国家的很多显贵一样，恩斯特·约翰·冯·比伦
是名波罗的海－德国贵族，将自己的名字俄语化为了比龙。安娜·伊凡   773
诺芙娜提拔比龙任侍从长官；当 17 世纪 70 年代日内瓦湖残忍游客最后一
名在世的费迪南德公爵也于 1737 年无子而终之后，他甚至被奥古斯特三
世晋升为家乡库尔兰的公爵——作为俄国干涉波兰的回报。如果那对被比
龙的对手操纵的年轻夫妇登基，他将会失去一切；但他及时地让濒死的情
人指定了一个对自己有利的继承人。于是，安东·乌尔里希和安娜·利奥
普尔多夫娜在 1740 年 10 月 16 日惊恐地获悉，女沙皇不仅打算公布自己

的继承人，还想借机任命一位未来的摄政大臣。皇位不是要传给安娜·利奥普尔多夫娜，而是传给她迄今为止唯一的孩子。但是由于这位小小的伊凡·安东诺维奇大公 8 月 23 日才刚刚出生，还不到 2 个月大，侍从长官库尔兰公爵纯粹出于对女沙皇的倾慕，愿意承担摄政的重担，直到未来沙皇年满 16 岁。10 月 17 日，首都的教区司祭们在做礼拜时宣布了这一决定；10 月 18 日，不知所措的父母率领其他显贵宣誓服从这一继任规定；10 月 28 日，安娜·伊凡诺芙娜死于肾结石。65 天大的伊凡·安东诺维奇被放到全俄的皇位上，称伊凡六世，这是 1218 年以来韦尔夫家族的成员首次、也是有史以来第 2 次成为皇帝。同时伊凡六世也是基督教欧洲王朝史上登基年龄第三小的君主，只有 1542 年 7 天大就登上苏格兰王位的玛丽·斯图亚特及 1316 年作为国王出生、又在同一天死去的法国的约翰一世比他年幼。（1886 年，同样作为遗腹子，生下来就继承王位的西班牙人阿方索十三世把伊凡六世挤到了第 4 位上。）1740 年 10 月 30 日，这个婴儿沙皇在奶妈的怀里被轿夫抬到了冬宫，而在长长的队列中驶在他前面的是摄政大臣比龙公爵的马车。全部 3 支禁卫军团夹道欢迎，那些看得饶有兴味的士兵便是每次政变的核心人员，他们没花多长时间就意识到，大量工作正向他们涌来。

　　要谈论伊凡六世的执政期，就可以同时将它想象成德国对圣彼得堡宫廷影响的顶点和这些无序继承岁月的低点。之所以说德国的影响，不是因为婴儿统治者的父母很快又掌握了官方的权力职位，虽然他们确实这样做了。比龙－库尔兰的独特建构最终只持续了 23 天，陆军元帅明尼希伯爵就让禁卫军逮捕了他，先是把他囚禁在要塞施吕塞尔堡，然后又把他弄到了西伯利亚一座明尼希自己设计的木屋中。尽管安娜·利奥普尔多夫娜现在摄政，而且她不怎么爱的丈夫安东·乌尔里希成了最高统帅，但由于两人政治手腕不太灵活，既没改变权力分配，也没改变政变的频率。奥尔登堡人明尼希作为王位背后的势力，3 个月后就被来自波鸿的海军大将奥斯特曼伯爵扳倒。一开始，明尼希伯爵仍然可以住在后来波尼亚托夫斯基居住的彼得霍夫宫，在又经历了一次半的政变后，他被流放到西伯利亚，接下来的 19 年，他正是生活在自己为比龙设计的那座木屋里。然而，奥斯特曼伯爵很快就又有理由畏惧萨克森公使利纳尔伯爵了，因为此人与牢牢掌控安娜·利奥普尔多夫娜的波罗的海－德国人、"首席国家宫廷侍女"尤利娅尼·冯·门登订了婚，已经为下一次政变做好了准备。这两人逐渐把安娜的丈夫安东·乌尔里希赶走，甚至想让利纳尔来代替他。上层政治也参与其中，因为此时巴伐利亚的卡尔·阿尔布雷希特和德贝勒－伊斯勒元帅把欧洲的其他国家卷入了奥地利王位继承战。在这场大范围蔓延的战火中，所有势力自然都期待着俄国的支持，因此冬宫越来越疯狂地摇摆在 3 个选择之间，即是与安东·乌尔里希的妹夫、普鲁士的腓特烈二世结盟，还是与安东·乌尔里希的表妹玛丽亚·特蕾西娅结盟，或者与本身就摇摆不定的萨克森代理人利纳尔合作。就这样，欧洲战争联盟的旋转木马越转越快，一定程度上与已经在急速旋转的圣彼得堡阴谋的旋转木马对接上了。最终，一场由法国策划的俄国与瑞典的战争爆发了，但是这场战争没有取得真正的成功，当权者又无一例外全是外国人，人们开始不满。越来越多的目光投注到女大公伊丽莎白·彼得罗芙娜身上，她是彼得大帝和不识字的立陶宛女人叶卡捷琳娜唯一在世的女儿，至少她不是德国人；她一直强调自己对东正教的虔诚，这么做并没有白费。尽管人们一度怀着将伊丽莎白·彼得罗芙娜嫁与路易十五的希望而让她接受法式教育，但这个雄心壮志无望到令人感动：法国人认为公主名单上的伊丽莎白虽然美丽，但是由于"其母出身低微"，理所当然娶不得。

当伊凡六世以一个 14 个月大的孩童所拥有的全部威严接受一名波斯大使呈献的 14 头大象时，32 岁的伊丽莎白·彼得罗芙娜正在策划谋反。随着几名知情者被捕，这起谋反获得了最后的推动力。要是计划泄露，伊丽莎白就会被流放到某座修道院中——如果这座修道院位于北极圈以外，那就算幸运了。最终，当对伊丽莎白怀有善意的禁卫军军团被派遣参加瑞典战争时，她知道不能再等了。1741 年 12 月 5 日到 6 日的夜间，伊丽莎白与少数主要是俄国人的亲信乘雪橇前往普列奥布拉任斯基近卫军团的兵营。虽然一名不知情的鼓手在伊丽莎白的胡格诺派御医用剑刺破鼓之前敲响了警报，但是接下来的一切都非常顺利，尽管他们一个计划都没做。女大公只需要询问近卫军是否知道她的父亲是谁，他们就发誓愿意为她赴死。300 名武装人员很快随彼得大帝的女儿穿过黑夜来到冬宫——为了避免女大公陷在雪中，她一路都被抬着。甚至在宫殿里，政变者也只需要制伏 5 名士兵，而且应伊丽莎白的明确要求，并未流血就办成了。然后众人来到仍然熟睡着的表外甥女安娜·利奥普尔多夫娜的卧室。这位摄政的母后与丈夫早就一句话都不说了，但二人仍同床共枕，4 个月前还生下了第 2 个孩子。于是，现在安东·乌尔里希和妻子一起被近卫军喊醒了。近卫军在逮捕两人时发出了很大的声响，把睡在旁边的沙皇也吵醒了。在这一夜的某个时刻悄悄从女大公变为女沙皇的伊丽莎白抱起伊凡六世，据说称他为"你这个可怜的小无辜"，直到他再次平静下来。然后近卫步兵把伊凡六世裹在毛皮里，带着他跟随此时已经去往冬宫的女统治者，她正在那里的一个大厅接受涅瓦河上的船工和普通妇女的吻手礼。大多数德国人已经被捕，当那些没有被捕的高官显贵战战兢兢地到来臣服时，他们看到，醉醺醺的普列奥布拉任斯基近卫军直接就把宝座后方的金座钟和枝形银烛台拖走了。最后好歹完成了仪式，于是新沙皇得以在晨曦中最后一次返回她目前为止所住的宅邸。伊丽莎白坐着雪橇带走了当了 404 天沙皇的小娃娃，当街道两旁的圣彼得堡百姓高喊"乌拉"时，她不得不把他抱得紧紧的，因为小家伙快活地上蹦下跳，就好像他预感到人生的第一次旅行开始了。

　　孩提时，安东·乌尔里希曾在贝沃恩的红白砂岩宫殿中观察过那块被虫子蛀坏的熊皮；1658 年，当时的库尔兰公爵夫人带着孩子们途经里加被带往俄国囚禁时就睡在这张熊皮上面。这个故事对孩提时的安东·乌尔里希来说就像天方夜谭，而现在他本人正和他已经疏远的妻子、2 个孩子、他们的宫廷侍从坐在一辆由 300 名士兵相伴的雪橇上，穿过寒冬，从圣彼得堡驶往里加，目的就是穿过库尔兰遣返西方。至少，27 岁的安东·乌尔里希还能离开这个疯狂得要命、消耗了他 8 年光阴的国家，这大概可以抵消他对丧失权力的愤怒。作为皇室家庭退守沃尔芬比特尔那个连冬宫门房都不如的小宫殿，自然令人沮丧，但是安东·乌尔里希可是皇后的外甥和王后们的兄弟，会有办法的，毕竟他属于执政家族的大家庭。甚至这次本质是要反德的政变不也是由黑森－洪堡继承人组织的吗？继承人通过与坎特米尔宫的前任女房主成婚而与新任女沙皇有了亲戚关系。现在在圣彼得堡组织送走这个被推翻的家庭的，不也正是这位继承人吗？大家地位相当，最终还是要一起整顿这段丑陋的历史，这是理所应当的。继承人将会应安东·乌尔里希的请求，把手套、儿童保姆和床上用品运给他们，在一张熊皮上可睡不好；运气好的话他还会传来命令，让这些旅人能被认真对待，而不是老让他们等着坏掉的车辆或者无处可寻的备用马匹。很显然，圣彼得堡的人非常关心安东·乌尔里希一家的旅行，每天都有新的信使带着新的问题和任务追随他们而来（奇怪的是，他们倒有精力充沛的马）。甚至连安娜·利奥普尔多夫娜的饰品也被夺走了，这是她一年前才让人用从比龙－库尔兰的衣服上裁下的金丝和银丝制成的。当小沙皇的父母及其随从都回答不出镶着红宝石的扇子的去向时，宫里来的信使脸色惨白，新任女沙皇显然特别看重这把扇子，要是拿不回去，女沙皇很可能会把这个可怜的家伙送往西伯利亚。幸亏我们没有生活在那样一个时代。

778

1742 年 1 月 11 日，身不由己的旅行者到达里加，离波兰边境只有几千米之遥，又一次没了能跑的马匹。萨尔特科夫将军让政治犯在一座中世纪的古堡落脚，一开始甚至让安东·乌尔里希和安娜·利奥普尔多夫娜分开居住，后来圣彼得堡来的命令又允许他们住在一起。在这种情况下，夫妇二人难免会冰释前嫌，这是他们在这里发生的唯一一件好事。2 月 23日，安东·乌尔里希的弟弟路德维希到来，讲述自己费了多大劲儿才避免在路上与 13 岁的荷尔斯泰因－戈托尔夫公爵卡尔·彼得·乌尔里希相遇，此时后者作为伊丽莎白唯一姐姐的唯一一个孩子入境，就是要以彼得·费奥多罗维奇之名成为新任大公兼皇储（并且放弃了迄今为止瑞典王储的身份，因为当瑞典人发现他有朝一日将成为沙皇，成为宿敌，自然就以迅雷不及掩耳之速剥夺了他的继承权）。然后兄弟继续前行，时间越拖越久。不伦瑞克的来信越来越少，安东·乌尔里希也很久不再询问有没有能跑的马了。监视越来越严格，1743 年年初的一次搬家只是把安东·乌尔里希一家从里加宫殿带到了附近的道加夫格里瓦要塞，除此之外，他们的日常生活并无改变。就这样过了 2 年多，直到安东·乌尔里希、安娜·利奥普尔多夫娜及他们不情不愿的随从在 1744 年开年时了解到，他们的旅行确实还得继续。但是去哪儿呢？守卫们没有透露，也没有解释为什么突然如此匆忙地准备动身，尽管安娜·利奥普尔多夫娜刚刚才生下了她的第 3 个孩子（一个女儿，他们让一个害怕到发抖的教区牧师按照女沙皇之名将她施洗为伊丽莎白）。1744 年 2 月 11 日，所有人动身，再次组成雪橇车队，又是冬天，而且是留给萨尔特科夫将军的最后期限，来让"特定人员"离开里加周边。2 月 12 日，要嫁给大公兼皇储的 15 岁的安哈尔特－采尔布斯特公主索菲将到达这里。在萨尔特科夫向安娜·利奥普尔多夫娜宣布，他得用自己的雪橇运送前任沙皇后，安娜到旁边的房间哭了一刻钟，才把自己 3 岁半的儿子交给将军。车队现在严格地驶向东南方，只在夜间穿越城市，直到众人到达莫斯科东南方向的一座要塞。一个苦涩的讽刺是，这座要塞的名字是奥拉宁堡，和现在安东·乌尔里希的妹妹路易丝·阿马莉搬入的柏林宫殿同名，这座柏林宫殿由其夫奥古斯特·威廉的哥哥腓特烈二世所赐。就是这位与安东·乌尔里希有着三重姻亲的普鲁士国王，不久前才刚刚转告盟友伊丽莎白，她应该把不伦瑞克这家人流放到她国家最偏远的地方，好让欧洲彻底忘掉他们。

　　俄国的新沙皇不需要这个建议。这个以其特有方式十分虔诚的女人广泛废除了死刑，危害国家的人现在要怕的只剩下笞刑、割鼻和西伯利亚。因此似乎从来没讨论要把不伦瑞克这家人甚或无辜的前任小沙皇干脆处死，然而随意的继承顺序体系的无情逻辑也不允许干脆让他们离开，尤其考虑到他们东山再起的危险绝不仅仅是理论上的。伊丽莎白知道她本人是如何上位的，她知道俄国阴谋家和外国势力正在认真谋划这种政变。在这种情况下，禁止公开提及伊凡六世、烧毁包括伊丽莎白本人在内的宣誓效忠的表格，并且最终甚至熔化全部铸有伊凡六世红润肖像的硬币，对于彼得一世的女儿来说已经不够了。1744 年夏，女沙皇做出决定，将因犯罪流放到真正的人类世界的尽头——位于白海的修道院岛屿索洛韦茨基群岛。群岛位于北极圈，连大海都流向北方之地，没有任何逃脱的希望。修道院里已经预备出了 24 个房间，这时，无情的大自然帮助了不伦瑞克的犯人。女沙皇权衡的时间太长，当她继续前行的命令到达奥拉宁堡时，已经秋去冬来。在北部高纬度地区行进期间，道路都结了冰，连雪橇都没法前进。于是，仍有百人之众的队伍只得在德维纳河畔破败的主教府邸霍尔莫戈雷过冬。为了这些犯人，主教只得从他 3 层的石头宫殿中迁出，搬到一座夏季居住的木屋中。随着德维纳河结冰，阿尔汉格尔斯克[1] 稍北一些的北冰洋也开始上冻，索洛韦茨基群岛开始了一年一度为期 6 个月的与世隔绝。正是这种状况，最后促使女沙皇伊丽莎白坚信要把犯人留在霍尔莫戈雷，因为无法定期从索洛韦茨基群岛获得监视报告。于是，偏偏是非人道的求全思想为刚刚添了第 4 个孩子的亲王家庭免去了最糟的事情。虽是主教府邸，霍尔莫戈雷仍是被上帝遗弃之地；这里成了所有人的命运归宿，除了一个人。

781

　　一圈被严密看守的篱笆包围了主教府邸，里面不仅生活着王室之家，还有近 100 名士兵及很多一同被捕的宫廷人员。安娜·利奥普尔多夫娜在 1746 年生产第 5 个孩子时去世了，她的遗体被浸在酒精里运回圣彼得堡，女沙皇出面以盛大的典礼安葬了她，就好像她至少在死亡中恢复了本来的地位。鳏夫安东·乌尔里希在此期间与 2 个小女儿凯瑟琳和伊丽莎白

---

[1] 位于北德维纳河河口附近，是俄罗斯帝国的重要港口，18 世纪后因圣彼得堡开埠而衰落。——编注

及更小的 2 个儿子彼得和阿列克谢住在主教房子的主建筑中，只有在绕着一个池塘或者在重兵看守的菜园中散步时才可以离开这座建筑。但是所有人大概自从到这里后就再也没有见过最年长的儿子、昔日的沙皇伊凡·安东诺维奇。人们让当时 4 岁的伊凡和一名少校及看守士兵住到了一座更小的房子里，家里其他人是看不见这座房子的，因为它虽然和其他人的房子正对着，但是中间坐落着一座教堂。此外，按照姨祖母的明确指令，小沙皇连自己的房间都不能离开，他唯一的伙伴就是看守士兵们。士兵们很喜欢他，尽管面临着严重的处罚威胁，他们还是向小伊凡泄露了他的身份。因此伊凡与世界相连的唯一一扇窗户真的就是他看向另一座菜园的那扇窗户，他可以从这扇窗户向在菜园里劳作的士兵发号施令，仿佛要证明他的皇权。他不可能听说自己母亲在对面的房子里生一个他不认识的弟弟时死去。就这样过了 10 年，对于囚犯们来说，这 10 年时光混沌，不知年月。守卫士兵喝酒，然后与村民斗殴。半文盲的军官和德国的秘书们不停地往圣彼得堡寄送要在路上辗转几周的信件，就丝线和伏特加的结算争吵不休。安娜·利奥普尔多夫娜最后一名贵族宫廷侍女与犯人们的私人医生有了绯闻，生下一个孩子，然后疯了。安东·乌尔里希试着与称他为小爸爸的看守士兵闲聊，而且吃得过多——因为也没别的事可干；他请求批准教孩子们读书写字，但没有收到回复（事后证明，他们用一本老旧的祈祷书悄悄地自学了）。一名鞋匠遭到了警告，因为他酒醉时吹嘘自己给真沙皇补了鞋。来自北冰洋港口阿尔汉格尔斯克的旅人们要到达莫斯科，就必须经过霍尔莫戈雷，他们在旅途沿线的客栈中讲述自己在主教小城了解到的闲极无聊的看守卫队。时间似乎静止了。

但是到了 1756 年 2 月，还是有了些改变。新的士兵与新的军官到来，将不到 16 岁的伊凡·安东诺维奇极为秘密地接往圣彼得堡，为期 6 周。个中缘由我们只能猜测。"秘密"保守得不严格，因此有必要将其转移到另一个地方。这一点从直接把伊凡带到圣彼得堡附近拉多加湖上的施吕瑟尔堡就能看出来，他在 1756 年 4 月到了这里。显然女沙皇伊丽莎白还想再亲眼看一看这个"无辜的孩子"。我们只能猜测，当伊丽莎白看到这个年轻人时是什么感受，她的惩罚使他的人生变得如此畸形，因为她既不想释放他也不想杀死他。伊丽莎白希望安慰自己的良心吗？还是想亲眼证实，隔离使她的前任彻底变成了一个无害的疯子？我们不可能知晓，大概伊丽莎白自己也不知道原因。还有一点我们更难猜到。关于伊凡六世的状况，流传下来的少数资料表明，他没有受过教育、几乎没有社会化，而且迷信，此外心智和身体出奇的健康。对于一个或许总共只与三十来人说过话，能够主动回忆起的人生先是冬天的雪橇之旅，然后是一直住在同一间屋子里的人，当他来到大城市，来到即使夜间也严密看守的巨大冬宫，他会怎么样呢？受不了，无法想象，不真实？或者对他来说只是另一间屋子，里面有个中年女人盯着他，或许还对他说了几句话？这个女人穿着男人的衣服，房间的墙上贴着金箔，但是因为原本人生中也没什么正常事，所以无所谓吗？我们无从得知。但是在伊凡离开后，霍尔莫戈雷的小房子又被看守了 9 年，就好像他从未离开一样。

1756 年春，整个 18 世纪最为命中注定要成为欧洲君主的那个人，与最没有机会登基的那个人的人生道路首次交会了。也就是说，在这些天被秘密带往冬宫会见罗曼诺夫家族的一个女人的，不止伊凡六世这一个年轻人。当然，这两次会面在其他方面天差地别。昔日的儿皇帝与他现在执政的姨祖母伊丽莎白会面是以国家为名，还出于他们反常的家庭纽带。而伊丽莎白的甥媳接待年轻的斯坦尼斯瓦夫·波尼亚托夫斯基，则出于讨喜得多的理由——而且得由这个女人的往事说起，她会成为本世纪的重要女性之一。

皇储妃索菲此时已经 27 岁，1744 年，15 岁的她取道里加而来，曾经差点与伊凡六世相遇，此后不久就嫁给了俄国的皇储。皇储妃在改宗东正教时接受了叶卡捷琳娜·阿列克谢耶芙娜的名字，因此历史学家后来称她为叶卡捷琳娜。但是皇储妃让波尼亚托夫斯基用原来的名字索菲称呼自己，或许过于频繁地想起皇储妃叶卡捷琳娜的身份，对二人的关系几乎没

783

784

什么好处。此外，波尼亚托夫斯基以索菲之名来称呼她并给她写信这一事实，即使在对名字相对友好的东欧也是一个强有力的证据，证明二人要么读过太多关于爱情的英语书或者启蒙书籍（他们读过），要么擅自成了一对儿（他们就是）。因此，对于叶卡捷琳娜夜复一夜地让人把这个波兰人秘密私运进冬宫，就像她的姨母曾经对悲惨的儿皇帝所做的那次一样，我们不必惊讶。但是在宫廷中，秘密是相对的，人们得多幼稚才会相信，知道这件事的只有侍从官纳雷什金或者其他几个知情人。在和波尼亚托夫斯基一同到达后，查尔斯·汉伯里·威廉姆斯爵士只用了几分钟就读出了大公夫人好奇地询问他那位善舞之人的言外之意。波尼亚托夫斯基的反应慢一拍，但是没关系，因为叶卡捷琳娜知道自己要什么，于是他也很快地意识到了。1755 年 12 月 28 日凌晨，纳雷什金首次领波尼亚托夫斯基从坎特米尔宫来到冬宫。侍从官留下波尼亚托夫斯基和那位夫人独处，她那会说话的蓝眼睛早就让他着了道，还有她黑长的睫毛、白皙有光泽的皮肤、"让人想亲吻的双唇"或者热情的笑容。

　　历史学家经常提及大公夫人叶卡捷琳娜出身不高。她出生在什切青，是一个普鲁士将军的女儿；父亲在马尔普拉奎特时是格伦布科的手下，后来也只是成了小侯国安哈尔特 - 采尔布斯特的统治者。但这是误解，因为执政家族的大家庭与贵族之间的分界线要比这个彼此通婚的大家庭内部的所有差别重要得多。谁属于其中，特别是鉴于德国外嫁宗女的角色，按照定义就与所有其他人有亲戚关系。只要明白，这些由女性传导的关系不依赖于父亲的姓氏，就可以在叶卡捷琳娜的身上辨别出这种历经考验的模式。叶卡捷琳娜的母亲出身于荷尔斯泰因 - 戈托尔夫家族，和她的丈夫彼得（因此大公夫妇是远房表亲）一样，与丹麦及萨克森 - 波兰的统治者家族都是亲戚。母亲有一个兄弟，在叶卡捷琳娜结婚前不久被瑞典议会确定为新的王位继承人。连叶卡捷琳娜的父亲也是我们已经认识的威尔士王妃奥古斯塔的近亲。可以把叶卡捷琳娜与她的这位远房表亲好好对比一番，因为这位俄国皇储妃一开始的故事看起来与威尔士王妃的故事极为相

似。叶卡捷琳娜不仅和奥古斯塔一样，作为十几岁的德国孩子来到一个完
全陌生的国度，对于这个国家的语言一窍不通；而且她和奥古斯塔一样，
尽管嫁了一位由于不走运的教育一定程度上一直不成熟的王子，但在危机
四伏的宫廷中却能做到八面玲珑。连我们对奥古斯塔丈夫做出公正评价时
遇到的困难，也出现在了叶卡捷琳娜的丈夫彼得身上，因为我们都是从这
两个人最大敌人的回忆录中来详细了解他们的。但同时，两人的相似到此
为止。众所周知，威尔士亲王最大的敌人是撰写回忆录的赫维勋爵。尽管
赫维与亲王走得很近（近到可以居心不良地描写弗里茨新婚之夜戴的高高
竖起的睡帽），但他比不了的是，彼得大公那撰写回忆录的敌人是他自己   786
的妻子叶卡捷琳娜。叶卡捷琳娜在提到新婚之夜时说，17 岁的新郎和比
他小一岁的妻子不知所措地并排躺着，因为没有人告诉过他们要做什么。
或许我们可以把这解读成纯粹的坦诚，但是至迟到她描写丈夫不仅把玩具
士兵带到床上，而且还"军事审判"了一只老鼠并把它绞死，因为它啃了
其中一个士兵玩具，读者就不得不自问：到底是彼得大公是个幼稚的蠢
人，还是鉴于后来的事情，叶卡捷琳娜有必要把他描写成这样一个人来为
自己开脱？这两者好像既非唯一的真相，也不完全错误。即使用友好的眼
光来看，就算老鼠的故事是虚构的，彼得对制服幼稚的狂热也是有可靠记
载的。而叶卡捷琳娜夸张地呈现彼得的愚蠢也有正当的理由，这也是有据
可查的。不管怎样，这段婚姻的内部气氛是冰冷的，尽管被迫做出种种伪
装，叶卡捷琳娜却是个活泼的女性，不会乖巧地在丈夫身旁按照游戏规则
规定的那样生活。皇储妃首先学会了从小地方打破规则，她读孟德斯鸠；
把受命监视她的宫廷官员拉到自己一方；并且发明了一种特殊的马鞍，从
而可以悄悄地从女沙皇规定的女性坐姿转换为男性的骑马姿势。很快，她
的胆子越来越大。在 6 年显然有名无实的婚姻之后，这个 23 岁的迷人姑
娘接受了侍从官谢尔盖·瓦西里耶维奇·萨尔特科夫的引诱，此人的父亲
曾率领儿皇帝到达囚禁地。人们用宫廷法语称他为"漂亮的塞尔日"，但
流传下来的画像没有向我们特别证明这一点。尽管萨尔特科夫除了风度翩

翻别无所长，二人的关系还是在 2 年多的时间里密切到给叶卡捷琳娜带来了危险，她已经 2 次不得不借助裁剪宽松的裙子掩饰身孕，2 次秘密流产，最终在 1754 年生下一个儿子，几乎可以肯定是她情人的孩子。如果我们记得，类似情况下西方的汉诺威继承人夫人索菲·多罗特娅和情人柯尼希斯马克的遭遇，而这两人尚且没有给王朝弄出来一个来历不明的孩子，那就可以想象，叶卡捷琳娜在一个 4 岁的小皇帝仅仅因为自己的存在就要被终生单独监禁的国家会面临怎样的威胁。但是这一次，叶卡捷琳娜不仅有活下去的必要技巧，也有巨大的运气。

　　我们已经见识了无所顾忌的弄权者伊丽莎白女沙皇的手段，这一次让她睁一只眼闭一只眼的大概也不是同情心，而恰恰是由于她让伊凡六世及其所有的兄弟姐妹都消失了，现在身边仅有的罗曼诺夫的后人就只有彼得和她自己，而她已经 46 岁，终生未嫁，不会再生下继承人了。把父亲发展起来的帝国留给一个像彼得这样显然徘徊在痴傻边缘的人，这种前景对于伊丽莎白来说已经够苦涩了。再加上彼得显然没有完成或者无效地完成了自己的王朝义务，那么有朝一日谁来继承他的位置呢？一场内战就足以把国家撕裂，就像罗曼诺夫家族登基要感谢曾经的混乱时期一样。在这种背景下，反正没有别的后人，不会让任何人利益受损，由一个假的继承人来继承皇位突然变得不再难以想象——几乎是太能想象了。伊丽莎白深思熟虑了这一情况，决定接受这个很可能有着萨尔特科夫血脉的孩子。她封保罗·彼得罗维奇为大公，并立即命人把这个经历了 12 小时阵痛才生下的孩子从他母亲身边抱走。此后的 4 个小时里，没人照顾产妇（连赏赐给叶卡捷琳娜的 10 万卢布，女沙皇也立即要了回来，好转交给她的丈夫）。女沙皇将独自抚养这个甥孙，只要她足够长寿，能看着这个孩子长大，那她甚至可以任命他为直接的继承人，为国家免去沙皇彼得三世。与此相比，母亲的感受无关紧要，她该对自己没有因为叛国罪被捕而感到高兴。大公彼得把自己现在有儿子了当成一种恭维，萨尔特科夫对大公夫人的倾慕本来就早已枯竭，现在作为公使被派驻国外。也就是说，一定程度上保住了脸面。但是幸福的家庭是另一副样子，因此，此刻磕磕绊绊登上宫廷舞台的波尼亚托夫斯基以其深受教育又幼稚浪漫的方式赢得了唯有他以索菲相称的那位女子的芳心，也就算不上奇迹了。叶卡捷琳娜终于找到了一个可以进行精神交流的人，而且这个人不再仅仅把她看成是富有魅力的禁忌战利品。令双方惊讶的是，这段关系对两人来说都是伟大的爱情。至少对于波尼亚托夫斯基来说，还是一次情感教育。叶卡捷琳娜前一刻还读着数学论文或者百科全书，下一刻就能因为一些傻事迸发出响亮的笑声，通过她这种迷人的能力，波尼亚托夫斯基对幽默现象熟悉起来。而二人始终危及生命的私通关系中的其他所有状况，都在将波尼亚托夫斯基培养成阴谋剧中的主人公。二人曾在夜间乘坐马拉雪橇时重重地撞在一块石头上，叶卡捷琳娜被甩到了雪中，有几分钟之久，像死了一样躺在那里，然后才回过神来安慰吓傻的情人。有一次夜里，一名禁卫军觉得站在雪橇旁等候的波尼亚托夫斯基很可疑，后者借口自己是一名宫廷侍臣的愚笨外国男仆才好不容易搪塞过去。还有一次，波尼亚托夫斯基和一名瑞典外交官非常正式地前往大公夫人处，这时一只小狗从夫人的卧室跳出来，朝着瑞典人汪汪乱叫，却舔起了波尼亚托夫斯基的手，就好像见到最爱的朋友一般。瑞典人后来向年轻的波尼亚托夫斯基讲了自己的策略：先送给自己的情人一只小狗，然后从狗的行为来判断，另外还有谁与这位女士共度了大量时光。说这话时，瑞典人或许在微笑，但是波尼亚托夫斯基并没有因为这个笑容而少出点儿汗，而且他经常做噩梦梦到西伯利亚的矿山也就可以理解了。女沙皇自然睁一只眼闭一只眼，就这样，波尼亚托夫斯基也为罗曼诺夫－荷尔斯泰因－戈托尔夫家族添了一员。1757 年 12 月 20 日，波尼亚托夫斯基成了大概从未得见的小女大公安娜·彼得罗芙娜的父亲（恰恰由于被正式承认的合法性，她也立即被从母亲身边抱走，15 个月大就夭折了）。这是一种脆弱且危险的田园生活，要不是大政治存在，很可能会持续很长时间。

　　尽管查尔斯·汉伯里·威廉姆斯爵士私下非常为他的公使馆秘书波

789

尼亚托夫斯基出人意料的幸福感到高兴，但是他对这起绯闻的兴趣并不在此；他更感兴趣的是由此产生的与叶卡捷琳娜的亲近感。在一个统治者已经中风过一次的国家，与皇储夫妇保持密切关系一直都是个好主意；而且对于威廉姆斯爵士来说更加有用的是叶卡捷琳娜的盟友、外交大臣别斯图热夫－留明伯爵。1755 年 7 月，亲法的印第安人在莫农格希拉河畔屠杀了一支英国军队，由此引发了一场英法之间的殖民战争。自那时起，按照外交逻辑，普鲁士的腓特烈二世受法国委托进攻英王治下的汉诺威只是时间问题。由于什么也比不上乔治二世的家乡更能严重地伤害他，英国人唯一的希望，就在于用俄国邻居的进攻来吓退腓特烈二世，因此威廉姆斯爵士就要把俄国拉到英国这边。所以，对于大使来说，几乎不能期盼俄国还有比别斯图热夫更好的外交大臣了。此人不仅憎恨普鲁士，热爱英国，每年从伦敦得到 1.2 万卢布，而且还像威廉姆斯爵士一样保护着那对厌世的恋人。因此，二人的确也很快缔结了一份英俄的防御同盟，由此给了威廉姆斯爵士 4 个月的时间，让他感觉自己是当时最伟大的外交官。然后，所有其他的多米诺骨牌开始倒下，第一个是普鲁士。腓特烈二世的反应表明，威廉姆斯爵士取得的成功有点太多。英国与俄国结盟不仅使普鲁士国王放弃了进攻汉诺威，而且谨慎起见，国王还向英国人提议签订互不侵犯条约，并将以某种方式向自己的法国盟友解释（他们已经习惯了他这样）。乔治二世的政府非常乐意接受这一提议，于是在 1756 年 1 月 16 日与普鲁士签订了所谓的《威斯敏斯特条约》。英国的老盟友奥地利在前一段时间没有表现出真正的斗志，而且由于人们的确需要一柄"大陆之剑"，把路易十五的注意力从殖民地战争和海战上吸引过去，与普鲁士订约可以说正中下怀。显然伦敦没有人明白，此时通过自己的丈夫跃居罗马－德意志皇后之位的玛丽亚·特蕾西娅有多么痛恨当年挑起抢夺她遗产之战的普鲁士，因此她把英国与普鲁士和解理解成背叛。与此同时，路易十五从相反的视角出发，也持有同样的想法，自从上一次对抗奥地利的战争后他就不那么坚定了。凡尔赛和维也纳的人现在同时开始大声嘀咕，导致欧洲外交有史以来的所有根基在仅仅几个月内就发生了转移。

在圣彼得堡，憎恨普鲁士的别斯图热夫此时就像最后一个傻瓜，因为他的英国盟友突然把俄国变成了腓特烈二世的间接盟友——一种不好的感觉，他马上把这种感觉传给了可怜的威廉姆斯爵士。英俄同盟还没有被批准，女沙皇伊丽莎白虽然在 1756 年 2 月 26 日补上了签名，但是当威廉姆斯爵士仔细查看签了字的条约时，他发现女沙皇秉着不无恶毒的幽默命人加上了一条，作为巨额款项的回报：俄国向英国承诺，将来会单独对抗普鲁士来保护英国。而众所周知，英国刚刚与普鲁士结盟。好戏这才开始。1756 年 5 月 1 日，维也纳与凡尔赛签订盟约，仿佛双方已不再是天生的宿敌，而且还准备冷不防地对英国和普鲁士发动一场陆地战争。在俄国宫廷，别斯图热夫丢脸之后，亲法派明显占了上风，人们把波尼亚托夫斯基和叶卡捷琳娜当成英国间谍逮起来只是时间问题。因此波尼亚托夫斯基没法继续留在威廉姆斯爵士的手下，而这份工作是他在圣彼得堡唯一的庇护。此外，英国大使爵士也开始莫名发狂，宣告着他的梅毒进入最后阶段；在他此后不久被从圣彼得堡召回之后，这种病在 2 年之内先是让他疯癫，最终促使他自尽。波尼亚托夫斯基留在叶卡捷琳娜身边的唯一希望，就是被任命为波兰或萨克森的公使，于是他返回华沙，打算谈判促成此事。普鲁士于 1756 年 8 月 17 日进军萨克森，开启了七年战争的欧洲战场，自然也导致波尼亚托夫斯基半年后才得以作为现任的萨克森外交官返回圣彼得堡，并几乎是立即与叶卡捷琳娜造出了前文提到的那个女儿。二人又在一起过了一年多，同时俄国军队入侵普鲁士。俄国的将军们痛苦地意识到，皇储彼得无限仰慕普鲁士国王。而如果说他们在对抗步步紧逼的腓特烈二世时总是行动迟缓，那也是因为他们要不停地接收关于女沙皇健康状况的消息。波尼亚托夫斯基则和叶卡捷琳娜乘坐马拉雪橇行驶在白茫茫的夜里，盼望着他们的幸福能持续下去。

1758 年 2 月 25 日，波尼亚托夫斯基与叶卡捷琳娜的美梦被粗暴地惊醒。亲法的宫廷党派沃龙佐夫和舒瓦洛夫终于得逞，别斯图热夫作为叛徒

791

792

被捕，紧接着，我们这对恋人的几乎所有随从都被关进了女沙皇的监狱中。只要这些人中有一个出卖了两人与威廉姆斯爵士的秘密通信，波尼亚托夫斯基和叶卡捷琳娜就完了。就这样，几个月里，有个黑色的阴影一直笼罩着两人。7 月，两人夜间出游时偏偏遇上彼得大公和他的情妇、敌对党派的耶莉索杰塔·罗曼诺娃·沃龙佐娃女伯爵乘坐的马车。人们在向大公介绍波尼亚托夫斯基时，说他是一名碰巧与大公夫人同行的裁缝，但没什么用。先不说这一解释毫无说服力，才 18 岁的沃龙佐娃原本也立马认出了这个与众不同的波兰人。女伯爵觉得很好玩，一直拿大公妻子的波兰裁缝来取笑，直到大公因恼怒而满脸通红。叶卡捷琳娜和波尼亚托夫斯基在彼得霍夫宫的沐浴殿度过的这一夜无疑更有意义。但是当波尼亚托夫斯基一大早从那里出来，就看到有 3 名骑士拿着出鞘的剑对着他，把他带到一个小木屋，麻子脸的皇储正在那里等他。波尼亚托夫斯基坚信，这是他的死期，并且自然否认了彼得所问的"是否睡了他妻子"的问题。彼得说，如果波尼亚托夫斯基诚实作答，一切都可以安排，否则他就得对非常不好的事情做好准备。波尼亚托夫斯基一直否认，询问他的人由皇储换成了国家安全办公厅令人敬畏的首脑（巧的是，此人是女沙皇情夫的一个兄弟，据说他脸部不由自主地抽搐比他的职务更令人毛骨悚然），他的恐惧依然没有减少。最后波尼亚托夫斯基获准暂时离开，但达摩克利斯之剑仍然悬在他的头上。他太紧张了，在返回彼得霍夫宫时，为了避免引起不必要的注意，情愿从窗户进屋，但是却误入了一名波兰将军的房间——很适合作为这一天的结束——当时这位将军正在镜子前刮胡子。

　　幸运的是，几天后，波尼亚托夫斯基就得以在跳舞时悄声向冲动的沃龙佐娃女伯爵求助。"很快办成。"女伯爵向波尼亚托夫斯基保证，然后邀请他大约凌晨 1 点来彼得霍夫宫的蒙普莱希尔配楼解决所有接下来的事情。这是隧道尽头的光明还是致命的陷阱？波尼亚托夫斯基环顾四周，在一位来访王子的随从中发现一名看起来很英勇的波兰小贵族，他请求这名此时籍籍无名的弗朗齐歇克·克萨韦里·布兰尼基与他同行，由此也奠定了此人飞黄腾达的基石。而有朝一日，布兰尼基会成为波尼亚托夫斯基的致命死敌。但是这一次波尼亚托夫斯基其实用不到这个人，因为当沃龙佐娃把他带到大公面前时，大公心情很好。大公问波尼亚托夫斯基，为什么一开始不与他谈妥，两人还坐在桌上喷泉旁一起抽烟。最后大公说，既然现在他们是最好的朋友了，那这里还少了个什么人；然后他走到隔壁房间，不耐烦地把已经睡下的叶卡捷琳娜从床上拖起来。她几乎没时间披上点东西，就被带到客人们面前。大公说道："看吧，她来了。我希望，你们对我满意。"这一夜，众人一起喝酒大笑到凌晨 4 点，尽管人们可以假设，至少叶卡捷琳娜、波尼亚托夫斯基和布兰尼基期间的消遣方式很像试图使无聊的大型猛兽保持好心情。接下来的几天都是这样。波尼亚托夫斯基每晚都到奥拉宁鲍姆宫，和叶卡捷琳娜、彼得及沃龙佐娃共进晚餐，晚餐结束，皇储向波尼亚托夫斯基和叶卡捷琳娜告辞时会说"唉，我的孩子们，现在你们不再需要我了"。就这样，曾经的田园生活眼看就要重新到来，波尼亚托夫斯基却在俄国宫廷亲法派的逼迫下，被彻底召回波兰。1758 年 8 月 14 日，波尼亚托夫斯基怀着很快就能重逢的信念离开了圣彼得堡和叶卡捷琳娜。如果那时有人提前告诉他，重逢将会在何时以何种方式发生，这个当时才 26 岁的年轻人肯定会心碎。

794

接下来的几年是波尼亚托夫斯基学习波兰党派政治的学徒年代，他学得很好，并逐渐跃升为恰尔托雷斯基家族第三重要的政客；但是这个年轻人一直拒绝对他来说原本更重要的一样东西。奥古斯特三世此时艰难地从普鲁士占领的萨克森到达了不喜欢的华沙，他太过依赖法国，不会将波尼亚托夫斯基再派往圣彼得堡，于是后者现在有大把的时间愈发忧伤地崇拜远方的爱人。最初的两年半里，波尼亚托夫斯基对叶卡捷琳娜保持了身体上的忠诚，也就是恰好坚持到对蔚蓝的表妹伊莎贝拉·卢博米尔斯卡明显的爱慕视而不见，一直到表妹动身前往巴黎，在那里成功地与他疏远。然后波尼亚托夫斯基忍受不了了，开始了无数风流韵事中的第一段，对方是一个年轻的立陶宛贵族寡妇，她的美貌已经在外省引发了一场血战，造成几百人死亡。作为一个诚实的人，波尼亚托夫斯基给叶卡捷琳娜写了一封信，信里说他很遗憾现在必须利用彼时给他的绯闻许可。当他听说自己的信使溺毙于白俄罗斯的冬季融水中，于是把相同的内容又写了一遍，最终获得了一个沉着冷静、代表国家形象的回复。连波尼亚托夫斯基后来也自问，是不是索性不写这封信会更好一些。不管怎样，几个月后处于同样情况下的叶卡捷琳娜没有这样做，原因当然在于她不得不对世人而不是对波尼亚托夫斯基掩藏自己与上尉格里戈里·格里戈里耶维奇·奥尔洛夫的关系。皇储丈夫的共犯情绪早已消散在心情不佳中，随着女沙皇伊丽莎白的健康状况急转直下，这就愈发让人不安。女沙皇于 1762 年 1 月 4 日去世——可想而知，一个对叶卡捷琳娜最不利的时间点。新沙皇的妻子选择奥尔洛夫做情人几乎并非偶然，此人粗鲁、没有教养，但同时作为冲动的大力士又是军队的宠儿。也就是说，他和他那 4 个秉性相同的兄弟在政变时会特别有用。只是遗憾的是，叶卡捷琳娜恰好现在怀了奥尔洛夫的孩子，因此她大概很高兴至少能把怀孕瞒下来。与此同时，新沙皇在公开谈论着离婚及与沃龙佐娃再婚。现在能救叶卡捷琳娜的只有新沙皇的愚蠢，而她也利用了这一点。

一定程度上来说，局势对彼得三世不利。他在仅仅 6 个月内就激起了普遍的仇恨，尽管他的政府一开始采取的措施放在别人身上都会被称颂。无论是废除国家安全机构，还是免除贵族为国家服役的义务，都没能抵消接下来似乎旨在惹怒精英的所有决定。彼得三世轻视东正教教会，建议教士正常地剃须，并且决定在仍然持续的七年战争中突然改变立场。这些都很不明智。俄国的军队已经在与腓特烈二世的战斗中占据上风，对方现在就在深渊的边缘，原本会为了签订和平协定而立即割让东普鲁士。但是彼得三世自孩提时把玩普鲁士蓝锡兵起，就非常崇敬腓特烈大帝。于是，彼得三世放弃了所有占领区，与高兴得忘乎所以的腓特烈二世结盟，对抗迄今为止的盟友。他强迫愤怒的士兵穿上从普鲁士照搬来的新制服，同时准备与丹麦开战，从而重新占领他的家乡荷尔斯泰因－戈托尔夫丢失的部分。如果再算上彼得三世幼稚的傲慢，那么可以说，将各个角落的强大阴谋家召唤而来的，与其说是叶卡捷琳娜，不如说是他本人。很多人一开始先是想到了伊凡六世，但是在彼得三世带着各色随从去施吕塞尔堡看望了伊凡之后，很快就有传言说，这个 21 岁的青年尽管神志健康，但是社会行为扭曲，他大概是唯一一个比彼得还不适合当统治者的人。因此，候选者只剩下了彼得 7 岁的儿子保罗，鉴于保罗的年龄，叶卡捷琳娜必然要在一开始摄政。在叶卡捷琳娜秘密生下小伯爵博布林斯基之后，她再次具备了行动能力，而且不会再浪费一分钟的时间。

　　1762 年 7 月 9 日早晨，政变开始了。这是 18 世纪唯一一场后来被拍成电影的政变，由玛琳·黛德丽主演。[1] 尽管历史上的叶卡捷琳娜遗憾地没有像电影中那样骑着马冲下冬宫的楼梯，尽管这部电影的情节几乎全都不符合历史事实，但是在阅读资料时想起性情上与叶卡捷琳娜不无相似的女演员或许并不算糟。一大早，叶卡捷琳娜先是在奥尔洛夫兄弟的陪同下与禁卫军团的每个人打了招呼，然后在喀山大教堂中被宣布为新任女沙皇。大多数茫然无知的阴谋策划者曾经把保罗当作新的统治者，但是保罗只是露了一面（还穿着睡衣）并被任命为继承人。圣彼得堡处于叶卡捷琳娜的控制之下，身在奥拉宁鲍姆宫的彼得三世也只是获悉，妻子无法前来参加自己的命名日庆祝活动。当沙皇抵达他 4 年前与波尼亚托夫斯基相处甚欢的彼得霍夫宫时，看见的不是妻子，而是妻子放置的华服。彼得三世开始预感到情况不妙，他陆续派遣越来越重要的显贵前往首都，但无人返回，因为他们全都加入了新统治者的阵营。最后彼得三世也了解到了足够多的消息，带着已经开始哭泣的随从登上一艘船，后来船被拦下，他又无计划无目标地逃回了奥拉宁鲍姆宫。但是叶卡捷琳娜现在正带领她的部队前往此处（这次确实骑着高头大马，而且穿着一件借来的禁卫军制服）；对于收到的越来越摇尾乞怜的退位信，她一封也没有回复。最终彼得三世

[1] 1934 年上映的《放荡的女皇》（*The Scarlet Empress*）。——编注

没有再见到妻子，就作为囚犯被押到了避暑行宫罗普查，而这里也并非彼得的久留之地。新女皇现在又把不幸的伊凡六世送上了更往北的旅程。人们蒙上伊凡六世的双眼，把他带上船，从他的监狱岛屿施吕塞尔堡出发，穿过拉多加湖，前往 100 千米外的普里奥焦尔斯克要塞，从而把施吕塞尔堡腾给新的政治犯。队伍中的多艘船在首日就沉没了，昔日的儿皇帝差点在这次旅行中溺毙，事实也证明这次旅行是多余的，但是他的看守并不知晓。

原来，被废黜的彼得三世在罗普查恰恰处于阿列克谢·格里戈里耶维奇·奥尔洛夫的照管下，他已经把自己的哥哥格里戈里·格里戈里耶维奇·奥尔洛夫看作新女皇的丈夫，因此一切都说明，有人特意谋划了接下来的事情。不管怎样，在彼得三世被捕一周后，叶卡捷琳娜收到了喝得烂醉的阿列克谢的一封信。信的开头是"小妈妈，最仁慈的主人，我怎么解释呢"，然后弯弯绕绕告诉她发生了一场争吵，以及被罢黜之人的死亡，但没有详细解释（"我记不起我们做了什么，但我们都有错"），信末写道："生活已经不值得再继续。我们激怒了您，永久丢失了我们的灵魂。"彼得三世死了，由此惊人迅速地给出了"该拿被罢黜的皇帝怎么办"这一问题的答案。而伊凡六世在普里奥焦尔斯克住了一个月，又被带回了施吕塞尔堡。圣彼得堡发表文章说，既然上帝如此乐于看到叶卡捷琳娜的统治，让前君主死于绞痛和痔疮，那也就没有惩罚奥尔洛夫兄弟的理由了；两个月后他们被晋升为伯爵，又过了不久，他们已是称号为"阁下"的帝国侯爵、议员、中将、数千农奴的主人及科学院主席。斯坦尼斯瓦夫·波尼亚托夫斯基从报纸上知道了这一切，叶卡捷琳娜，现在称为叶卡捷琳娜二世，在政变 3 天后给他写了一封信，以其独有的直接表示，在目前的情况下，他绝不能到圣彼得堡来；她会为他做力所能及的事情，但是现在必须搁笔，因为她已经 3 天没合眼了。整整一个月后，叶卡捷琳娜二世又写了一封信，这次更加中肯："我立即派凯泽林克伯爵作为大使前往波兰，让您即现任国王之位。"

波尼亚托夫斯基收到这封信时，正在等华沙维斯瓦河的渡船。他只读了开头的这句话，就迅速返回普瓦维宫，想要把整封信读给舅舅奥古斯特·亚历山大·恰尔托雷斯基听，同时仔细看看舅舅的表情。女沙皇在第一句话后又做了补充，表示要是波尼亚托夫斯基坚决拒绝，她也可以设想让奥古斯特·亚历山大·恰尔托雷斯基的儿子亚当做国王。要是这话没有让奥古斯特重燃希望，那他就不是他了。波尼亚托夫斯基告辞时，表弟亚当把他拉到一边，表示非常乐意把王位让给波尼亚托夫斯基，当天就会给圣彼得堡宫廷中的一个老相好写封信，让她转达给叶卡捷琳娜。1763年10月5日，随着奥古斯特三世去世，继承顺序问题变得迫切起来，亚当·卡齐米日·恰尔托雷斯基立场未变，重申自己放弃继承权，直到连他父亲也相信了这点，并且立即踏上了他众多行程中的第一站。旅行中他除了带着难以解释但是具有装饰性的骆驼，主要带着的是 2 年前娶的迷人的侄女——我们还会再遇到她。

萨克森家族自然提出波尼亚托夫斯基无权登基，但是此后不久，随着萨克森继承人早逝，他们的机会也消逝了。法国虽然一直反对波尼亚托夫斯基，但是无法就候选人达成一致，最终路易十五委托完全秘密的平行外交，摧毁了自己官方外交官的所有努力。凡尔赛的人倾向于把王位给德孔蒂亲王，这是 1697 年已经向他祖父允诺的（顺便说一句，那时候和现在一样，都只是为了摆脱亲王），但这于事无补；同样于事无补的是，人们都说，就算世界末日到来，亲王也会爬向波兰王位。但是恰恰因为在几个月的谈判中，一切都越来越朝着俄国的宠儿波尼亚托夫斯基的方向运行，这个贵族共和国的两个邻居开始紧张起来，而且后果很严重。奥斯曼帝国非常清楚俄国对黑海及奥斯曼巴尔干的兴趣，担心俄国支持下的波尼亚托夫斯基先是通过改革让波兰再次强大，然后迎娶现在守寡的叶卡捷琳娜，最后与她一起加入土耳其战争。波尼亚托夫斯基本人不是也抱着这种希望吗？但是叶卡捷琳娜一如既往地拒他于千里之外，与他的通信往来也越来越多地交给外交官，这意味着什么呢？她在奥尔洛夫这种畜生身上能发现什么，这个家伙不能再挡他的路了……波尼亚托夫斯基这样想，土耳其人也这样想，因为他们看不出反向的迹象。因此，土耳其人派出一名公使前往腓特烈二世那里，受到了后者一反常态的慷慨接待。现在，叶卡捷琳娜有理由不安了。并不是说疲于应对七年战争的普鲁士国王真的打算与奥斯曼土耳其人结盟进攻俄国，但是他很可能想激起这种印象。腓特烈二世缺乏盟友，但如果女沙皇轻而易举就能把波尼亚托夫斯基送上王位，她还有什么必要与腓特烈二世缔结急需的盟约呢？因此普鲁士的国王暗示了一下自己可以多么轻易地施加破坏，而且做得如此有说服力，有很多其他麻烦事要面对的叶卡捷琳娜真的就在 1764 年 4 月 11 日签订了这一盟约。盟约中一条秘密的附加条款规定，从现在起不只是俄国，包括普鲁士都可以保护波兰旧宪法，避免对其做任何可能让这个国家变得易于治理和强大的修订。土耳其驻柏林公使尽到了自己的本分，可以离开了，而波尼亚托夫斯基没有了竞选国王的竞争对手，可以说是稳操胜券。但是俄国和普鲁士又成了盟友，这对波兰来说永远不会是个好消息。

在沃拉旷野上的竞选仪式把波尼亚托夫斯基彻底变成波兰国王和立陶宛大公之前不久，他的命运最后一次与他那天生为王的反面镜像伊凡六世的命运重合。叶卡捷琳娜二世不仅踏着丈夫的尸体，而且罔顾自己儿子的权利登上王位。她与之前的所有沙皇都没有血缘关系，这让很多习惯了政变的圣彼得堡人想到了沙皇家族仅存的另一支。叶卡捷琳娜没有嫁给格里戈里，于是很多人建议，她应该嫁给伊凡六世或者他身心损害没有那么严重的弟弟。（被富有远见地命名为彼得的弟弟只有 17 岁，恰好是叶卡捷琳娜年龄的一半，但这又有什么关系呢？）重建的国家安全机构对这些暗示的强硬态度，丝毫没有改变被放逐的不伦瑞克人仍然没有被遗忘的事实，因此接下来的一切只需要一个身怀野心、梦想着以自己的方式成为下一个奥尔洛夫的军官。这个人叫瓦西里·亚科夫利耶维奇·米罗维奇，是乌克兰的小贵族，家族财产全被没收，在怨恨中长大，且对奥尔洛夫兄弟羡慕不已。米罗维奇的军团被降级为卫戍部队，调到了荒凉小岛施吕塞尔

堡上。所有偏执的安全措施都没能阻止米罗维奇很快发现了岛上唯一的秘
密，无名的"大人物"的身份在他看来肯定像头奖一般，只要他释放这名
囚犯，这份奖品最终必将使他跃居万人之上。于是，米罗维奇先是尝试把
下级军官拉到自己一边，但没有成功。这时要塞司令已经获悉米罗维奇的
计划，但司令习惯于连芝麻小事都要请求离得不是很远的首都的指示，就
先写了一份报告。多亏了完美的安全体系，信使离开要塞的那条道路，偏
偏就是 1764 年 7 月 15 日夜间到 7 月 16 日凌晨米罗维奇执勤的那条路。

凌晨 2 点时，米罗维奇明白过来，他没什么时间了，因为他那勉强可
以称为计划的打算被发现了。他立即囚禁了司令官，指挥着一支由 38 名
一无所知的士兵组成的军队，向他们宣读了一份含混不清的有关运往安哈
尔特－采尔布斯特的所谓国家黄金的宣言，然后率众进军伊凡房间所在的
营部。他的人击毙守卫，弄来一尊大炮，但是他们没有注意到，负责看守
前沙皇的上尉弗拉利耶夫不仅没有被捕，还从隔壁的窗户跳到了营部的内
院。弗拉利耶夫和同僚切金一起赶往他们的囚犯那里，要执行一项由彼得
三世发出、不久前也得到叶卡捷琳娜证实的命令。两人打开门，在门后发
现了 23 岁的囚犯。此人蓝色的睡衣由上等的料子做成，与其又长又乱的
胡子不是很搭调。他用了多长时间搞明白状况是个多余的问题，因为基本
上很难猜出逝去之人的想法，现在也不可能猜出。当彼得三世 2 年前来看
望伊凡时，据说伊凡曾否认自己是昔日的沙皇：那人早就升天，自己只是
他在人间的代表。这是疯话，抑或是看穿了承认自己头脑清醒就会惹祸上
身？这位前沙皇经常自顾自地嘟囔一些别人听不懂的东西或者制造一些奇
怪的噪声，这还说明不了什么，他有时候称守卫试图通过耳语和喷火对他
施法，这只是反映了守卫军官对伊凡故意做的鬼脸的恐惧。弗拉利耶夫和
切金甚至与伊凡讨论过神学，直到伊凡注意到，他们之所以这样做，只是
因为受圣彼得堡所托，想说服他进修道院。但是现在两人大概一言未发，
抽出剑向伊凡走来，执行沙皇的命令：这个无名的囚犯永远不能活着落到
某些解放者的手中。就在这时，米罗维奇和他的人进入了房间，在房间

里，他们除了看见弗拉利耶夫和切金，还发现了倒在地上、已经被刺死的大人物的尸体。米罗维奇立即明白了，他完了。他行了个军礼，把逝去之人安放在灵床上，向他的士兵宣称，那里躺着的是伟大的沙皇伊凡·安东诺维奇，并一一拥抱 38 名士兵，说所有罪责由他一人承担，然后束手就擒。米罗维奇于 1764 年 9 月 26 日在圣彼得堡被斩首，对于看客们来说，这是 22 年来首次公开处决。米罗维奇的生命短于不幸的儿皇帝，不管是他还是伊凡六世的埋骨之所都不可考。

　　圣彼得堡发表了一篇新的政府宣言，向本国和欧洲解释，遭逢厄运的不伦瑞克宗子如何不治而亡。与此同时，凶手却被提拔、获得赏金，但也被放逐，并且受到警告，不要在外省吹嘘自己的经历。以开明君主著称的叶卡捷琳娜的哲学家朋友们以所有能想到的细节，祝贺她击退了重回野蛮的威胁。当这一切发生时，伊凡·安东诺维奇的父亲和兄弟姐妹对他的死讯毫不知情。没有人知道，安东·乌尔里希是否不再想念这个儿子，因为他写给政府的极少几封信很恰当地没有提自己失去的儿子。安东·乌尔里希和孩子们无法过上别样的人生，早就放弃了被释放的希望；他们年复一年地在不允许任何人开窗的房间中过着单调的生活，如果望向窗外，也只能看见灰蒙蒙的天空下延伸向北方的德维纳河和几乎终年被雪覆盖的平原。身患坏血病和水肿的父亲给孩子们朗读德语和法语书，读的时候当然做了同步翻译，因为 2 个女儿和 2 个儿子显然只会说俄语。一家人打台球、下跳棋、打扑克牌，在鱼塘上滑冰，养鸡养鸭，很高兴收到偶然从圣彼得堡寄来的礼物，欢声笑语，接受昔日的乳母及其孩子和看守军官们的来访。逐渐地，安东·乌尔里希适应了这种封闭的生活，连叶卡捷琳娜继位对此也没有什么影响；他们对新沙皇只有一个请求：篱笆后有一块草地，他们从来没去过，据说那里长着他们不认识的花，他们很想去那里一次。女沙皇拒绝了。

　　虽然叶卡捷琳娜非常隐晦地暗示过，愿意长远改善安东·乌尔里希一家的状况，但这最初只表现在派遣新的通信员来，而单是从阿尔汉格尔斯克到霍尔莫戈雷就要跨越 4 条 1000 米宽的大河。当通信员终于到达篱笆环绕的主教宅邸与这些皇室子弟交谈时，他们无法判明，这种幼稚或者冷淡到底在多大程度上是种伪装。但是所有的来客——肯定也都是间谍和监狱看守——最后都会喜欢上这个被放逐的家庭，也可能是通信员们有意要让这些流亡的人显得无害。不管怎样，随着 1776 年安东·乌尔里希去世，与皇室历史的最后一个联系不复存在。此后情况的确有了变化。1780 年时，叶卡捷琳娜已经有了 2 个孙子可以做继承人，前瞻性地起名为亚历山大和康斯坦丁。继承顺序得以巩固，俄罗斯帝国比以往更加强大，甚至连荷尔斯泰因－戈托尔夫与丹麦的陈年争端也解决了。所有这一切显然促使叶卡捷琳娜对霍尔莫戈雷的流放者们施恩或者施加她认为是恩宠的东西，但是让他们去哪儿呢？ 1772 年通过政变掌权的丹麦摄政王后尤利娅尼·玛丽亚不是这四兄妹的姑母吗？于是，1780 年初夏的北极圈，满载"两袋子钱"、500 件银器和无数其他奢侈品的筏子经德维纳河抵达霍尔莫戈雷。与此同时，被指定陪同前往丹麦的宫廷管家利林菲尔德女士（娘家姓凯泽林克，也是使波尼亚托夫斯基成为国王的大使的堂妹）也通过陆路到达。6 月 6 日，叶卡捷琳娜的代表向儿沙皇震惊的兄弟姐妹宣布对他们去向的决定，几人一下子号啕大哭起来。是的，从前他们确实想要离开这里，去认识世界；但是现在太晚了，他们已经在这里老去（凯瑟琳·安东诺夫娜 39 岁，她最小的弟弟阿列克谢 34 岁），而且不知道该如何与人打交道，在一个全然陌生的国度该做什么。要是人们索性只是允许他们留在霍尔莫戈雷，偶尔能到篱笆后的草地上散散步……但是不容许有异议。6 月 29 日夜间到 30 日凌晨，一艘名为"北极星"的远洋船从阿尔汉格尔斯克入海，带着重获自由的放逐者穿过白海、经挪威前往丹麦。丹麦的姑母命人在偏远的日德兰半岛小城霍尔森斯给他们建了一座宫殿，由于不会说丹麦语，他们在这里的生活最终和在北极圈差不多一样封闭。这 4 人与他们仅剩的宫廷侍从，以及好争论的教区牧师度过了所剩不多的余生岁月。女沙皇按承诺付给他们养老金，数额与她先前付给霍尔莫戈雷卫戍部队的

804

805

相同。连同没有子嗣的叔父留下的遗产，最年长的凯瑟琳·安东诺夫娜在1798 年失去了 3 个弟弟妹妹中的最后一人后，拥有了一大笔财产。凯瑟琳从年轻时就耳聋，最后在 1807 年去世时近乎失明，终年 66 岁。人们把凯瑟琳安葬在霍尔森斯修道院的教堂中，安放在伊丽莎白、彼得和阿列克谢的身边，这些坟墓上方放置了一块大理石碑，碑文的最后几句话是："感谢叶卡捷琳娜二世的善良及克里斯蒂安七世（患有精神疾病、被继母囚禁起来的丹麦国王）和尤利娅尼·玛丽亚的照料，他们在这座城市度过了平静的人生。"

　　1764 年 9 月 6 日和 7 日，就在生而为王的沙皇伊凡死后整整 6 周，斯坦尼斯瓦夫·波尼亚托夫斯基被选举为波兰国王。就像为了与萨克森派和解，他接受了奥古斯特作为第 2 个名字，被加冕为斯坦尼斯瓦夫二世，而且在实际开展工作以前，甚至借助前文提到的医生诊断书保住了他那非同凡响的鬈发。波兰必须获得新生，为此首先需要一个能运转的君主制。尽管这个国家几乎不给国家公仆发工资，但作为国王的斯坦尼斯瓦夫二世一开始也没什么进项。几乎没有税收，王室司库从 1726 年起，每次该上交结算时就行贿买来一张否决票，解散色姆。所有的王室世袭领地都永久出租给了卡罗尔·斯坦尼斯瓦夫·拉齐维乌这样的人。新君主连个宫廷甚或能用的府邸都没有，因为萨克森的统治者总是随身带着自己的宫廷人员，他们的时髦宫殿都用个人资产建成。于是，斯坦尼斯瓦夫二世执政之初只能在一座已经空置了 50 年的空荡荡的宫殿里，靠着俄国的零花钱过活。有一项提议能让这个不怎么受尊重的暴发户至少初步与欧洲的统治者大家庭联系起来，但他一直拒绝。尽管斯坦尼斯瓦夫二世只需要一句话，就能迎娶与整个欧洲大陆的君主都有亲戚关系的萨克森公主，但他还是继续追随自己的偶像叶卡捷琳娜；同时他又与大量女性传出绯闻，这些女性多数是贵族。这表面看来很矛盾，仔细考察的话会发现，这就使斯坦尼斯瓦夫二世避免拴在一个人身上；他成功地做到了，这也表明他作为近视的笨拙学究的岁月早就是历史了（成为国王当然也有帮助）。现在斯坦尼斯瓦夫二世甚至引诱了表弟亚当·卡齐米日·恰尔托雷斯基那以美丽眼眸闻名的年轻妻子，表弟不以为忤，还经常在晚上亲自把妻子带到国王那里。1768年，这位嫁进来的表弟媳、同时原本也是斯坦尼斯瓦夫二世表妹的伊莎贝拉·恰尔托雷斯卡（不要与年长 10 岁的蔚蓝的表妹伊莎贝拉·卢博米尔斯卡混淆）为国王生下一个女儿，这个女儿被自己名义上的父亲接受，称为恰尔托雷斯卡宗女。也是这位表弟媳，同时还与监督斯坦尼斯瓦夫二世的俄国密探列普宁亲王有染；最后还是这位表弟媳，于 1784 年前往柏林，想把她和斯坦尼斯瓦夫二世生的女儿嫁给符腾堡的路德维希亲王，这位亲王也是腓特烈大帝的甥孙。年迈的普鲁士国王礼貌地接待了她，称赞她的女儿是天使，说自己的甥孙配不上她，然后开始把国王斯坦尼斯瓦夫二世当小学生一样讥讽。恰尔托雷斯卡侯爵夫人在踏入房间时还因为敬畏而落泪，此时则愤怒地表示这残酷得毫无道理。尽管对批评免疫的腓特烈二世好像什么也没听见一般，但他接下来的话却更加深思熟虑了："我一直都说，波兰应该由女人治理，我们今天的谈话证实了我的这个想法。"想想吧，才 16 岁的玛丽亚·恰尔托雷斯卡通过这桩婚事成了女沙皇叶卡捷琳娜儿子的嫂子。人们或许会瞬间描绘出一幅世外桃源的场景，就好像所有合法的和不正当的家族纽带都为了波兰的福祉而发挥着作用。但是正如玛丽亚·恰尔托雷斯卡和腓特烈二世甥孙的婚姻那样，3 个国家之间的关系早就变得不幸，而为此付出代价的，不是普鲁士或者俄国。

807

斯坦尼斯瓦夫二世在 1764 年上台后开始的大规模改革规划有两个基础。首先需要俄国的全面支持，国王选举结束后俄国的军队仍然留在波兰，这些改革会把波兰变成一个更有效率的结盟伙伴，但俄国不能将其看作对自己利益的损害，而要长期支持；其次，快刀斩乱麻解决所有难题的关键是自由否决权，每名议员都可以借此解散色姆。为了拥有一个有行动力的国家，斯坦尼斯瓦夫二世和追随者们动用了波兰宪法中一件一定程度上有点反常的工具。按照规定，波兰－立陶宛联邦的贵族有权随时建立一个所谓的邦联，也就是一个武装联盟来抗议政府的政策，而这经常导致类似内战的斗争。而现在家族的追随者干脆将整个色姆宣布为邦联，在邦联内部，传统上按照简单多数原则来表决。也就是说，议员们除了议员的身份，还加入了一个有着有限内部民主的反对派私人阴谋，后者的目的就是将来可以采取行动对抗个别破坏分子的图谋。长期来看，任谁都会厌烦自由否决权这种扭曲的构思，而不必非得像斯坦尼斯瓦夫二世那样，得先和叶卡捷琳娜一起在床上读过孟德斯鸠才行。斯坦尼斯瓦夫二世试图取消自由否决权，但是他很快丢掉了自己的幻想。毕竟大多数人的最大幸福如果和俄国的国家利益相冲突，叶卡捷琳娜是不会放在心上的。因此他把决定性的条款藏在一项可疑的用小号字体印刷的财政法令中。要是这法令对抗的只是俄国大使列普宁亲王的自信的话，肯定就被顺利批准了。但是 1766 年 10 月 11 日夜间到 12 日凌晨，王室内廷总监夫人玛丽亚·阿马莉·姆尼什乔芙娜来拜访列普宁。事实证明她不愧是布吕尔伯爵尊贵的女儿，她建议大使还是把已经被上级认可的小号字体再认真读一遍为好。

　　现在列普宁亲王满腔怒火地向自己的普鲁士同僚求助。当他们共坐一辆马车穿过华沙、挨个威胁每名议员时，一名信使匆匆赶往圣彼得堡。当信使带着以战争和毁灭威胁波兰的许可返回时，列普宁亲王亲自前往色姆，他不仅要求重建否决权，还提交了一份俄国 - 普鲁士的法令草案，意在恢复波兰 - 立陶宛联邦的新教和东正教居民，也就是人们统称为持不同政见者的政治权利。这种对自己教友的支持，实际上不仅对于近乎无神论者的腓特烈二世来说是一种要在邻国境内建立一支第五纵队的玩世不恭的尝试，而且这一姿态对于几乎不信教的前新教徒叶卡捷琳娜来说也当不得真。因为她担心波兰（也就是白俄罗斯和乌克兰）的东正教徒处境要是改善太多，俄国的农奴会大量逃往邻国。但是大多数虔诚信仰天主教的波兰贵族非常震惊，因此色姆在 1766 年 11 月 22 日迫于俄国的压力做出决议，自由否决权无法被废除。这一天对大多数人来说是耻辱的一天。色姆在 2 天后一致宣布，法律上对持不同政见者的歧视同样无法被废除，由此朝俄国扔下了决斗的白手套，这对他们来说是必要的复仇。

女沙皇毫不犹豫地予以还击。此时她的军队已在波兰国内大量逮捕主教和贵族，毁坏他们的田庄。与此同时，列普宁亲王为了对付斯坦尼斯瓦夫二世的改革，组建了一个真正的邦联。有足够多的贵族认为，刚刚颁布的私人军队禁令或者杀害农民只用罚款的终结，是对他们古老自由的灾难性毁灭。而且如果卡罗尔领主、"我亲爱的先生"拉齐维乌没有很快就领导这个拉多姆邦联，那肯定是咄咄怪事。这些武装的联盟者和俄国一道强迫建立了一个只由他们组成的新色姆，直到那时联盟者才明白，俄国只是利用他们来帮助持不同政见者，而对他们这些天主教徒来说，这些持不同政见者是唯一比斯坦尼斯瓦夫二世的改革还令人反感的。这届新色姆又长又悲惨，最终在 1768 年 3 月 5 日与俄国协商订立一项"永久条约"，永远固化波兰宪法（一名历史学家将这一条约描述为"一名可憎的家庭女教师的禁令单，单子上的游戏规则现在被对她来说太过聪明的孩子拿来对付她"）。卡罗尔·斯坦尼斯瓦夫·拉齐维乌命令众人表决，只听到了五六声嘟哝，此外都是沉默。他由此宣布条约被接受，然后离开色姆，去大喝一通。很快卡罗尔就会再次领导一个 6 天前已经在今天乌克兰的巴尔成立的联盟，这一次是在狂热的僧侣和主教的祝福下对付俄国。

国家陷入内战。列普宁亲王向国王宣布，如果斯坦尼斯瓦夫二世不想动用王室军队，那么俄国军队就只能独自战胜巴尔联盟，而且他们自然不会留活口。为了阻止此事发生，斯坦尼斯瓦夫二世派朋友克萨韦里·布兰尼基指挥王室军队参战帮助俄方，由此更加招人憎恨。在俄国人的鼓励下，波兰属地乌克兰爆发了一场农民起义。过分热心的哥萨克人长途奔袭，残暴地把巴尔联盟追击到了奥斯曼帝国的领土上，导致君士坦丁堡的最高朴特[1] 于 1768 年 10 月 6 日向俄国宣战。现在战火蔓延到了黑海边的草原、摩尔达维亚和瓦拉几亚，很快瘟疫也从这里向西方传去。借口设立防疫警戒线（也就是西欧用来消灭瘟疫的那种军事封锁），奥地利军队和

809

810

---

[1] 奥斯曼帝国政府制定政策之地。——编注

普鲁士军队先后进入波兰。法国派出军事顾问支持巴尔联盟，尽管后者没有胜算。但是如果能让波兰保持混乱，让俄国一直疲于奔命，对于凡尔赛来说就已经足够了。事实上，俄国现在无法再获胜，因为同时卷入两场战争使它不堪重负。此外波兰地广人稀，不可能完全将其占领。巴尔联盟宣布废黜国王，对此斯坦尼斯瓦夫二世的口头禅也几乎无能为力：若非他身负大任，上帝不会把他创造得如此无私。

　　1771 年 11 月 3 日，斯坦尼斯瓦夫二世在少数长矛骑兵的护卫下从恰尔托雷斯基的宫殿返回，也就是正对着 7 年前他和"蔚蓝的侯爵夫人"等候礼炮鸣放的那个阳台。突然之间，全副武装的骑兵从所有小路冲向国王的马车，他们打死了车夫、副官和男仆，冲向逃跑的国王。国王刚刚才跑出宫殿，现在又转身绝望地撞向宫殿大门。这时追兵赶到，拉着国王金线织成的衣领将他拖走。国王在劫持者的簇拥下坐到马上，在没有月亮的夜里疾驰出城。因为不能自己驾驭马匹，国王摔下来一次，摔到了一个泥坑里，丢了一只优雅的高跟鞋。然后劫持者的队伍分散开，只剩下 7 人跟着国王。4 人在黑暗中不见了踪影，接着留下的 3 人中有 2 人因一时恐慌而逃走。斯坦尼斯瓦夫二世现在孤身一人与最后一名巴尔联盟成员、被解雇的侍从扬·库兹马·科辛斯基在一起。科辛斯基徒劳地寻找在森林某处等候的马车，而他的国王则一脚穿着高跟鞋一脚穿着粗劣的叛军靴子，一瘸一拐地跟在后面。最后国王走不动了，但幸好他依然是个伶牙俐齿的演说家，因此没过多久，可想而知有点困惑的科辛斯基就跪在他的脚下，求他原谅，而且允诺愿意从此服侍他。二人历尽种种艰难才最终找到国王的禁卫军，禁卫军欢呼着把原以为已经死去的统治者接回宫中。一时之间，不只华沙，整个欧洲都对这名遭受了粗暴袭击的君主表现出了同情。连一开始受到惊吓的斯坦尼斯瓦夫二世也很快镇静下来，他把获救解释为迄今为止自己天赋王权的最清楚的证明。斯坦尼斯瓦夫二世头上引人注目的绷带缠了几个月之久，他用丰厚的退休金送仆人科辛斯基前往意大利，在那里开始新生活；他还十分喜欢一名华沙的高级面包师设计的拯救布丁。或许斯坦尼斯瓦夫二世会很快扭转局面？唉，空洞的希望。对于古老的贵族共和国来说，一切都太迟了，原因绝不只是内战中的双方都如此无力，就像袭击表现出的那样。当华沙人为他们的国王庆祝时，3 个大国已经决定终结波兰－立陶宛联邦。

很明显，这是腓特烈二世的主意。俄国在俄土战争中获胜，使普鲁士国王面临着两难的处境，尽管他与女沙皇结盟只是使他对这场战争负有支付援助款的义务，而没有参战的责任。但是姑且不论他的国家几乎没有能力支付这笔款项，对于俄国胜利会导致哪些更大的危险，腓特烈二世心知肚明。在旧秩序下，一个国家对邻国领土扩张的反应，和一条看见别的狗得到一块骨头的狗没有什么两样。奥地利的君主也不例外，而且俄国通过这些占领地很快就会直接与她的国土接壤，这就让她更难免俗。如果叶卡捷琳娜首先占领了今天罗马尼亚境内的多瑙河流域的公国，那么通往奥斯曼帝国内部的道路也就为她打开了，而奥地利家族在 80 年前已经在西边一侧为自己开辟了这样一条道路。由于这条向着君士坦丁堡的道路越来越窄，两个大国很快就不得不开始一场可怕的比赛。要是奥地利试图拖慢俄国的脚步，就会发生战争，根据盟约，普鲁士将不得不站在俄国一边参战。因此腓特烈二世已经预见到，仅仅是为了让崭新的俄国盟友可以保留摩尔达维亚、瓦拉几亚和鞑靼人的草原，他很快就不得不第 4 次对那个他已经几乎连续对抗了 23 年的大国发动战争。这真的是最好的解决方案吗？腓特烈二世盘算，必须要补偿俄国，从而把他们限制在少数的占领区上；必须对奥地利人容忍这些所得做出补偿，就像人们为了避免更大的麻烦也给第 2 只狗一块骨头一样——并且按照同样的逻辑，最终也得给我点东西……所有这些补偿肯定得是领土上的，从哪儿来呢？——拜托，我们中间不是有个完全混乱的缓冲国吗？整个土耳其战争都是它的错，尤其是宗教上过时得可怕（您问问伏尔泰，您问问狄德罗！），干涉不正是我们的责任吗？腓特烈二世的弟弟海因里希王子向女沙皇这样建议，于是在斯坦尼斯瓦夫二世获救的故事使大众感动落泪时，普鲁士和俄国达成了一

812

致，3 个大国最终也在 1772 年 8 月 5 日做出了决议。继俄军之后，普鲁士和奥地利的军队也进入惊恐的波兰，把巴尔联盟从棋盘上清除掉。不少叛军逃往美洲，此后不久就会在那里再次为共和国而战。一位斯洛伐克贵族莫里茨·奥古斯特·贝尼奥斯基甚至通过引诱堪察加半岛总督的女儿成功从西伯利亚的拘禁中逃出，驾驶着一艘战船到达黄海，而且最终成了马达加斯加的国王，但是自然好景不长。而波兰现在落入了邻国之手，3 个国家从这个古老的共和国主体中把与各自接壤的区域分割了出去：西普鲁士归腓特烈，加利西亚归奥地利，波兰属利夫兰和半个白俄罗斯归女沙皇；1400 万波兰国民中有 400 万人成了外国统治者的臣民。欧洲的强国政治一直残忍且富有侵略性，但是在这里发生之事仍有新鲜之处。虽然分割某些国家的想法不时存在，但除非是王朝继承权要求导致分割不可避免，否则从来没有实施过。相反，这 3 个参与瓜分的势力均由特别进步的君主统治，纯粹以抽象的理性之名分割了一个完全无辜的国家。尽管这尤其给腓特烈二世和叶卡捷琳娜带来了西方文人和知识权势阶层的掌声，但是也被其他人视作威胁。英国的政治家和知识分子埃德蒙·伯克说出了很多人的心声，他如此评价这次瓜分："波兰只是他们的早餐……他们将在哪儿吃午饭呢？"

第 18 章

但费迪南多三世和四世看起来并不十分讨厌

---◇◇◇---

那不勒斯，1769 年 4 月 6 日

这是本夜的大约第 12 次了，罗马－德意志帝国的皇帝陛下，最尊贵的、最强大的和最不可战胜的君主及主宰约瑟夫二世，罗马皇帝当选者，帝国所有时期的增进者，日耳曼尼亚和耶路撒冷的国王，匈牙利、波希米亚、达尔马提亚、克罗地亚和斯拉沃尼亚王国的联合执政者及世袭王位继承人，奥地利大公，勃艮第、洛林、施泰尔、克恩滕和克雷恩的公爵，托斯卡纳大亲王，特兰西瓦尼亚大公，摩拉维亚边境伯爵，布拉班特、林堡、卢森堡、格尔德恩、符腾堡、上西里西亚与下西里西亚、米兰、曼托瓦、帕尔马、皮亚琴察、瓜斯塔拉、卡拉布里亚、巴尔、蒙费拉和泰申的公爵，施瓦本和沙勒维尔侯爵，哈布斯堡、佛兰德、蒂罗尔、埃诺、基堡、戈里齐亚和格拉迪斯卡的执政伯爵，罗马－德意志帝国的布尔高、上卢萨蒂亚与下卢萨蒂亚、蓬阿穆松和诺默尼的边境伯爵，那慕尔、普罗旺斯、沃代蒙、布兰肯贝格、聚特芬、萨尔韦登、萨尔姆和法尔肯斯泰因的伯爵，温迪奇边疆区 [1] 和梅赫伦的领主，不无反感地先是在自己的脖子上、然后在自己的背上感受到了西西里国王陛下，最尊贵、最强大的君主及主宰费迪南多三世和四世，蒙上帝之恩的那不勒斯－西西里和耶路撒冷的国王，西班牙的王子，帕尔马、皮亚琴察和卡斯特鲁的公爵，托斯卡纳的世袭大亲王那虽轻但还是很烦人的重量。于是罗马－德意志皇帝陛下显然无数次地自问，当年是哪个骇人听闻、疯疯癫癫的傻瓜说服了天主教徒陛下，最尊贵、最强大的天主教君主和主宰卡洛斯三世，卡斯蒂利亚、莱

---

[1] WindicMarch，德语为 WindischeMark，大致相当于今斯洛文尼亚的下卡尼奥拉地区。——编注

昂、阿拉贡、那不勒斯－西西里、耶路撒冷、纳瓦拉、格拉纳达、托莱多、巴伦西亚、加利西亚、马略卡岛、塞维利亚、撒丁岛、科尔多瓦、科西嘉、穆尔西亚、哈恩、阿尔加维、阿尔赫西拉斯、直布罗陀、加那利群岛、东西印度、世界海洋的岛屿和陆地的国王，奥地利大公，勃艮第、布拉班特和米兰的公爵，哈布斯堡、蒂罗尔、佛兰德和巴塞罗那伯爵，比斯开湾和莫利纳的领主，出于健康方面的考虑，给他这个儿子费迪南多免去了任何一种形式的教育。无论如何，结果绝对值得一看。

从好的方面说，18 岁的国王费迪南多的健康状况确实不赖，他强壮的上半身可能和虚弱的小腿不怎么相配；他惊人的长鼻子就好像可以直接投入战争，同时也是他是卡洛斯三世亲生儿子的明证——当年卡洛斯三世无疑光用鼻子也能冲破围住加埃塔的城墙。但民众只把费迪南多称为"长鼻子国王"，这纯粹是历史的不公。由一缕缕奶咖色头发组成的桀骜"森林"装饰着一个过小且总是不扑粉的脑袋，而按照医生的看法，得把过大的嘴巴四周的小水泡看成是健康活力的标志。这位年轻国王的身高是个加分项，比他略矮的皇帝约瑟夫二世以年长 10 岁的全部宽容原谅了他这一点；虽然一日五餐，但身形瘦削，这是个不利条件，不过只要哪天这种孩子气的多动能最终平息下来，肯定会改善。坦率地说，运动本身没什么，817
人们乐意旁观，而且很难决定国王哪一个不良姿势最让人恼火，以下这些都有同样的权利当选：耷拉着的长胳膊或者一直向右翻的大脚，以及每走一步都要弯曲的身子——国王肯定是从最爱的木偶戏玩偶那里学会的。关于牙齿，漂亮的材料和歪七扭八地排列一定程度上彼此抵消（要是在一个年纪大点的人的嘴里，单是它们的存在自然就已经是加分项了）。扁平的脸颊和长长的脖子仍然可以看作中规中矩，而一个宽厚之人不能在低额头和小猪眼上大做文章，因此约瑟夫二世在给母亲的报告中也只是出于客观的旁观者的想法提了提。最后皇帝对自己的妹夫甚至下了善意的判断，觉得他尽管如此，但看起来并不十分讨厌。尤其要算作正面的一点是，费迪南多的皮肤虽然苍白泛黄，但是柔软；除了手，他本人也很干净，而且一点也不臭。这是一份令人耳目一新的客观评估，每个人都可以从中提取适合的东西。

遗憾的是，要做的还不只是这份身体上的评估。毕竟那不勒斯－西西里国王的理智和行为也要被评判一番，这立马就不那么令人欣喜了。当然，并不是说没那么有意思了，正相反：如果能按照总是有板有眼的约瑟夫二世的心意继续，他最愿意不被打断的就是至少用他研究庞贝或者维苏威那些常见的风景名胜时的着迷来研究这位妹夫。但皇帝还是快点忘了这一遭吧，因为这种研究总需要些安静时刻，而众所周知，安静会引发国王恐慌性的不适（他上次尝试读一本书时导致胃部极为难受）。当然，自从约瑟夫二世一周以前到达这里，直接闯入为葡萄牙王后（我们在第 13 章见过，曾经的"公主王后"玛丽亚·安娜·维多利亚；费迪南多是她的直系侄子，必须为她庆祝生日，尽管二人从未见过）举办的生日宴会开始，多多少少也有过这种安静的时刻。3 天前，两位陛下参观了圣马蒂诺的加尔都西会修道院，欣赏了那不勒斯湾的美景及艺术珍品。皇帝欣赏之时，他的国王妹夫却抓着一位当地贵族和奥地利大使的领子，在对方一点都不情愿的陪伴下像个孩子一样在修道院漫无目的地跑来跑去。加尔都西会修道院的院长在此期间递给了皇帝一个"美丽的镀金圣骨匣"，皇帝当场转送给了迪泰尔莫利公爵夫人——很可能带有一丝讽刺，因为她恰恰就是国王的老师迪圣尼坎德罗亲王，也就是前文提到的那个骇人听闻、疯疯癫癫的傻瓜的儿媳。年轻的国王太过无忧无虑的天性大概就得感谢这位老师。但是人们当时是何想法？国王的教育是被双方当作家庭事务来推动的。举例来说，迪泰尔莫利公爵夫人的父亲是 1738 年把费迪南多的母亲、萨克森公主玛丽亚·阿马莉带往那不勒斯的迪索拉公爵，她的曾祖母是 1714 年与费迪南多很有权力意识的祖母伊莎贝拉·法尔内塞同行的迪皮翁比诺亲王妃。这些人世世代代教育王后和国王们，最后得到这样一个结果，也只得干瞪眼。皇帝动身寻找妹夫，最终发现对方正在修道院的厨房里试着做菜肉蛋卷。费迪南多同时还忙着和随从们进行某种蛋糕大战，顺带发现了奥地利公使怕痒这件好玩的事，而且还远远没有在周围所有的帽子里涂抹上果酱。见此情景，皇帝赶紧把厨房门关上了。皇帝决定安静一会儿，到旁边斋堂里与自己的妹妹玛丽亚·卡洛琳坐在一起，听 17 岁的妹妹讲讲，对于与一个小时后才从厨房出来的费迪南多三世和四世结婚做何感想。这个主题原本可以讨论很久，但是又一次匆忙结束。尽管从奥地利公使的帽子中淌出的果酱或许与这一场合的尊严不相匹配，但众人还是很快又出现在了大学里。约瑟夫二世想听那里的教授讲讲他们的教学方法，但费迪南多的注意力仅仅只够用来看看骨架和被剥制成标本的大象，为了避免令人不愉快的场景，最好还是直接返回波蒂奇宫，在那里吃过饭后就终于可以去打野猪了。

尽管费迪南多的鼻子足以证实他西班牙波旁家族成员的身份，但作为狂热的猎人，他还通过了这一成员身份的第 2 项测验。更确切地说，与费迪南多相比，连事实上凭一己之力灭绝了法兰西岛大区所有野狼的法国王太子曾祖父，或者他的堂伯父路易十五，都充其量只算是温和的狩猎爱好者——后者尽管现在都快 60 岁了，还是每天花几个小时奔驰在森林的路上，不管这路是泥泞不堪还是上了冻。如果说那不勒斯－西西里的费迪南多超越了先辈们，那么这项成熟的业绩最主要是因为他的大舅子觉得世界上最不适合狩猎的地方就是波蒂奇宫周围。这片地区主要由变硬的火山熔岩构成，得是多么热爱狩猎才会用火药在熔岩上炸出几百个洞来，再把洞填上土、种上树，然后在这些树木之间养上野猪和赤鹿——靠着不停地喂养，它们才能在这片荒芜之地存活下来。卡洛斯三世和费迪南多就这样做了。可以看到，现在国王在 200 名围猎者中间，每一个人的名姓他都知道。人们用那不勒斯的方言大声喊叫着，向彼此挥舞着棍子，直到把足够多的野兽驱赶到一个被围起来的区域中，然后开始大规模射击。习惯了更常规狩猎方式的约瑟夫二世诧异地看着妹夫旁若无人地乱射一通，然后祝贺他猎获两头可以说是被人扛过来的野猪。堪称幸运的是，很快就兴味索然的国王此后只是带约瑟夫二世去钓剑鱼，而没有像往常那样冲向死去的动物——国王可是肢解动物的个中好手。但是两人自然没法再交谈，接下来的几天也没能好好交谈。尽管尊贵的客人能看着妹夫骑马或者滑稽地训练他心爱的军队（也就是一群业余士兵无计划、无目标地跑来跑去，国王拿着剑来回挥舞，在不间断的鼓声和哨声中朝士兵喊着没有意义、没人理解的命令，要不然就在尖声大笑），但就是没有合适的时间来一场有意义的对话，哪怕约瑟夫二世特意大度地屈尊降到了这位任性同僚的水平。皇帝不是在到访之初就宣称，费迪南多不必称他"陛下"，"我的兄弟"就完全足够了吗？他不是身先垂范，干脆称妹夫兄弟为"唐费迪南多"，而且他不是也模范地接受了妹夫没有称呼他为"唐朱塞佩"（Don Giuseppe）[1]，而只是用了这个称呼的粗鲁方言版本"唐佩"（Don Pepe）吗？拉丁语、法语和德语课在费迪南多身上没留下一点痕迹，他一如既往，除了那不勒斯方言，什么语言也没掌握。而皇帝作为会 6 种语言的教育奇迹，必然要破例克制一些（尽管如此，他还是告诫妹妹，请继续使用维也纳宫廷优雅的托斯卡纳方言，不要跟着丈夫养成说本地粗俗方言的习惯；妹妹没听他的，偷偷换了语言）。

　　在此期间，当每天早上国王像个疯狂的无赖一样问候约瑟夫二世时，后者几乎不再吃惊。甚至连幼稚的集体游戏皇帝也勇敢地忍受着，就好像他从来没有更好的事情要做一样。大家先是玩摸瞎子游戏，然后是一个叫梳妆打扮的游戏，后来皇帝讲了维也纳人是怎么玩"望向汤里"这个游戏的，最后又进步到了哨子游戏。在哨子游戏里，不愿意对女人动粗一时间成为皇帝的严重障碍，但是在被一位特别果断的公主使出第一记拳脚功夫夺走手里的哨子之后就克服了这一障碍。很快皇帝就无所顾忌地使劲挤压游戏女伴们苍白高贵的小手，以至于她们说他是真正的天才。但是最终，此行的主要目的出人意料地没怎么达成：没体现出驾临那不勒斯的约瑟夫二世作为当时最不喜礼节的统治者的作用。在维也纳宫廷，礼节之敌想要

---

[1] 意大利语读法。——编注

招摇原本就不难，因为那里的宫廷总管在必要时会独断专行地锯掉椅子的扶手，提供给突然到访的等级不对的王子使用；在那里，如果没穿有 200 年历史的西班牙大袍，只穿一件仪仗制服的话，就能一举成为危险的颠覆者。最主要的是，约瑟夫二世对很多礼仪规则和仪式的抗拒，仅仅源自一个粗略的愿望：尽管职业不同寻常，他还是想像一个普通人那样被对待。本质上这是个现代的想法，而且太过现代，以致对约瑟夫二世内政的灾难性失败起了不小的作用。世袭统治者受之有愧的客观优势会让这一群体中更聪明的那些人意识到一个事实，那就是他们的王位只能归功于投胎的偶然性，因此不能对自己的才能太过自负。但作为真正独一无二的个体、作为完全个人化的伟大人物而获得仰慕，不是更令人兴奋吗？——表态性地放弃一些原本就是冲着身份而不是天分去的恭敬，就能获得大量这种倾慕，这不是非常实际的做法吗？在 18 世纪，这还是全新的思想。人们以为这些思想必然会通向一个辉煌的未来，但是直到生活在当下的我们才看清形势，因为统治我们的通常是那些自大的人，这种个体的狂妄自大在掌权 10 年后就可能比巴洛克时代第 25 代统治者习以为常的自大更危险。不过这些只是顺便说说。不管怎样，约瑟夫二世遵循伟大的腓特烈二世的榜样，或许还有他道听途说的一些启蒙思想，十分有意识并且慷慨得如此目中无人地从至尊皇位上屈尊降贵，以至于不由自主地把人们因此对他表现出的仰慕视作理所当然。但遗憾的是，这种超级微妙的差别偏偏完全浪费在了妹夫费迪南多身上，因为他没有一点儿文化，根本不知道君主和农夫的差别是什么。要有效地统治一个没有中间阶层、首都被一支由短工和轻微违法分子（所谓的流浪汉）组成的军队控制的国家，人们也想象不出更好的君主了。只要看过宫廷的露天用餐表演，就会体验到普通民众在看到他们的国王用手抓着吃原本就属于无产者的通心粉时爆发的喜悦，就会体验到国王明显愉快地以同样的语调回复民众粗俗的叫喊时人们的狂喜。如果民众知道费迪南多甚至坐在马桶椅上迎接皇帝，而且用完了马桶椅立即拿着它跟在大喊的宫廷官员身后跑，肯定会很高兴；如果民众意识到，站

822

823

在阳台上约瑟夫二世身旁的国王刚刚用"对健康很有必要，小兄弟"这样的话来为一阵不适合上流社会的嘈杂辩解，大概会对他们的国王报以双倍的欢呼。而约瑟夫二世大概必须得等回到维也纳，才会再次成为那个受民众欢迎的君主。

现在是舞会时间。约瑟夫二世期待在这里看到一种特别的景观，因为正如那不勒斯被视作欧洲大陆最美的城市之一，由费迪南多的父亲建造的圣卡洛剧院也是欧洲著名的歌剧院之一——这里不仅是歌剧的舞台，更像是整个南部贵族的舞台，不停向上增建的包间就归他们世袭所有。这里演奏的音乐收获了专家和游客褒贬不一的评价，但人们一致认为策划得独一无二，例如在战争场景时，一下子就有 200 名职业参战者和用真正的马匹发起的骑兵袭击出现在舞台上。这或许也称不上误用，因为舞会的组织者是完全不清楚骑兵袭击和社交舞会区别的国王。约瑟夫二世在去舞会的路上就已经观察到这种影响了。方便起见，圣卡洛剧院和相邻的王宫被一条长廊连接了起来，据说是统治者一时兴起在一次表演期间修建的（18 世纪的歌剧足够长，不排除这个可能）。遵守僵化的礼节走完这段路，岂不是残忍地浪费了很多乐趣？但是看上去就是如此，约瑟夫二世、国王费迪南多和王后玛丽亚·卡洛琳率领所有宫廷官员严守礼节地依等级前行，威严的侍从官们则手持烛台为他们在漆黑的宫殿中照亮道路。约瑟夫二世心想：真是奇怪，永远搞不明白这些人在做什么。这时皇帝突然被妹夫的一声尖叫吓了一跳，尽管费迪南多在正常状态下说话、叫喊和尖叫的区别也是门学问，但此时显然没那么简单。原来当国王到处大喊、像一个马车夫一样鼓劲儿，并且向四周挥动手臂，让眼前的宫廷侍臣迈开步子时，"整个宫廷，大大小小，大臣和老学究"都尽己所能地"Galopp"[1]（约瑟夫二世使用这个词，到底是说他们迈起了加洛普的舞步，还是像马一样飞奔起来，恐怕连他自己也不知道）起来，这种反应速度只能用常年的训练来解

---

[1] Galopp 一词有"加洛普的舞步"和"马的疾驰"两个含义。——译注

释了。就像疯狂的赛跑一样，被费迪南多的脚步和尖叫声所激励的男性随从们快速向着一个方向跑去，而约瑟夫二世和王后只能勉强保持在同样加了速的女性人员的领头位置。皇帝兄妹刚好能看到费迪南多的拳头是怎样把躲避不及的法国大使猛推到第 2 个大接待室的墙上，以致稍后人们可以在舞会上对阁下鼻子上的大包表示钦佩；然后他们逐渐落后，一时间在不熟悉的房间中迷了路，在走廊的尽头才发现了大部分宫廷人员。两支一路狂奔的队伍都有人员损失，此时正试图同时穿过一扇过窄的门进入歌剧院。对于约瑟夫二世谨慎的询问，人们回答这其实是舞会寻常的序曲，连气喘吁吁的老太太也毫不迟疑地拥护"国王跑，我也跑"的原则。难怪约瑟夫二世一反常态，2 周后给母亲玛丽亚·特蕾西娅写长长的旅行报告时，明明知晓收信人对幽默的抵抗力，还是没能阻止他得出结论：这辈子从来没经历过比这更滑稽的事。

825

此时已是凌晨 1 点。歌剧院舞台上，伴随着国王的四队舞，真正的舞会开始了。国王没有参加接下来的小步舞，而是抓住心爱廷臣的衣领跑过大厅。与此同时，不怎么爱跳舞的皇帝穿着白色的狂欢节服装，赞叹地看着宏伟的建筑，开始与人闲聊起来，但是却不得不忍受国王每隔几分钟就要经过，用帽子打他屁股一下或者骑到他的背上。约瑟夫二世虽然每次都背着妹夫走几步，但是当后者重复了 20 遍这个游戏后终于消失在舞池的方向时，皇帝还是很高兴。这一晚最值得一提的时刻自然还没到来，而且不要感到奇怪，我们对这一刻的了解破例不是来自约瑟夫二世一般而言异常详细的旅行记录。我们的目击者是 38 岁的贵族威廉·汉密尔顿，他作为英国公使待在那不勒斯宫廷的 5 年间非常受欢迎，王室和贵族都把他当自己人。此刻，连 17 岁的王后玛丽亚·卡洛琳也很愿意和公使共舞——与丈夫相反，王后喜欢跳舞，也跳得很优雅。但是由于汉密尔顿和玛丽亚·卡洛琳在后者去年到来时就发现，这个宫廷的礼节不允许他们这样做（王后只允许和侍从官及其他波旁宫廷的"家族"大使们跳舞），所以现在汉密尔顿同样远离舞池，在与皇帝交谈。尽管两人几天前才刚刚相识，但

约瑟夫二世也早已被这位迷人的外交官的魅力所倾倒，甚至汉密尔顿也打
起了算盘，希望从政治上处于三流水平的那不勒斯公使晋升为英国驻维也
纳大使。但是国王费迪南多不合时宜地闯入了这场很有前景的谈话，他刚
刚大汗淋漓地从舞池退出，要是不立马让亲爱的大舅子唐佩感受到他的身
体状况，就深深违背了自己对人际关系的微妙直觉。于是为了表明自己英
雄般汗流浃背的状态，国王就像好朋友之间那样，目光炯炯地抓住了皇帝
的手，把他的手放到自己的屁股上。就这样，人们在 1769 年的那不勒斯
发现了一名反对繁文缛节的新型君主的底线。约瑟夫二世带着冰冷严肃的
恐惧——大概只有如他一般的 17 位皇帝和 49 位国王的继承人才能如此出
色地——把他最尊贵的手从不雅的地方抽回。这还不是整个场景中最令人
印象深刻的。如果我们愿意相信汉密尔顿后来向朋友讲述的，那么我们得
庆幸，我们的主人公没有身在巨型大厅被栅栏隔开的那个区域，那里除了
威尼斯风情的狂欢节服装，还要戴面具。因为真正吸引人的是皇帝茫然失
措的眼神，而更加吸引人的是国王在完全静默的几秒钟里回应他的同样茫
然无措的眼神。事实上，在这一刻坍塌的绝非只有皇帝的世界观。迄今为
止他一直坚信，就算他做出一副没那么威严的样子，他那至高的尊严也会
保证他受到尊敬。妹夫这一举动虽然令聪明、有教养的皇帝震惊，但毕竟
也给善于分析、28 岁的他带来了触动。相反，悲惨的不谙世故的费迪南
多从来没有离开过那不勒斯，不到 9 岁就登基为王，一门外语也不会，一
本书也没读过，没有学习过任何与击毙或者肢解野猪和剑鱼无关的东西。
这一刻他肯定感受到了以前从未经历过的拒绝，真真正正地就好像天塌地
陷。老天啊，如果连最高的奖赏、最亲切的关照姿态都像刚才这样被误
解，那还有什么值得信赖？在这样的震惊后，还能用拍大使夫人们的屁股
表示敬意而不指望遭到类似的非人反应吗？这一切仅仅是因为大舅子显而
易见的愚蠢，还是外国人都倾向于犯这种古怪的失误？在这漫长的几秒钟
里，在西西里国王陛下心中翻腾的肯定就是这些问题，然后他用余光看到
了特别怕痒的奥地利公使，忘记了所有这些不可名状的烦恼，高兴地尖叫

826

827

着向公使跑去。在此期间，汉密尔顿先生表现得十足是个外交家的样子，他肯定太惦念维也纳那吸引人的职位，所以才没有大声笑出来，但是由于憋笑引发的肌肉酸痛，他10年后还记得。而约瑟夫二世在这天晚上，按照他自己的说法，尽可能早地上了床——要考虑到他可是从一个接近凌晨3点才真正开始的宫廷舞会返回。或许皇帝大概想过，幸亏原定于第2天早上的海战游戏由于风暴取消了。

　　此时此刻，或许应该简短地解释一下，倒霉的费迪南多是如何如此迅速地登上那不勒斯王位的，毕竟他出生时只是西班牙国王的第3个儿子。同时我也利用这个机会来澄清一下本章开头引用的这两位国王及皇帝的头衔可能给诸位读者引起的混乱，虽然晚了点，总好过不解释。事实是，前现代的君主国与后来的民族统一国家相去甚远，除了少数例外，这些君主国统治者的名字确确实实是完整的头衔，通常要没完没了地列举各块领土。更有甚者，有时候名字里缺少的唯一一个领土名称，偏偏就是当时用来非正式地称呼那个相应国家的通用说法。因此要保证费迪南多的父亲卡洛斯三世的封号中有"西班牙"一词只是徒劳，尽管他的主业正是那里的国王。（自然更谈不上巨大的拉丁美洲，但是当时无论是在西班牙语还是欧洲的其他语言中，那里都叫作"印度"。）我已经提过，约瑟夫二世与母亲玛丽亚·特蕾西娅共同统治的这个复杂的复合王国，内部除了"君主国"根本没有别的名称可用。而大多数外国人使用的权宜名称奥地利，在约瑟夫二世的封号中也只是排在56条中的第9位；当然，与位列第35位的哈布斯堡相比，这算是个相当卓越的位次了。这一实践的另一个尤为不便的伴随现象是，这些封号必然融入了大量不容忽视的权利要求，这些权利要求一直伴随着这个拥有几百年历史的统治者家族，虽然已经无用，但是永远不会失效。为了真正享有声望，统治者的封号就必然包含一些无实际意义的，也就是不实行真正统治的领土封号。这类封号占约瑟夫二世封号总数的46%，在费迪南多的封号中甚至占到62%，卡洛斯三世的占47%（如果鉴于哪儿都没出现的拉丁美洲，承认他非特指的双重封号"世界海

828

洋的岛屿和陆地的国王"有一半是真实的话）。

因此，我们 3 位君主的封号恰恰在事实上与根本不属于他们的那些领
土完美重合，这绝非偶然。举例来说，在耶路撒冷，约瑟夫二世、卡洛斯
三世和费迪南多都是同一种类型的国王，他们都不统治这个十字军东征王
国的一分一毫，而该王国的最后一部分已在 1291 年彻底归了埃及。但是由
于教皇在 1266 年把这一封号连同西西里王国授予了法国国王之子查理·德
安茹[1]，所以现在费迪南多三世作为西西里事实上的国王、他的父亲卡洛斯
三世作为该王国曾经的国王，以及约瑟夫二世作为洛林家族的继承人，也
就是 1422 年被从那不勒斯－西西里驱逐出去的"贤明国王"安茹的勒内
享有继承权的女儿的后人，都拥有这一封号；约瑟夫二世徒有其表的"普
罗旺斯伯爵"封号也要归功于勒内。而约瑟夫二世之所以被称为"托斯卡
纳大亲王"，是因为他的父亲、洛林公爵弗朗茨·斯特凡在 1735 年确实用
家乡洛林与托斯卡纳做了交换，以此换得不情愿的强国们同意他与奥地利
继承人玛丽亚·特蕾西娅的婚事（见第 14 章）。1745 年，弗朗茨（即弗朗
茨一世）当选罗马－德意志皇帝，1765 年弗朗茨去世后，约瑟夫二世继
任。此外，约瑟夫二世的母亲玛丽亚·特蕾西娅还任命他为奥地利治下已
经属于她一人所有的匈牙利、波希米亚、克罗地亚和达尔马提亚王国的联
合执政者。这种状况解释了约瑟夫二世的矛盾心理：他是皇帝，然而又是
一个无法独立的儿子，他的母亲占主导地位而且完全正式执政。此外，按
照 1735 年的协定，弗朗茨一世去世时，与这些遗产不可同日而语的托斯卡
纳没有归长子约瑟夫二世，而是成了约瑟夫当时 18 岁的弟弟彼得·利奥波
德的财产。因此，不同于约瑟夫，彼得 4 年以来可以在佛罗伦萨充分发挥
自己大得多的政治才能。由于母亲不能干政，托斯卡纳很快就成了现代化
最彻底的欧洲国家。利奥波德废除了死刑，把军队缩减为一个军团。据说
他之所以保留这个军团，只是因为要把士兵的尿液用于科学实验。

---

[1] 作为西西里和耶路撒冷国王称"卡洛一世"。——编注

　　如果我们懂得有所选择地读取，卡洛斯三世和费迪南多的封号和皇帝的一样，清晰地讲述了他们的历史。费迪南多享有帕尔马和皮亚琴察公爵的封号，当然，他和同样有这一封号的约瑟夫二世一样，并不实际占有这些领土。之所以拥有这一封号，是因为他的祖母伊莎贝拉·法尔内塞是这些土地的继承人。我们已经在第 11 章认识了伊莎贝拉·法尔内塞，见识了 1714 年她是如何作为西班牙王后及继承人的继母戏剧性飞黄腾达的。都怪这个无辜的继子，这出戏剧几十年后仍以同样的风格在整个欧洲舞台上上演，因为只要法尔内塞没把自己的儿子变成国王，她就不得安宁。作为美第奇家族一个女儿的后人，伊莎贝拉·法尔内塞曾是托斯卡纳大亲王国的下一任继承人，因此她在 1732 年首次告捷时确实让自己的长子唐卡洛斯王子做了托斯卡纳的继承人和"大亲王"。卡洛斯非常看重这段往事，即使 1735 年西班牙在波兰王位继承战中获胜、以放弃托斯卡纳为他换来那不勒斯－西西里王位之后，他也在自己的纹章中保留了这一封号和美第奇家族纹章中的药丸形球状物。

　　这个双重王国最初是一个国家。1130 年被授予的王国封号要感谢教皇的统治，因此即使到了 18 世纪，每当西西里王位或者教皇之位换人时，国王都会将古老的封地贡品（7000 金达克特及足够温顺的牝驴或者牝马，后者用于在典礼时驮运女眷或者神父）直接送往圣伯多禄大殿。1282 年，在西班牙的施陶芬继承人与忠于教皇的安茹之间的战斗中，原本的西西里从那不勒斯本土分离出去，那不勒斯的统治者对此自然不予承认。因此，在 200 多年的时间里，无论是在巴勒莫还是在那不勒斯，都有一位自称西西里国王的统治者。如此长的一段时间，足以在 1504 年重新统一后（顺便说一句，统一是通过一次暴力行为实现的，德塔尔蒙特亲王和他的拉特雷穆瓦耶家族对该王位无望的要求正是基于这次行为的非法性），也让人继续觉得这两个分别发展的王国是独立的个体。从此以后，统治这两部分的统治者就叫作"两西西里国王"和"西西里陛下"，尽管统治者住在那不勒斯。例如费迪南多，在 1798 年残酷的需要驱使他前往西西里之前，他根本

831

就没去过西西里。这倒也稀松平常：路易十五除了参加战争、路易十六除了去过一次港口，从没离开过巴黎－凡尔赛地区；撒丁的国王下榻在都灵，没怎么去过他的岛屿；就像 1641 年到 1822 年间的任何一位英国君主到苏格兰都会迷路一样。短暂分离的一个比较令人恼火的后果在于，由于不同的继承顺序，费迪南多在西西里是叫这个名字的第 3 位国王，而在那不勒斯是第 4 位同名国王，因此只能用两个序数词来称呼他，而我在文中大多数情况下都将其省略了。姑且不考虑这种情况。王子唐卡洛斯作为国王在那不勒斯登基，不仅让其雄心勃勃的母亲伊莎贝拉心满意足，而且对于他新的臣民来说也是夙愿得偿。1504 年以来，这座维苏威火山旁仅由总督治理的城市终于又有了一个宫廷，这不仅增加了城市的光彩和魅力，而且通过奢侈消费和建设项目也带来了毫无诗意的赚钱机会。年轻的国王卡洛斯（显然没必要再提他的双重序数词五世和七世）建造了得名于他的保护圣徒的圣卡洛剧院，开始到处兴建宫殿，像一个波旁人那样狩猎，娶 14 岁的萨克森公主玛丽亚·阿马莉为妻（由此这一新的君主国至少有一个因素在提醒人们，它的起源最终要感谢萨克森－波兰的"强力王"奥古斯特二世与格伦布科的夺命豪饮）。即使当母亲在为自己的第 2 个儿子寻找王国，并于 1741 年极大地推动了奥地利王位继承战的爆发时，卡洛斯也尽可能地置身事外。战争结束后，卡洛斯宣布，他的国家没有一点外交野心，不想从任何人那里得到什么。这个国家被忽略了几百年，领导它的是质朴的封建领主，以该国的朴素标准来看，最晚到 1748 年和平协定时，一切都很好。但是当这种简单的状况无法持续时，我们几乎不会惊讶。

伊莎贝拉·法尔内塞在世时，她宏伟的"继母和王位占领"计划就逐渐变得多余了，因为就算没有任何战争和诡计，该计划的目标也会实现。人们不得不将此看作对这位耐心十足、执着并且无所顾忌的王后人生的终极讽刺。1746 年，伊莎贝拉的丈夫费利佩五世去世，而且一开始确实发生了她这些年一直担心的事情。她温和的继子费尔南多六世登基，从为同父异母弟弟而发动的战争中抽身，给了来自葡萄牙的妻子芭芭拉大量权力，

几乎和伊莎贝拉曾经拥有的权力同样多，并且在几个月内被妻子说服，将
继母伊莎贝拉放逐到一座偏僻的宫殿中。在去往那里的途中，伊莎贝拉的
宫廷侍臣不得不向民众抛撒大量钱币，从而换来人们对这位常年幽居深
宫、对西班牙人毫无兴趣的王太后的欢呼。伊莎贝拉的长子卡洛斯已经是
国王了，但此刻于她自然没有多大用处，哪怕她考虑过去他那里。但伊莎
贝拉显然没有这样做，因为卡洛斯的身旁此时也有了一个主事的妻子。长
期以来起主导作用的强势王后所保障的原则，现在双倍且十分强硬地把矛
头对准了她，以致她在 10 年多的时间里丧失了所有的影响力，然后残酷
的既视感似乎再次为她踏平了重返权力的道路。1758 年，王后芭芭拉去
世，她的丈夫费尔南多六世很快就患上了曾控制他父亲多年的那种精神疾
病。刚刚作为英国大使出现在马德里的布里斯托尔伯爵（也就是我们已经
熟悉的赫维勋爵的长子）对此做了记录：国王在偏僻的府邸深居简出，先
是不再说话，然后停止了剃须，很快也不再换衬衣。因为国王坚信，只要
躺下，他就会死去，因此他只坐着睡，而且只睡半个小时。整个宫廷和国
家机器立即停滞不前了，因为这次不再有王后垂帘听政；而通过摄政代替
有精神疾病的君主的想法在此时还是一种无法想象的亵渎。1759 年 8 月
10 日，年仅 45 岁的国王去世，由于没有子嗣，西班牙的王位直接落到了
伊莎贝拉的儿子、那不勒斯－西西里的卡洛斯头上。也就是说，即使没有
那 3 场战争，卡洛斯最终也会成为国王。坦率地讲，虽然他得多等上 25
年，但他也可以免去一项现在不得不承担的苦涩义务。因为当结束流亡的
伊莎贝拉·法尔内塞最后一次代替不在场的人执政时，卡洛斯必须在那不
勒斯做出决断，留下哪个孩子，永不再相见。

　　为了维持大国间不稳定的平衡，1735 年的协议对托斯卡纳和那不勒
斯做出规定，让它们保持次子继承权。也就是说，这些国家永远属于旁
支，永远不能与主支奥地利及西班牙统一。一般而言，这在一定程度上对
王朝有好处，因为主支的总财产虽然减少了，但是却允许次子"机构"存
在，由此减少了整个家族灭绝的可能性。但是那不勒斯－西西里的卡洛斯

在遥远的同父异母哥哥去世的瞬间成了西班牙的卡洛斯三世,只能将小儿子中的一个扶上那不勒斯的王位,以此来满足这一附加条款。但是由于还没到君主们可以出游国外的时代(约瑟夫二世即使在 10 年后仍然是个先锋),这次指定同时也意味着登基的儿子永远不会再见到父亲。事实也的确如此。实际上卡洛斯三世也没有选择权,因为按照继承法,自然是把长子带到更重要的西班牙做继承人,次子继承那不勒斯——违背法律的其他方案都会导致受到优待的继承人与被忽视的兄弟之间有朝一日爆发战争。不光如此,卡洛斯家还有第二个悲剧。

卡洛斯的长子按照祖父的名字唤作费利佩,身为那不勒斯的王储,被封为卡拉布里亚公爵。王储自小就与常人不同,1759 年时他已经 12 岁,明显有智力上的障碍。怎么办呢?几乎没有先例可以参照,因为很多有心理疾病的统治者通常是在登基后才发病的。西班牙的卡洛斯二世同样智力滞后,但他早在这种疾病显现之前就已登基,无法在不发生继承权战争的情况下取消他的国王身份。但是此时距卡洛斯二世出生已经过去了近 100 年,学者们越来越意识到理性的重要性。最重要的是,和卡洛斯二世的父亲不同,卡洛斯三世有超过 6 个儿子可以选择,于是他让一个官方的医生委员会对这位王储做了智力测试,这在欧洲王朝历史上史无前例。医生们最后给出了消极的结论,他们的理由是,费利佩王子不理解天主教会的主要教义——这也提醒我们,这种现象绝非完全现代。在那不勒斯之外,人们自然会在一定程度上以此取乐(持怀疑态度的新教徒霍勒斯·沃波尔就写道:这不如说是证明了清醒的才智),因此非常明智的是,卡洛斯三世绝没有像更古老的王朝逻辑通常建议的那样,让被剥夺继承权的儿子消失在一座可疑的修道院或者悬崖上的宫殿里;相反,他在那不勒斯中心给这个不幸的孩子设立王府,让他定期接待来访者。父亲这样做不仅人性化,而且也避免了危险传说的出现。外交官、游客,特别是约瑟夫二世就可以亲眼确认和蔼的、带着可怜的奇怪表情的小伙子的疾病。王子的一生基本上都在吃中度过,除了让仆人们给他套上越来越大的手套、"一直到 16 号为止"，没有别的更大的乐趣，直到 30 岁去世。

尽管卡洛斯三世在对待长子时相对人道，但是他现在与妻子玛丽亚·阿马莉要痛苦辞别的不只是那不勒斯。8 个孩子中他们带走了 6 个，其中有次子卡洛斯，现在的阿斯图里亚斯亲王、西班牙的继承人。由于泪流满面的父亲退位，三子费迪南多得到了两西西里的王位，尽管他那时还不到 9 岁。1759 年 10 月 6 日，费迪南多在王宫下方的防波堤上朝着逐渐远去的豪华船队致意，除了智商有问题的哥哥，全家人都随船最后一次驶出了那不勒斯的港湾。很快卡洛斯三世就会不情不愿地抵达西班牙，他对那里的印象只有慢慢变疯的父亲那幽闭恐怖的宫殿房间。卡洛斯三世才 35 岁的妻子在到达西班牙后不久就因为狩猎时的一次骑马事故的后遗症去世，但这没能使他放弃狩猎——正相反，他比以前更频繁地狩猎，因为他害怕没有长期过度的运动，下场会像父亲和哥哥一样。连伊莎贝拉·法尔内塞再次作为国王母亲垂帘听政的希望也没实现，而作为国王的妻子她曾长时间掌权。讽刺的是，显然恰恰是后一点使得前一点没有成功：在几十年里，伊莎贝拉已经习惯了像费利佩五世那样夜作日息，即使在丈夫死后也坚持这一点。现在这位半瞎的老妇人虽然让人用轿子把她抬到了儿子那里，与他 28 年来首次重逢，并在两人痛哭的时候拥抱了他，给了他胆怯的家人一大堆镶金的礼物；但是她一直到 73 岁去世（1766 年），都没能再参与到权力中去，这不仅因为她的儿子在这 28 年间已经习惯了独立执政，还因为她几乎没再怎么见过他——当热衷新鲜空气的早起者上床睡觉时，她才在永远垂着的帘子中刚刚睡醒。

在那不勒斯，被留下的小国王费迪南多此时长大了。在所有的这一切之后，或许我们更能理解，为什么父亲责成宫廷总管迪圣尼坎德罗关注费迪南多的身体健康，把狩猎当成平衡性的运动，但是建议在智力教育方面要谨慎，就是怕对孩子要求过高导致他形成——显然还完全未被理解的——哥哥一样的障碍。老师们是如何超额完成这一使命的，我们已经见识过了。按照约瑟夫二世的说法，即使是对于"天主教会的主要教义"这个关键词，费迪南多也只能想起官方教义中相当边缘的两点：天使（白）与魔鬼（黑）之间的颜色差别及那不勒斯主保圣人雅纳略卓越出众，他的圣体血液保存在大教堂中，如果不想让流浪汉暴动的话，圣血每年都必须神奇地液化一次。尽管如此，卡洛斯三世对这种教育结果异常满意。是因为儿子名义上成年后他仍能定期通过用那不勒斯方言写就的信件来远程操控，同时政府事务（以及带有费迪南多签名的印章）掌管在卡洛斯三世亲自聘用的首相塔努奇侯爵手里吗？不管怎样，要是国王受过教育，很难形成这种局面。而费迪南多甚至不羡慕他有朝一日会统治西班牙及"世界海洋的岛屿"的哥哥，而且当他最后和约瑟夫二世又聊起来时，还能破例用准确的数据向他解释这一点。按照费迪南多的说法，一名西班牙的君主如果每年能猎到 40 头野猪就会很高兴，而这个意大利南部的王国每年要保证君主能击毙 300 头。还用多说吗？当皇帝询问国王，他的政府究竟由哪几个部门组成的，国王的回答十分混乱，以致约瑟夫二世最后也没搞清楚，这个国家是确实组织得如此混乱，还是碰巧冷静的妹夫干脆即兴编了些话来敷衍他。幸好皇帝陛下原本就安排了 3 个小时的时间，计划与首相塔努奇侯爵交谈，这个安排让他了解得更详细了一些。顺便说一句，谈话时可恶的古老礼仪再一次帮了约瑟夫二世，因为礼仪允许他让 71 岁的首相一直站着，"从而使他在论述时不至于太过跳跃"。这次谈话收获颇丰，约瑟夫二世从中不仅验证了自己的猜疑，即这个牵着国王鼻子走的前教授确实不是个好人；最重要的是，皇帝再次清晰地意识到，很快这个决定性的计划内岗位就会需要新的人手。塔努奇侯爵年事已高，撑不了多久了，来自马德里的远程控制也不是不可消解。约瑟夫二世可是听到妹夫不动感情地说，"要是爸爸死了"，他会让一切有所不同。当然，费迪南多说的只是一个特别有吸引力的野猪猎区，奇怪的是，父亲禁止儿子去那里狩猎，好留给远方的自己用。但是，首先，国王间的联盟原本就经常会因为一些相当蠢的问题而破裂；其次，人们确实不需要观察太久就能料到，谁大概会控制这个太过懒惰，不会长期亲自掌权的人。

对于国王的子女，尤其是少年国王来说分所应当的是，费迪南多三世和四世从很久以前就在可以想到的婚姻联盟棋盘上被推来推去。1756年，法国和奥地利意外和解，波旁家族的西班牙－意大利旁支很快也加入其中，所以很早就为费迪南多考虑过一位女大公；与此同时，人们让女大公的兄弟约瑟夫二世在1758年与费迪南多的堂姐、来自帕尔马的伊莎贝拉结了婚。伊莎贝拉是路易十五的外孙女，她早早去世，令约瑟夫二世陷入深深的绝望，这一1660年以来波旁－奥地利的首次联姻似乎运势不佳。为费迪南多非正式选定的玛丽亚·特蕾西娅的女儿在孩童时夭折，于是人们又让其妹妹玛丽亚·约瑟法与费迪南多订婚，但1767年同样以悲剧收场。在玛丽亚·约瑟法与自己那作为费迪南多的新郎代理人、恰巧也同名的弟弟成婚仅仅一天，应该启程前往那不勒斯时，她因天花死在了母亲玛丽亚·特蕾西娅的怀中。与这种王朝婚姻伴生的是残忍的终生分离，玛丽亚·约瑟法临死之时还试图安慰母亲，说她反正都要永远离开母亲了，现在直接进天堂至少更好一点。但是同一种残忍的机制使得人们几乎毫不迟疑地用玛丽亚·约瑟法的下一个妹妹玛丽亚·卡洛琳取代了她——或者更准确地说，那个现在不得不习惯自己新名字是玛丽亚·卡洛琳的妹妹，在此之前她叫作玛丽亚·夏洛特。就像很多王侯之家故意模糊女儿的宗教教育，好让她们以后能够按照市场状况嫁入加尔文派、路德宗或者天主教的家庭一样，连公主们的名字也都是临时性的，因为人们在施洗的那一刻还不知道，这个名字以后会在丈夫的何种语言中被使用。俄国习惯于在外国新娘改宗东正教时给她一个全新的名字，甚至会把父姓俄语化。这当然是个极端情况，但是逻辑和现在为了与意大利相协调而把此前在维也纳叫作玛丽亚·夏洛特的公主改名为玛丽亚·卡洛琳或者玛丽亚·卡罗琳娜是一样的，因为维也纳更愿意使用哈布斯堡家族传统名查理的女性版本的法语形式。（这项决定令我们顺带记起了另外两条规律：那时几乎所有的公主和贵族女儿的名字都是由男性的名字派生而来，而且几乎所有的父母都觉得有责任将自己家族传统的名字永久化。就像这位公主。虽然已经有2个

839

叫这个名字的孩子夭折，他们还是又给这位公主取了这个名字。）也就是说，如果几个人以另外的顺序死去，婚姻结盟也会必然不同，我们的玛丽亚·卡洛琳终生（大约在法国）都会是玛丽亚·夏洛特，而她的妹妹玛丽亚·安东尼娅（大约在意大利）就会保留这个名字，而不会嫁往法国，在那里变成玛丽·安托瓦内特。在这些条件下，所有当事人都能够无比灵活地运用自己的名字，比我们所能理解的还要灵活。这也是种福气。一个人如果像大多数的王公一样，以前就习惯了宫廷语言、臣仆的语言，而且经常还有配偶或者母语的变换，那么在各种语言中用相应的名字变体来称呼自己，显然对身份认同不会有特别大的冲击——像腓特烈大帝甚至还特意扩大了这种区别，这个被父母称作弗里茨的德国人在写法语书信时的签名不是"腓特烈"，而是虽然错误，但听起来更加罗马风格的"费代里克"。尽管如此灵活，但流传下来的说法是，前女大公玛丽亚·夏洛特在去往那不勒斯的旅途中仍然对于自己现在玛丽亚·卡洛琳王后的身份不太适应。

即使按照王朝的标准，玛丽亚·卡洛琳与国王费迪南多的婚姻开端也糟糕得惊人。按照当时的标准，16 岁的玛丽亚·卡洛琳面目姣好，尤其是她鲜红的双唇和几乎剔透的雪白皮肤；但她在那不勒斯的头几天却不得不认为，她那不怎么有吸引力的新郎觉得她不美。其实是因为费迪南多太过羞涩且太过粗笨，无法恰当地表达他的着迷。1768 年 5 月 12 日，费迪南多与玛丽亚·卡洛琳在有 1200 个房间但尚未完工的卡塞塔宫的小教堂里再次成婚，而且这次两人均在场，所以随后就入了洞房，但是国王待的时间不是很长。那天非常热，费迪南多早上不得不特别早去狩猎，好奇的宫廷侍臣自然向他打听他妻子的情况。费迪南多典型的回答"她睡得跟死人一样，淌汗淌得像猪一样"明显说明他缺少热情。当时人们猜测，在这方面他不可能被超越了。但事实上，这与几个月后玛丽亚·卡洛琳本人在一封信里写下的评论相比，还是相形见绌："情愿死去也不愿再经历一次我当时所经历的……不是夸张，但是如果我的信仰没有告诉我想想上帝，那我早就自杀了。"所幸身处这种处境下的玛丽亚·卡洛琳并非完全孤独，比如后来她的妹妹玛丽·安托瓦内特也是如此，因为两位新娘"交付"以后都立即遣回了所有来自家乡的随行人员。但是这次玛丽亚·卡洛琳的哥哥、托斯卡纳大亲王利奥波德和他的妻子玛丽亚·卢多维卡留在了那不勒斯。23 岁的玛丽亚·卢多维卡最初叫作玛丽亚·路易莎，是费迪南多的姐姐（显然是他 9 岁后又见到的唯一一个姐姐）；她不得不在前一天向新娘解释，新婚之夜会发生什么，事后她写道，她永远也不想再参加这种典礼，即使人们允诺她皇后之位也不行。（由于姻亲约瑟夫二世的孩子们都没有活下来，她最后还是成了皇后，而且年纪轻轻就去世时是罗马－德意志帝国倒数第 2 位皇后。）有了这两位客人的宽慰，玛丽亚·卡洛琳得以更轻松地扛过这段幸好很短的时间，直到虽然粗野但其实不坏的费迪南多学会了一定程度上体贴地对待她。

自此又过了不到一年，发生了很多事情。玛丽亚·卡洛琳早就知道，为了避免令人不快的场景，该如何对待自己的丈夫；而且她早就明白，那个狩猎时不戴帽子和手套、总是被晒成棕色的人极其以自己皮肤白皙的聪明妻子为荣。妹妹玛丽·安托瓦内特或许更优雅，但是在维也纳匆忙准备的课程中（在姐姐去世和她本人启程之间只有 5 个半月的时间），对政治问题最感兴趣的是玛丽亚·卡洛琳。尽管玛丽亚·卡洛琳只有 17 岁，但是当人们在舞会上看到她干脆地把打扰她玩牌的国王派回舞池中时就会明白，无论是塔努奇侯爵还是卡洛斯三世，很快都有一场硬仗要打。约瑟夫二世在舞会次日一早前往国王和王后的卧室拜访二人，从床的布置可以看出，费迪南多显然都是在这里过夜，而不是在自己的豪华卧室过夜。约瑟夫二世看到妹妹在床上仍然戴着手套，最主要的是，他看到妹夫即使当着他的面也"非常温柔，恕我直言，而且动情"，而妹妹的反应"相当冷淡，与其说是在回应，不如说是容忍"——也就是说，都是些有意思的信息。但是在约瑟夫二世写信及后来母亲读信的时候两人大概都不知道，之所以有意思，是否仅仅是因为对妹妹和女儿命运的关心，还是因为将来奥地利对那不勒斯的权力干预取决于这段婚姻的内在生活。尽管人们甚至不

842

会诅咒自己最讨厌的敌人以这种方式出嫁，但是在这段婚姻中，妻子确实把灾难般的开端变成了这种情况下所能期待的最好的样子。这对夫妇生了 17 个孩子，比玛丽亚·卡洛琳著名的母亲还多生了一个。虽然这在王室之中还不算什么特别的证明，但费迪南多一直忠于自己的妻子。最糟糕的幼稚行为随着年龄的增长而减少，与此同时越来越清晰的是，连这个被教育得粗犷和无知的男人也可以成为孩子们慈爱的父亲。作为国王，他没做什么有意义的事情，但是也没主动做坏事。1769 年的这个 4 月，费迪南多经常像个 5 岁的小孩一样，夺走妻子一只心爱的手套，从窗户扔到海里。玛丽亚·卡洛琳常常因这种事大为恼火，约瑟夫二世就会用德语提醒她那只是无辜的愚蠢，不该因此怪罪丈夫（这种愚蠢也幸运地阻止了他学德语）——在婚后第一年里，玛丽亚·卡洛琳安慰担忧的哥哥说："他是个相当好的傻子。"这话非常朴实地反映了国王的双重性格。

　　约瑟夫二世的巧妙报告适得其反，但年少的王后最后化不利为有利。儿子这封机智的家书原本意在宽慰，玛丽亚·特蕾西娅却主要带着惊恐读完。她没有自责把女儿嫁到那样一个地方，因为帽子上点缀着果酱的公使考尼茨早在婚礼前就向她做过预警；相反，她更愿意考虑怎样保证自己不被亲家指责。此后不久，玛丽亚·特蕾西娅众多女儿中的另一个在帕尔马的波旁微型宫廷几乎政变一般地夺取了权力，而且确确实实有人以此责备她。谨慎起见，玛丽亚·特蕾西娅当即在给身在马德里的卡洛斯三世的辩解信中又附上了一封，宣称她对女儿在那不勒斯的灾难性行为无能为力，建议亲家公好好训斥她一番。愤怒的卡洛斯三世用不着玛丽亚·特蕾西娅说两遍，立即写了封责备信寄往那不勒斯，严厉程度不亚于不断落到波蒂奇宫的火山熔岩碎块，让内心极为胆小的费迪南多一下子陷入了深深的恐慌。一般的王后现在肯定都会惊恐地向强势的母亲发誓改正，并且道歉求饶。但玛丽亚·卡洛琳不仅在政治技巧上与母亲相似，而且在固执和性情上也和母亲很像。她在没有任何政治经验的情况下给母亲写了一封信，先是充满敬意但又令人信服地反驳了那些指责（尽管维也纳的典礼官在大量

调查后曾向两人说明，她们将来写信时应当彼此称呼为"我的姐妹夫人"，
但玛丽亚·特蕾西娅还是自然而然地一直用"我亲爱的女儿夫人"来开始
她的法语信，而女儿则称呼母亲为"我最亲爱最值得崇拜的母亲"），继
而向 30 年来统治着数百万臣民的皇后亲切浅显地做了解释，就好像皇后
是个十几岁的小姑娘。玛丽亚·卡洛琳说母亲的这种干预有激怒国王的危
险，导致他疏远自己，从而让这桩婚姻一直没有子嗣，长久来看使奥地利
失去对那不勒斯的所有影响——这大概不全然是母亲想要的吧？为了一定
程度上挽回这种无谓的损失，玛丽亚·特蕾西娅眼下不得不往各方寄送尴
尬的信件，她很少这样狼狈，而且连她都无法否认自己对此负有责任。长
鼻子国王费迪南多倒是容光焕发，他为聪明的妻子而自豪：无疑她也会很
好地执政，如果将来有必要的话。这时约瑟夫二世自然已经不在那不勒斯
了，因为他得继续前行。值得一提的是，即使那不勒斯的经历也没有使约
瑟夫二世皈依当时仍占统治地位的思想，即君主们最好彼此不碰面。就这
样，约瑟夫二世立即启程前往西里西亚边境，想要在那里与腓特烈大帝研
究该怎么对付俄国、波兰和土耳其。尽管诸事烦扰，但身在那不勒斯的妹
妹一定会很好地应对，这一点，皇帝在 1769 年 4 月 8 日就知道了。那天
晚上，他在卡塞塔宏伟宫殿中的国王卧室先是和妹妹告别，然后向妹夫辞
行。要是临行没有引用一句歌剧中的台词，那他就不是约瑟夫二世了，但   845
（公正地讲）要是能让人们能准确地说出，他书信中的这个句子是严肃的
本意还是个玩笑，那他同样也就不是约瑟夫二世了："我对国王最后的话
是开玩笑的，出自雷古勒斯[1]：'但此时必须哭泣，再见！'他向我重复了
两个他经常用来称呼我的、将永留我心的词：'糊涂的混蛋！'"

    我们可以稍微考察一番约瑟夫二世书信的真正结尾。当约瑟夫二世写

---

[1] 指歌剧 *Attilio Regolo*，歌词由梅塔斯塔西奥（Metastasio）于 1740 年写就并献给当时的皇
帝查理六世，但谱曲工作因为皇帝之死一直耽搁到 1750 年才完成，曲作者为约翰·阿道
夫·哈塞（Johann Adolph Hasse）。——编注

下 "我扮演了 9 天的宫廷侍臣，我承认，没有比这更艰难的职业了" 时，在能看到那不勒斯湾绝美风光的别墅里坐着一个人，他不仅是专业的宫廷侍臣，而且是更专业的宫廷侍臣的孩子，此时他正在思考，这位皇帝有着怎样的性格。此人当然就是威廉·汉密尔顿，读者可能已经认了出来，他就是王室家庭教师阿奇博尔德·汉密尔顿夫人的儿子。确实是他，他不仅从小就了解宫廷生活，而且同时也认识了他现在的国王。在这样的家庭中，与统治者打交道是日常生活中自然而然的一部分。事实上，阿奇博尔德夫人是威尔士亲王弗里茨的昔日情人，也是王室家庭教师，她善于利用这两个身份，在王妃那里为自己的娘家谋取最大的利益。由于夫姓和娘家姓都是汉密尔顿，阿奇博尔德夫人的娘家同时也是比她年长很多的丈夫的家族。威尔士亲王很快就习惯于自觉用 "汉密尔顿先生" 来问候他府上的每张新面孔，在这众多的汉密尔顿先生中，最终有一位是阿奇博尔德夫人的第四子威廉。由于父亲就已经是家里的第 7 个儿子，所以威廉很早就做好了思想准备，自己连家族财产的一小部分都分不到。因此对他愈发重要的就是无形资产，也就是母亲在宫廷受宠的资本，但是如果不能及时地将其转换成更持久的东西，很快就会有衰减的危险。于是，还不到 16 岁的威廉·汉密尔顿在 1747 年从寄宿学校毕业后就直接加入了禁卫军，任中士；他在寄宿学校里最好的朋友碰巧是赫维勋爵的第三子。在禁卫军中，汉密尔顿亲历了奥地利王位继承战的最后一个年头，然后在 1751 年被任命为新的威尔士亲王的掌马官，这位威尔士亲王于 1760 年登基成为乔治三世。掌马官的头衔听起来比这个职位的实际情况要糟，贵族的在职者不仅必须在国王骑马时陪同，而且其他大多数时候也得在国王附近待命。但是这个劳心劳力、收入平平的职位实际上只是一个用来继续晋升的跳板，而这也是在任命不久后去世的母亲所能为汉密尔顿做成的最后一件事情：从这里开始，他必须靠自己的力量向上爬。幸运的是，汉密尔顿不仅拥有一种被当时所有人描述为讨人喜欢的性格，还拥有在亲王府中建立起来的关系。汉密尔顿对士兵的职业反而不感兴趣，一枚充满敌意的子弹曾射掉了他正前方的礼仪用枪的上端，也没能让他对自己的军事生涯产生感情；后来他又不得不从心不在焉的上司手里夺过凸透镜，当时上司正拿着这个凸透镜饶有兴致地观察一根炸弹引线。最终，汉密尔顿在 1758 年决定辞去这一职务。他没有财产可以继承，而且所有与贵族身份相符的仕途在初期都有一段很长的薪水短缺期，他该做什么呢？答案自然是一桩婚事，更准确地说：当然不能是随便的一桩婚事。

汉密尔顿迄今为止的生活显然有点混乱，既与地位不称的女性或者已婚女性有过绯闻，也与一个地位太过相称的姑娘谈过恋爱，但遗憾的是，正是因此，后一段恋爱才同样只能无果而终。戴安娜·斯宾塞不仅是威尔士亲王曾经有意的那位同名女士的侄女（是的，自然是另一位的七世姑祖），而且和那位一样，她也是极其富有的马尔伯勒家族的一个女儿，既有着最高贵的出身，又有着丰厚的嫁妆，父母永远不会允许她嫁给一个没有钱、没有世袭封号的男人。但这并不是故事的结束，大批量生产爱情小说的时代的到来，刺激着人们追求爱情。斯蒂芬·福克斯的女儿和一名演员私奔了（他饰演过一名冒充管家的贵族，这一舞台表演经历帮了大忙）；卡洛琳·伦诺克斯女勋爵，即幸福的里士满公爵夫妇的女儿，和斯蒂芬的弟弟亨利·福克斯私奔，后者作为普通的金融家之子，与这位国王孙女的地位差距远远大于虽然贫穷但是出身高贵的汉密尔顿和戴安娜女勋爵之间的地位差距。后一对却没有成。戴安娜女勋爵嫁给了博林布鲁克子爵，几乎与此同时为了另一个人抛弃了汉密尔顿，11 年后甚至还离了婚，这在当时的英国同样骇人听闻、稀奇少有。英国在整个 18 世纪仅有大约 100 桩离婚案，但不是因为其余夫妇都对婚姻满意，更具决定性的因素是手续的烦琐。要想解除一桩婚姻，只能由大多数议员通过一项专门为这种个别情况设立的法令。想要离婚便要证明存在通奸，而且始终只能是妻子通奸，而丈夫的此种行为反而根本不会作为离婚理由予以讨论，这种不公在当时欧洲任何地方都没有引起人们的注意。但更让欧洲大陆印象深刻的是英国一种独特的习俗：丈夫可以控告妻子的情夫，要求其赔偿"私通"损失，

847

并且允许在尽可能多的公众面前为自己的耻辱获得赔付。这一习俗对博林布鲁克自然没什么用处，他的妻子戴安娜女勋爵在离婚后迅速结婚的私通对象，是一个有着鸦片瘾的风趣贵族，名叫托珀姆·博克莱尔，此人是国王查理二世和不识字的内尔·格温的后人，但是作为第四子的儿子，他和汉密尔顿一样贫穷。（本来戴安娜女勋爵可以更简单地就上这种穷日子。）顺便提一句，两人通过一个嫁往德国的女儿成了舍恩堡－格劳赫伯爵和图恩与塔克西斯侯爵夫人的祖先。[1] 再说回威廉·汉密尔顿，在了断了对戴安娜·斯宾塞女勋爵的所有希望之后，他决定缔结一桩基于物质的理性婚姻。

　　正如汉密尔顿后来给自己心爱的外甥（我们在下一章还会领略这外甥的百无一用）建议时所说，他从来都不愿意与一个"讨厌的富有魔鬼"结婚，但是"违背个人的喜好与一名有着亲切品性和一点独立财产的规矩人"结婚，保障了他"长久的安慰"，因为他早就知道，必要时自己会放弃任何职务。当然，这种描述对凯瑟琳·巴洛并不公平。按照贵族的标准，来自凯瑟琳·巴洛的威尔士庄园的收入并不惊人，但很体面，或许足以成为汉密尔顿娶她的理由。但是两人的婚姻之所以成为充满和谐与满意的传统婚姻的典范，是因为安静的妻子和善、周到和对音乐的理解。凯瑟琳·巴洛终生健康状况不佳，由于健康方面的资料经常极为模糊，她患的要么是"哮喘"，要么是"神经痛"，但不管是什么病，反正很快无意中决定了夫妻二人的命运。汉密尔顿恐怕绝对不愿意在威尔士做乡村士绅，但伦敦对他也不再有吸引力，进议会得由他的宫廷老友推举，而这位不情不愿的老友议员似乎从没为此做过一次演讲。汉密尔顿之所以要申请那不勒斯的公使职位，显然是为了妻子的健康，他期待地中海的气候会改善妻子

---

[1] 图恩与塔克西斯家族的历史可以追溯到 12 世纪早期，最初为威尼斯共和国及教皇国效力，开创了欧洲的邮政业，后被擢升为帝国侯爵。1980 年，20 岁的舍恩堡－格劳赫女伯爵玛丽亚·格洛丽亚嫁给图恩与塔克西斯侯爵约翰。——译注

的健康状况。这个职位政治意义不大，所以感兴趣的人很少，再加上当时外交使团极为讨厌的录用标准、汉密尔顿有用的宫廷联系及他确实非常适合外交工作的性格，凡此种种，使得汉密尔顿获得任命。1764 年，夫妇二人来到了那不勒斯，他们从未意识到自己会在此停留多久。

现在说回皇帝。此刻汉密尔顿在给比自己年轻 18 岁的心爱外甥查尔斯·弗朗西斯·格雷维尔写信，本身无子的外交官几乎算是收养了他，因为格雷维尔同样也是一个大贵族的幼子，同样没有来自家族财产的供给。汉密尔顿此前不久曾向伦敦报告过，约瑟夫二世多么令人印象深刻，但这还证明不了太多：调往重要得多的维也纳的前景太过明显地影响了公使，也就是说，他在上司面前表现的自己非常适合这一职务的动机太过强烈。但汉密尔顿眼下也向 20 岁的外甥写道：皇帝很亲切，是位伟大的君主，同时又完全意识到自己只是个普通人。这表明，汉密尔顿的热情不仅仅是单纯的策略。这向我们表明，约瑟夫二世的自我展示多么适应精英的时代精神，或许这甚至还向我们表明了他真实的样子。确实。遇到一个官方认可的大人物，甚至被其亲切对待，这种狂喜连天生的宫廷侍臣也不能免疫。尽管与大人物打交道的日常经验也可能让他们变得极度玩世不恭（一个普通臣子做梦也想不到的程度），但是同时，君主政体的意识形态就弥漫在他们天天呼吸的空气中，在他们的脑海里，不管他们愿意与否。宫廷侍臣是一种过分崇拜的卫道士，这种过分崇拜不像后来的专制那样围绕着魅力独具的个人，而是围绕着一种抽象的原则建立起来的，这种原则体现在每一位新君都遵循着他 25 代前任的传统。如果人们从幼时便接受了这种看待世界的视角，那么即使在面对像那不勒斯的费迪南多或者汉密尔顿的主君乔治三世这样的国王时，都会感到敬畏——虽然乔治三世过了 20 岁生日很久后还像个吞吞吐吐的少年。如果再像汉密尔顿这样，遇到了一位和这两人相比特别平易近人、有教养、放松和友善的人，而且要知道，这个人的头衔"永远的奥古斯都"（被德国人错误地翻译成了"帝国所有时期的增进者"）证明他事实上是首位罗马皇帝的继任者。如果这个人与

850

你一起参观庞贝和赫库兰尼姆古城，到你家看望你，在那里欣赏古典收藏品并称赞你妻子的竖琴表演；如果这位尤利乌斯·恺撒的继承人拉着你的手，说了汉密尔顿只敢说给外甥的话：“人们知道您的价值，人们重视您，您是位正直的人，这说明了一切。”——除了飘飘然，还能怎么样呢？就这样，在启程不久后给外甥写信时，威廉·汉密尔顿有点飘飘然，要不是10 年后他向一位可靠的证人讲述了完全不同的事情，那我们尽可以让他飘飘然。

　　然而在此期间，对维也纳职位寄予的所有希望都已烟消云散。汉密尔顿已经被封为巴斯勋章骑士和爵士，但他明白，恰恰是在那不勒斯宫廷令人难以置信的成就将他永远地拴在了这个悲惨的天堂般的海湾。没有其他英国人可以在这里发挥如此大的影响力，没有其他英国人愿意取代他，而且没有哪个英国人有足够的权力并打算给爵士弄一个更好的职位。令人陶醉的兴奋已经减弱，但是回忆犹新，只不过记忆中的皇帝现在一下子成了不那么正面的形象：在整个来访期间，他试图表现得既居高临下又谦虚，炫耀自己的智慧。最终恰恰因此，与之相比，没有受到一点教育粉饰的国王费迪南多的朴素理性反而看上去更好。这只是事后的不公正看法吗？但汉密尔顿以移情能力而闻名，以能够像宫廷侍臣的陈词滥调那样毫不费力地友善而又不肤浅闻名。相反，在约瑟夫二世周围，似乎每当他表现的平易近人时，就会传播不适感。人们经常不得不忧虑皇帝的喜怒无常，与他会面后，人们经常会像米兰的那位官员那样，在从那不勒斯返回时见过皇帝后写道：“恺撒的魅力似乎对我隐而不现。”汉密尔顿在 10 年后也是这种看法。尽管皇帝曾如此周到地对待他，但这位公使还是注意到了皇帝是多么易怒。同皇帝一起参观庞贝和赫库兰尼姆古城无疑是种荣耀和乐趣，但是一起攀上维苏威的经历不算真正成功，火山显然与皇帝的品性太过相符，因此 10 年后汉密尔顿仍然带着反感回忆道：约瑟夫二世只因为一个无足轻重的错误就用手杖打了登山向导巴尔托洛梅奥。汉密尔顿大概曾有一段时间喜不自胜，因为皇帝称他为正直的人。此刻在维苏威上，他确实

堪称正直，因为他看见了一些事情并做出了评判，而这些事情是同阶层的
很多人在 1769 年根本没有注意到的。

汉密尔顿爱维苏威火山。尽管政治上处于边缘地位，但有着 40 万居
民的那不勒斯是欧洲第三大城市，除了照不进阳光的密密麻麻、弯弯曲曲
的小巷，它还向游客提供了最为辉煌的宫殿和艺术品。欧洲再没有其他地
方的艺术和自然风光能够如此戏剧化地彼此交织，大陆上再没有哪座王城
有如此蔚蓝的水和如此明媚的天。连几百年来令人觉得荒凉可怖的东西、
那些陡峭的高山，甚至致命的火山，人们在 18 世纪末都开始以另外的眼   852
光来看待，人们第一次认识到了自然的浪漫。汉密尔顿的薪水根本不足以
让他像现在这样生活，因为大使们的排场要靠自己的钱来维持。但是多亏
了妻子，汉密尔顿过上了这种生活；在近 40 年的时间里，夫妻俩能在那
不勒斯湾大手大脚地生活，而不是看着彭布罗克郡周围冰冷的大海，靠的
就是妻子那位于南威尔士的庄园的佃租。夫妻二人的主要居住地自然是在
那不勒斯自建的塞萨宫，汉密尔顿著名的艺术收藏品也保存在那里。几十
年前，一名无知的农夫由一个井穴掉到庞贝废墟之中，从那时候起，人们
就从这里挖掘出了各种类型的艺术品，甚至最后连长鼻子国王费迪南多也
被说动，暂时放下手中打野猪的猎枪，改为寻找人们事先为他仔细放置的
古罗马金戒指。而汉密尔顿不停地买啊买，直到地下室的房间里塞满了古
董、威尔士的庄园全被抵押。这时汉密尔顿肯定就得放弃了，要不是他想
到了从收藏者进阶为艺术品商人的好主意——当然只为君主、朋友和大贵
族服务，与这些人可以做不像生意的生意。尽管如此，这事对于一名贵族
和英国国王的代表来说仍然棘手，从一些细节就可以看出。比方说，汉密
尔顿训练他的印度猴子杰克拿着放大镜从一个花瓶跳到另一个花瓶，活灵
活现地戏仿艺术品商人（它也顺便让我们想起汉密尔顿那有爆炸危险的前
上司，此时那人已升任英国最高军衔）。这种自我讽刺不一定很泰然，但
高雅的业余爱好者（一个褒义的概念）需要用它来与可鄙的商人或者迂腐   853
的科学家区分开——这些人做的基本上也是同样的事情。汉密尔顿也是如

此，因为他是最佳意义上的业余爱好者：怀有热情，始终愿意以所能想到的不使人讨厌的方式传递自己新发现的知识，是真真正正地感兴趣，不仅填补了自己短暂的学校教育的不足（当然只是充斥着古典学资料的中小学教育，这是当时的普遍情况），而且他对古代的了解甚至令歌德印象深刻。汉密尔顿最出色的遗物大概就是大型的目录集，其中收录了古代花瓶的形制、装饰和花瓶上的彩绘场景。彼时欧洲的古典主义刚刚诞生，艺术家希望尽可能直接地从古代典范中汲取这种风格，这一目录集为他们提供了渠道。就这样，直到今天，无数的博物馆、陈列馆和宫殿的最好展品都要归功于这个人的灵感，而这个人原本只是打算在地中海旁度过几年报酬丰厚的时光。在汉密尔顿所有的住所中，他的城市别墅人气最旺，其中的艺术品常换常新。但是位于波西利波用来游泳的"小房子"及位于内陆的宏伟的卡塞塔宫附近、能容纳 50 名客人的狩猎小屋也有着同样的吸引力，因为在这些地方可以摆脱大城市的喧闹和恶臭，得到休整。外交官最迷人的住所自然仍是安洁莉卡别墅，位于托雷－德尔格雷科附近，离维苏威火山非常近。安哈尔特－德绍侯爵利奥波德·弗里德里希·弗朗茨在沃利茨的宫殿花园中仿建了这座别墅，还带着一座小型火山，有庆祝活动时可以手动让它喷火。原版的别墅位于海上的一座葡萄种植园之中；夜间，汉密尔顿夫妇的客人可以在 2 名仆人的小提琴和大提琴伴奏下，像观看焰火一样欣赏熔岩流。主人不在或者没有客人的时候，一名受雇于汉密尔顿的画师经常会坐在这里，为雇主日日绘制火山上方烟云的准确位置，用于地理研究。但是每次过不了多久，汉密尔顿就会回到别墅，因为他就是从这里和约瑟夫二世这样的客人启程去爬山，有时候他甚至会在山上待一整夜——而且一直有足够多的客人。

　　尽管汉密尔顿没打算在偏离中心的那不勒斯度过余生，但是他和妻子也不必担心会与欧洲的其他贵族隔绝。在设立王宫或者发现庞贝之前，那不勒斯就已经是骑士之旅非常受欢迎的一站，我们从 1728 年来此的赫维勋爵和斯蒂芬·福克斯身上已经看到了这一点。在此后的 40 年里，游客的数量继续增长。不光年轻人为了长见识前来，早已过了求学年龄的男子和夫妇也蜂拥而至，很快连君主们也定期前往，约瑟夫二世就是最早的一个。英国人游历最多，在整个世纪里，他们的购买力都在殖民地贸易的助推下高歌猛进，由于他们用法语的阳性名词"Grand tour"（壮游）来称呼骑士之旅，随后催生出了"Tourist"（游客）这个概念，而此前根本没有这一用法。那不勒斯风景如画、音乐氛围浓厚、历史悠久，肯定会在这些游客的行程中。而人们一旦来到这里，就没有比汉密尔顿夫妇那里更好的去处了。与长鼻子国王费迪南多相比，公使夫妇对吸引人的风景、音乐和历史都有着良好的鉴赏力。现代的观察者可能觉得奇怪，为什么所有大贵族都能自然而然地受到汉密尔顿夫妇这样身份相当的人的邀请，但是现代的贵族们不会多么惊奇。国王公使的官方职责自然起着一定作用；而起作用的另一点当然是所有经商的人足够富有（或者有不可抵押的财产），可以负担得起家里来来往往、宾客不绝；更有决定作用的一点，则是贵族单纯的生存方式的必然结果。把生来既无权势也无身份的很多人排除在外，必然导致这群少数人彼此之间非常慷慨，就像他们严格地与外界隔绝一样。和每一个单独的宫廷一样，欧洲贵族的最上层太窄了，低头不见抬头见，山水总相逢。因此，通过好客和援助不停地往银行里汇款，然后本人或者自己的宗族从遍布整个大陆的分行定期提取的做法既值得，也无伤大雅。这一逻辑，连同汉密尔顿夫妇所处的游览位置，很快就使他们访客不断，而他们位于那不勒斯的宅邸则成了以英国上层贵族为主的延伸客厅。

855

　　即使只考察皇帝来访前后的那几年，我们也会看到汉密尔顿被各方人士簇拥，这些人或者他们的祖先我们在前文已经遇到过了。汉密尔顿最亲密的朋友无疑就是已经提过的同学弗雷德里克·赫维。和汉密尔顿一样，赫维不仅对古代历史和火山地质有着业余爱好者的真诚热情，而且作为同名勋爵的第三子，也同样有着生活上的困境。弗雷德里克·赫维的解决方案来得相对较晚，而且和朋友的不一样。他和妻子的婚姻源于爱情，妻子的嫁妆不及汉密尔顿夫人的十分之一，后来他常以此告诫自己的儿子，不要再犯这个家族三代以来都在犯的错误，但是并没有阻止儿子成为重复这一错误的第四代。宫廷也没给弗雷德里克·赫维提供什么，不必惊讶，想想吧，他的父亲与王位继承人彻底结怨，而结怨的几个月前这位继承人还是小弗雷德里克因之得名的受洗教父，不久后还会极大地帮助汉密尔顿夫妇。因为弗雷德里克没有被征召为军官的希望，他只能走上了教会的道路。其他新教贵族都认为这条道路与地位完全不符，但是英国贵族却可以接受，因为只有教会还有待遇丰厚的主教职位，其余的都被改革清除掉了。而就算是主教之职，当然也得先到手才行，由于对神学几乎不感兴趣的弗雷德里克迄今没有取得一点进展，他作为一名 35 岁的那不勒斯参观者，始终只靠两个几乎没有薪水的荣誉职位生活。但这自然无损于弗雷德里克经常令人难以忍受的热情，甚至连维苏威火山上方出现的稀奇烟云在他看来也只是无与伦比的旅行挑战。这些烟云的形式和古代资料里记载的庞贝被毁之前的那种完全一样，不是很美妙吗？这位教会人士已经迫不及待，没等更熟悉火山的朋友汉密尔顿到来——这或许也解释了为什么接下来的事情不是很成功——就在悬崖峭壁上由 2 名登山向导前拉后推，穿过落满灰烬的地面爬上山顶，赞叹了一会儿炙热通红的石头四散飞落的绝妙景象，然后就被其中一块石头狠狠击中了胳膊，以致在床上休养了 5 周之久。弗雷德里克给 13 岁的女儿写了封信讲述这次经历，信末要求她将来最好注意一下自己书写的正确性。但是谁能说，在特定状况下被熔岩块砸中不会带来好运呢？不管怎样，尊敬的牧师弗雷德里克·赫维此后不久就获悉，他的哥哥布里斯托尔伯爵从马德里返回后被任命为爱尔兰的新总督。要是以为死去的赫维勋爵和聪明的莫莉·莱佩尔的儿子会意识不到这是一个良机，那就太幼稚了。尽管爱尔兰大多数居民都是天主教徒，但在他们之上有一个英国国教的官方教会，教会中有很多肥差。因为几乎没有教徒，所以没什么教牧关怀的工作，主要的收益牢牢地掌握在总督的手中。严格来看，弗雷德里克的哥哥根本没兴趣前往爱尔兰，但这没关系；虽然长期来看，人们可能会在某个时候建议他迁居，但是由于他只在职一年，所以这一刻还没到来他就已经宣布退职。在这段时间里，克洛因主教去世，应布里斯托尔伯爵的请求，国王把这一职务给了他的弟弟。弗雷德里克原本以此就可以生活无忧，但是此后不久，德里主教的职位也出现空缺，而且此时国王对弗雷德里克的评价很好，于是他得以从不起眼的克洛因换到了惊人富有的德里，一下子成了英国巨富之一。弗雷德里克现在再也不用担心将来意大利之旅的费用，而且我们还会在其他情况下再次在意大利见到他。弗雷德里克一生都对维苏威怀有极大的热情，他和汉密尔顿在接下来 30 年间的通信中无不在讨论、对比各种火山学。

汉密尔顿的其他英国客人可能不会热情到为了科学而登上火山或靠近熔岩，但他们的贵族身份一点儿都不差。比如说，几乎与未来的主教同时，斯蒂芬·福克斯的兄弟亨利·福克斯也应邀来到塞萨宫，在一次了不起的政治升迁之后，他此时已是霍兰男爵。男爵带着比自己小近 20 岁的妻子卡洛琳·伦诺克斯一道前来；当年他违背里士满公爵夫妇的意愿，在我们从圣彼得堡认识的查尔斯·汉伯里·威廉姆斯的帮助下才娶到了这位妻子。和男爵夫妇一同出游的还有他们 18 岁的儿子查尔斯·詹姆斯·福克斯，他的名字透露了母系斯图亚特王朝的出身，与他后来亲近革命的反对派领导人的身份全不相符。而对于一如既往普遍存在的旅行骑士们来说，杂乱无章的天才查尔斯·詹姆斯·福克斯自然远不如他那被迫同来的表弟基尔代尔侯爵更为典型。这位英裔爱尔兰的公爵继承人之所以旅行，是因为理该如此；于是在罗马上过数学和舞蹈课后，他理所应当地在那不勒斯买下了汉密尔顿的一本画册，依据这一画册，家族里更有艺术鉴赏力的女性们很快就会把卡尔顿宫的内部装饰成古代的样子。基尔代尔侯爵寄往家乡的下一个包裹中有"一个盒子，里面有一些熔岩、鼻烟壶和来自维苏威的其他种类的东西"，另外他在下一封信中断定，自己宁愿留在爱尔兰的家中，而不是那不勒斯海湾："但是鉴于人们并非总能得偿所愿，我还算开心。"他觉得罗马有点无聊；在柏林时，众多的士兵引起了他的注意；而在迈森时吸引他注意力的则是众多在瓷器上作画的姑娘。读者大可

858

以原谅这些奇特的见解，因为基尔代尔侯爵甚至用一行文字描写了对礼仪晋见时亲吻教皇克雷芒十三世脚趾的印象（"注意。很甜"）。但我们仍然有点遗憾，基尔代尔侯爵的姨母莎拉·伦诺克斯此时去了巴黎，没有出现在那不勒斯。里士满公爵的女儿中最有戏剧性的这位在 14 岁时就差点丢了旅行自由权，那是 1759 年，爱上她的不是别人，正是此后不久作为乔治三世登上王位的威尔士亲王。但遗憾的是，听过这两人说话的人，肯定会认为莎拉 21 岁，男方才是 14 岁的那个，因此就有了接下来 2 年让所有当事人都很难堪的吞吞吐吐、支支吾吾时期。例如莎拉女士其间就曾听说，在国王看来，只要她再长大一点、长胖一点，她会成为一个真正的美女。比莎拉年长 40 岁的姐夫福克斯最后以为自己成了王位背后新的势力，而首相也正是因此才失去了推动整个事件的动力，他提醒国王，众所周知一位德国的公主才适合他这样的人。莎拉女勋爵总的来说很高兴，但是和大多数最终没能成为王后的女性一样有点沮丧，尤其考虑到她（尽管是不完全合法的一支）毕竟还是查理二世的曾孙女。婚礼庆典并没有让事情有所改观，因为莎拉作为待嫁的等级最高的公爵之女，被指定为梅克伦堡新娘的第一位裙裾托举人。为了排遣，这些天莎拉一直在照顾一只生病的小松鼠，而在松鼠咽气后，她意识到世界在跟她对着干。次年（1762 年），这个年仅 17 岁的姑娘主要出于忤逆而嫁给了一个名叫班伯里的下议院议员，后者的政治生涯终结于一次议会投票，1 票对 558 票的"战绩"至今无人企及。遗憾的是，很快也被证明的是，这名毫无想象力的乡村士绅同样不适合做这位感情热烈的年轻女子的丈夫。尽管如此，莎拉·班伯里女勋爵一开始是真的很努力做丈夫的好妻子，但是对大多数旁观者而言，这桩婚姻的糟糕收场只是个时间问题。

　　1767 年春，当精神不振的外甥基尔代尔侯爵到达那不勒斯时，莎拉的婚姻也亮起了红灯。她在巴黎热切地与洛赞公爵调情，得亏后者是巴黎社交场上的老手，换了其他人早就误入歧途了。洛赞八面玲珑，在风流上一点不输他的曾叔祖，但到头来却没能达成目标，这种全新的体验让他很是惊讶。莎拉女勋爵用了一个其他英国女性也很熟悉的论点向洛赞解释：和法国女人不同，她们可以自己挑选丈夫（人们默默地补充：不管怎样都是在后来简·奥斯汀描写的游戏规则的框架内），因此她们通奸要比邻国没人询问意见、按老条条框框结婚的女人们更加不可原谅。也就是说，她们最终也不能随心所欲。洛赞觉得这种先进的社会比较研究很有趣，但仅仅2年后就听说莎拉女勋爵轰动一时的丑闻时，他也并不吃惊。莎拉女勋爵与这时的情人威廉·戈登勋爵一起逃往了苏格兰，后者自从15年前作为危害社会秩序的小爱神往波尼亚托夫斯基的鬈发里射了一箭后，在浪漫上显然有了进一步的发展，但这次自然还是没有射中正确目标。班伯里起诉威廉·戈登私通，这对一个没钱的次子来说已经够难受了，而且被社会和家庭完全孤立的危险还促使莎拉女勋爵在几个月后离开了他，作为羞愧的害群之马隐居在姐姐家中。而威廉勋爵不得不放弃自己的军官仕途，决定去意大利旅行以掩盖难堪。接下来眼看着威廉勋爵就要出现在汉密尔顿家中，而汉密尔顿收藏品中最有名的一幅画，内容正是维纳斯从愤怒的小爱神手中夺走弓箭。但我在最后一刻发现了问题所在。威廉勋爵和其他游客不一样，他在1770年动身前往佛罗伦萨（可惜只是前往佛罗伦萨！）时，根本没打算再回国；他是步行前往，剪短了头发，只有一条大狗陪伴，并且在后来的6年间音信全无。好消息是，和很多人一样，威廉勋爵并没有永远退出上流社会（最后他成了议员、苏格兰的海军副司令及威廉·汉密尔顿爵士第2任妻子的朋友）。莎拉·班伯里也否极泰来，她最终离婚之后，嫁给了一名同样是苏格兰贵族的军官，与其远离宫廷快乐地度过了自己漫长的余生。你会发现，只要假以时日，每一桩贵族的灾难都有一个和解的结尾。在下一代，所有4个相关家族的成员又高高兴兴地通婚，就好像什么也没发生过一样，最终今天的半个上层社会，包括坎特伯雷大主教，都有莎拉·班伯里女勋爵的血统。

到目前为止，我们着重介绍了汉密尔顿的几名英国客人，但不要误以为除了那不勒斯宫廷，公使就只和自己的同胞打交道。恰恰相反，为了

860

861

考查这一点，我特意从本书所有其他的情节中选取了既离英国最远、也离那不勒斯最远的那条情节线索，也就是前一章中斯坦尼斯瓦夫·波尼亚托夫斯基和叶卡捷琳娜二世参与的波兰与俄国的历史。随着时间的推移，汉密尔顿甚至越来越了解东欧的情况，尽管他从来没有去过那里；他在那不勒斯虽然没有结识这出大戏的主要人物，但是先后认识了几乎所有次要人物，这部分是由于大多数外交官的仕途经常如旋转木马般循环运动。那不勒斯在政治上无足轻重，来到这里的外交官主要是此前要么在职业上、要么在宫廷阴谋中失败的公使，但恰恰从这些人身上可以学到更多。比如丹麦在 1766 年派公使德奥斯滕伯爵西格弗里德·阿道夫前往那不勒斯，恰恰就是为了使他远离圣彼得堡。1763 年至 1764 年任职圣彼得堡期间，德奥斯滕伯爵是叶卡捷琳娜二世的亲信，差点让女沙皇离开波尼亚托夫斯基；但是后来德奥斯滕伯爵抗议俄国对波兰的压迫，惹恼了女沙皇，于是被惩罚性地调职到了维苏威火山下。来到那不勒斯的德奥斯滕伯爵有很多有趣的事情要讲。几年后，德布勒特伊男爵以法国公使的身份出现在西西里国王身边，照他自己的说法，他不仅出身相对低微，只是个"瘪了气的轮胎"［在男爵的封号下藏得不够深的姓氏勒托内利耶（Le Tonnelier）泄露了他的祖先曾是制桶匠］，而且在凡尔赛的阴谋游戏中站错了队。因此本来允诺给他的维也纳大使的职位被授予了宫廷常青树、拯救了国王性命的国王老师"杜尔妈妈"的玄外孙。可以聊以自慰的是，被派往那不勒斯的德布勒特伊男爵对此人展开的种种想象中的报复将会在下一章实现，也自然将旧秩序带向了倾覆。在那不勒斯期间，德布勒特伊男爵可以向汉密尔顿讲述自 1760 年起在圣彼得堡做公使的感受：他得冒着最大的风险将叶卡捷琳娜二世和波尼亚托夫斯基的违禁情书偷偷运出国，同时还要面对法国官方和秘密外交彼此完全相反的指令。除了这些一定程度上职业化的外交变动，那不勒斯离东方的君主们也出奇得近。

　　在 1774 年 11 月的最后几天里，一名年近三十、穿戴考究的女士出现在那不勒斯塞萨宫的入口。尽管眼睛有些斜视，但她打扮得体，而且善于辞令，向英国公使的管家说明了自己的来意，用的是管家的母语意大利语，但这显然不是她的母语。由于汉密尔顿不在，这位女士留下一个口信和自己的名字平内贝格女伯爵，但是经过管家转达后变成了班贝格。不过问题不大，因为汉密尔顿两个名字都没听说过。女伯爵请求汉密尔顿帮助她获得一张通行证，从而可以继续前往罗马的行程。但是办理通行证至少要有推荐信才行，由于对方没有提供推荐信，所以汉密尔顿无能为力。但汉密尔顿足够绅士，前去女伯爵的旅馆做了礼貌性的拜访。他不是真的想去和对方见面，于是特意只留下了一张名片，告知对方只能很遗憾地拒绝她的申请。次日，女伯爵的 9 名随从之一又来拜访，此人是担任管家的一名波兰教士，但他不会法语，因此基本上只能用意大利语或者拉丁语与汉密尔顿交谈。这位前耶稣会的修道院院长向外交官解释，如果不能继续前往罗马，对女伯爵将会多么可怕。在经过亚得里亚海时，他们被那不勒斯的瘟疫隔离检疫耽误了太长时间，所有的旅行费用逐渐用光，女伯爵只有在罗马才能动用她的财产。汉密尔顿倾听着，从耶稣会士的籍贯和他随从的波兰服饰推断出那位夫人肯定也是波兰人。出于同情，汉密尔顿真的给首相塔努奇侯爵写了几行字，让他为"波兰人班贝格女伯爵"出具一张相应的通行证——这又有什么关系呢？

几天后事情才真的令人不安起来。汉密尔顿收到一封简短的信，女伯爵在信中向他道谢，并惋惜启程前不能见他一面。也就是说，到此时一切尚好。但是为什么写信的人现在突然自称伊丽莎白公主？为什么她便条的结束语是"命运将会倦怠于追捕无辜，时间将使一切大白于天下"？汉密尔顿有点糊涂，他决定向驻拉古萨的英国领事打听一下，从那里来的女伯爵是谁。得到的回复多少让汉密尔顿安心了一些。原来几个月以来，一直有一小队波兰巴尔联盟成员无所事事地待在威尼斯属的拉古萨，他们是反俄的贵族叛乱分子，被叶卡捷琳娜二世的士兵从家乡驱逐了出来。这些人和官方根本不存在的法国军事顾问一道，在那里等待着苏丹的许可信，从而可以越过君士坦丁堡和黑海，加入奥斯曼土耳其人一方，参加俄土战

争；但这封许可信就是不来。这支毫无希望的部队的首领不是别人，正是
很晚才学会认字的卡罗尔·斯坦尼斯瓦夫·拉齐维乌，他身旁的女士正是
班贝格或平内贝格女伯爵。照领事的说法，领主对她一直很尊敬。一个对
卡罗尔·斯坦尼斯瓦夫·拉齐维乌熟悉到称其为"我亲爱的先生"的人肯
定会觉得此事蹊跷，但威廉·汉密尔顿爵士在领事的信中看到了他盼望看
到的令人宽心的解释。俄土和平协定使得整个远征落空，而在这之前的
几个月里，有足够的时间可以好好观察一下拉古萨这些心情越来越差的
人。可以推测，女伯爵可能是拉齐维乌的情人，但不管怎样，都是位女冒
险家。汉密尔顿合上卷宗的时候肯定想，这位女伯爵就是那种类型：那些
在贵族社会最边缘活动的人之一；当时没有可以迅速查阅的工具书，而且
没有人能够认识大陆的所有贵族，她就是利用这种状况牟利的大骗子；值
得同情的谎言家，一会儿在这里，一会儿在那里，用手指甲抠住金篱笆立
身，而这篱笆原本就是用来把他们这种出身的人和上层社会隔开的；可悲
的浮萍，没有久留之所，在欧洲各地留下不能兑现的票据痕迹，直到终结
于某处的耻辱柱、绞刑架或者监狱般的修道院。丑陋，但不是汉密尔顿的
问题——要是平内贝格女伯爵也能这样想的话，长命百岁也未可知。

　　但是在平内贝格女伯爵和她的同伙惹眼的"秘密"前往罗马，在那
里大张旗鼓地安顿下来后，连信用最好的同行人员的贷款也维持不了 2 周
这样的生活，平内贝格女伯爵又想起了在那不勒斯帮助过她的那位好心
的英国人。只有讲话的时候，平内贝格女伯爵的法语才会起作用，因为只
有那时候，她警醒的眼睛才会让人忘记很多原本很难原谅的小错误。不过
人们却不介怀百万富翁拉齐维乌犯同样的错，虽然后者接受了昂贵的专家
教育，却没有明显的效果。一名帮手替平内贝格女伯爵起草了眼下的这封
信，此人文笔不凡，让汉密尔顿读得晕头转向——倒不是因为语法不通。
此时恰逢维苏威的圣诞节，汉密尔顿收到了这封长得没边的信，伊丽莎白
公主经过长时间的犹豫后，在信中向他（他是第一个也是唯一一个）讲述
了自己真实的人生故事。当然不是完全直言不讳，伊丽莎白公主只是随意

地提了提重要事件，就好像每个人都知道一样，而对其他情况做了更详尽的叙述。先是两个故事，事实上没有必要向汉密尔顿进一步讲述，因为全欧洲都知道这两个故事。第一个故事是一名叫作阿列克谢·格里戈里耶维奇·拉兹莫夫斯基的乌克兰哥萨克牧人在父亲将一把斧子扔向他之后（因为看见他读书），从村子里逃走了；他做了宫廷里的合唱歌手，并成了半个政治犯伊丽莎白·彼得罗芙娜女大公的秘密情人。女大公在 1741 年掌权后，拉兹莫夫斯基被晋升为伯爵、狩猎主管和陆军元帅。他邀请自己的母亲走出村子来参加加冕仪式，这位老妇人被豪华的礼服震惊了，当看到镜子里的自己时甚至行了个屈膝礼。或许拉兹莫夫斯基甚至秘密和女沙皇结了婚，这就是一名哥萨克人撞大运的方式。另一个故事中的哥萨克人叫叶米里扬·普加乔夫·伊凡诺维奇[1]，人们对他几乎一无所知，只知道他于 1773 年在伏尔加河哥萨克人和游牧的巴什基尔人面前成功地扮演了沙皇彼得三世；他还曾派杀手去取这位沙皇的性命，但没有成功。在一年半的时间里，普加乔夫领导的起义军击退了他"妻子"叶卡捷琳娜二世的军队，占领了俄国一个又一个的草原要塞，杀死了所有没胡子的男人，后来才被政府军打败——到这里，平内贝格女伯爵叙述的故事版本已经拐向了另一个方向。

866

　　由于女伯爵本人是拉兹莫夫斯基和女沙皇的婚生女，公主便假设此事众所周知，但是只把普加乔夫称为她父亲信任的一名宫廷侍童，而在这段履历的一个更早版本中她还称其为兄弟。母亲自然指定女伯爵为皇位继承人，但这却导致女儿在 1762 年彼得三世违法登基时被流放西伯利亚：那时她才 9 岁。在逃亡和被投毒却大难不死后，伊丽莎白在波斯当地一名很有权势的哥萨克亲戚那里得到庇护。亲戚让她接受了教育，并送她踏上漫

---

[1] 18 世纪俄国农民起义领袖，领导了俄国历史上规模最大的农民战争，史称普加乔夫起义。最终女沙皇叶卡捷琳娜二世调集军队在察里津（今伏尔加格勒）将起义军镇压。1774 年 9 月普加乔夫被捕，1775 年 1 月在莫斯科被处决。——编注

长的欧洲之旅。但是在此期间爆发了大规模的草原起义，她的波斯叔父、普加乔夫和腓特烈大帝为此做了长时间的准备，因此现在起义军不仅抗击土耳其，也抗击篡位者叶卡捷琳娜二世。伊丽莎白公主同样也得做出自己的贡献，这不是顺理成章吗？于是她从威尼斯出发，想去苏丹那里，因为只有她到场才能劝说这些众所周知优柔寡断的东方人支持起义军。巧的是，女伯爵在威尼斯遇到了拉齐维乌，但她一直没能从拉古萨离开，直到最后俄土和平协定的消息使幼稚的波兰人放弃了一切。女伯爵本人自然消息更为灵通，知道和平协定根本还未通过，普加乔夫也绝对没有被俘，这些只是敌方愚蠢的谎言——像汉密尔顿这样有头脑的政治家很容易识破。也就是说，俄国和欧洲的命运一如既往地取决于女伯爵是否能尽快到达君士坦丁堡，让苏丹信服她的权利要求、给她一支土耳其军队，登陆黑海的另一侧，与朋友普加乔夫一道夺回法律上属于她的皇位——像汉密尔顿这样公正的正义之友一定不会阻碍这次行动。这是汉密尔顿唯一的机会，以区区 7000 威尼斯金币换取所有俄国人未来女沙皇崇敬的谢意，并且顺便做笔好买卖，因为她自然可以把未婚夫荷尔斯泰因公爵菲利普·费迪南德不久前赠予她的伯爵封地伊达尔－奥伯施泰因过户抵押给汉密尔顿。因此，出于对汉密尔顿可以保守秘密的信任，女伯爵非常期盼接下来的所有交易，而且为了更好地理解局势，她附上了几封写给土耳其苏丹的信，信中说她计划接管当时俄国停泊在里窝那的地中海战舰，信的结尾也是这种信的惯常结尾：阁下充满善意的朋友伊丽莎白。简而言之，这不是外交官乐意收到的那种书信。

　　汉密尔顿是否该信任女伯爵兼公主，自然是迫在眉睫的众多问题中最易于回答的一个。既不必像汉密尔顿这样聪明，也不一定要像他这样精通政治，就能明白，这个女人所写的每一个字都不能相信，因此在让妻子仔细地把一切抄录下来后，公使不加一句评论地把整包纸又寄了回去。麻烦还在后头。但凡记得伊凡六世及其兄弟姐妹的命运或者俄国政变的往事，就会知道，俄国君主制的不稳定使得其臣民时常有足够的理由相信看似

疯狂的阴谋。写这封信的女人或许是一个不自量力的大骗子，不知道自己
蹚的这浑水有多深，但是有什么关系呢？几乎在同一时间被处决的普加乔
夫则讲述了一个更加荒诞的故事，饶是如此还是引发了一场暴动，使俄国
政府一时陷入合理的恐慌中。在俄国的阴谋策划者、奥斯曼土耳其人的间   868
谍、波兰爱国者或者奥地利的竞争者手中，这位自封的伊丽莎白公主可能
会成为一件危险的工具，被用来对付刚刚彻底跻身强国的俄罗斯帝国。俄
国的船舰借助英国的支持在土耳其战争中首次抵达地中海，在切斯马海战
中击沉了奥斯曼土耳其人的所有战舰。现在这些船舰停靠在托斯卡纳的里
窝那湾，如果俄国知道那不勒斯在汉密尔顿茫然无知的劝说下将这样一个
危险人物放行，那这些船舰就会在最短的时间内到达临海且不设防的那不
勒斯。那不勒斯的海军只有一艘充分发挥功能的战舰，这也很好地象征了
汉密尔顿对抗指日可待的指责的前景——要是他现在不立即纠正自己的错
误的话。汉密尔顿不是清楚地知道是谁指挥着停泊在里窝那的战舰吗？都
是些苏格兰人和英格兰人，将他们纳入俄军服役恰恰就是他姐夫卡斯卡特
男爵组织的，当时男爵任英国驻彼得堡大使。在那段时间里，汉密尔顿的
姐姐卡斯卡特夫人结识了俄国的海军将领，对方欣然承认战斗力不足，使
得招募这些专业力量势在必行。曾策划叶卡捷琳娜政变，在谋杀彼得三世
的过程中发挥了重要作用的阿列克谢·格里戈里耶维奇·奥尔洛夫伯爵作
为叶卡捷琳娜多年情夫的弟弟，也统帅了一支海军，但地图上找不到这片
海域。在里窝那匿名要求冒牌伊丽莎白投降的就是奥尔洛夫的海军，而
眼下汉密尔顿在卡塞塔的狩猎小屋中正在给奥尔洛夫写一封礼数周到的
书信。

　　在汉密尔顿等待那不勒斯政府让他的信使出境前往里窝那期间，平
内贝格女伯爵在罗马也没闲着。干她这行的人往往多管齐下，因此枢机主   869
教、修道院院长和大使们都被她摆布得团团转。1775 年 1 月 18 日，女伯
爵听说一名俄国海军军官在充满敬意地打听她的情况，想向她转告一个消
息。此人是奥尔洛夫的副官，带来的消息则是一封匿名信对他的上司产生

了巨大的影响。何以至此呢？奥尔洛夫的弟弟格里戈里作为女沙皇情夫的身份被另一个更年轻的人取代，由此开始了从狂妄到癫狂的漫长过程。皇位继承人保罗大公成年，篡位登基的母亲叶卡捷琳娜二世非常紧张。阴谋四起，但是哪一方也没有像女伯爵兼公主这样，可以合法地对皇位提出要求的人，因此奥尔洛夫愿意为其孤注一掷。谁知道要是此时平内贝格女伯爵从自己操纵的某位枢机主教那里获得一份有吸引力的经济援助，会发生什么？但是由于一无所获，女伯爵很乐意让副官支付她在罗马的债务，以示他的忠诚。平内贝格之名此时对她来说已经不中用了，于是她以西林斯基女伯爵的身份前往托斯卡纳，几天之内就在那里俘获了奥尔洛夫的心。奥尔洛夫很快抛弃了此前的情妇，每天都用敞篷车载着新欢驶过比萨，并且一直带着最大的敬意与她交谈，尽管他显然同时也为她倾倒。伊丽莎白公主到比萨还不到一周，海军将领就用德语向她求婚，公主不得不向他解释，自己在登基之后才能结婚，但是她同时周全地释放出信号，表示会把奥尔洛夫列入决选名单。能把奥尔洛夫如此彻底地掌握在手中，就像当年掌握近乎货真价实的荷尔斯泰因公爵那样，令女伯爵十分兴奋。二人现在前往里窝那，奥尔洛夫打算在那里为心仪之人举行一场战舰演习。奥尔洛夫曾为了帮助一名要画海战的女画家，在她眼前引爆一艘船舰，最晚到这时，他的演习已经成了最受欢迎的旅游景点。1775 年 2 月 23 日这天，这轰动的场面又是如此惊心动魄，带着所有礼节上的敬意登上海军上将战船的女伯爵兼公主甚至没注意到，奥尔洛夫已经悄悄离开她的身边，来逮捕她的海军步兵紧接着靠上前来。

苏格兰海军少将的船舰早就离开里窝那前往直布罗陀，被囚禁在船室中的伊丽莎白·西林斯基－平内贝格－拉兹莫夫斯卡娅－罗曼诺娃还不明白，这次她上了多大的当。但女伯爵绝没有表现出被打败的样子，她通过秘密途径与奥尔洛夫取得了联系。奥尔洛夫非常伤心地回复说他也被捕了，但他已经有了一个逃脱的计划，而且伊丽莎白显然一度信以为真。等到达英国，女伯爵才明白自己被奥尔洛夫出卖，此时奥尔洛夫正在比萨平静地等待女沙皇叶卡捷琳娜允诺他的虚幻赏赐。不管怎样，女伯爵现在多次试图投水，以致她很快就被禁止在甲板上停留。1775 年 5 月 26 日的前一夜，伊丽莎白在重兵看守下到达彼得保罗要塞——这座要塞位于圣彼得堡，几乎正对着女沙皇叶卡捷琳娜二世居住的冬宫。随后的几个月里，等级越来越高的官员和忏悔神父来审问这位冒牌公主及其波兰－德国随从，但是听到的始终是来自《一千零一夜》的俄国－哥萨克或车臣－波斯的童话新版本，并十分稀奇地与一系列从罗马延伸到伊达尔－奥伯施泰因的庸俗的信贷诈骗勾连在一起。根据女伯爵的口音和她掌握的语言知识，人们艰难地推断，她很可能是德国人，但她是否真的是一名纽伦堡面包师或者德属布拉格酒馆主人的女儿，则一直没有人能查明。她时而叫作弗兰克小姐，时而叫作舍尔小姐或者德拉特雷穆瓦耶小姐，后来甚至请求汉密尔顿给她开具一个汉诺威的瓦尔莫登夫人的通行证。直到 3 年前，她才以波斯的百万财产继承人阿雷·埃梅泰雷、弗拉基米尔公主的身份真正进入伪贵族的骗子世界中，然后就有条不紊地快速攀高枝：从比利时的商人之子到冒牌男爵、真正的骗子；然后再到真正的男爵；最后再到真实且甚至执政的林堡－西鲁姆伯爵菲利普·费迪南德，他那更为体面的头衔荷尔斯泰因公爵自然与皇帝约瑟夫二世和长鼻子费迪南多的"耶路撒冷国王"封号属于同一类型。这位伯爵差点儿真娶了当时叫作埃莱奥诺蕾的伊丽莎白，只要某一天宣告已久的洗礼证明真的从波斯（！）送达，或者至少同样被热烈期待的巨额财产能够到来。最终伯爵破产，阻碍了他进一步悲惨地追随，最后伊丽莎白从拉古萨写信给他，说自己的热血迫使她把一名波兰随从变成了自己的情人，若有机会，伯爵是不是能把他们曾经共同创立用以出售的骑士勋章授予此人？

　　这名年轻的女士就这样在欧洲漂泊，好像永远活在最后一天，但同时明显对其浸润的世界有了越来越多的认识。比如选择事实上属于公爵领地荷尔斯泰因的平内贝格作为虚假头衔，与旅行中的约瑟夫二世按照他最后一个封号自称法尔肯施泰因遵循的是同一个逻辑；而且选择俄国的身份一

871

定程度上也很机智，受骗之人一方面能够接受俄国的现实存在（波斯有点太扯），另一方面对此知之甚少，一位凭空捏造出来的公主不会立马引起怀疑。当然，伊丽莎白的错误也就愈发悲惨，她低估了拿脆弱的新国家行骗的危险。在罗马－德意志帝国完全法律化的体系中，真正的荷尔斯泰因公爵可以带着轻微的嘲讽容忍林堡－西鲁姆的假头衔，因为他知道，这个人永远不会带着一支由狂热的牧民组成的军队进军基尔。但本身并非合法登基的叶卡捷琳娜二世却只能凭借残忍的强硬手段保住皇位，她连毫无争议的宗室子弟都要无情地对待，例如倒霉的不伦瑞克宗子。像伊丽莎白这样的大骗子，在别处只会受到嘲笑，但在俄国绝不能指望宽大。这个女骗子什么也没有再承认，她在审讯中不断地重新编织着连自己也深陷其中的谎言之网，当人们让她与自己承认的波兰情人对质时，她只用对方听不懂的意大利语说话。这时冒牌公主是否已经知道，自己越来越频繁地吐血意味着什么？我们又是否知道，这与她潮湿的房间位于一个建到涅瓦河中的要塞的外围工事中有多大关系？当冒牌公主于 1775 年 8 月被判终身监禁时，人们至少可以预料，这一惩罚不会持续太久。1775 年 12 月 4 日，冒牌公主死于肺结核，终年可能 30 岁，被士兵们埋在了要塞的壕沟中。和之前的情况类似，所有与死者交谈过的士兵被责成保持沉默，否则就会面临死刑的危险。很快，冒牌公主的死就衍生了各种传说。19 世纪，一幅引起轰动的历史画 [1] 传播了一种疯狂的想象，说伊丽莎白是在自己的牢房中被大水淹死的，而且直到彼时仍没有人知道她的真实姓名。这个有着众多名字的女人，今天在所有的网络词条，甚至在科学文献中，都被称为塔拉坎诺娃公主，而这个名字属于另一个女骗子——人们用一个她一生中从未用过的名字来称呼她，这可能再恰当不过了。

　　我们不知道，当威廉·汉密尔顿爵士获悉"班贝格女伯爵"被他交

---

[1] 俄国画家康斯坦丁·德米特里耶维奇·弗拉维茨基（Konstantin Dmitriyevich Flavitsky）于 1864 年创作的《塔拉坎诺娃公主》。——编注

给陌生的朋友奥尔洛夫后的遭遇，会不会一度感觉糟糕。自然而然缔结了
不冷不热的理性婚姻的爵士或许摇了摇头，就像他在一个会对巨大的激情
施加惩罚的世界中常做的那样。但是这桩可耻的交易绝不是汉密尔顿与俄
国的最后一次接触，只是对未来的一个刺眼的展望。1782 年，汉密尔顿
确实得以招待全俄的未来皇后，这一次是腓特烈大帝的一个 23 岁的侄孙
女，她改宗东正教后名叫玛丽亚·费奥多罗夫娜，从 6 年前起就是叶卡捷
琳娜二世那神经质的儿子兼继承人保罗大公的第 2 任妻子，正与丈夫一道
游历欧洲。大公夫妇在游历中使用的虚假头衔是"北方伯爵和伯爵夫人"，
这一头衔很快就被证明不仅狂妄得非常适宜，而且也是随他们而来的天
气的精确预报。在那不勒斯的这个 2 月里，温度有史以来第一次降到了冰
点，以致流浪汉们咒骂"这些莫斯科人"，因为这显然是他们造成的。这
次来访的其他开端也不好。鼻子长得荒谬的国王费迪南多为招待鼻子小得
荒谬的客人，在冰雪覆盖的山间将 500 头野猪、1500 头赤鹿及不计其数的
兔子和狐狸赶到 8 千米长的禁猎区中，而大公对狩猎没有兴趣的通知姗姗
来迟。虽然恬淡寡欲的国王不在乎，他准备独自动身去射死所有这些动物
（即使是他也需要一整周）；但是狩猎首日也在场的汉密尔顿表示很遗憾，
偏偏要在这冰冷的天气里经历这种前所未见的大场面，人们几乎连枪都握
不住。相反，有一个人大汗淋漓，此人不是别人，正是俄国任命的首位驻
那不勒斯公使。拉兹莫夫斯基伯爵安德烈就是不幸的冒牌公主找来做父亲
的那位女沙皇情夫的侄子，按照既有的传统，他被委派到了维苏威火山的
边上，形同流放。这点从他一被任命立即就离开俄国，但 2 年后才到达那
不勒斯就可以看出。安德烈的错误在于一定程度上延续了家族传统，成了
保罗大公早逝的首任妻子的情夫，因此现在他与皇储的第一次碰面就火药
味十足。大公眼看就要抽出剑来决斗，人们费了很大的劲儿才拦住暴躁的
皇储实践这场要命的决斗。

　　另一个不同类型的热烈约定进展得也不算好。尽管威廉·汉密尔顿爵
士仍然是维苏威火山最好的登山向导，但这次的登顶不算真正成功。当火

873

874

热的灰烬烧破大公夫人的鞋子时，她虽然可以换上英国公使明智地劝她带来的另一双鞋，但这双新鞋糟糕的状况还是败坏了他们的兴致。此外，令冷静的英国人惊讶的是，28 岁的大公不停淫荡地亲吻他的妻子，而且每次吻后都向汉密尔顿宣称："您看，我太爱我的妻子，我……"虽然对方赠予他镶满宝石的鼻烟壶以示感谢，汉密尔顿还是给俄国人打了很低的格调分，因为如此物质的一件礼物，远远比不上皇帝约瑟夫二世通过到访汉密尔顿的宫殿所给予他的纯粹的荣耀。只是"私下里讲"，汉密尔顿在写给心爱外甥的信里补充道，这对夫妇来访的价值几乎和皇帝到访的价值相当，那个鼻烟壶毕竟也带来了急需的 200 镑。最后，王后玛丽亚·卡洛琳对这两位客人也没多少好感，她内心只希望他们能待在喜欢他们的人那里，也就是说，"反正不是我这里"。王后在传记中辩解，说她当时正辛苦地怀着马上要分娩的第九胎。尽管如此，玛丽亚·卡洛琳对大公夫妇的评判仍十分有趣，她认为不招人待见的保罗·彼得罗维奇"还算好的，他糟糕、幸灾乐祸、骄傲、严厉、专断，但是我相信他或许仍有感受的能力；而她为了他如此做作，更增加了她天生的傲慢，把自己……当成世界上最伟大的女人，实则是个悍妇。他们的礼貌如此矫揉造作，让人反感"。几乎很难相信，在不是特别遥远的未来，这两对夫妇中的一对将会保住另一对的王位。

第 19 章

"现在您看到了，我是一位多么漂亮的巴黎贵妇"

鲁瓦西，1785 年 12 月 13 日

　　玫瑰姑娘再次出现时，头发乱蓬蓬的。她绝望地倒在河边草地的一张长椅上，正是这条河卷走了她的恋人。她自然顾不上看一眼背景中高耸又扁平到怪异的群山，眼前这条倒霉的河流不可抗拒地吸引着她，以致她做完最后一件事后就要投入其中——她得抓紧唱一首宣叙调。"我失——去——了——一——切，失去了一切，我的所爱。我的父亲此刻在哭泣，是我让他痛苦！愿他原谅我带给他的苦楚！啊，我失——去——了——一——切，恋人和玫——瑰！"要想不被感动，除非铁石心肠，所以无论是舞台上还是两边的包厢里，所有人都涕泗横流。管弦乐团和歌手这一次比首演时配合得更好当然也有帮助，德邦贝尔侯爵立即承认了这一点，但是在他看来，最大的功臣是声音优美的德卡拉曼小姐阿梅莉。在父亲献给世界的所有艺术作品中，她是最好的一件。这位 18 岁的伯爵之女在洗礼证明书上的第 2 个名字是罗丝（意为玫瑰），虽然从毫无诗意的现实来看，

这仅仅要归功于一位不仅姓罗丝，而且名字也叫作罗丝－玛德莱娜的曾祖母，但是至少在这天下午、在这个宫殿剧场中，每个人都言之凿凿地说，充满魅力的阿梅莉－罗丝－玛格丽特的名字中蕴含天命。尽管更精确地传达出这种天命的含义既不符合在场之人的风格，也不符合时代精神，但无论如何，这种天命肯定与美德、青春及绿色田园有点关联，这 3 种"配料"不仅充斥在舞台上，也充斥在周围的宫殿花园和让人不禁觉得滑稽的歌剧《萨朗西的玫瑰姑娘》中。此外，年长 23 岁、幸福地与一个同样年轻的姑娘结了婚的德邦贝尔，带着一种大概不只是父亲般的感情想到，阿梅莉的嗓音就是比她姐妹的还要好听。德邦贝尔原本可能愿意花几个小时在这里倾听德卡拉曼小姐歌唱，听她扮演的玫瑰姑娘塞西尔歌唱她憎恨爱

情——众所周知，爱情是一切的罪魁祸首。在德邦贝尔看来，这肯定非常真实、非常深刻；然而不承想，连他都获得了幸福，虽然姗姗来迟，但爱情的嫩芽终究在他和一个 15 岁姑娘的包办婚姻中萌生。夫妇互相以"您"相称，彼此称"我的天使"或者"我的公猫"，就好像他们不是派驻葡萄牙宫廷的大使和国王妹妹位列第四等级的"女官"，而只是来自玫瑰女孩的田园世界的两个农民。

德邦贝尔侯爵无疑会被这首宣叙调完全吸引，要是他没有坐在德拉法耶特和奥齐奎特之间的话——这两人足以让他分心。并不是说侯爵对德拉法耶特特别感兴趣。4 年前，此人风云一时，那时德邦贝尔也的确真心敬佩这个年轻人在美国独立战争中的伟大功绩。叱咤风云，对于严肃的德拉法耶特来说显然非常重要，但日子一天天过去，却没有增添新的壮举（又怎么增添呢？和平时期，人们在宫廷中对他只是泛泛地喜欢），他越来越像一个多年来躺在自己桂冠上的男人，自己恼火，也让别人生气，尽管他才 28 岁。对德拉法耶特投怀送抱的女人们并没有让事情有所改观，而他也忽略了自己可爱的妻子，正是妻子的宗族让他当年有了成为英雄角色的可能。不过公平地说，要是没有德拉法耶特，奥齐奎特今天也不会在这里，而这只会让德邦贝尔觉得遗憾。因为要是奥齐奎特没来，整个剧院里就再没有人有文身或者戴鼻环了。最重要的是，德邦贝尔就失去了一个极好的机会，来观察自己最爱的戏剧和最爱的德卡拉曼伯爵一家对一个人的影响。此人比所有其他客人都有趣，因为对于这个人来说，歌剧没有任何意义。因此，当演出终于开始时，德邦贝尔特意坐到了彼得·奥齐奎特旁边，专心地观察着彼得，并向对方解释剧情——只要这剧情有一个可以解释的逻辑。或许也正是由于剧情没什么逻辑，奥齐奎特到目前为止并没有表现出受到了多大的触动。这个年轻人似乎在想：在歌剧院中不就那样嘛。没有比较，他无法知道这些服装是多么昂贵和奇特，布景绘画是多么精致细腻，以及德卡拉曼的管弦乐团是多么出类拔萃。德邦贝尔理解这些，但是依然对没有看到一丝强烈的感情感到失望。就这样，四幕过去

879

了。德邦贝尔早就放弃了希望，此时，让他兴奋不已的玫瑰女孩正披散着头发优雅地站在岸边。但是，就像经常发生的那样，越是迟来的小小奇迹，效果越好。德邦贝尔突然注意到了自己迄今为止一直徒劳等待的事情：邻座被吸引了。德邦贝尔终于看到，奥齐奎特不仅感动地望向舞台，甚至还低语道："这个真的很美的姑娘唱起歌来就像小提琴。"鉴于说话之人是奥奈达部落的易洛魁人，几个月前才开始学习法语，所以欣喜的侯爵觉得，公平起见，似乎也不该再要求别的了。

在对这些人有更多了解之前，让我们向窗外望一会儿吧。与此同时，舞台上玫瑰女孩的故事向着它该有的结尾潺潺流去，但仅仅是为了平复那些先前被感动了的人的情绪，剧情迅速地做了最为必要的补充。看似已经逝去的恋人自然幸存了下来，出现在背景中用纸做成的群山山巅，他在最后一刻认出了准备纵身跳到激流中的玫瑰女孩，大喊："塞西尔，天哪！"使她陷入昏厥，从而有效避免了这一可怕的举动。女孩自然立马醒转过来，与失而复得之人唱起了二重唱。与此同时，恋人坐着船向她赶来，船上带着能为接下来的一切解围之人，也就是高贵的领主——他将惩罚做出邪恶勾当的管家。但是如果从舞台移开视线，从东侧包厢背面的窗户望出去，就会发现，那个初冬的夜晚风光迷人，而不是今天这种可憎的景象。因为如果这座宫殿没有在这场歌剧演出的 10 年之后被拆除，那么今天人们从这扇窗户看出去，就会越过极度扭曲的高速路环线，看到戴高乐机场的着陆跑道和主建筑物——一个可怕的人造迷宫，简直是对德卡拉曼家花园嘲讽似的故意否定。相反，当时德拉法耶特、奥齐奎特或者德邦贝尔可以看到环绕着鲁瓦西宫殿的 100 公顷大花园。他们会看到一个楼房底层，就像凡尔赛宫一样，这个底层使宫殿高出了花园，眼前则是圣西蒙 1710年在马尔利见过的那种满目绿色。这里的地下水大概不够供给一个大的水池，四周也没有山丘高到能制造出越来越流行的浪漫效果。尽管如此，在这个冬日的傍晚，这些高耸的古树必然营造出了一幅庄严的景象，人们今天仍能在凡尔赛宫见到它的扩大版，只需要在暮色开始降临时向下望去，

看看那逐渐变空的花园，侧耳聆听树叶的簌簌声。就像凡尔赛宫一样，从
鲁瓦西宫辐射出一张对称的林荫大道网，这些林荫大道打通了公园中的视
觉轴线，它们在宫殿立面的假定中心恰巧就是我们的观众所在的剧院包厢
的 4 层。宫殿主人想象中的目光塑造了这块区域，这里的住户理所当然地
臣服于他。就这样，德卡拉曼伯爵的宅邸以并不微观的形式再现了他的国
王用过于宏大的形式预先确定的秩序，完全就像在等级社会的教科书里可
以读到的那样。因此，按照旧秩序的标准来看，一切原本都能向着最好的
方向发展。但是花园在变。几何形状的花园被所谓的福地包围着，这些福
地精确规划的道路漫无目标地径自蜿蜒，好像在嘲讽那死板的林荫道。即
使是在生硬的结构内部，也早就有越来越大的区域在反抗陈旧的原则，按
照旧原则。巨大的花圃像阅兵队伍一样排列，一成不变的紫杉篱构成圆形
灌木花坛的围墙，这些花坛基本上就是没有天花板的房间。现在，在花园
的整个南部，代之以一座模拟无拘无束大自然的英式花园。伯爵以不可遏
制的热情不停地扩建着这座英式花园，但即使没有扩建，这座英式花园也
已经是不断变迁的时代精神的一个符号。因为对英式花园建筑的偏爱只是
更广泛的亲英思想的一小部分，法国的精英已经几乎不加区分地喜欢上了
英国的赛马、只有男性会员的俱乐部和议会辩论。德卡拉曼伯爵绝非仅仅
只是对宫殿花园做英式改造的众多狂热爱好者之一，毕竟他们在去巴黎的
"赛马俱乐部"时也会穿着一件"骑马装"（redingote，由"riding coat"
法语化而来）。作为知识渊博的先锋人物，伯爵实际上更多是引领了整个
风潮。而且鉴于玛丽·安托瓦内特的小特里亚农花园也是伯爵设计的，所
以，他新式花园中蜿蜒的小路早就影响了整个王国，这是连凡尔赛的林荫
大道也未能做到的。

    路易十六登基 11 年了，将小特里亚农赠予王后玛丽·安托瓦内特几乎
是他执政后做的第一件事。这座凡尔赛宫的秀美偏殿在诞生之初曾归德蓬
帕杜尔夫人所有；路易十五将其扩建后又赠予迪巴里夫人，日渐老去的国
王在这里与她度过了自己最后的快乐时光。纵观整个欧洲，统治者都想要

悄悄离开自己巨大的宫殿，在小小的乡村别墅度过尽可能多的时间，他们试图在那里远离繁文缛节，尝试过一种非常富有的乡村贵族般近乎私人的生活。路易十五最初与年长 7 岁的妻子玛丽亚·莱什琴斯卡非常幸福，但是这段关系没能熬过 12 年间的 9 次怀孕。对于像他这样的国王来说，带着情妇而不是王后来这些地方，简直太合乎逻辑了，他那众多替代性的宫殿女主人先后是迈利－内勒、德蓬帕杜尔夫人和迪巴里夫人。但是由于同名儿子兼王太子在国王之前死去，1774 年路易十五去世时，王位直接传给了孙子，凡尔赛也由此开始了值得一提的全面代际转换。20 岁的路易十六爱他的妻子玛丽·安托瓦内特，可他无法未卜先知，没能预料到自己将迪巴里的小宫殿赠予妻子的同时，也把她充满诅咒的命运转移到了妻子身上。

883

　　近一个半世纪以来，国王的情妇们在法国宫廷中承担着一个无意为之的重任，即充当国王的避雷器或者替罪羊。如果统治者让某个大的宫廷宗族失望，例如把重要的官职给了这个宗族的竞争者，出局者的怒火和仇恨不会针对国王——所受的教育要求他们敬佩国王——反而会集中于恶毒的参谋或者统治者怀中狡诈阴险的女人，因为肯定有人是所有坏事的幕后黑手。专业的宫廷侍臣自然不会毫无章法地发怒，他们知道，成功和复仇的最好机会，在于用自己的候选人取代首席情妇，因此他们会专注于必要的阴谋。但是怒火在此过程中并非毫无用处，因此，几十年来，一种淫秽的诽谤小册子发展成了正规小产业，这些文章有时候由风趣恶毒的亲王本人执笔，有时候近乎由警务大臣亲自写成，有时候也由贫如乞丐的阁楼里的知识分子撰写，但总是由大老爷们付账印刷，目的就是用涓涓文字毒液腐蚀情妇的地位。德蓬帕杜尔没怎么费劲就把这种小册子的书写对象引到了继任者迪巴里身上，路易十五去世后，迪巴里的这种角色也玩儿完了。我们可以想象一下，那些印刷机旁的惯犯是怎样翘首等待着他们的下一个靶子。

　　让人大跌眼镜的是，路易十六根本不再有什么情妇，即使是最玩世不恭的旁观者肯定也很快看透了，国王大概以后也不会有情妇了。这位短视、认真、并不优雅的年轻人对妻子忠心耿耿的爱情太过明显。最重要且

同样过于明显的是，妻子尽管近乎孩童般贪玩，却将会迅速地学会把丈夫 884
的爱落实为宫廷权力，而她由此也踏上了那个由于没有情妇而空出来的、
被大多数人憎恨的隐形职位。要是宫廷社会没有很快看透这一点，他们就
不是善于学习的社会有机体了。到目前为止，在这些艰难的和平岁月里，
每当24个来自权力家庭的17岁少年又要应聘仅有的一个军团指挥官空缺
职位时，国防大臣总是会向23对失望的夫妇保证：他自然希望他们的儿
子执掌军团，但是被情妇否决了。人们能拿和国王同床共枕的女人怎么样
呢？但是从1774年起，这个女人罕见地成了王后本人。那好吧，国防大
臣自然知道，他只要将借口稍稍更新就行；其他人也深谙此道。单凭这一
点就够糟了。更糟的是，时代趋势不仅把国王变成了一位忠实的丈夫，还
让王后萌发了一个仅在我们看来无辜的愿望，那就是像普通人一样，周围
都是自己挑选出来的朋友。但是，在一个像凡尔赛这样的宫廷体系中，统
治者在每一个私密的生活场景里，身边都只能围绕着上层贵族的世袭权
贵，因此也只能从这个圈子中挑选亲信。这种强制的必然性是精英阶层最
重要的权力工具，这些精英祖祖辈辈用铁腕手段牢牢掌握了重要的宫廷职
位，他们不可能一下子就允许王室自由选择玩伴。玛丽·安托瓦内特绕开
了这些人的要求，越来越多地待在小特里亚农宫，比起主殿，她在这里能
更自主地决定礼仪规范。当然，宫廷体系绝对没有崩溃，因为在小特里亚
农宫胜出、成为王后好友的德波利尼亚克夫人及其随从也都来自古老的宫 885
廷贵族。但是这导致的后果是，接近宫廷的淫秽文学产业在最短的时间内
开始攻击王后。很快就有小册子、诗歌、揭露性的文章和漫画发表，以图
像般的细节向着迷且震惊的读者描述，后位上那个脱了缰的慕男狂与其所
有的男仆、公爵、宫廷侍女、动物，甚至她的一个稍胖的书呆子姐夫是如
何行无耻之事的。

在读完最新的小册子后，王弟德普罗旺斯伯爵可能会想："这样很
好。"然后就继续去写带有糟糕文字游戏的英文信了。"这样很好。"洛赞、
德吉尼斯、艾什泰哈齐、波尼亚托夫斯基的瑞士表亲德贝桑瓦尔或者德利

涅亲王肯定也这么想。一次狩猎时，纯粹是为了好玩，王后和德利涅亲王骑在了速度最快的宫女前头，只为了能在树林中单独说会儿话。王后所有其他的道德过失都是这种轻率的行为（至少直到革命以前），之所以看起来像是过失，只是因为宫廷看客们用来衡量身为无可指摘的王位继承人之母的标准，比他们衡量自己家族女性的标准要严格得多。这些指责在今天看来有多么不可理喻，可以从索菲亚·科波拉执导的电影《绝代艳后》中看出。这部影片不得不为女主人公杜撰了全新的无耻行径，因为在编剧们看来，王后在宫廷政治上犯的错误明显太过复杂，但她的"失足"又太微不足道。于是影片为她捏造了 3 个新的罪行，这也合理，因为这 3 种享受（嗜酒、嗜甜食，以及不停地购买新鞋，玛丽·安托瓦内特从来没有前两个问题，而后一个问题对旧秩序下摇摇欲坠的国家财政造成的影响根本不值一提）虽然在那个时代的批评标准中无足轻重，但是众所周知，在今天美国的女高中生中却属于不可饶恕的行为。当时的那些指控在虚构程度上自然不输电影中的这些，国王身边的人都知道，人们只能指责玛丽·安托瓦内特不尊重传统和偶尔处理个人问题不力，但她至少和其他的宫廷侍臣一样，有这些权利。

886

但是法国国内的其他人比以往任何时候都更需要一个替罪羊，这些人太愿意相信他们读到的东西了。体系真正的问题虽然是一直以来无孔不入的政治代理人及低效又不公的税收体系，但这两样连同获胜的美国独立战争，都没有让这个国家比路易十五去世时的经济更糟。而恰恰因为相对的好时代促进了富裕和教育的传播，恰恰因为那些自然也是通过裙带关系才被聘用的管理者开始认真研究当时的哲学和道德崇拜，恰恰因此，当时对法国宫廷的要求已经大大提高，以至于阅读报纸的臣子对传统政府形式中的很多方面越来越无法容忍。而一个旧秩序下的臣子又无法冷静分析抽象的权力结构，也就难怪很多人只能用当权者的道德沦丧来解释看似全新的问题。路易十六得以全身而退，是因为传统的国王崇拜及他那明显乖巧的性格，使他还能在很长的一段时间内免遭臣民的仇恨。给国王本人带来大量好感的是他对妻子的爱，但这却使妻子像以前的国王情妇那样，成为一股强大仇恨的对象。这种角色连贯性的可悲就表现在尽管玛丽·安托瓦内特和迪巴里夫人的人生轨迹完全不同，但最终在 1793 年不到两个月的时间内以残忍的方式殊途同归——终结于一个新秩序的断头台，这个新秩序只承认男人有权享有政治权力。

在无辜的 1774 年夏天，人们当然还对这一切一无所知。德卡拉曼伯爵怎么会知道，新王后的小特里亚农宫会带来这么多不幸。王后偏偏请他来设计一座英式花园，他除了感到得意又能有什么别的感觉呢？这项提议和伯爵的才能不怎么相关，而是因为他出身高贵的妻子。伯爵夫人是德博沃亲王的侍卫长的侄女，这名侍卫长与其颇具影响力的妻子恰好成了宫廷政治的获胜方，而且还与权倾朝野的诺瓦耶家族有姻亲关系——凡尔赛一贯如此。但是这一次，货真价实的裙带关系中的的确确产生了美好的东西，经过修葺的特里亚农花园直到今天仍是一个魅力十足的世外桃源。尽管如此，人们仍然可以心安理得讽刺地看待其中反映出的贵族的自我形象，同样也可以讽刺地看待玛丽·安托瓦内特很快就要在花园中建造的小村庄模拟物。据说王后曾戴着巨大的银项圈在模拟小村庄里扮演过一个牧羊女，尽管这是典型的夸大其词，但是王后的确到访过真实的和舞台背景中的农舍，这和我们在鲁瓦西宫殿的舞台上见到的一样，都是刻意为之，惺惺作态。就好像贵族和君主本人也都确信，自己阶层的道德已经沦丧，真正的美德只存在于普通百姓身上（少数受过教育的城市市民在当时及后来自然都不讨贵族的喜欢，因为他们地位低得不够明显）。由此得出的结论自然不是给这些理想化的普通老百姓更多的自由、更多的教育甚或共决权，连市民阶层也不可能愿意给予他们这些。未腐朽的乡民反而更适合成为一种展示领主传统行善要求的对象：行善一直存在，现在在开明领主的庄园中也经常发生一些实实在在的善行，而且上层的善行并没有因此而减少。而在这种慈善之外，越来越多地出现一种奇怪的认同，上层阶级的贵妇让人将自己描绘成骄傲的挤奶女工，作为村妇闪耀在各自宫廷剧院

887

888

的舞台上，并将自己的女儿装扮成动人的园艺女工。比如 1774 年，当玛丽·安托瓦内特参观德卡拉曼伯爵城市宅邸的花园时，7 岁的阿梅莉和姐妹们就曾身穿这种服装迎接她（是的，那时候她们自然也唱歌，因为滑稽幸福的农民就是在不停地唱歌）。

　　此外，德卡拉曼伯爵一家的例子也表明了具有象征意义的花园革新与一种幼稚的美德理想之间的关联。这种理想强烈地体现在这种模范家庭中，连当代的咖啡广告也几乎望尘莫及。1781 年，一名萨克森王子、路易十六的舅舅让人调查，他是否该把他那个由一个门第不高的母亲所生、因此在德国无法婚配的女儿德萨克斯小姐嫁给德卡拉曼伯爵的长子，激动的代理人将王子预期的亲家直截了当地描述为"道德的天堂和正派享乐的收容所"。路易十四统治时期，人们仍然会在鲁瓦西宫举办著名的纵酒狂欢，神父会用细致的礼拜仪式把小乳猪命名为"鲤鱼"，以此规避耶稣受难日时的禁肉令[1]。而到了路易十六的时代，人们反而羡慕一种田园般的家庭生活，在虔诚性上它是传统的，但是在家庭的亲密性上又如此现代，甚至可以用名字来称呼自己的孩子们（在旧的原则下，德邦贝尔大概也会倾慕美丽的阿梅莉，但是只能知道她叫德卡拉曼小姐）。这种赞美显然让王子完全冷静了下来，也告诉了我们，等级社会的基本立场会在人们的头脑中根深蒂固地保留很长时间。王子周围的人甚至将这段失败的联系描述为"完全不适宜"，因为德卡拉曼伯爵的父系出身远不够好。伯爵的曾祖父在 1666 年请求的不是授予，而只是证实自己的贵族身份，但是没能成功——按照他的说法，他的贵族祖先只是由于贫穷暂时滑到了市民阶层（这种借口在暴发户中也很受欢迎），但没有人相信：这位祖先毕竟作为工程师建造了这个国家最重要的一条运河（曾孙都还保留着"南部运河领主"的美丽封号），做过如此实际有用的事情，不可能出身高贵。尽管德卡拉曼伯爵家的道德示范性不足以改善在当时仍非常重要的出身，但这种示范性至少为他们带来

[1] 西方传统上认为鱼类不属于"肉"。——编注

了德邦贝尔这类宫廷侍臣的羡慕。贵族家庭太适合这种道德的策划了，人们可以在鲁瓦西宫的花园中用手触摸到这种策划。例如伯爵在花园的各个角落里用鲜明的色彩建造了风景如画的农舍，让佃户免费居住，他们的隐秘存在就是要把花园营造成一个由高尚的封建领主和感恩的臣民组成的世外桃源。这也是一个理想的演出场地，玫瑰女孩的歌剧原本就在野外表演，但是时值冬天，德卡拉曼伯爵的贵族家庭剧团才把它搬到了自己宫殿剧院的舞台上。这个当时受欢迎到令人难以置信（从后世的角度来看也无法解释）的剧本起源于诺曼人一个村子的风俗。在这个村子，据说从 5 世纪起，睿智的长老和领主每年都会给品性最端正的 18 岁姑娘一朵玫瑰和 25 法郎的嫁妆，这些嫁妆会使她成为村子里年轻人羡慕的女王。但是没有人知道这个风俗最初到底是怎么形成的，可以想见，村子以外没有人对这一风俗感兴趣。直到 1766 年，一群来自周边宫殿的无聊访客听说了此事，并且毫不犹豫地不请自来。要是放在几十年前，他们肯定会拿这些自以为是的乡下蠢货寻乐子，现如今唯一一名还住在本地的人也是这么建议的，但是后者领会错了时代精神。感谢卢梭及其同人，金闪闪的精英阶层注定要满怀感动地羡慕简单的生活。值得一提的是，这次首先意识到乡村风俗宣传价值的，是一位年轻的女士。现在，让我们跟随一部庸俗道德歌剧的产生史认识这位女士，她生命中的恩怨情仇恰恰与这部歌剧完全相反。

890

当斯特凡妮－费利西泰·迪克雷·德圣奥班在 1746 年看到世界的阳光时，人们确实没想到她会扮演一个重要角色。父亲是个有点家族历史的小贵族，在一次决斗中失去了他并不惊人的军事职位，余生在购入和出售毫无收益的宅邸中度过，而且并不是所有的宅邸都在他转手之后才倒塌。不幸的是，母亲的人际关系也很糟糕，要不然准能跟着飞黄腾达（与德蓬帕杜尔的前夫交好什么也没捞着，还可能适得其反）。也就是说，女儿既没有经济上的嫁妆也没有关系上的嫁妆，因此差点随随便便嫁了个人（或者说随便哪个绝非佳婿的人，比如富有的家暴男德拉普佩里尼埃，他的首任妻子曾在萨克森伯爵莫里茨的庇护下与我们相遇）。幸好费利西泰具有不少有用的性格特征来弥补不足，而我们的麻烦也在其中，还是来自她性格中最重要的一点，那就是自我神化的特别天赋。当费利西泰写道，她从 6 岁起就在教育所有没能及时跑掉的东西，或者当她宣称 8 岁时就开始写第一部小说（她在世时总共发表的 93 部作品当然是后来才动笔的），我们只能选择谨慎地相信。即使无法检验德圣奥班小姐的童年回忆（因为就连当时更重要的家庭也很少记录儿童的点滴），仍有一些片段足够可信，且不适合被后世神化，也就愈发应该介绍一下。例如，1755 年，9 岁的小德圣奥班在一次业余戏剧演出时被塞到一件粉色的爱神服装中（就像第 17 章中同时代的戈登家的孩子们一样），她非常乐意扮演教育者的角色，于是把一个扮演"欢乐"的小男孩的翅膀拆了下来，因为最终爱情必然会阻止欢乐一会儿落脚在这里、一会儿落脚在那里。有两场演出一切顺利，但到第三场时，一个倒霉的道具管理员把翅膀固定得太紧了。当意志坚定的小德圣奥班意识到，简单的拆除无法完成这次任务时，她一刻也没有迟疑，先是摇晃吃惊的小演员，然后把他推倒在地，坐到他的背上，任凭他哭泣，粗鲁地用力扯下他的翅膀，最终胜利地大喊着把翅膀高高举起，这喊声无疑比原先预定的押韵颂歌还要受欢迎。小德圣奥班本人非常满意，根本不想再脱下演出服，因此接下来的 9 个月中她天天穿着这身衣服，随身带着弓箭和箭筒。小城疗养地的观众对小德圣奥班的表演做何评价反倒没怎么流传下来，就像她人生中很多其他的观众一样。至少观众很容易做出的一个预测是正确的——这位年轻姑娘未来的所有出场都不会因为不够投入而失败。

　　在接下来的几年中，费利西泰学会了把精力更多地用到经典的教育材料上，但并没有因此丧失冲动。费利西泰几乎没有接受过正式的教育，但是自学成才。她通过不断地阅读，吸收了大量未加区分的信息。与此同时，她还学会了弹奏竖琴，琴艺高超。母亲很快就带着费利西泰到一些显贵之家的城市宅邸中表演，除了演奏，女儿活泼的栗色眼睛和有点塌的小鼻子也赢得了赞美。有人评价说她非常漂亮，但她其实并不算是个美人。尽管如此，按照贵族的标准，费利西泰在上层社会最边缘的生存处境还是十分棘手，比那些明码标价，因此经常被当作用人对待的音乐家好不了多少。然后发生了第一件幸运事，悖谬的是，费利西泰得把这次幸运归功于父亲持续的霉运。父亲打算在法属海地致富的最新计划不仅失败了，还让他在归途中成了英国的俘虏。幸运的是，父亲至少把金烟壶带在了身上，这样他就可以好好端详盖子上女儿弹竖琴的小画像；更幸运的是，他把这幅画拿给了同是俘虏的另一个人，这人原来是凡尔赛宫廷社会边缘的一位伯爵，当时 26 岁。两人一被释放，德让利斯伯爵就急切地想要认识这位此时已经 17 岁的姑娘。不到一年，1763 年 11 月，在很受法国贵族喜爱的夜半婚礼上，德圣奥班小姐成了德让利斯伯爵夫人。自然没有幸福的结尾，尽管这对年轻的夫妇一开始彼此相爱——这恰恰就是问题所在。爱情破坏了等级秩序，德让利斯伯爵原本该娶一个比费利西泰出身更好或者更富有的新娘。费利西泰的存在激怒了伯爵有权势的大臣叔叔，因为这让叔叔在社会地位层面对侄子估计错误，现在就像个傻子一样。费利西泰最后还让伯爵忘记了自己的次子身份，要是他临时被剥夺继承权的哥哥重新获得叔叔宠爱，那他将一无所有。简而言之，爱神之箭再一次造成了很多伤害，就像这个社会对它一贯的指责一样。社会现在惩一儆百，拒这对违反游戏规则的夫妇于巴黎宏伟的城市别墅之外。两人只得退隐德让利斯伯爵位于法国东北部的宅邸，期待着融雪天气可以把自己带回广阔的世界中。

        或许在乡下度过婚后的前几年也不是坏事，在那里，17 岁的伯爵夫人保持了活泼的天性，但不像在宫廷中那么招人讨厌。举例来说，短暂拜访一座修道院期间，伯爵夫人在夜里扮成魔鬼穿梭在走廊中，用口红给睡梦中的耳背修女画上络腮胡。在宅邸池塘边钓鱼时，因为丝绸缝制的鞋子陷在了岸边的泥泞中，一名乡下亲戚嘲讽德让利斯夫人是"漂亮的巴黎贵妇"，然后笑个不停。被激怒的德让利斯夫人夺过对方手里的一条"指头长的"活鱼吞了下去，然后倔强地宣称："现在您看到了，我是一位多么漂亮的巴黎贵妇。"与此同时，她还写了一部长篇小说，尽管这次还是会束之高阁（众所周知，出版对于贵族来说过于粗俗）。德让利斯夫人记录下了自己与一位想象中的钦佩她的女性友人的谈话，她向这位友人宣称："我始终把未来看作一场梦，在梦里，人们可以放进自己喜欢的东西。"她已经在迈向这样一种未来。

　　开始的几步很不显眼。德让利斯夫人在 3 年里生了 3 个孩子，其中的 2 个女儿活过了婴儿期；她与有权势的夫家和解，开始频繁在巴黎的大型社交场合露面，最重要的是，学会了在那里如何举手投足。但是非常重要的另一步早在乡下的半流亡时期就迈出了，那时候人们嘲讽地向伯爵夫人讲述了相邻的萨朗西的农民玫瑰节。我们只能猜测，促使伯爵夫人与宅邸的客人一同前去的原因究竟在多大程度上是纯粹的玩兴；以及她在多大程度上辨认出这一切是时代精神的完美工具，又在多大程度上把这种由卢梭激发的时代精神内化到了让后来的一切自然而然的地步。不管怎样，德让利斯夫人和她的客人们自作主张，扩展了村子风俗的内容，给了这一年的玫瑰女孩一份终生年金。伯爵夫人还亲自赠给女孩一条漂亮的裙子和一头牛；从最近的城市聘用了一支管弦乐队；在挂着彩灯的谷仓举办舞会，其间伯爵夫人装作很偶然地弹起竖琴来；当然，最主要的是添加了没完没了的诗歌，献给神奇的竖琴，甚至偶尔献给玫瑰女孩。当错愕的本地人还在疑惑他们到底在做什么时，一部史诗已经写就，还有发表在大型文化报刊上的辞藻华丽的报道、一个歌剧剧本、一出滑稽的歌剧《萨朗西的玫瑰女孩》。全国都在兴奋地模仿这里的风俗和节日，并且好评如潮。一本对该现象展开历史学和社会学分析的小册子也随之发行，宫廷对滑稽歌剧的华丽演出迅速占领了法国的各个舞台。这个故事简直太好了，连卢梭都想不出更好的故事来，更别提那些亲切的领主了。领主们现在突然在英式花园中用高尚的道德节日招待起自己的臣民来，不仅慷慨地俨然以美德评审者自居，还把感人的爱情故事搬到业余的歌剧舞台上；尤其具有道德意义的是，还能和家人一起扮作唱着歌的农民。要是碰上特别和善的领主，甚至还能给收入平平的职业法学家一个只说不唱的角色，要不然他们也是在宫殿的档案里扒拉中世纪的羊皮纸，寻找有利可图、可以再次引入的封建捐

税。这样一来，所有社会阶层的和谐共生就更加完善了（25年后的事实证
明，从这些封建法学家中产生的革命分子，狂热程度远超其他职业团体）。   895
不久后，正宗的萨朗西玫瑰庆典的女主人公们开始以一种典型方式（对贵
族和农民的共生来说）发起诉讼，因为领主不仅省了礼物、打算自己单独
任命玫瑰女孩，而且还坚持女孩在教堂里必须始终坐在他的身旁——就算
这样，也没有消减流行的热度。领主自然输了诉讼，法官毕竟也是音乐爱
好者。不过谨慎起见，人们还是为歌剧写了新的剧本，在这个剧本中，可
耻的谋害都是一个流氓管家的杰作，最后仁慈的领主亲自制止了他的恶劣
行径——不然还能怎样呢？但是对于德让利斯夫人来说，这些纷乱不仅是
她引以为豪的回忆，让她在几十年后仍给自己的小说角色和孙女取罗莎蒙
黛这类的名字，而且也是一件富有教益、令人大开眼界的经历。尽管连
续6年的竖琴演奏肯定会让她厌烦，而且她总是在表达敬意的诗中被比作
《旧约》中的竖琴家大卫，但是当她得以在享有声望的《法兰西信使》[1]中
读到一首自己在玫瑰庆典上朗诵的这类诗歌时，她突然有了不一样的感
觉，全文中哪一行也不如第一行那样使她高兴："献给德让 ***** 伯爵夫
人。"她想要获得更多这种感受。

在几十年的变迁中，有一样东西始终未变，那就是法国的宫廷体系
连同所有依赖于凡尔赛的仕途仍然对才能有着完全的抵制力。想要晋升到
最上层的宫廷职位，唯一有效的策略便是生到拥有这些职位的家族中。连
婚嫁也不起作用，因为大的宫廷宗族，例如诺瓦耶或者罗昂的儿孙们等级
高到只会娶他们圈子里的少数几个富有的女性。要是没有有权势的叔舅或
者重要的姑姨，连体系的第三等级都进不去。因此，单凭巨大的文学知名
度，永远不会把德让利斯夫人带到本书讨论的那个宫廷最神圣的所在。费
利西泰的丈夫的确有个有权势的叔叔，虽然叔叔在和解后也想给侄媳弄个   896
小职位，但是由于他在为相应公主安排宫廷侍从的几周前死去，所以我们

---

[1] 巴黎的文学刊物。——译注

无从得知，如若不然，德让利斯夫人是否能使路易十六的小姨子免遭自己同性恋读者的专横；那样的话，至少她的人生会错过几个月后她唯一重要的姨母为她提供的戏剧性转折。这位姨母很重要，她为外甥女打开了一个王侯之家的大门，自从摄政王德奥尔良去世后（见第13章），我们再也没听说过这个家族的消息。

　　1723年这一年，接替几乎全权在握的摄政王成为奥尔良家族首领的是他20岁的儿子路易，随之也几乎立即开启了这个王室旁支的衰落。新公爵本人只是衰落的部分原因，尽管公爵古怪的性格大概就足以使他在政治上变得无法沟通。怪诞不经的博学、冥思苦想的虔诚和狂妄自大构成的不祥混合体，促使早年鳏居的路易在38岁时就退隐到巴黎的一座修道院中。公爵在那里幻想着美丽的宫廷贵妇，尽管他同时还在设计一种基督教神学的全新体系。身份卑微一些的才能卓越之人早就在这项复杂的任务面前投降了，公爵路易反而还给自己增加难度，他根据一个志趣相投的侍从官的建议，决定把死亡当成幻觉。从那时起，每当人们试图向公爵解释，德贡托夫人或者德阿兰库尔夫人不能再和他幽会，因为她们几年前已经去世了时，他就会面色铁青，因为他不相信这种理由——很显然，他的敌人把对他有益的人藏了起来，就像他们不幸成功地对路易十四所做的那样。由于王朝的日常事务自然而然地与继承相关，因此也就与死亡事件相关，人们也就愈发佩服公爵手下签发官方文书的大臣在缓和这个问题时的优雅，至少在公爵的连襟、西班牙的路易斯一世（见第13章）的情况中做到了优雅。当然了，在所有要签署的文件中，路易斯一世的名字前都有个"已故"（法语：feu），这让公爵非常生气。但是这位大臣解释说，这只是所有西班牙国王都有的一个传统封号，轻松地安抚了主人，而这个理由确实也完美地契合穿黑色礼服的西班牙宫廷典礼。

　　尽管奥尔良家族新首领的古怪念头如此不切实际，但王朝的主要问题却基本得多。就像所有的王室旁支一样，奥尔良家族也不可避免地丧失了重要地位，他们与执政主支中合法且重要的亲戚的关系越来越淡薄。王弟殿下、虔诚的路易的同性恋祖父，身为国王的儿子和弟弟，还是"法兰西王子"，是一位第一等级的王子；而路易的父亲（也就是摄政王）作为"法兰西之孙"只是第二等级的王子；到了路易本人，作为"血统亲王"只是第三等级的成员。这些差别一点都不抽象，因为它们既决定着由国王供养的宫室侍臣的规模，也决定着个人的恭敬程度，这种恭敬程度绝对会在每个日常情境中提醒着路易公爵的地位。也就是说，一代代等级的下降始终决定着是坐扶手椅还是小板凳，是阁下还是殿下，还有千千万万种其他的差别，这些差别都会融入受相应教育之人的血肉中。这已经够令人不舒服了，而随着家族等级的下降，在萎缩的门户中服务的高等级贵族的利益也会受损。对于奥尔良家族来说，还有一种特别的苦楚：鉴于王室主支从 1714 年起就非常薄弱，他们长期以来离王位如此之近。在 1729 年王太子出生之前，一次死亡事件就足以把奥尔良一族的人送上王位——只要排除西班牙有争议的要求（连半疯的路易也下定了这个决心，他宣称，一旦出现这种情况，愿意直接从修道院奔赴可以预料的战事中）。即使在继承人降生之后，在相当长的时间里，他的死亡也能让德奥尔良公爵登基，因为王太子没有活下来的兄弟，而他母亲很快也过了生育年龄。所以说，是王太子从 1751 年起生的一系列儿子将奥尔良家族真正推到了一边。但是太晚了。要是一个王子的家族 37 年来已经习惯了很快要取王室而代之的想法，那他们很难迅速摆脱这个想法，听任所有相关方吃亏。

　　奥尔良家族永远无法忘记他们的陈年旧梦。这个降级的家族原本可以通过迎娶公主，至少在与继承权不相关的女性一支中靠近王室，但主支连续两代拒绝了他们的求婚，不过这并没有让奥尔良家族清醒。半疯的公爵此后一度希望，可以让他那 1725 年出生的继承人路易－菲利普与巴伐利亚选帝侯的一个女儿成亲，然而充满敌意的国王堂侄路易十五于 1742 年把这位公主的父亲扶上帝位（见第 16 章），而一位皇帝的女儿是再也不会下嫁一个血统亲王了。因此，路易－菲利普（和奥尔良家族的所有长子一样，父亲在世时只能叫作德沙特尔公爵）现在只剩下一个选择，对方是等级最低的血统亲王与道德名声最糟的亲王妃所生的女儿。1743 年，人们将此人许配给了 18 岁的路易。路易丝 – 亨丽埃特·德波旁，人称德孔蒂小姐，1726 年之所以出生，仅仅是因为她的母亲在 9 个月前回到了丈夫身边，目的是成为新鲜出炉的王后玛丽亚·莱什琴斯卡的最高宫廷女管家（见第 13 章）。就这样，德孔蒂亲王和亲王妃复合了，结果是生下了一个女儿，但那个职位后来还是落到了亲王妃的一位妹妹手中，复合也没有持续多久。尽管如此，这个女儿与其亲上加亲的堂兄德沙特尔公爵毫无激情的包办婚姻在证明彼此彻底厌恶之前，一度看起来意外的成功。有 3 年之久，年轻的德沙特尔公爵夫妇是凡尔赛的黄金伴侣，毕竟在那里，就算是一对勉强相爱的夫妇也像稀世珍宝一样惹人注意。这两个感人的王室青少年，每一次夜间活动都会双双消失在最近的卧室中，凡尔赛自然很难有他们的同类。国王家庭女教师"杜尔妈妈"的孙女与继任者在提及德沙特尔夫妇时，说他们把婚姻变得不正经。30 年后，从昔日的德沙特尔公爵那里听说这句话的不是旁人，正是我们头戴玫瑰花冠的女英雄德让利斯夫人。30 年后的德沙特尔公爵已经变成了胖得可怕的德奥尔良公爵（父亲在 1752 年死去，有力反驳了他心爱的理论）。在早就换了一个又一个情夫的妻子去世 7 年后，也就是 1766 年，懒散消极的德奥尔良公爵爱上了夏天猎鹿时在草地上坐在他对面的一位女士，当时其他猎人都不见了踪影。那天即使在阴凉处也很热，尤其是体积庞大的德奥尔良公爵还穿了自己宫殿的华丽狩猎制服——所有客人也都得穿这种制服。公爵汗流浃背，于是最后很有教养地请求德蒙特松夫人允许他解开衣领。看到公爵解开狩猎制服时的舒适放松，德蒙特松夫人的反应超出了理应有的举止范围，她哈哈大笑，称呼对面的人是"胖小爹"，但并没有显得不友好，于是迅速赢得了第三等级王室子弟中等级最高的这位一生的爱情。德蒙特松夫人是德让利斯夫人的直系姨母，6 年后会在德奥尔良公爵的宫廷臣仆中为她安排一个职位，所以毫不夸张地说，胖小爹此刻懵懂无知地把自己家族置于了德让利斯夫人铺就的弯路上，路的尽头就是法国的王位。

    由于 1772 年世间已不再有什么德奥尔良公爵夫人，德让利斯夫人也就无法被任命为公爵夫人的侍女，因此她成了公爵夫人 19 岁儿媳的"女官"，按照传统，这位儿媳自然又叫作德沙特尔公爵夫人。对于这位一生都多多少少靠边站的公爵夫人，连我们也只能给她几行的篇幅，甚至连这几行都不是关于她本人的。她与 1747 年出生的奥尔良家族继承人德沙特尔公爵的婚姻有一个巨大讽刺（这个世界经常如此），即路易丝－玛丽－阿德莱德·德波旁是个怎样的人完全无关紧要。更能决定命运的反而是出身和继承权，它们把王室的两个棋子推到一起——二人必须成婚，因为没有其他的人选。人们禁止新任德沙特尔公爵（路易－菲利普－约瑟夫·德奥尔良）与出身萨克森的太子妃的妹妹结婚，因为王室不想在家庭上和第三等级的堂亲靠得太近。其他的天主教统治者家族等级过高，而法国同等级的王侯之家那时恰好只有一个女儿待嫁。但是这位路易丝－玛丽－阿德莱德·德波旁（按照富得流油的父亲的封号被称作德庞蒂耶夫尔小姐）有 2 个完全相反的特点，导致她几乎嫁不出去。这两个特点的罪魁祸首是她的曾祖父路易十四、洛赞和"小姐"。

    我们在第 4 章已经看到，路易十四的堂姐"小姐"是如何不得不在 1681 年从皮内罗洛保释自己的如意郎君的，她为此把自己的巨额财富过户给了路易十四心爱的私生子。但是由于私生子迪迈纳公爵的 3 个孩子死前都没有结婚，这笔恶意获得的资产就落到了他唯一的弟弟德图卢兹伯爵一支。德图卢兹伯爵娶了老德诺瓦耶公爵元帅夫人的女儿，二人的婚姻又只有一个孩子——1725 年出生的德庞蒂耶夫尔公爵。德庞蒂耶夫尔公爵已经从父亲那里继承了很多财产，用德邦贝尔侯爵的话来讲，公爵"可以将他的无聊以两周一次的频率从一座宫殿背负到另一座宫殿"。公爵 9 岁被任命为海军大将，因此在法国海军理论上的巅峰时期度过了 56 年可以积累财富的时间，尽管他一生只登上过一次战船（为了让他接受相关培训，这艘战船被运到了巴黎附近的朗布依埃宫的池塘里）。现在德庞蒂耶夫尔又继承了堂亲们的遗产，于是他就成了 20 万臣民和最终高达 1.04 亿法郎

（约为国家年度预算的 20%）财产的主人，富有程度仅次于国王和德奥尔良公爵。在德庞蒂耶夫尔公爵和早早去世的妻子所生的 6 个孩子中，只有一个活了下来。当路易十六在 1786 年强迫公爵把最爱的朗布依埃宫卖给王室时，他不愿意把家人的棺材留下，于是人们在雨中抬着 9 具棺材跟在悲伤的公爵的辎重队后。公爵永远不会把唯一活下来的女儿嫁到国外，女儿也永远不会在国外觅得地位相当的夫君，因为她的祖父出生于一段双重通奸关系。而在国内，对于这样一位自然只能高嫁的女继承人来说，还有 3 个对象可选。最高贵的那位自然是路易十五最小的孙子，尽管与德庞蒂耶夫尔公爵交好，国王祖父还是立马拒绝了这门亲事。当路易十四自负地通过婚嫁使他的私生子女系统化地进入王室的所有旁支时，他完全不在乎这些私生子的出身对欧洲其他国家来说是多么不可接受。但也正是因此，在长达一个半世纪的时间里，奥尔良家族和孔蒂家族女儿们的结婚机会毁于一旦。只有权倾朝野的摄政王德奥尔良（姑且不算事实上用战争促成的西班牙的婚事）有个外国女婿，但这个女婿也只是摩德纳的继承人，而且此人的家谱曾经被非婚生破坏过 4 次，因此他对这种情况特别宽容。（尽管如此，如我们在第 15 章所见，这段婚姻仍是场灾难。）人们因此或许可以理解，为什么路易十五拒绝了这场会把"丢人的"血统重新带回王室主支的婚姻。人们也会问：第二富有的奥尔良家族和第三富有的德庞蒂耶夫尔公爵只能彼此结合，这种婚姻能有多周全啊？这可是给了他们一个象征性的耳光啊！不管怎样，1769 年，刚刚 22 岁的德沙特尔公爵路易 - 菲利普 - 约瑟夫·德奥尔良娶了小 6 岁的堂妹德庞蒂耶夫尔小姐，后者陷入热恋，但一直没得到回应，不过在这里都无关紧要。对于典礼官来说，婚礼是场噩梦，原因在于私生子公爵复杂的等级导致实际上只有新娘本人适合托着那 6 米长的裙裾。对于这对新婚夫妇来说，按照王朝标准，婚礼就是一桩一般糟糕的婚姻的开端；但是对于王国来说，后果却严重得多。地产和金钱前所未见地积聚，直到 20 世纪后期仍是法国最大的一笔财富，而且掌握在一个屈辱了几十年、无法忘记自己曾经离王位一步之遥的王室之家。即使一次次失望，双方的交往在表面上还是很有礼数。但是做个比喻：壁炉上方现在肯定挂着一把枪，一把由路易十四上膛、路易十五挂上去的枪。

　　当德让利斯夫人于1772年搬入巴黎用作奥尔良家族府邸的王室宫殿时，人们安排这名新上任的女官临时住在摄政王德奥尔良曾经纵酒狂欢的那个套房中；通过一个后楼梯可以到达一间卧室，卧室的墙上挂满了镶金边的镜子。德让利斯夫人那从此处起要越来越谨慎地阅读的回忆录写道：这个60年来一直没有改变的装潢是多么让伯爵夫人忧虑。这担忧很合理。眼下"执政的"德奥尔良公爵或许是亲切麻木的胖小爹，但他那与26岁的德让利斯夫人几乎同龄的儿子德沙特尔公爵尽管脸有点太宽、智力有点超群，却是巴黎最优雅的年轻小伙。整座城市不情愿地被他吸引，看着他引进越来越疯狂的英国时尚，或者作为法国血统亲王，第一个顶着不扑粉的自然头发，梳成所谓的提图斯风格——可以想象成介于规定的鬈曲假发和我们看歌剧的客人那种易洛魁人发型之间的发型。贵族和民众瞠目结舌地看着德沙特尔公爵可能导致债务的奢华生活，尽管他作为继承人的零花钱就已经是巴黎优秀工人工资的几千倍。难怪这位富有影响力的亲王除了父亲宫中三等的宫廷职位，很快又在身边聚集了一批新的贵族阴谋家，其中的主力就是德让利斯夫人。并不是说德让利斯夫人要像德邦贝尔侯爵夫人及很多其他年轻的侍女那样，当丈夫在外征战或者出任外交官时，不得不在宫中独自保卫家族的权力地位。德让利斯伯爵陪着妻子入住巴黎王室宫殿，现在她每天都可以见到在德沙特尔公爵身边担任侍卫长的丈夫。但是丈夫与雇主的直接对比显然不利于前者，于是我们看到，德让利斯伯爵很快就悄悄地从妻子的生活中消失了。无论如何，德让利斯夫人在王室宫殿住了还不到2周，就成了德沙特尔公爵的情人。这个几乎拿写作当呼吸的女人，对这段关系坚定不移地沉默了近60年，以致人们在接下来的75年里仅仅把这种关系当作恶毒的谣言，毕竟身处这个环境中的成功女士或者聪明女士很容易招惹这种谣言。后来一位传记作者发现了路易十五的

903

904

"黑屋"[1]秘密复写的信件，是德让利斯夫人在1772年夏天写给情人的，当时德沙特尔公爵过早地从毫不知情的妻子的前厅离开了。于是我们今天才能够知道，德让利斯夫人与情人共度良宵后，第2天早上眼睛红了，人们注意到了，并问她怎么回事；以及遭受牙痛之苦的德沙特尔公爵夫人用的乙醚漱口水导致了隔壁房间恼火的女官头痛发作。我们可以看到，这对几乎同龄的恋人在信中称呼彼此为"我的孩子"，鉴于即将发生的事情，这显得不无讽刺。我们甚至可以重新体验伯爵夫人在读一封激情四溢的情书时突然有人进来的惊恐，以及她很长时间里都不知道，这名悄无声息溜进来的宫廷侍臣大概读到了多少。但是对于最重要的事情，我们只能猜测。

自 1772 年起，斯特凡妮－费利西泰·迪克雷·德圣奥班从一个冲动的乡下野丫头最终变成了一个高深莫测的人物。最迟到这时，这位爱读书的姑娘精神上的好奇、自学成才者的自卑感和平步青云者防御性的无限虚荣中又掺杂进了一种无所顾忌。这或许是她秉性的天然赘生物，或许是她从屈辱的下层突围的唯一武器。如此种种，德让利斯夫人从现在起将会在格伦布科、沃波尔或者奥尔西尼亲王妃曾经身处的专业阴谋家队伍中比拼，她不会像这些人一样参与统治整个国家，因为双重障碍限制了她的崛起。作为女性已经够糟了，性别让她几乎不可能正式行使合法的权力。本书所有的女主人公中，只有奥地利的玛丽亚·特蕾西娅或者俄国的女沙皇们（皇位直接归她们所有），以及暂代过于年轻或者疯狂的统治者执政的女人们才能做到这一点。相反，男人们要行使统治权不必非得是统治者本人，他们可以作为大臣或者总督获得正式的合法权力。当然，在宫廷世界中，这种权力随时都会被非正式的权力瓦解。在第 2 个层面上则有初步的

---

[1] Cabinet noir，一个政府情报收集办公室，通常设在邮政部门内。信件在被转发到目的地之前会由政府官员在"黑屋"内打开阅读，但是拆信要有一定的技巧，不能被收信人看出来，而且黑屋不能干扰邮政服务的运行。这种做法自邮政服务建立以来就一直存在，路易十三和路易十四的大臣们也经常使用；但直到路易十五统治时期，才为此单独设立了一个办公室。——编注

性别平等，因为间接的权力可以由妻子、两性的情人或者宫廷官员行使。德让利斯夫人的问题自然是，即使想在第 2 个层面进入上层，除了才能，本身也必须有最高的出身或者至少嫁入相应的家族中才行。与德让利斯夫人年龄相近的德波利尼亚克公爵夫人之所以最终能对王后玛丽·安托瓦内特施加巨大的影响，只是因为她的好出身（1742 年冬在波希米亚去世的王子家庭教师兼布拉格的共同占领者德波拉斯特龙伯爵的孙女）让她嫁给了一个出身更高贵的男人。此人的地位和关系出类拔萃，不仅把妻子自动带到王后身边，而且使夫妇二人都具备了任最高职位和获得最高等级的资格。而德让利斯夫人出生于宫廷社会的底层，即使拥有极为高攀的婚姻，也只能在上层最底下的边缘。人们永远也不可能像德波利尼亚克先生那样，将德让利斯夫人的丈夫变成公爵，她本人也永远不会得到教育国王孩子的职务。而玛丽·安托瓦内特为了德波利尼亚克夫人，甚至从"杜尔妈妈"的后代手里抢过了这个她们已经做了七代的职位。因此如果想呼风唤雨，德让利斯夫人一开始就只能局限于偏殿的较小舞台上，例如在奥尔良家族。连宫廷历史学家也已把这个家族遗忘，巨大的变革却给了这个沉沦的旁支一个突然而又戏剧化的角色，一股击垮一切的浪潮将载着他们向上，感谢德让利斯夫人，他们一度能够驾驭这股浪潮。

906

　　然而，伯爵夫人做出贡献的方式使她不同于我们先前拿来与她做对比的那些阴谋家们。在无情或残忍程度上，德让利斯夫人比不上格伦布科、沃波尔或者叶卡捷琳娜二世，在自大狂妄上比不上洛赞、德贝勒－伊斯勒或者奥尔西尼亲王妃，她大概也不像赫维勋爵那样愤世嫉俗。或许伯爵夫人甚至都不如这些人虚伪，后者身披正直的外衣做掩饰，而这件外衣凑巧确实非常合适。但这不是关键所在。在一个所有权力活动家都十分务实的流氓世界中，如果人们过于明显地坚持真正正确的行为举止，那只会伤害自己。甚至连依旧强大的基督教也无法再成事，因为虔信之人要么无力反击同时代的格伦布科；要么像王子勃艮第公爵的老师德费奈隆那样彻底进入阴谋世界，最终与阴谋家毫无二致。相反，德让利斯夫人甚至可能相信，她本人和她的工具可以风格化为最高道德的谦逊化身，并且净化整个国家。她对此坚信不疑，尽管她毋庸置疑很聪明。从伯爵夫人的青少年时代开始，宗教精神便疲惫不振，一种尊崇道德的拙劣情绪潜入这个社会，无论是在长篇小说还是哲学论文中，抑或对进步的乐观主义中，还是在对制度化不公的理性批判、牧羊人戏剧或玫瑰歌剧中，这种尊崇都在喷涌而出。这种尊崇让一代欧洲精英癫狂，并给了德让利斯夫人这类人机会，从众人幼稚的狂热中汲取一种全新类型的阴谋者的权力。德让利斯夫人并不比自己的宫廷前任们更加恶毒，或许甚至并非全然故意欺骗。但是我们可以毫不费力地看穿洛赞和格伦布科的家族，因为为他们辩解的意识形态已经和他们一样死掉了。而德让利斯夫人尽管身披多愁善感的外衣，却代表着一种首次现身的更现代的不祥，这种不祥直到今天仍伴随着我们。

尽管德让利斯夫人在 1772 年以奥尔良家族继承人德沙特尔公爵情妇的身份开启了宫廷生涯，但她的意义并不归功于爱情。在与躁动不满且超级活跃的德沙特尔公爵维持了几年的私通关系后，两人转变为一种持久得多的关系。德沙特尔公爵在情欲上投向别的女性，而德让利斯夫人则始终是他一个非常重要的顾问，尤其是德让利斯夫人一开始也赢得了毫不知情的德沙特尔公爵夫人的友情——没必要怀疑伯爵夫人的玩世不恭和有意为之，她显然确实曾是巴黎王室宫殿少数同龄侍女中最有趣的那个。但是除了玩世不恭，也很难形容德让利斯夫人充分利用这种状况所表现出的刀子般尖锐的坚持不懈。她清楚自己地位的脆弱，清楚自己作为公爵非正式顾问的身份有被野心勃勃的竞争者挤掉的危险；最重要的是，她清楚，作为一名侍女，她对于靠边站的公爵夫人来说太过无足轻重，公爵夫人不会保护她免受这种排挤。如果德让利斯夫人想控制德沙特尔公爵并在未来掌控奥尔良家族，那就必须通过一个更重要的职位让自己变得不可战胜。对于女性来说，除了服务于公爵夫人，只有一个这样的职位。德让利斯夫人明白，她将不得不夺走对自己满怀信任的朋友的孩子。作为著述甚丰、熟悉时代精神的自学成才者、母亲的朋友、父亲和善的前情人，德让利斯夫人原本不就是把奥尔良家族的下一代打造成德沙特尔公爵本应成为的那种人的理想人选吗？教育当时离王位仅隔 4 位王室子弟的德沙特尔公爵的长子，不正是天赐良机，让她在整个法国的面前抚养一位神奇的模范血统亲王长大成人吗？这是唯一适合她的机会：运用现代的教育原则培养出一个活生生的典范。

908

怀着这样的想法，德让利斯夫人明白自己现在要采取哪些小行动。1777 年被任命为德沙特尔公爵夫妇刚出生的双胞胎女儿的家庭教师只是其中的第一步和最小的一步。双胞胎中的一个在 4 岁时夭折，连名字都还没起；但重要的从来不是她们，也没有人真的关心她们最后是不是多学了点礼仪和竖琴。不过因为双胞胎是女孩，在结婚之前将一直由女性教育，这就给了家庭女教师更大的工作稳定性。而公爵的儿子们和所有法国王子一样，7 岁时就要"交给男人"。因此，谦虚的伯爵夫人心甘情愿地把小亲王们的早期教育暂时留给了别人，并特意为自己和女亲王们选了一个远离巴黎王室宫殿的住所。德让利斯夫人在巴黎另一端的贝尔沙斯租了圣墓教堂一栋漂亮的配楼，并将其扩建；她将在远离大千世界的此处无私地献身于自己的学生们。此时还没有人预料到，她的目标不是女亲王们，而是她们的哥哥，也就是 1773 年出生的德瓦卢瓦公爵和比他小 2 岁的弟弟德蒙庞西耶公爵，我们此时只能用这些头衔称呼他们，因为他们在 1788 年正式洗礼时才有了名字（路易－菲利普和安托万－菲利普）。不幸的是，这两人的成长速度快于贝尔沙斯的建造工作，为他们任命男性王室家庭教师的日子迫近了，这很有可能打乱德让利斯夫人的计划。幸运的是，德让利斯夫人说服了孩子的父母，只任命了一名社会地位不高的下级家庭教师，到时

909

候很容易一脚踢开。就这样，伯爵夫人为自己赢得了 2 年的宝贵时间。在这 2 年中，她一本接一本地出版教育学和有教化作用的书籍——为了与地位相符，自然是匿名，反正关键人物也都会知道，写书的又是德让 ***** 伯爵夫人。终于，德让利斯夫人为决定性的一步做好了一切准备。长期以来，德让利斯夫人一直在残忍地精心刁难那名可怜的下级家庭教师，系统

化地收集了小亲王们很多真真假假、只有天才人物才能纠正的性格过失，并且成功使她那易受影响的老情人德沙特尔公爵做好了准备，自然而然地只与她讨论不能再拖延的真正的王室家庭教师的任命。在讨论中，伯爵夫人肯定保留了很多在她的文章中早就被消灭的那种自然性，因此我们完全可以生动地描摹出，她是怎样一个候选人接一个候选人地挑毛病的。德沙特尔公爵询问她本人是否愿意立即接受这一职务，这一问题可是经过了深思熟虑。是的，她愿意。1782 年 1 月 5 日，公爵召见下级家庭教师，通知他谁将是他的新上司，让这个震惊不已的人好好合作；接着不动声色地接受了对方屈辱的辞职申请，将 8 岁的德瓦卢瓦公爵、6 岁的德蒙庞西耶公爵及他们 2 岁的弟弟德博若莱伯爵送到了贝尔沙斯的伯爵夫人那里。德让利斯夫人刚刚修正完最新著作《道德年鉴：适用于年轻人的历史课》的排版校样，公爵就带着 3 个孩子来到了她的面前。德让利斯夫人听见公爵说："这是你们的家庭教师，给她一个吻，爱她。"就像做梦一样。

当贵族们听说这样一个男性的职位被授予一个女人时，一时之间乱了套。在歌剧院，观众们朝德沙特尔公爵和德让利斯夫人发出嘘声；人们背地里对这位凡尔赛最胖的公爵议论纷纷，说他打算成为亲王们的乳母；沙龙里的讽刺诗像暴雨一样倾泻到被任命为王室家庭教师的女人头上，说她"在学校里是先生，在安静的小房间里是女士"。但是德沙特尔公爵这一次骄傲地蔑视公众舆论：人们将会看到，他是多么正确，多么进步。一次幸运的偶然使德沙特尔公爵获得了路易十六对这次非正统任命的首肯。作为王朝首脑，国王原本可以随时反对此事，但是国王在不到 3 个月前终于做了父亲，法国已经等待这个男孩 11 年之久。而且路易十六还曾被一个治疗阳痿的手术吓退过，最终是皇帝约瑟夫二世（众所周知，他已经习惯了连襟间这种奇怪的对话）说服了妹妹玛丽·安托瓦内特的丈夫相信这种手术的效力，就这样，法国才终于有了期盼已久的直系王位继承人。当德沙特尔公爵请求国王允许把自己儿子们的教育交到德让利斯夫人的手中时，国王扬扬得意地向他列举了把小德瓦卢瓦公爵和王位隔开的 5 个人，暗示自己准备把这个数字扩大，并且最终耸着肩膀表示，他愿意怎样就怎样。德让利斯夫人把国王的话当了真，她在接下来的 3 卷影射王子教育的小说中恶毒戏仿那些对她批评最激烈的顽固不化的宫廷侍臣。此外，她一边致力于系统化地清除现有的教育人员，一边献身于 3 个亲王及其唯一活下来的那个姐妹的教育——人们用当年洛赞未婚妻的宫廷称号"小姐"来称呼这位女亲王。热心教育的伯爵夫人当然不只限于教育这 4 位，她很快就在贝尔沙斯召集了半个寄宿学校，她自己的女儿皮尔谢里及交好的贵族家庭里的其他孩子还只是其中最不扎眼的成员。将亲王们与相对而言普通的上层阶级的孩子放在一起教育已经不同寻常了，但真正惊人的还是伯爵夫人用两个很神秘的女学生展开的实验。

911

尽管德让利斯夫人经常公开表示不赞同让 - 雅克·卢梭，因为在她看来，卢梭对宗教批判过甚，但是卢梭关于孩子是一张白纸的思想却显然给了她很深的印象。早在被任命为亲王家庭教师之前的 10 年，德让利斯夫人就与德沙特尔公爵推想过，如果不必考虑孩子的父母，完全按照自己的想法来塑造一名来自孤儿院的弃婴会怎样。彼时她就在日记中兴奋地描述过，愚蠢的公众可能会怀疑背后有着怎样的秘密。尽管鉴于后来发生的事情，这种推想已经足以让伯爵夫人兴奋不已，但多年来还是有更多的动机促使她最终在 1779 年做了非常精确的预订。以往懒得动笔的公爵显然被女朋友手把手教着，在法国与英国作战期间给纳撒尼尔·帕克·福思写了一封信。此人是英国的秘密间谍，经常从英国给公爵弄来名贵的赛马。公爵请求福思这次给找个小姑娘，伦敦肯定也像在巴黎一样，可以轻易从孤儿院买来吧？这个孩子得 6 岁左右，棕色头发，千万不要长鼻子（如果知道福思先生长什么样，这个请求就有点不得体了）。这个孩子一句法语都不能会，这样就可以帮助被父亲错误地以为已经 3 岁，但实际上只有 2 岁的女儿学习刚刚流行起来的英语。最重要的是，这个孩子不能有任何亲戚，免得以后被要回去。福思竭尽所能，但还是花了一些时间才办成此事——并不是因为买孩子本身多么难，而是因为德让利斯夫人以健康原

912 因为由送回了第一个孩子，而她此前已经在巴黎把一个"非常不讨人喜欢的"女孩送回了孤儿院。但是最终福思胜利地宣告，他"终于可以把英国最漂亮的母马和最漂亮的小姑娘给殿下"送来。一名与福思交好的马匹商人带着人和马跨过战火肆虐的英吉利海峡，最终到了巴黎。约莫 6 岁的南希·赛姆斯在 1780 年 4 月 17 日通过一道暗门被带进了巴黎王室宫殿。公爵把她交给了伯爵夫人，说："我们的小宝石来了。"接着两人开始哭泣，并且拥抱吓坏了的孩子——她美得如同一位天使。

毋庸置疑，一个和血统亲王一起长大的孩子不能叫南希·赛姆斯这个格外无产阶级的名字，所以德让利斯夫人首先给小女孩改了名。前南希自然几乎从来没听到过自己新的贵族姓氏西摩，因为人们在她结婚前一直都用名字来称呼她，就好像要强调她出身的神秘一样。小女孩要感恩的是，伯爵夫人的亲英程度胜过虚荣心。也就是说，小女孩的名字不是取自德让利斯夫人的小说，例如叫什么祖梅林德之类，而是取自英国优秀的书信小说《帕梅拉》。巧的是，这部小说讲的是一个来自底层的小姑娘，通过一种现代读者无法忍受的美德得以嫁给纠缠她的贵族。事实上，新帕梅拉也大获成功，所有人都倾慕她迷人的美貌、她稍有不同的栗色眼睛、她走路的迷人姿态，以及只要德让利斯夫人发出信号，她就抽出梳子让自己的长发一泻而下的自然而然。难怪伯爵夫人很快就为这名心爱的学生量身打造了诸多儿童剧剧本的主角；难怪 12 岁的帕梅拉在 1785 年首次登台就

913 出演爱神；最主要的是，难怪德让利斯夫人很长时间以前就决定重复这个实验。1783 年，伯爵夫人打算让自己 16 岁的女儿皮尔谢里为马上就要到来的婚姻做好准备，于是给了女儿一个孩子练习教育，这次的孩子又是福思先生弄来的：这个孩子得皮肤白皙，绝对不能是红头发。第一次尝试又失败了，因为被挑选出的人在漂洋过海前不久患上一种疾病，并且最终失去了一只眼睛。心怀同情的皮尔谢里请求母亲还是让小女孩来吧，但被否决，只是给了小女孩些钱，然后又预订了新的。就这样，1783 年 9 月 29 日，一名年约 8 岁、有着深蓝色眼睛和轻微翘鼻子的女孩到了巴黎，立马

获得了流行的贵族名字埃尔米纳·康普顿。遗憾的是，这次计划的剩余部分进展得不是那么顺利，因为这个本身很漂亮的女孩（"仅就好看程度而言，就像德波利尼亚克夫人"）在天使般的帕梅拉身边也是黯然失色。在伯爵夫人看来，连小女孩的养母皮尔谢里在与帕梅拉相处时也更像个孩子，而不像个成年人，于是这位家庭女教师很快不得不（因为真的，这样做最心痛的是她本人）利用小埃尔米纳来惩罚自己的女儿。当皮尔谢里因为对帕梅拉着迷而再次表现得"比原先还不切实际"时，她的埃尔米纳被带走了，直到她做到在 2 周之内像个大人一样行事。皮尔谢里和埃尔米纳很长时间没有见到彼此。

在贝尔沙斯早就满满当当的配楼里，生活就这样复杂起来，越来越多的外部目光投向德让利斯夫人的教育作品。当然，激起习惯了另一套模式的宫廷看客兴趣的，不是伯爵夫人那套按照我们的标准来看足够暗黑的教育方式。伯爵夫人尽可以交替运用大胆且以儿童为中心的方法和发疯般的过度苛求；她尽可以只关注重要的继承人德瓦卢瓦公爵，忽略其他所有王室子弟，让最先托付给她的"小姐"到最后除了竖琴几乎什么也没学到，让年幼些的德蒙庞西耶公爵和德博若莱伯爵只能跟着侍从官上课，谁又关心这些呢？她尽可以让孩子们越来越疏远亲生母亲，尽管母亲很乐意他们留在自己身边；她尽可以在近似极权的教育日志中充满责备地记录道，孩子们在母亲身边又几乎一整个小时没做任何系统化的有意义的事情。德让利斯夫人教所谓被惯坏的德瓦卢瓦公爵睡在地上、一个人在森林里找路、背着装满石头的背包在楼梯跑上跑下时，也算帮了他，因为在摆脱了德让利斯夫人的教育之后，德瓦卢瓦公爵仍要经常为自己的生命奔波。由于规划得太满，德瓦卢瓦公爵的历史课讲到离当代还有 300 年的时候就怎么也推进不了了，不过如果与他在波尼亚托夫斯基前老师的教导下刚认字的父亲相比，这几乎也没什么关系。此外，在没有听过别人讲课的女教师漏洞百出的即兴教学中，德瓦卢瓦公爵也表现出了和老师一样的误以为自己无所不知的症状，这对他以后的生活至少有心理上的好处。反正德让利斯夫

914

人太过疯狂的时候，比如说想让这个小男孩进牛津读大学（一所大学！在英国！），总会有路易十六来否决。德让利斯夫人教育在情感上已经依赖于她的亲王，让亲王向她告发有批评意见的老师或者仆人，但外界无法了解到这些情况。即使对于这种教育最主要的悖论，心怀疑虑旁观的宫廷贵族也提供不了更好的解决方案。

915

　　一方面，伯爵夫人有意识地培养小德瓦卢瓦公爵成为一个受欢迎的人，教导他大张旗鼓地体谅普通人、相信众生平等，并教育他通常情况下要保持开明，这几乎注定他会成为饱受责备的王室主支孩子们的反面典型。另一方面，伯爵夫人也十分清楚，她教育的是一位有朝一日可能成为国王的血统亲王。这样一个孩子必须很早就开始学着把每一个日常场景当作礼仪的战场。德让利斯夫人的教导事无巨细，因为她自己的重要性取决于德瓦卢瓦公爵可以为人所见的重要性。因此，即使是在本身很现代的教育中仍有许许多多的小动作，提醒亲王们不要忘记自己的无与伦比。礼仪、语言和仆人们的举止把这几个孩子明显地与普通人区分开，他们中一个在 3 岁时、一个在 5 岁时，就能辨别出同龄的王子堂亲，并对对方以"您"相称，而他们从未这样称呼过其他人。但是德让利斯夫人一方面要求德瓦卢瓦公爵对凭实力出类拔萃的新贵部长内克尔表示尊敬（小男孩震惊到手里的弹球玩具都掉了），另一方面只能用"劳驾您"这样的话来要求他这样做，因为即使是被称作"亲爱的朋友"的女教师也不允许用命令句和亲王说话。这是一个悖论，但这个悖论也以较温和的形式涉及很多接受现代教育的贵族儿童，他们和德瓦卢瓦公爵一样，即将面临痛苦的觉醒。如此看来，身处贝尔沙斯的孩子的待遇各不相同，这本身似乎不值一提：最年长的亲王比其他年幼的亲王更珍贵，亲王又远比女亲王珍贵，女亲王又远远高于贵族儿童。但是为什么帕梅拉被当成一个好出身的姑娘，而埃尔米纳却被当作出于怜悯收留的仆人之女？更重要且可能更耸人听闻的是：这些孩子是谁？

　　1783 年接收小埃尔米纳的女仆第一个证明了女孩与德让利斯夫人巨

大的相似性，但女仆不是唯一的一个。1785 年，伯爵夫人前往英国，与帕梅拉一起游览牛津和伦敦，她们自然也拜访了新哥特式的小型城堡草莓山庄，老去的霍勒斯·沃波尔正在那里缅怀中世纪，快速地炮制哥特小说。为了与她的神话相匹配，帕梅拉没有被指名道姓地介绍给沃波尔，女教师和养女之间的感情在这个老犬儒看来也微乎其微。但值得一提的是，沃波尔发现，德让利斯夫人成功地把这个 12 岁的姑娘"教育得和她的脸极为相像"。沃波尔说这话时带着对整个贵族欧洲的揣测，因为恰恰在这个阶层的大家族中常有花费巨资教育出来的孩子，他们全然虚构的名字不会出现在任何贵族的日程表上。这种场面如此熟悉，各自公开的理由却如此含糊（"唉，我们都很喜欢阿黛勒"，或者"我们可能和这孩子可怜的父母有点亲戚关系"，或者"我的妻子当年向菲茨乔治的母亲承诺照顾他"）；同时，对于所有人来说理所当然的是，这些孩子肯定是贵族的私生子。他们或许是男主人与几乎必然来自底层的姑娘私通的产物；或许是女主人为了帮助一个表妹，因为表妹夫拒绝抚养妻子与别人生的孩子。可以想到的理由有很多。没有人相信德让利斯夫人所说的——神秘的帕梅拉真的是恰巧在纽芬兰出生的，是一个洗衣女工和一个大概是法国人的船长的私生女。在德让利斯夫人为帕梅拉填写的为数不多的官方文件中，父母和出生地的信息也是矛盾的。1792 年，大约 19 岁的帕梅拉嫁给了爱德华·菲茨杰拉德勋爵，送她出嫁的采邑主教楚·扎尔姆及扎尔姆-扎尔姆宗子一开始在教区记事录中记载帕梅拉与奥尔良家族的孩子们一起长大，然后补充道："人们说，她来自印度（那时候流行的一个概念，指美洲）。谁爱信谁信。"事实上，在那个时代，如果想留下无法追溯的出身，想不出比纽芬兰港口外的福戈岛更好的地方了，那是一个真真正正位于世界尽头的无人之地，甚至连洗礼登记册都没有。帕梅拉此后在更为田园的英国小镇克赖斯特彻奇长大，反而更有可能属实。但是谁知道帕梅拉所谓的母亲会不会只是真正的父母的女仆（负责照顾孩子）呢？这种解决办法早就广为人知。另外这也解释了，为什么连帕梅拉本人终生都只能猜测谁是自己的母亲。但帕

916

917

梅拉所有被记录下来的言语都表明，连她也认为德让利斯夫人是亲生母亲的可能性最大。另一个养女埃尔米纳甚至坚信自己是伯爵夫人的女儿，尤其是夫人甚至不曾尝试对她的出身做个正式的说明。伯爵夫人不是恰恰在1773 年和 1776 年从巴黎公众的视线中消失了很长时间吗？这两个年份正是帕梅拉和埃尔米纳据说的出生年份。伯爵夫人在 1773 年（恰恰在与德沙特尔公爵发生绯闻的 9 个月后）的布鲁塞尔不是始终穿着一件异常宽大的衣服现身，1776 年则在上流社会的疗养胜地斯帕深居简出，只是偶然遇到过沃波尔的侄子罗伯特·西摩－康韦吗？隐居在这种疗养胜地不正是秘密生下一个不被丈夫承认的孩子的传统方法吗？所有这一切不正说明，两个养女都是德沙特尔公爵和德让利斯夫人私通的产物吗？

但如果确实如此，那么德沙特尔公爵与纳撒尼尔·帕克·福思旷日持久的通信必然就是一出耗费巨大的喜剧。公爵和情妇向代理人精确地描述了要预订的孩子的理想模样，难道他们能准确地知道福思会"找到"哪一个事先安置在英国的孩子？即便如此，那无数耗时耗力的信件又用来做什么呢？这些信件 1926 年才公布于世，所以在抵御当时的谣言上并没有多大用处。为什么要在日记中记录下这个项目，为什么要浪费时间在最后一刻才退掉预订的女孩，如果让两个孩子悄悄地在外省长大，不是轻松得多吗？是因为德让利斯夫人觉得把养女留在身边，让她们像贵族一样，甚至和亲王们一起长大很重要吗？就算如此，也没有必要如此大费周章地编出这些传说，因为这些传说同时破坏了所有的游戏规则，只为了授予作为道德创造者的母亲一个教育方面的顶端男性职位。或许德让利斯夫人要的恰恰就是秘密的光环？就像她在早期的日记中所写的那样，她故意要震惊世界，就好像她虽然工于算计，但依然是那个用口红给睡着的修女们画胡子的小女孩？或许是创作一件终极阴谋杰作的想法吸引着她，因此她偏偏要把通常会在道德上毁了她的孩子们放到她策划的睿智道德女教师的中心？这是一场胜利，一场德让利斯夫人只能与德沙特尔公爵分享的胜利，而且可能正是因此才吸引着她——一种为了艺术而艺术的伪装。但这些必然都只是猜想，确定的只有一些在边边角角重叠的信息。埃尔米纳始终被当作平民的孩子，而帕梅拉则被当作贵族，如果两人是同一对父母所生，那这就没有意义了。当德沙特尔公爵致命的政治事业使得德瓦卢瓦公爵很快就要成为家族首领时，父子间曾谈论过帕梅拉。对那些依靠奥尔良家族之人所负的巨大责任在这时被交托出去，没有证据证明，当德沙特尔公爵向继承人宣称自己不是帕梅拉的父亲时他在撒谎。德沙特尔公爵同时很遗憾地表示，不能向继承人泄露帕梅拉真正父母的名字，这当然说明了这个天使般的孩子出身于其他高贵的家庭，而不是可疑的纽芬兰洗衣女工。相反，无论此时还是以后的任何时候，父子俩的对话和回忆中都不曾有过关于埃尔米纳的只言片语，这是证明了她毫不重要，还是恰恰相反，说明这正是痛处所在？我们所知甚少，就像帕梅拉不知道自己是谁的孩子一样。帕梅拉的女儿有一天亲历了已经老去但仍然冲动的德让利斯夫人与母亲的一场争吵，前家庭女教师批评养女说："如果您吹牛说是我的女儿，那么您不是。如果我是您的母亲，那就没有什么可吹牛的。"或许德让利斯夫人对养女的出身有不同看法，这就解释了，为什么至少她的 4 部长篇小说中都有稍做掩饰地叙述帕梅拉作为一个巧妙隐藏的侯爵之女的章节。在这里，生活很可能源于艺术，德让利斯夫人太过热爱小说般的神秘化，所以亲手把令人好奇的线索带入养女平淡的故事中；也有可能她内心确实装着什么秘密，绝望地想要透过宫廷女阴谋家谎言盔甲上的最后一处漏洞钻出来。

919

　　岁月就这样缓缓流逝，德沙特尔公爵的财富也在消融。德沙特尔公爵被国王堂侄挡在了所有重要职位之外，父亲和岳父是国内第二富和第三富也没多大好处，因为只要他们活着，就只能保证他越来越深地陷入无限额贷款的债务中。因此，当"胖小爹"德奥尔良在 1785 年 11 月 18 日去世时，他的儿子虽然悲伤，但也感到了轻松：总算成了法国 5% 土地面积的主人。新任德奥尔良公爵立即着手将巴黎王室宫殿扩建成保存至今的模样，打算通过在当时骇人听闻的建造商店的方式来增加自己的收入。感兴趣的公众可以在宫殿的大花园中遇到巴黎要价最高的妓女，这不是公爵的

920

责任，但是对很多人来说却符合他的整体形象。此时 38 岁的公爵已经花了太长时间展示他对英国过分的热情，以及对传统鬼火般忽闪的不敬，这注定会毒害他与路易十六的关系。现在是时候让新任德奥尔良公爵感受一下得宠和失宠的差别了。自从路易十四一代以来，法国王室就没有分化出稳定的分支，所以作为王弟殿下后裔的奥尔良家族尽管地位直线下降，但仍是第三级中最高等的亲王。"一等血统亲王"的特权包括获得一批由国王付钱的体面的（因此出身相当好）宫廷侍从，新任德奥尔良公爵当然也指望着这项特权会延期。但是错了，我的堂叔。国王的回复大意是：我的两个小堂弟不是已经只是"法兰西王孙"了吗？眼下 12 岁的大堂弟的长子有朝一日不是会成为等级最高的血统亲王吗？这是肯定的，虽然这个孩子现在还没出生，但是到了那一天，我总不好再把我授予的特权收回，那还不如您现在就别要，我的堂叔。请您看开点。刚刚继承了整个法国国土面积的 5%，还有来自您迷人的……嗯……商店的收入，以及我付给您父亲的几百万——我强迫他把心爱的府邸卖给我，从而让我的妻子和我们现在的 2 个儿子一起在那里度过愉快的时光——这样的人实际上自己也负担得起大规模的宫廷侍从，是吧？终于可以如您所愿，用上那么多的英国职业赛马骑师。请您代我问候您的岳父，我非常看重他。请您转告他，我会为朗布依埃宫向他开个价，他肯定无法拒绝。多像个小型的人间天堂啊，我们已经很期待了。

921　　　　德奥尔良公爵对这次对话的满意度也正如人们所想。公开场合，公爵自然宣称自己事实上很满意——他原本也不想要很多的宫廷侍从，因为就算是国王付钱，也是亏本买卖，谁需要啊！因此，他只需要给某人授予一个重要官职即可。若这个职位空缺，他封地上复杂得难以想象的财产权和统治权根本没法处理，所以他要以优厚待遇任命一位大臣。然后公爵不无惊异地了解到，德让利斯夫人已经清楚地知道谁得出任这名文书大臣——她的弟弟迪克雷侯爵，她唯一一个在奥尔良府中还没有职位的近亲。迪克雷侯爵作为军官既不懂什么法律知识，也不懂什么管理知识，但这有什么

关系呢？毕竟在巴黎王室宫殿开设商店的好主意也是他这么想出来的。公
爵自然不信任迪克雷侯爵，但最终还是被说服，任命了他。因为德让利斯
夫人威胁公爵如若不然，她只能心情沉重地交出对公爵孩子们的教育权。
由于这种情况似乎不可想象，迪克雷侯爵就真的成了奥尔良家族的文书
大臣。尽管巴黎和凡尔赛的人们对此自然大加鞭挞，对这位轻浮的项目制
作人的低等出身和经验欠缺大为光火，但是人们不得不承认，他为公爵干
了所有的活。很快迪克雷侯爵就把封地的管理机构变成了一个渴望大展拳
脚的年轻理想主义者的网络，他们带来了各种各样有用的才能（例如以玛
丽·安托瓦内特为目标的小册子撰稿人）。通过改革僵化的封地管理系统，
这群人不仅摸索出对国家其他地区也有益处的改革，同时把公爵的巨大财
富改造成了一台机器。王室越是受财政所迫向着原始议会改革的方向行
进，这台机器就越重要。作为越来越被艳羡的例子，英国已经证明，在一
个议会统治的政府下，国家的富人不仅会以更高的利息出借更多的钱，甚
至还会自愿多缴税。而在法国，柯尔培尔的税务体系早就无法满足迅速增
长的国家支出，人们早在 1785 年就预见到，路易十六很快就不得不召集
臣下开会。如果国王运气好，就可以直接自己选出民众代表，到时候自然
（因为涉及有钱人和上等人的许可）很难排除德奥尔良公爵——而且 1787
年也确实这样发生了。一旦这还不够（而且确实也不够），那最终就必然
会发生像全国竞选这样前所未闻的事情（1789 年也真实发生了）。在这场
竞选中，没有人会比那位几乎是法国唯一一个已经拥有全国性专业组织系
统的人更有优势。就这样，德奥尔良公爵将会在 1789 年慷慨地为无数臣
下预先印刷出表达他们政治不满的模板，在这些模板中，迪克雷侯爵和同
事们把自己的改革利益巧妙地与大多数盲目签字的亲王们的愿望和开明的
时代精神联系起来，然后塞到臣民的手中。1789 年国民议会的大多数议员
彼此肯定是初次见面，而德奥尔良公爵一派早就有了共同的立场，此外借
助迪克雷侯爵系统化的支持，这位在野党亲王在巴黎普通民众中的受欢迎
程度也提高了。因此，奥尔良家族为 1789 年的大型竞选做了良好的准备，

922

而这尤其要感谢德让利斯夫人。而几年后公爵及其长子才会明白，他们要面临的惊扰，跟他们为讨厌的王室准备的是同一个。

如果有人在 1785 年告诉德邦贝尔侯爵，法国和他的未来将会发生什么，他理所当然地会脸色发白，尽管他的故事初步看来有个好的结局。作为在 1789 年 7 月 14 日倒台的大臣的左右手，德邦贝尔侯爵被迫流亡德国，在那里早早地失去了妻子，最后只能成为神父来养家，但好在 1814 年经历了波旁家族的凯旋，并被任命为大主教和宫廷高官。德邦贝尔侯爵将会作为宫廷中唯一的主教过几年快乐日子，高兴地为跳舞的年轻人弹钢琴伴奏。怀着对旧时光的追忆，德邦贝尔侯爵的主教冠上总是带着自己做少将时的 3 颗星；只是他将不会看到他的幼子作为奥地利的宫廷侍臣与拿破仑的遗孀秘密结婚。但是对这些令人头晕目眩的人生历程毫无预感的德邦贝尔侯爵，在 1785 年 12 月还是被任命迪克雷侯爵的决定震惊了，同样令他苦恼的是路易十六接下来典型的退缩。因为国王在羞辱了德奥尔良公爵之后，又允许他至少保留"第一血统亲王"的头衔。这种退让太过微不足道，不能减少堂叔的怒火，却足以再一次让人觉得国王的权威难以信赖且摇摆不定。就在第 2 天晚上，1785 年 12 月 12 日，德邦贝尔侯爵受邀前往宫廷大臣德布勒特伊男爵的家中。此人曾绝望地试图阻止这一错误发生，另外他还是德邦贝尔侯爵最重要的政治保护人，因此两人那天对这一错误大肆抱怨了一通。我们曾经在那不勒斯遇见过德布勒特伊男爵，这位波尼亚托夫斯基昔日的信差，曾在那不勒斯为失去提拔到维也纳的机会而悲伤，现在终于可以复仇了。因为这段时间发生了很多事情。驻维也纳大使的职位当年给了德罗昂亲王路易，因为他是"杜尔妈妈"的玄外孙，而且他的家族仍然在抚育国王的子嗣。德罗昂亲王虽然晋升为枢机主教和最高的宫廷神职人员，而德布勒特伊男爵后来才得到在维也纳行动起来的机会，但是罗昂家族在 1782 年由于耸人听闻的破产而颜面尽失，玛丽·安托瓦内特正是借此从他们的手中夺走家庭教师之职，并将其给了自己的朋友德波利尼亚克公爵夫人。从维也纳被召回的德布勒特伊男爵几乎立马把自己刚 9 岁但是非常有钱的嫡孙女许配给了波利尼亚克家族的继承人，与此同时他可以笑着向德邦贝尔侯爵宣称，他现在没必要再为自己的升迁操心了，"我在宫里有个 9 岁的朋友"——也就是未来的孙女婿。另外说一句，这位准孙女婿其实已经 12 岁了，德布勒特伊男爵似乎不知道这一点。事实上，男爵一个半月后就被任命为宫廷大臣，从此就在等待一个可以报复德罗昂枢机主教的机会。而这名被惯坏了的教会长老十分周到地为男爵奉上了这个机会，原因是他恢复家族宠信的企图过于笨拙，令人误以为他爱上了玛丽·安托瓦内特。事实上，德罗昂只是准确地认识到，王后是宫里新的当权女性，但这对于德罗昂行为的幼稚并没有丝毫改变。对于一位教会人士来说，让王后殿下购买一条异常昂贵、她只敢背着丈夫买的宝石项链，在任何情况下都称不上明智。更不明智的想法是，为了让王后落实这一计划，枢机主教还请求她在凡尔赛的宫殿花园中深夜密会，然后还没有认出骗子们雇来假扮王后的高级应召女郎。

实际上，玛丽·安托瓦内特对所有事情一无所知，一切都是耍诡计的骗子们假借王后之名传达给德罗昂枢机主教的。王后觉得卖给她的项链极其丑陋，而且她也反感枢机主教；可想而知，她在 1785 年 8 月接见未收到钱的珠宝商登门催款时是多么愤怒。但德布勒特伊男爵乐翻了天，他立即大张旗鼓地命人逮捕有骗子同谋之嫌的枢机主教（只是可惜，按照礼仪规定，枢机主教是被法国的禁卫军逮捕的。和瑞士人不同的是，当枢机主教迅速用德语向随从耳语"请您烧掉所有文件"时，他们什么也没听懂），并准备在巴黎议会前组织一次审判，将罗昂家族一网打尽。为了澄清这起错综复杂的骗局，不断地有证人上场，例如高级应召女郎、自称几千岁的魔术师迪卡利亚斯特罗，以及一个用镜子诡计使幼稚的枢机主教坚信古埃及共济会秘密的小姑娘。如此种种，这场关于项链的审判很快就升级为首都最受欢迎的娱乐项目。德布勒特伊男爵原本应该满意极了，遗憾的是，这位宫廷大臣在此期间与波利尼亚克家族闹掰了，接着他就解除了孙女的婚约，而波利尼亚克家族发誓要报复。因此，与波利尼亚克家族结盟的财

925

政大臣及与德罗昂交好的外交大臣都在议会法庭的幕后做着努力，要释放枢机主教，从而让德布勒特伊男爵丢脸。为此双方只能把原本就遭受诋毁的王后拉下水，并且最终把整个宫廷体系都拉下了水。但这并没有让他们收手，就像此前这没有让德布勒特伊男爵收手一样。就这样，着了迷的巴黎公众几个月来每天都可以了解到旧秩序的内部生活越来越怪诞的细节。德邦贝尔侯爵越来越觉得，无法再拖延前往里斯本大使馆的行程是件幸事，他可以借此脱离接下来的宫廷权力斗争。因为他的妻子及其家人和所有其他在王室子弟教育中发迹的宫廷人员一样，都是德罗昂忠诚的门徒，而他本人是德布勒特伊男爵的人，并且在前一段时间与波利尼亚克家族的关系日益亲密。在眼下爆发的大混战中，德邦贝尔侯爵将得以躲藏在欧洲最无足轻重的宫廷，只要他先打赢一场后勤上仿佛噩梦一般的战争，具体来说，就是事关与地位相符但永远得不到国家足够补贴的大使装备。不过早就有人宽慰过他，说里斯本没人有值钱的家具。德邦贝尔侯爵从德塔兰托亲王那里以便宜的价格买到了一辆大型专用马车，现在只缺一套金质的马匹胸甲和一个价格说得过去的搬家公司，便能摆脱眼看就要发生的麻烦事。但是启程前德邦贝尔侯爵一定要再拜访一次住在鲁瓦西宫、十分循规蹈矩适合休养的卡拉曼家，对方邀请德邦贝尔观看改良版的《萨朗西的玫瑰女孩》：正是德邦贝尔侯爵此时所需，他需要重拾对人性的信仰。

1785 年 12 月 13 日，当人们在鲁瓦西宫等待演出开始时，德邦贝尔侯爵已经趁机与那名年轻的易洛魁人熟络起来。此人的出现要感谢德拉法耶特先生。德拉法耶特曾经只是被北美反英叛乱吸引的众多年轻宫廷侍臣之一，和其他人一样，人们也分不清他的这种兴奋是对自由的热爱还是武士贵族对于考验的渴望。七年战争的结局（1763 年）对于法国来说很不光彩，从那以后，新一代的军官成长起来，但由于缺乏其他考验，对于他们来说就只剩下了肉欲上的占领，而且绝非偶然地披上了"军事策略"词汇的外衣。因此，参加北美战争就显得具有双重的吸引力，特别是这场战争还是抗击英国这个大对头。但愈发令人沮丧的是，法国因为一开始在外

926

交上保持不明朗的立场，禁止任何人前往美洲。但德拉法耶特侯爵身家丰厚、出身优越，16 岁时就与当权的诺瓦耶家族的一个女儿结了婚。因此，1777 年，来自这个势力庞大的宫廷家族的 4 名亲属促成了他那场实际上被禁止的美洲之旅，这很快就会让他成为共和派的自由英雄。英国人通过印花税及暗示废除奴隶制激怒了美国，乔治·华盛顿只得成为一支共和军的总司令。与此同时，这位出身于殖民地的乡绅将军消息足够灵通，既知道获得法国支持的重要性，也了解大的宫廷家族的势力。所以乔治·华盛顿不仅立马任命 19 岁的德拉法耶特为副手，授将军衔，还给了他一切可以想到的机会，让他担任指挥官发挥才能。事实上，德拉法耶特作战也非常英勇，迅速获得了其他任何法国人都没有机会获得的荣光。直到 1778 年，法国才正式向英国宣战，使这场战争从相对小规模的独立战争迅速扩展成为全球海上战争。法国人想平衡 1763 年的失利，而英国人从当年获胜起就自以为高人一等，以致 80 年来首次完全放弃了欧洲大陆的同盟。现在尝到了恶果。

　　由于这次没有奥地利或者普鲁士的军队在陆上烦扰法国，路易十六得以把全部资源集中于海战。没过多久，结盟的法国人、美国人、西班牙人和尼德兰人就逼迫英国人陷于全面防守。1781 年，最后的英国士兵在今天美国的土地上投降，德拉法耶特也在场。从这时起，直到 2003 年，英国都没有再发动一场没有强有力的欧洲盟友支持的大型战争。合众国赢得了独立，没有凡尔赛专制君主的帮助，这种独立几乎不可能实现。法国背上了用传统手段无法再清偿的赤字，在几年后引发了革命。成为英雄的德拉法耶特失业了，尽管他凯旋还乡，但却无事可做，尤其是诺瓦耶家族无法再给他弄到大的差事，因为连他们也越来越被玛丽·安托瓦内特宠信的波利尼亚克家族排挤。就这样，1784 年，德拉法耶特欣然接受了再次横渡大西洋的提议，尽管这次怀旧之旅只是要与和他交好的易洛魁人展开和平谈判。他带去了卡拉曼家族的第 2 个儿子，后者不得不与至今仍不停再版的伪德蓬帕杜尔信件的作者分享自己的马匹。易洛魁人像对待失散已久的

927

928

兄弟一样招待德拉法耶特。还有什么比从那里带一个年轻人回巴黎，让他在巴黎吸收唯一真正的文明，从而最终将这种文明带回给他部落的兄弟们更合情理的吗？奥奈达部落的首领选出了一个年轻人担任这一角色，在美国的资料中，他时而叫作"Ouekchekacta""Ogiheta"或者"Otsequette"，时而又叫作"Peter Otsequette"或者"Peter Jaquette"，而这种混乱后来似乎并没有给法国的贵族社会造成特别的麻烦——反正他在那里一直都被叫作"德拉法耶特先生的野人"。

连德邦贝尔侯爵都没有用过别的名字称呼这个显然很迷人的异乡人，而他平时在日记里连最靠后的领带供货商都会指名道姓地列出来。事实上，这还不是这场大规模文明实验中唯一的矛盾之处。人们刚刚才发明了"高尚的野蛮人"的概念，也就是说，刚刚才停止把欧洲以外的人冷静地划分为"可以轻松战胜的"或者"难以战胜的"，并分配给他们一种功能，让他们成为反观自身堕落的一面有益镜子。从现在起，谁要是想批判欧洲的传统，那就可以从这些神奇的"原始人"身上源源不断地获得一切。实际上，对他们所知越少，越容易用他们来支持或反对一切所能想到的东西。人们根本不用表现得特别好奇，这些"原始人"唯一让人感兴趣的就是和"我们不一样"，在这一点上他们全都一样：一面镜子不需要名字。也就是说，巴黎显然没有人关心这个年轻人是易洛魁人、阿兹特克人还是塔希提人，正如没有人关心他的名字一样——历史学家做了很多努力才查清楚他叫什么。他的部落服饰反而更重要，肉色的紧身上衣、鼻环、耳坠、头发里的羽毛，以及其他为数不多的、早些时候无疑会被立即换成与沙龙相协调的"穿衣打扮"或者至少换成高雅的休闲装（也就是燕尾服）。但现在，同时上着语言、文学和横笛课的年轻的奥齐奎特，显然不仅被鼓励穿着这些需要人们慢慢适应的服装参加所有晚间活动，而且我还从一名当时只有 8 岁、有点害怕奥齐奎特的贵族之子的记录中了解到，显然人们都要求他不要给上层社会演奏横笛，而是表演战斧舞、演唱挽歌。就算这些要求怀着对人种学的深刻好奇、用处也不大，在易洛魁人那里又名"哈

那·斯库西"的德卡拉曼骑士莫里斯每次也都会一起跳，他那"我勇敢地
死去和蔑视死亡舞"的法式搞笑版本，至少在德邦贝尔侯爵看来是对原版
一个极为必要的补充。即使是原本很欢乐的舞蹈和歌曲，在德邦贝尔侯爵
看来也只是证实了他的"这些人的娱乐不怎么欢快"的观点，但卡拉曼家
的旅伴恐怕不同意这一点（按照此人的说法，他由于大声歌唱和舞蹈而难
以入睡时，恨不得这些印第安人能像人们一直宣称的那样感伤）。

不管怎样，德邦贝尔侯爵恰如其分的评论表明，与很多同时代的人
相比，他并没怎么上关于"高尚的野蛮人"这一陈词滥调的当。一方面
易洛魁人的服饰在德邦贝尔侯爵看来"不怎么令人欢喜"；另一方面他确
实钦佩奥齐奎特的智慧和毅力——德邦贝尔侯爵在拜访奥齐奎特的家族
时（侯爵写道：他的部落），后者已经孤身一人穿越大西洋去追随德拉法
耶特。对美丽的阿梅莉的歌声怀有的共同热情自然使得外交官对自己的邻
座产生了好感，所幸易洛魁人接下来的话也没有丝毫改变这种好感。奥齐
奎特显然还沉浸在刚刚呈现的有关乡村美德的歌剧中，他说他现在可得在
本地认识几个女人了，对这项计划并不欢欣鼓舞的"文明人"则悄悄地
（本该如此）提醒他注意大量当时几乎无法治疗的性病。奥齐奎特快活地
回答说这真的不是问题，因为每次发生这种情况时他都用草药解了围，这
些植物平常去森林里散步就能找到。德邦贝尔侯爵前往充满美德的卡拉曼
家的郊游就这样结束了，他狂热地希望借助爱好音乐的易洛魁人，能在明
年春天科学且现代地解决一个重要的人类难题。但历史学家不得不对此表
示遗憾，这一希望和所有其他在 1785 年好似要实现的希望一样，都落了
空。彼得·奥齐奎特的草药要么没找到，要么没发挥疗效。他在法国又待
了 3 年，于 1788 年返回同胞身边。和他故事中的很多问题一样，对于他
的"文明化"是否成功的问题，我们也只能做出不完善的回答。虽然很多
美国的白人历史学家称奥齐奎特在返回家乡并结婚后很快又"沦落"回部
落的习俗中，忘记了所有的欧洲文化，并且和部落中的很多人一样迅速堕
落成酒鬼——只在和欧洲人痛饮时，他才会偶尔大段引用拉辛的经典悲

930

剧。姑且不论重回自己民族的习惯不应被看作错误，这一陈述的一个反证是，奥奈达部落后来派遣这名返乡之人作为"他们的耳目"与美国展开重要的谈判。可以看出，白人的文章几乎无一例外地有一个愿望，这个愿望必然使得这些文章在我们看来很可疑，即证明印第安人绝对的劣等，连最好的欧洲教育也不能弥补。只有一名在 1788 年和奥齐奎特乘坐同一艘船前往美国的法国人（他是迪克雷侯爵年轻的手下之一，想了解更多有关美利坚合众国的情况，几年后他将成为革命的重要人物之一）冒天下之大不韪，断定这种个别的测验根本说明不了原住民是否能够"文明化"的基本情况。但奥齐奎特在他看来也不是太过光辉的教育产物，因为前者缺少提出伟大思想的能力。无论如何，奥齐奎特语言学得很好，舞蹈更好，只有横笛演奏直到最后都一般般。彼得·奥齐奎特于 1792 年 3 月 19 日在当时美国的首都费城死去时，是作为"奥奈达民族的重要首领之一"来与政府谈判的，跟在他棺材后的不仅有"所有正好在城里的战士"，在低沉的鼓声中，据说还有超过 1 万人的城市礼兵仪仗队。

　　继项链事件和"高尚的野蛮人"之后，歌剧之夜的第三大话题同样与美国大有关联，我们尽可以称之为一个奇特的巧合。这一主题涉及两个愿望的交会，分别为一名瑞士银行家可以理解的愿望与哥特人和汪达尔人国王那有点难以理解的愿望。两个愿望最后交会于加勒比海的中间，只为了促成这年冬天被议论最多的一桩婚事。这桩婚事把一名对接下来发生的一切都至关重要的年轻女性抛上了广阔世界的舞台。鉴于以上原因，我们也索性坦然地追随这个巧合吧。实际上只是由于新娘和新郎相继病倒，导致 19 岁的安妮－热尔梅娜·内克尔在 1785 年 12 月 13 日这天还叫作内克尔小姐，而不是像原计划那样成为斯塔埃尔男爵夫人，并且几乎肯定会以这一身份受邀前往位于鲁瓦西的交好的卡拉曼家。这位年轻的女士是家里唯一的孩子，父亲是一个同样非常独特的男人，母亲则把这种独特变成了自己宗教般的生活内容。这位母亲苏珊·屈尔绍是教士之女，1737 年出生于日内瓦附近的克拉西耶，从那里几乎直接可以看到 1674 年发生贵族学生枪击事件的日内瓦湖的另一岸；附近坐落着科佩城堡和普朗然宫，那时候的旅人们都是从前一座城堡启程，而挨了一枪的尼古劳斯·巴托洛梅乌斯·丹克尔曼后来为了彰显自己的发迹购置了后一座宫殿。苏珊的丈夫雅克·内克尔一开始也是先尝试买下普朗然，后来在 1785 年才得以买下科佩——高升的纪念碑，连丹克尔曼都得相形见绌。雅克·内克尔出生于日内瓦，父亲是来自克罗森附近的教授，母亲是日内瓦的城市新贵；他本人则成了一名很有成就的巴黎银行家，虽然这还不值一提，但是足以让他那有着严格的行为准则、实际上非常浪漫的妻子得出了一个恼人的认识：如果一个男人像她的丈夫那样，每天大部分时间都在商定数百万的贷款，那他就没有多少时间用于爱人间的完全共处，鉴于苏珊·内克尔曾经对这种共处满怀期待。因此她需要忙活一项自己的工作，于是一个文学沙龙在 18 世纪 60 年代的巴黎孕育而生。苏珊还需要为自己的虚荣设定一个目标。这也很容易，因为幸亏内克尔夫人仍然无限仰慕自己的丈夫，几乎自然而然地，她创办的沙龙的最终目的就是让雅克·内克尔登上荣誉顶峰。最迟到这里，我们就得向这位夫人致以敬意，而这份敬意恰恰是因为这位相对而言的局外人的严格态度与传统沙龙的贵族优雅相去甚远（更别说她右耳耳聋，但参加沙龙的人都是奔着自说自话去的，所以那些年里显然没有人注意到这一点）。也就是说，尽管一切都不利于内克尔夫人计划的成功，她还是在不到 10 年内，成功地以钢铁般的意志力、巧妙的外交手腕和水平一般的厨子，把大量的知识分子和上层贵族吸引到自己的沙龙中来，以至于丈夫最后真的被"全巴黎"[1] 尊为本世纪最天才的金融家。1777 年，当雅克·内克尔被任命为王国的财政管理机构负责人时，他不仅是 57 年来担任这个职务的首位银行家，还是至少 130 年来担任这一职务的首位平民，而且最主要的，还是 1611 年以来担任这一职务的首位新教徒。

　　内克尔执掌法国财政部 4 年之久。也就是说，这位前银行家有 4 年的

---

[1] 原文为法语 tout Paris。——译注

时间查明，为什么这个一般来说被法学家占据的职位这次竞争不太激烈。免责条款、估算和出租的旧体系早就哀声四起，美洲的战争将其带到了深渊的边缘，连信贷专家也越来越难以补救。在这种情况下，内克尔不是天才已经够糟了，但是继他的妻子和整个巴黎之后，甚至连他本人此时都觉得自己是天才；更大的不幸自然在于他的实际才能，这份才能使他想出了一个四分之三天才的主意——通往灾难的道路大多都是用这种主意铺就的。只要法国真正的富人们一直几乎免于缴税，国家不断增长的支出就只能通过贷款来弥补。但即便是专制君主制也不能强迫任何人转让贷款，尤其是人们有理由相信，这些人在情况严重时会干脆宣布破产，而这会毁了债主。因此，内克尔必须重新唤起对王室支付能力的信任。对此，单凭财政大臣的宣言自然是不够的，于是这名日内瓦人自问：如果制作一份有关财政现状的报告，并将其公开发表，就好像这不是极端危险的国家机密一样，会怎么样？如果强调宫廷侍臣和王室子弟们非生产性的支出，并且指出自己要么已经施行或者很乐意施行的所有改革，来使得这份报告更具颠覆性且更可信，又会怎么样呢？最后，如果将报告局限于所谓正常的（也就是定期反复出现的）国家支出，从而得出可观的盈余，让无可救药的战争负债仅仅发生在被悄悄忽略的非正常支出里，那又会怎么样呢？1781 年，当内克尔向从未获得过此类信息的惊讶公众介绍他的《呈国王的财政工作报告》时，他就是这样自问的。很快，他就得到了 3 个问题的答案。

首先，内克尔立马成了英雄——无私的改革者、谦逊的金融天才，在战时平衡了财政，把耸人听闻的真相从保密的地牢中释放出来，不惮于为了国家利益向无耻的宫廷浪费发起进攻：这一切都很美妙。其次，这样一来自然当不了多久的大臣了。内克尔的对手们在大量宫廷侍臣的支持下向他发难，被激怒的正直人士请求国王给予支持，从而让那些狂吠不停的人闭嘴，但是没有得到国王的反馈（正相反：为了进入最上层的枢密院，内克尔必须先发誓放弃加尔文宗的那些异端邪说），接着内克尔就以同样前所未闻的鲁莽递交了辞呈。路易十六发誓永远不再起用此人，但是内克尔知道自己做了什么。即将发生的财政灾难不会再被看成内克尔的责任，相反，他本人会作为官方证实的超级天才崛起为金融政策的最后一张王牌，935如果一切措施都失败，就必须靠他力挽狂澜。他可以等。《呈国王的财政工作报告》的最巧妙之处无疑在于，它不仅证明内克尔卓越地管理了王室财富（对 1781 年的公众来说，一生中还从来没见过这种报告，因此显然他们只会注意到声称的 1000 万盈余），而且一旦内克尔的继任者提到实际债务（一旦他们需要获得类似于议会对税收的赞同，就不得不这样做），公众会愤怒地把他们撕成碎片，因为人们相信，前几年还一切正常。也就是说，内克尔往保险箱里放了一枚定时炸弹，任何温和改良的尝试都会被炸毁，也因此几乎可以说是半知半觉地为那场大危机做好了准备，到时候人们只能请他出山领导政府。综上所述，内克尔是确凿无疑的四分之三天才，尤为苦涩的是，缺了至关重要的最后四分之一。当内克尔在 1788 年被任命为事实上的首相时，他虽然挤掉了所有的对手，但是对于如何让国家财政步入正轨，却一无所知。

　　眼下还没到这一步。现在是 1781 年，离那时候还有 7 年的时间。在这期间，内克尔名义上是个闲散人士，尽管与他属于同一宫廷党派的大人物仍经常出入他家，就好像他还是大臣一样。内克尔把这些年用来解决一个问题，这个问题和法国的财政一样让他挂心：他唯一的孩子该怎么办？15 岁的安妮－热尔梅娜·内克尔已经到了旧秩序习惯嫁女儿的年龄，特别是当她们像安妮－热尔梅娜这样富有时。与德奥尔良公爵或者德庞蒂耶夫尔公爵真正庞大的财产相比，内克尔的数百万财产虽然看上去可能只是小936钱，但是这些钱大概足以缔结一门高贵的贵族婚姻，要不是有一个致命的细节——新教徒——横加阻拦的话。法国从 1685 年起就禁止了这一教派，内克尔小姐根本无人可嫁。由于改宗天主教对于信奉加尔文宗的父母及女儿来说不可想象，因此只能与外国的新教徒结婚，于是围绕着女儿婚事谈判的旋转木马转过了整个欧洲大陆；而 1778 年谈判开始时，她才 12 岁。俊俏的瑞典伯爵阿克塞尔·冯·费尔桑似乎一度有戏，他当时统帅着法国王室的瑞典雇佣兵团，很久以后会成为玛丽·安托瓦内特唯一的情人。但是阿克塞尔很快就给父亲写信说他很高兴没谈拢，他一点都不想结婚，只是为了父亲才参与谈判的。很多其他的候选人也很快被证实不合适，例如梅克伦堡－施特雷利茨宗子格奥尔格·奥古斯特。虽然安妮－热尔梅娜原本可以通过这桩婚事成为英国王后的弟媳，但是由于格奥尔格等级高，与这个平民之女成婚对他来说至多是一桩丢脸的门户不相当的婚姻，为了平衡，他只得表现得很真诚，解释自己完全是出于经济上的动机不适合这桩婚姻（"作为最小的儿子，20 年来一直在非常奢靡的奥地利军队服役，我觉得我的经济状况极其糟糕"）。因此，小威廉·皮特就显得更有吸引力，他 24 岁就已经是英国的前财政大臣，即使在内克尔一家看来也算门当户对了。除了内克尔之女，这样一个天才自然不会愿意娶任何其他人，理所当然到内克尔一家根本不需要先问一下这位毫不知情的年轻政治家。这种想法确实也给对方免去了很多烦恼，因为与女人的亲密关系似乎终生都让皮特恐惧。这位此后不久升任英国首相并执掌相权 20 年的年轻人该庆幸的是，他从来不知道自己在内克尔家引发的家庭争端；因为在他身上，内克尔家婚姻问题的第 2 个部分显现出来，不久这将导致瑞典给一个此刻全然无知的加勒比小岛改名。

937

内克尔一家提供了存在幽闭恐惧的"父亲－母亲－孩子"核心家庭的早期范例，这是他们的现代属性之一，而且并非最为微小的属性。生物学上的巧合、迁移和意识形态的联合，让内克尔一家形成一个微小的牢固实体，这种牢固强度在来自通常十分疏离的大家族的贵族看来，必然显得很奇特。但是时代精神已经开始向着内克尔家的方向转变，因此像内克尔夫人这样，在教育独生女上如此费心已经不再是非常古怪的事情了。内克尔夫人在婚前没有白当家庭教师，现在她打算把 1766 年出生的女儿教育成自己的完美版，从而配得上英雄父亲。她为此设想出了一个教育规划，与之相比，连德让利斯伯爵夫人的规划也显得很宽松。例如，伯爵夫人教育学生们要在大自然中活动，而孩提时大多被称作米内特的安妮－热尔梅娜却几乎从未出过家门，因为她的母亲觉得连坐马车去兜兜风都有生命危险。有一次，父母允许小姑娘的朋友——这是内克尔夫人许可女儿结交的唯一一个朋友——带她同行，米内特对于去郊外这个想法大喜过望，由于太过兴奋，实际上她都没往马车车窗外看一眼。内克尔夫人所做的其他设想也几乎全都不成功。单独授课虽然确实让米内特获得了极为深入的教育，但单是这一点就足以在这个社会中引发很多麻烦。而影响更多的，是安妮－热尔梅娜真真正正是在母亲的沙龙中长大的。还是个小女孩的时候，安妮－热尔梅娜就遵守规定，腰板挺得笔直，坐在一把凳子上，倾听法国最有名的知识分子就上帝和世界展开辩论。她不懂就问，从众多才能卓越之人那里获得极富魅力的答复，就这样，她除了学会了论证，同时也   938
意识到，全世界都对她的观点非常感兴趣。又怎么会不感兴趣呢？她的父亲可是古往今来最伟大的人，所有人都知道这一点。就这样，安妮－热尔梅娜·内克尔成了一个满怀激情又不受约束的孩子，不仅会让经常路过的德让利斯夫人大吃一惊，连严厉的母亲也逐渐觉得女儿可怕，特别是她无法摆脱一个痛苦的怀疑。有没有可能，那位古往今来最伟大的人会觉得充满自信的女儿的陪伴要比妻子在身旁更放松、更有趣？内克尔夫人离开午饭桌一会儿，回来就看到父女两人脑袋上绑着餐巾，表演着一段荒诞的舞蹈，这意味着什么？内克尔和安妮－热尔梅娜自然很快又坐了下来，尽量装作什么都没发生，但是家庭内部倾慕的天平已经失衡。

虽然所有当事人都很正派很无辜，从来没有人揣测过情感上的乱伦，但这已经足以让内克尔夫人提议与毫不知情的皮特结亲，因为这样一来（自然只是为了伟大丈夫的政治利益）就会把女儿永远地送到邻国。但米内特哭哭啼啼地发誓永远不离开父亲生活的这个国家，而且父亲也惊恐地对远嫁女儿的想法表示抗拒——传统的王公贵族对这种分离几乎连眼睛都不会眨一下。所以现在内克尔夫妇只剩下一种嫁女儿的可能性：米内特将会嫁给一个高等级的新教徒，也就是一名永远定居在她父母附近、定居在法国的非法国人。但是上哪里找这样的人呢？等级高到可以在法国像法国

939 人一样光鲜，那在自己国内也会重要到不想离开——而且几乎全都太过高贵，不会娶平民女子。唯一有义务居留巴黎的外国上层人物就只有外交官了，他们的妻子在宫里甚至有著名的板凳。但是这些人也会定期更换，然后返回各自的故乡，可怜的妻子到时候就得陪着回去。对于伟大的内克尔的女儿来说，这当然不能接受，因此她的需求就愈发清晰了：一名欧洲外交史上首次获得终身职位保障的外交官，进而也就是需要一位愿意以前所未有的方式被人捆住手脚的国王。但是这样一个人为什么要这样做呢？

内克尔一家非常幸运。1771 年，25 岁的古斯塔夫三世登上了瑞典及（理论上的，但头衔中一同包含的）哥特和汪达尔的王位。仅一年后，这位既有才能又很古怪的腓特烈二世的外甥就厌烦了当时瑞典的议会制宪法，冒着风险政变，想要重建君主专制的权力。和所有的政变一样，这次也不可避免地经历了晦暗不明的时刻，没有人知道当下谁还在掌权或者已经掌权，这一刻决定着谁将万劫不复。东哥特王国的陆军旗手埃里克·马格努斯·斯塔埃尔·冯·奥尔斯坦在这一刻大呼："国王万岁！一切都将好起来！"由此做出了决定性的贡献，所以心怀感激的胜利者会让谁平步青云就再清楚不过了。斯塔埃尔很快就作为瑞典的侍从官和公使馆秘书出现在了驻法国巴黎的使馆，并在这里以极快的速度赢得了宫廷中重要女性的好感。很快就有一位迷人的王子情妇和一名有权势的诺瓦耶家族的女儿给瑞典国王写信，询问是否可以任命"小斯塔埃尔"为现任公使的继任者。但是斯塔埃尔有惊人的资金缺口，而两位女士几乎同时想到了这个问题的第 2 个解决方案，即让小斯塔埃尔与内克尔时年 12 岁、身价百万的女儿成婚，所以无怪乎两个想法很快就融合成了一个。但谈判最终还是持续了将近 7 年，主要都是细枝末节的事，世事总是如此。

940 似乎不难劝说古斯塔夫三世相信，自己的公使攀上富有且有影响力的亲家也会给他带来好处。国王愉快地应允，在小斯塔埃尔与女继承人成婚后立即任命他为公使。内克尔夫妇也很喜欢斯塔埃尔，他们几乎非常肯定地同意把女儿嫁给他，只要他真的被任命为公使——因此这个可怜人大概需要一点时间认识到这两项允诺之间的空档所产生的尴尬处境。斯塔埃尔最终得以让自己的国王习惯于在与内克尔家女儿成婚之前让他当公使的想法，这既说明了他的外交才能，也证明了与他交好的宫廷贵妇们的外交手腕。但遗憾的是，古斯塔夫三世也不缺少当国王的天赋，他清楚地知道自己应该要求回报，于是放任浪漫的想象力自由发展，从而激发了提出一系列有趣交易的灵感。比方说，就在 1783 年，古斯塔夫三世在佛罗伦萨遇到了查理·爱德华·斯图亚特王子。这位曾经的苏格兰的占领者，1766 年作为查理三世继承了父亲理论上的英国王位，但他大概早就成了可悲的酒鬼，连教皇都不再承认他的王位继承权。不过查理作为苏格兰人的合法国王，仍然是苏格兰圣殿骑士建立的共济会修会的最高秘密总会长，这一点除了骄傲的古斯塔夫三世几乎没人知道。准确地说，在古斯塔夫三世询问之前，连查理本人都对此一无所知，因为根本不存在这种大主教之位，就像其与早就绝迹的圣殿骑士团的联系也不存在一样。但这就是秘密修会的好处，从定义上讲，无法对它更加神秘的上层加以审查。因此，即使是长期处于醉醺醺状态的英俊王子查理也迅速反应过来，可以做一笔多么划算的买卖。郑重其事地把证书颁给兴奋的古斯塔夫三世，任命他为自己的继任者，可以极其秘密地领导所有圣殿骑士，并由此获得一大笔钱，查理一定乐坏了。不过那个瑞典人就像要平衡骗局的收支一样，只留下了一张无效的银行汇票。因此，古斯塔夫三世迅速从佛罗伦萨启程（头戴王冠的首脑们很少会这么麻利），高兴地踏上了去往巴黎的路，心想可怜的斯塔埃尔在此期间肯定已经给他弄到了那个有趣的回报——巴黎人会给他的。由于这一回报至少是加勒比海上的一座岛屿，我们或许可以设想，这位旅途中的国王非常满意。

941

　　尽管我们不能声称，嫁出法国大臣之女唯一的办法就是出让种植蔗糖的热带殖民地，即使按照旧秩序的标准这也算不上正常，但是仔细考量一番就会发现，即便不算正常，事情的发展还是有一定的逻辑。就像每一位读报纸的人一样，古斯塔夫三世自然也知道巴黎参与的旨在结束美国独立战争的和平谈判。法国、西班牙和尼德兰的反英干涉将这场战争扩大到了所有海域，最主要的战场当然还是在加勒比海，人们曾经长年累月在这里争夺富裕的种植园小岛。现在和平协定得决定，谁可以保留什么，因此数月以来，人们就在巴黎围绕着所有能想到的新的划分争吵不休。与法国结盟的瑞典虽然没有参战，却表现出了足够的反英立场，现在可以要求获得一点奖励；而且由于谈判桌上放着的主要就是加勒比海上的岛屿，所以古斯塔夫三世也要求得到一个。甚至连宿敌丹麦不都早就拥有加勒比的殖民地了吗？刚刚被法国人占领的多巴哥岛不是在 17 世纪还属于弹丸之地库尔兰公国吗？于是古斯塔夫三世告诉小斯塔埃尔可以任命他为公使的条件，并在自此之后的每一封信中都干脆写着"我要多巴哥岛"。斯塔埃尔为了招待到访巴黎的王室人员花光了自己的钱财，即使与内克尔结亲也只能勉强扭亏为盈；于是他把古斯塔夫三世的请求转告了那些宫廷贵妇朋友，这些人又转告了富有同情心的王后，而前大臣内克尔则与在职的海军兼殖民地大臣德卡斯特里元帅讨论此事。德卡斯特里元帅对这些荒唐计划表现出的好感，虽然低于人们对这位德贝勒－伊斯勒元帅的继承人的期待，但是他与内克尔是亲密的盟友，至少要表现出善意。重要的多巴哥岛自然不能给，但是如果国王给予我们一些在哥德堡的贸易特权，那就可以把圣巴泰勒米岛给他，因为这对法国来说损失不是特别大（我们私下里讲）。我们只能认为，瑞典人对于加勒比的了解恐怕流于泛泛，而法国确实也让他们觉得圣巴泰勒米岛足够让人垂涎欲滴，于是古斯塔夫三世在 1784 年 7 月 1 日同意了相应的协议。1785 年 3 月 7 日，一支瑞典的考察队登陆圣巴泰勒米岛。被任命为总督的芬兰伯爵占有了这座覆盖着茂密灌木丛的岛屿，以及极为惊诧的 739 名居民。他将首都勒卡雷纳热改名为居斯塔维亚，并且很快开设了国际自由贸易区，随后种种忧虑接踵而来——比如进口饮用水，岛上可惜没有。而古斯塔夫三世可以自豪地说，他把瑞典帝国扩展到了美洲。这座简称为圣巴泰勒米的岛屿直到当代才崛起为超级巨富们的度假天堂，但是古斯塔夫三世没机会经历这些了。这样可能也挺好，因为这座岛屿早就不属于瑞典了。瑞典在获得圣巴泰勒米岛的同时也得到了生活在那里的奴隶，60 年后才给予他们自由。但是这样一来，本来就不盈利的岛屿彻底入不敷出，以致瑞典国王最终在 1877 年把该岛卖回给了法国，换了点还不错的零花钱。因此，瑞典的殖民帝国并没有维持多久，但几乎仍是以此为代价而结合的超级巨富们的婚姻幸福时光的 50 倍。

943

让我们省去为居留许可、伯爵头衔或者外交官等级而做的其他讨价还价吧，在岛屿交易后，内克尔夫妇和哥特国王又为此小题大做地忙活了几个月。1785 年秋，最终大功告成。19 岁的新娘见到了 7 年以来一直为她的百万财富英勇战斗的 36 岁新郎，觉得他正直、聪明、无聊得要死。安妮－热尔梅娜·内克尔知道，她总归会凭借自己的金钱嫁人；她知道，除了斯塔埃尔，没有人能满足他们家的标准。但是在沙龙中长大的安妮－热尔梅娜不知道的东西也足够多。感人地保留了资产者本色的父亲建议男爵与未婚妻小小地共舞一曲，父亲亲自伴唱，纤细的公使舞步自然完美，但是眼神和身体接触十分呆板，以致父亲内克尔最后几乎愤怒地把他推到一旁，一边说着"我给您看看，先生，作为恋人如何与姑娘共舞"，一边挽起了女儿的手。内克尔非常成功地展示了差距，这让人心碎的对比使得安妮－热尔梅娜恍恍惚惚，还好赶在崩溃大哭前告辞回了自己的卧室。现在有什么能帮到这个 12 岁时就能写文章对比宪法理论、懵懂无知的百万家财继承人呢？如果 19 岁的她只能在日记本中写道：她根本不清楚一个妻子可以背着丈夫所犯的那种罪行，那么 17 年的宗教课有什么用，所有对道德的尊崇有什么用？"但是在庄重的誓言前人们一定会向我解释，因为内克尔先生和夫人的女儿如果不能遵守她在神的面前立下的誓言，我会厌恶我自己！"1786 年 1 月 14 日，安妮－热尔梅娜立下婚姻誓约，成为斯塔埃尔男爵夫人；1 月 31 日，一辆"瑞典公使夫人"的王室专用马车驶往凡尔赛，夫人入宫面圣，并去王后那里领取自己的小板凳。宫廷给斯塔埃尔男爵夫人的分数还可以，尽管德邦贝尔侯爵觉得她看起来就像她父亲顶着个女人的发型。在极为艰难的倒着走和向后踩裙裾的面圣过程中，男爵

944

夫人只掉了一次裙裾，算是够优雅了，宫廷侍臣们要想闲言碎语只得寻找别的话题（比如宫廷管理的无能，连一个简单、正派的家族每周都要举办的百人宴会都组织不了）。

在接下来的几个月中，德邦贝尔侯爵这样的旁观者不无惊讶地关注着斯塔埃尔男爵夫人融入宫廷社会的过程。融入，一名婉转的表达者只能这样形容这个过程。在一个认为正确的谈话绝对要服从轻松戒律的世界中，这个亢奋、富有启发性地不停讨论重要睿智问题的女人，必然只会留下一条荒芜的大道，连鲁瓦西的绿色田园也不能幸免。是的，德邦贝尔侯爵在那里遇到了斯塔埃尔男爵夫人，那是 1786 年 7 月 23 日，当时他再一次去参加迷人的德卡拉曼伯爵一家的歌剧演出。实际上德邦贝尔侯爵心情非常好，因为他刚刚以低廉的价格买到了一副金挽具，由此完成了旅行准备。德罗昂枢机主教虽然被议会释放，使王室颜面扫地，但是却被国王流放到一座为他所有的废弃的修道院中，之后便以低得可笑的价格把挽具卖给了德邦贝尔侯爵。尽管有着如此绝妙的前提条件，与斯塔埃尔男爵夫人在花园中的短暂散步却给了德邦贝尔侯爵致命一击，于是他在当天晚上记录道：即使在鲁瓦西清新的乡村空气中，男爵夫人也让人受不了。这并没有让男爵夫人不安，她知道，世界正在等候着一位像她这样的女性，很快成功就会验证她这一想法的正确性。鲁瓦西的人都朝她翻白眼，有什么关系呢？很快她将会再次出现在德让利斯伯爵夫人的沙龙中，遇到对方的邻居德塔列朗，一个来自古老贵族的乏味"修道院院长"。在德塔列朗身上，人们既看不出他会在宗教上有什么前途，也看不出他体内流淌的工作狂柯尔培尔的血统。只要再过 2 年，德塔列朗就会同时成为主教和安妮-热尔梅娜的第一任情夫；再过 3 年，安妮-热尔梅娜会在法国政府的内阁桌旁向德塔列朗解释自己有关伟大自由战争的计划。

这个周日还发生了一件事。在那不勒斯，1786 年 7 月 23 日，一名男仆把一封信带到前往里窝那的邮船，写信人是来自英国北部的一个 21 岁的底层姑娘，她试图和自己远方的贵族恋人取得联系。艾玛·哈特是在英国公使的宫殿中写这封信的，写信时她或许曾望向美丽的港湾，望向又要再次爆发的火山。她接下来写给沉默的伯爵之子、按照利物浦的口音拼写而成的内心独白，很容易与交织着灿烂阳光和毁灭性的火山爆发的那不勒斯风景同步；她自然也向对方讲述了自己的成就，为了分享，当然也是为了让他忌妒——此前的 13 封信他都没有回复她。艾玛向伯爵之子提到了正为自己画肖像画的 2 名画家及排着队的另外 3 名画家；提到了赫维勋爵，"我的恋人之一"；提到了迪特里希施泰因侯爵（她写成了德雷德里克斯顿），"他是为我效劳的骑士"，也就是和长鼻子国王费迪南多一样的仰慕者。"但是格雷维尔，国王有眼睛，国王有心，对此，我印象深刻。他对侯爵说：汉密尔顿是我的朋友，她属于他的外甥。"通常而言，艾玛只会为如此多的倾慕及参观庞贝感到高兴；通常而言，连歌唱课和意大利语课也会给她带来快乐，因为她为了自己所爱的格雷维尔而有了自我"改善"。但现在有什么用呢？"我可怜、无助和迷茫。我与您共同生活了 5 年，您把我送到了一个陌生的地方……我原以为您会随我而来。相反，您知道的，我被告知应该如何和威廉爵士生活。不，我尊重他，但是不，永远不会。"艾玛还写到她说服威廉·汉密尔顿爵士买避雷针，写她对于判处赫维勋爵残忍的侄子死刑很满意（在那不勒斯，一名富人从来不会被处决），最后说到她现在马上就要出门赴约。然后艾玛最后一次表白了让她如此无助的爱情，结束了 6 页的长信。她封好信，开始第 1000 次想象自己不确定的未来。尽管现实而且审慎，但那些既知道太少又知道太多的人所怀有的狂妄自大还是成就了艾玛的未来。当然没有哪一种如此怪诞的妄自尊大会让艾玛预料到，偏偏是她，将会起到怎样一种具有世界历史意义的作用。艾玛·哈特在接下来的一周必须做出的决定，将会在 12 年后两个帝国的战斗中赋予她一种始料不及的决定性地位。她的行为将会在稍纵即逝的一瞬间影响伟大的历史，但是足以让德塔列朗和斯塔埃尔男爵夫人在一场决定数百万人命运的角逐中获得意想不到的胜利。

946

第 20 章

末日审判已经开始了吗？

柏林 – 那不勒斯 – 巴黎

柏林，1797 年 12 月 11 日

普拉东·阿列克桑德罗维奇·佐博夫侯爵没用多长时间就明白了，1797 年对于统治者的宠臣来说流年不利。按照俄历，这一年过去还不到 4 周，新沙皇就非常友好地"批准"他踏上一次非常遥远的旅行。由于这种难以捉摸的友好比保罗一世伴随着故意快速喘气的怒火更令人害怕，普拉东该庆幸自己至少可以离开圣彼得堡西行。侯爵向着他位于立陶宛和库尔兰的庄园行进，这些庄园是不久前刚刚抢夺来的，而统治者急转直下的恩宠就像乌黑的阴影一样追随着他。普拉东的弟弟、一条腿的花花公子瓦列里安才占领了阿塞拜疆，就不得不遵照固执的新统治者之命放弃了这里。这还不够。里加总督突然被免职，只因为他邀请普拉东享用了一顿丰盛的大餐，要不然这餐饭也会因为贵客迟到白白糟蹋了。更令人不安的，自然还是贵客对这位倒台宠臣的影响，因为这位贵客就是波兰的前国王斯坦尼斯瓦夫二世，他同样遵照保罗一世的命令启程前来参加后者的加冕仪式。

眼下斯坦尼斯瓦夫二世的来程偏偏在米陶与普拉东的去路相交，而普拉东对波兰的亡国负有最大责任。但是这或许不是苏报夫要考虑的内容，毕竟这名 29 岁的青年在东欧的任何地方都会与自己权力欲望的牺牲品狭路相逢。要说最近这 7 年时光教给了他什么，那肯定就是始终觉得自己占理的能力。但斯坦尼斯瓦夫二世之所以令人紧张，不仅是因为他现在作为一个灭亡国家的老病国王接受了这次屈辱的旅程，前往新统治者的宫廷，且再也不可能活着返回故乡；还因为对于像普拉东这样的人来说，斯坦尼斯瓦夫二世代表着更多东西，他是一个扭曲的镜像，体现出了与统治者宠臣那

旗鼓相当的光辉与悲惨。让斯坦尼斯瓦夫·波尼亚托夫斯基沦为政治犯的王冠，并非通过正确的途径（世袭）而来，而是作为叶卡捷琳娜二世的情人得来的，这与他的第 9 任后继者普拉东获得帝国侯爵头衔及将军等级的路子并无二致。因此，至少这一点把两个在其他方面迥然不同的人联系到了一起。

除了这一点，自然还有糟糕的下场，尽管双方在这方面又是如镜像般对立。斯坦尼斯瓦夫二世与叶卡捷琳娜二世的关系结束，恰恰是因为后者登上了俄国的皇位，从此这位德国的女篡位者不能再有一名波兰的情夫或丈夫。波兰的王位对于斯坦尼斯瓦夫二世来说几乎算是个安慰奖，最终之所以失去，是因为叶卡捷琳娜二世还活着。女沙皇的继任者保罗一世或许疯狂到定期挑战欧洲的其他君主、发起骑士般的决斗，也疯狂到抛出了那个直到今天仍受欢迎的问题：他是否真的是那个几近疯狂的彼得三世的儿子。但是这位新沙皇对国王的荣耀心怀极大的敬畏（这对于一个在被剥夺继承权的阴影下长大的皇储来说也情有可原），因此波兰的消亡让他觉得羞愧，从而一直都以王室的所有礼节来对待自己的犯人斯坦尼斯瓦夫二世。这是斯坦尼斯瓦夫·波尼亚托夫斯基人生中最后的讽刺，从前自己国内骄傲的贵族们一直拒绝给予他这种尊重，而现在终于能被人当作国王来对待了，但他已经不是国王了。斯坦尼斯瓦夫二世在圣彼得堡的大理石宫度过了人生的最后一个年头，这座宫殿正对着坎特米尔宫，1755 年他就是从那座宫殿被侍从官纳雷什金带往叶卡捷琳娜的冬宫的。而现在，一切都在更友好地重复着他的故事。大公亚历山大·帕夫洛维奇，保罗一世的长子和继承人，全身心地爱着他那按照地位相符的政治原则挑选出来的妻子——只是像兄弟一般对她友好，却不理解她。这里已经开始了一曲志气相投的四重奏，亚历山大将与侍从官纳雷什金的波兰儿媳生活在一起，并允许妻子与人私通，私通对象正是斯坦尼斯瓦夫二世的表侄亚当·耶日·恰尔托雷斯基侯爵。表伯曾经在有根有据的死亡恐惧中承受着被欺骗的继位者彼得的情绪波动，而现在年轻的恰尔托雷斯基则成了亚历山大最

949

好的朋友——正因为他是后者妻子的情夫。

就好像历史想要公正一次。1795 年,25 岁的恰尔托雷斯基和兄弟不久前还名义上是贴身侍从,实际上却是俄国宫廷的人质,以此来保证自己的家族能够好好表现。他们那爱国父亲的宫殿和庄园不仅全都归到了俄国的宗主权下,而且还被没收,继而又遭受了普拉东的弟弟极为投入的洗劫。为了能取消这项没收命令,国王的表侄亚当·耶日曾经不得不每天上午与其他请愿者一道,接受普拉东那完全如太阳王一般做派的接待,同时看着仆人给他那乌黑的头发扑粉。而如果自己的假发不被宠臣那还算驯服的猴子扯下来,等候接见的人就该庆幸。有传言说母亲伊莎贝拉让他发誓仇恨俄国,这种谣言让年轻的恰尔托雷斯基觉得厌烦又好笑——"就好像我们对这种仇敌的永久仇恨还需要戏剧化的誓言一样"。但是如今,还不到一年,命运已经完全转向,恰尔托雷斯基不仅可以作为皇储最好的朋友期待着美妙绝伦的时代,希望未来波兰可以在亚历山大的统治下复国。而且恰尔托雷斯基还是不久前普拉东——66 岁女沙皇的 28 岁公开男宠在 16 岁的女大公窗户下演唱爱情歌曲——看上并纠缠的那位女大公伊丽莎白的情夫,当时的纠缠之所以没有造成恶劣的后果,只是因为普拉东的运气明显比头脑好。但是和斯坦尼斯瓦夫二世不同,普拉东之所以成为叶卡捷琳娜二世的男宠,只因为对方是沙皇。随着女沙皇的死亡,普拉东的好运气显然也到了头。骑士禁卫军的指挥权及所有其他职位都没了,而普拉东的庄园或者最近刚刚借来的 13 669 名白俄农奴的"灵魂"随时都可能被人夺走,就像他此前从别人那里夺来一样。这位前宠臣慢慢才意识到,他无意中只赢得了一样东西:从未体验过的自由。普拉东终于可以和自己喜欢的任何一个女人调情了(虽然结果都不好,但这就是自由嘛),他终于可以带着一名扮成仆从的情妇同行,他终于可以想去哪儿就去哪儿。再也没有叶卡捷琳娜二世为她的"黑头发小子"安排的希腊语课,再也不用忙乎少说也要重建拜占庭帝国的外交项目——这些项目总是因各种原因失败。如今,贵族欧洲那闪着光芒的聚会地点终于向普拉东开放了,例如特普利采这种温泉小镇，德利涅亲王在那里招待他时说："请您给我们讲讲俄国吧，您，您可是做过这个国家的蓬帕杜尔啊！"再比如皮埃蒙特，普拉东显然在那里向普鲁士国王的情妇献过殷勤，仿佛仍然在找最大的不痛快。但是10个月后，侯爵可能已经对这种生活感到厌倦，一直存在的田产没收的威胁随时可能使他失去经济基础。冬天临近了，可想而知，这个冬天普拉东既不想在库尔兰的隆黛尔度过，也不想在立陶宛的施奥伦度过。由于柏林是东中欧唯一一个他不会下意识想到决斗挑战的首都，因此他在 1797 年至 1798 年间的狂欢节季搬到了普鲁士宫廷。

1797 年 11 月 9 日，普拉东搬进军械库旁 1 号大街马格拉夫旅店的套房，然后立刻沉浸在死板又吸引人的柏林宫廷和外交社会的生活中。从现在开始，普拉东几乎每天都去相邻的王储宫殿中拜访宫廷女管家福斯夫人。夫人喜欢他，不只是因为夫人和从前的叶卡捷琳娜二世一样，是位生于 1729 年的聪明的德国女士。在柏林宫廷长大的福斯夫人凭经验知道，如果惹上一位王子或者国王的爱，宫廷侍臣的生活会变得多么混乱。普拉东现在既是侯爵又是流亡者，只是因为当年 60 岁的女沙皇看上了这名 22 岁的禁卫军军官。与之如出一辙的是，福斯夫人当年之所以在 22 岁生日时嫁给了一个不爱的表兄，只是因为想摆脱腓特烈大帝的弟弟。这位王子的儿子后来不仅顺其自然地成了国王腓特烈·威廉二世，还成了福斯夫人一个侄女的情夫，这个侄女在给国王生下一个儿子后，不到 23 岁时就死去了。现在普拉东刚到一周，腓特烈·威廉二世也去世了，因此在其儿媳路易丝宫室中任职的宫廷女管家就有了不止一个悲伤的理由。柏林即将上演一出政权更迭的大戏，除了大型典礼和外交阴谋，超越时代的新宠臣崛起与旧宠臣没落的教育戏剧也必将再度登场。举例来说，就在政权更迭的当天，离普拉东住所很近的菩提树下大街 36 号被前来拘捕利希特瑙尔伯爵夫人的士兵们包围，这位夫人就是我们的前宠臣几个月前还在皮埃蒙特向其大送秋波的那位国王情妇。普拉东一年前在圣彼得堡亲身经历的，将在这里重演，而他此刻只是名毫发无损的看客。对倒台之人的同情

952

可能会毁了除己之外的任何人看戏的兴致，好在普拉东迄今为止的人生使他明显具备了对抗这种风险（正如他后来的人生轨迹向我们证明的那样）的持久免疫力，要是一场疾病让他只能靠边站，那他一定大为恼火。12 月 7 日，福斯夫人还在怜惜她那"可怜的朋友佐博夫侯爵"，这位宫廷女管家在 12 月 12 日的日记中又提到了作为访客的他。真的，没有人比我更遗憾，因为我仍然不能因此就完全确定，侯爵在 1797 年 12 月 11 日于柏林大教堂举行的大型国家典礼中的确遵照自己的本分，坐在俄国公使的旁边。不过我仍然要让他坐在大教堂的外交官长凳上、坐在俄国和丹麦公使之间，这不仅是因为如此活跃的一位宫廷交际分子如果次日就能健康到去拜访那位老妇人（其实推迟也无妨），那他大概不会错过这种盛事；也不仅仅因为他只需从自己的旅馆走上几步穿过洪德桥，走过王公贵族们游乐散步的大花园，就能抵达大教堂；还因为腓特烈·威廉二世的国葬为看客们呈现的场景就如同为侯爵量身打造的一般，不让他看上一眼简直就是不负责任。

　　古老的柏林大教堂的中殿很少会比此刻更阴暗或者更令人难忘，几千支蜡烛炽热的光芒照亮了一个 3 米高、10 米宽的阶梯状支架。这个覆以黑布和银线的怪物如此庞大，为了它不得不把牧师的布道坛拆掉——反正今天也用不上。尽管要举行葬礼，但这一天不属于神职人员，因为这名死者属于国家。而且"国家"就站在那里，那个从法律上讲还不能称为国家的东西。他们站在那里，那些治理着普鲁士王国的先生们站在那里，就像他们的祖先曾经做过的那样——就在此刻躺在他们中间的那个人的祖先的手下；也正如他们的后代即将做的那样，因为永远不会有什么改变。众人就站在那个支架的周围或者台阶上，站在比真人要大的骑士甲胄和古典主义的火盆之间，为那个他们曾经轻视或者畏惧、同情或者热爱，抑或这些感情兼而有之的人举行守灵仪式，此人始终是将 24 块疆域中 800 万臣民团结在一起的唯一一个官方黏合剂。腓特烈·威廉二世躺在支架上方镀银的棺材中，即使死了仍然是个巨人。他在世时虚弱而和善，感性且有音乐才华，十分迷信，不善言辞，但实际上并不愚蠢。他在著名的伯父腓特烈二世几乎故意向着无能方向的培养方式下长大，从而可以映衬得前任更加光芒四射。现在他死了，还不到 54 岁。这边王室包厢中坐着其他的表亲们，一位哪儿都少不了的奥兰治亲王或者 200 年间第 3 位娶了普鲁士公主的拉齐维乌。那边站着大臣、宫廷侍臣和将军，其中有丹克尔曼女性一支的后人，将在仅仅 9 年后冷酷地终结被拿破仑打败的旧普鲁士王国；有垂垂老矣的外交大臣芬肯施泰因，其父在马尔普拉奎特之战中是格伦布科的上司；有新国王的老师布吕尔伯爵，其父曾是普鲁士的死敌，但秉性和这里的其他人并无二致；有高级内廷总监波德维尔斯，他与格伦布科的姻亲关系在亲密程度上并不次于手持帝国宝剑的国务大臣或那个扛着帝国旗帜立在棺材后面的老陆军元帅；还有一位年轻的内廷总监，他那漂亮的妹妹将是普拉东的下一次爱情灾难；最后，在棺材上，骑士头盔、佩剑和领环之间放着黑鹰勋章的绶带，和普拉东因参与灭亡波兰获得的那条一模一样。当然，这里没有保罗一世于类似情形下在圣彼得堡上演的大型悲剧：在安葬母亲之前，他命人把被谋杀的父亲彼得三世从墓里挖了出来。父亲的棺材连同里面残存的少量遗骸就这样和女沙皇的棺材一起在宽大豪华的棺床上展览了 6 周之久，由宫中的下级军官日夜守卫，就好像儿子要用武力逼迫父母破镜重圆。最终，两具棺材被抬去埋葬，队伍行进了几个小时之久。举行葬礼时，权力的象征物被带到两位死者面前——和普鲁士一样。但是在凛冬笼罩的圣彼得堡，保罗一世故意把彼得三世的皇冠和垫子塞到阿列克谢·格里戈里耶维奇·奥尔洛夫伯爵的手中。此人不仅虚伪地令可怜的大骗子平内贝格女伯爵陷入不幸，而且正是他，在 34 年前谋杀了现在被第 2 次埋葬的沙皇。不光因寒冷而浑身颤抖的伯爵试图反对，但是被保罗一世气势汹汹的一句"拿着往前走"推上了路。在接下来的行进中，伯爵都在竭力控制自己的面部表情——最后他只得了个支气管炎（圣彼得堡的宫廷礼仪要求参加者即使在零下 20 摄氏度时也要穿及膝灯笼裤和丝袜）。这一次，分裂得令人恐惧的沙皇还是像往常一样在严厉的惩罚与令

954

955

人惊异的宽容之间摇摆，他不明白，这样做恰恰为重蹈父辈的灾难铺平了道路。

与俄国权力斗争那黑漆漆的悲剧相比，眼下普鲁士的宫廷戏剧或许就像温和的意见不一，但不算非常优雅，因为这里涉及的也远不只是家庭纷争。普拉东在叶卡捷琳娜二世面前独一无二的宠臣角色，在柏林却由有权势的前情妇利希特瑙尔伯爵夫人、一系列没有恶意的姑娘及比朔夫韦尔德分饰。现在在黑色支架最上层的平台上、在熊熊燃烧的火盆中间站着的就是比朔夫韦尔德，他的右手正放在镀银的椴木棺材上。和普拉东一样，比朔夫韦尔德也曾是统治者的将军副官，也就是这位没有国防大臣的国王最亲密的军事顾问，在普鲁士自动扮演着主要角色。普拉东作为女沙皇的情人而超越比朔夫韦尔德的地方，被后者用一种同样强大的手段追平。比朔夫韦尔德相貌堂堂，虽然长期被世人视作普鲁士军队中一名无足轻重的萨克森人，但彼时尚未登基的腓特烈·威廉二世早就已经满怀畏惧地把他当作了他秘密修会的会员法弗勒斯·维布龙·德于德洛 [1]，彼岸睿智的声音就是通过他与自己对话的。要是有兴致的读者觉得很难以必要的严肃态度来对待这个名字，那么笔者在此发出诚挚的邀请，请自行为"汉斯·鲁道夫·冯·比朔夫韦尔德"寻找一个更可用的颠倒词 [2]。不管怎样，在玫瑰十字会的偏激世界中，没有什么会比这个名字更有逻辑了。

在 18 世纪晚期，像玫瑰十字会这样的秘密修会绝不像人们所认为的那么荒诞。当然，如果把这一时期很难定义的启蒙运动与今天的理性主义混淆则另当别论，实际上后者充其量只是前者八竿子打不着的"远亲"。

956

---

[1] 汉斯·鲁道夫·冯·比朔夫韦尔德的德语名字是 Hans Rudolph von Bischoffwerder，调整这个名字的字母顺序并添加少量字母后，可以转换成 Farferus Phocus Vibron de Hudlohn（法弗勒斯·维布龙·德于德洛），后者是比朔夫韦尔德在秘密修会中使用的名字。腓特烈·威廉二世发现了这两个名字之间的联系。——译注

[2] 又称易位构词，德语为 Anagramm，英语为 anagram，是一种将一个或一些词的字母重新排序来构造新词的文本游戏，例如歌德的名字 Johann Wolfgang von Goethe 经过易位构词可以变为 Ohjann Golgo von Fontheweg。——译注

科学的理性进步确实存在，但恰恰是这种进步使得很多人满怀憧憬，以为可以在化学和物理之后借理性科学地掌握超自然。毕竟，面临着思想巨变，很多人都在寻找精神上的支撑，而这很难从当时已经被榨干的官方基督教中找到。相反，很多人在修会组织中发现了自我，修会的承诺为人类福祉提供了难以置信的新认识，并且多多少少秘密行事，从而避免受到审查或者暴徒的袭击。这一切均产生自共济会运动，这项运动起初迅速传播，是源于它为因地位差异而彼此隔绝的精英阶层成员提供了一个非常自由的思想交流的论坛。但是如果这些论坛没有在最短的时间内蜕变成贵族竞争战中的工具，那这就不是阶级社会了。不久，很多共济会分会就和最糟糕的宫廷生活一样，礼法上等级森严，同时王侯们也试图利用修会来抬高自己。例如，在法国，恰恰是德让利斯夫人满怀仇恨的前男友德奥尔良公爵跃居为共济会的总会长。这绝非偶然，尽管与此相关的法国大革命爆发的阴谋论只是无稽之谈——恰恰因为权力精英中有太多的共济会成员，没有人能让他们拧成一股绳，尤其是很快就厌倦了的德奥尔良公爵。但对于有些统治者来说，不管是出于隐秘的抑或等级的原因，很多逐渐对接共济会的秘密修会还是具备足够的吸引力。比如瑞典和不伦瑞克的统治者家族常年围绕着一个复苏的圣殿骑士团总会长职位，展开着隐秘的权力斗争。如前一章所述，瑞典的古斯塔夫三世通过收买一项完全虚幻的总会长的荣誉而赢得了这场战争，可就在此时，自封的圣殿骑士团也已经再次解体了。同时，柏林的玫瑰十字会也拥有了愈发令人惊讶的真实权力。

957

　　与不伦瑞克的弗里德里希一道，比朔夫韦尔德在 1781 年成功地为秘密修会争取到了普鲁士不幸的王位继承人腓特烈·威廉二世，并将他卷入神秘的教义中，甚至使得这位感性的王子与当时的情妇分了手。这位后来升任利希特瑙尔伯爵夫人的威廉明妮·里茨是一名宫廷小号手的女儿，她和法国的德蓬帕杜尔一样，在孕育了 4 个孩子、结束了肉体关系之后仍然是前情夫最亲密的亲信。但她是玫瑰十字会最坚决的敌人，因为她似乎是腓特烈·威廉二世周围唯一对密教"过敏"的人。比朔夫韦尔德和他的成

员却把他们那掺杂着基督教、古代神秘主义和启蒙运动神秘主义的大杂烩
悲剧性地当了真,简直要令人感到遗憾。1786 年,腓特烈二世去世,侄子
腓特烈·威廉二世登基,突然之间,偏偏是玫瑰十字会曾向王子特别宣告
的东西没有实现。"秘密的上层",也就是那些"通过神的光芒和天使般的
神圣而无限超越凡夫俗子"、借助书面指示领导修会的东方智者们并没有
来柏林,他们没有教授柏林的玫瑰十字会成员如何"与更高的看不见的存
在相处",也绝没有赐予新统治者长久期待的那种神奇的政府超能力。如
果比朔夫韦尔德、弗里德里希宗子和二人聪明的智囊沃尔纳只是单纯的骗
子,那他们大概会避免做出这种难以兑现的承诺;但是他们比骗子更糟,

958　他们是阴险的理想主义者,现在正给秘密上层写着失望的信件。这就是全
部事件中最后的讽刺:尽管对于任何现实主义者来说,这些灯塔般的人物
十分虚假,但是很明显,在柏林宫廷朝臣之上至少还有一个真实存在的等
级层面——他们不是亚洲腾云驾雾的神秘大师,只是 3 名没有恶意的寻求
意义的南德人,他们接收来自柏林的所有信件并回以指示。我们既不知道
这个修会是否由他们本人建立,也不知道在这种等级秩序中是否还有人在
他们之上。清楚的只有一点:放在银托盘中呈献上来的权力明显引不起他
们或他们上司的兴趣。可能他们真的只注重修会那即使按照神秘主义的标
准来看也朦胧不清的灵性,也可能他们只是无法抽身退出。不管怎样,玫
瑰十字会几乎算不上首个没有考虑过目标、完全按照沉默的信件原则传播
的项目,但因为它如此契合时代精神,很快就有了无数的追随者,人们在
秘密创建者那炼金术、好古及神学的把戏中投射了越来越大的希望。坦率
地说,对于创建者既无法长生不死,也并非身在亚洲,并且始终没有找到
真正的圣殿骑士这种坦白,人们能接受到什么程度呢?因此更值得庆幸的
是,感谢所有的这些故弄玄虚,让创建者们不必做到以上这些坦白。来自
柏林上层玫瑰十字会的所有报告都到达了雷根斯堡附近的普夫赖姆德一个
不起眼的闲人家中,他尽量仔细阅读之后,就回信发出指示,让柏林人按
照他们自己的提议行事,有时还会稍稍称赞比朔夫韦尔德和他的团体,其

余时候就逆他们之意，让他们完全自由行动。

　　玫瑰十字会独得君王恩宠 11 年，单凭比朔夫韦尔德一己之力也许做不到这一点，原因恰恰就是他和他的国王一个样，连听到家具的嘎吱声都要理解成是神秘的信息。比朔夫韦尔德的身旁还有一个平民阶层的前教士，名叫约翰·克里斯托夫·沃尔纳（修会兄弟赫利库斯·索拉斯特·鲁韦努斯·奥菲龙）。此人不仅凭借教育和理智使将军副官受益，而且任家庭教师时还勾引过一个贵族的将军之女，后来与其成了婚。妻子那不太远的表亲英格海姆伯爵夫人又为国王生下了一个儿子，这与玫瑰十字会的活动一道，足以为沃尔纳带来贵族的头衔和一个大臣的职位。就这样，普鲁士的教会和教育体系有 9 年之久处于这位玫瑰十字会的前教士成员的严密控制下，他立即着手与教士和教授们那令人惋惜又十分危险的理性主义苗头做斗争。当宗教宽容被第一个敕令收紧之际，腓特烈·威廉二世虽然仍没能得到什么超能力，但是至少收到了感动到落泪的秘密上层的一封感谢信。对方向国王保证，会努力向上司争取前往柏林的许可（他们 2 年后再次做出这个保证，但是可惜又没兑现）。在此期间，国王想把有效的审查制度从教会扩展到出版业，这自然也很快落实了。难怪沃尔纳很快就停止了单纯的玫瑰十字会原本的社团活动。现在有了一个权力网，而且只要国王参与，就有更高尚的事情要做，但同时也需要不断有超自然的场景出现，而久远一些的文学以远超真实的笔法描绘过那些精巧的把戏。事实上，国王可能屡次听比朔夫韦尔德说起他的幻觉，因此无辜的腓特烈·威廉二世后来多次抱怨，他本人从来没收到过更高力量的明确消息。渐渐地，非常缓慢地，真正的玫瑰十字会日渐式微，因为即使最虔诚的人大概也不会无限期地相信，彼岸的沉默只是对信仰忠诚度的一种考验。然而沃尔纳和比朔夫韦尔德对可怜的国王那稳固的影响并未因此受到多大损害，现在突然要面对来自完全出乎意料的方向的神秘竞争，肯定就愈发让他们感到不快和意外。

　　原来，可怜的利希特瑙尔伯爵夫人不知道从什么时候开始，已经无法

959

960

再忍受国王前男友为了说服她相信幽灵世界的好处而发出的高谈阔论了。伯爵夫人自然无法使国王摆脱这种想法,但是当她和国王共同的儿子、8 岁的亚历山大(又名小安德尔)于 1787 年夭折,并被安葬在今天矗立在柏林国立美术馆的一个巨型墓碑下后,悲痛的国王此后不久在他们位于波茨坦的共同住所中听到一个小孩喊"父亲"。一个像他这样的人只能将此理解成来自彼岸的消息。这一次,前情妇在第 3 次试图劝阻国王无果之后放弃了。如果腓特烈·威廉二世非得要来自彼岸的消息的话,照利希特瑙尔伯爵夫人看来,那么国王至少得从她这里获得这些消息。于是伯爵夫人假装被国王说服,皈依幽灵信仰,这令国王非常高兴,就算儿子定期向他发送消息却从来不愿直接交流也没有令他感到吃惊。但伯爵夫人毕竟和玫瑰十字会的人不同,她一开始就明白,这一切都是她杜撰的,因此就能更恰当地表述并经常要求国王自己思考——成效并不显著。相反,伯爵夫人很快就觉得,这种神秘的权力政治意味着大量艰辛的工作:如果最终必须由她本人不停地杜撰消息,将彼岸形形色色的神秘生物区分开来,对她又有什么好处呢?陶醉于幸福中的前情人需要越来越多这样的消息,没有来自彼岸的精神引导,他甚至不敢去勾引一个已经不耐烦的芭蕾舞女。这种情况下哪里还有时间去做别的啊?腓特烈·威廉二世在这种状况下可以超越感官地保持忠贞,特别是当他非常狂躁地询问这大概还得持续多久时,对聪明的伯爵夫人来说算是个小小的安慰。与此同时,玫瑰十字会的竞争绝对没有沉寂,他们自然带着愤怒看着这一切。比朔夫韦尔德找到了一个西里西亚的女梦游者,在做了详尽的准备之后,三番五次把她推向自然已经着了迷的国王,让她对国王展开拖拖拉拉、毫无条理的训话。但就算如此,找这么个人来也不便宜——比如说,找到这位出众女性的那个人就获得了奖赏,他那从事神学的岳父被任命为负责挑选普鲁士所有教士的委员会的负责人。我们大可以把腓特烈·威廉二世的最后几年想象成两个神秘论者团体之间胶着的权力斗争,其实双方都真心愿意用这段时间做点更有意义的事情。至于早已与丈夫分居的王后也声称见到了幽灵,是由于她已经有点疯癫；她这种神神道道倒是坦荡无私得使人振奋，为此我愿意大力称赞她——同样要赞美她的是，她用一个儿子给出了问题的最终解决办法。

27 岁的王储腓特烈·威廉在 1797 年 11 月 16 日接替父亲登基时，原本想称腓特烈三世（或者至少要称腓特烈，因为普鲁士的国王们不给自己排序，因此很多人一直认为腓特烈大帝已经是第三个腓特烈了）。由于他一如既往迟发了命令，卫兵已经宣誓效忠腓特烈·威廉三世，按照专家的意见，很难再做修正。新的统治者接受了既定事实，并以此向世界表明，不必担心他会做出果敢的决定。新国王是那位暴躁的腓特烈·威廉（一世）的反面，那一位在 1713 年之所以给自己选定了这个双名，就是因为人们跟他说这在国王中不可行。不过如今这位优柔寡断的国王还是立即废除了沃尔纳的审查法律。此外，腓特烈·威廉三世极其冷静，表述基本只用直陈式；当他想对热烈的改革建议表达冷嘲热讽的拒绝时（在这个野蛮时代原本可以有很多花样），会在页边空白处写下"作为诗作不错"之类的话，这让我们一定程度上可以想象，他大概很容易接受法弗勒斯兄弟所给的启示。

比朔夫韦尔德和朋友沃尔纳被免职一事就这样敲定了。此刻，前教士沃尔纳站在大教堂的丧礼支架上，位于比朔夫韦尔德下方 3 个台阶处，恰如其分地看守着棺材上放置镀金黑鹰勋章绶带的那个银色丝绸垫子——这只是一枚无害的古老风格的宫廷勋章，体现了不掺杂神秘主义的纯粹的社会名望，是不掺杂炼金术的纯粹的等级社会的黄金。而上方的比朔夫韦尔德仍然将右手置于棺材上，或许在思考着他已逝主人现在可能从彼岸向他发送的消息。152 名歌手和乐手则演唱和奏响了哀乐。然而，如果只是读读这段哀乐的歌词，那自然是做梦也不会想到，自从我们上一次在 1684 年接触到柏林宫廷音乐作品之后，它在文学上已经有了多大的进步。但是这首哀悼诗肯定也是急就章，内容上的费力不讨好可想而知，因为诗作者不光要夸大臣仆们事实上适度的悲伤，还不能因此而显得滑稽；最重要的

962

是，他必须把适合基督教葬礼的死亡和复活的观点以端庄的诗体形式应用到国王身上。而众所周知，这位国王虽然很可能信仰上帝，但是也几乎信仰其他所有的一切，甚至到了可笑的地步。但是这首哀悼诗仍然有其作用，因此语词、风格和逻辑只是打动我们的一小部分因素。日常生活中就过分敏感的比朔夫韦尔德或许还在仔细倾听着微妙的幽灵消息，而现实存在的基督教则干脆在他头顶呼啸而过，在回声阵阵的大教堂中把 76 名歌手和 76 名乐器演奏者的力量统一了起来。

　　此时此刻，整个启蒙运动都起不了作用，神秘主义大概更没什么用。在所有的蜡烛和火盆之间，在所有的黑色与银色之间，当音乐及葬礼的剩余安排驱走不可避免的死亡气息时，有些人感觉到了变化。当王家歌剧团的希克夫人和施马尔茨小姐终于唱起那谱成 G 大调的诗行时，哀乐的康塔塔部分基本已经完结。同时，这些诗行也是整个典礼唯一真正的行动信号："新的生命气息在飘扬，/ 将死亡的高脚杯饮尽。/ 他们是上帝播下的种子，/ 为了麦穗的成熟之日。"每一句之后定音鼓和低音提琴都会响 3 次，然后歌手沉默，从而可以让定音鼓和小号以 c 小调三和弦发出信号，传达给藏在支架下方的戏剧机器操作者。操作者只需要一个手柄，就可以将支架最上层的台阶打开，变成一个竖井，腓特烈·威廉二世的棺材连同比朔夫韦尔德将军都由竖井向着正下方的墓穴降落。第二将军副官、站在棺材另一侧的察斯特罗冷静地往边上挪了挪，得以留在上方看着很快就会变成他前同事的那个人降下去；他没有见过鬼神，他会留任将军副官，并且有朝一日会成为大臣。而比朔夫韦尔德则真真正正地在降落中消失了，正如这场典礼为这位首席将军副官所做的安排或者幸运女神为幸运儿所做的安排那样。棺材降落时，当然不允许保持静穆的辞别，也绝不能只是单纯响起音乐。施马尔茨小姐唱起了她的宣叙调"灰尘集聚成了尘土"，当她高歌时，位于大教堂正门的副官已经挥舞起白色旗帜，这样外面的人就能知道，时辰到了。于是大花园中的 24 名炮兵用 24 块燃烧着的海绵引燃各自大炮的引信，发射了总计 864 发"快射炮"中的前 24 发。贴身卫队的 1800 名士兵持枪向天，鸣枪致敬，就好像一场战役在柏林肆虐（要是普拉东真的感冒到来不了大教堂的程度，那他最晚这个时候也得从旅馆的床上摔下来）。但是在大教堂中，伴随着大炮的轰鸣，咆哮着迎接整个事件结尾的是合唱团："听坟墓的门响！看死亡公开的报复！逝者——他们醒来！末日审判已经开始！"因此这一次，这唯一的一次，我们想成为这个场景的导演，或者至少是观众，而非仅仅只能对其加以追述——这样我们就能对普拉东·佐博夫侯爵瞥上一眼，看看他的脸色是不是不知不觉地变得惨白。

但是我们并没有在场，而且现存的信息也在警告我们不要做过多猜测。例如，在大教堂的王室包厢中，新鲜出炉的王后路易丝就对整件事漫不经心，还在典礼过程中将俄国公使叫了过来，因为她应俄国皇后的请求为她找了一位普鲁士的助产士。要不然呢？才 21 岁的路易丝在 3 年里已经怀孕 3 次，她 38 岁的表姐玛丽亚·费奥多罗夫娜在 20 年的婚姻中已是第 10 次有孕。路易丝未出生的女儿有一天会以玛丽亚儿媳的身份成为全俄的皇后，而路易丝的另外 3 个孩子会与玛丽亚的孙辈成亲——此时还没有人知道这些，不过没关系。然而皇后和王后大概都有这样的预感，因为当时能够多宗教并存的王朝数量已经少得惊人（更别提波兰了，它对俄国和普鲁士的臣服使这两个国家成了邻居，也成了接下来数百年间彼此勾连的共犯）。鉴于如此之多的共同命运，人们甚至可以暂时忽略前不久的历史，特别是当这段历史涉及一位刚刚去世的国王时：在一个由宫廷权力政治组成的世界中，经常只有生者算数，因为只有他们还有用。而对于旧秩序来说，除了古代，历史只是无处不在的原材料，恰恰因此，也就丧失了在人们心目中的威望。法官、外交官和教书匠只是从中为自己挑选出审判、继承权战争、家谱或者道德叙述中所需的东西。独立的历史学在 18 世纪 90 年代仍然是个大胆的创新，冒失程度堪比"人类的思想和行为在不同历史时期或许完全不同"的想法。当然，如果这种见解从一开始就表现为当代人认为所有的历史时期（包括父辈在内）都比自己愚蠢得多，那

965

自然是令人遗憾的；但是这种想法在欧洲 18 世纪 90 年代的现实中还相当新鲜。人们在整整 10 年间都秉持这种想法，如果这个世纪的最后几年和它的最初几年一样血腥，那么罪魁祸首无疑就是这种想法。

如果想看到进步思想的具体体现，甚至在柏林大教堂也不需要张望太久。连绵不绝的行进队伍正从教堂中鱼贯而出，此时我们可以在守候了很久的公使中看到与普拉东同龄的约翰·昆西·亚当斯正不动声色地期待着很快能吃上午饭。30 岁的亚当斯身穿无懈可击的及膝马裤、丝袜和制服，但这丝毫不能改变他代表的是一个没有宫廷和贵族的共和国，国家元首在 20 年前还只是反对腓特烈·威廉二世英国表亲的叛乱分子。如今亚当斯的父亲是美国第 2 任总统，他是美国派驻普鲁士宫廷的首任公使，而且他本人也将在遥远未来的某一天成为祖国的第 6 任总统。那里自然还没有什么王朝，亚当斯的家族甚至还不属于华盛顿或者杰斐逊那种事实上的贵族，而后两位作为弗吉尼亚的大地产家至少可以与欧洲的低等贵族类比。但是从亚当斯的柏林日记中流露出的那种始终无法逾越的陌生感并非来源于此。这位鞋匠的孙子通过母亲和祖母与马萨诸塞州的所有重要家族有亲戚关系，这对身处大西洋这一端的他来说可能和哈佛的文凭一样用处不大，尽管他在哈佛学的正是此处受过高等教育的那部分精英会学的那个专业。早在 12 岁时，亚当斯就陪伴外交官父亲去了巴黎，熟练地掌握了法语；他现在也上德语课，教德拉法耶特的旅伴美国俚语，对德让利斯夫人有着本能的反感。亚当斯在伦敦和尼德兰不仅积累了外交经验，建立的关系也足以让他对柏林的陌生感比任何一个英国人都弱。

因此，这位公使的距离感并非产生于这些小小的困难。虽然反复在王室家庭在场时受到招待令亚当斯感觉非常劳累（因为敬畏和礼节阻碍了真正的乐趣），但他也只是记录了一些其他贵族外交官同样对柏林存在的抱怨。相反，外交大臣芬肯施泰因也不是很能理解，既然伟大的华盛顿还在世，亚当斯的父亲如何就成了总统，做儿子的同样不以为忤：有限任期的概念确实太过新颖，超出了这样一位 49 年来一直在旧秩序职位上的落伍之人的理解范围。在勃兰登堡门执勤的少尉甚至拦住亚当斯不让他入境，因为少尉还从来没听说过这个什么合众国。多亏一个普通的士兵帮亚当斯解了围，普鲁士大众学校的义务教育在这名士兵身上倒留了点痕迹，不像在他的上司身上那样踪迹全无。因此对于这位公使本身来说，几乎没什么怯生的理由。尽管亚当斯可以游刃有余地与精英，或许甚至可以与本地更967大的不平等相处，但是王国的纯粹理念还是让他反感。大教堂里的音乐和歌词一样让亚当斯冷漠；对于棺材降落的戏剧性场面他一个字也没写，只是引用了棺材上的铭文。这是唯——一个让他觉得有趣的谄媚例子，而且他连这个也不愿意相信，甚至怀疑棺材里是不是真的躺着腓特烈·威廉二世。亚当斯写道：国王据说早就安葬在了波茨坦。虽然事实并非如此，但是人们可以在比喻义上理解亚当斯，就连他本人在这个上午也只是他自己的幽灵。因为从法律上讲，合众国的合法公使和腓特烈·威廉二世在同一天不复存在。彼时像亚当斯这样的公使还不能委派到抽象的国家，而只能委派到具体的统治者那里。亚当斯的国书自然已经失效，因为这份国书是要在他到达后立即递交已逝国王的，因此他大多数的职务活动只能暂停，直到跨越大西洋的邮件在大约 6 个月后将新的国书送达。

　　但是亚当斯的情况仍然好于他所有的柏林同行。亚当斯奉命与普鲁士商谈的自由贸易协定或许十分复杂，但是与欧洲所有公使都深陷其中的王朝和军事纷争相比，与盘旋在所有这些国家上方的生存威胁相比，亚当斯完全可以把他那基本局限于贸易的任务视作幸事。亚当斯也因此不必操心伟大君主们的内心生活，不必关注像普拉东这样潜在相关的宫廷活动家，虽然他在这里常常遇到此人，但几年后再见时根本认不出来了。与负责贸易问题的国务大臣卡尔·奥古斯特·施特林泽会面不是惬意得多吗？这位冷静的实干家与亚当斯的父亲相似，作为市民出身的牧师之子实际上和经常在他家中用膳的公使一样，与精英阶层格格不入。当然了，宫廷社会968与这两人相处得很好，甚至对法兰西共和国的公使都很友善。但是施特林泽和亚当斯足够出格，我们希望他们可以毫无戒备地交谈。在一个难以应付的陌生世界中，活动、适应、过度补偿、防御性傲慢和隐藏的不安全感之间的狭窄界限，有什么是二人不能聊的呢？他们不是必然会谈到令他们走到今天的那种稀奇的联系吗？要不是父亲及美国的其他创建者罢黜了先前任独立殖民地统治者的乔治三世，亚当斯就不会在这里，这很简单。但是 8 年前才晋升为贵族的施特林泽之所以会来柏林，是因为他的弟弟在乔治三世的妹妹那里从御医做到了情夫，否则他至今还是利格尼茨骑士学院的数学教授。但是由于这位国王的妹妹卡洛琳（她的名字自然要归功于国王的王后祖母）同时也是疯疯癫癫的丹麦国王克里斯蒂安七世的妻子，她身旁的施特林泽医生很快就统治了这个国家，并且势不可当地升任伯爵和国务大臣。哥哥卡尔·奥古斯特也被他聘任到了这个国家，要不是最终国王的继母尤利娅尼·玛丽亚在 1772 年发动政变，这位人才或许已经成为哥本哈根的财政大臣。而臭名远扬的王后，鉴于她的等级，只能被遣返给她的哥哥乔治三世。乔治三世则难堪地将妹妹流放到策勒，她在那里年纪轻轻就死去了，很可能是死于遗传病。曾经的御医施特林泽为他的平步青云付出了生命的代价，刽子手把他当作叛君者，先是砍下了他的右手，然后是他的头颅。值得庆幸的是，哥哥卡尔·奥古斯特在被短暂关押后便被驱逐出这个国家。在这段后果致命的发迹史中，极小的参与度也足以让卡尔·奥古斯特永久失去了教授的职位。他请求进入普鲁士国家行政机构，并且最终成功。尽管社会保守分子腓特烈二世一开始指责卡尔·奥古斯特自任职丹麦以来"脑子里都是大事情"，但是像后者这种有能力凭借神学功底撰写大炮建造标准方面的权威著作的人，对付得了这种偏见，因此他终于在 1791 年被腓特烈·威廉二世——也就是导致他弟弟死亡的尤利娅尼·玛丽亚王后的直系侄子——任命为大臣。

969

　　人们不需要过多的想象力，就可以描绘出这样的卡尔·奥古斯特·施特林泽和敌视君主制的公使约翰·昆西·亚当斯之间就始终由诸王统治的欧洲会有怎样一场引人入胜的对话。令人尤为悲伤的是，或许正因如此，这场谈话大概从未发生过。或许施特林泽从未恐惧过君主统治，因为据说他后来对大革命时期的法国公使讲述过改革。不需要革命，通过改革也可以把普鲁士的贵族缩减为经济上合理的标准数量。尽管亚当斯经常来这位大臣办公的宫殿（与普拉东的旅馆墙挨着墙），但是二人很少有可以坦诚交流的机会，因为每次至少有 20 位其他客人同坐桌旁。那时候的施特林泽先生或许还可以凭借极大的努力将国家财政积聚在一起，但是他每年都要拿自己的积蓄来补贴自己一半的巨额开销，这样才能每天中午和晚上都敞开大门招待所有那些有名有姓的人。据说每年有约 4000 名客人在施特林泽家中用餐，因为一名大臣理当如此。现在，约翰·昆西·亚当斯就被两位年迈的陆军元帅夹在中间，这两人加起来一共剿灭过几千名像亚当斯父亲那样的叛乱分子。除此之外，他们自然构不成糟糕的对立。俄国陆军元帅列普宁亲王是昔日波兰的独裁者，他在那里与当时的国王斯坦尼斯瓦夫·波尼亚托夫斯基共享情妇恰尔托雷斯卡侯爵夫人，但是却独掌大权。虽然亲王又十分屈辱地失去了情妇与权力（情妇落到了小洛赞之手），但他依然如此傲慢，或者说再度变得如此傲慢。列普宁亲王一整个晚上都在高谈阔论，而亚当斯只是半是消遣、半是厌恶地听着。亲王说什么轻骑兵相对于重骑兵的优势，并且声称，如果不必为士兵提供食物，战争早就变得容易多了。列普宁亲王的普鲁士同僚默伦多夫也沉默着，执着程度与亲王的喋喋不休不分伯仲。默伦多夫自然是格伦布科傻里傻气的最后一位大臣后代的叔父，曾在大教堂中扛着帝国的旗帜，比朔夫韦尔德就在他的眼前降到了墓穴中。在亚当斯看来，默伦多夫若有所思，紧握的香槟杯似乎更为应景，因为他有足够理由想到由于秋雨而变成一个大泥潭的香槟地区，几年前一半的普鲁士士兵在那里死于瘟疫。普鲁士士兵在香槟地区投入的那场战争，不仅在 3 年前以普鲁士事实上的破产和中立告终，而且也是列普宁亲王此行的动机，他正是为了能够继续这场战争而专门来拉普鲁士下水的。最重要的是，这场战争正是由进步的新原则通过革命同时从两端点燃的，就好像一定要证明，这种新原则即使在摧毁力这个领域也与王朝原则势均力敌。

原本一切开局良好。路易十六在 1787 年召集人民代表（所谓的显贵）会议时，国王和他的财政大臣德卡洛纳一定程度上衷心希望通过更公平地分配税负减少国家预算，也减轻整个国家的负担。二人愿意为此征求特权阶层的同意。因为如果变革，这一阶层的损失最大。国王的这种希望自然就唤起了特权阶层的第 2 个希望。很久以来，法国的精英阶层就饶有兴致地观察着英国，观察这个由贵族通过议会制统治的国家如何在与法国的竞争中不落下风，尽管它要小得多。战败的英国人甚至已经付清了美国战争的花费，而胜利的法国自此跌跌撞撞地走向破产，这就使得规划中的改革尤其必要。远远看来，把权力公平地分配给所有贵族的英国议会制，不是远远优于少数家族包揽所有利益的凡尔赛系统吗？一位英国勋爵或者古罗马的元老通过议会爱国演讲发挥作用，不是比通过给国王穿鞋时向他耳语几句阴谋诡计而得权得势要高贵千万倍吗？因此，即使在 50 个大的宫廷家族中也有很多人，尤其是年轻一些的人，希望法国拥有议会制度；而占据议会制度中主要领导职位的不会是旁人，将正是他们自己，这在他们看来必然如同自然法则一般理所当然——要是他们真的提出这个问题的话。正如所有精英，至少正如所有注定没落的精英一样，这些贵族已经落入了一种自我宣传的圈套，现在连他们自己也相信，他们不仅是最有权势的，而且也是最聪明和最优秀的。因此很快证明，两个希望必然发生激烈冲突。那些真心期盼一个拥有世袭上议院和选举下议院体系的知名人士，只会觉得国王干脆自行任命 144 名人民代表（自然几乎毫无例外地都是贵族和上层教士）只是对他们理想宪法的戏仿，因此原则上他们拒绝批准德卡洛纳的规划。其他人则全力以赴反对财政改革，因为他们是富有的传统主义者或者愤世嫉俗之人，这样的人一直都足够多。所有人都利用这个机会，报复自己在宫廷权力斗争中的失败，不管是奥尔良家族的屈辱，还是诺瓦耶和罗昂家族受到的与德卡洛纳结盟的波利尼亚克家族的排挤，抑或德布勒特伊男爵对于自己报复德罗昂枢机主教失败的怒火。更糟的是，偏偏法国专制主义表面上的完全胜利，也就是国家及几乎所有地方等级代表会议的成功废除，也开始显露恶果。后果便是除了法国南部的几个教会侯爵，政府和人民代表都没有任何议会制的经验。

在这些条件下，3个月都不到人民代表就被解散也就无可厚非了，德卡洛纳被流放，接替他被任命为财政大臣的是德布里耶纳，而后者掌权的15个月足以把国家这艘大船彻底撞向破产。德布里耶纳以专制的方式解决问题，激怒了特权阶层。彼时，议会法庭的司法贵族和宫廷军事上的佩剑贵族平时尽管十分憎恨彼此，军官或许会扯着法官长长的假发，法官鄙视军官是不懂拉丁语的打手。但现在呢？眼看他们将来要和那些暴民一样缴税，于是双方完美地携起手来让国家瘫痪，取得了法庭庭长、百万富翁和军事将领所能达到的最大限度的团结一致。和很多革命一样，这次革命不仅仅产生自被压迫者的困苦，因为如果仅有这类困苦就够的话，那么旧秩序最晚在1709年肯定已经崩溃了，而不是等到1789年再崩溃。被巧妙煽动起来的群众暴力时有爆发，也不过是自以为刀枪不入的精英阶层怒火发作的伴奏。再也站不住脚的德布里耶纳最终在1788年的圣路易日被解职，当时暗中观察着巴黎下层热情反应的人中，就有南印度迈索尔邦国苏丹蒂普·萨希卜的大使们。他们想要说服路易十六支持印度的反英起义，但没有成功；而眼下也的确不适合重演毁灭性的美国行动。于是，印度大使们现在只能共同见证，首都狂叫乱嚷的群众把一个照着倒台之人精心装饰的纸人抬到木柴垛中，纸人的枢机主教袍就像德布里耶纳的国债还款一样，整整40%都由废纸组成。"如果这个人真的被解职了，"据说习惯了更激烈场面的印度人问道，"那为什么没见他被砍头呢？"责无旁贷的巴黎捣蛋鬼还能回答说这恰恰就是问题所在，德布里耶纳根本没有脑袋。此时人们还能将巴黎与迈索尔区分开，因为这里的政治巨变还没有表现在砍头示众中，这种情况还会保持不到11个月。

973

1788年，随着德布里耶纳枢机主教倒台，宫廷政治本就见底的人才储备彻底枯竭。路易十六别无他法，只得召回他憎恨的雅克·内克尔，并希望此人可以不负"本世纪最天才的财政家"之名。但最重要的是，现在无论如何也避免不了召开那个选好的等级议会,众多特权人士都这样要求——也就是从 1614 年起就再也没有召开过的三级会议。如果国王由此使得一个有着近 500 年历史、最后一次改革是在 300 年前、最后一次举行会议是在 175 年前的机构重生,这在我们看来也不像是民主现代化的实验。与当时的英国议会相比,三级会议更像是公平共决权的狂欢。国内到处都在举行选举,市民选举市民议员,贵族选举贵族,教士选举教士。贵族和教士两个特权阶层的人数占三级会议的三分之二,随时可以以多数票胜过市民的第三等级,因此他们的优势地位似乎毫发无损,但是后来发生了两件意想不到的事情。首先,贵族选民意外地对宫廷镀金儿表现出了很少的热情。凡尔赛宫廷的子孙们在物质和意识形态上远远地飘浮在受鄙视的外省贵族上方,以致他们无法理解,法律上的特权对于小贵族来说多么重要——小贵族除此之外再无其他,而上层贵族的百万富翁们则自以为在任何一种社会秩序下都会留在上层。因此,三级会议中的贵族代表从一开始就分裂为乐于进步的富豪与传统主义的乡巴佬。其次,在教士中也有类似的情况。薪酬低的市民阶层的教士也常常充分利用自己的投票权,来报复那些薪酬丰厚且无一例外都是贵族的大主教们,因此教士议员中只有一部分是像斯塔埃尔男爵夫人的朋友德塔列朗这样的宫廷赘生物,后者在 34 岁时就为进入三级会议及时地升为一座他待了整整 20 天的城市的大主教。每一个像德塔列朗这样的人物都对应着一个修道院院长西哀士这种类型的普通教士,西哀士虽然和德塔列朗一样同属德让利斯夫人和反叛的奥尔良家族的圈子,但是他现在作为议员却表明,一个亲王的门徒也可以为市民阶层发声。当西哀士宣称,第三等级到目前为止在政治上一无是处,尽管实际上第三等级才是一切所在时,德奥尔良公爵还非常欢迎。一位把小贵族都视为蝼蚁的亲王,又怎么偏偏会对市民阶层心生恐惧呢? 这些身穿黑衣的普通区长及外省律师目前确实没什么可怕的,只要一位大老爷屈尊纡贵地与他们说说话,他们就表现得手足无措,受宠若惊。他们对宫廷阴谋一窍不通,大多数情况下也不懂礼节。总而言之,如果人们愿意不怕麻烦地稍微和善一点，市民阶级将会完美地扮演三级会议伟大棋盘上的兵卒。你看，这个主意太没有创意了，连路易十六也想到了。国王将会利用非贵族来挫败特权等级的反抗，他会将这部分议员的数量翻番，从而使其与特权等级的议员势均力敌。

　　这个主意原本完全可以成功，但是路易十六优柔寡断，他的顾问们相持不下，没能很好地执行这一想法。国王通过将市民议员的数量翻番，等于平白抛出了一个决定性的问题，即三级会议是该按照等级还是按照人数投票表决。如果按照等级投票表决，贵族和教士最终仍然可以以 2：1 的多数取胜；相反，如果按照人数投票表决，第三等级只要有几个来自特权阶层的支持者，就必然足以主宰会议。路易十六没有及时对这一点做出决断，而是一直拖延，不解决这个棘手的问题。直到 1789 年 5 月 5 日三级会议召开时，人们仍然不清楚该怎样投票表决。由于内克尔同样备受期待的开幕词几乎都是由难以理解的税务细节组成（毕竟他"本世纪最天才的财政家"头衔眼看不保），不知所措的议员们最终不得不自己决定投票表决的原则，于是立即引发了一场所有人都参与其中的争论。所有的当事人和高度感兴趣的精英观众有足够的时间设想出各自的理想解决方案，然后国王迟到地做出了一个混乱的妥协命令，一下子让所有人大失所望。1789年 6 月 17 日，第三等级应西哀士的提议宣布自己为国民议会，因为它代表着 96% 的民众，并且转告另外两个等级，如果他们想共同决定国家的命运，也欢迎他们加入。这是言语上的政变，路易十六在 6 月 23 日以一个过迟的议会演说对此做出回应。在国王看来，这就可以澄清一切。但是国王话语的魔力早就不复存在。第三等级的议员们——此时教士阶层已经加入进来——干脆拒绝解散，就好像他们想要实验性地测验一下，在没有上限的独裁者尺度中，路易十六具体位于哪个位置。在 1789 年这种情况下，不只当时的政变者，连早就在等着用武之地的后来革命政权的领导者们也毫不迟疑，让忠诚的士兵和武装暴徒向议员们发动袭击。10 年后，法国大革命的终结，基本上是由一名科西嘉将军粗野的连襟实现的。他先是指着

975

976

在奥尔良的圣克卢宫殿举行会议的共和国议员，然后鼓励士兵清空会议大厅——此人明白无误地向自己愤怒的士兵下令："把这里的一切都给我清理掉！"而眼下，路易十六则令人感动地给执拗的议员们派来了23岁的典礼官德勒-布雷泽侯爵，后者能得到这个职位，主要得感谢自己的祖父当年娶了太阳王最爱的台球球友沙米亚尔那没有嫁妆的女儿。这位小个子的侯爵自然没有预料到，会有一个粗壮如牛、因为天花破了相，并且固执地担任市民议员的来自普罗旺斯的伯爵朝他吼叫，说什么第三等级的议员们只会在刺刀的力量前退缩。（这个人在说什么？什么刺刀？他难道从来没见过象牙制成的典礼杖吗？）就这样，议员们未受搅扰。6月24日，贵族中有47名倒戈者加入第三等级的议员，其中不仅有德奥尔良公爵，德让利斯夫人几乎已被遗忘的丈夫也起着主要作用。又过了2天，路易十六向事实的力量投降，命令其余贵族加入国民议会。特权等级的论坛变成了一个失控的议会，没有人知道该如何操作它。

如今的局面也不能全怪路易十六和玛丽·安托瓦内特，他们在这一时期未必是由于纯粹的无能而失败。1789年6月4日，国王夫妇早就身患重病的长子去世。就好像父母对这个才7岁的男孩的哀伤还不够，宫廷礼仪更是强化了这一事件的致命后果。按照宫廷礼仪，国王和王后来到仍然封闭的配殿马尔利（见第10章），由此不仅远离了最重要的事件发生地，而且国王夫妇的相对隔绝也降低了少数传统主义宫廷侍臣违背主管大臣内克尔的意志，说服路易十六相信有必要采取有力措施的难度。众所周知，虽然6月23日在这里拍板的决策没什么效果，但是由于担心巴黎民众起义而向各个部队发出的调令在国王屈服后也无法撤回了。现在，一批本地的和德国或者瑞士的雇佣军团正向着首都进军。没有人能够准确地说出国王原本的计划是什么，一切都表明，国王和那些在7月第一周劝他通过很多个小步骤在巴黎周围建立一支军队的人一样，没什么计划。愈发清晰的一点是，首都是一个嘀嗒作响的定时炸弹。我之前已经说过，革命几乎不会由被压迫的民众自行引发，但是不能误以为法国大革命不需要民众。无论是法国还是欧洲其他国家，贫困和被压迫者都一直存在，但他们的不时反抗未能真正损伤国王和贵族的体系。而在 1789 年，法国已经不再仅仅是一个仍然有着巨大不公的国家，它同时也是欧洲最富有的国家，甚至连相当一部分底层人也在漫长的和平时期学会了认字，并且已经习惯了不再满足于填饱肚子。最重要的是，法国的首都有 80 万居民，是遍布全国的王家士兵的 4 倍。每一次上层都能轻松地打败起义的农民，是因为后者的起义由于道路和交流不畅而处于隔绝状态。但是巴黎足以使王权恐慌，却没办法为这一始终效率低下的农业经济的庞然大物持续地提供足够的面包。1788 年和 1789 年的歉收差点儿让巴黎发生饥荒，这大大激怒了民众。和类似体系下的所有臣民一样，他们对政治毫无现实的想法，但是却能阅读每一本阴谋论的小册子。轻轻松松就能让人们相信，是宫廷中的受益者故意抢走了他们的面包，这已经足够令人不安了，但是真正的危险还要大得多。无计划、无组织的起义在首都毕竟也发生过，例如 1709 年或者 1775 年所谓的面粉战争。但是现在，不仅几百年来首次直接在三级会议中就有潜在的志愿领导者，而且还有针对此类起义的令人欢欣鼓舞的思想。即使第三等级的 600 名议员中没有一个手工业者或者工人，仅有一个农民，也无关紧要。三个等级中那些野心勃勃之人对于谁以他们的名义实施暴力并不挑剔，而且他们在巴黎找到了既热情高涨又容易操纵的观众。因此，保守的宫廷政客的恐惧就可以理解了。人们或许还可以理解，为什么他们会觉得为了尚不明晰的紧急情况让 2 万名士兵进军首都是个好主意，尽管这自然会让巴黎的居民变得尤为偏执——没有人知道，这些士兵是否也有同样的想法。但是如果一个人知道，这支对于取胜来说规模太小、对于激发信任又规模太大的军队将到达时间定在了 1789 年 7 月 18 日，肯定会在一定程度上困惑于为什么会有人觉得在 7 月 11 日就往巴黎这个火药桶里抛下一根雷管是个好主意。如果更仔细地观察，会发现这个人显然是德布勒特伊男爵，叶卡捷琳娜二世昔日的爱情邮差，德邦贝尔侯爵的政府保护人，钻石项链事件灾难性脱轨的推手——路易十六在 7 月 11 日这天任命

978

979

他为新的首席大臣。往火药桶里扔的那根雷管，自然就是"本世纪最天才的财政家"被免职。

承载希望的内克尔被免职的消息到达巴黎后发生的事情已经被描述过无数次，人们恰如其分地将其理解成是一个新世界的血淋淋的诞生。也正是因此，让我们越过这一段吧。巴黎各处自然还能看到旧秩序的痕迹：显然未受到挑衅的德国雇佣兵在杜伊勒里宫发动骑兵袭击，他们的指挥官是一个洛林的宗室子弟，是德塔列朗大主教首位情妇的儿子；法国禁卫军向起义者倒戈，由此决定了这场围绕巴士底狱的战斗的胜负（自从去年人们没有将英俊的洛赞任命为他们的指挥官，禁卫军就处于事实上的叛乱状态，尽管洛赞作为前任指挥官有继承权的侄子一定程度上对这一职位有天赋的权利）；深受侮辱的奥尔良王室一支的代理人试图煽动起义，但是起义已经根本不再需要他们这样的人。人们用长矛挑着以虚假承诺劝说投降的巴士底司令官的脑袋走街串巷，起义者把草塞在被谋杀的军需部长富隆的嘴中，因为传言他曾经说过：没有面包，人们可以吃草。人们尽可以理直气壮地将这些日子描述成结局良好的历史，只要目光放得足够远，只要念及不可否认的良好结果，例如《人权宣言》或者封建制度的废除。人们也同样可以理直气壮地把这些日子描述成血腥的恐怖时期，如果近距离地观察各个阶层在接下来的几年中因为起义而惨死的成千上万人，那就不能轻易将这看成有益的后果。但是凡此种种，7 月 14 日的一系列事件仍是新鲜事物，因为它们彻底推翻了各股力量直到目前为止的均衡状态。

冲击巴士底狱把已经绝迹 140 年之久的不可控暴力拉回了法国政治舞台，并且永远地改变了力量对比。长期以来一直是权力中心的宫廷和国王此刻只能被动做出反应。巴黎的民众于 1789 年 10 月 6 日将王室从凡尔赛宫接出时，尽管有命令要尊重他们，但路易十六和他的家人仅仅只是首都的因犯。这场运动也使得国民议会从凡尔赛转移到了巴黎，这届议会和它的继任都成了暴力的人质，而同样的暴力刚刚才给他们带来好处。人们的命运大起大落，5 分钟以前还是这一日的英雄，接下来如果没有像英俊的洛赞或者德让利斯夫人的丈夫那样死在断头台上，而只是落个流亡的下场就得算是幸运了，例如曾经短暂崛起为半独裁者的英雄角色德拉法耶特。大部分贵族革命者早被排挤出去，因为这些人说到底只是在那种使他们变得毫无用处的宫廷权力政治中训练有素；而在国民议会和政治俱乐部中，所有来自外省、仕途受挫的律师反而很享受地把他们扫地出门。律师们自然也支撑不了多久，因为这场革命除了吞噬无用的蠢货，也早就开始反噬自己的亲生孩子了。又怎么会有不同呢？在不受约束的君主政体之下，最高权威虽然因为王位的世袭经常取决于难以预见的死亡事件而摇摇欲坠，但与此同时，这种权力世袭的体系恰恰由于原始的明确性才存在了如此长的时间。只要权威不再系于国王，这种明确性自然也就终结了。新的议会制权力从来没有机会等来类似的习惯合法性，因为这种权力来自纯粹的街头暴力。不必是天才就能明白，这种暴力可以重复，因此有着坚定信念或者机会主义的革命者利用易受煽动的巴黎民众来清除对手的间隔越来越短。最初几年的美好宪法还对权力做了精确分解，完美地按照抽象的政治研讨课的方式让权力分立，这就使得轮子之间互不啮合，国家机器陷入纯粹的空转中。最终只得将这些对于这个世界来说太过美好的结构形式废除，取而代之的极权主义萌芽几乎可以说是一种正当防卫。

革命造就了前所未有的左派，同时催生了一种活跃的保守主义——此前由于缺乏挑战，它没有存在的需要。这两个极端之间的人则少得可怕，以至于我们在关键时刻很容易就能辨别出置身于此的老相识。斯塔埃尔男爵夫人作为伟大的内克尔的女儿，1789 年自然也站在了革命一方，作为巴黎沙龙中知识分子的产物，她必然如此选择。她对内克尔在政治上发挥主要作用的权利要求有着十分坚定的信念，甚至让自己不爱但是听话的公使丈夫以瑞典的名义为内克尔工作，尽管他的国王古斯塔夫三世是少数几个对革命大为恼火的统治者之一。连此时再度成为男爵夫人前男友的德塔列朗在非常冷静地权衡了各方的胜算后，也把赌注押在了革命胜利上。为了革命，完全不虔诚的主教很快就不得不通过圣礼仪式授予新主教圣职，将其输送给符合现存制度的教堂。但是正如斯塔埃尔男爵夫人在 1789 年有充分的理由振奋，到了 1790 年，事情看起来就已经完全不同了。足以让男爵夫人幻灭的，很可能是 7 月 14 日通过激烈政变重回权力巅峰的内克尔仅在一年后就不得不交出了大臣之职，而且没引起任何人的关注：较之严格来讲乏味无聊的信贷专家，法国早就有了更为戏剧性的英雄。斯塔埃尔男爵夫人尽管自负，却也是一个极端聪明的人，她比当时大多数人更迅速地意识到，燃烧不是对付冻僵的最好手段。男爵夫人明白，如果不能很快出现两件事物，革命最初 2 年的成果，即不可否认的自由、公正和效率将会在极端分子的内战中消耗殆尽：首先是一种适度均衡的自由思想，其次是在革命分子无目标的能量将一切变成废墟之前将其约束起来的手段。在不到 10 年的时间里，男爵夫人和她的朋友圈不仅发展出了一种这样的思想，也就是现代的自由主义，而且决定性地参与了那场真正终结了革命的政变。不幸的是，年仅 25 岁的男爵夫人于 1791 年第一次对权力触手可及时，这两项计划的时机都还不成熟。她当时的情人德纳尔博纳伯爵是一名特别享受特权的宫廷侍臣，据说是路易十五的私生子，再加上他似乎根本没什么政治思想，因此注定成不了革命政治家。但是男爵夫人的库存足够支撑一个党派，因此德纳尔博纳伯爵做了一个又一个机智的演讲，直到路易十六将他任命为国防大臣。由此，毫不相配的两人与那些看似有着解决欧洲革命困境良方、却陷入无尽不幸的人一道，重新出现在了最前线。

在法国大革命之后，诸王治下的欧洲绝不像后来的大多数大众神话所呈现的那样反应激烈。按照小说和电影偏爱的想象，整个大陆的统治者和贵族很可能在 1789 年 7 月 14 日放下了一切，全力投入到这场应对威胁他们体系的斗争中。这与另一种同样受欢迎的假设一样逼真，即欧洲自 1492 年 10 月 12 日之后除了美洲的发现再没谈论过别的。事实上，身在其中便很少可以辨别出重大的历史转折点，因为它们很容易淹没于数量众多的看似同等级别的事件中。1789 年也存在无可厚非的理由，即将法国的事件看作是前不久或者同时发生在尼德兰、匈牙利、比利时和特兰西瓦尼亚的革命的单纯变体。那时候，这些革命的失败和法国革命的成功都还不够了然，因此很多统治者和贵族看不到担忧的理由，他们觉得自己的国家比路易十六的君主专制要现代或者公平得多，这一点有时或许也不无道理。还有一些人把所有的麻烦归结于法国人轻浮的性格，因此，举例来讲，在德国就不必担心会有任何效仿（这也是对的，尽管原因自然不是性格，而是因为人们在德国要冲击的不是一座有着 300 年历史的巴士底狱，而是 300 个小国）。最重要的是，强大的法国在可以预见的未来只能忙于内政而告别政治和军事竞争。与此同时，其他国家却能毫无干扰地继续自己的权力游戏，这几乎无一例外是欧洲其他君主非常喜闻乐见的。只有瑞典的古斯塔夫三世和俄国的叶卡捷琳娜二世真正受到了震动，但是他们并没有把接下来的精力用来针对革命，而是更愿意发动战争对付彼此（长期来看，古斯塔夫三世的扩张愿望无法通过小斯塔埃尔借助婚姻费力为他弄来的缺水的加勒比海岛得到满足）。因此，在近 3 年的时间里，革命要担心的只有几个来自外国的不够辛辣的声明，或者是那些在莱茵河畔的科布伦茨建立起过渡性司令部的法国逃亡者们的挖苦话。一方之主、特里尔选帝侯兼大主教、萨克森的克莱门斯·文策斯劳斯很难拒绝路易十六的弟弟们及其追随者前来避难，因为他的姐姐被萨克森伯爵莫里茨嫁给了法国王太子，因此他是这些人的亲舅舅。但是由于在整个欧洲很难有比这个教会选侯国更衰弱或者更无害的国家，而且逃亡者的军队自然几乎仅由贵族军官组成，构不成真正的威胁，所以革命者的法国原本可以高枕无忧。

遗憾的是，革命虽然消除了发动战争的旧的内政动机，也就是贵族职业军人的功名心，但是立马又创造了一个新的动机，眼下正激励着斯塔埃尔男爵夫人、德纳尔博纳伯爵及他们的朋友——也就是把一下子变得极为重要的民众注意力从内政问题上转移开来的愿望。众人认为，一场成功的战争不仅会迫使这个国家成为一个爱国的统一体，而且还有一个重要的优势，那就是把民众中最危险的军队部分从这个国家转移出去。就这样，在这对情人连同一众类似的机会主义或者理想主义幼稚政客的成功鼓动下，法国为罗马 – 德意志帝国，或者更确切地说，为原本就遭人憎恨的奥地利（多亏了玛丽·安托瓦内特）下了最后通牒。这一通牒由于流亡者的支持而无法实现，预期中的战争因此必然发生。甚至连选定合适的司令官也没让斯塔埃尔男爵夫人等人发愁，尽管大多数将军已经流亡。他们的代理人已经在与不伦瑞克公爵卡尔·威廉·费迪南德谈判，此人在不久前镇压尼德兰革命时证明了自己的才能。不伦瑞克公爵毕竟是腓特烈大帝的外甥、普鲁士等级最高的陆军元帅，而且作为 1737 年在众所周知的恶劣条件下出生的"小耗子般的小姑娘"、英国的奥古斯塔（见第 15 章）理所当然不忠诚的丈夫，甚至还是乔治三世的姐夫，这些关系对于一名正儿八经的雅各宾党人来说可能是种妨碍，但是斯塔埃尔男爵夫人反而把这些看作优势。一场与奥地利的战争已经完全可以实现男爵夫人的目标，因此，能让欧洲其余国家保持中立甚至成为法国盟友的任何事物都受欢迎。普鲁士不是刚刚陈兵宿敌奥地利的边境吗？如果把差一点成为男爵夫人嫁妆的多巴哥岛允诺给曾经要匹配给男爵夫人、但对此一无所知的首相皮特，德塔列朗和英俊的洛赞不是很容易就能将英国拉到法国一方吗？这种痴心妄想如果没有巨大灾难性后果的话，人们很可能会觉得这令人感动，但是这种痴心妄想很快也被醉心于爱国情绪的大多数议会议员激动地认同了。尽管不伦瑞克公爵在长时间的犹豫不决后拒绝了提议（3 个月后他将不动声色地指挥敌方的军队），但路易十六仍能从战争计划中获益——按照宪法，作战要取得他的批准。如果斯塔埃尔男爵夫人和德纳尔博纳伯爵知道路易十六希望的是借助外国军队逃出敌手，他们或许会再考虑一下自己的天才计划。但是如果连众神面对愚蠢都束手无策，那他们面对聪明人的愚蠢，将会是双倍的束手无策。就这样，刚刚更名为"法兰西人的国王"的路易十六完全按照国民议会的要求，在 1792 年 4 月 20 日对奥地利宣战。

　　眼巴巴盼来的战争没有让斯塔埃尔男爵夫人和德纳尔博纳伯爵高兴多

久，原因不仅是伯爵在宣战之时已经再次失去大臣之职（男爵夫人施展诡计，打算助他升为首相，没想到偷鸡不成蚀把米）。最重要的是，作为战争的直接后果，连 3 个月都不到，这两个人就不得不在巴黎为自己的性命奔波。仍然身为瑞典公使夫人的男爵夫人向一支杀气腾腾的雅各宾派巡逻队信誓旦旦地声称，瑞典在莱茵河畔与法国直接接壤，是欧洲最强大的国家，借此拯救了自己的伯爵情郎。她也恰巧在所谓的"九月屠杀"的第一天乘坐一辆六驾豪华马车驶过巴黎的政治旋涡，与此同时，大叫大嚷的人群在街道两旁用长矛挑着宫廷老相识的头颅经过。幸亏她此前及时地在文学上让一名爱好文艺的雅各宾派官员着了迷，要不然必死无疑。但是这种彻底摧毁君主制及直接导致罗伯斯庇尔体系化暴政的暴力升级，对斯塔埃尔男爵夫人来说都是法国与奥地利和普鲁士作战的直接后果，因此这场战争很快就以来自东部的看似不可阻挡的入侵开始了。而且这种形势的更深层原因也来自东部——来自那同时发生的第二场革命，这场革命的后果是巴黎推动战争的政客们所不愿意理解的。

    1787 年的波兰也一切开局良好，和法国不同的是，甚至以一对已经老去的情人重逢开的头。一艘豪华的橹舰沿着依然把波兰属乌克兰与俄属乌克兰分隔开的界河第聂伯河顺流而下，船上载着叶卡捷琳娜二世。她与自己有权有势的前男友兼心腹波将金侯爵一道驶往黑海，参观他在新占领土上建立的村落。在基辅下方不远处临时建起的宫殿中，波兰国王斯坦尼斯瓦夫二世正等着女沙皇。他上一次见叶卡捷琳娜还是 1758 年，当时启程时还是她的情夫。此后的 29 年间，如此之多的背叛、如此之多的屈辱及如此之多的死亡横亘在二人之间，可想而知，叶卡捷琳娜二世会不无紧张地在豪华橹舰上接见国王。在冷静的程式化问候之后，两位君主退回到一个客舱中独处了半个小时。当二人重新出现在宫廷侍臣好奇的目光中时，法国大使确信在女沙皇的脸上看到了羞愧，在国王的脸上看到了一丝悲伤，这悲伤在堆上来的微笑之下愈发明显。但是这一天接下来的时光过得很愉快，尽管女沙皇因为不想上岸，最终只是在自己的船上观赏了展现维苏威火山爆发场面的波兰焰火。次日，叶卡捷琳娜二世带着斯坦尼斯瓦夫二世的一个结盟提议继续上路，并向他允诺会考虑考虑。波兰国王或许重感情，但他同时也是以政治家的身份来到第聂伯河畔的，他知道，不获得女沙皇的许可便无法在自己的国家实施改革。自从 1772 年的分割以来，缩小的波兰成为圣彼得堡的一个卫星国，而俄国的占领军只是一方面的原因。波兰的旧宪法让政府行为效率低下，但该宪法在俄国的"保障"之下。请注意，这是俄国出于自己的利益而为。因此眼下这项尚未说定的改革企图也会给叶卡捷琳娜二世军事干预的口实。但斯坦尼斯瓦夫二世知道，他的改革计划必然会对俄国人有益。他向女沙皇建议与下一届色姆"结盟"，通过所有议员近乎私人行为的谋反（也就是结盟）对色姆加以补充，使其承诺放弃具有破坏性的一票否决权。只要实现多数决议，就可以颁布法律，建立有效的国家和税务管理系统，并且最终利用新争取到的资金建立一支现代的大型军队，从而可以让波兰在可预期的下一场土耳其战争中作为俄国强有力的同盟。较之从前，这将百倍有利于俄国。叶卡捷琳娜二世没有着急回复，尽管她与斯坦尼斯瓦夫二世会面后不久，俄国吞并克里米亚半岛的确导致了奥斯曼土耳其人的宣战。俄国与奥地利一道挑起了这场发生在巴尔干半岛上的战争，而奥地利与其说是盟友，不如说是对手——双方都害怕对方在去往君士坦丁堡的路上超越自己。但是欧洲其他国家对于奥斯曼帝国近在眼前的没落也有着足够强烈的看法，因为奥地利和俄国很可能因此成为超级大国。没有人比夹在这两国之间的腓特烈·威廉二世更为不安，尤其是普鲁士甚至连极为垂涎的但泽都还没有从波兰那里得到。叶卡捷琳娜二世在 1788 年对斯坦尼斯瓦夫二世的结盟提议半推半就，不可能有比这更大的错误了——这个错误足以批准色姆的联合，但是又不足以让波兰为军事协助做出任何妥协。因此，几乎与法国的三级会议同时，波兰召开了长期以来首次可以发挥功能的色姆，后者对国王及其俄国盟友非常愤怒。一股爱国主义热情的浪潮涌现，巧合的是，偏偏是教皇的使节证明这个国家"高潮了"。当色姆于 1788 年 10 月

7 日召开时，似乎已经做好了点燃一场大火的一切准备。而在 10 月 13 日，
通过向屈辱的波兰提议联合抵抗俄国，从而扔下第一根点燃的火柴的，
正是普鲁士。

当时的人就明白，腓特烈·威廉二世对邻国安好的关怀，其无私程
度与对圣诞烧鹅的亲切喂养并无区别。当普鲁士向波兰允诺友好共享刚刚
被俄国占领的摩尔多瓦时，人们几乎可以嗅出后来在附属细则中有关割让
但泽和波兰西部的感激之情。但是此刻对于波兰的爱国者来说，普鲁士不
是俄国，这就足够了；特别是普鲁士、英国和尼德兰的联盟还鼓舞了瑞典   989
的古斯塔夫三世进攻圣彼得堡。叶卡捷琳娜二世突然惊觉自己同时受到多
方的威胁，于是把军队撤出波兰，听任这个国家在决定性的 3 年里自生自
灭。现在，愈发清晰的是，启蒙的时代精神即使在波兰也发挥了极大的作
用。几乎与法国的事件同时，在波兰原本只计划召开几个月的色姆先是脱
离了震惊的国王，然后和法国一样，将等级社会的旧基柱一根又一根地拔
出。当然，两国的变革基于完全不同的社会形态，仍有足够的差异，例如
在波兰一开始既没有民众暴力，贵族也没有损失控制权。一个贵族数量最
多且几乎没有市民阶层的欧洲国家又怎么会是别的样子呢？虽然城市市民
的政治平等在波兰已经得以贯彻，但是基于数量对比，它的实现并非由于
废除贵族特权，而是干脆反其道而行，把每一个找得到的银行家、工厂主
或者批发商在几周内提升到贵族阶层。

波兰的自由人士现在身穿的萨尔玛提亚"野蛮"服装及留的发型，偏
偏都是鬃发国王波尼亚托夫斯基二世那一辈刚刚才千辛万苦摆脱的。这在
外界看来可能很稀奇，但是并不能改变波兰的情况。这里和法国一样，正
极速贯彻此前不久似乎还无法设想的基本权利和改革。波兰甚至超前法国
几个月颁布了欧洲第一部现代宪法，因此这个已重组到面目全非的贵族共
和国在 1791 年 5 月 3 日似乎终于又要迎来一个辉煌的未来。色姆为了巩
固国家引入了世袭君主制，偏偏确定萨克森选帝侯腓特烈·奥古斯特三世
为斯坦尼斯瓦夫二世的指定继承人，由此甚至实现了"强力王"奥古斯特   990

二世在 1733 年与格伦布科商量的那个为萨克森王朝搞到波兰世袭王位的梦想。但是可惜，新宪法中会引起外国最大反应的条款却是另一条。很少有法律条款能像"永远禁止波兰把领土割让给外国势力"这条一样，如此轰动地引起与预期完全相反的作用，因为这一条款断绝了普鲁士睦邻东扩的希望。可怜的腓特烈·威廉二世本来心情就够糟了，数月以来，他和一支庞大的军队先是在奥地利边境、然后在俄国边境等待着普鲁士、英国、奥斯曼帝国、波兰、瑞典、尼德兰和丹麦共同征讨俄国的大型战争，后来英国首相威廉·皮特顾及英国的公众舆论使该计划在最后一刻告吹。就这样，普鲁士再次一无所获地陷入崩溃的边缘，一定程度上有理由觉得自己像欧洲国家体系中的最后一个傻瓜。现在偏偏又是这个从来没被当回事的波兰使他最后一个外交泡影破碎，腓特烈·威廉二世宣布与邻国的盟约结束，与死敌奥地利和解，并且由此与几乎同时结束的瑞典和土耳其战争一道，解除了俄国的压力。一时间，经过了大刀阔斧改革的波兰又没了盟友，而俄国也没了战争对手。此时，一切都取决于这个贵族共和国最有权势的臣仆们能否热爱国家、团结一致。

　　尽管弗朗齐歇克·克萨韦里·布兰尼基如今几乎完全靠着与卡萨诺瓦[1]最富戏剧性的决斗为人所知，但在别处，他在历史上的杠杆效应要大得多。自从斯坦尼斯瓦夫·波尼亚托夫斯基于 1758 年在俄国将布兰尼基作为贴身侍卫带到一个有着潜在死亡威胁的约会（见第 17 章）起，这名曾经一贫如洗的贵族便步步高升。从 1774 年起担任王家统帅的布兰尼基不仅是波兰王国薪俸最高的官员，也几乎是唯一一个有薪俸的高官，如今因为改革而失去对军队统治权的他尤为失望。当然，布兰尼基在很久前就站到了国王的对立面，对此国王只好用一次巴黎之行毁灭性地摧毁了他的

991

---

[1] 贾科莫·卡萨诺瓦（Giacomo Casanova，1725—1798 年），意大利冒险家、作家，"追寻女色的风流才子"，一生中的伴侣不计其数。1766 年，为了一位意大利女演员，卡萨诺瓦与布兰尼基在华沙用手枪决斗。布兰尼基腹部重伤；卡萨诺瓦手部受伤，但拒绝了截肢的建议。二人最终都幸存了下来。——编注

性格来聊以自慰——自己蔚蓝的表妹昔日去过一趟巴黎后也像换了个人嘛。如此种种，布兰尼基就成了国王的竞争对手，而且危险程度很快就随着他 1781 年的娶妻而上升。妻子带到婚姻里来的不仅是高高的颧骨、红褐色的头发、政治智慧和百万家财；亚历珊德拉·恩格尔哈特更重要的嫁妆在于，她是了不起的波将金侯爵最爱的外甥女，据猜测也是他的前情人，而波将金一直是俄国最有权势的男人，尽管早就有人顶替他做了叶卡捷琳娜二世实际上的情夫。让波将金不安的不是这些越来越年轻的后继者，因为他们对女沙皇来说只是教育和爱情的对象，而女沙皇最有力的臂膀、她的统帅和谋臣仍然是波将金本人。真正让波将金忧虑的，是这些年轻人在叶卡捷琳娜二世心目中替代的那个人，也就是皇储保罗大公。他一出生就被人从叶卡捷琳娜二世身边夺走，后来作为罗曼诺夫家族最后一名正式的后代成为母亲最危险的敌人，并且最终疯狂得几乎让人无法忍受。这位女沙皇的前男友为了在保罗登基之际有所保障，就在波兰东部信仰东正教的乌克兰买了有不下 11.2 万名农奴的田庄，他觉得这是个好主意。波将金很快就拥有了一个随时可以激活的哥萨克网络和贵族同盟，与布兰尼基的同盟只是其中最重要的一个而已。很快波将金就在波兰权倾一时，而且有望有朝一日作为斯坦尼斯瓦夫二世的继任者登基，正如他此前也是女沙皇床上的继任者那样。然而，52 岁的波将金在土耳其战争行将结束时突然发起高烧，为此他企图逃到比萨拉比亚的草原，但没有成功。波将金写给叶卡捷琳娜二世的倒数第二封信的结束语还是："皇帝陛下无比忠诚、心怀感恩的臣子波将金·冯·陶林侯爵——唉，小妈妈，我病得太厉害了！"在最后一封肯定是秘书代笔信的边缘，他只潦草地写下了"唯一可以救命的是离开"，笔就从他的手中掉落，接着他被抬上可以躺卧的马车。这辆马车原打算将侯爵带回俄国，而且确实也率领大量随从行驶了几个小时，然后所有人都意识到，这次的行程是多么无望。1791 年 10 月 16 日，波将金身穿丝绸晨衣，在摩尔多瓦的荒凉之地赤脚走出马车，想要躺到凉爽的草丛中。此时的他在身体上仍和政治上一样，是个巨人；他最后一次

992

亲吻了自己的旅行圣像,枕着心爱的外甥女亚历珊德拉的手,死在了她的怀中。此时亚历珊德拉的丈夫、不久前还在寻求波将金的帮助来对抗新宪法的布兰尼基,显然只能启程前往圣彼得堡整理遗物。

　　圣彼得堡自然有人期待着布兰尼基,比起其他人,此人对波将金的死更感到高兴。普拉东早就受不了在可恨的前任旁边看上去像个小学生一般,花招不断却伤不了对方分毫。宫廷侍女兼政客的纳雷什金娜通过把普拉东当作更好的宠物一般介绍给女沙皇,从中赚到一块价值 2000 卢布的金怀表的时代已经不再。现在,普拉东终于可以一显身手,证明只要放手让他去做,他会是一个多么杰出的政治家。幸运女神不是赠予了他最完美的开端吗?可恨的波将金在黑海边有那么多的草原又怎么样;他,普拉东·阿列克桑德罗维奇·佐博夫,将会用银盘把更有价值的波兰献给女沙皇,然后人们就会看到,谁才是这里的政治天才。叶卡捷琳娜二世推翻波兰新宪法的决定很有帮助。法国大革命已经足以让女沙皇反感,但是波兰也好不到哪儿去,而且就发生在她的大门口。于是,当人们还在清理土耳其战争最后的"并发症"时,圣彼得堡已经在不遗余力地拉拢那些有用的蠢货,没了他们,俄国的干涉早就引起了其他国家的反对。当然,这并不代表布兰尼基、他的统帅副手热武斯基或者对此类活动责无旁贷的波托茨基家族的代表同意参演这种波兰反叛者已经在 1767 年明显受过愚弄的角色(见第 17 章)。这些斡旋完全由普拉东独立开展,而众人偏偏是被普拉东说服来反对本国的宪法,要不是最终普拉东拿了蠢货奖,这在我们看来无疑是整场阴谋中最大的蠢事。一开始自然一切都妙极了。1792 年 5 月 8 日,布兰尼基、热武斯基和波托茨基据说在波兰 - 乌克兰的塔戈维查缔结联盟,事实上是在圣彼得堡签署了一个贵族联盟的成立宣言,来对抗新宪法;10 天后,9.6 万名俄国士兵越过边境前来支援。重组中的波兰王室军队抵抗了不到 2 个月,这个无人支持的国家就不得不承认失败。叶卡捷琳娜二世认为改革者伤害了"自由和平等"(也就是贵族的自由和平等),于是宣布他们的宪法无效,恢复旧宪法,并将政府委托给塔戈维查联盟的成员。然后俄国几乎立即告知这些人——这令他们既感动又难以理解地大吃一惊——从进步中解放出来的波兰现在可以将领土割让给俄国和普鲁士了，与之相比，1772 年的领土割让简直相形见绌。波兰被第 2 次瓜分，普拉东得意扬扬，恨不能拍拍自己的肩膀。

这个看似天才般的计划无意中造成的第一个后果自然早就出现了。当斯塔埃尔男爵夫人、德纳尔博纳伯爵和他们的朋友在 1791 年至 1792 年冬季煽动法国对奥地利作战时，还可以有几分合理地假设，假设奥地利的宿敌普鲁士至少会抽身而出。即使奥地利和普鲁士在 1792 年 2 月 7 日的结盟也不足以改变这一点，因为双方的原则性都没有强到仅仅为了对抗革命而缔结一个反常的盟约。一个像样的旧秩序的盟约必然建立在所有参与者都可以扩大领土的基础上，这就出现了一个问题，因为在这种情况下唯一要划分的那块领土（也就是阿尔萨斯）必须得先从敌对的强大国家手中夺过来。连容易上当的腓特烈·威廉二世都不会把这还未猎获的熊皮毛视作足够的报酬，因此他派遣将军副官比朔夫韦尔德前往维也纳，想谈出更好的条件来——谁又能比一个从每件嘎吱作响的家具中都能听到彼岸声音的人更适合战争与和平的谈判呢？1792 年 2 月 28 日，这位神秘的普鲁士人抵达维也纳的当天，叶卡捷琳娜二世向普鲁士和奥地利驻圣彼得堡的大使们吐露心声，说俄国的军队将进军波兰。一旦谁有异议，她乐意重新划分波兰，用俄国赢得的土地补偿两个强国。这一声明消除了妨碍奥地利和普鲁士对法作战的两难境地。至此，奥地利才能真正向柏林开价：赞成普鲁士在瓜分波兰时得到很多领土，奥地利会放弃一切，从而得以保留阿尔萨斯。面对这一提案，连比朔夫韦尔德也出不了什么大岔子。普鲁士和奥地利达成一致，以恰逢其时陷入不幸的波兰为代价来赞助这场针对法国的战争，因此也就及时地为对法国宣战（1792 年 4 月 20 日）做好了准备，给革命政府来一个并不令人愉悦的惊喜。

奥地利和普鲁士的联合进攻促成了同盟军势不可当地进军香槟地区，这段历史人们可以在被迫同行的歌德那庄严神圣的标志性描述中读到，也

994

995

可以在中断了神学学业的大学生劳克哈德 [1] 那里读到。后者的描述要激烈得多，因为劳克哈德不是作为枢机顾问，而是作为普通士兵同去的。但是这场联合进攻及随后的胜利也激发了法国民众的恐慌与大规模的战时动员，《马赛曲》孕育而生，而且最重要的是，愤怒的志愿军从各个方向涌向巴黎。这座城市在这个夏天彻底成了难以控制的政治旋涡，最终使之爆炸的偏偏是开明的不伦瑞克公爵，他的那纸恐吓声明只有落款真正出自这位同盟军指挥官之手，剩下的文字由一名德奥尔良公爵的年迈支持者起草。此人或许只是真的很蠢，或许是故意想把路易十六清除，从而实现德奥尔良公爵由来已久的国王梦。如果真是这样，那么只有前半部分取得了巨大的成功。"要是敢动王室一根头发，巴黎将会被摧毁"的威胁，令志愿军几乎条件反射般地冲进王宫，由此引发了"九月屠杀"、君主制的废除，并且导致了国民公会将路易十六判处死刑的那场审判。德奥尔良公爵也在投票赞成处死国王的人之列，但是这个家族那个从未公开说出口的梦想早就变成了梦魇。"九月屠杀"发生 2 周后，自从君主制终结以来失去了最后一个亲王封号的德奥尔良，仅仅还拥有自己的名字，他不得不向居住区域的革命委员会申请一个姓氏，最迟到人们故意把"平等"这个姓氏强加于他时，这位前公爵或许已经认识到，这场革命永远不会再给他的家族带来王位。令人奇怪的是，德奥尔良的这一想法虽然长期来看不完全成立，但当他任由自己被虚荣的随从推向革命的道路时，他本人事实上倒是以一种稍微迟钝或者稍微再聪明一点的人都不可能预见的方式步了路易十六的后尘。1793 年 11 月 6 日，巴黎的民众最后一次为这位他们曾十分爱戴的公爵喝彩：只不过这次是向着他那被刽子手砍下来的头颅。

---

[1] 弗里德里希·克里斯蒂安·劳克哈德（Friedrich Christian Lauknard，1757—1822 年），德国小说家、哲学家、历史学家和神学家，1783 年至 1794 年自愿加入普鲁士军队成为火枪手，法国大革命战争期间参加了瓦尔密战役。劳克哈德的军队日记对研究普鲁士军队和法国大革命战争意义重大。——编注

处决德奥尔良自然不会对叶卡捷琳娜二世造成困扰，女沙皇把他看作君主制政体的卑鄙叛徒。在叶卡捷琳娜二世看来，路易十六、玛丽·安托瓦内特及其众多追随者被处决，恰恰是她原本打算阻止的灾难。对于这些仇视革命的人来说，那场并非由女沙皇的反革命声明，而是由她的波兰政策促成的大型战争，偏偏仅够挑起巴黎最恶劣的极端行为。香槟地区连绵的阴雨、不伦瑞克公爵的犹豫不决及普鲁士被波兰转移了注意力，都促使同盟军的进攻在极大的损失下崩溃。下一支敌军攻入法国将是 22 年后的事情，而这 22 年将会逐渐把几乎整个欧洲拖入绵绵不绝的一系列战争中。法国的革命军首先占领了比利时，导致此前一直中立的英国参战。但是由于海上强国英国只能在海上纠缠法国，就像它只有在自己的岛上才不可战胜一样，因此这次战争的扩大化没有决出胜负，却保证了它的持久化。当普鲁士在 1795 年又从联盟中退出时，这种致命的势均力敌再次被997强化。3 年的战争将腓特烈·威廉二世的王国带至破产的边缘，国家经济的原有形式早已无法支撑两线作战。普鲁士陷于两线作战的泥潭，波兰的事态也超出了叶卡捷琳娜二世的设想。1793 年，作为恢复贵族自由的报酬，女沙皇吞并了这个贵族共和国的整个东部区域，而普鲁士则按照约定，将但泽、波兰西部的大片地区及笔者的父系祖先纳入统治之下。一定程度上大权旁落的斯坦尼斯瓦夫二世主持了为批准这次割让而召开的色姆，会议期间，一位波罗的海德裔俄国将军就坐在王位的旁边，不时地用手指示意士兵，该逮捕哪些议员。1793 年 9 月 23 日，最终由俄国大使宣布接受划分协定，因为剩余的议员在后续的 3 次表决中一直保持沉默，面无表情。

第 2 次瓜分让剩余的波兰成了一个更小的缓冲国，这几乎立即激起了大规模的群众暴力，这是此前的波兰革命中从未出现的情况。直到这时，波兰革命才在这一点上与法国的革命更相似；直到这时，波兰国王才成了自己愤怒同胞的囚犯；直到这时，才出现对真真假假的叛徒处以私刑的情况——和法国不同的是，这些叛徒自然是由革命政府处罚的。

但是最重要的是，现在发生的一切，正是普拉东极力谋求的。1794 年 4 月，在华沙的人民起义中，2 万名俄国占领军被杀害，其余人被驱逐。这场起义源自一种绝望，由女沙皇心怀野心的宠臣通过强硬手段与挑衅系统化煽动起来的绝望，因为普拉东既希望挑起战争，也希望彻底摧毁波兰这个国家。于是普鲁士和俄国的士兵再一次奔赴沙场，只为了将邻国的意志强加给波兰，波兰的抵抗再一次终结于可以预料的失败中——他们通常仅以大镰刀为武器来抗击现代军队。1795 年，与波兰接壤的强国普鲁士、俄国和奥地利再次决定瓜分波兰，这一次自然要让波兰荡然无存。三国的官员们一致决定，谨慎起见，甚至要禁用"波兰"一词，布兰尼基宣布自己是俄国人，并建议自己的同胞也这样做，因为和波兰有关的一切都永远结束了。普拉东在波兰、库尔兰和立陶宛四处搜刮反叛者被收缴的财产，直至他的地产帝国甚至让伟大的波将金都黯然失色。"黑头发小子"有大概一年多的时间可以沐浴在这种成功的辉煌中，直到女保护人的死亡向他展示出他的计划蠢得骇人听闻，但那时已经迟了。与自己的后继者不同，伟大的波将金本能地理解，这个有着欧洲最自由贵族的国家与有着最卑顺贵族的国家接壤，对于他这样的人来说是多么珍贵。像波将金或者普拉东这样的平步青云之辈，要想在俄国权谋舞台上谋求专制君主政体下所能达到的权力顶峰，那就最好在家乡下一次权力更迭把自己清扫出去之前，在无政府的自由邻国安置一个舒适的避难所。但是普拉东的贪婪和傲慢让他把这个避难所的最后一丝残余也消灭了。俄国与普鲁士和奥地利自此接壤，这令 3 个国家都担惊受怕，它们仿佛预料到了这种多余的邻里关系将会多么深刻地影响 19 世纪与 20 世纪的历史。同时宠臣普拉东也确保了自己将毫无还手之力地听任叶卡捷琳娜二世继位者的摆布。如果保罗一世借助第 3 次瓜分成了波罗的海周边地区的主人，那普拉东在那里的地产又有什么用呢？因此他该感到高兴，新沙皇在 1797 年只是暂时让他踏上旅程。但是身在柏林，普拉东也必须考虑到，随时会有大笔一挥就把他的财产没收，使他成为一无所有的流亡者。因此如果他勤于思考，那他在柏林就有足够的时间来反思自己的错误。

　　当普拉东在柏林度过 1798 年的春天和夏天时，世界的其他地方自然没有停滞。腓特烈·威廉三世一点儿也不喜欢按照前任的方式，周游数月只为了到场接受政权更迭时的臣服礼（见第 7 章），于是他约请了 24 块疆域中 15 块领土的代表一同前往柏林。到来的人数如此之多，以至于市政府"为了他们的方便起见"，甚至不由自主地"在街道的各个角落都安装上了印有街道名称的铁片"。这些游客之中也有形形色色的公使，他们的任务是说服中立的普鲁士在可以预期的新一轮对法战争中加入这一方或那一方。法国人与奥地利在前一年缔结的和平协议十分脆弱并且片面，只能算是个停战协议。[1] 英国人本来就还在打仗；俄国人在保罗一世的统治下也准备充分地上了路，希望通过公使列普宁亲王立即将普鲁士拉下水。出于同样的目的，法国也派了一名新公使，但是人选简直糟透了。西哀士什么牌都不会打，一般来说这就够要命了，因为这会使他无法参与到柏林宫廷接待时唯一的一项社交活动中。而他作为小册子的起草人曾是德奥尔良公爵的帮手这点更是雪上加霜，尤其是他与贵族的奥尔良党人不同（例如英俊的洛赞或者德让利斯夫人的前夫），他连为此被送上断头台的资格都没有。西哀士作为议员，曾经投票赞成处死路易十六，这就彻底让他被柏林的宫廷社会视作怪物。或许人们会好奇地盯着他看，但是连最专业的外交官也不愿意与他谈判。普鲁士王后路易丝的姐妹对此曾有过相对温和的描述，她写道："在千万人中从他苍白的脸就肯定能辨认出他是罪犯——他的德国副手连及膝灯笼裤或者金鞋扣都没穿。"这样自然无法促成法国

1000

---

[1] 指 1797 年 10 月 17 日签订的《坎波福尔米奥条约》（Treaty of Campo Formio），参与谈判的法国代表为拿破仑·波拿巴，奥地利代表为路德维希·冯·科本茨尔伯爵。该条约标志着第一次反法同盟的崩溃和第一波法国大革命战争的终结。通过该条约，法国得到奥属尼德兰，奥地利可以与法国瓜分威尼斯作为补偿；奥地利承认法国在意大利建立的两个共和国，并允许法国扩张至莱茵河。——编注

和普鲁士结盟，因此西哀士待在柏林期间只剩下一项可疑的娱乐，那就是臣服日可以坐在最前排观礼。普鲁士的贵族和市民向他们的国王宣誓效忠，随后国王会擢升一些人，例如国务大臣、第三代的丹克尔曼被晋升为伯爵。赞成共和的美国人约翰·昆西·亚当斯尽可以指摘，这些太过温顺的民众一点儿不像美国人在类似场合那样高兴地喊来喊去。在那位不高兴的法国人面前，甚至连亚当斯看上去都融入得很好。而如果侍女的眼神能杀人，那西哀士很难活过这一天。

　　1798 年春，当公使们的豪华马车驶向柏林时，那里正在审判倒台的国王情妇利希特瑙尔伯爵夫人，直到最终她也被送上一辆马车。不久前，伯爵夫人还富得流油，而 1798 年 3 月 15 日启程前往放逐地西里西亚时，她已经近乎破产。虽然调查证实已逝国王的所有赠予完全合法，但这对她帮助不大。腓特烈·威廉三世以一项形式上同样合法的"绝对命令"开启统治，这项命令允许普鲁士国王在没有司法上无懈可击的理由时仍能凭个人判断发起审判。腓特烈·威廉三世对父亲情妇的仇恨刻骨铭心，以至于不顾正直法官的反对，几乎夺走了这位情妇的一切，等他意识到自己在此事上反应过度时已经太迟了。后来，腓特烈·威廉三世把普鲁士不久后遭遇的灾难视作对此的惩罚，这让一向十分理智的国王在一个奇特的时刻看起来像他那迷信的父亲。在这个春天，利希特瑙尔伯爵夫人肯定觉得自己将被永远放逐格沃古夫，因此尽管她是在一个美好的季节踏上前往东南部的行程，我们也几乎不难想象旅途的不愉快。她走的路线，正是 65 年前格伦布科夫与萨克森 - 波兰的"强力王"奥古斯特二世会合走的那个路线（见第 14 章）。在克罗森，也就是将军把国王影响深远地喝到桌子底下的那个地方，利希特瑙尔伯爵夫人过得也不好，她得在那里治愈马车倾覆时被破碎的窗户玻璃造成的割伤。对于 1733 年发生的那些早已被忘却的事件，这位尽管十分理智但却没受过一点教育的夫人肯定一无所知。几乎同样可以肯定的是，她反而想起了"强力王"奥古斯特二世的一位后代，因为那个人毕竟在更顺当的年月里做过她的情人——而现在留给她的除了回

忆还有什么呢？这位奥古斯特二世的曾孙[1]并不完全合法，孕育自一桩门
不当户不对的婚姻，因此并非王子，只是叫作德萨克斯骑士。这名字在我
们看来和他现在效力于那不勒斯－西西里王国的状况一样恰当，而两西西
里王国的存在就是克罗森醉酒的一个直接结果。当然，英年早逝的下场将
会证明，这位骑士并不是在所有的统治者情人身上都能讨到便宜。1794
年，德萨克斯骑士在俄国与普拉东发生了一场愚蠢的荣誉之争，勉强从当
时还权倾朝野的宠臣雇来的职业杀手手下逃脱。1802 年，二人在美丽的疗
养胜地特普利茨再次决斗，据说普拉东吓呆了，最后是他的副手杀死了德
萨克斯骑士。

但是在 1798 年的春天，这些对利希特瑙尔伯爵夫人来说仍是不可预
知的未来，正如 1796 年的春天是辉煌的过去一样。那个春天，43 岁的她
是与比她小 14 岁的骑士一起在意大利度过的。腓特烈·威廉二世把伯爵   1002
夫人送去罗马和那不勒斯时，认为这是他信任的前女友的文化深造之旅，
同时也是为了转移非她不娶的年轻的坦普尔敦勋爵的注意力。两者都成功
了。伯爵夫人热爱罗马，正如她爱着德萨克斯骑士那般；她学习了一种被
她称作"意语"的语言，参观了"梵蒂冈、古罗马城堡"及"非常古老
的竞技场"，并且在不无反感地为国王记录了来自幽灵世界的最新消息之
后，允诺给他捎回一尊"埃及的雕像"。伯爵夫人告诉本地人，举世闻名
的母狼乳婴雕像错误地呈现了罗慕路斯和雷穆斯的身体构造（"我发现了
一个很大的错误"）；听现任教皇的侄子讲解本地棋牌的游戏规则；觉得
当地的亲王妃们"格外彬彬有礼"；与一名英国的王子调情；还安慰了一
个"12 岁的小西班牙军官"，他在参观一个古罗马的基督徒地牢时热泪盈

---

[1] 指德萨克斯骑士约瑟夫－格扎维埃－夏尔－拉斐尔，父亲是腓特烈·奥古斯特二世的
第四子弗朗茨·格扎维埃，母亲是意大利贵族玛丽亚·基娅拉·斯皮努奇。斯皮努奇是腓
特烈·奥古斯特二世的第三子腓特烈·克里斯蒂安（后成为萨克森选帝侯，执政 2 个多月
后因天花去世）的妻子、罗马－德意志皇帝查理七世长女玛丽亚·安东尼娅的侍女，按当
时标准来看并非执政家族成员的可选婚姻对象。——编注

畦。但最重要的是，伯爵夫人又遇到了布里斯托尔伯爵。

在很长的一段时间里，布里斯托尔伯爵只叫作弗雷德里克·赫维，因为那时候他的兄长还在世；当他在那不勒斯拜访老同学汉密尔顿时（见第 18 章），我们认识的也是叫这个名字的他。但是在此期间，他不仅已经成了格外富有的德里主教，还在哥哥死后成了布里斯托尔伯爵，从此这个不知疲倦之人可以一辈子尽情旅行、购买艺术品和建造宫殿。这位现年 66 岁的主教兼伯爵在德国或意大利旅行时，只有他自制的紫色丝绸服能让人想起他那遥远的主教管区，而风趣低俗的谈话愈发清晰地证明他不愧是父亲不光彩的儿子。难怪伯爵眼下又在那不勒斯逗留，而且还邀请了只是泛泛之交的利希特瑙尔伯爵夫人去那里，只是为了介绍她认识魅力十足的汉密尔顿夫妇。众人自然一起去了维苏威火山，但是连在那里也不得安宁（与他们交谈的那名生活在维苏威火山山洞中的隐士，很快就被证明是一位普鲁士公主昔日的意大利语老师，对公主的不伦之恋驱使他来到了这里）。次日，众人在那不勒斯得到消息，布里斯托尔伯爵的长子赫维勋爵去世，导致这位白发人送黑发人的父亲长时间缠绵病榻，好心的伯爵夫人经常去看望他。而布里斯托尔伯爵头脑中的一个计划也日渐清晰——次子弗雷德里克·威廉要作为新的继承人接受赫维勋爵的头衔，不同于死去的长子，这个儿子还未婚。伯爵夫人和普鲁士国王育有一个现年 16 岁的女儿，这位德马克女伯爵迪德里克（小里克）会在并不遥远的某天让某个幸运儿成为腓特烈·威廉二世的女婿：为什么这个人就不能是赫维家族的继承人呢？赫维家族世世代代不正是专门与统治者家族缔结这种密切的（而且是太过密切）共生关系的吗？连绝非偶然的同名都说明了这一点。新任赫维勋爵名字中的弗雷德里克和威廉继承自父亲和伯父，而他们是各自从来自汉诺威王室的教父得到的这些名字；教父的名字又来自勃兰登堡－普鲁士的教父们，因此赫维勋爵归根结底和腓特烈·威廉二世属于同一个王朝的名字圈。利希特瑙尔伯爵夫人也一样，这位 1753 年出生的宫廷小号手之女名叫威廉明妮，得名自同一个家族圈子的一位公主。正是通过这样的关系，统治者的名字逐渐不可遏止地影响着臣仆的名字，直到无法辨认。这自然尤其适用于赫维这种类型的家族，他们世世代代攀附在执政家族周围，就像缠绕着大理石柱的常春藤。恰恰因为布里斯托尔伯爵此前忽略了这部分家族责任，眼下达成下一次攀附的时间就愈发紧迫。一个国王的私生女甚至提供了与统治者家族直接联姻的独特机会，因此在布里斯托尔伯爵看来，他的继承人弗雷德里克·威廉就像注定要娶腓特烈·威廉二世的女儿一样，虽然父子二人谁也没见过她。

到最后自然又是一场空，因为固执的继承人偏偏把他的心遗失在了坦普尔敦勋爵没嫁妆的妹妹那里，就是那位疯狂爱着利希特瑙尔伯爵夫人、使她不得不因此前往意大利的勋爵的妹妹。但是父亲布里斯托尔伯爵仍试图说服儿子，在接近 2 年的时间里，贵族婚姻交易圈内部产生了形形色色扣人心弦的信件（布里斯托尔伯爵将这场交易独特又暖心地称作一次"有着一张中彩彩票和 499 张空签的摇奖"）。父亲在信中不仅向儿子提到了连续三代源于爱情的婚姻会对赫维家族造成的致命后果；提到了只要自己各式各样的宫殿没竣工，就只能每年至多给儿子少得可怜的 2000 镑；还提到了和坦普尔敦的妹妹结婚只能获得"贫穷、饥馑和爱情"的危险。这是一名家族首领的责任。而布里斯托尔伯爵写给利希特瑙尔伯爵夫人的信则是随性之作，在信里，联姻的愿望过渡为更直接的联合的建议。所幸他爱尔兰教区的信众永远不会获悉，这位主教伯爵如何信誓旦旦地赞美伯爵夫人"恶魔般洁白的袒领"，称她是"他的女神，他神圣的守护天使"，向她的"玫瑰红唇"表达完全非英国国教式的祝福。无论这两人的确切关系是什么，至少都足以让布里斯托尔伯爵在那不勒斯、皮埃蒙特和柏林几乎寸步不离他的这位"值得膜拜的人"。就算这种兴奋若狂并非一开始就是达到目的的一种手段，但也绝不会阻碍探讨更实际的人生问题，而这自然是一个赫维家的人难以把控的。相应地，历史学家也很难把布里斯托尔伯爵的实际计划与想象中的计划区分开。对于伯爵夫人来说，想做到这点大概也不轻松。利希特瑙尔伯爵夫人给国王写信讲述家禽的正确饲养方法和家

1004

1005

庭常备感冒药品，不情不愿地加上一位虚构的"值得尊敬的父亲"对腓特烈·威廉二世当前小绯闻的建议。布里斯托尔伯爵则冒昧地把自己将法国划分为北部共和国和南部王国以促成和平的计划发给了伯爵夫人，让她把该计划转交给统治者——计划已在德累斯顿大受欢迎；他劝说汉密尔顿把搜集的罗马花瓶卖给普鲁士国王；要求病恹恹的国王前往那不勒斯休养，而且差一点真的成行；最后还拟定了一项计划，让伯爵夫人不久后亲自陪同他去一趟埃及。各方原本乐见其成（两人难道原本不是得在最短的时间内建立一个新的宗教吗），但是此时伯爵夫人显然已经忍无可忍。由于赫维勋爵仍然坚持选择贫穷、饥馑和爱情，德马克女伯爵小里克在 1797 年嫁给了楚·施托尔贝格 – 施托尔贝格伯爵。布里斯托尔伯爵告别柏林宫廷前往那不勒斯，因为那里的月亮也比这里的太阳温暖。仿佛受到了自己宫廷侍臣基因的警告一样，他就这样及时地从利希特瑙尔伯爵夫人的人生中消失了，只能在远方获悉她的垮台。当布里斯托尔伯爵把伯爵夫人被捕的消息当成一个好玩的笑话讲给威廉·汉密尔顿爵士时，他已经再次用伯爵夫人平民时的名字来称呼她了。而对已过世的国王，这位主教伯爵用猪和豪猪的法语词（即 Porc），加上一位希腊快乐主义哲学家的名字（即Épicure，伊壁鸠鲁）融合出了一个"享乐猪"（Porc-Épicure）的绰号——知道人文教育的所有形式，但对内涵一窍不通的人也只能做到这样了。几个月后，冷漠的历史发展赐予了伯爵夫人笑到最后的机会，因为她获悉，当她 1798 年 4 月在格沃古夫开始半囚徒生活时，布里斯托尔伯爵也成了米兰堡垒中的囚犯。

那不勒斯，1798 年 6 月 17 日

当威廉·汉密尔顿爵士接到被逮捕的同学布里斯托尔伯爵的第一封信时，他至多只会惊讶于伯爵为什么才被逮起来。即使在以个人主义著称的英国上层贵族中，布里斯托尔伯爵也相当惹眼。钟鸣声会带给伯爵身体上

的痛苦，尽管他长期远离自己的大教堂，但这对于一位主教来说仍是一种障碍。不久之前，布里斯托尔伯爵听着自己宅邸窗外绵绵不绝的礼拜仪式的钟声，将满满一盘热意大利面倒了下去，结果倒在了锡耶纳大主教的圣体节游行队列中；他及时从后门冲出，才躲过了愤怒的暴民，逃过一难。整个晚上，伯爵和他的仆从们乘坐一辆来之不易的邮政马车继续逃跑，直到最终越过托斯卡纳的边境，进入奇萨尔皮尼共和国境内。这个老家伙一直仇恨法国，由于没有有效护照，自然是刚离狼窝又进虎口，因为这个名字悦耳的共和国是波拿巴将军刚刚在意大利设立的法国卫星国，境内全是法国兵。布里斯托尔伯爵觉得太有趣了，立即着手撰写内容丰富的间谍报告。只可惜我们的主教伯爵在这一领域的成就也仅限于一个从敌对国非法入境，还不知保密为何物的公民所能达到的水平。因此，很快布里斯托尔伯爵就能在米兰堡垒中从事他的间谍活动了，在那里共进晚餐时，法国的将军们喜欢悄悄把错误消息传递给他们的这名囚犯，手段类似他们假装协助他逃跑套他的钱。威廉·汉密尔顿爵士在那不勒斯的塞萨宫把斗志不减的同学的来信折叠起来，无疑伴随着一声轻微的叹息，而这声叹息同时也是他自身处境的极好写照。

1007

　　那不勒斯已经在欧洲政治的最后一条旁轨上矗立了如此长的时间，以至于英国驻此地的公使可以完全心安理得地专注于照顾贵族游客、搜集古董花瓶，享受自己愈发有趣的私生活。但是 1798 年初夏，长鼻子国王费迪南多治下这个被世人遗忘的国家突然被拉回到聚光灯下，因为英国的战争对手法国显然从两个方向同时威胁着它。意大利北部俘虏布里斯托尔伯爵的那支共和国的地面部队，不久前挺进了当时还辖有整个意大利中部的教皇国，因此法国现在与那不勒斯－西西里接了壤。同时，1797 年中断的法奥战争很有可能重启，这必然让法国的邻居尤为不安，因为巴黎政府早就只能通过不断掠夺新的领土来供养它的武装。更令人不安的是，汉密尔顿几乎在收到布里斯托尔伯爵来信的同时得到了上司的消息。几周以来，船只在法国军港土伦整装待发，准备运送波拿巴将军率领的一支 4 万之众的入侵军，眼下他们即将启程。好消息是，一支由海军将领纳尔逊指挥的英国中型舰队已经上路，旨在迫使波拿巴的船只掉头，或是在其到达目的地之前将其击沉。但是同时而来的坏消息则更为惊人——无人知晓这个目的地是哪里，以及敌人会走哪条航线。纳尔逊唯一现实的机会就在于，带着自己仅有的 17 艘船在土伦后方不远处等着敌人，他甚至差一点就成功了。但是 1798 年 5 月 20 日的龙卷风折弯了纳尔逊的"先锋号"旗舰上的桅杆，同时也迫使法国的船只离港，在英国人还没反应过来发生了什么时，就贴着他们离去。纳尔逊现在只能搜索整个地中海的东部，来捕获既可能意在那不勒斯也可能针对君士坦丁堡的敌人。而敌人凭借极大的领先优势可能驶向了亚历山大港，也可能驶向了巴勒莫，还可能向着科孚岛航行。就好像这项使命还不够无望一样，纳尔逊还缺乏"友好的"港口。最近的英国海军基地是远在西边、毫无用处的直布罗陀海峡，其他大国的港口则对英国关闭，因为全世界都惧怕法国。这尤其适用于 2 年以来尴尬亲法的那不勒斯－西西里王国，而且纳尔逊的船只恰恰依赖这个国家的港口城市。因此汉密尔顿现在就有了一个麻烦，而稀奇的是，只有他的私生活能带来解决方案。

汉密尔顿为人温和、有音乐天赋而且丧偶，他病弱的妻子凯瑟琳于 1782 年去世，年仅 44 岁。尽管信奉斯多葛派清心寡欲的哲学，而且举止矜持，让利希特瑙尔伯爵夫人一开始感觉他是个"冷漠无趣的人"，但实际上失去"亲爱的伴侣"令汉密尔顿大伤元气。没过多久，汉密尔顿无法再忍受独居生活的迹象越来越明显。尽管几段以结婚为目的的友情都无果而终，但这些证据也足以让汉密尔顿最爱的外甥查尔斯·弗朗西斯·格雷维尔处于可以理解的不安中。到目前为止，格雷维尔一直把自己看作没有子嗣的舅舅明确的继承人，病弱舅妈的存在更坚定了他的这个想法，因为考虑到舅妈的年龄，她不可能再和汉密尔顿有孩子。而现在一切反而又没了准，这让财力不足的格雷维尔尤为不悦，尤其是他正打算在完全的理性指导下求婚。原本舅舅的继承权指日可待，如果现在连这都指望不上，那

他还怎么赢得一位享有继承权伯爵之女呢？如果收入可观的贵族女儿见他
没有继承权，鄙薄地拒绝他，那抛弃刚刚才教导得文雅些的情人艾玛·哈
特又有什么好处呢？自从丢了宫廷司库的职位，查尔斯自己的钱甚至不够
支付伦敦市区的房租，这房子是他用来让人给美丽绝伦的艾玛上语言和音
乐课的。事实上，除了可悲的利物浦口音，艾玛一切平凡出身的痕迹几乎
都已经消除了。将 17 岁的艾玛介绍给来做短暂拜访的舅舅时，格雷维尔
已经忧心忡忡，或许那时候他已经想到了那个颇具创意的主意。虽然离格
雷维尔有胆量实施这个一箭双雕的主意还有 3 年的时间，但是克制已经一
去不复返了。格雷维尔一开始只是暗示舅舅肯定可以受到艾玛良好的照
顾；仅仅几封信后，外甥就用以下典型的语调向汉密尔顿赞颂自己的情
人："她是我睡过的唯一一个不会让我任何一个感官受到侮辱的女人，再
没有比她更纯洁、更甜美的床伴。"他已经说服了舅舅将仍然一无所知的
艾玛接到那不勒斯过夏，这样舅舅就可以更进一步地了解她，而格雷维尔
则可以堂而皇之地在贵族的婚姻市场上嬉闹玩耍。最糟的结果也不过是艾
玛得到进一步教育，从而在返回后可以更容易地被介绍给下一位保护人。

　　查尔斯·弗朗西斯·格雷维尔暗地里自然坚定地认为，汉密尔顿虽然
比自己和善得多，但是对美人的接受能力并未因此变差，他一定会把比他
年轻 34 岁的艾玛留在身边。这一点格雷维尔算计得相当正确，事实上，他
在 1786 年夏末肯定觉得自己已经阻止了舅舅在可预期的时间内结婚。只要
汉密尔顿公然与一名风姿绰约的平民女子生活在一起（在游客来来往往的
公使宫殿中很难掩人耳目），就不会有地位相当的结婚候选人考虑他。鉴
于艾玛迷人的魅力，这种状况会持续到汉密尔顿生命的终点，而格雷维
尔——他的所有这些考虑到此都是对的——将惬意地重返指定继承人的角
色。将蒙在鼓里的艾玛于暑期派往那不勒斯，他既懒的多费口舌解释接下
来的计划，也没有回复她相继而来的 13 封信，但这又有什么关系呢？恰恰
因为她没有受过正式教育却是个聪明的年轻姑娘，她会理解，格雷维尔把
自己的舅舅作为可以想到的最好的庇护人介绍给了她。12 岁就不得不从下

1010

等女仆的职位做起，14 岁打扮成古典的健康缪斯在伦敦算是正经的健康神殿 [1] 登场，16 岁时和一个愚不可及的贵族青年生了一个很快就送进养育院的女儿"小艾玛"——这样一个女人不会仅仅因为没有爱上为她提供一切的那个人，就放弃塞萨宫、卡塞塔的狩猎小屋、观看维苏威火山的绝妙视野及那不勒斯－西西里国王倾慕的眼神。事实上，格雷维尔，祝贺你，这些都对。我们在前一章的结尾看到过，艾玛·哈特是如何想在第 14 封信中试图赢回沉默的前情人。艾玛终于收到了格雷维尔的一封回信，信中建议她对汉密尔顿有求必应；仅仅 10 天后，也就是 1786 年 8 月 1 日，她写了第 15 封信。我们很少可以像在这封信中那样，跨越 200 年的时光还能如此清楚地倾听某个人的沉思。这封信基本上就是内心独白。我们看到艾玛就像坐过山车一样，在可想而知的愤怒与努力镇静之间反复，刚刚写下"但是我将不会，不，我将不会愤怒"，然后紧接着以同一笔法写道"如果我在您的身边，我会和您同归于尽"。最重要的段落自然在末尾，那是一段附言，继之以最后的爱的表白，并且在反驳之后尖锐地批评格雷维尔交换计划中的一个毁灭性的微小逻辑错误："惹我生气并不符合您的利益，因为您不知道我在这里拥有的权力。我永远不会仅仅做他的情妇。如果您冒犯我，我将会让他娶我。愿上帝永远保佑您。"

艾玛·哈特没有立即兑现她的声明，但鉴于汉密尔顿娶一个不识字的铁匠之女的可怕场景的确骇人听闻，人们确实不能拿这点来指摘她。又过了几个月，被外甥的孝心感动得一塌糊涂的汉密尔顿以一种半正派的方式赢得了艾玛，即允诺她在任何时候都可以自由决定是否离开他。和赫维勋爵的情况不同，离开汉密尔顿的的确确会为艾玛带来真正的贫困、真正的饥馑，甚至让她与爱情绝缘，所以虽然艾玛接受汉密尔顿的求爱绝非超凡

---

[1] 由英国人詹姆斯·格雷厄姆于 1779 年 8 月在伦敦建立。詹姆斯首倡电击疗法，是性治疗的先驱。在他建立的健康神殿（Temple of Health）中，身材完美的姑娘被打扮成健康女神来辅助治疗。——译注

脱俗的爱情明证，但是随着岁月的推移，她对新庇护人的感情明显严肃了起来。因此人们最终似乎可以宣称，汉密尔顿的第二桩婚姻同样是出于理性的友情动机，正如他在第一桩婚姻中娶了凯瑟琳·巴洛一样。尽管离结婚（1791 年）还有差不多 5 年，但考虑到这桩婚事的不利因素，进展还是够快的。二人面对的不是英国社会，而是那不勒斯社会，这个社会虽然会无情唾弃自己等级内的这种结合，但是发生在陌生的外国人身上却只觉得很滑稽。这是艾玛之幸，而且归根结底大概也是汉密尔顿之幸。英国政府叹息着同意了，因为那不勒斯还没有重要到值得为此大动肝火，而且人们知道，这桩错误的姻缘不会妨碍汉密尔顿执行职务。最后，一定程度上不言而喻的是，在一个像费迪南多三世和四世这样深深敌视文化的君主的宫廷中，艾玛缺乏教育的背景完全无关紧要，她那光彩照人的美貌才是一切。就这样，哈特小姐变成了汉密尔顿夫人，并且并没有为此做出大的改变。利希特瑙尔伯爵夫人与艾玛相处得极为融洽，这并不奇怪，因为就连在生活安排的最小细节上，两人都无比相像。近乎奇迹的是，连出身高贵的英国女访客们也很快对这桩形式上耸人听闻的错置婚姻表现出了一种不情愿的尊重，连她们也承认了男性访客从一开始就用更大热情记录下的东西：汉密尔顿夫人把自己的美貌变成了一种文化体验。汉密尔顿几乎从一开始就让艾玛在塞萨宫表演一种她称作"她的姿态"的东西，这是一种哑剧，表演时这位年轻的女士会在观众心醉神迷的注视下变化成一系列的仙女和女神，就好像一位友善的宙斯吻醒了庞贝最美的雕像。艾玛只要细微改变姿态和表情、稍微挪动透明的围巾，就可以不断变成以前从来没有人见过的古典文化经典的鲜活新人物。英国公使的女友、不久后的妻子在塞萨宫表演的是一种罕见的"魔法"，她防御性的虚荣及她那仍然无法忽略的口音按理说会毁了这个"魔法"。她的口音甚至影响了她的书写，在她写的信中，每个以 H 开头的英语单词的 H 都成了牺牲品。但是这个"魔法"起效了，甚至在很快变得最重要的地方起效了：在那不勒斯－西西里王后那里。

1012

1013

此时的王后玛丽亚·卡洛琳已经嫁给费迪南多三世和四世 30 年了,她作为这个国家真正统治者的地位早已稳固。国王很高兴,只要人们表面上尊重他的权威,让他尽情猎杀野猪就行。与此同时,事实上的首相与王后协商管理事务。如果排除由国王践行的生活方式的根本性怪诞,那不勒斯宫廷相对来说并没有丑闻或者戏剧性的权力斗争。虽然不时会有恶毒的流言或者忧心的看客在背后嘀咕玛丽亚·卡洛琳对有魅力的年轻男子过分热情,比如德萨克斯骑士或者俄国公使拉兹莫夫斯基伯爵,但是这从未造成严重的后果。而且王后的 17 次怀孕——比她那记录可疑的母亲玛丽亚·特蕾西娅还多了一次——也都有据可查,没有任何嫌疑(它们的实现可以从平时很少与文字打交道的费迪南多日记中的小星星推算出)。因此当有人想把玛丽亚·卡洛琳与汉密尔顿夫人令人称奇的友情变成同性的爱情故事时,只是证明了当地宫廷流言想象力之匮乏——这个爱情故事毫无证据。虽然两人使用的语调多见于兴奋若狂的恋人间,但二人完全没有这种动机,因为铁匠之女正陶醉于为国效劳的前景,而皇帝的女儿心里只有对抗革命一个念头——这对于不幸的玛丽·安托瓦内特的姐姐来说纯粹是件家事。王后凭一己之力自然什么也做不成,丈夫的王国太弱小了,既害怕法国的威胁,也担忧国内潜伏在王后周围的革命危险。即使眼下一支强大的英国海军近在咫尺,热爱战争游戏的费迪南多也有理由觉得挑衅法国荒谬至极。哪怕只对纳尔逊的舰队开放国家的一个港口、允许向船只供应口粮,费迪南多就破坏了与法国的同盟协议,而一场乏味的打架斗殴足以让法国占领教皇国。在内阁顶住费迪南多冷静的异议,贯彻自己意志的是王后;向纳尔逊开放锡拉库扎港口并提供一切支持的也是王后;最终把这一切悄悄转告英国人,同时官方仍然与“那些恶魔”结盟的还是王后。所以玛丽亚·卡洛琳在 1798 年 6 月 11 日并未致信公使,而是给公使夫人写了信,她对公使夫人的影响远超公使对妻子的影响。

因此,现在近在咫尺的英国海军将领是通过汉密尔顿夫人获得生死攸关的重要消息的。6 月 17 日从塞萨宫望向那不勒斯海湾的是汉密尔顿夫

人，为的就是可以看见驶经首都却不抛锚停泊的纳尔逊的舰队。单是在港
口和旗舰之间来回行驶的几艘船，就足以让公使夫人当即给海军上将写了
两封信——海军上将对她来说大概已经有了爱国主义之外的更多意义。公
使夫人请求上将在阅毕后把随附的王后信件寄回，因为此信不可转手，但
是海军上将可以亲吻那封信；接着她要求上将亲自给她带回波拿巴。"知
道您离我们如此之近，我根本无法向您描述这在我心中激发的情感。"这
还是对英雄的崇拜、对她曾有一面之缘的这个男人的理想主义倾慕吗？这
位在上一次海战中丢了一条胳膊、一只眼已经半盲，而且 39 岁就已经头
发灰白的海军上将事实上并不是传统的美男子，他已经掉了很多牙——慎
重起见，他只会微笑，从不张嘴大笑。上将出身优异，是前首相沃波尔的
曾甥孙，这除了带给他有用的庇护人，还给了他沃波尔的名字霍拉肖 [1]。
但是纳尔逊和孩童时就被送往公海的海军军官并没有什么两样：在青年时
代，当其他绅士阶级的孩子可以自己学习广阔世界流行的举止礼仪时，纳
尔逊在北极跟着赫维勋爵的孙子捕猎北极熊。斯宾塞夫人写的"他的整体
外表就像个傻瓜"，说的就是这个意思。然后斯宾塞夫人声称，尽管如此，
他那平静睿智的权威感还是给她留下了很深的印象。汉密尔顿夫人虽然讲
求实际，但如果她没有动心，那她就不是我们从她的信里认识的那个浪漫
之人了。来自美艳绝伦的夫人的倾慕大概对海军上将起到了什么作用——
他在信里还指责远方的妻子没有给他打包 12 号至 21 号的手绢——我们只
能猜测；他在写给汉密尔顿的信件附言中请他转告夫人，自己与她的相逢
要么顶着桂冠，要么头戴丧枝。

　　可想而知，将会头顶哪种树枝，就在纳尔逊的一念之间。尽管纳尔逊
此时已经知道，法国的进攻意图既不在西西里，也不在那不勒斯，而且尽
管他根据波拿巴带着的大量学者猜测其会前往埃及，但他仍要彻底搜索半

1015

---

[1] 沃波尔名霍拉肖（Horatio），但更广为人知的名字是霍勒斯·沃波尔（Horace
Walpole）。——编注

个地中海。当纳尔逊在一系列失败之后，最终于 1798 年 8 月 1 日拦住了敌军的大型舰队时，局面看起来仍是英国人来得太晚了。这一天傍晚，纳尔逊的舰队追赶的 15 艘敌军战舰停泊在阿布基尔附近的尼罗河河口，但船上已经没有入侵的军队。波拿巴的军队于一个月前登陆，他们已经在金字塔的阴影下战胜了开罗马穆鲁克英勇绝望的骑兵，看起来似乎已经没有人能阻止波拿巴向印度方向进军。但是纳尔逊看到，敌军停泊的战船只在一个方向上做好了战斗的准备，于是他实施了一个危险的非常伎俩，即用自己的船包围对方，随后发起海战。战争结束时，法国的地中海舰队几乎全军覆没，残骸熊熊燃烧，照亮了夜空。英国人的"巨人号""奋发号""冒险号"击败了法国人的"战士号"和"占领者号"，"忒修斯号""弥诺陶洛斯号"和"利安德尔号"击沉了"自治人民号"，它们还把"威廉·退尔号"及"正义号"轰成了碎片。和当时所有的海战一样，这场井井有条的大屠杀比陆地搏杀恐怖得多，因为遭炮轰的船只避无可避。这场海战造成 2000 人死亡，不仅法国的指挥官阵亡，连英国的指挥官也差点丧生。很快，纳尔逊就可以在信中写道："胜利对于这个场景来说并不是一个足够响亮的名字。"在这场海战中，一块炸裂的木板重伤了海军上将的头部，在医生解除病危通知之前，他甚至写下了"我要死了，请您提醒我的妻子记住我"。尽管取得了巨大胜利，纳尔逊却疲惫不堪，他回到了那不勒斯，而这种疲惫有可能使他长久失衡。眼下等待着这位阿布基尔胜利者的自然是无处不在的巨大荣耀。几个月后从伦敦来的那些人，表现得大概不像汉密尔顿夫人希望的那么梦幻，她原本很乐意看到自己的英雄被晋升为"纳尔逊公爵、尼罗河侯爵、亚历山大港伯爵、金字塔子爵、鳄鱼男爵及胜利亲王"。好在英雄在 9 月 22 日以纳尔逊勋爵的身份到达了那不勒斯，胜利的狂喜自然在此处到达顶点。王后玛丽亚·卡洛琳预先确定了总体的气氛基调——在接到胜利的消息后，她拥抱并亲吻了当时周围的所有人。汉密尔顿夫人立即"献身"去照顾头部受伤的海军上将，大概也在那时候极为专注地实践了同一种奖赏。

　　如果没有汉密尔顿夫人的帮助，纳尔逊几乎不可能在阿布基尔取胜。就像所有重大事件一样，这次取胜也有无数的因和无数的果，我们有必要从后者提取两个出来。与在这场海战中直接被改变或者终结的数万个体命运相比，这两个后果自然只在历史学家想要揭示重大关联的宏观视角来说更显重要。但是现在我不得不借用这一视角，来让主要人物遭遇这最后两次洪流。洪流之一超出了海上的事件，影响着意大利大陆。那不勒斯－西西里国王前不久还对挑衅法国怀有恐惧，如今却化成了不现实的蛮勇，以致人们难免将其与王后玛丽亚·卡洛琳此间增长的鸦片吸食量联系起来（那时还没有安眠药）。这样一来，沉醉于陌生的胜利之中的那不勒斯所做的决定几乎就顺理成章了，这样的事经常发生：反正我们与法国的关系也不可挽回了，那我们何不立即转向对立面。为什么要浪费宝贵的时间，等着刚刚建立的俄奥同盟再次加入战争，为什么不立即行动，出其不意地从这些无耻的法国怪物手中夺走教皇国和罗马？就这样，50 年来已经习惯稳固和平的那不勒斯－西西里王国军队现在第一次，也是最后一次挥师另一个国家。雇佣军部队由一名黑森宗子、德萨克斯骑士和一名信奉天主教的英国人指挥，向着北部的罗马进军。与此同时，这支部队中的一位军官有一个非常特别的问题要解决。此人就是德塔兰托亲王，拉特雷穆瓦耶家族的现任继承人，1642 年那位德塔尔蒙特亲王的直系后人，当年的亲王与现在的这位因革命而逃跑的五世孙有着差不多的麻烦。数十年后仍令这位可怜人大为光火的是，无足轻重的德国诸侯的子孙们无耻地被人称作"侯爵大人"，相反，人们只称呼他是一等大公的"阁下"。这些人难道不知道（稍微灵通点的人都得知道）他的姐妹和姑姨（如果他有的话）小时候就可以当着可惜现在已经不存在的法国王后的面坐在小板凳上吗？这是一项众所周知的检测。"真的吗？但是您的所有田庄都在法国管辖之下。""请您原谅，我至少是合法的那……的国王。唉，算了吧。干脆忘了吧。"

1018

　　1798 年 11 月 29 日，费迪南多三世和四世的军队进入罗马，他们的惊异程度不亚于被打了个措手不及的法国人。现在，长鼻子国王暂时成了这

座圣城的主人，但他并没有因此感到多少乐趣。还有 4 尊未拿下的法国大
炮矗立在圣天使堡，迫使国王从旁悄悄地溜过去，从而至少能拜访法尔内
塞宫。1675 年，奥尔西尼亲王妃在法尔内塞宫嫁给了拥有大公等级、从
而使她可以辅佐费利佩五世登上西班牙王位的男人。伊莎贝拉·法尔内塞
也来自这座宫殿，她接过了奥尔西尼亲王妃的角色，只为了用阴谋给儿子
卡洛斯弄来那不勒斯王国，而现在费迪南多作为该王国的继承人成了法尔
内塞宫的主人。但是长期来看，这座宫殿仍是罗马的财产，因为令人惊恐
的法国军队已经从意大利北部向着教皇的城市进军。这支军队快速推进，
突袭那不勒斯的军队，而后者在进军过程中的混乱还未消散，现在更乱
了，士兵干脆四散而逃。按照那不勒斯军队中的一位法国逃亡者指挥官的
说法，6 天的行军对这群满怀信心、久未打仗的士兵的摧残，比七年战争
对参战国士兵的折磨还要大。雨下个不停，让他们的武器生了锈。法兰西
共和国要是只满足于重新占领罗马，那它一定是顷刻间改换了天地，但是
它没有。于是，玛丽·安托瓦内特的姐姐现在就只有不到 2 周的时间撤离
无法再守住的那不勒斯。雪上加霜的是，王室必须瞒着那不勒斯的底层居
民做所有的准备，这些人本能的君主主义只适用于留在那不勒斯的君主，
简直不能想象他们会对出逃被抓的国王做什么。当一群愤怒的暴民在宫殿
的窗户下对据说是法国间谍的人施以私刑时，王后玛丽亚·卡洛琳正在让
人打包国宝及丈夫和 7 个孩子的必需品。汉密尔顿不得不从一次外交接见
上溜走，带着妻子、收藏的画和花瓶赶往港口，他现在肯定后悔当时没有
把他沉甸甸的花瓶卖给腓特烈·威廉二世。武装得仿佛海盗的纳尔逊亲自
护送王室到了一个偏远的码头，众人在那里顶着刺骨的北风登上了一艘纳
尔逊的战舰，然后被送到了安全的巴勒莫。这一天是 1798 年 12 月 21 日，
现在"先锋号"的甲板上除了汉密尔顿一家、纳尔逊，还有一位国王、一
位王后和 7 名王室的孩子，然而海军上将的战舰作为王室挪亚方舟的潜力
远没有得到充分发挥。

　　在同一天夜里，同一个港口，还有一位国王离港出海，尽管他性格可

想而知的冷淡，但是此类行动也可以说一定程度上符合他的天性。他是亨利九世，"受上帝的恩宠，但是违背世人意愿的大不列颠、法兰西和爱尔兰国王"。1688 年，他的父亲詹姆斯三世还是个婴儿时逃出了英吉利海峡；自从他的哥哥英俊王子查理在 1788 年去世后，他就是斯图亚特家族的首领，也是罗马教廷的枢机主教，并且以该身份逃离了法国——如果正确地阐释 1338 年开启的百年战争，他自然是法兰西人的国王。眼下亨利九世的船驶向墨西拿，并在经历了 23 天可怕的风暴之后才到达目的地。毕竟那里还有路易十五最后的 2 个女儿，2 位姑母殿下。这 2 位陷入悲惨困境的老妇人，她们的整个世界都在沉没，因此也就愈发紧抓最后的支持不放。阿德莱德·德法兰西夫人坚持将心爱的宫廷女管家德纳尔博纳公爵夫人带上纳尔逊的船（德纳尔博纳公爵夫人是斯塔埃尔男爵夫人彼时情夫的母亲，这位情夫在 1792 年推动了整场战争，只为了以这种便捷的方式恢复和平和秩序），玛丽亚·卡洛琳拒绝了，毕竟她眼睛都不眨一下地留下了自己的宫廷女管家。于是两个固执的老妇人干脆就留在了偏僻的卡塞塔的疯子宫殿，其他所有大人物逃跑的消息第 2 天早上才传到她们那里。不过，即使在这样的时刻，王室家族的团结仍然起着作用。王后到底为这 2 个讨厌的亲戚安排了一条逃跑路线，她们将穿过陆地和亚得里亚海，最终安然无恙地到达的里雅斯特。法国人意欲占领那不勒斯，把那不勒斯－西西里王国削减为一个唯一真正的西西里，另一个按照华丽的古典风格更名为帕特诺珀共和国，然后开始运输所有有决定意义的贵重物品。但是法国人这次未能俘获任何有王室血统的人。

　　并非所有登船之人都安然无恙地抵达目的地。威廉·汉密尔顿爵士的花瓶在到达安全的英国海岸前不久沉入了海底，而它们的主人早就在"先锋号"上绝望得想死。当汉密尔顿夫人在海上漂泊了 2 天后误入自己 67 岁丈夫的客舱时，看见他手持 2 把装了子弹的手枪，因为他宁可饮弹自尽，也不愿溺毙。即使对于纳尔逊来说，这 4 天的风暴也是他所经历过的最严重的风暴，现在艾玛快速扮演起了奥尔西尼亲王妃曾经扮演过的那个

1020

1021

角色——用各种各样的碗罐帮晕船的陛下和王室成员解围。但是对于 6 岁的王子阿尔贝特来说,一切帮助都太晚了。1798 年的圣诞日,玛丽亚·卡洛琳失去了她最小的孩子。就这样,这艘不幸之船最终让纳尔逊和 2 位汉密尔顿紧紧联系在了一起,正如他们与王室家庭共生共长一样。这艘名为"先锋"的船,也使得王后对于一切看起来像革命的东西有了永远不可逆转的无限仇恨。用不了多久,这股仇恨就找到了它的牺牲品。法兰西共和国母亲风雨飘摇,执政者正是因此才鼓励功高盖主的波拿巴占领埃及,此时女儿帕特诺珀共和国的首次出走尝试几乎已经成功。在这个从天而降的共和国体系内只有少数乐观的市民和开明的贵族,而他们在一个全是虔诚文盲的国家中无足轻重,这些文盲仅仅把法国人看作异教的掠夺者。因此,当法国与奥地利再次开战,迫使多数法国人返回意大利北部时,这个脆弱的国家迅速崩溃,速度之快,几乎和它的诞生一样。沙皇保罗一世也加入了新的联盟,他对马耳他骑士团非正统的热情,容不下波拿巴在横穿马耳他岛前往埃及时将他们驱逐出岛屿。当第一支、也是迄今为止唯一的一支俄国军队在瑞士的土地上驱逐革命军队时——就像奥斯曼土耳其人进攻波拿巴那样——那不勒斯后方的大陆上爆发了农民起义,他们哪会料到,自己的国王为了能在西西里更好地捕猎野猪而如此之快地忘掉他们。眼下单枪匹马召集起世纪末最奇特军队的,不是费迪南多,而是属于上层贵族的枢机主教鲁福·迪卡拉布里亚。这是一支由扛着长柄大镰刀的人和暴徒组成的军队,在天主教信仰的大旗下,与刚刚上岸的俄国东正教和奥斯曼的军队并肩作战,他们是愿意为绝对专制的君主政体献出生命的赤贫农民,尤其还是让人畏惧的那不勒斯底层流浪汉。

这些人差不多已经把共和国推翻了。当纳尔逊的战舰于 1799 年 6 月 24 日驶入那不勒斯时,只有 2 个古老堡垒仍在战战兢兢的共和派手中。早已厌倦了杀戮的枢机主教鲁福与守城的共和派缔结了一项协议,如果他们投降,让他省却一场毫无意义的毁灭性决战,就允许他们乘坐王室船只自由撤离。主教喜气洋洋地把这份文件递交给伟大的纳尔逊,他相信,这位海军上将必然也会如释重负。但纳尔逊此行的目的不是达成和解，他的身旁站着汉密尔顿夫人，她代表着坚持无情复仇的王后。根本不需要来自巴勒莫的信件敦促纳尔逊勋爵向枢机主教宣布，没有人授权主教缔结这份停战协议；在风暴中度过的可怕 4 天的记忆、对死去孩子的怀念及不让艾玛·汉密尔顿失望的愿望，就足以让纳尔逊逮捕那些怀着对停战协议的信任而投降的可悲的共和派人士。谁能判定哪一个更糟糕呢？是那不勒斯底层流浪汉自发的复仇还是王后冷酷系统的惩罚。当人们终于说服一如既往胆战心惊的国王费迪南多返回时，他在海军上将的甲板上看到的城市已经变成了可怕的刑事法庭现场。国王根本没有上岸，汉密尔顿夫妇也没有上岸，他们只能在远处辨认出塞萨宫的废墟。那不勒斯的君主制赢得了 7 年时间，直到下一次法国的入侵使它再度失去自己的大陆。1798 年的夏天奠定了纳尔逊的声誉和他对汉密尔顿夫人的爱。很快，除了与纳尔逊亲密无间的汉密尔顿，没有人能对这份爱视而不见。1799 年的夏天则将声誉与爱都染上了血红和深黑的色彩，使得这 3 人在他们为时不多的剩余人生中再也没能缓过劲来；他们在那不勒斯的时光结束了，很快就一起返回了对 3人来说都已经变得陌生的英国。

1023

　　这就是发端于阿布基尔海战的第一条洪流，它自然与将我们带出 18世纪的第二条洪流密不可分。一方面显而易见的是，纳尔逊摧毁法国的地中海舰队并非只是暂时切断了波拿巴与祖国的联系。在法国人的第一艘补给舰从土伦到达时，英国人已经控制了马耳他，就像不久后他们会重新控制那不勒斯一样。英国人不用再依赖遥远的直布罗陀，就可以随时在地中海东部展示自己的军事力量，并且由此永远切断法属埃及与家乡的一切联系。从现在开始，不管拿破仑·波拿巴会在东方占领何地，基本上都无所谓了，因为他现在差不多处于一个被海洋和荒漠隔绝的孤岛上，没有军队能离开或是到达。相反，一艘小船——由此我们来到了这条洪流中容易被忽视的那部分——不仅有望从纳尔逊的三桅快速战舰之间迅速溜走，而且它也是这位野心勃勃的波拿巴将军正好需要的，这样才能在已经丢掉埃及的整支军队的情况下，至少把他本人的才干带回祖国。一艘小船就是拿破仑·波拿巴需要的全部，因为他有这个运气，并且将很快凭运气书写一个神话，所以这艘船也确实未受阻碍地从那些忙于那不勒斯革命的敌人身旁经过，把他安全无虞地带回了法国。这绝不是唯一一艘法兰西此时必须要密切关注的船只，尽管它在军事上完全无足轻重。在 1799 年波拿巴周旋于地中海、尽量不被英国人击沉的那个 9 月，哈瓦那也有一艘漂亮的帆船离港出海。这艘船的甲板上也有一个人像科西嘉的那位将军一样，会对法国的现状构成巨大的威胁。此人是少数几位比波拿巴还年轻时就获得了这一职务的将军之一，他的名字本身几乎就能讲述眼下或许就要结束的那段荒唐且艰险的长途之旅。

巴黎，1799 年 11 月 9 日

准确来讲，前亲王、前将军和前地理老师路易 - 菲利普·德奥尔良在 1799 年 9 月初与弟弟们登上那艘将把他们带往巴哈马群岛的船时，他早就已经没有一个能达成共识的名字了。1782 年，当他的父亲将他委托给德让利斯伯爵夫人教育时，他是德瓦卢瓦公爵；1785 年，当祖父死去、父亲成为德奥尔良公爵时，12 岁的德瓦卢瓦公爵继任德沙特尔公爵，3 年后的洗礼才给他带来了从未使用的名字路易 - 菲利普。紧接着，女老师和亲王们在 1789 年新年的庆祝活动上互赠刻有文字的戒指，这些文字清楚无误地表明，这位王室家庭女教师多么成功地把这 4 个孩子彻彻底底变成了自己的财产。德让利斯夫人送给唯一重要的德沙特尔公爵的戒指上面有个结，雕有"无法解开"的字样，孩子们送她的戒指上写着"没有您我会变成什么？"或者"爱您是我的责任，讨您喜欢是我的幸运"。几个月后，德让利斯夫人给了 16 岁的德沙特尔公爵一项珍贵的特权，即从现在起可以把迄今为止的"好朋友"称作"我的母亲"和"妈妈"。德沙特尔公爵向伯爵夫人提出这些请求的那些信，严格来说已经是无意识的情书；它们

由此指向了这段封闭关系中符合逻辑的最后一个阶段。而且德沙特尔公爵此后很快也到达了这最后的阶段，他爱上了这位仍然极具魅力的 44 岁的夫人。由于德让利斯夫人出于教育家或者阴谋家的职业精神，这份情感最后没有实现——伯爵夫人足够聪明，可以讽刺地让一个用不着此类麻烦也能掌控的王子碰钉子。占有欲不那么强的教育者有很好的理由始终将这两种情感分开，而两种感情在德沙特尔公爵身上交融的方式，可惜太过符合同时在他公开的生活中发生的事情。有意识地被培养成新时代模范王子的德沙特尔公爵恰恰在与他似乎颇为相宜的革命第一年成人，一时之间这似乎看起来是件幸事。没有人能比上层阶级的青少年更热情地反叛；没有人可以如此完美地将青少年愤怒的不妥协与天选之子从幼年时就自然而然存在的自大结合起来；而且没有人能成为像德沙特尔公爵这样，把道德的陶醉和受到伤害的血统亲王的骄傲联系起来的如此极端的革命者。

就这样，被正式取消贵族封号之前，昔日的公爵就成了现在的公民德沙特尔，亲王成了激进的雅各宾派俱乐部成员，德让利斯夫人的学生成了奥尔良家族企业的革命吉祥物。但是我们已经看到，始终要把这个家族带往王权而非带上国王宝座的进程已经越来越不可遏止。我们很容易就能理解，为什么恰恰是聪明的德让利斯夫人第一个退出，想要与德沙特尔被忽视的妹妹一起逃往英国。德让利斯夫人在 1791 年公开侮辱德奥尔良公爵夫人，并且让母子二人分开，但徒劳无益。因为伯爵夫人刚刚借此巩固对年轻亲王的掌控，革命便扫除了路易十六，让这位亲王终于有了登基的真正机会。但那时伯爵夫人就已经意识到，根本不再有什么王位虚位以待，有的只是死亡。她的学生先是被改名为"路易－菲利普，法兰西亲王"；共和国成立时，又改名为"公民小平等"，这都无济于事。此外，德沙特尔的亲王特权让这名逐渐醒悟的 19 岁青年成了共和国最年轻的中将，但似乎也没多大用处。他曾经在 12 岁时就当过上校，而鉴于眼下几乎所有年长一些的军官均已逃亡，他之后的晋升自然而然变得十分迅速，最终在几百年来久经考验的比利时战场上，几乎指挥了半支部队。1793 年 4 月，

1026

德沙特尔－平等似乎眼看就可以凭借联合反叛的北部军司令夺取摄政权,辅佐路易十七,也就是被处决的国王的幼子。就这样,奥尔良家族多年的计划在这一瞬间以怪诞的方式回归到了 1715 年。此时离终结共和国和革命的那场军事政变还有 6 年半。当德沙特尔的上司迪穆里埃干脆逮捕了从巴黎来的可憎政治委员们,并且马上逮捕了专程为此赶来的国防大臣时,离马尔普拉奎特不远的军营中的饥饿士兵或许会为此喝彩。但是他们一旦看到阴谋策划者打算与战争敌人奥地利联合起来恢复君主制,便愤怒地袭击了叛徒,连路易－菲利普·德沙特尔也是九死一生。1793 年 4 月 5 日,不久前还十分革命的亲王出现在奥地利人的军营中,在这里作为指挥官迅速遇到了他众多的德国王子表亲之一,但这大概算不上多大的安慰。

1027

革命之吻唤醒了一种意识形态,在这种意识形态下,不再有旧秩序中超越民族的忠诚。当路易－菲利普的高祖德奥尔良公爵于 1715 年接受摄政权时,他的主要敌人还是路易十四扶摇直上的私生子们,整个法国都对他们"不纯正的血统"感到愤怒。然而外祖父德庞蒂耶夫尔之死使路易－菲利普在逃跑前一个月成了"不纯正的巨大财富"的继承人,这也让他在 1793 年了解到,世道已经变了。路易－菲利普的士兵们现在正唱着《马赛曲》,对于词作者来说,敌人"不纯正的血统"自然不再是出身过低的问题,大概也还不是国籍的问题(尽管这个问题很快就会出现),因为人们还没有把普鲁士人或者奥地利人当作普鲁士人或者奥地利人来仇恨。革命者越来越坚信,反对新时代的只能是彻底的劣等人。对革命者来说,现在这些劣等人不管是外国的长工,还是国内的人民之敌,都没有什么差别。即便是反叛的农民,他们也会称之为贵族。在这种逻辑中,天生的贵族突然之间成了血统不纯正的人,单单是他们的存在就越来越受到批评。革命法庭已经把他们默认为外部敌人的同谋,即使像 70 岁高龄、双耳全聋的德诺瓦耶公爵元帅夫人,在没戴助听器、连起诉书条款也听不见的情况下都会被送上绞刑架。

这种道德的充斥对于昔日的王室成员意味着什么,德沙特尔可以直接在父亲的身上看到。父亲被处决后，儿子在同一年，也就是 1793 年的晚些时候以非常理论的方式成为德奥尔良公爵。德沙特尔的弟弟德蒙庞西耶公爵、德博若莱伯爵和母亲都被逮捕，16 岁的妹妹"小姐"（阿德莱德·德奥尔良）连同德让利斯夫人被写进了流亡者的名单，列在这上面的人必是死刑无疑。因为伯爵夫人逃往英国的计划没有成功，她和女亲王"小姐"又没有及时到达比利时前线并返回边境，因此就不能再合法地返回法国。幸福的里士满公爵夫妇的外孙、英裔爱尔兰贵族造反者爱德华·菲茨杰拉德勋爵爱上了此时已经 19 岁的神秘的帕梅拉，因为后者和他刚刚死去的恋人长得很像。1792 年 12 月，德让利斯夫人刚把帕梅拉嫁给勋爵，逃亡的时刻就来了，这也是揭示真相的时刻。德让利斯夫人早已厌倦了彻底失败的教师角色，尤其是她此时只负责奥尔良家胆怯的女儿。鉴于此前发生的事情，伯爵夫人不再幻想自己在逃亡中还能深受爱戴，愈发想要尽可能无声无息地以家庭女教师的身份隐匿，青春期的公主只能是麻烦。因此，当德沙特尔把自己的妹妹委托给她一起逃跑时，伯爵夫人极力反对，而这个姑娘之所以没有被落在革命的兵营中，全亏亲王在最后一刻把她扔到了德让利斯夫人已经启程的马车上。令所有当事者大为遗憾的是，他们不得不在前线的另一方重逢，希望从比利时继续前往瑞士，但是迫于无处不在的仇恨最终分道扬镳。革命者把路易－菲利普作为王子来憎恨，而无所不在的贵族流亡者又把他当作革命者来憎恶，这是路易－菲利普的双重角色合乎逻辑的延续。至迟到众人所在的瑞士火车上的窗户被打碎时，他们才注意到本应无法忽视的一点，那就是一起行动太显眼了。就这样，德让利斯夫人才得以把小公主转交给后者一位逃亡的姑母。伯爵夫人马上让人在一块差点儿击中他们的石头上刻了一句振奋人心的箴言，施展了最后一条诡计，不仅找到了自己唯一的避难所，也由此迫使路易－菲利普继续危险的旅程。带着道德上的触动，德让利斯夫人记录下了 1793 年 6 月 30 日这一天，说现在亲王失去了高贵出身赋予他的一切："他只剩下了从天性和我这里获得的东西。"然后她就永远消失在了私人生活中，余生 37 年只能以她自由撰稿人的身份为生——近乎一种补偿正义。

德沙特尔失去的不仅只是一个幻想,他完全破产了;而且他现在的的确确要用到王室家庭女教师昔日帮他练就的体能、学识和伪装了。诚然,鉴于雅各宾派的朋友们几个月前才屠杀了路易十六的瑞士禁卫军,对德沙特尔来说,瑞士自然不是块宝地,因此以假名科尔比前来的路易-菲利普大概很庆幸能够以"沙博思博士"之名找到一个寄宿学校地理老师的职位。当他接下来继续前行到达更加安全的芬兰,而且在那里一次也没有被认出来时,他或许会觉得自己很幸运。而对于与逃亡国王路易十八的和解失败,路易-菲利普大概不会奇怪,这位国王是在此期间继玛丽·安托瓦内特夭折的儿子"登基"的。除此之外,1796 年,仍扣押着母亲和弟弟们的革命政府发来了最后通牒,路易-菲利普别无他法,只得在汉堡承诺出境去往美国。德蒙庞西耶和德博若莱被释放,与路易-菲利普一同离境,3 年的牢狱生活已经彻底毁了他们的健康(两人都没有活过 35 岁)。就算是现在,升为家族首脑的路易-菲利普也没有放弃自己有朝一日统治法国的希望。他对经历恐怖时期之后的共和国的衰退心知肚明,这个共和国如今通过每年一次的政变来解决它那太过乐观的宪法不起作用的问题;他也太清楚,有多少温和人士盼望着一个不会带来 1789 年那些残忍流亡者的君主政体,因此非常容易接受一位德奥尔良的统治。路易-菲利普决定在下一次法国选举之前结束美国之行,届时选举一开始,肯定像教堂里的一声"阿门"一样,保皇党会赢得多数。但是当 3 位亲王还在尼亚加拉瀑布附近休息时(他们到路易-菲利普已经不愿意再称为"野人"的印第安人那里做了一次长途旅行),他们在巴黎的希望就已经被活跃的波拿巴将军毁了。虽然此人在共和五年果月十八日(1797 年 9 月 4 日)发起一年一度的武力政变来反对新议会时,还只是极端共和派当权者的工具,但是他由此阻止了君主主义者的回归,从而也就让德奥尔良兄弟真真正正"搁浅"在了美洲。在西班牙属地哈瓦那,人们对德奥尔良兄弟极为友善。在不到一年的等候期后,三兄弟夙愿得偿,获准乘船前往欧洲,但这些对他们并无多大

用处。此时西班牙在法国施压下，稍微改变了路线，导致路易－菲利普和
弟弟们在 1799 年 9 月突然不能再从巴哈马前往西班牙，而是继续前行到加
拿大的不知什么地方。虽然路易－菲利普最终得以从加拿大前往英国，继
而到达西西里，直到 1814 年，长途之旅终于将他又带回法国；但是，他在
1799 年差点就及时赶上的革命的终结，将完全由其他人来实现。

　　毕竟不可能所有的主人公都倒霉。革命分子德塔列朗就是一个好命
人，就算手上的面包掉落，涂着黄油的一面也不会沾地。这个遗传了内翻
足的男人有着家族做好的前期准备，这种准备与新时代根本不搭，但是不 1031
照样对他有利吗？他从亲爱的曾外祖母德沙莱夫人那里学到了很多，作为
奥尔西尼亲王妃和德安坦的侄女、伟大的柯尔培尔的外孙女及大臣沙米亚
尔的儿媳，德沙莱夫人对权势和阴谋所知甚多。此外，这位曾外祖母的一
位姑奶奶是太阳王的情妇德蒙特斯庞夫人，通过形形色色的私生子，德塔
列朗的血统有不下 4 次是来自于她，因此德塔列朗的远房表亲中也包括路
易－菲利普。但是德塔列朗不仅和每个贵族一样，有太多过于重要的亲
戚，不可能对每一个都有感情；而且他一生都很节约自己的友情，不会将
其付出到显而易见的失败者身上，例如此时的奥尔良家族的孩子。1796 年
7 月 31 日，这位曾经的主教结束了在美国的逃亡，返回汉堡，而路易－菲
利普正要从这里动身向着相反的方向启程。德塔列朗在从汉堡发出的第一
封信中向斯塔埃尔男爵夫人汇报说，这位王子眼下正好有 4 名追随者。德
塔列朗的第一封信自然要写给斯塔埃尔男爵夫人，人们能把他从要命的流
亡者名单中删除、让他如愿以偿地从美国返回，几乎全仗着这位前女友。
德塔列朗在美国也不是过得不好。尽管这位古老贵族的后裔看到费城的人
竟然把除了钱什么也没有的人看作重要人物，明显觉得好笑，但他本人也
还是迅速投身各种地产和金融投机之中。这不禁让人想起，此人在其漫长
的一生中对金钱是多么贪婪——他的父母出身高贵却很贫穷，唯一的资本
便是社会地位。很快，这位六代先人都在凡尔赛任职的后人就成了很有影
响力的说客，在美国政府中建立起了如此之好（也就是说如此之坏）的名

声,甚至引起了欧洲和美国最大的银行的注意。所以,尽管如此,他还是盼望着重返欧洲,大概不是因为缺乏成就。有钱当然令人愉悦,但这并不是目的本身,而只是为了风雅地把它挥霍掉——到了第 24 代上才能真正对这个在行。反正美国人不在行,"他们的奢侈令人毛骨悚然";他们的社交生活如此乏味,夫妻夜夜睡在同一张床上;他们的政治毫无希望;他们这个大陆的高贵本性是德塔列朗所无法理解的。

安妮-热尔梅娜·斯塔埃尔理解前男友的这种索然无味,尽管她逃亡瑞士,比大西洋彼岸的前男友离法国近得多。逐渐如雨后春笋一般涌现的浪漫主义者中的一位询问她那位于日内瓦湖光山色间的科佩庄园梦幻般的美景时,她也说道,她宁可立即将这番景象换成巴克街的臭水沟:只有在巴黎才叫生活。斯塔埃尔男爵夫人的外交官丈夫再一次证明了自己的用处,遵照妻子的愿望被委派为迄今被所有大国封锁的巴黎恐怖政权的第一位欧洲外交官。如果瑞典还是古斯塔夫三世的天下,自然不可能如此,但是 1792 年几名贵族阴谋家在一次化装舞会上击毙了他。顺便说一句,指挥这次行动的是几年后将成为男爵夫人情夫的里宾伯爵。从返回巴黎的那刻算起,只用了短短几周的时间,斯塔埃尔男爵夫人就再次召集了一个有排场的沙龙。此后不久彻底与她分开的丈夫虽然不能再起什么作用了,但是在沙龙里可以遇到所有有家世渊源的大人物及共和国的当权者。这个共和国早就已经反噬掉自己最狂热的孩子,剩下的都是些腐败的实用主义者,他们乐于谈条件。尽管仍然时不时地把影响力过大的斯塔埃尔男爵夫人驱逐回日内瓦湖畔,但他们还是越来越拜倒在她偏执的魅力、她传播新闻的能量或者她的说客才能下。不到一年,男爵夫人把德塔列朗接了回来,然后又用了不到半年让他当上了这个共和国的外交大臣,而各方人士正饶有兴致地期待着共和国的瓦解。

德塔列朗或许是斯塔埃尔男爵夫人数量越来越多,而且无一例外全是贵族的前男友中受她帮助最多的一位,但是男爵夫人也楷模般地照顾着其他人,以至于在日内瓦湖附近建立起了一个真正的居住地。遗憾的是，1796 年 8 月，里宾伯爵也加入了前男友的行列，他搭上了德让利斯夫人的女儿皮尔谢里，背叛了男爵夫人。因此愈发意义深远的是，与德塔列朗的第一封汉堡来信同时到达科佩的，还有不伦瑞克公爵的贴身侍从邦雅曼·康斯坦·德勒贝克。这位 29 岁的贵族来自瑞士一个加尔文宗家庭，人很笨拙，长相也不英俊，是年长一岁的男爵夫人一生的男人，但当时男爵夫人还没有意识到这一点。男爵夫人与康斯坦的关系始于 1796 年夏天，持续了几十年。与此同时，她与形形色色有地位或者有才学的男人或激情或感伤的大型戏剧也在继续上演。但这都无关紧要，甚至可以说恰恰相反。在马尔普拉奎特，康斯坦的祖父作为瑞士军官在阿尔比马尔伯爵的手下为尼德兰而战，他那同样是瑞士军官的曾外祖父则站在法国一方。人们对这两人这个共同后代深深分裂的性格越是熟悉，就越会觉得这是个征兆。由于康斯坦的母亲在他出生时死去，父亲作为雇佣军首领生活在尼德兰，小康斯坦一开始在各种亲戚家辗转，后来跟着一连串越来越荒唐的家庭教师长大。他跟着家庭教师们一会儿生活在大学城、一会儿又寄身于窑子，不得安宁地四处漂泊，很快就学会了四海为家。令人惊讶的是，康斯坦在此过程中受的教育绝不比别人少，他在一封圣诞节时给祖母康斯坦将军夫人的信中写道："我偶然遇到了一个同龄的英国小姑娘，相比于西塞罗和塞涅卡，我更喜欢她，她教了我奥维德[1]，尽管她从未听说过此人，但是我在她的眼睛里的的确确发现了他。我为她写了一部小说，您现在看到的是前几页。"这时他才 10 岁。而且只要稍微回忆一下，斯塔埃尔男爵夫人是在母亲的沙龙中长大，那就很难否认，这两人简直是天作之合。当然，康斯坦的那些特点也让他与激情澎湃、从来都是百分之百坚定的男爵夫人在共同生活中无法忍受对方。举例来说，康斯坦在 1804 年编写新的日记时设计了一套代码，用数字来表示定期重复的现象，并由此创建了一套便于使用的心理变量图表，在此只需要从中引用以下几点就可以说明问

1034

---

[1] 古罗马极具影响力的诗人之一，代表作有《变形记》《爱的艺术》《爱情三论》。——编注

题：1 身体的愉悦（也就是性），2 打破我永恒锁链的欲望（与男爵夫人分手），3 与这种联系和解，8 结婚计划，9 厌倦林赛夫人，10 对林赛夫人甜蜜的回忆及爱的复苏，11 我在事关迪泰尔特夫人的计划上犹豫不决，12 对迪泰尔特夫人的爱，13 对一切犹豫不决。

但是这又有什么关系呢？反正到处都在围绕着斯塔埃尔男爵夫人和康斯坦编造戏剧化的无限浪漫之爱，而且他们二人也将继续举足轻重地参与到这个划时代的过程中来——只是并非始终携手。两人成为先锋，更多的是因为他们那如神经质般令一切黯然失色的分分合合的强烈关系。两人的关系自 1795 年以康斯坦感人的假装用鸦片自杀的外行尝试开始，让这一时期最聪明的两个人近 20 年不得喘息。还能说什么呢，无情的历史学家感谢他们这样做。邦雅曼·康斯坦从一开始就激发着安妮 - 热尔梅娜·斯塔埃尔的才智，反过来也受到她的激励，这是两人以前都未曾经历的。时代最容易忽视二人的文学作品，尽管这些作品至今仍具有影射小说的作用。以斯塔埃尔男爵夫人的《德尔菲娜》为例，她在其中把自己刻画成了女英雄，把德塔列朗描绘成邪恶的老妇人，德塔列朗很快就祝贺她如此巧妙地"把我们两人""扮成了妇人"。接下来的整个世纪都在借鉴男爵夫人写就的文学和心理学著作，以及邦雅曼·康斯坦关于政治哲学的著作。单是安妮 - 热尔梅娜·斯塔埃尔的《德意志论》首次向法国介绍了方兴未艾的德国古典主义文学和哲学这一点，就足以让她在知识分子这一新兴职业的名人堂中拥有上座。与后来的职业知识分子不同，斯塔埃尔男爵夫人当然还是百万家财的继承人、科佩宫殿的主人，也是贵族世界理所当然的居民。在任何一次会面中，她都可以一手挽着奥古斯特·威廉·施莱格尔 [1]，一手挽着普鲁士的奥古斯特王子。自从革命赋予男人选举权，正式让女性返回家中以来，这就是女性可以参与政治的唯一一个阵地，而且只有像安妮 - 热尔梅娜·斯塔埃尔这样完全对讽刺免疫的女性才能做到。这

_____

[1] 德意志浪漫主义运动代表人物之一。——编注

自然没有阻止一名带有政治属性的知识分子生活中的灾难，也没有阻止形形色色不自觉的怪事，其中除了很快成为两人既定传统的"科佩－来点鸦片"与"复活"场景，还包括当时很多人记录的据推测是康斯坦女儿的阿尔贝蒂娜·斯塔埃尔的习惯——对于别人对她健康状况的无关痛痒的提问，她都回以"我的内心有个深不可测的洞，夫人"。但是斯塔埃尔男爵夫人和康斯坦也在政治上为一个新世界的诞生做了多得令人难以置信的事情，他们身旁之人，比如浪漫主义的逃亡者夏多布里昂创造了当下才用上的保守主义的概念和内容，以此作为对革命的反应。男爵夫人与康斯坦则决定性地共同阐述了政治自由主义的原始文本——周围的人只是朦胧感觉到的东西，他们首先用清晰的思想和精确的语言表达了出来。不仅旧秩序崩溃，新兴的自由也因自身的激进而失败，甚至成为最原始的集权独裁，革命的成果现在必须由一个新的统治形式来拯救；在这种新的统治形式下，权威和共决最终将再次有意义地达到平衡。在斯塔埃尔男爵夫人的巴黎沙龙中，在她和康斯坦的文章中，以及在她位于日内瓦湖畔的稀奇的宫殿生活中，这些思想于无尽的讨论中初步形成。让身为座上宾的法国权力精英和财富精英认识到社会的新思想，而且是更好的思想的，正是他们两人。在这个社会中，革命的获利者将与失败者和解。其他更有权势的人也向这两人暗示，为了这样的宪法，他们愿尽绵薄之力，而且如果他们俩尚不清楚这种大变革具体该怎样开展，那也问题不大。

1036

公民德塔列朗成竹在胸，他有一个经过数月细致工作精心打磨出来的计划。该计划如此之妙，如此切实无误，以至于 1799 年 11 月 9 日，抱歉，是在共和八年雾月的第 18 天，连以往以"不要勤奋"的座右铭而闻名的前主教和前外交大臣也屈尊降贵地早早起了床。（之所以成为前外交大臣，是因为继续留在政府与德塔列朗的计划不相容；因此他在不久前把这个职位交给了一名可靠的施瓦本前神学家，此人不会妨碍他不久后的复出。）在泰普路上，马车已经准备停当，德塔列朗的 2 名助手的助手为 5 名督政府成员中唯一将由德塔列朗亲自对付的那位起草了一封优雅的退职

1037

信；其他 4 人要么像已经从柏林返回的西哀士那样站在了他们一边，要么将会被悄无声息地逮捕——一旦他们应虚假的会议邀请就范，就会在他们的办公地点被逮捕；要是他们稍微有点头脑、不肯就范，那也为时已晚，就在他们家中实施逮捕。德巴拉斯子爵[1]仍然认为，阴谋家们在发动政变时会让他参加，因为他不可取代，德塔列朗则会亲自把坏消息带给他。离投身革命的小贵族德巴拉斯子爵指挥军队推翻罗伯斯庇尔的政权已经过去了整整 5 年，这 5 年已经彻底腐蚀了这个普罗旺斯人，现在几乎只需要一个微妙的暗示，就能让他离开政坛。对于这样一个人来说，信号确实多得不容忽视。单凭这天深夜四处张贴的指责他和同事们违背宪法的宣传单自然不一定能引起德巴拉斯子爵的兴趣；但是从卢森堡宫的窗户向外看一眼，就足以让这个曾经的无畏之人看到，他的贴身侍卫已经撤离，其他部队在这天清晨也已经不再听从他的命令。反对罗伯斯庇尔关系着得到一切或者一无所有，德巴拉斯子爵可以以极为轻松地接受这场事关生死的战斗，因为他几乎一无所有。今天，德塔列朗将会向他提供一个简单得多的选项：是毫无意义和目的地被捕，还是畅通无阻地撤回他的宫殿——这宫殿不久前还属于路易十六的一个弟弟。好在乐于助人的将军为数不少，其中一位派了上百名龙骑兵给德塔列朗。因此，在德塔列朗看来，向德巴拉斯子爵支付同谋们提供的贿赂金简直多余得可笑。或许他当时一边微笑着想"我们不会用到这个的"，一边把一张百万数额的信用债券塞起来，或者更准确地说，应该是：我用得上。但是未雨绸缪总是好的，这位长着内翻足的前主教立马想起来，他离一场成功的政变独独还缺什么。我们无法断言，但据说德塔列朗漫不经心地把玩的那把手枪，正是 8 年前劝说巴比伦主教违背罗马的意志，举行仪式把主教之职授予忠于革命的教士时把玩的那把。但是我们知道，当眼下德塔列朗上衣口袋中揣着手枪蹒跚地向街道走去时，他对一件事很有把握。就像今天政府的解散必然会成功一样，明

---

[1] 法国督政府的第一督政官，实权最大的领导人。——编注

天的议会也将顺利通过决议，因为即使仍有不如人意之处，也基本上已经没有真正的敌人了。共和国已经腐朽，革命走到了尽头。后天，11 月了无生气的太阳就将照耀一个崭新的政权，政权的顶端自然必定是一张比惨白的德塔列朗更为英俊的面庞。相比之下，紧绷着的西哀士就更没戏了，他在紧急情况下随身携带新宪法草案的才能或许已经不能给大众留下足够深刻的印象。但正因为波拿巴将军是一位具有独特魅力的年轻战神，他几乎对政治还一窍不通。此人将会是他们的傀儡，而且将一直是他们的傀儡，正如曾经的国王们是德塔列朗那些宫廷侍臣祖先的傀儡一样。又会有什么不同呢？19 世纪就在前方，为了能让一切保持原样，必须先改变一切。

尾 声

1798 年 2 月 12 日，波兰的最后一任国王斯坦尼斯瓦夫二世在圣彼得堡的大理石宫去世；3 月 5 日，他的棺材被送往圣凯瑟琳天主教堂，路线与他在 1755 年被侍从官纳什利金秘密带往大公夫人处时几乎相同。现在纳什利金的女婿率领着一列行进的队伍，跟在一位身披金甲的骑士和一匹挂着黑色裙摆的丧马之后。叶卡捷琳娜二世的儿子保罗一世也骑马走在队伍中，不久前他还问过斯坦尼斯瓦夫二世是不是自己的父亲。然后人们就忘记了这位国王，直到苏联在 1938 年宣布拆除圣凯瑟琳天主教堂，并且干脆把因 2 次洪灾而严重损坏的棺材送回波兰。波兰人自然视斯坦尼斯瓦夫二世为叛徒，因此没有把他的棺材放入克拉科夫的瓦维尔大教堂历代国王的墓窖中，而是放到了他的出生地沃乌琴的教区教堂中，并且藏到了一堵丑陋的墙后——难看的家丑合该如此。第二次世界大战残忍地把波兰向西平移，推向今天称作沃特申的沃乌琴，推入白俄罗斯。在 40 年的时间里，这座教堂中的棺材被洗劫，教堂本身被用作化学肥料的储藏室，直到 1987 年，白俄罗斯的历史学家才拯救了还能找到的和斯坦尼斯瓦夫二世有关的残骸——制服扣子、天鹅绒质地的王袍残骸、骨头碎片——并在次年重新把这些交还波兰。一口仿造的棺材连同这些残存物在华沙王宫的一座

后楼梯旁矗立了 7 年，1995 年在这座城市的圣约翰主教座堂找到了最后的安息之地。

普拉东·阿列克桑德罗维奇·佐博夫侯爵用不着忍受流亡生活太久。1800 年 11 月，普拉东的姐姐成功让沙皇保罗一世赦免了 33 岁的他，让他得以及时返回圣彼得堡，崛起为一场反对保罗一世的阴谋名义上的头目。1801 年 3 月 23 日至 24 日夜间，做好政变准备的禁卫军近乎悄无声息

地开进圣彼得堡的米哈伊洛夫斯基宫。宫廷刚刚搬到这里，躲在护城河深水后的保罗一世误以为可以高枕无忧，但是连他的随从都早就憎恨这个捉摸不定的君主，主动降下了吊桥，把一半的阴谋者放了进来。然而，很多人在湿冷房间的迷宫里迷了路，当普拉东和他的军官们终于找到沙皇的卧室时，同伴已经所剩无几；他们把穿着睡衣、几乎吓疯的统治者从一堵西班牙式的墙后硬拉了出来。普拉东浑身颤抖、结结巴巴地宣读了一份罢黜保罗一世的宣言，但是惊慌的军官们没有按原计划把保罗一世带到施吕塞尔堡，而是开始朝着他叫喊，普拉东则干脆跑开了。冷酷的雇佣兵将军莱温·奥古斯特·冯·本尼希森用剑控制住了沙皇，否则这将是他们所有人的末日。最终普拉东的哥哥战战兢兢地鼓起勇气，用一个金烟斗将垮台的主子打倒在地，然后十几个疯子冲向保罗一世，用军官绶带勒死了叶卡捷琳娜二世的儿子。就这样，凌晨 2 点，惊恐的皇储亚历山大·帕夫洛维奇成为全俄的皇帝。一个小时后，人们看到他乘坐一辆马车驶往冬宫，马车踏板上站着的不是男仆，而是普拉东。但是过了不到 3 个月，在沙皇遗孀的仇恨追捕下，普拉东再一次庆幸自己可以平安地离开圣彼得堡。在最后一次欧洲之旅后，这位前男宠靠压榨自己的农奴度过了余生，他在库尔兰的隆黛尔（今属拉脱维亚）宫殿的地窖中收藏了价值 2000 万卢布的黄金。但是每当侯爵下去欣赏这番景象，对死亡的恐惧就会跳出来折磨他。只要听到教堂的钟声响起，普拉东就会脸色苍白；只要听到"死"这个词，他就会在床上缩一整天。1821 年，在普拉东昔日的情人叶卡捷琳娜二世 92 岁诞辰 3 天后，看上去已经如一位白发老人的他娶了一名出身小贵族的 18 岁姑娘，据说这姑娘把他剩下的最后 11 个月的人生变成了地狱。普拉东·阿列克桑德罗维奇·佐博夫侯爵死于 1822 年 4 月 19 日。

1041

布里斯托尔伯爵、德里主教弗雷德里克·赫维于 1799 年获释，结束了法国俘虏的生活。69 岁的伯爵再次踏上了不安稳的旅行生活，与很多多多少少柏拉图式的女友消磨了很多时间，取笑后辈民族主义的无趣，往返于罗马、那不勒斯和佛罗伦萨之间，把主教的薪俸都花在了艺术品上。

1803 年 7 月 8 日，伯爵骑马从阿尔巴诺前往罗马时，一阵"胃痛"袭来，他的父亲赫维勋爵正是因此而死。好心的农民把已经失去意识的伯爵带回家中，但是当他们知道这名头戴紫色主教冠的人是个异教徒主教时，因为害怕神的惩罚，又把他拖了出去。就这样，这位众多宫殿的建造者在一个简陋的粮仓中咽了气。伯爵的尸体被从海路运回英国，为了不让迷信的海员心生不安，人们谎称那是尊古典雕像。幸运的是，与 1798 年运送的布里斯托尔伯爵友人汉密尔顿的古董花瓶相比，这一次更为顺利。汉密尔顿那次几乎所有箱子都沉没了，唯一幸免于难的箱子还是悄悄一同运送的一名做过遗体防腐处理的海军将领的棺材。威廉·汉密尔顿爵士再也不用担心与布里斯托尔伯爵最后一次归来之旅的奇怪相似之处了，因为他已经在 1803 年 4 月 6 日死去。按照以前的诺言，汉密尔顿位于威尔士的庄园归外甥查尔斯·弗朗西斯·格雷维尔所有，但格雷维尔也只能高兴个几年。为了攀上高枝，他把自己的情人艾玛推给了舅舅，但自己却一直没有攀成。而汉密尔顿的遗孀、年仅 38 岁的艾玛只剩下一份微薄的年金，格雷维尔还要从中仔细地扣除所得税。1805 年，这个被困于几乎被遗忘的家乡之人失去了她崇拜的情人纳尔逊勋爵。纳尔逊勋爵在特拉法尔加海战中死去前几分钟，口授了一份遗嘱附言，开头是"面对联合的敌军战舰"，请求英国奖励艾玛在 1798 年的功绩。但是在英国看来，这位举止过于夸张的外交官遗孀非常可疑，因为在这个越来越假仁假义的时代，人们觉得单是她与纳尔逊所生的女儿霍雷希娅的存在就是对这位伟人的贬损。尽管汉密尔顿夫人还有很多朋友，风韵犹存，但是她坚持继续以国王朋友的排场生活，于是破了产，最终不得不于 1814 年为躲避债主逃往加来。在那里，只有 13 岁的霍雷希娅照顾她。汉密尔顿夫人曾经花费巨资让这个孩子接受与其地位相符的教育，但是成功地向她隐瞒了她的真实出身，霍雷希娅直到生命的尽头仍然坚信，汉密尔顿夫人只是她的养母。1815 年 1 月 15 日，由于黄疸和酗酒而身体虚弱的艾玛·汉密尔顿死在加来的一座小房子里，还不到 50 岁。毗邻的花园曾经属于赫维勋爵一位爱冒险的儿媳，人们把艾玛葬在了那里。

　　1799 年 11 月 9 日的雾月政变令波拿巴、西哀士和老朋友德塔列朗掌
了权，斯塔埃尔男爵夫人安妮 – 热尔梅娜·内克尔和她的男友邦雅曼·康
斯坦欣喜若狂。两人虽然看到了主角科西嘉将军身上可能存在的危险，但
康斯坦还是出现在了新政权的傀儡议会中，他想像一名知识分子那样在议
会中发挥作用：通过建设性的批评。1800 年 1 月 5 日，康斯坦做了第一
次议会演讲，警告人们提防没有人乐于见到的军事独裁的风险，随后动身
前往斯塔埃尔男爵夫人处。男爵夫人邀请了新体系中所有的要员到她巴黎
的城市别墅中用餐，几乎日日如此。第一份回绝几乎未能引起男爵夫人的
注意，但是到 5 点，第 10 个人回绝，而且连靠她才当上外交大臣的德塔
列朗也告假时，男爵夫人明白了，她和康斯坦与一股不容置疑的权力有了
争端。次日二人了解到，波拿巴把他们这些人称作害虫，而他会把这些害
虫从他的衣服上扫下来。从此，他们与这位新主宰的关系急转直下。在后
革命时期，时代精神已经厌倦了各种思想，而且很快就会成为皇帝的统治
者喜欢把女性想象成尽可能沉默的母亲。在这样一个国家，斯塔埃尔男爵
夫人和康斯坦在此后的 15 年里不再有容身之地，他们用奢华、著书立说、
在科佩的宫殿生活、穿越欧洲的旅行及牵扯欧洲大陆一半知识分子和一半
贵族精英的复杂恋爱纠葛来聊以自慰。斯塔埃尔男爵夫人在德国狂欢之旅
的高潮时写道，她需要"爱情或者巴黎或者权力"来真正感到幸福。因
此，1814 年拿破仑的垮台算是一种救赎，不仅因为法国在复辟的波旁王
朝路易十八的治下首次有了一部自由的代议制宪法，也因为男爵夫人现在
终于可以返回巴黎了。她将在那里度过人生最后的短暂 3 年，与她最后的
伟大爱情一起——一个比她年轻 22 岁、名叫约翰·罗卡的日内瓦轻骑兵
少尉。此人在拿破仑手下打仗时受过伤，不得不挂着拐杖走路。尽管罗卡
似乎没有用陈词滥调之外的话语表白的能力，但是他让男爵夫人幸福到以
"哎，话语不是他的专长"来应对所有嘲讽，最后甚至嫁给了他。就这样，
当男爵夫人于 1817 年 7 月 14 日去世时，她的幸福标准中有两个实现了——

1044

28 年前的这一天，巴黎民众攻陷巴士底狱，她的父亲再次成为大臣；她的女儿，7 岁在柏林的一场儿童舞会上掌掴普鲁士王储、19 岁时嫁给德布罗伊公爵的阿尔贝蒂娜不仅继承了内克尔的百万家财，而且遗传了母亲的聪明才智，建立了上层贵族少数几个学者王朝之一。

如果夏尔 - 莫里斯·德塔列朗 - 佩里戈尔不懂得顺势而为、化不利为有利，那他就不是凡尔赛宫廷的产物了。波拿巴将军尽管不像雾月阴谋分子设想的那么适合当傀儡，但是作为征服了大部分欧洲的军事皇帝，他自有用处。而且恰恰不是对于别人，而正是对于前任和新任的外交大臣德塔列朗来说有用处。德塔列朗为自己创造出了享受拿破仑恩宠的侯爵、宫务大臣、"帝国副大选帝侯"和腐败的百万富翁等身份。被暴躁的君主时不时地高声怒骂或者被骂作"穿丝袜的屎"当然不是美事，跟着路易十六可从来没经历过这些。但是首先得眼睛都不眨地听着，这才是宫廷侍臣；其次，当这样也行不通的时候，还有路易十六的弟弟路易十八（昔日的王室以睿智的谨慎给三兄弟起了同一个名字）呢。征服者拿破仑输在自大，他在 1814 年被路易十八取代。这是德塔列朗的又一个作品，因此他第 3 次出任外交大臣，并且在维也纳会议上递交了外交杰作，令波旁法国毫无损伤地从 23 年战争的影响中抽身而退，就好像这个法国与拿破仑的法国毫无干系。在波拿巴于 1815 年灾难性的回归及波旁的第 2 次复辟之后，德塔列朗也随之膨胀，自以为不可取代，最后路易十八不无开心地将他解职。据说德塔列朗在 1814 年与这位国王首次重逢时说过："如果政府忽视我，我身上某种无法解释的东西就会给政府带来不幸。"这些话 15 年后才应验。1830 年，再次爆发革命，出乎所有当事人意料的是，这一次德塔列朗、德拉法耶特和邦雅曼·康斯坦站在了同一边，而且是胜利的一边。德塔列朗最后一次作为外交官大放光芒，其中包括建立了比利时这个国家，直到年事已高才退隐到私人生活中；他与一名比他年轻 39 岁、在普拉东的隆黛尔宫殿中长大的库尔兰公主一起度过了这段时光。德塔列朗曾劝阻公主不要为了爱情而嫁给亚当·耶日·恰尔托雷斯基侯爵，因为他想把公主留给自己的侄子。当年德塔列朗把梵蒂冈闹了个天翻地覆，只为了摆脱他的主教荣耀，从而可以与一名魅力十足的英国女间谍结婚，此时她早就过世。现在年过八十的德塔列朗眼看就要走到生命的尽头，他开启了回归教会怀抱的谈判，并在 1838 年 5 月 17 日接受了天主教的临终圣事。在做了近 50 年的叛教者之后，这位侯爵仍熟谙宗教礼仪，纠正了一位想要把他当成普通死者涂上圣油的神父——"请您不要忘记，我是一位主教"，1046
然后他就死了。德塔列朗私生子的后人分布于波尼亚托夫斯基家族中；他的侄孙女，或者说私生女的后人，则分布在拉齐维乌家族中。德塔列朗的老对手和老朋友斯塔埃尔男爵夫人的一个孙子在 1891 年出版了德塔列朗的回忆录，读过这本书的人可能会理解，为什么德塔列朗曾把语言描述成一种必须用来隐藏思想的东西。

曾被称作德沙特尔公爵和平等将军的路易-菲利普·德奥尔良在 1799 年从美国启程得太晚，没能从主宰法国的颠覆氛围中获利。但是德让利斯夫人教会了这名学生适应陌生的环境，因此我们现在可以看着这位终于又变成德奥尔良公爵的流亡者在接下来的几年中先是向英国、然后向西班牙王室徒劳地兜售自己。最终，德奥尔良公爵于 1809 年在巴勒莫娶了两西西里公主玛丽亚·阿马莉。公主出生于 1782 年，是长鼻子国王费迪南多和奥地利的玛丽亚·卡洛琳的女儿，1814 年追随丈夫回了法国。拿破仑倒台，德奥尔良公爵得以返回祖国，并收回了被太阳王的私生子们继承的母系一方的巨额财产。但是同时，波旁主支也再次登上王位，他们永远也不会原谅德奥尔良公爵革命性的背叛；之后的 15 年里，他们一直在羞辱德奥尔良公爵，提醒世人，他年轻时是怎样的一个雅各宾派——这最终帮了公爵多大的忙，他们又怎么会预料到呢？1830 年，国王查理十世试图以史为鉴，因此做了与令他的哥哥路易十六掉脑袋相反的事情。他固执地毫不妥协使得一场无害的抗议运动变成了血淋淋的巷战，最终清除了整个波旁王朝。描绘这次起义的画作《自由引导人民》由画家德拉克洛瓦绘制，他虽然没有继承生父德塔列朗的名字，但是遗传了他那异常宽阔的下颚。1047

既让怀念革命的那部分民众满意，又能注定带来秩序和连贯性这一政治上的难题，只能由一个既是前雅各宾派又是合法的血统亲王的人来解决。于是，奥尔良家族的国王梦在 100 多年后还是实现了。1830 年 8 月 9 日，路易－菲利普按照 1791 年的规制被宣布成为"法兰西人的国王"。当然，这是一个少有的试图把 19 世纪的精神与古老的原则统一起来的君主国。不再有什么宫廷。国家徽章中圣路易的百合花被呈打开状态的宪法取代。路易－菲利普为了民族和解，将凡尔赛宫改造成法国历史博物馆。由于数以百计的宫廷侍臣套房一个没留，这座宫殿从此看起来就好像一直只有国王和家具在那里生活过。当路易－菲利普在杜伊勒里宫向孙子们讲述他去往印第安人那里的旅行时，这位事实上极有等级意识的"平民国王"或许给人一副惬意的印象，正如他和有些失望的臣仆一起散步并且自己打伞给人的印象那样。但是，已经开始的现代以内部的分裂撕毁了这一体系，正像以前的体系被撕毁一样。因此，在我们看来，平民国王和平民王后于 1848 年可怜地伪装成史密斯夫妇逃往英国，而没有像查理十世那样在 1830 年的流亡途中还命人将客栈的所有圆桌按照礼节全都锯得有棱有角，似乎是符合逻辑的。1850 年 8 月 26 日，路易－菲利普在英国的克莱蒙特屋去世，他是法国最后一位国王。

附　录

封建封号与官衔

方括号中的术语表示在相关国家或地区未出现的术语的翻译。

德语	法语	英语
Kaiser, Kaiserin 皇帝，皇后 / 女皇	［ empereur, impératrice ］	［ Emperor, Empress ］
König, Königin 国王，王后 / 女王	roi, reine	King, Queen
Kronprinz, Kronprinzessin 王（皇）储，王（皇）储妃 / 女王（皇）储 王位或皇位当然继承人（参 见第 504 页）的头衔。	［ prince(sse) royal(e) ］ 法国王储称作"王太子"。	［ Crown Prince(ss) ］ 英国王储称作"威尔士亲王"。
Kurfürst, Kurfürstin 选帝侯，选帝侯夫人	［ électeur, électrice ］	［ Elector, Electress ］
Kurprinz, Kurprinzessin 选帝侯世子，世子妃	［ prince(sse) électoral(e) ］	［ Electoral Prince(ss) ］
［ Großherzog, Großherzogin ］ 大亲王，大亲王妃 / 大公主 1569 年为托斯卡纳创建， 1806 年以前只存在于该地。 ［ Großfürst, Großfürstin ］ 大公，大公夫人 / 女大公 俄国沙皇家族中的非执政 成员。	［ grand duc, grande duchesse ］ 实际上是对"Großfürst"（字 面意思为大侯爵，按照习惯 及这一头衔持有者的地位翻 译为大公）的误译，因为这 一头衔仅存在于不区分侯爵 （Fürst）和公爵（Herzog）的 俄国和立陶宛。	［ Grand Duke，Grand Duchess ］

（续表）

德语	法语	英语
Prinz, Prinzessin 王子 / 亲王 / 宗室成员等，公主 / 亲王妃 / 宗室成员夫人等	prince, princesse	Prince, Princess
用于国王、选帝侯、公爵，以及有权继承该头衔的统治者的非执政后代。因此本书中此头衔拥有者的等级并不统一。	血统亲王、归宗亲王和外藩亲王等级的成员不管是否拥有"Prince de"的头衔或者称号，都具有这一等级。	在英国适用于王室非执政成员（不含威尔士亲王），只与名连用，而不提及封地。
Erbprinz, Erbprinzessin 爵位继承人 /（亲）王储等，爵位继承人夫人 /（亲）王储妃等	［prince(sse) héréditaire］	［Hereditary Prince(ss)］
公爵或罗马－德意志帝国中的非长子但有权继承 Prinz/Prinzessin 头衔的统治者的当然继承人。		
Fürst, Fürstin 侯爵，侯爵夫人 / 女侯爵	prince, princesse	［Prince, Princess］
需区分特指（帝国）侯爵的情况，以及泛指所有统治者的情况。	用于在法国少有的具有 prince 头衔，但不具有上述 Prince 等级的人。	
Herzog, Herzogin 公爵，公爵夫人 / 女公爵	duc, duchesse	Duke, Duchess
罗马－德意志帝国内统治者的一级（仅古老的家族拥有该头衔）。	王子、亲王之下等级最高的贵族头衔，但是王子通常也有一个公爵的头衔。	王子、亲王之下等级最高的贵族头衔，但是王子通常也有一个公爵的头衔。
Landgraf, Markgraf (-gräfin) 封地伯爵，边境伯爵（夫人）	［landgrave, margrave (auch fem.)］	［Landgrav(in)e, Margrav(in)e］
罗马－德意志帝国内统治者的一级（仅古老的家族拥有该头衔）。		

（续表）

德语	法语	英语
[Marquis, Marquise] [侯爵，侯爵夫人 / 女侯爵]	marquis, marquise	Marquess, Marchioness
Graf, Gräfin 伯爵，伯爵夫人 / 女伯爵 有时女儿们也称作 Comtesse。"执政"或帝国的伯爵拥有帝国议会投票权。	comte, comtesse	Earl, Countess 非英国的伯爵被翻译成 Count。侯爵、伯爵和子爵在口语中经常叫作 Lord（妻子称为 Lady）。
[Vicomte, Vicomtesse] [子爵，子爵夫人 / 女子爵]	Vicomte, Vicomtesse	Viscount, Viscountess
Freiherr, Freifrau (Töchter: Freiin oder Baronesse) 男爵，男爵夫人 / 女男爵 [女儿：Freiin 或 Baronesse（女男爵）] 最初称为 Herr、Herrin。Baron、Baronin 也翻译成男爵、男爵夫人，更为口语化，经常授予没有正规男爵头衔的人。	baron, baronne	Baron, Baroness 口语中几乎全称为 Lord、Lady。公爵和侯爵的非长子称作"（教名 + 姓氏）勋爵"，公爵、侯爵和伯爵的女儿称作"（教名 + 姓氏）女勋爵（Lady）"。
[Ritter] [骑士] 很长时间以来，在罗马-德意志帝国仅用作属类概念。"骑士阶层"（长期团体）的成员并不叫骑士。"骑士（或贵族）冯·某某"头衔的所有人属于未授衔的（新晋）贵族。	chevalier "chev. de" 只适用于马耳他骑士或者未婚骑士，因此没有女性的对应称呼。要区分置于姓氏之后的贵族资格 chevalier（骑士，英语为 Knight）及 écuyer（候补骑士、持盾扈从；绅士，英语为 Esquire）。	Knight（erblich: Baronet），Dame 爵士 / 骑士（世袭：从男爵），女爵士 始终与名字连用（对于称为"爵士"的男性，骑士或从男爵放在姓氏之后）。口语中妻子称作"夫人（姓氏）"。
未授衔的贵族 姓名通常含"冯"（von）	未授衔的贵族 姓名通常含"德"（de）	Gentry（参阅第 467~468 页） 绅士

　　欧洲其余地方的封号体系分别与此处介绍的其中一种相符。在意大利、西班牙、葡萄牙和使用法语的比利时，封号遵循法国的体系，语言上也近乎一致。这些国家中只有前3个的无封号贵族不同于法国模式，因为这些贵族不是通过"德"，而是利用始终位于名字之前的前缀"唐"（Don，葡萄牙语中为"Dom"）来辨别。只不过无论是"德"还是"唐"，都经常被不是贵族的人使用。尼德兰、丹麦、瑞典和芬兰使用的封号与德国相似，而且是非常相似；然而在这些国家，统治者家族之下几乎只有伯爵和男爵的封号，尼德兰最低等的贵族是乡绅（Jonkheer）和夫人（Jonkvrouwe）。波希米亚、波兰、匈牙利、克罗地亚和俄国的贵族同样只有侯爵、伯爵或者（波兰除外）男爵，其中各国的伯爵封号借用了德语（例如俄语是Graf，匈牙利语是gróf，波兰语是hrabia），男爵的封号则是借用了拉丁语及法语（例如俄语是Baron，匈牙利语是báro）。法语的封号体系请参见第336~338页，意大利、伊比利亚与德国上层贵族的封号体系请参见第338~339页，波兰的官职体系参见第339页和582页，无封号的德国贵族的官衔体系参见第339页。法国贵族只将陆军元帅和（法院）院长的官衔用作名字（"陆军元帅德某某"或者"陆军元帅德某某公爵""院长德某某"），它们和所有的官职一样，其阴性形式也可以用于官职所有人的妻子。马耳他骑士如果获得了骑士团的较高级别，也可以称作"有封地的骑士德某某"（对应德语的"骑士团领地管辖者"）或者"代表领主执法的大法官德某某"（对应德语的"领地管辖者"），其中"某某"始终指他们的姓。同样地，"修道院院长德某某"的名字描述的可能也不是某座修道院的院长，而是指某某贵族家庭的儿子乃修道院外的（也就是不属于任何教团的）教士。以上列举的官职仅在英国会授予明确固定的等级；法国仅有王子（并非仅在名字中含有"王子"）、公爵、西班牙大公（无论官衔如何）拥有等级；在罗马－德意志帝国，只有执政的伯爵以上有等级；在西班牙和葡萄牙只有（从官衔无法识别的）大公才有等级；其余头衔仅是名字的组成部分。

除了用作名字的封建封号体系，欧洲范围内还存在一个所谓的称呼体系，分修饰语和抽象实体两种。修饰语是在（主要是信件）称呼中和头衔连用的形容词（例如德语中的"最尊贵的、最强大的、最仁慈的国王和主人"或者"尊贵的伯爵"）。抽象实体用来指代第三人称，口头或者书面均有使用，例如人们不会说"您"或者"你"，而是按照等级称呼为"陛下""殿下"或者"阁下"。在德语中，抽象实体的尺度划分远比其他语言更为精细。如果说单个的抽象实体可以归入一个等级序列中的话，那么这个序列在18世纪看起来由高到低大致如下：［皇帝，国王］陛下（Majestät）—尊贵的国王（Königl. Würden，仅由皇帝用来称呼不重要的国王）—［皇帝，国王］殿下（Hoheit）—阁下（Eminenz）[1]—［选帝侯，侯爵］殿下（Durchlaucht）—阁下（Liebden，仅用于上级对下级或者同等级之间）—［选帝侯及侯爵］阁下（Fürstl. Gnaden）—阁下（Erlaucht）—伯爵阁下（Hochgräfl. Gnaden）—门第高贵的阁下（Hochgeboren）—阁下［Exzellenz，仅用于官员，但有时和（伯爵等）附加成分连用］—［男爵］阁下（Gnaden）—门第尊贵的阁下（Hochwohlgeboren）—圣下（Hochwürden，用于神职人员，但也可用于宫廷修会的骑士）—尊贵的阁下（Wohlgeboren）—高贵威严的阁下（Hochedel Gestrenge）—校长阁下（Magnifizenz）—阁下（Herrlichkeit）—威严的阁下（Wohlwürden）—尊敬的阁下（Hochedelgeboren）。另外，无论修饰语还是抽象实体，在使用时都不是绝对的；它们的分配使用不仅取决于接收者的等级，也取决于书写者或者说话者的等级。在德国之外，可以发现这一体系呈现不同的规模。在法语中已被大幅简化，只涉及最高的等级，使用的是以下梯度：陛下（Majesté）—殿下（Altesse Royale）—殿下（Altesse Sérénissime/Altesse Électorale/Sérénité Électorale，用于选帝侯）—阁下（Éminence，对枢机主教的称呼）—殿下（Altesse）—阁下（Excellence）—阁下（Grandeur，

---

[1] 对枢机主教的称呼。——译注

用于大臣和主教）。简单的 Altesse 当时还对应德语的"侯爵阁下"，因为德语中简单的"殿下"（Hoheit）在 1844 年前还不存在，而且被用作"国王殿下"的同义词。英国的体系更为简化，在陛下和殿下之下只有 Your Excellency（仅用于身处国外的使节或者总督）、Your Grace（用于公爵和主教）、Your Lordship（阁下，用于伯爵、侯爵、男爵等）和 Your Worship（阁下）。

重要的男性宫廷官职

降序的顺序并不绝对，因为等级在各宫廷间会有差异，在法国则根本没固定下来。

德语	法语	英语
[Großkämmerer] [掌礼大臣] 只是对外国官职的翻译。	grand chambellan 为了以下的官职而对其功能做了缩减。	Lord Great Chamberlain 只负责国家典礼的世袭官职。
Oberkammerherr, Oberkämmerer 高级宫廷侍从官 到了 19 世纪才在"高级"的官职之上设立了前缀为"最高"的官职。	premier gentilhomme de la chambre 同期有 4 名官员，各工作一年。	Lord Chamberlain（宫务大臣）及 Groom of the Stole（宫廷侍从官，"更现代的"负责内务的竞争职务）
Oberhofmeister 宫廷总管 负责统治者的内务。	grand maître de la maison 在法国只是御膳房的总管。其下为 premier maître d'hôtel。	Lord Steward of the Household 内务大臣 "楼梯下的负责人"，也就是厨房等的总管；Lord Chamberlain 任职于"楼梯之上"，也就是在更体面的内室。
Oberhofmarschall 高级内廷总监 普鲁士：高级总监（Ober-Marschall）。其下通常仅有一名内廷总监。	不存在 [德国官职的翻译：(grand) maréchal de la cour]。	

（续表）

德语	法语	英语
Großmeister der Garde-Robe 服饰总管 高级服饰侍从。	grand maître de la garde-robe 下属：maîtres de la g.-r.。	Master of the Robes 服饰侍从官长 仅负责宫廷搬迁。
Oberstallmeister 总掌马官 直接下属：副掌马官（Erster Stallmeister）	grand écuyer 一开始独立，但后来有了下属：premier écuyer（在附属门户中也是如此）。	Master of the Horse 直接下属：Gentleman of the Horse。
Oberjägermeister 狩猎总管	grand veneur	Master of the Buckhounds
Oberst (Hauptmann) der Leibgarde 禁卫军上校 德国各个宫廷之间有很大不同，禁卫军经常叫作卫兵（Trabanten）或者王室卫兵（Hartschiere）。	capitaine des gardes du corps 同期有 4 名官员，各工作一季度：colonel des gardes françaises（法国警卫上校）及 suisses（近卫步兵）	Colonel of the［英语、低地苏格兰语及骑兵队：Life 或者 Horse］Guards 近卫骑兵团上校 禁卫军在 18 世纪做了多次更名和重组。
［Groß-Almosenier］ 总施赈官	grand aumônier	Lord High Almoner
Oberhofmeister 宫廷总管（附属门户，例如王后宫中的总管。）	chevalier d'honneur（在王后或公主处）及 premier gentil-homme de la chambre（王子处） 德语头衔翻译为 grand maître。	Lord Chamberlain（宫务大臣，王后处）, Groom of the Stole（宫廷侍从官，威尔士亲王处）或者 Vice Chamberlain（副宫务大臣，威尔士亲王处，他处不存在）
Oberhofmeister 王室家庭教师（王子老师） 维也纳称 Ajo。下属：副家庭教师（Unterhofmeister）。	gouverneur 下属：sous-gouverneurs。	Governor 下属：Sub-Governors。

（续表）

德语	法语	英语
Schlosshauptmann 宫殿管理人	gouverneur［du château de ×］	Governor，Keeper
Kammerherr 宫廷侍从官 此官职及以下职位与前述职位相比，不仅不能世袭，而且经常被分配给大量人员。	menin（在王太子处）及chambellan（在次级的王子宫中，并且是对德国官职的翻译，否则不存在）	Gentleman（或者 Lord）of the Bedchamber 内廷侍臣 口语中之所以称侍寝勋爵，是因为该职位通常只授予已经是勋爵的人。
Kammerjunker 宫廷侍从	不存在 德语职位的翻译：gentilhomme de la chambre。	Groom of the Bedchamber 内廷侍从官
［Erster］Kammerdiener ［高级］贴身男仆 普鲁士的高级贴身男仆称秘密男仆（Geheimer Kämmerier）。	［premier］valet de chambre 由 4 名官职所有人轮流履职。	不存在 职能分布于多个下属职位。

除了贴身男仆，此处列举的所有职位都分配给贵族。

重要的女性宫廷官职

德语	法语	英语
[Oberste Hofmeisterin] [最高宫廷女管家] 仅作为法国职位的翻译。	surintendante de la maison	不存在
Oberhofmeisterin 高级宫廷女管家 女性宫廷侍从的首领。	dame d'honneur 对德国官职的翻译，头衔为 grande maîtresse。	Mistress of the Robes （服装）侍从女官长 设在王后处，有时也设在威尔士亲王处，此外不存在。
Oberhofmeisterin 王室家庭女教师 作为王子及公主的老师。维也纳称 Aja。	gouvernante，在王室子弟处称 des enfants de France 下属：sous-gouvernantes。	Governess 下属：Sub-Governesses。
[Unter- oder Garderobe-Hofmeisterin] [副或者服装侍从女官长] 仅作为法国职位的翻译。	dame d'atours	不存在
[Hof- und Staatsdamen, Palastdamen] [宫廷贵妇，女官] 德国宫廷 19 世纪才引入这些已婚宫廷贵妇的职位，此前只是对外国职位的翻译。	dames du palais 宫娥（始自 1664 年） 在王后或其他第一夫人处有 12 名在职者。口语中经常被错误地称为 dames d'honneur。	Ladies of the Bedchamber 寝室女官 设在王后或威尔士王妃处，职位所有者必须是英国上层贵族的妻子。

（续表）

德语	法语	英语
Kammerfräulein，Hoffräulein，Hofdamen 未婚侍女 总是有大量的在任未婚侍女，她们结婚时必须放弃这一职位。与德国的同等职位不同，这些未婚侍女都来自最好的宫廷贵族家庭。	filles d'honneur 总是有大量的在任未婚侍女，她们结婚时必须放弃这一职位。后因为造成了太多混乱，1674 年开始加以限制，最终在 1702 年废除。（参见第 27~28 页）	Maids of Honour 总是有大量的在任未婚侍女，她们结婚时必须放弃这一职位。（参见第 497~499 页）
Kammerfrauen 侍女 职位所有者始终是平民。	femmes de chambre 职位所有者为平民或者新晋贵族。	Women of the Bedchamber 按照英国程式上的标准（参见第 467~468 页），职位所有者非贵族，但是来自事实上高贵的家族。

旧秩序下军官的军衔

奥地利	普鲁士	法国	英国
Generalissimus 大元帅	不存在	maréchal général des camps et armées	Captain General
	(General-)Feldmarschall 陆军元帅	maréchal de France	Field Marshal（始自 1736 年）
General der Kavallerie bzw. (bei der Infanterie) (General-)Feldzeugmeister 骑兵及（步兵）将军 炮兵司令官（总）	General der Kavallerie bzw. Infanterie 骑兵及步兵将军	不存在 colonel général 的头衔仅指某一兵种的首领之职。	General 上将
Feldmarschall Leutnant 中将	Generalleutnant 中将	lieutenant général des armées 陆军中将 海军：des armées navales	Lieutenant General
General(feld)wachtmeister， 将军中士，自 1700 年起越来越多地称为少将		maréchal de camp	Major General
Brigadier 准将（在 18 世纪早期废除）		brigadier (de cavalerie 及 d'infanterie)	Brigadier General，后来称 Brigadier
Oberst (Obrist) 上校		colonel 或者 mestre de camp（如果某一兵种有 col. général）或者 colonel lieutenant（在名义上属于某个王室人物的军团中）	Colonel

（续表）

奥地利	普鲁士	法国	英国
Oberstleutnant (Obristlieutenant) 中校		lieutenant-colonel	Lieutenant Colonel
Oberstwachtmeister, ab 1700 zunehmend: Major 一级军士长，自 1700 年起越来越多地称为少校		［major］	Major
Hauptmann(Kav.: Rittmeister) 上尉（骑兵：骑兵上尉）	Kapitän(Kav.: Rittmeister)	capitaine	Captain
Premierleutnant 中尉		lieutenant	First Lieutenant
Secondeleutnant 少尉		sous-lieutenant	Second Lieutenant
Fähnrich (Fahnenjunker, Kavallerie: Kornett) 旗手（候补军官骑兵：骑兵队旗手）		enseigne 骑兵：cornette； 宪兵队：guidon。	Ensign（骑兵：Cornet） 掌旗官

17—18 世纪欧洲大事年表

1608

法国在加拿大建立魁北克殖民地。

1613

米哈伊尔·费奥多罗维奇·罗曼诺夫被选为俄国沙皇，开启持续 300 余年的罗曼诺夫王朝（1613—1917 年）。

1618

波希米亚首都布拉格发生"掷出窗外事件"，三十年战争爆发。

1620

英国"五月花号"到达北美洲。

1635

法国加入"三十年战争"。

1640

英国资产阶级革命爆发。

1648

夏季，布拉格围城战爆发；10 月，哈布斯堡王朝战败，签订《威斯特伐利亚和约》，三十年战争结束。

1649

1月，**英国国王查理一世被处死**；5月，奥利弗·克伦威尔领导的英格兰共和国成立。

1652

1651年英国颁布《航海条例》，导致**第一次英荷战争爆发**。

1654

第一次英荷战争结束。英国与尼德兰联省共和国（亦称荷兰共和国）签订《威斯敏斯特条约》，联省共和国承认《航海条例》。

俄国与波兰 – 立陶宛联邦爆发战争，亦称第一次北方战争或十三年战争。

1660

英国迎回查理一世的长子，即查理二世，斯图亚特王朝复辟。

1664

英国夺取尼德兰位于北美洲的殖民地新阿姆斯特丹，将其改名为纽约。

1665

英国制定更严苛的航海法，加之占领尼德兰位于北美洲的殖民地新阿姆斯特丹（今纽约），**第二次英荷战争爆发**。

1667

第二次英荷战争结束。英国与尼德兰互换领地，英国修改航海法，让利于尼德兰。

遗产战争爆发。路易十四的王后是西班牙国王费利佩四世的长女，1665年费利佩四世死后，路易十四以王后的名义要求继承西属尼德兰的遗产，引发战争。

俄波战争结束。俄国获得大量领土，由此开始崛起。

1668

遗产战争结束。在英国、尼德兰、瑞典三国同盟的介入下，法国与西班

牙签订《第一亚琛和约》，但未解决法国与西班牙之间的矛盾，并使得
路易十四扩张野心更大。

1672

法国借口尼德兰在遗产战争中背弃盟友转投西班牙，发动战争。英国国
王查理二世与法国国王路易十四结盟，向尼德兰宣战，**法荷战争与第三
次英荷战争爆发**，造成尼德兰"灾难年"。

1674

第三次英荷战争结束。英国得到尼德兰部分的殖民地与贸易特权，但必
须给予尼德兰 20 万英镑的补偿。

1676

第一次俄土战争爆发。乌克兰同俄国重新合并后，奥斯曼帝国因反对合
并而出兵乌克兰。

1678

法荷战争结束。法国获胜，称霸欧洲，法国国王路易十四的"太阳王"
称号被欧洲诸国承认。

1681

第一次俄土战争结束。俄国与奥斯曼帝国签署《巴赫奇萨赖和约》，奥
斯曼帝国承认俄国对第聂伯河左岸地区的统治。

1683

大土耳其战争爆发，指奥斯曼帝国与加入神圣联盟的欧洲国家之间爆发
的一系列冲突。

1685

路易十四撤销 1598 年由亨利四世颁布的承认法国国内胡格诺派教徒信仰
自由的"南特敕令"，40 万胡格诺派教徒被迫迁居他国。

1686

第二次俄土战争爆发。属于大土耳其战争的一部分。

1688

英国爆发"光荣革命"。

大同盟战争爆发。尼德兰、英国、西班牙、罗马－德意志帝国、萨伏依公国、瑞典等国联合对抗法国扩张。

1689

"光荣革命"结束。英国国王詹姆斯二世被驱逐，威廉三世与玛丽二世加冕为英国君主，共同执政；议会通过并签署《权利法案》，君主立宪制在英国确立。

1697

大同盟战争结束。法国扩张计划破灭，各国言和，法国仍是欧洲最强霸权。路易十四承认威廉三世为英格兰、苏格兰和爱尔兰的国王。

1699

大土耳其战争结束。奥斯曼帝国与欧洲各国签订《卡洛维茨条约》，第一次向欧洲各国割让土地，标志帝国由盛转衰。

1700

大北方战争爆发。俄国与瑞典为争夺波罗的海出海口爆发战争。

第二次俄土战争结束。俄国获得亚速。

1701

普鲁士王国建立，勃兰登堡选帝侯腓特烈三世登基，称普鲁士国王腓特烈一世。

西班牙王位继承战争爆发。西班牙的哈布斯堡王朝绝嗣，西班牙决定由路易十四的孙子继承王位。欧洲各国惧怕路易十四之孙继位后西班牙帝国将与法国合并，认为王位应该由同属哈布斯堡王室的奥地利大公查理（后来的罗马－德意志皇帝查理六世）继承，于是组建了庞大的同盟对法宣战，希望夺回西班牙的王位。

1709

马尔普拉奎特战役爆发。此战是西班牙王位继承战争中的决定性战役之一，也是 18 世纪极为血腥惨烈的战役之一。

1710

第三次俄土战争爆发。1709 年，瑞典国王卡尔十二世战败于波尔塔瓦，撤退至奥斯曼帝国，请求苏丹协助抗敌；次年，奥斯曼帝国军队出兵。

1711

第三次俄土战争结束。战争以俄国失败告终，签订《普鲁特和约》，俄国被迫归还亚速，并允许瑞典国王卡尔十二世过境回国。

1714

汉诺威选帝侯格奥尔格·路德维希继承英国王位，称乔治一世。英国斯图亚特王朝结束，汉诺威王朝（1714—1901 年）自此而始。

1715

西班牙王位继承战争结束。法国国王路易十四之孙继承西班牙王位，称费利佩五世，同时放弃法国王位的继承权。

1721

大北方战争结束。以俄国为首的北方同盟获胜，俄罗斯帝国称霸波罗的海；战败的瑞典损失大片海外领地与人口，步向衰落。

1733

波兰王位继承战争爆发。波兰"强力王"奥古斯特二世去世，王位空悬，引发战争，最终演变为波旁王朝与罗马 - 德意志帝国哈布斯堡王朝的大战。

1735

波兰王位继承战争结束。交战双方初步达成和平协议，协议内容最终于 1738 年得到落实。奥地利、俄国支持的奥古斯特三世继承波兰王位，波旁家族得到那不勒斯 - 西西里王国，洛林公国将通过联姻并入法国，弗朗茨·斯特凡（后来的罗马－德意志皇帝弗朗茨一世）得到托斯卡纳大亲王国。

第四次俄土战争爆发。俄国在波兰王位继承战争中取胜后向奥斯曼帝国宣战，目的是夺取黑海北岸和克里米亚半岛。

1737

美第奇家族绝嗣，波兰王位继承战后的领地交换方案由此生效。

1739

第四次俄土战争结束。俄国再次占领亚速。

1740

奥地利王位继承战争爆发。罗马－德意志皇帝查理六世去世，奥地利哈布斯堡王朝男嗣断绝。根据查理六世于1713年颁布的《国事诏书》，其长女玛丽亚·特蕾西娅承袭波希米亚国王之位，玛丽亚·特蕾西娅的丈夫弗朗茨·斯特凡承袭罗马－德意志帝国帝位。普鲁士、法国、西班牙、巴伐利亚选侯国、萨克森选侯国等拒绝承认玛丽亚·特蕾西娅的继承权，而奥地利大公国、英国、尼德兰、俄国从各自利益出发全力支持玛丽亚·特蕾西娅的继承权。

1748

奥地利王位继承战争结束。弗朗茨·斯特凡成为罗马－德意志皇帝，玛丽亚·特蕾西娅保有奥地利大公爵位，成为帝国皇后。普鲁士获得西里西亚，哈布斯堡领地帕尔马、皮亚琴察和瓜斯塔拉公国重归西班牙波旁王朝统治。

1756

七年战争爆发。英国与法国、西班牙在贸易与殖民地上相互竞争；普鲁士与奥地利在罗马－德意志帝国的体系内外争夺霸权，从而引发了英国－普鲁士联盟与法国－奥地利联盟之间的战争。

1763

七年战争结束。英国成为海外殖民地霸主，法国进一步被削弱，俄国巩固了其强国地位。

1768

第五次俄土战争爆发，此战是俄国夺取黑海出海口斗争的继续。

1772

第一次瓜分波兰。俄国占领西德维纳河、德鲁季河和第聂伯河之间的白俄罗斯及部分拉脱维亚；普鲁士占领瓦尔米亚、但泽（格但斯克）以外的波莫瑞省、托伦以外的海乌姆诺省、玛律博克省；奥地利占领克拉科夫省、桑多梅日省的南部和加里西亚大部。此次瓜分令波兰失去 30% 的领土和超过三分之一的人口。

1774

第五次俄土战争结束。奥斯曼帝国割让刻赤海峡等地，赔偿 250 万卢布；克里米亚汗国成为俄国的附属国。

1775

美国独立战争爆发。次年 7 月 4 日，大陆会议通过了《独立宣言》，宣告美国诞生。

1778

法国承认美国独立。

1780

英国以尼德兰支援美国独立战争为由，于 1780 年片面废除当年威廉三世主导的英荷同盟的各种条约，**第四次英荷战争爆发**。

1783

美国独立战争结束。英国承认美国独立，割让密西西比河以东给美国。

1784

第四次英荷战争结束。尼德兰衰落。

1787

第六次俄土战争爆发。奥斯曼帝国要求俄国放弃克里米亚及黑海沿岸的驻防，俄方拒绝，双方开战。

1789

法国大革命爆发。

1792

第六次俄土战争结束。奥斯曼帝国战败，签订《雅西和约》，割让德涅斯特河以东的广阔领土。

法国大革命战争爆发。交战双方为新建立的法兰西共和国和反法同盟，这场战争也是历史上第一场"现代战争"。

"九月屠杀"。9 月 2 日至 6 日法国巴黎及全国各处城市持续 5 日的杀戮风潮。

1793

法国国王路易十六与王后玛丽·安托瓦内特先后被处死。处死国王的举动激怒了几乎所有欧洲君主，英国、西班牙、葡萄牙、尼德兰、那不勒斯－西西里王国，以及德意志和意大利诸邦加入反法同盟。

第二次瓜分波兰。由普鲁士王国与俄国协力完成，俄国占白俄罗斯（包括明斯克）、第聂伯河西岸乌克兰大部、立陶宛部分地区；普鲁士占但泽（格但斯克）和托伦两市、大波兰地区的几省、马佐夫舍一部分。此次瓜分令波兰失去大约 30.8 万平方千米的土地与超过 300 万人口。

1795

第三次瓜分波兰。俄国、普鲁士和奥地利分别获得了大量土地和人口。此次瓜分后，波兰从世界地图中消失，直到第一次世界大战结束后，波兰才恢复独立。

1797

果月政变。法国共和派的督政府成员从日益强大的保皇党人手中夺取政权的一场政变。

1798

尼罗河河口海战。法国大革命战争中一次重要的海战，霍雷肖·纳尔逊带领英国舰队在亚历山大港附近摧毁法国舰队，并将拿破仑的军队困在埃及。

1799

雾月政变。西哀士、拿破仑、富歇和德塔列朗谋划的夺权计划，迫使督政辞职，驱散立法议会成员，组成执政府。拿破仑成为第一执政，掌控法国政府的大部分权力。

原始资料和参考文献

　　——证明本书引用的事实、数据、引言或者分析，并对传统记录或分析中的每一处矛盾展开探讨，就超出了本书的范围。然而为了使所有说明具备尽可能高的可验证性，我把每一章主要依据的原始资料和参考文献都列举了出来。

　　以下较为普及的传记或者家谱类的工具书应用普遍，因此没有再单独列出：Schwennicke，Europäische Stammtafeln（欧洲谱系）；Allgemeine deutsche Biographie（德国人物传）；Neue deutsche Biographie（新编德国人物传）；Genealogisches Handbuch des Adels（贵族家谱手册）；Gothaische genealogische Taschenbücher（哥提奇家谱平装书）；Genealogisches Reichs- und Staatshandbuch（帝国与国家家谱手册）；Europäisches genealogisches Jahrbuch（欧洲家谱年鉴）；Dictionnaire de biographie française（法国传记辞典）；Anselme，Histoire généalogique et chronologique de la maison royale et des grands officiers de la couronne（皇室及皇室的受勋者的系谱和编年史）；La Chesnaye-Desbois，Dictionnaire de la noblesse（贵族辞典）；Oxford Dictionary of National biography（牛津国家人物传记大辞典）；Cokayne et al.，The Complete Peerage（完全贵族）；Burke's peerage（伯克贵族名谱）；Polski słownik biograficzny（波兰传记辞典）；Żychliński，Złota księga szlachty polskiéj（波兰贵族金册）；Русский биографический словарь（俄国传记辞典）；Nieuw Nederlandsch biografisch woordenboek（新编尼德兰传记辞典）；Nederlands adelsboek（尼德兰贵族书）。同样也包括国际关系史手册［即 H. 席林（H. Schilling），K. 马列茨科（K. Malettke），H. 杜赫哈特

（H. Duchhardt）和 M. 埃尔贝（M. Erbe）的相关卷集]、外交代表人物汇
编及大量地图与市区图。

　　只有在涉及文中并非顺带提及的现象时，较为普及的历史资料才会在
以下的说明中被提及。如果一部文献仅因为其中的源文本而被引用，那么
这一著作就会被归入原始资料中。仅引用了相对较短段落的著作，会在括
号中予以更精确的说明。同样，括号中有时会提请注意特别重要或者著作
的标题未予以足够清晰告知的内容。

第 1 章　"一位波兰王子，他的名字我已忘记……"

原始资料

Mémoires du prince de Tarente d'après le manuscrit（根据德塔兰托亲王手稿撰
写的回忆录）. 由 Tulot 2010 编辑（仅限在线）。

Mémoires de Henri-Charles de La Trémoïlle, prince de Tarente（德塔兰托亲王亨
利 - 夏尔·德拉特雷穆瓦耶回忆录），Griffet, 1767.

Briefwisseling van Constantin Huygens（范康斯坦丁·惠更斯的信件），Worp,
1911–1917. 主要参考第三卷第 319 ~ 331 页关于决斗的内容。

Die Briefe der Kinder des Winterkönigs（"冬王"孩子们的书信），Hauch, Neue
Heidelberger Jahrbücher（海德堡年鉴新编）15 (1908).

Les mémoires du Burgrave et Comte Frédéric de Dohna（多纳城堡领主与伯爵弗
里德里希回忆录），Borkowski, 1898.

Rauchbar, Leben und Thaten des Fürsten Georg Friedrich von Waldeck（瓦尔德克侯
爵格奥尔格·弗里德里希的生平和事迹），Curtze u. Hahn, 1867–1872.

Urkunden und Actenstücke zur Geschichte des Kurfürsten Friedrich Wilhelm von
Brandenburg, diverse Hgg. 1864–1930（有关勃兰登堡选帝侯腓特烈·威廉历史的文
献和档案，出版于 1864 年至 1930 年间）.

Correspondance d'Henri de La Trémoïlle, duc de Thouars（德图马尔斯公爵德亨
利·德拉特雷穆瓦耶的信件）. 由 Tulot 2007–2009 编辑（仅限在线）。

Correspondance de Marie de La Tour d'Auvergne, duchesse de La Trémoïlle（德

拉特雷穆瓦耶公爵夫人玛丽·德拉图尔·德奥韦涅的信件）. 由 Tulot 2007–2009 编辑（仅限在线）。

Chartrier de Thouars, hg. La Trémoïlle 1877（德图马尔斯文献集，由拉特雷穆瓦耶在 1877 年出版）.

Journaal van Constantin Huygens, den zoon（范康斯坦丁·惠更斯的日记），1876–1881（Ⅲ, S. 116f.）.

Kalicki, Bogusław Radziwiłł, koniuszy litewski（博古斯瓦夫·拉齐维乌：立陶宛伯爵），1878 (S. 163).

Gazette de France（法国公报）.

Theatrum Europaeum 1643–1738（欧洲剧院：1643 年至 1738 年）(Ⅳ, S. 807 f.).

参考文献

Asch, Europäischer Adel in der Frühen Neuzeit. Eine Einführung（近代早期的欧洲贵族，"导论"），2008.

Scott, The European Nobilities in the Seventeenth and Eighteenth Centuries（17 世纪和 18 世纪的欧洲贵族），1995.

Dewald, Aristocratic Experience and the Origins of Modern Culture: France 1570–1715（贵族经验与现代文化的起源：1570 年至 1715 年的法国），1993.

Łukowski, The European Nobility in the Eighteenth Century（18 世纪的欧洲贵族），2003.

Oresko, Gibbs u. Scott, Royal and Republican Sovereignty in Early Modern Europe（近代早期欧洲的王室和共和国主权），1997.

Ertman, Birth of the Leviathan: Building States and Regimes in Medieval and Early Modern Europe（利维坦的诞生：中世纪及近代早期欧洲的国家与政权建设），1997.

Reinhard, Geschichte der Staatsgewalt（国家权力的历史），2000.

Wrede, Ohne Furcht und Tadel（没有恐惧和指责），2012.

Horowski, Konversion und dynastische Strategie（改宗和王朝策略），in: Lotz-Heumann, Pohlig u. Missfelder, Konversion und Konfession（改宗和告解），2007.

Ders., Subjects into sovereigns（主体到君主），in: Pohlig u. Schaich , The War of the Spanish Succession（西班牙继承权战争），2017.

Opgenoorth, Friedrich Wilhelm: Der große Kurfürst von Brandenburg（勃兰登

堡大选帝侯），1971–1978.

Erdmannsdörffer, Luise Henriette v. Oranien u. der Prinz von Tarent, Zeitschrift für preußische Geschichte u. Landeskunde（奥兰治公主路易丝·亨丽埃特与塔兰托亲王，普鲁士民族研究史杂志）15 (1878) S.242–71.

La Trémoïlle, Les La Trémoïlle pendant cinq siècles（5 个世纪以来的拉特雷穆瓦耶），1890–1896.

Poncet, Des chartes pour un royaume. Les prétentions de la famille de La Trémoïlle sur le royaume de Naples, Annuaire-bulletin de la société de l'Histoire de France（王国宪章：拉特雷穆瓦耶家族索要那不勒斯王国，法国历史协会年鉴公报），2007, S. 145–72.

Haag, La France protestante（法国新教），1846–1859.

Jörg Jacoby, Boguslaus Radziwill（博古斯瓦夫·拉齐维乌），1959.

Frost, After the Deluge: poland-Lithuania and the Second Northern War 1655–1660（洪水过后：波兰 – 立陶宛联邦和第二次北方战争，1655 年至 1660 年），1993.

Marshall, The Winter Queen（"冬王"王后），1998.

Godfrey, A Sister of Prince Rupert. Elizabeth Princess Palatine（鲁珀特王子的一个姐妹：巴拉汀公主伊丽莎白），1909.

第 2 章　希望德摩纳哥夫人至少赌场得意

原始资料

Archives de la Bastille（巴士底狱档案），Ravaisson, 1866–1904.

Mémoires de Mlle de Montpensier［d. h. Mademoiselle］（德蒙庞西耶小姐回忆录），Chéruel, 1858–1859.

Mémoires de Mme de Motteville（德莫特维尔夫人回忆录），Riaux, 1855.

Journal d'Olivier Lefèvre d'Ormesson（德奥利弗·勒菲弗·德奥梅松日记），Chéruel, 1860–1861.

Lettres, instructions et mémoires de Colbert（柯尔培尔的信件、指示和回忆录），Clément, 1863–1873.

Mémoires de Roger de Rabutin comte de Bussy（德比西伯爵德罗热·德拉比坦回忆录），Lalanne, 1857.

Mémoires d'Hortense et de Marie Mancini（德奥尔唐斯和玛丽亚·曼奇尼回忆录）, Doscot, 1987.

Condé u. Enghien, Lettres inédites à Marie-Louise de Gonzague（孔蒂和昂吉安，玛丽 - 路易丝·德贡萨克未发表的信件）, Magne, 1920.

Bussy-Rabutin, Lettres（比西－拉比坦的信件）, Lalanne, 1857–1858.

Saint-Maurice, Lettres sur la cour de Louis XIV（路易十四宫廷的信件）, Lemoine, 1911–1912.

Mme de Sévigné, Lettres（德塞维涅夫人，信件）, Gérard-Gailly, 1953–1963.

Cosnac, Mémoires（科纳克回忆录）, Cosnac, 1852.

Mémoires de l'abbé de Choisy（德舒瓦西神父回忆录）, Lescure, 1888.

Briefe der Elisabeth Charlotte von Orléans（德奥尔良公爵夫人伊丽莎白·夏洛特的信件）, Holland, 1867–1881.

Aus den Briefen der Herzogin Elisabeth Charlotte von Orléans an die Kurfürstin Sophie von Hannover（德奥尔良公爵夫人伊丽莎白·夏洛特写给汉诺威选帝侯夫人索菲的部分信件）, Bodemann, 1891.

Briefe der Herzogin Elisabeth Charlotte von Orléans an…A. K. v. Harling（公爵夫人伊丽莎白·夏洛特写给 A. K. 冯·哈林的信）, Bodemann, 1895.

Elisabeth Charlottens Briefe an Karoline von Wales（伊丽莎白·夏洛特写给威尔士王妃卡洛琳的信）, Helmolt, 1909.

Madame Palatine, Lettres françaises（帕拉丁夫人的法语书信）, Van der Cruysse, 1989.

Spanheim, Relation de la Cour de France（法国宫廷的关系）, Bourgeois, 1900.

Saint-Simon, Mémoires（圣西蒙回忆录）, Boislisle, 1879–1930.

Gazette de France（法国公报）.

参考文献

Duindam, Myths of Power. Norbert Elias and the Early Modern Court（权力神话：诺贝特·埃利亚斯与近代早期宫廷）, 1994.

Ders., Vienna and Versailles. The Courts of Europe's Dynastic Rivals（维也纳和凡尔赛：欧洲王朝竞争对手的宫廷）, 2003.

Hinrichs, Fürsten und Mächte: zum Problem des europäischen Absolutismus（王侯与权力：关于欧洲的专制制度）, 2000.

Schilling, Absolutismus, ein unersetzliches Forschungskonzept? Eine deutsch-französische Bilanz（专制制度，一个不可替代的研究方案？一份德法结算），2008.

Horowski, Das Erbe des Favoriten（宠臣的遗产），in: Hirschbiegel u. Paravicini, Der Fall des Günstlings（宠臣的衰落），2004.

Ders., Die Belagerung des Thrones（围攻王位），2012.

Campbell, Power and Politics in Old Regime France 1720–1745（法国旧秩序下的权力和政治：1720 年至 1745 年），1996.

Petitfils, Madame de Montespan（德蒙特斯庞夫人），1988.

Ders., Louis XIV（路易十四），1995.

Ders., Fouquet（富凯），1995.

Ders., Lauzun（洛赞），2008.

Lair, Louise de La Vallière et la jeunesse de Louis XIV（路易丝·德拉瓦利埃与青年路易十四），1882.

Lacour-Gayet, Le château de Saint-Germain-en-Laye（圣日耳曼－昂莱城堡），1935.

Lewis, Assault on Olympus. The rise of the house of Gramont（进攻奥林匹斯：格拉蒙家族的崛起），1958.

Jaurgain u. Ritter, La maison de Gramont（格拉蒙家族），1968.

Saige, Monaco, ses origines et son histoire（摩纳哥：起源和历史），1897.

Israel, The Dutch Republic（荷兰共和国），1995.

Communay, Audijos. La gabelle en Gascogne（加斯科涅的加布里埃尔），1893.

McCullough, Coercion, conversion and counterinsurgency（镇压、皈依和反叛乱），2007.

Williams, Five fair sisters（美丽的五姐妹），1906.

Dussieux, Généalogie de la maison de Bourbon（波旁家族谱系），1872.

与本书其他各处的姓名原则有出入的是，本章一直使用洛赞的称呼，尽管他1668 年起才接受德洛赞伯爵的封号，此前一直叫作德佩吉扬侯爵。由于德佩吉扬侯爵不便使用，而且这一称呼的主人会更频繁地以洛赞的身份与我们相遇，因此我全文都以洛赞代之。

第 3 章　丹克尔曼感觉不到子弹

原始资料

Aus den Denkwürdigkeiten zweier brandenburgischer Staatsmänner（两位勃兰登堡政治家回忆录节选），Breysig, Forschungen zur brandenburgischen u. preußischen Geschichte（勃兰登堡和普鲁士历史研究）4 (1891) S.177–212 (dort N.B.Danckelmanns Reiseerinnerungen, 尼古劳斯·巴托洛梅乌斯·丹克尔曼的旅行记忆）.

Stoffel, Remerciement fait en forme d'harangue à l'enterrement de...Raban-Henry d'Uffel 1674 (1674 年在拉邦 – 海因里希·德乌费尔葬礼上的演讲致辞）.

Les mémoires du Burgrave et Comte Frédéric de Dohna（多纳城堡领主与伯爵弗里德里希回忆录），Borkowski, 1898.

Das Tagebuch Dietrich-Sigismund von Buchs（迪特里希 – 西吉斯蒙德·冯·布赫日记），Hirsch, 1904–1905.

Gerlach, Richtiger Wegzeiger...bey frühzeitigem...Todesfall des...Georg Gottfried von Uffeln 1659（格奥尔格·弗里德里希·冯·乌费尔 1659 年英年早逝事件的真正指路人）.

Stoffel, Fürstlicher Jugend-Spiegel（公侯青年明镜），1671.

Seifert, Genealogie Hoch-Adelicher Eltern und Kinder（上层贵族父母与子女谱系）1716 (S.209f.).

Zedler, Universal-Lexicon（泽德勒通用辞典），1732–1750 (IX, S.572f., 2070f.).

Lünig, Das Teutsche Reichs-Archiv（德意志帝国档案），1710–1722 (Pars Generalis 帕尔斯将军, S.661–663).

参考文献

Babel u. Paravicini, Grand Tour. Adeliges Reisen und europäische Kultur vom 14. bis zum 18. Jahrhundert（壮游：14 世纪到 18 世纪的贵族旅行与欧洲文化），2005.

Leibetseder, Die Kavalierstour. Adlige Erziehungsreisen im 17. und 18. Jahrhundert（骑士之旅：17 世纪至 18 世纪的贵族教育旅行），2004.

Martignier u. Crousaz, Dictionnaire historique, géographique et statistique du canton de Vaud（历史词典，沃州地理与统计数据），1867.

Gautier, Histoire de Genève des origines à l'année 1690 (1690 年的日内瓦起源史），1896–1914.

Picot, Histoire de Genève（日内瓦史），1811（Ⅲ，S.44 –47）.

Piépape, Histoire de la réunion de la Franche-Comté à la France（弗朗什－孔泰并入法国史），1881.

Dohna, Aufzeichnungen über die Vergangenheit der Familie Dohna（多纳家族编年史），1877–1885.

Danckelmann, Stammtafel der...Familie von Danckelmann（丹克尔曼家族谱系），1912.

Warnecke, Die Familie Danckelmann（丹克尔曼家族），in: Ehbrecht, Lingen 975–1975（林根：975 年至 1975 年），1975（S.115–144）.

Kaiser, Der unhöfische Favorit. Eberhard von Danckelmann（与宫廷无关的宠臣：埃伯哈德·冯·丹克尔曼）(1643-1722), in: Kaiser u. Pečar, Der zweite Mann im Staat（国家 2 号人物），2003（S.271–294）.

Breysig, Der Prozess gegen Eberhard Danckelman（对埃伯哈德·丹克尔曼的诉讼），1889.

Gringmuth, Die Behördenorganisation im Herzogtum Magdeburg（马格德堡公侯国的行政组织），1934.

Braubach, Geschichte und Abenteuer. Gestalten um den Prinzen Eugen（历史和冒险：围绕欧根亲王的人物），1950（S.267）.

Seraphim (E. u. A.), Aus Kurlands herzoglicher Zeit（库尔兰的公爵时代），1892.

Dies., Aus der kurländischen Vergangenheit（库尔兰历史），1893.

Seraphim (A.), Eine Schwester des Großen Kurfürsten. Luise Charlotte Markgräfin von Brandenburg, Herzogin von Kurland（大选帝侯的一位姐妹：勃兰登堡边境女伯爵路易丝·夏洛特，库尔兰公爵夫人。今天的工具书在引用库尔兰公爵和亲王的名字时经常使用他们从未用过的姓氏克特勒），1901.

Roth, Restlose Auswertungen von Leichenpredigten（完整致悼词，其中第2398~2399页是致施托费尔的悼词，第 2286 页是致乌费尔的悼词），1959–1980.

Posselt, Der General und Admiral Franz Lefort（将军和海军上将弗朗索瓦·勒福尔），1866.

Galiffe, Notices généalogiques sur les familles génévoises（日内瓦家族的家谱记录），1892–1908.

Friesen, Geschichte der reichsfreiherrlichen Familie v. Friesen（帝国男爵弗里森家族史），1899.

Wiegand, Die Herren von Uffeln（乌费尔家的先生们）, 1997.

Stollberg-Rilinger, Des Kaisers alte Kleider（皇帝的旧衣）, 2008 (S.273, 372) .

Onder den Oranje Boom. Niederländische Kunst u. Kultur im 17. u. 18. Jahrhundert an deutschen Fürstenhöfen（17 世纪至 18 世纪德国侯爵宫廷中的尼德兰艺术和文化）, 1999 (Katalogband S.226f.) .

第 4 章　铁面人受到了惊扰

原始资料

Archives de la Bastille（巴士底狱档案）, Ravaisson, 1866–1904.

Mémoires de Mlle de Montpensier［d. h. Mademoiselle］（德蒙庞西耶小姐回忆录）, Chéruel, 1858–1859.

Mme de Sévigné, Lettres（德塞维涅夫人的信件）, Gérard- Gailly, 1953–1963.

Mémoires de l'abbé de Choisy（德舒瓦西神父回忆录）, Lescure, 1888.

Mémoires du prince de Tarente d'après le manuscrit（根据德塔兰托亲王手稿撰写的回忆录）. 由 Tulot 2010 编辑（仅限在线）。

Mémoires de Henri-Charlesde La Trémoïlle, prince de Tarente（德塔兰托亲王亨利 - 夏尔·德拉特雷穆瓦耶回忆录）, Griffet, 1767.

Spanheim, Relation de la Cour de France（法国宫廷的关系）, Bourgeois, 1900.

Saint-Simon, Mémoires（圣西蒙回忆录）, Boislisle, 1879–1930.

Plan de la ville et citadelle de Pignerol（皮内罗洛城市和城堡地图）, s.d., Bibliothèque nationale de France（法国国家图书馆）GE-BB 246. 皮内罗洛城堡主楼最好的详细图纸可以在 Getty Images 找到，标题是容易造成误导的 "blueprint-of-the-dungeon-of-the-pignerol-fortress"，即 "皮内罗洛堡垒地牢蓝图"，可惜未标明出自何书。

参考文献

Petitfils, Madame de Montespan（德蒙特斯庞夫人）, 1988.

Ders., Fouquet（富凯）, 1995.

Ders., Le masque de fer（铁面具）, 2004.［请不要与他此前的著作《铁面人》(L'homme au masque de fer, 1970) 混淆！］

Ders., Lauzun（洛赞），2008.

Lair, Nicolas Foucquet（尼古拉·富凯），1890.

La Force, un courtisan du grand roi（伟大国王的廷臣），1914.

Sconfienza, Fortezze e piazzeforte quadrilatere in Piemonte. Modelli ed esempi tra ⅩⅥ e ⅩⅦ secolo（皮埃蒙特的福特泽·皮亚泽特地区：16 世纪至 17 世纪的模型和实例），in: Amoretti u. Pettiti, La Scala di Pietro Micca. Atti del Congresso Internazionale（国际会议录），1998（S.409–440）.

Horowski, Konversion und dynastische Strategie（改宗和王朝策略），in: Lotz-Heumann, Pohlig u. Missfelder, Konversion und Konfession（改宗和告解），2007（S.171–211）.

第 5 章　格伦布科跳舞

原始资料

La rejouissance des dieux. Ballet...dansé devant Sa Serenité Electorale, au subjet du mariage...à Berlin le 5me novembre 1684. / Der Götter Freuden-Fest: Balet, so Ihre Churfürstliche Durchläuchtigkeit von Brandenburg...in Berlin den 6. Novemb. 1684. tantzen lassen（众神的欢乐盛会：芭蕾，勃兰登堡选帝侯阁下 1684 年 11 月 6 日让人在柏林起舞，法语资料中日期为 11 月 5 日）.

Böckmann, Der unruhige Mars, in einem Lust-Feuerwerck vorgebildet（不安宁的马尔斯：在一场娱乐焰火中预先训练），1684.

Ursinus, Eine Fürstliche Ehe aus den Worten des Ⅰ. Buchs Mosis am ⅩⅩⅣ. v. 60 Mach's in tausendmahl tausende, und dein Saame besitze die Thore deiner Feinde! bey Hochfürst-licher Ehlicher Vermählung（乌尔西努斯以《创世记》第 24 章第 60 节的话语祝祷王侯婚姻：愿你做千万人的母，愿你的后裔得着仇敌的城门），1684.

Hollandse Mercurius（尼德兰墨丘利），1684（S.254 f.）.

Memoiren der Herzogin Sophie nachmals Kurfürstin von Hannover（汉诺威公爵夫人、后来的选帝侯夫人索菲的回忆录），Kröcher, 1879.

Aus den Briefen der Herzogin Elisabeth Charlotte von Orléans an die Kurfürstin Sophie von Hannover（德奥尔良公爵夫人伊丽莎白·夏洛特写给汉诺威选帝侯夫人

索菲的部分信件），Bodemann, 1891.

Briefe der Königin Sophie Charlotte von Preußen und der Kurfürstin Sophie von Hannover an hannoversche Diplomaten（普鲁士王后索菲·夏洛特和汉诺威选帝侯夫人索菲写给汉诺威外交官的信件），Doebner, 1905.

Briefe der Kurfürstin Sophie von Hannover an die Raugräfinnen und Raugrafen zu Pfalz（汉诺威选帝侯夫人索菲写给普法尔茨荒原伯爵夫人和荒原伯爵的信），Bodemann, 1888.

Briefwechsel der Kurfürstin Sophie von Hannover mit dem Preußischen Königshause（汉诺威选帝侯夫人索菲与普鲁士王室的往来信件），Schnath, 1927.

Correspondenz der Herzogin Sophie von Braunschweig mit dem Geheimen Rath Bodo von Oberg（不伦瑞克公爵夫人索菲与枢密顾问博多·冯·奥贝格的往来信件），Löhneysen, Zeitschrift des Historischen Vereins für Niedersachsen（下萨克森历史协会杂志）35, 1869 (S.324–347).

Urkunden und Actenstücke zur Geschichte des Kurfürsten Friedrich Wilhelm von Brandenburg, diverse Hgg. 1864–1930（有关勃兰登堡选帝侯腓特烈·威廉历史的文献和档案，出版于 1864 年至 1930 年间）.

Die politischen Testamente der Hohenzollern（霍亨索伦的政治遗嘱），Dietrich, 1986 (S.222).

Memoiren des Freiherrn Dubislav Gneomar von Natzmer（杜比斯拉夫·格诺伊玛·冯·纳茨默男爵回忆录），Ballestrem, 1881.

Meister Johann Dietz des Großen Kurfürsten Feldscher. Mein Lebenslauf（大选帝侯的伤科军医约翰·迪茨：我的一生），v. Kemp, 1966.

Dohna, Mémoires originaux sur le règne et la cour de Frédéric I.（有关腓特烈一世的统治与宫廷的回忆录原件），Berlin, 1833.

Schmettau, Der Brandenburgische Joseph...Predigt über den schnellen doch seeligen Hintritt des...Joachim Ernst von Grumbkow（勃兰登堡的约瑟夫……对约阿希姆·恩斯特·冯·格伦布科快速而平静的布道），1691.

Berliner geschriebene Zeitungen aus den Jahren 1713 bis 1717 und 1735（1713 年至 1717 年及 1735 年柏林的报纸），Friedlaender, 1902 (S. 2).

Gazette de France（法国公报）.

Mercure galant（文雅信使）.

参考文献

Varnhagen, Leben der Königin von Preußen Sophie Charlotte（普鲁士王后索菲·夏洛特的一生），1837 (S.27).

Schöning, Des General-Feldmarschalls Hans Adam von Schöning auf Tamsel Leben und Kriegsthaten（陆军元帅汉斯·亚当·冯·舍宁在泰晤士的人生和战争事迹），1837.

Ders., Des General-Feldmarschalls Dubislav Gneomar v. Natzmer auf Gannewitz Leben und Kriegesthaten（陆军元帅杜比斯拉夫·格诺伊玛·冯·纳茨默在甘内维茨的人生和战争事迹），1838.

Dohna, Aufzeichnungen über die Vergangenheit der Familie Dohna（多纳家族编年史），1877–1885.

Prutz, Aus des Großen Kurfürsten letzten Jahren（大选帝侯最后的岁月），1897.

Knoop, Kurfürstin Sophie von Hannover（汉诺威选帝侯夫人索菲），1964.

Opgenoorth, Friedrich Wilhelm: Der große Kurfürst von Brandenburg（腓特烈·威廉：勃兰登堡大选帝侯），1971–1978.

Van der Cruysse, Madame sein ist ein ellendes Handwerck. Liselotte von der Pfalz（做贵妇人是一种绝妙的手艺：普法尔茨的莉泽洛特），1990.

Senn, Sophie Charlotte von Preußen（普鲁士的索菲·夏洛特），2000.

Sophie Charlotte und ihr Schloß. Katalogbuch zur Ausstellung（索菲·夏洛特和她的宫殿。展会目录书），1999.

Preußen 1701. Eine europäische Geschichte（1701 年的普鲁士：一段欧洲历史），2001 (Essayband u. Katalogband 论文卷和目录卷).

Bahl, Der Hof des Großen Kurfürsten（大选帝侯的宫廷），2001.

Geyer, Geschichte des Schlosses zu Berlin 1443–1918（柏林宫殿的历史，1443 年至 1918 年），2010.

Jany, Geschichte der preußischen Armee vom 15. Jahrhundert bis 1914（普鲁士军队从 15 世纪到 1914 年的历史），1928–1933.

Priesdorff, Soldatisches Führertum（军人领袖），1937–1942 (Biographien aller bbg.-preuß. Generäle 勃兰登堡 - 普鲁士所有将军的传记).

Mülverstedt, Die brandenburgische Kriegsmacht unter dem Großen Kurfürsten（大选帝侯统治下勃兰登堡的战争力量），1888.

Haake, Generalfeldmarschall Hans Adam von Schöning（陆军元帅汉斯·亚当·冯·舍宁）, in: Studien und Versuche zur neueren Geschichte. Max Lenz gewidmet（近代史研究和试验，献给 Max Lenz）, 1910（S.89–206）.

Seraphim（E. u. A.）, Aus Kurlands herzoglicher Zeit（库尔兰的公爵时代）, 1892.

Rauch, Der königlich preußische Obermarstall, Mitteilungen d. Vereins für die Geschichte Berlins（普鲁士王室高级内廷总监，柏林历史协会报告）25, 1908（S.34–42, 58–64）.

Schultze, Der Spandauer «Knüttelkrieg», Jahrbuch für brandenburgische Landesgeschichte（施潘道的"棍棒战"，勃兰登堡地方史年鉴）18, 1967（S.103f）.

Vogel, Die Quellen zum «Spandauer Knüttelkrieg», ebenda（"施潘道'棍棒战'"的资料来源，勃兰登堡地方史年鉴）（S. 105–116）.

Hein, Otto von Schwerin（奥托·冯·什末林）, 1929（S.262）.

Mülverstedt, Urkundenbuch des altadeligen Geschlechts von Oppen（古老贵族奥彭世族文献集）, 1893–1896（Ⅱ S.172–74）.

Das Tagebuch Dietrich-Sigismund von Buchs（迪特里希·西吉斯蒙德·冯·布赫日记）, Hirsch, 1904–1905（Ⅱ S.261）.

Sanson, Notice sur Phlin, Jahrbuch d. Gesellschaft für lothringische Altertumskunde（富林简介，洛林古代文化研究协会年鉴）9, 1897（S.28–45）.

Lewenhaupt, Maria Aurora von Spiegel, Personhistorisk Tidskrift（玛丽亚·奥罗拉·冯·施皮格尔，人物史刊）1, 1899（S.219–221）. 驳斥了广为传播的认为法蒂玛 1686 年才 10 岁（甚至才 5 岁），或者是后来成了卡斯特尔伯爵夫人的看法。

第 6 章　至少当时我还能把大国玺扔进河里

原始资料

Campana de Cavelli, Les derniers Stuarts à Saint-Germain-en-Laye（圣日耳曼 - 昂莱最后的斯图亚特）, 1871（dort Ⅱ S.381–406, 第Ⅱ卷第 381~406 页为洛赞出逃的全部报告）.

Saint-Simon, Mémoires（圣西蒙回忆录）, Boislisle, 1879–1930. 由于大量的附录，使其成为一本远超回忆录的工具书。

Correspondentie van Willem Ⅲ en Hans Willem Bentinck（威廉三世与汉斯·威廉·本廷克信件往来），Japikse, 1927–1937.

Clarke, The Life of James the Second（詹姆斯二世生平），1816. 第 252~265 页包括国王对逃亡的回忆。

Memoirs of Thomas Earl of Ailesbury（艾尔斯伯里伯爵托马斯回忆录），Buckley, 1890.

Luttrell, A brief historical relation of State affairs（国事简史），1857.

Memoiren des Freiherrn Dubislav Gneomar von Natzmer（杜比斯拉夫·格诺伊玛·冯·纳茨默男爵回忆录），Ballestrem, 1881.

Journal du marquis de Dangeau（德丹戈侯爵日记），Soulié, Dussieux et al. 1854–1860.

Mémoires du marquis de Sourches（德苏什侯爵回忆录），Cosnac, Bertrand et al. 1882–1892.

Gazette de France（法国公报）.

Hollandse Mercurius（尼德兰墨丘利），1688–1689.

参考文献

Petitfils, Lauzun（洛赞），2008.

Miller, James Ⅱ（詹姆斯二世），2000.

Ders., Charles Ⅱ（查理二世），1991.

Baxter, William Ⅲ（威廉三世），1966.

Troost, William Ⅲ, the Stadholder-King（总督国王威廉三世），2005.

Israel, The Dutch Republic（荷兰共和国），1995.

Speck, Reluctant Revolutionaries（不情愿的革命者），1988.

Jones, Marlborough（马尔伯勒），1993.

Churchill, Marlborough: His Life and Times（马尔伯勒：他的人生和时代），1947.

Petrie, The Marshal Duke of Berwick（贝里克公爵元帅），1953.

Horowski, Konversion und dynastische Strategie（改宗和王朝策略），in: Lotz-Heumann, Pohlig u. Missfelder (Hgg)，Konversion und Konfession（改宗和告解），2007 (S.171–211, S.202–05).

Sainty u. Bucholz, Office Holders. Royal Household 1660–1837（高官：王室家政，

1160 年至 1837 年），1997-1998.

Corp, A Court in Exile. The Stuarts in France 1689-1718（逃亡中的宫廷：斯图亚特家族在法国，1689 年至 1718 年），2004.

Grew, The English Court in Exile（逃亡中的英国宫廷），1911.

Haile, Queen Mary of Modena（摩德纳王后玛丽），1905.

Corp u. Cruickshanks, The Stuart Court in Exile and the Jacobites（流亡中的斯图亚特宫廷和雅各宾派），1995（S. 24）.

Corp, The Stuarts in Italy 1719-1766（斯图亚特家族在意大利：1719 年至 1766 年），2011（S.17）.

Lart, The parochial registers of St-Germain-en-Laye. Jacobite extracts（圣日耳曼 - 昂莱的教区记录册：雅各宾派选录），1910-1912.

Williams, Rival Sultanas（苏丹女眷的竞争对手），1915（S.287f.）.

Waller, Ungrateful daughters（忘恩负义的女儿们），2002（S.208）.

Hoppitt, A Land of Liberty?（自由之地？ ），2000（S.23）.

第 7 章　卢博米尔斯基们宁愿不要勋章

原始资料

Ursinus, Acht Huldigungs-Predigten（乌尔西努斯的 8 篇臣服礼布道），1694.

Des Herrn von Besser Schrifften, Beydes in gebundener und ungebundener Rede（贝瑟先生诗体与非诗体文集），König 1732．第一卷第 xxxviiii-cxxxiv 页履历。

Besser, Schriften（贝瑟文集），Hahn u. Kiesant 2009-2010．主要参考第四卷第 78~123 页，贝瑟与佚名作者对臣服礼及此前进城礼仪的各种报道；第四卷第 195~204 页与扶手椅相关。

Urkunden und Actenstücke zur Geschichte des Kurfürsten Friedrich Wilhelm von Brandenburg, diverse Hgg., 1864-1930（有关勃兰登堡选帝侯腓特烈·威廉历史的文献和档案，出版于 1864 年至 1930 年间）(v.a. XIII S.343-391, XVI .2 S. 570f.).

Theatrum Europaeum 1643-1738（欧洲剧院：1643 年至 1738 年）XI S.1145, XIII S. 1013.

Besser, Leben und Tod des...Jacob Friedrich Maydels（雅各布·弗里德里希·迈德尔的人生与死亡），1678.

Copia eines Schreibens auß Leipzigk an einen guten Freund in Hamburg / de dato den 20. Martii. 1677, Mons.Jacob Friedrich Maydels...Entleibung betreffende（一封由莱比锡写给汉堡一位好友的信件复印件 /1677 年 3 月 20 日与雅各布·弗里德里希·冯·迈德尔……的缺席相关的关于决斗的书面报道）.

Götzen, Die Herrliche Krönung Eines Getreuen Decani, Als des...Levin Caspar von Bennigsen...Hoch-Adelicher Leichnam...beygesetzt worden 1691（当 1691 年莱温·卡斯帕·冯·本尼希森高贵的遗体被安葬时，一位忠诚的代查尼人神圣的加冕，在简介中对 1677 年参加决斗的儿子之死有说明）.

Conichius, Beneficia Christiani Emeriti Emortualia, oder woldienender Christen Abdanck und letzte Gnade...bey Hochansehnlicher Leich-Bestattung des...Stephan Christian von Grumbkow（斯蒂芬·克里斯蒂安·冯·格伦布科葬礼上基督徒的解职与最后的仁慈）, 1672.

Ceremoniale brandenburgicum（勃兰登堡仪式）, 1699.

Erleutertes Preußen（开明的普鲁士）, 1724–1742（V S.169–188）.

Lilienthal, Das gelahrte Preußen（深奥的普鲁士）, 1723–1725［III S.350–368 Huldigungsreden（臣服礼演讲）］.

Preußische Provinzial-Blätter 2. Folge 3（普鲁士大主持报 2，第 3 卷）, 1853 (S.344–350) (Einzug d. Kurfürsten 选帝侯入城）.

Erbhuldigungsakten des Herzogtums und Königreichs Preußen（普鲁士公国和王国的世袭臣服档案）, Diehlmann, 1980–1992 (S.iii).

Die jüngere Matrikel der Universität Leipzig 1559–1809（莱比锡大学较近名册，1559 年至 1809 年）, Erler, 1909（II S.24）. 用来确认决斗者本尼希森的身份。

Saint-Simon, Mémoires（圣西蒙回忆录）, Boislisle, 1879–1930（IV S.23f., XL S.129f.）.

Pinard, Chronologie historique militaire 1760–78（军事编年史，1760 年至 1778 年）（III S.19–24）.

参考文献

Bergmann, Ostpreußische Stände und Steuern 1688–1704 (1688 年至 1704 年东普鲁士的阶层和税收）, 1901.

Noack u.Splett, Bio-Bibliographien. Brandenburgische Gelehrte der frühen

Neuzeit. Berlin–Cölln 1688–1713（生物书目，近代早期的勃兰登堡学者，柏林 – 科恩，1688 年至 1713 年），2000（S. 55–72）.

Thadden, Die brandenburgisch-preussischen Hofprediger im 17.und 18. Jahrhundert（17 世纪和 18 世纪勃兰登堡 - 普鲁士的宫廷布道师），1959.

Deutschbaltisches Biographisches Lexikon 1710–1960（波罗的海德意志人传记辞典：1710 年至 1960 年），Lenz, 1970.

Maydell, Das freiherrliche Geschlecht von Maydell（迈德尔男爵家族），1868（v.a.S. 155–162）.

Genealogisches Taschenbuch des Uradels（古老贵族谱系手册）2，1893（S.20–22）.

Lochow, Geschichte des Geschlechts von Lochow（洛胡夫家族史），1997. 可惜未能确认决斗者身份。

Niesiecki u. Bobrowicz, Herbarz polski（赫巴尔兹・波尔斯基），1839–1846（Ⅱ S.218f., Ⅷ S.317–319）.

Polski slownik biograficzny（波兰传记辞典）ii，1936（S.246–48）.

Prutz, Französisch-polnische Umtriebe in Preussen 1689, Zeitschrift für Geschichtwissenschaft（法国与波兰在普鲁士的阴谋活动，历史学杂志）1, 1889（S.429–442）.

Schiemann, Luise Charlotte Radziwil［sic］, Markgräfin von Brandenburg, Forschungen zur branden-burgischen u. preußischen Geschichte［勃兰登堡边境伯爵夫人路易丝・夏洛特・拉齐维乌（原文如此），勃兰登堡和普鲁士历史研究］3, 1890 (S.125–168).

Stollberg-Rilinger, Höfische Öffentlichkeit, Forschungen zur brandenburgischen u. preußischen Geschichte N. F.（宫廷社会，勃兰登堡和普鲁士历史研究新编）7, 1997（S.145–176）.

Petitfils, Lauzun（洛赞），2008.

Miller, James Ⅱ（詹姆斯二世），2000.

Ders., Charles Ⅱ（查理二世），1991.

Baxter, William Ⅲ（威廉三世），1966.

Troost, William Ⅲ, the Stadholder-King（总督国王威廉三世），2005.

Petrie, The Marshal Duke of Berwick（贝里克公爵元帅），1953.

Haake, August der Starke（"强力王"奥古斯特），1926.

Brzezinski, Polish Winged Hussar 1576-1775（波兰羽翼轻骑兵：1576 年至 1775年），2006.

Kraus, Die letzten Tage der Menschheit, Ⅲ. Akt, 31. Szene «Schönbrunn, Arbeitszimmer»（人类的最后日子，第三幕，第 31 场 "美泉宫，工作室"）.

第 8 章　格伦布科成亲

原始资料

［Besser］Beschreibung des Beylagers des...Hessen-Casselnschen Erbprintzens mit der...Marggräfin Louisa Dorothea（［贝瑟］对黑森－卡塞尔继承人与边境女伯爵路易丝·多罗特娅同房的描述），1700.

Der Königsmarck-Briefwechsel.Korrespondenz der Prinzessin Sophie Dorothea von Hannover mit dem Grafen Philipp Christoph Königsmarck 1690 bis 1694（柯尼希斯马克信件往来。1690 年至 1694 年汉诺威世子妃索菲·多罗特娅与柯尼希斯马克伯爵菲利普·克里斯托夫的信件往来），Schnath 1952.

Besser, Schriften（贝瑟文集），Hahn u. Kiesant, 2009/2010（Ⅲ S.468f.）.

Briefe der Herzogin Elisabeth Charlotte von Orléans an...A. K. V. Harling,（公爵夫人伊丽莎白·夏洛特写给 A. K. 冯·哈林的信），Bodemann, 1895.

Briefe der Königin Sophie Charlotte von Preußen und der Kurfürstin Sophie von Hannover an hannoversche Diplomaten（普鲁士王后索菲·夏洛特和汉诺威选帝侯夫人索菲写给汉诺威外交官的信），Doebner, 1905.

Briefe der Kurfürstin Sophie von Hannover an die Raugräfinnen und Raugrafen zu Pfalz（汉诺威选帝侯夫人索菲写给普法尔茨荒原伯爵夫人和荒原伯爵的信），Bodemann, 1888 (v.a.S.165).

Aus den Briefen der Herzogin Elisabeth Charlotte von Orléans an die Kurfürstin Sophie von Hannover（德奥尔良公爵夫人伊丽莎白·夏洛特写给汉诺威选帝侯夫人索菲的部分信件），Bodemann, 1891.

Briefwechsel der Kurfürstin Sophie von Hannover mit dem Preußischen Königshause（汉诺威选帝侯夫人索菲与普鲁士王室的往来信件），Schnath, 1927.

Briefe der Elisabeth Charlotte von Orléans（德奥尔良公爵夫人伊丽莎白·夏洛

特的信件），Holland, 1867–1881 (Ⅰ S. 476).

Borkowski, Königin Sophie Charlotte als Mutter und Erzieherin, Hohenzollern-Jahrbuch 8（作为母亲和教育者的王后索菲·夏洛特，霍亨索伦年鉴），1903 (S.223–245).

Ders., Erziehung und Erzieher König Friedrich Wilhelms Ⅰ., ebenda（国王腓特烈·威廉一世的教育和教育者，霍亨索伦年鉴），1904 (S.92–142).

Aufzeichnungen von J. P. v. Rebeur über seine Tätigkeit als Informator Friedrich Wilhelms Ⅰ., ebenda (J. P. 冯·勒伯夫对其任职腓特烈·威廉一世家庭教师时活动的记载，霍亨索伦年鉴) 8, 1904 (S.214–230 u.)；9, 1905 (S.155–168).

Erman u. Reclam, Mémoires pour servirà l'histoire des refugiés（逃亡者的历史回忆录），1782–1799 (v.a. Ⅶ S. 267–269).

Saint-Simon, Mémoires（圣西蒙回忆录），Boislisle, 1879–1930.

Journal du marquis de Dangeau（德丹戈侯爵日记），Soulié, Dussieux et al., 1854–1860.

Mémoires du marquis de Sourches（德苏什侯爵回忆录），Cosnac, Bertrand et al., 1882–1892.

Duché de Vanci, Lettres inédites contenat la relation du voyage de Philippe Ⅴ（叙述费利佩五世旅行的未发表的信件），1830.

参考文献

Beuleke, Die Hugenotten in Niedersachsen（下萨克森的胡格诺派），1960.

Schnath, Ausgewählte Beiträge zur Landesgeschichte Niedersachsens（下萨克森地方史文选），1968. 包括有关柯尼希斯马克绯闻的所有文章。

Hatton, George Ⅰ（乔治一世），2001.

Krauss-Meyl, Die berühmteste Frau zweier Jahrhunderte. Maria Aurora Gräfin von Königsmarck (200 年间最有名的女性：柯尼希斯马克女伯爵玛丽亚·奥罗拉），2002.

Lewenhaupt, Maria Aurora von Spiegel, Personhistorisk Tidskrift（玛丽亚·奥罗拉·冯·施皮格尔，人物史刊) 1, 1899 (S. 219–221).

Bodemann, Jobst Hermann von Ilten（约布斯特·赫尔曼·冯·伊尔滕），1879.

Deutscher Herold（德国先锋）3, 1872 (S.83f., 89–91). 对宫廷女管家冯·哈林的描述。

Wittram, Peter I. Czar und Kaiser（沙皇彼得一世），1964.

Posselt, Der General und Admiral Franz Lefort（将军和海军上将弗朗索瓦·勒福尔），1866.

Hinrichs, Friedrich Wilhelm I. Eine Biographie. Jugend und Aufstieg（腓特烈·威廉一世传记：青年时期和崛起），1941.

Sophie Charlotte und ihr Schloß. Katalogbuch zur Ausstellung（索菲·夏洛特和她的宫殿，展会目录书），1999. 其中也有关于土耳其侍从和亨丽埃特·夏洛特·冯·珀尔尼茨的文章。

Preußen 1701. Eine europäische Geschichte (1701 年的普鲁士：一段欧洲历史），2001 (Essayband u. Katalogband 论文卷和目录卷）.

Thadden, Die brandenburgisch-preussischen Hofprediger im 17. Und 18. Jahrhundert (17 世纪和 18 世纪勃兰登堡 - 普鲁士的宫廷布道师），1959.

Der Briefwechsel Friedrichs des Großen mit Grumbkow und Maupertuis,（腓特烈大帝与格伦布科和莫佩尔蒂的信件往来），Koser, 1898 (S. ix-xxxii Kurzbiographie Grumbkows).

Strecker, Franz von Meinders（弗朗茨·冯·迈因德斯），1892 (S.145–152). 继父对格伦布科的指示。

Schaefer, Friedrich Wilhelm von Grumbkows Rolle in der auswärtigen preußischen Politik（弗里德里希·威廉·冯·格伦布科在普鲁士对外政策中的作用），1914 (S.13–19).

Priesdorff, Soldatisches Führertum（军人领袖），1937–1942（I S. 91f.). 格伦布科的职业数据.

Poellnitz, Stammtafeln der Familie von Poellnitz（珀尔尼茨家族谱系），1893.

Hüttl, Max Emanuel der Blaue Kurfürst（蓝色选帝侯马克斯·埃马努埃尔），1976.

Gregg, Queen Anne（安妮女王），2001.

Droysen, Geschichte der preußischen Politik（普鲁士政治史），1855–1886.

Waddington, L'acquisition de la couronne royale de Prusse par les Hohenzollern（霍亨索伦取得普鲁士王冠），1888.

Aretin, Das alte Reich 1648–1806（古老的帝国：1648 年至 1806 年），1993–1997.

Petitfils, Louis XIV（路易十四），1995.

Mat'a & Sienell, Die Privatbriefe Leopolds Ⅰ.（利奥波德一世的私人信件），2004.

Morel-Fatio, Études sur l'Espagne（西班牙研究），1889–1904（Ⅲ S.244–246）.

第 9 章 "我当时确实以为根本不会开战"

原始资料

The Godolphin-Marlborough correspondence（戈多尔芬 - 马尔伯勒信件往来），Snyder, 1975.

The letters and dispatches of John Churchill, Duke of Marlborough（马尔伯勒公爵约翰·丘吉尔的信件和公文），Murray, 1845.

Private correspondence of Sarah Duchess of Marlborough（马尔伯勒公爵夫人莎拉的私人信件），1838.

De Briefwisseling van Anthonie Heinsius（范安托尼·海因修斯简介），Veenendaal, 1976–2001.

Mémoires du Maréchal de Villars（德维拉尔元帅回忆录），Vogüé, 1884–1904.

Mémoires du Chevalier de Quincy（德坎西骑士回忆录），Lecestre, 1898–1901（Ⅱ S. 351–384）.

Quincy, Histoire militaire du règne de Louis le Grand（伟大路易统治下的军事史），1726.

Le Pippre de Nœufville, Abrégé chronologique et historique de l'origine, du progrès et de l'état actuel de la maison du Roi 1734–1735.（1734 年至 1735 年皇室起源、进步和现状的编年史和历史概要）.

Goslinga, Mémoires relatifs à la guerre de la succession（与继承权战争相关的回忆录），1857.

Dumont u. Rousset, Histoire militaire du prince Eugène de Savoye, du prince et duc de Marlborough et du prince de Nassau-Frise（萨伏依亲王欧根、马尔伯勒公爵与拿骚 - 弗里泽王子的军事史），1729.

Letters of the First Lord Orkney during Marlborough's Campaigns（马尔伯勒竞选期间第一任奥克尼勋爵的信件），Cra'ster, English Historical Review（英国历史评论）19, 1909（S.307–321）.

Leben und Denkwürdigkeiten Johann Mathias Reichsgrafen von der Schulenburg（帝国伯爵约翰·马蒂亚斯·冯·德舒伦堡的人生与回忆录），1834（Ⅰ S.404–437）.

Journal inédit de Jean-Baptiste Colbert, marquis de Torcy（德托尔西侯爵让－巴蒂斯特·柯尔培尔日记），Masson, 1884.

Mémoires du marquis de Torcy（德托尔西侯爵回忆录），Petitot u. Monmerqué, 1828.

Mémoires pour servirà l'histoire du XVⅢ e siècle（服务于 18 世纪历史的回忆录），Lamberty, 1724–1740（V S.288–296）.

Saint-Simon, Mémoires（圣西蒙回忆录），Boislisle, 1879–1930.

Aus den Briefen der Herzogin Elisabeth Charlotte von Orléans an die Kurfürstin Sophie von Hannover（德奥尔良公爵夫人伊丽莎白·夏洛特写给汉诺威选帝侯夫人索菲的部分信件），Bodemann, 1891.

Pinard, Chronologie historique militaire 1760–1778（军事编年史：1760 年至 1778 年）. 包含所有法国将军的职业数据。

Zurlauben, Histoire militaire des suisses au service militaire de la France 1751–1753（瑞士在法国的兵役史：1751 年至 1753 年）.

L'Hermite de Soliers, La Toscane frcoise（索利的英雄，托斯卡纳的福克赛），1661（S.132, 455）.

Briefe des Herzogs Ernst August zu Braunschweig-Lüneburg an Johann Franz Dietrich von Wendt（不伦瑞克－吕讷堡公爵恩斯特·奥古斯特写给约翰·弗朗茨·迪特里希·冯·文特的信），Kielmansegg, 1902（S.70）.

参考文献

Corvisier, La bataille de Malplaquet 1709（1709 年的马尔普拉奎特之战），2013.

El Hage, Le maréchal de Villars（德维拉尔元帅），2012.

Braubach, Prinz Eugen von Savoyen（萨伏依亲王欧根），1963–1965.

Feldzüge des Prinzen Eugen von Savoyen（萨伏依亲王欧根的远征），1876–1892（XI S.96–109）.

Jones, Marlborough（马尔伯勒），1993.

Churchill, Marlborough: His Life and Times（马尔伯勒：他的人生和时代），1947.

Hinrichs, Friedrich Wilhelm I. Eine Biographie. Jugend und Aufstieg（腓特烈·威

廉一世传记：青年时期和崛起），1941.

Paulig, Friedrich Wilhelm I.（腓特烈·威廉一世），1889 (S.206 –209).

Petitfils, Louis XIV（路易十四），1995.

Bois, Maurice de Saxe（莫里斯·德萨克斯），1992.

Childs, Warfare in the Seventeenth Century (17 世纪的战争），2003.

Lynn, The Wars of Louis XIV 1667–1714（路易十四的战争：1667 年至 1714 年），1999.

Starkey, Warfare in the Age of Enlightenment（启蒙时代的战争），2003.

Duffy, The Military Experience in the Age of Reason（理性时代的军事经验），1998.

Chauviré, Histoire de la Cavalerie（骑兵史），2013.

Füssel u. Sikora, Kulturgeschichte der Schlacht（战争文化史），2014.

Rowlands, The Dynastic State and the Army under Louis XIV（路易十四统治下的王朝国家和军队），2002.

Susane, Histoire de la cavalerie française（法国骑兵史），1874.

Ders., Histoire de l'infanterie française 1876–1877 (1876 年至 1877 年的法国步兵史).

Dalton, English army lists and commissions 1892–1904 (1892 年至 1904 年的英国军队名单和委员会).

Jany, Geschichte der preußischen Armee vom 15. Jahrhundert bis 1914（普鲁士军队从 15 世纪到 1914 年的历史），1928–1933.

Schwencke, Geschichte der hannoverschen Truppen（汉诺威部队史），1862 (v. a.S.203–207). 主要参考 T. E. v. Ilten 的报告。

Scharnhorst, Über die Wirkung des Feuergewehrs（步枪的影响），1813.

Noorden, Die preußische Politik im Spanischen Erbfolgekrieg, Historische Zeitschrift（西班牙王位继承战争的普鲁士政策，历史杂志）18, 1867 (S.297–358). 格伦布科在尼德兰。

Droysen, Geschichte der preußischen Politik, 1855–1886（普鲁士政治史：1855 年至 1886 年）(v.a. IV.4 S.277–282).

Priesdorff, Soldatisches Führertum（军人领袖），1937–1942. 勃兰登堡 - 普鲁士所有将军的职业数据。

McCormack, One Million mercenaries. Swiss soldiers in the armies of the world（百万雇佣兵：世界军队中的瑞士士兵），1993.

Steiger, Les généraux bernois（伯尔尼的将军们）, 1864.

Schweizerisches Geschlechterbuch（瑞士家族手册）2, 1907（S.325–339）.

第 10 章　圣西蒙迁居

原始资料

Saint-Simon, Mémoires（圣西蒙回忆录）, Boislisle, 1879–1930.

Journal du marquis de Dangeau（德丹戈侯爵日记）, Soulié, Dussieux et al., 1854–1860.

Mémoires du marquis de Sourches（德苏什侯爵回忆录）, Cosnac, Bertrand et al., 1882–1892.

Mémoires du Duc d'Antin（德安坦公爵回忆录）, Noailles, 1822.

Une liste des invités de Marly en 1711 (1711 年到访马尔利者名单）, Lecestre, Annuaire-bulletin de la société de l'Histoire de France（法国历史学会通讯目录）, 1917（S.186–204）.

Briefe der Elisabeth Charlotte von Orléans（德奥尔良公爵夫人伊丽莎白·夏洛特的信件）, Holland, 1867–1881.

Aus den Briefen der Herzogin Elisabeth Charlotte von Orléans an die Kurfürstin Sophie von Hannover（德奥尔良公爵夫人伊丽莎白·夏洛特写给汉诺威选帝侯夫人索菲的部分信件）, Bodemann, 1891（v. a. II S.47）.

Elisabeth Charlottens Briefe an Karoline von Wales（伊丽莎白·夏洛特写给威尔士王妃卡洛琳的信）, Helmolt, 1909.

Ranke, Französische Geschichte（法国史）, 1877（VI S.293）.

Madame de Maintenon d'après sa correspondance authentique（真实信件基础上的德曼特农夫人）, Geffroy, 1887（II S.275–280）.

Pinard, Chronologie historique militaire（军事编年史）, 1760–1778.

Almanach Royal（王室年鉴）, 1710.

État de la France 1708 (1708 年的法国）,（II S.82–87）, 1712（II S. 66 –106）.

Hézecques, Souvenirs d'un page de la cour de Louis XVI（路易十六宫廷侍卫回忆）, Hézecques, 1998（S.212）.

参考文献

Duindam, Myths of Power. Norbert Elias and the Early Modern Court (权力神话：诺贝特·埃利亚斯与近代早期宫廷)，1994.

Petitfils, Le Régent (摄政王)，1986.

Ders., Louis XIV (路易十四)，1995.

Guillaumot, Le château de Marly-le-Roy (马尔利宫)，1885.

Mellerio, Marly-le-Roi (马尔利)，1926.

Ringot u. Sarmant, «Sire, Marly?»: usages et étiquette de Marly et de Versailles sous le règne de Louis XIV ("陛下，马尔利？"：路易十四统治时期马尔利和凡尔赛的使用和礼仪)，2012 (crcv.revues.org/11920).

Dussieux, Le château de Versailles (凡尔赛宫)，1885.

Newton, L'espace du roi. La Cour de France au château de Versailles (国王的空间：凡尔赛宫的法国宫廷)，2000.

Maral, La chapelle royale de Versailles (凡尔赛宫皇家教堂)，2010 (S.350f.).

Pénicaut, Faveur et pouvoir au tournant du Grand Siècle. Michel Chamillart, ministre et secrétaire d'État (世纪之交的宠臣与权力：部长兼国务秘书米歇尔·沙米亚尔)，2004.

Hinrichs, Friedrich Wilhelm I. Eine Biographie. Jugend und Aufstieg (腓特烈·威廉一世传记：青年时期和崛起)，1941 (S.663).

Dussieux, Généalogie de la maison de Bourbon (波旁家族谱系)，1872.

第 11 章　老妃启程

原始资料

Lettres inédites de la princesse des Ursins (乌尔西公主未公开的信件)，Geffroy，1859.

Lettres inédites de Madame de Maintenon et de Madame la princesse des Ursins (德曼特农夫人与乌尔西公主未公开的信件)，1826.

Madame des Ursins et la succession d'Espagne.Fragments de correspondance (乌尔西夫人与西班牙继承权：信件残篇)，La Trémoïlle，1902–1907.

Lettres inédites de la princesse des Ursins au maréchal de Tessé（乌尔西公主写给泰塞元帅的未公开的信件），Masson, Annuaire-bulletin de la société de l'Histoire de France（法国历史协会年鉴公报）15, 1878 (S.177 –208 u.)；16, 1879 (S.193–232).

Maintenon, Lettres à d'Aubigné et à Madame des Ursins（德奥比涅与乌尔西夫人的信件），Truc, 1921.

Lettres inédites de Madame la princesse des Ursins à M. le maréchal de Villeroi（乌尔西公主写给德维勒鲁瓦元帅的未公开信件），1806.

Madame de Maintenon d'après sa correspondance authentique（真实信件基础上的德曼特农夫人），Geffroy, 1887.

Saint-Simon, Mémoires（圣西蒙回忆录），Boislisle, 1879–1930 (v.a. XXVI S.430–462).

Journal du marquis de Dangeau（德丹戈侯爵日记），Soulié, Dussieux et al., 1854–1860.

Mémoires du marquis de Sourches（德苏什侯爵回忆录），Cosnac, Bertrand et al., 1882–1892.

Archives de la Bastille（巴士底狱档案），Ravaisson, 1866–1904（III S. 404）.

Mémoires du Duc de Luynes sur la Cour de Louis XV（德吕内公爵在路易十五宫廷的回忆录），Dussieux u. Soulié, 1857–1864（II S. 134–141）. 德沙莱对逃亡旅程的报道，参见 II S.156, X S.418–420, XV S.423.

Mémoires d'Hortense et de Marie Mancini（德奥尔唐斯和玛丽亚·曼奇尼回忆录），Doscot, 1987.

Apologie ou les véritables mémoires de Marie Mancini, princesse Colonna（科隆纳亲王妃玛丽亚·曼奇尼的辩解或真实的回忆录），Heylli, 1881.

Memoires de Monsieur d'Ablancourt（达布兰古先生回忆录），1701 (S.238–252).

Quincy, Histoire militaire du règne de Louis le Grand（伟大路易统治下的军事史），1726.

De Briefwisseling van Anthonie Heinsius（范安托尼·海因修斯简介），Veenendaal, 1976–2001（VI S.240f., 259）.

参考文献

Cermakian, La princesse des Ursins（乌尔西公主），1969.

Karsten, Jagd nach dem roten Hut. Kardinalskarrieren im barocken Rom（追逐红

帽子：枢机主教在巴洛克罗马的发迹），2004.

Bastian, Kammerdame und diplomatische Akteurin: Die Princesse des Ursins am Hof Philipps Ⅴ. von Spanien（侍女与外交活跃人物：乌尔西公主在西班牙费利佩五世的宫廷）, in: Thiessen u. Windler, Die Akteure der Außenbeziehungen（外部关系的活动家）, 2010 (S.261–276).

Kamen, Philip Ⅴ of Spain（西班牙的费利佩五世）, 2001.

Perey, Une princesse romaine au XⅦ e siècle. Marie Mancini Colonna d'après des documents inédits（17 世纪的罗马公主：玛丽亚·曼奇尼·科隆纳未发表的文件）, 1896.

Dies., Une reine de douze ans. Marie-Gabrielle de Savoye, reine d'Espagne（12 岁的王后、萨伏依的玛丽 - 加布里埃勒，西班牙王后）, 1905.

Baudrillart, Philippe Ⅴ et la Cour de France（费利佩五世与法国宫廷）, 1890–1900.

Noel, ‹Barbara succeeds Elizabeth...›: the feminisation and domestication of politics in the Spanish monarchy 1701–1759（"芭芭拉接替伊丽莎白……"西班牙君主制政治中的女性化与驯化：1701 年至 1759 年）, in: Campbell Orr, Queenship in Europe, 1660–1815（女王治下的欧洲：1660 年至 1815 年）。The Role of the Consort（配偶的角色）, 2004 (S.155–185).

Hofmann-Randall, das spanische Hofzeremoniell, 1500–1700 (1500 年至 1700 年的西班牙宫廷礼仪）, 2012.

Petitfils, Louis XⅣ（路易十四）, 1995.

Petrie, The Marshal Duke of Berwick（贝里克公爵元帅）, 1953.

Rohan-Chabot, Le maréchal de Berwick（贝里克元帅）, 1990.

Feldzüge des Prinzen Eugen von Savoyen（萨伏依亲王欧根的远征）, 1876–1892 (Ⅳ S.256–264).

Horowski, Subjects into sovereigns（主体到君主）, in: Pohlig u. Schaich, The War of the Spanish Succession（西班牙王位继承战争）, 2017.

Courcy, L'Espagne après la paix d'Utrecht（乌得勒支和平后的西班牙）, 1891.

Bourgeois, Le secret des Farnèse. Philippe Ⅴ et la politique d'Alberoni（法尔内塞的秘密：费利佩五世与阿尔贝罗尼的政策）, 1909.

Armstrong, The influence of Alberoni in the disgrace of the princesse des Ursins（阿尔贝罗尼对乌尔西公主失宠的影响）, English Historical Review（英国历史回顾）

5，1890（S.760–767）.

Bersani, Storia del cardinale Alberoni（枢机主教阿尔贝罗尼），1861.

Professione, Il ministero in Spagna e il processo del cardinale Giulio Alberoni（西班牙政府与朱利奥·阿尔贝罗尼的审判），1897.

Cadenas y Vicent, Caballeros de la Ordén de Alcántara que efectuaron sus pruebas de ingreso durante il siglo XVIII（18 世纪入团的阿尔坎塔拉骑士团骑士），1992（II S.22）.

Felices de la Fuente, La nueva nobleza de Espana y América en el siglo XVIII（1701–1746）（18 世纪西班牙和美洲的新贵族：1701 年至 1746 年），2012（S. 88）.

Moroni, Dizionario di erudizione storico-ecclesiastica（历史教会博学辞典），1840–1879（LV S.233–243）.

第 12 章　马尔东取名

原始资料

Saint-Simon, Mémoires（圣西蒙回忆录），Boislisle, 1879–1930.

Saint-Simon, Mémoires（圣西蒙回忆录），Coirault, 1983–1988（I S.331 Anm. 5）. 第 331 页注释 5 是对女儿名字所做的未发表的引用。

Journal du marquis de Dangeau（德丹戈侯爵日记），Soulié, Dussieux et al., 1854–1860.

Mémoires du marquis de Sourches（德苏什侯爵回忆录），Cosnac, Bertrand et al., 1882–1892.

Les Correspondants de la Marquise de Balleroy（德巴勒鲁瓦侯爵夫人的通讯员们），Barthélemy, 1883.

Leclercq, Histoire de la régence pendant la minorité de Louis XV（路易十五未成年期间的摄政史），1922（II S.429）.

Chansonnier historique du XVIIIe siècle（18 世纪历史歌谣），Raunié, 1879–1884（III S.123）.

Chronique de la régence et du règne de Louis XV（1718–1763）（路易十五摄政和统治编年史），ou Journal de Barbier（巴尔比耶日记），1857（III S. 102）.

Buvat, Chronique de la Régence（摄政编年史），Campardon, 1865.

Journal et mémoires du marquis d'Argenson（德阿尔让松侯爵日记与回忆录），Rathery, 1859–1867（Ⅴ S.348）.

Lettres du Duc de Beauvillier à l'Évêque d'Alet（德布维里尔公爵写给德阿莱主教的信），Lecestre, Annuaire-bulletin de la Société de l'histoire de France（法国历史协会年鉴公报）59, 1922（S.186–209）.

La Bruyère, Œuvres complètes（拉不吕耶全集），Chassang, 1876（Ⅰ S.276）.

Mercure de France, mars 1763（法国信使，1763 年 3 月）(S. 24f.) «Aimable Dromesnil»（可爱的罗梅尼勒）.

Correspondenz der Herzogin Sophie von Braunschweig mit dem Geheimen Rath Bodo von Oberg（不伦瑞克公爵夫人索菲与枢密顾问博多·冯·奥贝格的信件往来），Löhneysen, Zeitschrift des Historischen Vereins für Niedersachsen（下萨克森历史协会杂志）35, 1869（S.324–347）.

État de la France 1718 (1718 年的法国），1722（Ⅱ S.11–40）.

Plan de l'Hôtel de Lorge, 1714, Bibliothèque nationale de France dépt. des estampes et photographies FT6-VA-441（洛热旅店地图，法国国家图书馆打印及照片）(Robert de Cotte, 1329）.

参考文献

Petitfils, Le Régent（摄政王），1986.

Antoine, Louis XV（路易十五），1990.

Horowski, Die Belagerung des Thrones（围攻王位），2012 (S.473–495). 对旧秩序下法国贵族姓名体系的解释。

Poumarède, Art. «Mariage» in Bély, Dictionnaire de l'Ancien Régime（旧秩序辞典），1990 (S.796–801).

Mansel, Pillars of Monarchy: Royal Guards in History（君主制的支柱：历史上的王家卫队），1984.

Ders., Dressed to Rule（整装上台），2005.

Surreaux, Les maréchaux de France des lumières（启蒙时期的法国元帅们），2013 (S.85f.).

Susane, Histoire de l'infanterie française（法国步兵史），1876—1877（Ⅴ S.88, 90）.

Ô Byrn, Die Tochter der Gräfin von Rochlitz, Archiv für Sächsische Geschichte N.F.4（罗

赫利茨伯爵夫人的女儿，萨克森历史档案新编），1878 (S. 169–180)．

Ward, Christopher Monck, Duke of Albemarle（阿尔比马尔公爵克里斯托弗·蒙克），1915 (S.337–353)．

Dussieux, Généalogie de la maison de Bourbon（波旁家族谱系），1872.

第 13 章　少后启程

原始资料

Saint-Simon, Mémoires（圣西蒙回忆录），Boislisle 1879–1930.

Journal du marquis de Dangeau（德丹戈侯爵日记），Soulié, Dussieux et al., 1854–1860.

Mémoires du marquis de Sourches（德苏什侯爵回忆录），Cosnac, Bertrand et al., 1882–1892（XII S.66, 77）．

Elisabeth Charlottens Briefe an Karoline von Wales（伊丽莎白·夏洛特写给威尔士王妃卡洛琳的信），Helmolt, 1909 (v.a.S.202f.)．

Briefe der Elisabeth Charlotte von Orléans（德奥尔良公爵夫人伊丽莎白·夏洛特的信件），Holland, 1867–1881 (v.a. VI S.233)．

Les Correspondants de la Marquise de Balleroy（德巴勒鲁瓦侯爵夫人的通信员们），Barthélemy, 1883.

Leclercq, Histoire de la régence pendant la minorité de Louis XV（路易十五统治时期的摄政史），1922.

Chronique de la régence et du règne de Louis XV (1718–1763)（路易十五摄政和统治编年史，1718 年至 1763 年），ou Journal de Barbier（巴尔比耶日记），1857 (v. a. I S.328)．

Marais, Journal et mémoires sur la régence et le règne de Louis XV（有关路易十五摄政和统治的日记与回忆录），Lescure, 1863–1868 (v. a. III S.160f., 173, 184)．

Buvat, Chronique de la Régence（摄政编年史），Campardon, 1865.

Goncourt, Portraits intimes du XVIII e siècle (18 世纪的亲密肖像) 1903 (S.5–35, Journal du marquis de Calvière, 德卡尔维耶侯爵日记)．

Journal et mémoires du marquis d'Argenson（德阿尔让松侯爵日记与回忆录），Rathery, 1859–1867.

Archives de la Bastille（巴士底狱档案）, Ravaisson, 1866–1904.

The Jacobite attempt of 1719. Letters of James Butler, Second Duke of Ormonde
（雅各宾派 1719 年的尝试：第 2 代奥蒙德公爵詹姆斯·巴特勒的信件）, Dickson,
1895.

Lemontey, Histoire de la régence et de la minorité de Louis XV jusqu'au ministère
du cardinal de Fleury（路易十五未成年时期的历史，到德弗勒里执政为止）, 1832（I
S.280–284 为马尔西厄对阿尔贝罗尼逃跑的报道）.

Mouret, Chasses du roy...pendant l'année 1725, Mélanges de littérature et d'histoire
publiés par la société des bibliophiles（国王的狩猎……1725 年间，藏书家公司出版
的文学和历史合集）2 (1867).

Reglement du Roy sur les places que doivent occuper les Officiers des Troupes de
sa Maison, près du carrosse de Sa Majesté 1724, Bibliothèque nationale de France, Ms.
Clairambault 819［关于国王对王室，（殿下马车护卫）部队军官职位的规定，法国
国家图书馆］(S.1109–1114).

Blondel, Architecture françoise（法国建筑）1752–1756 (S. iv). 凡尔赛的图纸等。

Pinard, Chronologie historique militaire（军事编年史）, 1760–1778 (VS. 51–53, 267–
269).

Le Pippre de Nœufville, Abrégé chronologique et historique de l'origine, du progrès et
de l'état actuel de la maison du Roi 1734–1735 (1734 年至 1735 年间皇室起源、进步和
现状的编年史和历史概要）.

État de la France 1727 (1727 年的法国）,（II S.21, 52–57, 297).

Gazette de France（法国公报）.

Mercure de France（法国信使）, 1725 (S.835, 1046).

参考文献

Petitfils, Louis XIV（路易十四）, 1995.

Ders., Le Régent（摄政王）, 1986.

Antoine, Louis XV（路易十五）, 1990.

Kamen, Philip V of Spain（西班牙的费利佩五世）, 2001.

Baudrillart, Philippe V et la Cour de France（费利佩五世与法国宫廷）, 1890–1900.

Bourgeois, Le secret des Farnèse. Philippe V et la politique d'Alberoni（法尔内塞

的秘密：费利佩五世与阿尔贝罗尼的政策），1909.

Ders., Le secret de Dubois, cardinal et premier ministre（迪布瓦的秘密：枢机主教与首相），1910.

Gauthier-Villars, Le mariage de Louis XV（路易十五的婚姻），1900.

Campbell, Power and Politics in Old Regime France, 1720–1745（法国旧秩序下的权力和政治：1720 年至 1745 年），1996.

Dussieux, Généalogie de la maison de Bourbon（波旁家族谱系），1872.

Ders., Le château de Versailles（凡尔赛宫），1885.

Newton, L'espace du roi. La Cour de France au château de Versailles（国王的空间：凡尔赛宫的法国宫廷），2000.

Mansel, Pillars of Monarchy: Royal Guards in History（君主制的支柱：历史上的王家卫队），1984.

Nguyen, Les grands maîtres des cérémonies et le service des Cérémonies à l'époque moderne 1585 –1792 (1585 年至 1792 年的现代大典礼官与礼仪服务），1998–1999.

Petrie, The Marshal Duke of Berwick（贝里克公爵元帅），1953.

Bersani, Storia del cardinale Alberoni（枢机主教阿尔贝罗尼），1861.

Professione, Il ministero in Spagna e il processo del cardinale Giulio Alberoni（西班牙政府与朱利奥·阿尔贝罗尼的审判），1897.

McLynn, Bonnie Prince Charlie（小王子查理）5 "incredible, almost supernatural ill-luck of the Stuarts"（斯图亚特家族令人难以置信、近乎超自然的不幸），1988.

Coull, Nothing But My Sword. The Life of Field Marshal James Francis Edward Keith（唯有吾剑：陆军元帅詹姆斯·弗朗西斯·爱德华·基思的一生），2000.

Miller, A wife for the pretender（王位觊觎者的妻子），1965.

第 14 章　格伦布科饮酒

原始资料

Der Briefwechsel Friedrichs des Großen mit Grumbkow und Maupertuis,（腓特烈大帝与格伦布科和莫佩尔蒂的信件往来），Koser, 1898.

Förster, Friedrich Wilhelm I. König von Preußen（普鲁士国王腓特烈·威廉一世）

(Grumbkows Korrespondenz mit Wien 格伦布科与维也纳的往来信件)，1834–1835.

Acta Borussica, (Reihe:) Behördenorganisation und allgemeine Staatsverwaltung（政府组织和一般的政府管理），1894–1982（Ⅵ S.246, 645–647, Ⅴ S. 63, 522). 格伦布科在民政管理中的升迁及死亡等。

Journal inédit de Jean-Baptiste Colbert, marquis de Torcy（德托尔西侯爵让－巴蒂斯特·柯尔培尔日记），Masson, 1884 (S.33, 40, 60f.).

Die Briefe König Friedrich Wilhelms Ⅰ. an den Fürsten Leopold von Anhalt-Dessau 1704–1740（国王腓特烈·威廉一世在 1704 年至 1740 年写给安哈尔特 - 德绍侯爵利奥波德的信），Krauske, 1905. 主要参考格伦布科差点发生的决斗。

Mémoires de Frédérique Sophie Wilhelmine, margrave de Bareith, sœur de Frédéric le Grand（腓特烈大帝的妹妹拜罗伊特边境伯爵夫人弗雷德里克·索菲·威廉明妮回忆录），1889.

Friedrich der Große u. Wilhelmine von Baireuth, Jugendbriefe, 1728–1740（腓特烈大帝与拜罗伊特的威廉明妮青年时期的信件：1728 年至 1740 年），Volz, 1924.

Aus den Briefen der Königin Sophie Dorothea（王后索菲·多罗特娅信件选集），Droysen, Hohenzollern-Jahrbuch（霍亨索伦年鉴）17, 1913 (S.210–243)；18, 1914 (S.S.98–121).

Œuvres de Frédéric le Grand（腓特烈大帝），Preuss, 1846–1856 (v.a. Briefe in XXⅦ主要参考第二十七部分的信件).

Journal secret du baron de Seckendorff（德泽肯多夫男爵的秘密日记），1811.

Lavisse, Le Grand Frédéric avant l'avènement（腓特烈大帝之前的历史），1893 (S.306–308).

Graf Seckendorff und Kronprinz Friedrich（泽肯多夫伯爵与腓特烈王储），Droysen, Forschungen zur brandenburgischen u. preußischen Geschichte（勃兰登堡和普鲁士历史研究）28, 1915 (S.475–506).

König Friedrich Ⅰ. und Graf Wartenberg（国王腓特烈一世和瓦滕贝格伯爵），Granier, Hohenzollern-Jahrbuch（霍亨索伦年鉴）4, 1900 (S. 380–382).

Ubisch, Eine Gewichtstafel Friedrich Wilhelms Ⅰ., ebenda 3（腓特烈·威廉一世的一块重量板，霍亨索伦年鉴），1899 (S.255–258).

Saxe, Mes rêveries（萨克森，我的梦想），1757 (Ⅱ S.64–68).

Benekendorff, Karakterzüge aus dem Leben König FW Ⅰ.1787–1798（从国王腓特

烈·威廉一世 1787 年至 1798 年的生活看他的性格特征）（I, 2te Sammlg., S.123f.）.

Adress-Calender der Königl. Preußis.Haupt- und Residentz-Städte Berlin 1733（普鲁士王国首都柏林 1733 年地址日历）.

Berliner Häuserbuch, 2. Teil（柏林房产登记册，第 2 部分）, I, Lüdicke, 1933（S.203）.

Lehmann, Die vornehmsten europäischen Reisen（最高贵的欧洲之旅）, 1713（S. 54）.

Königl. Pohln. und Churfürstl. Sächsischer Hoff-und Staats-Calender 1733, 1735（波兰王国与选帝侯国萨克森的宫廷与国家日历，1733 年与 1735 年）. 其中 1733 年的宫廷编年史和丧事条例。

Rohr, Einleitung in die Ceremoniel-Wissenschafft der großen Herren（大人物典礼学引论）, 1733.

Archiv für Sächsische Geschichte（萨克森历史档案）9, 1871（S.335f.）. 无称呼的米塞勒对奥古斯特二世之死的记录。

Pinard, Chronologie historique militaire 1760–1778（军事编年史：1760 年至 1778 年）.

Gazette de France（法国公报）.

参考文献

Droysen, Geschichte der preußischen Politik（普鲁士政治史）, 1855–1886（v.a. IV.4 S.408–415）. 格伦布科有关克罗森的报告。

Hinrichs, Friedrich Wilhelm I. Eine Biographie.Jugend und Aufstieg（腓特烈·威廉一世传记：青年时期和崛起）, 1941.

Ders., Der Regierungsantritt Friedrich Wilhelms I.（腓特烈·威廉一世即位）, in: Ders., Preußen als historisches Problem（作为历史问题的普鲁士）, Oestreich, 1964（S.19–137）.

Schaefer, Friedrich Wilhelm von Grumbkows Rolle in der auswärtigen preußischen Politik（弗里德里希·威廉·冯·格伦布科在普鲁士外交中的角色）, 1914.

Ausländer, Friedrich Wilhelms I. Verhältnis zu Österreich vornehmlich im Jahre 1732（腓特烈·威廉一世与奥地利的关系主要在 1732 年）, 1908.

Kunisch, Friedrich der Große（腓特烈大帝）, 2005.

Koser, Geschichte Friedrichs des Großen（腓特烈大帝的历史）, 1912–1914.

Luh, Der Große. Friedrich Ⅱ. von Preußen（大帝：普鲁士的腓特烈二世），2011.

Ders., Vom Pagen zum Premierminister. Graf Heinrich von Brühl (1700–1763)（从宫廷侍童到首相：海因里希·冯·布吕尔伯爵，1700 年至 1763 年），in: Kaiser u. Pečar, Der zweite Mann im Staat（国家 2 号人物），2003 (S.121–135).

Lavisse, La jeunesse du Grand Frédéric（腓特烈大帝的青年时代），1894.

Poseck, Die Kronprinzessin. Elisabeth Christine...（王储妃：伊丽莎白·克里斯蒂娜），1943.

Oncken, Sir Charles Hotham und Friedrich Wilhelm Ⅰ im Jahre 1730 (1730 年的查尔斯·霍瑟姆与腓特烈·威廉一世)，Forschungen zur brandenburgischen u. preußischen Geschichte（勃兰登堡和普鲁士历史研究）7, 1894 (S.377–407)；8, 1895 (S.487–529)；9, 1896 (S.23–53).

Stirling, The Hothams（霍瑟姆一家），1918.

Haake, August der Starke（"强力王"奥古斯特），1926.

Ders., La société des antisobres, Neues Archiv für Sächsische Geschichte（抗击清醒协会，萨克森历史新档案）21, 1900 (S.241–254).

Beschorner, Ernstes und Feuchtfröhliches vom Kurländer Palais, Dresdner Geschichtsblätter（库尔兰宫殿的严肃事和开心事，德累斯顿历史报）35, 1927 (S.180–191) (société des antisobres 抗击清醒协会).

Ders., Leiden und Sterben Augusts des Starken, Neues Archiv für sächsische Geschichte（"强力王"奥古斯特的痛苦与死亡，萨克森历史新档案）58, 1937 (S.48–84).

Bois, Maurice de Saxe（莫里斯·德萨克斯），1992.

Łukowski, Liberty's Folly. The Polish-Lithuanian Commonwealth in the eighteenth century（自由的愚蠢：18 世纪的波兰－立陶宛联邦），1991.

Gierowski, The Polish-Lithuanian Commonwealth in the ⅩⅧ th Century (18 世纪的波兰－立陶宛联邦），1996.

Boyé, Un Roi de Pologne et la couronne ducale de Lorraine（波兰国王与洛林公爵的王冠），alias: Stanislas Leszczynski et le troisième traité de Vienne（又名：斯坦尼斯瓦夫·莱什琴斯基与维也纳条约第 3 条），1898.

Braubach, Prinz Eugen von Savoyen（萨伏依亲王欧根），1963–1965.

Ders., Die Geheimdiplomatie des Prinzen Eugen von Savoyen（萨伏依亲王欧根的秘密外交），1962.

Feldzüge des Prinzen Eugen von Savoyen (萨伏依亲王欧根的远征), 1876–1892 (S.xix).

Aretin, Das alte Reich 1648–1806 (古老的帝国：1648 年至 1806 年), 1993–1997.

Antoine, Louis XV (路易十五), 1990.

Kamen, Philip V of Spain (西班牙的费利佩五世), 2001.

Baudrillart, Philippe V et la Cour de France (费利佩五世与法国宫廷), 1890–1900.

Petrie, The Marshal Duke of Berwick (贝里克公爵元帅), 1953.

Rohan-Chabot, Le maréchal de Berwick (贝里克元帅), 1990.

El Hage, Le maréchal de Villars (德维拉尔元帅), 2012.

Surreaux, Les maréchaux de France des lumières (启蒙时代的法国元帅), 2013 (S.63).

Danvila y Collado, Reinado de Carlos III (雷纳多·德卡洛斯三世), 1890–1893.

Vogel, Heinrich Graf von Brühl. Eine Biografie 1 (海因里希·冯·布吕尔伯爵：传记 1) (未继续出版), 2003.

Fellmann, Heinrich Graf Brühl (海因里希·布吕尔伯爵), 2000.

Vie de Charles-Henry comte de Hoym (霍姆伯爵查尔斯 – 亨利的生活), 1880.

Weber, Aus vier Jahrhunderten (400 年间), 1857–1858 (II S.209–206).

Banniza v. Bazan, Deutsche Geschichte in Ahnentafeln (家谱中的德国史), 1940–1942 (I S.139).

König, Genealogische Adels-Historie derer...Chur-sächsischen Geschlechter (选帝侯国萨克森的贵族谱系史), 1727–1736 (I S.812, 814). 此处及前处讲述了布吕尔、赖博尔特、乌费尔的联系。

Kuntke, Friedrich Heinrich von Seckendorff (泽肯多夫的弗里德里希·海因里希), 2007.

Kloosterhuis, Katte. Ordre und Kriegsartikel (卡特：军令与士兵守则), 2011.

Czech, Friedrich der Große auf Inspektionsreise (视察旅途中的腓特烈大帝), in: Göse, Friedrich der Große und die Mark Brandenburg (腓特烈大帝与边疆勃兰登堡), 2012 (S.216–245) (zur Vorspannpraxis 关于征用).

Mertens, Berliner Barock-paläste (柏林的巴洛克宫殿), 2003 (v.a.S.391–394).

Die Kunstdenkmäler der Provinz Brandenburg (勃兰登堡省的艺术作品), 1921

（Ⅵ.6），（Crossen 克罗森）.

Wedekind, Geschichte der Stadt u. des Herzogthums Croßen（克罗森的城市和公国史），1839.

Fink, Ferdinand Albrecht Ⅰ. von Braunschweig u. die Kunstsammlungen von Bevern, Jahrbuch d. Braunschweigischen Geschichtsvereins 2. Folge 4（不伦瑞克公爵费迪南德·阿尔布雷希特一世与贝沃恩的艺术收藏，不伦瑞克历史协会年鉴 2，第 4 卷），1931 (S.16–47).

Meier u.Steinacker, Die Bau-&Kunstdenkmäler des Herzogtums Braunschweig（不伦瑞克公国的建筑与艺术作品）4, 1907, (Bevern 贝沃恩).

Schlözer, Chasot（查索特），1856 (S.19, 21).

Pierach u. Jennewein, Friedrich Wilhelm Ⅰ. u. die Porphyrie, Sudhoffs Archiv（腓特烈·威廉一世与斑疹伤寒，祖德霍夫档案）83, 1999 (S.50–66).

可惜我未能得用的是 Rous 的 Der Weinkeller als Schlachtfeld. Die «Societé des antisobres»（《作为战场的葡萄酒酒窖》。"抗击清醒协会"）in: Gahlen, Segesser u. Winkel, Geheime Netzwerke im Militär 1700–1945 (1700—1945 年军事中的秘密网络），2016 (S.25–52).

第 15 章　乔治二世对他的胖维纳斯情有独钟

原始资料

Lord Hervey's memoirs（赫维勋爵回忆录），Sedgwick, 1931.

Lord Hervey and his friends（赫维勋爵和他的朋友们），1726–1738［Briefe 信件］, Ilchester, 1950.

Historical Manuscripts Commission, The Manuscripts of the Earl of Egmont. Diary of Viscount Percival, afterwards first Earl of Egmont（历史手稿委员会，艾格蒙特伯爵手稿：帕西瓦尔子爵、后来的第一代艾格蒙特伯爵日记），1920–1923.

Historical Manuscripts Commission, The Manuscripts of the Earl of Carlisle（历史手稿委员会，卡莱尔伯爵手稿），1897 (v.a.S.165–172).

The Yale edition of Horace Walpole's correspondence（霍勒斯·沃波尔的信件耶鲁版），Lewis, 1937–1983.

Walpole, Reminiscences written in 1788（沃波尔写于 1788 年的回忆录）, 1819 (S.23, 59f.).

The letters of Philip Dormer Stanhope, Earl of Chesterfield（切斯特菲尔德伯爵菲利普·多默尔·斯坦霍普的信件）, Bradshaw, 1892 (v.a. II S.1402–1405).

The correspondence of the Dukes of Richmond and Newcastle（里士满公爵和纽卡斯尔公爵的往来信件）, McCann, 1982–1983.

Private correspondence of Sarah Duchess of Marlborough（马尔伯勒公爵夫人莎拉的私人信件）, 1838 (v.a. II S.186f.).

Letter-Books of John Hervey, First Earl of Bristol（第一代布里斯托尔伯爵约翰·赫维书信集）, Hervey, 1894 (v.a. III S.149–151).

Letters of Mary Lepell, Lady Hervey（赫维夫人玛丽·莱佩尔信件）, Croker, 1821 (v.a.S.139).

Wortley Montagu, Letters（沃特利·蒙塔古信件）(Everyman Edition), 1992.

Historical Manuscripts Commission, The Manuscripts of the Marquess Townshend（历史手稿委员会，汤森侯爵手稿）, 1887 (S.356).

Court and society from Elizabeth to Anne（从伊丽莎白到安妮时期的宫廷与社会）, Manchester, 1864 (II S.53).

Die Memoiren des Kammerherrn Friedrich Ernst von Fabrice（侍从官弗里德里希·恩斯特·冯·法布里斯回忆录）, Grieser, 1956 (S.136).

Verney letters of the Eighteenth century（韦尔内 18 世纪书信集）, Verney, 1930 (II S.22).

A foreign view of Egland in the reigns of George I and George II. The letters of Monsieur César de Saussure（外来视角看乔治一世和乔治二世统治下的英国：塞萨尔·德索叙尔先生信件集）, Van Muyden, 1902 (S.135f.).

Dodsley, London and its environs（伦敦及其郊区）, 1761 (v.a. III S.271–273).

Chamberlayne, Magnae Britanniae Notitiae（大不列颠公报）, 1737.

The London Gazette（伦敦宪报）.

The Gentleman's magazine（绅士杂志）.

Gazette de France（法国公报）.

Ranft, Neue genealogisch-historische Nachrichten（家谱－历史新闻）1750–1762 (II S.75).

参考文献

Hatton, George Ⅰ（乔治一世）, 2001.

Thompson, George Ⅱ（乔治二世）, 2011.

Arkell, Caroline of Ansbach（安斯巴赫的卡洛琳）, 1939.

Wilkins, Caroline the illustrious（杰出的卡洛琳）, 1901.

De-la-Noy, The King who never was. The Story of Frederick, Prince of Wales（从未能成为国王的国王：威尔士亲王弗雷德里克的故事）, 1996.

Baker-Smith, Royal Discord. The family of George Ⅱ（王室倾轧：乔治二世的家庭）, 2010.

Miller, James Ⅱ（詹姆斯二世）, 2000.

Ders., Charles Ⅱ（查理二世）, 1991.

Baxter, William Ⅲ（威廉三世）, 1966.

Troost, William Ⅲ, The Stadholder-King（总督国王威廉三世）, 2005.

Smith, Georgian monarchy. Politics and Culture, 1714–1760（乔治的君主统治：政治和文化，1714 年至 1760 年）, 2006.

Plumb, Sir Robert Walpole（罗伯特·沃波尔爵士）, 1956–1960.

Ders., The First Four Georges（前 4 个乔治）, 1987 (S.69).

Worsley, Courtiers. The Secret History of the Georgian Court（朝臣：乔治宫廷秘史）, 2010.

Beattie, The English Court in the Reign of George Ⅰ（乔治一世执政时的英国宫廷）, 1967.

Sainty u. Bucholz, Office Holders. Royal Household 1660–1837（高官：王室家政：1660 年至 1837 年）, 1997–1998.

The History of Parliament: the House of Commons 1715–1754（议会史：1715 年至 1754 年的下议院）, Sedgwick, 1970 (Biographien der Parlamentarier 议员生平).

Namier, The Structure of Politics at the Accession of George Ⅲ（乔治三世登基时的政治结构）, 1975.

Halsband, Lord Hervey. Eighteenth-Century Courtier（赫维勋爵：18 世纪的廷臣）, 1973.

Moore, Amphibious Thing. The Life of a Georgian Rake (d. h. Lord Hervey)［两栖动物：乔治王朝的浪子（即赫维勋爵）的生活］, 2000.

Stuart, Molly Lepell, Lady Hervey（赫维夫人玛丽·莱佩尔），1936.

Borman, Henrietta Howard. King's Mistress, Queen's Servant（亨丽埃塔·霍华德：国王的情妇，王后的仆人），2007.

Field, The Favourite. Sarah, Duchess of Marlborough（宠臣：马尔伯勒公爵夫人莎拉），2002.

Green, Sarah Duchess of Marlborough（马尔伯勒公爵夫人莎拉），1967.

Ketton-Cremer, Horace Walpole（霍勒斯·沃波尔），1964.

Mowl, Horace Walpole. The great Outsider（霍勒斯·沃波尔：伟大的局外人），1996.

Fothergill, The Strawberry Hill Set. Horace Walpole and His Circle（草莓山庄集：霍勒斯·沃波尔与他的圈子），2009.

March, A Duke and his friends. The life and letters of the Second Duke of Richmond（公爵和他的朋友们：第二代里士满公爵的人生和信件），1911.

Tillyard, Aristocrats. Caroline, Emily, Louisa and Sarah Lennox 1740–1832（贵族：卡洛琳、埃米莉、路易丝和莎拉·伦诺克斯，1740 年至 1832 年），1995.

Fraser, Princesses. The Six Daughters of George Ⅲ（公主：乔治三世的 6 个女儿），2004 (S.10).

Law, Kensington Palace（肯辛顿宫），1899.

Williams, The Royal residences of Great Britain（英国的皇家住宅），1960.

Greig, The Beau Monde. Fashionable Society in Georgian London（时髦届：乔治时期伦敦的时髦社会），2013.

Black, The British abroad. The Grand Tour in the Eighteenth Century（英国人在海外：18 世纪的壮游），1992.

Brazier, Ministers of the Crown（王室大臣），1997 (S.80–84).

Arthur, The story of the Household Cavalry（家庭骑兵的故事），1909.

Cannon, Historical record of the life guards（近卫骑兵的历史记录），1837.

Mackinnon, Origins and services of the Coldstream guards（冷溪卫队的起源与服务），1833.

Dalton, English army lists and commissions（英国军队名单和委员会），1892–1904（Ⅴ S.188f., Ⅵ S.228, 243）.

Musgrave, General nomenclator and obituary prior to 1800 (1800 年前的将领词

汇手册与讣告），1899–1901（Ⅴ S.154f.）.

Barthélémy, Les filles du Régent（摄政王的女儿们），1874（Ⅱ S.122 –162）.

Beuleke, Die Hugenotten in Niedersachsen（下萨克森的胡格诺派），1960（S.112, 118f.）.

Dansk Biografisk Lexikon（丹麦传记辞典），Bricka, 1887–1905（Ⅴ S.257）.

Burke's Peerage（伯克的贵族），1845（S.1091）. 西诺尔德·冯·许茨的家谱。

Kielmansegg, Familien-Chronik der Herren, Freiherren und Grafen von Kielmansegg（基尔曼斯埃格先生、男爵和伯爵的家族编年史），1910（S.436–464, 762–775）.

Schmidt, Das Geschlecht v. der Schulenburg（舒伦堡家族），1899（Ⅱ S.573）.

Lepel, Historisch-Genealogisches Handbuch der Familie v.Lepel, Deutsches Familienarchiv（莱佩尔家族历史谱系手册，德国家族档案）151, 2008（S.56）.

Wiegand, Die Herren von Uffeln（乌费尔家的先生们），1997（S.282f.）.

第 16 章 "我是你们的大哥，你们这些无赖，永远都是我领头"

原始资料

Annales strahovienses Ⅵ（斯特拉霍夫年鉴）1739–1744 (fol.66v–67).

Politische Correspondenz Friedrichs des Großen（腓特烈大帝的政治信件），Naudé, Treusch v. Buttlar et al., 1879–1939.

Das Tagebuch Karls Ⅶ. aus der Zeit des österr. Erbfolgekrieges（奥地利王位继承战争时期查理七世的日记），Heigel, 1883.

Campagne de Messieurs les maréchaux de Broglie et de Belle-Isle en Bohème et en Bavière（德布罗伊与德贝勒－伊斯勒元帅在波希米亚和巴伐利亚的运动），1772 (v.a. Ⅱ, Ⅲ).

Saxe, Mes rêveries（萨克森，我的梦想），1757 (v.a. Ⅱ S.230–236).

Valfons, Souvenirs d'un lieutenant général des armées du roi（瓦尔丰斯：王军中将回忆录），Valfons, 1860.

Souvenirs du marquis de Valfons（德瓦尔丰斯侯爵回忆录），Hellegouarc'h, 2003 (Briefanhang).

Le maréchal de Belle-Isle...d'après les lettres écrites au comte de Labasèque（德

贝勒－伊斯勒元帅……根据写给拉巴赛克伯爵的信件）(1741–1743)，Boislecomte, Revue des questions historiques（历史问题回顾）N.S.21, 1899 (S.186–213).

Mémoires des négociations du marquis de Valori（瓦洛里侯爵谈判回忆录），Valori, 1820.

Mémoires du Duc de Luynes sur la Cour de Louis XV（德吕内公爵在路易十五宫廷的回忆录），Dussieux u. Soulié, 1857–1864 (v.a. Ⅳ S.47–53).

Mémoires du président Hénault（赫诺主席回忆录），Rousseau, 1911.

Journal et mémoires du marquis d'Argenson（德阿尔让松侯爵日记与回忆录），Rathery, 1859–1867.

Saint-Simon, Mémoires（圣西蒙回忆录），Boislisle, 1879–1930.

The correspondence of the Dukes of Richmond and Newcastle（里士满公爵和纽卡斯尔公爵的往来信件），McCann, 1982–1983.

Pinard, Chronologie historique militaire 1760–1778（军事编年史：1760 年至 1778 年）.

Almanach Royal（王室年鉴），1740 (S.83f.).

Ranft, Neue genealogisch-historische Nachrichten（家谱－历史新闻），1750–1762（Ⅺ S.180).

Zedler, Universal-Lexicon（泽德勒通用辞典），1732–1750.

Richard u. Büttner, Pseudonorbertus ex narratione Pragensi translati e Saxonia in Boioemiam corpori Norberti ⋯ detectus 1709.（发现于 1709 年的关于从萨克森运往波希米亚的诺贝特尸骨是假的，布格拉保存的是假诺贝特的论述。）

参考文献

Bois, Maurice de Saxe（莫里斯·德萨克斯），1992.

Taillandier, Maurice de Saxe（莫里斯·德萨克斯），1865.

Échérac, La jeunesse du maréchal de Belle-Isle（德贝勒－伊斯勒元帅的青年时期），1908.

Rohan-Chabot, Le maréchal de Belle-Isle（德贝勒－伊斯勒元帅），2005.

Hartmann, Karl Albrecht–Karl Ⅶ.（查理·阿尔布雷希特－查理七世），1985.

Heigel, Der österreichische Erbfolgestreit u. die Kaiserwahl Karls Ⅶ.（奥地利继承权之争与查理七世的皇帝选举），1877.

Kunisch, Friedrich der Große（腓特烈大帝），2005.

Koser, Geschichte Friedrichs des Großen（腓特烈大帝的历史）, 1912–1914.

Antoine, Louis XV（路易十五）, 1990.

Campbell, Power and Politics in Old Regime France 1720–1745（法国旧秩序下的权力和政治：1720 年至 1745 年）, 1996.

Kamen, Philip V of Spain（西班牙的费利佩五世）, 2001.

Baudrillart, Philippe V et la Cour de France（费利佩五世与法国宫廷）, 1890–1900.

Aretin, Das alte Reich 1648–1806（古老的帝国：1648 年至 1806 年）, 1993–1997.

Butler, Choiseul, I: Father and Son（父与子）, 1719–1754, 1980 (S.294–301).

Sautai, Les préliminaires de la guerre de la succession d'Autriche（奥地利王位继承战争的前奏）, 1907.

Pajol, Les guerres sous Louis XV（路易十五时期的战争）, 1881–1891 (v. a. II S.113–124).

Broglie, Frédéric et Marie-Thérèse（弗雷德里克和玛丽 – 泰蕾兹）, 1882–1884 (ii.129 f.).

K. u. K. Kriegsarchiv, Österreichischer Erbfolgekrieg（战争档案，奥地利王位继承战争）(Geschichte der Kämpfe Österreichs 奥地利战争史）, 1896–1914 (I u.v.a. V S.21–53).

Feldzüge des Prinzen Eugen von Savoyen（萨伏依亲王欧根的远征）, 1876–1892 (S.xix).

Schwerdfeger, Der bairisch-französische Einfall in Ober-u.Nieder-Österreich 1741（巴伐利亚 – 法国 1741 年侵入上 – 下奥地利）, Archiv für Österreichische Geschichte（奥地利历史档案）87, 1899 (S.329–456)；91, 1902 (S.121–247).

Tupetz, Die bairische Herrschaft in Böhmen 1741–1742, Historische Zeitschrift（巴伐利亚在波希米亚的统治，历史杂志）42, 1879 (S.385–450).

Staudinger, Geschichte des bayerischen Heeres（巴伐利亚军队史）, 1908–1909. 可惜我未能得用第 2 部。

Schuster u. Francke, Geschichte der sächsischen Armee（萨克森军队史）, 1885.

Der Antheil der Kurfürstlich Sächsischen Truppen an der Erstürmung von Prag, Kriegsgeschichtliche Einzelschriften（选帝侯国萨克森的部队参加攻克布拉格，战争史的独立文集）, v. Großen Generalstab, Heft 7 1886 S.1–44（即后来第 2 卷的单独页码部分，其中第 41~44 页是鲁托夫斯基的报告）。

Ziekursch, Sachsen und Preußen um die Mitte des 18. Jahrhundert (18 世纪中期

的萨克森和普鲁士）, 1904.

Senftner, Sachsen und Preußen im Jahre 1741 (1741 年的萨克森和普鲁士）.

Franke, Von Elbingerode nach Windsor. Anno 1744/45, Zeitschrift des Harz-Vereins für Geschichte u. Alterthumskunde (从埃尔宾格罗德到温莎。在 1744 年至 1745 年 , 哈茨历史和古代文化研究协会杂志) 12, 1879 (S.245– 276, 444–539).

McLynn, Bonnie Prince Charlie (小王子查理), 1988.

Black, Culloden and the'45 (库勒登和 45 年), 1990.

Schmidt-Brentano, Kaiserliche und k. k. Generale (皇室将军) (1618 –1815), Österr. Staatsarchiv (奥地利国家档案), 2006.

Wurzbach, Biographisches Lexikon des Kaiserthums Österreich (奥地利帝国传记辞典), 1851–1891.

Kneschke, Neues allgemeines Deutsches Adels-Lexicon (德国贵族新编通用词典), 1859–1870.

Bodinier, Dictionnaire des officiers généraux de l'armée royale 1763–1792 (皇家陆军将领辞典：1763 年至 1792 年), 2009–2014 (Ⅲ S.210).

El Hage, Chevert Revisited: A New Look at the Legend of the Non-Noble General, French History (舍维尔回顾：非贵族将军的传奇新考，法国历史) 24, 2010 (S.341–366).

Otto Posse, Die Wettiner (韦廷王朝), 1897 (S.92).

Rachel, Fürstenbesuche in Dresden, Dresdner Geschichtsblätter (王侯到访德累斯顿，德累斯顿历史报) 19, 1910 (S.69–84, 70–72).

Campardon, La cheminée de Mme de La Poupelinière (德拉普佩里尼埃夫人的烟囱), 1880.

Schmettow, Schmettau und Schmettow. Geschichte eines Geschlechts aus Schlesien (施梅陶与施梅托：一个来自西里西亚的家族的历史), 1961.

Büsching, Beyträge zu der Lebensgeschichte denkwürdiger Personen (重要人物生活史文献), 1783–1789 (Ⅱ S.342f.).

Historische Darstellung des Ursprungs und der Schicksale des königlichen Stiftes Strahow (对斯特拉霍夫王室修道院起源和命运的历史描述), 1805–1807.

Zeumer, Die Goldene Bulle Kaiser Karls Ⅳ (皇帝查理四世的金玺诏书), 1908 (S.108f.).

第 17 章　波尼亚托夫斯基拯救了他的鬈发

原始资料

Mémoires du roi Stanislas-Auguste Poniatowski（国王斯坦尼斯瓦夫－奥古斯特·波尼亚托夫斯基回忆录），Goriaïnow, 1914.

Correspondance du roi Stanislas-Auguste Poniatowski et de Madame Geoffrin（国王斯坦尼斯瓦夫－奥古斯特·波尼亚托夫斯基与格夫林夫人的往来通信），Moüy, 1875.

Mémoires de Catherine Ⅱ（叶卡捷琳娜二世回忆录），Audiat u. Maroger, 1953.

Correspondance de Catherine Aléxeievna, grande-duchesse de Russie, avec Sir Charles H.［anbury］Williams（俄国大公夫人叶卡捷琳娜·阿列克谢耶芙娜与查尔斯·汉伯里·威廉姆斯爵士的往来通信），Goriaïnow, 1909.

The works of the Rt. Hon. Sir Charles Hanbury Williams（尊贵的查尔斯·汉伯里·威廉姆斯阁下的作品），1822.

The Yale edition of Horace Walpole's correspondence（霍勒斯·沃波尔的信件耶鲁版），Lewis, 1937–1983 (v.a. XXXV S.82, XXX S.311–323).

Memoirs of Prince Adam［Jerzy］Czartoryski（亚当·［耶日］·恰尔托雷斯基侯爵回忆录），Gielgud, 1888 (Ⅰ S.38–41). 仅在该译本中包含恰尔托雷斯卡侯爵夫人对其与腓特烈二世相遇的记录。

Сочинения Императрцы Екатерины Ⅱ（叶卡捷琳娜二世），Pypin, 1901（XII S.546–548）. 在 Zamoyski 处第 79 页很遗憾对政变之前的日期做了错误标注的、由叶卡捷琳娜在政变后写给波尼亚托夫斯基的最初几封重要信件。

Weber, Zur Geschichte des sächsischen Hofes u. Landes unter Friedrich August Ⅲ., Archiv für sächsische Geschichte（腓特烈·奥古斯特三世下萨克森的宫廷和地方史，萨克森历史档案）8, 1869（"Tableau général de la Cour...de la Saxe en 1769"，萨克森宫廷 1769 年总表，其中第 45 页关于娘家姓布吕尔的姆尼什乔夫纳）.

Ligne, Mémoires, lettres et pensées（利涅：回忆录、信件与箴言集），Payne, 1989 (S.42).

Correspondence of the Rt. Hon. Edmund Burke（尊贵的埃德蒙·伯克阁下的信件往来），1844 (Ⅰ S.403).

Besser, Schriften（贝瑟文集），Hahn u. Kiesant, 2009–2010（Ⅴ S.101–103）.

Gazette de France（法国公报）.

Gentleman's Magazine 57 (1787) 2. Teil（绅士杂志，第 2 部分）(S.838).

参考文献

Zamoyski, The Last King of Poland（波兰最后一位国王），1992.

Łukowski, Liberty's Folly. The Polish-Lithuanian Commonwealth in the eighteenth century（自由的愚蠢！18 世纪的波兰－立陶宛联邦），1991.

Ders., The European Nobility in the Eighteenth Century（18 世纪的欧洲贵族），2003 (S.57).

Lewin, Macht, Intrigen und Verbannung. Welfen und Romanows am russischen Zarenhof des 18. Jahrhunderts（权力、阴谋与放逐：18 世纪俄国宫廷的韦尔夫与罗曼诺夫），2003.

Ders., Herzog Anton Ulrich der Jüngere in Russland bis zu seiner Verbannung, Braunschweigisches Jahrbuch für Landesgeschichte（直到放逐前在俄国的小安东·乌尔里希公爵，不伦瑞克地方史年鉴）77, 1996 (S.221–268).

Wittram, Peter I. Czar und Kaiser（沙皇彼得一世），1964.

Waliszewski, L'héritage de Pierre le Grand. Règne des femmes, gouvernement des favoris（彼得大帝的遗产：女性统治，宠臣政府），1911 (v. a. S. 269–272).

Ders., Le roman d'une impératrice. Catherine II de Russie（皇后小说：俄国的叶卡捷琳娜二世），1894.

Madariaga, Russia in the Age of Catherine the Great（叶卡捷琳娜大帝时期的俄国），1981. 尽管标题如此，但同时也是这位女沙皇的传记。

LeDonne, Absolutism and Ruling Class. The Formation of the Russian Political Order 1700–1825（专制制度与统治阶级：1700 年至 1825 年俄国政治秩序的形成），1991.

Ders., Ruling Russia. Politics and Administration in the Age of Absolutism 1762–1796（统治俄国：1762 年至 1796 年专制时期的政治与行政），1984.

Schroeder, The Transformation of European Politics 1763–1848 (1763 年至 1848 年欧洲的政治变革），1994. (für gesamteuropäische Diplomatiegeschichte 整个欧洲的外交史).

Bauer, Die Legende vom Scheintod der Prinzessin Christine von Wolfenbüttel, Braunschweigisches Jahrbuch（沃尔芬比特尔公主克里斯蒂娜的佯死传说，不伦瑞

克年鉴）XXXI，1950（S.77–87）.

Gauthier-Villars, Le mariage de Louis XV（路易十五的婚姻），1900（S.115）.

Antoine u. Ozanam, Le secret du roi et la Russie jusqu'à la mort de la czarine Elisabeth, Annuaire-bulletin de la société de l'Histoire de France（女沙皇伊丽莎白去世前国王和俄国的秘密，法国历史协会年鉴公报），1954–1955（S.69–93）.

Le secret du roi. Correspondance secrète de Louis XV avec ses agents diplomatiques（国王的秘密：路易十五与其外交代表的秘密通信），Broglie, 1878–1888.

Tillyard, Aristocrats. Caroline, Emily, Louisa and Sarah Lennox 1740–1832（贵族：卡洛琳、埃米莉、路易丝和莎拉·伦诺克斯：1740 年至 1832 年），1995（S.157–159）.

Simms, Three Victories and a Defeat. The Rise and Fall of the first British Empire（三胜一负：第一大英帝国的崛起与衰落），2008.

Ruffmann, Die diplomatische Vertretung Großbritanniens am Zarenhof im 18. Jahrhundert, Jahrbücher für die Geschichte Osteuropas（英国在 18 世纪沙皇宫廷的外交代表，东欧历史年鉴新编）N.F.2, 1954（S.405–421）.

Lemny, Les Cantemir（坎特米尔），2009.

Seraphim（A.），Eine Schwester des Großen Kurfürsten. Luise Charlotte Markgräfin von Brandenburg, Herzogin von Kurland（大选帝侯的一位姐妹：勃兰登堡边境女伯爵路易丝·夏洛特，库尔兰公爵夫人），1901.

Fink, Ferdinand Albrecht I. von Braunschweig u. die Kunstsammlungen von Bevern, Jahrbuch d. Braunschweigischen Geschichtsvereins 2. Folge 4（不伦瑞克公爵费迪南德·阿尔布雷希特一世与贝沃恩的艺术收藏，不伦瑞克历史协会年鉴 2，第 4 卷），1931（S.16–47）.

Deutschbaltisches Biographisches Lexikon 1710–1960（波罗的海德意志人传记辞典：1710 年至 1960 年），Lenz, 1970.

Genealogisches Handbuch der Baltischen Ritterschaften（波罗的海骑士谱系手册，立窝尼亚部分），Teil Livland 1929–1935（I S.194）.

The Scots Peerage（苏格兰贵族），Balfour Paul, 1904–1914（IV S.545, 548, 555–557）.

弗劳斯塔德今天叫作弗斯霍瓦，不同于克罗森（今天的克罗斯诺），该城尽管大多数人说德语，但早在 18 世纪就是波兰的一部分；我们之所以以其德语名称来称呼它，是因为波尼亚托夫斯基本人也是这样做的［Mémoires（回忆录），1914（I S.143）］.

第 18 章　但费迪南多三世和四世看起来并不十分讨厌

原始资料

Joseph II., Relation de Naples, Florence 22 avril 1769（约瑟夫二世，那不勒斯的关系，佛罗伦萨 1769 年 4 月 22 日）. 参见下文的 Corti 1950。

Neues vollständiges Titularbuch（新版空有官衔者全书），1770 (S.1f., 7f., 12).

The collection of autograph letters and historical documents formed by Alfred Morrison: The Hamilton and Nelson Papers (Alfred Morrison 搜集的签名信与历史文献集：汉密尔顿与纳尔逊文集)，1893–1894 (v. a. I S.12, 62f., 79f.).

Wraxall, Historical and posthumous memoirs（历史和遗书回忆录），Wheatley, 1884 (v. a. I S.170–178).

Swinburne, The courts of Europe at the close of the last century（上世纪末的欧洲宫廷），1895 (I S.170).

The Yale edition of Horace Walpole's correspondence（霍勒斯 · 沃波尔的信件耶鲁版），Lewis, 1937–1983.

Coxe, Memoirs of the kings of Spain of the House of Bourbon（波旁家族西班牙国王的回忆录），1815 (IV S.215f.).

Le secret du roi. Correspondance secrète de Louis XV avec ses agents diplomatiques（国王的秘密：路易十五与其外交代表的秘密通信），Broglie 1878–1888 (v.a. I S.269ff.).

Chamfort, Produits de la civilisation perfectionnée. Maximes et pensées, caractères et anecdotes（先进文明的产物：格言与思想，人物与轶事），Renaux, 1970 (S.196f.).

Golovkine, La Cour et le règne de Paul I er（保罗一世的宫廷和统治），Bonnet, 1905 (S.200).

Gazette de France（法国公报）.

Wiener Diarium（维也纳日报）.

参考文献

Corti, Ich, eine Tochter Maria Theresias. Ein Lebensbild der Königin Marie Karoline von Neapel（我，玛丽亚 · 特蕾西娅的女儿：那不勒斯王后玛丽亚 · 卡洛琳生平事略），1950 (S.721–746). 约瑟夫二世对其到访那不勒斯的记录。

Acton, The Bourbons of Naples（那不勒斯的波旁家族），1956.

Hausmann, Herrscherin im Paradies der Teufel. Maria Carolina Königin von Neapel（魔鬼天堂的女统治者：那不勒斯王后玛丽亚·卡洛琳），2014.

Beales, Joseph Ⅱ: In the shadow of Maria Theresia（约瑟夫二世：在玛丽亚·特蕾西娅的阴影下），1987.

Noel, <Barbara succeeds Elizabeth⋯>：the feminisation and domestication of politics in the Spanish monarchy 1701–1759（"芭芭拉接替伊丽莎白⋯⋯"西班牙君主制政治中的女性化与驯化：1701 年至 1759 年），in: Campbell Orr, Queenship in Europe 1660–1815（欧洲的女王：1660—1815）. The Role of the Consort（配偶的角色），2004 (S.155–185) .

Danvila y Collado, Reinado de Carlos Ⅲ（雷纳多·德卡洛斯三世），1890–1893.

Constantine, Fields of Fire. A life of Sir William Hamilton（火场：威廉·汉密尔顿爵士的人生），2001.

Fothergill, Sir William Hamilton. Envoy Extraordinary（威廉·汉密尔顿爵士：特派公使），1969.

Ders., The Mitred Earl. An Eighteenth-Century Eccentric（戴主教冠的伯爵：一名 18 世纪的奇人），1974。Frederick Hervey（弗雷德里克·赫维）.

Childe-Pemberton, The Earl Bishop. The Life of Frederick Hervey, Bishop of Derry, Earl of Bristol（主教伯爵：德里主教、布里斯托尔伯爵弗雷德里克·赫维的人生），1924.

Tillyard, Aristocrats. Caroline, Emily, Louisa and Sarah Lennox 1740–1832（贵族：卡洛琳、埃米莉、路易丝和莎拉·伦诺克斯，1740 年至 1832 年），1995 (S.157–159, 183–188, 257f.) .

Curtis, Lady Sarah Lennox: an irrepressible Stuart o. D.（莎拉·伦诺克斯夫人：一位劲头十足的斯图亚特），约 1935 年 .

The Life and Letters of Lady Sarah Lennox（莎拉·伦诺克斯夫人的人生和信件），Ilchester u. Stavordale, 1901–1902.

Bulloch, The gay Gordons（放荡的戈登一家），1908 (S.103–123) .

Maugras, La fin d'une société. Le duc de Lauzun et la cour intime de Louis XV（社交关系的终结：洛赞公爵与路易十五的私密宫廷），1900.

Black, The British abroad. The Grand Tour in the Eighteenth Century（英国人在海外：18 世纪的壮游），1992.

Razumovsky, Die Rasumovskys. Eine Familie am Zarenhof（拉祖莫夫斯基：沙皇宫廷中的一个家族），1998.

Wassiltchikow, Les Razoumowski, übers. Brückner（拉祖莫夫斯基），1893–1894.

Brevern, Die vorgebliche Tochter der Kaiserin Elisabeth Petrowna（女沙皇伊丽莎白·彼得罗芙娜假冒的女儿），1867. 本书保存了大量原始资料。

Brandt, Caspar von Saldern und die nordeuropäische Politik im Zeitalter Katharinas II（卡斯帕·冯·萨尔登与叶卡捷琳娜二世时期的北欧政治），1932 (S.118f.).

Zamoyski, The Last King of Poland（波兰最后一位国王），1992 (S.77, 81, 85, 90).

Dansk Biografisk Lexikon（丹麦传记辞典），Bricka, 1887–1905 (XII S.450–456).

Moroni, Dizionario di erudizione storico-ecclesiastica（历史教会博学辞典），1840–1879 (XIII S.88–95).

Knight, Sir William Hamilton's Neapolitan Houses. The Friends of Herculaneum Society o. D.（威廉·汉密尔顿爵士的那不勒斯宅邸。赫库兰尼姆协会的朋友们）（仅限在线）.

第 19 章 "现在您看到了，我是一位多么漂亮的巴黎贵妇"

原始资料

Bombelles, Journal（邦贝尔日记），Grassion u. Durif, 1978–2008.

Bombelles, ‹Que je suis heu- reuse d'être ta femme›. Lettres intimes 1778–1782（"我很高兴成为你的妻子"，1778 年至 1782 年间的私密信件），Lever, 2009.

Memoires de Madame la comtesse de Genlis sur le 18e siècle（18 世纪德让利斯伯爵夫人回忆录），布鲁塞尔版本，1825.

Maugras, L'idylle d'un gouverneur（王室高官的浪漫），1904. 德让利斯夫人与德沙特尔公爵信件往来的首次公开。

Lettres de L.-P.-J. d'Orléans duc de Chartres à Nathaniel Parker Forth（德沙特尔公爵 L.-P.-J. 德奥尔良与纳撒尼尔·帕克·福思的信件），Britsch, Revue d'histoire diplomatique（外交历史回顾）40, 1926 (S.111–170).

The Yale edition of Horace Walpole's correspondence（霍勒斯·沃波尔的信件耶鲁版），Lewis, 1937–1983 (XXXIII S.482).

Neuilly, Dix années d'émigration（十年流亡）, 1865 (S.10f.)．

Recueil des festes & spectacles donnees devant Sa Majesté à Fontainebleau 1773（1773 年在枫丹白露为陛下举办的节庆活动与演出汇编）. 未标注页码，包含 1785 年在鲁瓦西宫演出的歌剧《萨朗西的玫瑰女孩》的剧本。

Lettre à M. de ***, sur les rosières de Salency, et les autres établissemens semblables 1782（给 *** 先生的信，关于 1782 年萨朗西的玫瑰女孩及其他类似机构）。

Correspondance inédite du prince Xavier de Saxe（德萨克斯小姐格扎维埃未公开的信件）, Thévenot, 1874 (S. 30, 291f., 303)．

Le Rouge, Jardins anglo-chinois 1776–1788, 3e cahier (Roissy)（1776 年至 1788 年的英华园庭，第 3 册"鲁尔西"）。

Saint-Simon, Mémoires（圣西蒙回忆录）, Boislisle, 1879–1930（ⅩⅤ S.267 u.Anm.3)．

Journal et mémoires du marquis d'Argenson（德阿尔让松侯爵日记与回忆录）, Rathery, 1859–1867 (v.a. Ⅴ S.428)．

Correspondance diplomatique du baron de Staël-Holstein（斯塔埃尔 – 荷尔斯泰因男爵的外交信函）, Léouzon Le Duc, 1881.

Le comte de Fersen et la cour de France. Extraits des papiers（费尔桑伯爵与法国宫廷。论文摘录）, Klinckowström, 1877–1878.

Brissot de Warville, Nouveau Voyage aux États-Unis（新的美国之行）, 1791（Ⅰ S.107f.)．

The collection of autograph letters and historical documents formed by Alfred Morrison: The Hamilton and Nelson Papers (Alfred Morrison 搜集的签名信与历史文献集：汉密尔顿与纳尔逊文集）, 1893–1894.

参考文献

Britsch, La maison d'Orléans à la fin de l'Ancien Régime. La jeunesse de Philippe-Égalité (1747–1785)（旧政权终结时的奥尔良家族：青年菲利普 – 平等，1747 年至 1785 年）, 1926.

Lever, Philippe Égalité（菲利普·平等）, 1996.

Antonetti, Louis-Philippe（路易 - 菲利普）, 1994. 德让利斯夫人对教育最为关键的描述。

Broglie, Madame de Genlis（德让利斯夫人）, 1985.

Campbell, Edward and Pamela Fitzgerald（爱德华与帕梅拉·菲茨杰拉德），1904.

Ward, Forth: Life of Nathaniel Parker Forth（纳撒尼尔·帕克·福思的人生），1982.

Andlau, La jeunesse de Madame de Staël（青年时期的德斯塔埃尔夫人），1970.

Herold, Mistress to an Age. A Life of Madame de Staël（一个时代的女主人：德斯塔埃尔夫人的人生），1981.

Haussonville, Le salon de Mme Necker（内克尔夫人的沙龙），1882.

Geffroy, Gustave Ⅲ et la Cour de France（古斯塔夫三世和法国宫廷），1867.

Gerste, Der Zauberkönig. Gustav Ⅲ. und Schwedens Goldene Zeit（巫术国王：古斯塔夫三世和瑞典的黄金时代），1996.

Waresquiel, Talleyrand. Le prince immobile（塔列朗：屹立不倒的王子），2015.

Haynin, Louis de Rohan. Le cardinal «collier»（路易·德罗昂："项链"枢机主教），1997.

Horowski, Die Belagerung des Thrones（围攻王位），2012. Hofpolitik unter Ludwig XⅥ（路易十六治下的宫廷政治）.

Simms, Three Victories and a Defeat. The Rise and Fall of the first British Empire（三胜一负：第一大英帝国的崛起与衰落），2008.

Taillemite, La Fayette（拉法耶特），1989.

Montbas, Avec Lafayette chez les Iroquois（与拉法耶特在易洛魁），1929. 包含巴贝尔 - 马霸的旅行日志。

Gottschalk, Lafayette between the American and French Revolution 1783–1789（美国和法国革命间的拉法耶特：1783 年至 1789 年），1950 (S.433f.).

Wonderley, ‹Good Peters Narrative...›: An Oneida view of dispossession, New York History（"好彼得的故事……"：奥奈达对强占的看法，纽约历史）84, 2003 (S.237–273)(S.262f.).

Daniels, The Lafayette collection at Cornell, The Quarterly Journal of the Library of Congress 29（康奈尔大学的拉法耶特系列，国会图书馆季刊29）(1972) S.95–137 (S.121).

Shannon, Iroquois diplomacy on the early American frontier（早期美国边疆的易洛魁外交），2008.

Lehman, The End of the Iroquois Mystique: The Oneida Land Cession Treaties of the 1780s, The William and Mary Quarterly（易洛魁神秘感的终结：17 世纪 80 年代的奥奈达土地转让条约，威廉和玛丽季刊）47, 1990 (S.523–547, S.543f.).

Dorland, The Second Troop Philadelphia City Cavalry, The Pennsylvania Magazine of History and Biography（第二部队费城骑兵，宾夕法尼亚历史与传记杂志）46, 1922（S.154–172, S.159）.

Houth, Le château de Roissy-en-France, Mémoires de la Société historique et archéologique de l'arrondissement de Pontoise & du Vexin（法国鲁尔西城堡，蓬托瓦塞和杜韦辛地区历史和考古学学会回忆录）42, 1933（S.54–63）.

Nolhac, Le Trianon de Marie-Antoinette（玛丽－安托瓦内特的特里亚农），1914（S.54–64）.

Maza, The Rose-Girl of Salency, Eighteenth-Century Studies（萨朗西的玫瑰女孩，18 世纪研究）22, 1989（S.395–412）.

Everdell, The Rosières mouvement 1766–1789, French Historical Studies（1766 年至 1789 年的玫瑰运动，法国历史研究）9, 1975（S.23–36）.

McLynn, Bonnie Prince Charlie（小王子查理），1988（S.532–536）.

Zamoyski, The Last King of Poland（波兰最后一位国王），1992（S.22）.

Elgensttierna, Den introducerade svenska adelns Ättartavlor（瑞典贵族介绍），1925–1936（Ⅶ S. 519）.

Lédée, Extraits de l'histoire de St-Barthélemy sous la domination suédoise（瑞典统治下的圣巴托洛梅历史节选），1913.

Constantine, Fields of Fire. A life of Sir William Hamilton（火场：威廉·汉密尔顿爵士的人生），2001.

Fothergill, Sir William Hamilton. Envoy Extraordinary（威廉·汉密尔顿爵士：特派公使），1969.

Fraser, Beloved Emma. The Life of Emma Lady Hamilton（亲爱的艾玛：汉密尔顿夫人艾玛的人生），1986.

第 20 章　末日审判已经开始了吗？

原始资料

Материалы для жизнеописания графа Никиты Петровича Панина（尼基塔·彼得罗维奇·帕宁生平记），Brückner, 1888–1892. 主要参考普拉东逗留柏林。

Mémoires du prince Adam [Jerzy] Czartoryski（亚当·[耶日]·恰尔托雷斯基侯爵回忆录）, Mazade, 1887.

Mémoires secrets et inédits de Stanislas-Auguste comte Poniatowski, dernier roi de Pologne（波兰最后一位国王斯坦尼斯瓦夫－奥古斯特·波尼亚托夫斯基未出版的秘密回忆录）, 1862. 其中有单独页码的包括斯坦尼斯瓦夫－奥古斯特旅行到保罗一世加冕的私人日记.

Neunundsechzig Jahre am Preußischen Hofe. Aus den Erinnerungen der Oberhofmeisterin Sophie Marie Gräfin von Voss（在普鲁士宫廷的 69 年：高级宫廷女管家索菲·玛丽·冯·福斯伯爵夫人回忆录）, 1887. 该版本对迄今未正规出版的日记做了篡改且充满漏洞，但是有关普拉东的部分似乎可信。

Writings of John Quincy Adams（约翰·昆西·亚当斯文集）, Ford, 1913–1917.

Memoirs of John Quincy Adams, comprising portions of his diary（约翰·昆西·亚当斯回忆录，包括部分日记）, 1874–1877.

Berlin and the Prussian Court in 1798. The Diaries of Thomas Boylston Adams (1798年的柏林和普鲁士宫廷：托马斯·博伊尔斯顿·亚当斯日记）, Paltsits, 1916.

Lehndorff, Am Hof der Königin Luise. Das Tagebuch vom Jahr 1799（在路易丝王后的宫廷：1799 年日记）, hg. u. übers. Ziebura, 2009 (S.65) .

Ligne, Mémoires, lettres et pensées（利涅：回忆录、信件与箴言集）, Payne, 1989.

Souvenirs de la comtesse Golovine née princesse Galitzine（戈洛维纳伯爵夫人的回忆，加丽齐纳公主的出生）, Waliszewski, 1910.

Golovkine, La Cour et le règne de Paul Ⅰ er（保罗一世的宫廷和统治）, Bonnet, 1905.

Diplomatische Correspondenzen aus der Revolutionszeit（革命时代的外交信件）, Herrmann, 1867 (S.534) .

Apologie der Gräfin Lichtenau（利希特瑙尔伯爵夫人的辩护词）, 1808. 第二卷是其信件往来。

The collection of autograph letters and historical documents formed by Alfred Morrison: The Hamilton and Nelson Papers (Alfred Morrison 搜集的签名信与历史文献集：汉密尔顿与纳尔逊文集）, 1893–1894.

The dispatches and letters of Vice-Admiral Lord Viscount Nelson（海军副司令纳尔逊勋爵的公文与信件）, hg. Nicolas, 1845.

Ausführliche Nachricht von dem feierlichen Leichenbegängnisse Sr. Majestät des

Hochseeligen Königs Friedrich Wilhelm Ⅱ.von Preußen 1797（关于 1797 年普鲁士已故国王陛下腓特烈・威廉二世隆重葬礼的详细报道）.

Beschreibung des feyerlichen Leichenbegängnisses König Friedrich Wilhelms des Ⅱ. von Preußen 1797（1797 年普鲁士国王腓特烈・威廉二世葬礼的描述）.

Reglement zu dem Leichenbegängnisse...Friedrich Wilhelms Ⅱ. Königs von Preußen 1797（1797 年普鲁士国王腓特烈・威廉二世葬礼细则）.

Jahrbücher d. preuß. Monarchie（普鲁士君主国年鉴）, 1798 (v.a. Teil 1 S.465, Teil 2 S.267f.).

Adreß-Kalender der Königl. Preußischen Haupt-und Residentz-Städte Berlin u. Potsdam 1798（普鲁士王国首都柏林与波茨坦 1798 年地址日历）(S.301).

Wadzeck u. Wippel, Geschichte der Erbhuldigungen der Brandenburgisch-preußischen Regenten（勃兰登堡－普鲁士治下的世袭臣服史）, 1798.

Mémoires de Barras（德巴拉斯回忆录）, Duruy, 1895–1896.

Œuvres du comte P.-L. Roederer (P.-L. 勒德雷尔伯爵选集）, Roederer, 1853–1859.

Mounier, Souvenirs intimes（亲密的回忆）, Hérisson, 1896 (S.217).

Dumont, Souvenirs sur Mirabeau, Duval（米拉博的回忆）, 1832 (S.370).

参考文献

Madariaga, Russia in the Age of Catherine the Great（叶卡捷琳娜大帝时期的俄国）, 1981.

Waliszewski, Autour d'un Trône. Catherine Ⅱ de Russie, ses collaborateurs, ses amis, ses favoris（宝座周围：俄国的叶卡捷琳娜二世及其合作者、朋友和宠臣）, 1897.

Ders., Le fils de la grande Catherine. Paul Ⅰ er（叶卡捷琳娜大帝的儿子：保罗一世）, 1912.

Grey, Paul Ⅰ er. Le Tsar bâtard（保罗一世：私生子沙皇）, 1998.

Zubow, Zar Paul Ⅰ. Mensch und Schicksal（沙皇保罗一世：其人其命）, 1963。书名如此，但并非传记，而是详细追述了针对保罗一世的阴谋，有关普拉东的内容也很有启发性。

Sebag Montefiore, Potemkin. Catherine The Great's Imperial Partner（波将金：叶卡捷琳娜大帝的帝国伙伴）, 2005.

Zamoyski, The Last King of Poland（波兰的最后一位国王），1992.

Łukowski, Liberty's Folly. The Polish-Lithuanian Commonwealth in the eighteenth century（自由的愚蠢！18 世纪的波兰－立陶宛联邦），1991.

Bringmann, Preußen unter Friedrich Wilhelm Ⅱ.（腓特烈·威廉二世治下的普鲁士），2001.

Schultze, Hans Rudolf von Bischoffwerder, Mitteldeutsche Lebensbilder（汉斯·鲁道夫·冯·比朔夫韦尔德：德国中部的生活图景）3, 1928 (S.134–155).

Ders., Die Rosenkreuzer und Friedrich Wilhelm Ⅱ., Mitteilungen d. Vereins für die Gesch. Berlins（玫瑰十字会与腓特烈·威廉二世，柏林历史协会报告）46, 1929 (S.41–51).

Paul Schwartz, Geisterspuk, ebenda（妖魔鬼怪，柏林历史协会报告）47, 1930 (S.45–60).

d'Alton-Rauch, Der Sturz der der Gräfin Lichtenau, ebenda（利希特瑙尔伯爵夫人的垮台，柏林历史协会报告）46, 1929 (S.136–141).

Geffarth, Religion und arkane Hierarchie. Der Orden d. Gold- & Rosenkreuzer als Geheime Kirche（宗教和秘密等级制度：作为秘密教会的金玫瑰十字会），2007.

Neugebauer-Wölk, Arkanwelten im 18. Jahrhundert (18 世纪的密教世界，启蒙), Aufklärung 15, 2003 (S.7–65).

Haase-Faulenorth, Gräfin Lichtenau（利希特瑙尔伯爵夫人），1934.

Becker, Das Niederländische Palais, Mitteilungen d. Vereins für die Gesch. Berlins（尼德兰的宫殿，柏林历史协会报告），1989–1993 (S.172–182). 利希特瑙尔伯爵夫人当时的宫殿。

Straubel, Carl August v. Struensee（卡尔·奥古斯特·施特林泽），1999.

Adams, Die Beziehungen zw. Preußen & den Vereinigten Staaten 1775–1870 (1775 年至 1870 年普鲁士与美国的关系），1960.

Schroeder, The Transformation of European Politics 1763–1848 (1763 年至 1848 年间欧洲的政治变革），1994.

Maugras, La fin d'une société. Le duc de Lauzun et la cour intime de Louis ⅩⅤ（社会的终结：洛赞公爵和路易十五的内廷法庭），1900 (S.401).

Corti, Ich, eine Tochter Maria Theresias. Ein Lebensbild der Königin Marie Karoline von Neapel（我，玛丽亚·特蕾西娅的女儿：那不勒斯王后玛丽亚·卡洛琳

生平事略），1950.

Acton, The Bourbons of Naples（那不勒斯的波旁家族），1956.

Hausmann, Herrscherin im Paradies der Teufel. Maria Carolina Königin von Neapel（魔鬼天堂的女统治者：那不勒斯王后玛丽亚·卡洛琳），2014.

Constantine, Fields of Fire. A life of Sir William Hamilton（火场：威廉·汉密尔顿的人生），2001.

Fothergill, Sir William Hamilton. Envoy Extraordinary（威廉·汉密尔顿爵士：特派公使），1969.

Ders., The Mitred Earl. An Eighteenth-Century Eccentric（戴主教冠的伯爵：一名 18 世纪的奇人），1974. Lord Bristol（布里斯托尔勋爵）.

Childe-Pemberton, The Earl Bishop. The Life of Frederick Hervey, Bishop of Derry, Earl of Bristol（主教伯爵：德里主教、布里斯托尔伯爵弗雷德里克·赫维的人生），1924.

Fraser, Beloved Emma. The Life of Emma Lady Hamilton（亲爱的艾玛：汉密尔顿夫人艾玛的人生），1986.

Pocock, Horatio Nelson（霍雷肖·纳尔逊），1994.

La Trémoïlle, Les La Trémoïlle pendant cinq siècles（5 个世纪以来的拉特雷穆瓦耶），1890–1896（V S. 225–232）.

Vaughan, The Last of the Royal Stuarts. Henry Stuart, Cardinal Duke of York（最后的斯图亚特王室成员：约克公爵枢机主教亨利·斯图亚特），1906.

Shield, Henry Stuart, Cardinal of York and his times（亨利·斯图亚特：约克枢机主教与他的时代），1908.

Stryienski, Mesdames filles de Louis XV（路易十五的女儿们），1911 (S.317–319).

Lever, Philippe Égalité（菲利普·平等），1996.

Antonetti, Louis-Philippe（路易－菲利普），1994.

Broglie, Madame de Genlis（德让利斯夫人），1985.

Campbell, Edward and Pamela Fitzgerald（爱德华和帕梅拉·菲茨杰拉德），1904.

Louis-Philippe［Orléans］, Journal de mon voyage d'Amérique（路易－菲利普［奥尔良］，美国旅行日记），Huart, 1976.

Herold, Mistress to an Age. A Life of Madame de Staël（情妇的时代：斯塔埃尔夫人的人生），1981.

Rudler, La jeunesse de Benjamin Constant（邦雅曼·康斯坦的青年时代），1909.

Waresquiel, Talleyrand. Le prince immobile（塔列朗：屹立不倒的王子），2015.

Lacour-Gayet, Talleyrand（塔列朗），1947.

Verrey, Chronologie de la vie et des œuvres de Benjamin Constant i（邦雅曼·康斯坦的生活和作品年表），1992.

Récits d'une tante. Mémoires de la comtesse de Boigne（姑姑的故事：博伊涅伯爵夫人的回忆录），1921.

Bodinier, Dictionnaire des officiers généraux de l'armée royale 1763 –1792（皇家陆军将领辞典：1763 年至 1792 年），2009–2014.

Fougeroux de Campigneulles, Histoire des duels anciens et modernes（古代和现代决斗史），1835（II S. 349f.）.

Vandal, L'avènement de Bonaparte（波拿巴的到来），1902.

Lentz, Le 18 brumaire（雾月十八），2010.

尾句后半部分引自兰佩杜萨侯爵加托帕多，并以此向其致敬。

尾　声

　　所有在本章中出现的内容或引言均来自前 20 章相应主题所引用的文章。塔列朗的头衔原文"Vice-Grand Électeur de l'Empire"翻译成"Reichs-Vize-Groß-Kurfürst"（帝国副大选帝侯）虽然不够理想（因为基于拿破仑帝国完全不同的结构，这一头衔自然与已经消亡的罗马－德意志帝国的选帝侯头衔不可相提并论），但也恰恰由于这一原因，只能选择具有迷惑性且不合情理的"Reichs-Vize-Groß-Wahlleiter"（帝国副大选帝侯）。

人名索引

— E —

— G —

— H —

— L —

德奥尔良（1709—1742年，婚前称德蒙庞西耶小姐，1722—1724年成为阿斯图里亚斯亲王妃）374，490，493，496-498，510-512，516

Louise Marie de Gonzaga-Nevers, Königin von Polen 波兰王后路易丝·玛丽·德贡扎加-内韦尔（1611—1667年）41，708

Louvigny 卢维尼，参见格拉蒙（安托万-夏尔）

Louville, Charles-Auguste d'Allonville, Marquis de 德卢维尔侯爵夏尔-奥古斯特·德阿隆维尔（1668—1731年）406

Louvois 卢瓦，参见巴伯齐厄、拉罗切古扬、苏夫雷

Louvois, François-Michel Le Tellier, Marquis de 德卢瓦侯爵弗朗索瓦-米歇尔·勒泰利耶（1641—1691年）52，57，59，99-101，113，115，117-121，138，165，352f.

Lubomirska 卢博米尔斯卡，参见登霍夫（玛丽安娜）、波尼亚托夫斯卡（阿波洛尼娅）、鲁托夫斯卡（卢多维卡·阿马莉）、谢涅夫斯卡（埃尔日别塔）

Lubomirska, Henriette Katharina Fürstin 卢博米尔斯卡侯爵夫人亨丽埃特·卡塔琳娜（1656—1702年，婚前称谓：冯·登霍夫）206f.

Lubomirska, Izabela（Elżbieta）Fürstin 卢博米尔斯卡侯爵夫人伊莎贝拉（埃尔日别塔）（1736—1816年，"蔚蓝的侯爵夫人"，婚前称谓：恰尔托雷斯卡宗女）739-743，745，747-749，758，794，806，810，991

Lubomirska, Konstancja Fürstin 卢博米尔斯卡侯爵夫人康斯坦奇娅（约1670—1707年，婚前称谓：阿尔滕波库姆）216

Lubomirska, Urszula Fürstin 卢博米尔斯卡侯爵夫人乌尔苏拉（1680—1743年，1722年成为符腾堡宗子夫人，婚前称谓：阿尔滕波库姆）216f.，316，691

Lubomirski, Antoni Fürst 卢博米尔斯基侯爵安东尼（约1720—1782年）753

Lubomirski, Franciszek Sebastian Fürst 卢博米尔斯基侯爵弗朗西斯切克·塞巴斯蒂安（1666？—1699年）211

Lubomirski, Hieronim Augustyn Fürst 卢博米尔斯基侯爵希耶罗宁·奥古斯丁（1647—1706年）186f.，193-195，197f.，202，208-210，216，744

Lubomirski, Jan Teodor Fürst 卢博米尔斯基侯爵扬·特奥多尔（1683—1745年）580

Lubomirski, Jerzy Dominik Fürst 卢博米尔斯基侯爵耶日·多米尼克（1665？—1727年）206，211，216f.，691

Lubomirski, Jerzy Ignacy Fürst 卢博米尔斯基侯爵耶日·伊格纳奇（1691—1753年）744

Lubomirski, Stanisław Fürst 卢博米尔斯基侯爵斯坦尼斯瓦夫（1722—1783年）742，758

Ludovisi 卢多维西，参见布拉恰诺、皮

— S —

致　谢

我要诚挚地感谢芭芭拉·劳格维茨，尤其要感谢她的耐心和信赖才有了本书及其精良的装帧。感谢马丁·科尔劳施博士教授、菲利普·阿尔贝斯、乌尔丽克·施特布里希、薇拉·沃尔夫博士和奥利弗·普拉茨促成本书，感谢托马斯·赫茨尔和佩特拉·埃格斯将本书引荐给罗沃尔特出版社，感谢克里斯托夫·布罗姆最初的指导。我还要感谢编外讲师拉斯·贝里施博士、斯特凡妮·邦格教授、奈玛·盖尔玛尼博士、贝蒂娜·希策尔博士、我的父亲赖因哈德·霍洛夫斯基博士和母亲罗斯维塔·辛克维茨-霍洛夫斯基、文科硕士马蒂亚斯·克吕格尔，感谢汉斯·普拉特、芭芭拉·施托尔贝格-里林格教授和玛丽-克里斯廷·维尔姆，感谢他们的鼓励、对部分章节的批判性阅读或者切实的帮助。本书可能存在的任何错误或其他缺陷，自然全是我一人之责。最后我还要感谢斯特凡妮·邦格无可比拟的耐心、鼓励和帮助，将本书献于她聊表谢意。